Physica-Lehrbuch

Max Trampusch

Basler, Herbert
**Aufgabensammlung zur statistischen Methodenlehre und Wahrscheinlichkeitsrechnung**
4. Aufl. 1991, 190 S.

Basler, Herbert
**Grundbegriffe der Wahrscheinlichkeitsrechnung und Statistischen Methodenlehre**
11. Aufl. 1994, X, 292 S.

Bloech, Jürgen u. a.
**Einführung in die Produktion**
4. Aufl. 2001, XX, 440 S.

Bossert, Rainer · Manz, Ulrich L.
**Externe Unternehmensrechnung**
Grundlagen der Einzelrechnungslegung, Konzernrechnungslegung und internationalen Rechnungslegung.
1997, XVIII, 407 S.

Dillmann, Roland
**Statistik II**
1990, XIII, 253 S.

Endres, Alfred
**Ökonomische Grundlagen des Haftungsrechts**
1991, XIX, 216 S.

Farmer, Karl · Wendner, Ronald
**Wachstum und Außenhandel**
Eine Einführung in die Gleichgewichtstheorie der Wachstums- und Außenhandelsdynamik
2. Aufl. 1999, XVIII, 423 S.

Ferschl, Franz
**Deskriptive Statistik**
3. Aufl. 1985, 308 S.

Fink, Andreas · Schneidereit, Gabriele
Voß, Stefan
**Grundlagen der Wirtschaftsinformatik**
2001, XIV, 279 S.

Gaube, Thomas u. a.
**Arbeitsbuch Finanzwissenschaft**
1996, X, 282 S.

Gemper, Bodo B.
**Wirtschaftspolitik**
1994, XVIII, 196 S.

Graf, Gerhard
**Grundlagen der Volkswirtschaftslehre**
2. Aufl. 2002, XIV, 335 S.

Graf, Gerhard
**Grundlagen der Finanzwirtschaft**
1999, X, 319 S.

Hax, Herbert
**Investitionstheorie**
5. Aufl., korrigierter Nachdruck
1993, 208 S.

Heno, Rudolf
**Jahresabschluß nach Handels- und Steuerrecht**
2. Aufl. 1998, XVI, 408 S.

Hofmann, Ulrich
**Netzwerk-Ökonomie**
2001, X, 242 S.

Huch, Burkhard u. a.
**Rechnungswesen-orientiertes Controlling**
Ein Leitfaden für Studium und Praxis
3. Aufl. 1998, III, 504 S.

Kistner, Klaus-Peter
**Produktions- und Kostentheorie**
2. Aufl. 1993, XII, 293 S.

Kistner, Klaus-Peter
**Optimierungsmethoden**
Einführung in die Unternehmensforschung für Wirtschaftswissenschaftler
2. Aufl. 1993, XII, 222 S.

Kistner, Klaus-Peter
Steven, Marion
**Produktionsplanung**
3. Aufl. 2001, XIII, 372 S.

Kistner, Klaus-Peter
Steven, Marion
**Betriebswirtschaftslehre im Grundstudium**
Band 1: Produktion, Absatz, Finanzierung
4. Aufl. 2002, XIV, 510 S.
Band 2: Buchführung, Kostenrechnung, Bilanzen
1997, XVI, 451 S.

Kortmann, Walter
**Mikroökonomik**
Anwendungsbezogene Grundlagen
3. Aufl. 2002, XVIII, 674 S.

Kraft, Manfred · Landes, Thomas
**Statistische Methoden**
3. Aufl. 1996, X, 236 S.

Marti, Kurt · Gröger, Detlef
**Einführung in die lineare und nichtlineare Optimierung**
2000, VII, 206 S.

Michaelis, Peter
**Ökonomische Instrumente in der Umweltpolitik**
Eine anwendungsorientierte Einführung
1996, XII, 190 S.

Nissen, Hans-Peter
**Einführung in die makroökonomische Theorie**
1999, XVI, 341 S.

Nissen, Hans-Peter
**Das Europäische System Volkswirtschaftlicher Gesamtrechnungen**
4. Aufl. 2002, XVIII, 360 S.

Risse, Joachim
**Buchführung und Bilanz für Einsteiger**
2001, VIII, 288 S.

Schäfer, Henry
**Unternehmensfinanzen**
Grundzüge in Theorie und Management
2. Aufl.2002, XVIII, 522 S.

Schäfer, Henry
**Unternehmensinvestitionen**
Grundzüge in Theorie und Management
1999, XVI, 434 S.

Sesselmeier, Werner
Blauermel, Gregor
**Arbeitsmarkttheorien**
2. Aufl. 1998, XIV, 308 S.

Steven, Marion
**Hierarchische Produktionsplanung**
2. Aufl. 1994, X, 262 S.

Steven, Marion
Kistner, Klaus-Peter
**Übungsbuch zur Betriebswirtschaftslehre im Grundstudium**
2000, XVIII, 423 S.

Swoboda, Peter
**Betriebliche Finanzierung**
3. Aufl. 1994, 305 S.

Weise, Peter u. a.
**Neue Mikroökonomie**
4. Aufl. 2002, X, 639 S.

Zweifel, Peter
Heller, Robert H.
**Internationaler Handel**
Theorie und Empirie
3. Aufl. 1997, XXII, 418 S.

Henry Schäfer

# Unternehmensfinanzen

## Grundzüge in Theorie und Management

Zweite, überarbeitete und erweiterte Auflage
mit 198 Abbildungen
und 48 Tabellen

Physica-Verlag
Ein Unternehmen
des Springer-Verlags

Professor Dr. Henry Schäfer
Universität Stuttgart
Betriebswirtschaftliches Institut
Abteilung III
Keplerstraße 17
70174 Stuttgart

ISBN 3-7908-1492-X 2. Auflage Physica-Verlag Heidelberg

ISBN 3-7908-1070-3 1. Auflage Physica-Verlag Heidelberg

Die Deutsche Bibliothek – CIP-Einheitsaufnahme
Schäfer, Henry:
Unternehmensfinanzen: Grundzüge in Theorie und Management;
mit 48 Tabellen / Henry Schäfer. – Heidelberg: Physica-Verl., 2002
(Physica-Lehrbuch)
ISBN 3-7908-1492-X



Physica-Verlag Heidelberg
ein Unternehmen der BertelsmannSpringer Science + Business Media GmbH

http://www.springer.de


Printed in Italy



Umschlaggestaltung: Erich Kirchner, Heidelberg

SPIN 10875782 42/2202-5 4 3 2 1 0 – Gedruckt auf säurefreiem Papier

## Vorwort zur zweiten Auflage

Bis noch weit in die 80er Jahre hinein konnte man als Verfasser eines Lehrbuchs zur Finanzwirtschaft mit dem Erfordernis zur Aktualisierung relativ „komfortabel“ leben: Im Gegensatz zu manchen Kollegen aus anderen betriebswirtschaftlichen Teildisziplinen wie vor allem der Rechnungslegung (insbesondere wenn noch ein steuerlicher Schwerpunkt gesetzt war), fühlte man sich als „Finanzmann“ weitgehend verschont von häufigen gesetzlichen oder marktinstitutionellen Änderungen und konnte sich auf Forschungsarbeiten konzentrieren. Spätestens seit den Finanzmarktförderungsgesetzen hat sich diese Situation schlagartig geändert und mit der Einführung der Euro-Währung nahm der Änderungsbedarf quasi über Nacht überhand. Seither verfolgen auch einen Finanzwissenschaftler ständig anmutende Aktualisierungs- und Neuerungswellen.

Das nun vorgelegte Werk einer zweiten Auflage hat demzufolge zahlreiche Neuerungen des Finanzbereichs, insbesondere der Finanzmärkte integriert. Die vorliegende Auflage geht aber weiter, indem inhaltliche Ergänzungen vorgenommen wurden, von denen die wichtigsten aufgeführt seien: Im ersten Kapitel wurde der Bereich der Kapitalstruktur weiter ausgebaut um die zentralen Aspekte von Unternehmenssteuern und Insolvenzkosten. Kapitel II umfasst jetzt ein stark erweitertes Unterkapitel zur Aktienbewertung und ferner wurde dem Einsatz von Wandelschuldverschreibungen im Finanzmanagement besondere Aufmerksamkeit geschenkt. Das dritte Kapitel wurde ergänzt um mittlerweile wichtige Finanzinstrumente wie Repurchase Agreements, Asset Backed Securities und Projektfinanzierung. Eine weitere Neuerung betrifft die Didaktik in einer multimedialen Welt: So werden an geeigneten Stellen im Lehrbuch Internet-Links vorgestellt, die zur weiteren Recherche animieren sollen.

Auch die zweite Auflage wäre nicht ohne die tatkräftige Unterstützung des Lehrbuch-Teams entstanden. Zuvorderst gebührt Dipl.-Kfm. Gunner Langer großen Dank. In seine Hände war die gesamte technische Abwicklung gelegt. Ohne sein Engagement und seinem unentwegten Spürsinn für tatsächliche und mögliche Fehlerquellen wäre die Entstehung der vorliegenden Fassung undenkbar gewesen. Dass er daneben noch zahllose Aktualisierungen implementierte, sei am Rande erwähnt (es handelte sich aber mit Sicherheit um keine Randfragen). Zuverlässige fachliche Unterstützung lieferte zudem Dipl.-Math. Reinhard Ansorge, der sich vor allem quantitativer Inhalte des Buches annahm. Die Liste wäre unvollständig, wenn nicht auch das Team der studentischen Hilfskräfte aufgeführt wäre, wovon ich stellvertretend cand. rer. pol. Heike Gruber besonders wegen ihres hohen Einsatzes und ihrer „Leidensfähigkeit“ bei überarbeiteten Manuskripten danken möchte. Mein Dank gilt zum Schluss meinen menschlich und fachlich geschätzten ehemaligen Kollegen, Prof. Dr. Rainer Bossert, für den bereichernden Gedankenaustausch zu einigen fachlichen Spezialfragen des Werkes.

Stuttgart, im März 2002 Henry Schäfer

## Vorwort zur ersten Auflage

Finanzierungs- und Kapitalmarktthemen haben sich seit Mitte der 80er Jahre in den Brennpunkt wissenschaftlicher Forschungen und des Unternehmensmanagements gerückt. Die wissenschaftliche Auseinandersetzung mit Finanzierungsfragen innerhalb der Betriebswirtschaftslehre verzeichnet darüber hinaus seit längerem ein deutliche mikroökonomische Untermauerung, mit der wie in keinem anderen Teilgebiet der Betriebswirtschaftslehre Theoriegrundlagen Eingang gefunden haben, die auf den ersten Blick ausschließlich der Volkswirtschaftslehre zuzuordnen wären. Mit der Anwendung wissenschaftlicher Paradigmen wie Neoklassik und Neo-Institutionenökonomik auf Finanzierungsfragen ging eine weitgehende Fokussierung auf ein entscheidungsorientiertes Verständnis von Unternehmensfinanzen einher. Die traditionelle Finanzierungslehre trat somit immer mehr in den Hintergrund der Forschung, hat sich aber in der eher praxisorientierten Lehre noch behauptet.

Das vorliegende Buch bleibt der Gliederung nach der Finanzierungslehre teilweise verhaftet und integriert für wichtig erachtete Forschungsergebnisse aus den oben genannten modernen Forschungsprogrammen der Finanzierung. Bei der mittlerweile unübersehbaren Breite und Tiefe von Finanzierungs- und Kapitalmarktfragen ist es Ziel des Lehrbuchs, den Leser in die Grundzüge einzuführen und ein zusammenhängendes Verständnis zentraler Teilgebiete zu verschaffen. Das Werk richtet sich daher insbesondere an solche Leserinnen und Leser, die sich im Rahmen von Studium oder durch Weiter- und Fortbildung in das Gebiet der Unternehmensfinanzen einarbeiten wollen.

So unbestritten generell die Notwendigkeit der Aneignung ökonomischen Wissens heutzutage ist, nur allzu häufig werden den Lernenden aber durch die individuelle Zeitknappheit Schranken gesetzt. Dies erfordert ein effizientes Zeitmanagement, wozu zum einen jeder Einzelne persönlich gefordert ist. Zum anderen wird die effiziente Wissensaufnahme und –verarbeitung von Lerninhalten immer bedeutungsvoller, was an die Aufbereitung und Gestaltung von Wissen in Lehrbüchern zunehmend spezifischere Anforderungen stellt. Die Darstellung der Stoffgebiete in diesem Lehrbuch erfolgt daher durch häufige Unterlegung mit Schaubildern und an ausgewählten Stellen werden im Text Lesehinweise gegeben, die als Empfehlung für vertiefende und weitergehende Inhalte zu verstehen sind.

Ein Lehrbuch inhaltlich zu verfassen ist die eine, es in Buchform zu bringen die andere Arbeit. Ich möchte daher an dieser Stelle all jenen danken, ohne deren aktive Mithilfe das Lehrbuch nicht zustande gekommen wäre: Dipl.-Kfm. Sascha Mitulski ist es zu verdanken, dass die umfangreiche technische Abwicklung bewerkstelligt werden konnte, Dipl.-Kfm. Frank Hormes und Dipl.-Kfm. Frank Schlenbäcker übernahmen weite Teile der Schreibarbeiten, der Grafikerstellung und des Korrekturlesens, Dipl.-Kfm. Matthias Tuchel wirkte bei Redigierarbeiten mit. Mein Dank gilt – last but not least – meiner Familie für ihre Unterstützung und ihr Verständnis.

Oberursel/Taunus, im August 1997 Henry Schäfer

# Inhaltsverzeichnis

## Abkürzungsverzeichnis

| | |
|---|---|
| A | Arbeitnehmer |
| AAF | Ausschüttungsausfall |
| Abb. | Abbildung |
| ABS | Asset Backed Security |
| Abs. | Absatz |
| abzgl. | abzüglich |
| ADR | American Depositary Receipts |
| ADS | American Depositary Share(s) |
| Afa | Absetzung für Abnutzungen |
| AG | Aktiengesellschaft |
| AGB | Allgemeine Geschäftsbedingungen |
| AGn | Aktiengesellschaften |
| akt. | aktualisiert/aktualisierte |
| AktG | Aktiengesetz |
| AMEX | American Stock Exchange |
| AvmG | Gesetz zur Reform der GRV und zur Förderung eines kapitalgedeckten Altersvorsorgevermögens |
| Anmerk. d. Verf. | Anmerkung des Verfassers |
| AO | Abgabenordnung |
| Art. | Artikel |
| Aufl. | Auflage |
| Austral-$ | Australischer Dollar |
| B | Bilanzsumme |
| BAV | Bundesaufsichtsamt für das Versicherungswesen |
| BAVers | Betriebliche Altersvorsorge |
| BAZ | Bundesanzeiger |
| Bd. | Band |
| bearb. | bearbeitete |
| begr. | begründet |
| bes. | besonders |
| BFH | Bundesfinanzhof |
| BGB | Bürgerliches Gesetzbuch |
| BIS | Bank for International Settlement |
| BIZ | Bank für Internationalen Zahlungsausgleich |
| BMF | Bundesministerium der Finanzen |
| bp./bps. | Basic Point/Basic Points (Basispunkte) |
| BT | Bundestag |
| BV | Bilanzverlust |
| BVR | verbleibender Bilanzverlust nach Rücklagen-auflösung |
| bzw. | beziehungsweise |
| C$ | kanadischer Dollar |
| Cap. | Capital |
| CAT/CATs | Certificate of Accruel on Treasury Securities/ Certificates of Accruel on Treasury Securities |
| CBO | Collateralized Bond Obligation |
| CD | Certificate of Deposit |
| CDCR | Cash Flow Debt Coverage Ratio |
| CDO | Collateralized Debt Obligations |

| | |
|---|---|
| CEO | Chief Executive Officer |
| CF | Cash Flow |
| CFO | Chief Financial Officer |
| CLO | Collateralized Loan Obligation |
| Conn. | Connecticut |
| Corp. | Corporation |
| CP/CPs | Commercial Paper/Commercial Papers |
| c.p. | ceteris paribus |
| DAI | Deutsches Aktieninstitut e. V. |
| DAX | Deutscher Aktien-Index |
| DDM | Dividend Discount-Model |
| DECS | Debt Exchangeable for Common Stocks |
| DG | Deutsche Genossenschaftsbank |
| dgl. | dergleichen/desgleichen |
| d.h. | das heißt |
| Diss. | Dissertation |
| DM | Deutsche Mark |
| DPF | Dividendenpartizipationsfaktor |
| DPG | Dividendenpartizipationsgrenze |
| durchges. | durchgesehene |
| DVFA | Deutsche Vereinigung für Finanzanalyse und Asset Management |
| EAD | Exposure at Default |
| EAT | Earnings After Taxes |
| EBT | Earnings Before Taxes |
| EBIT | Earnings Before Interest and Taxes |
| ed. | edition |
| eds. | editors |
| EDV | Elektronische Datenverarbeitung |
| eG | eingetragene Genossenschaft |
| einschl. | einschließlich |
| EK | Eigenkapital |
| EKRvST | Eigenkapitalrentabilität vor Steuern |
| EMTN | European Medium Term Note/ European Medium Term Notes |
| EONIA | Euro Overnight Index Average |
| EPS | Earnings per Share |
| erw. | erweitert/erweiterte |
| ESt | Einkommensteuer |
| EStG | Einkommensteuergesetz |
| EStG-E | Einkommensteuer-Ergänzungsgesetz |
| EStR | Einkommensteuerrichtlinie |
| ESVG | Europäisches System Volkswirtschaftlicher Gesamtrechnungen |
| ESZB | Europäisches System der Zentralbanken |
| EURIBOR | European Interbank Offered Rate |
| evtl. | eventuell |
| EWWU | Europäische Wirtschafts- und Währungsunion |
| EZB | Europäische Zentralbank |
| Fa. | Firma |
| FASB | Federally Accounting Standards Board |

| | |
|---|---|
| FAZ | Frankfurter Allgemeine Zeitung |
| f. | folgende |
| ff. | fortfolgende |
| Fin. | Finance |
| FIONA | Frankfurt Interbank Overnight Average |
| FK | Fremdkapital |
| FRA | Forward Rate Agreement |
| FRN/FRNs | Floating Rate Note/ Floating Rate Notes |
| G | Gewinn |
| GA | Genussausschüttung |
| GBO | Grundbuchordnung |
| gem. | gemäß |
| GenG | Genossenschaftsgesetz |
| GewSt | Gewerbesteuer |
| GewStG | Gewerbesteuergesetz |
| ggfls. | gegebenenfalls |
| GmbH | Gesellschaft mit beschränkter Haftung |
| GmbHG | GmbH-Gesetz |
| GoB | Grundsätze ordnungsmäßiger Buchführung |
| GPO | Going Public Optionsanleihe |
| GRV | Gesetzliche Rentenversicherung |
| Grundst. | Grundstück |
| GuV | Gewinn- und Verlustrechnung |
| GUS | Gemeinschaft Unabhängiger Staaten |
| GZ | Girozentrale |
| HGB | Handelsgesetzbuch |
| HfL | holländische Gulden |
| Hochsch. | Hochschule |
| HR | Handelsregister |
| Hrsg. | Herausgeber |
| HV | Hauptversammlung |
| IAS | International Accounting Standards |
| IASC | International Accounting Standard Committee |
| i.d.R. | in der Regel |
| i.e.S. | im engeren Sinne |
| ifo | Institut für Wirtschaftsforschung |
| Ill. | Illinois |
| inkl. | inklusive |
| InsO | Insolvenzordnung |
| int. | International |
| IRB | Internal Rating Based |
| i.S. | im Sinne |
| ISMA | International Securities Markets Association |
| i.V. | in Verbindung |
| iwd | Institut der deutschen Wirtschaft e.V. |
| i.w.S. | im weiteren Sinne |
| JF | Jahresfehlbetrag |
| Jg. | Jahrgang |
| JÜR | erforderliche Zuführung zu den gesetzlichen Rücklagen geht Ausschüttungsansprüchen der Genussscheininhaber vor |

| | |
|---|---|
| KAGG | Gesetz über Kapitalanlagegesellschaften |
| Kap. | Kapitel |
| Kap-AEG | Gesetz zur Verbesserung der Wettbewerbsfähigkeit deutscher Konzerne an internationalen Kapitalmärkten und zur Erleichterung der Aufnahme von Gesellschafterdarlehen |
| KapErhG | Kapitalerhöhungsgesetz |
| KEM | Kapazitätserweiterungsmultiplikator |
| Kfz | Kraftfahrzeug |
| KG | Kommanditgesellschaft |
| KGaA | Kommanditgesellschaft auf Aktien |
| KGV | Kurs-Gewinn-Verhältnis |
| KMZ | kumulative Nachzahlung |
| KSt | Körperschaftsteuer |
| kurzfr. | kurzfristig |
| KWG | Kreditwesengesetz |
| langfr. | langfristig |
| LB | Landesbank |
| LBO | Leveraged Buy Out |
| LGD | Loss Given Default |
| Lib | LIBOR |
| LIBID | London Interbank Bid Rate |
| LIBOR | London Interbank Offered Rate |
| LIMEAN | London Interbank Mean Rate |
| Lit | italienische Lira |
| LKW | Lastkraftwagen |
| LS | Luxemburgische Francs |
| lt. | laut |
| L.u.L. | Lieferungen und Leistungen |
| M | Maturity |
| Mass. | Massachussets |
| max. | maximal/maximale |
| MBO | Management Buy Out |
| MBS | Mortgage Backed Securities |
| MEZ | Mitteleuropäische Zeit |
| mind. | mindestens |
| Mio. | Million/Millionen |
| N.J. | New Jersey |
| MOFs | Multi Option Facilities |
| Mrd. | Milliarde/Milliarden |
| MTN/MTNs | Medium Term Note/Medium Term Notes |
| NASDAQ | National Association of Securities Dealers Automated Quotations |
| NBER | The National Bureau of Economic Research, Inc. |
| nEKR | Negative Eigenkapitalrentabilität |
| NGO | Non Governmental Organisation |
| NIF/NIFs | Note Issuance Facility/ Note Issuance Facilities |
| No. | Number |
| NPVCR | Net Present Value Coverage Ratio |
| Nr. | Nummer |
| N.Y. | New York |

| | |
|---|---|
| NYSE | New York Stock Exchange |
| NZBen | Nationale Zentralbanken |
| OECD | Organisation for Economic Co-operation and Development |
| öffentl. | öffentliche |
| o.g. | oben genannte(n) |
| OHG | Offene Handelsgesellschaft |
| O&M | Operation and Maintenance |
| OTC | Over the Counter |
| o.V. | ohne Verfasser |
| p.a. | per annum |
| PAngV | Preisangabenverordnung |
| PD | Probability of Default |
| PER | Price-Earnings-Ratio |
| PERC | Preferred Equity Redemption Cumulative Stocks |
| PKW | Personenkraftwagen |
| PORTAL | Private Offerings, Resales and Trading through Automated Linkages |
| PV | Present Value |
| PublG | Publizitätsgesetz |
| QIBs | Qualified Institutional Buyers |
| RAP | Rechnungsabgrenzungsposten |
| REX-P | Deutscher Renten-Performanceindex |
| RND | Rendite |
| RoI | Return on Investment |
| RoE | Return on Equity |
| RSt | Rückstellungen |
| RUF/RUFs | Revolving Underwriting Facility/ Revolving Underwriting Facilities |
| RWE | Rheinisch-Westfälische Elektrizitäts-AG |
| S. | Seite |
| s. | siehe |
| SEC | Securities and Exchange Commission |
| SIBOR | Singapur Interbank Offered Rate |
| s.o. | siehe oben |
| SG | Schmalenbach-Gesellschaft |
| SNIF/SNIFs | Short Term Issuance Facility/ Short Term Issuance Facilities |
| sog. | so genannte(r,s) |
| SPV | Special Purpose Vehicle |
| St. | Sankt |
| s.u. | siehe unten |
| SURF | Constant Maturity Treasury Step Up Recovery Floating Rate Note |
| S&P | Standard & Poor's |
| Tab. | Tabelle |
| Techn. | Technische |
| TIBOR | Tokio Interbank Offered Rate |
| TIGR/TIGRs | Treasury Investment Growth Receipt/ Treasury Investment Growth Receipts |

| | |
|---|---|
| TRUF/TRUFs | Transferable Revolving Underwriting Facility/ Transferable Revolving Underwriting Facilities |
| Tsd. | Tausend |
| u. | und |
| U | Umsatz |
| u.a. | und andere |
| u.a.m. | und anderes mehr |
| u.U. | unter Umständen |
| überarb. | überarbeitet/überarbeitete |
| UK | United Kingdom |
| Univ. | Universität |
| unwes. | unwesentlich |
| US/U.S. | United States |
| US-GAAP | United States Generally Accepted Accounting Principles |
| US-$/US$ | US-Dollar |
| usw. | und so weiter |
| v. | von |
| VAG | Versicherungsaufsichtsgesetz |
| veränd. | veränderte |
| Verbindl. | Verbindlichkeiten |
| VerbKrG | Verbraucherkreditgesetz |
| vgl. | vergleiche |
| Vol. | Volume |
| völl. | völlig |
| vollst. | vollständig |
| VTN | Verlustteilnahmetatbestand |
| WA | Wandelanleihe |
| WACC | Weighted Average Cost of Capital |
| wesentl. | wesentlich/wesentliche |
| YTM | Yield to Market |
| z.B. | zum Beispiel |
| ZEW | Zentrum für Europäische Wirtschaftsforschung |
| Ziff. | Ziffer/Ziffern |
| zit. | zitiert |
| ZPO | Zivilprozessordnung |
| z.T. | zum Teil |
| zugl. | zugleich |
| zzgl. | zuzüglich |

# Kapitel I Finanzwirtschaftliche Grundlagen

## 1 Finanzierung als Zusammenspiel von Strom- und Bestandsgrößen

Um eine **erste, intuitive Vorstellung** vom Gegenstandsbereich der **Lehre von den Unternehmensfinanzen** zu bekommen, möge man sich einen einfachen Vorgang des täglichen Wirtschaftslebens vor Augen führen (vgl. *Schmidt* 1986, S. 4): Ein Unternehmen erwirbt einen LKW zum Transport von im Unternehmen gefertigten Erzeugnissen zu einem Großhändler. Der LKW soll die kommenden vier Jahre eingesetzt werden. Das Unternehmen bezahlt den Erwerb des LKW aus Kreditmitteln. Der Kauf des LKW stellt eine Investition dar, die Nutzungs- und Verdienstmöglichkeiten über die nächsten vier Jahre erlaubt. Die Kreditaufnahme repräsentiert eine Finanzierung. Sie ist mit Verpflichtungen des Unternehmens verbunden, in der Zukunft, wie im Kreditvertrag festgelegt, Zinsen zu zahlen und den Kredit zu tilgen.

Das Unternehmen hat sich mit der Finanzierung Kapital beschafft. Verwendet wurde dieses Kapital zum Erwerb eines Teils des Sachvermögens. Bereits an diesem einfachen Beispiel werden zwei wichtige **Gemeinsamkeiten von Investitions- und Finanzierungsvorgängen** deutlich: Sie stehen in Verbindung mit Zahlungen und erstrecken sich über **Zeiträume**. Damit haben Investitions- und Finanzierungsvorgänge eine Stromdimension. Da **Ströme** letztendlich Bestände verändern, müssen Finanzierungs- und Investitionsvorgänge als **Bestandsveränderungen** im Unternehmen erkennbar sein. Der Kauf des LKW stellt eine Vermögensmehrung im Unternehmen dar, die in der Bilanz registriert wird. Die Bilanz wird auch als Aufzeichnung von Verwendung und Herkunft finanzieller Mittel zu einem **Zeitpunkt** verstanden. Damit stellt sie dem Vermögen eines Unternehmens das Kapital gegenüber. Das Kapital besteht i.d.R. aus Finanzmitteln der Unternehmenseigentümer (= Eigenkapital) und der Gläubiger wie Kreditinstitute und Lieferanten (= Fremdkapital).

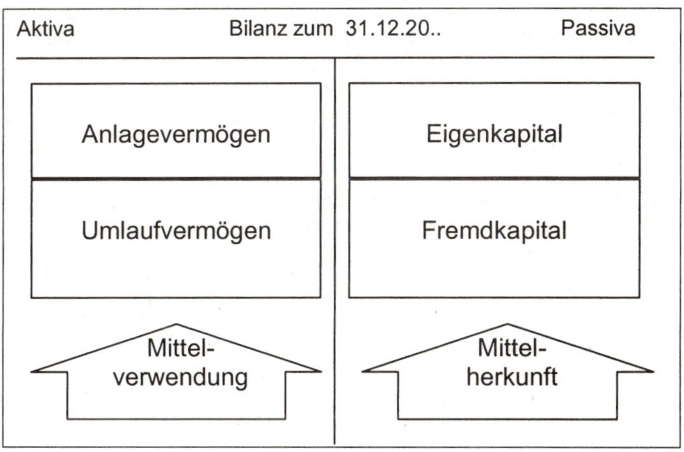


Abb. I-1: Bilanzstruktur

Vergleicht man die **Aktivseite** der Bilanz zum Bilanzstichtag vor Kauf des LKW und die Bilanz zum Stichtag nach dem Kauf, dann wird man in Höhe des Werts des LKW eine Vermögensmehrung feststellen (wobei angenommen werden soll, dass keinerlei sonstigen Bewegungen in der Bilanz auf der Aktivseite stattfanden). Auch der Finanzierungsvorgang, die Kreditaufnahme, kann in der Bilanz abgelesen werden. Auskunft hierüber gibt die **Passivseite**, auf der die Herkunft des Kapitals aufgezeichnet wird. Auch hier kann man durch Vergleich der Passivseite zum Zeitpunkt vor Kreditgewährung und danach c.p. aufgrund einer Bilanzverlängerung den Finanzierungsvorgang erkennen.

Die anschließend erläuterten wirtschaftlichen Aktivitäten zweier Jungunternehmer werden als Kreislauf finanzieller Mittel aufgefasst. In einem Unternehmen spiegeln solche Vorgänge zugrunde liegende Beschaffungs-, Produktions- und Absatzprozesse wieder. Es ist üblich, solche Vorgänge betrieblichen Funktionsbereichen zuzuordnen. Finanzierungs- und Investitionsvorgänge stellen solche betrieblichen Funktionsbereiche dar. Den Zusammenhang zeigt die nachfolgende Abb. I-2.

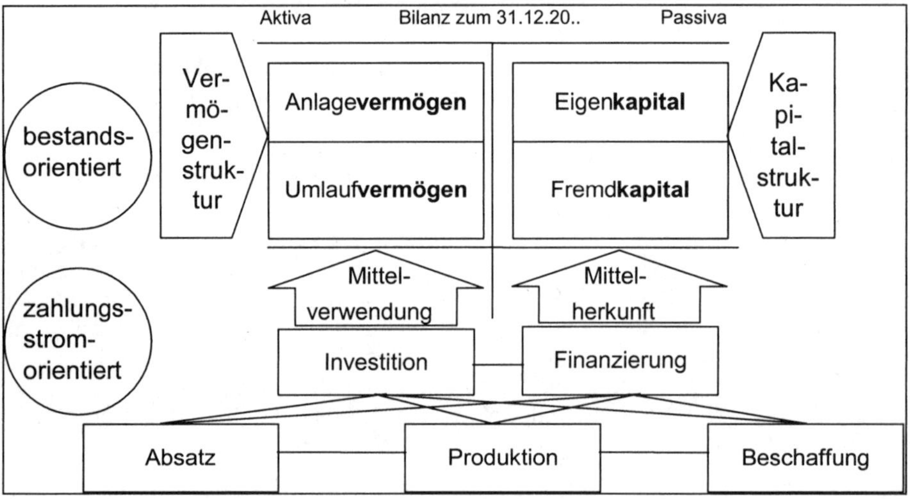


Abb. I-2: Interdependenzen zwischen betrieblichen Funktionsbereichen und finanzwirtschaftlichen Vorgängen

## 1.1 Ein Fallbeispiel

Anhand eines fingierten Falls soll das **Zusammenspiel** von Finanzierung (und Investition) **als Strom- und Bestandsveränderungen** mit den übrigen betrieblichen Funktionsbereichen erläutert werden. Zu diesem Zweck wird davon ausgegangen, dass sich zwei Studenten des Maschinenbaus, Plus und Minus, zusammenschließen, um ein Unternehmen zu gründen. Sie haben als Diplomarbeit ein gemeinsames Projekt erfolgreich bearbeitet, das aus der Konstruktion einer aufblasbaren Waschmaschine besteht. Da nach ihren Marktforschungserhebungen bislang kein solches Produkt am Markt vorzufinden ist, repräsentative Befragungen aber eine hohe Nachfrage zu interessanten Gewinnmargen erwarten lassen, machen sich die beiden an die wirtschaftliche Verwertung ihrer Idee. Plus und Minus durchlaufen vier typische Phasen des betrieblichen Umsatzprozesses, anhand dessen sich Finanzierungs- und Investitionsvorgänge verdeutlichen lassen.

Die anschließend erläuterten **wirtschaftlichen Aktivitäten** der Jungunternehmer werden als **Ströme finanzieller Mittel** aufgefasst. Abb. I-3 gibt zu diesen Stromvorgängen im Voraus eine Vorstellung (in Anlehnung an *Wöhe/Döring* 2000, S. 773-774).

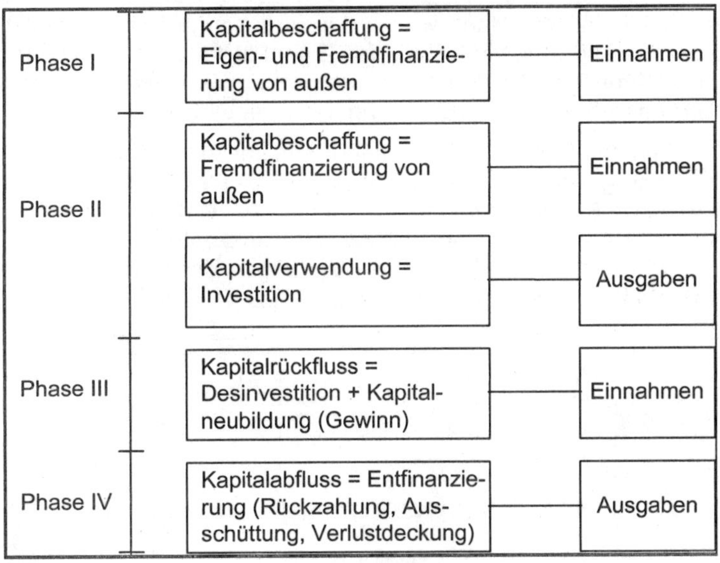


Abb. I-3: Phasen des Fallbeispiels

Daneben werden sich diese Stromvorgänge auf einer verkürzten **Bilanz** niederschlagen und somit dort Bestandsänderungen anzeigen. Der Einfachheit halber wird die Bilanz auf der **Aktivseite** in zwei Bereiche eingeteilt - einen Investitions- und einen Zahlungsbereich, in denen je nach Notwendigkeit zusätzliche Untergliederungen vorgenommen werden. Die **Passivseite** ist ebenfalls übersichtlich gehalten, indem sie in einen Kapitalbereich strukturiert wird, der sich je nach Bedarf in wenige Untergliederungen aufteilt. Alle Finanzierungs- und Investitionsvorgänge werden in dieser Bilanz aufgezeichnet, weshalb man sich die Stichtagsbilanzen wie eine Art **Barometer** der Wirkungen betrieblicher Finanzprozesse während eines Geschäftsjahres (= Zeitraum) vorstellen kann.

**Phase I**

Die beiden Jungunternehmer lösen ihre Ersparnisse auf und besorgen sich aus dem Verwandtenkreis zusätzliche Finanzmittel. Sie verfügen bei Unternehmensgründung über einen Betrag an eigenen Mitteln in Höhe von *100.000* €, den sie in ihrem Unternehmen „arbeiten lassen" möchten. Dieser Betrag stellt eigene Mittel dar und wird auf der Passivseite im Kapitalbereich unter die Rubrik **Eigenkapital** gebucht. Aufgrund ihrer Produktions- und Absatzplanungen benötigen Plus und Minus insgesamt Kapital in Höhe von *150.000* €.

Die zu ihren eigenen Mitteln fehlenden *50.000* € leihen sie sich für fünf Jahre bei einer Bank, nachdem sie dort einen von ihrer Geschäftsidee begeisterten Firmenkundenberater gewinnen konnten - wenn auch zu einem recht hohen Zinssatz, mit einem Jahr Tilgungsaussetzung. Damit werden die eigenen Mittel um **Fremdkapital** aufgestockt, was sich bilanziell ebenfalls auf der Passivseite niederschlägt. Wegen der langfristigen Überlassung des Kapitals erfolgt die Verbuchung unter der Position langfristige Verbindlichkeiten.

Insgesamt weist die Passivseite der Eröffnungsbilanz Kapital in Höhe von *150.000 €* auf. Da das Kapital von außen in das Unternehmen eingebracht wurde, liegt eine **Außenfinanzierung** vor. Sie entstand einerseits aufgrund einer **Beteiligungs- bzw. Eigenfinanzierung** in Höhe von *100.000 €*, also den eigenen Mitteln der beiden Jungunternehmer, und einer **Fremdfinanzierung** in Höhe von *50.000 €* seitens der Bank. In der Bilanz wurde der Stromvorgang Eigenfinanzierung als Bestandsveränderung registriert, d.h., das Eigenkapital wurde vermehrt (bzw. eingebucht). Der Stromvorgang Fremdfinanzierung wurde ebenfalls in der Bilanz als Bestandsveränderung wirksam (Erhöhung des Fremdkapitals).

Sowohl die eigenen als auch die fremden Finanzmittel werden nach Überweisung auf dem zuvor eingerichteten Bankkonto verbucht - als Einnahmen aus den Quellen der Eigen- und Fremdkapitalgeber. In der Bilanz wird dieser Stromvorgang auf der Aktivseite sichtbar, indem der Bestand des Bankkontos auf *150.000 €* ansteigt. Dieser Betrag bezeichnet das derzeitige Vermögen des Unternehmens. Abb. I-4 fasst Strom- und Bestandsvorgänge im Überblick zusammen.

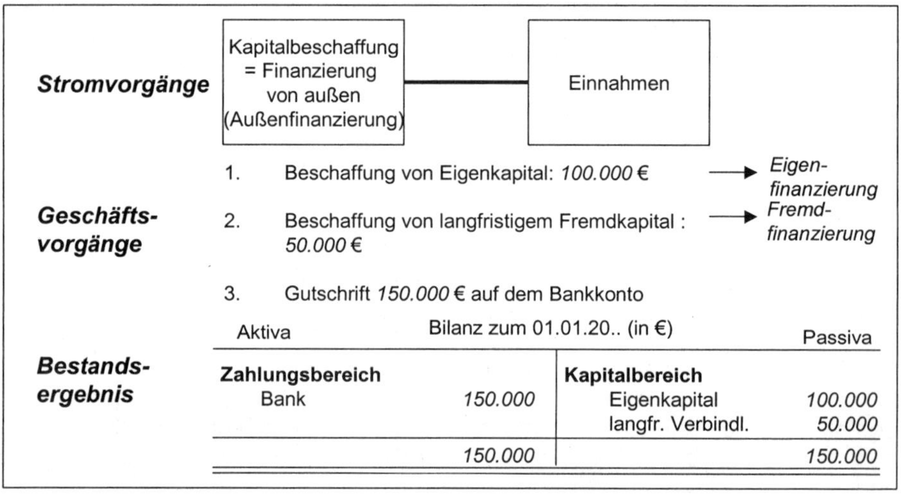


Abb. I-4: Strom- und Bestandsvorgänge der Phase I im Überblick

### Phase II

Plus und Minus gehen daran, ihr Unternehmen betriebsbereit zu machen. Dabei kommt ihnen zugute, dass ihnen der Vater von Plus kostenlos die Nutzung eines Teils seines sehr großen Grundstücks überlässt. Sie erstellen darauf ein Fertiggebäude („Containermodell"), das sie gebraucht zu einem Preis von *50.000 €* erwerben. Ferner erwerben sie Maschinen (*30.000 €*) und Rohstoffe (*30.000 €*). Aus finanzwirtschaftlicher Sicht bedeutet dies, dass sie Zahlungsmittel verwenden, um Vermögensgegenstände zu beschaffen. Sie investieren (in Form von sog. **Gründungsinvestitionen**) in Sachanlagen und Umlaufvermögen. Die Beträge für Gebäude und Maschinen werden zu Lasten ihres Bankkontos überwiesen, wodurch sich der Bestand des Bankkontos von *150.000 €* auf *70.000 €* verringert. Damit fließen aus ihrem Unternehmen Finanzmittel; es werden Ausgaben getätigt. Im Gegenzug gelangen Investitionsobjekte in ihr Unternehmen. Der Geldabfluss ist ein Stromvorgang, der den Bestand der Zahlungsmittel auf dem Bankkonto verringert. Die Beschaffung der Vermögensteile ist ebenfalls ein Stromvorgang, der Bestände im Investitionsbereich um den Betrag von *110.000 €* erhöht. Davon werden

*50.000* € unter der Position Gebäude, *30.000* € unter Maschinen und weitere *30.000* € unter Hilfsstoffe verbucht. Wir registrieren aufgrund der **Umschichtungen** im Vermögen des Unternehmens einen **Aktivtausch**. Die vormals liquiden Finanzmittel werden in Höhe von *80.000* € in anderen Vermögensteilen (Gebäude, Maschinen) gebunden.

Wie in der Wirtschaftspraxis üblich, bietet der Lieferant der Hilfsstoffe den beiden Jungunternehmern an, statt die Ware bar zu bezahlen, einen von ihm angebotenen Kredit (= **Lieferantenkredit**) für die Dauer von drei Monaten in Anspruch zu nehmen. Das Argument des Lieferanten „damit schont ihr euer Bankkonto" macht auf Plus und Minus Eindruck und sie willigen in das Angebot ein. Von außerhalb des Unternehmens werden ihnen dadurch zusätzliche Finanzmittel (für kurze Zeit) überlassen. Damit erhöht sich ihre Kapitalausstattung um den Rechnungsbetrag für die Lieferung der Hilfsstoffe auf *30.000* €. Auch dies stellt wieder einen Finanzierungsstrom dar, der die Bilanz auf der Passivseite unter der Rubrik „kurzfristige Verbindlichkeiten" erhöht. Die **Bilanzsumme verlängert** sich auf *180.000* €. Ferner werden für die Produktion **Arbeitskräfte** eingestellt. Abb. I-5 verdeutlicht das Zusammenspiel von Strom- und Bestandsvorgängen in Phase II.

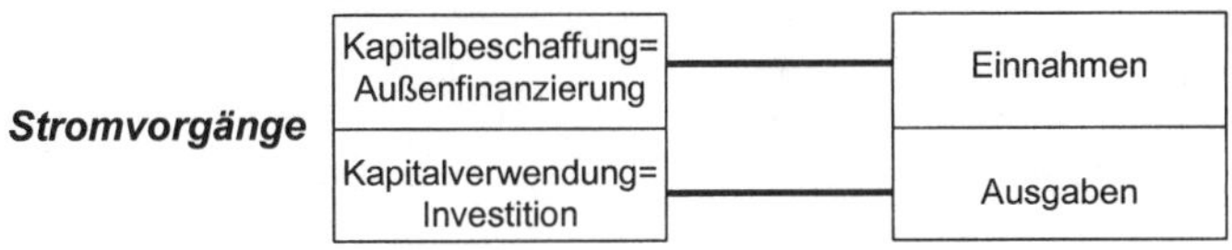


***Geschäftsvorgänge***

1. Beschaffung von Investitionsobjekten: *110.000* € → *Investition*
2. Überweisung: *80.000* €
3. kurzfristiger Lieferantenkredit: *30.000* € → *Fremdfinanzierung*

***Bestandsergebnis***

Bilanz zum 01.02.20.. (in €)

| Aktiva | | Passiva | |
|---|---|---|---|
| **Investitionsbereich** | | **Kapitalbereich** | |
| Gebäude | *50.000* | Eigenkapital | *100.000* |
| Maschinen | *30.000* | langfr. Verbindl. | *50.000* |
| Hilfsstoffe | *30.000* | kurzfr. Verbindl. | *30.000* |
| **Zahlungsbereich** | | | |
| Bank | *70.000* | | |
| | *180.000* | | *180.000* |

Abb. I-5: Strom- und Bestandsvorgänge der Phase II im Überblick

## Phase III

Zwischen Phase II und III findet die **Produktion** statt. Durch die Umformung von Sachgütern (Hilfsstoffe), Einbringung von Maschinen- und Gebäudenutzung sowie der Arbeits- und Dienstleistungen in Ertragsgüter (= Halb- und Fertigfabrikate) werden die ersten *1.000* Produkte „aufblasbare Waschmaschine" hergestellt (Herstellungskosten: *50.000* €). Die Erzeugnisse werden bis zum Verkauf im Unternehmen auf Lager genommen.

Aus finanzwirtschaftlicher Sicht kommt es zu einer teilweisen Umschichtung im Investitionsbereich (= **Aktivtausch**). Durch den Verbrauch von Hilfsstoffen sowie die Nutzung der Gebäude- und Maschinenleistungen werden diese zu Fertigfabrikaten umgeformt. Der Einsatz an Hilfsstoffen erfolgt in Höhe von *30.000* €, die Inanspruchnahme des Gebäudes und der Maschinen geht in Form von Abschreibungen mit einem Gesamtbetrag von *10.000* € (für Gebäude *1.000* € und Maschinen *9.000* €) in den Wert der Ertragsgüter ein. Eine weitere Umschichtung ergibt sich aus der Tatsache, dass Arbeitsleistungen in die Fertigfabrikate eingehen und Löhne gezahlt werden. Hierbei entsteht ein finanzwirtschaftlicher Strom durch die Ausgaben der Lohnzahlungen (*10.000* €).

Bilanziell gesehen findet weiterhin ein **Aktivtausch** statt: In Höhe der Abschreibungen vermindert sich der Bestand an Gebäuden um *1.000* € und der Maschinen um *9.000* €. Die Hilfsstoffe weisen durch den Verbrauch in Höhe von *30.000* € keinen Bestand mehr auf. Der Einsatz der Arbeitskräfte macht sich in Höhe der Lohnzahlungen von *10.000* € durch Verminderung des Bankkontos in gleicher Höhe bemerkbar - dort wird jetzt ein verminderter Bestand von *60.000* € registriert. Diesen Reduktionen in Positionen des Vermögens steht in gleicher Höhe der neue Bestand an Fertigfabrikaten „aufblasbare Waschmaschine“ im Investitionsbereich gegenüber. Man erkennt, dass Veränderungen in der Bilanz nicht zwingend gleichbedeutend sind mit finanzwirtschaftlichen Vorgängen. Dies ist ein wichtiger Aspekt, der später wieder aufzugreifen ist. Die Vorgänge der Phase IIIa werden in Abb. I-6 verdeutlicht.

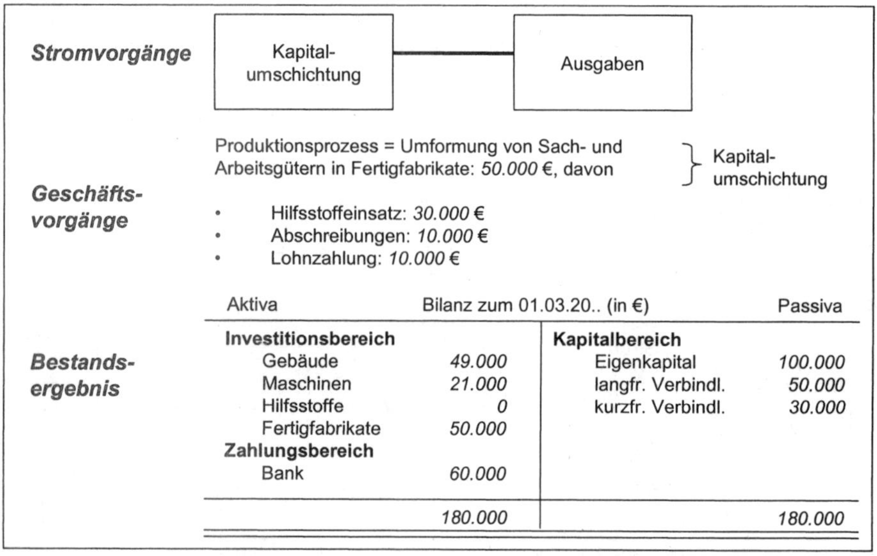


Abb. I-6: Strom- und Bestandsvorgänge der Phase IIIa im Überblick

In einem nächsten Schritt in Phase III werden die im Lager befindlichen Fertigfabrikate mit Gewinn an einen Großhändler veräußert. Der Einfachheit halber sollen beim Verkauf keine weiteren Aufwendungen entstehen. Der erzielbare Gewinn beträgt *10%* der Werte der Fertigfabrikate. Es ergibt sich ein Rechnungsbetrag in Höhe von *55.000* €, der vom Großhändler umgehend nach der Warenlieferung auf dem Bankkonto gutgeschrieben wird. Damit registrieren die Jungunternehmer einen Einnahmenstrom, der sich bilanziell im Zahlungsbereich niederschlägt. Begleitet wird dieser Vorgang mit einem entgegengesetzten Stromvorgang der Desinvestition. Aus dem Investitionsbereich werden die Fertigfabrikate mit ihrem Wert von *50.000* € ausgebucht. Dadurch werden Teile des ursprünglich gebundenen Vermögens freigesetzt, weshalb man von einem **Kapitalrückfluss** spricht.

Die Einnahme von *55.000 €* löst zum Teil einen **Aktivtausch** aus - hinsichtlich des Betrags von *50.000 €*. Der verbleibende Rest der Einnahme von *5.000 €* ist der Gewinn aus dem Verkauf der Fertigfabrikate. Dieser Betrag stellt neues Kapital für das Unternehmen dar. Weil er aus dem internen betrieblichen Umsatzprozess des Unternehmens entstanden ist, wird diese Kapitalzuführung als **Innenfinanzierung** bezeichnet. Genauer gesagt handelt es sich um eine **Selbstfinanzierung**. Da dieser Gewinn vorerst den Eigenkapitalgebern, also Plus und Minus zusteht, wird er auf der Passivseite unterhalb des Eigenkapitals in der Position Gewinn gebucht (*5.000 €*). Dadurch ergibt sich zusätzlich zum vorangegangenen Aktivtausch noch eine **Bilanzverlängerung** um *5.000 €*. Abb. I-7 verdeutlicht das Zusammenspiel von Strom- und Bestandsvorgängen beim Absatz.

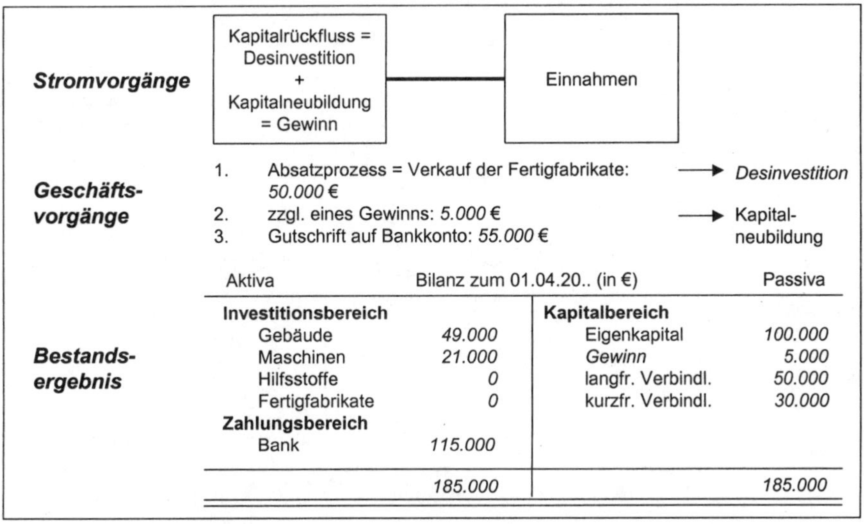


Abb. I-7: Strom- und Bestandsvorgänge der Phase IIIb im Überblick

**Phase IV**

Die am Markt erzielten Verkaufserlöse können im Unternehmen zu weiteren Investitionen verwendet werden. Plus und Minus haben zu beachten, dass auf das in ihrem Unternehmen eingesetzte Kapital bestimmte **Ansprüche** auf **Einkommenszahlung** bestehen:

- Plus und Minus sind zwar Unternehmer, führen aber auch private Haushalte und benötigen Einkommen für ihren Konsum. Sie tätigen daher Gesellschafterentnahmen (= Ausschüttungen).
- An die Bank müssen Zinsen in Höhe von *1.250 €* gezahlt werden; es erfolgt keine Tilgung des Darlehens aufgrund der vereinbarten Tilgungsaussetzung. Das kurzfristige Lieferantendarlehen wird zzgl. der aufgelaufenen Zinsen in Höhe von *750 €* getilgt.

Plus und Minus beschließen, dass jeder *1.000 €* als **Privatentnahme** für seinen privaten Konsum tätigt. Der Restgewinn wird ihrem Eigenkapitalkonto zugebucht und steht als Teil der Innenfinanzierung für zukünftige Ausgaben zur Verfügung.

Die **Tilgung** des Lieferantenkredits (inkl. Zinsen, d.h. nicht ausgeschöpftes Skonto), die Zahlung der Zinsen an die Bank sowie die Entnahmen von Plus und Minus stellen insgesamt einen Ausgabenstrom von *34.000 €* dar. Bilanziell gesehen zeigen sich diese Vorgänge als **Bilanzverkürzung**: Auf der Aktivseite reduziert sich der Zahlungsbereich um *34.000* €, auf der Passivseite wird die kurzfristige Verbindlichkeit ausgebucht, und der vorläufige Gewinn reduziert sich auf *1.000* €. Dieser wird dem Eigenkapital zugebucht. Alle Vorgänge stellen einen Abfluss von Kapital dar, was man als **Entfinanzierung** bezeichnet. Abb. I-8 verdeutlicht das Zusammenspiel von Strom- und Bestandsvorgängen in Phase IV.

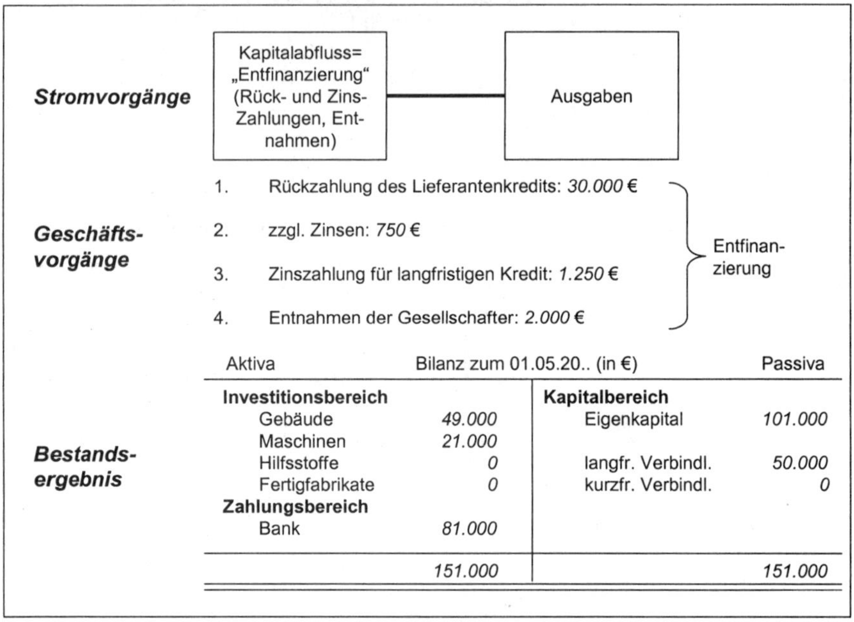


Abb. I-8: Strom- und Bestandsvorgänge der Phase IV im Überblick

## 1.2 Strom- und Bestandsvorgänge

Ausgehend von den drei im vorangegangenen Fallbeispiel verwendeten Bestandsbereichen - Investitions-, Zahlungsmittel- und Kapitalbereich - lässt sich die Bilanz weiter nach **Vermögensbereichen** unterteilen.

Zusammengefasst ergibt sich ein **Bilanzbild** aus Investition und Finanzierung wie in Abb. I-9. Sie stellt das investierte Unternehmensvermögen den Finanzierungsmitteln des Kapitalbereichs der Passivseite gegenüber. Damit korrespondieren drei **Vermögensebenen**:

- **Zahlungsmittelebene**: Summe aus Kassenbeständen und jederzeit verfügbaren Bankguthaben.
- **Geldvermögensebene**: Summe aus Zahlungsmittelbestand und Bestand an (kurz- und langfristigen) Forderungen, auch Finanzaktiva genannt, abzgl. des Bestands an (kurz- und langfristigen) Verbindlichkeiten.
- **Reinvermögensebene**: auch Netto-Gesamtvermögen genannt, identisch mit dem bilanziellen Eigenkapital, es besteht aus sonstigem Vermögen (= Bestand an Anlage- und Umlaufvermögen ohne Forderungen) und Geldvermögen.

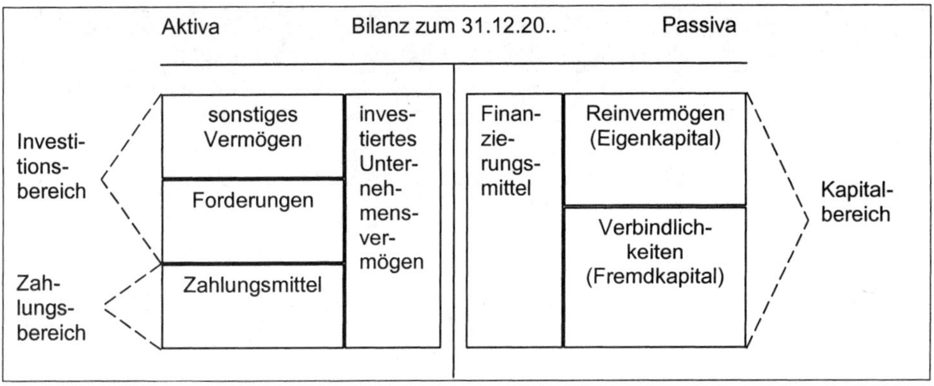


Abb. I-9: Bilanz als Bestandsbild finanzwirtschaftlicher Ströme

Die Bilanz enthält Bestände zu einem bestimmten Zeitpunkt. Betrachtet man die Bestände zu zwei unterschiedlichen Zeitpunkten (z.B. Anfang und Ende eines Geschäftsjahres), lassen sich (i.d.R.) Bestandsveränderungen feststellen. Zwischen beiden Zeitpunkten liegt ein Zeitraum. In ihm werden Investitionen getätigt und Finanzmittel disponiert. Dies stellt die Ströme dar. Finanzwirtschaftliche **Bestände** der vorgenannten Art stehen mit jeweiligen **Strom**kategorien in **Zusammenhang**. Bestimmte Zu- und Abströme verändern jeweils bestimmte Bestände-Ebenen.

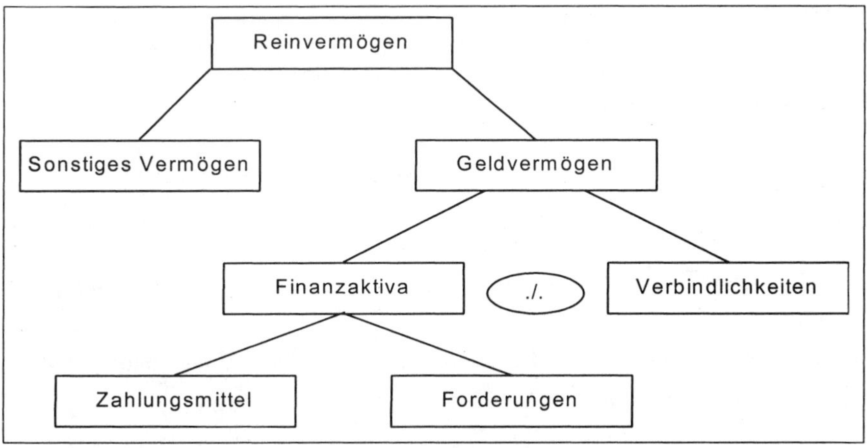


Abb. I-10: Zusammenhang von Vermögen und Kapital

Aus finanzwirtschaftlicher Sicht findet ein **Wechselspiel zwischen Beständen und Strömen** statt, das grob wie folgt beschrieben werden kann:

- Als Gegenwerte für abgesetzte Güter und Dienstleistungen werden zwischenbetrieblich über Einnahmen Debitorenbestände aufgebaut, aus denen Geldströme (= Einzahlungen) in die Unternehmen folgen. Sie werden innerbetrieblich als Zahlungsmittelbestand „gelagert“ und häufig ergänzt um zusätzliche Aufnahme von Finanzmitteln am Finanzmarkt (Kredit) oder zwischenzeitliche Anlage.
- Diese Bestände werden wieder abgebaut, wenn mit ihnen Ausgaben finanziert werden. Grundlage der Ausgabenströme stellen Kreditorenbestände dar.

| Bestand | Zustrom/ Abstrom | Bestandsänderung |
|---|---|---|
| Zahlungsmittel | • Einzahlung<br>• Auszahlung | • Einzahlungsüberschuss<br>• Auszahlungsüberschuss |
| Geldvermögen | • Einnahme<br>• Ausgabe | • Einnahmenüberschuss<br>• Ausgabenüberschuss |
| Reinvermögen | • Ertrag<br>• Aufwand | • Gewinn<br>• Verlust |
| Wirtschaftliche Größen, die sich in einem Zeitpunkt (z.B. Abschluss eines Geschäftsjahres) in der Bilanz niederschlagen. | Transaktionen finden in einem Zeitraum statt und führen zu Bestandsänderungen. | |

Abb. I-11: Zusammenhänge zwischen Bestands- und Stromgrößen

Lesehinweis: Eine detaillierte Beschreibung und gegenseitige Abgrenzung von Stromgrößen des betrieblichen Rechnungswesens liefert *Eisele* (1998, S. 621-624).

Einen schematischen Überblick über Zahlungen aus Sicht eines einzelnen Unternehmens gibt Abb. I-12. Ihr liegen folgende **Zusammenhänge** zugrunde: Als **Hauptaufgabe eines Unternehmens** wird i.d.R. die Erstellung und Verwertung von Leistungen angesehen, was im Leistungsbereich stattfindet:

- **Leistungserstellung** bezeichnet die Produktion von Gütern und Erstellung von Dienstleistungen, inkl. Beschaffung der benötigten Einsatzfaktoren.
- **Leistungsverwertung** umfasst das Angebot und den Absatz der Produktionsmengen auf entsprechenden Märkten.

Leistungsbereich und Finanzbereich stehen in einem engen Zusammenhang über die Vorgänge

- **Leistungsauszahlungen** (z.B. für die Beschaffung von Einsatzstoffen) und
- **Leistungseinzahlungen** (z.B. Erlöse aus dem Güterabsatz).

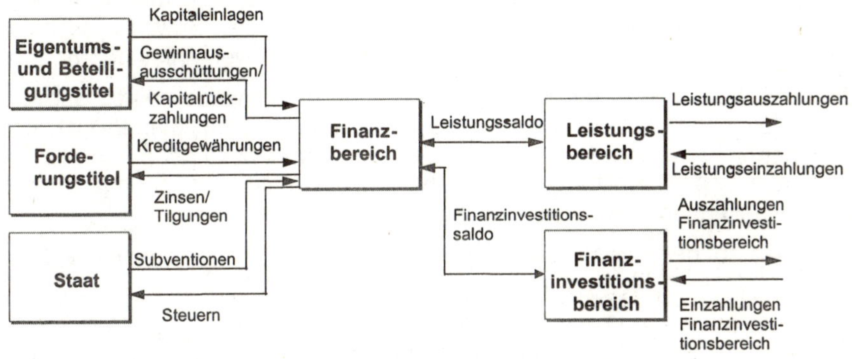


Abb. I-12: Grundsätzliche Zahlungsstrukturen von Unternehmen (Quelle: *Franke/Hax* 1999, S. 10)

Die Zusammenhänge lassen sich buchhalterisch wie folgt abbilden:

| | **Position** | **#** |
|---|---|---|
| | Laufende Leistungseinzahlungen | 1 |
| – | Laufende Leistungsauszahlungen | 2 |
| = | *Leistungssaldo vor Investitionen* | 3 |
| – | Investitionsauszahlungen | 4 |
| ± | Einzahlungen aus Desinvestitionen | 5 |
| = | **Leistungssaldo** | 6 |

Der Leistungssaldo vor Investitionen ist im Regelfall positiv. Durch Investitionen größeren Ausmaßes (z.B. bei Unternehmensexpansion) kann der Leistungssaldo (6) ein negatives Vorzeichen annehmen. In diesem Fall ergibt sich für den Finanzbereich die **Aufgabe der Finanzierung** (im Sinne des **Ausgleichs der Unterdeckung durch andere Zahlungsströme**). Eine weitere Quelle für Ein- und Auszahlungen sind **Finanzinvestitionen**. Sie bezeichnen alle Investitionen (auch kurzfristige), die außerhalb des Leistungsbereichs anzusiedeln sind. Es steht bei ihnen seitens der **Investoren** die **Absicht** im Vordergrund, verfügbare (= liquide) Mittel vorübergehend (z.B. als Termingelder) oder langfristig anzulegen (beispielsweise als Portfolioinvestitionen in Anleihen). Auszahlungen entstehen bei der Anschaffung der Investitionsobjekte, Einzahlungen rekrutieren sich aus den laufenden Erträgen (z.B. Zinseinnahmen) und der Liquidation entsprechender Vermögenswerte (z.B. durch Verkauf einer Anleihe). Die Differenz zwischen Ein- und Auszahlungen des Finanzinvestitionsbereichs stellt den Finanzinvestitionssaldo dar.

**Weitere Zahlungen** aus der Unternehmenstätigkeit entstehen durch Verpflichtungen gegenüber dem Staat. **Steuern** stellen im Regelfall den bedeutendsten Posten von Auszahlungen des Unternehmens an den Fiskus dar. Teilweise sind fiskalische Zahlungen **finanzierungsunabhängig**, und daher dem **Leistungsbereich** zuzuordnen (z.B. Umsatzsteuer, Kfz-Steuer). Die **andere Kategorie** ist dem Finanzbereich zuzurechnen. Deren **Steuerbemessungsgrundlagen** sind von **finanzwirtschaftlichen Dispositionen** (z.B. Höhe der Gewinnausschüttungen) oder von finanzwirtschaftlichen Vorgängen (z.B. Kapitalverkehrssteuern) abhängig.

**Einzahlungen** seitens des Staats in ein Unternehmen werden durch Subventionen begründet, wenn ein Unternehmen in den Kreis der Begünstigten fällt. Solche Subventionen stehen meist in Zusammenhang mit dem Leistungsbereich (z.B. Investitionsförderung). Teilweise bestehen aber auch Koppelungen an finanzwirtschaftliche Transaktionen (z.B. Zinszuschüsse).

Fasst man auf der **Investitionsseite** die zentralen Positionen zusammen, so folgt:

| | **Position** | **#** |
|---|---|---|
| | Investitionsauszahlungen des Leistungsbereichs | 7 |
| + | Investitionsauszahlungen des Finanzinvestitionsbereichs | 8 |
| = | **Gesamte Investitionsauszahlungen** | 9 |

Es wird deutlich, dass Investitionsauszahlungen in ihrer Summe aus dem Leistungsbereich (Leistungssaldo), dem Finanzbereich (Finanzinvestitionssaldo) und den Zuführungen der **Kapitalgeber** bestritten werden. Kapitalgeber sind die wichtigste Quelle zum Ausgleich negativer Leistungssalden. Damit entsteht eine weitere Zahlungskategorie: Einzahlungen von Kapitalgebern an das Unternehmen (z.B. durch Bereitstellen eines Kredits, Zeichnen eines Anteils) und Auszahlungen aus dem Unternehmen an Kapitalgeber (z.B. Zinsen und Tilgungen).

| | **Position** | **#** | | **Position** | **#** |
|---|---|---|---|---|---|
| | Eigenkapitaleinlagen | 10 | | | |
| – | Eigenkapitalrückzahlungen | 11 | | | |
| = | *Beteiligungsfinanzierung (netto)* → | 12 | | *Beteiligungsfinanzierung (netto)* | 12 |
| + | Kreditaufnahme | 13 | | | |
| – | Kredittilgung | 14 | | | |
| = | *Kreditfinanzierung (netto)* → | 15 | + | *Kreditfinanzierung (netto)* | 15 |
| | | | = | **Außenfinanzierung** | 16 |

Im **Finanzbereich** werden alle Zahlungsströme eines Unternehmens zentral zusammengeführt. Zur Finanzierung zählen zunächst die

- Zuführung von Zahlungsmitteln, d.h. Kapitaleinlagen (Beteiligungsfinanzierung) und die
- Aufnahme von Krediten (Kreditfinanzierung).

Diesen Einzahlungen stehen Auszahlungen für den Schuldendienst (Tilgung) gegenüber. Der Saldo dieser Zahlungen bildet den Betrag der Außenfinanzierung. Weitere Zahlungen entstehen innerhalb des Unternehmens durch den Leistungssaldo (vor Investitionen) und den Finanzinvestitionssaldo (vor Investitionen).

Nach **Abzug** des „**Fiskalsaldos**" (Steuern abzüglich Subventionen) gelangt man zu einem Saldo, dem **Cash Flow**. Er stellt ein im Unternehmen erwirtschafteter Überschuss dar, der zur Gewinnausschüttung oder zur Deckung von Investitionsauszahlungen herangezogen werden kann. Der Cash Flow ergänzt um Einzahlungen aus Desinvestitionen führt zum **Saldo der Innenfinanzierung**:

| | **Position** | **#** |
|---|---|---|
| | Leistungssaldo vor Investitionen | 17 |
| + | Finanzinvestitionssaldo vor Investitionen | 18 |
| – | Zinsen | 19 |
| – | (Steuern - Subventionen) | 20 |
| = | *Cash Flow* | 21 |
| – | Gewinnausschüttungen | 22 |
| ± | Einzahlungen aus Desinvestitionen | 23 |
| = | **Innenfinanzierung** | 24 |

Rechnerisch gesehen bilden Außen- und Innenfinanzierungen zusammen den Saldo aller Zahlungen mit Ausnahme der Investitionszahlungen. Daraus folgt:

| | **Position** | **#** |
|---|---|---|
| | Außenfinanzierung | 25 |
| + | Innenfinanzierung | 26 |
| ± | Zunahme (oder + bei Abnahme) des Zahlungsmittelbestands | 27 |
| = | **Gesamte Investitionsauszahlungen** | 28 |

Zahlungen stellen damit die Beziehungen zwischen dem Finanzbereich und den übrigen Unternehmensbereichen sowie den Kapitalgebern und dem Fiskus her. Zahlungen führen intuitiv zu der Vorstellung, dass „Dinge in Bewegung sind" - Bargeld wechselt die Besitzer, Wechsel werden „quer geschrieben" und weitergegeben etc. Die Richtigkeit dieser Intuition wird dadurch bestätigt, dass

- Zahlungen Stromgrößen darstellen, die
- in einem Zeitraum, in einer bestimmten Höhe
- Bestandsgrößen verändern.

Betriebliche **Zahlungsströme** können aufgrund ihrer Entstehung in zwei Kategorien unterschieden werden. In Abb. I-13 sind diese definiert und dazugehörige Beispiele genannt (in Anlehnung an *Kappler/Rehkugler* 1991).

| Ausgabenbezogene Zahlungsströme | |
|---|---|
| **Kapitalbindende Ströme** | **Kapitalentziehende Ströme** |
| Ausgaben, die als gebundene Finanzmittel zu einem späteren Zeitpunkt ins Unternehmen zurückfließen.<br>*Beispiele:*<br>• Ausgaben für den Kauf von Maschinen,<br>• Kreditgewährung an eine Tochtergesellschaft,<br>• Ausgaben für den Kauf eines Firmenanteils. | Ausgaben, die ein Unternehmen verlassen, Folge: Verringerung der Bilanzsumme.<br>*Beispiele:*<br>• Ausgaben für Dividendenzahlungen,<br>• Ausgaben für gewinnabhängige Steuern,<br>• Rückzahlung eines Lieferantenkredits. |
| **Einnahmenbezogene Zahlungsströme** | |
| **Kapitalfreisetzende Ströme** | **Kapitalzuführende Ströme** |
| Einnahmen, die von außerhalb in ein Unternehmen gelangen und die Bilanzsumme erhöhen.<br>*Beispiele:*<br>• Einnahmen aus Verkaufserlös von Produkten,<br>• Einnahmen aus Veräußerung eines LKW zum Restbuchwert,<br>• Einnahmen aus erhaltenen Tilgungen eines an eine Tochtergesellschaft vergebenen Kredits. | Einnahmen, die mobilisiert werden, wenn geldfreisetzende Einnahmen nicht ausreichen, um geldbindende und -entziehende Ausgaben zu decken.<br>*Beispiele:*<br>• Einnahmen aus Aufnahme eines Kredits,<br>• Einnahmen aus Emission junger Aktien,<br>• Einnahmen aus dem Empfang staatlicher Investitionszuschüsse. |

Abb. I-13: Einnahmen- und ausgabenbezogene Zahlungsströme im Überblick

## 1.3 Begriffsbestimmung von Finanzierung (und Investition)

Finanzierung und Investition können auf zwei unterschiedliche Weisen definiert werden. Die **bestandsorientierte** (= leistungswirtschaftliche, vermögensorientierte) **Definition** versteht Finanzierung als einen **Zugang an Kapital**, unabhängig, ob damit ein Zahlungsvorgang verbunden ist oder nicht. Bilanziell wird dies auf der Passivseite aufgezeichnet und erfasst Finanzierung als **Mittelherkunft**, auch Quelle des Vermögens genannt. Es ist die Summe der von Kapitalgebern überlassenen Kapitalbeträge.

Die bestandsorientierte Betrachtungsweise stellt nicht Ströme sondern Bestände in den Mittelpunkt ihrer Überlegungen. Damit korrespondiert auch ein ganz bestimmter Begriff von Investition: **Investition** ist ein **Zugang zum Bestand** des Geld-, Sach- oder Gesamtvermögens eines Unternehmens - unabhängig davon, ob ein Zahlungsvorgang stattfindet (= vermögensbestimmte Definition). Abgestellt wird also auf die Umwandlung von Kapital in Vermögen: Investition ist **Kapitalbindung in Beständen** (Anlage- bzw. Umlaufvermögen); **Kapitalfreisetzung** wird mit einer **Desinvestition** bezeichnet (vgl. *Perridon/Steiner* 1999, S. 27-28). Die relevanten Bestände der Finanzierung sind das Eigenkapital und das Fremdkapital. Folgende typische **Merkmale** werden unterschieden:

| Kapitalart ⇒ Merkmal ⇓ | Eigenkapital (EK) | Fremdkapital (FK) |
|---|---|---|
| Haftung | • (Mit-)Eigentümerstellung<br>• haftendes Kapital (mindestens in Höhe der Einlage) | • Gläubigerstellung<br>• Nicht haftendes Kapital |
| Einkommens-zahlung | • quotenmäßige Beteiligung<br>• Entnahme/Gewinnausschüttung<br>• Residualzahlung, abhängig vom periodischen Unternehmenserfolg | • Erfolgsunabhängige Zinszahlung<br>• kontraktbestimmte Zahlung |
| einkommensteuerliche Belastung | Gewinn (Eigenkapitalzinsen) unterliegt Einkommen- und evtl. Körperschaftsteuer, je nach Rechtsform | Fremdkapitalzinsen vermindern den steuerpflichtigen Gewinn |
| Gewerbeertrag-steuer | Eigenkapitalzinsen nicht absetzbar | • Zinsen auf Dauerschulden steuerlich nicht absetzbar<br>• Zinsen auf kurzfristiges Fremdkapital absetzbar |
| Vermögens-anspruch | Quotenanspruch, wenn Liquidationserlös größer als Schulden (= Auseinandersetzungsguthaben) | Rückanspruch in Höhe der Gläubigerforderung |
| zeitliche Verfügbarkeit des Kapitals | i.d.R. zeitlich unbegrenzt | i.d.R. zeitlich begrenzt |
| finanzielle Kapazität | begrenzt durch finanzielle Kapazität und Bereitschaft der Kapitalgeber | Abhängig vom Verschuldungsgrad |
| Unternehmens-leitung | Mitsprache und ggfls. Mitwirkung in der Unternehmensführung je nach Rechtsform | Grundsätzlich ausgeschlossen, aber teilweise faktisch existent |
| Art des Finanzierungstitels | Beteiligungstitel | Forderungstitel |
| Art der Außenfinanzierung | Beteiligungsfinanzierung (= Teil der Eigenfinanzierung) | Kreditfinanzierung (= Teil der Fremdfinanzierung) |

Abb. I-14: Merkmale von Eigen- und Fremdkapital

Im Gegensatz zur bestandsorientierten Definition von Finanzierung (und Investition) steht die **stromorientierte Begriffsbestimmung**. Finanzierung ist durch einen Zahlungsstrom gekennzeichnet, der mit einer Einzahlung beginnt und spätere Auszahlungen für Zins- und Tilgungszahlungen erwarten lässt.

<u>Beispiel:</u> Ein Darlehen wird in Höhe von *10.000 €* mit einer Laufzeit von *10* Jahren zu einem Zinssatz von *10%* p.a. aufgenommen. Die Tilgung soll in einer Summe am Ende der Laufzeit erfolgen. Die Zahlungsreihe dieser Finanzierung hat folgende Gestalt:

| $t_0$ | $t_1$ | $t_2$ | ... | $t_{10}$ |
|---|---|---|---|---|
| $e_0$ | $a_1$ | $a_2$ | ... | $a_{10}, M_{10}$ |
| *+10.000* | *-1.000* | *-1.000* | ... | *-11.000* |

Legende:

| | | |
|---|---|---|
| $e_0$ | = | Zahlungsmittelzufluss, |
| $a_t$ | = | laufende Auszahlungen (i.d.R. fällt im Zeitpunkt $t_0$ noch keine Auszahlung an), |
| $M_{10}$ | = | Tilgung am Ende der Darlehnslaufzeit, |
| $t_j$ | = | Zahlungszeitpunkt der *j*-ten Periode ($j = 0,1,...,T$; mit $T = 10$). |

Korrespondierend wird die **Investition** als **Ausgabe finanzieller Mittel** für Vermögensbestände verstanden. Im Vordergrund stehen Zahlungsströme - unabhängig davon, ob es zu Veränderungen in Vermögensbeständen kommt. Demnach gilt: **Investition** ist ein Zahlungsstrom, der mit einer Auszahlung beginnt und spätere Einzahlungen bzw. Auszahlungen erwarten lässt (vgl. *Schneider* 1992, S. 20-21).

Beispiel: Eine Maschine mit einer Nutzungsdauer von zehn Jahren wird zum Preis von *10.000 €* erworben. Während der Nutzungsdauer ergeben sich jährlich für Löhne, Material, Energie etc. laufende Auszahlungen in Höhe von *1.500 €* und aus dem Verkauf der erzeugten Produkte laufende Einzahlungen in Höhe von *3.500 €*. Beim Verkauf am Ende der Nutzungsdauer erbringt die Maschine noch eine Einzahlung von *500 €*. Als Zahlungsreihe dieser Investition ergibt sich:

| $t_0$ | $t_1$ | $t_2$ | ... | $t_{10}$ |
|---|---|---|---|---|
| $a_0$ | $a_1$ | $a_2$ | ... | $a_{10}$ |
| | $e_1$ | $e_2$ | ... | $e_{10}$, $L_{10}$ |
| -10.000 | -1.500 | -1.500 | ... | -1.500 |
| | +3.500 | +3.500 | ... | +3.500 |
| | | | | +500 |
| | $d_1$ | $d_2$ | | $d_{10}$ |
| -10.000 | +2.000 | +2.000 | ... | +2.500 |

Legende:

| | | |
|---|---|---|
| $a_0$ | = | Anschaffungsauszahlung, |
| $e_t$ | = | laufende Einzahlungen (i.d.R. fällt im Zeitpunkt $t_0$ noch keine Einzahlung an), |
| $d_t$ | = | laufende Einzahlungsüberschüsse (negatives Vorzeichen bei Auszahlungsüberschüssen), |
| $L_{10}$ | = | Liquidationserlös am Ende der Nutzungsdauer. |

Die stromorientierte Definition gilt als die **moderne Richtung** der Finanzierungslehre. Finanzierungs- und Investitionsvorgänge werden dabei auf reine Zahlungsreihen reduziert; technische und andere nicht monetäre Merkmale von Investitionen und Finanzmitteln bleiben unberücksichtigt. Je nach Untersuchungszweck erweist sich entweder eine bestands- oder eine stromorientierte Definition als sinnvoll. Insofern sind heutzutage beide Definitionsrichtungen in Wissenschaft und Praxis anzutreffen und erklärungsrelevant.

Lesehinweis: Die Darstellung von Zahlungsvorgängen im Unternehmen wird ausführlich erläutert in *Franke/Hax* (1999, S. 9-15).

## 1.4 Die besondere Rolle des Eigenkapitals

Unter **Eigenkapital** versteht man **i.w.S.** die in Geldwert ausgedrückten Mittel, die die Eigentümer eines Unternehmens eingebracht haben. Zu unterscheiden sind zwei **Komponenten** des Eigenkapitals: das bilanzielle Eigenkapital und das haftende Eigenkapital. Dem **bilanziellen Eigenkapital** kommt je nach Unternehmensrechtsform entweder ein variabler oder konstanter Charakter zu:

- **Variables Eigenkapital** nennt man bei Einzelkaufleuten und Personengesellschaften deren Eigenkapitalposition in der Bilanz. Ihr Kennzeichen ist, dass es über ein Geschäftsjahr betragliche Schwankungen aufweisen kann, die durch Einlagen und Entnahmen der Gesellschafter, durch erwirtschaftete Verluste oder einbehaltene Gewinne verursacht werden.

- **Konstantes Eigenkapital** (= Nominalkapital) findet sich dagegen bei allen Unternehmensformen mit Haftungsbeschränkung. Dies trifft auf die Rechtsformen AG und GmbH zu. Hier wird das konstante Eigenkapital gezeichnetes Kapital genannt. Bei diesen Unternehmensformen besteht das bilanzielle Eigenkapital zusätzlich aus variablen Eigenkapitalkomponenten wie Rücklagen.

| | | |
|---|---|---|
| | **Gezeichnetes Kapital** | → konstant |
| + | Kapitalrücklage | (teil-)variabel |
| + | Gewinnrücklagen | |
| + | Jahresüberschuss | |
| ./. | Jahresfehlbetrag | |
| + | Gewinnvortrag | |
| ./. | Verlustvortrag | |
| = | **bilanziertes Eigenkapital** | |

Abb. I-15: Zusammensetzung des bilanzierten Eigenkapitals

Ergänzt man das bilanzielle Eigenkapital um die im Unternehmen befindlichen **stillen Reserven** (vgl. Kapitel IV, Abschnitt 2.2), so gelangt man zum effektiven Eigenkapital.

| | | | | |
|---|---|---|---|---|
| **Nominalkapital** | Grund- oder Stammkapital | | | |
| **rechnerisches Eigenkapital** | Grund- oder Stammkapital | Rücklagen | Gewinn (./. Verlust) | |
| **effektives Eigenkapital** | Grund- oder Stammkapital | Rücklagen | Gewinn (./. Verlust) | stille Reserven |

Abb. I-16: Zusammensetzung des Eigenkapitals (Quelle: *Coenenberg* 2000, S. 271)

Fremdkapital zeichnet sich gegenüber Eigenkapital dadurch aus, dass Gläubiger in ihren Ansprüchen vor den Eigenkapitalgebern befriedigt werden. Dies schließt das Risiko der Eigenkapitalgeber von **Ausschüttungs- und Vermögensverlusten** ein. Bilanziell wird dies als rechnerische Eigenkapitalposition erfasst. Das haftende Eigenkapital schließt das bilanzielle Eigenkapital ein, ist aber erweitert um sog. **nachrangige Fremdkapitalpositionen** zu verstehen. Es handelt sich dabei um dem Unternehmen bereitgestelltes Kapital, das erst dann an die Gläubiger zurückgezahlt wird, wenn alle sog. **vorrangigen Verbindlichkeiten** gänzlich getilgt sind. Insofern übernimmt nachrangiges Fremdkapital zumindest teilweise oder zeitweise das Risiko des Ausschüttungs- und Vermögensverlusts, wie es dem Eigenkapital zu Eigen ist. Man unterscheidet zwei Arten von Fremdkapital:

- Vorrangiges Fremdkapital (= **Senior Debt**) zeichnet sich dadurch aus, dass die Gläubiger mit ihren Ansprüchen auf Rückzahlung vor den Eigenkapitalgebern und Gläubigern mit nachrangigem Fremdkapital vom Unternehmen zu bedienen sind. Dieses Fremdkapital ist im Regelfall mit Sicherheiten unterlegt.
- Nachrangiges Fremdkapital (= **Subordinated Debt**) weist demgegenüber keine Sicherheitenstellung des Unternehmens für die Gläubiger auf. Ihre Forderungen werden erst nach Befriedigung der vorrangigen Gläubiger getilgt (sofern

hierzu im Insolvenzfall noch liquidierbare Vermögenswerte vorhanden sind). Damit nimmt das nachrangige Fremdkapital eine Zwischenstellung gegenüber Eigen- und Fremdkapital ein. Das Ausfallrisiko ist ähnlich hoch wie das des Eigenkapitals, aber es entstehen daraus keine Anteilsrechte, wie dies auch bei Fremdkapital nicht der Fall ist. Es wird deswegen auch als „**Mezzanine Capital**" (aus dem italienischen = Zwischenstock) bezeichnet (vgl. *Schmid* 1994, S. 135 ff.). Dazu zählen die Beteiligung als stiller Gesellschafter, partiarische Darlehen und Genussrechte.

Die vorangegangenen Ausführungen in Zusammenhang mit den begrifflichen Unterscheidungen beim Eigenkapital wiesen auf die Bedeutung der Haftung hin. Unter der **Haftungs- und Garantiefunktion** ist die Aufgabe des Eigenkapitals zu verstehen, Gläubiger weitgehend vor Verlusten ihrer Forderungen zu schützen (vgl. *Rudolph* 1991, S. 33-34):

- Zum einen soll Eigenkapital eingetretene Verluste aus der laufenden Geschäftstätigkeit gegen gleichzeitige Eigenkapitalzuwächse (= laufende Erträge) aufrechnen. Eigenkapital nimmt eine **Pufferfunktion** ein, die dafür sorgt, dass Verluste nicht auf die Zinsforderungen der Gläubiger durchschlagen.
- In anderer Hinsicht wird mit der Haftungsfunktion des Eigenkapitals die bereits angedeutete nachrangige Befriedigung der Eigenkapitalgeber beschrieben. Eigenkapital soll Gläubiger vor den Kosten der Insolvenz und Verlusten der Liquidation eines Unternehmens schützen.

Abb. I-17 verdeutlicht die Reihenfolge, in der bei Kapitalgesellschaften bei einem Verlustausgleich die Positionen des effektiven Eigenkapitals sukzessive herangezogen werden.

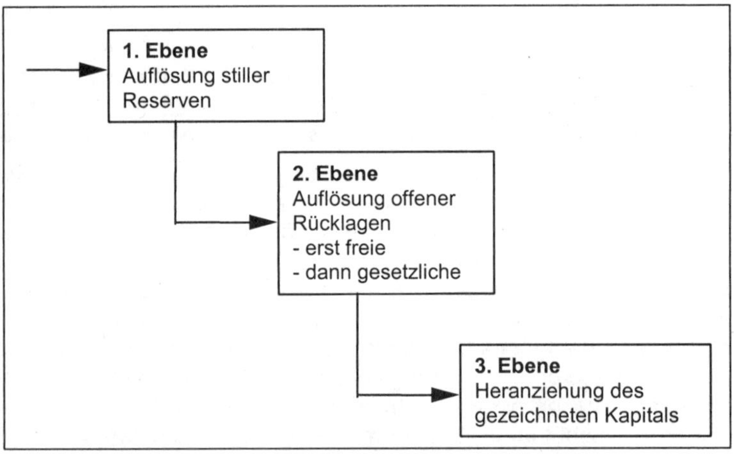


Abb. I-17: Stufen des Verlustausgleichs bei Kapitalgesellschaften

Eigenkapital unterscheidet sich also von Fremdkapital letztendlich durch seinen **Haftungscharakter**, der allerdings weiter reicht als der Eigenkapitalbegriff, da er sog. **haftende Mittel** einschließt. Sie bestehen aus Eigenkapital und Haftungszusagen.

| | | | | |
|---|---|---|---|---|
| Haftungsmasse | investiertes Unternehmensvermögen (= Finanzmittel) | ≡ | Fremdkapital | nicht haftende Mittel |
| | | | Eigenkapital | haftende Mittel = Haftungskapital |
| | potenzielles Unternehmensvermögen | | Haftungszusagen | |

Abb. I-18: Zusammenhang zwischen Haftungsmasse und Haftungskapital

**Haftungsmasse** stellt das zur Begleichung von Schulden insgesamt vom Unternehmen **abrufbare Vermögen** dar. Es besteht aus den in das Vermögen investierten Finanzmitteln und potenziellem Unternehmensvermögen. Letztgenanntes bezeichnet solche Vermögensteile, die im Falle der drohenden Zahlungsunfähigkeit oder der Überschuldung eines Unternehmens mit in die Haftungsmasse einzuschließen sind. Es bezieht sich sowohl auf vorhandene Spielräume in der Eigen- als auch auf solche der Kreditfinanzierung. Ausschlaggebend ist, dass **potenziellem Unternehmensvermögen** entsprechende vertragliche Regelungen zugrunde liegen müssen. Hierzu zählen beispielsweise in der Eigenfinanzierung das sog. genehmigte Kapital bei einer AG oder ein eingeräumter Kontokorrentkredit, der noch nicht in vollem Umfang der Kreditlinie ausgeschöpft wurde.

Unter **Haftungszusagen** werden **allgemein** Leistungen verstanden, die überwiegend in Form von Zahlungsmitteln im Fall der Zahlungsunfähigkeit oder der Überschuldung dem Unternehmen zur Verfügung stehen. Beispiele hierfür sind freies privates Vermögen von voll haftenden Gesellschaftern in einer OHG, Garantien von teilhaftenden Gesellschaftern oder Verlustübernahmeverträge einer Mutter- gegenüber ihrer Tochtergesellschaft im Konzern. **Spezielle Haftungszusagen** sind solche Verträge, die die Position einzelner Gläubiger verbessern wie z.B. Bürgschaften oder Garantien.

Eine weitere Funktion des Eigenkapitals ist seine **Finanzierungsfunktion**. Durch den Erwerb eines Eigenkapitalvertrags seitens der Eigenkapitalgeber stellen sie letztendlich einem Unternehmen Vermögenswerte auf der Aktivseite bereit. Dies erfolgt im häufigsten Fall durch eine Geldeinlage, kann aber auch durch Sachen oder Rechte erfolgen.

Die Höhe der Eigenkapitalausstattung vermag Unternehmensexternen, die keinen direkten Einblick in die Produktion, Leistungsfähigkeit und das Risiko der Investitionen eines Unternehmens haben, als Signal zur Einschätzung möglicher zukünftiger Risiken und Erfolge zu dienen. Dieser **Reputationseffekt** des Eigenkapitals wird auch mit **Vertrauensfunktion** umschrieben. Insbesondere eine gegenüber Konkurrenten oder der Branche relativ hohe Eigenkapitalausstattung lässt für Unternehmensexterne positive Rückschlüsse auf zukünftige Zahlungsfähigkeit des Unternehmens und ein geringes Risiko des Forderungsausfalles zu (vgl. *Krümmel* 1983, S. 90).

Des Weiteren wird es möglich, mit Eigenkapital solche risikotragenden Investitionen zu tätigen, für die sich ansonsten kein (i.d.R. risikoscheuer) Fremdkapitalgeber finden würde (= **Risikofunktion**) (vgl. *Deutsche Bundesbank* 1994a, S. 74).

Eine Besonderheit hinsichtlich des Eigenkapitals von **Kreditinstituten** liegt in dessen **Geschäftsbegrenzungsfunktion**. Sie ergibt sich aus den §§ 10, 10a KWG (= Kreditwesengesetz) in Verbindung mit dem Grundsatz I und Ia sowie aus den §§ 13, 13a KWG. Demzufolge müssen derzeit noch *8%* der gewichteten Risikoaktiva

(= Beteiligungen, Forderungen, Wertpapiere, Bürgschaften etc.) mit Eigenkapital unterlegt sein (bzw. die Summe der risikogewichteten Aktiva darf das *12,5*fache des Eigenkapitals nicht überschreiten). Zudem darf nach § 13 KWG ein sog. Großkredit (Kredit an einen einzigen Kreditnehmer mit einem Anteil des Kredits am Eigenkapital von mehr als *10%*) max. *25%* des haftenden Eigenkapitals ausmachen. Damit wird bei Kreditinstituten der Geschäftsumfang entsprechend des Eigenkapitalbestands begrenzt. Ziel ist es seitens der Aufsichtsbehörde, die Risiken aus Verlusten bestimmter besonders risikotragender Geschäftsarten zu vermeiden oder so gering wie möglich zu halten (vgl. hierzu *Büschgen* 1987, S. 667-668).

Lesehinweis: Der Eigenkapitalbegriff ist alles andere als eindeutig definierbar (vgl. hierzu die Diskussion in *Drukarczyk* 1999, S. 253-260).

# 2 Finanzierungs- und Investitionsstrukturen

Im Folgenden wird dem Begriff „Finanzierung" folgende Definition zugrunde gelegt: Finanzierung ist **Geldbeschaffung** und **Strukturierung** der Passivseite der Bilanz, umfasst nicht nur **Kapitalzu-**, sondern auch **Kapitalabflüsse** und soll verstanden werden als unternehmenszielgerichtete **Deckung** von **Kapitalbedarf**. In der Finanzierungslehre ist es gängig, bestimmte Finanzierungsformen begrifflich zu bestimmen und sie zu systematisieren (vgl. auch *Schäfer* 1999a, S. 18 ff.). Die zentralen Begriffe und Unterscheidungen werden nachfolgend vorgestellt.

## 2.1 Begriffsbestimmungen und Systematisierungen

Die sich einem Unternehmen bietenden Finanzierungsmöglichkeiten lassen sich aufgrund verschiedener Merkmale systematisieren:

- In der Art der **Rechtsbeziehung** zwischen kapitalnehmenden Unternehmen und Kapitalgebern wird eine Einteilung in **Beteiligungs- und Kreditfinanzierung** vorgenommen. Die erstgenannte Form verändert das Eigenkapital, während die Kreditfinanzierung das Fremdkapital eines Unternehmens betrifft.
- Nach der Art der **Herkunft der Finanzierungsmittel** ist einerseits zu unterscheiden zwischen der **Außenfinanzierung**, bei der Finanzmittel von unternehmensexternen Kapitalgebern eingebracht werden. In der **Innenfinanzierung** werden Finanzmittel aus dem Erlös von am Markt verwerteten Vermögensobjekten bereitgestellt (insbesondere aus betrieblichen Erzeugnissen).
- Als **unbefristet** überlassen gelten i.d.R. Eigenkapitalanteile (z.B. Aktien, GmbH-Anteile). **Befristete** Überlassungen sind ihrer Natur nach vor allem Fremdkapitalanteile, die sich unterteilen in kurzfristige Nutzung (bis zu einem Jahr), mittelfristige Nutzung (von einem Jahr und bis zu vier Jahren) und langfristige Nutzung (von vier Jahren und darüber).
- Unterschieden wird ferner nach den besonderen **Finanzierungsanlässen**. Hierunter sind Finanzierungen zu verstehen, die sich von den laufenden Finanzentscheidungen im Unternehmen deutlich abheben, so z.B. Gründung, Kapitalerhöhung, Kapitalherabsetzung, Umwandlung, Fusion (Verschmelzung), Sanierung, Liquidation.
- Eine weitere Systematik setzt an der **Form** an, in welcher Unternehmen Finanzierungsmittel zufließen können: **Geldfinanzierung** bezeichnet einen Zufluss

von Zahlungsmitteln, **Sachfinanzierung** besteht aus einem Zugang von Sachvermögen oder Rechten.

Weite Verbreitung in der Finanzierungslehre hat die **Systematisierung** nach der **Kapitalherkunft**. Auf dieser Grundlage wird im Folgenden weiter verfahren. Im Überblick lassen sich die Finanzierungsarten nach ihrer Herkunft wie in Abb. I-19 unterscheiden.

| **Außenfinanzierung** | | | |
|---|---|---|---|
| **Beteiligungsfinanzierung** | **Kreditfinanzierung** | | **Subventionsfinanzierung** |
| | ***Kurzfristige Kreditfinanzierung*** | ***Langfristige Kreditfinanzierung*** | |
| Zuführung von Haftkapitals durch Gesellschafteraufnahme, Einlagen der bisherigen Gesellschafter, Aktienemissionen und dgl. | z.B. Lieferantenkredit, Wechselkredit, Kontokorrentkredit, Lombardkredit, Avalkredit, Kundenanzahlung | z.B. langfristiger Bankkredit, Schuldscheindarlehn, Anleihe. | z.B. Investitionszulage, Zinszuschuss. |
| **Innenfinanzierung** | | | |
| **Selbstfinanzierung i.w.S.** | | | **Finanzierung aus Vermögensumschichtung** |
| ***Selbstfinanzierung i.e.S.*** | ***Finanzierung aus Abschreibungsgegenwerten*** | ***Finanzierung durch Dotierung von Rückstellungen*** | |
| Zeitweise oder dauernde Zurückbehaltung erwirtschafteter Gewinne auf offene oder verdeckte Weise (offene, stille und verdeckte Selbstfinanzierung), inkl. verwandter Formen (z.B. Kapitalrücklage). | Zeitweise oder dauernde Zurückbehaltung erwirtschafteter (verdienter) Gegenwerte von Abschreibungen aus den Umsatzerlösen. | Zeitweise oder dauernde Zurückbehaltung erwirtschafteter Rückstellungsgegenwerte (aus den Umsatzerlösen verdient). | z.B. Veräußerung von Teilen des Anlagevermögens, Kapitalfreisetzung durch Lagerabbau, Rationalisierungen, Factoring, Sale-and-Lease-Back. |

Abb. I-19: Systematisierung der Finanzierungsformen nach der Kapitalherkunft

Nach ihrer **Herkunft** lassen sich Finanzierungsvorgänge also danach unterscheiden, ob sie von innerhalb des Unternehmens, primär aus dem Umsatzprozess, kommen (= Innenfinanzierung), oder ob von außerhalb des Unternehmens Mittel zufließen (= Außenfinanzierung). **Außenfinanzierung** kann durch Eigen- oder Fremdkapitalaufnahme erfolgen. Bei der **Beteiligungsfinanzierung** wird das Eigenkapital verändert. Die Eigenkapitalgeber sind Eigentümer am Unternehmen, d.h., sie sind an ihm finanziell und rechtlich beteiligt. Gängig ist für solche Vorgänge der Begriff **Beteiligungsfinanzierung** bzw. externe Eigenfinanzierung. Außenfinanzierung durch Fremdkapitalaufnahme kann durch **Kreditfinanzierung** erfolgen. Im Rahmen der Fremdfinanzierung erfolgt eine Erhöhung des Fremdkapitals. Man spricht auch von externer Fremdfinanzierung. Innen- und Außenfinanzierung stehen miteinander in Beziehung, was in Abb. I-20 zusammengefasst ist.

| rechtlicher Anspruch⇒<br>Herkunft<br>⇓ | **Eigenfinanzierung** | **Fremdfinanzierung** |
|---|---|---|
| **Außenfinanzierung** | externe Eigenfinanzierung =<br>• Beteiligungsfinanzierung | externe Fremdfinanzierung =<br>• Kreditfinanzierung<br>• Subventionsfinanzierung |
| **Innenfinanzierung** | interne Eigenfinanzierung =<br>• Selbstfinanzierung i.e.S.<br>• Finanzierung aus Abschreibungsgegenwerten<br>• Finanzierung aus Vermögensumschichtungen | interne Fremdfinanzierung =<br>• Einstellung in Pensionsrückstellungen |

Abb. I-20: Zusammenhänge von Finanzierungsbegriffen

Beispiel:

Eine Bilanz im Zeitpunkt $t_0$ weise folgendes Bild auf:

| Aktiva | Bilanz $t_0$ | | Passiva |
|---|---|---|---|
| Anlagevermögen | *25* | Eigenkapital | *25* |
| Umlaufvermögen | *50* | Fremdkapital | *50* |
| | *75* | | *75* |

Zwischen dem Bilanzstichtag $t_0$ und dem nächsten Stichtag $t_1$ sollen zwei finanzwirtschaftliche Stromvorgänge stattfinden:

(1) Aufnahme eines neuen Gesellschafters, der einen Geschäftsanteil in Höhe von *5 €* zusätzlich in Form von Maschinen einbringt (Kapitalerhöhung mittels Sacheinlage). Dies stellt eine Beteiligungsfinanzierung dar, die sich als Bestandsmehrung auf der Passivseite in der Eigenkapitalposition niederschlägt. Als Nachweis für die Verwendung dieser Mittel wird auf der Aktivseite im Anlagevermögen gegengebucht.

(2) Kauf von Rohstoffen in Höhe von *20 €*, die mit einem Lieferantenkredit bezahlt werden. Dies stellt eine Kreditfinanzierung dar, die als Bestandsmehrung auf der Passivseite in der Position Verbindlichkeiten vermerkt wird. Als Nachweis für die Verwendung dieser Mittel wird auf der Aktivseite im Umlaufvermögen gegengebucht.

Aufgrund der beschriebenen Finanzierungsvorgänge sieht das Bestandsbild in der Bilanz zum Stichtag $t_1$ wie folgt aus:

| Aktiva | Bilanz $t_1$ | | Passiva | | |
|---|---|---|---|---|---|
| Anlagevermögen | *30* | Eigenkapital | *30* | ← Beteiligungsfinanzierung | + *5* |
| Umlaufvermögen | *70* | Fremdkapital | *70* | ← Kreditfinanzierung | + *20* |
| | *100* | | *100* | Außenfinanzierung | |

Abb. I-21: Bilanzielle Wirkungen der Außenfinanzierung

Nach der Aufbringung der Finanzquellen lässt sich ergänzend die Außenfinanzierung zum einen in die **Individualfinanzierung** unterscheiden (z.B. Einlage eines persönlich haftenden Gesellschafters); d.h., einzelne Kapitalgeber nehmen Finanzinvestitionen im Unternehmen vor (hier besonders zu erwähnen: Kapitalsammelstellen und Kreditinstitute). Andererseits kennzeichnet die **anonyme Marktfinanzierung** (z.B. Ausgabe von Aktien oder Anleihen) Finanzierungsvorgänge, in denen Unternehmen verbriefte, fungible Beteiligungs- und Gläubigerrechte am Kapitalmarkt emittieren.

Der Vollständigkeit halber ist im Bereich der Außenfinanzierung die sog. „**Subventionsfinanzierung**" aufzuführen. Es handelt sich um **Finanzhilfen** des Bundes und der Länder, die meist über im Auftrag handelnde Finanzierungsinstitute an private Kapitalnehmer vergeben werden. Wichtige Merkmale der Subventionsfinanzierung sind im Vergleich zum Kapitalmarkt niedrigere Zinssätze, häufig tilgungsfreie Zeiten zu Vertragsbeginn und eine Zweckbindung der Kredite. Die Vergabe solcher Mittel ist i.d.R. abhängig von der Erfüllung bestimmter wirtschaftspolitisch vorgegebener Bedingungen:

- Im Bereich der Beteiligungsfinanzierung ist hier vor allem die Vergabe von **Existenzgründungsdarlehen** für den Aufbau eines Unternehmens zu nennen. Die Mittelvergabe erfolgt durch die Deutsche Ausgleichsbank AG, Bonn.
- In der Kreditfinanzierung werden meistens zur Finanzierung von **Außenhandelsgeschäften** oder im binnenwirtschaftlichen Raum für die Investitionsgüterfinanzierung Sonderfinanzmittel zweckbestimmt vergeben. Stellvertretend für andere Institute sei hier die Kreditanstalt für Wiederaufbau, Frankfurt a.M., genannt.

Gegenüber der Außenfinanzierung bezeichnet Innenfinanzierung den Zufluss an **Finanzierungsmitteln aus** dem **Umsatzprozess** und durch **Vermögensumschichtungen** innerhalb des Unternehmens. Im Gegensatz zur Außenfinanzierung sind bei der Innenfinanzierung des Unternehmens nicht externe, sondern interne Quellen die Grundlage (z.B. Verkauf von Ertragsgütern, Veräußerung eines abgeschriebenen Fahrzeugs). Daher spricht man auch von **interner Eigenfinanzierung** (Einbehaltung von Gewinnen, d.h. Selbstfinanzierung i.e.S., Gewinnung von finanziellen Abschreibungsgegenwerten, Vermögensumschichtungen) und von **interner Fremdfinanzierung.** In die letzte Kategorie fallen vor allem Rückstellungsbildungen.

Beispiel:

| Aktiva | Bilanz $t_1$ | | Passiva |
|---|---|---|---|
| Anlagevermögen | *30* | Eigenkapital | *30* |
| Umlaufvermögen | *70* | Fremdkapital | *70* |
| | *100* | | *100* |

Aufbauend auf Abb. I-21 lassen sich diese Vorgänge wiederum in der Bilanz verdeutlichen. Ergänzend wird jetzt für den Zeitraum zwischen dem Stichtag $t_1$ und einem neuen Bilanzstichtag $t_2$ eine Gewinn- und Verlustrechnung (GuV) benötigt. Dort werden die Ströme der Innenfinanzierung aufgezeichnet, die die Bilanz in $t_2$ verändern. **Innenfinanzierung**svorgänge sind **Stromvorgänge vorwiegend aus** den **Umsatzerlösen** des Unternehmens, die Eigenkapital oder Fremdkapital im Unternehmen verändern. Wählt man als Ausgangspunkt die GuV und hier die Umsatzerlöse (*10* €), so lässt sich in Abb. I-22 dieser Zusammenhang wie folgt ablesen:

- Von den Umsatzerlösen sollen drei € auf finanzielle Gegenwerte für Abschreibungen entfallen. Bilanziell drückt sich dies in einer Verminderung des Anlagevermögens um diesen Betrag und in einer Erhöhung der Zahlungsmittel, d.h. hier der gesamten Position Umlaufvermögen, aus.
- Die finanziellen Gegenwerte für die Dotierung von Rückstellungen erfolgen ebenfalls aus den Umsatzerlösen, in Höhe von einem €. In der GuV ist dies in der Position Löhne und Gehälter aufgeführt. Auch dieser eine € erhöht den Zahlungsmittelbestand, d.h. das Umlaufvermögen. Zum anderen wird auf der Passivseite das Fremdkapital erhöht, da Einstellungen in Pensions-

rückstellungen eine Verbindlichkeit des Unternehmens darstellen (= Ansprüche von Arbeitnehmern auf spätere Auszahlung im Rentenalter).

- Der Jahresüberschuss von zwei € ist ebenfalls aus den Umsatzerlösen verdient, was zudem kassenwirksam ist und auf der Aktivseite das Umlaufvermögen sowie auf der Passivseite als Eigenfinanzierung das Eigenkapital erhöht.
- Vier € der Umsatzerlöse stellen nicht Komponenten der Innenfinanzierung dar. Es handelt sich um sonstigen Aufwand, der vollständig auf der Aktivseite durch entsprechende betragliche Verminderungen in den Positionen Vorräte kompensiert wird. Der Zahlungsmittelzugang von vier € als Anteil des sonstigen Aufwands an den Umsatzerlösen spiegelt sich bilanziell nicht wieder.

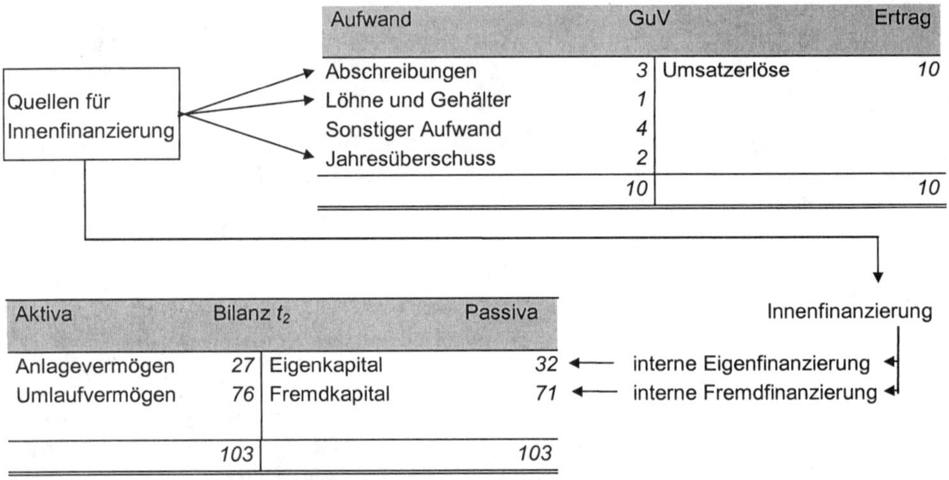


Abb. I-22: Bilanzielle Wirkungen der Innenfinanzierung

Kapitel II wird sich mit den in Abb. I-22 angegebenen Inhalten der Innenfinanzierung bis auf steuerliche Fragestellungen beschäftigen. Im Überblick stellt sich der funktionale Unterschied zwischen Innen- und Außenfinanzierung abschließend wie folgt dar:

| **Innenfinanzierung** | **Außenfinanzierung** |
|---|---|
| Finanzierung durch Kapitalbildung im Unternehmen sowie durch Desinvestition, wie z.B. aus Vermögensumschichtung. | Aufnahme von Eigen- bzw. Fremdkapital mit bestimmten Überlassungsfristen durch Kapitalzuführung von außerhalb des Unternehmens. |
| Finanzierungsvorgänge entstehen in der Regel laufend und sind oft erst am Ende einer Abrechnungsperiode erkennbar. | Finanzmittelüberlassung zu ganz bestimmten Zeitpunkten. |
| Genaue Höhe zum Teil ungewiss, da Ansprüche Dritter auftreten können (z.B. Fiskus oder Ansprüche aus Rückstellungen). | Festlegung exakter Beträge im Voraus möglich. |

Abb. I-23: Merkmale der Innen- und der Außenfinanzierung in der Gegenüberstellung

## 2.2 Kapital- und Finanzierungsstrukturen von Unternehmen

Nachdem die zentralen Begriffe der Finanzierungsvorgänge und -formen eingeführt wurden, ist es naheliegend, ihre Bedeutung in der Realität der Unternehmensfinanzierung zu betrachten. Für Deutschland liefert die **Deutsche Bundesbank** in regelmäßigen Abständen und in Sondererhebungen repräsentative statistische Daten. Bei Betrachtung ihrer Erhebungen wird auf die bisherigen Begriffsbestimmungen, vor allem die Trennung von Finanzierungsvorgängen in Strom- und Bestandsgrößen, zurückgegriffen. Zuerst sei die **Bestandsseite** untersucht, wobei auf die **Vermögens- und Kapitalstruktur** von Unternehmen aus den alten Bundesländern des Jahres 1998 zurückgegriffen wird:

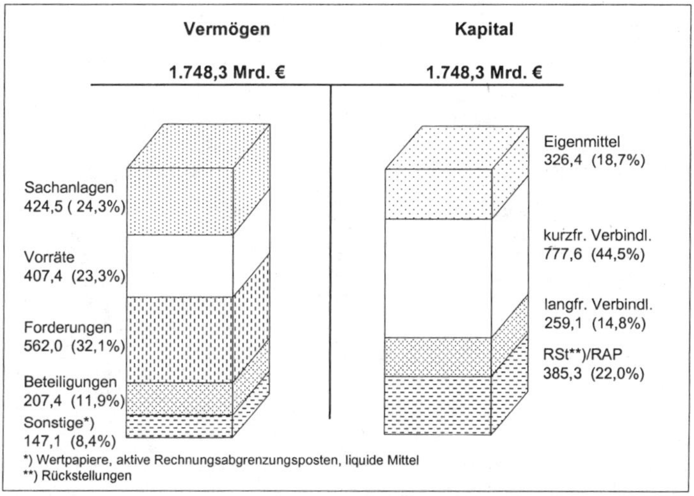


Abb. I-24: Vermögens- und Kapitalausstattung deutscher Unternehmen 1998 (in Mrd. Euro umgerechnete DM-Beträge, bzw. v.H.) (Quelle: *Deutsche Bundesbank* 2001)

Insgesamt verfügten westdeutsche Unternehmen **1998** über einen Bestand an Vermögen und Kapital in Höhe von ***1.748,3* Mrd. €**. Betrachtet man die Vermögensseite, auf der sich nach der **bestandsorientierten Definition** Investitions- und Desinvestitionsvorgänge niederschlagen, so bewegt man sich auf einer Datengrundlage, die der (stichtagsbezogenen) **Aktivseite** von Unternehmen bilanziell entspricht. Man gewinnt folgendes Bild:

- Überwiegend (*32,1*%) bestand das **Vermögen** der Unternehmen 1998 aus Positionen mit Forderungscharakter, die **überwiegend kurz- bis mittelfristiger Natur** waren.
- Zweite Vermögensgruppe nach Anteilshöhe bildete die der **Sachanlagen** *(24,3%)*, gefolgt von den **Vorräten** (*23,3*%) und **Beteiligungen** (*11,9*%).

Stellt man der Vermögens- die **Kapitalseite** gegenüber, so bildet man nach der bestandsorientierten Definition von Kapital das Ergebnis von Finanzierungsvorgängen zu einem Stichtagszeitpunkt ab (es handelt sich bei der Datenquelle um die **Passivbilanzseite** der untersuchten Unternehmen):

- Zum **überwiegenden Teil** bestand 1998 die Kapitalausstattung deutscher Unternehmen aus **Verbindlichkeiten** (*81,3*%) (kurz- und langfristige Verbindlichkeiten sowie Rückstellungen). Die wichtigste Bedeutung hierin hatte mit weitem Abstand (*70,5%*) die kurzfristige Finanzierung. Bei der Integration der übrigen Rückstellungen (ohne Pensionsrückstellungen) in voller Höhe ist kritisch anzumerken, dass dies nur teilweise gerechtfertigt ist, da in dieser Position auch Rückstellungen mit „Innenverpflichtungscharakter" enthalten sind, die Eigenkapitalmerkmale tragen.

- Die **eigenen Mittel**, die das Eigenkapital verkörpern, nahmen einen **geringen Anteil** von *18,7%* ein.

Gliedert man die Fremdkapitalausstattung wegen ihrer hohen Bedeutung weiter nach **Herkunft und Fristigkeit** auf, erhält man Einblicke in die **Fremdkapitalstruktur**. Nachfolgende Abb. I-25 gibt hierzu einen Überblick für das Jahr 1998.

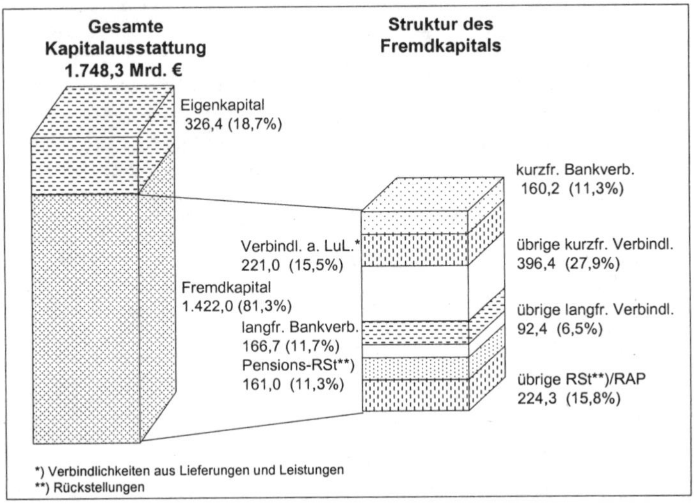


Abb. I-25: Struktur der Kapitalausstattung deutscher Unternehmen im Jahr 1998 (in Mrd. Euro umgerechnete DM-Beträge und v.H.) (Quelle: *Deutsche Bundesbank* 2001)

Insgesamt bestand die Fremdkapitalausstattung westdeutscher Unternehmen im Jahr **1998** aus ***1.748,3* Mrd. €**. Zur Zusammensetzung der Fremdkapitalausstattung im Jahr 1998 im Einzelnen:

- Hinsichtlich der **Kapitalherkunft** ist festzustellen, dass der durch **Kreditinstitute** bereitgestellte Teil des Fremdkapitals (*23%*) in etwa den gleichen Umfang aufwies wie der **von Unternehmen vergebene** Kapitalbetrag, der sich bilanziell aus den Verbindlichkeiten aus Lieferungen und Leistungen und den übrigen langfristigen Verbindlichkeiten ergibt. An internem Fremdkapital im Rahmen der **Pensionsrückstellungen** wurden im Jahr 1998 Finanzmittel in Höhe von *161* Mrd. € bereitgestellt, was einen Anteil am gesamten Fremdkapital von *11,3%* ausmacht.
- Nach der **Fristigkeitsstruktur** betrachtet war bei dem von Unternehmen vergebenen Fremdkapitalanteil der **Schwerpunkt** im **Kurzfristbereich** (*15,5%* gegenüber *6,5%* im Langfristbereich). Bei dem auf Kreditinstitute entfallenden Anteil des Fremdkapitals gibt es kaum wesentliche Anteilsunterschiede in den Fristigkeiten.

Die Erklärung für die **Präferenz kurzer Laufzeiten** in der Fremdkapitalstruktur ist i.d.R. durch die jeweils am Kapitalmarkt vorherrschende **Zinsstruktur** und die damit in Verbindung stehende allgemeine Erwartung der Marktteilnehmer bezüglich des **zukünftigen Zinsniveaus** vorzunehmen. Bei überwiegender **Erwartung des Markts** von zukünftig sinkenden Marktrenditen, versuchen Kreditnehmer überwiegend kurzfristige Zinsbindungen einzugehen, um am Zinssenkungsprozess durch anschließende Kreditprolongation teilhaben zu können. Der relativ höhere Anteil von durch Unternehmen bereitgestellten Krediten gegenüber Bank- und Sparkassenkrediten erklärt sich vor dem Hintergrund konjunktureller Lagen. So ist insbesondere in rezessiven Phasen eine Neuverschuldung bei Kreditinstituten mit Transaktionskosten verbunden und erfordert einen höheren Zeitaufwand. Von Unternehmen bereitgestellte Kredite werden dagegen im Rahmen des Lieferantenkredits ohne umfangreiches Prozedere durch Gewährung eines Zahlungsziels vergeben. Wie noch zu zeigen sein wird, weist diese Kreditform dafür einen überdurchschnittlich hohen Kapitalkostensatz auf (vgl. Kapitel III, Abschnitt 4.1.1).

Die bisherigen Betrachtungen waren bestandsorientiert, da sie auf die Kapitalausstattung und deren Struktur gerichtet waren. Die von Jahr zu Jahr sich ändernde Kapitalausstattung in den deutschen Unternehmen ist das Ergebnis von **Stromvorgängen** innerhalb der jeweiligen Zeiträume. Konzentriert man sich in der weiteren Betrachtung auf das Mittelaufkommen seit Anfang der 90er Jahre, so zeigt nachfolgende Abb. I-26, dass die **Innenfinanzierung** gegenüber der Außenfinanzierung i.d.R. eine **höhere Bedeutung** für westdeutsche Unternehmen aufweist.

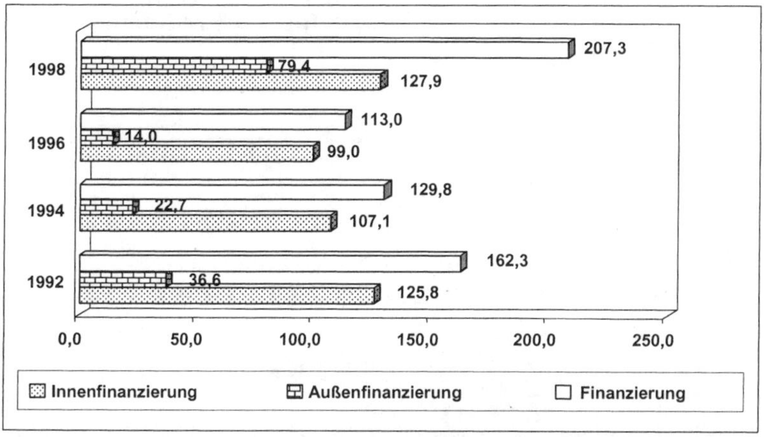


Abb. I-26: Mittelaufkommen westdeutscher Unternehmen in den Jahren 1992 bis 1998 getrennt nach Außen- und Innenfinanzierungsströmen (in Mrd. Euro umgerechnete DM-Beträge) (Quelle: *Deutsche Bundesbank* 1994b, 1996, 1998a, 2001)

Die **hohe Bedeutung der Innenfinanzierung** ist kein spezifisches Phänomen der deutschen Unternehmensfinanzierung. Untersuchungen in anderen westlichen Industrieländern mit gegenüber Deutschland durchaus anders strukturierten Finanzsystemen kommen zu einem ähnlichen Ergebnis. So weist die Innenfinanzierung in britischen und amerikanischen Unternehmen gegenüber Deutschland eine noch höhere Bedeutung auf.

Die Bedeutung der **Innenfinanzierung** wird der Struktur nach überwiegend durch **verdiente Abschreibungsgegenwerte** getragen. Sie stellen den größten Anteil am Aufkommen der Innenfinanzierungsmittel dar. Erst mit weitem Abstand folgen Finanzmittel, die sich aus der Zuführung zu den Rückstellungen ergeben. Die Selbstfinanzierung, also im Wesentlichen die Gewinnthesaurierung, nimmt nur einen unbedeutenden Anteil an der Innenfinanzierung ein.

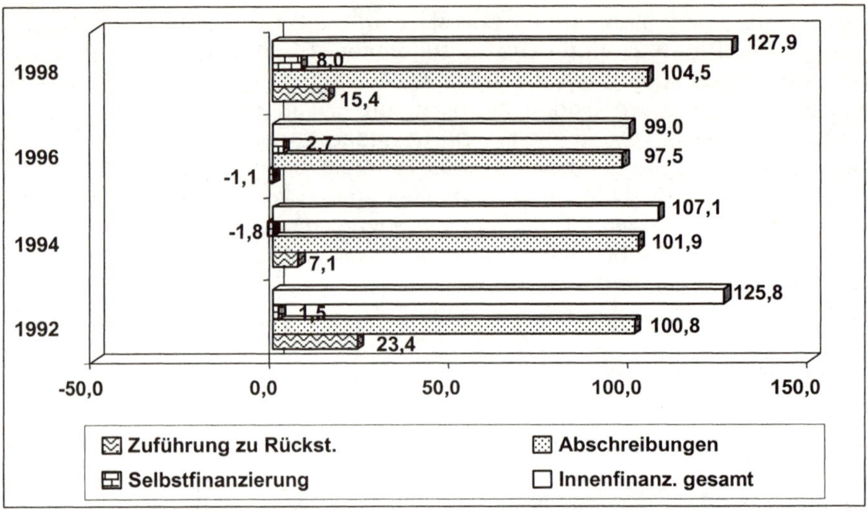


Abb. I-27: Innenfinanzierungsquellen westdeutscher Unternehmen im Zeitraum 1992 bis 1998 im Zweijahresrhythmus (in Mrd. Euro umgerechnete DM-Beträge) (Quelle: *Deutsche Bundesbank* 1994b, 1996, 1998a, 2001)

Ein Blick auf die **Außenfinanzierung** westdeutscher Unternehmen für die gleiche Periode (1992 bis 1998) zeigt, dass die **kurzfristige Kreditfinanzierung** in den meisten Betrachtungsjahren **dominiert**.

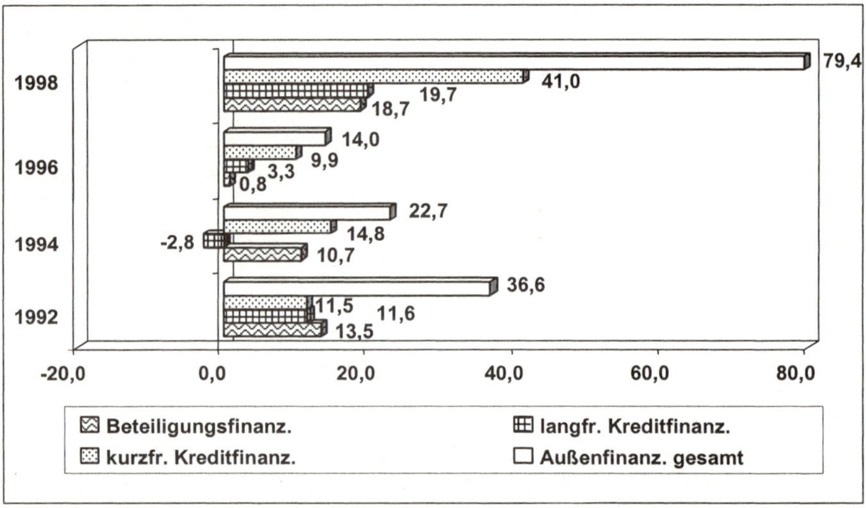


Abb. I-28: Außenfinanzierungsquellen westdeutscher Unternehmen im Zeitraum 1992 bis 1998 im Zweijahresrhythmus (in Mrd. Euro umgerechnete DM-Beträge) (Quelle: *Deutsche Bundesbank* 1994b, 1996, 1998a, 2001)

In der Betrachtung des Mittelaufkommens im Zeitverlauf weist Einiges daraufhin, dass in konjunkturellen Aufschwung- und Boomphasen die Bedeutung externer Finanzierung zunimmt, während die Innenfinanzierungsmittel im Konjunkturzyklus geringere Volatilitäten aufweisen. Weiterhin erscheint ein grundlegender Wandel im Finanzierungsverhalten der Unternehmen in den 90er Jahren erkennbar. Ausgelöst wurde diese Veränderung durch die stärkere Shareholder Value-Orientierung besonders bei börsennotierten Unternehmen, die bei der Gewinnverwendung zu einer zunehmenden Bedeutung der Ausschüttung gegenüber der Thesaurierung und somit zu einem steigenden Bedarf an externen Finanzierungsmitteln geführt hat (vgl. *Deutsche Bundesbank* 2000, S. 40-41). Die wachsende Bedeutung der Eigentümer-Orientierung wird vor allem dadurch gestützt, dass trotz deutlicher Ertragszuwächse im Betrachtungszeitraum die Selbstfinanzierung weitgehend unverändert geblieben ist, während die Veränderungen des Mittelaufkommens im Wesentlichen auf die externe Finanzierung zurückzuführen sind.

@ Weitere Hinweise zur Statistik der deutschen Unternehmensfinanzierung:
**http://www.bundesbank.de**

## 2.3 Investitionsarten und -zwecke

So wie die Finanzierungsseite strukturiert werden kann, ist auch die Investitionsseite nach bestimmten Kriterien einteilbar. Es gibt in der Betriebswirtschaftslehre keine einheitliche Strukturierung nach Investitionsarten. In der betrieblichen Praxis - und in der Gesamtwirtschaft - beobachtbare Investitionen lassen sich nach verschiedenen Kriterien ordnen. Folgende Zusammenstellung gibt einen Überblick.

**Investorbezogene Einteilung von Investitionen**

Eine mehr die gesamtwirtschaftliche Perspektive einnehmende Definitionsrichtung von Investitionen stellt auf das Kriterium der **Investoren** ab:

- Die wichtigste Gruppe von Investoren stellt aus gesamtwirtschaftlicher Sicht die der **Unternehmen** dar. Sie tätigen Investitionen in privatwirtschaftliches Vermögen. Die wirtschaftliche Wirkung ist, dass Investitionen der Unternehmen direkt deren Produktionskapazität verändern. Es handelt sich beim Anlage- und Umlaufvermögen von Unternehmen um sog. privates oder direkt produktives Kapital. Üblicherweise werden in der Investitionstheorie der Betriebswirtschaftlehre ausschließlich von Unternehmen vorgenommene Investitionen betrachtet. Sie stehen auch im Vordergrund dieses Lehrbuchs.
- Der **Staat** ist ein weiterer gesamtwirtschaftlich bedeutsamer Investor. Als Investoren sind die öffentlichen Haushalte in den Ebenen des föderalistischen Staatsaufbaus zu sehen: Bund, Länder, Kommunen, Parafisci. Aus Investorensicht sind die öffentlichen Haushalte Investoren von **Infrastrukturkapital**. Infrastrukturkapital ist nicht direkt in Unternehmen produktiv, sondern mittelbar, indem die Produktionskapazitäten in Unternehmen durch öffentliche Güter erweitert werden. Hierzu zählt i.d.R. die Gesamtheit aller Anlagen, Ausrüstungen und Betriebsmittel, die zur Energieversorgung, Verkehrsbedienung und Telekommunikation dienen.

  Investitionen in Infrastrukturkapital werden auch als **öffentliche Güter** bezeichnet. Sie weisen im Gegensatz zu privaten (Investitions-)Gütern folgende vier Hauptmerkmale auf, mit denen sie sich von privaten Gütern unterscheiden:

  - hochgradig (technisch) immobil bzw. nur zu prohibitiv hohen Kosten mobilisierbar,
  - keine Konsumrivalität, d.h. kollektive Nutzungsmöglichkeit (z.B. kann ein nationales Telefonnetz bis zu einem bestimmten Aufkommen an Telefonanrufen von den Teilnehmern benutzt werden),

- lange Ausreifungszeiten (d.h. Investitionen über mehrere Jahre, bis eine Anlage fertiggestellt ist) und technische Unteilbarkeiten (z.B. benötigt ein Ozeandampfer im Seehafen eine bestimmte Fahrrinnentiefe),
- das Ausschlussprinzip ist entweder technisch oder ökonomisch nicht (d.h. zu prohibitiv hohen Kosten) anwendbar.

- Als weitere Unterscheidungsgruppe sind bei investorbezogenen Investitionen die **privaten Haushalte** zu sehen. Hierunter fallen alle Wirtschaftseinheiten, die nicht zum Ziel der Gewinnschaffung ökonomisch tätig sind (private Haushalte, Non Profit-Organisationen). Private Haushalte haben die ökonomischen Funktionen konsumieren und sparen. Hier interessiert im Zusammenhang mit Investitionen der Konsum. Konsumieren kann auf zweierlei Weise geschehen:
  - Verbrauch - ein Gut geht während des Konsumvorgangs physisch unter,
  - Gebrauch - ein Gut bleibt auch nach Konsum bestehen, es gibt Nutzungseinheiten ab. Die Dauer der Nutzung richtet sich entweder nach der technischen Lebensdauer und/oder der wirtschaftlichen Nutzungsdauer. In diesem Fall spricht man von Investitionsobjekten des privaten Haushalts. Es handelt sich hier typischerweise um langlebige Wirtschaftsgüter (z.B. Immobilien, PKW) sowie Wissen und Fertigkeiten für berufliche Zwecke (z.B. Abschluss zum Diplom-Kaufmann).

Bedeutender für die Einteilung der Investitionen ist die Unterscheidung nach Investitionsobjekt und Investitionszweck (bzw. -wirkung).

**Kriterium Objektbezogenheit**

Eine gängige Einteilung orientiert sich an den Positionsgliederung der Aktivseite einer Unternehmensbilanz:

- **Sach**- (= Real- bzw. materielle)**investitionen**: Sie betreffen die leistungswirtschaftliche Sphäre eines Unternehmens und beziehen sich zum einen auf die Gruppe des Sachanlagevermögens (z.B. Grundstücke, Gebäude, Maschinen) sowie zum anderen auf Teile des Umlaufvermögens (z.B. industrielle Lageraufstockungen). Aus Zahlungsstromsicht ist ihnen meist zu Eigen, dass sich die Auszahlungen für Sachinvestitionen eindeutig zurechnen lassen, wohingegen bei den Einzahlungen oft Zurechnungsprobleme bestehen.
- **Immaterielle Investitionen**: Sie werden häufig den Sachinvestitionen zugerechnet, da sie oft in Sachgütern verkörpert sind, aber auch isoliert vorkommen können (beispielsweise Marketing, Aus- und Weiterbildung, Sozialleistungen). Auszahlungen sind immateriellen Investitionen i.d.R. eindeutig zurechenbar; Einzahlungen bereiten dagegen meistens Zurechnungsprobleme.
- **Finanzinvestitionen** berühren in geringerem Umfang die leistungswirtschaftliche Sphäre, sondern sind überwiegend der Finanzsphäre zuzuordnen. Sie können strategisch orientiert sein (z.B. Kauf eines Unternehmens, über das in Zukunft der Vertrieb von Produkten des kaufenden Unternehmens abgesetzt werden soll) oder überwiegend der Kapitalanlage dienen (sog. Portfolioinvestitionen des Finanzbereichs wie die Anlage überschüssiger Finanzmittel in Anleihen).

**Kriterium Zweck- bzw. Wirkungsbezogenheit**

Je nachdem wie Investitionen auf den Leistungs- bzw. Produktionsprozess einwirken, lassen sich zwei zentrale Gruppen unterteilen:

**Gruppe I: Reinvestitionen**

Hier steht die Überlegung im Vordergrund, dass ein neues Investitionsobjekt an die Stelle eines bisher vorhandenen Investitionsobjekts tritt. Folgende Einteilungen sind zu unterscheiden:

- Bei **reinen Ersatzinvestitionen** wird ein identisches Investitionsobjekt ausgetauscht (kein höherer Output, alle Kosten- und Erlösgrößen bleiben gleich, keine veränderte Produktqualität).
- **Rationalisierungsinvestitionen** (Modernisierungsinvestitionen) führen zwar auch zu einer Substitution eines bereits in Nutzung befindlichen Investitionsobjekts, doch gehen mit der Substitution wirtschaftliche Wirkungen einher. Kennzeichnend ist, dass technischer Fortschritt in Form von Prozessinnovationen in den betrieblichen Produktionsprozess integriert wird. So wird entweder ein höherer Output als zuvor erwirtschaftet bzw. der gleiche Output mit niedrigeren Kosten, oder es werden mit dem neuen Investitionsobjekt qualitativ hochwertigere Güter (Dienstleistungen) hergestellt (erstellt).
- **Umstellungsinvestitionen** gehen mit mengenmäßiger Veränderung im bestehenden Produktionsprogramm einher.
- **Diversifizierungsinvestitionen** bewirken mit ihrer Durchführung eine Veränderung des Produktionsprogramms. Hierzu zählt z.B. der Verkauf einer Firmenbeteiligung, mit der Markt A beliefert wurde und an deren Stelle eine Beteiligung an einem branchenfremden Unternehmen zur Erschließung neuer Märkte (z.B. Märkte B, C, D) vorgenommen wird.
- **Sicherungsinvestitionen** werden Vorhaben genannt, die zur Sicherung des Unternehmensbestands dienen. Es sind dies vor allem immaterielle Investitionen wie Investitionen in Forschung und Entwicklung.

**Gruppe II: Nettoinvestitionen**

Es handelt sich hierbei um erstmalig im Unternehmen vorgenommene Investitionen, die sich grob wiederum in zwei Unterkategorien aufteilen lassen:

- **Gründungsinvestitionen** (auch Ersatz- oder Errichtungsinvestitionen genannt) bilden die Grundlage für die erstmalige wirtschaftliche Tätigkeit eines Unternehmens nach seiner Gründung.
- **Erweiterungsinvestitionen** sind neue Investitionen, die in einem bereits existierenden Unternehmen die Produktionskapazität erhöhen.

**Kriterium des Kapitalumschlags**

Umschlagsbezogene Investitionen lassen sich unterscheiden nach dem Zeitraum, in welchem der Investitionsbetrag (Auszahlung) durch die zeitlich nachfolgenden Einzahlungen wieder in vollständiger Höhe in das Unternehmen zurückgeflossen ist. Dabei ist zu unterscheiden zwischen solchen Investitionen, die

- schnell umschlagen, d.h. der Zeitraum zwischen Anschaffungsausgabe und vollständigen Mittelrückfluss relativ kurz ist (betrifft Investitionen in das Umlaufvermögen wie Hilfsstoffe) und solchen, die
- langsam umschlagen und vor allem dem Anlagevermögen zuzurechnen sind.

Der überwiegende Teil der Investitionen liegt zwischen diesen Kategorien, weshalb diese Einteilung auch nur erwähnt werden soll. In allen weiteren Ausführungen dieses Lehrbuchs werden Einteilungen nach dem Objekt oder der Wirkung vorherrschen.

## 3 Die Bedeutung der Liquidität

Der Begriff der Liquidität ist aus unterschiedlichen Perspektiven zu betrachten:

- Liquidität als **positiver Zahlungsmittelbestand**,
- Liquidität als **Eigenschaft von Vermögensgütern** zur Rückverwandlung in Geld (Liquidierbarkeit),
- Liquidität als **Deckungsverhältnis** von Vermögensteilen zu Verbindlichkeiten (Liquiditätsgrade),
- Liquidität als **Eigenschaft von Wirtschaftssubjekten**, ihren Zahlungsverpflichtungen uneingeschränkt nachkommen zu können,
- Liquidität als Ausdruck dessen, ob ein Vermögensgegenstand auf einem Markt gehandelt werden kann, ohne dass es zu größeren Preisschwankungen kommt (**Marktliquidität**).

Im Mittelpunkt der weiteren Betrachtungen steht der Liquiditätsbegriff in Verbindung mit der Unternehmenstätigkeit. So gilt allgemein: „Liquidität ist die Fähigkeit des Unternehmens, die zu einem Zeitpunkt zwingend fälligen Zahlungsverpflichtungen uneingeschränkt erfüllen zu können; sie muss während des Bestehens des Unternehmens zu jedem Zeitpunkt gegeben sein" (*Witte* 1963, S. 15). Die Zahlungsverpflichtungen können auf gesetzlicher, vertraglicher oder wirtschaftlicher Grundlage beruhen. Mit der Definition von Liquidität wird eine deutliche Verbindung zum finanziellen Gleichgewicht hergestellt. Man spricht auch von der **Optimalitätsbedingung** für Liquidität. Die Beachtung der optimalen Liquidität reduziert die Opportunitätskosten entgangener Renditen, die durch **Überliquidität**, z.B. aufgrund eines zu hohen Zahlungsmittelbestands, entstehen können. Daneben vermeidet sie **Unterliquidität**, deren extreme Ausprägung die **fehlende Liquidität** (= Illiquidität) ist. **Zahlungsunfähigkeit** entsteht durch Illiquidität und dokumentiert den Verstoß gegen die finanzwirtschaftliche Zielvorschrift „Sicherung des finanziellen Gleichgewichts". Zu unterscheiden ist prinzipiell die Zahlungsunfähigkeit von der **Zahlungsstockung**. Letztere stellt eine vorübergehende Zahlungsunfähigkeit dar, wohingegen mit der Zahlungsunfähigkeit ein **dauerhaftes Unvermögen** gemeint ist, Zahlungsverpflichtungen frist- und/oder betragsgerecht erfüllen zu können (vgl. *Spremann* 1996, S. 240-241). Nicht von ungefähr besteht ein inhaltlich enger Zusammenhang zur Definition von Insolvenz: Insolvenz ist die dauernde Unfähigkeit eines Schuldners, seine fälligen Verbindlichkeiten (i.S. von Geldschulden) zu erfüllen.

Insolvenz hat sog. „Strafkosten", Financial Distress genannt, zur Folge: Ein Unternehmen wird zur Umstrukturierung veranlasst (Sanierung) oder zwangsweise liquidiert (Zerschlagung). Damit hat die Aufrechterhaltung der jederzeitigen Zahlungsbereitschaft durch Liquidität für Unternehmen aller Rechtsformen **existenzielle Bedeutung**. Das Zitat des § 17 Insolvenzordnung (InsO) verdeutlicht dies:

(1) „Allgemeiner Eröffnungsgrund ist die Zahlungsunfähigkeit.

(2) Der Schuldner ist zahlungsunfähig, wenn er nicht in der Lage ist, die fälligen Zahlungspflichten zu erfüllen. Zahlungsunfähigkeit ist in der Regel anzunehmen, wenn der Schuldner seine Zahlungen eingestellt hat."

Hinzu kommt, dass mit der Reform des Insolvenzrechts in Deutschland zum 01.01.1999 auch die drohende Zahlungsunfähigkeit Auslöser des Insolvenzverfahrens sein kann: „Der Schuldner droht zahlungsunfähig zu werden, wenn er voraussichtlich nicht in der Lage sein wird, die bestehenden Zahlungsverpflichtungen im Zeitpunkt der Fälligkeit zu erfüllen" (§ 18 II InsO). Diese Möglichkeit besteht (ohne rechtliche Verpflichtung) allein für den Schuldner, nicht aber für die Gläubiger. Als dritter Grund für die Eröffnung des Insolvenzverfahrens gilt die Überschuldung, die grundsätzlich dann vorliegt, wenn unter Berücksichtigung der Fortführung des Unternehmens das Vermögen die bestehenden Verbindlichkeiten unterschreitet (§ 19 InsO).

Während die Zahlungsunfähigkeit als Tatbestand zur Auslösung des Insolvenzverfahrens für Unternehmen aller Rechtsformen und Privatpersonen gilt, stellt die Überschuldung und drohende Zahlungsunfähigkeit ausschließlich für juristische Personen und solche Personengesellschaften, bei denen kein persönlich haftender Gesellschafter aus einer natürlichen Person besteht, einen Insolvenztatbestand dar (vgl. *Krüger-Knief* 1999, S. 24 ff.).

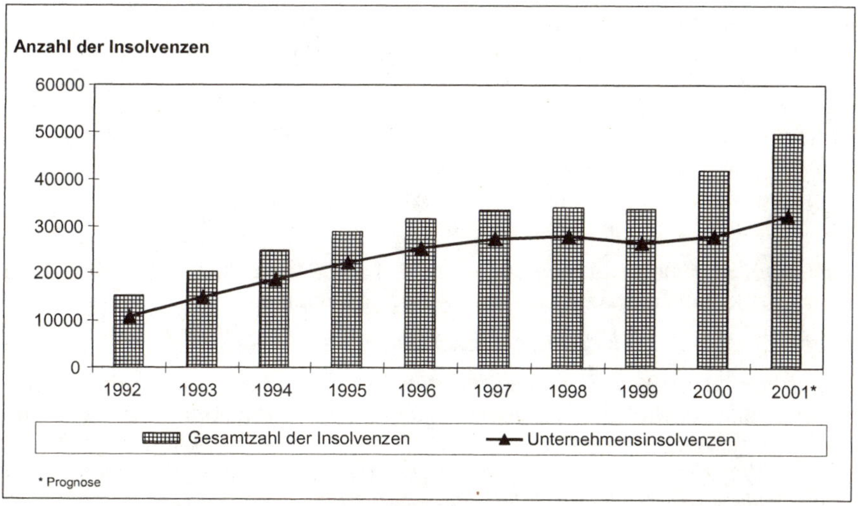


Abb. I-29: Entwicklung der Insolvenzen in Deutschland von 1992 bis 2001 (Quelle: *Creditreform* 2001a-c)

Abb. I-29 gibt eine Vorstellung vom Umfang der gesamten Insolvenzfälle (Privat- und Unternehmensinsolvenzen) in Deutschland seit Anfang der 90er Jahre. Es wird deutlich, dass die Anzahl der Insolvenzen und insbesondere die der Unternehmensinsolvenzen deutlich gestiegen ist. Zu berücksichtigen ist allerdings, dass mit Reform des Insolvenzrechts seit 01.01.1999 eine steigende Zahl von Verbraucherinsolvenzen in die Gesamtbetrachtung einfließen. Die Statistik zeigt für 2001, dass von einem Höhepunkt in der Insolvenzentwicklung ausgegangen wird, der vor allem von dem starken Anstieg der Unternehmensinsolvenzen beeinflusst ist. Damit wird in eindrucksvoller Weise die Bedeutung der Liquidität (Zahlungsfähigkeit, drohende Zahlungsunfähigkeit und Überschuldung) für die Existenzfähigkeit der Unternehmen in Deutschland verdeutlicht. Ordnet man die Entwicklung der Insolvenzen in Deutschland in einen europäischen Kontext ein, so ergibt sich das in Abb. I-30 dargestellte Bild.

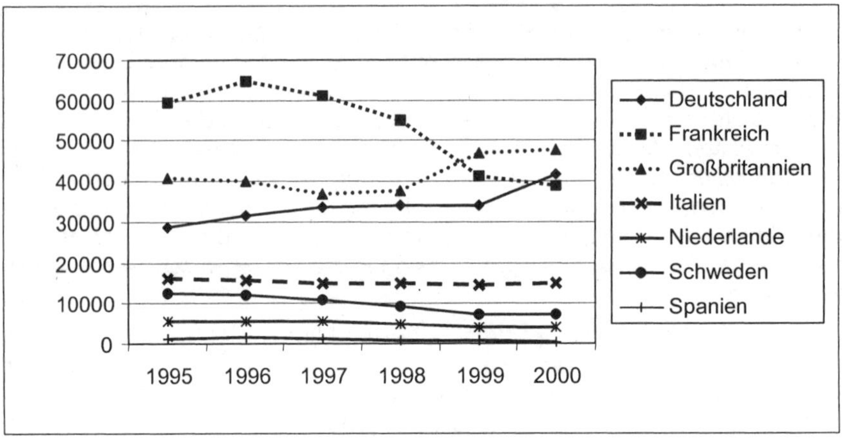


Abb. I-30: Entwicklung der Insolvenzen in ausgewählten europäischen Ländern (Quelle: *Creditreform* 2001d)

Aus der Betrachtung der Insolvenzen in Europa wird deutlich, dass Großbritannien eine ähnliche Entwicklung wie Deutschland zu verzeichnen hatte. Die Insolvenzzahlen in Frankreich sind im Zeitablauf deutlich gesunken, doch befanden sich diese im Jahr 2000 in der Größenordnung Deutschlands. Für andere europäische Länder, die einen konstanten Verlauf der Insolvenzentwicklung aufweisen, wird zumindest keine abnehmende Bedeutung sichtbar. So kommt in der Insolvenzentwicklung in Europa – trotz nationaler Besonderheiten wie unterschiedliche Gesetzgebung und Verfahrenstechniken – die existenzielle Notwendigkeit der Zahlungsfähigkeit für Unternehmen zum Ausdruck.

*In der Financial Times Deutschland vom 12.12.2001 war hierzu auf S. 5 folgende Meldung zu lesen, die auszugsweise wiedergegeben ist:*

*„Kinowelt-Chef wirft Bank bei Insolvenzantrag Hinterlist vor.*

*(...) Nach monatelangem Schweigen hat sich der Chef der angeschlagenen Filmfirma Kinowelt, Michael Kölmel, gestern zu Wort gemeldet. Und zwar mit dem Vorwurf an die niederländische Bank ABN Amro. Vor zwei Wochen hatte sie einen Kredit in Höhe von 140 Mio. DM gekündigt und kurz danach einen Insolvenzantrag gegen das stark verschuldete Unternehmen gestellt.*

*‚Es war für uns bisher unverständlich, warum ausgerechnet jetzt Kredite, die seit vielen Monaten gestundet waren, gekündigt werden', so Kölmel in einer Pressemitteilung. Auf Grund bestimmter Dokumente, die Kinowelt vorliegen, sei die Ursache nun jedoch klar. Laut Kinowelt hat ABN Amro die Kreditkündigung und den Insolvenzantrag bewusst herbeigeführt, damit sich die Bank in einer Auseinandersetzung mit dem Hollywood-Studio Warner Brothers in eine bessere Situation bringen kann.(...)"*

Mit der hohen Bedeutung der Zahlungsfähigkeit rückt der Begriff der Liquidität in das Zentrum der Unternehmensfinanzen.

@ Weitere Informationen zur Insolvenz liefert **http://www.creditreform.de.**

## 3.1 Absolute Liquidität

Liquidität kann, in erster Annäherung an den Begriff, in absoluter Form als positiver **Zahlungsmittelbestand** verstanden werden. Dies ist allerdings als alleiniges finanzwirtschaftliches Kriterium für **absolute Liquidität** wenig aussagekräftig. So ist nicht die Höhe des Zahlungsmittelbestands für die Liquidität per se ausschlaggebend, sondern, ob die Zahlungskraft des Unternehmens insgesamt ausreicht, um die an sie gestellten Auszahlungsforderungen in der Gegenwart und in der Zukunft erfüllen zu können. Damit gelangt man zur Definition von Liquidität als **Eigenschaft** von **Vermögensgegenständen**, als Zahlungsmittel verwendet oder in Zahlungsmittel umgewandelt (= liquidiert) zu werden. (Inländische) Zahlungsmittel gelten aus Liquiditätssicht als vollkommen liquide Forderungen. Sie können (bei nicht vorliegender Inflation) sofort und ohne Wertverlust zur Erfüllung von Zahlungsverpflichtungen verwendet werden. Daneben gibt es Forderungen, die in kurzer Zeit in Zahlungsmittel umgewandelt werden können. Sie sind gedanklich in die Nähe von Geld zu rücken, werden als **geldnahe Forderungen** (= Near-Money-Assets) bezeichnet und verkörpern Formen der Finanzmittelreserve. Abb. I-31 gibt einen Überblick über Kategorien von Finanzmitteln, die zu Zahlungszwecken eingesetzt werden können, wobei die Geldnähe (= Liquidierbarkeit) mit ansteigender Ziffernfolge in der Kategorie abnimmt.

Von Bedeutung für die Unternehmensliquidität ist die Geschwindigkeit, mit der ein Vermögensobjekt in Zahlungsmittel umgewandelt werden kann. Die **Geldnähe** von Vermögensgegenständen, ihre **Liquidierbarkeit**, wird vor allem dadurch bestimmt, zu welchem Geldbetrag ein Vermögensobjekt vor Ablauf seiner geplanten Kapitalfreisetzung liquidiert werden kann (= **Shiftability**). Folgende Merkmale zeichnen die Geldnähe im Wesentlichen aus (vgl. *Lücke* 1984, S. 2363 ff.):

- Zum einen ist der Zeitraum, in dem sich die in einem Vermögensgegenstand gebundenen Zahlungsmittel im Rahmen des üblichen Unternehmensprozesses wieder liquidieren lassen bestimmend. So wird z.B. in Vorräten gebundenes Kapital erst zu Ertragsgütern verarbeitet, die nach dem Verkauf über die Umsatzerlöse zu Einzahlungen führen.
- Verbriefte Vermögensgegenstände können schneller veräußert werden als buchmäßige Objekte. Werden Forderungen wie z.B. Unternehmensanleihen zudem an Börsen gehandelt, so sind sie fungibel. Als fungibel werden Forderungen im Sinne des § 243 BGB bezeichnet, wenn sie gleichen Nennwert bzw. gleiche Stückelung innerhalb einer Gattung aufweisen. Sie sind untereinander austauschbar, ohne Änderungen der Rechte des Inhabers zu bewirken.
- Die **Bonität des Schuldners** bestimmt, wie hoch das Risiko eines Forderungsausfalls ist. Im Regelfall ist eine Forderung besichert, wobei hier von Bedeutung ist, wie werthaltig die Sicherheiten sind.

Man kann Vermögensgegenstände der Aktivseite der Bilanz eines Unternehmens zwischen geringer und hoher Liquidierbarkeit in eine Rangfolge bringen. Die Gliederung der Aktivseite nach § 266 Abs. 2 HGB folgt bei Industrieunternehmen dem Kriterium der Liquidierbarkeit (vgl. *Lücke* 1984).

| Kategorie | Reserveform | Bestandteile | Bedeutung für die Liquidität |
|---|---|---|---|
| I | **Zahlungskraftreserve (Mindestbestand an Zahlungsmitteln)** | • Kassenbestand,<br>• Bankguthaben,<br>• ungenutzte Kreditlinien,<br>• Schecks. | vorhandene bzw. direkt verfügbare Zahlungsmittel, mit denen Fehler in der Finanzplanung ausgeglichen werden können. |
| II | **Liquiditätsreserve i.e.S. (Near-Money-Assets)** | • Besitzwechsel,<br>• Geldmarktpapiere, soweit börsengehandelt oder Sekundärmarkt vorhanden (z.B. Certificates of Deposit oder Commercial Paper),<br>• börsengehandelte Festzinsanleihen mit kurzer Laufzeit,<br>• börsengehandelte variabel verzinsliche Anleihen,<br>• Termingelder,<br>• Sorten, Devisen. | • hohe Geldnähe,<br>• schnelle Liquidierbarkeit, u.a. aufgrund existierenden Kassahandels auf Finanzmärkten (Abwicklung innerhalb von zwei Geschäftstagen),<br>• weitgehende Kursstabilität, insofern Veräußerung i.d.R. ohne Verluste,<br>• durch Finanzabteilung eigenständig disponierbar. |
| III | **Finanzierungsreserve** | • Beschaffung zusätzlicher Kredite,<br>• Wertpapieremission,<br>• neue Einlagen durch bisherige oder neue Gesellschafter. | • Zustimmung unternehmensexterner Stellen notwendig,<br>• Mobilisierung dieser Reserve erfordert i.d.R. längere Vorbereitungszeit. |
| IV | **Liquiditätsreserve i.w.S. (Vermögensteile des Unternehmens)** | Liquidierung<br>• börsennotierter Anleihen mit längerer Laufzeit,<br>• sonstiger Anleihen,<br>• Aktien mit Anlagecharakter,<br>• Forderungen. | • durch Finanzabteilung selbstständig disponierbar, aber<br>• Liquidierungsdauer und -betrag nicht exakt prognostizierbar,<br>• dadurch Zeit- und Kostenprobleme. |
| V | **„Notreserve" (betriebsnotwendige Vermögensteile des Unternehmens)** | Liquidierung von<br>• Fertigerzeugnissen,<br>• Halbfertigerzeugnissen,<br>• Werkstoffen,<br>• Anlagen,<br>• Beteiligungen. | Zugriff bedeutet Eingriff in den Prozess der Leistungserstellung oder -verwertung, der dadurch behindert wird. |

Abb. I-31: Kategorien der Finanzmittelreserven

Im Rahmen des Liquiditätsmanagements eines Unternehmens spielt die Kenntnis um den jeweiligen Liquidierbarkeitsgrad eines Vermögensobjekts eine wichtige Rolle zur Steuerung des Zahlungsmittelbestands. Nachfolgender Überblick zeigt aus operativer Sicht, welche Dispositionen im Vermögens- und Kapitalbereich eines Unternehmens (sowie ergänzender Maßnahmen) zur Schaffung von Liquidität führt.

| | |
|---|---|
| Zahlungsmittelbestandserhöhung durch **Verminderung sonstiger Aktiva** (= liquidierbarer Vermögensteile)<br>→ Vorverlegung planmäßig später anfallender Einzahlungen<br>→ Aktivtausch | Umwandlung sonstiger Forderungen in Zahlungsmittel, z.B.<br>• Veräußerung von Wertpapieren,<br>• Wechselkredit,<br>• Verkauf von Forderungen. |
| | Umwandlung von sonstigem Umlauf- und Sachvermögen in Zahlungsmittel, z.B.<br>• Verkauf von Waren und Vorräten,<br>• Veräußerung und sofortige Rückmietung von Anlagevermögensteilen („Sale-and-Lease-Back“). |
| Zahlungsmittelbestandserhöhung durch **Erhöhung** der **Finanzierungsmittel**<br>→ Einzahlungen, die später zu Auszahlungen führen<br>→ Bilanzverlängerung | Erhöhung des Zahlungsmittelbestands durch Fremdkapitalaufnahme, z.B.<br>• Kreditaufnahme bei einer Bank,<br>• Emission einer Anleihe. |
| | Erhöhung des Zahlungsmittelbestands durch Eigenkapitalaufnahme, z.B.<br>• Ausgabe neuer (= junger) Aktien,<br>• Aufnahme eines neuen Gesellschafters. |
| Zahlungsmittelbestandserhöhung durch **Verminderung sonstiger Aktiva und gleichzeitiger**<br>→ Einzahlungen<br>→ Bilanzverlängerung oder Bilanzverkürzung | Erhöhung des Eigenkapitals (sog. Selbstfinanzierung) bei Verkauf von Wertpapieren, Vorräten, Waren oder Gegenständen des Anlagevermögens zu einem Verkehrswert über dem **Buchwert**. |
| | • Verminderung des Eigenkapitals (Abtretung von Wertpapieren, Forderungen oder Gegenständen des Sachvermögens unter Hinnahme eines Liquidations-Disagios, also wertmäßigen Abschlags).<br>• Verzicht auf Finanzinvestitionen (Anlage von Zahlungsmitteln in Wertpapieren und Beteiligungen).<br>• Verzicht auf auszahlungswirksame Aktivitäten wie z.B. neue Werbekampagne.<br>• Verzicht auf Ausschüttung an Anteilseigner.<br>• Verzicht auf Ersatz-, Erweiterungs- und Rationalisierungsinvestitionen. |

Abb. I-32a: Aktionsmöglichkeiten zur Erhaltung der Zahlungsmittelbestände

| | |
|---|---|
| Zahlungsmittelbestandserhaltung durch den **zeitlichen Aufschub geplanter Auszahlungen** | Kreditprolongation und verstärkte Ausnutzung von Lieferantenkrediten |
| | Miete statt Kauf eines Vermögensgegenstands |
| | Verschiebung geplanter Ersatz-, Erweiterungs- und Rationalisierungsinvestitionen |
| Zahlungsmittelbestandserhaltung durch **einen Vergleich mit Gläubigern**, die einen fälligen Anspruch haben<br>→ teilweise Bilanzverkürzung | Zahlungsaufschub bzw. Stillhalteabkommen (= Zahlungsaufschub wird von der Gesamtheit der Gläubiger gewährt) |
| | Moratorium (= staatlich angeordnete Stundung fälliger Schulden) |
| | Schuldumwandlung in mittel- oder langfristige Verbindlichkeiten |
| | Zinsreduktion und Zinserlass |
| | Schuldenerlass |
| | Stundung und Erlass von Steuern (= Steuern können im Einzelfall ganz oder teilweise erlassen werden, wenn ihre Einziehung nach Lage des Einzelfalls unbillig wäre, vgl. § 131 AO) |

Abb. I-32b: Aktionsmöglichkeiten zur Erhöhung der Zahlungsmittelbestände (Fortsetzung)

## 3.2 Relative Liquidität

Relative Liquidität wird als **Fähigkeit** eines Unternehmens verstanden, **jederzeit** seinen fälligen **Zahlungsverpflichtungen nachkommen** zu können. Relative Liquidität bezieht sich auf die **kurzfristige finanzwirtschaftliche Zielsetzung** nach Sicherung des finanziellen Gleichgewichts und orientiert sich an der **Zahlungskraft** des Unternehmens. Vor der Festlegung der zur Deckung eines erwarteten, geplanten Bedarfs an Zahlungsmitteln notwendigen Maßnahmen ist jede Aktionsmöglichkeit der Zahlungsmittelbeschaffung zu untersuchen auf

- ihre **Ergiebigkeit**, also um welchen Betrag sich der Zahlungsmittelbestand voraussichtlich erhöht,
- wie lange die dadurch gewonnenen Zahlungsmittel zur Verfügung stehen,
- welche **Kosten** mit der Zahlungsmittelbeschaffung verbunden sind und
- inwiefern die Aktionen mit dem Erhalten der **Funktionsfähigkeit betrieblicher Teilbereiche** vereinbar sind (z.B. Erhaltung der Lieferbereitschaft, wenn der Fuhrpark um *50%* durch Verkauf von LKW verringert werden soll).

Neben der Beschaffung von Zahlungsmitteln können Zahlungsmittelengpässe in der Zukunft durch Verminderung zukünftiger Auszahlungen reduziert werden.

## 3.3 Liquiditätsmessung

Liquidität als **Deckungsverhältnis von kurzfristigen Vermögensteilen zu kurzfristigen Verbindlichkeiten** wird durch die **statische Liquidität** beschrieben. Grundgedanke ist, dass ein Unternehmen insbesondere aus den kurzfristigen Verbindlichkeiten mit hoher Wahrscheinlichkeit kurzfristig Auszahlungen zu leisten haben dürfte. Die zur Verfügung stehenden Zahlungsmittelbestände bilden die unmittelbare Quelle, diesen Zahlungsverpflichtungen nachkommen zu können. Daneben sind kurzfristig liquidierbare Vermögensteile, kurzfristige Forderungen und Vorräte von liquiditätspolitischem Interesse.

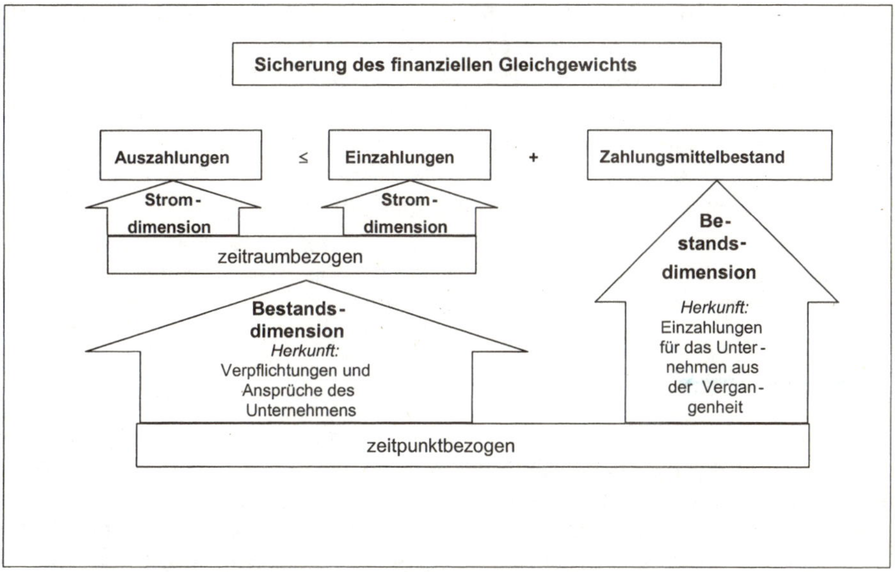


Abb. I-33 Bestands- und Stromdimensionen der Zahlungsfähigkeit

Kurzfristige Liquiditätsgrade stellen ein Verhältnis zwischen kurzfristigen Verbindlichkeiten und bestimmten Vermögensteilen her, um eine Aussage über die Zahlungsfähigkeit eines Unternehmens zu einem Zeitpunkt geben zu können. Für die Beurteilung der Liquidität von Unternehmen ist in der Praxis vor allem die **Liquidität zweiten Grads** von Bedeutung. Die gängigen Liquiditätsgrade sind:

| Bezeichnung | Darstellung |
|---|---|
| **Liquidität 1. Grads**, Kassa- oder Barliquidität, Absolute Liquidity Ratio | $\frac{\text{Zahlungsmittel}}{\text{kurzfristige Verbindlichkeiten}} \cdot 100$ |
| **Liquidität 2. Grads**, Liquidität auf kurze Sicht, Net Quick Ratio, Acid Test | $\frac{\text{Zahlungsmittel} + \text{kurzfristige Forderungen}}{\text{kurzfristige Verbindlichkeiten}} \cdot 100$ |
| **Liquidität 3. Grads**, Liquidität auf mittlere Sicht, Current Ratio | $\frac{\text{Zahlungsmittel} + \text{kurzfristige Forderungen} + \text{Vorräte}}{\text{kurzfristige Verbindlichkeiten}} \cdot 100$ |
| Reinumlaufvermögen, **Working Capital** | Zahlungsmittelbestand + kurzfristige Forderungen + Vorräte - kurzfristige Verbindlichkeiten |

Abb. I-34: Wichtige Liquiditätskennziffern

Die Liquiditätskennziffern der statischen Liquidität liefern nur eingeschränkte Aussagen über den tatsächlichen Liquiditätszustand eines Unternehmens:

- Die Liquiditätsgrade werden aus Bilanzpositionen ermittelt. Passive und aktive Bilanzpositionen sind Bestandsgrößen, aus denen nicht zwingend verbundene und zu erwartende Liquiditätsströme entnommen werden können.
- Die Kennziffern sind auf einen bestimmten **Zeitpunkt**, den Bilanzstichtag, **bezogen**, danach kann sich die Liquiditätslage signifikant verändert haben.
- Ferner enthalten bilanziell ausgewiesene Verbindlichkeiten **nicht alle ausgabenwirksamen Verpflichtungen** eines Unternehmens (z.B. fehlen Lohn- und Gehaltsansprüche der Beschäftigten eines Unternehmens). Die **Möglichkeiten** eines Unternehmens, sich **kurzfristig Kredit** zu **beschaffen** bzw. bestehende Kreditlinien zu verlängern, sind ebenfalls aus der Bilanz nicht ersichtlich.
- Die ausgewiesenen Bilanzpositionen unterliegen bestimmten handelsrechtlich zulässigen **Bewertungsspielräumen** und sind Ergebnis einer unternehmensspezifischen Bilanzpolitik. Vor allem aus rechtlich zulässigen Bewertungsmanipulationen resultieren u.U. Verzerrungen in der Beurteilung der Liquidität.
- Einzelne **Vermögenspositionen** können zur Stellung von Sicherheiten **übereignet oder abgetreten** werden, was aus der Bilanz nur bedingt erkennbar ist. Solche Vermögensobjekte können im Bedarfsfall nicht liquidiert werden.

## 3.4 Cash Flow

Im Gegensatz zu den bestandsorientierten Kennziffern der Liquidität konzentrieren sich **stromgrößenorientierte Kennziffern** auf die Prognose zukünftiger Zahlungsströme. Prognosegrundlage ist im einfachsten Vorgehen die Entwicklung der Zahlungsströme aus der Vergangenheit. Im Allgemeinen setzen diese Kennziffern an Umsatzüberschussziffern an, deren bekannteste der Cash Flow ist. Er baut auf dem Umsatzüberschuss auf. Er stellt die Differenz zwischen einnahmewirksamen Erträgen und ausgabewirksamen Aufwendungen dar, die verfügbar für **Investitionen** (im Rahmen der Selbstfinanzierung), **Ausschüttungszahlungen** oder **Schuldentilgung** ist. Während die Verwendung von Teilen des Umsatzüberschusses für Investitionen und Schuldentilgung über das ganze Jahr verteilt stattfindet, weist die Ausschüttungszahlung einen Zeitpunktbezug auf (nach Feststellung des Jahresabschlusses). Folgende Methoden der **Ermittlung** des Umsatzüberschusses sind im **einfachen Fall** zu unterscheiden.

| **direkte Methode** | **indirekte Methode** |
|---|---|
| einnahme**wirksame** Erträge<br>(z.B. Gutschrift von Umsatzerlösen auf Girokonto) | Jahresüberschuss |
| ./. ausgabe**wirksame** Aufwendungen (z.B. Überweisung von Löhnen) | + ausgabe**unwirksame** Aufwendungen (z.B. Abschreibungen) |
| | ./. einnahme**unwirksame** Erträge (z.B. Zuschreibungen) |
| = *Umsatzüberschuss* | = *Umsatzüberschuss* |

Abb. I-35: Methodenübersicht zur Ermittlung des Umsatzüberschusses

Auf der Basis des **Gesamtkostenverfahrens** (GKV) der GuV (vgl. § 275 Abs. 2 HGB) ist die direkte Ermittlungsweise des Umsatzüberschusses zu ergänzen:

| | **direkte Methode** |
|---|---|
| | einnahme**wirksame** Erträge<br>(z.B. Gutschrift von Umsatzerlösen auf dem Bankgirokonto) |
| ./. | ausgabe**wirksame** Aufwendungen<br>(z.B. Überweisung von Löhnen) |
| + | Erhöhung (./. Verminderung) des Bestands an fertigen und unfertigen Erzeugnissen |
| + | andere aktivierte Eigenleistungen |
| = | *Umsatzüberschuss* |

Abb. I-36: Ermittlung des Umsatzüberschusses nach GKV

Der Umsatzüberschuss als Maßgröße für betriebliche Liquidität ist die gedankliche Hinführung zum Cash Flow: Der **Cash Flow** stellt den in einer Periode im Unternehmen erwirtschafteten Überschuss der Einnahmen über die Ausgaben dar. Grundlage der Überschusserzielung bildet die ordentliche Geschäftstätigkeit. Zur Ermittlung des Cash Flow sind drei Wege zu unterscheiden. In Abb. I-37 ist die Faustformel dargestellt:

| | **Faustformel** |
|---|---|
| | Jahresüberschuss/ -fehlbetrag |
| + | Abschreibungen (abzgl. Zuschreibungen zugunsten des Jahresergebnisses) |
| + | Erhöhung (abzgl. Verminderung) langfristiger Rückstellungen |
| = | *Cash Flow* |

Abb. I-37: Faustformelmethode der Cash Flow-Ermittlung

Übertragen auf das GuV-Gliederungsschema gem. § 275 Abs. 2 HGB wird der Cash Flow wie folgt konkretisierbar:

| | |
|---|---|
| | Jahresüberschuss/ -fehlbetrag |
| + | Abschreibungen auf immaterielles Anlagevermögen, Sachanlagevermögen, aktivierte Ingangsetzungs- und Erweiterungsaufwendungen |
| + | Abschreibungen auf Umlaufvermögen, soweit diese die in der Kapitalgesellschaft üblichen Abschreibungen überschreiten |
| + | außerplanmäßige Abschreibungen gem. § 253 Abs. 2 S. 3, Abs. 3 S. 4 HGB |
| + | Abschreibungen auf Finanzanlagevermögen |
| ./. | Zuschreibungen auf Anlagevermögen |
| ./. | Zuschreibungen auf Umlaufvermögen |
| + | Zunahme der Rückstellungen für Pensionen und ähnliche Verpflichtungen |
| ./. | Abnahme der Rückstellungen für Pensionen und ähnliche Verpflichtungen |
| = | *vereinfachter Cash Flow* |

Abb. I-38: Methodenübersicht zur Ermittlung des vereinfachten Cash Flow

Zusätzliche Korrekturen dieser Größe werden je nach Aussageziel vorgenommen. Hier hat die **DVFA/SG-Konvention** Bedeutung erlangt, die den vereinfachten Cash Flow korrigiert um außerordentliche Erfolgskomponenten, Liquidations- und Bewertungserfolge, Veränderungen des Sonderpostens mit Rücklageanteil und Erträgen aus Verlustübernahmen.

| | |
|---|---|
| | *vereinfachter Cash Flow* |
| ./. | Erträge aus Verlustübernahmen |
| ./. | außerordentliche Erträge |
| ./. | sonstige betriebliche Erträge oder Liquidations- und Bewertungserträge (Anhang) |
| ./. | Erträge aus Auflösung Sonderposten mit Rücklageanteil |
| + | außerordentliche Aufwendungen |
| + | Liquidations- und Bewertungsverluste (Anhang) |
| + | Einstellungen in Sonderposten mit Rücklageanteil |
| = | *Cash Flow (in Anlehnung an DVFA/SG-Konvention)* |

Abb. I-39: Methodenübersicht zur Ermittlung des Cash Flow nach DVFA/SG-Konvention

Der Cash Flow repräsentiert die **Selbstfinanzierungs-, Schuldentilgungs- und Gewinnausschüttungskraft** eines Unternehmens. Folgende Interpretationsmöglichkeiten des Cash Flow sind in Literatur und Praxis anzutreffen:

- Er stellt sowohl einen **Liquiditätsindikator** als auch eine Kennzahl des Unternehmenserfolgs dar. Als Liquiditätsindikator soll er den Innenfinanzierungsspielraum angeben, wobei unterstellt wird, dass die Finanzmittel vollständig und in liquider Form dem Unternehmen zugegangen sind. Der Cash Flow nimmt im Widerspruch dazu auch zu, signalisiert verzerrt Liquiditätswirkungen, wenn Forderungen zunehmen, Bestände an fertigen und unfertigen Erzeugnissen steigen oder andere Eigenleistungen aktiviert werden.
- Der Cash Flow eliminiert die ausgabeunwirksamen Aufwendungen und einnahmeunwirksamen Erträge nur unzureichend aus dem Jahresüberschuss. Zudem werden weitere Liquiditätsquellen nicht erfasst.
- Ein **negativer Cash Flow** bedeutet, dass die Ausgaben die Einnahmen übersteigen. Daraus kann geschlossen werden, dass ein langfristiger negativer Cash Flow die Illiquidität eines Unternehmens signalisiert.
- Für Unternehmensinsider vermag die Berechnung des Cash Flow eine um bilanzpolitische Manipulationen **bereinigte Kennzahl** zu liefern. Dies gilt insbesondere in Hinblick auf die Eliminierung von Bewertungswahlrechten.

Lesehinweis: *Coenenberg* (2000, S. 933-946 und 967-976).

Der Cash Flow ist über seine Liquiditätsaussagen hinaus auch als Indikator für die **finanzielle** Autonomie und Stabilität eines Unternehmens interpretierbar: Je höher der Betrag des Cash Flow ist, desto weniger muss liquiditätsbeanspruchendes Fremdkapital zur Finanzierung der Mittelverwendung (vor allem von Investitionen) aufgenommen werden. Hauptsächliches **Problem** der Verwendung eines Cash Flow als Liquiditätsindikator ist, dass er zwar Angaben über die Existenz eines Zahlungsmittelüberschusses macht, darüber hinaus aber keinerlei Informationen über dessen Verwendung liefert. So kann er zur Finanzierung von Investitionen, zur Tilgung von Schulden und zur Bedienung der Kapitaleigner mit Ausschüttungen verwendet werden. Hierzu wird auch auf den **dynamischen** Verschuldungsgrad oder die **Tilgungsdauer** zurückgegriffen:

$$\text{dynamischer Verschuldungsgrad} = \frac{\text{Effektivverschuldung}}{\text{Cash Flow}}$$

Das Ergebnis ist ein Jahreswert, der angibt, wann die vollständige Tilgung der Effektivschulden aus dem selbsterwirtschafteten Cash Flow bzw. Umsatzüberschuss möglich wäre. Dies setzt voraus, dass die wirtschaftlichen Verhältnisse eines Unternehmens (insbesondere seine Ertragskraft), die zum Cash Flow im abgelaufenen Geschäftsjahr beigetragen haben, in der Zukunft bestehen bleiben. Selbst wenn dieser (unwahrscheinliche) Fall einträte, besteht eine Fiktion, da die Unternehmensleitung tatsächlich ausschließlich den Cash Flow für den Abbau der Verschuldung und nicht für Investitionszwecke und Dividendenzahlungen verwenden dürfte. Wegen der konkurrierenden Verwendungspluralität ist der Cash Flow nicht als Maßgröße geeignet, um die Schuldentilgungsdauer aufzuzeigen.

Der Mangel wird behebbar, wenn man den Zinsdeckungsgrad (Time Interest Earned) berücksichtigt:

$$\frac{\text{Jahresüberschuss} + \text{Zinsaufwand} + \text{einkommensabhängige Steuern}}{\text{Zinsaufwand}}$$

Die Kennziffer drückt aus, um welches Vielfache der Zinsaufwand durch den Bruttogewinn vor Steuern gedeckt ist (vgl. *Süchting* 1995, S. 493-494).

Eine Variante des Cash Flow ist der aus dem Geschäftsbetrieb erzeugte Zahlungsüberschuss nach Unternehmenssteuern, der den Eigen- und Fremdkapitalgebern zur Verfügung steht. Es handelt sich um den **Free Cash Flow**, der aus folgenden Komponenten besteht (vgl. *Copeland/Koller/Murrin* 2000, S. 130 ff.):

| | |
|---|---|
| | operatives Ergebnis vor Zinsen und Steuern |
| ./. | fiktive Ertragssteuern |
| + | Veränderung der Steuerrückstellungen |
| = | **Operatives Ergebnis nach Steuern** |
| ./. | Abschreibungen |
| = | **Brutto Cash Flow** |
| ./. | Zunahme des Working Capital |
| ./. | Investitionen in Sachanlagen und Firmenwerte |
| ./. | Veränderungen sonstiger Vermögensobjekte |
| = | **Operativer Cash Flow** |
| + | nicht operativer Cash Flow |
| = | **Free Cash Flow** (vor Finanzierung) |

Abb. I-40: Berechnungsweise des Free Cash Flow

Bei der Kürzung des Brutto Cash Flow erfolgt ein Abzug um die geplanten Gesamtinvestitionen. Dabei wird im Grunde unterstellt, dass eine vollständige Eigenfinanzierung dieser Investitionen erfolgt. Free Cash Flows bilden in der Finanzierung häufig die Grundlage zur **Berechnung** eines **Unternehmenswerts** auf Basis der Barwertmethode. Die daraus abgeleitete Discounted Cash Flow-Methode wird insbesondere dem Shareholder Value-Konzept zugrunde gelegt, um so den Marktwert des Anteilsvermögens als Unternehmenswert betrachten zu können.

Lesehinweis: Zum Shareholder Value-Konzept vgl. Abschnitt 4.3 und zur Anwendung der Discounted Cash Flow-Methode *Jonas* (1995).

## 3.5 Dynamische Liquidität

Gegenüber der statischen Betrachtungsweise bezieht sich dynamische Liquidität nicht auf Bilanzpositionen und auf Zeitpunkte. Nach der dynamischen Konzeption wird Liquidität **zeitraumbezogen** analysiert. Man mag sich zu diesem Zweck nochmals den Grundsatz zur Sicherung des finanziellen Gleichgewichts vergegenwärtigen: Liquide ist ein Unternehmen, wenn es jederzeit in der Lage ist, die zu einem Zeitpunkt zwingend fälligen **Zahlungsverpflichtungen uneingeschränkt** erfüllen zu können. Erforderlich ist hierfür eine **Zeitraumbetrachtung**, weil Liquidität genauso wie Illiquidität, mit den Methoden der statischen Betrachtungsweise wie ausgeführt nur unzureichend erkannt werden kann. So gesehen muss Liquidität **zu jedem Zeitpunkt** vorhanden sein (= Momentanliquidität), d.h.:

- sämtliche Einnahmen und Ausgaben sind zu erfassen;
- es bedarf der Erstellung von Finanzplänen (Erfassung der **Periodenliquidität**), da Zahlungsströme nicht aus der Bilanz ablesbar sind.

Instrumente hierzu sind die **Finanzplanung**, inkl. der **Liquiditäts- und Liquiditätsreservenplanung** und die **Finanzdisposition**. Da sie Prognoseeigenschaften haben und in die Zukunft gerichtet sind, stellen sie die wichtigsten Instrumente eines modernen Liquiditätsmanagements dar.

Neben statischer und dynamischer Liquidität, als die beiden Komponenten der relativen Liquidität, kommt der **strukturellen** Liquidität für die Einhaltung des finanziellen Gleichgewichts im Unternehmen hohe Bedeutung zu. Strukturelle Liquidität stellt auf das **Verhältnis von Vermögens- und Schuldenteilen** in der Bilanz ab. Es liefert Anhaltspunkte dafür, ob eine **Überschuldung** eines Unternehmens vorliegt. Bei juristischen Personen löst neben der Illiquidität auch eine Überschuldung den Konkurs aus. Während die relative Liquiditätsbetrachtung mehr kurzfristiger Natur ist, bezieht sich die strukturelle Liquidität auf die langfristige Dimension der Liquidität: Der Grundgedanke ist der, dass die Zahlungsfähigkeit zumindest längerfristig gefährdet ist, wenn die Kapitalstruktur von Unternehmen (gemessen etwa am Verschuldungsgrad) bestimmten Qualitätsnormen nicht entspricht. Zwar sind solche Strukturmaximen aus wissenschaftlicher Sicht fragwürdig „(...), aber ihre Einhaltung hat den für die Liquidität der Unternehmen unschätzbaren Vorteil, als „erste Adresse" mit zweifelsfreier Bonität zu gelten und Kapital jederzeit zur Verfügung gestellt zu bekommen, wenn es benötigt wird" (*Schierenbeck* 2000, S. 314). Vor diesem Hintergrund ist die finanzwirtschaftliche Faustregel der Unternehmenspraxis zu verstehen: **Liquidität folgt der Bonität**! Ob ein Unternehmen eine hohe oder niedrige Bonität hat, kann als eine Frage der Vermögens- und Kapitalstruktur, also des strukturellen Gleichgewichts der Kapitalausstattung eines Unternehmens verstanden werden. Gemessen wird es anhand von Kapitalstrukturnormen, die als sog. Finanzierungskennziffern geläufig sind. Abb. I-41 gibt eine Auswahl der in der Praxis gebräuchlichsten Regeln (vgl. *Perridon/Steiner* 1999, S. 524 ff.).

| Art | Bezeichnung | Formale Darstellung |
|---|---|---|
| **Vertikale Finanzierungskennziffern** | Verschuldungsgrad in Form der 1:1-Regel | $\frac{\text{Fremdkapital}}{\text{Eigenkapital}} \leq 1$ |
| | Verschuldungsgrad in Form der 1:2-Regel | $\frac{\text{Fremdkapital}}{\text{Eigenkapital}} \leq 2$ |
| | Eigenkapitalquote | $\frac{\text{Eigenkapital}}{\text{Gesamtkapital}}$ |
| | Fremdkapitalquote | $\frac{\text{Fremdkapital}}{\text{Gesamtkapital}}$ |
| **Horizontale Finanzierungskennziffern** | Goldene Bilanzregel i.e.S. | $\frac{\text{Eigenkapital + langfristiges Fremdkapital}}{\text{Anlagevermögen}} \geq 1$ |
| | Goldene Bilanzregel i.w.S. | $\frac{\text{Eigenkapital + langfr. Fremdkapital}}{\text{Anlageverm. + langfr. geb. Teile Umlaufverm.}} \geq 1$ |
| | Goldene Finanzierungsregel kurzfristig | $\frac{\text{kurzfristiges Vermögen}}{\text{kurzfristiges Kapital}} \geq 1$ |
| | Goldene Finanzierungsregel langfristig | $\frac{\text{langfristiges Vermögen}}{\text{langfristiges Kapital}} \geq 1$ |

Abb. I-41: Zentrale Finanzierungskennziffern

Der **Verschuldungsgrad** ist häufig ein wichtiger Indikator für die Bonitätseinschätzung von Kreditnehmern durch Kreditinstitute. Ursprünglich wurde die ***1:1*-Regel** zugrunde gelegt: Der Kreditnehmer sollte zumindest soviel eigene Mittel besitzen, um einen Kredit bei Verlust der geliehenen Mittel daraus zurückzahlen zu können. Nach dem Ende des Zweiten Weltkriegs wurde dem sich bis heute anhaltenden Prozess der Verringerung des Eigenkapitalanteils der deutschen Unternehmen auch bei den Finanzierungskennziffern Rechnung getragen und die *1:1*-Regel in Form der heute üblichen ***1:2*-Regel** abgeschwächt. Insbesondere ist zu beachten, dass die Relation je nach Branche und deren Besonderheiten in der Wertschöpfungsstruktur zu bestimmen ist.

Beispiel: Kreditinstitute haben einen wesentlich höheren Verschuldungsgrad, da sie ihr Geschäft überwiegend auf Fremdkapital basieren und so kaum mehr als *5%* Eigenkapitalquote aufweisen.

Mittels der Begrenzung der Größe „Verschuldungsgrad" soll vermieden werden, dass es bei einem hohen Fremdkapitalanteil zur wachsenden Belastung des Unternehmens mit Zins- und Tilgungszahlungen über einen negativen Hebeleffekt kommt, wodurch bei zurückgehendem Umsatz die Illiquidität des Unternehmens bewirkt werden kann (vgl. Abschnitt 5.1.1).

Die **Eigenkapitalquote** wird häufig als wichtiger Bestimmungsfaktor für bestehende oder drohende Liquidation, d.h. Konkurs eines Unternehmens gesehen. So weisen Statistiken aus, dass die **Eigenkapitalquote** deutscher Unternehmen in einer langfristigen Betrachtung seit Ende der 60er Jahre bis Ende der 90er Jahre im Durchschnitt von ursprünglich etwa *30%* auf unter *20%* **zurückgegangen** ist (vgl. *DAI* 2001). Eine gängige Argumentation lautet dann sinngemäß wie folgt: Durch diesen Rückgang wird die Insolvenzschutzfunktion des Eigenkapitals untergraben. Dies führt insbesondere für **Kreditinstitute** als wichtigste Gruppe der Kreditgeber dazu, dass das **Kapitalverlustrisiko** des kreditnehmenden Unternehmens teilweise auf das von den Kreditinstituten bereitgestellte Fremdkapital übergeht. Langfristige Kredite nehmen dann faktisch den Charakter von Eigenkapital an. Bei zunehmender Verschuldung und drohender Illiquidität geraten somit Kreditinstitute in die Rolle eines „Gläubigers in letzter Not" und sehen sich vor das Problem gestellt, immer wieder bestehende Kredite zu prolongieren und/oder zusätzliche Kredite (sog. Fresh Money) bereitzustellen. Dadurch sinkt die Eigenkapitalquote u.U. immer mehr ab und das Unternehmen gerät in eine zunehmende Überschuldung, die dann die Insolvenz immer wahrscheinlicher werden lässt (vgl. *Irsch/Zimmermann-Trapp* 1986, S. 315, *Deutsche Bundesbank* 1994, S. 74-79 und *Deutsche Bundesbank* 1992a, S. 22).

Deutlich höhere Eigenkapitalquoten finden sich - unter Berücksichtigung der Vergleichsproblematik aufgrund unterschiedlicher Bilanzansatz- und Bewertungsmethoden - vor allem in amerikanischen und kanadischen Unternehmen, aber auch in den Benelux-Staaten. Deutschland weist eine ähnlich niedrige Eigenkapitalquote wie Japan oder Italien auf. Nachfolgende Abb. I-42 belegt dies anhand der Entwicklung der Eigenkapitalquoten ausgewählter Industrieländer seit Mitte der 80er Jahre.

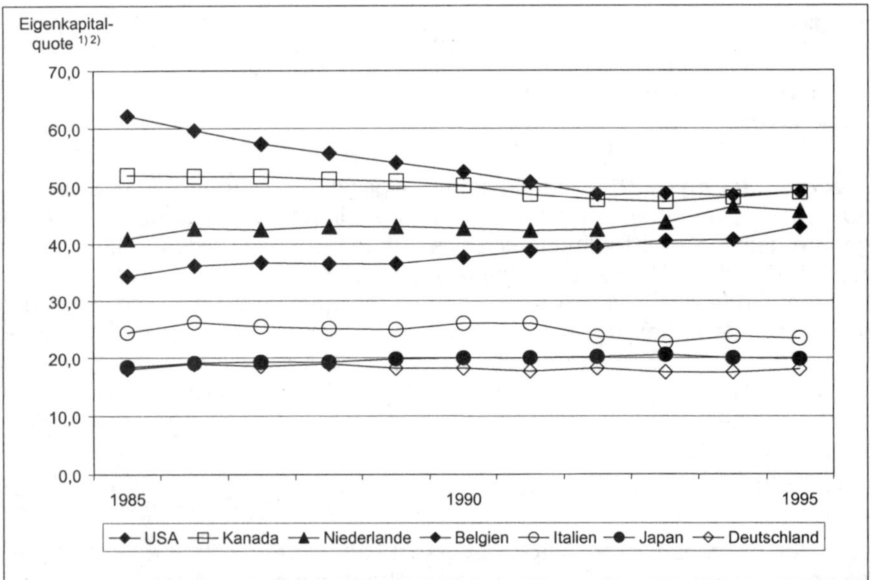


[1] Auswahlkriterien: Höhe der Bilanzsumme und Vergleichbarkeit der Eigenkapitalabgrenzung in der OECD-Statistik
[2] Eigenkapital in % der Bilanzsumme

Abb. I-42: Entwicklung der Eigenkapitalquoten in ausgewählten Industrienationen - produzierendes Gewerbe, Handel und Verkehr (Quelle: *Schefczyk* 2001, S. 25)

Zudem ist bei der **Interpretation von Eigenkapitalquoten** zu berücksichtigen, dass sie (nicht nur in Deutschland) je nach Branche, Unternehmensgröße und Rechtsform der Unternehmen unterschiedlich ausgeprägt sind (vgl. hierzu auch *Deutsche Bundesbank* 2001, S. 58-59):

- Unternehmen in der **Rechtsform** der Kapitalgesellschaft weisen die höchsten Eigenkapitalquoten gegenüber allen übrigen Rechtsformen auf. Bei Einzelkaufleuten finden sich die niedrigsten Quoten.

- Differenziert nach **Branchen** finden sich über dem Bundesdurchschnitt liegende Eigenkapitalquoten in der Energie- und Wasserversorgung und im Verarbeitenden Gewerbe, sehr geringe Quoten in der Baugewerbe und im Einzelhandel.
- **Großunternehmen** weisen gegenüber kleinen Unternehmen eine höhere Eigenkapitalquote auf.

Nachfolgende Abb. I-43 verdeutlicht die unterschiedlichen **Eigenmittelquoten** deutscher Unternehmen in Abhängigkeit von der **Rechtsform**. Dabei ist zu beachten, dass die haftungsbeschränkten Personengesellschaften der Gruppe der Personengesellschaften zugeordnet sind, obwohl sie ökonomisch betrachtet zwischen Personen- und Kapitalgesellschaft stehen.

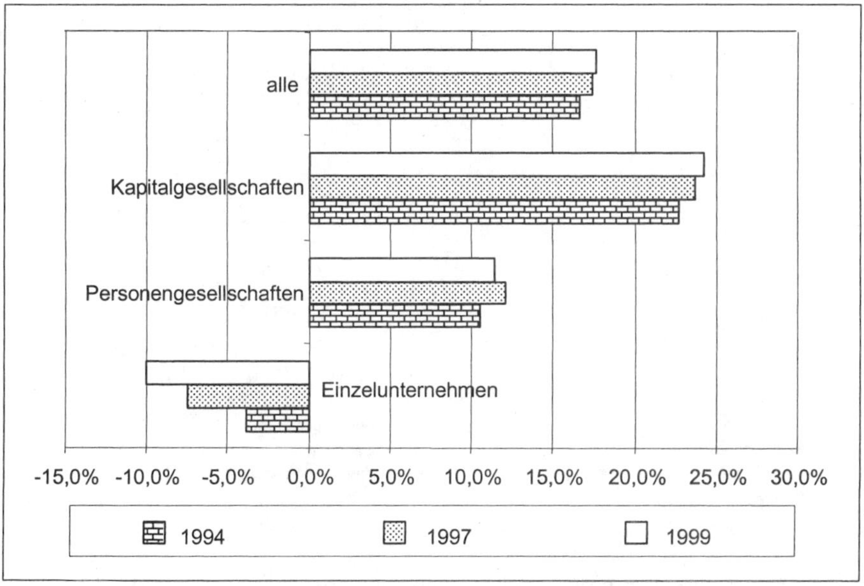


Abb. I-43: Eigenmittelquoten nach Rechtsformen deutscher Unternehmen der Jahre 1994, 1997 und 1999 im Vergleich (Quelle: *Deutsche Bundesbank* 2001)

Die Kapitalgesellschaften haben seit Mitte der 90er Jahre ihre Eigenkapitalausstattung kontinuierlich auf etwa *24,5%* der Bilanzsumme ausgebaut. Die **Personengesellschaften** zeigen eine deutlich niedrigere Eigenkapitalquote auf, deren Expansion aber stärker als die der Bilanzsumme ausgefallen ist. Die bilanzielle Überschuldung der Einzelunternehmen hat sich im Durchschnitt von *4%* in 1994 auf *10%* in 1999 erhöht. Bei der Betrachtung der Eigenmittelausstattung der Einzelkaufleute ist zu berücksichtigen, dass die Jahresabschlüsse regelmäßig nicht alle verfügbaren Aktiva des Unternehmens zeigen, sondern häufig der Eigentümer aus steuerlichen Gründen eine Zuordnung der Vermögenswerte ins Privatvermögen vornimmt. Zudem haften die Einzelunternehmer für die Unternehmensverbindlichkeiten ohnehin neben dem Betriebsvermögen, das in der Bilanz abgebildet ist, auch mit dem Privatvermögen. Auf der anderen Seite verlagert die Abzugsfähigkeit des Zinsaufwands als Betriebsausgabe die Kreditaufnahmen in den betrieblichen Bereich, so dass es häufig zu steuerlich motivierten Verlängerungen der Passivseite bei Einzelunternehmen kommt. Diese Vorbehalte hinsichtlich des Vergleichs der Eigenkapitalquoten einzelner Rechtsformen gelten für Einzelkaufleute und mit Einschränkungen auch für Personengesellschaften, in denen mindestens eine natürliche Person unbeschränkt haftet.

Untersucht man die Entwicklung der **Eigenmittelquoten im Branchenvergleich**, ergibt sich im Betrachtungszeitraum von 1994 bis 1999 keine einheitliche Tendenz. So weist die Branche der Energie- und Wasserversorgung Ende der 90er Jahre zwar nach wie vor die höchste Eigenmittelquote auf (*26,1*%), doch konnten andere Branchen wie das Verarbeitende Gewerbe (*23,7*%), der Großhandel (*15,5*%) und das Verkehrsgewerbe (*15,7*%) den Abstand verringern, da sie ihre Quoten deutlich steigerten. Der Einzelhandel und das Baugewerbe zeigen hingegen eine weitere Erosion ihrer ohnehin schon dünnen Eigenmittelausstattung auf durchschnittlich *2*%. Abb. I-44 spiegelt diese sektoralen Unterschiede nochmals wider.

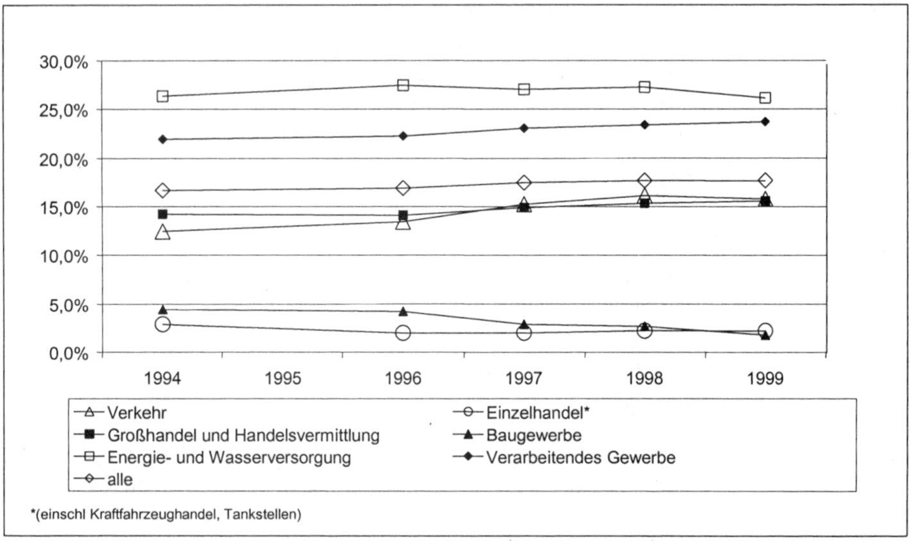


Abb. I-44: Eigenmittelquoten nach Branchen deutscher Unternehmen der Jahre 1994 bis 1999 im Vergleich (Quelle: *Deutsche Bundesbank* 2001)

Im Vergleich von Branchenentwicklung und Eigenmittelausstattung je nach Rechtsform wird erkennbar, dass sich die **bilanzielle Überschuldung** der **Einzelunternehmen** branchenübergreifend zeigt. Davon ausgenommen ist der Großhandel.

Abb. I-45 zeigt die unterschiedlichen Ausprägungen der **Eigenkapitalquoten** für westdeutsche Unternehmen in Abhängigkeit von der **Unternehmensgröße** in einer Durchschnittsbetrachtung der Bilanzen der Jahre 1995 bis 1998 auf.

Betrachtet man allein die Passivseite der Bilanzen, wird deutlich, dass im Durchschnitt über die Jahre 1995 bis 1998 kleine Unternehmen (bis *14* Mill. DM Umsatz) eine Eigenkapitalquote von unter *12*% aufweisen, bei Unternehmen mit Umsätzen über *79* Mill. DM hingegen, liegt die durchschnittliche Eigenkapitalquote bei über *30*%. Auch Rückstellungen sind bei Großunternehmen im Durchschnitt in mehr als doppelt so hohen Umfang wie bei kleinen und mittleren Unternehmen vorhanden. Daraus folgt die hohe Bedeutung der Fremdkapitalfinanzierung für mittlere Unternehmen (*65,8*%) und besonders für kleine Unternehmen (*77,4*%).

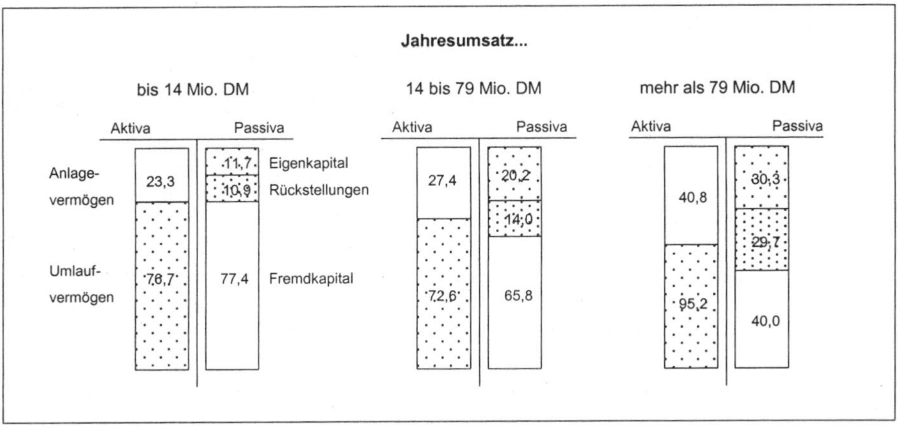


Abb. I-45: Bilanzstruktur westdeutscher Unternehmen im Durchschnitt der Jahre 1995 bis 1998 in Prozent der Bilanzsumme (Quelle: *iwd* 2001)

Lesehinweise: Die Bedeutung der sinkenden Eigenkapitalquote ist wesentlich differenzierter zu betrachten. Zur Problematik der angemessenen Eigenkapitalausstattung vgl. *Stehle* (1994, S. 74). Eine Angabe von ca. *288* Mrd. € zur Quantifizierung der Eigenkapitallücke in Deutschland (Stand 1990) wird u.a. von *Gerke* (1993, S. 624-625) begründet. Nähere Einblicke liefern *Thormälen/Michalk* (1983), *Krahnen* (1986) und *Perlitz/Küpper* (1985).

In der Praxis, z.B. bei der Kreditprüfung seitens der Kreditinstitute, sind Eigen- oder Fremdkapitalquoten (neben anderen Kennziffern) in Gebrauch. Sie stellen die jeweilige Kapitalposition ins Verhältnis zum Gesamtkapital (ausgedrückt in der Bilanzsumme) und liefern auf diese Weise einen Einblick in die Verschuldungssituation eines Unternehmens. Es muss kritisch angemerkt werden, dass eine theoretisch begründete allgemeingültige Aussage über das richtige **Verhältnis** von **Eigen- zu Fremdkapital** nicht möglich ist. So bietet eine steigende Verschuldung bis zu einem von Unternehmen zu Unternehmen unterschiedlichen Grad die Möglichkeit der Erhöhung der Eigenkapitalrendite (vgl. auch Abschnitt 5.3).

Bei den sog. „goldenen“ Finanzierungs- und Bilanzregeln spielt die **Fristenkongruenz** eine besondere Rolle. Sie fordert, dass die **Dauer** der **Kapitalüberlassung** (Passivseite) mit der **Dauer** der **Kapitalbindung** (Aktivseite) übereinstimmen soll.

Grundsätzlich soll die Einhaltung von Finanzierungsregeln die finanzielle Struktur des Unternehmens in Hinblick auf eine längerfristige Zahlungsfähigkeit sicherstellen. Es ist allerdings keine pauschale Vorgehensweise möglich; vielmehr ist für jedes Unternehmen ein **strukturelles Optimum** zu finden. Dies ist erforderlich, weil Unternehmen je nach Branche unterschiedlich arbeits-, anlage- oder materialintensiv produzieren. Aus diesem Grund ist man darauf angewiesen, mittels Zeit-, Betriebs- und Branchenvergleichen zu einer relativen Aussage zur Beurteilung der Finanzsituation eines Unternehmens zu gelangen. Auch die Position eines Unternehmens auf dessen Lebenszykluskurve ist u.U. entscheidend für den Kapitalbedarf. So weisen erst vor kurzem gegründete Unternehmen gegenüber etablierten Unternehmen einen überdurchschnittlich hohen Bedarf an Eigenkapital auf.

Lesehinweis: Eine Diskussion der Aussagefähigkeit von Kennziffern liefert u.a. *Süchting* (1995, S. 486 ff.).

## 3.6 Marktliquidität

Bislang wurde auf die unternehmensbezogene Liquidität abgestellt. Ergänzend ist der Begriff Liquidität als bestimmendes Merkmal für die **Leistungsfähigkeit** eines Markts generell, hier im besonderen der **Finanzmärkte** und der **Austauschfähigkeit** der dort gehandelten **Finanzfazilitäten** zu sehen. So wird z.B. in empirischen Studien über die Börsenplatzentscheidungen institutioneller Investoren beim Handel deutscher Wertpapiere nachgewiesen, dass sich die Liquidität in der Gesamtbetrachtung aller Befragten als das mit Abstand wichtigste Entscheidungskriterium erweist (vgl. z.B. *Schiereck* 1995 S. 90).

Der Begriff der Liquidität von Märkten oder Wertpapieren ist in der Literatur nicht eindeutig definiert. So formuliert die „New York Stock Exchange" im Glossary of Financial Terms: "Liquidity: The ease with which securities can be bought and sold without wide price fluctuations." Die Liquidität von Kapitalmärkten wird häufig im Wesentlichen implizit über Eigenschaften der Markteffizienz (Tiefe, Breite, Sofortigkeit, Erneuerungskraft) definiert (vgl. *Oesterhelweg/Schiereck* 1993):

- Die **Breite oder Weite** (Width) eines Markts ist ein Maß für die Kosten pro gehandeltem Wertpapier für eine bestimmte Anzahl von Wertpapieren. In Märkten, in denen bestimmte Finanzintermediäre, sog. Market Maker, ständig zu den Handelszeiten bereit sind, verbindliche An- und Verkaufspreise für ein Wertpapier zu stellen, ist die Spanne zwischen An- und Verkaufspreisen (Bid-Ask-Spread) für eine gegebene Anzahl von Wertpapieren ein Maß für die Marktbreite. Je enger der beste Brief- und der beste Geldkurs beieinander liegen (geringer Market-Spread), desto geringer sind die Kosten je gehandeltem Wertpapier.

- Sollen größere Transaktionen abgewickelt werden, als zum besten Bid-Ask-Spread angeboten werden, dann gewinnt die Tiefe des Markts zusätzlich an Bedeutung. Die **Markttiefe** (Depth) bezieht sich auf die Höhe der Stückzahlen, die zum jeweiligen Bid-Ask-Spread angeboten oder nachgefragt werden. In einem tiefen Markt ist die Anzahl der Aktien, die zum Market-Spread oder einem Preis in der Nähe des Market-Spread quotiert werden, hoch. Vorhandene temporäre Ungleichgewichte zwischen Kauf- und Verkaufsaufträgen können durch die im Markt vorhandenen Aufträge ausgeglichen werden, so dass große Preissprünge unterbleiben.

- Das Liquiditätsmerkmal der **Sofortigkeit** (Immediacy) bezieht sich auf die Zeit, die benötigt wird, um eine Transaktion einer bestimmten Größe durchzuführen. Je geringer die Zeitspanne zwischen der Entscheidung zur Durchführung einer Transaktion und der Möglichkeit zur Ausführung dieser Transaktion zu den gewünschten Konditionen, desto höher ist die Sofortigkeit, die ein Markt anbietet. In Market Maker-Märkten stehen die Market Maker während der Handelszeit permanent bereit, Kundenaufträge zu erfüllen.

- Mit der **Erneuerungskraft** (Resiliency) eines Markts wird angegeben, wie schnell die Preise zu ihrem Ausgangspunkt zurückkehren. Ausgangspunkt ist ein Ungleichgewicht in den Kauf- und Verkaufaufträgen, das nicht auf das Vorliegen neuer Informationen zurückzuführen ist. Ein Markt mit hoher Erneuerungskraft ist dadurch gekennzeichnet, dass bei kurzfristigen Ungleichgewichten zwischen den Aufträgen unverzüglich neue, markträumende und somit das Ungleichgewicht aufhebende Gegenaufträge dem Markt zufließen.

<u>Lesehinweis:</u> Die Einbindung der Marktliquidität findet sich bei *Schäfer* (1999a, S. 79-80).

# 4 Grundlagen und Zielsetzungen betrieblicher Finanzwirtschaft

Welche Ziele die Finanzwirtschaft im Unternehmen verfolgen soll, kann nur durch eine theoretische Fundierung geklärt werden. Diesbezüglich werden in der Finanzierungstheorie (sowie der Investitionstheorie) zwei grobe Richtungen unterschieden, die Abb. I-46 überblicksartig gegenüberstellt und die nachfolgend erläutert werden.

**Traditionelle Sicht**

* güterwirtschaftliche Sichtweise
* Unternehmer als einheitlicher Entscheidungsträger mit Sachziel
* Investition und Finanzierung haben nur Hilfsfunktionen
* Leistungswirtschaft gibt Kapitalbedarf vor
* Sicherung des finanziellen Gleichgewichts hat oberste Priorität
* Investitions- und Finanzierungsbegriff in der Definition als Bestandsänderung
* Problem: keine Handlungsanleitung für Investitions- und Finanzierungsentscheidungen

**Moderne Sicht**

* monetäre Sichtweise und Unternehmen als Instrument zur Erreichung von Zielen
* Marktwertmaximierung als Voraussetzung zur Maximierung des privaten Einkommens
* Investitionen als Zahlungsreihen
* Investitions- und Finanzierungsprobleme sind Wahlprobleme der Kapitalgeber über ihre zeitlich und betraglich gewünschten Konsummöglichkeiten
* unterschiedliche Kapitalgeber haben unterschiedliche zeitliche Konsumpräferenzen
* vollkommener Kapitalmarkt und Kalkulationszinsfuß relevant
* unvollkommener Kapitalmarkt und Prinzipal-Agent-Problem

Abb. I-46: Traditionelle und moderne Ausprägung des Verständnisses von Finanzierungs- und Investitionsvorgängen

## 4.1 Traditionelle Betrachtungsweise

In der sog. traditionellen Betrachtungsweise von Finanzierungs- und Investitionsvorgängen herrscht eine **güterwirtschaftliche Sichtweise** vor: Finanzierungs- und Investitionsvorgänge werden in erster Linie in Form der bestandsorientierten Definitionen verstanden.

### 4.1.1 Theoretische Grundlagen

Folgende Merkmale kennzeichnen den **traditionellen Ansatz** von Finanzierungsvorgängen, was auch allgemein unter dem Begriff der sog. **Finanzwirtschaftslehre** eingeordnet wird (vgl. *Schmidt/Terberger* 1997, S. 10). Es liegt eine externe Betrachtungsweise vor, d.h. insbesondere die Behandlung der Finanzierungsarten und -formen, sowie die einschneidenden Finanzierungsanlässe über den Lebenszyklus eines Unternehmens (Gründung, Kapitalerhöhung bzw. -herabsetzung, Liquidation, etc.). Damit dominiert eine kapitalgeberorientierte Sichtweise. Definitorisch gesehen werden sämtliche Kapitaldispositionen zum Finanzierungsbereich gezählt. Man spricht hierbei vom sog. bilanziellen (oder buchhalterischen) Ansatz. Die Qualität finanzieller Transaktionen wird daran gemessen, ob Normvorstellungen zu Finanzierungskennziffern eingehalten werden. Diese Ziffern sind vor allem Bilanzstrukturnormen, die in erster Linie aus den Vorstellungen der Kapitalgeber (insbesondere der Kreditinstitute) abgeleitet sind. Durch Zeit-, Branchen- und/oder Betriebsvergleiche zentraler Kennziffern versucht man Aufschluss über das Ausfallrisiko eines Unternehmens zu gewinnen. Eine konsequente Verwendung von gewinnorientierten Zielgrößen für Entscheidungen über finanzielle Transaktionen findet nicht statt. Der **Kapitalbedarf** eines Unternehmens wird weitgehend als von der güterwirtschaftlichen Sphäre des Unternehmens als **gegeben** unterstellt. Es kommt für die Kapitalgeber darauf an, das für die jeweilige Unternehmenssituation angemessene Kapitalportefeuille zusammenzustellen. Es wird von der **Fiktion** des **Unternehmers** ausgegangen, der den Entscheidungsträger verkörpert. Sein **Sachziel** ist die Versorgung von Märkten mit Gütern und Dienstleistungen. Das Ziel der Gewinnmaximierung ist in diesem Denkansatz das Oberziel des Unternehmens. Im Vordergrund stehen Beschaffungs-, Produktions- und Absatzprozesse. Damit verbundene Güterströme gehen voraus, Finanzströme folgen; **Investitions- und Finanzvorgänge** haben darin **Hilfsfunktionen**. Das Rechnungswesen dient der Dokumentation güter- und finanzwirtschaftlicher Vorgänge.

**Zentrale Aufgaben** des Managements von Investitions- und Finanzierungsprozessen sind aus diesen Vorstellungen abgeleitet: Deckung eines güterwirtschaftlich vorgegebenen Kapitalbedarfs und Sicherung des finanziellen Gleichgewichts im Unternehmen, was in kurz- und langfristiger Sicht verstanden werden kann. Kurzfristig bedeutet es, dass ein Unternehmen zu jedem Zeitpunkt seinen Zahlungsverpflichtungen nachkommen muss. Langfristig hat es zu jedem Zeitpunkt seinen Kapitalbedarf zu decken. Diese Anschauung leitet zum traditionellen Zielsystem der Finanzwirtschaft über.

### 4.1.2 Traditionelles Zielsystem der Finanzwirtschaft

Das traditionelle finanzwirtschaftliche Zielsystem und seine wichtigsten Nebenbedingungen liefert im Überblick Abb. I-47. Das finanzwirtschaftliche Ziel wird aus dem **Oberziel** eines Unternehmens abgeleitet, das traditionell in der Betriebswirtschaftslehre mit **Gewinnmaximierung** beschrieben ist. Die Unternehmensfinanzierung übernimmt als eine der verschiedenen betrieblichen Teilfunktionen eine ganz bestimmte Aufgabe, die vereinfacht mit der eines „Kassenwarts" zu vergleichen ist. Seine Funktion wird im Unternehmen erforderlich, da in einer arbeitsteiligen Geldwirtschaft realwirtschaftliche Unternehmensprozesse wie die Produktion von Gütern oder die Beschaffung von Rohstoffen Zeit in Anspruch nehmen.

So gehen der Beschaffung von Einsatzfaktoren und die dadurch ausgelösten Auszahlungsvorgänge den abgesetzten Gütern und den durch sie erzielten Einzahlungen zeitlich voraus. Man spricht bei den Zahlungen von einer mangelnden zeitlichen Deckungsgleichheit oder auch **Fristeninkongruenz**. Da diese Vorgänge sehr kurzfristiger Natur sind und beinahe täglich immer wiederkehrend sich in einem Unternehmen abspielen, wird deutlich, dass das kurzfristige Ziel der Unternehmensfinanzierung die **Sicherung des finanziellen Gleichgewichts** erfordert: Es bedeutet, dass zu jedem Zeitpunkt die Auszahlungen durch Einzahlungen und vorhandene Zahlungsmittelbestände gedeckt sind sowie im Unternehmen eingegangene Zahlungsverpflichtungen termingerecht erfüllt werden.

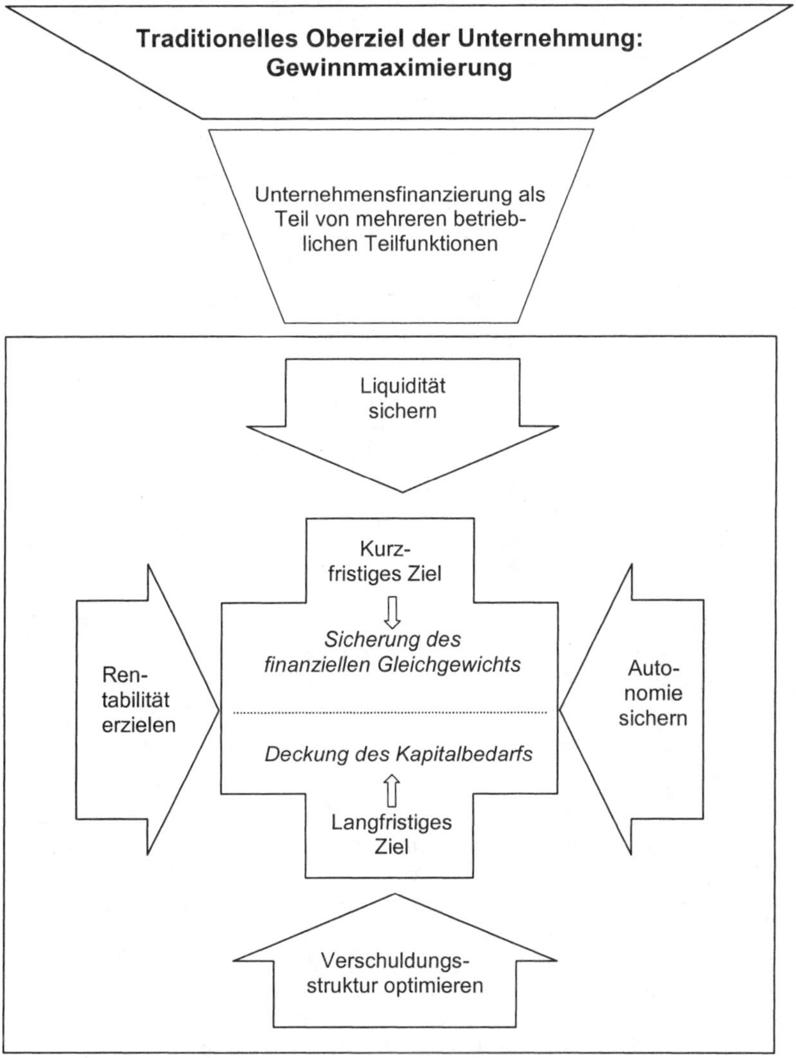


Abb. I-47: Zielsystem der Finanzwirtschaft

Die Unternehmenstätigkeit erfordert realwirtschaftlich ferner die Beschaffung oder Herstellung von Vermögensgütern wie Maschinen, Patenten und Gebäuden. Wie bereits erläutert, setzt dies eine **Vermögensmehrung**, also eine Bestandsänderung durch Ströme voraus. Diese bestehen aus Investitionen und bewirken Auszahlungen oder Ausgaben. Da die mit den zusätzlichen Vermögensgütern ermöglichte Produktion von Gütern und die durch den Absatz realisierbare Wiederbeschaffung der gebundenen Finanzmittel erst in der Zukunft zu erwarten ist, liegt auch hier eine Fristeninkongruenz vor. Zur zeitlichen Überbrückung wird Kapital benötigt. Dies löst einen Kapitalbedarf aus. Die **Deckung** von Kapitalbedarf ist das **langfristige Ziel** betrieblicher Finanzwirtschaft und soll sicherstellen, dass geplante Investitionen verwirklicht werden können.

Liquiditätssicherung und Kapitaldeckung hängen eng mit der Vorstellung von einer richtigen, i.S. einer **optimalen Verschuldungsstruktur** zusammen. So wird einem Unternehmen mit hoher Eigenkapitalausstattung seitens der Kapitalgeber bereitwilliger Kredit überlassen als einem Unternehmen mit sehr geringen eigenen Mitteln. Das hängt auch mit der möglichen Gefahr einer Überschuldung zusammen, d.h., das Vermögen eines Unternehmens deckt nicht mehr dessen Schulden. Ob ein Unternehmen überschuldet ist, erkennt man nicht aus einer Bilanz, die nach HGB und GoB erstellt wurde. Erforderlich ist die Erstellung einer **Überschuldungsbilanz** (= Überschuldungsstatus), in der Schulden und Vermögen eines Unternehmens zu Verkehrswerten aufgeführt sind. Häufig wird von der Fortführung des Unternehmens (= **Going Concern-Prinzip**) ausgegangen. Das Unternehmen wird damit als Vermögenseinheit betrachtet, und die Bewertung der Vermögensteile richtet sich nach ihrem Beitrag zum Unternehmensertrag, also ihrem Ertragswert.

Alle Teilbereiche eines Unternehmens haben grundsätzlich ihren Beitrag zum Gesamtunternehmenserfolg zu leisten - so auch das Finanzmanagement. Die Eigenkapitalgeber erwarten ein ertragsorientiertes Finanzmanagement, da die Dispositionen der Finanzabteilung, wie die der übrigen betrieblichen Funktionalbereiche eines Unternehmens, einen **Erfolgsbeitrag** zu **erzielen** haben. Auf diese Weise wird ein Beitrag zur betrieblichen Gewinnmaximierung (Oberziel) und zur Rentabilität des eingesetzten Eigenkapitals geleistet. Die Größe „Rentabilität" wird häufig als Maßgröße für einen Unternehmenserfolg herangezogen, da mit ihr eine Verhältniszahl von erwirtschaftetem Erfolg einer Periode (z.B. gemessen anhand des Jahresüberschusses) zum in der gleichen Periode eingesetzten Kapital (z.B. Eigenkapital) vorliegt. Der Finanzierungsbereich kann einen solchen Erfolgsbeitrag leisten, indem Finanzierungsmaßnahmen (z.B. Beschaffung von Krediten) zu den niedrigsten **relativen Kapitalkosten** vorgenommen, (unverzinsliche oder niedrig verzinsliche) **Liquiditätsreserven** (z.B. auf Girokonten) **gering** gehalten und liquide **Überschüsse** als **verzinslich**e Guthaben angelegt werden (z.B. als Tages- oder Termingeld).

Die **Beschaffung** von **Kapital** ist im Regelfall **vertraglich geregelt**. Jede Vertragsseite hat Rechte und Pflichten während der Dauer der Kapitalbereitstellung bzw. –inanspruchnahme. Nicht zwingend sind die Interessenlagen von Kapitalgeber und -nehmer vollständig deckungsgleich. Und nur die Kapitalnehmerseite verfügt darüber hinaus über verlässliche Informationen über z.B. die Verwendung eines Kredits im Unternehmen. Da Kapitalgeber auf Informationen der Kapitalnehmer angewiesen sind, ist es verständlich, wenn Kapitalgeber in Verträgen sicherstellen wollen, dass sie objektive Informationen erhalten und u.U. in Krisenfällen auf das Verhalten der Unternehmensleitung einwirken können.

Das Management als Vertreter der Kapitalnehmerseite möchte dagegen von den Kapitalgebern soviel Unabhängigkeit wie möglich wahren, um ihre Investitionsziele eigenverantwortlich durchführen zu können. Demgegenüber versuchen Fremdkapitalgeber, insbesondere mit steigendem Verschuldungsgrad, ihre Mittelvergabe oder die Verlängerung von bisherigen Krediten von Zugeständnissen des Fremdkapitalnehmers abhängig zu machen. Solche Zugeständnisse können sein:

- **Bereitstellung zusätzlicher Informationen** (z.B. Wirtschaftsprüferberichte), u.U. auch in kürzeren Abständen als es bei Kreditvergaben üblich ist,
- Einräumung von **Mitsprache-** und **Kontrollrechten** etwa im Aufsichtsrat einer kreditsuchenden AG,
- Unterstützung des Kreditnehmers in seinen Managemententscheidungen durch betriebswirtschaftliche Beratung (vgl. *Schäfer* 1993b),
- indirekte **Mitwirkung** in der **Geschäftsführung** etwa durch einen vom Kreditgeber bestellten Geschäftsführer.

Solche Forderungen des Fremdkapitalgebers beeinträchtigen die unternehmerische Entscheidungsfreiheit der kapitalbeschaffenden Unternehmensleitung. Sie drücken sich zwar nicht als finanzielle Aufwandsgrößen wie etwa die mit der Kreditvergabe anfallenden Zinskosten aus, stellen aber einen mit der Kreditvergabe eng verflochtenen Ressourcenverzehr dar. Deshalb hat sich für die vorgenannte Art von Einflussnahme der Kapitalgeber auf die Kapitalnehmerseite der Begriff der **impliziten Kapitalkosten** eingebürgert (vgl. *Horne* 1992, S. 293 f.)

*Im Handelsblatt vom 31.10.1996 war hierzu folgende Meldung zu lesen, die auszugsweise wiedergegeben ist:*

*„Der am Mittwoch bekanntgegebene Wechsel von Deutsche Bank Chef Hilmar Kopper in den Aufsichtsrat des größten deutschen Kreditinstituts könnte die Spekulationen um die neue Struktur bei der Daimler-Benz AG, Stuttgart, neu entfachen. Es wird erwartet, dass Kopper sein Amt als Aufsichtsratschef bei Deutschlands größtem Konzern niederlegt. Daraus resultierende Unsicherheiten könnten die Klärung der Kontroversen um die von Daimler-Benz-Chef Schrempp mit Vehemenz betriebene Restrukturierung des Stuttgarter Konzerns erschweren (...)“*

Lesehinweise: In diesem Abschnitt wurde ein traditionelles Verständnis der Unternehmensfinanzierung und dem daraus abgeleiteten Zielsystem vorgestellt. Seine Grundlagen gehen im deutschsprachigen Raum nachhaltig auf die Arbeit Gutenbergs zurück (vgl. *Gutenberg* 1980). Eine weitergehende und differenzierende Diskussion der in der Unternehmensfinanzierung vorfindbaren theoretischen Denk- und Lehrgebäude findet sich in *Schmidt/Terberger* (1997, Kap. 1 und 2).

## 4.2 Moderne Betrachtungsweise

In der modernen Betrachtungsweise finanzwirtschaftlicher Vorgänge stellen sich Investitions- und Finanzierungsfragen als **Entscheidungsprobleme** dar. Rationale Investitions- und Finanzierungsentscheidungen erfordern vorweg die Klärung, **welche Ziele** durch Investitionen und Finanzierungen erreicht werden sollen. „Entscheidungen sind erst dann rational, wenn sie zielorientiert sind und die durch sie ausgelösten Maßnahmen zur Zielerfüllung beitragen“ (*Schmidt* 1986, S. 231).

### 4.2.1 Interessen und Ziele von Unternehmenskoalitionären

Welches ist nun in diesem Sinne das **richtige Ziel** für Finanzierungsentscheidungen? Die in der allgemeinen Betriebswirtschaftslehre am häufigsten genannten Ziele wie Gewinnmaximierung oder Maximierung des Deckungsbeitrags helfen für Finanzierungsfragen kaum weiter. **Finanzierungsentscheidungen** sind ähnlich wie Investitionsentscheidungen meist durch **Unsicherheit** und **Mehrperiodigkeit** gekennzeichnet, auf solche Merkmale nehmen die vorgenannten allgemeinen betriebswirtschaftlichen Zielsetzungen jedoch keine Rücksicht. Aus diesem Grund können geeignete Ziele nur auf der Grundlage von investitions- und finanzierungstheoretischen Erkenntnissen gegeben werden.

Da Zielen für die **Rationalität** von Entscheidungen die zentrale Bedeutung zukommt, sind bestimmte Anforderungen an gute Aussagen über unternehmerische Ziele zu stellen: Üblicherweise wird in der Betriebswirtschaftslehre empfohlen, die Ziele betrieblicher Teilbereiche als

- **Unterziele** zu verstehen, die aus einem das ganze Unternehmen betreffenden
- **Oberziel abgeleitet** werden. Daran haben (hätten) sich auch die Investitions- und Finanzierungsbereiche zu orientieren.

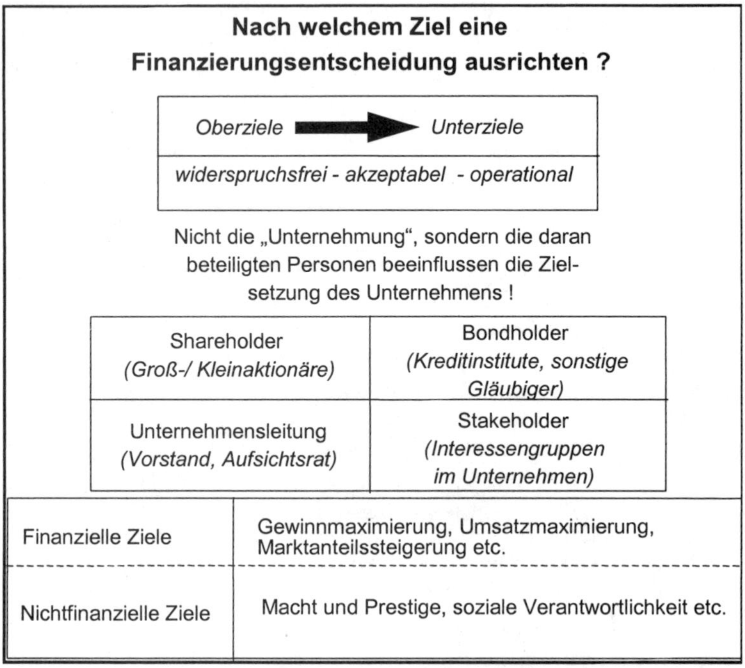


Abb. I-48: Ziele und Finanzierungsentscheidung

Generell müssen „gute unternehmerische **Ziele**" **widerspruchsfrei**, **akzeptabel** und **operational** sein. Hierzu ist zu klären:

1. An wessen Zielen sollen sich die Entscheidungen ausrichten?
2. Welches ist das richtige Ziel?

Ein naheliegender und einfacher Weg wäre, **Unternehmer** nach ihren Zielvorstellungen zu **befragen**. Für die hier anstehende Themenstellung wäre diese Vorgehensweise nicht zufriedenstellend, da vorhandene Befragungsstudien **Probleme** erkennen lassen:

- Es ist aller Erfahrung nach **nicht** mit **Sicherheit** davon auszugehen, dass Unternehmer ihre **Ziele genau kennen** und so auf Befragung hin ein widerspruchsfreies und operationales Zielsystem angeben können.

- Auch ist **nicht** zu erwarten, dass Unternehmer bereit sind, ihre **Ziele freiwillig** aufzudecken.
- Der **Unternehmer** ist häufig, insbesondere in Großunternehmen (vor allem Kapitalgesellschaften), nur eine **Fiktion**, da wie zu zeigen sein wird, Koalitionen und Interessengruppen hinter einem Unternehmen stehen.

Lesehinweis: *Schmidt/Terberger* (1997, S. 43-45).

Damit wird eine **theoretische Begründung** finanzwirtschaftlicher Zielsetzungen erforderlich und man gelangt zur Fragestellung, wodurch ein Unternehmen verkörpert wird bzw. wer es repräsentiert:

- Nach der **Eigner-Theorie** (Proprietary Theory) befindet sich ein Unternehmen ausschließlich in der Hand eines oder mehrerer Eigentümer, die wirtschaftliche Entscheidungen weitestgehend alleinverantwortlich vornehmen. Es handelt sich um eine typische Vorstellung von **personenbezogenen Unternehmen** wie man sie in den Rechtsformen Einzelkaufmann und Personengesellschaften vorfindet. Viele mittelständische Unternehmen, die zudem oft patriarchalisch geprägt sind, kommen dieser Vorstellung sehr nahe. Das Verhalten und Verständnis von Kapitalgesellschaften ist mit dieser Theorie kaum zu erklären.
- Losgelöst vom Eignerstandpunkt betrachtet die **Einheitstheorie** (Entity Theory) ein Unternehmen als eigenständige Wirtschaftseinheit. Es gibt keinen personifizierten Eigentümer eines Unternehmens, sondern das Unternehmen wird als fiktive Rechtsperson betrachtet (**firmenbezogenes Unternehmen**). Das Unternehmen verkörpert in dieser Auffassung eine verselbstständigte **Einkommensquelle**, an **anspruchsberechtigte Gruppen** (z.B. Eigner, Arbeitnehmer, Kunden) Einkommensforderungen stellen. Der **Unternehmensleitung** fällt die Aufgabe zu, die **Forderungen auszugleichen**, um so die Funktionsfähigkeit dieser Koalition zu sichern. In moderner Sicht wird in diesem Sinne das Unternehmen als **Komplex von Verträgen** gesehen, mit denen konfliktäre Interessen der verschiedenen Gruppen in ein Gleichgewicht gebracht werden sollen: „The firm is a legal fiction which serves as a focus for a complex process in which the conflicting objectives of individuals (...) are brought into equilibrium within a framework of contractual relations" (*Jensen/Meckling* 1976, S. 311). Dies erfordert eine genaue Bezugnahme auf die Zielvorstellungen der am Unternehmen beteiligten Personen bzw. Personengruppen, ohne die keine eindeutige Klarheit über die Ausprägungen der gewünschten Einkommensströme für das Management erkennbar ist.
- Eine Verbindung aus den bisher vorgestellten Theorien geht die **Fondstheorie** (Trust Funds Theory) ein. Sowohl Eigner- als auch Einheitstheorie verbinden die Unternehmensvorstellung mit einer Person, entweder als natürliche oder als fiktive Person. Die Trust Funds Theory stellt dem die Vorstellung gegenüber, von den Zielen bestimmter Personengruppen abstrahieren und die Finanzierungsbeziehungen auf eine objektive, nicht personifizierte Grundlage stellen zu können. Das Management verwaltet in diesem Sinne treuhänderisch einen Vermögensfonds der Kapitalgeber (vgl. *Dewing* 1953, S. 18, 48 ff.).

An den vorgestellten Theorien ist zu kritisieren, dass sie entweder zu einseitig auf einzelne Personen oder Personengruppen ausgerichtet sind oder völlig davon abstrahieren. Die Bestimmung der Zielträger von Finanz- und Investitionsvorgängen erfordert ein Unternehmenskonzept, das alle am Unternehmen Beteiligte einschließt. *Cyert/March* (1963) folgen dieser Anforderung, indem sie ein **Unterneh-**

**men** als **Instrument** zur Verwirklichung von Zielen aller am Unternehmen beteiligter Personen bzw. Personengruppen (z.B. Unternehmensleitung, Arbeitnehmer, Anteilseigner) verstehen. Auch in dieser Sicht stellt ein Unternehmen eine Koalition dar. Die von den aktuellen oder potenziellen Koalitionsmitgliedern entsprechend ihren Zielvorstellungen an die Unternehmen gerichteten Ansprüche stellen - sieht man von der Ausnahmestellung des Fiskus ab - den Preis für den Verbleib in der Koalition oder für die Beteiligung an der Koalition dar. „Eine Koalition hat demnach nur so lange Bestand, wie sie ihren Mitgliedern oder ihren potenziellen Teilnehmern deren Zielvorstellungen entsprechende Leistungen finanzieller oder nichtfinanzieller Art bietet" (*Coenenberg* 2000, S. 1075). Diese Vorstellung ist geeignet, die Zielvorstellungen für Finanz- und Investitionsentscheidungen herauszuarbeiten.

Sieht man sich die Koalitionäre systematischer an, so können einzelne Personen zu **Interessen- bzw. Anspruchsgruppen** zusammengefasst werden. Vor allem **Großunternehmen** weisen schon aufgrund ihres vorherrschenden Rechtsform-Status als Kapitalgesellschaften und juristische Personen eine hohe Bandbreite von Anspruchsgruppen auf, im Angelsächsischen auch als „**Stakeholder**" bezeichnet. Hierunter fallen grundsätzlich alle Gruppen, ohne deren Unterstützung eine Organisation, hier Unternehmen, nicht existieren könnte. Stakeholder zeichnen sich ferner dadurch aus, dass sie als Gruppe oder Individuum einen Beitrag zum Unternehmensziel leisten können oder von der Erreichung der Unternehmensziele in ihrer individuellen Wohlfahrt betroffen sind (vgl. *Freeman* 1984, S. 25-31).

Mittels des **Stakeholder-Scanning** werden die strategischen Absichten eines Unternehmens und die der Anspruchsgruppen koordiniert. Stakeholder werden in dieser Methodik nach ihren Zielen sowie Risiko- bzw. Machtstrukturen analysiert, wobei sog. **Machtbasen** als Kriterien für die Spezifikation ihrer individuellen Macht- bzw. Risikostrukturen dienen:

- **Bindungsmacht** meint die Einschränkung der Aktionsfähigkeit eines Unternehmens durch bestimmte Stakeholder,
- **Retaliationsmacht** bezeichnet die Sanktionsfähigkeit von Anspruchsgruppen bei Unzufriedenheit,
- **Substitutionsmacht** drückt aus, inwiefern Stakeholder mit geringem wirtschaftlichen Eigenschaden eine bestehende Beziehung zu einem Unternehmen abbrechen können.

Spezifische Machtbasen von Stakeholder sind mit deren **Risikodimension** verbunden. Sie bezieht sich darauf, wie hoch der wirtschaftliche Einsatz einer Anspruchsgruppe ist, wie hoch also für eine Gruppe oder ein Individuum etwas „auf dem Spiel" (to be at stake) steht. Es lassen sich daraufhin folgende grobe Gruppen von Stakeholder unterteilen:

- **Eigenkapitalgeber**, im Angelsächsischen auch mit **Share- oder Stockholder** umschrieben, die in Großaktionäre (oder: Eigentümer mit direktem Einfluss) und Kleinaktionäre (oder: Eigentümer ohne direkten Einfluss) unterschieden werden können. Ihr Einsatz im Unternehmen besteht aus der Hingabe von haftendem Eigenkapital, das dem Risiko der Wertschwankungen in Vermögen und Einkommen unterliegt. Primär von der Rechtsform des Unternehmens wird die individuelle Macht- und Risikoposition eines Shareholder bestimmt.
- **Gläubiger**, für die auch der Begriff des **Bondholder** häufig verwendet wird, womit alle kreditgewährenden Koalitionäre am Unternehmen eingeschlossen werden (neben Kreditinstituten auch sonstige Finanzintermediäre wie z.B.

Factoring-Gesellschaften oder Lieferanten, bei denen ein Zahlungsziel in Anspruch genommen wurde). Von der rechtlichen Art der Ausgestaltung des Kreditvertrags wird primär die Stakeholderposition dieser Gruppe geprägt.

- **Unternehmensleitung bzw. Management**, wozu je nach Rechtsform Vorstand und Aufsichtsrat (bei der AG) oder die Geschäftsführung als solche zählen. Rechtsform des Unternehmens sowie individuelle Satzungs- und Vertragsausgestaltungen sind für diese Anspruchsgruppe zentrale Bestimmungsfaktoren ihrer Risikoposition.
- Bei **Arbeitnehmern** steht als Risikoposition grundsätzlich der Arbeitsplatz auf dem Spiel. Arbeitsvertrags- und Tarifausgestaltungen sowie die Rechtsprechung sind hierfür zentrale Determinanten.
- **Kunden** eines Unternehmens zählen ebenfalls zu Stakeholder. So kann für sie das Risiko darin liegen, in der Zukunft eine wichtige Bezugsquelle zu verlieren.
- Für **Lieferanten** eines Unternehmens ist eine Stakeholder-Position oft darin begründet, dass sie möglicherweise nicht dauerhaft das Unternehmen als Abnehmer behalten, dieses aber eine hohe wirtschaftliche Bedeutung etwa als Großkunde haben kann.
- Ergänzend werden im Stakeholder-Ansatz auch Konkurrenten, Regierungsstellen sowie Nichtregierungsorganisationen (Non Governmental Organizations, kurz NGO genannt) hinzugezählt (vgl. *Freeman* 1984, S. 46).

In nachfolgender Abb. I-49 werden die Beziehungen der einzelnen Stakeholdergruppen in Hinblick auf ihre finanziellen Ansprüche an ein Unternehmen dargestellt.

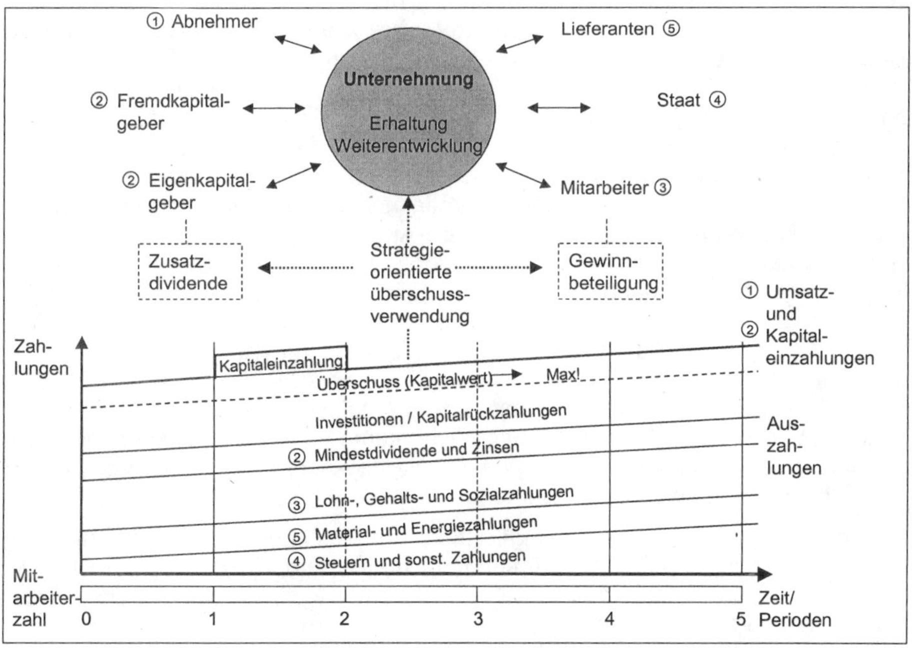


Abb. I-49: Interessengruppen und generelle Ziele/Grundsätze in der Unternehmung
(Quelle: *Hahn* 1997, S. 5)

Die einzelnen Gruppen der Stakeholder verfolgen individuelle Ziele, die sich wie folgt einteilen lassen:

- **Nicht finanzielle Ziele** wie Streben nach Macht, Prestige oder Pflichterfüllung, die i.d.R. **nicht quantifizierbar** sind. Ihnen ist zu eigen, dass sie individuell unterschiedlich sind und sich dadurch einer Rationalisierung entziehen. Sie sind aber häufig durch Verfolgung finanzieller Ziele zu verwirklichen.
- **Finanzielle Ziele** z.B. Gewinnmaximierung, Umsatzmaximierung oder Marktanteilssteigerung lassen sich demgegenüber quantifizieren und eignen sich grundsätzlich zur rationalen Entscheidungsfindung.

Neben der Art der Ziele ist als Nächstes zu klären, welcher Anspruchsgruppe im Unternehmen aus finanzwirtschaftlicher Sicht die größte Bedeutung zukommt. In **kapitalgeleiteten** (im Gegensatz zu arbeitsgeleiteten) **Unternehmen** in marktwirtschaftlichen Wirtschaftssystemen kommt Kapitalgebern und -nehmern aufgrund ihrer spezifischen Eigentumsrechte am Unternehmensvermögen eine herausgehobene Position zu (vgl. *Schäfer* 1999a, S. 70-71):

- **Kapitalnehmer** werden durch die Unternehmensleitung repräsentiert, die rentabel erscheinende Investitionsmöglichkeiten kennen. Sie verfügen allerdings nicht über ausreichend eigene finanzielle Mittel innerhalb des Unternehmens.
- **Kapitalgeber** sind im Besitz von überschüssigen Finanzmitteln, möchten ihre Konsummöglichkeiten zu Lasten der Gegenwart in die Zukunft verlagern (also sparen) und suchen Investitionen (Finanzanlagemöglichkeiten).

Lesehinweis: Auf die Besonderheiten arbeitsgeleiteter Unternehmen geht *Schäfer* (1993a) ein.

Kapitalnehmer bieten Kapitalgebern an, sich mit ihren Finanzmitteln an Investitionen zu beteiligen. Damit erwirbt ein **Kapitalgeber Anspruch auf Teile der Investitionserträge** (oder in einer Relativzahl ausgedrückt: Anspruch auf Rendite). Die Konditionen und Betragshöhen, zu denen Kapital zur Verfügung gestellt wird, kommen auf Finanz-, insbesondere **Kapitalmärkten** zustande. Auf ihnen stehen Kapitalgeber als Anbieter und Kapitalnehmer als Nachfrager untereinander im Wettbewerb. Von zentraler Bedeutung ist, dass im Falle von Bond- und Shareholdern deren Ansprüche an ein Unternehmen meist explizit in Verträge formuliert sind (z.B. Anleihebedingungen oder GmbH-Anteil) und zudem oft auch noch an Kapitalmärkten handelbar sind. Demgegenüber sind für andere Stakeholder-Gruppen wie beispielsweise Kunden oder Zulieferer deren Ansprüche an ein Unternehmen nur teilweise explizit formulierbar. Oft verbleiben weite Teile der Vertragsbeziehungen unvollständig oder sind impliziter Natur (vgl. hierzu auch in Kapitel I, Abschnitt 4.2.3.2). Auf die Arbeiten von *Cornell/Shapiro* (1987) geht die Erkenntnis zurück, dass Stakeholder mit hohem Anteil impliziter Ansprüche das Risiko einer Streuung des Werts ihrer Ansprüche kaum diversifizieren können. Zudem hängen Durchsetzbarkeit und der Wert impliziter Ansprüche häufig sehr deutlich von der Finanzkraft eines Unternehmens ab.

⇒ Zunehmend wird daher das alleinige Recht auf Bestimmung der Kapitalverwendung (originär) durch das Management und (derivativ) durch die Kapitalgeber von Teilen der übrigen Stakeholder beeinflusst. So treten Vertreter von NGOs teilweise auch außerhalb der Kapitalmärkte in Kommunikation mit Unternehmen und verlangen Rechenschaft über spezifische Investitionsvorhaben und deren Wirkungen auf die Risikoposition bestimmter Stakeholder. Beispielsweise verlangten 1996 Mitglieder des NGO *Greenpeace* vom Unternehmen Royal Dutch Shell über Wege außerhalb des Kapitalmarkts und seiner Kommunikations- und Koordinationsinstanzen eine Änderung des Investitionsvorhabens „Entsorgung der Ölplattform Brent Spar auf hoher See“ (vgl. hierzu auch *Elkington* 1998, S. 62 und 160 ff.).

Lesehinweis: Die herausgehobene Rolle von NGOs für die Wertschöpfung gerade von global agierenden Unternehmen und ihre Beziehung zu Kapitalmärkten bis hin zum Einfluss von NGOs auf die Wandlungsfähigkeit kapitalistischer Wirtschaftsordnungen liefert *Freeman* (1996). Zur Diskussion des Verhältnisses zwischen Stakeholder und Shareholder-Ansatz vgl. *Speckbacher* (1997).

Das **Zielverhältnis** zwischen Kapitalnehmern und Kapitalgebern kann folgender Art sein:

- **komplementär,** z.B. sollen die Finanzmittel so verwendet werden, dass beide Seiten durch die Investition in ihrer Wohlfahrt besser gestellt werden als ohne sie,
- **konfliktär**, z.B. wollen Kapitalnehmer möglichst wenig von den erwarteten Erträgen der Investition mit der Kapitalgeberseite teilen, die Kapitalgeber möchten dagegen möglichst hohe Anteile aus den Investitionserträgen behalten.

Das Grundproblem der Finanzierung wird in moderner Sichtweise aus dem speziellen **Interessengeflecht** zwischen den Kapitalseiten abgeleitet: Wie können Kapitalnehmer trotz der Interessenkonflikte Kapitalgeber dazu veranlassen, ihnen Geld (Kapital) zur Verfügung zu stellen? (*Schmidt* 1986, S. 172). Man muss betonen, dass erst in einer **unsicheren Welt**, in der es Risiken gibt, konfliktäre Interessenskonstellationen existieren können. Finanzierungs- und Investitionsvorgänge treten dann aus dem Schatten ihrer von der traditionellen Finanzierungslehre zugewiesenen Hilfsfunktionen für den güterwirtschaftlichen Bereich eines Unternehmens heraus und erhalten eine zentrale Funktion in der Bestimmung des wirtschaftlichen Unternehmenserfolgs. **Finanzwirtschaftliche Ziele** von Kapitalgebern werden so zu maßgeblichen **Entscheidungskriterien** für die Unternehmenspolitik. Die Zielsetzungen von Kapitalgebern sind dann auch nach ihrer rechtlichen Eigenschaft - Eigentümer oder Gläubiger - zu unterscheiden (vgl. *Schneider* 1992, S. 47-48).

Eigenkapital wird einem Unternehmen von vornherein unbefristet zur Verfügung gestellt. Die Eigenkapitalgeber haben dabei grundsätzlich einen **Anspruch auf** eine **periodische Einkommenszahlung** aus dem **Periodenerfolg**. Eine solche Zahlung wird allgemein als Ausschüttung bezeichnet, nach der Höhe des Jahresüberschusses bemessen und aus ihm gespeist. Der **Jahresüberschuss** ergibt sich vom Gesamtertrag des Unternehmens nach Abzug aller Aufwendungen, die innerhalb einer Periode, i.d.R. durch das Geschäftsjahr gekennzeichnet, anfallen. In diesem Sinne ist der Periodenerfolg als **Restgröße** (= Residuum) zu interpretieren. Ihre Höhe ist meist zeitlichen Schwankungen unterworfen, z.B. weil in einem Geschäftsjahr die Ertragslage aufgrund einer gesamtwirtschaftlichen Hochkonjunktur positiver verlief als im Vorjahr. Diese Überlegungen haben für die Einkommenszahlungen an die Eigenkapitalgeber eine zentrale Konsequenz: Wegen des Vorwegabzugs aller Aufwandspositionen und der zeitlichen Schwankungsmöglichkeit, gelten Eigenkapitalgeber als **Bezieher von Residualeinkommen**. Gängig ist auch ihre Bezeichnung als **Restbetragsbeteiligte**.

Sie unterscheiden sich dadurch von den Fremdkapitalgebern und deren typischen Einkommensströmen. Fremdkapitalgeber erhalten über die Laufzeit der Kapitalüberlassung meist jährliche **Zinszahlungen**, deren Höhe in den häufigsten Fällen pro Zeitraum (meist im Jahresrhythmus) durch Kreditverträge (oder Anleihebedingungen) im Voraus festgelegt ist. Aus Unternehmens- bzw. Schuldnersicht stellt dieses Zinseinkommen der Kapitalgeber **Zinsaufwand** dar und trägt zur Minderung des Gesamtertrags bei. Fremdkapitalgeber erhalten also ihre Einkommenszahlungen auf der Basis vertraglich festgelegter Vereinbarungen, unabhängig vom wirtschaftlichen Erfolg des Unternehmens (mit Ausnahme des Extremfalles, indem das Unternehmen insolvent wird). Sie werden daher als **Bezieher von kontraktbestimmten Einkommen** bezeichnet. In diesem Sinne ist auch eine andere Bezeichnung zu verstehen: **Festbetragsbeteiligte**.

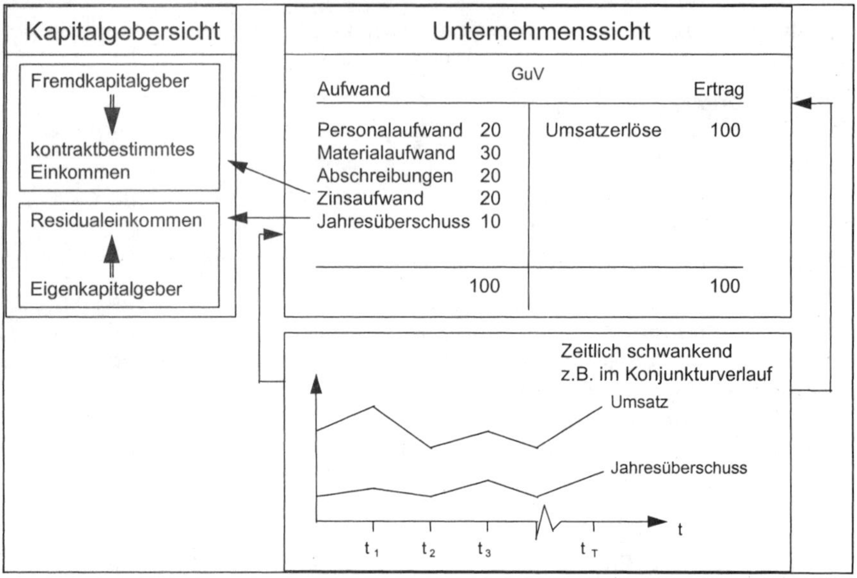


Abb. I-50: Erläuterung der Eigenschaften von Eigen- und Fremdkapitalgeber

## 4.2.2 Die Bedeutung des Kapitalmarkts

Es sind in kapitalgeleiteten **Unternehmen** primär die Zielsetzungen von Kapitalgebern, die das **Unternehmensoberziel** bestimmen werden. Dieses Oberziel muss mit den **individuellen Zielsetzungen** der Kapitalgeber kompatibel sein, so dass es erforderlich ist, diese Zielsetzungen zu klären, bevor Rückschlüsse auf das Oberziel des Unternehmens und damit auch auf das Unterziel der Finanzwirtschaft gezogen werden können. Eigen- und Fremdkapitalgeber partizipieren zwar unterschiedlich an den Investitionserträgen, *Fisher* (1930) wird aber in der modernen Finanzierungstheorie die Begründung zugeschrieben, dass beide Gruppen in einer finalen wirtschaftlichen Zielsetzung einen gemeinsamen Nenner haben:

- wirtschaftliche Handlungen erfolgen, um **Konsum** zu ermöglichen, der wiederum Instrument zum Zweck der
- **Nutzenerzielung** bzw. **Bedürfnisbefriedigung** darstellt.

Die Basis zur Verwirklichung dieser Ziele wurde von *Fisher* mit dem **psychischen Einkommen** identifiziert. Diese Größe wird allerdings von Person zu Person individuell zu verstehen sein, ist nicht messbar und daher zwischen Koalitionären an einem Unternehmen nicht als Grundlage für ein Unternehmensoberziel verwertbar. Nun lässt sich psychisches Einkommen durch **Realeinkommen** approximieren. Es besteht aus dauerhaften sowie nichtdauerhaften Gütern und Dienstleistungen. Aus dem Erwerb solcher Güter und Dienstleistungen fließt psychisches Einkommen zur

Bedürfnisbefriedigung. Messbar ist das Realeinkommen im oben verstandenen Sinne nicht, kann aber ersatzweise in einer Geldwirtschaft mit Geldgrößen ausgedrückt werden. Realeinkommen wird i.d.R. über Geldeinkommen erworben. Es kann aus verfügbarem Arbeitseinkommen abzgl. Sparen bestehen und ergänzt werden durch Kreditaufnahme. Daraus abgeleitet ist das maßgebliche finanzielle Ziel eines Kapitalgebers: **Maximierung** des **individuellen Geldeinkommensstroms** für Konsumzwecke.

Geldeinkommen wird in der finanzwirtschaftlichen Betrachtung als Stromgröße verstanden. *Fisher* betrachtet Einkommensströme in drei Dimensionen, die von Wirtschaftssubjekten in unterschiedlicher Wertschätzung bevorzugt werden und zwar hinsichtlich

- **zeitlicher Struktur,** z.B. gleichmäßiger Konsum in allen betrachteten Zeitperioden oder hoher Konsum in früheren Zeiten und fallender Konsum zu späteren Zeitpunkten oder umgekehrter Verlauf;
- **Breite bzw. Höhe**, gemessen in Geldeinheit/Periode und abhängig von der Art der Einkommensquelle;
- **Grad der Sicherheit**, d.h. wie sicher ein Konsumstrom über die Zeit eingeschätzt wird (z.B. gilt ein Beamtengehalt als sicheres Einkommen, demgegenüber ist das Unternehmereinkommen unsicher).

Damit sind **Kapitalgeber** Wirtschaftssubjekte, die mit der Vergabe von Krediten oder dem Erwerb von Beteiligungskontrakten Ansprüche auf zukünftige Zahlungsströme erwerben. Jeder Kapitalgeber wird bestrebt sein, solche Investitionsobjekte zu finanzieren, also **Ansprüche auf zukünftige Einkommenszahlungen** zu erwerben, deren erwarteten Einzahlungsüberschüsse die Form des Zahlungsstroms aufweist, die er individuell präferiert (entsprechend zeitlicher Struktur, Breite bzw. Höhe und Grad der Sicherheit). Für die Kapitalgeber resultiert daraus, dass sie vor jeder Kapitalüberlassung Informationen über die mit ihren Anlagegeldern zu finanzierenden Investitionen und die damit generierbaren Zahlungsströme haben müssen. Dies erfordert, dass sie sich auf die Suche nach Kapitalnehmern machen, die den gewünschten Zahlungsstrom mit ihren Investitionsvorhaben herstellen können.

<u>Lesehinweis:</u> Eine weitergehende Erläuterung liefert *Schäfer* (1999a, S. 71-78)

**Kapitalnehmer** kennen die Zahlungsströme der von ihnen beabsichtigten risikobehafteten Investitionsobjekte, bzw. verfügen in einer unsicheren Welt über Erwartungen bezüglich deren Erträge bzw. Einzahlungen, wie auch den verbundenen Aufwendungen bzw. Auszahlungen. Die Auswahl von Investitionsprojekten und die Verwendung von Finanzmitteln wäre unter diesen Umständen rational entschieden, wenn sie die Einkommensstromvorstellungen der Kapitalgeber genau erfüllen könnten. Die Präferenzen hinsichtlich der individuellen Einkommensströme werden auf der Kapitalgeberseite bei mehr als einem Kapitalgeber jedoch nur zufällig identisch sein. Am häufigsten wird es **Präferenzenpluralität** geben und genauso viele Kapitalgeber wie es gibt, können im Extrem **unterschiedliche Einkommensstromvorstellungen** existieren. Die **Kapitalnehmer** dürften nur in Ausnahmefällen die individuellen Vorstellungen der Kapitalgeber zu Höhe, Breite, zeitlicher Struktur und gewünschtem Maß an Sicherheit kennen (z.B. wenn es eine enge familiäre Verbindung in einem familiengeführten Unternehmen gibt). Umgekehrt kennen die **Kapitalgeber** im Regelfall nicht exakt die von den Kapitalnehmern erwarteten Zahlungsströme der Investitionsobjekte. Sie stehen vor dem Problem, eine Finanzierungszusage u.U. geben zu müssen, ohne genaue Kenntnis über die damit einhergehenden zukünftigen Zahlungsströme zu besitzen. Die **Pläne** von Kapitalnehmern und Kapitalgebern müssen also nicht zwangsläufig zusammenpassen - wie werden beide **koordiniert**?

Eine naheliegende Methode wäre die der **Befragung**. Kapitalnehmer könnten Kapitalgeber auf ihre Präferenzen hin interviewen und daraus die Zielsetzungen für die Kapitalverwendung abbilden. Bei **einem einzelnen Kapitalgeber** wäre dies noch vorstellbar und ökonomisch vertretbar, aber bei mehreren Kapitalgebern wachsen die damit verbundenen Transaktionskosten (für Koordination und Abstimmung) und können prohibitiv werden.

Neben den Erhebungsschwierigkeiten tritt noch ein weiteres, gravierendes Problem hinzu. Indem die Unternehmensleitung alternative Ausschüttungs- oder Zinszahlungspläne interessierten Kapitalgebern vorlegt, die sie je nach individuellen Präferenzen befürworten sollen, verlagert sich das Problem der Zielfindung auf die **Abstimmungsregel**. So zeigt das ***Arrow-Wahlparadoxon***, dass das Ergebnis bei **einfachen Mehrheitsregeln** als Abstimmungsprozedere zu **Zirkelschlüssen** führen kann und zudem je nach der Reihenfolge der präsentierten Entscheidungsalternativen unterschiedliche, **widersprüchliche Ergebnisse** möglich sind. Ein Beispiel illustriert dies (vgl. *Arrow* 1976, *Buchanan/Tullock* 1962, S. 323 ff.).

Beispiel: Angenommen, ein Vorstand ließe über drei unterschiedliche Investitionspläne (IP) abstimmen:

- Plan A ergebe erst langfristig einen kontinuierlichen Strom hoher Einzahlungsüberschüsse.
- Plan B liefere einen niedrigeren Einzahlungsstrom als Plan A, allerdings ab einem früheren Zeitpunkt.
- Plan C erbringe gegenüber den beiden übrigen Plänen den niedrigsten Strom zukünftiger Einzahlungsüberschüsse, die aber auch bereits in der der Kapitalanlage folgenden Periode zur Verfügung stehen.

Die Zusammenhänge lassen sich mit Werten versehen wie folgt in eine Entscheidungsmatrix eintragen:

| IP | $t_0$ | $t_1$ | $t_2$ | $t_3$ | $t_4$ | ... | $t_T$ |
|---|---|---|---|---|---|---|---|
| A | - | - | - | - | *500* | ... | *500* |
| B | - | - | - | *50* | *50* | ... | *50* |
| C | - | *10* | *10* | *10* | *10* | ... | *10* |

Tab. I-1: Einkommensströme alternativer Investitionspläne

Ferner sei angenommen, es gebe drei Kapitalgeber, X, Y, Z, die alle drei eine indifferente Einstellung zum Risiko hätten. Sie sollen sich nur hinsichtlich ihrer individuellen Konsumpläne unterscheiden. Dadurch verfügen sie über unterschiedliche Präferenzen hinsichtlich der zeitlichen Struktur der vorgestellten Einkommensströme aus den Investitionsplänen:

- Kapitalgeber X spricht sich für Plan A aus, zieht somit Plan A gegenüber B und C vor,
- Kapitalanleger Y bevorzugt Plan C und präferiert ihn gegenüber den Plänen B und A,
- Plan B wird schließlich von Kapitalanleger Z präferiert, der Plan B gegenüber C und A vorzieht.

Nachfolgende Tab. I-2 zeigt diese Konstellation im Überblick.

| **Person** | **Planpräferenzen** | | | | |
|---|---|---|---|---|---|
| X | A | $\succ$ | B | $\succ$ | C |
| Y | C | $\succ$ | B | $\succ$ | A |
| Z | B | $\succ$ | C | $\succ$ | A |

Tab. I-2: Pläne und Präferenzen

Der Vorstand des betrachteten Unternehmens in seiner Eigenschaft als Kapitalnehmer muss denjenigen Investitionsplan ermitteln, der aufgrund dieser Umstände mehrheitsfähig ist und somit die erwünschte Bereitschaft zur Mittelvergabe gewährleistet. Da über mehr als zwei alternative Investitionspläne abgestimmt wird, muss mehrheitlich über die Alternativpaare von allen drei Personen abgestimmt werden:

- Plan A verglichen mit B führt dazu, dass B vorgezogen wird (von Person Y und Z).
- Das gleiche Ergebnis erhält man, wenn Plan B mit C verglichen wird, da die Personen X und Z in beiden Fällen Plan B bevorzugen.

Das gleiche Resultat (Plan B) erhält man, wenn die Abstimmung mit einem anderen Wahlpaar beginnt:

- Plan A verglichen mit C führt dazu, dass C vorgezogen wird.
- Plan C wiederum unterliegt in der folgenden Abstimmung gegenüber Plan B.

Die letzte Kombinationsmöglichkeit bestätigt das bisherige Wahlergebnis:

- Plan C unterliegt Plan B, Plan B ist Plan A überlegen.

Resultat dieser Betrachtungen ist, dass Investitionsplan B bei allen paarweisen Abstimmungen gewinnt. Das Abstimmungsergebnis ist unabhängig von der gewählten Reihenfolge der Abstimmung über Alternativen eindeutig. Der Vorstand könnte sicher den Investitionsplan B realisieren, weil nur dieser mehrheitsfähig ist.

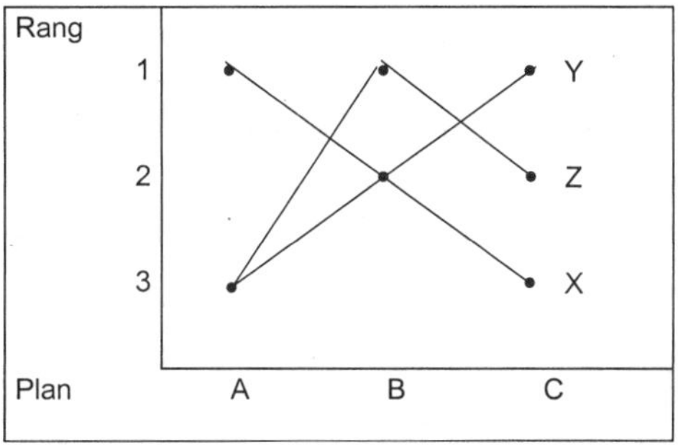


Abb. I-51: Mehrheitswahl bei eingipfeliger Präferenzstruktur

Anhand der Abb. I-51 erläutert, liegt der Grund für dieses Ergebnis in der Eingipfeligkeit der Präferenzen: Die Reihenfolge der Abstimmung spielt keine Rolle. Kann eine solche Konstellation nicht unterstellt werden, bestehen also mehrgipfelige Präferenzen, so führt die Mehrheitswahl zu widersprüchlichen Abstimmungsergebnissen. Dies lässt sich leicht zeigen, indem z.B. lediglich die bisherige Präferenz des Kapitalanlegers Y geändert wird: Kapitalgeber Y spricht sich nach wie vor in erster Präferenz für Plan C aus, zieht aber jetzt in nachfolgender Präferenz Plan A (vorher B) gegenüber B (vorher A) vor.

| **Person** | **Planpräferenzen** | | | | |
|---|---|---|---|---|---|
| X | A | $\succ$ | B | $\succ$ | C |
| Y | C | $\succ$ | A | $\succ$ | B |
| Z | B | $\succ$ | C | $\succ$ | A |

Tab. I-3: Geänderte Präferenzen von Y

Tab. I-3 verdeutlicht: Wenn Kapitalgeber Y seine Präferenz ändert, X und Z sich aber wie bisher verhalten, wird eine mehrgipfelige Präferenzstruktur begründet. Welcher Plan unter diesen Umständen eine Mehrheit findet, hängt im Gegensatz zur eingipfeligen Präferenzstruktur von der Reihenfolge ab, in der die Alternativen paarweise zur Abstimmung gestellt werden:

- Plan A verglichen mit B führt dazu, dass A bevorzugt wird.
- Plan A in Abstimmung gegenüber C führt dazu, dass C gewinnt.

Ein anderes Ergebnis, nämlich Plan A, erhält man, wenn mit einer geänderten Reihenfolge von Abstimmungspaaren begonnen wird:

- In der Abstimmung zwischen Plan B mit C zeigt sich die Überlegenheit von B.

- Plan B anschließend verglichen mit A führt dazu, dass A präferiert wird.

Wieder ein anderes Ergebnis erhält man bei Betrachtung der letzten Kombinationsmöglichkeit:

- Plan A verglichen mit C führt dazu, dass C gewinnt.
- Plan C ist wiederum in anschließender Abstimmung Plan B unterlegen.

Aus Abb. I-52 wird ersichtlich, dass nur bei Eingipfeligkeit der Präferenzstrukturen der Kapitalgeber eine Abstimmung auf der Grundlage eines Mehrheitswahlsystems keine willkürlichen Ergebnisse erbringt (→ Wahlparadoxon nach *Arrow*).

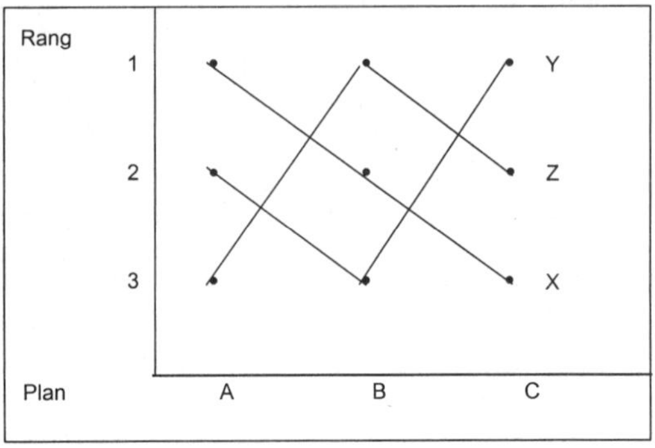


Abb. I-52: Mehrheitswahl bei mehrgipfeliger Präferenzstruktur

Die zentrale Frage lautet unter dem Eindruck des Wahlparadoxons: Gibt es eine Abstimmungsregel, die zu keinem willkürlichen Abstimmungsergebnis führt?

*Fisher* war mit den schon vorgestellten Grundüberlegungen in der Lage, eine **Zinstheorie** zu entwickeln - die Zeitpräferenztheorie des Zinses - mit deren Hilfe sich die gesuchte **Koordinationsinstanz** in Gestalt des (**vollkommenen**) **Kapitalmarkts** begründen lässt. Zentrale Konsequenz dessen ist, dass unter der Annahme eines vollkommenen Kapitalmarkts Kreditgeber und -nehmer zu einem risikolosen Marktzinssatz (sog. „**Pure Rate**") Zahlungsströme zu Investitions- und Finanzierungszwecken in die von ihnen gewünschte zeitliche Struktur bringen können.

Geht man vorerst davon aus, dass es **keine Unsicherheit** hinsichtlich der Einkommensströme gibt und dass die **Breite** von vornherein durch die Art des Einkommenserwerbs **exogen** bestimmt und bekannt ist, kann man eine für die moderne finanzwirtschaftliche Theorie zentrale Erkenntnis gewinnen: Unter diesen Bedingungen und einem **einheitlichen Marktzinssatz** für Anlage- wie Kreditaufnahme, kann jedes Wirtschaftssubjekt seinen individuellen Einkommensstrom durch Kredit- und Sparkorrekturen in **jede** von ihm **gewünschte zeitliche Struktur** bringen. Die einzige Begrenzung liegt in der Breite des verfügbaren Einkommensstroms. (Üblicherweise impliziert die Annahme des vollkommenen Kapitalmarkts, dass es keine Unsicherheit über zukünftige Zahlungsströme gibt).

Lesehinweis: Eine anschauliche Darstellung der Zinstheorie von *Fisher* gibt *Schäfer* (1999a, S. 84-89) auf dessen Darstellungsweise sich die vorangegangenen Ausführungen auch stützen.

*Fisher* zeigt zudem, dass unter diesen Bedingungen die Kapitalnehmer und -geber ihre **Koordination** durch den (vollkommenen) **Kapitalmarkt** bewerkstelligen können und damit den gezeigten Abstimmungsproblemen entgehen. Man kann dies so interpretieren, dass mit dem Kapitalmarkteinsatz wesentlich geringere Transaktionskosten der Koordination vorliegen und dieser Allokationsmechanismus dadurch seine wohlfahrtsökonomische Überlegenheit beweist. Darauf aufbauend wird mit der sog. ***Fisher* Separation** eine zentrale Konsequenz für die Allokation von Kapitalangebot und -nachfrage bezeichnet: Unter der Annahme fehlender Steuern und des vollkommenen Kapitalmarkts können Konsum- und Finanzierungsentscheidungen getrennt bestimmt werden.

Eine Unternehmensleitung in ihrer Rolle des Kapitalnehmers muss bei ihren Investitionsplänen und -entscheidungen dann nicht die individuellen Ziele der Kapitalgeber kennen und berücksichtigen, wenn sie anstrebt, solche Investitionen zu tätigen, die einen Beitrag zur **Maximierung** des **Unternehmensmarktwerts** leisten. In diesem Fall kann jederzeit ein Anleger, der nicht mit den Investitionsplänen vor dem Hintergrund seines individuellen Einkommens-/ Konsumplans einverstanden ist, seinen Beteiligungskontrakt an diesem Unternehmen auf einem Kapitalmarkt veräußern oder seinem Konsumstrom durch Geldaufnahme am Kapitalmarkt die gewünschte zeitliche Struktur verleihen (vgl. hierzu *Schäfer* 1999a, S. 90-95).

Das investitions- und finanzwirtschaftliche Ziel eines Unternehmens (i.S. eines Oberziels) lautet unter Berücksichtigung dieser Überlegungen: **Maximierung** des gesamten **Marktwerts des Unternehmens**. In der modernen Finanzierungstheorie und dem Finanzmanagement sind von diesem Oberziel abgeleitete **Unterziele** auf die **Maximierung** des **Kapitalwerts** einer Investition oder der **Maximierung** einer **Gewinnannuität** gerichtet. Von der finanzwirtschaftlichen Seite werden diese Größen durch die Höhe des **Kapitalkostensatzes** geprägt, da er den Kalkulationszinsfuß für die Barwertermittlung und damit den Kapitalwert bestimmt.

Lesehinweise: Eine anschauliche Einführung mit Beispielen findet sich bei *Brealey/Myers* (2000, S. 15-29); *Drukarczyk* (1993a, S. 27-38) und *Franke/Hax* (1999, S. 149-163) bemühen den Methodenapparat der mikroökonomischen Theorie.

Die Beziehungen zwischen **Kapitalnehmern und Kapitalgebern** sowie deren **interessenspezifischen Ziele** bestimmen damit in der modernen Finanzierungstheorie die Finanzbeziehungen. Während die **traditionelle Finanzierungslehre** dem Liquiditätsrisiko oberste Priorität für die Sicherung des Unternehmensoberziels Gewinnmaximierung einräumt, erfolgt mit der modernen Finanzierungstheorie zusätzlich die explizite Berücksichtigung des Ertrags-(= Investitions- oder Geschäfts)risikos. Gemeint ist: Vielfältige Einflussfaktoren, die die Einzahlungsüberschüsse der Zukunft aus einer Investition oder aller Investitionen eines Unternehmens bestimmen, können nicht mit Sicherheit vorausgesagt werden. Das **Ertragsrisiko** hängt allein von den technischen, absatzwirtschaftlichen, nicht aber von Eigenschaften der Finanzierung ab (Separations-Theorem). Daraufhin gilt die These der sog. **Partenteilung**:

- Die Einzahlungsüberschüsse einer Investition (= „Position") werden im Verhältnis von Beteiligung oder Kredit in Parten aufgeteilt.
- Dies ist letztlich nichts anderes als die bereits vorgestellte Unterscheidung der Kapitalgeber in Gläubiger und Eigentümer.
- Letztere beziehen ein **Residualeinkommen** und man spricht auch von einer horizontalen Teilung der Erträge mit maximalen Partizipationsmöglichkeiten. Kapitalgeber als Fremdkapitalgeber partizipieren dagegen in vertikaler Form an den Erträgen, beziehen also ein **kontraktbestimmtes Einkommen**, ohne explizite Einflussmöglichkeiten (vgl. *Krahnen* 1985, S. 115).

Die **Wahl** der jeweiligen **Finanzierungsform** bestimmt die **Aufteilungsregel**: Es wird postuliert, dass die Regelung der Aufteilung der (unsicheren) Investitionserträge zweifelsfrei bestimmt und allgemein bekannt ist. Es gehen keinerlei Rückwirkungen auf die Wahrscheinlichkeit der möglichen Einzahlungsüberschüsse aus, die auf die Beteiligten aufzuteilen sind. Das Ziel der Finanzwirtschaft in diesem Verständnis bedeutet Antwort zu geben auf die Frage: Wie lässt sich eine Position (= Investitionsertrag) so in Parten (= Anteile, Kredite) zerlegen, dass die Parten bei Kapitalgebern untergebracht werden können?

Man bezeichnet dies auch als den **neo-klassischen Ansatz** der modernen Finanzierungstheorie. Die neo-klassische Gleichgewichtstheorie wurde durch den maßgeblichen Einfluss der amerikanischen Finanzierungstheorie begründet. Ihre Modelle operieren auf (meist) **vollkommenen gleichgewichtigen Kapitalmärkten** ohne Geldstromfriktionen. Als wichtigste Modelle gelten das CAPM (**Capital Asset Pricing Model**), sowie Modelle der APT (**Arbitrage Pricing Theory**) und der OPT (**Option Pricing Theory**). Ihnen ist weitestgehend die Prämisse zugrunde gelegt, dass alle **Finanzkontrakte** pareto-optimal abgeschlossen werden und keine nachhaltigen Wohlfahrtssteigerungen außerhalb des Gleichgewichtszustands erreicht werden können. Kapitalgeber und -nehmer handeln direkt miteinander auf einem vollständigen und vollkommenen Kapitalmarkt.

Lesehinweis: Einen Überblick über die Entwicklungen der Theorierichtungen liefert *Loistl* (1990).

Der Austauschprozess von Finanzmitteln wird in der neo-klassischen Anschauung durch Kapitalmärkte in **vollständig expliziten bedingten** Kontrakten (sog. *Arrow/Debreu*-Kontrakte) abgewickelt, insbesondere was die Berücksichtigung **zukünftiger unsicherer Umweltzustände** betrifft. Die neo-klassische Kapitalmarkttheorie operiert mit **exogenen Unsicherheiten** bzw. **technischen Unsicherheiten**, die nicht aus dem Verhalten der Marktteilnehmer (= Marktunsicherheit) resultieren, sondern durch zukünftige Umweltzustände bedingt sind (vgl. *Hirshleifer/Riley* 1979). Nur in diesem Fall ist bei einem Auseinanderfallen von Anlage- und Finanzbedarf einzelner Wirtschaftssubjekte ein Ausgleich der Bedarfe ohne die Vermittlung von Finanzintermediären möglich. Dies setzt unter Informationsgesichtspunkten voraus, dass Kapitalgeber und -nehmer gleichen Informationsstand über Umweltzustände haben, von denen Einflüsse auf die Vertragsbeziehung ausgehen. Erst dann ist es möglich, bedingte Finanzkontrakte zu formulieren (Annahme der **symmetrischen Informationsverteilung**).

Eine Konsequenz ist, dass **Finanzintermediäre** wie Kreditinstitute keine essenziellen Vorteile für die Kapitalmarkt-Allokationen erbringen und daher **keine Existenzberechtigung** haben:

- Unter den Voraussetzungen z.B. des CAPM halten alle Kapitalanleger die der Marktstruktur entsprechenden Portefeuilles. Durch die **Risikodiversifizierung** verbleiben ausschließlich systematische Risiken, womit sich für den Finanzintermediär keine qualitativ besseren Portefeuilles gegenüber anderen Marktteilnehmern realisieren lassen. Mit dem zusätzlichen Einsatz von Optionen lässt sich das systematische Risiko weitgehend entsprechend den Vorstellungen des Entscheidungsträgers reduzieren (vgl. *Bitz* 2002, S. 32).
- Gleiches ist für das Zinsänderungsrisiko zu konstatieren, da sich Wertpapierportefeuilles so zusammenstellen lassen, dass bei Anpassung der **Duration** (vgl. Kapitel III, Abschnitt 7.1.2) an die individuellen Zeitpräferenzen (= Planungshorizont) das Zinsänderungsrisiko irrelevant ist. Kreditinstitute und andere **Finanzintermediäre** können unter solchen Bedingungen des vollkommenen Kapitalmarkts **keine wohlfahrtssteigernde Funktion** ausüben, haben mithin auch keine Existenzberechtigung (vgl. hierzu auch *Schmidt* 1992, S.179 ff.).

### 4.2.3 Der Einfluss des neo-institutionalistischen Ansatzes

Indem die Betriebswirtschaftslehre **Unternehmen** als **Institutionen** in den Mittelpunkt ihrer Analysen stellt, bezieht sie sich auf eine in der Realität beobachtbare Vielfalt an institutionellen Ausgestaltungsformen, auch hinsichtlich Finanzierungsbeziehungen. „Unter Institutionen ist eine Regel von allgemeiner Anerkennung für das Entscheiden von Individuen in sich wiederholenden Situationen zu verstehen, die zu bestimmten wechselseitigen Verhaltenserwartungen der Individuen führt" (*Woll* 1993, S. 342). Das **neo-klassische Paradigma** in der Finanzierungs- und Kapitalmarkttheorie ist aufgrund der **rigiden Prämissen** insbesondere des vollkommenen und vollständigen Kapitalmarkts (und Kapitalmarktsystems) kaum in der Lage, die institutionellen Formen des Austauschs von Gütern und Faktoren, so auch Kapital, zu erklären. Keine Erklärungsmöglichkeit ist insbesondere im neoklassischen Paradigma für **Erscheinungsformen** von **begrenzter Informationsverarbeitungsmöglichkeit**, **opportunistischem Verhalten** von Individuen und **längerfristigen Verträgen** möglich (vgl. *Hax* 1991, S. 55 f.). Allerdings konnten aus Variationen bestimmter neo-klassischer Annahmen Forschungsrichtungen entwickelt werden, mit denen Friktionen des Güter- und Faktoraustauschs sowie die Existenz von Institutionen ökonomisch begründbar wurden. Solche Forschungsrichtungen sind die Informationsökonomik, die Property Rights-Theorie, die Transaktionskostentheorie und die Agency-Theorie (vgl. *Terberger* 1994, S. 106 ff.):

- In der **Informationsökonomik** werden Marktgleichgewichte primär unter dem Aspekt der (ungleichen) Informationsverteilung untersucht.
- Die mit einem Gut oder einem Individuum verbundenen Handlungs- und Verfügungsrechte, wie sie im Rahmen einer betrachteten Rechtsordnung bestehen, sind Gegenstand der **Property Rights-Theorie**. Erklärt werden soll auf dieser Grundlage der Zusammenhang zwischen individueller Wohlfahrt und deren handlungsbestimmenden Institutionen.
- Versteht man Transaktionen als die Übertragung von Verfügungsrechten, so gelangt man im Rahmen der **Transaktionskostentheorie** zur Analyse der Bedingungen und zugehörigen effizienten Koordinationsformen unter denen verschiedene Transaktionen organisiert werden können. Beurteilungskriterium sind die Kosten, die mit Transaktionen verbunden sind.
- Die optimale Ausgestaltung vertraglicher Regelungen unter der Bedingung opportunistischen Verhaltens und asymmetrischer Informationsverteilung ist Gegenstand der Agency-Theorie. Als **normative** Ausprägung leitet die **Agency-Theorie** deduktiv Empfehlungen über effiziente Vertragsbedingungen mittels mathematisch begründeter Kalküle ab. Der Zweig der **positiven Theorie** beschreibt und erklärt die institutionelle Gestaltung von Auftragsbeziehungen.

Lesehinweise: Überblicke zu den Forschungsansätzen der Neo-Institutionenökonomik liefern u.a. *Richter/Bindseil* (1995) und *Terberger* (1994).

Im Gegensatz zum neo-klassischen Ansatz, der Investition und Kapitalnehmer sowie Finanzierung und Kapitalgeber separiert, betrachtet die neo-institutionenökonomische Finanzierungstheorie **beide Seiten** im Zusammenspiel.

### 4.2.3.1 Unternehmen und Finanzierungsbeziehungen

Das neo-klassische Paradigma der Finanzierungstheorie basiert auf der Vorstellung, dass **Finanz-** und **Gütertransaktionen** zwischen Wirtschaftssubjekten marktmäßig vonstatten gehen. Der **Markt** übernimmt zentrale und kostengünstige Organisations- und Koordinationsfunktionen. Tatsächlich finden sich in der Realität nicht nur marktmäßige Organisationsformen von Wirtschaftstransaktionen, sondern zwei weitere Formen: die Bereitstellung von Gütern und Dienstleistungen durch **staatliche Stellen** und durch **Unternehmen**. Bei genauerem Hinsehen entpuppt sich die vor allem in Gleichgewichtsmodellen des sog. *Arrow/Debreu*-Typs vorhandene ausschließlich marktmäßige Koordination von Wirtschaftstransaktionen als spezielle Transaktionsform des „**Exchange**". Mit dem reinen Austausch wird der Transfer von Eigentumsrechten an Ressourcen ohne Versprechungen und ohne latente zukünftige Verpflichtungen der Marktteilnehmer gekennzeichnet. Die Vorstellung des Exchange ist daher immer geprägt von der Anonymität der Marktteilnehmer. „This is an extreme caricature of contract and in its purest form it has no real world counterpart. Contract typically involves the projection of exchange into the future, with contemporaneous exchange as a special case. Entering into a contract will generally entail placing restrictions on the contracting parties' future options" (*Goldberg* 1980, S. 428).

In diesem Verständnis kann der reine Austausch im Sinne des **Spot Contracting** verstanden werden, wobei Gelegenheitsbeziehungen vorherrschen, die zudem einem kompetitiven Leitbild folgen sowie kurzfristigem Zeithorizont und schwacher innerer Verpflichtung der Transaktionspartner unterliegen. Solche Prozesse lassen sich vor allem dann feststellen, wenn sog. **Suchgüter** (Search Goods) gehandelt werden. Sie sind dadurch gekennzeichnet, dass ihre Eigenschaften (auch hinsichtlich Qualität) für die Marktparteien ohne größere Kosten erkennbar sind, Informationsmängel können dadurch vor einer Markttransaktion bzw. vor Vertragsabschluss beseitigt werden. Dies ist immer dann der Fall, wenn Finanzkontrakte ein hohes Maß an Fungibilität haben. Hinzu kommt, dass sich zwischen den Marktparteien feste Usancen, also Handelsregeln gebildet haben, die ein schnelles und unkompliziertes Abwickeln der Transaktionen mit diesen Gütern ermöglichen. Märkte sind in diesem Paradigma homogen.

Stellen die gehandelten Güter dagegen komplexere Waren dar, etwa Dienstleistungen oder Güter mit heterogenen Eigenschaften, so steigt die Unsicherheit über deren Qualität und damit auch die Gefahr, dass eine Marktpartei aus der asymmetrischen Informationsverteilung durch die andere Marktpartei geschädigt wird. Ein Großteil von Informationsmängeln lässt sich dabei meist erst nach durchgeführter Markttransaktion mehr oder weniger vollständig beheben. Solche Güter, deren Eigenschaften nicht durch Inspektion vor Markttransaktion, sondern erst danach praktisch durch Nutzung erkannt werden können, bezeichnet man als **Erfahrungsgüter** (Experience Goods). Bei manchen Gütern dürften die Kosten des Erkennens von Eigenschaften auch nach Markttransaktion prohibitiv hoch sein, so dass die Eigenschaften nicht oder nicht zweifelsfrei erkannt werden können. Die Marktteilnehmer sind dann auf Ersatzinformationen angewiesen, auf deren Informationsgehalt sie vertrauen können bzw. an die sie glauben. Solche Güter werden daher als **Vertrauens**- oder **Glaubensgüter** (Credence Goods) bezeichnet. Sie tragen ein (Rest-)Unsicherheitselement in sich (vgl. *Nelson* 1970, S. 312 ff. und *Darby/Karni* 1973, S. 68-69).

Zum Abbau solcher marktbedingten Unsicherheiten eignen sich als kostengünstige Form der marktmäßigen Koordination beziehungsorientierte Formen des Güteraustauschs. Kooperation findet jetzt zwischen den Marktparteien statt und man spricht von einem **Relational Contracting**, das wie folgt gekennzeichnet werden kann: „(...) traces to previous agreements (...) is longer in duration, reflecting an ongoing process" (*Dwyer/Schurr/Oh* 1987, S. 13). Relationale Beziehungen sind vor allem dann anzutreffen, wenn die gehandelten Güter Unsicherheiten etwa hinsichtlich ihrer Merkmale aufweisen. Diese können im Extremfall derart ausgeprägt sein, dass die Güter kein Relational Contracting zulassen und somit nicht an Märkten handelbar sind (vgl. *Goldberg* 1980). Das muss nicht gleichbedeutend mit sog. **Marktversagen** sein, was regelmäßig wohlfahrtsökonomisch zur Forderung nach Bereitstellung solcher Güter durch den Staat hervorruft. Während dies für Leistungen mit **öffentlichem Gutscharakter** wie äußere und innere Sicherheit zutrifft (sie werden vom Staat bereitgestellt), finden sich eine Vielzahl von Gütern und Austauschbeziehungen, deren Kontrakte zwar nicht marktmäßig gehandelt werden, die aber dennoch nicht vom Staat bereitgestellt werden müssen. Der Austausch von solchen Gütern, die (wegen ihres hohen Anteils externer Effekte) nicht am Markt in Kontrakten geformt und geregelt werden können, unterliegen dann einer hierarchischen, d.h. nicht marktmäßigen, aber auch nicht staatlichen Bereitstellung: Sie können **innerhalb** von **Unternehmen** ausgetauscht werden. Unternehmen stellen internalisierte Übertragungswirkungen (Spillover) von Marktbeziehungen dar. Zu unterscheiden ist dabei in eine horizontale und vertikale Stufe.

Auf *Coase* (1937, S. 386-405) geht die Forschungsrichtung zurück, in der die Existenz von **Transaktionskosten** als genereller Grund dafür gesehen wird, weshalb **Unternehmen** in einem Marktsystem existieren: Sie haben die Funktion der **obersten Instanz als zentraler Vertragspartner**. Der Begriff Transaktionskosten umfasst allgemein die mit den Vereinbarungen über einen als (im wohlfahrtsökonomischen Sinne) gerecht empfundenen Leistungsaustausch verbundenen Kosten (vgl. zur detaillierten Auseinandersetzung etwa *Ulph/Ulph* 1975). Die Ursache für Transaktionskosten sind auch die **unvollkommenen Informationsstände** der am Güter- und Leistungsaustausch beteiligten Wirtschaftssubjekte. Der Transaktionskostenansatz wurde von *Williamson* (vgl. 1983, 1990) im amerikanischen und *Picot* (vgl. 1991, S. 344) im deutschen Raum entwickelt. Zwei Hauptprobleme der Unternehmensorganisation ergeben sich: Die Begrenzung der Unternehmung nach außen (Eigenfertigung- bzw. Fremdbezugalternative) und die Strukturierung der internen Organisation. In beiden Fällen erfolgt eine Auswahl der zur Verfügung stehenden Alternativen unter Berücksichtigung von **Transaktions- und Produktionskosten**. Im Transaktionskostenansatz herrscht eine vertragstheoretische Sichtweise der Unternehmung vor, in der die Höhe der Transaktionskosten mit der Art der abgeschlossenen Verträge variiert. Es handelt sich um einen dynamisch orientierten Ansatz, da sich die Veränderung der Einflussgrößen von Transaktionskosten durch die Anpassungen der Organisationsstruktur ergeben müssen. Transaktionskosten bestimmen somit das Distributionssystem durch Optimierung des Grads der vertikalen Integration.

*Williamson* (1990, S. 22-24) trennt die nach dem Vertragsschluss anfallenden **ex ante Transaktionskosten** (für Entwurf- und Verhandlungen des Kontrakts) von den **ex post** Transaktionskosten nach Vertragsabschluss (Fehleranpassungskosten, Kosten für Beherrschungs- und Überwachungssystem, Sicherungsaufwand zur Durchsetzung von Zusagen). Ähnlich lautet der Vorschlag von *Picot* (1991), der

Transaktionskosten nach Informations- und Kommunikationskosten für die Anbahnung, Vereinbarung, Abwicklung, Kontrolle und Anpassung eines Vertrags nennt:

- **Anbahnungskosten**: Informationensuche und -beschaffung über potenzielle Geschäftspartner und deren Konditionen;
- **Vereinbarungskosten**: Intensität und zeitliche Ausdehnung von Verhandlungen, Vertragsformulierung und Einigung;
- **Abwicklungskosten**: konkrete Durchführung des Leistungstauschs durch Übertragung bzw. Transformation von Finanzmitteln;
- **Kontrollkosten**: Sicherstellung der Einhaltung von Termin-, Qualitäts-, Mengen-, Preis- und eventuellen Geheimhaltungsvereinbarungen;
- **Anpassungskosten**: Termin-, Qualitäts-, Mengen- und Preisänderungen aufgrund veränderter Umwelt- oder Verhaltensbedingungen während der Vereinbarungsdauer.

Die Höhe der Transaktionskosten ist abhängig von Bewertungsproblemen einer Leistung (Beschreibung der Leistungen, Schwierigkeiten bei der ex ante Bestimmung der Qualität und des Preises usw.) und von der gewählten Vertragsform. Daraus lassen sich Niveau- und Strukturunterschiede der Transaktionskosten differenzieren, in Abhängigkeit von Eigenschaften der zu erstellenden Produkte und Leistungen (vgl. *Alchian* 1984). **Märkte** funktionieren als **Koordinationsmechanismen**, da in Form von Preisen die für Transaktionen bedeutsamen Informationen effizient zur Verfügung gestellt werden. Wenn bestimmte über den Markt realisierte Leistungsbeziehungen zu steigenden Transaktionskosten führen, wird eine Eigenerstellung im Unternehmen zunehmend wirtschaftlicher.

**Nicht-marktmäßige Koordinationswünsche** begründen die Existenz von Unternehmen. Innerhalb von Unternehmen bestehen zur Koordination von Transaktionen keine Marktbeziehungen. Vielmehr müssen die Austauschbeziehungen in Teilprozesse zerlegt und in aufbau- und ablauforganisatorischer Form koordiniert werden. Die Arbeitsteilung zwischen Markt und Unternehmen (= Hierarchie) ist dabei einem ständigen wirtschaftlichen Kalkül unterworfen. So entwickelte sich in den 90er Jahren in Großunternehmen ein zunehmender Wunsch nach Auslagerung betrieblicher Teilprozesse auf andere Unternehmen und Institutionen (z.B. private oder öffentliche Forschungslabors), die dann in längerfristigen Kontrakten und netzwerkartig (z.B. durch strategische Allianzen) in die Erstellung der vormals rein unternehmensinternen Wertschöpfungsketten eingebettet sind (vgl. *Schäfer* 1994).

Von besonderer Bedeutung ist die **Trennung von Funktionen**, die die Unternehmensleitung innehat und solchen, die die Kapitalgeber haben. „Drei Argumente für die Trennung von Manager (Unternehmung) und Kapitalgebern in der ökonomischen Analyse:

(1) Erstens das **Kapitalargument**: Eine Unternehmung kann unterschiedliche Arten von Finanzierungskontrakten (Eigen- und Fremdkapital, verschiedene rechtliche Ausgestaltung der Haftungsbeschränkung usw.) zu mehreren Kapitalgebern gleichzeitig unterhalten und kann so deren individuellen Wünschen Rechnung tragen.

(2) Zweitens das **Risikoargument**: Ein Kapitalgeber kann sich an mehreren Unternehmen gleichzeitig beteiligen und so ein diversifiziertes Portefeuille bilden. Durch Diversifikation eliminieren sich die unsystematischen Risiken der

Einzelanlagen, so dass der Kapitalgeber nur noch das systematische Risiko zu tragen hat.

(3) Drittens das **Informationsargument**: Es besteht eine Informationsasymmetrie zwischen Manager und Kapitalgeber, die deshalb begrifflich unterschieden werden müssen. Die Aktivitäten einzelner Kapitalgeber zur Beschaffung von Informationen über die Unternehmung und zur Kontrolle des Managers werfen die Free-Rider-Problematik öffentlicher Güter auf. Mehrere Kapitalgeber, die sich bei ein und derselben Unternehmung beteiligen, haben oft ein Problem der Abstimmung untereinander mit der Folge, dass sie zu keiner detaillierten und einheitlichen Willensbildung kommen, sondern nur zu groben Richtlinien, die dem Manager wiederum einen Freiraum geben" (*Spremann* 1996, S. 680, Original kursiv und gerahmt).

Nach *Spremann* (1996, S. 666) lässt sich zwischen den am Unternehmensprozess Beteiligten folgende Arbeitsteilung vornehmen:

| | |
|---|---|
| **Kapitalgeber** | • Vorgabe allgemeiner Zielvorstellungen (Inhalte, Werte)<br>• Kontrolle überlassener Ressourcen |
| **Unternehmens-leitung** | • Umsetzung der Zielvorstellungen durch die Definition langfristiger Richtlinien und Investitionsstrategien<br>• Außenwirkung (Vertretung des Unternehmens, Darstellung und Informationsbeschaffung) |
| **mittleres Management** | • Konkretisierung der Richtlinien durch die Ausgestaltung von Plänen und deren wirtschaftliche Bewertung<br>• Zerlegung in koordinierte Teilpläne und die Erteilung von Anordnungen mit Überwachungskontrolle |
| **Arbeitsaus-führende** | • Befolgen der Anordnungen<br>• Kritik und Rückmeldung arbeitsspezifischer Information |

Tab. I-4: Arbeitsteilung und Funktionstrennung in Unternehmen

### 4.2.3.2 Finanzierung aus Sicht der Agency-Theorie

Im Gegensatz zum neo-klassischen Ansatz, der Investition und Kapitalnehmer sowie Finanzierung und Kapitalgeber separiert, betrachtet die neue Finanzierungstheorie beide Seiten ausdrücklich gemeinsam. Der neo-institutionalistische Ansatz geht davon aus, dass **Investitionspläne** und mit ihnen die Risiken der Einzahlungsüberschüsse zu Beginn einer Kreditbeziehung nicht im Voraus bekannt sind. Man lässt sich von der Idee leiten, dass es Informationsunterschiede zwischen Kapitalgebern und -nehmern gibt: Im Regelfall dürften Kapitalnehmer mehr über die Erfolgsaussichten und Risiken wissen als die Kapitalgeber, die im besten Fall Vorstellungen über die Wahrscheinlichkeitsverteilung der Erträge von Investitionsobjekten haben dürften (vgl. *Krahnen* 1985, S. 107). Es liegt dann **asymmetrische Informationsverteilung** vor und unter dieser Bedingung ist Finanzierung nicht als Kauf einer Parte zu verstehen (neo-klassische Vorstellung), sondern als Interaktionsbeziehung oder **Partnerschaft** (neo-institutionenökonomische Betrachtung). Partnerschaft ist eine Mischung aus **Gemeinsamkeiten** (z.B. möglichst hohe Investitionserträge erzielen) und **Interessenkonflikten** (z.B. jeder Partner hat nur Interesse daran, seine Vorteile, die er erzielen kann, u.U. auch auf Kosten des anderen zu verwirklichen).

Auf *Jensen/Meckling* (1976) wird die Formulierung der sog. **Agency-Theorie** in der modernen Finanzierungstheorie zurückgeführt, deren Gegenstand die Kontrollprobleme sind, die aus dem durch die Aufgabenstellung bedingten Informationsgefälle zwischen **Delegierendem** (Prinzipal) und **Ausführendem** (Agenten) resultieren. Sie definieren eine Prinzipal-Agent-Beziehung als „(...) a contract which one or more persons (the principal(s)) engage another person (the agent) to perform some service on their behalf which involves delegating some decision making authority to the agent“ (*Jensen/Meckling* 1976, S. 308). Der Prinzipal-Agent-Ansatz ist vor allem dann anwendbar, wenn **Vertragselemente** prinzipiell **formbar** sind und sie dadurch Interpretationsspielräume enthalten. Bei zunehmender Komplexität von Finanzbeziehungen stellen sich die Verträge zwischen Kapitalgeber und -nehmer immer weniger als explizite, sondern vielmehr als **implizite Kontrakte** dar, weil sie zwischen den Parteien nicht ausdrücklich definierte Vereinbarungen enthalten (man denke an die Bezeichnung „zwischen den Zeilen lesen“).

Beispiele: Mündliche Zusicherung eines fixen Zinssatzes seitens der Kreditgeber; in Gesprächen zur Kreditverhandlung in Aussicht gestellte Sicherung der Anschlussfinanzierung bei langfristigen Projekten, ohne die abhängige Situation des Kreditnehmers auszunutzen; Verpflichtung des Kreditnehmers, nicht leichtfertig mit den geliehenen Finanzmitteln umzugehen (vgl. *Crawford* 1987, S. 5).

Auch lassen sich Verträge dann nicht explizit formulieren, wenn die **Rationalität** der Vertragspartner **begrenzt** ist. Dies ist immer dann wahrscheinlich, wenn zukünftige Tatbestände in der Gegenwart schlichtweg nicht feststellbar sind (vgl. *Williamson* 1983, S. 17). Es kann dann nicht für alle eventuell zukünftig eintretenden Situationen ein entsprechender Maßnahmenkatalog für einen Vertrag entworfen werden. In diesem Fall sind keine konkreten Handlungen vorgeschrieben, sondern nur grobe **Verhaltensregeln**, so dass sich, je nach Regelungsgrad (Anzahl der vertraglich geregelten zukünftigen Umweltzustände) und Größe der Freiheitsgrade der Vertragspartner, entsprechende Nachverhandlungen (mit ex post Transaktionskosten) ergeben können. Man bezeichnet **Verträge** dann als **unvollständig**. Für bestimmte Umweltzustände sind dann keine konkreten Handlungen der Vertragsparteien fixiert, sondern nur Verhaltensregeln für das Neuaushandeln von Verträgen, wenn diese Umweltzustände eintreten (vgl. *Kreps* 1990, S. 183).

Generell existieren implizite (oder **psychologische**) sowie **unvollständige** Kontrakte, weil die maximale Konkretisierung der Vertragsformulierung zeit- und kostenintensiv ist (vgl. hierzu grundlegend *Rosen* 1985). Ferner ist zu beachten, dass selbst in expliziten Verträgen durch Verwendung unbestimmter Rechtsbegriffe Mehrdeutigkeiten und Unvollständigkeiten auftreten können. Je größer die Komplexität und/oder je individueller die Kreditverträge sind, desto eher handelt es sich um **unvollständig fixierte Vertragsinhalte**, die nicht juristisch einklagbar sind, sondern nur durch **außergerichtliche verhaltensinduzierende Maßnahmen** durchgesetzt werden können (z.B. einseitige Vertragsabbruchdrohung mit negativen finanziellen Konsequenzen der Gegenpartei durch Verlust von Gewinnerzielungsmöglichkeiten).

Lesehinweis: Zu Kontraktgestaltungsfragen und damit in Verbindung stehenden Transaktionskosten vgl. *Varian* (1995, S. 565-588).

Unterstellt man auf Kapitalmärkten (praxisnähere) Gegebenheiten wie asymmetrische Informationsverteilung, **unvollständige Märkte** und **nicht explizit formulierte Verträge**, so erhält die Geschäftsbeziehung zwischen Kapitalnehmern und Kapitalgebern eine qualitativ neue Dimension. Die Allokation von Kapital auf Finanzmärkten ist bei endogenen Unsicherheiten dann zwar noch prinzipiell möglich, aber **nicht** zwingend **pareto-optimal**, da Transaktionskosten anfallen (vgl.

*Baltensperger* 1983, S. 409). Die Handlungen der Kapitalgeber und -nehmer werden einem Kosten-Ertrags-, häufig auch einem Kosten-Nutzen-Kalkül unterworfen. Zusätzlich gewinnen Finanzmärkte in einem solchen nicht-walrasianischen Paradigma zusätzliche Funktionen: hinsichtlich Motivierung, Überwachung und in einigen Fällen Ersatz des Managements von Unternehmen. Das wichtigste Phänomen des Informationsproblems in der Beziehung zwischen Kapitalgeber und -nehmer ist die **endogene Unsicherheit** aufgrund **asymmetrischer Informationsverteilung**.

**Qualitätsunsicherheit** bezeichnet in diesem Sinne den typischen Fall, in dem Informationsdefizite zur Qualität eines Kreditnehmers generell bestehen können. So könnte es sein, dass ein Unternehmer bereits während der Beantragung eines Kredits bei einer Bank in wirtschaftlichen Schwierigkeiten steckt, der Kreditgeber dies aber wegen ihm nicht zugänglicher Informationen erst nach dem zustande gekommenen Vertragsverhältnis aufdeckt. Der Kreditgeber ist in der Sprache der Informationsökonomik vor Leistungserstellung mit **Hidden Characteristics** hinsichtlich des Kreditnehmers konfrontiert (vgl. *Arrow* 1986). Für jeden Kapitalgeber ist mit der Qualitätsunsicherheit das Problem verbunden, dass er hinsichtlich der Risiken auf der Kapitalnehmerseite vorerst einmal vor einer sog. **Poolsituation** steht: Als Außenstehender (**Outsider**) steht er vor dem Problem der **Separation**, denn er muss die für ihn nicht direkt beobachtbaren Kapitalnehmer ihrer spezifischen Risikostruktur nach identifizieren und in Risikoklassen einordnen. Darauf aufbauend kann er die geeignete Form der **Risikokompensation** fordern (z.B. einen risikoadäquaten Aufschlag in den Kapitalkosten, d.h. eine Risikoprämie verlangen, oder nicht den gesamten gewünschten Kapitalbetrag bereitstellen, also Kapitalrationierung betreiben). Kann dieses Problem nicht durch geeignete Kooperationsdesigns zwischen Kapitalgebern und -nehmern gelöst werden, kommt es zum Problem der **adversen Selektion**, was im Extremfall zu einem Zusammenbruch des Kapitalmarkts führen kann.

Nach Vertragsabschluss können ebenfalls spezifische Situationen unterschieden werden, die zusätzlich zu den Informationsasymmetrien auf **Verhaltensunsicherheit** (oder Opportunismus) zurückzuführen sind. Opportunistisches Verhalten kennzeichnet ein strategisches Handeln der Transaktionspartner im Sinne eines egoistischen Ausnutzens von für sie günstigen Positionen.

Beim sog. **Hold Up** offenbart ein Kapitalnehmer Risiken aufgrund seines Vertragsverhaltens gegenüber dem Kapitalgeber. Es könnte etwa sein, dass ein kreditnehmender Unternehmer während der Kreditvertragslaufzeit durch deutlich zu hohe Entnahmen für Konsum und durch Vermögensübertragungen die Gefährdung des gewährten Kredits bewusst herbeiführt. Diese sog. **Hidden Intention** bezeichnet das einseitige Ausnutzen von Vertragslücken zugunsten einer Vertragspartei (hier der Kreditnehmerseite). So wird im genannten Beispiel der Kapitalgeber von den Handlungen des Kapitalnehmers überrascht, kann aber aufgrund der bereits vergebenen Finanzmittel und mangels besonderer Kündigungsgründe vom Vertrag nicht zurücktreten, ohne selbst nicht erhebliche Transaktionskosten aufwenden zu müssen (z.B. in Form von Vertragsstrafen oder teilweisem Verlust des eingesetzten Kapitals). Der Kapitalgeber hat mit seinem Vertragsabschluss irreversible Investitionen getätigt, die im beschriebenen Fall zu **Sunk Costs** führen können. Hold Up wird wahrscheinlich, wenn die Zusammenarbeit zwischen Kapitalnehmer und -geber nicht ausdrücklich alle möglichen Umweltzustände und dazu entsprechende Verhaltensregeln während der Vertragsdauer ex ante aufzeichnet (vgl. *Alchian/Woodward* 1988, S. 67 ff. und *Bull* 1983, S. 658-659). Es ist der **implizite Charakter** vieler Vertragselemente, der zu diesem Problem führt.

Daneben unterscheidet Verhaltensunsicherheit in sog. **moralisches Risiko**, auch Moral Hazard genannt: „Es könnte sein, dass der Unternehmer das geplante Investitionsvorhaben etwas modifiziert realisiert, so dass es risikoreicher ist, jedoch dergestalt, dass auch in einem Konkursfall die Modifikation nicht als Ursance der Zahlungsschwierigkeiten nachgewiesen werden kann" (*Spremann* 1990, S. 567). Solche Verhaltensmerkmale werden mit Anstrengung, Fleiß oder Sorgfalt umschrieben und auch als **Hidden Action** bezeichnet (vgl. *Alchian/Woodward* 1988, S. 69). Der Kapitalgeber kann im Grunde nicht zwischen der exogenen Unsicherheit, dem jede Investition ausgesetzt ist, und dem Verhaltensrisiko unterscheiden. Dadurch erhält der Kapitalnehmer faktisch einen **diskretionären Handlungsspielraum**, den er im Eigeninteresse und zu Lasten der Wohlfahrt des Kapitalgebers ausschöpfen kann. Drückebergerei (sog. Shirking) bis hin zu vorsätzlichem Betrug können Ausprägungen sein.

Ergänzend sind hierbei **Hidden Information** zu sehen, worunter man einen Informationsvorsprung des Kapitalnehmers versteht, der dem Kapitalgeber aber nicht bekannt ist. Dies kann dazu führen, dass der Kapitalnehmer solche Investitionsobjekte auswählt, die aus Sicht der Kapitalgeber zu riskant sind (vgl. *Schäfer* 1999a, S. 416). Oder der Kapitalnehmer erhält während der Nutzungsdauer der Investition Kenntnis von Informationen, die dem Kapitalgeber nicht zugänglich sind (z.B. über die verbesserten Marktchancen der mit dem Investitionsobjekt hergestellten Produkte). Der Kapitalnehmer ergreift daraufhin Aktionen, die für den Kapitalgeber zwar beobachtbar sind, er aber nicht beurteilen kann, ob die Reaktionen des Kapitalnehmers adäquat sind. So könnte es sein, dass der Kapitalnehmer aufgrund der erhöhter Umsätze seinen Konsum im Unternehmen, d.h. am Arbeitsplatz erhöht (z.B. unnötige Geschäftsreisen durchführt oder sich einen überdimensionierten Dienstwagen zulegt). Die gestiegene Liquidität aufgrund des geschäftlichen Erfolgs ermöglicht die Finanzierung solcher „**Perquisites**" (kurz Perks), was zu Lasten der Ausschüttungsmöglichkeiten an den Kapitalgeber geht (vgl. *Arrow* 1986, S. 1185 und *Berle/Means* 1932, S. 300 ff.).

Die vorgenannten Ausprägungen von endogenen Unsicherheiten bzw. Verhaltensunsicherheiten können u.U. in kriminelle Handlungen münden.

*Im Handelsblatt vom 17.10.1996 war auf S. 20 folgende Meldung zu lesen, die auszugsweise wiedergegeben ist:*

*„Unternehmer zu langer Haft verurteilt*
*Die 22. Große Strafkammer am Landgericht Mannheim hat xy [Name vom Verfasser H. Schäfer aus Gründen des Schutzes der Persönlichkeit geändert] in 19 Fällen des Betrugs, in jeweils zwei Fällen des Kreditbetrugs und des Bankrotts sowie darüber hinaus der unrichtigen Bilanzierung für schuldig befunden. (...) Das Odenwälder Unternehmen (...) war nach Erkenntnis der Strafkammer spätestens Ende 1991 überschuldet. Gleichwohl konnte xy dank eines komplexen Finanzierungskreislaufs und eklatanter Bilanzfälschungen weitere zweieinhalb Jahre das Trugbild eines wachsenden und hochprofitablen Maschinenbau-Unternehmens aufrechterhalten (...)."*

#### 4.2.3.3 Anreizkompatibilität und Agency Costs

Eine einfache Formalisierung des Prinzipal-Agent-Problems gibt nachfolgende Darstellung eines Grundmodells, indem die Struktur der Verteilungsproblematik hinsichtlich des wirtschaftlichen Ergebnisses von Handlungen betrachtet wird, die aus einer Auftragsbeziehung zwischen Prinzipal und Agent resultiert (vgl. *Swoboda* 1994, S. 164-165):

$$\text{Max}: E(U_p) = E\left[U_p\left((1-\alpha)\cdot G(H^*) - S\right)\right] \qquad \text{(I-1)}$$

mit

$E(U_p)$ = erwarteter Nutzen des Prinzipal,
$\alpha$ = Gewinnbeteiligungsprozentsatz,
$G$ = Gewinngröße,
$S$ = fixer Entlohungsanteil des Agenten,
$H^*$ = optimale Handlung des Agenten.

Die Prinzipal-Agent-Beziehung, mithin auch die Kapitalgeber-Kapitalnehmer-Relation, kann als **Optimierungsproblem** verstanden werden, bei dem es gilt, den **Nutzen** des **Prinzipalen** ($U_p$) zu maximieren. Die Quelle stellt sein Anteil am Gewinn dar. Am Gewinn partizipiert auch der Agent (Unternehmensleitung, Kapitalnehmer) und zwar zu einem festen Anteil (= *S*) und einem variablen Teil [$\alpha G(H)$]. Abhängig ist der Parameter $\alpha$ von der Gewinnhöhe, aber auch von anderen Zustandsparametern. Der Prinzipal erzielt somit $(1-\alpha)G-S$. Nun ist der Gewinn von den Handlungen, genau genommen vom Anstrengungsniveau des Agenten abhängig. Daraus ergeben sich zwei zu berücksichtigende Nebenbedingungen:

$$E(U_a) = E\left[U_a\left(\alpha G(H^*) + S, H^*\right)\right] \geq \text{Referenznutzen Agent} \qquad \text{(I-2a)}$$

mit $E(U_a)$ = erwarteter Nutzen des Agenten.

Die erste Nebenbedingung berücksichtigt, dass der **Agent** einen bestimmten **Referenznutzen** vor Augen hat. Gemeint ist der Nutzen, den z.B. ein Vorstandsmitglied verwirklichen könnte, wenn es seine Arbeitskraft in einem anderen Unternehmen einbringen bzw. alternativ aus Freizeitaktivitäten erzielen würde. Der Referenznutzen des Kapitalnehmers besteht darin, dass er seine eigene Kapitalausstattung nicht in einer Kapitalnehmerfunktion, sondern alternativ als Investor verwendet. Dadurch ist für den Agenten eine Handlung als optimal zu bezeichnen (= *H**), wenn sie mindestens den Nutzen erbringt, den er in alternativer Form erreichen könnte. Der Nutzen des Agenten ist aber nicht nur von seinem Einkommen ($\alpha G+S$) abhängig, sondern auch von seiner gewählten Handlung. Die zweite Nebenbedingung berücksichtigt dies:

$$E\left[U_a\left(\alpha G(H^*) + S, H^*\right)\right] = \underset{H}{\text{Max}}: E\left[U_a\left(\alpha G(H) + S, H\right)\right] \qquad \text{(I-2b)}$$

Es zeigt sich, dass der Agent eine Handlung *H** wählt, die seinen Nutzen maximiert. Die Gewinnverteilung ist dabei als gegeben unterstellt. Anhand dieser Formalisierung bedeutet Hidden Information, dass der Prinzipal die Nutzenfunktion des Agenten nicht kennt und/oder nicht über dessen Handlungsmöglichkeiten informiert ist. Auch die Eintrittswahrscheinlichkeiten der Handlungserfolge können ihm unbekannt sein. Bei Hidden Action kann der Prinzipal im Extremfall weder das Ergebnis (= *G*) noch die Handlung (= *H*) beobachten. Im günstigen Fall kann der Prinzipal zwar das Ergebnis beobachten, nicht jedoch, aufgrund welcher Handlungen dies zustande kam. Diese Variante tritt häufig in der Form auf, dass das Gesamtergebnis beobachtbar ist, aber keine Differenzierung zwischen den Handlungen des Agenten und exogenen Einflüssen; Faktoren, die der Agent nicht selbst beeinflussen kann (z.B. Konjunkturentwicklungen), vorgenommen werden kann.

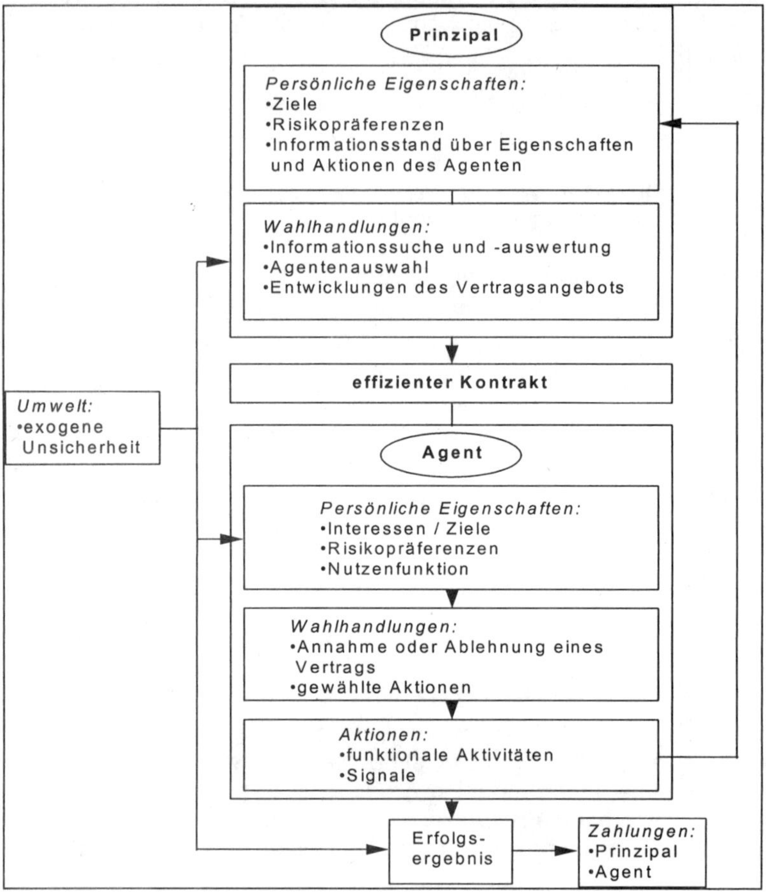


Abb. I-53: Variablen der Prinzipal-Agent-Relation
(in Anlehnung an *Bergen/Dutta/Walker* 1992, S. 3)

Abb. I-53 zeigt die gesamten Zusammenhänge der Prinzipal-Agent-Relation nochmals im Überblick.

Lesehinweise: Lesenswerte Darstellungen vorgenannter Probleme liefern u.a. *Spremann* (1996, Kapitel 24) und *Swoboda* (1994, S. 162-166). Einen Überblick zur neo-institutionenökonomischen Finanzierungstheorie gibt *Krahnen* (1993).

Nachfolgende Abbildung systematisiert diese Problemlagen überblicksartig (in Anlehnung an *Breid* 1995, S. 824).

| Typ<br>**Vergleichskriterium** | **Hidden Characteristics** | **Hidden Intention** | **Hidden Information** | **Hidden Action** |
|---|---|---|---|---|
| **Entstehungszeitpunkt** | **vor** Vertragabschluss | **vor** oder **nach** Vertragabschluss | nach Vertragabschluss, **vor** Entscheidung | nach Vertragabschluss, **nach** Entscheidung |
| **Entstehungsursache** | ex ante verborgene **Eigenschaften** eines Agenten | ex ante verborgene **Absichten** eines Agenten | nicht beobachtbarer **Informationsstand** eines Agenten | nicht beobachtbare **Aktivitäten** eines Agenten |
| **Problem** | Eingehen der Vertragsbeziehung | Durchsetzung impliziter Ansprüche | Ergebnisbeurteilung | Verhaltens- (Leistungs-) beurteilung |
| **resultierende Gefahr** | • Qualitätsunsicherheit<br>• adverse Selektion | • Hold Up | • Moral Hazard<br>• adverse Selektion | • Moral Hazard<br>• Shirking |

Abb. I-54: Überblick zu neo-institutionenökonomischen Unsicherheitskonstellationen

Das Finanzierungsproblem ist unter den vorgenannten Besonderheiten eng verbunden mit der Suche und Ausgestaltung von Kooperationsdesigns, mittels derer die suboptimale Kapitalallokation effizient gestaltet werden kann. Der Ausgestaltung der Finanzkontrakte, der gesetzlichen Regelung von Eigentumsrechten, der Existenz von Finanzintermediären und anderen Formen von Institutionen, die in der Praxis vielfältig existieren, kommt dann eine wirtschaftliche Funktion zu. Im Sinne von *North* (1988, S. 207) soll unter **Institutionen** in **Finanzbeziehungen** ein System von Regeln, Zustimmungsverfahren und moralischen bzw. ethischen Verhaltensnormen verstanden werden. Immer dann, wenn die Durchführung von Transaktionen Kosten verursacht, werden Institutionen zur Reduktion möglich. Im neo-klassischen Denkansatz sind die genannten Institutionen so gut wie nicht begründbar, weshalb der Übergang in das neo-institutionenökonomische Paradigma für solche Betrachtungen erforderlich wird.

Lesehinweis: Für die Begründung und Entstehung von Institutionen eignet sich das Werk von *Schotter* (1981) als Grundlage.

### 4.2.4 Finanzierung und Kooperationsdesigns

Die Bedeutung der **neo-institutionenökonomischen Betrachtungsweise** von Finanzierungsvorgängen hat zentrale **Konsequenzen**:

- Kapitalüberlassung erfordert wegen der endogenen Unsicherheiten (systematisches) **Informationsmanagement**. „Vorgänge der Informationsübertragung und -beschaffung werden in der Literatur zur Informationsökonomie unter den Begriffen 'Signaling', 'Screening' und 'Self Selection' behandelt. Unter 'Signaling' versteht man eine Informationsübertragung, unter 'Screening" eine Informationsbeschaffung und unter 'Self Selection' eine Selbsteinordnung in vorgegebene Kategorien mit bekannten Eigenschaften. Beim 'Signaling' übermittelt die informierte Marktseite der uninformierten die zur Diskriminierung notwendigen Informationen, beim 'Screening' geschieht die Informationsbeschaffung durch die schlecht informierte Marktseite, und beim 'Self Selection' gibt die nicht informierte Marktseite Selbsteinordnungsmöglichkeiten für die Individuen vor, über die Informationen gesucht werden“ (*Hopf* 1983, S. 31).

- Ferner wird es erforderlich, insbesondere nach Vertragabschluss die Verhaltensweisen des Kapitalnehmers auf Vertragskonformität zu überwachen („Monitoring“) und ggfls. zu sanktionieren, z.B. einen Kredit vorzeitig zu kündigen.

Die Handlungen sind ihrerseits mit Transaktionskosten für Kapitalgeber und/oder -nehmer verbunden. Mit der Suche nach **effizienten Kooperationsdesigns** wird in der Finanzierungstheorie angestrebt, die Höhe solcher Transaktionskosten zu reduzieren. Die Kooperationsdesigns können unterschiedlich institutionell ausgestaltet werden. Neben **harten Kooperationsdesigns** wie gesetzlichen Regelungen (z.B. Insolvenzrecht, gesetzliche Rechnungslegungsvorschriften, Wertpapierhandelsgesetz) sind es vor allem eher **weiche Kooperationsdesign** wie der Aufbau von Kapitalnehmer-Reputation oder das Signalisieren von Kreditwürdigkeit, die in der Praxis des Kapitalmarktgeschehens große Bedeutung erlangt haben. In dieser Hinsicht ist auch die besondere Funktion und Rolle von Finanzintermediären, resp. Kreditinstituten für Finanzierungsfragen zu sehen.

Es lässt sich nun zeigen, dass in Abhängigkeit von der Stärke asymmetrischen Informationsverteilung die Art der Zugangsmöglichkeit zum Kapitalmarkt für ein Unternehmen zu unterscheiden ist. In Abb. I-55 wird diesbezüglich überblicksartig dargestellt, dass lediglich bei schwacher Informationsasymmetrie der direkte Zugang eines Unternehmens zum Kapitalmarkt möglich sein dürfte. Bei ausgeprägt hoher Informationsasymmetrie dürfte für ein Unternehmen kein Fremdkapital mobilisierbar sein, da Screening und Monitoring nicht ausreichend eine Qualitätseinschätzung und –sicherung ermöglichen werden. Für die meisten Unternehmen wird sich die Aquisition von Fremd- und Eigenkapital lediglich unter Einschaltung von Finanzintermediären bewerkstelligen lassen.

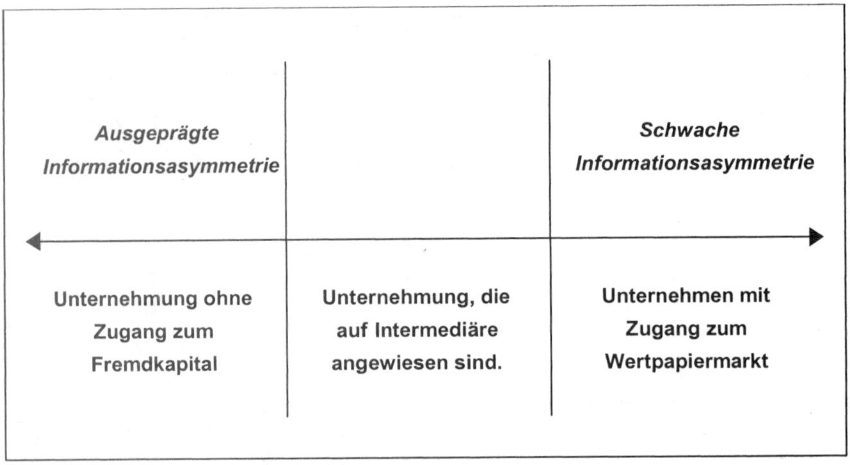


Abb. I-55: Kontinuum der Kapitalnachfrager nach dem Grad der Informationsasymmetrie

Im **traditionellen Verständnis** der Theorie der Finanzintermediation sind Kreditinstitute spezielle Finanzintermediäre bzw. ihr Geschäft ist eine spezielle Form der **Finanzintermediation**: „The essential function of banks and other financial intermediaries is to satisfy simultaneously the portfolio preferences of two types of individuals or firms“ (*Tobin/Brainard* 1963, S. 383). Hierbei handelt es sich um „**Defizit-Einheiten**“ und „**Überschuss-Einheiten**“. Ersparnisse werden auf Kapitalnehmer

(Investoren) übertragen, denen die benötigten Finanzmittel fehlen. Die indirekte Vermittlung zwischen diesen beiden Gruppen resultiert aus Economies of Scale, die Finanzintermediäre bei der Hereinnahme von mit Zahlungsmitteleigenschaften ausgestatteten Einlagen haben und die sie als Kredite wieder vergeben. Die wirtschaftlichen Vorteile der Kreditinstitute beruhen traditionell auf ihrer Produktionsfunktion bei der **Losgrößen-, Fristen-, Liquiditäts- und Bonitätstransformation**.

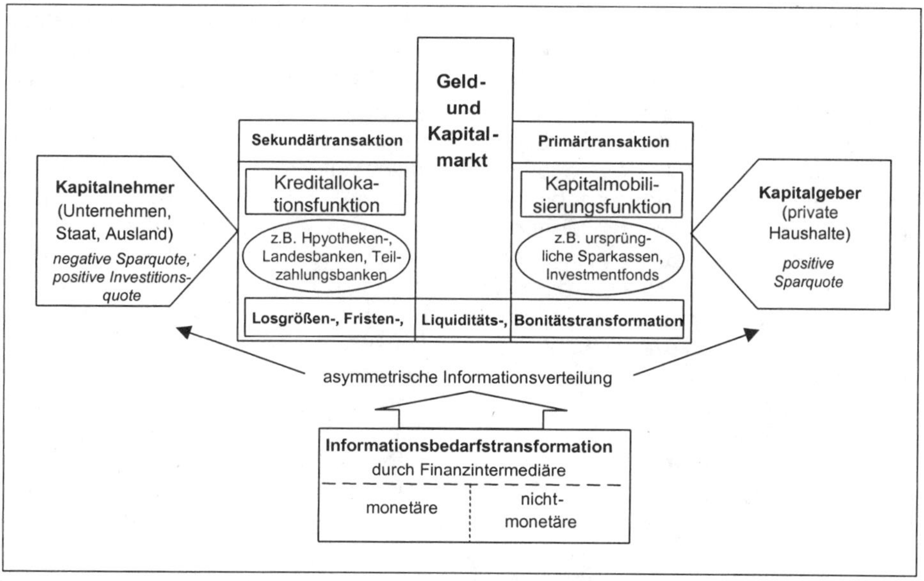


Abb. I-56: Finanzmarkt und Finanzmarktteilnehmer

Lesehinweis: Die auch heute noch beachtenswerte Grundlage des Verständnisses von Kreditinstituten im Rahmen der Theorie der Finanzintermediation lieferten *Gurley/Shaw* (1960); lesenswert ist hierzu auch der Beitrag von *Tobin* (1963).

In Kapitalmärkten mit asymmetrischer Informationsverteilung und Verhaltensunsicherheit erhält die Bankenfunktion noch eine weitere explizite Funktion - die der **Informationsbedarfstransformation**. In dieser Hinsicht sind Kreditinstitute **keine „Funktionsmonopolisten"**, sondern müssen sich in einer Arbeitsteilung zwischen anderen Finanzintermediären einordnen, die ebenfalls ganz bestimmte komparative Kostenvorteile in ihrer Informationsbedarfstransformation haben. Die Literatur verweist auf zwei Gruppen, die in diesem Sinne Eigenschaften von Finanzintermediären haben (vgl. *Bitz* 2002, S. 14-27):

- **Finanzintermediäre im engeren Sinne**, die Anlageleistungen und Finanzierungsleistungen anbieten (Kreditinstitute, Teilzahlungsbanken und Realkreditinstitute, Bausparkassen, Kapitalanlagegesellschaften, Leasing- und Factoringunternehmen, Kapitalbeteiligungsgesellschaften, Versicherungsunternehmen).
- **Finanzintermediäre im weiteren Sinne**, die Vermittlungsleistungen, Informationsleistungen und/oder Risikoübernahme offerieren (Finanzmakler, Kreditvermittler, Versicherungsvertreter und -makler, Wertpapiermakler, Börsendienste, Rating-Agenturen, Evidenz-Zentralen, Kreditversicherer etc.).

Eine Konsequenz aus unvollständigen und impliziten Finanzkontrakten ist, dass Kapitalnehmer aus der Sicht der Kreditinstitute (und letztendlich der Einleger) einen im Voraus nicht explizit beobachtbaren opportunistischen Spielraum haben, der im ungünstigen Fall für die Kapitalgeber zu Verlusten führen kann. Dies hat für die Kapitalallokation auf informationsineffizienten Kapitalmärkten elementare Konsequenzen: **Kreditinstitute** fungieren in diesem Geflecht aus Informationsasymmetrie und opportunistischem Verhalten als **Agenten der Kapitalgeber** (= Einleger) und können dadurch die Informationseffizienz von Finanzmärkten verbessern. Kreditinstitute übernehmen im Auftrag (risikoaverser) Einleger delegierte Aufgaben der Auswahl von Kreditnehmern unter Ermittlung individueller Kreditrisiken bzw. -qualitäten (**Screening**). Sie überwachen ferner den prognostizierten wirtschaftlichen Verlauf der Schuldner nach Kreditvergabe (vor allem hinsichtlich deren Erträge) und während des Kreditengagements (Delegated Monitoring). Dabei prüfen Kreditinstitute insbesondere die realisierten Erträge der Kreditnehmer und kontrollieren so die vereinbarten Konditionen des Kreditvertrags (vgl. *Diamond* 1984). Konstituierend für diese Delegation auf Kreditinstitute sind deren **Economies of Scale**, häufig ergänzt um Economies **of Scope** aufgrund der Kombinationsmöglichkeiten von Screening und Monitoring sowie Economies **of Specialization** z.B. durch Konzentration auf spezielle Kundengruppen (vgl. *Benston/Smith* 1976, S. 26). Kreditinstituten ermöglicht diese Produktion von Informationen zu komparativ niedrigen Transaktionskosten eine besondere intermediäre Rolle auf Finanzmärkten. Dies hat Rückwirkungen auf ihre produktionsmäßigen Besonderheiten. Es sind vor allem intangible Informationen in Verbindung mit nicht an Märkten gehandelten Krediten, die Kreditinstitute aus **fortwährenden Kredit- und Kontobeziehungen** produzieren (vgl. *Diamond* 1984). Eine Erklärungsvariante geht davon aus, dass Kreditinstitute eine herausgehobene wirtschaftliche Funktion bei der Beurteilung von Investitionsprojekten des Kreditnehmers und damit im Rahmen der Kreditprüfung übernehmen (vgl. *Stanhouse* 1993). Die Dienstleistungserstellung von Kreditinstituten erstreckt sich auf die Bereitstellung von Informationen an ihre Kunden, etwa im Rahmen von kommerziellen Beratungsdienstleistungen des Consulting Banking (vgl. *Schäfer* 1993b) und/oder im Rahmen des Relationship-Banking bei Wahrnehmung von Aufsichtsratsmandaten durch Bankvertreter (vgl. *Hellwig* 1989).

Kreditinstitute verfügen wie andere Finanzintermediäre auch die **Durchsetzung von Kreditverträgen**. Durch die kostengünstigere Überprüfung der Kreditnehmer und die Einsparung von Bestrafungskosten ermöglichen Kreditinstitute den Aufbau langfristiger, durch implizite Vereinbarungen gekennzeichnete Finanzierungsbeziehungen. Kreditinstitute übernehmen Funktionen von Institutionen, wie sie in anderer Form in Wirtschaft und Gesellschaft bestehen, z.B. in Form der Zentralbank oder Gesetzen. In diesen Zusammenhang gehört das **Hausbankprinzip**, das für die Geschäftsbeziehungen zwischen Kreditinstituten und Unternehmen in Deutschland und Japan kennzeichnend ist (vgl. *Prowse* 1996). Ein Kreditinstitut beurteilt ferner mittels **Kreditprüfung** den Kreditnehmer im Auftrag der ultimativen Kreditgeber (Einleger). Damit wird die mehrfache Produktion von Informationen im Fall fehlender Kreditinstitute vermieden, und es werden die Kosten der Informationsproduktion für die Kreditgeber gesenkt (vgl. *Ramakrishnan/ Thakor* 1984).

Für die Bankenintermediation ist ein **Lebenszyklus** vorstellbar (vgl. *Diamond* 1989a). Die erstmalige Finanzmittelsuche eines Unternehmens ist aufgrund asymmetrischer Informationsverteilung bei den potenziellen Kapitalgebern durch die Befürchtung von Moral Hazard besonders ausgeprägt. Deswegen werden Banken als Kontrollagenten - möglichst selbst mit gutem Ruf (d.h. Reputation, vgl. *Neus* 1993) - zwischengeschaltet, welches die Beobachtung der Folgeentscheidungen des Agenten (Unternehmen) ermöglicht. Unternehmen werden ihrerseits versuchen, dauerhaft einen vertrauensvollen Ruf aufzubauen, denn die Kapitalmarktfinanzierung wird dann über den anonymen Kapitalmarkt ermöglicht, ohne sich einem Delegated Monitoring durch Kreditinstitute unterziehen zu müssen.

Kapitalgeber gewinnen gegenüber Kapitalnehmern im Zeitablauf durch positive Erfahrungen zunehmendes Vertrauen, weswegen die Notwendigkeit von Überwachungsmaßnahmen abnimmt, so dass die Kontrollkosten sinken können (vgl. *Campbell* 1979). Der Wert der Reputation kann die Kontrollkosten aufwiegen. In anonymen Kapitalmärkten fungieren Kreditinstitute zudem als Versicherung für Unternehmensfinanzierungen, wenn etwa aufgrund exogener Faktoren eine Wertpapieremission im Kapitalmarkt nicht im gewünschten Umfang aufnehmbar ist und von Emissionsbanken übernommen wird. In der Realität zeigt sich eine Parallelität von Bank- und Kapitalmarktfinanzierungen (vgl. *Seward* 1990). Abnehmende Monitoring Costs bedeuten eine geringere Entlohnung für den Delegated Monitor. Die Möglichkeit des „**Cross- Monitoring**" für Kapitalmarktteilnehmer ist bei öffentlich beobachtbaren Unternehmen durch Bewertungen von Rating-Agenturen gegeben.

Mit dem Einsatz von Kreditinstituten und Finanzintermediären generell kommt die Problematik der Beziehung des Intermediärs zu seinen Auftraggebern zum Tragen. Entstanden ist ein **doppeltes Prinzipal-Agent-Problem**: zwischen **Intermediär** und ultimativem **Kreditgeber** (z.B. Kreditinstitut und Einlegern) sowie zwischen **Intermediär** und ultimativem **Kreditnehmer**. Auch die Auftraggeber können i.d.R. nicht vollständig die Handlungen des Finanzintermediärs beobachten. Es besteht also auch in dieser Delegation von Aufgaben eine asymmetrische Informationsverteilung. Es entstehen damit **Delegationskosten**, d.h. Ressourcenverzehr, um Anreizprobleme sowohl innerhalb des Intermediärs als auch in der Beziehung des Intermediärs zu den finalen Kreditgebern und -nehmern zu lösen. Im Wesentlichen handelt es sich bei den Delegationskosten um die Wahrscheinlichkeit, dass der Finanzintermediär **insolvent** wird. Der Finanzintermediär kann seinerseits diese Kosten senken, indem er sowohl die Ausfallrisiken seiner Kredite als auch die Risiken aus der Struktur des Kreditportefeuilles reduziert (vgl. *Rühle* 1994, S. 58 ff.).

Die eindeutig anmutenden Ursache-Wirkungsbeziehungen, wie sie in den Abb. I-52 und Abb. I-53 dargestellt sind, müssen bei Integration von Finanzintermediären erweitert werden um das **reziproke Prinzipal-Agent-Problem** (vgl. *Schneider* 1985). Kreditnehmer sind absatzwirtschaftlich gesehen Kreditkunden, die aus dieser Sicht ihrerseits eine Prinzipalrolle gegenüber Finanzintermediären einnehmen, denen absatzwirtschaftlich die Rolle der Agenten zufällt. Der Kreditnehmer aus Kundensicht beauftragt den Agenten mit der Ausführung eines bestimmten Auftrags (z.B. Leistungserstellung aus einem gemeinsam abgeschlossenen Kreditvertrag), bei welchem unterschiedliche Informationsstände die Gefahr des opportunistischen Verhaltens des Kreditinstituts entstehen lassen können. Somit können durchaus Verhaltensweisen des Kreditinstituts auch zu konkreten wirtschaftlichen Nachteilen des Kreditnehmers führen, wenn nicht vor Vertragsabschluss bestimmte Kooperationsformen realisiert wurden, die das Verhalten des Kreditinstituts während der Vertragslaufzeit stabilisieren (vgl. *Schäfer* 1995).

<u>Lesehinweis:</u> Einen Überblick über die neueren neo-institutionenökonomischen Ansätze zur Erklärung des Bankverhaltens liefert *Davies* (1993).

Für die moderne Finanzierungstheorie haben die neo-institutionenökonomischen Grundlagen erhebliche Konsequenzen in Hinblick auf die optimale Wahl der Finanzquelle durch die Kapitalnehmer. Das Problem der optimalen Kapitalstruktur - also das Verhältnis zwischen Eigen- und Fremdkapital - gewinnt eine herausgehobene Bedeutung.

*Im Handelsblatt vom 07.08.1997 war auf S. 16 folgende Meldung zu lesen, die auszugsweise wiedergegeben ist:*

*„Schmidt Spiel+Freizeit am Ende*
*Der große deutsche Spiele- und Puzzlehersteller Schmidt Spiel+Freizeit GmbH, Eching, der erfolgreiche Spiele wie "Mensch ärgere Dich nicht", "Kniffel" und "Stadt-Land-Fluss" auf den Markt gebracht hat, räumt das Feld. Nach dem Konkurs wird noch in diesem Monat der Stammsitz in Eching bei München aufgelöst. (...) Der ehemalige Geschäftsführer für Materialwirtschaft und Produktion bei Schmidt, (...), ist davon überzeugt, dass der Traditionshersteller nicht in Konkurs hätte gehen müssen. Er erwartete für 1997 einen Umsatzschub von bis zu 15%. Mit innovativen Produkten und Formel-1-Weltmeister Michael Schuhmacher als Werbezugpferd wollten die Münchner der Konkurrenz davonfahren. Doch Mitte April entzogen die Banken der Geschäftsführung die Geldmittel, ein Vergleich musste angemeldet werden, dem im Juni der Konkurs folgte. (...)"*

## 4.3 Grundidee des Shareholder Value–Ansatzes

In kapitalmarkttheoretischer Hinsicht kann die von *Irving Fisher* entwickelte „*Fisher*-Separation" als theoretische Grundlage des Shareholder Value-Konzepts gesehen werden (vgl. *Schäfer* 1999a, S. 84-95). Unter ihrer Anwendung ergibt sich als Konsequenz für die Kapitalallokation, dass unter Annahme fehlender Steuern und eines vollkommenen Kapitalmarkts Konsum- und Investitionsentscheidungen unabhängig voneinander durch Kapitalgeber realisiert werden können. Für die Unternehmensleitung folgt daraus, dass Investitionen, die den Marktwert des Unternehmens maximieren, ohne Kenntnis der Präferenzen der Kapitalgeber getroffen werden können. Kapitalgeber, deren Vorstellungen von denen des Managements abweichen, können unter Veräußerung ihrer Unternehmensanteile mit den freigewordenen Mitteln am Kapitalmarkt jede intertemporale Einzahlungsstruktur herstellen, die ihren Präferenzen entspricht. Die Folgerung für das Unternehmen ist, dass die Maximierung des Unternehmenswerts, resp. des Shareholder Value, zentrales Ziel ist. Diese neo-klassische Sichtweise wird in dem nachstehenden Zitat sowohl aus Sicht der Kapitalgeber als auch aus Sicht der Kapitalnehmer beschrieben: „The neoclassical paradigm assumes that shareholders´ utility is solely a function of their wealth, and prescribes that management should act in a manner consistent with share price maximization. (...) shareholders are self-interested economic agents whose utility is best served by share price maximization" (*Rivoli* 1995, S. 265).

Aus Sicht der Neo-Institutionenökonomik können in dieser Beziehung Agency Costs entstehen, wenn aufgrund der diskretionären Handlungsspielräume des Managements eines Unternehmens Interessenkonflikte zwischen Management und Kapitalgebern bestehen. In der Vorstellung der Agency-Theorie handeln Agenten als Auftragnehmer der Prinzipale. Aus Sicht der Eigenkapitalgeber und unter Berücksichtigung ihrer neo-klassisch geprägten Zielsetzung der Einkommensmaximierung resultiert der daraus abgeleitete Anspruch an das Management - die Marktwertmaximierung des Unternehmens, resp. der Parten der Eigenkapitalgeber zu verfolgen. Der Marktwert des Unternehmens kann mit dem **Shareholder Value** gleichgesetzt werden. Bei börsennotierten Aktiengesellschaften entspricht er der **Börsenkapitalisierung**, d.h. dem **Marktwert** der gesamten Anzahl aller von einer AG **emittierten Aktien**. Die Veränderung des Marktwerts eines Unternehmens ist (bei börsennotierten Gesellschaften) Indikator für den Zielerreichungsgrad der Managementhandlungen hinsichtlich der Zielfunktionen der Prinzipale.

Die Realisierung eines mit den Prinzipalen konformen Marktwerts sanktioniert auch das Management: So schützen sich die Mitglieder der Unternehmensleitung, mithin die Agenten, vor einer feindlichen Übernahme des Unternehmens (sog. Hostile Takeover, vgl. Kapitel II, Abschnitt 2.4). Vor dem Hintergrund der spezifischen Form der Unternehmenskontrolle (Corporate Governance) in den USA durch Kapitalmärkte und deren Akteure zu verstehen, erlaubt daher das Ziel der Shareholder Value-Maximierung durchaus die Ableitung von Wertsteigerungsstrategien und -politiken des Managements, die als wirkungsvolle Kooperationsdesigns zur Reduktion von Agency Costs wirken können.

Der Shareholder Value-Ansatz etablierte sich in den frühen 80er Jahren und wurde in erster Linie von *Rappaport* seit den 70er Jahren in den USA entwickelt. Der Shareholder Value kann ganz allgemein gesehen als Barwert aller dem Aktionär in der Zukunft aus einem Unternehmen zufließenden Zahlungen berechnet werden. Diese entsprechen dem Gegenwartswert aller zukünftigen Dividendenzahlungen nach Steuern, bzw. dem Gegenwartswert des Free Cash Flow. Der Zinssatz, mit dem die Dividenden abdiskontiert werden, ist der Opportunitätskostensatz, der von Investitionen mit gleichem Risiko, wie das der jeweiligen Unternehmung, am Kapitalmarkt verlangt wird. Er ist die Renditeforderung des Aktionärs an die Aktie und stellt aus Sicht der Unternehmung Eigenkapitalkosten dar.

Lesehinweis: Einen Einblick in den Ansatz des Shareholder Value leistet das Grundlagenwerk von *Rappaport* (1999).

Ausgangspunkt für die Entwicklung des Shareholder Value-Ansatzes war die Problematik der Bewertung der Rentabilität von Investitionsentscheidungen bzw. gesamten Unternehmen. Auf der Grundlage zentraler Kritikpunkte an buchhalterischen Erfolgsgrößen formulierte *Rappaport* als zentrale Zielsetzung eines Unternehmens die Erwirtschaftung maximaler Eigentümerrenditen (vgl. *Pape, U.* 1999, S. 126). Dabei wird der Shareholder Value als das anteilige Eigenkapital am gesamten Bruttounternehmenswert definiert. Dieser wird als Summe der diskontierten Free Cash Flows einer Prognoseperiode, zzgl. eines Residualwerts am Ende der Prognoseperiode und des Marktwerts handelsfähiger Wertpapiere und anderer liquidierbarer Investitionen, die außerhalb des Kerngeschäfts des Unternehmens getätigt wurden, ermittelt.

Der Shareholder Value ergibt sich als Differenz des Bruttounternehmenswerts und des Marktwerts des anteiligen Fremdkapitals. Zur Berechnung der betrieblichen Cash Flows wird der Entity-Ansatz der Discounted Cash Flow- (DCF-) Methode verwendet. Dabei werden i.d.R. sowohl die Free Cash Flows als auch die Kapitalkosten als nominale Werte errechnet, um unter Beachtung der Kaufkraftäquivalenz eine konsistente Inflationserfassung zu gewährleisten. Die Free Cash Flows repräsentieren jene liquiden Mittel, die zur Befriedigung der Ansprüche von Fremd- und Eigenkapitalgebern zur Verfügung stehen (vgl. *Rappaport*, 1999, S. 40). Ihre Berechnung erfolgt unter funktionaler Berücksichtigung der von *Rappaport* identifizierten Werttreiber des Unternehmenswerts. Formal ergibt sich nachstehender Zusammenhang (vgl. *Pape, U.* 1999, S. 103-126):

$$FCF_t = (U_{t-1} \cdot (1+g_U) \cdot (r_U \cdot (1-s_{CF})) - (U_{t-1} \cdot w_U \cdot (q_{AV}+q_{WC})) \qquad (I\text{-}3)$$

mit:

$FCF_t$ = freier betrieblicher Cash Flow (Free Cash Flow) der Periode $t$,

$U_{t-1}$ = Vorjahresumsatzerlöse eines Unternehmens,
$g_U$ = konstante Wachstumsrate des Umsatzes eines Unternehmens,
$r_U$ = betriebliche Gewinnmarge (Umsatzüberschussrate),
$s_{CF}$ = auf den Cash Flow bezogener Ertragssteuersatz,
$q_{AV}$ = Erweiterungsinvestitionsquote des Anlagevermögens eines Unternehmens,
$q_{WC}$ = Erweiterungsinvestitionsquote des Working Capital eines Unternehmens.

Um die auf der Grundlage von Gleichung (I-3) entwickelten zukünftigen betrieblichen Cash Flows mit ihrem Barwert in der Gegenwart abzubilden, ist das Diskontieren mittels eines geeigneten Faktors erforderlich. *Rappaport* verwendet das gewichtete Mittel der Kosten von Fremd- und Eigenkapital nach dem **Weighted Average Cost of Capital- (WACC-) Ansatz** (vgl. *Rappaport*, 1999, S. 44 und *Schäfer* 1999a, S. 338-340). Die Gewichtung soll dabei der seitens der Unternehmensleitung geplanten langfristigen Kapitalstruktur entsprechen. Der ermittelte Diskontierungsfaktor stellt als Kapitalkostensatz die von der Unternehmensleitung gerade noch akzeptierbare Rendite des Gesamtkapitals dar, die ausreicht, um die Ansprüche der Fremd- und Eigenkapitalgeber in Relation zu ihrem finanziellen Beitrag zu befriedigen. Als relevanter Fremdkapitalkostensatz empfiehlt *Rappaport* den langfristigen Kapitalmarktzinssatz. Er verkörpert die im Gegenwartszeitpunkt geforderte Rendite der Fremdkapitalgeber. Dabei sollte der Zeithorizont der Zinssatzschätzung mit dem Prognosehorizont der Cash Flows übereinstimmen (vgl. *Rappaport*, 1999, S. 46). Zur Bestimmung der risikoadjustierten Eigenkapitalkosten wird auf die Bestimmung der Wertpapierlinie (Security Market Line) des CAPM zurückgegriffen. Die mathematische Gleichung der Wertpapierlinie lautet (vgl. *Schäfer* 1999a, S. 319-320):

$$E(R_m) = R_f + [E(R_M) - R_f] \cdot (cov_{mM} / \sigma^2_M) \qquad \text{(I-4)}$$

mit:

$E(R_m)$ = Renditeerwartungswert des Wertpapiers *m*,
$E(R_M)$ = Renditeerwartungswert des Marktportfolios *M*,
$cov_{mM}$ = Kovarianz zwischen Wertpapier *m* und dem Marktportfolio *M*,
$\sigma^2_M$ = Varianz der Rendite des Marktportfolios,
$R_f$ = Rendite der risikolosen Anlagemöglichkeit,
$cov_{mM}/\sigma^2_M$ = Betafaktor des Wertpapier *m* zum Marktportfolio *M*.

*Rappaport* schlägt als risikofreie Anlagemöglichkeit bzw. deren Rendite die Verzinsung von U.S. Treasury Bills (Schatzanweisungen der US-Bundesregierung) vor, die in Ermangelung einer tatsächlich risikofreien Anlage diese am ehesten approximiert. Das Marktportfolio wird durch die Verwendung eines repräsentativen Marktindex abgebildet, wie z.B. durch den Standard & Poor's 500 Index. Mittels einer linearen Regression der historischen Renditen dieses Marktportfolios und den historischen Renditen des Wertpapiers *m* wird dann das historische Aktien-Beta bestimmt, das als aggregiertes Maß für die Höhe des systematischen Risikos dient (vgl. *Rappaport*, 1999, S. 46-48).

Als Verfahren für die Berechnung des Residualwerts wird von *Rappaport* entweder der Liquidationswert, oder für den Großteil der Unternehmen die Verwendung einer ewigen Rente als Fortführungswert vorgeschlagen. Dabei wird durch diese Methode unterstellt, dass ein Unternehmen auf Investitionen nach der Prognoseperiode genau die Kapitalkosten verdient, mithin der Kapitalwert die Größe null annimmt. Dies bedeutet, dass nach der Prognoseperiode getätigte Erweiterungsinvestitionen keinen Einfluss auf den Unternehmenswert haben. Da unter dieser Annahme Zusatzinvestitionen den Unternehmenswert nicht beeinflussen, müssen für den betrieblichen Cash Flow lediglich die Ersatzinvestitionen berücksichtigt werden, die in ihrer Höhe dem Abschreibungsaufwand entsprechen. Somit ergibt sich der Residualwert als Quotient des Cash Flow vor Neuinvestition dividiert durch den Kapitalkostensatz (vgl. *Rappaport*, 1999, S. 48ff).

Damit sind die von *Rappaport* als wesentlich erachteten Faktoren dargestellt und ihre Berechnung in Grundzügen vorgestellt. Eine integrierte Darstellung aller Kenngrößen innerhalb des gesamten Modells bietet das **Shareholder Value-Netzwerk**. Innerhalb dieses Modells wird die Verbindung zwischen dem maßgeblichen Ziel der Unternehmung, der Maximierung des Shareholder Value, und den als wesentlich erachteten Wertgeneratoren hergestellt.

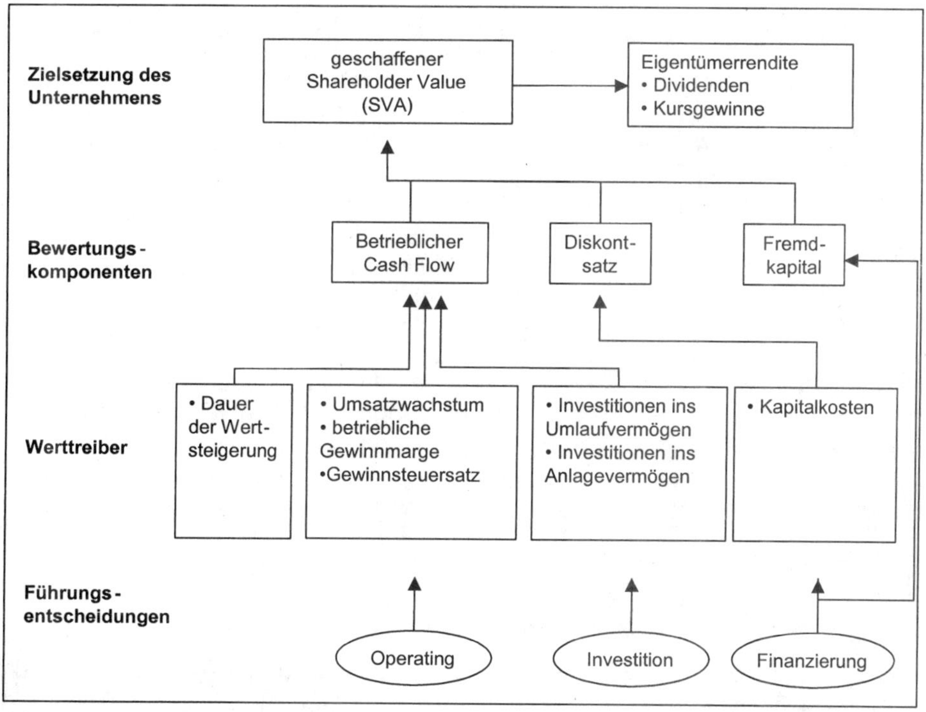


Abb. I-57: Das Shareholder Value-Netzwerk (Quelle: *Rappaport*, 1999, S. 68)

Die positiven bzw. negativen Auswirkungen der von *Rappaport* identifizierten Werttreiber beeinflussen über die Bewertungskomponenten des Unternehmenswerts wesentlich dessen Höhe. Eine zentrale Rolle kommt dabei den verfügbaren freien Cash Flows zu. Die Führungsentscheidungen stellen dabei die Dimensionen des Managementverhaltens dar, die dazu geeignet sind, die Werttreiber in die gewünschte Richtung zu beeinflussen. Dazu dienen die operativen, investiven und finanziellen Entscheidungen, wobei mit Blick auf die Zielsetzung des Unternehmens, der Erstellung zusätzlichen Shareholder Values, die Identifikation und Nutzung von Wettbewerbsvorteilen ausschlaggebend ist. *Rappaport* greift dabei auf die von *Porter* entwickelte Wettbewerbsanalyse und Wettbewerbsstrategien zurück (vgl. *Hummel/Schmidt*, 1997, S. 6-7).

Forderung an ein Shareholder Value orientiertes Management ist damit, die volle Verantwortung für die Entwicklung und Durchsetzung wertsteigender und existenzsichernder Strategien zu übernehmen. Dies bedingt, dass jede strategische Geschäftseinheit durch eine innovative Geschäftspolitik kompetitiv ist, und auf Unternehmensebene die Profitabilität des Gesamtportfolios gewährleistet ist. Unter der Beachtung von Synergieeffekten gilt, dass der Gesamtwert des Unternehmens höher sein sollte, als die Summe der Einzelwerte (vgl. *Hill* 1996, S. 414). Bei börsennotierten Unternehmungen, die im Zentrum der Betrachtung stehen, sollte sich der Prozess der betrieblichen Wertgenerierung in einem entsprechenden Aktienkurs widerspiegeln (vgl. *Volkart* 1997, S. 120). Was die zeitliche Dimension des Ansatzes betrifft, so steht die langfristige Existenzsicherung des Unternehmens durch die Schaffung zusätzlichen Shareholder Values und nachhaltigen Wachstums im Vordergrund.

Lesehinweis: Zum Ansatz des Shareholder Value bestehen neben dem Grundlagenwerk von *Rappaport* mittlerweile zahlreiche Varianten vgl. die am häufigsten diskutierten von *Copeland/Koller/Murrin* (2000) und *Stewart* (1990).

Die dominierende rein ökonomische Betrachtungsweise des Konzepts hat dazu geführt, dass vielfach der Vorwurf erhoben wurde, außerökonomische Kriterien und Ansprüche der übrigen Anspruchsberechtigten am Unternehmen wie Beschäftigte oder Teile der Öffentlichkeit fänden keinerlei Berücksichtigung (*Hummel/Schmidt* 1997, S. 3). Diese Sichtweise wird u.a. durch ein Zitat von *Rappaport* über die soziale Verantwortung von Unternehmen deutlich: „In einer Marktwirtschaft, die die Rechte des Privateigentums hochhält, besteht die einzige soziale Verantwortung des Wirtschaftens darin, Shareholder Value zu schaffen und dabei die Prinzipien der Gesetzeskonformität und der Integrität zu wahren" (*Rappaport* 1999, S. 6). Allerdings führt dieser in seinen folgenden Ausführungen an, dass durch marktmäßige Anreize auch wertmaximierende Führungskräfte veranlasst werden, sozialverträgliche Entscheidungen zu treffen (vgl. *Rappaport* 1999, S. 6 ff.).

Lesehinweis: Der Shareholder Value-Ansatz zählt derzeit zu den in der strategischen sowie operativen Unternehmensplanung zu den populärsten Managementansätzen. Auffällig ist die Vielfalt von Shareholder Value-Ansätzen. Einen Überblick über den Stand gibt *Hachmeister* (1997). Zur Kritik am Konzept vgl. u.a. *Bühner/Tuschke* (1997).

## 4.4 Finanzsysteme und Finanzsektor

Der heutzutage für die Zielsetzung von vor allem Kapitalgesellschaften international dominierende Ansatz der Maximierung des Shareholder Value hat seinen Ursprung im amerikanischen Finanzsystem. Institutionelle Ausgestaltungen von Finanzsystemen und Finanzsektoren bestimmen grundsätzlich erheblich die Unternehmenszielsetzung, wenn sie an den Anforderungen der Kapitalmärkte, resp. den Kapitalgebern ausgerichtet wird.

Ein Finanzsystem unterliegt definitorisch keiner Einheitlichkeit, sondern kann in einer breiten und offenen Betrachtungsweise als ein (komplexes) Beziehungsnetz bestehend aus mehreren Teilsystemen verstanden werden (vgl. etwa *Hackethal/Schmidt* 1999, *Milgrom/Roberts* 1982 und *Aoki* 1999). Die im Wesentlichen vier Teilsysteme bestehen für sich gesehen wiederum aus unterschiedlichen Elementen. Abb. I-58 liefert einen Überblick über die Art der Teilsysteme, einzelner Elemente hierin und der Beziehungen zwischen den Teilsystemen.

Abb. I-58: Finanzsystem und Teilsysteme (Quelle: in Anlehnung an *Schmidt* 1999, S. 10)

Der **Finanzsektor** kann danach unterschieden werden, ob er banken- oder kapitalmarktdominiert ist:

- In der **bankendominierten Ausprägung** des Finanzsektors stellen überwiegend Kreditinstitute Finanzdienstleistungen bereit, teilweise ergänzt um Angebote des Nichtbankensektors (sog. Non- und Near-Banks, sofern die Nachfrage keine vollständige Abdeckung durch den Finanzsektor erfährt, z.B. Finanzierungsinstitute von Automobilherstellern, die Leasingangebote zur Finanzierung von Automobilkäufen bereithalten). Die Kapitalallokation verläuft in diesem Fall überwiegend durch Zwischenschaltung von Finanzintermediären.
- Ist der Finanzsektor **kapitalmarktdominiert**, so erfolgt die Allokation der Finanzfazilitäten (aber auch der Versicherungskontrakte) weniger über Intermediäre, sondern überwiegend über den Kapitalmarkt durch die ultimativen Kapitalgeber und -nehmer (bzw. Versicherer und Versicherungsnehmer) selbst.

Ein weiteres Teilsystem des Finanzsektors besteht aus den Finanzierungs- und Kapitalstrukturen der gesamtwirtschaftlichen Einheiten. So gesehen stellen i.d.R. in der Gesamtwirtschaft der meisten Staaten überwiegend die privaten Haushalte den größten Anteil ihres Vermögens als Kapital der gesamtwirtschaftlichen Einheit „Unternehmen" (und zusätzlich in wesentlich geringerem Umfang dem Staat) zu Investitionszwecken zur Verfügung. Die **Allokation** zwischen den gesamtwirtschaftlichen Überschusseinheiten und Defizitsektoren kann nun ebenfalls danach unterschieden werden, ob sie überwiegend mittels Finanzintermediären, also vorwiegend Kreditinstituten oder demgegenüber über den Kapitalmarkt direkt stattfindet. Insofern lässt sich auch für dieses Teilsystem die Unterscheidung in banken- oder kapitalmarktdominiert anwenden.

Das dritte Teilsystem des Finanzsektors besteht aus den **Kooperationsdesigns** für die einzelnen Anspruchsgruppen zur Regelung der wechselseitigen Beziehungen der am Unternehmen beteiligten Interessengruppen (sog. „Corporate Governance", vgl. *Monks/Minov* 1995). Hierbei besteht eine enge Verbindung zur Agency-Theorie, indem Corporate Governance all diejenigen Maßnahmen umfasst, mit denen Interessengegensätze zwischen Prinzipal (Anteilseigner) und Agent (Unternehmensleitung) verringert und die Unternehmenspolitik nach den Interessen der Anteilseigner ausgerichtet wird (vgl. *Mayer* 1996, S. 4). Im Wesentlichen lassen sich die hier in der Realität vorfindbaren Arrangements in **intern** (z.B. durch hierarchische Ebenen in der Unternehmensleitung wie Aufsichtsrat und Vorstand in der deutschen AG) und **extern kontrollierte Systeme** (z.B. durch den Kapitalmarkt und seinen Teilnehmern) unterscheiden.

Als viertes Teilsystem ist das **Selbstverständnis** und die **Strategie von Unternehmen** zu sehen. Hier kann zum einen nach dem Systemschwerpunkt unterschieden werden, in dem bestandsorientierte, langfristige und vertrauensbasierte Beziehungen zu den Anspruchsgruppen (beispielsweise zur Belegschaft oder auch Kunden und Zulieferer) bestehen (meist durch implizite Kontrakte). Eine alternative Ausgestaltung dieses Teilsystems kann aus der Betonung genau der entgegengesetzten Strategien bestehen.

Die Teilsysteme stehen in bestimmten Beziehungen zueinander, die sich meist evolutorisch als ökonomisch effiziente und für längere Zeit tragfähige Lösung ergeben haben. So lässt sich empirisch vielfach eine Verbindung zwischen einem bankendominierten Finanzsektor, der intern ausgerichteten Unternehmenskontrolle und –steuerung sowie einer vorwiegend an einem breiten Kreis von Anspruchsgruppen ausgerichteten Unternehmensstrategie feststellen. Demgegenüber finden sich in real existierenden Finanzsystemen auch Kombinationen, die vom kapitalmarktorientierten Finanzsektor beherrscht werden, da hier die Kapitalallokation weniger durch Einschaltung von Finanzintermediären als vorwiegend durch direkte Teilnahme am Kapitalmarkt erfolgt. Bezeichnenderweise gesellt sich zu einem kapitalmarktdominierten Finanzsektor die eher extern ausgerichtete Form der Unternehmenskontrolle (mit dem Kapitalmarkt wiederum als zentraler Institution) und weist Unternehmen auf, die ihre Strategien durch umfangreiche Anpassungsvorgänge und deutliche Shareholder-Orientierung prägen (vgl. *Hackethal/Tyrell* 1999).

| | USA | Groß-britannien | Japan | Frank-reich | Deutsch-land |
|---|---|---|---|---|---|
| Finanzmärkte sind... | von zentraler Bedeutung | | entwickelt | weitgehend unbedeutend | unbe-deutend |
| Kreditinstitute zeigen hohe.... | Wettbewerbsintensität / Konzentration → | | | | |
| Einfluss externer Corporate Gover-nance vor allem durch... | „feindliche" Übernahmen | | Hausbank-/ Konglomerat -System („Keiretsu") | | Hausbank-system |

Abb. I-59: Überblick über zentrale institutionalisierte Finanzsysteme (in Anlehnung an *Allen/Gale* 2000)

Aufbauend auf diesen grundsätzlichen Einteilungsmöglichkeiten von Finanzsystemen und basierend auf den Interaktionen bestimmter Elemente der Teilsysteme gelangt man zu einer weitgehend akzeptierten polaren Unterscheidung von Merkmal geprägten Finanzsystemen. In Abb. I-59 wird ein solcher Überblick für ausgewählte Staaten vorgestellt. Die Darstellung basiert darauf, dass ausgehend von den USA das kapitalmarktdominierte Teilsystem im Finanzsektor in einem Übergang zum nächsten Pol immer geringere Bedeutung aufweist: Es steigt die Wichtigkeit der bankendominierten Ausgestaltung des Finanzsystems an, dessen polarer Kontrapunkt zur Kapitalmarktdominanz der USA das Hausbanksystem Deutschlands darstellt.

Häufig wird daher auch die Einteilung real existierender Finanzsysteme, insbesondere wenn man sie unter dem Teilsystem der Corporate Governance stärker betrachtet, grob in zwei weltweit dominierende, teilweise konkurrierende Formen unterschieden (vgl. *Shleifer/Vishny* 1997, S. 737 und *Kaplan* 1994, S. 142):

- Mit dem **deutsch-japanischen Modell** wählt man die Finanzsysteme beider Länder aufgrund deren hoher Strukturähnlichkeiten zur Bezeichnung von Finanzsystemen, die sich vor allem durch die hohe Dominanz von (Haus)Bankbeziehungen gegenüber Kapitalmarkttransaktionen, deutlich intern ausgerichteter Corporate Governance und eher längerfristig ausgerichteter Unternehmenszielsetzungen sowie -strategien auszeichnen. Hinzu kommt meist eine deutliche Ausrichtung vor allem der Großunternehmen an den Interessen der Stakeholdergruppe Arbeitnehmer (vgl. *Monks/Minow* 1995).
- Demgegenüber steht (im Rahmen der bipolaren Denkweise) das **angelsächsische Modell** des Finanzsystems wie es vor allem in den USA, Großbritannien und anderen überwiegend englischsprachigen Staaten existiert. Hier wird die Unternehmenspolitik i.d.R. durch die Interessen eines breit gestreuten Kreises von Anlegern bestimmt, mit dem Ziel der Maximierung des Unternehmenswerts. Es hat den Anschein, dass gerade wegen der Bedeutung von Kleinaktionären in diesem System oft eine eher kurzfristige Renditeoptimierung das Zielsystem der Mehrheit der Anleger dominiert (vgl. *Wymeersch* 1995, S. 315).

In der Realität finden sich zwischen diesen beiden bipolaren Finanzsystemen überwiegend Zwischenformen (sog. „diskretionäre Alternativen", vgl. *Williamson* 1988). Für die Unternehmensfinanzierung weist die jeweilige Ausgestaltung real vorfindbarer Finanzsysteme nach dem einen oder anderen Modell erhebliche Bedeutung für die Organisation der Kapitalaufnahme- und (zu einem geringeren Umfang) der Kapitalanlageprozesse auf. So sind die Kapitalallokationen im deutschen Finanzsystem für die meisten Unternehmen nicht direkt am Kapitalmarkt möglich. Kreditaufnahmen sind beispielsweise kaum direkt über den Einsatz von Geld- oder Kapitalmarktinstrumenten darstellbar, sondern erfordern von jeher überwiegend die Einschaltung von Kreditinstituten als Kreditgeber. Kennzeichnend ist dabei ferner, dass auch bis heute noch meistens die Kreditbeschaffung über langjährige und dauerhafte Geschäftsbeziehungen zu einem oder wenigen Kreditinstituten bestimmt wird, was das **Hausbanksystem** kennzeichnet. Ergänzend zu dieser mehr horizontalen Transaktionssicht ist, dass innerhalb des Hausbanksystems vorwiegend **Universalbanken** operieren, die eine fast vollständige Palette von Finanzdienstleistungen anbieten und so die Loyalitätsgrundlage von Hausbankenbeziehungen bereiten. Diese Universalbanken sind zugleich bis heute noch die zentralen Kapitalsammelstellen, wobei sie ihre Funktion unternehmensorganisatorisch differenziert haben, indem sie durch Konzernbildungen mit unterschiedlichen Tochtergesellschaften spezielle Finanzdienstleistungen einem sich ändernden Finanzierungs- und Anlageverhalten von Privathaushalten anpassen. Andere nennenswerte Kapitalsammelstellen wie sie vor allem in angelsächsisch geprägten Finanzsystemen in Gestalt von Pensionsfonds bestehen, existieren bislang in

Deutschland nicht, sind aber aufgrund der Reform der staatlichen Altersvorsorge ab dem Jahr 2002 zugelassen.

Prägend für das **deutsche Finanzsystem** (und das System solcher Staaten mit vergleichbaren Strukturen) ist die Ausgestaltung von Unternehmensfinanzierung und Corporate Governance. Während in angelsächsischen Systemen dem Kapitalmarkt hier die entscheidende Rolle zukommt, spielt er in Deutschland noch kaum eine Rolle. Es dominiert das interne Kontrollsystem unter starker Einbindung von Unternehmensinsidern wie dem Aufsichtsrat. Im Bereich der Corporate Governance fällt im deutschen Finanzsystem den Universalbanken eine weitere zentrale Rolle für die Unternehmensfinanzierung zu. Bei Aktiengesellschaften stellen sie Aufsichtsratsmitglieder in und halten Mehrheitsbeteiligungen an Unternehmen und nehmen über das Depotstimmrecht ihrer Kunden Einfluss auf die Unternehmensentscheidungen (vgl. *Allen/Gale* 2000, S. 36). Der Markt für Unternehmenskontrolle durch feindliche Übernahmen spielt im deutschen Finanzsystem so gut wie keine Rolle, da seit Ende des zweiten Weltkriegs kaum mehr als eine Handvoll Übernahmeversuche mit dem Ziel des Austausch der Unternehmensleitung getätigt wurden. Ein weiteres finanzierungsrelevantes Merkmal des internen Systems der deutschen Corporate Governance besteht in wechselseitigen Überkreuz- und Ringverflechtungen von Unternehmen, bei denen aus strategischer Sicht (Schutz vor unwillkommenen Mehrheitsgesellschaftern) Unternehmen gegenseitig signifikante Anteile halten. Eine Ringverflechtung liegt vor, wenn an wechselseitigen Beteiligungen mehr als zwei Unternehmen beteiligt sind. *Adams* (1994) zeigt auf, dass deutsche Unternehmen mit großem Einfluss in breit gestreuten Publikumsgesellschaften Kontrolle derart ausüben, dass sie gegenseitige größere Aktienpakete vom jeweils anderen Unternehmen halten. Weitere kennzeichnende Einrichtungen sind Stimmrechtsbeschränkungen bei börsennotierten Gesellschaften, Mehrstimmrechtsaktien und Mitbestimmungsregelungen, die der Gruppe der Arbeitnehmer einseitig gegenüber allen anderen Stakeholder-Gruppen Mitsprache- und Mitentscheidungsrechte in der Unternehmensführung einräumen (vgl. hierzu auch die Ausführungen zur Corporate Governance in Kapitel II). Insgesamt ist für das deutsche Finanzsystem ein eng gesponnenes Netz impliziter Kontrakte feststellbar mit erheblichen Auswirkungen auf die Unternehmensfinanzierung.

Bezeichnend für die **Unternehmensfinanzierung im angelsächsischen Finanzsystem** ist die gegenüber dem deutsch-japanischen System extrem entgegengesetzte Ausrichtung. So wurde in den USA die Bedeutung der Kreditinstitute zu Gunsten des Kapitalmarkts aufgrund der Erfahrungen mit der Weltfinanzkrise in den 20er Jahren des 20. Jahrhunderts geprägt. Die staatliche Regulierung in den USA war jahrzehntelang auf die Unterbindung der Konkurrenz zwischen Kreditinstituten ausgerichtet. Nur so glaubte man seitens der Politik, die Sicherheit des Finanzsystems und die Belange der Anleger schützen zu können:

- Das amerikanische Finanzsystem ist weltweit das einzige, welches kein Bankensystem mit landesweiten Niederlassungen erlaubt. Aus diesem Grund gibt es in den USA wesentlich mehr und wesentlich kleinere Banken als beispielsweise in Deutschland.
- Zudem schreibt der ***Glass-Steagall* Act von 1933** die völlige rechtliche Trennung zwischen den Geschäfts- (Commercial Banks) und Wertpapierbanken (Investment Banks) vor.
- Ergänzend waren bis in die 80er Jahre hinein die Zinsen auf Giro- und Terminguthaben und die Aktivgeschäfte staatlich reglementiert („Regulation Q").

Historisch gesehen stiegen aufgrund der schleichenden Inflation in den 60er Jahren die Anleiherenditen und die Anleger wurden zunehmend zinssensitiver bei allerdings durch die „Regulation Q" staatlich fixierten Zinssätzen für Einlagen (und Kredite). 1978 standen beispielsweise in den USA die Zinsen bei über *10%*, während die Zinsobergrenze für Bankeinlagen bei *5,25%* bis *5,5%* lag. Hieraus entstand ein nachhaltiger Impetus, Kapitalanlagen nicht bei Kreditinstituten, sondern in marktverzinsliche Wertpapiere anzulegen. Wertpapierbanken unterlagen nicht der „Regulation Q" und konnten dadurch den Markt für Bankeinlagen sukzessive substituieren. Aufgrund der staatlichen Beschränkung ihrer Passivgeschäfte konnten die Banken dem verstärkten Wettbewerb von außen wenig entgegensetzen. Die u.a. dadurch hervorgerufene zunehmende Bedeutung der amerikanischen Kapitalmärkte für die Allokation von Kapital zwischen Privathaushalten und Unternehmen reduzierte die Rolle von Kreditinstituten für die Unternehmensfinanzierung. Die Verbriefung von Krediten ersetzte zunehmend die Form des Buchkredits und der bilanzwirksamen Kreditvergabe durch Kreditinstitute. Diese „Securitization" brachte zahlreiche Innovationen für die Unternehmensfinanzierung wie die Kurzfristfinanzierung mittels Commercial Paper, der Risikoanleihen (sog. Junk Bonds), die hohe Bedeutung von Industrieanleihen (Corporate Bonds) für die mittel- bis langfristige Finanzierung, die Schaffung von Investmentfonds zur Kapitalanlage und die Emission von „Asset Backed Securities" sowie Certificates of Deposit. Letztere Gruppe hatte insbesondere für Kreditinstitute und andere Finanzdienstleister Bedeutung, um die bröckelnde Refinanzierungsbasis auszugleichen (vgl. *Allen/Gale* 2000).

Entsprechend dieser ordnungspolitischen Rahmenbedingungen und daraus entstehender Kapitalmarktdynamiken konnte der für das deutsch-japanische Finanzsystem so charakteristische Aufbau von Hausbankbeziehungen und die darin agierenden Universalbanken nicht entstehen. Dies hatte auch zur Folge, dass eine stark kreditlastige Unternehmensfinanzierung wie sie für deutsche Unternehmen kennzeichnend ist, im US-Finanzsystem mangels entsprechender Angebote und des hohen Wettbewerbs durch Innovationen von Geld- und Kapitalmarktfazilitäten keinen Nährboden fand. In Folge dessen waren amerikanische Unternehmen sehr viel stärker auf eine Beteiligungsfinanzierung angewiesen, die wiederum kapitalmarktbezogen durch die Wertpapierbörsen bewerkstelligt wurde. In Konsequenz dazu besteht in den USA eine wesentlich höhere Ausrichtung der Corporate Governance an den Interessen unternehmensexterner Gruppen wie Aktionäre und bestimmter Stakeholder-Gruppen wie Non Governmental Organizations. Verstärkt durch ein fehlendes zweigliedriges System im Aufbau der Unternehmensleitungsorgane wie in der deutschen AG durch Vorstand und Aufsichtsrat entwickelt, kann in amerikanischen Unternehmen kaum ein internes System der Corporate Governance bestehen. Die Kontroll- und Steuerungsfunktionen übernehmen hier fast ausschließlich die Kapitalmarktteilnehmer, respektive Aktionäre (vgl. hierzu auch die Ausführungen in Kapitel II, Abschnitt 2.3).

Instruktiv ist zur Abrundung der theoretisch-institutionellen Ausführungen das empirische Bild wie es mit Deutschland und den USA als der beiden Exponenten der polaren Finanzsysteme vorliegt. Dies wird deutlich, wenn man betrachtet, dass 1955 in Deutschland *682* Unternehmen börsenotiert waren und deren gesamter Marktwert etwa *12,5%* des Bruttosozialprodukts ausmachte. Im Vergleich dazu waren im gleichen Zeitpunkt in den USA *3.007* börsennotierte Unternehmen registriert, die einen Marktwertanteil von ca. *9%* am amerikanischen Bruttosozialprodukt aufwiesen. Ende 1995 verzeichnete Deutschland *802* börsennotierte Unternehmen mit einem Marktwertanteil am Bruttosozialprodukt in Höhe von *24%*. Die Vergleichswerte in den USA lagen bei *9.566* Unternehmen und deren Anteil am Bruttosozialprodukt in Höhe von *105%*. Interessant ist der Vergleich mit der relativen gesamtwirtschaftlichen Bedeutung der Kreditwirtschaft in beiden Ländern. So lag der Anteil aller Vermögenspositionen deutscher Kreditinstitute im Jahr 1960 (1996) bei *297%* (*234%*) des deutschen Bruttosozialprodukts. Die vergleichbaren Werte für die USA betrugen 1960 *66%* und 1996 *78%*. Aus der Gegenüberstellung der Börsen- und der Kreditwirtschaftszahlen wird die unterschiedliche Bedeutung von Kreditwirtschaft und Kapitalmarkt für die Kapitalallokation in den beiden Staaten resp. deren Finanzsystemgestaltung deutlich (vgl. *Emmons/Schmid* 1998, S. 29).

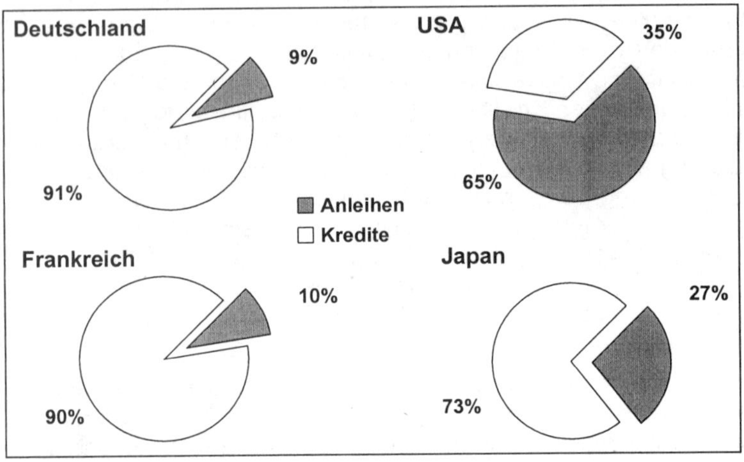


Abb. I-60: Anteile der Anleiheverbindlichkeiten an der Unternehmensfinanzierung, hier langfristige Finanzierungen, Unternehmen der Produktions- und Wohnungswirtschaft 1994 bzw. 1993 (Quelle: *Prowse* 1996, S. 6-7)

Die Folgen der unterschiedlichen Ausgestaltung eines Finanzsystems lassen sich statistisch illustrieren. Abb. I-60 zeigt, dass für **deutsche Unternehmen** in den 90er Jahren (und auch in den Jahren davor) die verbrieften Formen der Kapitalaufnahme mit einem Anteil von *9%* kaum eine Rolle spielten. Deutsche Unternehmen finanzierten sich vornehmlich durch Kreditaufnahmen bei Kreditinstituten. Ähnliche Strukturen in den Verbindlichkeiten bestehen auch bei Unternehmen in Frankreich. Weniger ausgeprägt stellt sich die Struktur bei japanischen Unternehmen dar. Im Gegensatz dazu fällt die **überwiegend** mit **Anleihen** bereitgestellte Kapitalausstattung amerikanischer Unternehmen auf.

Abb. I-61 gibt durch Vergleich der Finanzierungsstruktur Deutschlands mit Großbritannien und den USA (nach Bereinigung von Wechselkursveränderungen und Kapitalrückzahlungen) eine differenzierte Vorstellung von den Rückwirkungen der Finanzsysteme auf die Unternehmensfinanzierung.

Man erkennt, dass die Innenfinanzierung in britischen und amerikanischen Unternehmen eine noch weitaus höhere Bedeutung aufweist als in Deutschland. Daneben spielen in Deutschland und den USA Darlehensaufnahmen die zweitwichtigste Rolle für die Beschaffung von Finanzmitteln. Die Ergebnisse sind auch insofern aufschlussreich, da sie zeigen, dass die Inanspruchnahme der Wertpapierbörsen selbst in Staaten mit sehr gut ausgebauten und effizienten Börseninfrastrukturen die Bedeutung für die Unternehmensfinanzierung statistisch gesehen nicht überbewertet werden darf.

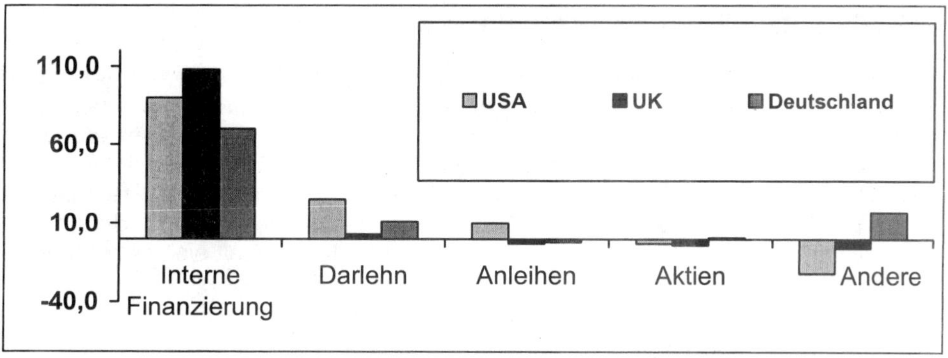


Abb. I-61: Durchschnittliche Netto-Finanzierung von Nichtbanken in den Jahren 1970 bis 1985 (in v.H.) (Quelle: *Schmidt* 1992, S. 174)

Die skizzierten Unterschiede in der Finanzsystemausgestaltung für die Unternehmensfinanzierung aufgrund historischer institutioneller Faktoren wird seit der Einführung der europäischen Gemeinschaftswährung „Euro" am 1.1.1999 teilweise verwischt. So verzeichnen die Eurolandkapitalmärkte für den Bereich der Kreditfinanzierung eine signifikante Zunahme von verbrieften Formen wie Unternehmensanleihen und einen Rückgang der Kreditfinanzierung mittels Bankkrediten. Dies entspricht den beabsichtigten Wirkungen der Vereinheitlichung des europäischen Binnenkapitalmarkts hin zu höherer Integration und Wettbewerbsintensität im kreditwirtschaftlichen Sektor. So wie im Eurolandraum bis auf weiteres erkennbare Zeichen evolutorischer Fortentwicklungen auch bei Finanzsystemen erkennbar sind, ist auch das angelsächsische System von Veränderung geprägt. In wachsendem Maß werden etwa amerikanischen Banken durch Initiativen des Federal Reserve Systems Bankgeschäfte und Beteiligungsmöglichkeiten über einstmals räumlich und geschäftlich streng abgegrenzte Grenzen hinweg gestattet. Auf den sogenannten Euro-Währungsmärkten haben sich darüber hinaus gerade auch aufgrund der Ineffizienzen in den angelsächsischen und kontinentaleuropäischen Finanzsystemen schon seit Jahrzehnten davon abweichende Konstellationen und Finanzierungsformen etabliert.

@ Daten und Informationen zur wandelnden Struktur der Unternehmensfinanzierung seit Einführung des Euro liefert die Homepage der Europäischen Zentralbank: **http://www.ecb.de**

# 5 Kapitalkosten, Risiko und Verschuldungsstruktur

Die vorangegangenen Ausführungen skizzierten ein Bild der theoretischen Grundlagen für Finanzierungsfragen. Betrachtet werden sollten diese Ausführungen vor dem Hintergrund des statistischen Befunds der Finanzierungs- und Kapitalstruktur, wie er für deutsche Unternehmen in Abschnitt 2.2 vorgestellt wurde. Verbunden mit den statistischen und theoretischen Erkenntnissen ist die Frage nach der **optimalen Aufteilung** zwischen Eigen- und Fremdkapital im Unternehmen bzw. der Ansprüche von Eigen- und Fremdkapitalgebern an den Erträgen der von ihnen finanzierten Unternehmensinvestitionen – die Kapitalstrukturfrage. Dieser **normative Anspruch** spielt in der Finanzierungstheorie eine außerordentlich wichtige Rolle und soll daher in seinen zentralen Zügen vorgestellt werden.

## 5.1 Kapitalkosten bei gemischter Finanzierung

**Ausgangspunkt** aller Überlegungen zur modernen Betrachtungsweise der optimalen Kapitalstruktur sind die **Kapitalkosten** der einzelnen Finanzierungsalternativen. Folgt man dem statistischen Bild, wonach Unternehmen eine Finanzierung aus eigenen und fremden Finanzmitteln bestreiten („**gemischte Finanzierung**"), so lassen sich die Kapitalkosten zu den Kosten der Eigen- und Fremdkapitalbeschaffung aggregieren. Damit wird eine einfache Bestimmung des **durchschnittlichen Kapitalkostensatzes** (*k*) ermöglicht. Es handelt sich dabei um eine **gewichtete Durchschnittsgröße**:

$$k_{GK} = k_{EK} \cdot \frac{EK}{EK+FK} + k_{FK} \cdot \frac{FK}{EK+FK} \qquad \text{(I-5)}$$

wobei gilt:

EK = Wert des Eigenkapitals,
FK = Wert des Fremdkapitals,
$k_{GK}$ = Satz der Kapitalkosten des Gesamtkapitals,
$k_{EK}$ = Satz der Kapitalkosten des Eigenkapitals,
$k_{FK}$ = Satz der Kapitalkosten des Fremdkapitals.

Die **Gewichtungsfaktoren** für den (Gesamt-)Kapitalkostensatz sind die Anteile des Eigenkapitals bzw. des Fremdkapitals am Gesamtkapital einer Unternehmung. Mit dieser Darstellungsweise ist für die Ermittlung der Kapitalkosten die **Kapitalstruktur** ausdrücklich herausgestellt. Üblich ist es, die Bestimmung der Kapitalkosten durch die Variation des **Verschuldungsgrads**, d.h. des Quotienten *FK/EK* (= $\lambda$) abzubilden. Davon zu unterscheiden ist die **Fremdkapitalquote**, wie sie sich in Gleichung (I-5) mit dem Quotienten *FK/(EK+FK)* wiederfindet.

Die Anteile von **Eigen- und Fremdkapital** können grundsätzlich von der **Unternehmensleitung verändert** werden. Wären etwa die Fremdkapitalkosten niedriger als die Eigenkapitalkosten, so könnte die Unternehmensleitung bestrebt sein, im Interesse der Eigenkapitalgeber als Bezieher von Residualeinkommen die **durchschnittlichen Kapitalkosten** zu **senken**. Hierzu könnte sie das bisherige Gesamtkapitalvolumen beibehalten und „teures" Eigenkapital durch „billigeres" Fremdkapital **substituieren**. Mittels Gleichung (I-5) erkennt man, dass mit einer steigenden Fremdkapitalquote die durchschnittlichen Kapitalkosten sinken - vorausgesetzt die **Kostensätze** für Eigen- und Fremdkapital bleiben **konstant** und es gilt $k_{EK} > k_{FK}$. Es wird noch zu zeigen sein, weshalb diese Ungleichung Berechtigung hat.

Ein weiterer Effekt dieser **Kapitalsubstitution** unter der Bedingung konstanter Eigen- und Fremdkapitalkosten wäre, dass der **Unternehmenswert** (*V*), d.h. das **Gesamtkapital** zum **Marktwert** ($GK_M$), steigt. Dies ist naheliegend, weil der Unternehmenswert den Barwert der periodisierten Bruttogewinne $G_{Gt}$ (= Jahresüberschuss plus Zinsen zzgl. ähnliche Aufwendungen, auch als „**EBIT**" bezeichnet – Earnings before Interest and Taxes) darstellt und mit $k_{GK}$ berechnet wird:

$$GK_M = V = \sum_{t=1}^{\infty} \frac{G_{Gt}}{(1+k_{GK})^t} \qquad \text{(I-6)}$$

Gleichung (I-6) unterstellt, dass eine Unternehmung nicht von vornherein befristet existiert, weshalb $t = 1,...,\infty$ (gemäß des „**Going Concern-Prinzips**") läuft. Die

Gleichung zeigt jetzt, dass eine Senkung des (durchschnittlichen) Kapitalkostensatzes $k_{GK}$ eine Erhöhung des Unternehmenswerts *V* bewirkt.

### 5.1.1 Financial Leverage-Effekt

Die **Variation** von **Eigen- und Fremdkapitalanteilen** bei konstanten Kapitalkostensätzen für Eigen- und Fremdkapital ist in der Literatur und in der Praxis insbesondere hinsichtlich ihrer **Auswirkungen** auf den **durchschnittlichen Kapitalkostensatz** bzw. den **Eigenkapitalkostensatz** untersucht worden. Es lässt sich zeigen, dass von einer steigenden Verschuldung, also Fremdkapitalaufnahme zu Lasten des Eigenkapitals, eine **Hebelwirkung** (= Leverage-Effekt) auf den Gesamtkostensatz ausgeht. Diese Wirkung, auch als **Financial Leverage-Effekt** bezeichnet, kann positiv oder negativ auf den durchschnittlichen Kapitalkostensatz wirken. Üblicherweise wird dieser Effekt durch die Variation des Verschuldungsgrads veranschaulicht. Zudem erfolgt i.d.R. die Betrachtung der Wirkung in Hinblick auf den Kapitalkostensatz des Eigenkapitals (vgl. *Perridon/Steiner* 1999, S. 473 ff.). Gleichung (I-5) lässt sich hierzu wie folgt umgestalten:

$$k_{GK} = k_{EK} \cdot \frac{EK}{GK} + k_{FK} \cdot \frac{FK}{GK} \tag{I-7}$$

mit $GK = EK + FK$. Die Größe $k_{FK}$ ergibt sich buchhalterisch als Quotient von Zinsen und ähnlichen Aufwendungen zum Fremdkapital. Gleichung (I-7) lässt sich mittels Umformungen nach dem **Eigenkapitalkostensatz** auflösen. Ausgangspunkt ist:

$$k_{GK} \cdot (EK + FK) = k_{EK} \cdot EK + k_{FK} \cdot FK$$

und aufgelöst nach der **Eigenkapitalrendite-Komponente**

$$k_{EK} \cdot \frac{EK}{GK} = k_{GK} - k_{FK} \cdot \frac{FK}{GK}$$

sowie erweitert mit *GK/EK* und aufgelöst nach der Eigenkapitalrentabilität:

$$k_{EK} = k_{GK} \cdot \frac{GK}{EK} - k_{FK} \cdot \frac{FK}{GK} \cdot \frac{GK}{EK}$$

$$k_{EK} = k_{GK} \cdot \frac{EK + FK}{EK} - k_{FK} \cdot \frac{FK}{EK}$$

$$k_{EK} = k_{GK} \cdot \frac{EK}{EK} + k_{GK} \cdot \frac{FK}{EK} - k_{FK} \cdot \frac{FK}{EK}.$$

Nach Kürzungen und Zusammenfassungen erhält man die gängige Definition für die **Kosten** des **Eigenkapitals**:

$$k_{EK} = k_{GK} + (k_{GK} - k_{FK}) \cdot \frac{FK}{EK} \tag{I-8a}$$

bzw.

$$k_{EK} = k_{GK} + (k_{GK} - k_{FK}) \cdot \lambda \tag{I-8b}$$

mit $\lambda = \frac{FK}{EK}$. Nun ist der **Kostenbegriff** der **Finanzwirtschaft** nicht identisch mit dem Kostenbegriff der Betriebswirtschaftslehre im Allgemeinen. Der **Kapitalkostensatz** wird als Diskontierungsfaktor definiert und ist als **interner Zinsfuß** (= *r*) zu verstehen (vgl. *Schäfer* 1999a, S. 153 ff.). Die Bereitstellung von Finanzmitteln wird im Sinne der zahlungsstromorientierten Definition von Investitions- und Finanzierungsvorgängen aus Unternehmenssicht als **Einzahlungsstrom** ($e_{t0}$) charakterisiert. Er bildet den Anfang einer Finanzierungszahlungsreihe, die anschließend Zins- und Tilgungsleistungen (bei Kreditfinanzierung) oder Ausschüttungen (bei Beteiligungsfinanzierung) als Auszahlungsströme ($a_t$) enthält:

$$e_{t0} = \sum_{t=1}^{n} a_t (1+r)^{-t} \qquad \text{(I-9)}$$

Der interne Zinsfuß gibt an, mit welchem Kalkulationssatz die Rückzahlungen in den Zeitpunkten *t* abgezinst werden müssen, damit die Summe der Rückzahlungsbarwerte den Finanzierungsbetrag ergibt. Der interne Zinsfuß ist als **Eigen-** oder **interne Verzinsung** des jeweils noch eingesetzten Restkapitals zu verstehen. Wenn man den bereitgestellten Finanzmittelbetrag als gegeben betrachtet, bestimmt die Höhe der Zinszahlungen bzw. der Ausschüttungen den internen Zinsfuß. Die Höhe von Zins- und Ausschüttungszahlungen wird nicht vom Unternehmen, sondern von den Kapitalgebern bestimmt. Sie sind bereit, Finanzmittel an ein Unternehmen zu geben, wenn ihre individuellen Einkommensstromvorstellungen erfüllt werden. Im Grundsatz gilt daher für den **Kapitalkostensatz** als **internen Zinsfuß**, dass er mit der von den Kapitalgebern geforderten Rendite identisch sein muss. Diese Renditeforderung (= Required Rate of Return, bezeichnet mit dem Symbol $r_f$) determiniert $k_{GK}$. Sie richtet sich auf die Einzahlungsströme pro Periode ($e_t$) und die Preise für Kapitalüberlassungen bzw. Auszahlungen für Vermögensanlagen ($a_t$). Bei Vereinfachung von Gleichung (I-9) durch die Unterstellung einer **unendlichen uniformen geometrischen Reihe** für die Größe *e* ergibt sich

$$r_f = k_{GK} = \frac{e}{a} \cdot 100 \qquad \text{(I-10)}$$

Der Zusammenhang in Gleichung (I-10) gilt sowohl für die Renditeforderungen von Beziehern von Residualeinkommen wie für Bezieher von **kontraktbestimmten Einkommen**. Die Einkommenszahlungen werden aus den Einzahlungen gespeist, die die finanzierten **Investitionsobjekte** durch ihren Einsatz im betrieblichen Wertschöpfungsprozess **generieren**. Da Investitionen zukunftsgerichtet sind und aus heutiger Sicht u.a. nicht mit Sicherheit alle zukünftigen periodischen Zahlungen bekannt sind, werden die Renditeforderungen je nach Ausmaß der Unsicherheiten um Risikoprämien erhöht. **Kapitalgebern** wird i.d.R. unterstellt, dass sie **risikoscheu** sind. Unter risikolosen und riskanten Alternativen werden sie Risikopositionen übernehmen, wenn sie hierfür entschädigt werden (ein **Sicherheitsäquivalent** erhalten). So wurde in Abschnitt 1.4 dieses Kapitels gezeigt, dass grundsätzlich die **Renditeforderung** für das bereitgestellte Eigenkapital wegen der (i.d.R. unterstellten) Risikoabneigung der Aktionäre und den speziellen Haftungsregelungen höher sein wird als der Kostensatz für bereitgestelltes Fremdkapital.

Lesehinweis: Die Bemerkung im vorangegangenen Satz zur Vergütung der Risikoprämie am Kapitalmarkt basiert auf der fundamentalen Gleichgewichtskonzeption der Kapitalmarkttheorie - dem CAPM. Kurz gesagt wird hierin nachgewiesen, dass unter ganz bestimmten Annahmen, insbesondere hinsichtlich der Vollkommenheit des Kapitalmarkts und bei Risikoaversion der Anleger, der erwartete Preis für einen risikotragenden Finanzkontrakt (= $\mu_i$) aus einer Rendite für eine risikolose Geldanlage $i_f$ (z.B. Bundesanleihe) und einem Risikoaufschlag besteht: $\mu_i = i_f + (\mu_M - i_f)\beta_i$. Der Risikoaufschlag orientiert sich an der Differenz der Rendite für risikolose Geldanlagen und der erwarteten Rendite eines sog. Marktportefeuilles (= $\mu_M$, häufig näherungsweise gleichgesetzt mit einem Aktienindex), gewichtet um den sog. $\beta$ -Faktor des betrachteten Wertpapiers (vgl. hierzu *Schäfer* 1999a, S. 324):

$$\beta_i = \frac{\text{Relative Abweichung der Aktienrendite}}{\text{Relative Abweichung der Marktrendite}}$$

Interpretiert man die Kapitalkosten als Renditeerwartungen der Kapitalgeber, so lässt sich die **Financial Leverage-Formel** herleiten:

| Eigenkapitalrentabilität | Gesamtkapitalrentabilität |
|---|---|
| $\frac{\tilde{G}_G}{EK} = \tilde{r}_{EK}$ | $\frac{\tilde{G}_G + FK \cdot k_{FK}}{GK} = \tilde{r}_{GK}$ |

Die Tilden bezeichnen die stochastischen Größen. Der erwartete Bruttogewinn wird dann aus der Gleichung der Gesamtkapitalrentabilität wie folgt darstellbar:

$$\tilde{G}_G = EK \cdot \tilde{r}_{GK} + FK(\tilde{r}_{GK} - k_{FK}) \qquad \text{(I-11a)}$$

Dividiert man den gesamten Ausdruck durch *EK*, so erhält man

$$\frac{\tilde{G}_G}{EK} = \tilde{r}_{EK} = \tilde{r}_{GK} + (\tilde{r}_{GK} - k_{FK}) \cdot \frac{FK}{EK} \qquad \text{(I-11b)}$$

bzw.

$$\tilde{r}_{EK} = \tilde{r}_{GK} + \lambda(\tilde{r}_{GK} - k_{FK}) \qquad \text{(I-11c)}$$

Aus Gleichung (I-11c) lassen sich folgende **Aussagen** ableiten:

- Die Eigenkapitalrendite steigt mit zunehmendem Verschuldungsgrad unter der Voraussetzung, dass der Gesamtkapitalkostensatz $k_{GK}$ über dem Fremdkapitalkostensatz $k_{FK}$ liegt (= positive Wirkung des Financial Leverage-Effekts).
- Die Substitution von Eigenkapital durch Fremdkapital ist sinnvoll, solange für das freigesetzte Eigenkapital alternative Anlagemöglichkeiten mit ausreichender Rendite zur Verfügung stehen.
- Mit zunehmender Verschuldung steigt zugleich das Risiko der Eigenkapitalgeber (= negative Wirkung des Financial Leverage-Effekts).

Beispiel: Ein Unternehmen hat eine Investitionsmöglichkeit, die eine Anschaffungsauszahlung von *100 €* erfordert. Die Investition erbringt in Abhängigkeit von den verschiedenen, seitens des Entscheidungsträgers für möglich gehaltenen Umweltzuständen ($s_t$) mit der jeweiligen Eintrittswahrscheinlichkeit $w(s_t)$ folgende Einzahlungsüberschüsse:

| Umweltzustand | $s_1$ | $s_2$ | $s_3$ |
|---|---|---|---|
| Eintrittswahrscheinlichkeiten | $w(s_1) = 0{,}25$ | $w(s_2) = 0{,}50$ | $w(s_3) = 0{,}25$ |
| Einzahlungsüberschüsse vor Abzug des Zinsaufwands (≅ Bruttogewinn; $G_G$) | 10 € | 15 € | 20 € |

Tab. I-5: Zustandsabhängige Bruttogewinne

Der Fremdkapitalkostensatz betrage *10%*. In Abhängigkeit vom Verschuldungsgrad ergeben sich folgende Renditen für das eingesetzte Eigenkapital:

| $\lambda$ = FK/EK | $s_1$ | $s_2$ | $s_3$ | $E(k_{EK})$ | $\sqrt{Var(k_{EK})}$ |
|---|---|---|---|---|---|
| 0 : 100 | 10,00% | 15,00% | 20,00% | 15,00% | 3,54% |
| 25 : 75 | 10,00% | 16,67% | 23,33% | 16,67% | 4,71% |
| 50 : 50 | 10,00% | 20,00% | 30,00% | 20,00% | 7,07% |
| 75 : 25 | 10,00% | 30,00% | 50,00% | 30,00% | 14,14% |

Tab. I-6: Wirkungen einer steigenden Verschuldung auf Eigenkapitalrentabilität und Financial Leverage-Risiko bei unterschiedlichen Umweltzuständen

Aus Tab. I-6 ist ersichtlich, dass mit **steigendem Verschuldungsgrad** die **erwartete Eigenkapitalrentabilität** und das **Financial Leverage-Risiko** (gemessen mit der Varianz der Eigenkapitalrentabilität $Var(k_{EK})$) **ansteigen**.

Es gelten für die vorgenannten Berechnung nachfolgende Definitionen.

Erwartete Eigenkapitalrentabilität gem. der Definition aus der Ausgangsbeziehung:

$$\tilde{k}_{EK} = \frac{G_{G_i} - (k_{FK} \cdot FK)}{EK} \qquad \text{(I-12)}$$

Erwartete Eigenkapitalrentabilität aus dem stochastischen Kontext:

$$E\left(k_{EK}\right) = \sum_{t=1}^{T} k_{EK}(s_t) \cdot w\left(s_t\right) \qquad \text{(I-13)}$$

Risiko der Eigenkapitalrentabilität, d.h. ihre Varianz:

$$Var(k_{EK}) = \sigma^2 = \sum_{t=1}^{T} \left[k_{EK}(s_t) - E(k_{EK})\right]^2 \cdot w(s_t) \qquad \text{(I-14)}$$

Beispiel: Die vorangegangenen Beispieldaten werden mittels der Gleichungen durchgerechnet.

Die Berechnungen der Eigenkapitalrentabilität nach den Angaben des Beispiels ergeben sich beispielsweise für den Verschuldungsgrad $\lambda = 25 : 75$ wie folgt:

$$k_{EK}(\lambda = 25 : 75; s_1) = \frac{10 - (0{,}1 \cdot 25)}{75} = 10\%$$

$$k_{EK}(\lambda = 25 : 75; s_2) = \frac{15 - (0{,}1 \cdot 25)}{75} = 16{,}67\%$$

$$k_{EK}(\lambda = 25:75; s_3) = \frac{20 - (0{,}1 \cdot 25)}{75} = 23{,}33\%$$

und

$$E(k_{EK})\,[\lambda = 25:75] = 0{,}1 \cdot 0{,}25 + 0{,}1667 \cdot 0{,}50 + 0{,}2333 \cdot 0{,}25 = 0{,}1667$$

$$\sigma^2\ [\lambda = 25:75] = (0{,}10 - 0{,}1667)^2 \cdot 0{,}25 + (0{,}1667 - 0{,}1667)^2 \cdot 0{,}50 + (0{,}2333 - 0{,}1667)^2 \cdot 0{,}25$$

$$\sigma^2\ [\lambda = 25:75] = 0{,}00222$$

$$\sigma\,[\lambda = 25:75] = 0{,}0471\,.$$

Für die übrigen gewählten Verschuldungsgrade ergeben sich die Werte der Tab. I-6 entsprechend.

Der Zusammenhang zwischen Risiko und Kapitalstruktur - der **Financial Leverage-Effekt** - stellt eine **Definition** dar: Risiko wird ausschließlich durch das Verhältnis von Eigen- zu Fremdkapital ausgelöst, wobei man den **Verschuldungsgrad** $\lambda$ zum **Bestimmungsfaktor** des **Risikos** macht. Andere Risiken wie das Illiquiditätsrisiko oder das Marktrisiko sind hierin nicht erfasst. Das Risiko der Eigenkapitalgeber resultiert in dieser Formulierung ausschließlich aus dem Verschuldungsgrad. Eine weitere Risikokomponente, die aufgrund einer Hebelwirkung entsteht, ist der Operating Leverage-Effekt.

Lesehinweis: Die statistischen Grundlagen zu Erwartungswert und Varianz werden erläutert in *Schäfer* (1999a, S. 249-252).

### 5.1.2 Operating Leverage-Effekt

Mit dem Operating Leverage-Effekt wird die Hebelwirkung bezeichnet, die z.B. aus der **Automatisierung** der **Produktionsbedingungen** folgt. Mit der Automatisierung steigt die Kapitalintensität der Produktionsbedingungen. Damit sind in der Regel höhere fixe Gesamtkosten und niedrigere variable Stückkosten verbunden. Bei Umsatzschwankungen ergibt sich infolgedessen ein Streubereich der Bruttogewinne, der um so größer ist, je kapitalintensiver die Produktionsbedingungen sind. Das **existenzielle Risiko** eines Unternehmens, verstanden als Streuung der Bruttogewinne (oder der Gesamtkapitalrendite), wird nicht nur durch die Marktbedingungen, sondern auch durch die Produktionsbedingungen beeinflusst.

Beispiel: Es gelten die Beispielwerte aus Tab. I-7.

| | **Produktionsbedingung I** | **Produktionsbedingung II** |
|---|---|---|
| Preis | *10 €* | *10 €* |
| $K_f$ | *10.000 €* | *35.000 €* |
| $k_v$ | *6 €* | *4 €* |
| Bruttogewinn ($G_G$) | 4·U - *10.000* | 6·U - *35.000* |

Tab. I-7: Wertetabelle für den Operating Leverage-Effekt

Mit den Werten aus Tab. I-7 lassen sich für die jeweiligen Produktionsbedingungen die dazugehörigen Bruttogewinnkurven in Abhängigkeit vom Umsatz abbilden (vgl. Abb. I-62 ). Im Schnittpunkt beider Geraden besteht zwischen beiden Produktionsbedingungen kein Unterschied hinsichtlich der Gewinnwirkungen von Umsatzveränderungen. Rechts von diesem Schnittpunkt (= Break Even-Point) erkennt man, dass die Produktionsbedingung I, die weniger kapitalintensiv ist und geringere Fixkosten aufweist, von Umsatzausweitungen weniger stark profitieren kann als Produktionsbedingung II. Betrachtet man hingegen den Fall sinkender Umsätze (Bereich links des Break Even-Points), so zeigt sich wiederum bei Produktionsbedingung I ein gedämpfter Effekt, d.h., die Verluste fallen geringer aus als bei Produktionsbedingung II (vgl. *Süchting* 1995, S. 461 f.).

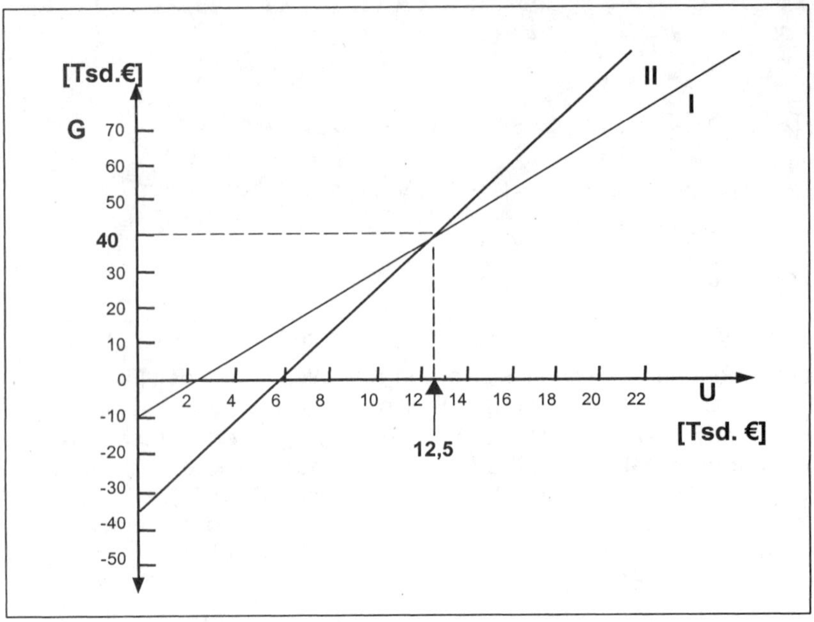


Abb. I-62: Grafische Veranschaulichung des Operating Leverage

### 5.1.3 Risiko und Kapitalkosten

Unabhängig davon, ob Eigen- oder Fremdkapitalgeber betrachtet werden, immer wird der **Kapitalkostensatz** als **Renditeforderung** beschrieben sein. Er setzt sich zusammen aus einer **risikofreien Ertragsrate** (einer alternativen risikofreien Anlagemöglichkeit), erhöht um **Risikoaufschläge**. Der Kapitalkostenssatz *k* kann unter diesen Umständen wie folgt definiert werden:

$$k = i_f + r_a + (r_b + r_c) \qquad \text{(I-15)}$$

wobei $i_f$ = risikoloser Zinssatz. Die Risikoaufschläge $r_a + (r_b + r_c)$ lassen sich nach ihrer **Ursache** wie folgt einteilen: $r_a$ = gesamtwirtschaftlicher Risikofaktor, $r_b$ = existenzielles Risiko (aufgrund des Operating Leverage-Effekts), $r_c$ = finanzielles Risiko (aufgrund des Financial Leverage-Effekts). Die Risikokomponente $(r_b + r_c)$ wird auch häufig mit dem **Bonitäts- oder Ausfallrisiko** gleichgesetzt. Bislang wurde das **gesamtwirtschaftliche Risiko** noch nicht betrachtet. Es besteht aus den Komponenten **Geldentwertungsrisiko** und **Zinsänderungsrisiko**. Beide sind makroökonomisch verursacht und können von Unternehmen nicht beeinflusst werden. Sie stellen somit z.B. in Verhandlungen über Kapitalüberlassungen keinen Verhandlungsgegenstand dar. Abb. I-63 zeigt die Verläufe dieser Risikoaufschläge in Abhängigkeit vom Verschuldungsgrad $\lambda$.

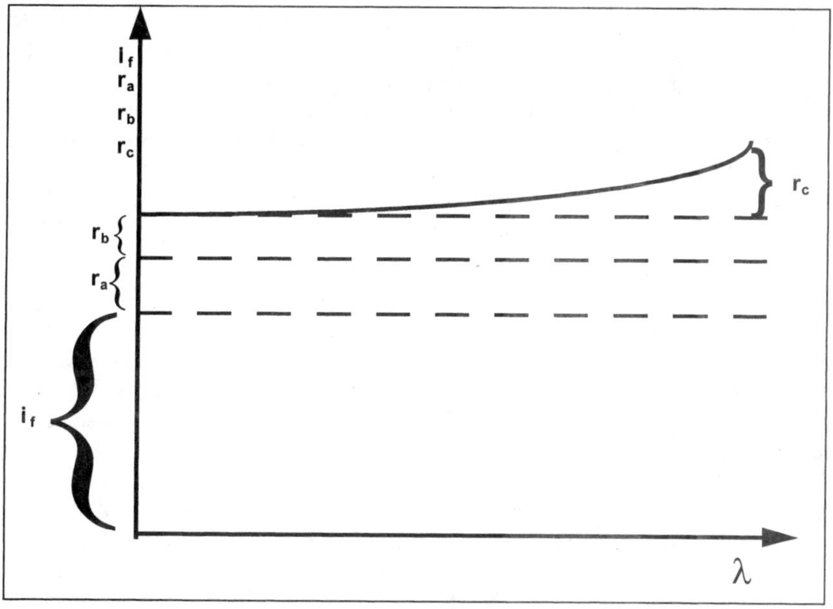


Abb. I-63: Abhängigkeit der geforderten Rendite und der Risikoaufschläge vom Verschuldungsgrad

Das Geldentwertungsrisiko findet seinen Niederschlag im sog. ***Fisher-Effekt*** (vgl. *Fisher* 1930):

$$r_{nt} = \tilde{r}_{rt}^{*} + \tilde{p}_{t}^{*} \tag{I-16}$$

Der *Fisher-Effekt* besagt, dass der **nominale Zinssatz** (Monetary Rate, $r_{nt}$) der Summe aus **erwartetem zukünftigen Realzinssatz** $\tilde{r}_{rt}^{*}$ und **erwarteter Inflationsrate** $\tilde{p}_{t}^{*}$ entspricht. Damit ist zwischen nominalem (inflationiertem) und realem (inflationsfreiem) Zinssatz zu unterscheiden. Inflationserwartungen erfordern eine Zukunftsvorstellung und i.d.R. geht in Prognosen ein gewichteter Durchschnitt von in vergangenen Jahren (z.B. über einen Konjunkturzyklus) beobachteten Inflationsraten ein. Als Maßstab der Inflationsrate dient üblicherweise der **Lebenshaltungskostenindex**, da Anleger mit den Einkommenszahlungen aus ihren Anlagen (Kapitalvergaben) ultimativ Konsum tätigen. Der **reale Zinssatz** kann unterschiedlich erklärt werden, je nachdem welcher Zinstheorie man folgt. So ließe er sich als Pure Rate i.S. von *Fisher* interpretieren. Eine andere Vorstellung, die vor allem Makroökonomen mit dem realen Zinssatz verbinden, ist die des sog. „**natürlichen Zinses**" im Sinne des klassischen Paradigmas der Zinstheorie, welcher auf den schwedischen Wirtschaftswissenschaftler *Wicksell* zurückgeht, der auf diesen bereits im 19. Jahrhundert hinwies. Die zweite Komponente des gesamtwirtschaftlichen Risikos, das **Zinsänderungsrisiko**, lässt sich einmal durch die anlegerspezifische Wahl der sog. **Duration** immunisieren. Eine weitere Möglichkeit zum Management von Zinsänderungsrisiken bieten derivative Finanzinstrumente (vgl. Kapitel III, Abschnitt 7.5).

Unter Berücksichtigung der bisherigen Ausführungen ist festzuhalten: Die **(nominale) Renditeforderung** als Determinante des Kapitalkostensatzes umfasst neben der **erwarteten Inflationsrate** einen **unternehmensspezifischen Risikoauf-**

**schlag** für das Bonitätsrisiko. Es stellt ein einzelwirtschaftliches unternehmensindividuelles Risiko dar. Genau genommen findet in die Renditeforderung ausschließlich die **systematische** Risikokomponente Eingang. Die **unsystematische Komponente** lässt sich durch den Diversifikationseffekt eliminieren. Diesen können sich Anleger bei der Bildung von Portefeuilles mit risikotragenden Vermögenswerten nach den Gesetzen der Portfolio Selection-Theorie zu Nutze machen. Daher können sie ihre Renditeforderungen nicht um Prämien für unsystematische Risiken erhöhen, da auf dem Kapitalmarkt niemand Kompensation für ein Risiko zahlen wird, das durch Diversifikation eliminierbar ist.

Lesehinweis: Zur Darstellung der Theorie der Portfolio Selection vgl. *Schäfer* (1999a, S. 277-311)

Während unsystematische Risiken unternehmensindividueller Natur sind, werden systematische Risiken außerhalb des Einflussbereichs eines einzelnen Unternehmens hervorgerufen (z.B. durch Wechselkursänderungen) und verursachen bei Unternehmen letztendlich unterschiedliche Schwankungen in ihren Periodengewinnen. Für Kapitalgeber bietet sich mit der Entwicklung von **Aktienoptionskontrakten** und **Index-Futureskontrakten** die Möglichkeit, auch in einem vollständig diversifizierten Portefeuille, das ausschließlich dem systematischen Risiko noch ausgesetzt ist, dieses zu eliminieren. So ließe sich durch Kauf und Ausübung einer **Verkaufsoption** (sog. **Protective Put**) ein individuell festgelegter Portefeuillewert realisieren. Die **Fixierung** des **Ausübungspreises** eines Aktienputs schreibt den Wert des Portefeuilles fest und schützt es so vor Verlusten aus Aktienkursrückgängen.

Lesehinweis: Optionskontrakte erläutert und untersucht auf Einsatzmöglichkeiten *Schäfer* (1999a).

Für Kapitalgeber stellt sich die Zusammensetzung des Bonitätsrisikos eines Unternehmens so dar, wie es in Abb. I-64 zusammengefasst ist. Das **Bonitäts- oder Ausfallrisiko** ist als Gesamtrisiko aus Gläubiger- und Eigenkapitalgebersicht bezeichnet und besteht aus drei **Komponenten**:

- Ausgangspunkt bildet das **Marktrisiko**, d.h. die Streuung der Umsätze des Unternehmens. Dies ist durch gesamtwirtschaftliche Einflussfaktoren wie Nachfragerückgänge oder Verteuerung von Energie und deren daraus folgenden speziellen einzelwirtschaftlichen, d.h. unternehmensspezifischen Gewinnwirkungen begründet.
- Beim **Operating Leverage-Effekt** resultiert (wie gezeigt) das Risiko aus den Produktionsbedingungen und der Höhe der Kapitalintensität. Leverage-Treiber sind die (**Sach-**) **Kapitalintensität** und damit verbundene kurzfristig **fixe Kosten**. Dies führt zum **existenziellen Risiko** (Geschäftsrisiko, Business Risk) und bezieht sich auf die Stabilität der erwarteten Bruttogewinne im Zeitablauf. Das existenzielle Risiko entsteht, wenn Schwankungen um den Mittelwert des Bruttogewinns vorliegen. Durch Diversifizierung ihres Produktionsprogramms und Aktivitäten auf verschiedenen Branchenmärkten können vor allem Großunternehmen unternehmensstrategisch dieses Risiko steuern. Kurzfristig ist das existenzielle Risiko vom Management nicht beeinflussbar.
- Das **finanzielle Risiko** resultiert ebenfalls aus zeitlich instabilen Gewinnverläufen. Hierbei spielt die Kapitalstruktur bzw. die Verschuldung eines Unternehmens die ausschlaggebende Rolle. Auch hier wirken als Leverage-Treiber **(Fremd-)Kapitalintensität** und kurzfristig **fixe (Zins-)Kosten**. Die Unternehmensleitung hat hierbei die Möglichkeit, u.U. auch kurzfristig das Risikoausmaß zu steuern. Je nachdem, wie der Anteil von Eigen- zu Fremdkapital variiert wird und welche Renditeverhältnisse von Eigen-, Fremd- und Gesamt-

kapital vorliegen, wird eine **positive** oder **negative Hebelwirkung** ausgelöst, die das finanzielle Risiko erhöht oder senkt (= **Financial Leverage-Effekt**). Als Zielgröße wird i.d.R. die Eigenkapitalrentabilität verwendet, exogene Variable bildet häufig die Umsatzschwankung.

| Risikoart | | Risikomaßstab |
|---|---|---|
| aus Marktbedingungen resultierendes Risiko<br>= **Marktrisiko** | → | **Streuung der Umsätze** |
| ↓ | | |
| wird verstärkt durch das aus den Produktionsbedingungen folgende Risiko des Anlagevermögens:<br>**+ Operating Leverage-Risiko** | | |
| **= existenzielles Risiko (Geschäftsrisiko, Business Risk)** | → | **Streuung der Bruttogewinne vor Steuern (EBIT, Earnings before Interest and Taxes) (betrifft Gesamtkapitalrentabilität)** |
| ↓ | | |
| wird verstärkt durch das aus den finanziellen Bedingungen folgende Risiko des Fremdkapitals:<br>**+ Financial Leverage-Risiko** | | |
| **= finanzielles Risiko** | → | **Streuung der Nettogewinne vor Steuern (EBT, Earnings before Taxes) (betrifft Eigenkapitalrentabilität)** |
| ↓ | | |
| = **Gesamtrisiko** des Unternehmens (im Sinne des **Bonitätsrisikos**) | | |

Abb. I-64: Stufen der Begründung des Bonitätsrisikos

**Zentrale Bedeutung** für die finanzwirtschaftliche Fragestellung der Kapitalkosten hat die Existenz des **Financial Leverage-Effekts**, da die Variation des Verschuldungsgrads grundsätzlich in der Dispositionsgewalt der Unternehmensleitung steht. Des Weiteren existiert aus der Sache heraus eine enge Verbindung zu den bisherigen und zukünftigen Finanzmittelbereitstellungen der Eigen- und Fremdkapitalgeber. Besonders die Eigenkapitalgeber sind aus ihrer besonderen Risikoposition von den Auswirkungen des Financial Leverage-Effekts betroffen.

## 5.2 Modelle zur Erklärung der Kapitalstruktur

Wie reagieren die Eigen- und Fremdkapitalgeber auf den Financial Leverage-Effekt? Hierzu gibt es **zwei unterschiedliche Antworten**. Sie stützen sich beide auf den Marktwert des Unternehmens und seiner Veränderung aufgrund von Variationen im Verschuldungsgrad und den dadurch beeinflussten durchschnittlichen Kapitalkosten ($k_d$) (vgl. *Perridon/Steiner* 1999, S. 480-481):

$$k_d = \tilde{k}_{EK^*} \cdot \frac{EK_M}{GK_M} + i \cdot \frac{FK_M}{GK_M} \tag{I-17}$$

Dabei bezeichnet $\tilde{k}_{EK^*}$ die Eigenkapitalkosten im Sinne geforderter Renditen der Eigenkapitalgeber. Die Fremdkapitalgeber fordern den Zinssatz *i*, weshalb $k_{FK}$ in *i* übergeht. Die Gesamtkapitalkosten stellen sich jetzt als durchschnittliche Kapitalkosten dar und werden mit den Eigen- und Fremdkapitalkostensätzen durch Gewichtung der Marktwerte der Kapitalanteile ermittelt. Dabei gilt:

$$FK_M = \frac{i \cdot FK}{i} \tag{I-18a}$$

$$EK_M = \frac{\tilde{G}_{G_t} - i \cdot FK}{\tilde{k}_{EK}^*} \tag{I-18b}$$

$$\frac{\tilde{G}_{G_t} - i \cdot FK}{\tilde{k}_{EK}^*} + \frac{i \cdot FK}{i} = \frac{\tilde{G}_{G_t}}{k_d} \tag{I-18c}$$

### 5.2.1 Traditionelle These der Relevanz der Kapitalstruktur

Die eine Antwort zur vorangestellten Frage wird als die traditionelle These zum Kapitalstrukturproblem bezeichnet. Sie behauptet sinngemäß:

> Es existiert im Unternehmen ein **optimaler Verschuldungsgrad**. Er liegt im **Minimum** des **durchschnittlichen Kapitalkostensatzes**. Bei Verwendung des durchschnittlichen Kapitalkostensatzes $k_d$ als Diskontierungsfaktor für die Unternehmenserträge ergibt sich folglich der maximale Unternehmenswert im Minimum der Kapitalkosten.

Die These beruht auf Beobachtungen und Annahmen über das **Verhalten** von Eigen- und Fremdkapitalgebern bezüglich ihrer Ausschüttungs- bzw. Zinsforderungen gegenüber Unternehmen aufgrund unterschiedlicher Verschuldungsgrade. Dabei wird unterstellt, dass die Renditeforderungen der Kapitalgeber mit dem Anstieg des Verschuldungsgrads ebenfalls wachsen. Zentrale Annahme ist, dass die Eigenkapitalgeber wegen ihrer Haftungsverpflichtung gegenüber den Fremdkapitalgebern frühzeitiger auf die Erhöhung der Verschuldung und damit des Ausfallrisikos mit steigenden Renditeforderungen reagieren:

$$k_d = \tilde{k}_{EK^*}(\lambda) \frac{EK_M}{GK_M} + i(\lambda) \cdot \frac{FK_M}{GK_M} \tag{I-19}$$

<u>Beispiel:</u> Die Kosten des Eigenkapitals sollen von *10%* (bei einem Fremdkapitalanteil von null) auf stufenweise *15%* (bei einem Fremdkapitalanteil von *70%*) zunehmen. Ursache dieser Veränderung ist die wachsende Renditeforderung der Eigenkapitalgeber als Reaktion auf die steigende Ver-

schuldung. Die Fremdkapitalkosten bleiben dagegen bis zu einem Fremdkapitalanteil von *60%* am Gesamtkapital mit *5%* konstant. Bei *70%*igem Fremdkapitalanteil wird erstmalig ein Risikozuschlag von *2%* erhoben. Das Gesamtkapital beträgt *1000 €*, die Gesamtkapitalrendite im Ausgangspunkt *10%*. Tab. I-8 zeigt die zu berücksichtigenden Effekte (vgl. *Schierenbeck* 2000, S. 475).

| # | Phase | I | | | | II | III |
|---|---|---|---|---|---|---|---|
| 1 | $\lambda$ | 0 | 0,11 | 0,43 | 1 | 1,5 | 2,33 |
| 2 | Eigenkapital (nominal) | 1000 | 900 | 700 | 500 | 400 | 300 |
| 3 | Fremdkapital (nominal) | - | 100 | 300 | 500 | 600 | 700 |
| 4 | Gesamtkapital (nominal) | 1000 | 1000 | 1000 | 1000 | 1000 | 1000 |
| 5 | Periodenüberschuss vor FK-Zinsen | 100 | 100 | 100 | 100 | 100 | 100 |
| 6 | Fremdkapitalzinsen | - | 5 | 15 | 25 | 30 | 49 |
| 7 | $i$ | 0,05 | 0,05 | 0,05 | 0,05 | 0,05 | 0,07 |
| 8 | Reingewinn | 100 | 95 | 85 | 75 | 70 | 51 |
| 9 | $\tilde{k}_{EK}^{*}$ 1) | 0,10 | 0,10 | 0,105 | 0,115 | 0,13 | 0,15 |
| 10 | Eigenkapital (zum Marktwert) 2) | 1000 | 950 | 809,5 | 652,2 | 538,5 | 340 |
| 11 | Eigenkapital in % des nominellen $EK = K$ 3) | 100 | 105,56 | 115,6 | 130,4 | 134,6 | 113,3 |
| 12 | Gesamtkapital (zum Marktwert) = $V$ 4) | 1000 | 1050 | 1109,5 | 1152,2 | 1138,5 | 1040 |
| 13 | $k_V$ 5) | 0,1 | 0,095 | 0,090 | 0,087 | 0,088 | 0,096 |
| 14 | $k_{nom.}$ 6) | 0,1 | 0,095 | 0,089 | 0,083 | 0,082 | 0,094 |

Erläuterungen:
1) exogen von den Eigenkapitalgebern als Renditeforderung vorgegeben
2) Reingewinn/$k_{EK}$, z.B. *95/0,1 = 950*
3) *950/900 · 100 = 105,56*
4) $V = EK_M + FK = 950 + 100 = 1050$
5) $k_V = 0{,}10 \cdot 950/1050 + 0{,}05 \cdot 100/1050 = 0{,}095$
6) $k_{nom} = 0{,}10 \cdot 900/1000 + 0{,}05 \cdot 100/1000 = 0{,}095$.

Tab. I-8: Die traditionelle These von der Existenz eines optimalen Verschuldungsgrads in Beispielwerten

Bei der Betrachtung von Tab. I-8 sind folgende Schritte gedanklich zu trennen:

- Ermittlung des Marktwerts des Eigenkapitals (in % des Nominalwerts),
- Vergleich des Marktwerts des Eigenkapitals mit seinem Nominalwert (Zeile 11).

Nach der traditionellen Hypothese der optimalen Verschuldung **steigen** die **Renditeforderungen** aufgrund der **wachsenden Verschuldung** an. Folgende drei **Effekte** sollen daraufhin zu beobachten sein:

1. Bei **zunehmender Verschuldung** wird „teures" Eigenkapital gegen „billiges" Fremdkapital ersetzt. Solange $k_{EK^*}$ und $k_{FK}$ konstant bleiben, sinkt $k_d$ daher mit steigendem Verschuldungsgrad (vorausgesetzt: $k_{EK^*} > i$).

2. Das **Risiko** für die Eigentümer des im Unternehmen **gebundenen Eigenkapitals** nimmt dadurch **zu**, und die von den Eigenkapitalgebern **geforderte Rendite wird steigen**. Anfänglich wird bei steigender Eigenkapitalrendite der durchschnittliche Kapitalkostensatz $k_d$ weiter sinken.

3. Bei **hohem Verschuldungsgrad** schätzen neben den Eigenkapitalgebern zusätzlich die Gläubiger ihre Parten am Unternehmensertrag als riskant ein (**steigendes Insolvenzrisiko**). Sie sind jetzt zu Kreditprolongationen oder neu bereitzustellenden Krediten nur bereit, wenn die Unternehmensleitung **Risikoaufschläge** in den Kreditzinssätzen akzeptiert. Damit steigt aus Sicht der Unternehmensleitung der Fremdkapitalkostensatz.

Während der erste der oben beschriebenen Effekte eine Senkung der durchschnittlichen Kapitalkosten bewirkt, führen der zweite und dritte Effekt anschließend, bei weiter steigendem Verschuldungsgrad, zu einem Anstieg der durchschnittlichen Kapitalkosten.

Für die von den Kapitalgebern geforderten durchschnittlichen Kapitalkosten gilt dann in Tab. I-8 Fn. 5) oder Fn. 6), je nachdem, ob zur Berechnung die Marktwerte (Zeile 13) oder die Nominalwerte (Zeile 14) für Eigenkapital und Gesamtkapital zugrunde gelegt wurden. Spielt man die bereits vorgestellten drei Phasen anhand des Beispiels gedanklich durch, so lässt sich folgendes erkennen:

- **Phase I** kennzeichnet die Abschnitte **bis** zum **Verschuldungsgrad *1***. Hier steigt der Marktwert des Unternehmens und die durchschnittlichen Kapitalkosten sinken. Der Abstand zwischen dem Eigenkapital zu Marktwerten und dem nominellen Eigenkapital wächst, was sich durch steigende Eigenkapitalkurse ausdrückt (= Marktwert des Eigenkapitals in Prozent des nominellen Eigenkapitals).
- **Phase II** ist gekennzeichnet durch den **Verschuldungsgrad *1,5***. Hier sinkt der Marktwert des Unternehmens durch die steigenden durchschnittlichen Eigenkapitalkosten. Der Marktwert des Eigenkapitals nimmt nur im Verhältnis zum nominalen Eigenkapital weiter zu (vgl. Zeile 11).
- **Phase III** weist einen **Verschuldungsgrad** von ***2,33*** auf. Sowohl der Marktwert des Unternehmens wie auch der Kurswert des Eigenkapitals sinken.

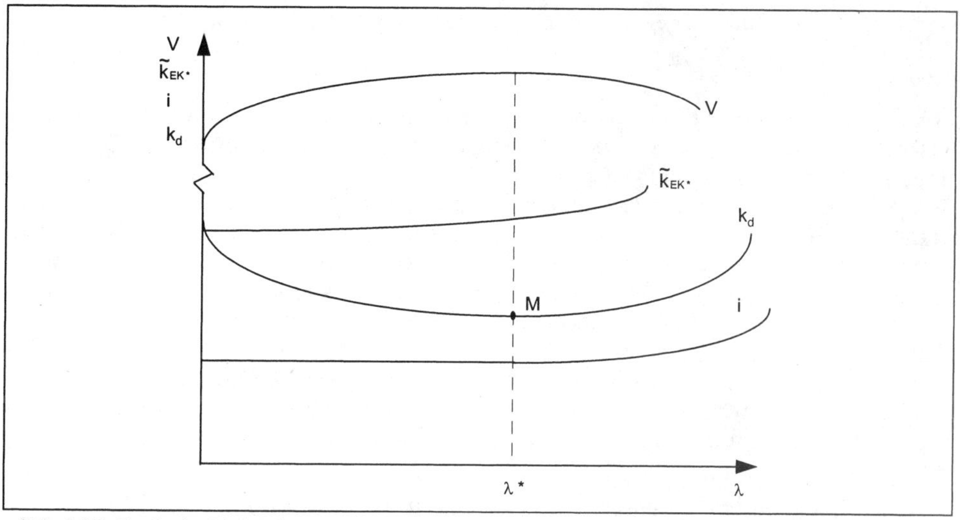


Abb. I-65: Grafische Verläufe zentraler Komponenten im Rahmen der traditionellen These von der Existenz eines optimalen Verschuldungsgrads

In Abb. I-65 sind die Aussagen grafisch festgehalten. Es wird deutlich, dass das **Optimum des Verschuldungsgrads** im Rahmen der Zielsetzung „Maximierung des Unternehmensmarktwerts" am Ende der ersten Phase liegt. Hier erreichen die durchschnittlichen Kapitalkosten ihr Minimum. Wäre dagegen die Zielsetzung des Unternehmens „Maximierung des Vermögens des Durchschnittsaktionärs", so wäre der maximale Kurswert das Optimalitätskriterium. Dies wäre am Ende der Phase II erreicht (vgl. schraffierte Felder in Tab. I-8).

Mit steigender Verschuldung kann es nach der traditionellen Verschuldungsthese zu einem höheren Ausfallrisiko kommen. Anders ausgedrückt: Die Gefahr, dass Kosten der Insolvenz entstehen, wächst. Bei dieser Komponente der Kapitalkosten sind drei Gruppen von Kosten zu unterscheiden. Die **direkten Kosten** beschreiben die Kosten, die durch die Liquidation von Unternehmen im Konkursfall entstehen oder bei der Sanierung eines Unternehmens anfallen, etwa wenn das bestehende Management ausgewechselt werden muss oder Restrukturierungen des Unternehmens bis hin zur Sanierung für die Unternehmensfortführung erforderlich werden. **Indirekte Insolvenzkosten** entstehen durch mögliche Umsatzeinbußen, nicht nutzbare Investitionsmöglichkeiten, Verlust in der finanziellen Unabhängigkeit und Flexibilität sowie Agency Costs.

Im traditionellen Ansatz der Finanzierungstheorie wird das mit einem **steigenden Verschuldungsgrad** verbundene **höhere Risiko** durch **steigende Kapitalkosten** berücksichtigt. Dabei wird unterstellt, dass diese Kapitalkosten marktbestimmt sind, d.h. den gewachsenen Renditeforderungen der Kapitalgeber entsprechen. Für die Unternehmensführung ist das **Kapitalstrukturproblem** ein **reines Kostenproblem**: Es wählt diejenige Kapitalstruktur (denjenigen Verschuldungsgrad), bei dem der Gesamtkapitalkostensatz sein Minimum hat (Punkt *M* mit dem korrespondierenden Verschuldungsgrad $\lambda^*$ in Abb. I-65).

Lesehinweis: *Schmidt/Terberger* (1997, S. 245-247).

### 5.2.2 *Modigliani/Miller*-These von der Irrelevanz der Kapitalstruktur

*Modigliani/Miller* haben der geschilderten Auffassung von der Existenz eines kapitalkostenabhängigen optimalen Verschuldungsgrads widersprochen. Die Kernthese des *Modigliani/Miller*-Modells besteht darin, dass auf einem **vollkommenen Kapitalmarkt homogene Güter** (oder auch Unternehmen mit gleichen Erwartungen hinsichtlich zukünftiger Einzahlungsüberschüsse und gleichem Geschäftsrisiko) den gleichen Preis haben müssen. Wenn alle Unternehmen mit gleichen Erwartungen über die Höhe zukünftiger Einzahlungsüberschüsse und gleichem Geschäftsrisiko den gleichen Marktwert haben, dann kann dieser Marktwert nicht von der Kapitalstruktur der Unternehmen abhängig sein, da die Kapitalstruktur lediglich eine Form der Aufteilung der Unternehmensgewinne auf verschiedene Parten darstellt. Somit ist die Kapitalstruktur für den Unternehmenswert nicht relevant (= **Irrelevanztheorem**). Folgende **Annahmen** liegen dem Beweis der *Modigliani/Miller*-These zugrunde:

- Das Modell geht von einer **vorgegebenen Investitionspolitik** aus.
- Die Kapitalgeber erwarten (einheitlich) bestimmte durchschnittliche Bruttogewinne bei den einzelnen Unternehmen. Es bestehen trotz Ungewissheit **keine Erwartungsdifferenzen** bei den Kapitalgebern.
- Die Unternehmen lassen sich in **homogene Risikoklassen** einteilen (z.B. durch Ratingklassen, s. Kapitel III, Abschnitt 3.1.3). Innerhalb der einzelnen Risikoklassen besteht ein einheitliches Geschäftsrisiko bezüglich etwaiger Gewinnschwankungen im Zeitablauf.
- Jedes **Unternehmen** lässt sich in eine bestimmte **Risikoklasse einordnen**. Dadurch ist ein Vergleich mit bekannten Marktwerten anderer Unternehmen in einer gleichen Risikoklasse möglich. Geschäfts- und Verschuldungsrisiko lassen sich hinsichtlich ihres Marktwerteinflusses isoliert untersuchen.
- Die **Anteile der Unternehmen** werden an **vollkommenen Kapitalmärkten** gehandelt. Daraus folgt u.a., dass für zwei Unternehmen der gleichen Risikoklasse, die beide unverschuldet sind, die durchschnittlichen Kapitalkosten (Renditeforderungen) gleich hoch sein müssen. Damit sind der Preis pro Anteil des erwarteten Gewinns $\tilde{G}$ für alle Unternehmen *j* und der Wert eines Unternehmensanteils $P_j$ innerhalb einer Risikoklasse I gleich hoch. Unterstellt man einen zum erwarteten Bruttogewinn proportionalen Preis des Unternehmenswerts, so gilt:

$$P_{jI} = \frac{\tilde{G}_j}{\kappa_I} \tag{I-20a}$$

oder

$$\kappa_I = \frac{\tilde{G}_j}{P_{jI}} \tag{I-20b}$$

was eine Konstanz für alle Unternehmen *j* der Risikoklasse I bezeichnet.

- Der Faktor $\kappa_l$ stellt die in einer Risikoklasse **erwartete Effektivrendite** der Eigenkapitalanlage dar. Durch die Bildung von Risikoklassen wird erreicht, dass Unterschiede in der Bewertung von Unternehmen ausschließlich auf unterschiedliche Geschäftsrisiken zurückzuführen sind.
- Die **Fremdkapitalkosten** sind **unabhängig vom Verschuldungsgrad** und die Anteilseigner sind willens sowie in der Lage, Fremdkapital zu gleichen Sätzen aufzunehmen wie die Unternehmen.
- Es sind die **Bedingungen des vollkommenen Kapitalmarkts** erfüllt: keine Kapitalmarktbeschränkungen, jeder hat gleichen Zugang zum Kapitalmarkt, Finanzierungstitel können völlig frei ausgestattet werden, alle Finanzierungstitel sind beliebig teilbar, keine Informations- und Transaktionskosten.
- Es existiert ein **einheitlicher Zinssatz** für Kapitalanlagen und Kreditaufnahmen, der auch gleichermaßen für Unternehmen wie für Privatpersonen gilt.
- Es gibt **zwei Finanzierungsformen** der Unternehmen: risikofreies Fremdkapital (= konstante marginale Sollzinssatzkurve) und risikobehaftetes Eigenkapital.
- Alle **Zahlungsströme** sind **ewige Renten**.

### 5.2.2.1 Grundmodell ohne Steuern

Die ***Modigliani/Miller*-Thesen** lassen sich darauf aufbauend darstellen:

**These I**

Der **Marktwert eines Unternehmens** ist **unabhängig von** seiner **Kapitalstruktur** - sie ist auf vollkommenen Kapitalmärkten irrelevant.

Die Kapitalstruktur ergibt sich durch Kapitalisierung der erwarteten Bruttogewinne (vor Abzug der Fremdkapitalzinsen) mit der Marktrate $\kappa_l$ der Risikoklasse l, der ein Unternehmen angehört.

$$GK_{Mj} = \left(EK_{Mj} + FK_j\right) = \frac{\tilde{G}_j}{\kappa_l} \tag{I-21}$$

Gleichung (I-21) besagt: Die **durchschnittlichen Kapitalkosten** eines Unternehmens sind **unabhängig von Kapitalstruktur** bzw. **Verschuldungsgrad** des Unternehmens und gleich dem Kalkulationszinsfuß für die Abzinsung des Einkommensstroms einer ausschließlich mit Eigenkapital finanzierten Unternehmung:

$$\frac{\tilde{G}_j}{\left(EK_{Ml} + FK_j\right)} = \frac{\tilde{G}_j}{GK_{Ml}} = \kappa_l \tag{I-22}$$

Hieraus resultiert grafisch eine Eigenkapitalkostenkurve, die von der Veränderung des Verschuldungsgrads abhängt, was zur These II führt.

**These II**

Mit steigender Verschuldung wächst das Risiko des Marktwerts des Eigenkapitals. Als Ausgleich für das im Gegenzug bei den Eigenkapitalgebern ebenfalls zunehmende Risiko fordern sie einen Risikoausgleich in höherer Rendite, um ihren Eigenkapitalanteil weiterhin zu halten bereit zu sein. Die **Eigenkapitalkosten** eines Unternehmens sind eine **linear** ansteigende Funktion des Verschuldungsgrads:

$$\tilde{k}_{EK}^{\,*} = \kappa_I + (\kappa_I - i)\frac{FK}{EK_M} \tag{I-23}$$

Die Formulierung in Gleichung (I-23) ähnelt der des Leverage-Effekts, sie bedarf aber einer zusätzlichen Interpretation. So entspricht die geforderte Eigenkapitalrendite dem Kalkulationszinsfuß eines ausschließlich eigenfinanzierten Unternehmens zuzüglich eines Aufschlags für das Leverage-Risiko. Er ergibt sich aus der Differenz zwischen der Gesamtkapitalrentabilität und den Fremdkapitalkosten. Die Eigenkapitalkosten entsprechen damit einer Eigenkapitalrenditeforderung der Eigenkapitalgeber, die gleich dem Kalkulationszinsfuß ausschließlich eigenfinanzierter Unternehmen bei gleicher Risikoklasse ist, zzgl. einer Risikoprämie für den Verschuldungsgrad. Da *Modigliani/Miller* ein **Ausfallrisiko ausschließen**, ergibt sich ein zum Verschuldungsgrad linearer Anstieg der Eigenkapitalkosten. Die Entwicklung der Kapitalkosten und des Unternehmenswerts in Abhängigkeit vom Verschuldungsgrad nach dem *Modigliani/Miller*-Modell zeigt in einer grafischen Darstellung nachfolgende Abb. I-66.

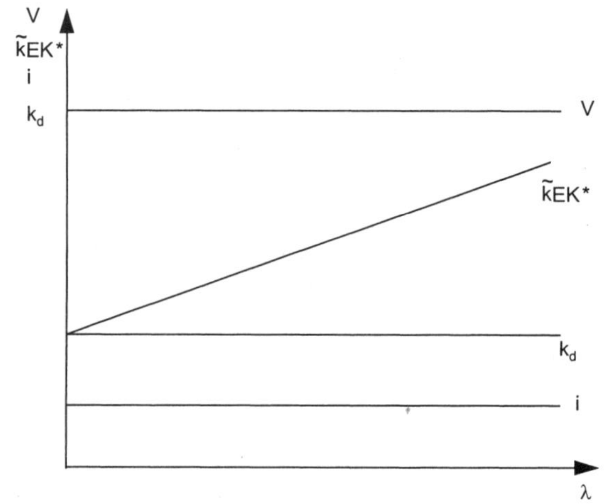


Abb. I-66: *Modigliani/Miller*-These von der Nicht-Existenz eines optimalen Verschuldungsgrads

**These III (Separationstheorem)**

Der **Kalkulationszinsfuß**, der dem internen Zinsfuß von Investitionsobjekten als Vergleichsmaßstab gegenüberzustellen ist, ergibt sich ausschließlich aus dem **Geschäftsrisiko** und entspricht der **Marktrate** $\kappa_I$ der Risikoklasse I, dem das Unternehmen angehört. Hieraus folgt, dass über Investition und Finanzierung getrennt entschieden werden kann.

Die Folge aus diesen Annahmen weist das **Gesetz des einheitlichen Preises**: Für zwei homogene Güter müssen auf einem vollkommenen Kapitalmarkt stets gleiche Preise existieren. Eventuell auftretende Ungleichgewichte lösen **Arbitrageprozesse** aus, die die Einheitlichkeit des Preises herstellen. *Modigliani/Miller* widerlegen die traditionelle These durch den sogenannten **Arbitragebeweis**. Zu diesem Zweck soll von zwei Unternehmen ausgegangen werden (*V* und *U*).

Beispiel: Gegeben sind zwei Unternehmen derselben Risikoklasse. Beide Unternehmen haben denselben erwarteten Bruttogewinn in Höhe von *10.000* € (vor Abzug der Fremdkapitalzinsen). Die Unternehmen unterscheiden sich lediglich durch ihre Kapitalstruktur. Das Unternehmen U-AG ist unverschuldet, das Unternehmen V-AG ist hingegen verschuldet. Nachfolgende Tab. I-9 stellt die Grundkonstellation des Modells im Beispielfall dar (vgl. *Schierenbeck* 2000, S. 477).

| | **Unternehmen U (€)** | **Unternehmen V-AG (vor Arbitrageprozess) (€)** | **Unternehmen V-AG (nach Arbitrageprozess) (€)** |
|---|---|---|---|
| Gesamtkapital (nominal) | *100.000* | *100.000* | *100.000* |
| Eigenkapital (nominal) | *100.000* | *70.000* | *70.000* |
| Fremdkapital (nominal) | - | *30.000* | *30.000* |
| Bruttogewinn (*G*, EBIT) | *10.000* | *10.000* | *10.000* |
| *i* (5%) | - | *1.500* | *1.500* |
| Reingewinn (EBT, Nettoerfolgsstrom) | *10.000* | *8.500* | *8.500* |
| $\tilde{k}_{EK}^*$ | *0,10* | *0,10* | ⟶ *0,121* |
| Eigenkapital (zum Marktwert) | *100.000* | *85.000* | ⟶ *70.000* |
| Gesamtkapital (zum Marktwert) | *100.000* | *115.000* | *100.000* |
| $k_d$ | *0,10* | *0,087* | ⟶ *0,10* |

| **Beweisführung** | **vor Arbitrageprozess** | **Arbitragegleichgewicht** |
|---|---|---|
| (1) *1*% Anteil von V-AG verkaufen | *850* | *700* |
| (2) Kredit zu *5*% aufnehmen | *150* | *300* |
| (3) *1*% Anteil von U-AG kaufen | *1.000* | *1.000* |
| (4) Transaktionserfolg | | |
| a) erwarteter Gewinn | *100* | *100* |
| b) abzgl. Kreditzinsen | *7,50* | *15* |
| | *92,50* | *85* |
| c) Vergleich zu V-AG | *85* | *85* |
| d) Arbitrageerfolg | *7,50* | *0* |

Tab. I-9: *Modigliani/Miller*-These anhand eines Beispiels

Die **Schlussfolgerungen** aus dem Beispielfall sind:

- Die Situation **vor Arbitrageprozess** kann **keinen Gleichgewichtszustand** darstellen. Für einen Aktionär, der *1%* der Aktien der V-AG hält, wäre es bei einem Eigenkapitalkostensatz von *10%* vorteilhaft, wenn er Aktien verkaufen würde und sich in das unverschuldete Unternehmen U einkauft. Dort hat er einen relativ höheren Reingewinn als Ausschüttungsgrundlage zu erwarten. Er kann seine Vermögensposition verbessern, indem er einen Aktienanteil an der V-AG für *850* € verkauft.
- Anschließend **kopiert** der betrachtete **Aktionär** die **Kapitalstruktur der V-AG** durch **private Kreditaufnahme**: Er nimmt im gleichen Verhältnis Fremdkapital wie die V-AG (= *5%*) auf, d.h., er verschuldet sich mit *150* €. Mit dem dann vorhandenen Kapital erwirbt er Anteile der U-AG. Damit beträgt sein Anteil am Bruttoertrag der U-AG *100* €. Davon gehen die Zinsen auf das von ihm persönlich eingesetzte Fremdkapital in Höhe von *5%* auf *150* € ab (= *7,50* €). Es verbleibt ein Nettoertrag von *92,50* € gegenüber einem Ertrag von *85* € vor dem Kopieren der Kapitalstruktur. Der Arbitrageerfolg stellt sich mit *7,50* € ein. Daraus folgt, dass diese Transaktion wirtschaftlich sinnvoll ist, wenn der Nettoerfolgsstrom vergrößert wird:

$$a \cdot \tilde{G} - i \cdot a \cdot FK_V < \frac{a(EK_V + FK_V)}{EK_U} \tilde{G} - i \cdot a \cdot FK_V \qquad \text{(I-24)}$$

mit *a* = Anteil am Marktwert des Unternehmens. Umgeformt erhält man:

$$\tilde{G} < \frac{EK_V + FK_V}{EK_U} \tilde{G} \qquad \text{(I-25)}$$

Der **Arbitrageprozess** ist **profitabel**, wenn gilt:

$$EK_U < EK_V + FK_V \qquad \text{(I-26)}$$

**Arbitrageprozesse unterbleiben** bei:

$$EK_U = EK_V + FK_V \qquad \text{(I-27)}$$

Der Differenzbetrag von *7,50* € stellt einen **Arbitragegewinn** dar. Dieser Ertrag kann realisiert werden, ohne ein höheres Risiko eingehen zu müssen (Free Lunch). Arbitragegewinne dürfen auf einem vollkommenen Kapitalmarkt nur vorübergehend erzielbar sein, solange bis die Arbitrageprozesse zu einem neuen Gleichgewichtszustand auf dem Kapitalmarkt geführt haben. Man spricht von „**Arbitragefreiheit**". Eine Ungleichgewichtssituation ist in diesem Sinne im *Modigliani/Miller*-Modell dadurch gekennzeichnet, dass eines der beiden Unternehmen nicht „fair" bewertet ist. Arbitrageprozesse gleichen den Wert des fehlbewerteten Unternehmens solange an, bis keine Möglichkeit mehr besteht, einen Arbitragegewinn zu erzielen. Dabei spielt es für die Ausschaltung der Arbitragemöglichkeit keine Rolle, ob sich der Wert der V-AG an den der U-AG angleicht oder umgekehrt. Im Arbitragegleichgewicht muss gelten: $V_u = V_v$. Ausgehend von der Annahme, die U-AG sei richtig bewertet, müsste sich die Bewertung der V-AG anpassen.

Lesehinweis: Lesenswert ist bis heute der Originalbeitrag *Modigliani/Miller* (1958).

### 5.2.2.2 Modellerweiterung mit Körperschaftsteuer

Das *Modigliani/Miller*-Modell basiert vor allem auf **strengen Annahmen** hinsichtlich fehlender Steuern und Transaktionskosten sowie einem vollkommenen, vollständigen Kapitalmarkt, auf dem sich ein Arbitragegleichgewicht einstellt. Des Weiteren wird die Absatz- und Beschaffungsseite des Unternehmens nicht berücksichtigt. Die Gegebenheiten der Realität erfordern die **Modifikation** dieser Annahmen. So entwickelten *Modigliani/Miller* ihr Modell realitätsnäher, indem sie die Auswirkungen der Körperschaftsteuer auf das Ergebnis des Theorems untersuchten. Der steuerliche Effekt kommt dadurch für das Modell zustande, dass die Kosten des Fremdkapitals vom Unternehmen steuerlich geltend gemacht werden können und dadurch die Steuerbemessungsgrundlage reduzieren. Dieser Steuervorteil des Fremdkapitals wird als Interest Tax Shield bezeichnet.

Lesehinweis: *Modigliani/Miller* (1958) wurde im Beitrag *Modigliani/Miller* (1963) um die Steuerkomponente ergänzt. Auf diesem Ergänzungsbeitrag basieren nachfolgende Ausführungen.

Die relativ **höhere Besteuerung des Eigenkapitals** gegenüber dem Fremdkapital schafft einen Anreiz für die Unternehmensleitungen zugunsten der Kreditfinanzierung. Je höher der Unterschied zwischen den Steuerentlastungswirkungen der beiden Finanzierungsformen ausfällt, um so größer dürfte der Anreiz zur Fremdfinanzierung zu Lasten der Eigenfinanzierung sein; ein höherer **Financial Leverage** wäre die Folge. Erleidet das Unternehmen Absatzeinbußen, steigt die Wahrscheinlichkeit finanzieller Schwierigkeiten. In diesem Zusammenhang werden **direkte** und **indirekte Kosten** durch **Insolvenzgefährdung** entstehen. Aus diesem Blickwinkel kann die Suche nach der optimalen Verschuldungsstruktur als Zusammenhang zwischen der Fremdfinanzierung zwecks Steuerlastminimierung und den zu erwartenden höheren Kosten der Insolvenz interpretiert werden.

Nachfolgend werden die Wirkungen des **Interest Tax Shield** im *Modigliani/Miller*-Modell dargestellt. Sie beruhen auf der These, dass der Interest Tax Shield mit der Zunahme der Verschuldung wächst und in Folge der Marktwert eines Unternehmens durch die einhergehende Substitution von Eigen- durch Fremdkapital ansteigt. Dabei wird vorerst von Insolvenzkosten abstrahiert. Das folgende Beispiel dient der einführenden Illustration.

Beispiel: Es werden wiederum zwei Unternehmen gegenübergestellt, von denen eines unverschuldet ist (U-AG) und das zweite (V-AG) zusätzlich zum Eigenkapital Fremdkapital in Höhe von *300.000* € aufweist. Als Fremdkapitalkostensatz ($i$) sei *5%* p.a. zugrunde zu legen. Der Körperschaftsteuersatz $t_K$ auf ausgeschüttete Gewinne betrage für beide Unternehmen einheitlich *30%*. Weitere Steuern bestehen nicht. Die Gewinne sollen annahmegemäß vollständig ausgeschüttet werden. Von Insolvenzkosten wird vorerst abgesehen.

| | Unternehmen U-AG (Angaben in €) | Unternehmen V-AG (Angaben in €) |
|---|---|---|
| Gesamtkapital | *100.000* | *100.000* |
| Eigenkapital (nominal)<br>Fremdkapital (nominal) | *100.000*<br>- | *70.000*<br>*30.000* |
| EBIT<br>./. Fremdkapitalzinsen (*i* = *0,05*) | *10.000*<br>- | *10.000*<br>*1.500* |
| EBT (Earnings before Taxes)<br>./. Körperschaftsteuer ($t_K$ = *0,30*) | *10.000*<br>*3.000* | *8.500*<br>*2.550* |
| Reingewinn nach Steuern (EAT = Earnings After Taxes, Nettoerfolgsstrom) | *7.000* | *5.950* |
| Zahlungsstrom des Einkommensanspruchs des Gesamtkapitals ($Y_U$, $Y_V$) | *7.000* | *7.450**) |

*) Fremdkapitalzinsen *1.500* € + EAT *5.950* €

Tab. I-10: *Modigliani/Miller*-Modell mit Körperschaftsteuer anhand eines Beispiels

Aus den Grunddaten des obigen Beispielfalls lassen sich die zentralen Thesen des *Modigliani/Miller*-Theorems unter Einschluss von Körperschaftsteuern darlegen.

**These I**

Der Marktwert des verschuldeten Unternehmens entspricht dem Marktwert des unverschuldeten Unternehmens zzgl. des Marktwerts des Interest Tax Shield aufgrund der Verschuldung, d.h. es gilt

$$GK_{MV} = GK_{MU} + t_K \cdot i \cdot FK_{MV} \qquad \text{(I-28a)}$$

Die These lässt sich anhand folgender Beziehungen nachweisen:

| | Unternehmen U-AG | Unternehmen V-AG |
|---|---|---|
| zu versteuernder Betrag | EBIT | $EBIT - i \cdot FK_{MV}$ |
| Körperschaftsteuer | $EBIT \cdot t_K$ | $[EBIT - (i \cdot FK_{MV})] \cdot t_K$ |
| EAT | $EBIT \cdot (1 - t_K)$ | $[EBIT - (i \cdot FK_{MV})] \cdot (1- t_K)$ |
| Zahlungsstrom des Einkommensanspruchs des Gesamtkapitals (*Y*) | $EBIT \cdot (1 - t_K)$ | $EBIT \cdot (1 - t_K) + t_K \cdot i \cdot FK_{MV}$ |
| Differenz | | $+ t_K \cdot i \cdot FK_{MV}$ |

Tab. I-11: *Modigliani/Miller*-These I mit Körperschaftsteuer

Ausgehend von den Beziehungen aus Tab. I-11 lassen sich die Marktwerte der jeweiligen Unternehmen ermitteln, wobei in beiden Fällen zur Vereinfachung von weiterhin einem EBIT-Wert als unendlichem Zahlungsstrom ausgegangen wird. Für das **unverschuldete Unternehmen** (U-AG) ergibt sich demnach:

$$GK_{MU} = [EBIT \cdot (1 - t_K)]/k_{EKtU} \qquad \text{(I-29)}$$

mit

$k_{EKtU}$ = Eigenkapitalkostensatz nach Steuern des unverschuldeten Unternehmens.

Analog ergibt sich für das **verschuldete Unternehmen** (V-AG):

$$GK_{MV} = \frac{EBIT \cdot (1 - t_K)}{k_{EKtV}} + \frac{t_K \cdot i \cdot FK_{MV}}{i} \qquad \text{(I-28b)}$$

und aufgrund von Gleichung (I-28b) lässt sich Gleichung (I-29) reformulieren:

$$GK_{MV} = GK_{MU} + t_K \cdot FK_{MV} \qquad \text{(I-30)}$$

In Gleichung (I-30) ist zu beachten, dass für den Interest Tax Shield das gleiche Risiko unterstellt wurde wie für die Verschuldung, da mit dem Fremdkapitalzinssatz *i* abdiskontiert wurde. Mit den Daten der Beispielaufgabe wird nachfolgend der obige Zusammenhang veranschaulicht.

Beispiel: Es gelten folgende Daten: $FK_{MV}$ = *30.000 €*, *EBIT = 10.000 €* (unendliche Rente), $t_K$ = *0,30*, *i = 0,05*, $k_{EKt}$ = *0,08*. Aus diesen Angaben lassen sich die Marktwerte der U-AG und der V-AG ermitteln.

Der Marktwert des Gesamtkapitals (und damit auch der Marktwert des Eigenkapitals) der U-AG beträgt:

$$GK_{MU} = \frac{10.000 \cdot (1 - 0,3)}{0,08}$$

$GK_{MU} = 87.500$ €.

Entsprechend errechnet man den Marktwert der V-AG nach Gleichung (I-28b) wie folgt:

$$GK_{MV} = \frac{10.000 \cdot (1 - 0,30)}{0,08} + \frac{0,30 \cdot 0,05 \cdot 30.000}{0,05}$$

$GK_{MV} = 87.500 + 9.000$

$GK_{MV} = 96.500$ €.

Der Marktwert des Eigenkapitals der V-AG beträgt dann:

$EK_{MV} = GK_{MV} - FK_{MV} = 96.500 - 30.000 = 66.500$ €.

**These II**

Durch den Anstieg des Verschuldungsgrads wächst auch das Risiko des Eigenkapitalanteils. Auch hier gilt wie schon im *Modigliani/Miller*-Modell ohne Körperschaftsteuer, dass seitens der Eigenkapitalgeber eine Kompensation für die gestiegene Risikoübernahme in Form einer mit dem Risiko wachsenden geforderten Rendite bestehen muss, um sie zum Halten ihrer Anteile zu bewegen. Formal bedeutet dies für die von den Eigenkapitalgebern geforderte Rendite gegenüber dem verschuldeten Unternehmen (= $k_{EK^*V}$):

$$k_{EK^*V} = k_{EKtV} + FK_{MV}/EK_{MV} \cdot (1 - t_K) \cdot (k_{EKtV} - i) \qquad \text{(I-31)}$$

Auch hierzu soll eine Beweisführung erfolgen. Hierbei dient als Ausgangspunkt die aus (I-30) gewonnene Gleichung für das verschuldete Unternehmen:

$$GK_{MU} + (t_K \cdot FK_{MV}) = EK_{MV} + FK_{MV} \quad \text{(I-32)}$$

Hieraus lässt sich die Gleichung für den Zahlungsstrom des Einkommensanspruchs des Gesamtkapitals (= $Y_V$) ableiten:

$$Y_V = k_{EKtV} \cdot GK_{MU} + i \cdot t_K \cdot FK_{MV}\text{, bzw.} \quad \text{(I-33a)}$$

$$Y_V = k_{EK^*V} \cdot EK_{MV} + i \cdot FK_{MV} \quad \text{(I-33b)}$$

Gleichungen (I-33a) und (I-33b) können gleichgesetzt werden:

$$k_{EKtV} \cdot GK_{MU} + i \cdot t_K \cdot FK_{MV} = k_{EK^*V} \cdot EK_{MV} + i \cdot FK_{MV} \quad \text{(I-33c)}$$

Durch Auflösung nach der geforderten Eigenkapitalrendite ergibt sich aus Gleichung (I-33c):

$$k_{EK^*V} = GK_{MU}/EK_{MV} \cdot k_{EKtV} - (1 - t_K) \cdot FK_{MV}/EK_{MV} \cdot i \quad \text{(I-34)}$$

Wegen Gleichung (I-32) lässt sich vorhergehende Gleichung (I-34) reformulieren:

$$k_{EK^*V} = [EK_{MV} + (1 - t_K) \cdot FK_{MV}]/EK_{MV} \cdot k_{EKtV} - (1 - t_K) \cdot FK_{MV}/EK_{MV} \cdot i \quad \text{(I-35)}$$

woraus der zu beweisende Zusammenhang gemäß Gleichung (I-31) folgt:

$$k_{EK^*V} = k_{EKtV} + FK_{MV}/EK_{MV} \cdot (1 - t_K) \cdot (k_{EKtV} - i) \quad \text{(I-36)}$$

Auch hierzu soll ein Beispiel illustrieren:

Beispiel: Es gelten die Daten des vorangegangenen Beispiels zur U-AG und zur V-AG. Errechnet werden soll jetzt die geforderte Eigenkapitalrendite für die V-AG unter Berücksichtigung von Körperschaftsteuer und Verschuldung:

$$k_{EK^*V} = 0{,}08 + \frac{30.000}{70.000} \cdot 0{,}70 \cdot (0{,}08 - 0{,}05)$$

$$k_{EK^*V} = 0{,}089.$$

Der Wert des Eigenkapitals der V-AG ist demnach:

$EK_{MV} = \frac{EBIT - i \cdot FK_{MV}}{k_{EK^*V}} \cdot (1 - t_K)$. Übertragen auf die Beispieldaten der V-AG errechnet man:

$$EK_{MV} = \frac{(10.000 - 0{,}05 \cdot 30.000)}{0{,}089 \cdot 0{,}7} = 136.436{,}60\ €\ .$$

Instruktiv ist ergänzend die Betrachtung der Wirkung der Kapitalstruktur und ihrer Änderung auf die Eigenkapitalanteile, d.h. hier der Aktienkurse eines unverschuldeten Unternehmens.

Bei einem Marktwert des unverschuldeten Unternehmens U-AG in Höhe des zuvor errechneten Betrags von *87.500 €* und einer angenommenen Anzahl von *10.000* Stück ausgegebener Aktien der U-AG ergibt sich ein Aktienkurs in Höhe von *8,75 €*. Im nächsten Schritt sei nun von der U-AG angekündigt, durch einen Aktienrückkauf in Höhe von *30.000 €* in gleichem Umfang einen Kredit aufzunehmen (Zur Vereinfachung wird anstelle der Bezeichnung U-AG nach der Verschuldung von der V-AG gesprochen).

Aufgrund des mit der Verschuldung möglich gewordenen Interest Tax Shield und Kenntnis dieses Effekts bei den Kapitalmarktteilnehmern müsste es mit der Ankündigung zur Kapitalumstrukturierung seitens der Unternehmensleitung zu einer Erhöhung des Marktwerts der V-AG um den Barwert des Interest Tax Shield kommen (bei i = *0,05*): $t_K \cdot FK_{MV} = 0{,}3 \cdot 30.000 = 9.000$ €. Der neue Marktwert des Gesamtkapitals, d.h. des Unternehmens V-AG, beträgt daraufhin *96.500 €*, was einem Kurs in Höhe von *9,65 €* pro Aktie der V-AG entspricht. Der Aktienrückkauf im Umfang von *30.000 €* als äquivalente Operation zur Kapitalumstrukturierung erbringt, dass zum Aktienkurs von *9,65 €* insgesamt *3.108,8083* Aktien erhältlich sind (*30.000 €/ 9,65 €*). Nach Abschluss des Rückkaufs ergibt sich folgender Marktwert der U-AG: Von den ursprünglich *10.000* Stück Aktien verbleibt noch ein Rest von *6.891,1917* im Markt, der den Marktwert des Eigenkapitals des Unternehmens ausdrückt, der jetzt aufgrund der eingetretenen Verschuldung den Marktwert der V-AG repräsentiert. Wiederum ausgehend von den Ergebnissen des vorangegangenen Beispiels kann der Wert $EK_{MV}$ mit dem Betrag *66.500 €* zugrunde gelegt werden. Der Kurs der Aktie der V-AG (vormals U-AG) beträgt dann *9,65 €* (*66.500/6.891,1817*).

Eine zentrale Erkenntnis aus dem vorangegangenen Beispiel ist, dass sich der Aktienkurs bereits mit der Ankündigung des Aktienrückkaufs und der Kompensation des Gesamtkapitals durch Aufnahme von Fremdkapital verändert. Durch die Kapitalumstrukturierung hin zu einer Verschuldung (bzw. erhöhten Verschuldung) lassen sich neben der Marktwertsteigerung auch die Gesamtkapitalkosten senken.

*Im Handelsblatt vom 11.11.1998 war hierzu folgende Meldung zu lesen, die auszugsweise wiedergegeben ist:*

*„Die Schering AG kauft als erstes deutsches Unternehmen eigene Aktien an der Börse zurück. (...) Rückkäufe steigern die Gewinnanteile der verbleibenden Aktien und führen so oft zum Anstieg der Kurse. Außerdem erschweren sie Übernahmen. An der Frankfurter Börse stiegen Schering gestern bis Börsenschluss um 7,30 DM oder rund 4% auf 194,50 DM. Wie Schering haben sich über 50 börsennotierte deutsche Gesellschaften von ihren Aktionären „Buy Backs" genehmigen lassen. Die Geltung solcher Hauptversammlungsbeschlüsse ist gesetzlich auf 18 Monate, der Umfang auf je 10% des Grundkapitals begrenzt (...)."*

### 5.2.2.3 Erweitertes *Modigliani/Miller*-Modell mit Insolvenzkosten

Die Asymmetrie der Fremd- gegenüber der Eigenfinanzierung bezüglich der Marktwert- und Kapitalkostenwirkung lässt es als Strategie einer Finanzierung für die Unternehmensleitung naheliegend erscheinen, einen optimalen Verschuldungsgrad mit *100%* anzustreben. Unberücksichtigt blieben bislang die Folgen wachsender Verschuldung, die sich in Form von Insolvenzkosten ergeben.

| | **Unternehmen I (Angaben in €)** | | **Unternehmen II (Angaben in €)** | |
|---|---|---|---|---|
| | Boom | Rezession | Boom | Rezession |
| Wahrscheinlichkeit | *0,5* | *0,5* | *0,5* | *0,5* |
| EBIT | *100* | *50* | *100* | *50* |
| Zinsen und Tilgung | *49* | *49* | *60* | *(60)→ 50* |
| Ausschüttung an Eigenkapitalgeber | *51* | *1* | *40* | *0* |

Tab. I-12: Fall zweier Unternehmen im Lichte der Insolvenz

Zuerst sei auf einer einfachen Stufe der Fall der Unternehmensinsolvenz ohne Körperschaftsteuer und Insolvenzkosten betrachtet. Zugrunde gelegt wird wiederum ein Fremdkapitalzinssatz in Höhe von *5%*. Es werden zwei Unternehmen betrachtet, die beide annahmegemäß identische Gewinne, gemessen im EBIT und Eintrittswahrscheinlichkeiten in Abhängigkeit von konjunkturellen Situationen aufweisen. Die Unternehmen unterscheiden sich in ihrer Kapitalstruktur. Es wird ferner angenommen, dass risikoneutrale Kapitalgeber existieren. Aus Tab. I-12 seien Datenkonstellationen zur numerischen Veranschaulichung betrachtet (Ein-Periodenmodell). Es wird ersichtlich, dass bei Eintritt einer konjunkturellen Rezession für die Kapitalgeber in Unternehmen II der verfügbare Betrag des EBIT in Höhe von *50 €* nicht ausreicht, um die Forderungen der Kreditkapitalgeber in Höhe von *60 €* zu befriedigen, was den Insolvenzfall für Unternehmen II auslöst. Die Kreditkapitalgeber erleiden in dieser Fallkonstruktion also einen Forderungsausfall in Höhe von *10 €*, die Eigenkapitalgeber wiederum verfügen über keinerlei Ausschüttungsbetrag. Es soll nun gezeigt werden, dass unter diesen Bedingungen der Marktwert des Gesamtkapitals beider Unternehmen identisch ist:

$$EK_I = \frac{0{,}5 \cdot 51 + 0{,}5 \cdot 1}{1{,}05} = 24{,}76 \qquad EK_{II} = \frac{0{,}5 \cdot 40 + 0{,}5 \cdot 0}{1{,}05} = 19{,}05$$

$$FK_I = \frac{0{,}5 \cdot 49 + 0{,}5 \cdot 49}{1{,}05} = 46{,}67 \qquad FK_{II} = \frac{0{,}5 \cdot 60 + 0{,}5 \cdot 50}{1{,}05} = 52{,}38$$

$$GK_I = 46{,}67 + 24{,}76 = 71{,}43 \qquad GK_{II} = 52{,}38 + 19{,}05 = 71{,}43$$

Im Ergebnis zeigt sich ein identischer Marktwert beider Unternehmen trotz des bei Unternehmen II bestehenden Insolvenzrisikos. Unter den möglichen alternativen konjunkturellen Umweltbedingungen lässt sich für Unternehmen II der effektive Kapitalkostensatz der Fremdkapitalposition ermitteln (unter der Voraussetzung einer einperiodigen Laufzeit und einer Fremdkapitalposition in Höhe von *50 €* aus obiger Kalkulation):

(Zinsen und Tilgung/Fremdkapitalposition Unternehmen II) *–1*

→ *60/50 – 1 = 0,2* für den Umweltzustand „Boom"

→ *50/50 – 1 = 0* für den Umweltzustand „Rezession"

Im nächsten Schritt sollen Insolvenzkosten eingeführt werden. Sie betragen annahmegemäß *15 €*. Es wird wiederum die Auswirkung auf die beiden Unternehmen betrachtet:

| | **Unternehmen I (Angaben in €)** | | **Unternehmen II (Angaben in €)** | |
|---|---|---|---|---|
| | Boom | Rezession | Boom | Rezession |
| Wahrscheinlichkeit | *0,5* | *0,5* | *0,5* | *0,5* |
| EBIT | *100* | *50* | *100* | *50* |
| Zinsen und Tilgung | *49* | *49* | *60* | *(60)→ 35* |
| Ausschüttung an Eigenkapitalgeber | *51* | *1* | *40* | *0* |

Tab. I-13: Fall zweier Unternehmen mit Insolvenzkosten

Der Marktwert des Unternehmens II sinkt unter Berücksichtigung der Insolvenzkosten:

$$EK_{II} = \frac{0{,}5 \cdot 40 + 0{,}5 \cdot 0}{1{,}05} = 19{,}05$$

$$FK_{II} = \frac{0{,}5 \cdot 60 + 0{,}5 \cdot 35}{1{,}05} = 45{,}24$$

$$GK_{II} = 19{,}05 + 45{,}24 = 64{,}29$$

(Zinsen und Tilgung/Fremdkapitalposition Unternehmen II) *–1*

→ *60/45,24 – 1 = 0,3263* für den Umweltzustand „Boom"

→ *35/45,24 – 1 = -0,2264* für den Umweltzustand „Rezession"

Aus der Berechnung des Marktwerts der Fremdkapitalposition und des Fremdkapitalkostensatzes folgt, dass Fremdkapitalgeber bei Kenntnis des Insolvenzrisikos und entsprechender Kosten eines Unternehmens nicht bereit sein werden, für eine Fremdkapitalposition mehr als *45,24* € zu zahlen (z.B. ausgedrückt in einem Gebot von Anlegern für eine Anleihe von Unternehmen II). Erkennen die Fremdkapitalgeber dies als fairen Preis ihrer Fremdkapitalposition, tragen die Eigenkapitalgeber alleinig die Insolvenzkosten. Die Folgen der unterschiedlichen Ansätze im *Modigliani/Miller*-Modell hinsichtlich Körperschaftsteuer und Insolvenzkosten lassen sich in Abb. I-67 ablesen. Im Fall der Integration von Insolvenzkosten wäre – im Gegensatz zu den bisherigen Schlussfolgerungen – eine optimale Fremdkapitalausstattung gegeben (*FK**).

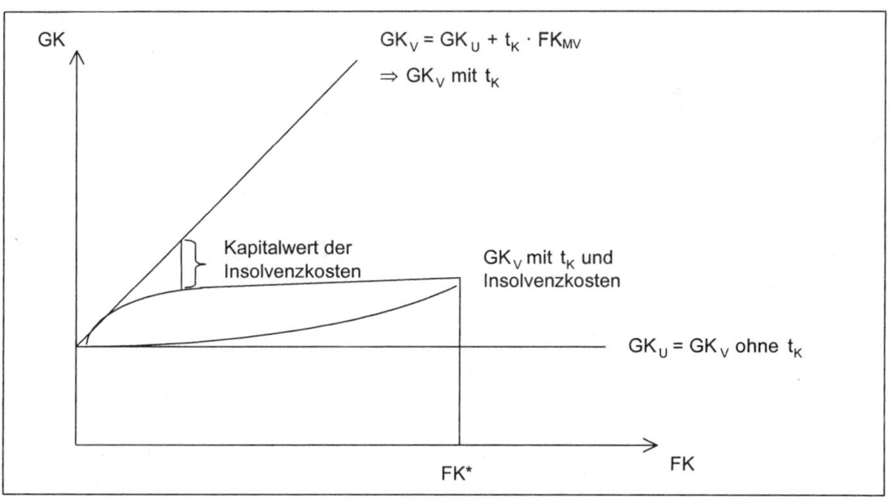


Abb. I-67: Marktwertentwicklung und Verschuldungsgrad des *Modigliani/Miller*-Modells bei unterschiedlichem Design

### 5.2.2.4 *Miller*-Modell mit Körperschaft- und Einkommenssteuer

In einer abschließenden Betrachtung soll die steuerliche Komplexität auf Unternehmenswert und Kostensätze sowie die Auswirkungen auf die Verschuldungsstrategie um die Einführung der Einkommens- zusätzlich zur Körperschaftsteuer ergänzt werden. Zu diesem Zweck wird der (marginale) Einkommenssteuersatz (= $t_E$) eingeführt. Er bezieht sich einerseits auf die Besteuerung der Einkommen der Eigenkapitalgeber (= $t_{E\text{-}EK}$) und zum anderen auf die Besteuerung der Einkommen der Fremdkapitalgeber (z.B. in Form der Zinsabschlagsteuer bei einer als Anleihe verbrieften Fremdkapitalposition) (= $t_{E\text{-}FK}$). Auch hierzu soll wieder anhand eines Beispiels argumentiert werden (vgl. *Miller* 1977).

Aus Tab. I-14 ist ersichtlich, dass der gesamte Zahlungsstrom des Einkommensanspruchs von Eigen- und Fremdkapitalgeber im verschuldeten Unternehmen II gegenüber dem unverschuldeten Unternehmen höher ist ($Y_V > Y_U$). Diese Konstellation resultiert aus dem Verhältnis der gewählten Größen für die Steuersätze und kann unter anderen Wertkonstellationen auch zu umgekehrten Vorteilhaftigkeiten führen. Unter den in obigem Beispiel vorliegenden Bedingungen würde aus Kapitalgeber- bzw. Anlegersicht der Wechsel einer Anlage vom unverschuldeten in das verschuldete Unternehmen von Vorteil sein.

Beispiel: Es gelten die bisherigen Datenkonstellationen aus Abschnitt 5.2.2.2 bezüglich der unverschuldeten U-AG und der verschuldeten V-AG. Zur Ergänzung werden die Steuer-Daten vorgegeben: $t_{E\text{-}EK}$, $t_{E\text{-}FK}$ = *0,25*.

| | **Unternehmen U-AG (Angaben in €)** | **Unternehmen V-AG (Angaben in €)** |
|---|---|---|
| EBIT | *10.000* | *10.000* |
| ./. Fremdkapitalzinsen ($i$ = *0,05*) | - | *1.500* |
| = EBT (Earnings before Taxes) | *10.000* | *8.500* |
| ./. Körperschaftsteuer ($t_K$ = *0,30*) | *3.000* | *2.550* |
| = Reingewinn (EAT, Nettoerfolgsstrom) | *7.000* | *5.950* |
| ./. Einkommenssteuern auf Eigenkapitalanteil ($t_{E\text{-}EK}$ = *0,25*) | *1.750* | *1.487,50* |
| = Einkommen der Eigenkapitalgeber nach Steuer (= $Y_{EK}$) | *5.250* | *4.462,50* |
| Fremdkapitalzinsen ($i$ = *0,05*) | - | *1.500,50* |
| ./. Einkommenssteuern auf Fremdkapitalanteil ($t_{E\text{-}FK}$ = *0,25*) | - | *375* |
| = Einkommen der Fremdkapitalgeber nach Steuer (= $Y_{FK}$) | - | *1.125* |
| Zahlungsstrom des Einkommensanspruchs des Gesamtkapitals ($Y_V$ bzw. $Y_U$) | *5.250* | *5.587,50**)* |

*) Einkommen der Eigenkapitalgeber nach Steuer *4.462,50* € + Einkommen der Fremdkapitalgeber nach Steuer *1.125* €

Tab. I-14: *Miller*-These I mit Einkommenssteuer

Auch für den hier konstruierten steuerlichen Fall des *Miller*-Modells lässt sich eine Überprüfung der Thesen des *Modigliani/Miller*-Theorems durchführen.

**These I**

Der Marktwert des verschuldeten Unternehmens entspricht dem Marktwert des unverschuldeten Unternehmens zzgl. des Marktwerts des erweiterten Interest Tax Shield aufgrund der Verschuldung, d.h. es gilt

$$GK_{MV} = GK_{MU} + \left[1 - \frac{(1-t_K)\cdot(1-t_{E-EK})}{(1-t_{E-FK})}\right]\cdot FK_{MV} \qquad \text{(I-37)}$$

Mittels Variation der relativen Verhältnisse der Einkommenssteuer auf Einkommen aus dem Fremdkapital im Verhältnis zum Produkt von Einkommenssteuer auf Einkommen der Eigenkapitalgeber und Körperschaftsteuer lassen sich unterschiedliche Wertentwicklungen des Marktwerts des verschuldeten Unternehmens in Abhängigkeit vom Verschuldungsgrad abbilden. In Abb. I-68 wird dies für wesentliche Fallunterscheidungen vollzogen.

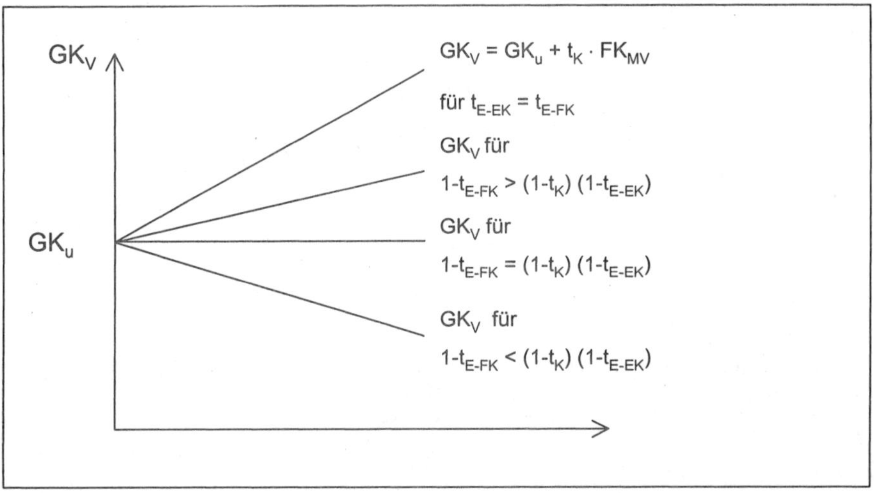


Abb. I-68: Marktwert des verschuldeten Unternehmens bei alternativen steuerlichen Verhältnisbildungen

Aus Abb. I-68 kann gefolgert werden, dass im Fall einer betraglichen Identität von Einkommenssteuersatz bezüglich Fremd- und Eigenkapitalgeber ($t_{E-EK} = t_{E-FK}$) die Erkenntnisse aus dem *Modigliani/Miller*-Modell unter Einschluss der Körperschaftsteuer (s. Abschnitt 5.2.2.2) erhalten bleiben. Sollte der Einkommensteuersatz der Eigenkapitalgeber unterhalb desjenigen für Fremdkapitalgeber liegen ($t_{E-EK} < t_{E-FK}$) so schwindet der Steuervorteil. Kein Steuervorteil existiert in der Konstellation $(1 - t_{E-EK})(1 - t_k) = (1 - t_{E-FK})$.

Des Weiteren lassen sich die Zahlungsströme der Einkommen der Kapitalgeber für das unverschuldete und das verschuldete Unternehmen nach Abzug von Einkommens- und Körperschaftssteuer ermitteln.

Für das unverschuldete Unternehmen folgt:

$$Y_U = EBIT \cdot (1 - t_k)\,(1 - t_{E-EK}) \qquad \text{(I-38)}$$

Analog ermittelt man unter Berücksichtigung der Interest Tax Shield den Wert für das verschuldete Unternehmen:

$$Y_V = (EBIT - k_{FK} \cdot FK_{MV})\,(1 - t_K)\,(1 - t_{E\text{-}EK}) + k_{FK} \cdot FK_{MV} \cdot (1 - t_{E\text{-}FK}) \qquad \text{(I-39)}$$

Gleichung (I-39) lässt sich durch Umformulierung so darstellen, dass in ihr der Term für das unverschuldete Unternehmen isolierbar wird:

$$Y_V = EBIT \cdot (1 - t_K)\,(1 - t_{E\text{-}EK}) + k_{FK} \cdot FK_{MV} \cdot (1 - t_{E\text{-}FK}) \cdot \left[1 - \frac{(1-t_K)\cdot(1-t_{E-EK})}{(1-t_{E-FK})}\right] \qquad \text{(I-40)}$$

Bei entsprechender Verfügbarkeit von Zahlungsströmen über einen unendlich langen Zeitraum ist der Marktwert des Unternehmens kalkulierbar. Zu beachten ist hierbei für die Barwertbildung, dass EBIT mit dem Kalkulationszinsfuß $k_{EKU^*}$ und der Barwert des Fremdkapitals wegen des adäquaten Risikos mit dem Fremdkapitalzinssatz *i* diskontiert werden. Die Einkommenssteuer kann entweder über die Zahlungsgröße für das Einkommen der Eigenkapitalgeber oder alternativ für die Fremdkapitalgeber erfasst werden. Für das verschuldete Unternehmen ermittelt sich der Marktwert dann wie folgt:

$$GK_{MV} = \frac{Y_U}{(1-t_{E-EK})\cdot k_{EKU^*}} + \frac{i \cdot FK_{MV}(1-t_{E-FK})\left[1 - \frac{(1-t_K)\cdot(1-t_{E-EK})}{(1-t_{E-FK})}\right]}{i \cdot (1-t_{E-FK})} \qquad \text{(I-41)}$$

$$= GK_{MU} + FK_{MV}\left[1 - \frac{(1-t_K)\cdot(1-t_{E-EK})}{(1-t_{E-FK})}\right]$$

<u>Beispiel:</u> Aufbauend auf den bisherigen Daten aus diesem Abschnitt und Abschnitt 5.2.2.2 sollen die Marktwerte der U-AG und der V-AG berechnet werden (mit dem Wert für die Renditeforderung der Eigenkapitalgeber vor Steuer: $k_{EK^*V} = 0{,}089$). Geändert werden soll in dieser Beispieldarstellung die Identität der beiden Einkommensteuersätze, d.h. es gelten $t_{E\text{-}FK} = 0{,}25$ und $t_{E\text{-}EK} = 0{,}15$.

Marktwert der U-AG ist dann:

$$GK_{MU} = \frac{10.000 \cdot (1 - 0{,}3)}{0{,}089} = 87.500\ €$$

Der Marktwert des verschuldeten Unternehmens (V-AG) errechnet sich wie folgt:

$$GK_{MV} = 87.500 + 30.000 \cdot \left[1 - \frac{(1 - 0{,}3)\cdot(1 - 0{,}15)}{1 - 0{,}25}\right] = 93.700\ €\,.$$

Variiert man nun die Grenzsteuersätze der Einkommenszahlungen der Kapitalgeber, so lassen sich unterschiedliche Wirkungen für die Kreditpolitik der Unternehmensleitung und die Nachfrage nach Fremdkapitalpositionen auf Seiten der Kreditgeber unterscheiden. Zu diesem Zweck wird vereinfachend unterstellt, ein vollständig eigenfinanziertes Unternehmen bilde den Ausgangspunkt der Betrachtung. Weiterhin bleibt die Annahme risikoneutraler Kapitalgeber erhalten. Zur Veranschaulichung werden wiederum die Daten des bisherigen Zahlenbeispiels verwendet, wobei der Einkommenssteuersatz für Einkommen der Eigenkapitalgeber null betragen soll. Alle anderen Werte bleiben unverändert.

**These II**

Es lässt sich nun zeigen, dass eine Kreditaufnahme und damit Verschuldung eines Unternehmens unter den vorgegebenen Bedingungen effizient ist, wenn der Zahlungsstrom, den das Unternehmen nach dem Steuervorteil $[(1 - t_K) \cdot i]$ an die Kreditgeber zahlen muss, unterhalb der Rendite liegt, der vom Unternehmen an die Eigenkapitalgeber zu leisten ist (= $k_{EK^*V}$):

$[(1 - t_K) \cdot i] < k_{EK^*V}$.

Übertragen auf die Werte des Beispielfalls folgt demnach: $i \leq 0{,}1271428$.

Die Kreditgeber werden Kreditpositionen nachfragen, d.h. Kredit dem Unternehmen anbieten, sofern die geforderte Eigenkapitalrendite unterhalb der Fremdkapitalrendite nach Steuer $[(1 - t_{E\text{-}FK}) \cdot i]$ liegt:

$[(1 - t_{E\text{-}FK}) \cdot i] > k_{EK^*V}$ bzw. $i \geq k_{EK^*V} / 1 - t_{E\text{-}FK}$.

Die Unternehmensleitung wird daraufhin eine Zunahme der Kreditfinanzierung gegenüber der Beteiligungsfinanzierung präferieren, bis eine betragliche Identität zwischen den beiden vorgenannten Optimierungsbedingungen hergestellt ist. Auf der Grundlage der Beispieldaten folgt ein Einkommenssteuersatz für die Fremdkapitalgeber in Höhe von *30%*:

Bei errechnetem Wert für $i = 0{,}1271428$ folgt aus obiger Relation für den gesuchten Wert $t_{E\text{-}FK} = 1 - 0{,}089/0{,}1271428 = 0{,}30$.

Die Konsequenz für die Finanzierungs- und Verschuldungspolitik der Unternehmensleitung aus diesem Ergebnis ist, dass sie in dem Umfang Kreditpositionen den Fremdkapitalgebern anbieten, dass Fremdkapitalgeber mit einem Steuersatz unter *30%* Kreditpositionen halten. Die übrigen Kapitalgeber mit höherem Einkommenssteuersatz halten dann Eigenkapitalpositionen.

Ein anderer Aspekt im Rahmen der optimalen Verschuldungsstruktur berührt die Informationsverteilungsstruktur. So wurde bereits in Abschnitt vier darauf hingewiesen, dass die Unternehmensleitung i.d.R. besser über die gegenwärtigen und zukünftigen wirtschaftlichen sowie finanziellen Verhältnisse des Unternehmens informiert ist, als es Kreditgeber und Eigenkapitalgeber sein können (**asymmetrische Informationsverteilung**). Für diese Außenstehenden (= Outsider) ist das Risiko, welches sie mit ihrer Finanzmittelvergabe tragen, nicht direkt beobachtbar. Sie müssen sich auf möglichst zuverlässige Signale der Unternehmensleitung verlassen können, um so das wahre Risiko abzuschätzen. Die Art und Weise, wie die Unternehmensleitung informiert ist, ist von entscheidender Bedeutung für die Unternehmung, zusätzliches Eigen- und Fremdkapital in Zukunft zu akquirieren.

Diese Überlegungen weisen den Weg in eine neuere Betrachtungsweise der optimalen Verschuldungsstruktur, die das *Modigliani/Miller*-Modell als Ausgangsbasis für die Suche nach verfeinerten Determinanten hat.

## 5.3 Determinanten der Verschuldungsstruktur

Hätte das *Modigliani/Miller*-Theorem Gültigkeit, so wären im Grunde ideale Zustände für die Unternehmensfinanzierung vorhanden: Für alle Unternehmen bestünde der gleiche Zugang zu den Kapitelgebern und –quellen; die Finanzierung wäre zudem von den Kapitalkosten unabhängig und ausschließlich durch das Geschäftsrisiko bestimmt. In der Tat scheint die in den 90er Jahren beobachtbare schnelle und hohe Innovationstätigkeit von Anbietern von Finanzprodukten einen Hinweis auf eine gewisse praktische Relevanz des *Modigliani/Miller*-Theorems zu geben. „But for students or practitioners of corporate finance, the Modigliani and Miller propositions are benchmarks, not end results. The propositions say that financing does not affect value except for specifically identified costs or imperfections" (*Myers* 2000, S. 86). Stattdessen ist die Verschuldung ein unternehmensindividuelles Optimierungsproblem, basierend auf einer Reihe von Determinanten, die im Einzelfall in der jeweiligen Unternehmenssituation und aus dem Blickwinkel des Informationsinteressenten gewürdigt werden müssen. Nachfolgend werden die derzeit **vorherrschenden theoretischen Zweige zur** Erklärung der **Verschuldungsstruktur** von Unternehmen aufgezeigt.

### 5.3.1 Tradeoff-Theorie

Aufgrund der steuerlichen Anrechenbarkeit von Kreditzinsen und der Einkommensteuerreduktion, zuvor als Interest Tax Shield bezeichnet, postuliert ein Zweig der Theorien zur Verschuldung einen Zusammenhang zwischen Kreditkapital und einkommenssteuerlichem Vorteil. Dieser Tradeoff-Theorie zufolge strebt die Unternehmensleitung ein **Gleichgewicht** in der Verschuldungshöhe an. Ein Unternehmen wird demzufolge solange zusätzlich Kredit aufnehmen, bis der ausgelöste zusätzliche **Barwert des Steuervorteils** gerade dem Anstieg des Kapitalwerts der mit der Kreditaufnahme verbundenen möglichen **Kosten der Insolvenz** entspricht. Als Folge davon müssten Unternehmen mit hohen Gewinnen hohe Verschuldungsgrade haben. Für sie ist es wirtschaftlich vorteilhaft, ihre hohen Steuerbemessungsgrundlagen zu reduzieren, wozu eine steigende Verschuldung via Interest Tax Shield geeignet wäre.

Aus empirischer Sicht kann der Tradeoff-Theorie kein hoher Gehalt für eine grundsätzliche Erklärung von Verschuldungsstrukturen und –strategien bescheinigt werden. So weisen die meisten wirtschaftlich erfolgreichen Unternehmen niedrige Verschuldungsgrade auf, was in einer empirischen Studie von *Graham* (2000) umfassend herausgearbeitet wurde. *Myers* (1984) wies bereits früher schon in seiner Analyse empirischer Arbeiten zu Verschuldungstheorien auf die mangelnde Erklärungskraft der Tradeoff-Theorie für beobachtbare Verschuldungsgrade hin.

Zwar kann der Tradeoff-Theorie keine Eignung zur Formulierung einer **Verschuldungsstrategie** zukommen, dennoch kann sie zur Erklärung **taktischer Finanzpolitik** des Managements einigen Gehalt aufweisen. Beispielsweise weist *Graham* (1996) in einer früheren empirischen Untersuchung nach, dass bei amerikanischen Unternehmen aufgrund von Veränderungen in der Zusammensetzung langfristiger Kreditpositionen eine Abhängigkeit zum effektiven Grenzsteuersatz der betrachteten Unternehmen vorhanden war. Ebenfalls Hinweise aus der Empirie für die operative Bedeutung von steuerlichen Überlegungen in der Finanzierung lieferte *MacKie-Mason* (1990). Er fand in seiner empirischen Untersuchung heraus, dass Unternehmen ihren Fremdkapitalbedarf dann durch Aktienausgabe (anstelle von Kreditaufnahmen) decken, wenn sie niedrige Grenzsteuersätze aufweisen. Und die immer wiederkehrenden zahlreichen **Innovationen** von Finanzintermediären zur Schaffung **steuervermeidender Finanzprodukte** belegen die Signifikanz steuertaktischer Aspekte für die Wahl einzelner Finanzierungsformen – sie sind aber nicht geeignet, um eine generelle Aussage über eine rationale Verschuldungsstrategie zu formulieren (vgl. *Myers* 2000, S. 91).

### 5.3.2 Pecking Order-Theorie

Können Unsicherheiten, die durch Kapitalnehmer (und mit Einschränkungen auch durch Kapitalgeber) verursacht werden, nicht abgebaut werden, kämen im Extremfall keine Beteiligungs- und Fremdfinanzierungen zustande und die **Finanzmärkte** würden **nicht funktionieren**. Im weniger extremen Fall kommt es für die Unternehmensleitung zu **Kapitalrationierungen**: Da die Kapitalgeber nur begrenzte Informationen über das wahre Risiko der Kapitalvergabe haben, können sie keine risikoadäquaten Verträge formulieren. Sie beschränken den Umfang der Finanzmittelvergaben, und fordern zudem als Fremdkapitalgeber Sicherheiten oder als Eigenkapitalgeber Risikozuschläge. Sofern Fremdkapitalgeber Unternehmen in Ertrags-/Risikoklassen einordnen können, besteht zudem die Gefahr, dass einige Kapitalnehmer von der Kreditvergabe ganz ausgeschlossen werden (vgl. *Jaffee/ Stiglitz* 1990). Die Unternehmensleitung ist daher angewiesen, Informationen über ihre Investitionspolitik an die Kapitalnehmer preis zu geben, wenn das Management Mittel der Außenfinanzierung akquirieren möchte. Damit setzt sich das Management in seiner Investitionspolitik und deren Rendite-/Risikostruktur externer Kontrolle aus, wodurch dessen Entscheidungsfreiheit begrenzt wird.

Die Theorie der **Pecking Order** („Hackordnung") basiert auf der asymmetrischen Informationsverteilung zwischen Management und Kapitalgeber. Sie lässt sich als Ausdruck für die Dominanz von Anreizproblemen hinsichtlich des Arbeitseinsatzes der Unternehmensleitung werten: Mit dem präferierten Zugriff auf **Innenfinanzierungsmittel** kann sich die Unternehmensleitung am ehesten der Kontrolle der Kapitalgeber entziehen und für Kapitalgeber als Prinzipale ist es i.d.R. schwierig, denjenigen Ertragsteil eines Investitionsobjekts zu bestimmen, der auf die Leistung der Unternehmensleitung eindeutig zurückzuführen ist. „A company which makes no direct use of the stock market as a source of capital can, apparently, proceed to make its decision confident in its immunity from (...) punishment from the impersonal mechanism of the stock market" (*Baumol* 1965, S. 70). Damit ist eine anreizorientierte Ausgestaltung von Finanzkontrakten nicht hinreichend realisierbar (vgl. *Baskin* 1989 und *Pinegar/Wilbricht* 1989).

Entsprechend der Pecking Order-Theorie werden erfolgreiche Unternehmen zu einem geringeren Anteil ihre Finanzierung aus Finanzmitteln von außen speisen, da sie über ausreichende Innenfinanzierungsmittel verfügen. In Folge dessen werden erfolgreiche Firmen einen niedrigen Verschuldungsgrad aufweisen – eine Schlussfolgerung, die durch die Beobachtungen in der Realität bestätigt wird. Verlustreiche und wenig erfolgreiche Unternehmen werden im Gegensatz dazu kaum über ein Innenfinanzierungspotenzial verfügen und auf Mittel der Außenfinanzierung angewiesen sein. Als Resultat weisen sie relativ höhere Verschuldungsgrade auf. Ebenfalls mit der Pecking Order-Theorie kann das empirisch beobachtbare Verhalten von Unternehmensleitungen erklärt werden, innerhalb der Außenfinanzierung wiederum eine Rangordnung anzustreben: die Kreditfinanzierung wird meist vor der Beteiligungsfinanzierung herangezogen, da die Mitwirkungsrechte der Kreditgeber geringer sind als die der Eigenkapitalgeber. Auch innerhalb einer Finanzierungsgruppe wird eine Hackordnung eingehalten – so z.B. von der Industrieanleihe zur Wandelschuldverschreibung oder zur Vorzugsaktie. Zusammengefasst betrachtet können die Finanzierungspräferenzen wie sie die Pecking Order-Theorie postuliert als Ergebnis einer Entscheidung nach dem Prinzip der Minimierung der Kapitalkosten verstanden werden.

Die Pecking Order-Theorie liefert dem Finanzmanagement keine normative Zielgröße (z.B. in Form eines Verschuldungsgrads), die es zu realisieren anstrebt. Unternehmensleitungen orientieren sich nicht an einer bestimmten allgemein formulierten optimalen Kapitalstruktur, sondern finanzieren zuerst mit Innenfinanzierungsmitteln, ergänzen weiteren Finanzierungsbedarf durch Aufnahme von Krediten und greifen beim restlichen Finanzbedarf auf Eigenkapitalgeber zurück.

### 5.3.3 Kapitalstruktur und Agency Costs

Grundsätzlich handelt es sich beim Problem der asymmetrischen Information um eine ungleiche Verteilung von Informationen zwischen der besser informierten **Insider-Gruppe** (= Unternehmensleitung) und der schlechter informierten **Outsider-Gruppe** (= Kapitalgeber). Die Folgen für die Funktionsfähigkeit des Marktprozesses bei asymmetrischer Informationsverteilung zwischen Anbietern und Nachfragern hinsichtlich der Qualität hat *Akerlof* (1970) prinzipiell und branchenunabhängig beschrieben: Können Produkte von Anbietern (Agenten) mit unterschiedlichen Qualitäten am Markt nicht von den Nachfragern (Prinzipalen) erkannt werden, weil die Informationen hierzu fehlen, kommt es zu einer **adversen Selektion**. Die Produkte guter Qualität scheiden im ungünstigsten Fall aus dem Markt aus, da für ihre Erstellung kein marktmäßiger Anreiz besteht. In Folge der allgemein sinkenden Durchschnittsqualitäten der restlichen Produkte kann es im Extrem zum Verbleib ausschließlich schlechter Qualitäten am Markt kommen, obwohl beide Marktseiten bereit wären, unter anderen (Informations-)Voraussetzungen Produkte höherer Qualität zu handeln. Die beschriebene Situation der adversen Selektion lässt sich auf Kapitalmärkte übertragen und in bestimmte Konfliktsituationen unterscheiden.

Der eine Konflikt betrifft die **Beziehung** zwischen **Eigenkapitalgeber und Unternehmensleitung**. Die Unternehmensleitung zeichnet aus, dass sie asymmetrisch von den Einzahlungsüberschüssen der durch sie realisierten Investitionen profitiert: Sie trägt vollständig die Verantwortung für die Investitionsaktivitäten, partizipiert aber an den Erfolgen nur teilweise. Dadurch könnten Investitionen unterbleiben, die bei Realisierung einen außerordentlich hohen Beitrag zum Unternehmenswert erbracht hätten. Der Anreiz zur Durchführung solcher Investitionen dürfte steigen, wenn die Unternehmensleitung einen höheren Anteil am Unternehmensvermögen erhält und dadurch über die Marktwertsteigerungen an rentablen Investitionen profitiert. Man erhält eine solche Anteilssteigerung zugunsten der Unternehmensleitung, indem man ihren Eigenkapitalanteil konstant hält und die zusätzlichen Investitionen mittels Fremdkapital finanziert. Die Folge wäre ein Anstieg des Verschuldungsgrads. Eine weitere positive Wirkung der steigenden Verschuldung kann darin gesehen werden, dass die „Free Cash Flows" (vgl. Abschnitt 3.4) in der Dispositionsgewalt der Unternehmensleitung reduziert werden. Dadurch sinkt die Möglichkeit der Unternehmensleitung, solche Investitionen zu tätigen, die ihnen einseitig **Perks** zu Lasten der Anteilseigner verschafft (vgl. *Jensen* 1989).

Der zweite **Konflikt** mit Wirkung auf den Verschuldungsgrad ist der zwischen **Eigenkapital- und Fremdkapitalgeber**. Wegen der Risikoaversion der Fremdkapitalgeber besteht die Gefahr, dass sie nur für solche Investitionsobjekte Finanzmittel bereitstellen, die ein geringes Risiko tragen. Diese sind dann suboptimal, gemessen an den Zielvorstellungen der Eigenkapitalgeber, die höhere Erwartungswerte interner Renditen von Investitionsobjekten bei höherer Standardabweichung aufgrund ihrer geringeren Risikoaversion anstreben. In dieser Hinsicht können die nicht realisierten, aber möglichen Investitionserträge aufgrund der suboptimalen Bereitstellung von Fremdkapital als Agency Costs der Eigenkapitalgeber verstanden werden, da dies nachteilig auf den Marktwert des Unternehmens wirkt. *Green* (1984) schlägt zur Lösung derartiger Konflikte vor, verstärkt Investitionen durch die Ausgabe von Wandel- und Optionsanleihen zu finanzieren. Unternehmen, in denen solche **hybriden Finanzinstrumente** nicht einsetzbar sind (alle Unternehmen, die nicht in der Rechtsform der AG bestehen), dürften dann zwangsläufig einen höheren Verschuldungsgrad aufweisen.

Ein weiterer **Konflikt** ist der zwischen **alten** und **neuen Aktionären**. Ein positiver Verschuldungsgrad kann nach *Majluf/Myers* (1984) bestehen, wenn der Wert der Vermögensobjekte im Unternehmen nicht ausreichend feststellbar ist. Dies kann dazu führen, dass Neuemissionen zur Finanzierung von Investitionen (mit positivem Kapitalwert) unterbleiben, wenn das Ausmaß des Underpricing des wahren Werts des Unternehmens die Gewinnmöglichkeit aus dem zur Entscheidung anstehenden Investitionsprojekt übersteigt. Für die Unternehmensleitung ist die kostengünstigste Form der Finanzierung unter dem Gesichtspunkt der asymmetrischen Informationsverteilung die **Innenfinanzierung** (s. auch Pecking Order-Theorie). Damit ist der Umfang der finanzierbaren Investitionen von vornherein begrenzt. Es besteht die Gefahr der Unterinvestition. Ein Weg der Linderung besteht im Aufbau von Signalen insbesondere durch Unternehmen, die gute Risiken darstellen. Den Kosten des Signalaufbaus stehen dann womöglich geringere Risikozuschläge oder insgesamt günstigere Kapitalkosten gegenüber.

Durch *Ross* (1977 und 1978) wurde die **Signaling-Theorie** auf die Finanzmärkte übertragen. Kapitalmarktinvestoren können aufgrund von Informationsnachteilen im Vergleich zur Unternehmensleitung den „wahren" Unternehmenswert nicht erkennen. Die Unternehmensleitung signalisiert durch den gewählten Verschuldungsgrad die Risikoklasse und somit auch den Wert des Unternehmens, an das sich ihre Vergütung knüpft. Der Kapitalmarkt wird durch die Höhe des aufgenommenen Fremdkapitals (= Signal) informiert, d.h. je größer der Fremdkapitalanteil, desto höher ist der Unternehmenswert und damit die Entlohnung. Gleichzeitig existiert das Risiko der negativen Wirkung des Leverage Effekts. Das Management wählt somit aufgrund seines Insiderwissens den adäquaten Fremdkapitalbetrag, woraus sich für den Markt der „richtige" Unternehmenswert ableitet. Im Falle eines möglichen Überschuldungskonkurses würde die Unternehmensleitung durch eine im Entlohnungssystem bedingte Vertragsstrafe (= **Incentive Schedule**) bestraft. Die Bestrafung entspricht einer Belastung des Managements mit Signaling-Kosten bei Aussenden von falschen Signalen. Es fallen zunächst keine pagatorischen Kosten an, sondern erst im Konkursfall. Eine relativ höhere Verschuldung des Unternehmens signalisiert glaubhaft einen höheren Unternehmenswert und gewährleistet damit eine Differenzierung der auf dem Kapitalmarkt gehandelten Unternehmen. Zur Umgehung solcher Probleme der Kapitalbeschaffung könnte die Unternehmensleitung dazu übergehen, **statt** der **Außenfinanzierung** verstärkt **Innenfinanzierungsquellen** für Investitionszwecke einzusetzen. Dies setzt voraus, dass der Unternehmensleitung entsprechende Innenfinanzierungsmittel zur Verfügung stehen. Einen geringeren Verschuldungsgrad wird man in solchen Unternehmen vorfinden, die auf hohe Innenfinanzierungsmittel zurückgreifen können.

Lesehinweis: Durch die Ansätze von *Ross* initiiert werden zwei Arten direkter Signale der Unternehmensleitung an den Kapitalmarkt diskutiert: Können durch Kapitalstruktur und Fristigkeit der Unternehmensfinanzierung Informationen vermittelt werden (vgl. *Hartmann-Wendels* 1990) und ist die Gewinnverwendung bzw. Dividendenausschüttung als Signal für die Unternehmensentwicklung interpretierbar (vgl. *Milde* 1990a).

### 5.3.4 Stakeholder-Ansatz

Interaktionen zwischen den **Kapitalmärkten** auf der einen Seite und **Güter-** sowie **Arbeitsmärkten** auf der anderen Seite werden im Rahmen des **Stakeholder-Ansatzes** betrachtet (vgl. *Cornell/Shapiro* 1987). Er konzentriert sich auf diejenigen Anspruchsgruppen am Unternehmen, die zwar kein Kapital der Unternehmensleitung überlassen, aber dennoch **irreversible Investitionen** getätigt haben, deren Rentabilitäten auf dem Spiel stehen können. Insofern weisen sie aus neoinstitutionenökonomischer Sicht ähnliche Merkmale auf wie Kapitalgeber. Zu dieser Gruppe zählen **Beschäftigte** eines Unternehmens, die über ganz **spezielle Kompetenzen** verfügen, die sie bei Arbeitsplatzverlust in einem anderen Unternehmen nicht wieder einsetzen könnten. Ähnliches gilt für **Zulieferer**, die hohe Investitionen getätigt haben, um ganz spezifische Vorleistungen an das abnehmende Unternehmen erbringen zu können (z.B. im Rahmen von Just-in-time-Beschaffungsstrategien) oder **Kunden**, die ihre Käufe z.B. im Vertrauen auf längerfristige Sicherstellung von Ersatzteillieferungen ausgerichtet haben (vgl. *Harris/Ravis* 1991).

Solche Koalitionäre des Unternehmens haben somit ausschließlich implizite Ansprüche hinsichtlich der Erfüllung dieser spezifischen Interessenlagen, d.h. diese Ansprüche sind juristisch nicht durchsetzbar, da sie nicht vertraglich (explizit) geregelt sind. Auf diese Weise handeln solche Anspruchsgruppen häufig im Vertrauen darauf, dass die Unternehmensleitung den spezifischen Gruppenzielsetzungen in ihren Unternehmensentscheidungen (vor allem im Rahmen der Investitionspolitik) Rechnung trägt. Ein geringer Verschuldungsgrad könnte für diese Gruppen als Signal gewertet werden, dass kurzfristige Gewinnerzielungsmöglichkeiten von der Unternehmensleitung angestrebt werden, um hohe Ausschüttungen an die Eigenkapitalgeber im Ziel der Maximierung des Shareholder Values zu ermöglichen. Dies könnte z.B. in Folge auch zu einem Arbeitsplatzabbau und damit bei Beschäftigten zu Sunk Costs führen, wenn sie in einem anderen Unternehmen ihre vormalige Fachkompetenz nicht einbringen könnten oder arbeitslos würden. Ein niedriger Verschuldungsgrad kann in diesem Sinne für die Stakeholder-Gruppen als Konflikt zu ihren eher langfristig orientierten Zielsetzungen gewertet werden. Für sie wäre ein hoher Verschuldungsgrad mit ihren Zeitpräferenzen eher vereinbar. Untersuchungen zeigen in der Tat, dass Unternehmen mit hohem gewerkschaftlichen Organisationsgrad der Beschäftigten höhere Verschuldungsgrade aufweisen. Das gleiche gilt für Unternehmen, die zwar keinen hohen Einfluss der Arbeitnehmervertretungen haben, deren Beschäftige jedoch wenig spezifische Qualifikationen aufweisen (vgl. *Glazer* 1989).

# Kapitel II Beteiligungsfinanzierung

## 1 Prinzipal-Agent-Beziehungen und Beteiligungsfinanzierung

Zwischen der Unternehmensleitung und den Eigenkapitalgebern besteht vor allem bei Kapitalgesellschaften in hohem Maß eine Informationsasymmetrie und begründet die typische Prinzipal-Agent-Relation: Die **Unternehmensleitung** nimmt eine Rolle als **Agent** ein, da sie auf Weisung der Eigentümer, d.h. der **Eigenkapitalgeber** (= **Prinzipale**), handelt. Die Eigenkapitalgeber haben ihre **Geschäftsführungsbefugnis** entweder freiwillig, d.h. auf Basis privatrechtlicher Vereinbarungen oder durch gesetzlichen Zwang (rechtsformabhängig), an die Unternehmensleitung **delegiert**. Bei Kapitalgesellschaften sieht der Gesetzgeber eine Trennung von Eigner (und damit Eigenkapitalgebern) sowie Unternehmensleitung grundsätzlich vor:

- Für die **AG** besagt § 76 Abs. 1 AktG: „Der Vorstand hat unter eigener Verantwortung die Gesellschaft zu leiten." Dieses **Strukturprinzip** der deutschen Aktienrechtsverfassung wird soweit interpretiert, dass es nach geltendem deutschen Recht für einen Vorstand einer AG nicht zwingend darauf ankommt, einen nachhaltig möglichst hohen Gewinn zu erwirtschaften. „Vielmehr liegt es durchaus im Rahmen seines unternehmerischen Ermessens (§ 76 Abs. 1 AktG), wenn er - auch außerhalb gesetzlicher Bindungen - Ziele verfolgt wie angemessene Entlohnung der Arbeitnehmer, eine Ausgestaltung der betrieblichen Arbeitsbedingungen, die darauf Rücksicht nimmt, dass der Betrieb wesentlicher Teil der sozialen und kulturellen Umwelt des Arbeitnehmers ist, Erhaltung einer lebenswerten Umwelt, Nachwuchsförderung auch über den Bedarf des eigenen Unternehmens hinaus, Berücksichtigung gesamtwirtschaftlicher Anforderungen und nationaler Interessen" (*Baums* 1993, S. 8).
- Für die **GmbH** gilt gem. § 35 Abs. 1 GmbHG: „Die Gesellschaft wird durch die Geschäftsführer gerichtlich und außergerichtlich vertreten."

Gerade bei **Kapitalgesellschaften** ist grundsätzlich von einer Prinzipal-Agent-Relation im Sinne einer **„Eigner-Manager-Beziehung"** auszugehen. Vertraut ein Kapitalgeber seine Finanzmittel der Unternehmensleitung an, so überlässt er ihr nicht nur rein materielle Werte, sondern delegiert auch seine Entscheidungs- und Verfügungsrechte. Der Grund für diese **Funktionstrennung** basiert auf den Vorteilen der Arbeitsteilung (vgl. *Spremann* 1996, S. 674-676):

- **Spezialisierungsvorteile** entstehen, da Unternehmensleitung und Kapitalgeber nicht an einen Kooperationspartner und eine Kooperationsform gebunden sind. Die Unternehmen können stattdessen mit mehreren Kapitalgebern Finanzierungsbeziehungen eingehen und Kapitalgeber können ihre Finanzmittel auf unterschiedliche Arten von Finanzkontrakten verteilen.
- Die optimale Zusammensetzung der individuellen Portefeuilles der Kapitalgeber wird erst durch die aus dem Prozess der Spezialisierung resultierende Kontrakt- und Unternehmensvielfalt möglich. Durch entsprechende Streuung der Geldanlage auf verschiedene Unternehmen bildet ein Kapitalgeber ein Portefeuille risikotragender Wertpapiere, dessen Gesamtrisiko mit Hilfe der Technik der Portfolio Selection bis auf das systematische Risiko durch **Diversifikation** reduzierbar ist (vgl. *Schäfer* 1999a, S. 287-288).

Da die Installation einer Unternehmensleitung und Trennung von der Funktion des Unternehmenseigners mit **komparativen Vorteilen** von Managern in der **Unternehmensführung** erklärt werden muss, resultiert daraus beinahe naturgemäß auch deren **Informationsvorsprung**. Anknüpfend an die Dreiteilung der Ausprägungen von Ineffizienzen bei endogener Unsicherheit und asymmetrischer Informationsverteilung kann also im Grundsatz eine Übertragung auch auf die Eigner-Manager-Beziehung vorgenommen werden. **Qualitätsunsicherheit** kann hinsichtlich der Qualifikation der Unternehmensleitung gesehen werden, inwieweit sie in der Lage ist, die in sie gesetzten Anforderungen (= Ziele der Eigenkapitalgeber) zu erfüllen. Qualitätsunsicherheit stellt sich für den Eigner auch hinsichtlich der zu erwartenden Erträge und Risiken von Investitionsobjekten dar, die die Unternehmensleitung als delegierter Agent realisiert. Da das tatsächliche Verhalten der Unternehmensleitung für die Eigenkapitalgeber nicht oder nur sehr eingeschränkt beobachtbar ist, besteht zusätzlich die Gefahr des Fehlverhaltens der Unternehmensleitung. **Hold Up**- und **Moral Hazard**-Situationen werden in der Eigner-Manager-Problematik in folgender Ausprägung diskutiert (vgl. *Eisenberg* 1989):

- **Traditionelle Interessenkonflikte** bestehen zwischen Unternehmensleitung und Eigner in Form von Veruntreuungen, unerlaubtem Wettbewerb, Ausnutzen von Geschäftschancen und Ähnlichem.

- Mit **Drückebergerei** (sog. Shirking) wird die mangelnde Bereitschaft der Unternehmensleitung zur Anpassung an veränderte Umweltzustände beschrieben. Im Zentrum stehen dabei übersehene technologische Entwicklungen mit hoher strategischer Bedeutung für das Unternehmen und unterlassene Investitionen in das Humankapital des Unternehmens (z.B. durch geringe Fortbildung der Belegschaft). Bei **Shirking** fällt der den Eigenkapitalgebern zustehende Ertragsanteil an den Investitionen geringer aus, als bei fehlender Drückebergerei möglich gewesen wäre. Damit schädigt Drückebergerei der Unternehmensleitung die Wohlfahrtsposition der Eigenkapitalgeber.

- „**Positionelle Konflikte**" resultieren (gerade in Großunternehmen) aus dem unternehmerischen Entscheidungsspielraum der Unternehmensleitung, wenn sich diese nicht am Ziel der Maximierung des Marktwerts oder des Shareholder Values orientiert und stattdessen ihre eigenen Wohlfahrtspositionen zu verbessern sucht. Das Streben nach reinem Größenwachstum beispielsweise ist geeignet, Einfluss, Prestige oder Einkommen der Unternehmensleitung zu erhöhen und damit Teile der Investitionserträge den Eignern vorzuenthalten. Insbesondere erhöhter Konsum am Arbeitsplatz (wie luxuriöse Büroausstattungen, Firmenjets etc.) stellen Maßnahmen dar, die nicht zu einem höheren Unternehmenserfolg beitragen („Fringe Benefits"). Andere Ausprägungen positioneller Konflikte sind Verschleierungen und sonstige strategische Maßnahmen der Unternehmensleitung, die darauf abzielen, die Aufdeckung eigener Fehlentscheidungen zu erschweren und so die Arbeitsplätze des Managements sichern helfen.

Die beschriebenen Risiken aus der Beziehung zwischen Eignern und Unternehmensleitung führen zur Existenz von **Agency Costs** in der Beteiligungsfinanzierung. Vor allem das Moral Hazard-Problem sorgt dafür, dass der Eigenkapitalgeber als Outsider des Investitionsprozesses im Unternehmen nicht beobachten kann, welche Maßnahmen der Agent, d.h. die Unternehmensleitung, ergreift. Weder der Arbeitseinsatz noch die Selektion des Investitionsobjekts sind für den Prinzipal ex ante und ex post erkennbar. Lediglich das Ergebnis der Maßnahmen ist dem Eigenkapitalgeber ersichtlich, doch fehlt ihm jedwede Angabe darüber, welche Verantwortung der Agent hierfür im Einzelnen trägt.

Lesehinweis: *Wenger/Terberger* (1988, S. 508-509).

Finanzierungskontrakte im Rahmen der Beteiligungsfinanzierung stellen unter diesen Gesichtspunkten wiederum mehr als nur Vereinbarungen über die Form der Überlassung von Finanzmitteln dar: Sie beinhalten insbesondere Regeln zur Aufteilung von Investitionserträgen zwischen Eigenkapitalgebern und der Unternehmensleitung sowie diesbezüglich flankierende Anreiz- und Kontrollregeln. Des Weiteren sind zusätzliche Institutionen denkbar bzw. notwendig, um die Ineffizienzen aus der Prinzipal-Agent-Relation zu mindern. Letztendlich erhält die Beteiligungsfinanzierung einen wichtigen Stellenwert im Kreis von Kooperationsdesigns, die dem Bereich der Corporate Governance angehören: „Corporate governance is concerned with the ways of bringing the interests of the two parties [principals and agents] into line and ensuring that firms are run for the benefit of investors" (*Mayer* 1996, S. 4).

# 2 Kooperationsdesigns in der Beteiligungsfinanzierung

Obwohl jede Kapitalüberlassung von **Eigenkapitalgebern** durch eine (Mit-)Übernahme des unternehmerischen Risikos gekennzeichnet ist, werden sie nicht in jedem Fall an den laufenden strategischen Unternehmensentscheidungen mitwirken. Kann ein Eigenkapitalgeber **nicht** aktiv **mitentscheiden**, so werden seine Bemühungen darauf abzielen, durch Ausübung von **Kontrollrechten** passiv begrenzend und dispositionierend auf den diskretionären Handlungsspielraum der Unternehmensleitung Einfluss zu nehmen. Gesetzliche Informations-, Prüfungs- und Publizitätspflichten dienen letztendlich dem Schutz der Kapitalgeber und sind als harte öffentliche **Kooperationsdesigns** zu interpretieren. Daneben existieren eine ganze Reihe privatwirtschaftlich geregelter und marktmäßiger Kooperationsdesigns (vgl. *Spremann* 1996, S. 682-684):

- **Schriftliche Formen** drücken sich in anreizorientierten Verträgen mit der Unternehmensleitung, Sanktionen für die Unternehmensleitung bei Zuwiderhandlung von vertraglich fixierten Vereinbarungen und Langzeitverträgen mit Managern aus.
- **Sonstige** Kontrollmechanismen sind z.B. Reputation von Managern und die Wettbewerbsverhältnisse am Arbeitsmarkt für Führungskräfte sowie übereinstimmende Wertvorstellungen zwischen Eigenkapitalgebern und den Personen in der Unternehmensleitung (sog. Clan-Konstellation).

Im Folgenden wird auf die Kooperationsdesigns Entlohnungsregeln, externe Rechnungslegung, Markt für Unternehmenskontrolle und Rechtsformen eingegangen.

## 2.1 Entlohnungsfunktionen

Der Form der Einkommenszahlung (= **Entlohungsfunktion**) an die Mitglieder der Unternehmensleitung kommt die Aufgabe zu, die Agenten zu solchen Aktivitäten zu veranlassen, die den Nutzen der Eigenkapitalgeber (= Prinzipale) maximieren. Diese Anforderung lässt sich unter Rückgriff auf die in Kapitel I, Abschnitt 4.3.2.3 vorgenommene einfache Formalisierung der Prinzipal-Agent-Relation auf die hier anstehende Beziehungskonstellation übertragen (vgl. *Swoboda* 1994, S. 169-171):

Das Prinzipal-Agent-Problem war wie folgt beschrieben:

$$\text{Max}: E(U_p) = E[U_p((1-\alpha)G(H^*) - S)] \quad \text{(II-1)}$$

mit H = Anstrengungsniveau des Agenten. Als Nebenbedingungen gelten:

$$E(U_a) = E[U_a(\alpha G(H^*) + S, H^*)] \geq \text{Referenznutzen Agent} \quad \text{(II-1a)}$$

und

$$E[U_a(\alpha G(H^*) + S, H^*)] = \underset{H}{\text{Max}}\, E[U_a(\alpha G(H) + S, H)] \quad \text{(II-1b)}$$

Für den Manager in seiner Agent-Rolle stellt sich nach obigen Gleichungen die ökonomische Anreizsituation für sein Verhalten wie folgt dar: Positiven Nutzen bezieht er aus dem Gehalt und Gewinnanteil der Entlohnungsfunktion, negative Wirkung geht dagegen von seinem Anstrengungsniveau aus. Dieses wird er daher nur erhöhen, wenn der damit verbundene Nutzen aus der Einkommenssteigerung den negativen Nutzen aus der zusätzlichen Anstrengung übersteigt. Zwei **Beschränkungen** sind dabei vom Prinzipal vorausgesetzt: der **Agent** handelt **rational** und es besteht **Anreizkompatibilität**, d.h. die Handlungen des Agenten maximieren seinen eigenen Nutzen und den des Prinzipalen. Die Lösung des Moral-Hazard-Problems mittels der Entlohnungsfunktion besteht aus zwei Teilen:

- Der Prinzipal entwirft einen Vertrag für die Unternehmensleitung, in der sie ihre Vergütung in Abhängigkeit vom Erreichen bestimmter Erfolgmessgrößen erhält. Der Einfachheit halber wird zumeist unterstellt, dass der erwartete (unsichere) Gewinn des Unternehmens von der Anstrengung der Unternehmensleitung (= *H*) abhängt, d.h. *H*($\varepsilon H$, $\varepsilon > 0$). Für die Eigentümer in ihrer Rolle als Prinzipale ist der Gewinn erkennbar, nicht aber die dahinter stehende Anstrengung des Agenten.
- Nach Formulierung der Entlohungsfunktion kann der Agent seine für ihn optimalen Handlungen festlegen.

Formal lässt sich dies unter Rückgriff der Gleichungsgruppe (II-1) wie folgt formulieren:

$$\text{Max}\, E(U_p) = E[U_p((1-\alpha)\varepsilon H^* - S)] \quad \text{(II-1')}$$

wiederum unter den Nebenbedingungen

$$E(U_a) = E[U_a(\alpha\varepsilon H^* + S, H^*)] \geq \text{Referenznutzen Agent} \quad \text{(II-1'a)}$$

und

$$E[U_a(\alpha\varepsilon H^* + S, H^*)] = \underset{H}{\text{Max}}\, E[U_a(\alpha\varepsilon H + S, H)] \quad \text{(II-1'b)}$$

Die Eigenkapitalgeber werden bei der Festlegung des optimalen Vergütungsvertrags auch beabsichtigen, die Netto-Vergütung an die Unternehmensleitung so gering wie möglich zu halten. Da die Unternehmensleitung i.d.R. risikoscheu sein wird, dürfte das Management nur zur Realisierung ertragreicher und damit auch riskanter Investitionsobjekte bereit sein, wenn ein solches zusätzliches Risiko durch zusätzliche Vergütungsteile kompensiert wird. Dies ist möglich, wenn sich die riskante Investition und ihr Ertrag in der Bemessungsgrundlage für die Managementvergütung niederschlagen. Die **Erfolgsbeteiligung** wird sinnvollerweise wiederum mit Finanzkontrakten gekoppelt, **Optionsanleihen** oder **„Berichti-**

**gungsaktien**“ stellen in Frage kommende Finanzinstrumente dar. Die Lösung des Optimierungsproblems ist dann erreicht, wenn die zusätzliche Zunahme des Unternehmenserfolgs dem Zuwachs der Vergütung und damit den Kosten für die höhere (durchschnittliche) Risikokompensation des Managements entspricht.

Lesehinweis: Zur Diskussion von Aktienoptionsplänen und weiterer aktienorientierter Formen der Mitarbeiter- bzw. Managementbeteiligung vgl. *Scholand* (2001) und *Menichetti* (1996).

In den USA sind solche **Koppelungen** zwischen **Unternehmenserfolg** und **Vergütungsstruktur** der Unternehmensleitung weitverbreitet, entsprechend lässt sich auch eine **Beurteilung** dieser Systeme auf **empirischer Basis** durchführen. So wurde festgestellt, dass es signifikant positive Effekte des Unternehmenserfolgs auf die Vergütung des Managements gibt. *Coughlan/Schmidt* (1985), *Murphy* (1985, 1986) und *Deckop* (1988) konnten nachweisen, dass die Koppelung von Vergütungen des Managements an Erfolgsgrößen wie Umsatz, Gewinn, Aktienkurs oder Rentabilität eine signifikant positive Wirkung erbrachte. Eine umfangreiche Studie zu diesem Thema wurde von *Jensen/Murphy* (1990) vorgelegt. Sie fanden heraus, dass im Durchschnitt in den von ihnen untersuchten Unternehmen das (aus erfolgsabhängigen und -unabhängigen Teilen bestehende) Gesamteinkommen des Managements um *3,25* US$ anstieg, wenn sich der Marktwert des Unternehmens um *1.000* US$ erhöhte. Betrachteten sie dagegen ausschließlich die erfolgsabhängigen Teile, so wuchsen diese um zwei US$ in Relation zum Vermögensanstieg der Aktionäre. Im Vergleich zur Erfolgsabhängigkeit von Belegschaftsmitgliedern ergaben sich gegenüber dem Managementwert kaum Unterschiede. *Jensen/Murphy* schlussfolgern daraus, dass es zwar einen Einfluss von erfolgsorientierten Bemessungsgrundlagen auf die Vergütung des Managements gibt, die tatsächliche Einflussstärke aber geringer als erwartet in der Praxis ausfallen dürfte.

*Jensen/Murphy* machten für ihr Ergebnis unternehmenspolitische Faktoren verantwortlich. Sie betrachteten Vergütungsverträge mit dem Management als **öffentliche Informationen**, die den übrigen Interessengruppen des Unternehmens zugänglich sind. Neben Belegschaft, Gewerkschaften und Politikern sind sie den Medien zugängig, die hohen Managementvergütungen einen eigenständigen Informationswert für die Öffentlichkeit beimessen und sie in ihren Nachrichten verbreiten sowie kommentieren. Auf den die Vergütung festlegenden Aufsichtsrat kommt damit u.U. öffentlicher Rechtfertigungszwang zu, weshalb „(...) it is natural that well-intentioned but risk-averse board members will resist innovative incentive contracts“ (*Jensen/Murphy* 1990, S. 254). *Jensen/Murphy* stützen ihre Anschauung durch die historische Beobachtung, dass in den 30er Jahren die Sensitivität der Managementvergütung auf den Unternehmenserfolg größer war. Zudem verweisen sie darauf, dass Großunternehmen, die mehr im öffentlichen Blickpunkt stehen, i.d.R. eine geringere Koppelung der Vergütung am Unternehmenserfolg aufweisen.

*Lazear* (1986) erklärt die geringe Abhängigkeit der Managementvergütung vom Unternehmenserfolg damit, dass sie vom Ausmaß der asymmetrischen Information zwischen Unternehmensleitung und den Eignern geprägt sein dürfte:

- **Unternehmen**, die sich in Streubesitz befinden, dürften ein relativ höheres Maß an asymmetrischer Informationsverteilung aufweisen als Unternehmen mit einigen wenigen Großaktionären. Die Kosten der Überwachung der Unternehmensleitung sind dann relativ hoch und eine erfolgsorientierte Vergütung der Unternehmensleitung wäre die kostengünstigere Alternative.

- Befindet sich ein Unternehmen im **Besitz weniger Eigner**, so sind deren Kosten der Überwachung des Managements (Monitoring) geringer, da engere Informationsverflechtungen zwischen der Unternehmensleitung und den Eignern bestehen. Auch können Überwachungssysteme seitens der Eigner effizienter aufgebaut und unterhalten werden.

In der **Praxis** scheint insgesamt der Einsatz anreizorientierter Vergütungssysteme zur Steuerung der Unternehmensleitung im Sinne der Anteilseigner wenig ausgeprägt zu sein. Dies bestätigt auch das empirische Ergebnis von *Kaplan* (1992), wonach zwischen amerikanischen und japanischen Unternehmen kaum Unterschiede in der Sensitivität der Management-Vergütung auf den Unternehmenserfolg bestehen. Dies wäre aber anzunehmen, wenn man die ähnlich wie in Deutschland starke Monitoring-Funktion der Hausbanken auf die Unternehmensleitungen berücksichtigt. Sie wäre als Substitut für die anreizorientierten Vergütungssysteme zu betrachten. Hierbei ergeben sich empirisch aber keine signifikanten Unterschiede. Die Verwendung solcher Systeme ist in den Unternehmen der beiden Staaten relativ ähnlich.

Die mangelnde Anreizorientierung der Vergütungssysteme in den USA in den Jahren nach dem Ende des zweiten Weltkriegs mag durch die seinerzeitigen Industrial Relations zum Teil zu erklären sein, die deutlich von Massenproduktion, nationaler Orientierung und einem Machtgleichgewicht zwischen multinationalen Großunternehmen und Großgewerkschaften gekennzeichnet war. Es spricht vieles dafür, dass mit dem derzeitigen Übergang von der Massen- zur Qualitätsproduktion und dem Wandel von national ansässigen Kernunternehmen zu weltweit operierenden Unternehmensnetzen in Zukunft leistungs- und anreizorientierte Vergütungssysteme global eine deutliche Verbreitung erfahren werden (zum Hintergrund vgl. *Reich* 1993).

## 2.2 Die Rolle der externen Rechnungslegung

Die Pflicht zur externen Rechnungslegung und die Prüfung der Rechnungslegung können als zentrale Komponenten der **Managerkontrolle** verstanden werden. Mit der Erstellung objektiver Daten über Ertrags-, Vermögens- und Finanzverhältnisse eines Unternehmens werden zumindest teilweise die Ergebnisse von Handlungen der Unternehmensleitung für einen zurückliegenden Zeitraum dokumentiert und bieten eine Basis, auf der die Kontrolle der Eigenkapitalgeber ansetzen kann. „Die handelsrechtliche Rechnungslegung enthält nichts anderes als Organisationsregeln für die Funktionsfähigkeit des Kapitalmarkts: Bausteine zur Sicherung von Kapitalmarkteffizienz" (*Schneider* 1981, S. 415). So kommt der externen Rechnungslegung im Eigner-Manager-Problem eine zentrale Rolle zu, indem mit ihr die Beobachtbarkeit der von den Managern erwirtschafteten Erträge gesichert wird (vgl. *Debus* 1989) und **externe Kontrollinstanzen** wie Wirtschaftsprüfer sorgen für eine Objektivierung (vgl. *Krahnen* 1985, S. 123). Die Regelungen der externen Rechnungslegung weisen für Kapitalgesellschaften den höchsten Detailgrad und die strengsten Anforderungen auf. Nachfolgende Abb. II-1 gibt hierzu einen Überblick (Es gelten dabei die DM-Angaben gemäß HGB mit B: Bilanzsumme; U: Umsatz; A: Arbeitnehmer; HR: Handelsregister; BAZ: Bundesanzeiger).

| | Pflicht-Bestandteile der Rechnungslegung | Gliederung | Anhangsinhalt | Prüfung | Offenlegung |
|---|---|---|---|---|---|
| **Kapitalgesellschaften und nicht haftungsbeschränkte Personenhandelsgesellschaften**<br>*Große*<br>B > 26,89 Mio DM<br>U > 53,78 Mio DM<br>A ≥ 250 | Bilanz, GuV, Anhang, Lagebericht (§ 264 Abs. 1 S. 1 HGB i.V.m. § 242 Abs. 3 HGB) | Bilanz, GuV (detaillierte Gliederung nach den Schemata in §§ 266, 275 HGB) | Anhang gem. §§ 284-287 HGB | Pflicht (§ 316 Abs. 1 S. 1) | Jahresabschluss, Lagebericht, Aufsichtsratsbericht, Ergebnisverwendung in HR und BAZ |
| *Mittlere*<br>6,72 < B ≤ 26,89 Mio DM<br>13,44 < B ≤ 53,78 Mio DM<br>50 < A ≤ 250 | Bilanz, GuV, Anhang, Lagebericht (§ 264 Abs. 1 S. 1 HGB i.V.m. § 242 Abs. 3 HGB) | Bilanz (detaillierte Gliederung nach dem Schema in § 266 HGB), GuV (Zusammenfassung bestimmter Posten nach Schema des § 275 HGB zum Rohergebnis (§ 276 S. 1 HGB)) | wie große; Erleichterungen für Angaben gem. § 285 Nr. 4 HGB (§ 288 S. 2 HGB) | Pflicht (§ 316 Abs. 1 S. 1) | Bilanz (verkürzte Gliederung), GuV (verkürzt aufgestellt), Anhang (verkürzt aufgestellt und ohne Angaben zu § 285 Nr. 2, 5, 8a, 12), Lagebericht, Aufsichtsratsbericht, Beschluss über Ergebnisverwendung im HR, Hinweis BAZ |
| *Kleine*<br>B ≤ 6,72 Mio DM<br>U ≤ 13,44 Mio DM<br>A ≤ 50 | Bilanz, GuV, Anhang (§ 264 Abs. 1 S. 1 HGB i.V.m. § 242 Abs. 3 HGB), kein Anhang (§ 264 Abs. 1 S. 3 HGB) | Bilanz (verkürzt aufgestellt gem. § 266 Abs. 1 HGB), GuV (Zusammenfassung bestimmter Posten nach Schema des § 275 HGB zum Rohergebnis (§ 276 S. 1 HGB)) | wie große; Erleichterungen für Angaben und Erläuterungen gem. § 268 Abs. 4 S. 2, Abs. 5 S. 3, Abs. 6, § 269 S. 1 (§ 274a); gem. 277 Abs. 4 S. 2 und S. 3 (§ 276 S. 2); gem. § 284 Abs. 2 Nr. 4 und gem. § 285 Nr. 2-8a, Nr. 9a und b, Nr. 12 HGB (§ 288 S. 1 HGB) | keine Pflicht (§ 316 Abs. 1 S. 1) | Bilanz (verkürzt aufgestellt), Anhang (ohne Angaben zur GuV), Beschluss über Ergebnisverwendung im HR, Hinweis BAZ |
| **Nicht haftungsbeschränkte Personenhandelsgesellschaften und Einzelkaufleute**<br>*Große i.S. PublG*<br>B > 125,00 Mio DM<br>U > 250,00 Mio DM<br>A ≥ 5000 | Bilanz, GuV (§ 5 Abs. 2 S. 1 PublG) | Bilanz, GuV (detaillierte Gliederung nach den Schemata in §§ 266, 275 HGB) (§ 5 Abs. 1 PublG) | kein Anhang (§ 5 Abs. 2 S. 1 PublG) | Pflicht (§ 6 Abs. 1 PublG) | Bilanz, Anlage zur Bilanz gem. § 5 Abs. 5 S. 3 PublG (bei Nicht-Veröffentlichung GuV) in HR und BAZ |
| *Andere* | Bilanz, GuV (§ 242 Abs. 3 HGB) | Gliederung nach GoB | kein Anhang | keine Pflicht | keine Pflicht |

* Als nicht haftungsbeschränkt gelten alle Personenhandelsgesellschaften bei denen letztlich keine natürliche Person mit ihrem Vermögen haftet (§ 264a HGB)

Abb. II-1: Aufstellungs-, Prüfungs- und Offenlegungspflichten (in Anlehnung an *Baetge* 2001, S. 35-40)

Die Ziele und Interessen des Erstellers eines Jahresabschlusses - der Unternehmensleitung - und der Adressaten - neben den Eigentümern vor allem noch die Gläubiger, Arbeitnehmer, Fiskus und die sonstige Öffentlichkeit - sind nicht widerspruchsfrei. **Konfliktsituationen** können entstehen. Insbesondere muss davon ausgegangen werden, dass zwischen Unternehmensleitung und den übrigen Interessensgruppen unterschiedliche Informationen über Risiken und Chancen aber auch den objektiven wirtschaftlichen Status Quo eines Unternehmens bestehen. Die Unternehmensleitung dürfte, wie ausgeführt, regelmäßig besser informiert sein und die übrigen Gruppen sind darauf angewiesen, von der Unternehmensleitung informiert zu werden. Die asymmetrische Informationsverteilung kann bei Vorliegen von abweichenden Interessen zwischen Unternehmensleitung und z.B. Anteilseignern einer Kapitalgesellschaft zu Beeinträchtigungen in der Objektivität der Informationsübermittlung führen. So könnte das Streben der Unternehmensleitung nach Verfügungsgewalt über Innenfinanzierungsmittel dazu führen, dass der Jahresüberschuss als Ausschüttungsgrundlage gegenüber den Anteilseignern möglichst gering ausgewiesen wird. Andernfalls muss die Unternehmensleitung die ausgeschütteten Finanzmittel wieder bei den Eigentümern akquirieren - was Zeit erfordert und unsicher ist. Bei abweichenden Zielvorstellungen wird opportunistisches Verhalten der besser informierten Seite wahrscheinlich. Die weniger gut informierte Seite der Eigner kann dann nicht davon ausgehen, dass sie von der Unternehmensleitung freiwillig jederzeit und umfassend informiert wird. Es ist insbesondere die **externe Rechnungslegung**, die in diesem **Spannungsverhältnis** eine wichtige wirtschaftliche Funktion erhält (vgl. *Franke/Hax* 1999, S. 444 - 445):

- Als **Informationsinstrument** liefert sie Signale, mit der die Prinzipale ihre Erwartungen über den geschäftlichen Erfolg oder Misserfolg, also den wirtschaftlichen Verlauf des Unternehmensprozesses, überprüfen können. Dies dient letztendlich der Verbesserung der Entscheidungsfindung der einzelnen Unternehmenseigner.
- Die **Steuerungs- und Kontrollfunktion** der externen Rechnungslegung ergibt sich daraus, dass Kapitalgeber das bessere Wissen von Managern (z.B. über lukrative Investitionschancen) für sich ausnutzen wollen, aber zugleich befürchten müssen, dass sich Manager im Sinne der Kapitalgeber nicht wohlverhalten und zu täuschen versuchen. Manager können wie gezeigt als Agenten durch Entlohnungssysteme angehalten werden, Entscheidungen im Sinne der Eigenkapitalgeber zu treffen. Die Entlohnung ist an beobachtbaren Ereignissen wie z.B. die Höhe des Jahresüberschusses zu knüpfen, die Signale eines Informationssystems (wie der Rechnungslegung) darstellen.

Neben den Eigenkapitalgebern sind weitere Interessensgruppen am Unternehmen und an Informationen zur Unternehmenslage interessiert. Die Interessen und Ziele der mit und am Unternehmen beteiligten Gruppen sind nicht einheitlich. Es ist auch kaum möglich, die einzelnen Vorstellungen und Interessen der einzelnen Interessenten und -gruppen festzustellen, um daraufhin ein angemessenes Informationssystem bereitzustellen. Die Informationssysteme für externe Adressaten werden daher von der Unternehmensleitung kostenlos bereitgestellt und die Informationsfunktion des Rechnungswesens ist mehrgestaltig. Auf diese Weise wird versucht, der Interessenvielfalt der Adressaten und der Unmöglichkeit der objektiven Feststellung im Einzelfall gerecht zu werden. Im Einzelnen erfüllt es folgende zentrale Funktionen (vgl. *Moxter* 1986):

- **Dokumentation**: Zwischen externen Adressaten und der Unternehmensleitung kann es zu Interessenkonflikten kommen. In diesen Fällen bedarf es eines Informationssystems, das objektiv nachprüfbare Informationen enthält. Finanzbuchführung und Jahresabschluss können in solchen Fällen als Beweismittel vor Gericht herangezogen werden.

- Die **Kontrolle** erstreckt sich auf die Erfassung und Überwachung aller Geld- und Leistungsströme eines Unternehmens. Sozusagen die andere Seite der Medaille ist die Rechenschaftslegung. Die Pflicht hierzu gilt gegenüber Kapitaleignern, die nicht an der Geschäftsführung beteiligt sind. Solchen Personen gegenüber gilt der allgemeine Grundsatz, der im BGB (z.B. §§ 1840 ff. BGB) verankert ist: Wer fremdes Kapital verwaltet, schuldet dem Kapitalgeber Rechenschaft über seine Verwaltung. Grundlage der Rechenschaftslegung ist stets das externe Rechnungswesen.
- Betriebliches Rechnungswesen dient als Grundlage ergebnisabhängiger und –unabhängiger Einkommenszahlungen. Gängig ist die Unterscheidung in direkten und indirekten **Kapitalgeberschutz**, die bei bestimmten Unternehmensformen auch auf die Eigentümer zu übertragen ist:
  - Beim **direkten Kapitalgeberschutz** dient das externe Rechnungswesen primär dazu, Informationen für Kreditgeber bereitzustellen, um ihnen eine Beurteilung über die Kreditwürdigkeit des Unternehmens zu ermöglichen. Der Kreditgeber wird also vor Kreditvergabe in die Lage versetzt, sich einen Überblick über die wirtschaftliche Lage des Kreditnehmers zu verschaffen.
  - Der **indirekte Kapitalgeberschutz** wird durch die Selbstinformation der Unternehmensleitung gefördert. Der Gesetzgeber zwingt den Unternehmer bzw. die Unternehmensleitung, sich Informationen über das eigene Unternehmen zu beschaffen, indem er zu Buchführung und Jahresabschluss verpflichtet. Damit wird der Unternehmer bzw. die Unternehmensleitung davor bewahrt, die eigene wirtschaftliche Situation falsch zu beurteilen, falsche Entscheidungen zu treffen und durch zu hohe Privatentnahmen oder andere Formen übermäßiger Ausgaben auf der Leitungsebene das Vermögen zum Nachteil der Kapitalgeber zu verringern.
- Instrumente des Rechnungswesens liefern zahlenmäßig aufbereitetes Material als Grundlage zukünftiger Entscheidungen von Unternehmensleitung aber auch Kapitalgebern. So dienen Daten vor allem des internen Rechnungswesens insbesondere für in die Zukunft gerichtete Planungsüberlegungen. Hiermit wird ein zentraler Bereich der Unternehmensführung - das Controlling - hauptsächlich von Daten des internen Rechnungswesen gespeist.

<u>Lesehinweise:</u> Zur allgemeinen Aufgabe der externen Rechnungslegung, insbesondere des Jahresabschlusses vgl. *Coenenberg* (2000, S. 25 ff.) und zum neo-institutionenökonomischen Verständnis *Ballwieser* (1985).

## 2.3 Die Bedeutung der Rechtsform für die Beteiligungsfinanzierung und Corporate Governance

In Kapitel I war die Institution „Unternehmen" als ein Kontrakt aus verschiedenen Anspruchsgruppen eingeführt worden. Im Zentrum steht in den meisten gegenwärtigen Finanzsystemen der Kontrakt zwischen Eigenkapitalgebern und der Unternehmensleitung. Hier bestehen aufgrund der Unvollständigkeit und Implizität vieler Kontrakte naturgemäß asymmetrische Informationsverteilungen und Anreizprobleme. Allgemein lässt sich aussagen, dass mit steigender Wahrscheinlichkeit, mit der Agency Costs entstehen können, die gesetzlichen Regelungen und damit die Härte der **Kooperationsdesigns** in der Prinzipal-Agent-Relation von Eigner und Unternehmensleitung zunehmen. Deutlich wird dies in der Ausgestaltung der **Eigentumsrechte** (= Property Rights) in der Unternehmensverfassung. Die detaillierteste Regelung weist die **Rechtsform** der AG auf, in der die Trennung zwischen Eigentum und Unternehmensleitung auch am weitesten geregelt ist. Dagegen sind die Bestimmungen für Einzelkaufleute und Personengesellschaften dann weniger stark reguliert, wenn Eigentümern das Recht zur Unternehmensführung zusteht (z.B. bei der Kommanditgesellschaft für den Komplementär). Die Rechtsform eines Unternehmens hat damit entscheidenden Einfluss auf die Aufbringung von Eigenkapital durch die Beteiligungsfinanzierung:

- Die **Rechte** der **Gesellschafter**, insbesondere die Rechte der Geschäftsführung, der Erfolgs- und Liquidationsbeteiligung, Kontrolle, Vertretung, Kapitalentnahme, Kündigung, Anteilsübertragung sind je nach Rechtsform gesetzlich und darüber hinaus häufig satzungsmäßig unterschiedlich geregelt. Da mit der Beteiligungsfinanzierung auch Rechte seitens der Kapitalgeber verbunden sind, beeinflussen Art und Umfang der Rechte die Flexibilität der Beteiligungsfinanzierung nach Rechtsform unterschiedlich.
- Ähnliches gilt für die **Pflichten** der **Gesellschafter**, besonders in Fragen zu Haftung, Geschäftsführung, Kapitaleinlage und anteiliger Verlustzuweisung.

| Kriterium | Erläuterung |
|---|---|
| **Gestaltungsmöglichkeiten der Gesellschaftsverträge** | Fast alle gesetzlichen Vorschriften stellen dispositives Recht dar. Allerdings ist der Gestaltungsspielraum je nach Rechtsform durchaus sehr unterschiedlich weit (z.B. bei stiller Gesellschaft höher als bei der AG). |
| **Haftung** | Zu unterscheiden ist zwischen beschränkter Haftung der Gesellschafter auf ihre Eigenkapitaleinlage (z.B. bei der AG) und unbeschränkter Haftung, d.h. das Privatvermögen der Gesellschafter unterliegt der Haftung für Schulden des Unternehmens (z.B. Komplementäre der KG, auch persönlich haftende Gesellschafter genannt). |
| **Eigenkapitalbeschaffung und -ausstattung** | Die Gesetzeswerke zu den einzelnen Rechtsformen geben unterschiedliche Vorschriften zur Mindestkapitalausstattung (AG, GmbH), z.T. werden auch keine Minimalanforderungen gestellt (z.B. bei Einzelkaufleuten). Die Eigenkapitalbeschaffung richtet sich vor allem danach, ob die Rechtsform eine anonyme Marktfinanzierung oder die Individualfinanzierung zulassen soll. |
| **Erfolgsbeteiligung** | Hier ist in erster Linie zu unterscheiden, ob nach Kapitalanteilen oder nach Köpfen zu beteiligen ist. |
| **Einmalige und laufende rechtsformabhängige Aufwendungen** | Als Grundsatz kann gelten, dass mit dem Umfang der Publizitätspflichten auch die laufenden Aufwendungen steigen. So weisen große börsennotierte Aktiengesellschaften (gem. § 267 HGB) die höchsten Aufwendungen auf, da sie in umfangreicher Form den Jahresabschluss gem. § 264 HGB erstellen müssen, nach § 39 Börsengesetz einen Zwischenbericht zu erstellen haben und zur Ad hoc-Publizität gem. § 15 Wertpapierhandelsgesetz verpflichtet sind.<br>Ferner kommen Aufwendungen für die Prüfung des Jahresabschlusses und seiner Verabschiedung bei Kapitalgesellschaften hinzu. |
| **Rechnungslegung, Prüfung und Publizität** | Neben dem Aufwandsaspekt wie zuvor skizziert, behandeln die Rechtsformen den Zwang des Unternehmens zur Publizität unterschiedlich, wobei grob gesagt die Personengesellschaften weniger und die Kapitalgesellschaften umfangreicher ihre wirtschaftlichen Tätigkeiten und Verhältnisse sowie den Periodenerfolg Außenstehenden darstellen müssen. Die Publizitäts-, Rechnungslegungs- und Prüfungsanforderungen steigen zudem mit der Unternehmensgröße. |

Abb. II-2: Überblick zu entscheidungsrelevanten Kriterien der Rechtsformwahl
(vgl. *Süchting* 1995, S. 34)

Die **Wahl** der **Rechtsform** eines **Unternehmens** ist ein Entscheidungsproblem von Eigenkapitalgebern, das (wenn steuerliche Aspekte vorerst unberücksichtigt bleiben) neben den unterschiedlichen Gestaltungsvorschriften zu den Beteiligungskontrakten durch den Gesetzgeber, auch die Möglichkeiten der Mitwirkung an der Unternehmensführung durch Eigenkapitalgeber berührt. Letzteres ist von Bedeutung, da bei ausgeprägten Hold Up-Situationen, Eigenkapitalgeber eine funktionale vertikale Integration zur Lösung des Kooperationsproblems betreiben können: Statt des angestellten und delegierten Managements übernehmen sie deren Funktionen (Wechsel vom externen zum internen Eigenkapitalgeber) oder sie begrenzen Kompetenzen des Managements (vgl. *Rühle* 1994, S. 41). Abb. II-2 gibt einen Überblick zu den wesentlichen entscheidungsrelevanten Kriterien der Wahl der Rechtsform, die engen Bezug zur Beteiligungsfinanzierung aufweisen.

Die gesetzlichen Bestimmungen zu den Rechtsformen haben für die Beteiligungsfinanzierung weitreichende Folgen, da hiervon in erheblichem Maß die Ausgestaltung der Verträge der Gesellschafter und damit die Unternehmensverfassung geprägt wird. So weisen viele **familiengeführte mittelständische Unternehmen** Rechtsformen in der **Personengesellschaft** auf (vgl. *Meier-Preschany/Schäfer* 1990). Dies wird häufig dem Anliegen der Gesellschafter gerecht, neben der Rolle als Eigenkapitalgeber auch als aktiver Mitarbeiter, vor allem in leitenden Positionen, fungieren zu können. Häufig basiert das Unternehmensgeschehen dann in den Führungsgremien auf einem hohen **familiären Konsens**, der Zielkonflikte reduzieren hilft oder vermeiden lässt. Nicht unüblich ist es zudem, durch komplexe und umfangreiche Vertragsvereinbarungen in Familiengesellschaften Konsens festzuschreiben. Ein Eigenkapitalanteil an beispielsweise einer OHG ist dann auch häufig an vielfältige individuelle rechtliche Vereinbarungen geknüpft, so dass der Eigenkapitalanteil kaum auf einem Finanzmarkt handelbar ist. Ihm **fehlt** die Eigenschaft der **Fungibilität**, d.h. die Vertretbarkeit einer Sache gem. § 91 BGB. Aktien weisen (von Ausnahmen abgesehen) als einzige Form des Eigenkapitalvertrags eine solche Eigenschaft auf: bei gleichem Nennwert bzw. gleicher Stückelung jedes Papiers werden die gleichen Rechte verkörpert. Diese rechtliche Standardisierung ermöglicht ihre **Marktfähigkeit**. Sie können auf Kapital(sekundär-)märkten gehandelt werden, ohne dass der Inhaber der Aktie eine Veränderung seiner Rechte erfährt. Die Aktien einer AG können nach Einführung an einer Wertpapierbörse zwischen Eigenkapitalgebern gehandelt werden. Voraussetzung für die Fungibilität einer Aktie ist eine bestimmte **Homogenität** ihrer **Verfügungsrechte** hinsichtlich folgender Merkmale:

- **Haftungsbeschränkung**, die insbesondere weitere Zahlungs- und Nachschusspflichten des Gesellschafters ausschließt.
- **Teilbarkeit** von Eigenkapitalbeträgen in Finanzierungstiteln mit niedrigem Nennwert.
- **Fristenvariabilität**, d.h., der Eigenkapitalgeber muss in der Lage sein, sich möglichst entsprechend seines individuellen Planungshorizonts von seinem Eigenkapitalvertrag lösen zu können.
- Wenige Grundformen von Eigenkapitalverträgen, die eine eindeutige juristische Regelung der **Rechte und Pflichten** aufweisen (vgl. *Spremann* 1996, S. 153f.).

Die **Marktfähigkeit** eines Eigenkapitalvertrags hat für die Beteiligungsfinanzierung bedeutende **Folgen**: Sie ermöglicht, dass die Funktion des Eigenkapitalgebers und die der Unternehmensleitung nicht mehr notwendigerweise vereint sein müssen. Wenn auch bei Personengesellschaften durch spezielle rechtliche Vorschriften (z.B. zum Kommanditisten der KG) oder privatrechtliche Vereinbarungen (z.B. angestellter Geschäftsführer bei der OHG ohne Gesellschafterstatus) eine Trennung ermöglicht werden kann, so wird dies konsequent und rechtlich nur in Kapitalgesellschaften vorgeschrieben.

Lesehinweis: Zur Bedeutung der Ausgestaltung von Finanzierungsverträgen liefern u.a. *Franke/Hax* (1999 S. 30-53) weitergehende Erläuterungen.

Hinsichtlich der Rechtsformwahl ist für **Kapitalgesellschaften** der höchste Grad an gesetzlich vorgeschriebener Delegation der Unternehmensleitungsrechte an das Management und damit abgekoppelt von den Anteilseignern vorgeschrieben. Die in Deutschland hierunter zu subsumierenden Kapitalgesellschaften bestehen in der Rechtsform der Gesellschaft mit beschränkter Haftung (GmbH) und der Aktiengesellschaft (AG). Seit ihrem Bestehen ist die Institution „Aktiengesellschaft" Kritik ausgesetzt gewesen, da ihre Kontrollstruktur infolge der personalen Trennung zwischen Unternehmensleitung und Aktionären suboptimal sei (vgl. *Jensen/ Meckling* 1976). Trotzdem zeigt sich, dass sich AGn langfristig am Markt behaupten, was an den Vorteilen dieser Kontraktform liegen mag, die die Ineffizienzen in der Unternehmensstruktur und die besonderen Anforderungen an die Corporate Governance kompensieren oder diese Ineffizienzen nicht so ausgeprägt sind (vgl. *Demsetz* 1983). Die vom Gesetzgeber vorgeschriebenen **institutionellen Einrichtungen** der Corporate Governance sind:

- Bei der GmbH obliegt der Geschäftsführung die Vertretung der Gesellschaft nach außen und die rechtswirksame Durchführung aller Rechtsgeschäfte (§ 6 GmbHG). Die Unternehmensführung durch die Gesellschafter ist zulässig. Die Kontrolle der Tätigkeit der Geschäftsführung durch die Anteilseigner erfolgt mittels der Gesellschafterversammlung und des dort im § 51a Abs. 1 GmbHG festgelegten Fragerechts gegenüber den Geschäftsführern. Den Gesellschaftern wird darüber hinaus vom Gesetzgeber ergänzend ein Inspektionsrecht eingeräumt, wenn ihnen die Auskünfte der Geschäftsführung als nicht ausreichend erscheinen.

- In der AG besteht innerhalb der Geschäftsleitung eine Trennung zwischen Geschäftsführungs- und Kontrollbefugnissen (**Prinzip der Mehrstufigkeit** auch Two Tier-System genannt). Die Geschäftsführungsbefugnis übt der Vorstand nach dem **Kollegialprinzip** in der Willensbildung aus, nach dem eine gleichberechtigte Entscheidungsfindung im Vorstand erforderlich ist. Der Vorstand wird vom Aufsichtsrat bestimmt und in den meisten Fällen auf fünf Jahre gewählt. Dem Aufsichtrat obliegt nach § 90 AktG ein umfassendes Auskunftsrecht gegenüber dem Vorstand. Er hat das Recht, die Bücher einzusehen und ggfls. externe Sachverständige hinzuzuziehen. Der Aufsichtsrat hat bei Unternehmen ab *2.000* Mitarbeitern zur Hälfte aus den gewählten Mitgliedern der Anteilseigner und zur übrigen Hälfte aus den gewählten Vertretern der Arbeitnehmer zu bestehen (§ 7 MitbestG). Eine dem Aufsichtsrat nachgelagerte Kontrollinstanz ist die Hauptversammlung der Aktionäre einer AG. Sie hat gem. § 119 AktG u.a. das Recht, die Mitglieder des Aufsichtsrats und des Vorstands zu entlasten, die Abschlussprüfer zu bestellen, die Satzung zu ändern und den Aufsichtsrat zu bestellen. Darüber hinaus besteht für die Aktionäre auf der Hauptversammlung ein Auskunftsrecht gegenüber dem Vorstand (der in bestimmten Fällen aber auch ein Auskunftsverweigerungsrecht in Anspruch nehmen kann, vgl. § 131 Abs. 1 und 3 AktG) (vgl. *Jacob* 1992, S. 104 ff.).

Das zweigliedrige System der Unternehmensführung und das bereits angeführte Strukturprinzip der deutschen Aktiengesellschaft führt insgesamt zu einer Betonung der **internen** Formen der **Corporate Governance**. Es zeigt sich, dass Unternehmenskultur und Corporate Governance eng auch von der Ausgestaltung der jeweiligen nationalen Rechtsformen abhängen. Zur weiteren Illustration soll in wesentlichen Zügen das Modell der Unternehmensverfassung einer **börsennotierten Gesellschaft** in den **USA** aufgezeigt werden. Denn üblicherweise werden in den USA Managementkonzepte vor dem institutionellen Hintergrund des dortigen Finanzsystems und der Unternehmensverfassungen entwickelt, weisen jedoch signifikante Unterschiede für die Übertragung auf Finanzsysteme und Unternehmensverfassungen in anderen Staaten auf.

In der Rechtsform der Corporation sind drei Organe zu unterscheiden – die Aktionäre (Shareholder), der Verwaltungs- oder Aufsichtsrat (Board of Directors) und der Vorstand (Officers). Aufgabe der Shareholder ist es, den **Board of Directors** zu wählen, der seinerseits die **Officers** bestellt. Soweit bestehen durchaus Ähnlichkeiten zum deutschen System der AG, der entscheidende Unterschied liegt in der **Einstufigkeit** der Überwachungs- und Geschäftsführungsfunktion wie sie im Board integriert ist. In der amerikanischen Corporation ist keine Trennung zwischen Aufsichtsrat und Vorstand rechtlich vorgeschrieben. In der amerikanischen Unternehmenspraxis sind in den meisten Fällen die wichtigsten Vorstandsmitglieder wie Chief Executive Officer (Vorstandvorsitzender, kurz mit CEO bezeichnet) und Chief Financial Officer (Finanzvorstand, meist mit CFO abgekürzt) Mitglied des Board of Directors. Ergänzend sieht das Unternehmensrecht in den USA vor, spezielle Ausschüsse (Committees) einzusetzen, um spezielle Aufgaben wie z.B. das Bilanzstrukturmanagement zu übernehmen (vgl. *Jacob* 1992, S. 104-106). Nachfolgende Abb. II-3 gibt hierzu einen Überblick.

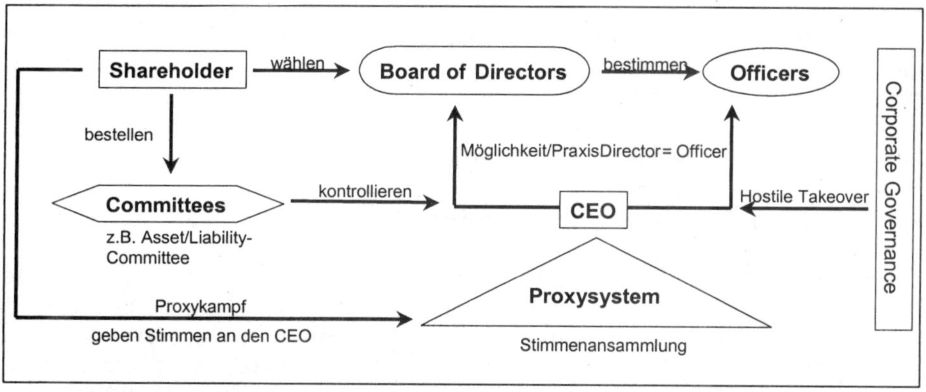


Abb. II-3: Aufbau der Unternehmensführungsorgane einer Aktiengesellschaft in den USA

Weiterhin kennzeichnend für die amerikanischen AG ist das **Direktorialprinzip** in der Willlensbildung. Der CEO hat gegenüber den übrigen Mitgliedern des Board eine starke exekutive Macht. Dies Macht äußert sich u.a. auch extern im sog. „**Proxysystem**". Es ähnelt dem deutschen Depotstimmrecht insofern, als es die Weitergabe von Stimmrechten vom Aktionär an eine dritte Person gestattet. Der Unterschied zum amerikanischen System liegt darin, dass die Weitergabe nicht an Kreditinstitute sondern an die Officers, resp. den CEO des Unternehmens rechtlich möglich ist. Damit einher geht eine Machtzuname für den CEO, die durch das Strukturprinzip der deutschen AG und die Mehrstufigkeit im Führungsbereich formal nicht gegeben ist. Für amerikanische Aktionäre bedeutet dies oft, dass ihnen zustehende Kontroll- und Sanktionsmaßnahmen weniger greifen und der einzige wirkliche Einfluss der Aktionäre in deren Wahl des Board of Directors besteht. Die hierzu benötigten Stimmenmehrheiten unterliegen aufgrund des Proxysystems aber einem regelrechten Kampf um die Gewinnung von Stimmen zwischen einzelnen Aktionärsgruppen und den Officers, resp. CEO.

Aufgrund der Transaktionskosten, die mit dem Sammel- und Einigungsprozess für amerikanische Aktionäre zum Zweck der Herstellung von Mehrheiten anfallen, wird ein „**Proxykampf**“ oft zugunsten des CEO ausfallen. Dadurch wird das interne System der Corporate Governance in amerikanischen AGn aushöhlbar. Vor diesem Hintergrund gewinnen Moral Hazard-Probleme und Agency-Costs ihre auffallendste Bedeutung. Gerade aus diesen Gründen sind in amerikanischen Unternehmen eher externe Instrumente der Corporate Governance erforderlich, um den Ausgleich für die mangelnde Effizienz interner Systeme zu ermöglichen. Für börsennotierte Unternehmen kann dies je nach Notiz der Aktien durch strenge Informationspflichten der amerikanischen Wertpapieraufsichtsbehörde (Securities and Exchange Commission, SEC) zum Tragen kommen. Besonders markant ist im Rahmen der externen Instrumente der Corporate Governance für börsennotierte amerikanische Unternehmen die marktmäßige Bedrohung der Unternehmensleitung durch feindliche Unternehmensübernahmen (vgl. *Dietl* 1998).

Eine Besonderheit der Kontrollstruktur von AGn ist die externe Unternehmenskontrolle. Hierunter ist der Einsatz von Drohpotenzial der Aktionäre gegenüber der Unternehmensleitung zu verstehen. Die Effizienz des Drohpotenzials ist abhängig von der Aktionärsstruktur, deren Veränderung einer Transaktion auf dem Markt für Unternehmenskontrolle entspricht. So ist jeder Kauf und Verkauf von Aktien eines Unternehmens auch eine Transaktion in den damit verbundenen Stimmrechten, die sich in ihrer Zusammensetzung ändern und für die Unternehmensleitung eine wechselnde Einkommens- und Abstimmungspräferenz ihrer Aktionäre zur Folge haben können (vgl. *Jensen/Ruback* 1983). Die Wahrnehmung von Unternehmenskontrolle über diesen Weg schafft positive externe Effekte: Ein neuer Aktionär trägt die gesamten Ausgaben des Aktienkaufs, erhält aber nur den Ertrag daraus zu dem Anteil wie er Aktienkapital am Unternehmen hält.

## 2.4 Märkte für Unternehmenskontrolle

Grundsätzlich bietet sich auf Kapitalmärkten die Möglichkeit, durch ein öffentliches Übernahmeangebot von potenziellen Anteilseignern an die Altaktionäre ein börsennotiertes Unternehmen mehrheitlich in neue Eigentümerhände zu überführen. Die Übernahme der Aktienmehrheit kann dann dazu genutzt werden, den bisherigen Vorstand (und Aufsichtsrat) auszuwechseln. Eine solche Übernahme der Unternehmensmehrheit durch Kauf der Mehrheit der Eigentumsanteile und anschließenden Ersatz des bisherigen Managements wird als sog. „**Hostile Takeover**“ (feindliche Übernahme) bezeichnet. Damit wird ausgedrückt, dass eine Übernahme in erster Linie dazu dient, das bisher ineffizient arbeitende Management zu ersetzen. Auf diese Weise erfolgt eine Bestrafung der Unternehmensleitung für eine Investitionspolitik, die in den Augen der Mehrheit der Anleger ertragreicher hätte ausfallen müssen.

Indizien für eine berechtigte Grundlage dieses Vorwurfs können in einem niedrigen Aktienkurs eines Unternehmens und einem niedrigen Kurs-Gewinn-Verhältnis (etwa im Vergleich zum Branchendurchschnitt) gesehen werden. Dahinter steht die

Theorie, dass der Aktienkurs alle öffentlich zugänglichen Informationen über den gegenwärtigen wirtschaftlichen Zustand einer Aktiengesellschaft und ihrer Zukunftsaussichten enthält. So geht man üblicherweise bei der Erklärung des Aktienkurses davon aus, dass er den Gegenwartswert zukünftiger Dividendenströme repräsentiert, die ein Aktionär über die Halteperiode ausgeschüttet bekommen wird (vgl. zur theoretischen Erklärung Abschnitt 5 in diesem Kapitel). Eine Aktiengesellschaft mit sehr positiven Ertragsaussichten wird demzufolge einen höheren Aktienkurs aufweisen als eine vergleichbare AG mit pessimistischen zukünftigen Ertragsperspektiven. Das Kurs-Gewinn-Verhältnis wird für die erstgenannte AG höher ausfallen als für die zweite Gesellschaft. Quelle der unterschiedlichen Ertragsaussichten sind unterschiedliche Investitionspolitiken in den Unternehmen, die wiederum auf der Handlungsweise der Unternehmensleitung beruhen. Eine AG mit einem niedrigen Kurs-Gewinn-Verhältnis kann daher als Indiz dafür gesehen werden, dass die Unternehmensleitung das **Unternehmensziel Marktwertmaximierung** in der Zukunft vergleichsweise schlecht umgesetzt oder sich kaum daran orientiert hat. Ein niedriger Aktienkurs erleichtert einem Einzelinvestor oder Investorenkreis (= **Raider**), die AG relativ „preiswert" durch Aufkauf von Aktien zu erwerben und das Management anschließend zu ersetzen. Die neue Unternehmensleitung wird von den Mehrheitsaktionären mit dem Ziel eingesetzt, die Investitionspolitik des erworbenen Unternehmens höher rentierlich zu gestalten. Dadurch wird der zukünftige Aktienkurs wieder steigen, was dem Raider einen gewinnbringenden Verkauf seines Aktienanteils ermöglicht (vgl. *Browne/Rosengren* 1987, S. 216 ff.). Der Kapitalmarkt übt in diesem Sinn eine Kontrolle über die Unternehmensleitung aus. Dabei muss es nicht erst zum Absinken des Aktienkurs und zum Aufkauf des Unternehmens kommen. Bereits die Gefahr für eine Unternehmensleitung, dass mit der Abweichung vom Ziel der Marktwertmaximierung eine feindliche Übernahme ausgelöst werden kann und ihre „Bestrafung" nach sich ziehen würde, dürfte als disziplinierender Faktor wirken.

Lesehinweis: Neben dieser Überlegung der Managerkontrolle gibt es eine Reihe weiterer Gründe, weshalb Unternehmen mehrheitlich in neue Eigentümerhände gelangen (vgl. *Ravenscraft* 1987).

In **Deutschland** ist diese Institution der Managementkontrolle bislang kaum entwickelt. Die Gründe hierfür sind zum einen im bestehenden rechtlichen Handlungsrahmen, der Verfassung des Börsenwesens, der Beteiligungskonzentration und der Rolle von Universalbanken zu sehen (vgl. auch zum Überblick *Fey* 1995):

### Rechtliches Rahmenwerk

Zum einen handelt es sich hierbei um bestimmte aktienrechtliche Regelungen. So ist es möglich, dass gem. § 134 Abs. 1 Satz 2 AktG die Hauptversammlung **Höchststimmrechtsbeschränkungen** beschließt – allerdings ausschließlich bei **nichtbörsennotierten Gesellschaften**. Höchststimmrechtsbeschränkungen behindern Übernahmen und dienen tendenziell den Interessen der Unternehmensleitung, die dadurch den Einfluss von Großaktionären abwehren und die Kontrolle durch die Aktionäre erschweren kann (vgl. *Wastl* 1997, S. 1202). Indem Höchstgrenzen (typischerweise zwischen *5* und *25%*) der zulässigen Stimmrechte eingezogen werden, wird das Grundprinzip einer effizienten und legitimierten Unternehmenskontrolle – nämlich der Grundsatz „One Share, One Vote" (vgl. *Harris/Ravis* 1988) – durchbrochen. Dadurch werden die Stimmrechte all derjenigen Aktionäre teilweise entwertet, die Aktienanteile und damit Stimmrechte halten, die höher als die in einer AG bestehenden Stimmrechtsbegrenzungen sind. Demgegenüber verzeichnen alle Aktionäre mit Anteilen unterhalb der Höchstgrenze Stimmrechtszugewinne.

Ein ähnlicher Effekt wird durch die Ausgabe von stimmrechtslosen Dividendenvorzugsaktien und Mehrstimmrechtsaktien erzielt (vgl. hierzu auch Abschnitt 4 in diesem Kapitel). Grundsätzlich ist seit Verabschiedung des Gesetzes zur Kontrolle und Transparenz im Unternehmensbereich (KonTraG) am 01.05.1998 die Ausgabe von Mehrstimmrechtsaktien in Deutschland nicht mehr rechtlich zulässig (vgl. auch § 12 Abs. 2 KonTraG). Jedoch sind davon bestehende Mehrstimmrechtsaktien nicht berührt und erhält bis heute in deutschen Aktiengesellschaften teilweise erhebliche Einflussmöglichkeiten einzelner Aktionärsgruppen zu Lasten der übrigen Aktionäre.

*Im Handelsblatt vom 25.02.1998 war hierzu auf S. 39 folgende Meldung zu lesen, die auszugsweise wiedergegeben ist:*

*„Bei RWE soll eine neue Ära für die Aktionäre beginnen.*

*(...) Denn wie in vielen der traditionsreichen Energiekonzerne – VEW oder HEW – haben sich die Kommunen eine starke Stellung geschaffen. Seit 1920 halten sie die Mehrheit bei RWE. Vier Jahre später war ihnen nach einer Aktienabwertung im Gegenzug das Mehrstimmrecht gegeben worden. Eine Namensaktie war mit dem 20fachen Stimmrecht ausgestattet. Zuletzt beherrschten sie die Hauptversammlung mit einem Stimmenanteil von fast 60%. Am Grundkapital von 2,77 Mrd. DM halten sie etwa 26%.(...)“*

Ergänzt werden die aktienrechtlichen Besonderheiten in Deutschland durch das Institut der **vinkulierten Namensaktie** (vgl. auch Abschnitt 4 in diesem Kapitel). Ihr ist zu Eigen, dass zur Rechtmäßigkeit ihrer Übertragung neben Einigung, Indossament und Übergabe von der Zustimmung des Vorstands der die Aktie emittierten AG abhängen. Dadurch wird einem Vorstand theoretisch die Möglichkeit gegeben, eine gegen ihn feindliche Übernahme durch Verweigerung seiner Zustimmung an der rechtlichen Übertragbarkeit scheitern zu lassen. Allerdings haben hier höchstrichterliche Rechtsprechungen in Deutschland ein differenziertes Bild ergeben.

**Verfassung des Börsenwesens**

Wie bereits in Kapitel I, Abschnitt 4.4 ausgeführt, hat das deutsche Börsenwesen aufgrund der Bankenorientierung eine im Vergleich zu angelsächsischen Finanzsystemen eher untergeordnete Bedeutung. Das Börsensystem ist noch weitgehend mit acht regionalen Wertpapierbörsen föderalistisch gegliedert und erst im Jahr 1997 wurde mit dem Neuen Markt an der Frankfurter Wertpapierbörse ein Börsensegment für Wachstumsunternehmen geschaffen. Deutschland verfügt über keine gesetzliche Richtlinie zur Unternehmensübernahme, sondern lediglich einen freiwilligen Codex, der bislang von etwa zwei drittel der *100* nach Höhe ihrer Marktkapitalisierung geordneten Gesellschaften (sog. DAX *100*-Unternehmen) unterzeichnet wurde. Dieser Kodex fordert vom Bieter einer Unternehmensübernahme, dass er allen übrigen Aktionären ein Übernahmeangebot machen muss, wenn er über eine Kontrollmehrheit verfügt (Eigentum von *50%* der Stimmrechte oder die Fähigkeit, auf der Hauptversammlung *75%* der anwesenden Stimmrechte auf sich zu beherrschen). Die freiwilligen Übernahmerichtlinien wurden bislang von einigen Großunternehmen (z.B. BMW AG, Volkswagen AG) nicht unterzeichnet (vgl. *Schuster* 1995).

## Besonderheiten in Aktionärsstrukturen

Ein zentrales Merkmal des deutschen Wertpapiermarkts ist die hohe Bedeutung von **Mehrheitsaktionären**. Sie setzen sich vor allem aus Familienstämmen, Kreditinstituten, Firmen und vermögenden Privatpersonen zusammen. Weiterhin sind **Überkreuz-, Ring-** bzw. **wechselseitige Verflechtungen** ein Kennzeichnen börsennotierter Unternehmen in Deutschland. Überkreuzverflechtungen liegen gem. § 19 Abs. 1 AktG vor, wenn zwei Kapitalgesellschaften jeweils mehr als *25%* aneinander halten. Sie werden meist bewusst eingegangen, um sich durch gegenseitige Anteilsnahme vor der Übernahme der Mehrheit durch einen feindlichen Bieter zu schützen. Solche Konstruktionen bergen für die übrigen Aktionäre die Gefahr von Kapitalverwässerungen in sich, da jedes Unternehmen mittelbar an sich selbst beteiligt ist. Ferner kann sich die Unternehmensleitung mit den Stimmen des Beteiligungsunternehmens zumindest teilweise selbst kontrollieren. Dadurch wird eine echte Kontrolle des Unternehmens durch die Aktionäre unwahrscheinlicher (vgl. *Adams* 1994). Mit dem KonTraG wurde im Aktienrecht der § 328 Abs. 3 eingefügt, wonach ein Unternehmen, dem die wechselseitige Beteiligung bekannt ist, in der Hauptversammlung einer börsennotierten AG sein Stimmrecht zur Wahl von Mitgliedern in den Aufsichtsrat nicht ausüben kann.

Prägend für börsennotierte Unternehmen in Deutschland ist auch die weite Verbreitung von Holdings. Hierunter verbirgt sich das sog. „**Pyramiding**": In Gemeinschaftsunternehmen werden beispielsweise Minderheitenaktionäre der gründenden Gesellschaft eingeladen, Anteile des Gemeinschaftsunternehmens zu erwerben. Indem das Gründerunternehmen wiederum beim Gemeinschaftsunternehmen in etwa eine ähnliche Aktionärsstruktur wie in der eigenen Gesellschaft vorfindet, schützt es sich und das Gemeinschaftsunternehmen vor Übernahme (vgl. *Franks/Mayer* 1997).

Ergänzend finden sich in zahlreichen deutschen Unternehmen Bankenvertreter, die im Rahmen des **Depot- oder Vollmachtsstimmrechts** ihrer Kunden Stimmrechte ausüben. Bei häufig fehlender Weisung durch die vor allem aus Kleinaktionären bestehenden Depotstimmrechte erhalten die Bankenvertreter Freiheit, zu den Hauptversammlungsbeschlüssen in ihrem Sinne zu entscheiden bzw. schlagen vorher den zu vertretenen Kleinaktionären ihre Vorstellungen von Entscheidungsverhalten zu einzelnen Tagesordnungspunkten vor (vgl. *Schäfer* 1997a, S. 164-165). Mit Einführung des KonTraG sind zwar Vollmachtsstimmrechte unverändert zulässig, jedoch wurden die Aufklärungspflichten gegenüber dem Aktionär gem. § 125 Abs. 1 Satz 2 AktG erhöht. Ferner muss sich ein Kreditinstitut gem. § 128 Abs. 2 Satz 2 AktG mit einer erteilten Vollmacht hinsichtlich deren Ausübung vom hypothetischen Interesse eines Durchschnittsaktionärs leiten lassen, das auf eine langfristige Wertsteigerung der Aktienanlage gerichtet ist. Ergänzend muss ein betroffenes Kreditinstitut organisatorische Vorkehrungen dafür treffen, dass Eigeninteressen aus anderen Geschäftsbereichen nicht einfließen (sog. „Chinese Walls"). Diese Maßnahmen müssen von einem Mitglied der Geschäftsführung, das dazu ausdrücklich benannt sein muss, auf Einhaltung überwacht werden (sog. „Compliance Officer") (vgl. *Lingemann/Wasmann* 1998, S. 855-856).

@ Weiterführende statistische Daten zur Situation der deutschen Beteiligungsverhältnisse sind beim Bundesverband deutscher Banken **http://www.bdb.de** und dem Bundesaufsichtsamt für den Wertpapierhandel **http://www.bawe.de** abrufbar.

Aus den vorgenannten Gründen dürfte in Deutschland daher bislang trotz aller erkennbaren Reformbemühungen - wie sie vor allem in Gestalt der Finanzmarktförderungsgesetze bestehen – kaum eine Unternehmenskontrolle via feindlicher Übernahmen möglich sein. In den **USA** hat es in den **80er Jahre** eine **Takeover-Bewegung** gegeben, allerdings unterlagen die Übernahmen unterschiedlichen Beweggründen seitens der Raider. Hinsichtlich der Eignung von Hostile Takeover als Instrument der Managementkontrolle haben *Morck/Shleifer/Vishny* (1989) in einer beachteten **empirischen Studie** für die USA diesbezüglich differenzierte **Ergebnisse** ermittelt. Sie fanden heraus, dass der vollständige Austausch von Unternehmensleitungen in den *500* größten US-Unternehmen im Zeitraum von 1981 bis 1985 nur dann durch feindliche Übernahmen erfolgte, wenn es **Unternehmen** betraf, die sich in einer Branche mit Strukturproblemen befanden. Ursachen waren z.B. gestiegener ausländischer Wettbewerb, technologischer Wandel oder Deregulierung. Dagegen wurde die Unternehmensleitung durch die unternehmensinternen Kontrollinstanzen (**Board of Directors**) vorzeitig abgelöst, wenn das betroffene Unternehmen, nicht aber die gesamte Branche, schlechte Ertragsergebnisse verzeichnete. *Morck/Shleifer/Vishny* argumentieren, dass die beiden Formen der Kontrolle der Unternehmensleitung ergänzend zu sehen sind: Die Tatsache, dass ein Unternehmen gegenüber den übrigen der Branche wirtschaftliche Misserfolge aufweist, ermöglicht es dem Board of Directors, die Ursache bei der Unternehmensleitung zu identifizieren. Durch rechtzeitigen Austausch des Managements und Wechsel in der Unternehmenspolitik wird ein Absinken des Aktienkurses vermieden oder abgeschwächt, für potenzielle Raider bleibt die Übernahme dadurch kostspielig. Bei genereller Ertragsschwäche der Branche ist eine solche verursachungsgerechte Zuweisung von Verantwortlichkeit schlechter möglich, weshalb sich hier Ansatzpunkte für Hostile Takeover ergeben.

Entgegen der in der Kapitalmarkttheorie grundsätzlich sehr wichtigen Rolle von Hostile Takeover für die Unternehmenskontrolle, scheint ihre empirische Bedeutung eher gering zu sein. So fanden *Franks/Mayer* in ihrer Untersuchung den Zusammenhang von feindlichen Übernahmen als Folge unterdurchschnittlichen Unternehmenserfolgs und nicht aktionärs-adäquater Leistungen des Managements nicht bestätigt: „(...) [they] find clear evidence of high board turnover and signifcant levels of restructuring in hostile takovers. Large gains are anticipated, as reflected in high bid premiums paid to target shareholders. However using a number of different benchmarks, we find little evidence that hostile takeovers are motivated by poor performance prior to bids. We therefore reject the view that hostile takeovers perform a disciplinary role" (*Franks/Mayer* 1996, S. 164).

# 3 Systematik der Beteiligungsfinanzierung

Unter dem Begriff „**Beteiligungsfinanzierung**" - gängig ist auch die Bezeichnung **externe Eigenfinanzierung** - versteht man Finanzierungsformen, bei denen dem Unternehmen Kapital von außerhalb durch bisherige und/oder neue Eigentümer zugeführt wird. Die Beteiligungsfinanzierung zählt neben der Innenfinanzierung zur **Eigenfinanzierung** des Unternehmens. Bei einer Beteiligungsfinanzierung werden **Beteiligungsansprüche** bzw. **-titel** ausgegeben. Hilfreich für die Erläuterung der „Beteiligungsfinanzierung" ist die folgende **Unterscheidung**:

- **Individualfinanzierung**, auf die nicht-emissionsfähige Unternehmen angewiesen sind. Dies gilt für die Mehrzahl der Rechtsformen, nämlich für alle Personengesellschaften und die GmbH. **Merkmale** dieser Form der Beschaffung von Eigenkapital sind:
  - keine Möglichkeit der Inanspruchnahme der Wertpapierbörse zur Kapitalbeschaffung,
  - geringe Fungibilität der Eigentumsanteile (vor allem im Sinne der eingeschränkten Handelbarkeit mangels vertraglich standardisierter Finanzkontrakte); dadurch gestaltet sich die Aufnahme neuer Gesellschafter meist schwierig,
  - seitens Außenstehender und neuer Gesellschafter ist das Anlagerisiko meist schwierig im Voraus zu beurteilen,
  - Mitspracherechte der alten Gesellschafter werden durch neue Gesellschafter beschnitten,
  - Aufteilungsmodus bei stillen Reserven erfordert separate Bewertungen (Auseinandersetzungsbilanz)
  - umfangreiche und schnelle Kapitalbeschaffung ist kaum möglich.
- Emissionsfähigen Unternehmen, d.h. AG und KGaA, stehen die Möglichkeiten der **anonymen Marktfinanzierung** zur Verfügung. **Kennzeichen** der anonymen Marktfinanzierung sind:
  - Beschaffung hoher Kapitalbeträge durch die Aufteilung des Kapitalbetrags in kleinere Teilbeträge leicht möglich,
  - Anleger (= Kapitalgeber) haben die Möglichkeit, sich bereits mit kleinen Kapitalbeträgen am Unternehmen zu beteiligen,
  - hohe Fungibilität dieser Beteiligungspapiere,
  - einheitliche rechtliche Grundlage in Form des Aktiengesetzes,
  - keine Abhängigkeit der Investitions- und Geschäftspolitik durch Kapitalgeberwechsel, d.h. hohe Unternehmenskontinuität durch konstantes Eigenkapital möglich.

Ein Blick auf die **Statistik** der **Eigenkapitalausstattung** zeigt, dass diese bei börsennotierten Unternehmen in Deutschland am höchsten ist.

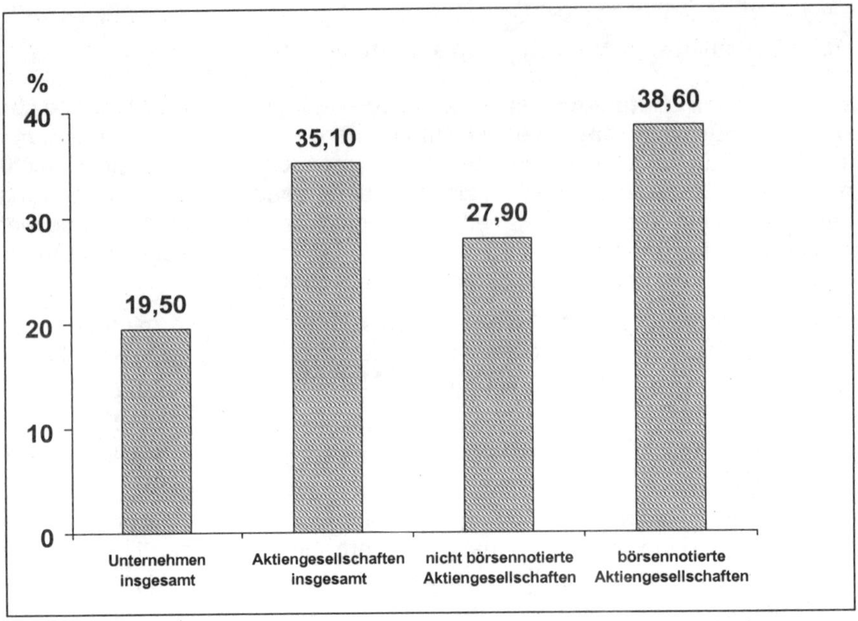


Abb. II-4: Eigenkapitalquoten nach Rechtsformen (Quelle: *DAI* 2001)

Aktiengesellschaften, als die Gruppe der **emissionsfähigen** Unternehmen, weisen insgesamt mit *35,1%* gegenüber der Gesamtheit der Unternehmen eine weit höhere Eigenkapitalquote auf. Diese wird wiederum in erster Linie von den börsennotierten Aktiengesellschaften getragen (*38,6%* gegenüber *27,9%* bei nicht börsennotierten Aktiengesellschaften). Nachfolgende Abb. II-5 zeigt die Anzahl der Aktiengesellschaften (AG) und Kommanditgesellschaften auf Aktien (KGaA) in Deutschland und den Anteil inländischer Aktien an deutschen Börsen, wobei zu beachten ist, dass eine Aktie in mehreren Marktsegmenten notiert sein kann.

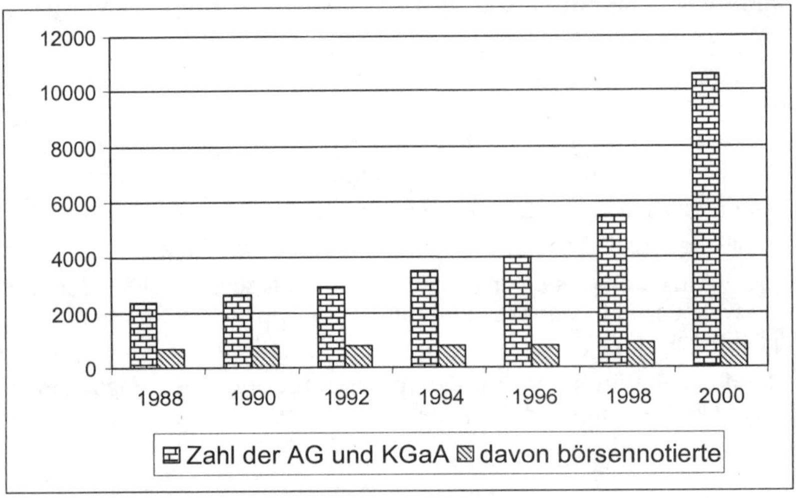


Abb. II-5: Entwicklung der Anzahl von AG und KGaA und börsennotierte inländische Aktien (Quelle: *DAI* 2001)

Während bis Ende der 70er Jahre noch ein kontinuierlicher Rückgang von Aktiengesellschaften und Kommanditgesellschaften auf Aktien zu verzeichnen war, stagnierte die Anzahl dieser Rechtsformen in den 80er Jahren. Vor allem seit Mitte der 90er Jahre hat sich die Zahl der Gesellschaften deutlich erhöht. Im Jahr 2000 gab es *10.582* Gesellschaften dieser Rechtsformen, was etwa einer Vervierfachung gegenüber der Anzahl Ende der 80er Jahre entspricht. Die Rechtsform der **AG dominiert** traditionell vor allem in **Branchen**, in denen vorwiegend etablierte, international operierende Großunternehmen vertreten sind: Energie- und Wasserversorgung, Chemische Industrie, Stahl-, Maschinen- und Fahrzeugbau sowie Kreditinstitute und Beteiligungsgesellschaften. Seit den 90er Jahren, insbesondere auch mit Etablierung des Börsensegments „Neuer Markt" der Frankfurter Wertpapierbörse im April 1997, nahm die Zahl der börsennotierten Aktiengesellschaften zu. Ferner war damit eine deutliche Branchen-Verlagerung hin zu Unternehmen aus den Bereichen Telekommunikation, Internet, Multimedia, Elektronik und Software (sog. „TIMES-Branchen") zu registrieren.

In den nachfolgenden Abschnitten werden in ausgewählter und überblicksartiger Form die wesentlichen **Mindestanforderungen** und **Ausgestaltungsmöglichkeiten** der Beteiligungsfinanzierung unterschieden nach bestimmten Rechtsformgruppen dargestellt werden. Hierzu wurde ein **Merkmalskatalog** aufgestellt, der für die Gruppe der Einzelkaufleute, Personengesellschaften, Kapitalgesellschaften und Genossenschaften dargestellt.

@ Weitere Daten zu den deutschen Wertpapierbörsen sind beim Deutschen Aktieninstitut **http://www.dai.de/dai_statistik** und der Deutsche Börse AG **http://deutsche-boerse.com** zu finden.

## 3.1 Beteiligungsfinanzierung bei Einzelkaufleuten

| Rechtsform⇒ <br> Merkmale ⇓ | Einzelkaufmann (Einzelunternehmung) |
|---|---|
| Eigentümerbezeichnung | Kaufmann ( = Unternehmer) |
| Mindestzahl der Gründer | einer |
| Bezeichnung des Eigenkapitals | • Einlagenkapital oder <br> • gezeichnetes Kapital |
| Beschaffung von Eigenkapital | abhängig vom Privatvermögen des Kaufmanns |
| Mindestkapital und -anteil | • variables Eigenkapital <br> • keine Mindesteinlage vorgeschrieben |
| Haftung | unbeschränkte, persönliche Haftung |
| Steuerliche Behandlung | • Besteuerung des Unternehmers durch Einkommensteuer <br> • keine Körperschaftsteuer |
| Organe | Kaufmann |
| Erfolgsbeteiligung | durch den Inhaber nach eigenen Vorstellungen und finanziellen Möglichkeiten |
| gesetzliche Vorschriften | HGB, bes. §§ 1-104, 238 ff. |
| Beispiele | kleinere und mittelständische Handwerksbetriebe, Einzelhandelsgeschäfte, Großunternehmen eher ausnahmsweise |

Abb. II-6a: Zentrale Merkmale der Beteiligungsfinanzierung bei Einzelkaufleuten im Überblick

Einzelkaufleuten bereitet die Beteiligungsfinanzierung im Vergleich zu allen anderen Rechtsformen die größten Schwierigkeiten, da in erster Linie nur das **Vermögen des Unternehmers** zur Verfügung steht. Das **Eigenkapital** ist grundsätzlich **variabel** gestaltbar. Beispielsweise erhöhen finanzielle Zuführungen aus dem Privatvermögen das Eigenkapital, Privatentnahmen können es verringern. Die Stärkung der Eigenkapitalbasis erfordert daher im Regelfall den Verzicht auf die Entnahme von Gewinnen und die Quellen der Innenfinanzierung. Alternativ zur Erhöhung der Eigenkapitalbasis bietet sich beim Einzelunternehmer die Hereinnahme einer **stillen Gesellschaft** (stille Beteiligung) bzw. eines stillen Gesellschafters an (siehe nachfolgenden Abschnitt 3.2).

## 3.2 Beteiligungsfinanzierung bei Personengesellschaften

Das deutsche Privatrecht unterscheidet zwischen vier Grundformen von Personengesellschaften: offene Handelsgesellschaft (OHG), Kommanditgesellschaft (KG), Stille Gesellschaft und BGB-Gesellschaft.

Bei der **OHG** erfolgt die Beteiligungsfinanzierung entweder dadurch, dass die **vorhandenen Gesellschafter** ihre Kapitaleinlagen durch zusätzliche Geld- oder Sacheinlagen erhöhen oder/und **neue Gesellschafter** aufnehmen. Letzteres bewirkt, dass die bisherige Leitungsbefugnis auf die neuen Gesellschafter aufgeteilt werden muss, was häufig nicht im Interesse der bisherigen Gesellschafter ist, da Einflusssphären verändert werden und Machtverluste folgen können.

Generell ist für die **Funktionsfähigkeit** dieser Gesellschaftsform ein persönliches Verhältnis der Gesellschafter in Interessenharmonie und ein Höchstmaß an gleicher Zielrichtung erforderlich (= Interessenhomogenität). Beteiligungsfinanzierung hat daher neben dem finanzwirtschaftlichen Aspekt vor allem zu klären, ob mit der Aufnahme potenzieller neuer Gesellschafter eine Harmonie im persönlichen Umgang miteinander und in den Zielsetzungen gewährleistet wird. Beim Eintritt neuer und beim Ausscheiden bisheriger Gesellschafter bereitet meist die **Aufteilung stiller Reserven** in der OHG Schwierigkeiten. Solche Regelungen sind unabdingbar, da die Gesellschafter im Falle der **Auseinandersetzung** (wie z.B. aufgrund des Ausscheidens eines Gesellschafters) auch am Zuwachs der Vermögenswerte der OHG beteiligt sind.

Die **KG** bietet gegenüber der OHG durch die Möglichkeit der Aufnahme von **Kommanditisten** mehr Flexibilität in der Beteiligungsfinanzierung. Diese Gesellschafter **haften** in Höhe ihrer Kapitaleinlage und daher gegenüber den Komplementären **beschränkt**. Da Kommanditisten gesetzlich von der Geschäftsführung ausgeschlossen sind, finden sich neue Kommanditisten nur solange, wie das Risiko einer Kapitalbeteiligung als tragbar empfunden wird. Dies ist von den individuellen Risikoeinstellungen und –managementmöglichkeiten der potenziellen Eigenkapitalgeber abhängig. Mangelnde Fungibilität einer Kommanditbeteiligung begrenzt zudem aus Anlegersicht die Attraktivität einer solchen Kapitalanlage und damit aus Unternehmenssicht die Möglichkeit zur Ausweitung der Eigenkapitalbasis einer KG.

| **Rechtsform ⇒ Merkmale ⇓** | **Personengesellschaften** | | | |
|---|---|---|---|---|
| | **OHG** | **KG** | **Stille Gesellschaft** | **BGB-Gesellschaft** |
| Eigentümerbezeichnung | Gesellschafter | a) Komplementäre<br>b) Kommanditisten | Geschäftsinhaber | Gesellschafter |
| Mindestzahl der Gründer | zwei | a) einer<br>b) einer | zwei | zwei |
| Bezeichnung des Eigenkapitals | Kapitaleinlagen | • Kapitaleinlage der Komplementäre<br>• Kommanditeinlage der Kommanditisten | Vermögenseinlage des stillen Gesellschafters | Beitragskapital |
| Beschaffung von Eigenkapital | durch Einlagenerhöhung der bestehenden Gesellschafter (abhängig vom Privatvermögen) sowie durch Aufnahme neuer OHG-Gesellschafter | durch Einlagenerhöhung der Komplementäre und/ oder Kommanditisten sowie durch Aufnahme neuer Gesellschafter | durch Einlagenerhöhung sowie Aufnahme von<br>a) typischen*)<br>b) atypischen *) stillen Gesellschaftern | durch Einlagenerhöhung sowie Aufnahme von neuen BGB-Gesellschaftern |
| Mindestkapital und -anteil | • variables Eigenkapital,<br>• keine Mindesteinlage vorgeschrieben | • Komplementäre wie OHG,<br>• Kommanditisten feste Einlagen, Höhe beliebig | • wie OHG,<br>• Einlage des typischen stillen Gesellschafters nominell festgelegt | Beiträge gemäß individueller Vereinbarung |
| Haftung | gesamtschuldnerische Haftung, jeder Gesellschafter haftet unmittelbar, unbeschränkt und solidarisch für die Schulden der Gesellschaft. | • Vor Eintragung ins Handelsregister: alle Gesellschafter haften unbeschränkt.<br>• Nach Eintragung: Komplementäre haften wie in der OHG, Kommanditisten bis zur Höhe ihrer Einlage | Der stille Gesellschafter nimmt am Verlust nur bis zur Höhe seiner Einlage teil. Haftung des Geschäftsinhabers richtet sich nach der Rechtsform der Gesellschaft. | unbeschränkte Haftung für alle Gesellschafter |
| Steuerliche Behandlung | Besteuerung der Gesellschafter durch Einkommensteuer, keine Körperschaftsteuer | | | |
| Organe | Gesellschafter | Komplementäre | nicht existent | Gesellschafter |
| Erfolgsbeteiligung | 4% auf die Einlage, Rest nach Köpfen | 4% auf die Einlage, Rest angemessen | angemessener Anteil für den stillen Gesellschafter | alle Gesellschafter zu gleichen Teilen |
| gesetzliche Vorschriften | HGB, bes. §§ 105-160, 238 ff; BGB §§ 705-740 | HGB, bes. §§ 105-160, 161-177, 238 ff; BGB §§ 705-740 | HGB §§ 230-237 | BGB §§ 705-740 |
| Beispiele | Typische Rechtsform der meisten mittelständischen, familiengeführten Unternehmen in Deutschland | | | Zweck- und Arbeitsgemeinschaften |

*) Erläuterungen im nachfolgenden Textteil zur stillen Gesellschaft

Abb. II-6b: Zentrale Merkmale der Beteiligungsfinanzierung bei Personengesellschaften

Eine Ergänzung in der Beteiligungsfinanzierung vor allem von OHG, KG aber auch des Einzelkaufmanns (und selten bei Kapitalgesellschaften) bietet die Rechtsform **„stille Gesellschaft“** bzw. stiller Gesellschafter. Gebräuchlich ist auch die Bezeichnung stille Beteiligung. Kennzeichen des stillen Gesellschafters ist, dass seine Kapitaleinlage in das Vermögen des Unternehmens übergeht. Die stille Gesellschaft stellt eine rein kapitalmäßige Beteiligung an einem Unternehmen im Sinne eines Gesellschafterverhältnisses dar. Der **stille Gesellschafter** ist **nicht Kaufmann**, da seine Einlage in das Vermögen eines Unternehmens eingeht und nur diese hat Kaufmannseigenschaft. Der stille Gesellschafter kann aus dem Gesellschafterverhältnis begründet Kontroll- und Überwachungsrechte erzwingen. Nach außen tritt der stille Gesellschafter nicht in Erscheinung. Man spricht daher von einer reinen **Innengesellschaft**. Der stille Gesellschafter ist vertraglich zwar am Gewinn, nicht aber am Verlust beteiligt (vgl. *Paulick/Blaurock* 1998, S. 136). Diese Form ähnelt auch dem sog. **partiarischen Darlehen**, bei dem der Darlehensgeber statt eines Verzinsungsanspruchs ein Recht auf Gewinnbeteiligung hat (Austauschverhältnis anstelle des Gesellschafterverhältnisses). Die Darlehensvereinbarungen können aber für den stillen Gesellschafter Verlustzuweisungen vorsehen. Im **Außenverhältnis** haftet der stille Gesellschafter den übrigen Gläubigern in Höhe seiner Einlage.

Zwei **Varianten** des stillen Gesellschafters sind hinsichtlich seiner Beteiligung an Vermögenszuwächsen (vorwiegend aus steuerlichen Gründen) zu unterscheiden: Bei einer **typischen** stillen Gesellschaft hat der stille Gesellschafter kein Recht auf Beteiligung am Vermögen des Unternehmens. Geht ein stiller Gesellschafter eine **atypische** stille Gesellschaft ein, so ist er neben dem Gewinn und Verlust auch am Vermögen, inkl. den stillen Reserven und dem Firmenwert des Unternehmens beteiligt. In dieser Funktion ist der stille Gesellschafter **Mitunternehmer**. Merkmale der Mitunternehmerschaft sind Mitspracherechte (Stimm-, Kontroll- und Widerspruchsrechte) sowie Anspruch auf Anteile am Unternehmensvermögen bei Ausscheiden aus dem Unternehmen (vgl. *Zacharias/Hebig/Rinnewitz* 2000, S. 148).

*Im Handelsblatt vom 21.09.1999 war hierzu auf S. 39 folgende Meldung zu lesen, die auszugsweise wiedergegeben ist:*

*„Der Nepp mit Stillen Beteiligungen floriert.*

*Unter Anlegern, die ihr Geld bei Stillen Beteiligungen verloren haben, kursiert ein Witz: Stille Beteiligungen hießen nur deshalb so, weil man – nachdem man gezahlt hat – nie mehr von der Beteiligung und auch nichts mehr vom Anbieter höre. (...) Mit beiden Formen Stiller Beteiligungen wird sehr viel Schindluder getrieben. Sie werden häufig als unseriöse Unternehmensbeteiligungen und Beteiligungssparpläne mit den Argumenten „Steuer sparen“ und „Altersversorgung aufbauen“ an private Kleinanleger vertrieben.“*

Bei der stillen Gesellschaft und dem Kommanditisten der KG besteht zu den vollhaftenden Eigentümern ein besonderes Verhältnis, das als Prinzipal-Agent-Problem zwischen Eigentümern in ihrer Funktion als Manager (= **„Eigentümer-Manager“**, vor allem durch voll haftende Gesellschafter verkörpert) und den sonstigen Anteilseignern charakterisierbar ist. Eigentümer-Manager bezeichnet die vollhaftenden Gesellschafter, da sie von Gesetzes wegen die Geschäftführungsbefugnis inne haben, was den übrigen Anteilseignern untersagt ist. Damit nimmt der Eigentümer-Manager die Rolle des Agenten gegenüber den übrigen Anteilseignern ein, Qualitäts- und Verhaltensunsicherheiten können entstehen und sich in **Agency Costs** niederschlagen (z.B. Fringe Benefits der Eigentümer-Manager oder Ressourcenverzehr bei den übrigen Anteilseignern zwecks Kontrolle der Verhaltensweisen des Agenten). Neben vertraglichen Kontroll- und Überwachungsregelungen bieten sich wiederum gewinnabhängige Entlohnungsvereinbarungen für die Tätigkeit des Eigentümer-Managers an. Insgesamt dürften die Agency Costs dazu führen, dass die Akquisition von stillen Gesellschaftern oder Kommanditisten nur durch Befriedigung von deren höheren das Verhaltensrisiko entschädigende Renditeforderungen gelingt.

## 3.3 Beteiligungsfinanzierung bei Genossenschaften

| **Rechtsform ⇒**<br>**Merkmale**<br>**⇓** | **eingetragene Genossenschaft eG** |
|---|---|
| Eigentümerbezeichnung | Genossen |
| Mindestzahl der Gründer | sieben |
| Bezeichnung des Eigenkapitals | Geschäftsguthaben |
| Beschaffung von Eigenkapital | • Erhöhung der Geschäftsguthaben<br>• Aufnahme neuer Genossen |
| Mindestkapital und -anteil | • variables Grundkapital<br>• Mindesteinlage (= Geschäftsanteil) durch Satzung vorgeschrieben |
| Haftung | Den Gläubigern haftet ausschließlich das Vermögen der Genossenschaft. Die Satzung (= Statut) kann Nachschüsse der Genossen an die Konkursmasse beschränkt oder unbeschränkt vorschreiben. |
| Steuerliche Behandlung | Körperschaftsteuer mit Vergünstigungen |
| Organe | • Vorstand<br>• Aufsichtsrat<br>• Generalversammlung |
| Erfolgsbeteiligung | gemäß Anteil am Geschäftsguthaben |
| gesetzliche Vorschriften | • Genossenschaftsgesetz<br>• HGB §§ 336-339 |
| Beispiele | Volks- und Raiffeisenbanken, Wohnungsbau- und Konsumgenossenschaften |

Abb. II-7: Zentrale Merkmale der Beteiligungsfinanzierung bei Genossenschaften im Überblick

Die Beteiligungsfinanzierung der eG weist bestimmte **Besonderheiten** auf (vgl. *Perridon/Steiner* 1999, S. 354). Das **Eigenkapital kann** mit der Anzahl der Genossen **schwanken**. Grundsätzlich kann jeder Genosse zum Ende eines Geschäftsjahres unter Einhaltung einer Kündigungsfrist ausscheiden. „Eine über den Geschäftsanteil hinausgehende Haftpflicht der Genossen kann sich aus dem Statut (Satzung der eG, *Anmerk. d. Verf.*) ergeben, das gemäß § 6 Nr. 3 GenG Bestimmungen darüber enthalten muß, ob im Konkursfall der Genossenschaft und bei Nichtbefriedigung der Gläubiger die Genossen unbeschränkt, bis zu einer bestimmten Summe (Haftsumme) oder überhaupt nicht haften" (*Coenenberg* 2000, S. 321). Der Gesetzgeber verlangt bei einer eG sog. „**Ergebnisrücklagen**". Sie sind vergleichbar mit den Gewinnrücklagen der Kapitalgesellschaften. Die Art der Bildung und Mindestbetrag der Ergebnisrücklagen werden in der jeweiligen Satzung der eG geregelt.

## 3.4 Beteiligungsfinanzierung bei Kapitalgesellschaften

| **Rechtsform⇒ Merkmale ⇓** | **Kapitalgesellschaften** | | |
|---|---|---|---|
| | **GmbH** | **AG** | **KGaA** |
| Eigentümerbezeichnung | Gesellschafter | Aktionäre | a) Komplementäre<br>b) Kommanditisten |
| Mindestzahl der Gründer | einer | fünf (sog. „kleine AG“) | |
| Bezeichnung des Eigenkapitals | • Stammkapital<br>• gezeichnetes Kapital | • Grundkapital<br>• gezeichnetes Kapital | |
| Beschaffung von Eigenkapital | • Einlagenerhöhung<br>• Aufnahme neuer Gesellschafter | Kapitalerhöhung | • Einlagenerhöhung der Komplementäre<br>• Kapitalerhöhung |
| Mindestkapital und -anteil | • Stammkapital<br>• mind. *25.000* €<br>• Mindestanteil nominal *100* €, höhere Anteile durch *50* teilbar | • Grundkapital<br>• mind. *50.000* €<br>• Mindestnennbetrag einer Aktie: ein € | |
| Haftung | Gesellschaftsvermögen haftet in voller Höhe. Vor Eintragung ins Handelsregister haften alle Gesellschafter solidarisch; danach schulden die Gesellschafter nur ihre rückständigen Einlagen. | Gesellschaftsvermögen haftet in voller Höhe. Vor Eintragung ins Handelsregister haften die Handelnden persönlich, unbeschränkt, danach entfällt die persönliche Haftung. | Vor Eintragung ins Handelsregister: alle Gesellschafter haften unbeschränkt. Nach Eintragung: Komplementäre haften unbeschränkt, Kommanditisten bis zur Höhe ihrer Einlage. |
| Stimmrecht | Jede *50* € eines Geschäftsanteils gewährt eine Stimme. | Jede (Stamm-) Aktie verkörpert eine Stimme des Aktionärs. | Ergänzend zu den AG-Regelungen: Komplementäre mit eigenem Stimmrecht pro Kopf. |
| Steuerliche Behandlung | Körperschaftsteuer | | Körperschaftsteuer bezogen auf die AG, persönliche Einkommensteuer bei den Komplementären |
| Organe | • Geschäftsführer,<br>• Gesellschafterversamlung,<br>• evtl. Aufsichtsrat | • Vorstand,<br>• Aufsichtsrat,<br>• Hauptversammlung | • Komplementäre,<br>• Aufsichtsrat,<br>• Hauptversammlung |
| Erfolgsbeteiligung | nach Höhe der Geschäftsanteile | nach dem Anteil am Grundkapital | • *4*% auf Einlage<br>• Rest angemessen, nach dem Anteil am Grundkapital |

Abb. II-8a: Zentrale Merkmale der Beteiligungsfinanzierung bei Kapitalgesellschaften im Überblick

| Rechtsform⇒ Merkmale ⇓ | Kapitalgesellschaften | | |
|---|---|---|---|
| | **GmbH** | **AG** | **KGaA** |
| gesetzliche Vorschriften | • GmbH-Gesetz<br>• HGB §§ 238-335 | • AktG<br>• HGB §§ 238-335 | • AktG §§ 278-290 |
| Beispiel | Rechtsform von Unternehmen aller Branchen und Größenklassen, bei AG traditionell Großunternehmen vertreten, neuerdings auch junge Unternehmen | | Rechtsform mittelständischer Unternehmen (z.B. Henkel KGaA) |

Abb. II-8b: Zentrale Merkmale der Beteiligungsfinanzierung bei Kapitalgesellschaften im Überblick (Fortsetzung)

GmbH und AG bedürfen zur rechtlich wirksamen Erhöhung ihres gezeichneten Kapitals der Mehrheit der abgegebenen Stimmen der Gesellschafter (bei GmbH: einfache Mehrheit, AG: Mehrheit von drei Viertel der anwesenden stimmberechtigten Aktionäre). Während es bei der AG mehrere Möglichkeiten der Kapitalerhöhung gibt, die im Abschnitt 6 dieses Kapitels besprochen werden, reduzieren sich die Möglichkeiten bei der GmbH auf zwei Formen - Kapitalerhöhung gegen Einlagen und Kapitalerhöhung aus Gesellschaftsmitteln. Abb. II-9 zeigt die Formen im Überblick (vgl. *Coenenberg* 2000, S. 283).

| Form ⇒<br>Besonderheiten ⇓ | Kapitalerhöhung gegen Einlagen | Kapitalerhöhung aus Gesellschaftsmitteln |
|---|---|---|
| gesetzliche Regelung | §§ 55-57b GmbHG | §§ 1-17 KapErhG |
| Zuführung neuer Mittel | in Form von Geld- oder Sacheinlagen | keine |
| Wirksamwerden der Kapitalerhöhung (Ausweis des erhöhten Grundkapitals in der Bilanz) | bei Eintragung der Durchführung der Kapitalerhöhung in das Handelsregister (§ 54 Abs. 3 GmbHG) | bei Eintragung der Durchführung der Kapitalerhöhung in das Handelsregister (§ 8 Abs. 1 KapErhG) |
| Durchführung der Kapitalerhöhung | Erfolgt durch Übernahme neuer Stammeinlagen mit notarieller Beurkundung durch bisherige oder neue Gesellschafter.<br>Vor Anmeldung ins Handelsregister ist mindestens ein Viertel der Stammeinlagen zu zahlen. | Erfolgt durch Umwandlung der Rücklagen in Stammkapital. Dabei werden entweder neue Stammeinlagen gebildet oder bisherige werden erhöht. |

Abb. II-9: Formen der Kapitalerhöhung bei einer GmbH

Die **Haftungsbeschränkungen** der **GmbH erleichtern** grundsätzlich die **Aufnahme** von **Eigenkapital**. Allerdings sind GmbH-Anteile gegenüber Aktien weit weniger handelbar, da für die GmbH-Anteile **kein organisierter Markt** (= Wertpapierbörse) existiert und die rechtswirksame Übergabe der Anteile der notariellen Form bedarf.

Bei der **KGaA** wird die Beschaffung von Beteiligungskapital gegenüber der KG insofern erleichtert, als die **Kommanditisten**, da **Aktionäre**, in größerer Anzahl gewonnen werden können. Mittels Erhöhung des Grundkapitals, analog den Vorschriften zur AG, erschließt sich die KGaA die Vorteile der Beteiligungsfinanzierung von emissionsfähigen Unternehmen unter Beibehaltung der persönlichen Haftung der Geschäftsinhaber, also der Komplementäre. Die KGaA ist in Deutschland mit ca. *30* Unternehmen in dieser Rechtsform kaum noch verbreitet.

## 3.5 Kündigungsrechte der Eigenkapitalgeber

Finanzmittel, die ein Unternehmen über den Weg der Eigenfinanzierung erhält, gelten üblicherweise als **unbefristet überlassenes Kapital**. Dies kann so verstanden werden, dass ein Eigenkapitalgeber i.d.R. nicht von vornherein sein Kapital befristet bereitstellt und ein Unternehmen nicht von vornherein eine befristete Existenz von den Gesellschaftern zugewiesen bekommt, d.h. es gilt die Vermutung des „Going-Concern-Prinzips". Existiert für ein Unternehmen bzw. die Rechtsform eines Unternehmens und deren Eigenkapitalanteile ein Finanzmarkt, auf dem die Eigenkapitalanteile zwischen Eigenkapitalgebern gehandelt werden können, kommt es zudem beim Eigentümerwechsel **nicht** auch gleichzeitig zum **Abziehen** des **Eigenkapitals** aus dem Unternehmen. Der typische Fall hierfür ist die börsennotierte AG, deren Aktien auf einem sog. Sekundär- oder Zirkulationsmarkt gehandelt werden können, während das Eigenkapital konstant bleibt.

In einer weiteren Interpretation können mit dem Charakter der Dauerhaftigkeit des Eigenkapitals die **besonderen gesetzlichen Voraussetzungen** verstanden werden, die eine Kündigung des Eigenkapitals nicht ermöglichen. Nachfolgende Abb. II-10 gibt bezüglich der Kündigungsbestimmungen einen Überblick.

| Rechtsform | Kündigungsbestimmungen |
|---|---|
| OHG, KG, stille Gesellschaft | • §§ 132, 161 Abs. 2, 339 HGB: bei Gesellschaften mit unbestimmter Zeitdauer ihres Bestehens gilt sechs Monate zum Ende des Geschäftsjahres<br>• § 339 HGB in Verbindung mit § 723 BGB ermöglicht darüber hinaus beim stillen Gesellschafter die Kündigung aus wichtigem Grund. |
| BGB-Gesellschaft | • bei Gesellschaften mit unbestimmter Zeitdauer: jederzeit gem. § 723 BGB<br>• bei Gesellschaften mit bestimmter Zeitdauer: nur aus wichtigem Grund gem. § 723 BGB. |
| Genossenschaften | • mindestens drei Monate (max. fünf Jahre) zum Schluss des Geschäftsjahres<br>• bei bestimmten Änderungen des Statuts innerhalb eines Monats zum Schluss des Geschäftsjahres (= außerordentliches Kündigungsrecht) |
| Kapitalgesellschaften | Grundsatz ist, dass es sich hierbei um konstantes Eigenkapital handelt, welches Haftungsvermögen binden soll. Kündigungen sind nicht zulässig (§ 57 AktG). |

Abb. II-10: Überblick zu rechtsformspezifischen Kündigungsbestimmungen

# 4 Die Aktie - Instrument der Beteiligungsfinanzierung emissionsfähiger Unternehmen

Die **Ausgabe von Aktien** erfolgt grundsätzlich bei **Gründung** einer AG bzw. KGaA, **Kapitalerhöhungen** und **Umwandlung** von Personengesellschaften, GmbH oder anderen Rechtsformen in die der AG (z.B. die Umwandlung des ehemaligen Sondervermögens Deutsche Bundespost in die drei Kapitalgesellschaften Deutsche Telekom AG, Deutsche Post AG, Deutsche Postbank AG). Es ist in der betrieblichen Finanzwirtschaft üblich, eine Unterscheidung nach **Aktienarten** vorzunehmen. Gängig ist die Einteilung nach der Art der Übertragung der Aktie und nach dem Umfang der verbrieften Rechte.

Eine Aktie kann rechtlich gesehen ein **Inhaberpapier** sein, d.h. nicht auf den Namen des Eigentümers lauten. Die Inhaberaktie wird durch Einigung und Übergabe übertragen. Ist der Nennbetrag einer Aktie nicht voll eingezahlt, so schreibt § 10, Abs. 2 AktG vor, dass die Aktiengattung eine **Namensaktie** sein muss. Aktien als **Namenspapiere** lauten auf den Namen des Eigentümers und sind kraft Gesetz Orderpapiere (sog. „geborene Orderpapiere"). Sie werden durch Einigung und Übergabe sowie Indossament übertragen. Ferner muss der neue Eigentümer einer Namensaktie mit Namen, Wohnort und Beruf in einem Aktienregister (ursprünglich einmal Aktienbuch genannt) bei der AG an Stelle des bisherigen Eigentümers vom Vorstand der AG eingetragen werden (§ 67, 68 AktG in Verbindung mit dem Gesetz zur Namensaktie und zur Erleichterung der Stimmrechtsausübung vom 25.01.2001). Ohne diese Eintragung können die Rechte aus der Aktie gegenüber der Gesellschaft nicht ausgeübt werden. Obwohl Namensaktien gegenüber Inhaberaktien einen erhöhten Verwaltungsaufwand für die AG erfordern, wird in jüngster Zeit verstärkt die Namensaktie rehabilitiert. So verfügt eine AG aufgrund verstärkter Erfordernis von börsennotierten Unternehmen zur Kommunikation mit Aktionären im Rahmen der Investor Relation-Politik bei der Namensaktie über eine Adressdatenbank, mit der sie gezielt für ihre Aktionäre Investor Relation Maßnahmen durchführen kann.

Lesehinweis: Zur Erläuterung des Instruments Investor Relation vgl. *Becker* (1994).

Aktien als Orderpapiere können in einem Spezialfall als **vinkulierte Aktien** ausgegeben (= emittiert) werden. Zusätzlich zum Verfahren bei reinen Namensaktien ist in diesem Fall für die rechtswirksame Übertragung die **mehrheitliche Zustimmung** des **Vorstands** der AG zur Übertragung erforderlich. Solche Aktien werden ausgegeben, wenn

- die **Satzung** die Ausgabe vorsieht,

  Beispiel: Bei Versicherungsgesellschaften in der Rechtsform der AG, deren Grundkapital nicht voll eingezahlt ist, soll die Vinkulierung die Möglichkeit bieten, den Erwerb dieser Aktien durch kapitalschwache Anleger zu vermeiden. Andernfalls wäre nicht gesichert, dass im Fall dringenden Bedarfs an Eigenkapital (z.B. aufgrund Verpflichtungen zu hohen, unvorhergesehenen Schadenszahlungen) tatsächlich die eingeforderten Eigenkapitalteile eingezahlt würden.

- das **Gesetz** die Ausgabe bestimmt, weil die Satzung den Aktionären die Verpflichtung zu Nebenleistungen auferlegt. Die Vinkulierung soll verhindern, dass die Aktie in den Besitz von Personen gerät, die geforderte Nebenleistungen nicht erbringen können,

  Beispiel: Mit einer vinkulierten Namensaktie einer in der Rechtsform der AG operierenden Molkerei kann die Pflicht der Aktionäre verbunden sein, regelmäßig die Milch ihrer Kühe ausschließlich dort anzuliefern. Aktionäre dieser „Molkerei AG" können daher sehr wahrscheinlich nur Landwirte mit Viehwirtschaft sein.

- wirtschaftspolitische Gründe vorliegen.

  Beispiel: Im internationalen Flugverkehr verlangen nationale Luftverkehrsabkommen, dass sich die Anteilsmehrheit an den nationalen Fluggesellschaften, die Streckenrechte wahrnehmen, in der Hand nationaler Aktionäre befindet und unter deren Kontrolle bleibt. Aus diesem Grund wurde Anfang 1997 der Restanteil der in Staatsbesitz befindlichen Lufthansa-Aktien (*36*%) in Form vinkulierter Namensaktien reprivatisiert.

Eine weitere Unterscheidung von Aktien erfolgt nach ihrer **Wertbezeichnung** bzw. der Art der Beteiligung der Aktionäre am Grundkapital:

- Aktien, die auf einen festen Betrag (Nennbetrag) von mindestens einem € (bis vor Einführung des Euros zum 01.01.1999 fünf DM und davor bis August 1994 Mindestnennbetrag *50* DM) lauten, bezeichnet man als **Nennwertaktien**. Mit dem gesetzlich vorgeschriebenen Mindestbetrag von einem € will der Gesetzgeber vermeiden, dass Endlos-Aktiensplits erfolgen und damit sog. „Penny-Stocks“ entstehen. Sie führen zu Kleinstaktien, die in der Vergangenheit immer wieder die Grundlage für betrügerische Anlagenvermittlung waren (allerdings hier bezüglich Aktien ausländischer Emittenten). Vom Mindestnennbetrag ist der Kurs einer Aktie zu unterscheiden, der zumindest zeitweise auch unterhalb des Mindestnennbetrags notieren kann. Oberhalb des Mindestnennbetrags ist die Aktie stufenlos (vgl. *Seibert* 1997, S. 1611).

- Während Nennwertaktien nicht teilbar sind (§ 8 AktG), lauten **Quotenaktien** von vornherein auf einen Anteil am Grundkapital (z.B. auf *1/1000* des Gesellschaftsvermögens). Sie werden an der Börse in Angaben „pro Stück“ notiert.

  Beispiel: Bei einem Nennwert von fünf € und einem Grundkapital von z.B. *1.925* Mio. € ergibt sich ein Anteil von ein „*385*-Millionstel“ (*1.925* Mio. €*/5* €), mit der der Ausweis über die Quote erfolgen würde. Dies ist mit einer Quotenaktie gemeint. Durch sie wird also nur der Ausweis verändert: Ein Stück Aktie zu nominal fünf € wird ersetzt durch ein Stück ohne Nominalwertangabe. Durch Division von *1.925* Mio. € durch *385* Mio. Errechnet man wieder den fünf €-Nominalwert und damit die Nennwertaktie.

Nach deutschem Aktienrecht (§ 8 AktG) erfolgte aufgrund der Umstellung auf die Euro-Währung die Einführung der sog. **„unechten nennwertlosen Aktie“**, das AktG spricht von einer Stückaktie (§ 8 Absatz 3 AktG). Damit entfällt bei diesen Aktien, die parallel zu den bisherigen Nennbetragsaktien existieren werden, die Angabe eines Nennbetrags. Das vorhandene Grundkapital der davon betroffenen Aktiengesellschaften wird nicht verändert. Während sich der Anteil am Grundkapital bei Nennbetragsaktien nach dem Verhältnis ihres Nennbetrags zum Grundkapital richtet, bemisst sich der Grundkapitalanteil bei Stückaktien nach der Anzahl der Aktien.

Besondere Unterscheidungen von Aktien liefert nachfolgende Zusammenstellung.

| Aktienart | Erläuterung |
|---|---|
| **Volksaktien** | Sie finden Anwendung im Zuge der Privatisierung von Vermögen der öffentlichen Hand, wenn beabsichtigt ist, Bezieher niedriger Einkommen und die Belegschaft des zu privatisierenden öffentlichen Unternehmens am Grundkapital zu beteiligen. Das Ziel ist vermögenspolitischer Art: Es sollen breite Bevölkerungskreise zu Miteigentümern an Aktiengesellschaften gemacht und so ein Beitrag zur Eigentumsbildung in der Gesamtwirtschaft geleistet werden. |
| **Belegschafts-aktien** | Belegschaftsaktien dienen der innerbetrieblichen Vermögensbildung. Sie werden seitens der AG meist zu einem Vorzugskurs Belegschaftsmitgliedern zum Erwerb angeboten. Für den späteren Weiterverkauf muss der Erwerber i.d.R. eine Sperrfrist beachten, um nicht seinen Kaufbonus nachträglich zu verlieren. In Deutschland weisen die Unternehmen Siemens AG, Daimler Benz AG und die Volkswagen AG die meisten Belegschaftsaktionäre auf (vgl. *DAI* 1996). |
| **Junge Aktien** | Nimmt eine AG eine Kapitalerhöhung vor, gibt sie hierzu neue, d.h. junge Aktien aus. Je nach Zeitpunkt der Aktienemission sind die jungen Aktien noch nicht oder nur teilweise dividendenberechtigt. Nach dem nächsten Dividendentermin werden aus den jungen, alte Aktien. Werden in einem Geschäftsjahr zwei Kapitalerhöhungen durchgeführt, spricht man von der Ausgabe jüngster Aktien. |
| **Globalaktien** | Es handelt sich hierbei um sog. Sammelurkunden über eine größere Zahl von Aktien. Sie werden aus Gründen der Verwaltungs- und Verwahrungsvereinfachung herausgegeben. Ein Umtausch in Einzelurkunden muss gesichert sein. |
| **Vorratsaktien** | Sie bezeichnen Aktien, die entstehen, wenn eine Kapitalerhöhung höher ist als der aktuelle Kapitalbedarf oder eine treuhänderische Übernahme und ein entsprechender Einsatz nach Weisung der Gesellschaft vorliegt. Diese Form der Aktienemission ist wegen der Möglichkeit einer Kapitalerhöhung nach der Methode des genehmigten Kapitals mittlerweile kaum noch von praktischer Bedeutung. |
| **Treueaktien** | Hierbei handelt es sich um Gratisaktien, mit der ein Emittent das Halten erstemittierter Aktien bei den Aktionären „belohnen" möchte. Verbleibt die Aktie nach Ersterwerb für einen vorher bekannt gegebenen Zeitraum im Depot des Aktionärs, so erhält er nach Ablauf der Frist das Recht auf Bezug von Gratisaktien des gleichen Emittenten in einem vorher festgelegten Bezugsverhältnis. |
| **„Goldene Aktie"** | Synonym für die ausschlaggebende (Aktien-) Stimme, mit der ein Einzelaktionär ein Vetorecht auf der Hauptversammlung ausüben kann. Bei einer solchen „Sperrminorität" (im deutschen Recht: *25%* der Aktienanteile plus einer Aktie) können alle wichtigen Beschlüsse der Hauptversammlung blockiert werden, die für eine Dreiviertel-Mehrheit erforderlich ist. |
| **Tracking Stocks** (Targeted Stocks) | Es handelt sich um eine börsennotierte Gattung von Stammaktien, ausgestattet mit den üblichen Aktionärsrechten, die sich aber nicht auf das Gesamtvermögen des Emittenten, sondern einen Teilgeschäftsbereich oder eine Tochtergesellschaft des Emittenten beziehen. Mit Tracking Stocks werden nicht gleichzeitig auch rechtlich selbstständige Gesellschaften gebildet. Es erfolgt eine „Spaltung" der emittierenden Gesellschaft und es wird eine separate Rechnungslegung der Geschäftseinheiten mit Bezug zu den Tracking Stocks erforderlich. Mit dieser in den USA möglichen Aktiengattung wird vom Emittenten beabsichtigt, einer Fehlbepreisung der Aktie des Gesamtunternehmens entgegen zu wirken, steuerliche Vorteile auszunutzen oder Aktien für Mitarbeiter von Geschäftseinheiten einzusetzen (vgl. *Natusch* 1995). |

Abb. II-11: Besondere Aktienarten

*Zur Treuaktie war am 29.09.99 im Handelsblatt folgende Meldung notiert, die auszugsweise wiedergegeben ist:*

*„Deutsche Telekom teilt Treueaktien aus*

*(...) Die Erstaktionäre der Deutschen Telekom AG werden Ende dieser Woche für ihre Treue als Anteilseigner des ehemaligen Monopolisten mit Gratisaktien belohnt. Wer seit dem ersten Börsengang im November 1996 seine Telekom-Aktien nicht verkauft hat, wird für je 10 Aktien mit einer Treueaktie belohnt. Maximal können 30 Treueaktien gutgeschrieben werden.(...). Für die Treuaktien hatte die Telekom 30 Mill. Aktien reserviert. Nachdem der Kurs nach der Erstnotierung von umgerechnet 14,40 Euro auf inzwischen knapp 40 Euro gestiegen ist, haben jedoch bereits viele Erstaktionäre das Papier verkauft, sodass die Telekom mit 10 Mill. Treueaktien rechnet. (...)“*

## 4.1 Vorzugsaktien

Nach dem Umfang der verbrieften Rechte sind Aktien zum einen in **Stammaktien** zu unterscheiden. Sie gewähren alle gesetzlichen und satzungsmäßigen Aktionärsrechte (Stimmrecht in der Hauptversammlung, Beteiligung am Gewinn, Auskunft durch den Vorstand, Anteil am Liquidationserlös, Bezug junger Aktien, Wahl des Aufsichtsrats, Entlastung von Vorstand und Aufsichtsrat, freiwillige Unternehmensliquidation). Aktien können außerdem für eine Gruppe von Aktionären besondere Vorrechte gegenüber den Rechten der Stammaktionäre gewähren (= **Vorzugsaktien**, vgl. zum Überblick Abb. II-12).

Ferner können **Vorzüge** hinsichtlich der Dividende, des Stimmrechts oder des Anteils am Liquidationserlös bestehen und als zusätzliches Recht zu denjenigen Vorzügen der Stammaktionäre gewährt werden (= **absolute** Vorzüge). Die Einräumung von Vorzügen kann auch mit einer Einschränkung von Rechten verbunden sein, die ein Stammaktionär gesetzlich besitzt (= **relative** Vorzüge).

Vorrechte hinsichtlich der Verteilung des Bilanzgewinns an die Aktionäre enthalten **Dividendenvorzugsaktien**. Sie können mit absoluten Vorzügen ausgestattet sein. Dem Vorzugsaktionär wird dann gegenüber dem Stammaktionär bei vollem Stimmrecht ein Dividendenvorzug eingeräumt. Oder die Ausgestaltung erfolgt als stimmrechtslose Dividendenvorzugsaktie (relative Vorzüge), mit der der Vorzugsaktionär auf sein **Stimmrecht verzichtet**.

Bei einem weiteren Typ, der **stimmrechtslosen kumulativen Vorzugsaktie**, verzichtet der Aktionär auf sein Stimmrecht zugunsten eines Nachbezugsrechts von Dividenden: Falls in einem Jahr keine Dividende bzw. ein die vereinbarte Mindestdividende unterschreitender Betrag ausgeschüttet wurde, wird den Vorzugsaktionären die ausgefallene Dividende später nachgezahlt. Kann allerdings bei rückständiger Dividende auch im darauffolgenden Geschäftsjahr keine Nachzahlung von der AG geleistet werden, lebt gemäß § 140 AktG das Stimmrecht auf. Das Stimmrecht bleibt solange wirksam, bis die Rückstände nachgezahlt wurden und den Stammaktionären dürfen bis zur vollkommenen Erfüllung aller rückständigen Dividendenansprüche der Vorzugsaktionäre keine Dividenden gezahlt werden. **Hauptmotiv** für die AG zur Emission solcher Vorzugsaktien ist die Erweiterung der Eigenkapitalbasis bei gleichzeitigem Erhalt der bisherigen Stimm- und damit Machtverhältnisse im Unternehmen.

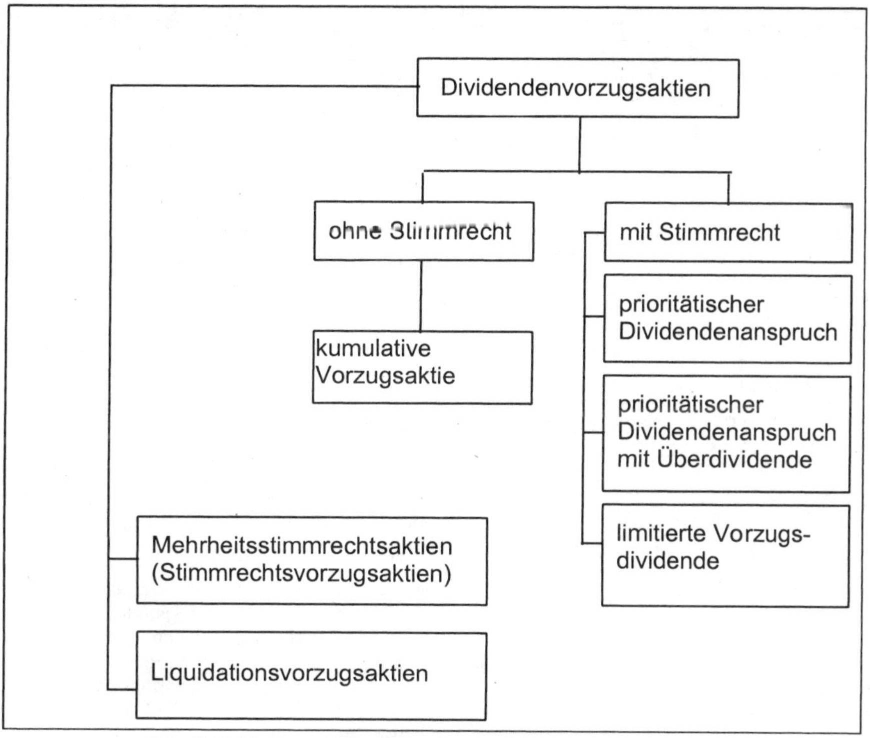


Abb. II-12: Arten und Erscheinungsformen von Vorzugsaktien

Vorzugsaktionäre werden bei Dividendenvorzugsaktien mit **prioritätischem Dividendenanspruch** bei der Verteilung des ausschüttbaren Jahresüberschusses **vor Zahlung** einer gleich hohen Dividende an die Stammaktionäre bedient. Danach wird an die Stammaktionäre ausgeschüttet, ein verbleibender Rest ist gleichmäßig auf die Aktionäre beider Gruppen aufzuteilen.

*In der Frankfurter Allgemeine Zeitung vom 18.04.1995 war hierzu auf S. 15 folgende Meldung zu lesen, die auszugsweise wiedergegeben ist:*

*„Zanders-Stimmrechte leben auf.*

*Bei dem (...) erhält der bisher stimmrechtslose Teil des Aktienkapitals – 60 Millionen von insgesamt 140 Millionen DM – Stimmrechte. Denn auch für das Geschäftsjahr 1994 kann Zanders keine Dividende auf die Vorzugsaktien zahlen.(...)"*

Beispiel: Das gezeichnete Kapital einer AG sei in *600.000* Stammaktien und *400.000* Vorzugsaktien aufgeteilt. Das Verhältnis der Vorzugsaktien zu den Stammaktien beträgt *2:3*. Der Nennwert je Aktie betrage fünf €. Die Vorzugsaktionäre sollen eine Vorabdividende in Höhe von *0,25* € je Aktie erhalten. Es entsteht dadurch ein Dividendenvorzug lediglich bei einem ausschüttungsfähigen Jahresüberschuss, der kleiner als *250.000* € ist. Derjenige Gewinnanteil, der die ausgeschüttete Vorabdividende und die Dividende auf die Stammaktien in gleicher Höhe übersteigt, wird gleichmäßig auf die Aktien verteilt.

| ausschüttungsfähiger Jahresüberschuss | Gewinnanteile | | Dividende je Aktie | |
|---|---|---|---|---|
| | Vorzugsaktie (*40%*) | Stammaktie (*60%*) | Vorzugsaktie | Stammaktie |
| € | € | € | €/Stück | €/Stück |
| *40.000* | *40.000* | - | *0,10* | - |
| *80.000* | *80.000* | - | *0,20* | - |
| *100.000* | *100.000* | - | *0,25* | - |
| *160.000* | *100.000* | *60.000* | *0,25* | *0,10* |
| *250.000* | *100.000* | *150.000* | *0,25* | *0,25* |
| *300.000* | *120.000* | *180.000* | *0,30* | *0,30* |
| *350.000* | *140.000* | *210.000* | *0,35* | *0,35* |
| *450.000* | *180.000* | *270.000* | *0,45* | *0,45* |

Tab. II-1: Dividendenvorzugsaktien mit prioritätischem Dividendenanspruch - Beispiel

Vorzugsaktionäre können auch einen **prioritätischen Dividendenanspruch** mit **Überdividende** ausgeschüttet bekommen. Sie erhalten dann nach Verteilung einer gleichen Dividende an sämtliche Aktieninhaber eine zusätzliche Ausschüttung aus dem verbleibenden Jahresüberschuss.

Beispiel: Das gezeichnete Kapital einer AG sei wiederum zu *60%* in Stammaktien und zu *40%* in Vorzugsaktien mit einem Nennwert je Aktie zu fünf € aufgeteilt. Die Vorzugsaktionäre sollen eine Vorabdividende in Höhe von *0,25* € je Aktie erhalten. Steht nach Ausschüttung der Vorzugsdividende ein weiterer ausschüttungsfähiger Jahresüberschuss zur Verfügung, wird der über den Prioritätsanspruch hinausgehende Betrag nicht gleichmäßig auf beide Aktiengattungen verteilt. Die Vorzugsaktionäre erhalten dann **zusätzlich** einen immer um den gleichen Betrag höhere Dividende als die Stammaktionäre. Es sei angenommen, dieser Zusatzbetrag betrage *0,20* €.

| ausschüttungsfähiger Jahresüberschuss | Gewinnanteile | | Dividende je Aktie | |
|---|---|---|---|---|
| | Vorzugsaktie (*40%*) | Stammaktie (*60%*) | Vorzugsaktie | Stammaktie |
| € | € | € | €/Stück | €/Stück |
| *40.000* | *40.000* | - | *0,10* | - |
| *80.000* | *80.000* | - | *0,20* | - |
| *100.000* | *100.000* | - | *0,25* | - |
| *130.000* | *100.000* | *30.000* | *0,25* | *0,05* |
| *180.000* | *120.000* | *60.000* | *0,30* | *0,10* |
| *280.000* | *160.000* | *120.000* | *0,40* | *0,20* |
| *380.000* | *200.000* | *180.000* | *0,50* | *0,30* |
| *480.000* | *240.000* | *240.000* | *0,60* | *0,40* |

Tab. II-2: Dividendenvorzugsaktien mit prioritätischem Dividendenanspruch und Überdividende - Beispiel

Bei einer Dividendenvorzugsaktie mit **limitierter Vorzugsdividende** wird die Vorzugsdividende auf einen Höchstbetrag begrenzt und der verbleibende Rest auf die Stammaktionäre verteilt.

Beispiel: Ausgehend von der bisherigen Grundkonstellation sollen die Vorzugsaktionäre eine Vorabdividende in Höhe von *0,25* € je Aktie erhalten, die auf einen Höchstbetrag von *0,40* € je Aktie limitiert wird. Vom ausschüttungsfähigen Jahresüberschuss werden zunächst die Vorzugsaktionäre bedient. Sofern darüber hinaus Gewinnanteile zu verteilen sind, werden sie in vollem Umfang auf die Stammaktionäre verteilt.

| ausschüttungsfähiger Jahresüberschuss | Gewinnanteile | | Dividende je Aktie | |
|---|---|---|---|---|
| | Vorzugsaktie (*40%*) | Stammaktie (*60%*) | Vorzugsaktie | Stammaktie |
| € | € | € | €/Stück | €/Stück |
| *40.000* | *40.000* | - | *0,10* | - |
| *80.000* | *80.000* | - | *0,20* | - |
| *100.000* | *100.000* | - | *0,25* | - |
| *160.000* | *100.000* | *60.000* | *0,25* | *0,10* |
| *250.000* | *100.000* | *150.000* | *0,25* | *0,25* |
| *300.000* | *120.000* | *180.000* | *0,30* | *0,30* |
| *350.000* | *140.000* | *210.000* | *0,35* | *0,35* |
| *450.000* | *180.000* | *270.000* | *0,40* | *0,48* |
| *500.000* | *200.000* | *300.000* | *0,40* | *0,57* |

Tab. II-3: Dividendenvorzugsaktien mit limitierter Vorzugsdividende - Beispiel

**Dividendenvorzugsaktien verlieren** zunehmend bei deutschen börsennotierten Unternehmen ihre **Bedeutung**. Hauptgründe sind: die Indexregeln der Deutschen Börse verlangen, dass bei der Entscheidung über die Aufnahme in einen Aktienindex jeweils nur noch eine Aktiengattung zählt; ein weiterer wichtiger Grund ist die geringe Präferenz insbesondere von stimmrechtslosen Vorzugsaktien bei ausländischen Anlegern.

Lesehinweis: Einen Überblick zu Dividendenvorzugsaktien und deren Bewertungsbesonderheiten liefert der Beitrag von *Hartmann-Wendels/Hinten* (1989).

*Im Handelsblatt vom 30.10.1996 war hierzu auf S. 2 folgende Meldung zu lesen, die auszugsweise wiedergegeben ist:*

*„Mehr Aktionärsdemokratie durch Abschaffung des Mehrfachstimmrechts.*

*(...) So wurden Mehrstimmrechtsaktien bereits in den Jahren 1920 bis 1923 ausgegeben - meist von Unternehmen aus dem energiewirtschaftlichen Bereich. Damals herrschte eine gallopierende Inflation, die bei den Aktiengesellschaften zu ständigen Kapitalerhöhungen führte. Anteile mit Mehrheitsstimmrechten sollten einen Schutz gegen Überfremdung bieten und - zum Beispiel bei den öffentlichen Versorgungsunternehmen - den öffentlich-rechtlichen Aktionären, wie Kommunen und Ländern, nach Verlust der Kapitalmehrheit wenigstens die Stimmrechtsmajorität erhalten. (...) Auch zur Erhaltung des Einflusses privater Gruppen wurde dieses Instrument früh eingesetzt. So bekamen zum Beispiel die Mitglieder der Siemens-Familie Anfang der vierziger Jahre ein sechsfaches Stimmrecht ihrer Aktien genehmigt. (...) So können zum Beispiel Anteile der RWE AG, Essen mit 20-fachem und die der Hamburger Elektrizitätswerke AG HEW sogar mit 80-fachem Stimmrecht (bei einer Stückelung von 100 DM) oder 40-fachem Stimmrecht je 50,-- DM bei vinkulierten Namensaktien aufwarten.(...)“*

Eine weitere Variante der Vorzugsaktien stellen **Mehrstimmrechtsaktien** dar, auch Stimmrechtsvorzugsaktien genannt. Sie gewähren dem Aktionär **pro Aktie** ein **mehrfaches Stimmrecht**. Nach § 12 Abs. 2 S. 1 AktG dürfen solche Aktien nicht mehr ausgegeben werden. Vor Inkrafttreten des AktG in der Fassung des Jahres 1965 bestanden solche Konstruktionen, die bis heute gültig geblieben sind. Ausnahmen sind heute noch zulässig, wenn mittels mehrfacher Stimmrechte **gesamtwirtschaftliche Belange** verwirklicht werden sollen (§ 12 Abs. 2 S. 2 AktG).

Der Wirtschaftsminister des Bundeslandes, in dem die AG ihren Sitz hat, ist für die Erteilung der **Ausnahmeregelung** zuständig.

Ergänzend ist die Gattung der Vorzugsaktien zu nennen, bei denen die Vorzüge im Anteil am Liquidationserlös bestehen. Solche **Liquidationsvorzugsaktien** verbriefen im Falle der (freiwilligen) Liquidation einer AG den Vorzugsaktionären, dass sie bei Verteilung des Liquidationserlöses gegenüber den Stammaktionären bevorzugt werden.

## 4.2 Eigene Aktien

Seit Ende der 90er Jahre wurden für deutsche AGn aufgrund des in Kraft tretens des KonTraG zahlreiche Erleichterungen des Rückkauf eigener Aktien geschaffen. Die Änderungen trafen auf eine hohe Akzeptanz deutscher börsennotierter AGn, was eine empirische Erhebung des Deutschen Aktieninstituts von Anfang 1999 nachweisen konnte (vgl. *DAI* 1999). Mittlerweile beträgt das Volumen von Rückkaufprogrammen deutscher AGn im Verhältnis zur Marktkapitalisierung der deutschen börsennotierten Gesellschaften annähernd dem vergleichbaren Wert der USA (*1,9%)*.

Vor Einführung des § 71 Nr. 8 AktG im Zuge des KonTraG konnte eine AG ausschließlich in Ausnahmefällen eigene Aktien in ihrem Bestand führen. Solche Fälle waren Abwehr eines schweren Schadens, Ausgabe von Belegschaftsaktien, Abfindung von Minderheitsaktionären. Mit der Ergänzung des § 71 AktG darf eine AG aufgrund eines Beschlusses der Hauptversammlung eigene Aktien am Kapitalmarkt erwerben, wobei der **Beschluss nach *18* Monaten verfällt**. Der Verfallzeitraum bezieht sich nur auf den Erwerb, nicht aber auf das Halten der eigenen Aktien. Der Beschluss der Hauptversammlung hat ebenfalls den niedrigsten und höchsten Gegenwert der zu erwerbenden Aktien festzulegen. Es kann auch eine relative Anbindung an einen zukünftigen Börsenkurs erfolgen. Weiterhin muss im HV-Beschluss das Volumen der zu erwerbenden Aktien bestimmt werden. Hier ist die **Höchstgrenze** des Gesetzgebers von ***10%* des Grundkapitals** zwingend vorgeschrieben. Mit dieser Volumenbegrenzung wird auf die insgesamt zu erwerbenden Aktien abgestellt (und nicht auf den jeweiligen Bestand). Ferner ist der Erwerb eigener Aktien nur mit Mitteln aus dem Jahresüberschuss oder frei verfügbaren Rücklagen möglich. Die Vorgabe der Mittelquelle dient dem Gläubigerschutz (Kapitalerhaltungs- und Kapitalaufbringungsgrundsatz), die Anteilshöchstbegrenzung soll Liquiditätsprobleme des aufkaufenden Unternehmens aufgrund eines übermäßigen Erwerbs eigener Aktien vermeiden. Es ist vor allem diese Restriktion des Erwerbs eigener Aktien, mit der der Gesetzgeber vermeiden möchte, dass sich ein ähnlich ungehemmter Erwerb eigener Aktien deutscher AGn wie in der Weltwirtschaftskrise 1931 wiederholt. Damals trugen diese Operationen mit zur hohen Zahlungsunfähigkeit deutscher Unternehmen bei, weil die Unternehmensleitungen die Liquiditätsrisiken des Erwerbs eigener Aktien nicht ausreichend berücksichtigt hatten (vgl. *Peltzer* 1998, S. 323). Der Ausweis eigener Aktien ist nach den deutschen handelsrechtlichen Bilanzierungsvorschriften gem. §§ 265 Abs. 3 Satz 2, 266 Abs. 2 Ziff. B III 2 HGB auf der Aktivseite im Umlaufvermögen auszuweisen und zum strengen Niederstwertprinzip nach § 253 Abs. 3 HGB zu bewerten. Auf der Passivseite ist gem. §§ 272 Abs. 4 Satz 1, 266 Abs. 3 Ziff. A III 2 und § 71 Abs. 2 Satz 2 AktG ein entsprechender Betrag als Rücklage einzustellen.

Der Erwerb eigener Aktien kann über folgende drei mögliche Wege erfolgen, die die Einhaltung des Gleichbehandlungsgrundsatzes für Aktionäre gem. § 53a AktG nicht verletzen (vgl. zu den Verfahren detailliert *Posner* 1994, S. 312-320):

- **freihändiger Kauf** an der Wertpapierbörse,
- durch **Festpreisangebot** (Fixed Price Offer), bei dem allen Aktionären der Erwerb ihrer Aktien zum gleichen festgesetzten Preis angeboten wird, sowie
- im **Auktionsverfahren** (Dutch Auction Tender Offer), indem die verkaufswilligen Aktionäre ihre Preisvorstellungen abgeben und die Gesellschaft die niedrigsten Angebote annimmt, bis sie die gewünschte Anzahl der zu erwerbenden Aktien erworben hat.

Die alternativen Erwerbsmöglichkeiten des „**Pakethandels**" (Negotiated Repurchase) wird dagegen in Deutschland (grundsätzlich) als unvereinbar mit dem Gleichheitsgrundsatz des AktG angesehen. Bei diesem Verfahren wird von einem oder mehreren Aktionären eine bestimmte Anzahl von Aktien durch die Gesellschaft abgekauft, ohne dass den übrigen Aktionären zuvor ein Kaufangebot in gleicher Höhe gemacht wurde (vgl. *Martens* 1996). Ebenso wie sich das Rückkaufangebot an alle Aktionäre zu richten hat, gilt dieses Erfordernis auch bei einem Wiederverkauf eigener Anteile, es sei denn, die HV hätte Abweichungen vom Gleichheitsgrundsatz beschlossen (analog Verfahren und Verständnis des Bezugsrechtsausschlusses).

Nicht vorgeschrieben hat der Gesetzgeber den Erwerbszweck eigener Aktien, dieses ist – ebenso wie der Zeitpunkt des Aktienerwerbs - Aufgabe der Geschäftsleitung, aber auch die Hauptversammlung kann ihr Votum zum Erwerb eigener Aktien an ganz bestimmte Zweckvorgaben binden. Ferner hat die Gesellschaft, resp. der Vorstand keinerlei Rechte aus dem Erwerb eigener Aktien (§ 71b AktG).

Im **Rückkauf eigener Aktien** am Sekundärmarkt der Wertpapierbörse werden immer wieder folgende **Vorteile** im Finanzmanagement für das emittierende Unternehmen genannt:

- Durch den Erwerb eigener Aktien wird das Eigenkapital der erwerbenden Gesellschaft reduziert. Dies kann angestrebt werden, wenn das Grundkapital zu hoch ist oder die mit dem Rückkauf eingesetzten Gewinnrücklagen anderweitig nicht gewinnbringend verwendet werden können. Auch zum Zweck der Einziehung von Aktien ist der Rückkauf möglich (vgl. *Rosen/Helm* 1996).
- Ferner kann mit dem Aufkauf in Zeiten niedriger Kapitalmarktzinsen die positive Wirkung des Financial Leverage-Effekts ausgeschöpft werden, indem im nominellen Gegenwert des Erwerbspreises der eigenen Aktien Eigenkapital durch Fremdkapital substituiert wird (vgl. auch Kapitel I, Abschnitte 5.1.1 und 5.2.1 sowie *Kopp* 1996).
- Weitere Gründe des Erwerbs eigener Aktien können sein (vgl. *Claussen* 1996a, S. 481, 490): Erhaltung oder Verbesserung der Aktionärsstruktur, Aktienumtausch im Rahmen von Verschmelzungsverfahren, Bedienung von Aktienoptionen (§ 71 Abs. 1 Nr. 8 AktG), Ausschüttung von Eigenmitteln, Minderung zeitweiser oder dauerhafter Unterbewertungen im Aktienkurs zur Reduktion von Kapitalkosten, Dämpfung von erratischen Kursschwankungen, Übernahme von Aktienpaketen bei mangelnder Verkaufsmöglichkeit an der Wertpapierbörse und die Abwehr feindlicher Übernahmen.

# 5 Aktienwert und dessen Bestimmungsfaktoren

Der anteilige Wert einer Aktie am gezeichneten Kapital wird in einer ersten Annäherung durch ihren Nennwert (= Nominalwert, Anteilswert) ausgedrückt. Er liefert eine rein buchhalterische Angabe. Grundlage ist der vom Gesetzgeber vorgeschriebene Mindestnennwert. Das Verhältnis zwischen (bilanziertem) Eigenkapital zum Grundkapital (gezeichneten Kapital) erfolgt durch den Bilanzkurs. Man kann diese Größe auch als Bilanz- oder Buchwert einer Nennwertaktie verstehen.

$$\text{Bilanzkurs} = \frac{\text{Bilanziertes Eigenkapital (in €)}}{\text{gezeichnetes Kapital (in €)}} \cdot 100\%$$

wobei sich der Bilanzwert einer AG aus dem Produkt von Bilanzkurs und Anzahl ausgegebener Aktien errechnen lässt.

Beispiel: Die XY-AG sei durch nachfolgende Bilanz gekennzeichnet:

| Aktiva | Bilanz der | XY –AG (in €) | Passiva |
|---|---|---|---|
| Anlagevermögen | *400.000* | Gezeichnetes Kapital | *300.000* |
| Umlaufvermögen | *150.000* | Kapitalrücklage | *40.000* |
| | | Gewinnrücklage | *10.000* |
| | | Verbindlichkeiten | *200.000* |
| | *550.000* | | *550.000* |

Der Bilanzkurs ermittelt sich wie folgt: $\frac{300.000 + 40.000 + 10.000}{300.000} \cdot 100\% = 116{,}67\%$ .

Eine *5 €* - Aktie hat dann einen Wert im Sinne des Bilanzkurses von *5 € · 1,1667 = 5,83 €*.

Die Größe Bilanzkurs hat einen eingeschränkten Aussagewert, da er für den Aktionär keinen Vermögensbetrag darstellt, den er realisieren könnte. Durch Vergleich von Bilanz- und Börsenkurs einer AG können Marktteilnehmer Rückschlüsse auf die Höhe der stillen Reserven im Unternehmen, den Goodwill, gewinnen.

Mit dem börsenmäßig ermittelten Aktienkurs (z.B. amtlicher Kassakurs zu einem Börsentag) kann durch Multiplikation mit der Anzahl ausgegebener Aktien der **Marktwert** eines Unternehmens (= **Marktkapitalisierung**) ermittelt werden. Ist eine AG an der Börse eingeführt, dann wird der Kurs ihrer Aktien dort börsentäglich festgestellt. Man spricht dann von einem Börsen- oder Ertragswertkurs. Er ist das Ergebnis von Angebot und Nachfrage zum Zeitpunkt der Kursfeststellung. Fragt man nach den Beweggründen von nachfrage- und angebotsbereiten Anlegern sowie den i.d.R. unterschiedlichen Preisvorstellungen in ihren Kauf- und Verkaufaufträgen, so gelangt man zu einer Betrachtung der **Bestimmungsfaktoren** der marktmäßigen **Aktienbewertung**.

Dabei zeigt sich, dass die Bewertung von Aktien gegenüber der Bewertung einer Anleihe vor besonderen Herausforderungen steht:

- Eine **Anleihe** weist meist einen festen Zinssatz auf, und es erfolgt i.d.R. nach dem Ende der Laufzeit eine Kapitalrückzahlung.
- Der **Aktie** ist dagegen zu Eigen, dass eine Rückzahlung durch den Gesetzgeber ausdrücklich untersagt ist. Grundkapital wird als unbefristet überlassenes Eigenkapital gekennzeichnet, und Aktien sind dadurch als ewig laufende Wert-

papiere (= Perpetuals) zu charakterisieren. Zudem ist die Ausschüttung abhängig vom Unternehmenserfolg.

Die Bewertung einer Aktie ist dadurch von vornherein in die Zukunft gerichtet und mit unsicheren Eintrittsfaktoren versehen. Dies stellt die zentrale Aufgabe in der Aktienbewertung dar. Anhand eines einfachen Modells lässt sich das Grundprinzip der Aktienbewertung zeigen. Geht man davon aus, dass ein Anleger eine Aktie zur langfristigen Kapitalanlage vornimmt (sog. **Buy and Hold-Strategie**), so postuliert das nachfolgend beschriebene Modell, dass der Aktienkurs in erster Linie durch folgende Faktoren bestimmt wird:

- den **Strom** an **Dividendenzahlungen**, den ein Aktionär erhält, solange er die Aktie besitzt (= Halteperiode) und
- den **Kursgewinn** (oder **Kursverlust**), den der Aktionär am Ende der Halteperiode, also zum Verkaufzeitpunkt, realisiert.

Unter diesen Umständen ist die Bewertung einer Aktie i.d.R. wesentlich weiter in die Zukunft gerichtet als es in den überwiegenden Fällen für die Bewertung von Anleihen der Fall ist (eine Ausnahme wäre z.B. die Bewertung ewig laufender Anleihen wie Perpetuals). Dadurch ist die Aktienbewertung mit einem höheren Grad an Unsicherheit versehen und komplexer als die Bewertung einer Anleihe. So spielen Ertragskraft, zukünftige Erfolgsaussichten, die Struktur von Vermögen und Schulden, aber auch die Qualität der Unternehmensleitung zentrale Rollen bei der Wertfindung einer Aktie.

Letztendlich wird damit die Frage nach dem **Bewertungsmodell** für Aktien angesprochen. Von ihm ist zu verlangen, dass es mithilfe einer Reihe prognostizierter unternehmensspezifischer und sonstiger ökonomischer Variablen Vorhersagen des Marktwerts einer AG, d.h. seiner ausgegebenen Aktien ermöglicht:

- Als **Input** wären ökonomische Variablen wie zukünftige Gewinne, Dividendenhöhe, Schwankungsbreite der Gewinne usw. einzusetzen.
- Der **Output** des Bewertungsmodells stellt den erwarteten Markwert oder den erwarteten Ertrag der Aktienanlage dar. Letztendlich muss das Ergebnis Empfehlungen zu Kauf oder Verkauf einer Aktie liefern.

Das Bewertungsmodell sollte auch in dem Sinne verstanden werden, als es das Verhältnis zwischen bestimmten unternehmensspezifischen und sonstigen relevanten ökonomischen Faktoren und der Bewertung genau dieser Faktoren durch den Aktienmarkt aufzeigt. Aus Abweichungen ergeben sich dann Handlungsmöglichkeiten für das Management von Aktienanlagen im Speziellen und Kapitalanlagen im Allgemeinen (sog. Asset Management).

## 5.1 Wachstumsmodelle

Die analytische Annäherung an die Modelle zur Bewertung von Aktien und AGn basiert auf einem Dividendenbarwert-Modell (Dividend Discount-Model, DDM). Das einfache DDM setzt in seiner Logik voraus, dass ein Bewerter zum gegenwärtigen Zeitpunkt konsequent alle zukünftigen Dividendenströme lückenlos und bis in die Unendlichkeit prognostizieren kann und sie dann in die Gegenwart abdiskontiert. In dieser absoluten Form ist das Modell allerdings praktisch nicht anwendbar. DDM werden dagegen insofern vereinfacht, als man bestimmte Annahmen hinsichtlich der zukünftigen Entwicklung von Dividenden einer AG trifft. Es ist üblich, die zukünftigen Dividenden mit einer bestimmten Wachstumsrate zu entwickeln. Solche Wachstumsmodelle der Aktienbewertung sind im Wesentlichen in folgende drei Gruppen einzuteilen:

1. **Einperioden-Wachstumsmodell** (One-Period- oder Constant Growth-Model, auch als *Gordon*-Modell bezeichnet): konstantes Wachstum über einen unendlichen Zeitraum.
2. **Zweiperioden-Wachstumsmodell** (Two-Period-Growth-Model): konstantes Wachstum über einen bestimmten vorher festgelegten endlichen Zeitraum, danach konstantes Wachstum zu einer bestimmten Rate wie es für die untersuchte Art von Unternehmung typisch ist.
3. **Dreiperioden-Wachstumsmodell** (Three-Period-/Stage-Growth-Model): Wachstum in einer ersten Periode für eine endliche Anzahl von Jahren mit einer konstanten Wachstumsrate, anschließend folgt eine zweite Periode sinkender Wachstumsraten bis zu einer dritten Periode mit einem Steady State (statisches Gleichgewicht, indem die Modellvariablen über die Zeit konstant bleiben).

Im Folgenden werden die einzelnen Modellstufen entwickelt und vorgestellt.

### 5.1.1 Einfaches Null-Wachstumsmodell

Aufbauend auf obigen Ausgangsüberlegungen dient als Basis für die Erklärung eines Aktienkurses und seiner Bestimmungsfaktoren das DDM ohne Wachstumsgrößen. Methodisch gesehen stellt es die Anwendung des Barwert-Ansatzes (Present Value-Konzept) auf die Aktienbewertung dar:

$$P_t = \frac{D_{t+1}}{(1+k)} + \frac{P_{t+1}}{(1+k)} \qquad \text{(II-2)}$$

mit

$P_t$ = gegenwärtiger Aktienkurs,

$P_{t+1}$ = Aktienkurs in der (zukünftigen) Periode *t+1*,

$D_{t+1}$ = Dividende in der (zukünftigen) Periode *t+1*,

k = Kalkulationszinsfuß, hier Kapitalkostensatz.

Lesehinweis: Zu den Grundlagen des Barwertansatzes vgl. *Schäfer* (1999a, S. 116-122).

Will ein Anleger in der Gegenwart den Wert einer Aktie bestimmen, so müssen zwei Fragen geklärt werden:

1. Wie hoch ist der während der Halteperiode zu erwartende Dividendenstrom?
2. Welchen Kursverlauf wird die Aktie während der Halteperiode nehmen?

Die Aktienbewertung erfordert, dass der Aktienkurs der folgenden Periode (*t+1*) geschätzt wird, was wiederum aus dem Barwert der Dividende und des Aktienkurses der darauffolgenden Periode (*t+2*) errechnet werden kann:

$$P_{t+1} = \frac{D_{t+2}}{(1+k)} + \frac{P_{t+2}}{(1+k)} \qquad \text{(II-3)}$$

Setzt man Gleichung (II-3) in (II-2) ein, erhält man

$$P_t = \frac{D_{t+1}}{(1+k)} + \frac{D_{t+2}}{(1+k)^2} + \frac{P_{t+2}}{(1+k)^2} \tag{II-4}$$

bzw. in verallgemeinerter Form für unendlich viele Perioden:

$$P_t = \frac{D_{t+1}}{(1+k)} + \frac{D_{t+2}}{(1+k)^2} + \frac{D_{t+3}}{(1+k)^3} + ... + \frac{D_{t+T+1}}{(1+k)^{T+1}} + ... \tag{II-5}$$

Gleichung (II-5) zeigt den Kerngedanken der Aktienbewertung nach dem Present Value-Konzept: Der Wert einer Aktie entspricht dem Gegenwartswert aller zukünftigen Dividendenzahlungen. Gleichung (II-5) kann auf zwei verschiedenen Wegen ermittelt werden:

1. Der gegenwärtige Aktienkurs ($P_t$) stellt die unbekannte Größe dar und wird aus den Dividendenströmen der Zukunft und einem Kalkulationszinsfuß errechnet. Man erhält eine Vorstellung vom **theoretischen Aktienwert**. Weicht der tatsächliche an der Wertpapierbörse notierte Aktienkurs hiervon ab, verfügt man über einen Anhaltspunkt dafür, dass sich in Zukunft der börsennotierte Aktienkurs in Richtung des theoretischen Kurses entwickeln wird (bei unterstellter Informationseffizienz des Aktienmarkts).
2. Setzt man für $P_t$ den aktuellen börsenmäßigen Aktienkurs ein und legt geschätzte zukünftige Dividenden zugrunde, so lässt sich der Kalkulationszinsfuß $k$ errechnen. Er bezeichnet die Ertragsrate, die ein Aktionär mit einer Geldanlage in der Aktie erzielt.

Lesehinweis: *Steiner/Uhlir* (2001, S. 112-124).

### 5.1.2 Einperioden-Wachstumsmodell

Zum Kalkulationszeitpunkt sind die zukünftigen Dividendenströme unsicher und erfordern ihre **Schätzung.** Es lässt sich mit dem einperiodigen DDM (mit konstanter Wachstumsrate) von *Gordon* zeigen, dass die zweite Frage auf die erste, also die Schätzung zukünftiger Dividendenströme, zurückgeführt werden kann. Die **zukünftigen Dividendenzahlungen** stellen daher den primären **Bestimmungsfaktor** eines börsenmäßig ermittelten Aktienkurses dar. In diesem Sinn ist er als ein Ertragswertkurs zu verstehen. Der Kurs einer Aktie als Barwert hängt dann theoretisch von folgenden Komponenten ab (vgl. auch zur Methodik der Barwert-Berechnung Kapitel III, Abschnitt 7.1):

$$P = \frac{D}{(1+k)} + \frac{D(1+g_D)}{(1+k)^2} + \frac{D(1+g_D)^2}{(1+k)^3} + ... + \frac{D(1+g_D)^{T-1}}{(1+k)^T} \tag{II-6a}$$

wobei

P = gegenwärtiger Aktienkurs,

D = konstante Dividende,

$g_D$ = langfristige Wachstumsrate der konstanten Dividendengröße.

Diese Beziehung ist alternativ wie folgt darstellbar:

$$P = \frac{\frac{D}{1+k}\left[1-\left(\frac{1+g_D}{1+k}\right)^T\right]}{1-\frac{1+g_D}{1+k}} \qquad \text{(II-6b)}$$

Üblicherweise wird die Existenz eines Unternehmens mit dem **Going Concern-Prinzip** verbunden. Diese Prämisse erlaubt, Gleichung (II-6a) eine unendlich lange Periode zugrunde zu legen ($T = \infty$). Reformuliert für eine unendliche uniforme geometrische Reihe ergibt sich auf der Basis der Eigenschaften von unendlichen uniformen geometrischen Reihen mit:

$$\sum_{t=1}^{\infty}(1+k)^{-t} = \frac{1}{k} \text{ und } \lim_{T\to\infty}\left(\frac{1+g_D}{1+k}\right)^T = 0 \text{ für } k > g_D.$$

Obige Gleichung lautet in vereinfachter Form:

$$P = \frac{D}{k-g_D} \qquad \text{(II-7)}$$

Gleichung (II-7) stellt die vereinfachte Steady State-Beschreibung der Aktie, d.h. des Marktwerts des Eigenkapitals einer AG dar. Diese besagt, dass der Aktienkurs abhängig ist von der für das kommende Jahr erwarteten Dividende, dividiert durch die Differenz aus Kalkulationszinsfuß und erwarteter langfristiger Wachstumsrate der Dividende. Der Kalkulationszinsfuß wird üblicherweise durch die geforderte Rendite der Eigenkapitalgeber bestimmt und stellt gleichzeitig den Eigenkapitalkostensatz dar. Im Steady State übersteigt die Renditeforderung der Eigenkapitalgeber die Wachstumsrate des Gewinns [$k > g_D$], andernfalls wäre der Aktienkurs nicht bestimmbar. In der Realität schwanken sowohl der Satz der Eigenkapitalforderung als auch die Wachstumsrate, etwa in Abhängigkeit von Konjunkturschwankungen. Versteht man die Steady State-Raten als langfristige Sätze, so können in den kürzeren Fristen die Kursdeterminanten aufgrund veränderter Einschätzungen von Kapitalmarktteilnehmern (etwa Analysten) zeitweise um die langfristigen Werte schwanken.

Beispiel: Ermittelt werden soll der derzeitige Kurs der Alpha AG-Aktie auf der Basis o.g. Gleichung. Das Dividendenwachstum beträgt *17%* p. a. und basiert auf den Erfahrungen der vergangenen vier Jahre. Dieser Verlauf wird auch für die nähere Zukunft unterstellt. Die AG zahlte *5,50* € Dividende pro Aktie im vergangenen Geschäftsjahr. In der Branche, in der die Alpha AG tätig ist, wird mit einer Gesamtkapitalrendite von durchschnittlich *20%* p.a. gerechnet.

$$P = \frac{5{,}5\ €}{0{,}2 - 0{,}17} = 183{,}\tilde{3}\ €$$

Alternativ lässt sich Gleichung (II-7) zur Ermittlung des **Kalkulationszinsfuß** (jetzt als gesuchte Größe $k^*$ bezeichnet) umstellen:

$$k^* = \frac{D}{P} + g_D \qquad \text{(II-8)}$$

Anhand Gleichung (II-8) lässt sich folgender Ausgleichsmechanismus einer vorübergehenden Störung des Bewertungsgleichgewichts durch eine Abweichung des aktuellen Kalkulationszinsfuß von seinem gleichgewichtigen Satz (gem. der Steady State-Bedingung) aufzeigen: Ist der Aktienkurs genügend niedrig im Wert, womit Aktionäre eine Aktienrendite ($k^*$) erzielen können, die über dem von ihnen geforderten Satz (*k*) liegt, so liegt der Fall einer Überrendite vor [$(k^*-k) > 0$]. Es wird daraufhin eine Überschussnachfrage nach dieser Aktie ausgelöst und aufgrund des Anstiegs im Marktkurs die (vorübergehende) Überrendite wieder eliminiert. Aus dieser Überlegung folgt die Feststellung, dass eine hohe Aktienrendite auch ein verlässliches Zeichen dafür ist, dass die Aktionäre einen hohen Satz ihrer Renditeforderung haben.

Weitergehend sind aus dem einperiodigen DDM weitere, **zentrale Komponenten** aus Gleichung (II-8) herleitbar:

- Die **konstante Wachstumsrate** aller zukünftigen **Dividenden**, was mit der Dividendenkontinuität in der Ausschüttungspolitik der meisten Unternehmensleitungen in der Praxis gerechtfertigt sein dürfte.
- Der konstante Anteil der einbehaltenen Gewinne (Selbstfinanzierung), bezeichnet mit dem **Thesaurierungsfaktor** *b*. Im Gegenzug ist auch der zur **Ausschüttung** bereitstehende **Anteil** (= *d*) konstant zu halten, sodass gilt: $d + b = 1$.
- Damit ist der Thesaurierungsfaktor *b* bestimmend für die Höhe des konstanten Betrags der **Nettoinvestitionen** (= *I*), die in Abhängigkeit von ihrer **internen Rendite** (= *r*) im betrachteten Unternehmen durchgeführt werden können.

Im Folgenden wird der Einfachheit halber unterstellt, dass sich das **Dividendenwachstum** aus den Unternehmensgewinnen (= $G_t$) herleiten lässt. Die Gewinnhöhe einer Periode hängt ihrerseits von den Einzahlungsüberschüssen der in der Vergangenheit getätigten Investitionen (= $I_{t-1}$) und den Gewinnen der Vorperiode ab. Diese einfachen Zusammenhänge bildet nachfolgende Gleichung ab:

$$G_t = G_{t-1} + r \cdot I_{t-1} \tag{II-9}$$

Berücksichtigt man eine konstante **Rate** der Gewinnthesaurierung, so folgt für (II-9):

$$G_t = G_{t-1} + r \cdot b \cdot G_{t-1} = G_{t-1} \cdot (1 + r \cdot b) \tag{II-10}$$

Das Gewinnwachstum ist wiederum als **Änderungsrate** der **Gewinne** darstellbar:

$$g_G = \frac{G_t - G_{t-1}}{G_{t-1}} = \frac{G_{t-1}(1 + r \cdot b) - G_{t-1}}{G_{t-1}} = r \cdot b \tag{II-11a}$$

oder

$$g_G = g_D = r \cdot b \tag{II-11b}$$

mit $g_G$ = konstante Wachstumsrate der Gewinne.

Gleichung (II-11b) beschreibt auch die Rate des sog. **Sustainable Growth**, das nachhaltige Wachstum eines Unternehmens. Die Gleichungen (II-7) und (II-8) lassen sich mittels der Wachstumsausdrücke reformulieren:

$$P = \frac{D}{k - r \cdot b} \tag{II-7'}$$

und

$$k^* = \frac{D}{P} + r \cdot b \tag{II-8'}$$

Beispiel: Der historische Kurs einer Aktie betrage *35 €* und die Dividende pro Aktie mache *4 €* aus. Der Ausschüttungsfaktor (*b*) sei mit *50%* anzusetzen. Der Kalkulationszinsfuß (*k*) betrage *13%*. Die Investitionen des betrachteten Unternehmens erbringen im Durchschnitt eine interne Rendite (*r*) von *6%*. Hieraus errechnet sich folgender theoretischer Aktienkurs (*P*) der AG:

$$P = \frac{4}{(0{,}13 - 0{,}5 \cdot 0{,}06)} = 40\,€$$

Aus der Gegenüberstellung des historischen und des errechneten theoretischen Aktienkurses ist die Erkenntnis zu ziehen, dass auf der Grundlage des Bewertungsmodells und seiner Eingangsdaten die betrachtete Aktie zu niedrig bewertet ist.

Geht man zum Vergleich von einer Gewinnwachstumsrate von *9%* p.a. aus, so ergibt sich wegen des Zusammenhangs aus Gleichung (II-11b) ein theoretischer Kurs nach gleicher Berechnungsmethode von *100 €*.

Am Vergleich der Ergebnisse der vorangegangenen Beispielaufgabe wird deutlich, dass das Verhältnis von Gewinnwachstumsrate und Kalkulationszinsfuß von besonderer Bedeutung für die Wertfindung einer Aktie ist. So kann aufgrund einer geänderten Geldpolitik der Zentralbank der geforderte Renditesatz der Eigenkapitalgeber sinken, da deren Opportunitätskosten einer zur Aktie alternativen Kapitalanlage im Kapitalmarkt (z.B. Anleihen) reduziert werden. Eine Geldpolitik, die zur Bekämpfung einer konjunkturellen Depression also die Zinssätze reduziert (insbesondere wenn die Wirkung vom Geldmarkt auf den Kapitalmarkt übergegangen ist), kann tendenziell zu einem Anstieg von Aktienkursen führen – ein Phänomen, dass sich durchaus häufig in der Praxis wirtschaftlicher Konjunkturverläufe beobachten lässt. Optimistische Erwartungen auf einen bevorstehenden konjunkturellen Aufschwung können Aktienkursanstiege noch zusätzlich unterstützen.

Mit dem Bewertungsansatz des Ein-Perioden-Wachstumsmodells, vertreten durch Gleichung (II-7') lassen sich zudem erste zentrale Aussagen über die Aktienbewertung und die Folgen für das Management von Aktienportfolios geben:

- So kann man die Dividendenhöhe des kommenden Jahres, die langfristige Wachstumsrate und die vom Aktionär geforderte Rendite für die Aktienanlage schätzen. Dadurch ermittelt man in Gleichung (II-7') den **theoretischen Aktienkurs** :
  - eine Aktie mit einem theoretischen Kurs über dem aktuellen Börsenkurs ist ein Kaufkandidat.
  - eine Aktie, deren theoretisch ermittelter Kurs unterhalb des aktuellen Aktienkurs liegt, ist dagegen zu verkaufen.
- Eine weitere Möglichkeit der Anwendung von Gleichung (II-8') besteht in der **Ermittlung** der **internen Ertragsrate**, wie er sich im aktuellen Kurs der Aktie befindet. Anstelle des theoretischen Preises wird der aktuelle Börsenkurs eingesetzt und nach $k^*$ aufgelöst. Die Handlungsempfehlungen wären dann:
  - Ist die so ermittelte interne Ertragsrate der Aktie höher als die unter Berücksichtigung des spezifischen Risikos der Aktie von den Anlegern geforderte Rendite, so handelt es sich um eine zu kaufende Aktie.
  - Ist umgekehrt dagegen die ermittelte interne Rendite geringer als die Renditeforderung der Aktionäre, wäre die Aktie zu verkaufen.

Eine wichtige Kennziffer, die auf der Grundlage der bisherigen Erkenntnisse hergeleitet werden kann, ist die **Dividendenrendite** (= Dividend Yield):

$$\frac{D}{P} = k - g_D \text{ bzw. } \frac{D}{P} = k - r \cdot b \tag{II-12}$$

Diese Größe entspricht methodisch der Effektivverzinsung bei Anleihen. Sie stellt eine Kennziffer dar, deren **Interpretation** sehr differenziert zu erfolgen hat. Besonders instruktiv wird dies, wenn man den Satz der geforderten Rendite der Eigenkapitalgeber (*k*) in seine beiden Komponenten risikoloser Basiszinssatz (= $i_f$), quantifiziert mittels der Umlaufrendite festverzinslicher öffentlicher Anleihen, und der von den Eigenkapitalgebern geforderten Risikoprämie (= $\pi$), mit $k = i_f + \pi$, formuliert:

$$\frac{D}{P} = (i_f + \pi) - g_D \quad \text{bzw.} \quad i_f - \frac{D}{P} = g_D - \pi \text{ und } i_f = g_D - \pi + \frac{D}{P} \tag{II-13}$$

Obwohl Gleichung (II-13) wieder eine Steady State-Beziehung aufweist, ermöglicht sie die Illustration, in welcher Weise der Aktienkurs auf vorübergehende Konjunkturschwankungen reagiert:

- Tendenziell steigt die Dividendenrendite vor einem **Aktienmarkthoch** (sog. Hausse) während eines **konjunkturellen Aufschwungs** an. Die Ursache liegt in einer allgemeinen Erwartungshaltung der Anleger, die auf ihren Erfahrungen und ihrer Rationalität aufbaut, dass nach dem Aufschwung und Boom ein Abschwung bevorsteht. Hieraus folgen sinkende Unternehmensgewinne und damit fallende Dividenden. Anleger antizipieren diese erwartete Situation durch Aktienverkäufe. Dadurch sinkt der aktuelle Aktienkurs *P* und bei gleich gebliebenem Wert für *D* erhöht sich die Dividendenrendite.
- Mit zunehmender konjunktureller Erholung beginnt die Dividendenwachstumsrate zu sinken und das Risiko einer **drohenden Rezession** steigt. Es werden daraufhin weniger Aktien gekauft, so dass eine Tendenz zum Überschussangebot besteht und in Folge der Aktienkurs zum Ausgleich auf sein neues Gleichgewichtsniveau sinken wird. Diese gegenläufige Entwicklung schmälert die Differenz zwischen der Umlaufrendite der Anleihen und der Dividendenrendite.
- Die Dividendenrendite sinkt dagegen erfahrungsgemäß in einer **Rezession**. Anleger nehmen den bevorstehenden **konjunkturellen Aufschwung** und den erwarteten Anstieg der Unternehmensgewinne und Dividenden durch verstärkte Aktienkäufe vorweg. Die Daten der Größe *D* beziehen sich dann noch auf die Dividendenhöhe der Vorperiode, während die Größe *P* den aktuellen Kurs repräsentiert. In ihn sind die optimistischen Erwartungen der Anleger bereits eingeflossen. Insgesamt sinkt die Dividendenrendite.

Die vorangegangenen Betrachtungen lassen im Steady State-Modell die Schlussfolgerung zu, dass der Aktienkurs mit der Rate der erwarteten Dividenden (bzw. Gewinne) ansteigt. Bislang wurde von realen Größen ausgegangen und es ist instruktiv, die Betrachtung mit nominalen Größen durchzuführen. Beruht nämlich der Anstieg der Dividenden auf Preisinflation, so wird der Aktienkurs sinken. Die Dividendenrendite wird nur dann von der Inflationsentwicklung unabhängig sein, wenn sowohl die Umlaufrendite als auch die Wachstumsrate in gleichem betraglichen Umfang den Inflationsanstieg mitmachen. Ein Rückgang der Dividendenrendite aufgrund steigender Inflation wird dann erfolgen, wenn die Renditeforderung der Eigenkapitalgeber stärker sinkt als die Wachstumsrate. Dies kann dann der Fall sein, wenn entweder das Risiko einer befürchteten konjunkturellen Rezession zunimmt oder die Steuerbelastung auf Kapitaleinkünfte mit der Inflation ansteigt (vgl. *Kopcke* 1988).

Das Wachstum des Aktienkurses soll nun einer genaueren Betrachtung im Steady State-Modell unterzogen werden. Ausgangspunkt bilde die Wachstumsrate des Aktienkurses (= $g_P$), die wie folgt definiert sei:

$$g_P = \frac{P_{t+1} - P_t}{P_t} \qquad \text{(II-14)}$$

Die Größen $P_{t+1}$ und $P_t$ werden durch Gleichung (II-7) bestimmt, wobei für $P_{t+1}$ die Größe *D* durch den Ausdruck $D(1+r \cdot b)$ ersetzt wird:

$$P_{t+1} = \frac{D(1+r \cdot b)}{k - g_D} \qquad \text{(II-7')}$$

Vereinfacht lässt sich dann aus Gleichung (II-14) in Verbindung mit (II-7') ausdrücken:

$$g_P = \frac{\dfrac{D(1+r \cdot b)}{k-g_D} - \dfrac{D}{k-g_D}}{\dfrac{D}{k-g_D}} = r \cdot b \qquad \text{(II-14')}$$

Damit ist ersichtlich, dass im einfachen Einperioden-Wachstumsmodell die Größen Dividende, Gewinn und Kurs mit der gleichen Rate zunehmen. Bestimmt wird das Wachstum durch Realisierung von Investitionsmöglichkeiten. Die getätigten Investitionen bilden die Einkommensquelle für die Aktionäre, d.h. Dividendenzahlungen, die von den Zielsetzungen der Eigenkapitalgeber determiniert werden. Für eine durchzuführende Investition gilt also, dass deren interne Rendite als Anteil der geforderten Rendite der Eigenkapitalgeber (= *c*) zu betrachten ist:

$$r = c \cdot k \qquad \text{(II-15)}$$

Setzt man Gleichung (II-15) in (II-8') ein, und soll zusätzlich gelten $D = (1-b) \cdot G$, so lässt sich, nach dem Kalkulationszinsfuß *k* aufgelöst, folgender Zusammenhang darstellen:

$$k = \frac{(1-b)G}{(1-c \cdot b)P} \qquad \text{(II-16)}$$

Folgende Erkenntnisse lassen sich aus (II-16) ziehen:

- **Fehlen** einem Unternehmen **außergewöhnliche Investitionschancen**, d.h. gilt $r = k$, so wird $c = 1$ sein. Die Rendite der Aktionäre stellt sich als das Inverse des Kurs-Gewinn-Verhältnisses (s.u.) der Aktie dar.
- Bestehen für ein Unternehmen dagegen **außerordentlich gute Investitionsmöglichkeiten**, so kann das Unternehmen den Aktionären eine Investitionsrendite, die über der von diesen geforderten liegt ($c > 1$), anbieten.

Gleichung (II-7) ermöglicht durch Division beider Seiten mit der Größe *G* und Umstellung mittels $D = (1-b) \cdot G$ die Ermittlung einer zentralen Kenngröße: **Kurs-Gewinn-Verhältnis** (= **KGV**) bzw. **Price-Earnings-Ratio** (= **PER**):

$$\frac{P}{G} = \frac{1-b}{k-b \cdot r} \quad \text{bzw.} \quad \frac{P}{G} = k^{-1}\left(\frac{1-b}{1-b \cdot \frac{r}{k}}\right) \tag{II-17}$$

Folgende Wirkungszusammenhänge sind aus Gleichung (II-17) c.p. herauszulesen. Das **KGV steigt**, wenn

- der Thesaurierungsfaktor *b* (Ausschüttungsanteil *d*) sinkt (steigt),
- die erwartete Wachstumsrate der Dividende (wegen $b \cdot r = g_D$) steigt,
- der Kapitalkostensatz sinkt.

Das KGV wird auch häufig so interpretiert, dass es anzeigt, mit welchem Faktor des auf eine Aktie entfallenden Gewinns inkl. Rücklagen und stiller Reserven eine AG an der Börse bewertet wird. Das KGV ist eine der am häufigsten verwendeten Kennzahlen bei Aktien und gewinnt Aussagekraft vor allem durch Zeit- und/oder Branchenvergleiche:

- Das KGV ist u.a. von Bedeutung für die **Bestimmung** des **optimalen Platzierungszeitpunkts** und **-volumens** einer geplanten Aktienemission, d.h. der Ausgabe junger Aktien im Zuge einer Kapitalerhöhung (= Primärmarktfunktion).
- Bei an der Börse gehandelten Aktien kann das KGV einer AG im Vergleich mit dem KGV anderer Aktien **Hinweise** für **Kauf-** und **Verkaufszeitpunkte** liefern (= Sekundärmarktfunktion).

Lesehinweis: vgl. *Elton/Gruber* (1995, S. 452-462).

Bisherige Erkenntnis im Einperioden-Wachstumsmodells ist: Die **Höhe** des in einem Geschäftsjahr **erwirtschafteten Gewinns** hängt davon ab,

- wie hoch der wirtschaftliche Erfolg der finanzierten Investitionen ist (implizit wird bisher von einer Finanzierung ausschließlich mittels Eigenkapital ausgegangen) und damit
- wie produktiv das gesamte Eigenkapital (= *EK*) eingesetzt wurde.

Dies wird durch die geforderte Eigenkapitalrendite (Anlegersicht) bzw. den **Eigenkapitalkostensatz** (Sicht der Unternehmensleitung) (= $k_{EK}$) gemessen:

$$G = k_{EK} \cdot EK \tag{II-18}$$

bzw. auf Änderungsraten bezogen

$$\Delta G = \Delta k_{EK} \cdot \Delta EK \tag{II-19}$$

Berücksichtigt man eine Mischfinanzierung aus Eigen- und Fremdkapital, so wird der bisherige Kalkulationszinsfuß, der ausschließlich für eine unterstellte Eigenfinanzierung galt, als Kostensatz des Gesamtkapitals zu verstehen sein. Er besteht dann aus dem Eigen- und Fremdkapitalkostensatz $k = k_{GK} = k_{EK} + k_{FK}$ mit $k_{EK} > k_{FK}$. Die Größe $\boldsymbol{k_{EK}}$ kann weitergehend nach ihren hauptsächlichen **Bestimmungsfaktoren** zerlegt werden:

$$k_{EK} = \frac{G}{GK(1-L)} = \frac{k \cdot GK - k_{FK} \cdot GK \cdot L}{GK(1-L)} = \frac{k - k_{FK} \cdot L}{1-L} \tag{II-20a}$$

und ausgedrückt mittels des KGV:

$$\frac{P}{G} = k^{-1}\left(\frac{1-b}{1-b\cdot\frac{k_{EK}}{k}}\right) \qquad \text{(II-20b)}$$

mit

$k_{FK}$ = Fremdkapitalkostensatz,

GK = Gesamtkapital,

L = Leverage-Faktor (Verschuldungsgrad).

Die Beziehung von Gleichung (II-20a) lässt sich alternativ auch über das operative Ergebnis des Unternehmens formulieren:

$$k_{EK} = \underbrace{\underbrace{\underbrace{M\cdot\frac{U}{GK}}_{}\cdot L}_{\text{RoA}}}_{\text{RoE vor Steuer}}\cdot(1-t) \qquad \text{(II-20c)}$$

$$\underbrace{\text{RoE vor Steuer}\cdot(1-t)}_{\text{RoE nach Steuer}}$$

wobei gilt:

M = operative Marge (z.B. gemessen als Handelsspanne),

U = Umsatz,

GK = Gesamtkapital,

U/GK = Kapitalumschlag,

L = Leveragefaktor (Financial und Operating Leverage),

t = durchschnittlicher Ertragssteuersatz.

Folgende Erkenntnisse lassen sich aus der Betrachtung einzelner Teilprodukte in Gleichung (II-20c) hinsichtlich von **zwei Erfolgsmaßgrößen** der Unternehmenstätigkeit herauslesen:

- Das Produkt aus Gewinnmarge und Kapitalumschlag bezeichnet den sog. **Return on Assets** (= **RoA**) vor Steuern.
- Nimmt man zur Produktbildung noch den Leverage-Faktor *L* hinzu, so gelangt man zu einer Größe, die als **Return on Equity** (= **RoE**) vor Steuern bezeichnet wird.

Für Gleichung (II-20c) wird bei **etablierten**, **älteren Unternehmen** üblicherweise von nur geringen Wachstumsmöglichkeiten auszugehen sein. $k_{EK}$ nimmt dann einen im Zeitablauf **konstanten Wert** ein. Damit verändert sich Gleichung (II-19) wie folgt:

$$\Delta G = g_G = k_{EK}\cdot\Delta EK \qquad \text{(II-21)}$$

Kann man den Verschuldungsgrad und damit den Leverage-Faktor konstant setzen, so ist Gleichung (II-21) auch so zu verstehen, dass die Eigenkapitalveränderung ausschließlich durch den **konstanten Satz** der **Eigenkapitalkosten** und den Thesaurierungsfaktor bestimmt wird:

$$\Delta G = g_G = k_{EK} \cdot b \qquad \text{(II-22)}$$

mit $k_{EK}$ = konstant.

Mit dem Produkt $k_{EK} \cdot b$ erhält man eine Vorstellung von der **Wachstumsrate der Dividende** (= $g_D$). Das KGV lässt sich dann wie folgt reformulieren:

$$\frac{P}{G} = \frac{1-b}{k-(k_{EK} \cdot b)} \qquad \text{(II-23a)}$$

bzw.

$$\frac{P}{G} = k^{-1}\left(\frac{1-\frac{g_D}{k_{EK}}}{1-\frac{g_D}{k}}\right) \qquad \text{(II-23b)}$$

Beispiel: Der Eigenkapitalkostensatz der Omega AG sei *10%*, eine Ausschüttung des Gewinns werde zur Hälfte erfolgen und der Kalkulationszinsfuß betrage *9%*. Hieraus folgt der Wert für das KGV:

$$\frac{P}{G} = \frac{1-0{,}5}{0{,}09-(0{,}1 \cdot 0{,}5)} = 12{,}5.$$

Das KGV beträgt im Beispiel *12,5*. Der Wert kann nun weitergehend mittels Zeit-, Branchen- oder Unternehmensvergleichen interpretiert werden.

Betrachtet man Unternehmen, die wachstumsstark sind, also vor allem **junge innovationsgetriebene Unternehmen**, so ist die Konstanz von $k_{EK}$ nicht mehr aufrecht zu erhalten, da sich die Risikoprämie im Zeitablauf ändert. An der Bestimmung des KGV nach Gleichung (II-23a) kann man auch erkennen, dass bei besonders wachstumsstarken Aktiengesellschaften vor allem von $k_{EK}$ eine nachhaltige Wirkung auf das KGV und die Kursveränderung ausgeht.

Beispiel: Mit den Angaben des vorgenannten Beispiels lässt sich durch eine Variation des Eigenkapitalkostensatzes von *10%* auf *12%* ein KGV von bereits *16,67* ermitteln.

Lesehinweise: Die vorangegangenen Ausführungen basieren überwiegend auf *Brealey/Myers* (2000, Kap. 4) und *Elton/Gruber* (1995, Kap. 18).

### *Tobin's q*

Bisher wurde der Aktienkurs aus Beziehungen zu den Dividenden bzw. Gewinnen betrachtet und ermittelt. Ein weiterer Ansatz setzt den Marktwert des Gesamtkapitals ins Verhältnis zum Buchwert des Unternehmens. Der Marktwert eines Unternehmens übersteigt das Gesamtkapital, wenn ein hoher oder schneller Anstieg der Gewinne erwartet wird. Dagegen sinkt der Marktwert des Unternehmens im Fall hoher Unsicherheiten oder pessimistischer Gewinnaussichten (vgl. *Tobin* 1969). Der Wert der Aktien, der das Produkt aus KGV und Gewinnen ins Gleichgewicht bringt, ist wie folgt definierbar:

$$\frac{P}{G} \cdot GK(1-L) \cdot k_{FK} = \frac{k_{EK}}{k} \cdot \frac{\left(1-\frac{g_G}{k_{EK}}\right)}{\left(1-\frac{g_G}{k}\right)} \cdot GK(1-L) \qquad \text{(II-24)}$$

In Gleichung (II-24) besteht der Wert des Fremdkapitals aus $L \cdot GK$. Mit dieser Relation ist es möglich, eine zentrale Kennziffer für Bewertungsfragen, das

*Tobin q*, abzuleiten. Es handelt sich bei dieser Größe um den Marktwert des Gesamtkapitals eines Unternehmens im Verhältnis gesetzt zum Gesamtkapital (zu Buchwerten) („**Replacement Value of its Assets**"):

$$q = \frac{\frac{P}{G} \cdot GK(1-L) \cdot k_{EK} + L \cdot GK}{GK} \tag{II-24a}$$

bzw.

$$q = \frac{k_{EK}}{k} \cdot \frac{\left(1 - \frac{g_G}{k_{EK}}\right)}{\left(1 - \frac{g_G}{k}\right)} \cdot (1-L) + L \tag{II-24b}$$

*Tobin's q* ist als **Prämie** zu verstehen, mit welcher die **erwartete Rendite einer Aktie** mit der **Renditeforderung der Aktionäre im Gleichgewicht** besteht:

- Erwirtschaftet ein Unternehmen eine positive Rendite, so gilt $q > 1$.
- *Tobin's q* steigt in dem Maße wie die geforderte Eigenkapitalrendite im Verhältnis zur Diskontierungsrate ansteigt.
- Ebenfalls steigt *q* mit dem Anstieg des Thesaurierungsfaktors (*b*): Je schneller ein Unternehmen ohne Renditeverzicht wachsen kann, um so höher ist der Wert der Gewinne für die Aktionäre.
- Bezüglich des Leverage-Faktors ist der Zusammenhang zu *q* weniger eng (als im Vergleich dazu der Leverage-Faktor das KGV beeinflusst), da *q* sowohl Eigen- als auch Fremdkapital repräsentiert.

Die Beurteilung von Anlegern hinsichtlich der zukünftigen Entwicklung von Ausschüttungspotenzialen einer AG bildet im klassischen Einperioden-Wachstumsmodell die Grundlage für die Aktienbewertung. Als **Kritik** am Einperioden-Wachstumsmodell ist die vereinfachende Annahme unendlich gleichförmiger Wachstumsraten für Aktiengesellschaften in ihren Dividenden zu sehen. So dürfte es naheliegend sein, dass

- Unternehmen, die in der Vergangenheit ein außergewöhnlich hohes Dividendenwachstum verzeichneten, diese Dynamik nicht unendlich in der Zukunft durchhalten werden, sondern wahrscheinlicher ein Rückgang in der Wachstumsrate sein wird (z.B. weil Konkurrenten bisherige Wettbewerbsvorteile zusammenschmelzen lassen, Nachfragebedarfe sich ändern),
- Unternehmen mit vergangenen niedrigen Wachstumsraten in Zukunft eher mit steigenden Wachstumsraten ihrer Dividenden zu rechnen haben werden (z.B. aufgrund von zwischenzeitlich eingeleiteten Rationalisierungsmaßnahmen, Verbesserung im Kundenservice, Penetration neuer gewinnbringender Geschäftsfelder).

In der Praxis spielt denn auch das Einperioden-Wachstumsmodell keine so große Rolle, ist aber als methodische Einführung der nachfolgenden Modelle sehr hilfreich und zeigt überdies einige grundsätzliche Zusammenhänge auf, die durch die Periodenerweiterungen nicht verloren gehen, aber an ihrer Klarheit einbüßen.

### 5.1.3 Mehrperioden-Wachstumsmodelle

In der Praxis weit verbreitete weiterentwickelte Varianten des Einperioden-Wachstumsmodells basieren auf mehreren Perioden unterschiedlicher Wachstumsraten. Im Einperioden-Wachstumsmodell wird unterstellt, dass

- in einer **ersten** ab dem Gegenwartszeitpunkt betrachteten **Periode** ein außerordentlich (positives oder negatives) Wachstum der Dividendenströme vorliegt,
- gefolgt von einer **zweiten Periode**, in der eine unendliche Wachstumsrate angesetzt wird.

Ausgangspunkt dieser Einteilung ist, dass es für eine erste Periode (je nach Unternehmen, Branche etc. zwischen *5* und *10* Jahren) einem externen Analytiker noch möglich ist, zwischen Unternehmen hinsichtlich deren Wachstumsunterschiede zu unterscheiden. Danach ist dies aus der Gegenwartsicht kaum mehr möglich, so dass für die zweite Periode ein Dividendenwachstum mit gleichbleibender Rate unterstellt wird. Das bedeutet auch, dass Unternehmen, die in der ersten Periode ein sehr hohes (niedriges) Dividendenwachstum verzeichnen, in der zweiten Periode ein entsprechend niedrigeres (höheres) Wachstum durch die Anpassung an den gesamtwirtschaftlichen (oder branchentypischen) Durchschnittswert aufweisen. Dieser Zusammenhang ist wie folgt formalisierbar:

$$P = \left[\frac{D}{(1+k)} + \frac{D(1+g_{D1})}{(1+k)^2} + \frac{D(1+g_{D1})^2}{(1+k)^3} + \ldots + \frac{D(1+g_{D1})^{T-1}}{(1+k)^T}\right] + \frac{P_T}{(1+k)^T} \qquad \text{(II-25)}$$

mit

$T$ = Jahre der ersten Periode,
$g_{D1}$ = Wachstumsrate der ersten Periode,
$P_T$ = Kurs der Aktie am Ende der ersten Periode.

Auch dies kann vereinfacht werden durch die geometrische Reihenbildung, so dass folgender Ausdruck bleibt:

$$P = D\left[\frac{1-\left(\frac{1+g_{D1}}{1+k}\right)^T}{k-g_{D1}}\right] + \frac{P_T}{(1+k)^T} \qquad \text{(II-26)}$$

Nach *T* Perioden erreicht das Unternehmen die zweite Periode des konstanten unendlichen Dividendenwachstums (= $g_{D2}$). Damit gilt für die Dividenden im Anschluss an die Periode *T*, d.h. für die Periode *T+1*, die Größe $D_{T+1}$ und man erhält:

$$P_T = \frac{D_{T+1}}{k - g_{D2}} \qquad \text{(II-27)}$$

Die Dividende der *(T+1)*-ten Periode kann auch ausgedrückt werden mittels der Dividende aus der ersten Periode:

$$D_{T+1} = D(1+g_{D1})^{T-1}(1+g_{D2}) \qquad \text{(II-28)}$$

Und mit diesen Möglichkeiten der Substitution erhält man:

$$P = D\left[\frac{1-\left(\frac{1+g_{D1}}{1+k}\right)^T}{(k-g_{D1})}\right] + \left[\frac{D(1+g_{D1})^{T-1}(1+g_{D2})}{(k-g_{D2})}\right]\left[\frac{1}{(1+k)^T}\right] \tag{II-29}$$

Aus der Annahme, dass in der zweiten Periode das Dividendenwachstum einer einzelnen Unternehmung identisch ist mit dem Durchschnittswert der gesamten Wirtschaft, ist auch impliziert, dass das Risiko jeder Gesellschaft dem Durchschnitt der Unternehmen der gesamten Wirtschaft entspricht. Das hat zur Folge, dass das KGV im Jahr *T* dem KGV der gesamten Wirtschaft entsprechen muss. Der Kurs einer Gesellschaft im Jahr *T* kann dann ausgedrückt werden als die erwarteten Gewinne im Jahr *T* multipliziert mit dem KGV:

$$P_T = \frac{P_T}{G_T} G_T = M_g G_T \tag{II-30}$$

Wenn die Gewinne und die Dividenden mit der gleichen Rate wachsen, bestehen die Gewinne im Jahr *T* aus den Gewinnen der Folgeperiode multipliziert mit der Wachstumsrate $(1+g_{D1})^{T-1}$. Der Kurs einer Aktie kann dann wie folgt ausgedrückt werden:

$$P = D\left[\frac{1-\left(\frac{1+g_{D1}}{1+k}\right)^T}{k-g_{D1}}\right] + M_g \cdot G(1+g_{D1})^{T-1}\left[\frac{1}{(1+k)^T}\right] \tag{II-31a}$$

Nach einigen Umstellungen im ersten Term erhält man einen zu Berechnungszwecken gefälligeren Ausdruck:

$$P = \frac{D}{k-g_{D1}}\left[\frac{(1+k)^T-(1+g_{D1})^T}{(1+k)^T}\right] + M_g \cdot G(1+g_{D1})^{T-1}\left[\frac{1}{(1+k)^T}\right] \tag{II-31b}$$

<u>Beispiel:</u> Die erwartete Wachstumsrate $g_{D1}$ für *15* Jahre betrage *12%* p.a., danach $g_{D2}$ im Marktdurchschnitt, nach *16* Jahren seien KGV des Markts *9,5*, Dividende zwei €, Ausschüttungsfaktor *50%*, Kalkulationszinsfuß *13%*, Gewinn pro Aktie *3,99 €*. Man errechnet daraufhin folgenden (theoretischen) Aktienkurs:

$$P = \frac{2€}{0{,}13-0{,}12} \cdot \left[\frac{1{,}13^{15}-1{,}12^{15}}{1{,}13^{15}}\right] + \frac{9{,}5 \cdot 3{,}99€ \cdot 1{,}12^{14}}{1{,}13^{15}} = 54{,}58\ €.$$

Auch mit dem Zweiperioden-Wachstumsmodell erhält man einen theoretischen Aktienkurs, der zum Zweck der Portfoliodisposition mit dem aktuellen Börsenkurs verglichen werden kann (oder alternativ nach der internen Rendite aufgelöst mit der geforderten Rendite des Investors). Allerdings unterliegt der Kurs den Folgen zweier zeitlich unterschiedlicher Wachstumsraten, wovon auch die Kursbewegung abhängt:

Ist $g_{D1} > g_{D2}$, so steigt der Kurs zu Beginn mit einer Rate, die höher als $g_{D2}$ ist, aber unter $g_{D1}$ liegt und sinkt nachfolgend auf $g_{D2}$.

Aus Praktikabilitätsgründen findet man in der Praxis häufig folgende Modellvariante im Einsatz:

$$P = \frac{D(1)}{1+k} + \frac{D(2)}{(1+k)^2} + \frac{D(3)}{(1+k)^3} + \frac{D(4)}{(1+k)^4} + \frac{\frac{D(5)}{k - g_{D2}}}{(1+k)^4} \qquad \text{(II-32)}$$

Der Vorteil von Gleichung (II-32) ist, dass für die erste Periode, die hier aus fünf Jahren bestehen soll, eine Dividendenschätzung je Jahr ermöglicht wird. Damit löst man sich von der Strenge der einheitlichen Wachstumsrate und kann individueller auf die Situation des zu untersuchenden Unternehmens bzw. der Aktie eingehen. Die jährlichen Dividendenschätzungen erfolgen dann nicht auf der Basis einer Jahr für Jahr einheitlichen Wachstumsrate $g_{D1}$. Ab dem fünften Jahr befindet sich das Modell im Steady State, und es wird eine für die nachfolgenden Jahre einheitliche Wachstumsrate der Dividenden ($g_{D2}$), für die ein langfristiger Durchschnittswert verwendet wird, eingesetzt.

### 5.1.4 Dreiperioden-Wachstumsmodell

Im Zweiperioden-Wachstumsmodell erfolgt der Übergang zwischen der Dividendenwachstumsrate der ersten Periode zur zweiten Periode abrupt. Wahrscheinlicher dürfte es sein, dass zwischen diesen beiden Perioden eine Art Übergangsperiode besteht, wodurch im Grunde das Dreiperioden- oder Drei-Phasen- Wachstumsmodell des DDM begründet wird:

- In der **ersten Periode** besteht wie bislang angenommen die Phase des unternehmensindividuellen Dividendenwachstums, dessen Rate neben der Periodendauer zu schätzen ist.
- In der zweiten **(Übergangs-)Phase** erfolgt die Anpassung an die Steady State-Wachstumsrate der dritten Periode. Hierbei gilt es, sowohl die Länge der Periode als auch den Umfang der linearen Änderung in der Wachstumsrate zu berechnen. War z.B. die Wachstumsrate am Ende der ersten Phase *+25%* und ist die Wachstumsrate in der dritten Phase *+5%,* so wird bei einem unterstellten zehnjährigen Übergang der zweiten Phase ein jährlicher Rückgang der Wachstumsrate aus der ersten Phase von *2%* errechnet.
- In der letzten und **dritten Periode** ist das Steady State der Wachstumsrate erreicht. Hierbei kann man wie schon erwähnt die Wachstumsrate im Durchschnitt der Gesamtwirtschaft für Unternehmensdividenden ansetzen, wobei es durchaus üblich ist, von einem Null-Wachstum auszugehen.

Barwertmodelle der Aktienbewertung existieren auf der drei Periodenbasis in einer Vielzahl von Ausprägungen und erfreuen sich unter Analysten einer hohen Beliebtheit: Sie basieren auf einem einfachen und weit akzeptierten Konzept der Abhängigkeit des Aktienkurses von abdiskontierten zukünftigen Dividendenströmen. Beim Dreiperioden-Modell lässt man sich auch gerne von folgender Phasen-Vorstellung der Gewinne und Dividenden eines Unternehmens über seine Lebenszeit leiten.

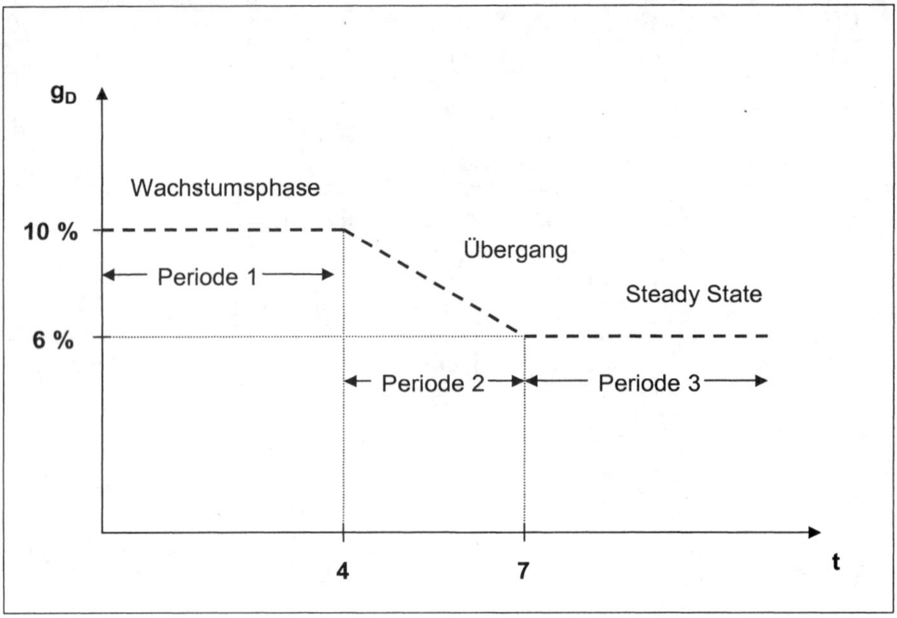


Abb. II-13: Drei-Phasen-Modell im grafischen Überblick

Die Phasen sind im Einzelnen durch bestimmte Merkmale gekennzeichnet:

**Phase 1 (Wachstumsphase)**

Für diese Phase sind rapide ansteigende Umsätze sowie hohe branchenüberdurchschnittliche Gewinnmargen und Gewinne pro Aktie kennzeichnend. Die Investitionsmöglichkeiten sind in höchstem Maße profitabel und die Gewinnthesaurierung hoch. Die Möglichkeit, hohe Gewinne zu erzielen, lockt zunehmend Wettbewerber an, wodurch die Zuwächse in den Wachstumsraten der Gewinne abzunehmen beginnen.

**Phase 2 (Übergangsphase)**

In den nachfolgenden Jahren reduziert der steigende Wettbewerbsdruck zunehmend die Gewinnmargen, wodurch das Gewinnwachstum immer mehr sinkt. Investitionsmöglichkeiten nehmen ab, und das Unternehmen reduziert die Thesaurierung, wodurch immer höhere Dividendenausschüttungen erfolgen.

**Phase 3 (Steady State)**

Möglicherweise erreicht das Unternehmen eine Position, in der neue Investitionschancen bestehen, die aber im Durchschnitt (z.B. aufgrund hohen Konkurrenzdrucks) nur noch wenig attraktive Eigenkapitalrenditen ermöglicht. Ab dieser Phase stabilisieren sich die Gewinnwachstumsrate, der Ausschüttungsfaktor und die Eigenkapitalrendite für den Rest der Unternehmens-Lebensdauer auf dem Niveau des Branchendurchschnitts.

Für die Schätzung der Größen wird i.d.R. für die nächstgelegenen Zeitabschnitte eine möglichst detaillierte Prognose gefordert, während mit weiter in die Zukunft schreitenden Perioden mehr allgemeine, d.h. im Trend der gesamten Branche oder der gesamten Wirtschaft liegende Schätzungen benötigt werden (vgl. *Sharpe/Alexander/Bailey* 1995, S. 590-591).

## 5.2 Bedeutung von Gewinn und Ausschüttung für die Aktienbewertung

Häufig wird zum Ermitteln von theoretischen Aktienkursen in der Praxis von Aktienanalysten das KGV verwendet und gegenwärtige, normalisierte oder geschätzte zukünftige Gewinngrößen eingesetzt. Verwendung finden für Portfolioentscheidungen meist eine weite Spanne von KGVs, z.B. historisches KGV für ein einzelnes Unternehmen oder das historische KGV eines Unternehmens im Verhältnis zum Markt-KGV. Eine andere Möglichkeit der Wertermittlung empfiehlt die Auflistung von Einflussfaktoren des KGV, wobei die Gewichtung der Faktoren und die explizite Formulierung oftmals dem Analysten selbst überlassen bleibt, womit ein hohes Maß an Subjektivität besteht.

In den 60er Jahren hat sich eine Bewertungsform entwickelt, die mittlerweile wieder verstärkt unter Analysten Anwendung findet: Schätzung des KGV auf der Basis zuvor definierter Einflussfaktoren von Aktienkursen, Gewinnen, Wachstum, Risiko, Zeitwert des Geldes und Dividendenpolitik. Zur Messung von Einflussrichtung und -stärke solcher für das KGV als exogen betrachteten Einflussvariablen bedient man sich empirischer Querschnittsanalysen zu einem bestimmten Zeitpunkt für eine Aktie oder den Gesamtmarkt. Bei solchen **Einfach-Regressionen** wird ein statistischer Zusammenhang ermittelt, der für die Abhängigkeit des KGV eines Unternehmens von der vergangenen Wachstumsrate der Gewinne wie folgt aussehen kann:

KGV = 2,3 + 4 (Wachstumsrate der Gewinne).

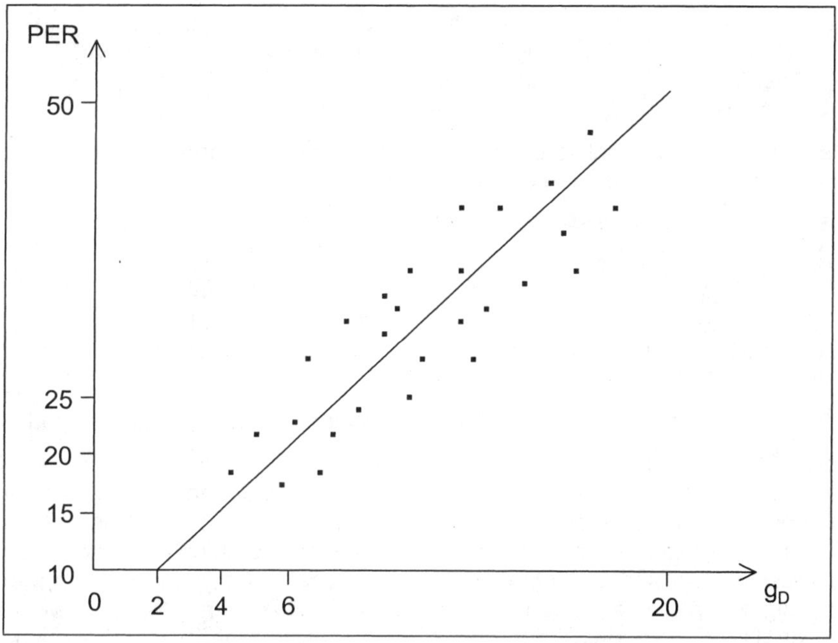


Abb. II-14: Regressionsgerade einer Schätzung des KGV (P/E)

Bei **Verwendung mehrere Einflussgrößen** auf das KGV gelangt man zu multiplen Regressionsanalysen, die die KGV-Bestimmung entsprechend verbessern. Stellvertretend für viele sei hier das Modell von *Kisor/Whitbeck* (1963) beschrieben.

Das KGV wurde hierbei in Beziehung gesetzt zur Dividendenpolitik (Ausschüttungsfaktor), dem Wachstum (Gewinnwachstumsrate) und dem Risiko (Standardabweichung der Gewinnwachstumsraten). Als durchschnittliche Beziehung ergab sich für den Zeitpunkt 08.06.1962 für den Aktienmarkt:

KGV = *8,2*

\+ *1,50* (Rate des Gewinnwachstums)

\+ *0,067* (Ausschüttungsfaktor)

\- *0,200* (Standardabweichung der Wachstumsrate).

Diese Gleichung verkörpert zu jedem beliebigen Zeitpunkt den gleichzeitigen Einfluss der drei Variablen auf das KGV. Die Werte zeigen das Gewicht, das der Markt auf jede Variable legt. Die Vorzeichen zeigen die Wirkungsrichtung der Variablen und stimmen mit den theoretischen Vorgaben überein:

$$\frac{P}{G} = \frac{1-b}{k-b \cdot r} = \frac{1-b}{k-g_D} \text{ da } b \cdot r = g_D \tag{II-33}$$

Aus diesem Zusammenhang können folgende **Schlüsse** gezogen werden:

- Je höher die Wachstumsrate der Gewinne, desto höher das KGV, wobei der ermittelte Wert von *1,5* besagt, dass ein *1%*-Anstieg der Wachstumsrate eine Zunahme des KGV um das *1,5*-fache zur Folge hat.
- Auch bei der Ausschüttungsrate ist das Vorzeichen richtig, da mit steigender Ausschüttung das KGV steigt, allerdings zeigt der Wert von *0,067*, dass ein *1%*-Anstieg der Ausschüttungsrate nur zu einem Anstieg des KGV um das *0,067*-fache führt, also ein recht geringer Effekt.
- Der Anstieg der Standardabweichung in der Wachstumsrate führt zu einer Verringerung des KGV um das *0,2*-fache (bei *1%* Anstieg).

Eine solche Gleichung lässt sich für jede Aktie ermitteln und daraus für jedes Unternehmen ein individuelles KGV. Setzt man in die exogenen Größen Schätzwerte ein, erhält man ein theoretisches KGV. Damit wird oft unter Analysten eine **Asset-Allocation** nach folgender **Empfehlung** abgegeben:

- kaufe solche Aktien, deren theoretisches (geschätztes) KGV über dem aktuellen KGV liegt, und
- verkaufe Aktien, die ein niedrigeres geschätztes KGV als der vergleichbare Marktwert aufweisen.

Diese Empfehlungen bergen ein hohes Maß an Irreführung in sich, da die zulässige methodische Aussage sich nur auf einen Zeitpunkt beziehen kann und zu diesem einen Aktienkurs erklären kann. Für die Asset Allocation in Form eines sog. Stock Pickings (vgl. *Cohen/Zinbarg/Zeikel* 1987, S. 614 ff.) sind sie dagegen unzuverlässig. Mit ihnen kann man nicht zweifelsfrei über- oder unterbewertete Aktien aufspüren. Der Grund liegt darin, dass eine solcherart begründete Strategie davon ausgeht, dass der Aktienkurs der Börse sich dem theoretisch ermittelten Kurs annähert, bevor sich der theoretische Kurs seinerseits ändert. Es ist aber genau dieser Umstand, der ein solcherart basiertes Stock Picking konterkariert. Aus folgenden Gründen verändert sich der theoretische Kurs:

- **Mangelnde Stabilität** des **Regressionsmodells**. Ansichten des Markts über die Bedeutung von Einflussvariablen mögen sich ändern, oder sie ändern sich rein statistisch über den Zeitverlauf. So ist es meist feststellbar, dass das Gewinnwachstum in Zeiten eines in seinen Kursen ansteigenden Aktienmarkts (Bull- oder Hausse-Markt) eine höhere Bedeutung aufweist (hoher Wert) als bei sinkendem Kursniveau (Bear- oder Baisse-Markt) (niedriger Wert). Und aus dynamischer Sicht verändern sich die Einflussstärken in einem haussierenden Aktienmarkt langsamer, in einem Bear-Aktienmarkt ist die Veränderung dagegen dramatisch.
- Die **Inputdaten** für das Modell können sich ändern. Dies ist sowohl der Fall, wenn die Grundlage historische Daten sind, als auch wenn sie auf Expertenschätzungen beruhen.
- **Unternehmens-Effekt**: Es lässt sich feststellen, dass über längere Zeiträume aktuelle Kurse von Aktien bestimmter Unternehmen über (oder unter) ihrem theoretischen Kurs verharren. Hierfür sind Determinanten verantwortlich, die zu bestimmten Zeiträumen sehr einflussreich sind, aber im Regressionsmodell nicht eingegangen sind. So waren in den 60er Jahren Unternehmen der Tabakindustrie mit ihren theoretischen Aktienkursen über dem an der Börse festgestellten Wert gelegen. Die Ursache wurde darin gesehen, dass diese Unternehmen lange Jahre ständig der Bedrohung staatlicher Eingriffe zur Regulierung des Zigarettenkonsums ausgesetzt waren, was in den Regressionsmodellen nicht erfasst war.

## 5.3 Variantenreichtum des Gewinnbegriffs

Wie in den vorangegangenen kausalen Zusammenhängen gezeigt, stellt die Schätzung von Gewinnen eine zentrale Aufgabe in der Bestimmung des Aktienwerts dar. Damit gerät der Gewinnbegriff bzw. das dahinter stehende Gewinnkonzept in den weiteren Mittelpunkt der anzustellenden Betrachtungen. Zwei Unterscheidungen des Gewinns sind in der Aktienanalyse üblich: der **buchmäßig ermittelte Gewinn** (Accounting Earnings), der bei der AG durch den Jahresüberschuss verkörpert wird, und der **ökonomische Gewinn** (Economic Earnings).

Der Jahresüberschuss ist eine Periodenerfolgsgröße, die auf der Grundlage der Bestimmungen des Handelsgesetzbuchs und der Grundsätze ordnungsmäßiger Buchführung sowie auf dem Bilanzweg in Deutschland aus dem Einzeljahresabschluss ermittelt wird. Vereinfacht ausgedrückt entspricht der Jahresüberschuss dem Saldo von Aufwendungen und Erträgen vor Verteilung an die Aktionäre, Vorstand und Aufsichtsrat. Damit handelt es sich um eine Größe, die auf der Reinvermögensebene des Unternehmens entsteht.

Die Ermittlung von in der Bilanz anzusetzenden Vermögens- und Schuldenteilen sowie deren Bewertung ist in der deutschen Rechnungslegung mit hohen Spielräumen für den der Ersteller des Jahresabschlusses möglich. Bilanzansatz- und Bilanzbewertungswahlrechte führen im Regelfall zu einer Abweichung der in der Bilanz angesetzten historisch fortgeführten Werte und den Verkehrswerten. Zudem sind die Bilanzwerte i.d.R. ex post orientiert, sie geben die Bewertung überwiegend nach Vergangenheitsgesichtspunkten an. Zukünftige Ereignisse wie z.B. Ansatz von Rückstellungen oder die Wahl der Abschreibungsdauer aufgrund einzuschätzender wirtschaftlicher Nutzungsdauern unterliegen den Einschätzungen des Bilanzerstellers, also eines Unternehmensinternen.

Aus diesen Gründen ist der Periodenerfolg eine für die Aktienanalyse verzerrte Größe:

- Sie ist nicht nach den Einschätzungen des externen Aktienanalysten erstellt.
- Der Wertansatz erfolgt vermögensorientiert, damit überwiegend vergangenheitsorientiert und nicht nach den in der Zukunft zu erwartenden Erfolgsbeiträgen der Vermögensgegenstände.

Den **buchhalterischen Gewinn** setzt man im Rahmen der Aktienanalyse oft zu zwei Größen in Bezug:

- Das Verhältnis zwischen Jahresüberschuss und Anzahl ausgegebener Aktien wird als Gewinn pro Aktie oder Earnings per Share (EPS) bezeichnet.
- Bezieht sich der Jahresüberschuss auf den Buchwert des Eigenkapitals (Equity), so spricht man von der Eigenkapitalrendite oder Return on Equity (RoE).

Der buchhalterische Gewinn als Periodenerfolg stellt die Veränderung des Eigenkapitals zu Buchwerten von einer Periode zur anderen zuzüglich der Dividendenzahlungen dar:

$$G^a{}_t = B_t - B_{t-1} + D_t \tag{II-34}$$

Da sich der aktuelle Buchwert aus dem Buchwert der Vorperiode, dem aktuellen Jahresüberschuss abzgl. den Dividendenzahlungen zusammensetzt, gilt:

$$B_t = B_{t-1} + G^a{}_t - D_t \tag{II-35}$$

Gegenüber dem aus dem Jahresabschluss ermittelten Periodenerfolg ist der **ökonomische Gewinn** eine Größe, die man aus dem ökonomischen Wert des Unternehmens erhält:

$$G^e{}_t = V_t - V_{t-1} + D_t \tag{II-36}$$

Der ökonomische Wert des Unternehmens ist demzufolge als Marktwert zu interpretieren, wie er sich am Kapitalmarkt nach Einschätzung der Marktteilnehmer ergibt. Die Einschätzungen richten sich nach den in Zukunft erwarteten Gewinnaussichten und den Dividendenzahlungen, wodurch der Aktienkurs der Gegenwart bestimmt wird. Buchhalterische und ökonomische Gewinngröße sind i.d.R. nicht identisch.

In der Regel wird eine Unternehmensanalyse auf Daten der publizierten Rechnungslegung von Unternehmen zurückgreifen müssen. Die Qualität und Verfügbarkeit solcher Daten ist dann abhängig vom Rechnungslegungswerk und den rechtlichen Grundlagen sowie deren dahinter stehenden Informationsadressaten. Für die deutsche Rechnungslegung nach HGB und GoB gilt grundsätzlich die Gläubigerorientierung, so dass für das Informationsbedürfnis der Eigenkapitalgeber, resp. der Aktionäre Informationsmängel zu konstatieren sind. Um dennoch ein, den Interessen der Eigenkapitalgeber entsprechendes Informationsmaterial bei publizitätspflichtigen Unternehmen zu erhalten, hat sich der Berufsverband der Finanzanalysten und Portfoliomanager in Deutschland (DVFA) zur Konzeption einer Kennziffer entschlossen, die als **DVFA-Ergebnis pro Aktie** eine zentrale Investorenkennziffer in Deutschland darstellt. Ihr Erklärungsgehalt ist höher als der einer vergleichbaren Ziffer, die aus dem reinen Jahresüberschuss gebildet würde.

Grundlage der Kennziffer ist die Überleitung des Jahresüberschusses in das DVFA-Ergebnis mit dem Ziel, ein **von Sondereinflüssen bereinigtes Jahresergebnis** zu erstellen. Zweck dieses Vorgehens ist es,

- „(...) den Ergebnistrend eines Unternehmens im Zeitablauf aufzuzeigen,
- als Ausgangsposition für die Abschätzung der zukünftigen Ergebnisentwicklung zu dienen,
- Vergleiche des wirtschaftlichen Erfolges zwischen verschiedenen Unternehmen zu ermöglichen" (*Loistl* 1995, S. 213).

Mit der Eliminierung von Sondereinflüssen soll auf eine normalisierte Berichtsperiode abgestellt werden können. Es kann zu Abweichungen des Ergebnis nach DVFA vom ausgewiesenen Jahresüberschuss eines Unternehmens kommen. Die einzelnen Zwischenergebnisse werden im Grundsatz wie folgt beim Ergebnis nach DVFA/SG ermittelt:

| | Ergebnis nach DVFA/SG |
|---|---|
| 1 | Jahresüberschuss/-fehlbetrag |
| 2 | Ingangsetzungs- und Erweiterungsaufwendungen |
| 3 | Bereinigungsposten im Anlagevermögen |
| 4 | Bereinigungsposten im Umlaufvermögen |
| 5 | Bereinigungsposten in den Passiva |
| 6 | Positionen 2 bis 5 nicht eindeutig zuordenbare Sondereinflüsse sowie Fremdwährungseinflüsse |
| 7 | Zusammenfassung der zu berücksichtigenden Bereinigungen (Wesentlichkeitskriterium beachten, 5%-Klausel) |
| 8 | Ermittlung des Ergebnisses nach DVFA/SG für das Gesamtunternehmen durch Zusammenfassung der Positionen 1 und 7 |
| 9 | Ermittlung des Ergebnisses nach DVFA/SG ohne Anteile Dritter |
| 10 | Ermittlung des Ergebnisses nach DVFA/SG je Aktie durch Umrechnung des Ergebnisses nach DVFA/SG ohne Anteile Dritter auf die Anzahl der adjustierten durchschnittlichen dividendenberechtigten Aktien |
| 11 | Ergebnis nach DVFA/SG je Aktie „voll verwässert" |
| 12 | Ergebnis nach DVFA/SG je Aktie adjustiert im Falle von Veränderungen des Gezeichneten Kapitals |

Abb. II-15: Methodenübersicht zur Ermittlung des Ergebnisse nach DVFA/SG-Konvention

## 5.4 Dividendenpolitik und Erklärungsansätze

Vorstände von Aktiengesellschaften sind meist bestrebt, eine über die Zeit konstante Ausschüttungsquote aus den Gewinnen beizubehalten. Dies wird als **„Reluctance-to-Change-Dividends-These"** bezeichnet. Demzufolge werden Dividenden nur erhöht, wenn sich das Management sicher ist, auch in Zukunft und damit längerfristig die höhere Ausschüttung beibehalten zu können. Umgekehrt werden Dividenden nur dann gesenkt, wenn eine aktuelle Ausschüttung nicht längerfristig aufrecht zu erhalten ist (vgl. *Fama/Fischer/Jensen/Roll* 1969). Tab. II-4 zeigt empirische Erhebungen zu Gewinn- und Dividendenänderungen für amerikanische Unternehmen Ende der 60er Jahre.

Die ersten beiden Zeilen zeigen, dass im Erhebungsjahr in *59,3%* der Fälle die Gewinne der untersuchten Unternehmen anstiegen und in *40,7%* der untersuchten Fälle die Gewinne sanken. In der Mehrzahl der Fälle, in denen ein Anstieg der laufenden Gewinne registriert wurde, lag auch ein Anstieg der laufenden Dividenden vor (*65,8%*). Wenn die laufenden Gewinne dagegen absanken, erhöhten die Unternehmen ihre laufenden Dividenden etwa genauso häufig wie sie sie bei fallenden Gewinnen senkten (vgl. *42,8%* gegenüber *39,5%*). In den folgenden zwei Zeilen wird ersichtlich, dass Unternehmen eher die laufende Dividende erhöhten, wenn zwei aufeinander folgende Jahre des Gewinnanstiegs vorausgingen. Dagegen war die Bereitschaft zur Dividendenerhöhung geringer, wenn das Vorjahr einen Rückgang der Gewinne zu verzeichnen hatte und nur im laufenden Jahr die Gewinne anstiegen (*74,8% > 54,1%*). Aus den letzten beiden Zeilen ist erkennbar, dass die Firmen eher bereit waren, die laufende Dividende zu senken, wenn zwei Jahre lang die Gewinne gefallen waren (*48,8% > 33,4%*).

| **Veränderung der Gewinne** | | | **Prozentsatz der Fälle, in denen Unternehmen ...** | | |
|---|---|---|---|---|---|
| aktuelles Jahr | Vorjahr | Prozentsatz der Fälle | Dividende erhöhten | Dividende nicht änderten | Dividenden reduzierten |
| + | | *59,3%* | *65,8%* | *13,9%* | *20,3%* |
| - | | *40,7%* | *42,7%* | *17,8%* | *39,5%* |
| + | + | *33,4%* | *74,8%* | *11,4%* | *13,8%* |
| + | - | *25,9%* | *54,1%* | *17,2%* | *28,7%* |
| - | + | *24,7%* | *49,7%* | *16,9%* | *33,4%* |
| - | - | *16,0%* | *31,8%* | *19,4%* | *48,8%* |

Tab. II-4: Veränderungen von Gewinnen und Dividenden aus empirischer Sicht (Quelle: *Fama/Babiak* 1968, S. 1134)

Insgesamt zeigt die Tab. II-4, dass Unternehmen im Allgemeinen eher bereit sind, die Dividenden zu erhöhen, denn sie zu senken.

## 5.4.1 *Lintner*-Modell

Dieses statistisch aufgezeigte Verhalten der Unternehmen hinsichtlich ihrer Dividendenpolitik aufgrund der jeweiligen Gewinnentwicklung wird im sog. *Lintner*-Modell formalisiert (vgl. *Lintner* 1956). Dabei wird eine konstante langfristig beabsichtigte Ausschüttungsquote der Unternehmen unterstellt. Dieser Anteil sei mit $d^*$ bezeichnet. Sofern diese Zielquote jedes Jahr beibehalten wird, ergeben sich die gesamten Dividenden im Jahr *t* wie folgt:

$$D_t^* = d^* \cdot G_t \tag{II-37}$$

mit

$D^*_t$ = Zielgröße der Dividende für das Jahr t,

$G_t$ = Gewinne des Jahres *t*.

Die Differenz zwischen den beabsichtigten Dividenden im Jahr *t* und den tatsächlichen Dividendenzahlungen des vorausgegangenen Jahres lässt sich durch folgenden Zusammenhang darstellen:

$$D^*_t - D_{t-1} = d^* G_t - D_{t-1} \quad \text{(II-38)}$$

Obwohl Unternehmen bestrebt sein werden, ihre Dividenden von einem Jahr auf das andere anzupassen, werden nur wenige, wenn überhaupt, die Anpassung um den Differenzbetrag $D_{t-1}$ zu $D^*_t$ vornehmen. Stattdessen wird die Änderung der Dividenden nur einen Teil der gewünschten Änderungsrate ausmachen:

$$D_t - D_{t-1} = a\left(D^*_t - D_{t-1}\right) \quad \text{(II-39)}$$

mit

a = Anpassungsgeschwindigkeit mit $0 < a < 1$,
$D_t$ = tatsächliche, erfolgte Dividendenhöhe

Das Modell lässt sich zusammenfassen, indem $d \cdot G_t$ für $D^*_t$ in vorangegangener Gleichung eingesetzt wird und dann nach $D_t$ aufgelöst wird:

$$D_t - D_{t-1} = a \cdot d^* G_t + (1-a) D_{t-1} \quad \text{(II-40)}$$

Demzufolge basiert die Höhe der laufenden Dividenden auf dem anteiligen Betrag der laufenden Gewinne und der Höhe der Dividenden des vergangenen Jahres.

Subtrahiert man $D_{t-1}$ von beiden Seiten der Gleichung, so lässt sich die Dividendenänderung von einem Jahr auf das andere wie folgt darstellen:

$$D_t = a \cdot d^* G_t - a \cdot D_{t-1} \quad \text{(II-41)}$$

Hieraus wird ersichtlich, dass das Ausmaß der Dividendenänderungen positiv vom anteiligen laufenden Betrag der Gewinne abhängt und negativ von der Höhe der Dividenden der Vorperiode beeinflusst wird. Je höher also die gegenwärtigen Gewinne, desto höher die Dividendenänderung. Je höher aber die Dividenden der Vorperiode, desto niedriger ist die Veränderung der laufenden Dividendenzahlungen.

Empirisch lässt sich der kausale Zusammenhang des Modells nur eingeschränkt bestätigen. Aus einer empirischen Untersuchung von *Fama/MacBeth* aus dem Jahr 1974 geht hervor, dass die durchschnittlich untersuchte AG eine Ausschüttungsquote von *59,1%* aufwies und zu *26,9%* durch den Anpassungskoeffizienten erklärt wurde. Allerdings wichen die tatsächlichen Dividenden der untersuchten Firmen von den durch die Ziel-Ausschüttungsquote und den Anpassungskoeffizienten induzierten Höhen ab. Etwa *42%* dieser Abweichungen konnten nicht durch das Modell erklärt werden, was die Erklärungssuche dieses Anteils erfordert (vgl. *Fama/MacBeth* 1974*)*. *Marsh/Merton* (1987) reinterpretierten *Lintners*-Modell und konnten damit die Praxis in der Dividendenpolitik von amerikanischen Unternehmen erklären.

## 5.4.2 Residualdividendenansatz von *Higgins*

Im Modell von *Higgins* (1972) erfolgt zuerst die Bestimmung der Summe aus thesauriertem Gewinn und Neuverschuldung mit dem Ziel, auf diese Weise die Mittelzunahme in einem Unternehmen nach Ablauf einer Periode zu kalkulieren. Zentral ist hierbei die Beachtung der Nebenbedingung, nachdem die Mittelzunahme bei gleichbleibendem Verschuldungsgrad zu erfolgen hat. Ist das anschließend fixierte geplante Investitionsvolumen höher als die Mittelzunahme, wird eine Neuemission von Aktien und eine Fremdkapitalaufnahme erforderlich. Auch hinsichtlich dieser Finanzierungstransaktion fordert das *Higgins*-Modell einen unveränderten Verschuldungsgrad, wodurch auch eine Dividendenauszahlung unterbleibt. Für den Fall, dass der finanzielle Umfang der geplanten Investitionen kleiner ist als die zuvor gebildete Summe der Mittelaufnahme, kommt es in Höhe des Saldos beider Größen zu einer Dividendenauszahlung. Unter dieser Bedingung bleibt ebenfalls der Verschuldungsgrad konstant.

Beispiel: Der Gewinn eines betrachteten Unternehmens betrage für die abgelaufene Periode *5.000* €. Der Verschuldungsgrad werde mit ½ festgestellt (*FK : EK*). Die Summe der Mittelzunahme (*7.500* €) setze sich wie folgt zusammen: thesaurierte Gewinne in Höhe von *5.000* € sowie eine Neuverschuldung in Höhe von *2.500* € (wegen des konstant zu haltenden Verschuldungsgrades von *FK : EK = 1 : 2*). Auf diese Weise bleibt der Verschuldungsgrad konstant. Es werden Investitionen im Umfang von *7.500* € geplant. Für diesen Fall erfolgt nach dem *Higgins*-Modell keine Dividendenauszahlung.

Wird in einem alternativen Fall davon ausgegangen, dass lediglich ein Investitionsvolumen von *2.500* € geplant wird, so verbleiben Residualmittel von der Mittelzunahme in Höhe von *5.000* €. Dieser Betrag kann jetzt an die Kapitalgeber ausgezahlt werden und zwar aufgrund des bestehenden und konstant zu haltenden Verschuldungsgrads in folgender Weise: zwei Anteile (= *3.333,33* €) als Dividende an die Eigenkapitalgeber und ein Anteil (= *1.666,67* €) als Tilgungsleistung an die Fremdkapitalgeber. Die Nettoneuverschuldung beträgt *2.500* € abzüglich *1.666,67* € = *833,33* €, und der einbehaltene Gewinn umfasst den Betrag von *1.666,67* € (*5.000* € - *3.333,33* €), d.h. Nettoneuverschuldung: einbehaltener Gewinn entspricht *833,33* € : *1.666.67* € $\Rightarrow$ *1 : 2*.

Nach dem Residualansatz von *Higgins* bezüglich der Dividendenpolitik wird eine Aktienemission nur dann ausgelöst, wenn die Investitionssumme größer ist als der verteilbare Gewinnbetrag. Dividenden werden grundsätzlich nicht durch Neuemissionen finanziert. Einschränkend ist festzuhalten, dass der Residualansatz unstetige Dividendenentwicklungen liefern kann. Es würde sich dann empfehlen, zu einem modifizierten Residualansatz überzugehen.

Beispiel: Zur Verdeutlichung der vorangegangenen Aussage dient nachfolgende Aufstellung in Tab. II-5 (Angaben in €).

| **Gewinn** | **geplantes Investitionsvolumen** | **zusätzliche Verschuldung** | **einbehaltene Gewinne** | **Aktienneuemission** | **Dividende** |
|---|---|---|---|---|---|
| *5.000* | *15.000* | *2.500+2.500 = 5.000* | *5.000* | *5.000* | *0* |
| *5.000* | *10.000* | *2.500+833,33= 3.333,33* | *5.000* | *1.666,67* | *0* |
| *5.000* | *7.500* | *2.500* | *5.000* | *0* | *0* |
| *5.000* | *5.000* | *2.500-833,33= 1.666,67* | *3.333,33* | *0* | *1.666,67* |
| *5.000* | *2.500* | *2.500-1.666,67 = 833,33* | *1.666,67* | *0* | *3.333,33* |
| *5.000* | *0* | *2.500-2.500= 0* | *0* | *0* | *5.000* |

Tab. II-5: Beispielwerte zur Verdeutlichung des modifizierten Residualansatzes

### 5.4.3 *Modigliani/Miller*- Modell

Das *Modigliani/Miller*-Modell zur Erklärung der Dividendenpolitik basiert auf folgenden zentralen Annahmen (vgl. *Modigliani/Miller* 1961):

- vollkommene Kapitalmärkte,
- es besteht vollständige Voraussicht hinsichtlich zukünftiger Investitionen, Gewinne und Dividenden,
- die Investitionspolitik ist unabhängig von der Dividendenpolitik, wodurch das optimale Investitionsprogramm von der Unternehmensleitung realisiert werden kann.

Die Quintessenz des *Modigliani/Miller*-Modells basierend auf den vorgenannten Annahmen ist die **Irrelevanz der Dividendenpolitik**. Dies sei an einem nachfolgenden Beispiel verdeutlicht.

Beispiel: Es wird ein Unternehmen X betrachtet, das insgesamt bislang *100* Stück Aktien emittiert hat. Die periodisierten Gewinne der Zukunft seien vollständig in der Gegenwart bekannt und sollen pro Periode des Planungshorizonts, der aus zwei Zeiträumen besteht ($t = 0,1,2$), einen Betrag von *10.000* € umfassen. In beiden Perioden sollen Dividenden gezahlt werden. Es bestehe vollständige Eigenfinanzierung und der Kalkulationszinsfuß als geforderte Eigenkapitalrendite der Aktionäre soll *10%* betragen. Aufgrund dieser Vorgabedaten werden zwei Dividendenpolitiken vergleichend betrachtet.

**Dividendenpolitik I** fordert, dass der erwirtschaftete Periodengewinn vollständig als Dividende ausgezahlt wird. Es ergibt sich daraufhin folgender Unternehmenswert nach dem Barwertmodell der Aktienbewertung:

$$\frac{D_1}{1+k_{EK}}+\frac{D_2}{(1+k_{EK})^2}=\frac{10.000}{1,1}+\frac{10.000}{1,1^2}=17.355,37\ €\ .$$

Dividiert man den Unternehmenswert durch die Anzahl emittierter Aktien, ergibt sich der Kurswert der Aktie (als Ertragswert) von Unternehmen X in Höhe von *173,55* €.

Als Nächstes sei die Alternative zur vorangegangenen Dividendenpolitik betrachtet (**Dividendenpolitik II**). Sie postuliert, dass in $t = 1$ der Betrag von *110* € für jede Aktie als Dividende ausgezahlt wird. Die Finanzierung dieser Ausschüttung soll in Hinblick auf den Fehlbetrag von *10* € pro Aktie durch Emission junger Aktien erfolgen. Diese sollen in $t = 2$ vom emittierenden Unternehmen X wieder zurückgekauft werden.

Aus diesem Sachverhalt ergibt sich, dass in $t = 1$ zusätzlich *1.000* € benötigt werden. Um diesen Finanzbedarf decken zu können, werden in gleicher Höhe junge Aktien ausgegeben, die dann in $t = 2$ zu *1.100* € zurückgekauft werden. Daraufhin beträgt der ausschüttungsfähige Gewinn in $t = 2$ beträgt: *10.000 € - 1.100 € = 8.900 €*. Hinsichtlich der Altaktionäre gestaltet sich der Unternehmenswert daraufhin wie folgt:

$$\frac{D_1}{1+k_{EK}}+\frac{D_2}{(1+k_{EK})^2}=\frac{11.000}{1,1}+\frac{8.900}{1,1^2}=17.355,37\ €.$$

Der Wert einer Aktie beträgt auch in diesem Fall *173,55* €. Daraufhin ergibt sich die Irrelevanzthese von *Modigliani/ Miller* hinsichtlich der Dividendenpolitik eines Unternehmens.

*Modigliani/Miller* verweisen ergänzend darauf, dass jeder Anleger durch geschickte Asset Allocation ein Aktienportfolio so zusammenstellen kann, dass es ihm präferenzadäquate Dividendenzuflüsse pro Periode ermöglicht (vgl. *Modigliani/ Miller* 1961).

Die Kritik am Irrelevanz-Theorem von *Modigliani/Miller* setzt naturgemäß an deren Prämissen an. Ein zentraler Kritikpunkt ist die fehlende Berücksichtigung von Steuern. Ihre Bedeutung für die Dividendenpolitik und damit auch die These von *Modigliani/Miller* wird dadurch deutlich, wenn Dividenden einkommenssteuerpflichtig sind. In einem Modell lässt sich daraufhin unter Berücksichtigung steuerfreier Kursgewinne und fehlender Unternehmenssteuern nachweisen, dass es zu einer negativen Korrelation zwischen Dividendenhöhe und Aktienkurs kommen kann (vgl. hierzu auch ergänzend die Ausführungen in *Brealey/Myers* 2000, S. 447-462).

Als **Dividendenpolitik I** ist dann definiert: Zahle je Periode einen € aus dem periodischen Überschuss. Die Situation eines Anlegers wird daraufhin zum Zeitpunkt *T* wie folgt sein:

$$\left(1 - t_{S0}\right) \cdot \left(1 + r_A^t\right)^T \tag{II-42}$$

Es gelten folgende Bezeichnungen:

$t_{S0}$ = gegenwärtiger Einkommenssteuersatz;

$t_{ST}$ = Einkommenssteuersatz in T-Perioden;

$r^t_A$ = Rendite nach Steuern einer risikolosen Anlage des Anlegers;

$r^t_U$ = Rendite nach Steuern einer risikolosen Anlage des die Dividende zahlenden Unternehmens.

Die **Dividendenpolitik II** des Unternehmens ist wie folgt bestimmt: Investiere je einen € aus dem Überschuss für *T* Perioden und zahle den resultierenden Betrag an den Anleger in Periode *T* aus.

Die Situation des Anlegers zum Zeitpunkt *T* ist daraufhin:

$$\left(1 - t_{ST}\right) \cdot \left(1 + r_U^t\right)^T \tag{II-43}$$

Die Dividendenpolitik II ist für den Anleger günstiger, falls gilt:

$t_{S0} > t_{ST}$ und $r^t_A = r^t_U$ bzw. $t_{S0} = t_{ST}$ und $r^t_A < r^t_U$.

Der Anleger ist hingegen zwischen beiden alternativen Dividendenpolitiken indifferent, wenn gilt:

$$\left(1 - t_{S0}\right) \cdot \left(1 + r_A^t\right)^T = \left(1 - t_{ST}\right) \cdot \left(1 + r_U^t\right)^T \tag{II-44}$$

## 5.5 Informationsgehalt von Dividenden

Ausgangspunkt stellt die vorherrschende Situation in Aktiengesellschaften dar, wonach der Vorstand hinsichtlich der zukünftigen Unternehmensgewinne gegenüber Anteilseignern und den übrigen Interessengruppen am Unternehmen einen Informationsvorsprung besitzt, also asymmetrische Informationsverteilung vorliegt. Der Vorstand wird dann bemüht sein, seinen Informationsvorsprung an die weniger gut informierten Kreise weiterzugeben, wenn er dazu einen Anreiz hat. Vorausgesetzt ein solcher Anreiz liegt vor, so kann ein Weg der Informationsverbreitung die Ankündigung von Dividendenänderungen sein. In diesem Fall hätten die Ankündigungen Signalcharakter.

### 5.5.1 Signaling-Modelle

Bevor das zentrale Signaling-Modell von *Ross* dargestellt wird, sei auf die Anforderungen hingewiesen, damit ein Signal verlässliche Informationen enthält (vgl. *Ross* 1977):

- Es ist ein ökonomischer Anreiz für die Unternehmensleitung erforderlich, Signale mit wahrem Inhalt abzusenden.
- Dieses Signal kann nicht durch solche Konkurrenten imitiert werden, die in einer anderen finanziellen Verfassung sind.
- Es gibt keine kostengünstigere Form, die gleiche Information wie die im Signal zu verbreiten.

Auf der Basis dieser methodischen Anforderungen lässt sich folgender kausaler Zusammenhang bilden:

- Ein vom Vorstand angekündigter **Dividendenanstieg** wird als Signal der Unternehmensleitung verstanden werden können, dass ein **Potenzial** des Unternehmens für zukünftige Gewinnsteigerungen besteht (Good News). Dadurch werden die **Erwartungen** der Aktionäre und anderer Anleger hinsichtlich zukünftiger Gewinne des Unternehmens positiv beeinflusst, wodurch der **Aktienkurs steigen** wird.
- Dagegen wird die Ankündigung eines **Dividendenrückgangs** als schlechte Nachricht interpretiert, da das Zukunftspotenzial der Gewinnerzielungsmöglichkeit **pessimistisch** signalisiert wird. Die Erwartungen werden ebenfalls pessimistisch ausfallen und der **Aktienkurs gedrückt**.

Will man diese Hypothese empirisch überprüfen, so ist die Reaktion der Aktienkurse auf die Ankündigung von Dividendenänderungen zugrunde zu legen. Problematisch ist dabei, dass Dividendenankündigungen meist zeitlich gleich mit Gewinnankündigungen verbreitet werden, was zu einer mangelnden Separation in den kausalen Faktoren führt. Man behilft sich in Studien wie die von *Charest* (1978), *Aharony/Swary* (1980) sowie *Asquith/Mullins* (1983) damit, dass nur solche Fälle betrachtet werden, in denen Gewinnankündigungen einen zeitlichen Unterschied von bestimmten Mindesthandelstagen zur Dividendenankündigung aufwiesen. Gemessen wurde der **Dividendenankündigungseffekt** auf den Aktienkurs mittels durchschnittlicher abnormer Renditen:

- Bei Gesellschaften, die einen Anstieg ihrer Dividenden ankündigten, konnte eine signifikant positive Reaktion ihrer Aktienkurse nachgewiesen werden.
- Mit umgekehrtem Vorzeichen war ebenfalls diese Wirkung aufgrund von angekündigten Dividendensenkungen nachweisbar.

Erhärtet wird diese Kausalität durch die Untersuchung von *Healy/Palepu* (1988), die sich auf solche Unternehmen konzentrierten, die

- nach jahrelang ausgefallener Dividende erstmals wieder eine solche ankündigen (= „Initiations") und
- Unternehmen, die über einen langen Zeitraum Dividenden zahlten und plötzlich die Dividendenzahlung einstellen (= „Omissions").

Im Ergebnis stellt die Studie fest, dass sich der Aktienkurs der AG um so mehr verändert, wenn Dividendenzahlungen erstmals wieder angekündigt werden bzw. das Ausbleiben bisheriger Dividendenzahlungen vom Vorstand verbreitet wird. Es zeigt sich zudem, dass mit dem Ausmaß der Kursreaktion auch ein guter Hinweis auf das Ausmaß der Gewinnänderung des Unternehmens sowohl für das Jahr der Ankündigung als auch das nachfolgende Jahr existiert. In diesen Wirkungen wird eine deutliche Bestätigung des Informationsgehalts von Dividendenankündigungen gesehen.

In einer weiteren Untersuchung wird der **Informationsgehalt** von Dividenden bei plötzlich auftretenden **Unternehmensverlusten** nach vorangegangenen Jahren positiver Gewinne und Dividendenzahlungen analysiert (vgl. *DeAngelo/DeAngelo/Skinner* 1992). Aus der Studie ergab sich zum einen, dass etwa die Hälfte der untersuchten Aktiengesellschaften mit Verlusten ihre Dividendenzahlungen reduzierten oder gar vollständig ausfallen ließen. Im Vergleich dazu wurden auch Unternehmen ohne Verluste beobachtet, von denen nur ein verschwindend geringer Teil (ca. *1%*) ihre Dividenden reduzierten bzw. ausfallen ließen. Insofern wird von einem negativen Zusammenhang von Verlusten und Dividendenzahlungen auszugehen sein. Ferner wurden folgende in Bezug auf den **Informationsgehalt** interessante Ergebnisse ermittelt:

- Unternehmen mit Verlusten, die nicht ihre Dividenden reduzierten, wiesen höhere außerordentliche Ertragspositionen in der Gewinn- und Verlustrechnung auf, was als Signal zu verstehen ist, dass der Vorstand den Verlust als vorübergehendes Phänomen versteht. Durch das Schaffen außerordentlicher Erträge wurde daher versucht, Dividendenkontinuität zu halten.
- Bei solchen Unternehmen mit Verlusten, die ihre Dividenden nach unten anpassten, waren die Verluste relativ zur vorgenannten Gruppe wesentlich höher. Diese Aktiengesellschaften mit Verlust und nachfolgender Dividendenreduktion wiesen mit höherer Wahrscheinlichkeit in den beiden folgenden Geschäftsjahren weitere Verluste auf als diejenigen Firmen mit Verlust, die nicht ihre Dividenden anpassten.

Die obige Kausalität - höhere Gewinne bewirken Ankündigungen von Dividendensteigerungen - ist nicht widerspruchsfrei. So haben *John/Kalay* (1985) in ihrem Signalisierungsmodell dargelegt, dass Unternehmen mit besseren Investitionsmöglichkeiten als andere dies durch geringere Dividenden signalisieren. Andere Unternehmen können diesen Vorgang nicht nachahmen, weil sie dann zu viel investieren müssten, was bei ihnen zu zusätzlichen nicht finanzierbaren Ausgaben (prohibitiv hohen Signalkosten) führen würde (vgl. *Swoboda* 1994, S. 209).

Eine weitere Richtung der Signalling-Modelle im Rahmen der Dividendenpolitik richtet sich auf das Problem, weshalb es überhaupt zu Dividendenzahlungen noch kommt, wenn durch das Doppelbesteuerungssystem die Dividendenauszahlung belastet ist (Körperschaftsteuer im Unternehmen und Kapitalertragsteuer beim Aktionär). Ein solches erstes Modell stammt von *Bhattacharya* (1979), der ein Signalisierungsgleichgewicht für Dividendenankündigungen vorstellt, worin die steuerlichen Nachteile als Signalisierungskosten beachtet werden. Eine Täuschung der Aktionäre seitens des Vorstands durch zu hohe Dividendenankündigungen wird durch die Annahme von Mehrkosten für die dann notwendige Überbrückungsfinanzierung verhindert.

Ergänzend ist darauf hinzuweisen, dass der Ankündigungseffekt von Dividenden auch empirisch bestätigt wurde für den sog. **Klientel-** oder **Steuer-Effekt**. Der Effekt ist wirksam bei Unterschieden in den Einkommenssteuersätzen für thesaurierte und ausgeschüttete Gewinne: Aktionäre mit einem niedrigeren Grenzsteuersatz gegenüber demjenigen Satz für thesaurierte Unternehmensgewinne präferieren eine Ausschüttung. Im umgekehrten Steuerverhältnis wird von den Aktionären eine Thesaurierung der Gewinne bevorzugt (vgl. *Elton/Gruber* 1970). In dieser These führt eine Änderung im individuellen Steuersatz der Aktionäre zu einer Anpassung in der Dividendenpolitik. Eine Ankündigung von Dividendenänderungen kann daraufhin zu einer Verschiebung der Aktionärsstruktur führen.

### 5.5.2 Gewinn- und Dividendenschätzung

Marktmäßig bestimmte Aktienkurse sind also das Ergebnis von Kauf- und Verkaufverhalten der Anleger, die sich an den von ihnen erwarteten zukünftigen **Dividendenströmen** jeder Einzelaktie orientieren. Da diese Ströme in der Gegenwart unsicher sind, bedarf es ihrer **Prognose**. Sofern (im Extremfall) alle Anleger ihrer Aktienbewertung das Barwertmodell der Aktienbewertung zugrunde legen - sich in diesem Sinn bei ihrer Aktienbeurteilung rational verhalten - befindet sich ein Aktienkurs in seinem Gleichgewicht. Neue Informationen, die für eine Revision der bis dahin bestehenden Einschätzungen der zukünftigen Dividendenströme sorgen, werden von den Anlegern umgehend ausgewertet und in Kauf- oder Verkaufshandlungen umgesetzt. Insofern stellt die Börse eine Institution der Kommunikation und Koordination dar. Die Homogenität der Erwartungsbildung und die Informationseffizienz der Wertpapiermärkte bilden als sog. „**Joint Hypothesis**" die zentralen Grundlagen der marktmäßigen Aktienbewertung.

Empirische Erhebungen stützen die Vorstellung, dass die in Jahresabschlüssen jährlich ermittelten **Jahresüberschüsse** einem **Random Walk** folgen, weshalb gilt:

$$G_t = G_{t-1} + \epsilon_t \quad \text{(II-45)}$$

Die Gewinne des laufenden Geschäftsjahres (= $G_t$) werden demzufolge bestimmt durch die Gewinne des vergangenen Jahres (= $G_{t-1}$) und einem Zufallsirrtums-Term (= $\varepsilon_t$). Eine andere Erkenntnis ist aus der Umstellung der Gleichung zu gewinnen:

$$G_t - G_{t-1} = \epsilon_t \quad \text{(II-46)}$$

Die Änderungen der Gewinne sind nach dem Random Walk-Modell statistisch unabhängig und identisch verteilt. Somit sind sie auch unbeeinflusst von den Änderungen der Gewinne aus der Vergangenheit, die erwartete Änderung der Gewinne ist null.

Die bisherigen Betrachtungen basierten auf dem Jahreszeitraum. Bei unterjährigen Analysen kommt dem entgegen eine saisonale Komponente für die Änderung der Gewinne zum Tragen (z.B. zu verdeutlichen am Weihnachtsgeschäft oder dem „Sommerloch"). Die Veränderung der saisonalen, d.h. Quartalsgewinne sind daher zu betrachten. Das Prognose-Modell ist insofern zu modifizieren, als das Gewinnwachstum für das kommende Quartal ins Verhältnis zum gleichen Quartal des Vorjahres gesetzt wird ($QG_t$ - $QG_{t-4}$). Die gleiche Überlegung gilt für das zurückliegende Quartal und dessen Abhängigkeit vom Quartal ein Jahr zuvor ($QG_{t-1}$ - $QG_{t-5}$). Formal erhält man auf diese Weise ein Modell saisonal differenzierter Reihen quartalsmäßiger Gewinne. Solche Modelle werden als autoregressive Modelle erster Ordnung bezeichnet:

$$QG_t - QG_{t-4} = a(QG_{t-1} - QG_{t-5}) + b + \epsilon_t \quad \text{(II-47a)}$$

mit *a* und *b* als Konstante und $e_t$ als Zufallsirrtums-Term.

Alternativ kann das Modell durch Übertragung des Term $QG_{t-4}$ auf die rechte Seite formuliert werden:

$$QG_t = QG_{t-4} + a(QG_{t-1} - QG_{t-5}) + b + \epsilon_t \quad \text{(II-47b)}$$

Mittels Schätzung der Konstanten *a* und *b* lassen sich durch das Modell Quartalsgewinne schätzen.

Beispiel: Angenommen die Werte für *a* und *b* seien *0,4* und 0,05. Die Schätzung der Unternehmensgewinne für das kommende Quartal ist dann gleich $QG_{t-4} + 0{,}4\ (QG_{t-1} - QG_{t-5}) + 0{,}05$. Betrugen die Gewinne im vorangegangenen Quartal *(t-1)* drei €, für die vier vorangegangenen Quartale *(t-4)* zwei € und die fünf davor liegenden Quartale *(t-5)* *2,60* €, so betragen die prognostizierten Gewinne für das kommende Quartal *2,21* €, da $2 + 0{,}4(3 - 2{,}6) + 0{,}05 = 2{,}21$ €.

Auf der Grundlage der aktuellen Gewinne und der geschätzten erwarteten Gewinne ist der Prognosefehler (= $FE_t$) ermittelbar:

$$FE_t = QG_t - QG_t^r \qquad \text{(II-48)}$$

mit $QG_t$ als erwartete Gewinne des Quartals *t*, prognostiziert zum Zeitpunkt *t-1*. $QG_t^r$ erfasst die realisierten Gewinne. Der Prognosefehler misst eine Art „Überraschungseffekt“ in quartalsmäßigen Ankündigungen der Gewinne. Von Bedeutung ist dieser Wert für solche Prognosefehler, die im historischen Maßstab hoch sind, was durch Vergleich eines ermittelten Prognosefehlers mit vorangegangenen Prognoseirrtümern herausgefunden werden kann. Solche standardisierten unerwarteten Gewinne ($S_uG$) haben dann folgende funktionale Gestalt:

$$SuG_t = \frac{FE_t}{\sigma_{FE_t}} \qquad \text{(II-49)}$$

wobei $\sigma_{FEt}$ die Standardabweichung der Prognosefehler über die i.d.R. zwanzig Quartalsgewinne des Unternehmens entsprechend des Zeitpunkts *t* darstellt. Ein hoher positiver Wert von $S_uG$ zeigt, dass Gewinnankündigungen in bedeutendem Umfang gute Neuigkeiten aufweisen, entgegengesetzt verhält es sich bei einem hohen negativen Wert (sog. Bad News).

Empirische Analysen weisen darauf hin, dass mit der Ankündigung von Unternehmensgewinnen **Überrenditen** für Anleger erzielbar sind:

- Sofern die vom Unternehmen angekündigten Gewinne in bedeutendem Umfang über (unter) den von den Anlegern für das zurückliegende Geschäftsjahr erwarteten Gewinneinschätzungen liegen, empfiehlt sich der Kauf (Verkauf) der betreffenden Aktie.
- Gewinnankündigungen, die in enger Nähe der von den Anlegern erwarteten Gewinnentwicklung liegen, geben dagegen keinen Kauf- oder Verkaufanlass.

Inwieweit die Möglichkeit der Renditeerzielung ein Hinweis auf die Informationsineffizienz des Wertpapiermarkts sein könnte, wird separat zu behandeln sein. Die Ursache für die zeitweise Existenz abnormer Renditen aufgrund hoher $S_uG$-Werte dürften Kosten des Informationstransfers zwischen Anlegern sein. Neue Nachrichten wie die unerwarteten Gewinnentwicklungen müssen, um auf den Kurs der betroffenen Aktie wirken zu können, eine entsprechend hohe Zahl von Anlegern erreichen, bevor der neue, informationsadäquate Gleichgewichtskurs hergestellt ist. Anlegerkreise sind allerdings unterschiedlich in ihrer Informationstechnologie ausgestattet: großen (institutionellen) Investoren ist es möglich, Informationen schnell zu erhalten, wohingegen die Übertragung an Kleinanleger länger dauert.

Eine andere Erklärung für abnorme Renditen liegt im Problem des Gleichgewichtswerts, gegenüber welchem die Renditeabweichung als Differenz festgestellt wird. Liegen in der Schätzung normaler Renditen bereits Fehler vor, so kann die angebliche Abweichung der tatsächlichen Rendite u.U. nur eine rechnerische und keine tatsächliche Differenz sein.

## 5.6 Die Rolle des Kurs-Gewinn-Verhältnisses

Das KGV ist neben dem Branchen- oder Unternehmensvergleich vor allem auch im **Zeitvergleich** instruktiv:

- Das **KGV** basiert auf **vergangenen oder gegenwärtigen Daten**. Für Anleger und Unternehmensleitung ist aber für die Bewertung einer Aktie die zukünftige Entwicklung von Bedeutung (Erfordernis der Prognose von Gewinnen).
- **Erhöht** eine AG z.B. ihren **Ausschüttungssatz** zwecks Verbesserung des Aktienkurses, so kann auf diese Weise der Cash Flow für zukünftige unternehmensstrategische Investitionen fehlen. Damit wird die Grundlage für **zukünftige Dividendenströme unterminiert**.

Die letzte der beiden vorgenannten Bemerkungen weist zudem den Blick in die Richtung der Quelle von Gewinnen und Dividenden sowie deren Wachstum: Der Aufbau von produktivem Vermögen bzw. von Eigenkapital (wenn die Sache von der Passivseite betrachtet wird). Es stellt das Reinvermögen des Unternehmens dar. (Das Gesamtkapital ist insofern nicht die adäquate Betrachtungsgröße, da mit seinem Erfolg zusätzlich die Ansprüche der Fremdkapitalgeber befriedigt werden müssen. Hier interessieren die Eigenkapitalgeberinteressen, da Aktien analysiert werden). Nicht ausgeschüttete Gewinne stellen Teile der Selbstfinanzierung dar und erhöhen das Eigenkapital.

Betrachtet man die zeitliche Entwicklung des KGV z.B. für die Aktien aus dem amerikanischen Standard & Poor's 500-Aktienindex, so fällt auf, dass auf der Basis von Jahresendwerten des KGV beachtliche Schwankungen von Jahr zu Jahr vorliegen. Dies weist u. a. darauf hin, dass Anleger nicht einem einfachen Standardmultiplikator für die Wertfindung folgen. Zudem zeigen weitere Zeitverläufe, dass die Gewinne pro Aktie und der Aktienkurs für die gleiche Gruppe von Aktien wie zuvor gleicher Richtung folgen, aber durchaus zeitweise gegenläufig sind, also keinem parallelen Verlauf folgen, was die o.g. Erkenntnis stützt. Diese Ergebnisse werden durch Betrachtungen von einzelnen Aktien bestätigt.

Eine Erklärungsrichtung für die Veränderung des KGVs postuliert, dass es zwei Gewinnkomponenten zu unterscheiden gilt: eine permanente Komponente, die sich in der Zukunft sehr wahrscheinlich wiederholt, und eine transitorische Komponente, die einmaligen Charakter hat. Bezogen auf die bisher getroffene Aussage, wonach der Aktienkurs als theoretischer Wert oder Intrinsic Value auf den zukünftigen Gewinnaussichten basiert, ist damit nur die permanente Komponente gerechtfertigt. Die transitorische Komponente vermag aber das KGV zeitweise zu verändern:

- Ist die **transitorische Komponente positiv**, so wird das KGV niedriger sein, und
- bei **negativer transitorischer Komponente** steigt das KGV.

Der Einfluss der transitorischen Komponente auf die zeitliche Schwankung wird in den jeweiligen Zeiträumen einen größeren Effekt ausüben als die säkulare Veränderung der permanenten Komponente. Dadurch wird zu jedem Zeitpunkt für einzelne Unternehmen das KGV unterschiedlich sein. Aufgrund des postulierten transitorischen Effekts müsste das KGV über die Zeit um einen mittleren Wert streuen. Dies ist allerdings empirisch nicht bestätigbar.

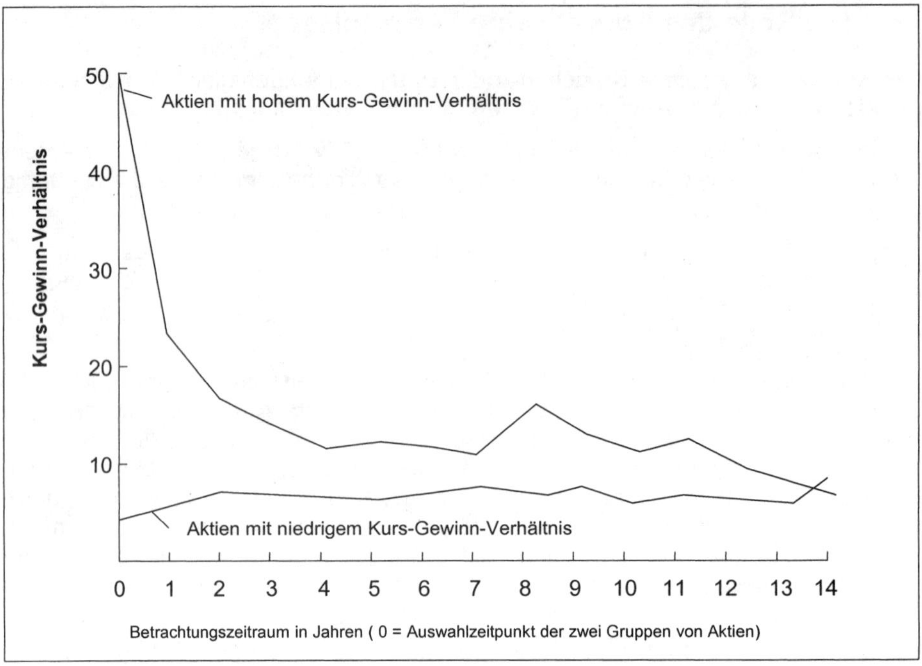


Abb. II-16: Anpassungsverhalten unterschiedlicher Unternehmen und deren KGVs (Quelle: in Anlehnung an Beaver/Morse 1978, S. 68)

In Abb. II-16 wird das KGV-Verhalten zweier Gruppen von Aktien (Unternehmen) abgebildet. Die erste Gruppe beinhaltet Aktien mit hohem KGV zu Beginn der Betrachtungsperiode. Die zweite Gruppe enthält dagegen Aktien mit niedrigem KGV. Über die Zeit nähern sich die KGV der beiden Gruppen einem für beide Gruppen bestehenden Durchschnittswert an. Die Anpassungen erfolgen primär in den ersten beiden Jahren nach Beginn des Betrachtungszeitraums, was durch die transitorischen Komponenten bewirkt werden dürfte. Die KGV-Gruppe mit hohen Ausgangswerten hat dann im Durchschnitt gesehen eine negative transitorische Komponente, wodurch das KGV erst hoch wird. Umgekehrt verhält es sich in der Gruppe mit niedrigem KGV, da dort die transitorische Komponente positiv und für die Absenkung des KGV verantwortlich ist. Im längerfristigen Durchschnitt des KGV wäre die durchschnittliche transitorische Komponente für jede Gruppe null.

Trotz dieser Annäherung der KGV an einen gemeinsamen durchschnittlichen Wert weisen die KGV auf ihrem Pfad dorthin über einen längeren Zeitraum einen signifikanten Abstand auf. Erklärungen hierfür gibt es (vgl. *Sharpe/Alexander/Bailey* 1999, S. 574-575):

- Der **Kalkulationszinsfuß** für die Abzinsung der Gewinne/Dividenden unterscheidet sich in den Gruppen, da die Aktien unterschiedliche Merkmale aufweisen. Das Unternehmen mit niedrigerem (höheren) Kalkulationszinsfuß zeigt dann einen höheren (niedrigeren) Aktienkurs und damit ein höheres (niedrigeres) KGV.
- Es könnten **Unterschiede** in den **Vorhersagen** der **permanenten langfristigen Gewinnwachstumsraten** bestehen. Unternehmen mit hohem (niedrigem) KGV könnten einem hohen (niedrigen) langfristig geschätzten permanenten Gewinnwachstum unterliegen, wodurch deren Aktienkurse entsprechend

überdurchschnittlich hoch (niedrig) wären. Wenn sich solche Prognose-Unterschiede über die Zeit halten, können Unternehmen mit hohem KGV über einen längeren Zeitraum auch ein solches Niveau beibehalten. Das Gleiche gilt in entgegengesetzter Richtung für Unternehmen mit niedrigem KGV.

## 5.7 Bedeutung der Informations-Asymmetrie

Die Beurteilung von Anlegern hinsichtlich der zukünftigen Entwicklung von Ausschüttungspotenzialen einer AG bildet im klassischen Barwertmodell der Aktienbewertung die Grundlage. Dabei wird allerdings davon **abstrahiert**, inwiefern **Anleger Informationen** zur Erwartungsbildung besitzen. Insbesondere die zukünftigen Erträge und Risiken der Investitionsobjekte in einem betrachteten Unternehmen sind für Anleger als Outsider nicht kostenlos erkennbar, da eine asymmetrische Informationsverteilung zwischen der Unternehmensleitung und den Anlegern besteht. Zwischen diesen beiden unterschiedlich informierten Gruppen sind Fremdkapital gebende **Kreditinstitute** zu sehen. Zwar stehen sie, wie in Kapitel I gezeigt, grundsätzlich vor dem gleichen Problem, sie können aber aufgrund ihrer speziellen Transaktionstechnologien über komparative Kostenvorteile verfügen. Hierzu zählt beispielsweise die Erfahrung aus der Auswertung von Jahresabschlüssen im Rahmen ihrer Screening-Aktivitäten vor **Kreditvergabe** (vgl. Kapitel III, Abschnitt 2.3.1). Die Tatsache, dass ein an der Börse notiertes Unternehmen zusätzliche Kredite eingeräumt bekommt, ist für kaufbereite Anleger als Signal interpretierbar: Sie extrapolieren aus der Kreditzusage, dass das Kreditinstitut aufgrund seines tiefergehenden Einblicks in die wirtschaftlichen Verhältnisse des Unternehmens seine Entscheidung trifft. Eine positive Kreditentscheidung stellt ein positives Signal für die Qualität der Investitionsobjekte und die Attraktivität der Aktienanlage dar.

Die **Auswirkungen** von **Kreditvereinbarungen** zwischen Unternehmen und Kreditinstituten auf die **Börsenkursentwicklung** von bereits an der Börse etablierten Gesellschaften wurden von *James* (1992) näher analysiert. Er wählte nach dem Zufallsprinzip *300* börsennotierte US-Unternehmen aus dem Jahresregister 1974 des Center for Research and Security Prices aus und betrachtete die Ankündigung einer Kapitalaufnahme im Wall Street Journal zwischen 1974 und 1983. Es wurden anschließend die Auswirkungen von Kreditvereinbarungen sowie die privater und öffentlicher Platzierung von Anleihen der Unternehmen untersucht. Zu diesem Zweck verglich *James* die Aktienkursveränderungen der Gesellschaften am Tag der Informationsveröffentlichung zu den Kreditvorgängen mit der Entwicklung eines zu diesem Zweck entwickelten repräsentativen Marktkursindex für die betrachteten Gesellschaften. Es zeigte sich, dass die Ankündigung von Kreditprogrammen mit signifikant positiven und diejenige von privaten und öffentlichen Schuldtitelplatzierungen mit deutlich negativen Kursveränderungen zusammenfiel. Der negative Kurseffekt begründete sich besonders durch die öffentliche Unternehmensinformation, dass Wertpapieremissionserträge zu Kreditrückzahlungen genutzt wurden, der positive Effekt bestand dagegen unabhängig von sofortiger Kreditinanspruchnahme, vorhandenen Kreditlinien oder Projektart.

In einer anderen Studie werteten *Lummer/McConnel* (1989) von 1976 bis 1986 *728* Berichte des Wall Street Journals über Kreditvereinbarungen börsennotierter US-Unternehmen mit nationalen und internationalen Kreditinstituten aus. Für *371* „neue" Kreditprogramme waren keine wesentlichen Aktienkursveränderungen zum Ankündigungszeitpunkt der betroffenen Aktiengesellschaften festzustellen. Bei *357*

Berichten über Modifikationen bestehender Kreditprogramme reagierten die **Börsenkurse** signifikant **positiv**, besonders bei in Verbindung damit stehenden positiven Nachrichten (z.B. gesunkene Zins- bzw. Sicherheitsanforderungen, Prolongation bestehender Kredite), und **negativ** auf entsprechende negative Mitteilungen (z.B. Verminderung des ursprünglich zugesagten Kreditvolumens). *Slovin/Johnson/Glascock* (1992) konnten diesen Effekt in ihrer Studie zwar bestätigen, jedoch nur für kleine, weniger bekannte Unternehmen. Offensichtlich wird hier der Überprüfungsfunktion von Kreditinstituten eine Bedeutung beigemessen, während große Unternehmen am Kapitalmarkt transparenter sind. Für den Fall erstmaliger Kreditvergaben konnten *Lummer/McConnel* keinerlei Kurseffekte nachweisen. Der Aktienmarkt bewertet wahrscheinlich die Kreditvergabe als Einstieg des Kreditinstituts in seinen Informationsgewinnungsprozess, der sich im Verlauf der Kreditbeziehung durch die laufende Kreditüberwachung ergeben kann. Erst nach einer gewissen Lernzeit kommt der Kreditvergabe der Kreditinstitute ein Signalwert zu.

## 6 Formen der Kapitalerhöhung bei der AG

Bei der Bewertung einer AG ist aufgrund der vorangegangenen Ausführungen streng zu unterscheiden zwischen dem Marktwert, der als Barwert aller zukünftiger Dividendenströme zu verstehen ist, und dem Bilanzwert, der das buchhalterische Reinvermögen der AG repräsentiert. Zentraler Bestandteil des Bilanzwerts ist das **Grundkapital**. Es hat bei der AG (und Kapitalgesellschaften generell) zentrale **Aufgaben**:

- Grundkapital ist konstantes Haftkapital, Einlagen der Aktionäre dürfen daher nicht zurückgewährt werden (§ 57 Abs. 1 AktG). An die Aktionäre darf lediglich aus dem Jahresüberschuss ausgeschüttet werden (§ 58 Abs. 5). Diese **Ausschüttungssperrfunktion** des Grundkapitals dient dem Gläubigerschutz.
- Im Fall eines Bilanzverlusts, sofern er die Hälfte des Grundkapitals ausmacht, muss der Vorstand einer AG unverzüglich eine Hauptversammlung einberufen, auf der er dies anzuzeigen hat (§ 92 Abs. 1). Die Koppelung an das Grundkapital verleiht diesem eine **Signalfunktion** für Gläubiger und Aktionäre.
- Des Weiteren ist das Grundkapital **Bezugsbasis** für Ausschüttungen, Stimmrechte, Anteil am Liquidationserlös und Höchstzahl der Aufsichtsratsmitglieder.

In allen Fällen ist das vom Gesetzgeber vorgesehene Entscheidungsgremium bezüglich einer Kapitalerhöhung die **Hauptversammlung**: Kapitalerhöhungen müssen mit einer Dreiviertel-Mehrheit der Stimmen der anwesenden Aktionäre beschlossen werden. Nachfolgend werden die einzelnen Formen der Kapitalerhöhung und die damit verbundenen finanzwirtschaftlichen Vorgänge erörtert.

Die Erhöhung oder Herabsetzung des Grundkapitals ist an strenge aktienrechtliche Vorschriften gebunden. Die rechtlichen, bilanziellen und finanzwirtschaftlichen Besonderheiten der einzelnen Formen der Kapitalerhöhung in der AG fasst nachfolgende Abb. II-17 zusammen (vgl. *Coenenberg* 2000, S. 283).

| Form ⇒<br>Besonderheiten<br>⇓ | Kapitalerhöhung aus Gesellschaftsmitteln | ordentliche Kapitalerhöhung | genehmigtes Kapital | bedingte Kapitalerhöhung |
|---|---|---|---|---|
| gesetzliche Regelung | §§ 207-220 AktG | §§ 192-201 AktG | §§ 202-206 AktG | §§ 192-201 AktG |
| Zuführung neuer Finanzmittel von außen | keine | in Form von Geld- oder Sacheinlagen | | |
| Wirksamwerden der Kapitalerhöhung (= Ausweis des erhöhten Grundkapitals in der Bilanz) | bei Eintragung des HV-Beschlusses über die Kapitalerhöhung aus Gesellschaftsmitteln ins Handelsregister (§ 211 Abs. 1 AktG) | bei Eintragung der Durchführung der Kapitalerhöhung in das Handelsregister (§ 189 AktG) | bei Eintragung der Durchführung der Kapitalerhöhung in das Handelsregister (§ 203 Abs. 1 AktG i.V. mit § 189 AktG) | bei Ausgabe der Bezugsaktien (§§ 199, 201 AktG) |
| Ausgabe der jungen Aktien | nach Eintragung des Hauptversammlungsbeschlusses in das Handelsregister (§ 214 Abs. 1 AktG) | nach Eintragung der Durchführung der Kapitalerhöhung in das Handelsregister (§ 191 AktG) | nach Eintragung der Durchführung der Kapitalerhöhung in das Handelsregister (§ 203 Abs. 1 AktG i.V. mit § 191 AktG) | nach Eintragung der Durchführung der Kapitalerhöhung in das Handelsregister (§ 191 AktG) |
| Obergrenze des Nennbetrags der Kapitalerhöhung | Kapitalrücklagen und gesetzliche Rücklagen, soweit sie *10*% des Grundkapitals oder den lt. Satzung höheren Betrag übersteigen, sowie andere Gewinnrücklagen unbegrenzt (§ 208 Abs. 1 AktG) | keine | Hälfte des Grundkapitals zum Zeitpunkt der Beschlussfassung über das genehmigte Kapital (§ 202 Abs. 3 AktG) | Hälfte des Grundkapitals zum Zeitpunkt der Beschlussfassung über das bedingte Kapital (§ 192 Abs. 3 AktG) |

Abb. II-17: Formen der Kapitalerhöhung bei einer AG

## 6.1 Kapitalerhöhung aus Gesellschaftsmitteln

Die Kapitalerhöhung der AG kann durch Geldmittelzufluss aufgrund der Ausgabe junger Aktien oder ohne Geldmittelzufluss durch Verrechnung und Ausgabe von Berichtigungsaktien erfolgen (§§ 207-220 AktG). Im zweiten Fall spricht man von einer Kapitalerhöhung aus Gesellschaftsmitteln. Hierbei kommt es bilanziell gesehen zu einem **Passivtausch**, da Teile der Kapital- und/oder Gewinnrücklagen in sog. Berichtigungs-, Zusatz- oder Gratisaktien umgewandelt werden. Gängig ist daher auch die Bezeichnung **Umfinanzierung**. Die Altaktionäre erhalten keinerlei finanzielle Vorteile, da die Rücklagen nicht ausgezahlte Gewinnansprüche der Aktionäre darstellen. Der Börsenkurs pendelt sich nach Emission der Berichtigungsaktien auf einem niedrigeren Niveau ein (die Aktie wird „leichter").

Gründe für die **Ausgabe von Berichtigungsaktien** können sein:

- Erweiterung der nominalen Haftungsbedingungen der AG;
- bilanzpolitisches Ziel der Wahrung einer bestimmten Dividendenoptik, um z.B. im Branchenvergleich nicht einen höheren Dividendensatz auszuweisen;
- verdeckte Erhöhung der Dividende, da sich die Dividende nicht auf das bilanzielle, sondern auf das gezeichnete Eigenkapital erstreckt.

Beispiel: Nachfolgende Datenkonstellationen vor und nach Kapitalerhöhung seien gegeben.

| Passivpositionen | vor Kapitalerhöhung (in €) | nach Kapitalerhöhung (in €) |
|---|---|---|
| gezeichnetes Kapital<br>Kapitalrücklage<br>Gewinnrücklage<br>Eigenkapital | *4.000.000*<br>*900.000*<br>*1.700.000*<br>*6.600.000* | *5.000.000*<br>*900.000*<br>*700.000*<br>*6.600.000* |
| Nennwert<br>Bilanzkurs | *5 €*<br>*165%* | *5 €*<br>*132%* |
| Resultat der Kapitalerhöhung | *800.000* Aktien · *8,25* € Kurs pro Aktie = *6,6* Mio. Marktkapitalisierung | *800.000* Aktien · *8,25* € Kurs pro Aktie = *6,6* Mio. Marktkapitalisierung<br>*200.000* Aktien · *0* € Kurs pro Aktie = *0* .<br>*1.000.000* Aktien · *6,60* € als Mischkurs pro Aktie*) = *6,6* Mio. |

*) Der Mischkurs ergibt sich als rechnerischer Kurs, indem das gesamte Eigenkapital durch die neue Anzahl ausgegebener Aktien dividiert wird.

Tab. II-6: Wirkung der Kapitalerhöhung aus Gesellschaftsmitteln im Beispiel

Für die Ausgabe von Aktien, also die Aktienemission, sind weniger Umfinanzierungen von Bedeutung, als vielmehr die nachfolgend aufgeführten **Vorgänge**.

## 6.2 Ordentliche Kapitalerhöhung

*In der Frankfurter Allgemeine Zeitung vom 23.06.1994 war hierzu auf S. 24 folgende Meldung zu lesen, die auszugsweise wiedergegeben ist:*

*„Jungheinrich begibt junge Aktien*
*Der Flurförderzeug-Hersteller wird sein Kapital voraussichtlich noch im Juli um 20 Millionen DM (...) erhöhen. Das kündigte der Vorstandsvorsitzende des Unternehmens, Eckart Kootkamp, auf der Hauptversammlung an. Die Erhöhung werde mit einem Bezugsrecht von 15 zu 2 versehen werden. Die jungen Aktien werden für 1994 voll dividendenberechtigt und nach Kottkamps Worten „zu einem attraktiven Kurs“ an die Börse gebracht werden. Am Mittwoch wurde die Jungheinrich-Aktie an der Börse zu einem Kurs von 330 DM gehandelt. In diesem Jahr hat sich der Flurförderzeug-Markt bislang „vorsichtig“ belebt. Mit einem Aufschwung auf breiter Basis rechnet das Unternehmen erst für das kommende Jahr. Der Ertrag werde sich 1994 voraussichtlich gegenüber 1993 verbessern.“*

Die gebräuchlichste Form der Beteiligungsfinanzierung stellt die ordentliche Kapitalerhöhung dar. Meist gegen Geldeinlagen (selten gegen Sacheinlagen) werden **junge Aktien** emittiert. Der Bezugskurs junger Aktien muss mindestens den Nennwert aufweisen. In der Regel ist der Vorstand nur an **Emissionen** interessiert, die **über pari** durchgeführt werden können, d.h., die Differenz zwischen dem Nennwert einer Aktie und ihrem Emissionsbörsenkurs (sog. **Aufgeld** oder **Agio**) soll positiv sein. Der Vorstand ist bestrebt, einen möglichst hohen Emissionskurs zu erzielen, um die Kosten der Eigenkapitalbeschaffung so niedrig wie möglich zu halten. Die theoretische Obergrenze des Kurses der jungen Aktien stellt der Börsenkurs im Emissionszeitraum dar. Bei einer **Über pari-Emission** ist das Agio in die Kapitalrücklage der AG einzustellen. Der Nennwert der Aktie fließt in das Grundkapital der AG.

Beispiel: Folgende Datenkonstellationen dienen zur Verdeutlichung des vorangegangenen Sachverhalts:

- Eigenkapitalerhöhung einer AG durch Ausgabe von Aktien (Nominalwert der Aktie: fünf €, Ausgabeanzahl: eine Mio. Stück, Emissionskurs pro Aktie: *30* €, Emissionserlös: *30* Mio. €)
- Zuführung von Fremdkapital durch Emission einer Wandelschuldverschreibung (Nominalwert der Anleihe: *100* €, Ausgabeanzahl: *100.000* Stück, Emissionskurs: *150* €, Emissionserlös: *15* Mio. €).

Von Transaktionskosten und Steuern wird der Einfachheit halber abgesehen. Folgende bilanzielle Wirkungen sind zu unterscheiden:

**Vor Kapitalzuführung** ($t_0$):

| Aktiva | Bilanz $t_0$ (in €) | | Passiva |
|---|---|---|---|
| Anlagevermögen | *30* | Gezeichnetes Kapital | *30* |
| Umlaufvermögen | *30* | Kapitalrücklage | *10* |
| | | Fremdkapital | *20* |
| | *60* | | *60* |

**Nach Kapitalzuführung** ($t_1$):

| Aktiva | Bilanz $t_1$ (in €) | | Passiva | |
|---|---|---|---|---|
| Anlagevermögen | *30* | Gezeichnetes Kapital | *35* | ← Aktienemission + *5* € nominal |
| Umlaufvermögen | *75* | Kapitalrücklage | *40* | ← Agio Wandelanleihen + *5* € zzgl. + *25* € Agio der Aktien |
| | | Fremdkapital | *30* | ← Anleiheemission + *10* € nominal |
| | *105* | | *105* | |

Abb. II-18: Bilanzielle Wirkungen der Zuführung von Eigen- und Fremdkapital in einer AG

In diesem Zusammenhang ist das Bezugsrecht von Bedeutung. Jeder Aktionär einer AG hat im Rahmen einer Kapitalerhöhung grundsätzlich gesetzlichen Anspruch auf den Bezug junger Aktien entsprechend seiner Beteiligung an der AG. Dieses Bezugsrecht kann seit dem zweiten Finanzmarktfördergesetz (01.08.1994) in einem **bestimmten Fall ausgeschlossen** werden. Die **Voraussetzungen** hierzu sind gem. § 186 Abs. 3 AktG:

- Kapitalerhöhung in Form der **Barkapitaleinlage**, und
- die Kapitalerhöhung **übersteigt nicht *10%*** des Grundkapitals (vor Kapitalerhöhung), und
- der Emissionskurs unterschreitet den Börsenkurs nicht wesentlich (gängige Auffassung: max. *5%*).

Beispiel: Es sei eine Kapitalerhöhung von *2:1* betrachtet. Es ergeben sich rechnerisch folgende Werte:

| | Gezeichnetes Kapital | Rücklagen | Bilanziertes Eigenkapital | Kurs |
|---|---|---|---|---|
| **vor** Kapitalerhöhung:<br>*400.000* Aktien zu fünf € nominal | *2.000.000* | *800.000* | *2.800.000* | *14,00* |
| Kapitalerhöhung zum Kurs von 12 €<br>*200.000* Aktien zu fünf € nominal | *1.000.000* | *1.400.000* | *2.400.000* | *12,00* |
| **nach** Kapitalerhöhung:<br>*600.000* Aktien zu fünf € nominal | *3.000.000* | *2.200.000* | *5.200.000* | *13,33**) |

Tab. II-7: Wirkung der Kapitalerhöhung im Beispiel (Angaben in €)*

*) Der Kurs nach der Kapitalerhöhung ergibt sich wie folgt:

$$\text{Kurs nach Kapitalerhöhung} = \frac{\text{Kurswert alter Aktien} + \text{Kurswert junger Aktien}}{\text{Anzahl alter Aktien} + \text{Anzahl junger Aktien}}$$

$$\text{Kurs nach Kapitalerhöhung} = \frac{40.000 \cdot 140 + 20.000 \cdot 120}{40.000 + 20.000} = 133{,}33 \text{ € / Aktie}.$$

Ohne Berücksichtigung eines Bezugsrechts würde sich ein Wertverlust bei den Altaktionären wie folgt ergeben:
*13,33 – 14,00 = - 0,67* €/Aktie. Dagegen hätten die neuen Aktionäre einen Wertzuwachs von *13,33 – 12,00 = 1,33* €/Aktie.

Der **rechnerische Wert** eines **Bezugsrechts** wird vom Bezugsverhältnis, dem Bezugskurs der jungen Aktien und dem Börsenkurs der alten Aktien bestimmt:

- Die Relation des **bisherigen Grundkapitals zum Erhöhungskapital** wird als **Bezugsverhältnis** bezeichnet. Damit wird ausgedrückt, welche Anzahl alte Aktien (also Aktien vor der Kapitalerhöhung) notwendig ist, damit eine neue Aktie (aus der Kapitalerhöhung) bezogen werden kann. So gelangt man bei einer Erhöhung des Grundkapitals von beispielsweise *25%* zu einem Bezugsverhältnis von *4:1* (gegen vier alte Aktien kann man eine neue Aktie beziehen).
- Zu unterscheiden ist beim Wert der jungen Aktien zwischen der **juristischen** Untergrenze (= **Nominalwert**) und der **wirtschaftlichen Untergrenze** (= Nominalwert zzgl. anteiliger Emissionskosten, d.h. **Bezugskurs** der jungen Aktien). Die wirtschaftliche Obergrenze junger Aktien stellt den Börsenkurs der alten Aktien dar. Der Grund hierfür: Es muss einen wirtschaftlichen Anreiz geben, dass junge Aktien gekauft werden. Für den Erfolg einer Kapitalerhöhung ist die Wahl der Höhe des Bezugskurses der jungen Aktien ausschlaggebend. Vom **rechnerischen Wert** des Bezugsrechts kann der **tatsächliche Wert** des **Bezugsrechts** abweichen. Er ergibt sich, wenn Bezugsrechte zum Börsenhandel zugelassen werden sowie der durch die dann einstellenden Angebots- und Nachfragekonstellationen. Die in der Praxis teilweise erheblichen Abweichungen zwischen rechnerischem und tatsächlichem Bezugsrechtswert erklären sich vor dem Hintergrund des Zeitpunkts der Dividendenberechtigung der jungen Aktien und der diesbezüglichen Dividendenerwartungen sowie der Erwartungen über die zukünftige Kursentwicklung.

Die **Berechnung** des **Bezugsrechtswerts** (= *B*) ist nach folgender Formel durchzuführen:

$$B = \frac{P_a - P_j}{\frac{a}{n} + 1} \qquad \text{(II-50)}$$

mit
$P_a$ = Börsenkurs der alten Aktien,
$P_j$ = Emissionskurs der jungen Aktien,
a = Anzahl alte Aktien,
n = Anzahl junge Aktien,
a/n = Bezugsverhältnis.

Beispiel: Das Grundkapital einer AG betrug bisher *4* Mio. €, eingeteilt in *800.000* Aktien mit einem Nennwert von 5 €/Stück. Das Grundkapital werde um *1* Mio. € erhöht. Ausgegeben werden ebenfalls fünf-€ - Aktien. Der Börsenkurs der alten Aktien betrage *18* €/Stück, der Emissionskurs der jungen Aktien betrage *16* €. Das Bezugsverhältnis lautet dann *4:1*. Der rechnerische Wert des Bezugsrechts ermittelt sich nach vorstehender Formel, übertragen auf das Beispiel:

$$\textit{Bezugsrechtswert} \ (=B): \frac{18-16}{\frac{4}{1}+1} = 0{,}40 \text{ € / Aktie}.$$

Möglicherweise können die jungen Aktien, bedingt durch den Ausgabetermin, nicht in vollem Umfang an der Dividende des laufenden Geschäftsjahres teilnehmen. Dann ergibt sich ein **Dividendennachteil** der jungen Aktien gegenüber den alten Aktien (= $D_a$), der in Form einer Erhöhung des Bezugskurses der neuen Aktien ausgedrückt wird:

$$B = \frac{P_a - (P_j + D_a)}{\frac{a}{n}+1} \tag{II-51}$$

Der Dividendennachteil ist wie folgt definiert:

$$D_a = D \cdot \left[1 - \frac{D_{zj}}{D_{za}}\right] \tag{II-52}$$

mit
D = erwartete Dividende,
$D_{zj}$ = Dividendenberechtigungs-Zeitraum der jungen Aktien,
$D_{za}$ = Dividendenberechtigungs-Zeitraum der alten Aktien.

Beispiel: Aufbauend auf dem vorangegangenen Beispiel zur Ermittlung des rechnerischen Bezugsrechtswerts sei angenommen, dass die jungen Aktien für fünf Monate dividendenberechtigt sind und eine Dividendenzahlung von *2* € für die alten Aktien erwartet wird. Der Dividendennachteil errechnet sich nach obiger Formel wie folgt:

$\textit{Dividendennachteil} = 2 \cdot \left(1 - \frac{5}{12}\right) = 1{,}167 \text{ € / Aktie}$, woraus sich der Bezugsrechtswert ermitteln lässt:

$$\textit{Bezugsrechtswert}: \frac{18-(16+1{,}167)}{\frac{4}{1}+1} = 0{,}167 \text{ € / Aktie}.$$

Der Einfachheit halber soll des Weiteren davon ausgegangen werden, dass die jungen Aktien für zwölf Monate dividendenberechtigt sind. Nach der Kapitalerhöhung ergibt sich ein neuer (rechnerischer) Kurs für alle Aktien (also alte und junge Aktien), der als Mischkurs (= $P_n$, sog. „Kurs ex Bezugsrecht") bezeichnet wird.

$$P_n = P_a - B \tag{II-53}$$

Beispiel: Übertragen auf den Beispielfall errechnet man $P_n = 18 - 0{,}40 = 17{,}60$ €.

Betrachtet man die neuen Aktionäre, so errechnet sich für sie für den Kauf einer neuen Aktie ein Kapitaleinsatz pro Aktie, der dem Mischkurs von alter und junger Aktie entspricht:

$$P_n = P_{ai} + a \cdot B \qquad \text{(II-54)}$$

Beispiel: Angewandt auf die Beispieldaten ergibt sich $P_n = 16 + 0{,}40 \cdot 4 = 17{,}60$ €.

Aufschlussreich ist die Herleitung der Bezugsrechtsformel. In allgemeiner Schreibweise lässt sich daher die **Errechnung** des **Bezugsrechtswerts** wie folgt herleiten:

$$B = \left( \frac{a \cdot P_a + n \cdot P_j}{a + n} - P_j \right) \cdot \frac{1}{a}$$

$$a \cdot B = \frac{a \cdot P_a + n \cdot P_j}{a + n} - \frac{P_j (a + n)}{a + n}$$

$$a \cdot B = \frac{a \cdot P_a + n \cdot P_j - a \cdot P_j - n \cdot P_j}{a + n}$$

$$a \cdot B = \frac{a (P_a - P_j)}{a + n}$$

$$B = \frac{P_a - P_j}{a + n}$$

$$B = \frac{P_a - P_j}{\frac{a}{n} + 1} \qquad \text{(II-55) (= II-50)}$$

Beispiel: Anhand der bisherigen Daten sei Folgendes gedanklich durchgespielt:

| | | |
|---|---|---|
| *4* à *5* € nominell alte Aktien zu *18* € | = | *72* € |
| + *1* à *5* € nominell junge Aktie zu *16* € | = | *16* € |
| = *5* à *5* € nominell alte und junge Aktien | = | *88* € / 5 Stück = *17,60* €/Aktie. |

Daraus folgt der Wert von 4 Bezugsrechten: *17,60 – 16* = *1,60* €.

Der Wert eines Bezugsrechts beträgt: $\frac{17{,}60 - 16}{4} = 0{,}4$ €.

Für den Aktionär ist es hinsichtlich seiner Vermögensposition gleichgültig, ob er sein Bezugsrecht ausübt oder nicht. Voraussetzung ist, dass auch der Wert des gehandelten Bezugsrechts nahe bei seinem rechnerischen Bezugsrechtswert liegt.

Beispiel:

**Fall 1:** Kapitalerhöhung mit Bezugskurs *16* € und Bezugsverhältnis *4:1*. Der Aktionär hält *16* € an Barmitteln und verkauft seine Bezugsrechte zum Kurs von *0,40* €:

| | |
|---|---|
| *4* Aktien à *17,60* € | *70,40* € |
| + *4* Bezugsrechte à *0,40* € | *1,60* € |
| + *16* € Barmittel | *16,00* € |
| = Vermögensposition | *88,00* € |

**Fall 2:** Der Aktionär übt sein Bezugsrecht aus und erwirbt *5* Aktien zum Kurs von *17,60* €. Seine Vermögensposition beträgt ebenfalls *88* €.

Nachfolgende Abb. II-19 verdeutlicht den Sachverhalt unter Verwendung der Beispielwerte:

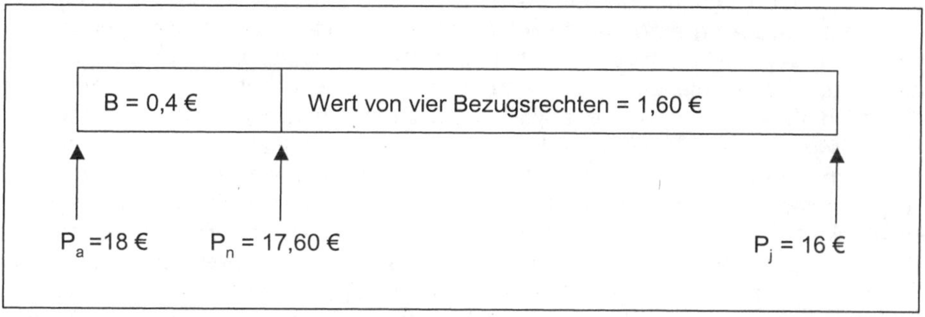


Abb. II-19: Zentrale rechnerische Zusammenhänge bei Ausgabe junger Aktien

Lesehinweis: Eine weitergehende verbale Erläuterung der Zusammenhänge liefern u.a. *Schmidt/Terberger* (1997, S. 219-226).

Man spricht in diesem Fall vom **Irrelevanztheorem** der Beteiligungsfinanzierung. Demzufolge ist es ohne Einfluss auf die Vermögensposition eines Altaktionärs wie das Bezugsverhältnis lautet und welcher Bezugskurs besteht (= Bezugsbedingungen) und ferner, ob er die Bezugsmöglichkeit wahrnimmt.

Relativiert wird diese Anschauung durch neo-institutionenökonomische und empirische Beobachtungen: Mit dem Phänomen des sog. **„Underpricing"** wird die Tatsache bezeichnet, dass entgegen obiger Schlussfolgerung „(...) junge Aktien nach der Börseneinführung eines Unternehmens im Durchschnitt einen Kurs erreichen, der höher ist als derjenige, den die Ersterwerber für das Papier (incl. eines etwaigen Bezugsrechtserwerbs) bezahlt haben" (*Schmidt/Terberger* 1997, S. 436). Nach dem Konzept der Informationseffizienz von Kapitalmärkten dürfte ein Zeichnungsgewinn nicht vorkommen. *Schmidt/Terberger* verweisen darauf, dass dieses Phänomen vor dem Hintergrund der **asymmetrischen Informationsverteilung** zwischen den Ersterwerbern und der die Aktie emittierenden Unternehmensleitung erklärt werden kann: Die Qualität der Investitionen, die mit dem neu aufgebrachten Aktienkapital finanziert werden, ist für die Ersterwerber unsicherer als etwa für zeitlich spätere Erwerber, da diese zwischenzeitlich zusätzliche Informationen über die **Qualitätsentwicklung** der Investitionen erhalten und damit zu einer weniger mit Unsicherheit behafteten Urteilsbildung kommen können. Ersterwerber belegen daher den Kurs der jungen Aktien mit einem **Risikoabschlag**, der ihr Misstrauen in die für sie verfügbaren Informationen über den Kapitalnehmer ausdrückt.

Besonders ausgeprägt scheint dieses Phänomen des Underpricing dann zu sein, wenn erstmals Aktien einer AG an der Börse eingeführt werden, da das Unternehmen bis dahin den Anlegern gegenüber börslich bereits notierten Aktiengesellschaften kaum bekannt ist. Aktuelle Studien untersuchten das auf den Finanzmärkten auftretende Underpricing-Phänomen bei **Erstemissionen** (sog. **„Initial Public Offerings**"). Die mögliche Erklärung des Underpricing-Phänomens bei Börsenneueinführung basiert sehr wahrscheinlich ebenfalls auf dem Qualitätsunsicherheitsproblem und der damit verbundenen Durchschnittspreisbildung. Der Emissionskurs liegt aufgrund der Unkenntnis über die finanziellen Transaktionshistorien des Going Public-Unternehmens unter dem Preis wie er bei vollständiger Information bestünde.

Lesehinweis: Vgl. z.B. die empirische Studie für Deutschland 1982 bis 1993 bei *Kaserer/Kempf* (1995) und die umfangreiche analytische Studie von *Rapp* (1996).

**Kreditinstitute** bzw. andere am Börsengang beteiligte **Finanzintermediäre** können diese Qualitätsunsicherheit reduzieren. Ein kausaler Zusammenhang zwischen **Einschaltung** eines Finanzintermediärs und Underpricing kann in der Verminderung der Unsicherheit der Eigenkapitalgeber vermutet werden, wenn sie dem Monitoring von Kreditinstituten vertrauen können. Die Going Public-Unternehmen können dann Emissionskurse erzielen, die ihrem „wahren" Wert nahe kommen. *James/Wier* (1990) verstehen in diesem Sinne den Kreditantrag eines Going Public-Unternehmens kurz vor Erstemission als **Selbstdeklaration**, da sich nur „gute" Unternehmen einer hierzu erforderlichen Bonitätsprüfung unterziehen würden. Positiv wird ebenfalls von Ersterwerbern in einem solchen Zusammenhang die Einschaltung **renommierter Investmentbanken** als Underwriter bewertet, da hiervon für den Kapitalmarkt offenbar als glaubwürdig erachtete Signale ausgehen, dass der Emissionskurs alle relevanten Informationen reflektiere (sog. „**Certification Hypothesis**"). Empirische Studien zeigen, dass das Underpricing in einem solchen Fall signifikant geringer ausfällt (vgl. *James* 1992). Unabhängig von Erstemissionen führt eine vollständige Übernahme einer Emission durch eine Investmentbank im Gegensatz zur Emission auf Best-Effort-Basis (keine Übernahmeverpflichtung für Underwriter) zu positiven Kursreaktionen (vgl. *Kumar/ Tsetsekos* 1993).

## 6.3 Opération Blanche

Können oder wollen Altaktionäre keine zusätzlichen Finanzmittel für den Bezug junger Aktien einsetzen, so ist es ihnen möglich, gerade so viele Bezugsrechte zu verkaufen, dass sie mit dem Verkaufserlös den verbleibenden Teil der Bezugsrechte ausüben können.

Mit der folgenden Formel kann berechnet werden, welche Anzahl junger Aktien ohne zusätzliche Finanzierungsmittel durch die sog. Opération Blanche bezogen werden können:

$$Q_j = \frac{BR \cdot B}{EK + B \cdot BV} \qquad \text{(II-56)}$$

Es gelten folgende Notationen:

$Q_j$ = Anzahl der zu beziehenden jungen Aktien,
BR = Anzahl der Bezugsrechte = Anzahl der Aktien,
B = Bezugsrechtswert,
EK = Emissionswert der jungen Aktien,
BV = Bezugsverhältnis.

<u>Beispiel:</u> Ein Aktionär besitzt vier Aktien, die einen Kurswert von je *25* € je *5*-€-Aktie haben. Bei der Kapitalerhöhung im Verhältnis *2:1* werden die jungen Aktien zum Kurs von *10* € emittiert (gleicher Dividendenanspruch). Der Bezugsrechtswert berechnet sich auf fünf €. Der Aktionär kann jetzt zwei Bezugsrechte verkaufen und mit dem Verkaufserlös die restlichen zwei Bezugsrechte ausüben, d.h. eine junge Aktie kaufen. Die Zahl seiner Aktien nimmt von vier auf fünf zu und der Wert seines Portefeuilles bleibt mit *100* € unverändert.

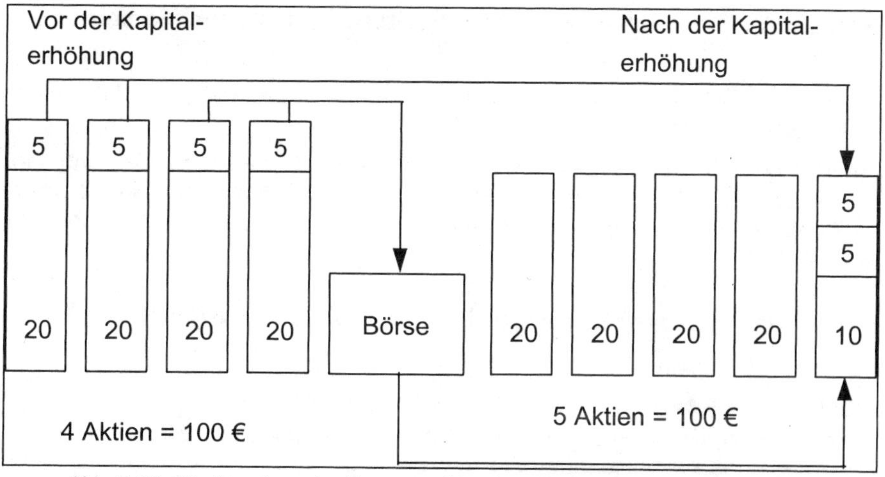


Abb. II-20: Wiederanlage der Bezugsrechte ohne Einsatz neuer Mittel bei einer Kapitalerhöhung im Verhältnis *2:1*

Aufgrund der vorliegenden Angaben ergibt sich folgendes Ergebnis:

$$Q_j = \frac{4 \cdot 5}{10 + (5 \cdot 2 : 1)} = 1 \text{ Aktie.}$$

Mit der Opération Blanche hält der Aktionär zwar die Substanz seines Portefeuilles aufrecht, die volle Teilnahme am Wachstum der Gesellschaft ist jedoch nicht gewährleistet. Veräußert er Bezugsrechte, deren Erlös zur Ausübung der übrigen Bezugsrechte erforderlich ist, vermindert er seinen Anteil am Unternehmen. Nur durch Ausübung sämtlicher Bezugsrechte und damit Aufwendung zusätzlicher eigener Mittel kann der Aktionär diesen Rückgang verhindern.

Lesehinweise: *Büschgen* (1991, S. 214-236 und 289-294), *Coenenberg* (2000, S. 281-283) und *Süchting* (1995, S. 88 ff).

## 6.4 Weitere Formen der Kapitalerhöhung

Neben der ordentlichen Kapitalerhöhung sind zwei weitere Formen zu unterscheiden. So bezeichnet **genehmigtes Kapital** die Ermächtigung des Vorstands durch die HV, Grundkapital bis zu einem bestimmten von der HV beschlossenen Nennbetrag durch Ausgabe junger Aktien gegen Einlagen zu erhöhen. Dabei ist zu **beachten**:

- Es besteht die Auflage an den Vorstand seitens des Gesetzgebers zur Durchführung der Kapitalerhöhung **innerhalb** von **fünf Jahren** (§ 202 (2) AktG).
- Der Nennbetrag der auf diese Weise ausgegebenen Aktien darf ***50%*** des bisherigen **Grundkapitals** nicht übersteigen.

In der Praxis ist diese Form der Kapitalerhöhung weit verbreitet, da durch ihre Flexibilität der Vorstand den günstigsten Zeitpunkt der Kapitalerhöhung kurzfristig bestimmen kann.

Laut AktG (§§ 192-201) wird ferner in die **bedingte Kapitalerhöhung** bei folgenden drei Fällen unterschieden:

- Kapitalerhöhung zum Zweck der Gewährung von Umtauschrechten in oder Bezugsrechten auf Aktien an Gläubiger von Wandelschuldverschreibungen,

- Gewährung von Umtauschrechten (Bezugsrechten) zur Vorbereitung von Fusionen,
- Ausgabe von Belegschaftsaktien gegen Einlage eingeräumter Gewinnbeteiligungen.

Zustande kommt die Kapitalerhöhung erst, wenn die Aktionäre von ihrem **Umtausch- oder Bezugsrecht** Gebrauch machen. Der gesamte Nennbetrag von auf diesem Weg ausgegebenen Aktien darf *50%* des bisherigen Grundkapitals nicht übersteigen.

## 7 Finanzierungsbesonderheiten der „Kleinen AG"

Bei der „Kleinen AG" handelt es sich nicht um eine neue Rechtsform, sondern um ein Schlagwort. Es umschreibt das seit 01.08.1994 in Kraft **befindliche „Gesetz für kleine Aktiengesellschaften und zur Deregulierung des Aktienrechts"**. Damit wurde das Gesellschaftsrecht den besonderen Anforderungen mittelständischer Unternehmen angepasst. Es stellt kein eigenes Gesetz neben dem Aktiengesetz von 1965 dar, sondern dereguliert jenes in bestimmten Bereichen.

| Kriterium | Kleine AG |
|---|---|
| Gründung | • Einpersonen-Gründung möglich („Einpersonen-AG")<br>• Wegfall der Einreichung von Gründungsberichten |
| Bekanntmachung/ Einberufung der HV | • mittels eingeschriebenem Brief möglich,<br>• notarielle Beurkundung auf Grundlagenbeschlüsse beschränkt,<br>• Verzicht auf sämtliche Einberufungsformalitäten, sofern alle Aktionäre anwesend sind |
| Aufsichtsrat | ab 500 Beschäftigte mind. *1/3* Arbeitnehmeranteil |
| Satzungs-besonderheiten | • Befugnis zur Rücklagendotierung unterliegt stärker der Aktionärsdisposition<br>• Aktie als Einzelurkunde ausschließbar oder einschränkbar |
| Vorzugsaktien | per Gesetz stimmrechtslos |

Abb. II-21: Neuerungen des Aktienrechts mit Qualifizierung der „Kleinen AG"

Die wesentlichen Merkmale mit Bedeutung für die Beteiligungsfinanzierung beziehen sich auf nichtbörsennotierte Unternehmen in der Rechtsform der AG. Abb. II-21 zeigt die diesbezüglichen Neuerungen. **Zielsetzung** dieser Bestimmungen für die „Kleine AG" ist, die Wahl der aktienrechtlichen Rechtsform kostengünstiger und flexibler zu gestalten. Der Gesetzgeber erhofft sich davon, dass die bisher u.a. aus diesen Gründen dominierende Rechtsform der GmbH an Attraktivität verliert. Mit einer verstärkten Hinwendung zur AG als Rechtsform soll ein „Hineinwachsen" und „Eingewöhnen" in die Bestimmungen der großen AG ermöglicht und so die Neigung zu einem späteren Börsengang des Unternehmens unterstützt werden.

Lesehinweise: Zur Vertiefung des Themas vgl. *Chmielewicz* (1995, S. 21 ff.). Erste Erfahrungen in der praktischen Umsetzung liefert *Claussen* (1996b).

# 8 Beteiligungsfinanzierung über den US-Kapitalmarkt: American Depositary Receipt (ADR)

In den 90er Jahren ist bei deutschen Aktiengesellschaften ein verstärkter Trend zur Erschließung des US-Kapitalmarkts für die Beteiligungsfinanzierung und den dortigen Handel ihrer Aktien festzustellen. Im überwiegenden Fall handelt es sich um Aktiengesellschaften, die bereits an einer deutschen Wertpapierbörse eingeführt sind, in wenigen Ausnahmen erfolgte die erste Börseneinführung (sog. „**Listing**") im US-Kapitalmarkt ohne anschließende Einführung an einer deutschen Wertpapierbörse.

## 8.1 Zentrale institutionelle Besonderheiten der US-Aktienmärkte

Der US-Kapitalmarkt weist im Vergleich zum deutschen Kapitalmarkt für Beteiligungskapital deutliche Unterschiede auf (vgl. *Zachert* 1994, S. 207-208):

- Nach **Marktkapitalisierung** (= Kurswert aller im Kapitalmarkt befindlichen Aktien) und der Anzahl von Aktionären stellt der US-Kapitalmarkt den weltweit bedeutendsten Kapitalmarkt dar. Hieraus resultiert eine vergleichsweise **hohe Markttiefe und -breite**.
- Das **amerikanische Anlageverhalten** ist deutlich aktienorientiert. Neben Privatanlegern haben insbesondere **institutionelle Investoren** wie Investmentfonds, Pensionsfonds und Versicherungsunternehmen große Bedeutung.
- Wachsendes **Interesse** zeigen amerikanische Anleger **an Wertpapieren ausländischer Aktiengesellschaften** im Zuge von Diversifikationsbemühungen in ihren Wertpapierportefeuilles.

Die Nutzungsmöglichkeit des amerikanischen Kapitalmarkts durch nichtamerikanische Unternehmen ist vor dem Hintergrund der aufsichtsrechtlichen Bestimmungen und der institutionellen Ausgestaltung der amerikanischen Wertpapiermärkte zu sehen. Zu unterscheiden ist dabei zwischen

- dem reinen **Aktienhandel** im Sekundärmarkt („**Trading**"), bei dem kein zusätzliches Eigenkapital dem Emittenten zufließt, sondern bereits emittierte Aktien oder ersatzweise geschaffene Zertifikate gehandelt werden; und
- der Eigenkapitalbeschaffung durch **Ausgabe junger Aktien** auf dem US-Kapitalmarkt (internationale Aktienemission), was den Primärmarkt betrifft („**Public Offering**").

Der amerikanische Kapitalmarkt bietet für die Beteiligungsfinanzierung mittels Aktienemission und den Aktienhandel grundsätzlich folgende Aktienformen an (vgl. *Zachert* 1994):

- Als **American Shares** (auch New York Shares oder Common Shares genannt) werden US-Aktien bezeichnet, die auf US-$ lauten und speziell für den US-Kapitalmarkt bestimmt sind. Ausländische Unternehmen können über diesen Weg keinen Zugang zum US-Kapitalmarkt gewinnen, da der Nennbetrag ihrer Aktien auf die jeweilige ausländische Währung lautet. So schreibt § 8 (2) AktG vor, dass der Nennbetrag deutscher Aktien auf € zu lauten hat.
- **Ordinary Shares** stellen Aktien dar, die von ausländischen Unternehmen in ihrem juristischen Sitzland emittiert und am US-Kapitalmarkt gehandelt

werden. Voraussetzung ist, dass ein kompliziertes und kostenintensives Abwicklungsverfahren vom Emittenten absolviert wird.

- **American Depositary Receipts** sind im Gegensatz zu den vorgenannten Formen keine Aktien, sondern handelbare Zertifikate, die die Aktie eines ausländischen Emittenten verkörpern und anstelle dieser an einer amerikanischen Börse notiert werden. Dort werden sie dann wie Aktien gehandelt. Vom ADR ist das **American Deposit Share** zu unterscheiden, das in Zusammenhang mit dem ADR steht und die Rechte an dem hinterlegten ausländischen Wertpapier verkörpert. Eine in den USA ansässige Depotbank übernimmt dabei zentrale Funktionen zwischen Emittenten und amerikanischen Aktionären in einem ADR-Programm: Auf der Grundlage des Depotvertrags gibt sie die ADR-Zertifikate aus, betreibt Programmpflege, konsultiert die Aktionäre zur Ausübung von Stimmrechten, leitet Dividendenzahlungen weiter, verwertet Bezugsrechte und verteilt Geschäftsberichte. Die Gründe, weshalb die Verwendung von ADR gegenüber den vorgenannten Aktienformen auf dem US-Kapitalmarkt von Vorteil ist, sind folgende:

  - Für amerikanische Anleger bestehen zum Teil Anlagebeschränkungen.
  - Das ADR ermöglicht die Schaffung von Aktien-Stückelungen, die am US-Kapitalmarkt üblich sind.
  - Dividenden des deutschen Emittenten werden in US-$ gezahlt und die Depotbank gibt US-Anlegern Hilfestellung bei Anträgen auf Erstattung von Quellensteuern.
  - Die Kommunikation zwischen den amerikanischen Aktionären und dem deutschen Emittenten wird durch die Zwischenschaltung der Depotbank verbessert (z.B. bei Einladungen für die Hauptversammlung).
  - Der Emittent behält den Überblick über Anzahl und Struktur der amerikanischen Aktionäre.
  - Die gesamte Abwicklung von Transaktionen zur Inanspruchnahme des US-Kapitalmarkts wird für den deutschen Emittenten erleichtert, insbesondere was die Anforderungen an die amerikanische Rechnungslegung betrifft.

Die **Eintrittsbarrieren** für ausländische Aktiengesellschaften bestehen auf dem US-Kapitalmarkt nicht in den vorgenannten Aktiengattungen sondern in Bezug auf das gewählte **Segment** der **amerikanischen Wertpapierbörsen**. „Das öffentliche Angebot von Wertpapieren und der Wertpapierhandel unterliegen insbesondere dem Securities Act (SA) von 1933 und dem Securities Exchange Act (SEA) von 1934, durch den die amerikanische Aufsichtsbehörde Securities and Exchange Commision (SEC) eingerichtet wurde, die über die Einhaltung der Regeln beider Gesetze wacht. Konsequenz der Registrierung nach dem Securities Act ist, dass der Emittent grundsätzlich periodischen Berichtspflichten unterliegt. Soweit die Wertpapiere an einer US-Börse gelistet oder über das NASDAQ-System gehandelt werden, muss zusätzlich noch eine Registrierung nach dem Exchange Act erfolgen" (*Rosen/Prechtel* 1996, S. 478). Kernpunkt aller SEC-Bestimmungen ist die Einführung der US-amerikanischen Rechnungslegung **US-GAAP** (General Accepted Accounting Principles), die im Gegensatz zur gläubigerorientierten deutschen handelsrechtlichen Rechnungslegung deutlich eigentümer-, also **aktionärsbezogen** ist. Für deutsche Aktiengesellschaften besteht daher das **Haupthindernis** für den Gang an eine amerikanische Wertpapierbörse in den **hohen Kosten**, die eine Umstellung ihrer Rechnungslegung (oder Einführung einer parallelen Rechnungslegung) nach den US-GAAP mit sich bringt. Neben den Erfordernissen der SEC hat jede Wertpapierbörse in den USA ergänzend ihre eigenen Berichts- und Offenlegungsanforderungen (z.B. hinsichtlich Angaben zum Aktionärskreis, Aktiva und Gewinn sowie Handelsvolumen und -wert). Insgesamt fallen diese Anforderungen gegenüber den SEC-Bestimmungen aber weniger streng aus (vgl. *Zachert* 1993).

Lesehinweis: Zur US-GAAP findet sich zum Einstieg eine gute Einführung in *Bossert/Manz* (1996, S. 193 - 226). Die Anforderungen der SEC werden u.a. erläutert in *Küting/Hayn* (1993).

## 8.2 Ausgestaltung der ADR-Programme

Für die Emissionsform der ADR ist die Tatsache von Bedeutung, dass in den **USA** die **Namensaktie** die gängige Aktiengattung darstellt, während in Deutschland die Inhaberaktie vorherrscht. Mit dem ADR wird es möglich, dass eine amerikanische Depotbank (= **Depositary Bank**) die ADR-Aktionäre registriert und das ADR auf den Namen des jeweiligen US-Aktionärs ausstellt. Ferner wird die Übertragung in den Geschäftsbüchern der Depotbank festgehalten, sodass nur der dort registrierte Inhaber als rechtmäßiger Eigentümer des ADR gilt (**Prinzip** der sog. **Registered Shares**). Der Wert eines ADR kann dabei ein Vielfaches oder ein Bruchteil der hinterlegten deutschen Aktie darstellen. Im Sekundärmarkt kann dieses Wertpapier durch Indossament übertragen werden (vgl. *Böckenhoff/Ross* 1993, S. 1783 und *The Bank of New York* 1996). Nachfolgende Abb. II-22 zeigt die zentrale Struktur eines ADR.

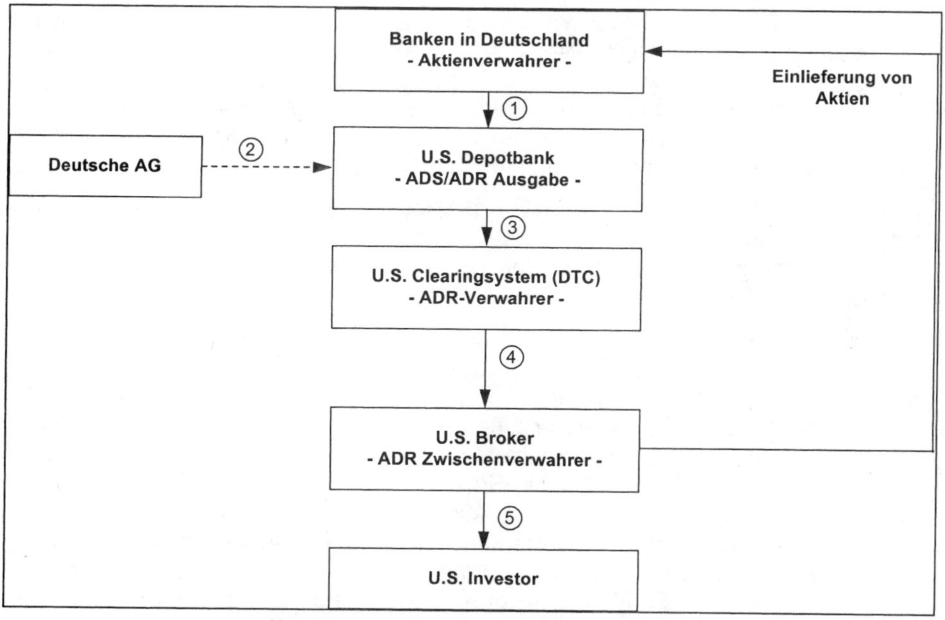


Abb. II-22: Struktur einer ADR-Konstruktion

Von zentraler Bedeutung ist die **amerikanische Depotbank**, da sie mit der Organisation des ADR-Programms sowie der Ausgabe und Verwaltung der ADRs betraut ist. Sie ist zunächst diejenige Stelle, die sich über den Emittenten der Aktie sowie die Verbreitung der Aktie informiert und Vorstellungen über die zu erwartende Nachfrage nach möglichen ADRs auf dem amerikanischen Kapitalmarkt entwickelt. Im nächsten Schritt - wenn es nach vorangegangener Prüfung zur Auflage eines ADR-Programms kommt - werden die dem zu emittierenden ADR zugrunde liegenden deutschen Aktien erworben. Dies erfolgt im Sitzland des ausländischen Emittenten durch eine sog. **Custodian Bank**, die i.d.R. ein Tochterinstitut der Depotbank ist. Von dieser Bank wird das erworbene Aktienpaket verwahrt. Die Custodian Bank informiert hierüber die Depotbank (Pfeil 1). Der **deutsche Emittent** („Deutsche AG") steht mittelbar mit der Depotbank in Kontakt (Pfeil 2).

Die Depotbank emittiert daraufhin eine entsprechende Anzahl von ADRs und stellt sie dem **US-Clearingsystem** zur Verfügung (Pfeil 3). Über einen Broker, ansässig in den USA, kann ein Anleger dann an der jeweiligen **amerikanischen Wertpapierbörse**, an der das ADR eingeführt wurde, das Wertpapier erwerben (Pfeil 5). Der US-Broker verfügt seinerseits als ADR-Zwischenverwahrer über entsprechende Bestände des fraglichen ADR, die er über das **US-Clearingsystem** erhält (Pfeil 4). Die Rückgabe der ADR erfolgt auf dem umgekehrten Weg (vgl. hierzu *The Bank of New York* 1996).

Die Emission von ADRs wird nach mehreren **Formen** unterschieden, die sich im wesentlichen hinsichtlich der Verpflichtungen gegenüber der SEC und der Möglichkeit der Neuemission unterscheiden. Die nachfolgend vorgestellten Programme können als Ausdruck der grundsätzlichen Haltung der amerikanischen Börsenaufsicht hinsichtlich der Einführung von Aktien ausländischer Aktiengesellschaften interpretiert werden: **schrittweise Heranführung** ausländischer Aktiengesellschaften an den US-Kapitalmarkt.

- Bei einem **Unsponsored Programm** geht die Initiative zur Emission von ADRs nicht vom Emittenten, sondern von einer US-Depotbank aus. Zudem ist der Emittent in keiner sonstigen Weise an der ADR-Emission beteiligt. Eine Einführung in eine amerikanische Wertpapierbörse ist durch die SEC nicht gestattet, da sie nicht den strengen Registrierungsanforderungen der Behörde unterliegen (daher sog. „Over-the-Counter"- bzw. OTC-Wertpapiere). Solche ADR-Programme werden kaum durchgeführt (vgl. *Wunderlin* 1995, S. 23).
- Die Auflegung eines sog. **Sponsored Program** für ADR kommt auf Initiative des ausländischen Emittenten zustande, der auch in erheblichem Umfang die dabei entstehenden Kosten übernimmt. Zu unterscheiden sind dabei mehrere Formen.
    - Beim **Sponsored Level I Programm** werden den ADRs bereits emittierte, d.h. in Umlauf befindliche Aktien des Emittenten unterlegt. Die Melde- und Offenlegungspflichten der SEC sind relativ gering. Hinsichtlich der Pflicht des Emittenten zur Offenlegung von Unternehmensinformationen kann unter besonderen Umständen auf Antrag eine Befreiung erfolgen (vgl. *Bankers Trust* 1996). Ein Handel ist dann im OTC-Markt möglich (Handel am sog. **Pink-Sheet-Market** und/oder am **Bulletin Board**, d.h. Freiverkehrs- oder OTC-Märkte, die von der National Association of Securities Dealers - **NASD** - organisiert und beaufsichtigt werden, vgl. *Rasch* 1996, S. 144). Eine besondere Erleichterung ist darin zu sehen, dass die Verpflichtung zur Bilanzierung des Emittenten nach den US-GAAP entfällt. Stattdessen müssen lediglich die Unternehmensinformationen der Wertpapierbörse im Sitzland der AG eingereicht werden. Die Teilnahme an einem Level I Programm gilt allgemein als erster Schritt für ausländische Unternehmen, sich auf den US-Kapitalmarkt zu

begeben. **Neuemissionen** und damit die Beschaffung zusätzlichen Eigenkapitals über den US-Kapitalmarkt werden mit diesem Programm **nicht ermöglicht** (vgl. *Citibank* 1995, S. 8).

- Beim **Level II Programm** wird einem ausländischen Unternehmen die öffentliche Notierung an der **NASDAQ** (National Association of Securities Dealers Automated Quotation) oder an einer nationalen amerikanischen Börse ermöglicht. Voraussetzung ist die Erfüllung **strengerer Registrierungserfordernisse**. So wird die Rechnungslegung nach US-GAAP vorausgesetzt und der Geschäftsbericht des Emittenten wird offiziell von der SEC geprüft. Dadurch haftet der Emittent für Fehler oder falsche Darstellung von Informationen und verpflichtet sich zu einer regelmäßigen Berichterstattung (vgl. *Rosen/Prechtel* 1996).

- Ermöglicht das Level II Programm das sog. Listing, also die Einführung des ADR an den vorgenannten Wertpapierbörsen, so ist mit dem **Level III Programm** die **Beschaffung** von **zusätzlichem Eigenkapital** möglich. Wegen der Platzierungsmöglichkeit von Neuemissionen ist ausschließlich mit diesem Programm ein Public Offering möglich. Die ADR verkörpern in diesem Fall neu-emittierte Aktien und werden an einer US-Wertpapierbörse oder dem **NASDAQ** notiert. Voraussetzung für das **Public Offering** ist die Registrierung nach dem Securities Exchange Act und dem Securities Act, was die Offenlegung spezifischer Informationen des ausländischen Emittenten gegenüber der SEC bedingt (z.B. Offenlegung der stillen Reserven) (vgl. hierzu *Küting/Hayn* 1993). In diesem Sinn ist das ADR-Level III Programm den Anforderungen für ein Listing von Ordinary Shares gleichgestellt. Die hohen Publizitätspflichten und die Kommunikation mit den potenziellen und späteren Aktionären (= **Investor Relations**) verursachen hohe Kosten dieser Eigenkapitalbeschaffungsform.

- Ergänzend ist auf die **Rule 144a** hinzuweisen bzw. die sog. **Restricted ADRs**. Es handelt sich um sog. privat platzierte ADR, die nicht über ein öffentliches Angebot den Aktionären angeboten werden dürfen. Dementsprechend bestehen die Aktionäre ausschließlich aus institutionellen Investoren (sog. **Qualified Institutional Buyers** - QIBs), eine Registrierung bei der SEC entfällt dadurch. Voraussetzung für diese Platzierungsform ist, dass die Aktien des Emittenten noch an keiner amerikanischen Börse notiert sind. Eine Einführung dieser Form von ADR an amerikanischen Börsen ist nicht zulässig. Die 1990 erlassene Rule 144a ermöglicht die Aufbringung von neuem Beteiligungskapital für ausländische Emittenten. Die **Emissionsanforderungen** sind ähnlich niedrig **wie** bei einem **Level I Programm**, wodurch die Kosten dieser Beteiligungsfinanzierung gegenüber der Alternative des Level III Programms wesentlich geringer ausfallen. Interessant ist, dass ein Austausch von Rule 144a-ADRs in solche nach Level I nach einer bestimmten Zeit möglich ist. Die SEC unterstützt dies durch die Einführung eines speziellen Handelssystems (Private Offerings, Resales and Trading through Automated Linkages - **PORTAL**), an denen sie unter den QIBs gehandelt werden können (gilt auch für ADRs aus den Sponsored Programms). Ansonsten stehen die ADR der Rule 144a unter einer zweijährigen Beschränkung bevor sie öffentlich angeboten werden dürfen (vgl. *Zachert* 1993 und *The Bank of New York* 1996).

Folgende Vorteile können deutsche AGn mit einem einer **Doppelnotierung** einer amerikanischen Wertpapierbörse verbinden (vgl. *Rosen/Prechtel* 1996):

- **Ausbau** der **Aktionärsbasis** durch Internationalisierung und eine gezielte Streuung der Aktien. Häufig wird damit auch das Ziel verfolgt, die **Liquidität** der zugrunde liegenden Aktien zu **erhöhen**.
- Bei einem hohen Anteil des Auslands, insbesondere den USA, an den geschäftlichen Aktivitäten einer Aktiengesellschaft kann ein **Finanzbedarf in US-$** durch die Neuemission direkt am US-Kapitalmarkt gedeckt werden.
- Höhere Aufnahmefähigkeit von Erstemissionen von Aktien aufgrund der Kapitalmarktgröße und des breiten Anlegerspektrums.
- Höhere **Risikobereitschaft** der **amerikanischen Anleger** gegenüber deutschen Anlegern erleichtert die Eigenkapitalaufnahme von innovativen jungen AGn.
- **Erhöhung** der **Transparenz** der Aktiengesellschaft gegenüber Dritten und insbesondere eine verstärkte Beachtung durch Finanzanalysten und die Berichterstattung in den Wirtschaftsmedien.
- **Steigerung** des **Bekanntheitsgrads** der Aktiengesellschaft im Ausland und **Transfer** des **Imagegewinns** vom ausländischen Kapitalmarkt auf die dortigen Absatz- und Beschaffungsmärkte.
- **Reputationsgewinn**, wenn sich die AG freiwillig den **US-GAAP** unterwirft und damit finanzwirtschaftliche Transparenz (auch dem inländischen Aktionärskreis) signalisiert.
- Die Möglichkeit zur Auflage von **Mitarbeiterbeteiligungsprogrammen** auf Aktienbasis für Mitarbeiter in US-Tochtergesellschaften oder Auslandsfilialen des Emittenten.
- Einsatz der eigenen Aktie als **Akquisitionswährung** im sog. Share Deal bei einem geplanten Erwerb von US-Gesellschaften durch den deutschen Emittenten.

Nachfolgende Aufstellung zeigt die grundlegenden börsenrechtlichen Ebenen für die Einführung nicht-amerikanischer Aktien im US-Kapitalmarkt im Überblick.

Im Zuge der **Weiterentwicklung** deutscher und europäischer **Wertpapierbörsen** mit speziellen Segmenten für innovative wachstumsträchtige Aktiengesellschaften (wie die EASDAQ in Brüssel oder der Neue Markt in Frankfurt a. M.) verbreitert sich die Palette der Kapitalmärkte außerhalb des amerikanischen Raums. Deutsche Aktiengesellschaften dürften daher in Zukunft in weit höherem Maße als bisher Kapitalmärkte für die Beteiligungsfinanzierung nutzen können.

Lesehinweis: Zur EASDAQ vgl. *Olislaegers/Haelterman* (1997).

| Aktivitäten im Bereich der Beteiligungsfinanzierung (Beispiele deutscher AG) | Institutionelle Ausgestaltung | Formelle börsenaufsichtsrechtliche Anforderungen |
|---|---|---|
| nichtorganisierter Handel (z.B. BASF AG, Siemens AG) | ausschließlicher Handel im amerikanischen Freiverkehr (OTC) | Befreiung von den strengen SEC-Anforderungen, wenn nicht mehr als *300* US-Aktionäre die ausländische Aktie halten |
| Handeln von Aktien und ADRs (z.B. Deutsche Bank AG, SAP AG, SGL Carbon AG) | Notierung im Inter-dealer Pink Sheet Market oder OTC Bulletin Board Display Service | Rule 12g3-2(b), d.h. Befreiung zur Pflicht der Offenlegung von Unternehmensinformationen |
| Private institutionelle Platzierung nach Regel 144a (z.B. Dresdner Bank AG, Merck KGaA) | Handel zwischen QIBs im Sekundärmarkt im Rahmen des PORTAL-Systems | Anwendung der Rule 12g3-2(b) üblich, Erlassen u.U. möglich |
| US-Listing oder öffentliche Platzierung (z.B. Daimler Benz AG, Deutsche Telekom AG) | • New York Stock Exchange (NYSE)<br>• American Stock Exchange (AMEX)<br>• NASDAQ | • vollständige SEC-Registrierung inkl. Geschäftsbericht, Formblatt 20-F/F-1,<br>• Jahresabschlüsse in US-GAAP,<br>• fortlaufende Berichterstattung als ausländischer privater Emittent (Foreign Private Issuer) |

Abb. II-23: Gegenüberstellung der verschiedenen Möglichkeiten der Inanspruchnahme des US-Kapitalmarkts für die Beteiligungsfinanzierung

@ Weitere Informationen sind direkt bei den im ADR-Geschäft führenden US-Banken erhältlich: The Bank of New York **http://www.adr,** Citiebank **wwss.citissb.com/adr/www/** und JP Morgan **http://ww.adr.com/excom** zu finden.

# 9 Hybride Finanzinstrumente

Neben den reinen Instrumenten der Beteiligungsfinanzierung kennen die Finanzmärkte sog. **eigenkapitalähnliche Finanzmittel** oder **Eigenkapitalsurrogate**. Sie fallen in eine Kategorie zwischen Beteiligungs- und Kreditfinanzierung und werden als Misch- oder Zwischenformen bzw. hybride Finanzinstrumente bezeichnet. Vom Vorgang stellen sie sog. „**Mezzanine Finanzierungen**" dar, wozu vor allem die Emission von Wandelanleihen, Optionsanleihen und Genussscheine sowie die Bereitstellung von nachrangigem Haftkapital und sog. Equity-Kickern zählen. Der Vollständigkeit halber ist auch die stille Beteiligung hierunter einzuordnen. Abb. II-24 zeigt einen einfachen Bilanzaufbau und verdeutlicht die zentralen Unterschiede zwischen dem durch Mezzanine Finanzierung entstandenen Eigenkapital (= Mezzanine Money) und dem bisher behandelten originären Eigenkapital.

| Aktiva | Passiva |
|---|---|
| Vermögen | **Originäres Eigenkapital**<br>• primäres Haftkapital gegenüber Gläubigern<br>• Inhaber in der Stellung des Eigentümers |
| | **Mezzanine-Kapital**<br>• Haftkapital gegenüber Gläubigern nach Verzehr des originären Haftkapitals<br>• Inhaber keine Eigentümer |
| | **Verbindlichkeiten** |

Abb. II-24: Originäres Eigenkapital und Mezzanine Money im Vergleich

Wie aus Abb. II-24 ersichtlich ist, nimmt das Mezzanine-Kapital eine Zwischenstellung zwischen klassischem Beteiligungs- und konventionellem Kreditkapital ein. Kenzeichen dieser Zwischenstock-Finanzierung ist die **Nachrangigkeit** gegenüber dem vorrangigen Kreditkapital.

Anmerkung: Mezzanine entstammt etymologisch dem italienischen Wort „mezzano", das ein besonders für die Baukunst der Renaissance bis zum Klassizismus typisches Zwischen- oder Halbgeschoss eines Gebäudes bezeichnet (vgl. *Brockhaus* 1998, S. 594).

Aufgrund der Nachrangigkeit weist Mezzanine-Kapital eine relativ **höhere Verzinsung** als konventionelles Kreditkapital auf. Die höheren Finanzierungskosten werden zum Teil relativiert durch Vereinbarungen, in denen die Zinszahlungen teilweise vom Unternehmenserfolg abhängig gestellt werden. Aus Sicht der Kapitalgeber beteiligen Mezzanine-Finanzinstrumente die Inhaber an den Verlusten des emittierenden Unternehmens. Insofern wird es auch als **Quasi-Eigenkapital** bezeichnet und bildet für originäre Kreditgeber (vorrangige Gläubiger) einen Risikopuffer. Die Finanzierungskosten von Mezzanine-Kapital sind daher eher mit denen des Beteiligungskapitals zu vergleichen und liegen unter den Renditeforderungen originärer Eigenkapitalgeber. Aufgrund dieser Besonderheiten basiert die Vergabe von Mezzanine-Kapital auf einer Besicherung mittels zukünftiger Cash Flows und Covenants (vgl. *Betsch/Groh/Lohmann* 2000, S. 301-302 und *Behr/Wirth* 1999, S. 162-168). Ferner werden mit Mezzanine-Kapital die Vorteile der Haftungsausweitung und damit eine Eigenschaft des Eigenkapitals mit der steuerlichen Abzugsfähigkeit der Zinsen im Rahmen der Betriebsausgaben (ansonsten Kreditkapital vorbehalten) kombinierbar.

Kennzeichnend für den hybriden Status von Mezzanine-Finanzierungstrumenten ist hinsichtlich ihrer Formen der Einkommenszahlung an die Kapitalgeber die Kombinationsfähigkeit von Festzinsvereinbarungen und Bezüge zum Unternehmenserfolg (sog. Performance-Abhängigkeit).

Mezzanine Money ist heutzutage aus verschiedenen Gründen in der Praxis der Unternehmensfinanzierung nicht mehr wegzudenken. Drei Anwendungsbeispielfälle sollen dies illustrieren:

- Großunternehmen nutzen die Möglichkeit der **Genussschein-Emission** mittlerweile weitreichend, um ihre Eigenkapitalbasis zu stärken, und ohne Mitsprachen von neuen Eigentümern akzeptieren zu müssen. Insbesondere für viele Kreditinstitute sind Genussscheine eine Möglichkeit, die vom Bundesaufsichtsamt für das Kreditwesen gestellten Anforderungen an die Mindest-Eigenkapitalausstattung von Kreditinstituten zu erfüllen.

- Mittelständische Unternehmen und Tochtergesellschaften von Großunternehmen werden immer häufiger von Führungskräften aufgekauft. Solche sog. **Management-Buy Outs** (kurz MBO genannt) funktionieren im Regelfall nur, wenn die eigenen Finanzmittel der Kaufinteressenten um von einer Beteiligungsgesellschaft überlassene eigenkapitalähnliche Finanzmittel zeitweise ergänzt werden.
- In Zeiten niedriger Aktienkurse sind Kapitalerhöhungen für Aktiengesellschaften eine Form der Eigenkapitalbeschaffung zu relativ hohen Kapitalkosten. **Mit** der Emission von **Genussscheinen** lässt sich in solchen Fällen die **Zeit** bis zu einer Besserung der Situation am Aktienmarkt **überbrücken**.

Literaturhinweis: Einen breiten Einblick in die Mezzanine-Finanzierung liefert *Golland* (2000).

## 9.1 Wandelschuldverschreibung

Die Bezeichnung „Wandelschuldverschreibung" basiert rechtlich auf dem § 221 Abs. 1 Satz 1 des AktG. Sinngemäß verbrieft sie zum einen die gewöhnlichen Rechte einer Obligation und zusätzlich entweder ein **Umtauschrecht** in oder ein **Bezugsrecht** auf **Aktien**:

- Als **Wandelanleihe** gibt sie dem Eigentümer des Wertpapiers das besondere Recht, innerhalb einer **bestimmten Frist** in einem festgelegten **Umtauschverhältnis** und ggf. unter Leistung weiterer **Zahlungen** die Obligation in Aktien **zu tauschen**. Nach dem Umtausch (= Wandlung, Konversion) geht die Obligation unter und stattdessen verfügt der Anleger über Aktien. Für den Emittent ist damit der Übergang von Fremd- in Eigenkapital, für den Anleger der rechtliche Wechsel vom Gläubiger zum Anteilseigner verbunden. Mit der Wandlung wird die emittierende AG der Verpflichtung zur Tilgung der Obligation enthoben. Aus einer zeitlich befristeten Kreditaufnahme wird eine unbefristete Bereitstellung von Eigenkapital. Es fließen der AG zudem durch das bei Wandlung zu entrichtende Agio liquide Mittel zu. Wegen diesen Eigenschaften lassen sich Wandel- und Anleiherecht nicht voneinander trennen.
- In Form der **Optionsanleihe** kennzeichnet die Wandelschuldverschreibung das Sonderrecht auf **Bezug** von **Aktien** der emittierenden AG. Der Gläubiger ist berechtigt, Aktien innerhalb einer bestimmten Frist zum festgelegten Bezugskurs zu beziehen. Im Gegensatz zur Wandelanleihe geht die Optionsanleihe nach Ausübung des Bezugsrechts nicht unter, sondern bleibt bis zum Laufzeitende bestehen.

Wandelschuldverschreibungen können **nur** von einer **AG emittiert** werden, wenn folgende **Voraussetzungen** erfüllt sind (vgl. *Drukarczyk* 1993a, S. 592):

- Es ist die Zustimmung von mindestens **drei Viertel** der anwesenden Aktionäre auf der Hauptversammlung erforderlich (§ 221 Abs. 1 Satz 2 AktG). Dies ist **nicht** für die Emission ausländischer Tochtergesellschaften deutscher Unternehmen am **Euro-Kapitalmarkt** vorgeschrieben.
- Die Erhöhung des Grundkapitals muss in der Form der **bedingten Kapitalerhöhung** nach §§ 192-201 AktG in Höhe des von den Wandelobligationären zu beanspruchenden Kapitals sein. Dabei ist zu beachten, dass die gesetz-

lichen Vorschriften nur einen maximalen Betrag der bedingten Kapitalerhöhung in Höhe der Hälfte des Grundkapitals zulassen.

- Den **Altaktionären** ist ein **Bezugsrecht** auf die Wandelobligationen einzuräumen. Dies ist wiederum nicht erforderlich für die Emission ausländischer Tochtergesellschaften deutscher Unternehmen am Euro-Kapitalmarkt. Daneben ist ein Bezugrechtsausschluss der Altaktionäre analog den Regelungen zur ordentlichen Kapitalerhöhung möglich. Der Umfang des Bezugsrechts bemisst sich nach dem Bezugsverhältnis.
- Das Bezugsrecht wird an der Börse gehandelt.

Für die Emission der Wandelanleihen sind vom Emittenten den Gläubigern gegenüber Sicherheiten zu stellen, wobei die **Negativklausel** im Allgemeinen verwendet wird. Abb. II-25 liefert in einer Gegenüberstellung die wichtigsten Unterschiede und Merkmale der Wandelschuldverschreibung - einmal in der Ausgestaltung als Optionsanleihe und zum anderen als Wandelanleihe. Sie werden im Einzelnen in den nachfolgenden Abschnitten erläutert.

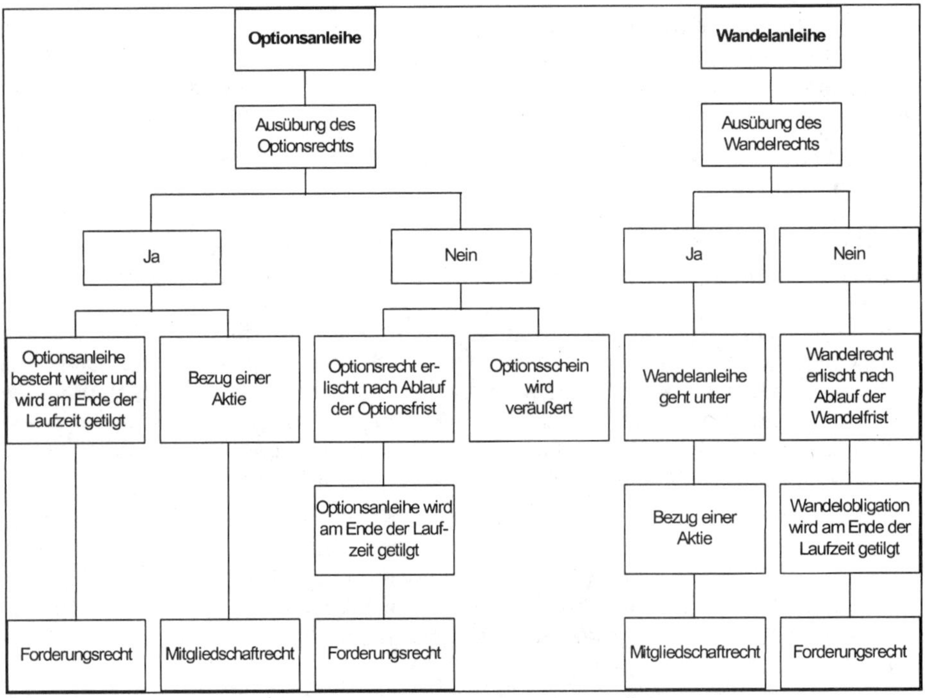


Abb. II-25: Wandelschuldverschreibung im Überblick

### 9.1.1 Wandelanleihe

*Im Handelsblatt vom 25.06.1997 war hierzu auf S. 17 folgende Meldung zu lesen, die auszugsweise wiedergegeben ist:*

*"Daimler-Benz/Expansion aus eigener Kraft - Trennung von Cap Gemini (...) Der Konzern will seine Beteiligung über eine Daimler-Benz-Wandelanleihe bei internationalen Investoren plazieren. Diese sollen das Recht haben, die Anleihe bis zum Ende der viereinhalbjährigen Laufzeit in Cap Gemini-Aktien zu wandeln (...)."*

Eine **Wandelanleihe**, auch **Wandelschuldverschreibung i.e.S.**, **Convertible Bond** oder **Convertible** genannt, ist eine „zusammengesetzte" Obligation. Sie besteht aus einer

- mittel- bis langfristig laufenden **Anleihe** mit fester oder variabler Verzinsung
- und einem Recht, das **zur Wandlung** (bzw. Umtausch oder **Konversion**)
- primär in **Aktien** (ausnahmsweise auch in Anleihen) des gleichen Emittenten
- zu einem festgelegten Kurs (= **Umtauschpreis**)
- während einer **Umtauschfrist** in der Zukunft berechtigt.

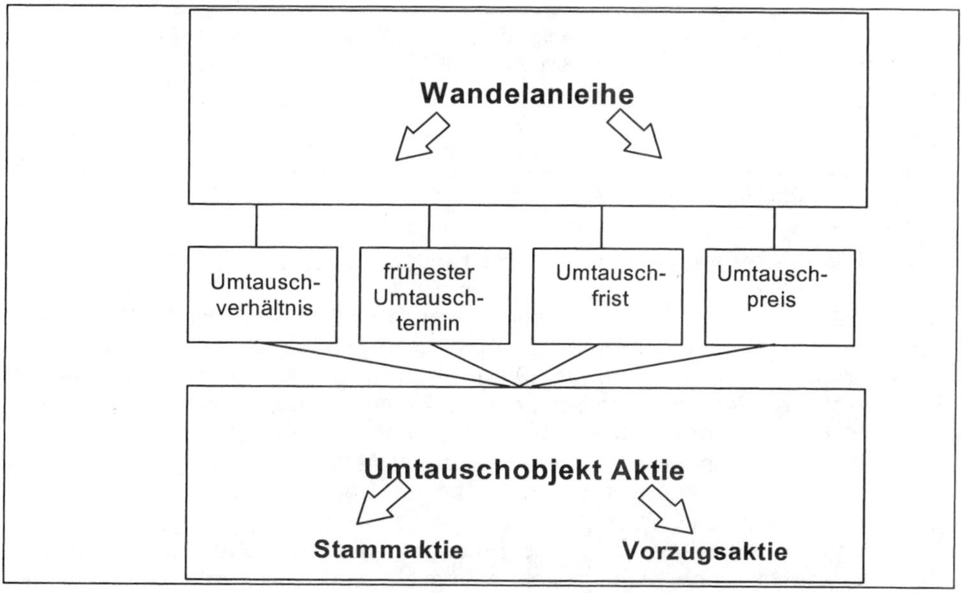


Abb. II-26: Charakteristika von Wandelanleihen

Als **Umtauschobjekte** stehen bei Wandelanleihen primär Aktien des Emittenten der Wandelanleihe im Vordergrund. Es kommen darüber hinaus aber auch in Frage: Aktien einer anderen AG, Genussscheine, Anleihen, Gold oder Währungsbeträge. Bei der klassischen Wandelanleihe werden bei der Wandlung Aktien aus einer bedingten Kapitalerhöhung des Anleiheemittenten geliefert. Allerdings werden in den letzten Jahren immer weniger solche Wandelanleihen emittiert, denen tatsächlich eine Kapitalerhöhung zugrunde liegt. Die meisten der Wandelanleihen bieten ein Wandlungsrecht auf bereits existierende Aktien. Wie in der nachfolgenden Abb. II-27 dargestellt, stammen diese entweder aus dem Besitz des

Emittenten bzw. eines Großaktionärs (**Umtauschanleihe**) oder werden mittels derivativer Produkte, wie z.B. Call-Optionen aus dem Markt beschafft (**synthetische Wandelanleihen**).

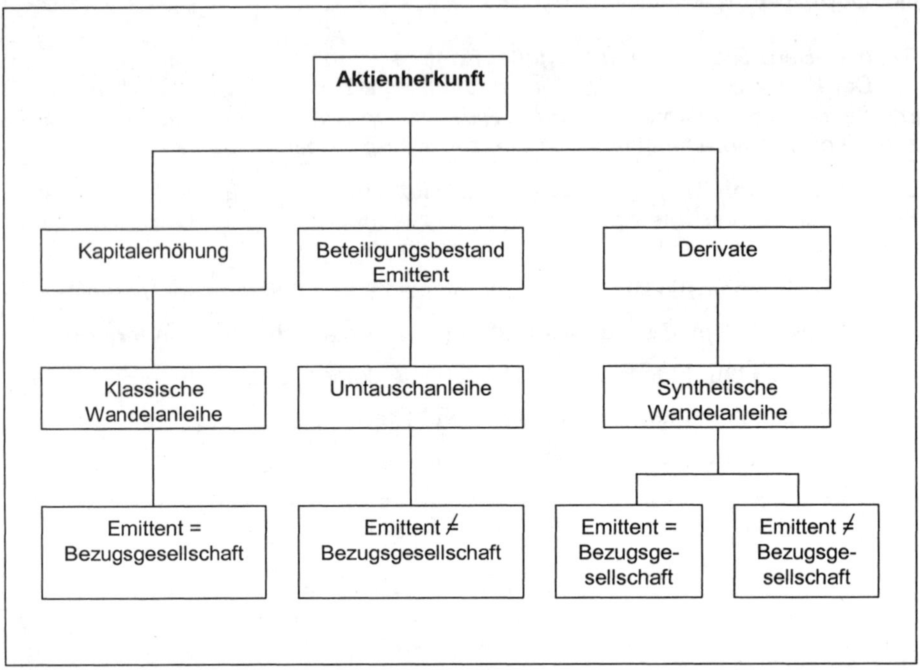


Abb. II-27: Wandelanleihe-Typen (in Anlehnung an *Treis* 1997, S. 34)

#### 9.1.1.1 Ausstattungsbesonderheiten von Wandelanleihen

Neben den Merkmalen von Obligationen ohne Sonderrechte (vgl. Kapitel III, Abschnitt 6.4.1) weisen Wandelanleihen **Ausstattungsbesonderheiten** in ihren Anleihebedingungen auf (vgl. *Philips* 1997). Sie sind über die gesamte Laufzeit der Wandelanleihe fixiert. I.d.R. verbrieft die Wandelanleihe den Umtausch der Obligation in Stammaktien der emittierenden AG, ausnahmsweise auch in Vorzugsaktien. Manche Anleihen können auch zur **Wandlung in Aktien** von Konzernunternehmen oder Unternehmen von dritter Seite berechtigen. Der Emittent darf die hierzu notwendigen Aktien nach § 71 AktG nicht durch den Aufkauf eigener Aktien beschaffen. Zwingend vorausgesetzt ist die **bedingte Kapitalerhöhung**, wodurch eine Zuführung zusätzlichen Eigenkapitals ermöglicht wird. Das **Umtauschverhältnis** zeigt die Anzahl der eintauschbaren Aktien, die zum Nominalwert einer Wandelanleihe erhältlich sind:

$$\text{Umtauschverhältnis} = \frac{\text{gezeichnetes Kapital der AG}}{\text{gesamter Nennwert ausgegebener Wandelanleihen}}$$

Im Wertpapierprospekt einer Wandelanleihe ist angegeben, ab welchem Datum **frühestens** gewandelt (= umgetauscht) werden kann (= frühester Wandlungs- bzw. Umtauschtermin). Der Zeitraum, innerhalb dessen der Umtausch vom Inhaber der Wandelanleihe beantragt werden kann, muss vom Emittenten in den

Anleihebedingungen festgelegt werden. Es gibt unterschiedliche Handhabungen (vgl. *Beilner/Mathes* 1990, S. 147):

- **jederzeitiger Umtausch**, was vor allem im Interesse des Wandelobligationärs ist, da es ihm volle Dispositionsfreiheit gibt,
- Festlegung einer **Sperrfrist** am Anfang der Laufzeit, nach deren Ablauf Wandlungen möglich sind und/oder Wandlungen sind nur bis zu einem bestimmten Jahr vor Laufzeitende der Emission zulässig,
- **Vorbehalt** des Emittenten, die Anleihe **zu kündigen**, wobei in den Bedingungen zu berücksichtigen ist, dass die Inhaber gekündigter bzw. ausgeloster Obligationen bis zu einem bestimmten Zeitpunkt noch wandeln können,
- **Ausschluss** bestimmter Umtauschzeiträume innerhalb der Umtauschfrist.

Ferner ist der **Umtauschpreis** (= Wandlungspreis), zu dem die Aktie durch den Umtausch der Anleihe erworben werden kann, in den Anleihebedingungen zu fixieren:

$$\text{Umtauschpreis} = \frac{\text{Nennwert Wandelanleihe}}{\text{Umtauschverhältnis}}$$

Die Wandlung der Obligation in die Aktie kann an eine **Zahlung** geknüpft sein. In der Praxis dominieren Wandelbedingungen, in denen der Anleiheinhaber Zahlungen bei Wandlung an den Emittenten zu leisten hat (sog. **Zuzahlungen**). Folgende Gestaltungsmöglichkeiten kommen vor:

- betraglich **ansteigende Zuzahlungen** in der Wandlungsfrist sollen die Wandlung möglichst beschleunigen (in der Praxis häufig vertreten),
- **Zuzahlungen** in fallenden Beträgen (zielen darauf ab, die Wandlung möglichst in die Zukunft zu verlagern),
- Zuzahlungen betraglich über die Umtauschfrist **konstant**.

Möglich ist ferner, dass bei Umtausch der Inhaber der Wandelanleihe **von Emittentenseite** eine zusätzliche **Zahlung** erhält. Die Zahlung, zu der der Eigentümer einer Wandelanleihe den Umtausch in die Aktie vornimmt, kann zum Zeitpunkt der Emission der Wandelanleihe entweder **fixiert oder variabel** gehalten sein (z.B. Zuzahlungen in ihrer Höhe abhängig von der ausgeschütteten Dividende). Der Umtauschpreis ist unter Berücksichtigung der zusätzlichen Zahlungen wie folgt zu modifizieren:

$$\text{Umtauschverhältnis} = \frac{\text{Nennwert Wandelanleihe}}{\text{Umtauschverhältnis}} \text{ +/-Zuzahlung / Aktie}$$

<u>Beispiel:</u> Es gelte eine Wandelanleihe, die zum Nominalwert von *100* € von der Beta-AG emittiert wird. Ihre Tilgung zum Nominalwert ist nach Ablauf von *10* Jahren vorgesehen. Ihr Nominalzinssatz beträgt *6%*. Sie trägt ferner das Recht auf Umtausch in Stammaktien der Beta-AG im Verhältnis von zwei zu eins, d.h. man erhält für eine Wandelanleihe zwei Aktien der Beta-AG. Von den Anleiheinhabern ist bei Ausübung des Umtauschrechts eine Zuzahlung in Höhe von *105* € zu leisten.

$$\text{Umtauschpreis} = \frac{100}{2} + 105 = 155 \text{ €}.$$

Um die Altaktionäre teilweise gegen den Kursrückgang ihrer Aktien aufgrund der Emission von Wandelanleihen zu schützen, liegt der Umtauschpreis zum Emissionszeitpunkt i.d.R. über dem Börsenkurs der Aktie.

Über eine frühe oder späte Wandlung entscheiden der früheste **Umtauschtermin**, die **Umtauschfrist** und der **Umtauschpreis**. Aus diesem Zusammenspiel können zwei Typen der Wandelanleihe faktisch unterschieden werden (vgl. *Swoboda/Kamschal* 1979):

Frühester Umtauschtermin gegen **Beginn** der Laufzeit der Wandelanleihe

+ **lange** Umtauschfrist

+ **günstiger** Umtauschpreis (u.U. verstärkt durch **steigende Zuzahlungen** in der Umtauschfrist)

= **Aktientyp** der Wandelanleihe, da mit dieser Konstruktion der Kapitalgeber den Gläubiger möglichst **schnell** zum **Umtausch** veranlassen will.

Frühester Umtauschtermin gegen **Ende** der Laufzeit der Wandelanleihe

+ **kurze** Umtauschfrist

+ **ungünstiger** Umtauschpreis (u.U. verstärkt durch **fallende Zuzahlungen** in der Umtauschfrist)

= **Obligationentyp** der Wandelanleihe, da mit dieser Konstruktion der Kapitalgeber den Umtausch möglichst **lange aufschieben** möchte.

Nachfolgende Abb. II-28 gibt eine Vorstellung von am Markt befindlichen Wandelanleihen und deren Ausstattungsmerkmalen.

| **Emittent/Laufzeit** | **Kupon** | **Bezugsgesellschaft** | **Wandlungsfrist** | **Kurs** | **Aufgeld** |
|---|---|---|---|---|---|
| VW Int. Fin. NV/ 1997-2002 | *3,00%* | Volkswagen AG | 05.03.97-09.01.02 | *100%* | *22%* |
| Hamburgische LB GZ/ 1997-2017 | *3,250%* | Veba AG | 08.08.97–08.05.02- | *100%* | *20%* |
| Henkel Corp./ 1997-2003 | *2,000%* | Henkel KGaA | 12.06.00-23.05.03 | *100%* | *20%* |
| Nord LB GZ/ 1997-2001 | *3,000%* | Deutsche Telekom AG | 11.11.97-11.02.03 | *100%* | *24%* |
| Daimler-Benz Cap./ 1996-2003 | *4,125%* | Daimler-Benz AG | 19.08.96-19.06.03 | *98,50%* | *14%* |
| Siemens Cap. Corp./ 1996-2002 | *1,000%* | Siemens AG | 27.08.96-27.06.01 | *85,63%* | *25%* |

Legende: Cap. = Capital, Corp. = Corporation, Fin. = Finance, GZ = Girozentrale, Int. = International, LB = Landesbank (Quelle: *Treis* 1997, S. 35)

Abb. II-28: Beispiele für Wandelanleihen und deren Ausstattungsmerkmale

Ein besonderes Problem tritt bei Wandelanleihen in Hinblick auf **Verwässerungseffekte** durch weitere Kapitalmaßnahmen des Emittenten (bei den klassischen Wandelanleihen) oder des veroptionierten Unternehmens (bei den Umtausch- und

Aktienanleihen) auf. Der Inhaber einer Wandelanleihe ist indirekt am Unternehmen beteiligt, dessen Aktien veroptioniert werden. Maßnahmen wie Kapitalerhöhungen, neue Emissionen von Wandelschuldverschreibungen, hohe Dividendenausschüttungen oder Sonderausschüttungen sowie Fusionen oder Liquidationen verwässern den Wert seiner Wandelanleihe, da damit der Aktienkurs sinkt oder das Unternehmen nicht mehr in seiner früheren Form besteht.

Nur für den Fall einer Kapitalerhöhung aus Gesellschaftsmitteln ist ein gesetzlicher Verwässerungsschutz explizit vorgesehen. § 218 Satz 1 AktG bestimmt, dass sich dann das bedingte Kapital im gleichen Verhältnis wie das Grundkapital erhöht, d.h. die Zahl der über eine Wandelanleihe zu beziehenden Aktien wird entsprechend der durchgeführten Kapitalerhöhung angepasst. Bei anderen Kapitalerhöhungen besteht kein expliziter gesetzlicher Schutz. Für diese Fälle wird jedoch in den Wandlungsbedingungen ein vertraglicher Schutz der Wandelanleihe-Inhaber vorgesehen. Üblich ist die Vereinbarung einer Kürzung des Umtauschpreises in Höhe des Werts des Bezugsrechts, das den Aktionären gewährt wird. Eine Anpassung kann auch durch die Veränderung des Umtauschverhältnisses oder durch die Einräumung von Bezugsrechten bewirkt werden. Ein vertraglicher Schutz gegen die Auswirkungen der Kapitalherabsetzung, Fusion, Umwandlung, hohe Dividendenausschüttungen und Liquidation der Emissionsgesellschaft wird i.d.R. nicht gewährt.

Ergänzend sei auf einige **Innovationen** von Wandelanleihen auf den Euromärkten hingewiesen, die eine Vorstellung von den Möglichkeiten in der Ausgestaltung dieses Obligationstyps geben soll (vgl. *Burkart* 1985, S. 106-107). Bei **„Partially Convertibles"** darf nur ein vorher in den Anleihebestimmungen festgelegter Teil der Wandelanleihen auch tatsächlich in Aktien gewandelt werden. Des Weiteren können Wandelanleihen auf Obligationen gestaltet werden (= **Harmless Debt Warrant Bonds**):

- **Festsatz- in Festsatz-Wandelanleihe** ermöglicht den Umtausch einer zu hohem Zinssatz emittierten Anleihe mit kurzer Laufzeit in eine Anleihe mit längerer Laufzeit und niedrigerer Verzinsung.
- **Variable- in Festsatz-Wandelanleihe** gewährt ein Umtauschrecht hinsichtlich der Zinssatzmodalität.
- **Wandelanleihen mit Wandlungsoptionen** („Double Dips") bieten nicht nur ein Wandlungsrecht, sondern mindestens ein zusätzliches Recht, z.B. entweder in Aktien oder in weitere Obligationen mit veränderten Ausstattungsmerkmalen (s.o.) zu tauschen.
- Eine besondere Form der Wandelanleihe sind **Wandelgenussscheine**. Hiermit wird die Verbindung eines Genussscheins mit einem Recht zum Umtausch in Aktien des emittierenden Unternehmens bezeichnet. Aus der Nachrangigkeit und der Ausschüttungsgestaltung ergibt sich ein höheres Risiko für die Wandelgenussscheine im Vergleich zu klassischen Wandelanleihen (vgl. auch Abschnitt 9.2).
- Neben den Wandelanleihen mit Umtauschrecht in Aktien existieren solche mit einer Pflichtwandlung (**Mandatory Convertibles**). Der Inhaber dieser Anleihe muss sie bis zum Ende der Laufzeit in Aktien des Emittenten oder eines dritten Unternehmens umtauschen. Zu den besonderen Formen von Mandatory Convertibles zählen PERCS (Preferred Equity Redemption Cumulative Stocks) und DECS (Debt Exchangeable for Common Stocks), die ein begrenztes Kursstei-

gerungspotenzial haben. Dies wird durch eine Änderung des Umtauschpreises in Abhängigkeit vom Aktienkurs am Ausübungstag erreicht. Bei PERCS wird die Anleihe am Laufzeitende in junge Aktien des emittierenden Unternehmens umgetauscht; bei DECS erfolgt eine Umwandlung der Obligation in Aktien eines anderen Unternehmens (vgl. *Arzac* 1997).

- In den 90er Jahren wurden in Deutschland Anleihen mit Aktienandienungsrecht (sogenannte **Aktienanleihen**) emittiert. Es handelt sich hier um Anleihen, die ein Wahlrecht für den Emittenten (nicht aber für den Investor) enthalten, die Rückzahlung entweder zum Nennbetrag vorzunehmen oder eine bestimmte Anzahl von Aktien einer anderen AG zu liefern. Diese Alternative wird vom Emittenten dann gewählt, wenn der Kurs der zugrundeliegenden Aktie kurz vor dem Fälligkeitstag unter einem im vorher festgelegten Niveau (Basispreis) notiert. Diese Anleihen werden mit einer Rendite weit über der einer festverzinslichen öffentlichen Anleihe oder einer Industrieanleihe ausgestattet. Die Differenz zwischen den beiden Renditesätzen stellt eine Optionsprämie für den Anleger dar, für jede Teilschuldverschreibung Aktien zu erhalten, deren Kurswert unter dem Nennbetrag der Teilschuldverschreibungen bzw. dem je Teilschuldverschreibung gezahlten Kaufpreis liegt (Stillhalter-Position) (vgl. *Wilkens/ Scholz/Völker* 1999).

Bei Wandelanleihen kann die Bewertungsfrage nur unter Berücksichtigung der jeweiligen **Anleihebedingungen** betrachtet werden. Dort sind die für die Bewertung wichtigen Ausstattungsmerkmale der Anleihe wie Umtauschverhältnis, Zuzahlungshöhe und Art bei Umtausch sowie die Umtauschfrist festgelegt. Grundsätzlich ist zu berücksichtigen, dass sich in einer Wandelanleihe eine **Kombination** aus **Industrieobligation** mit fester Verzinsung p. a. **und** einem **Wandlungsrecht** befindet. Damit kann gedanklich eine **Zweiteilung** des **Werts** einer Wandelanleihe vorgenommen werden:

- Wert der zinstragenden Anleihe,
- Wert des Umtauschrechts.

Der **Wert** der **Obligation** bemisst sich nach dem Barwert-Verfahren unter Berücksichtigung des gültigen Kalkulationszinsfußes (vgl. Kapitel III, Abschnitt 7.1.1). Insofern ergeben sich in der **Kursfindung** der Wandelanleihe gegenüber **Straight Bonds** keine Unterschiede. Der **marktmäßige Umtauschwert** einer Wandelobligation drückt den Kaufpreis der zugrundeliegenden Aktie aus, unter der Bedingung, dass ein Anleger zum Umtauschzweck eine Wandelanleihe am Sekundärmarkt erwirbt und anschließend (im Rahmen der Umtauschfrist) in die zugrunde liegende Aktie umtauscht (der Einfachheit halber werden Stückzinsen nicht berücksichtigt):

$$\text{Umtauschwert marktmäßig} = \frac{\text{aktueller Kurs Wandelanleihe}}{\text{Umtauschverhältnis}} + /\text{-Zahlung / Aktie}$$

Beispiel: Es gelte eine von der Beta-AG emittierte Wandelanleihe mit Nominalwert von *100* €, die zum Kurs von *95,50* € notiert. Sie trägt das Recht auf Umtausch in Stammaktien der Beta-AG im Verhältnis von eins zu zwei, d.h. man kann eine Wandelanleihe in zwei Aktien der Beta-AG eintauschen. Von den Anleiheinhabern ist bei Ausnutzung des Umtauschrechts eine Zuzahlung in Höhe von *105* € zu leisten.

$$\text{Umtauschwert} = \frac{95{,}5}{2} + 105 = 152{,}75 \text{ €}.$$

Erwirbt ein Anleger eine Wandelanleihe und möchte diese gegen Aktien des Emittenten eintauschen, kosten diese je nach Anleihebedingungen und Kursentwicklung mehr oder weniger als direkt an der Börse gekaufte Stücke.

| Umtauschprämie/Aktie = | Umtauschwert (marktmäßig) - aktueller Aktienkurs |
|---|---|

Beispiel: Es gelten o.g. Angaben zur emittierten Wandelanleihe der Beta-AG. Der aktuelle Kurs der Aktie betrage *135 €*.

Umtauschprämie pro Aktie: *152,75 € - 135 € = 17,75 €*.

Der Zu- oder Abschlag wird üblicherweise als Prozentwert ausgedrückt:

$$\text{Umtauschprämie} = \frac{\text{Umtauschprämie / Aktie}}{\text{aktueller Aktienkurs}} \cdot 100\%$$

Beispiel: Es gelten die vorgenannten Daten:

$$\text{Umtauschprämie} = \frac{17{,}75}{135} \cdot 100\% = 13{,}15\%.$$

Eine Verfeinerung der Prämienberechnung erfolgt, wenn man die dem Anleiheinhaber zustehenden **Stückzinsen** mit berücksichtigt. Die Prämienberechnung lautet dann:

$$\text{Umtauschprämie (in €)} = \frac{M + \left(\frac{P_{CB} + i_{SZ}}{100}\right)}{n} - P_A \qquad \text{(II-57)}$$

mit

| | | |
|---|---|---|
| $M$ | = | Nominalwert der Wandelanleihe, |
| $P_{CB}$ | = | aktueller Kurs der Wandelanleihe, |
| $i_{SZ}$ | = | Stückzinssatz in Prozent, |
| $n$ | = | Umtauschverhältnis, |
| $P_A$ | = | aktueller Aktienkurs. |

Die **Umtauschprämie** liegt i.d.R. **zwischen *10%* und *20%*.** Ist die Umtauschprämie niedrig oder negativ, ist der Umtausch attraktiv. Die Kurse der Wandelanleihe verlaufen dann parallel zu den entsprechenden Aktienkursen. Bei hohen Umtauschprämien ist ein Umtausch nicht mehr lohnend. Dadurch verhält sich die Wandelanleihe in ihrem Kurs wie ein Straight Bond und ihr aktueller Kurs orientiert sich am herrschenden Zinsniveau auf dem Rentenmarkt im jeweiligen Laufzeitbereich. Die Umtauschprämie pro Aktie kann in diesem Sinn als **Preis** einer **Kaufoption** (= Call Option) verstanden werden.

Lesehinweise: Zu den vorgenannten „Praktikermethoden" vgl. *Fabozzi* (2000, S. 389-394). Methodisch exaktere Wertermittlungen auf der Basis der Optionspreistheorie behandeln *Steiner/Uhlir* (2001, S. 287-298).

### 9.1.1.2 Wandelanleihen im Finanzmanagement

Wandelanleihen sind für Unternehmen ein Instrument der Beschaffung sowohl von Eigen- als auch von Fremdkapital. Die Eigenkapitalbeschaffung zu höheren Kursen als bei Emission junger Aktien mittels einer sofortigen Kapitalerhöhung kann eines der Emissionsmotive darstellen. Bei einer sofortigen Kapitalerhöhung liegen die Bezugskurse im Allgemeinen deutlich unter dem aktuellen Börsenkurs. Die Emission einer Wandelanleihe ist mit einer **sofortigen Erhöhung** des **Eigenkapitals** in Höhe der Umtauschprämie (das Entgelt für das Umtauschrecht zum Zeitpunkt der Emission) und mit einer späteren potenziellen Kapitalerhöhung (zu einem höheren Kurs bzw. Umtauschpreis bei Umwandlung) verbunden. Die Optionsprämie senkt somit die Effektivkosten der Eigenkapitalbeschaffung, da sie vom Unternehmen vereinnahmt und nicht mehr zurückgezahlt wird. Eine sofortige Kapitalerhöhung kann auch aus anderen Gründen wirtschaftlich nicht sinnvoll oder möglich sein, z.B. wegen einer allgemein ungünstigen Börsensituation oder wenn die Aktie des Unternehmens - nach Meinung des Managements - unterbewertet ist (vgl. *Beilner/Mathes 1990*, S. 147 f.).

Wandelanleihen können auch mit dem Ziel emittiert werden, **Fremdkapital zu** einem **niedrigeren Kapitalkostensatz** aufzunehmen als bei der Emission eines vergleichbaren Straight Bonds. Diese „verbilligte" Beschaffung von Fremdkapital wird durch die Beifügung von Umtauschrechten erreicht. Sie wirkt sich entweder durch die Möglichkeit aus, niedrigere Zinsen als marktüblich zu gewähren oder aber ein Emissionsagio zu vereinnahmen. In beiden Fällen liegen die Kapitalkosten, berechnet auf den gesamten Emissionserlös unter denen von „normalen" Schuldverschreibungen.

Wandelanleihen können ferner mit einer **längeren Laufzeit** als die von herkömmlichen Straight Bonds ausgestattet werden, da der Wert des Umtauschrechts mit längerer Laufzeit steigt (Anstieg des Zeitwerts) und Wandelanleihen aus Anlegersicht trotz längerer Laufzeit und niedriger relativer Rendite attraktiv sind.

Wandelanleihen sind geeignet, ein Finanzierungsproblem zu lösen, das durch hohe Unsicherheit bei der Bestimmung des **Unternehmensrisikos** gekennzeichnet ist. In einem solchen Fall können herkömmliche Straight Bonds nur zu einem hohen Nominalzinssatz emittiert werden. Dies gilt besonders für junge, kleine und wachstumsstarke Unternehmen, die aber relativ stark mit einem Risikobestimmungsproblem konfrontiert sind. Solchen Unternehmen stehen drei Alternativen zur Verfügung, um das für Investitionen benötigte Kapital beschaffen zu können (vgl. *Herzog* 1991, S. 184 und 216):

- Emission einer Unternehmensanleihe zu einem höheren Nominalzinssatz als die am Kapitalmarkt herrschende Rendite für vergleichbare Anleihen. Ein höherer Zins bewirkt eine höhere Verschuldung und einen höheren zukünftigen Liquiditätsbedarf.
- Kapitalerhöhung (i.d.R. zu einem unter dem aktuellen Aktienkurs liegenden Preis. Hält die Unternehmensleitung die Aktie für unterbewertet, so wird auch diese Alternative entfallen, da eine Kapitalerhöhung unter solchen Umständen zu einer erheblichen Wertverwässerung für die aktuellen Aktionäre führen würde.

Vorgenannte Problembereiche sind durch die Emission einer Wandel- oder Optionsanleihe prinzipiell lösbar: Ein höheres Unternehmensrisiko bedeutet gleichzeitig eine höhere Aktienkursvolatilität. Das höhere Risiko wird wie bei einem gewöhnlichen Straight Bond den Wert der Obligation (ohne Umtauschrecht) senken. Gleichzeitig steigert c.p. eine höhere Volatilität des Aktienkurses den Wert des Umwandlungsrechts. Diese beiden Effekte heben sich bei Wandelanleihen (teilweise) auf. Die Unsicherheit bei der Bestimmung des Unternehmensrisikos wirkt sich somit nur beschränkt auf die Bewertung von Wandelanleihen aus.

In **Deutschland** werden die meisten Wandelanleihen von großen internationalen Unternehmen emittiert, im Unterscheid zu den USA, wo viele kleine junge, stark wachsende oder von der Insolvenz bedrohte große und mittelgroße Unternehmen die Vorteile der Wandelanleihe ausnutzen. Zu den Ausnahmen in Deutschland gehört die Emission einer Wandelanleihe für SGL Carbon unter der Führung von der Commerzbank 1997. Es stellte die erste Wandelanleihe für ein kleines junges Unternehmen in Deutschland dar.

Ein wichtiges Motiv für die Emission einer Wandelanleihe ist nicht nur die Finanzierung zu niedrigeren relativen Kapitalkosten (Fremdkapitalzinsen und/oder Emissionsagio), sondern auch der Wunsch des Emittenten nach **Abbau einer Beteiligung an der Gesellschaft**, deren Aktien veroptioniert werden. Eine Veräußerung der Beteiligung über die Börse könnte aufgrund des dadurch entstandenen Angebotsdrucks u.U. nur zu stark nachgebenden Kursen erfolgen. Deshalb bietet sich ein Terminverkauf zu einem höheren Aktienkurs durch die Emission von Umtauschanleihen an. Der zeitlich gestreckte Abbau einer Beteiligung über diesen Weg wird möglich, wenn die Investoren ihre Umtauschrechte ausüben, d.h. wenn der Kurs der zugrundeliegenden Aktie über den Umtauschpreis steigt. Der Spielraum des emittierenden Unternehmens bezüglich der Höhe des Umtauschpreises ist aber in diesem Fall begrenzt, da ein zu hoher Umtauschpreis die Umwandlung und damit auch den Verkauf der Beteiligung unmöglich machen könnte. Für den Emittenten in seiner Position als Stillhalter ergibt sich ein zusätzlicher Ertrag in Höhe der während der Anleihelaufzeit auf seinen Aktienbestand ausgeschütteten Dividenden. Üben die Anleiheinhaber bis zum Laufzeitende ihre Umtauschrechte nicht aus, verbleibt dem Emittenten das Emissionsagio. Der Verkauf einer Beteiligung mittels einer Wandelanleihe ist für den Emittenten auch steuerlich vorteilhaft: Ins Unternehmen fließt sofort Geld, die eventuellen Kursgewinne der zugrundeliegenden Aktie werden erst später (bei der Wandlung) versteuert.

Besonders in den USA ist die Verwendung der **Wandelschuldverschreibungen als Anreizinstrument** für die Führungskräfte des emittierenden Unternehmens weit verbreitet. Die Optionsrechte der Wandelanleihen, die die Führungskräfte zum Erwerb von jungen Aktien des Unternehmens während der Laufzeit berechtigen, werden als Stock Options bezeichnet. Ihre Funktion besteht darin, den Vorstand und ggf. andere Führungskräfte zu motivieren, den Wert des von ihnen geführten Unternehmens langfristig zu erhöhen.

Wandelanleihen sind für solche Belohnungsmodelle geeignet, da sie ein Optionsrecht auf junge Aktien beinhalten, dessen Ausübung nur dann vorteilhaft ist, wenn der Aktienkurs über den Bezugspreis steigt. Auch die lange Laufzeit der Wandelanleihe in Verbindung mit bestimmten Sperrfristen ist für solche Modelle geeignet, damit für Führungskräfte nicht der Anreiz entsteht, eine schnelle, vorübergehende Steigerung des Börsenkurses zu Lasten der zukünftigen Entwicklung zu bewirken (vgl. *Bernhardt/Witt* 1997, S. 85ff).

| | |
|---|---|
| Bezugsberechtigte/ Anleihebeträge: | Konzern-Vorstände; maximal *120.000* DM, Bereichsvorstände der Geschäftsfelder Personenwagen und Nutzfahrzeuge, Organmitglieder Dasa/debis: maximal *90.000* DM; Mitglieder des Direktoriums im Konzern; maximal *60.000* DM; Mitglieder des Oberen Führungskreises, Ebene 2: max. *30.000* DM |
| Stückelung: | im Nennbetrag von je *1.000* DM |
| Laufzeit: | *10* Jahre |
| Verzinsung: | *5,3* Prozent |
| Wandlungsrecht: | Umtausch im Verhältnis *1:1*, je *1.000* DM Wandelschuldverschreibung berechtigt zum Bezug von Daimler-Benz-Aktien im Nennwert von je *1.000* DM (entspricht *200* Aktien im Nennbetrag von *5* DM) zum Wandlungspreis |
| Mindestausübung: | *5.000* DM Schuldverschreibungen, somit *1.000* Aktien im Nennbetrag von *5* DM |
| Wandlungspreis: | *132* DM je Aktie im Nennbetrag von *5* DM |
| Wartefrist: | vor erstmaliger Ausübung des Wandlungsrechts: *24* Monate ab Emissionszeitpunkt der Wandelanleihe |
| Ausübungshürde: | *152* DM |
| Ausübungszeitraum: | viermal im Jahr, jeweils *3* Wochen nach der Veröffentlichung von Unternehmens- und Bilanzdaten; erster Ausübungszeitraum nach Veröffentlichung des Halbjahresberichts 1999 |
| Wahlmöglichkeiten: | wandeln und sofort verkaufen; wandeln und behalten (bzw. später verkaufen) |

Abb. II-29: Beispiel eines Stock Option-Plans (Quelle: *Daimler-Benz AG* 1997, S. 13)

Wandelanleihen in der Funktion als Anreizinstrumente haben einige Unterschiede im Vergleich zu herkömmlichen Wandelanleihen. Über die Vergabe von Stock Options an die Führungskräfte entscheidet die Hauptversammlung. Außerdem werden bei der Ausgabe auch Regelungen über die Berechtigten, über die Zahl der einer Person zustehenden Bezugsrechte sowie evtl. Beschränkungen bei der Übertragung von Schuldverschreibungen bzw. beim Weiterverkauf erworbener Aktien getroffen. Da Stock Options (= Optionsrechte) einen Vergütungsbestandteil darstellen, werden sie vom Unternehmen unentgeltlich gewährt, d.h. eine **Optionsprämie** im Emissionspreis solcher Wandelanleihen ist **nicht enthalten**. Aus dem gleichen Grund wird die Anleihe mit einem marktnahen Nominalzinssatz ausgestattet. Als Umtauschpreis wird häufig der Aktienkurs zum Emissionszeitpunkt sein.

In den Anleihebedingungen ist oft eine **Ausübungshürde** in Form eines bestimmten Mindestprozentsatzes über dem Umtauschpreis enthalten. Die Wandelanleihe kann nur dann in Aktien umgewandelt werden, wenn der Aktienkurs am Tag vor der Umwandlung über dieser Hürde liegt. Außerdem können die Stock Options meistens nur nach Ablauf einer Sperrfrist ausgeübt werden, die i.d.R. länger ist als Sperrfristen bei normalen Wandelanleihen. Die Optionsrechte können auch nicht während der gesamten Anleihelaufzeit ausgeübt werden, sondern nur zu bestimmten Zeiträumen während eines Geschäftsjahres, z.B. 3 Wochen nach der Veröffentlichung des Jahresabschlusses. In Deutschland ist die Verwendung von Stock Options bis heute wenig verbreitet.

Die Emission einer Wandelanleihe kann aus Emittentensicht auch mit **Nachteilen** verbunden sein. Zum einen ist die zukünftige Eigenkapitalaufnahme unsicher und des Weiteren droht Altaktionären ein Opportunitätsverlust beim Umtausch, falls der Aktienkurs deutlich über den Umtauschpreis hinaus steigt. In diesem Fall wäre die Alternative, zuerst eine herkömmliche Anleihe zu emittieren und bei Laufzeitende (und Tilgung) eine Kapitalerhöhung durchzuführen, aus Sicht des Unternehmens vorteilhafter gewesen (vgl. *Herzog* 1991, S. 215).

Mit der Emission von Wandelanleihen mit Pflichtwandlung werden diese beiden Nachteile zumindest teilweise aufgehoben: Über die zukünftige Eigenkapital-Beschaffung herrscht Sicherheit (wegen der Pflichtwandlung) und der maximale Wandlungspreis bzw. die Wertobergrenze (bei PERCS) mildert die Opportunitätsverluste, falls der Aktienkurs während der Laufzeit deutlich über den Kurs zum Zeitpunkt der Anleiheemission steigt.

### 9.1.1.3 Wandelanleihen aus Anlegersicht

Wandelanleihen zielen gegenüber Aktienemissionen aus einer normalen Kapitalerhöhung über Bezugsrechte oder gegenüber der Fremdkapitalaufnahme mittels einer gewöhnlichen Unternehmensanleihe auf andere Anleger ab. Durch die Emission einer Wandelanleihe kann ein Unternehmen die Palette von Anlagemöglichkeiten für die Investoren erweitern, mit dem Ziel, die Nachfrage von bestimmten Anlegern nach Wertpapieren mit Rendite/Risiko-Merkmalen von Optionen zu befriedigen.

Wandelanleihen weisen ein Rendite/Risiko-Profil auf, das zwischen den beiden Grundformen, Aktien und Straight Bonds, liegt. Eine Anlage in Wandelanleihen hängt primär von den subjektiven Erwartungen des Anlegers bezüglich Rendite und Risiko und seiner optimalen Portofoliostrategie ab (vgl. *Herzog* 1991, S. 80). Der typische Wandelanleihe-Anleger ist risikoaverser als der typische Aktienanleger jedoch risikofreudiger als der typische Anleihe-Anleger und der Aktien-Anleger, der seine bestehenden oder aufzubauenden Positionen gegen unerwünschte Marktentwicklungen durch Eingehen einer adäquaten Gegenposition absichert (sog. Hedge Investor). In Abb. II-30 wird die Positionierung des Anlegers einer Wandelanleihe im Risiko-Spektrum dargestellt.

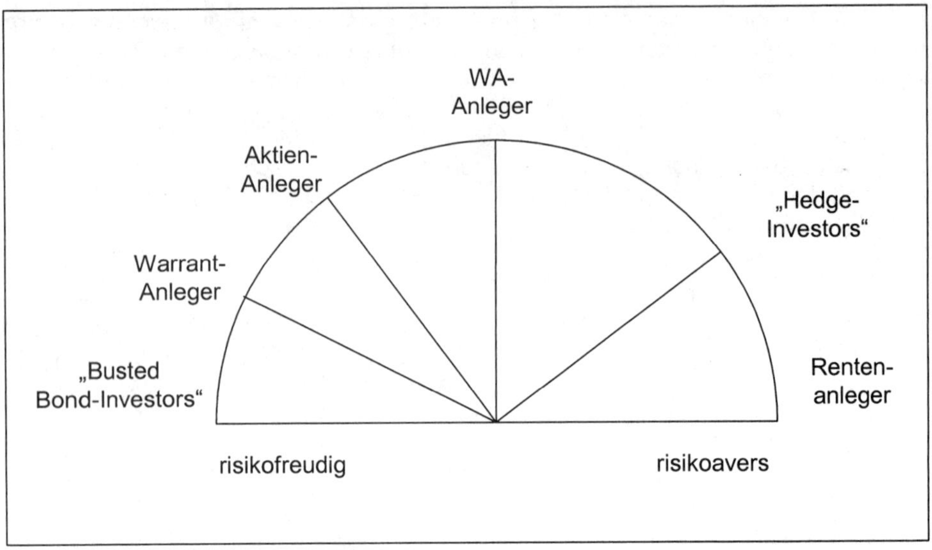


Abb. II-30: Die Positionierung des typischen Wandelanleihe- (WA-)Anlegers im Risikospektrum (Quelle: *Philips* 1997, S. 14)

Im Folgenden werden die **wichtigsten Typen von Anlegern** erläutert, die Wandelanleihen in ihrem Portofolio aufnehmen (vgl. *Ritchie* 1997 S. 295):

- Manager spezieller „Equity-linked“-Fonds, bei denen Wandel- und Optionsanleihen einen Investitionsschwerpunkt bilden.
- Defensive Aktien-Privatanleger oder Manager von Aktienfonds, die in bestimmten Börsensituationen - z.B. nach einer langen Hausse des Aktienmarkts, wenn ein starker Kursrückgang befürchtet wird - defensiv anlegen wollen. Wandelanleihen bieten diesen Anlegern durch ihre Wertuntergrenze eine Möglichkeit, defensiv zu sein und gleichzeitig an Kurserhöhungen der zugrundeliegenden Aktie (fast) vollständig zu partizipieren.
- Institutionelle (Fonds-)Investoren oder Privatanleger, die hauptsächlich in Bonds investieren, die aber die Chance einer höheren Rendite mittels Wandelanleihen ausnutzen wollen und dafür bereit sind, eine niedrigere Verzinsung in Kauf zu nehmen.
- Ferner Arbitrageure, die versuchen, mit Hilfe von Arbitragetransaktionen risikolos Gewinne (sog. Free Lunch) durch die Ausnutzung von Über- bzw. Unterbewertungen bei den Wandelanleihen zu erzielen.

Der wichtigste Vorteil von Wandelanleihen aus Investorensicht besteht in der Kombination von Anleihen mit dem Umtauschrecht in Aktien. Wandelanleihen verbinden die geringen Kursschwankungsbreiten einer Anleihe mit dem Kurssteigerungspotenzial einer Aktie (vgl. *Glogowski/Münch* 1990, S. 273). Ein Anleger kann also die wirtschaftliche Entwicklung des Unternehmens abwarten und erhält während dieser Zeit regelmäßige Zinszahlungen (die i.d.R. höher als die Dividende ist, die vom Emittenten an Aktionäre ausgeschüttet wird), bevor er sich für eine Risikobeteiligung (Umtausch) entschließt. In diesem Sinne vereinigen Wandelanleihen die positiven Aspekte der beiden Grundformen: Sie haben ein geringeres Risiko als Aktien, werfen einen sicheren Ertrag ab und haben ein größeres Kurssteigerungspotenzial als herkömmliche Anleihen. Die Entscheidung für Wandelanleihen ist im Grunde genommen eine Frage des Timings, wobei das Endergebnis letztlich mehr vom Zeitgespür des Anlegers als von den Leistungsmerkmalen des Markts abhängt.

Diese Vorteile stellen einen wirtschaftlichen Wert dar, der sich bei Wandelanleihen in einem niedrigeren Nominalzinssatz gegenüber Anleihen und zu einem niedrigeren Kurspotenzial im Vergleich zur zugrundeliegenden Aktie niederschlägt.

Beispiel: Ein Investor steht vor der Wahl, eine Aktie oder eine Wandelanleihe des emittierenden Unternehmens zu erwerben. Der Aktienkurs $S_t$ im Zeitpunkt $t = 0$ beträgt *90* €. Der Kurs der Wandelanleihe beträgt *105* €; das Umtauschverhältnis *u* ist *1:1*, der Umtauschpreis liegt mit *100* € fest. Der indirekte Erwerb einer Aktie über eine Wandelanleihe ist für den Anleger *15* € teurer als der direkte Erwerb einer Aktie (zum Marktpreis *90* €). Angenommen, der Aktienkurs beträgt am Laufzeitende *180* € und der Investor hätte die Aktie zu $t = 0$ direkt über die Börse erworben, dann wäre für ihn ein Gewinn von *90* € bzw. *100%* zu erzielen. Der Kurs der Wandelanleihe liegt am Laufzeitende bei *180* € (= $max\ (S_t \cdot u; Present\text{-}Value)$). Der Investor erzielt somit einen Gewinn von $(75 : 105)100 = 71{,}5\%$, der niedriger ist als beim direkten Aktienerwerb.

Wandelanleihen besitzen wegen ihrer besonderen Ausgestaltung als hybrides Finanzinstrument ein niedrigeres Kursverlustpotenzial als die zugrundeliegende Aktie. Sollte der Aktienkurs im obigen Beispiel auf *45* € fallen, so erleidet der Anleger einen Verlust von *50%*, falls er zum $t = 0$ die Aktie direkt erworben hat. Hat er dagegen die Wandelanleihe erworben und der Aktienkurs liegt am Laufzeitende unter dem Umtauschpreis (*100* €), wird er von seinem Umtauschrecht keinen Gebrauch machen. Die Anleihe wird zum Nennwert getilgt und der Anleger erhält *100* €. Er erleidet somit einen Verlust in Höhe von nur *4,76%* ($100 \cdot 5 / 105$), der niedriger ist als der Verlust bei der anderen Alternative (Aktienerwerb).

Die Verluste können höher sein, wenn der Anleger die Wandelanleihen zu einem Zeitpunkt erworben hat, zu dem die Kaufoption (Wandlungsrecht) „Deep in the money" liegt (d.h. der Aktienkurs ist wesentlich höher als der Umtauschpreis, vgl. auch *Schäfer* 1999a, S. 352). In diesem Fall wird der Preis der Wandelanleihe vom Wert des Umtauschrechts bestimmt. Fällt der Aktienkurs nach dem Erwerb unter den Umtauschpreis, dann wird der Preis der Wandelanleihe vom Barwert des Anleiheteils bestimmt. Der Inhaber erleidet einen Verlust, der um so höher ist, je tiefer die Kaufoption beim Erwerb „In the money" liegt (d.h. der Aktienkurs notiert unter dem Umtauschpreis).

Das überzeugendste Argument für Wandelanleihen aus Anlegersicht ist, dass sie langfristig ein ausgewogenes Verhältnis von Ertrag und Risiko bieten, welches den Aktien und Anleihen im Langzeitvergleich überlegen ist (vgl. Tab. II-8) .

| | **erwartete Rendite** | **Risiko (gemessen mit der Standard-abweichung)** | **Sharpe-Ratio*)** |
|---|---|---|---|
| Wandelanleihe | *11,70 %* | *12,47%* | *0,46* |
| US-Aktienindex S&P 500 | *11,84%* | *17,27%* | *0,34* |
| langfristige US-Obligation | *9,66%* | *12,44%* | *0,29* |
| Mittelfristige US-Obligation | *9,91%* | *8,93%* | *0,44* |

*) risikoloser Zinssatz = *6* %. Das *Sharpe*-Ratio spiegelt das Rendite/Risiko-Verhältnis wieder und wird auch als Performance-Maß bezeichnet ( $\text{Sharpe Ratio} = \frac{(\text{Rendite - risikoloser Zinssatz})}{\text{Volatilität}}$ ). Je höher das *Sharpe*-Ratio, desto besser das Rendite-Risikoverhältnis

Tab. II-8: Performance-Analyse USA 1973-95 (*Ibbotson Associates* 2000)

Einen wesentlichen Einfluss auf die Rendite von Wandelanleihen hat damit der Zeitpunkt des Anleiheerwerbs oder -verkaufs, das sog. Timing. Außerdem sind Kursgewinne nach der einjährigen Spekulationsfrist nur für den Käufer einer klassischen Wandelanleihe steuerfrei. Ein steuerlicher Nachteil besteht dagegen für den Käufer einer Umtauschanleihe oder einer synthetischen Wandelanleihe (die vom Fiskus als Finanzinnovationen behandelt werden): Er muss die Kursgewinne nach der Spekulationsfrist von einem Jahr versteuern.

Bei Mandatory Convertibles ist der Investor vor Wertverlusten bei sinkenden Aktienkursen nicht durch den Wert des Straight Bonds abgesichert, da er nicht das Recht hat, am Ende der Laufzeit die Tilgung der Obligation zu verlangen. Das Rendite-Risiko-Profil von Wandelanleihen mit Pflichtwandlung ist ähnlich dem einer Aktie. Bei PERCS ist außerdem das Wertsteigerungspotenzial der Wandelanleihe begrenzt. Der Anleger partizipiert teilweise an Kurserhöhungen der zugrundeliegenden Aktie. Enthalten die Anleihebedingungen keine Wertuntergrenze, dann partizipiert der Anleger voll an Kursverlusten der Aktie.

Eine Investition in Wandelanleihen ist für Anleger mit weiteren Risiken verbunden. Steigt z.B. die Umlaufrendite während der Laufzeit der Wandelanleihe, so sinkt der Wert des reinen Anleiheteils (Zinsänderungsrisiko). Eine allgemeine Marktzinserhöhung wirkt sich aber c.p. negativ auf die Aktienkurse aus. Das bedeutet, nicht nur der reine Anleihewert, sondern auch der Umtauschwert sinkt. Die Wertuntergrenze von Wandelanleihen verschiebt sich somit nach unten und der Verlust für den Anleger kann sich beträchtlich erhöhen.

Die Zunahme des unternehmensspezifischen Risikos, z.B. wenn die emittierende Unternehmung die in sie gesetzten Wachstumserwartungen nicht erfüllt oder wenn ihre Kreditwürdigkeit sinkt, wirkt sich negativ auf den Aktienkurs und Anleihewert aus. Ferner sind die Aktien- und Anleihekursentwicklungen voneinander nicht unabhängig. Ein zu starker Rückgang des Aktienkurses kann von Anlegern als Signal für eine Insolvenzgefahr interpretiert werden und die vom Unternehmen emittierten Anleihen können als Ramschanleihen bzw. „Junk Bonds" klassifiziert werden. Der Kurs der Wandelanleihe wird in diesem Fall gegen null tendieren.

Ferner stellt eine vorzeitige Kündigung der Wandelanleihe seitens des Emittenten für den Investor ein zusätzliches Risiko dar. Der Emittent kann bei einer Erhöhung des Aktienkurses über den Umtauschpreis die Anleihe kündigen. Der Investor erhält zwar die Tilgungszahlung (und eventuell Kuponzahlungen) oder bezieht Aktien des Emittenten zum Umtauschpreis, verliert aber den Zeitwert (die Prämie) des Umtauschrechts.

Wandelanleihen unterliegen ferner dem Risiko einer Aktienkursverwässerung, wenn der Emittent oder das veroptionierte Unternehmen hohe Dividenden während der Anleihelaufzeit an die Aktionäre ausschüttet. In diesem Fall kann für den Anleger eine vorzeitige Ausübung des Umtauschrechts oder ein Verkauf der Wandelanleihe kurz vor dem Dividendentermin vorteilhaft sein. Verkauft er die Wandelanleihe, wird er mit dem Wiederanlageproblem konfrontiert werden; übt er das Optionsrecht aus, so verliert er die Absicherung der Wandelanleihe, indem er Aktionär wird.

### 9.1.2 Optionsanleihe

Eine Optionsanleihe, auch **Bond with Warrant** oder **Warrant Bond** genannt, ist wie die Wandelanleihe eine „zusammengesetzte" Obligation. Sie besteht aus einer

- mittel- bis langfristigen **Anleihe** mit fester oder variabler Verzinsung und einem oder mehreren **Optionsscheinen** (= Warrants),
- die zum **Bezug** einer bestimmten Anzahl von Aktien (oder Anleihen des gleichen Emittenten oder von Rohstoffen bzw. Devisen)
- zu einem festgelegten Kurs (= **Optionspreis**) während einer begrenzten **Optionsfrist** berechtigen.

Während bei Wandelanleihen mit der Wandlung die Rechte aus der Anleihe untergehen, besteht die Optionsanleihe nach Aktienerwerb weiter. Für die Emission von Optionsanleihen gelten die gleichen **formellen Voraussetzungen** wie für die Ausgabe von Wandelschuldverschreibungen.

#### 9.1.2.1 Ausstattungsbesonderheiten von Optionsanleihen

Für Emittenten ist die Optionsanleihe ein vielseitiges Finanzierungsinstrument. Der **Nominalzinssatz** liegt üblicherweise deutlich unter dem Marktniveau, was durch Gewährung der Optionsrechte für den Kapitalgeber ausgeglichen wird. Eine spätere **Ausübung** der **Optionsrechte** auf Aktien entspricht in etwa einer Kapitalerhöhung zum Börsenkurs, wie er bei der Anleiheemission notierte. Im Prinzip lassen sich mit Optionsanleihen die unterschiedlichsten Bezugsmöglichkeiten ausüben, demzufolge kennt man auch verschiedene Bezeichnungen von Optionsanleihen. Abb. II-31 gibt hierzu einen Einblick.

| Gegenstand des Optionsrechts | Bezeichnung der Optionsanleihe |
|---|---|
| Bezug junger Aktien | Aktienoptionsanleihe (Equity Warrant Bond) |
| Bezug einer Anleihe | Zinsoptionsanleihe (Debt Warrant Bond) |
| Bezug von Fremdwährung | Währungsoptionsanleihe (Currency Option Bond) |
| Bezug einer Anleihe in Fremdwährung | Zins-Währungsoptionsanleihe (Currency Option Warrant) |
| Bezug von Gold | Goldoptionsanleihe (Gold Option Bond) |

Abb. II-31: Bezugsmöglichkeiten mittels Optionsanleihen

Die **Anzahl** der **Optionsscheine**, die zum Bezug einer Aktie erforderlich sind, gibt das **Bezugsverhältnis** an. Übt ein Optionsscheininhaber während der Optionsfrist seine Option gegen Hingabe der Optionsscheine entsprechend des Bezugsverhältnisses aus, bezieht er die ihm zustehende Anzahl Aktien und zahlt für diese Aktien den Bezugspreis (= **Optionspreis**).

Beispiel: Ein Bezugspreis von *100* € bei einem Bezugsverhältnis von *2:1* bedeutet, dass bei Einreichung von zwei Optionsscheinen zum Bezug von einer Aktie zusätzlich *100* € für den Erwerb dieser Aktie im Nennwert von *50* € vom Optionsscheininhaber gezahlt werden müssen.

Optionsanleihen werden üblicherweise an den Kapitalmärkten des Eurolands zu einem Über pari-Kurs emittiert. Das Agio bezeichnet die Optionsprämie (= $C_p$). Als Prozentwert ausgedrückt gibt dieser Wert an, wie viel Prozent der Erwerb einer Aktie über den Optionsschein teurer ist als der direkte Bezug über die Börse.

$$C_P = \frac{C_W}{n} + P_{OP} - (S - D) \tag{II-58}$$

mit

$C_W$ = Optionsscheinkurs (börsenmäßig),
$P_{OP}$ = Emissionskurs der Optionsanleihe,
$S$ = Aktienkurs,
$D$ = (erwartete) Dividende.

Beispiel (vgl. *Holschuh* 1996, S. 79): Eine Optionsanleihe gewähre ein Optionsverhältnis von *1:1* zu einem Emissionskurs von *140* €. Die Ausübung der Option sei jederzeit während der Laufzeit der Anleihe (01.12.1993 bis 01.12.2003) möglich. Der Kurs des Optionsscheins an der Börse betrage am *02.02.1996* *170* € und der aktuelle Börsenkurs der Aktie sei *290* €. Die erwartete Dividendenhöhe beträgt neun €.

$C_p = \frac{170}{1} + 140 - (290 - 9) = 29$ €. Der Aktienerwerb mittels Optionsschein war also am 02.02.1996 um *29* € teurer als der Direkterwerb der Aktie an der Börse. Den inneren Wert des Optionsscheins erhält man, indem man die Prämie vom Optionsscheinkurs subtrahiert (= *141* €).

Die Optionsprämie lässt sich als Prozentwert ermitteln:

$$C_P\ (\text{in Prozent}) = \frac{C_P}{S - D} \cdot 100 \tag{II-59}$$

Beispiel: Auf der Grundlage der vorangegangenen Beispieldaten errechnet sich die Optionsprämie (in Prozent) wie folgt: $C_P = \frac{29}{290-9} \cdot 100 = 10{,}3\%$. Es ist um *10,3%* teurer, die Aktie durch die Ausübung der Option zu erwerben.

Wegen des relativ geringen Kapitaleinsatzes für den Erwerb des Optionsscheins gegenüber dem Erwerb der Aktie, weist der **Optionsscheinkurs** eine **überproportionale Änderung** auf, wenn sich der Kurs der zugrundeliegenden Aktie verändert. Es handelt sich um eine **Hebelwirkung**, die mit dem **Leverage-Faktor** gemessen wird (wobei eine *1%*ige Aktienkursveränderung unterstellt wird). Der Leverage-Effekt erklärt sich aus dem Verhältnis des Aktienkurs zum Optionsscheinkurs, das allerdings nicht linear ist. Abweichungen in der tatsächlichen Entwicklung sind daher üblich. Erfahrungsgemäß liegt die tatsächliche Hebelwirkung ca. *10-20%* unter dem rein rechnerischen Wert. Nachstehende „Praktiker-Formel" liefert einen relativ genauen Schätzwert des Leverage-Faktors (= *L*):

$$L = \frac{C_P + n \cdot P_{OP}}{C_P} \qquad \text{(II-60)}$$

Beispiel: Kalkuliert auf der Grundlage der zuvor verwendeten Beispieldaten ergibt sich: $L = \frac{170 + 1 \cdot 140}{170} = 1{,}8$. Steigt (sinkt) der Aktienkurs um *1%*, steigt (sinkt) der Optionsscheinkurs um *1,8%*. Die Prämie bleibt von dieser Änderung unberührt.

Der **Unterschied** zwischen dem **rechnerischen Wert** des Optionsscheins und dessen **tatsächlichem Kurs** wächst, je höher das Kurspotenzial der Aktie im Vergleich zum aktuellen Kurs an der Börse eingeschätzt wird und je länger die Optionsfrist ist. Mit Annäherung an die Endfälligkeit des Optionsscheins sinkt das Agio. Der Optionsschein fällt dann auf seinen rechnerischen Wert.

Lesehinweis: Die vorgestellten Kennzahlen wurden nach Praktikermethoden ermittelt. Methodisch korrekt ist die Ermittlung auf der Grundlage der Optionspreistheorie (vgl. hierzu *Steiner/Uhlir* 2001, S. 299-303).

Der **Kursverlauf** der Anleihe **„cum"** („volle Stücke") richtet sich nach der **Rendite** der Obligation und nach der **Kursentwicklung** der zu beziehenden **Aktie** sowie der Verfassung des Aktienmarkts (vor Ausübung der Option). Interessant ist die Optionsanleihe cum für solche Anleger, die sich das Optionsrecht rechtzeitig sichern wollen, ohne Rücksicht darauf, zu welchem Kurs der später börsenmäßig gehandelte Optionsschein notiert wird.

Der Kurs der Anleihe **„ex"** („leere Stücke") einer „normalen" Obligation, richtet sich nach dem Kursniveau des Rentenmarkts. Diese Anleihe kommt vorzugsweise für solche Anleger in Betracht, die (z.B. aus steuerlichen Gründen) Titel mit einem relativ hohen Disagio suchen.

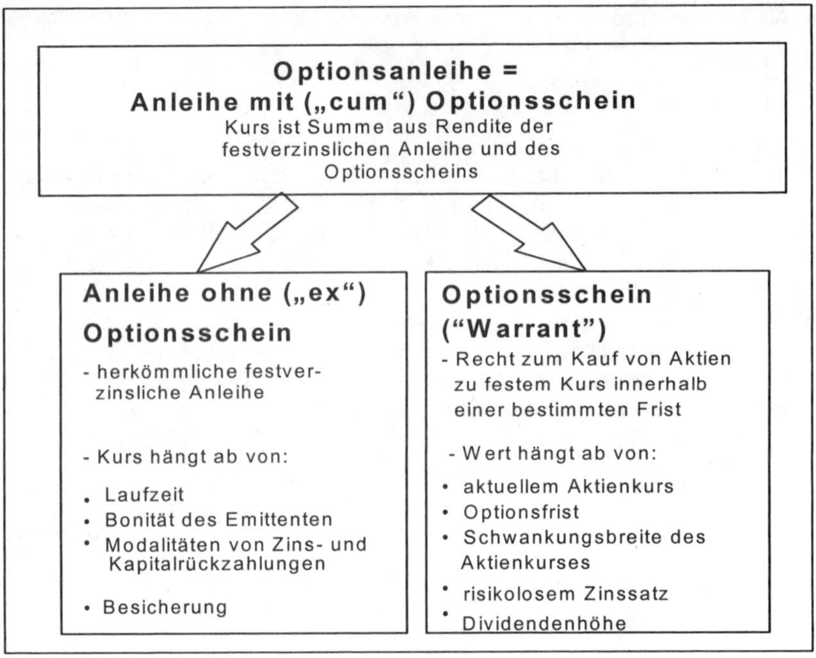


Abb. II-32: Charakteristika der Optionsanleihe

Der **Optionsschein** („Warrant“) ist danach zu unterscheiden, welche **Art von Wertpapiere** mit ihm bezogen werden können. Berechtigen Optionsscheine zum Bezug von Aktien des Emittenten der Warrants, so spricht man von Aktienoptionsscheinen (= **Equity Warrants**). Üblicherweise werden sie nach Trennung von der Optionsanleihe in der Form gehandelt, dass sich das anhängende Optionsrecht auf genau eine Aktie bezieht (= Optionsverhältnis). Wie bei Optionskontrakten generell liegt auch der wirtschaftliche Vorteil des Warrants darin, dass man mit wesentlich geringerem Kapitaleinsatz gegenüber dem physischen Erwerb der Aktie vollständig an der Kursentwicklung der unterlegten Aktie teilnimmt. Einem Verwässerungsschutz bei Kapitalerhöhung wird meist durch Gewährung von Bezugsrechten oder der Minderung des Optionspreises Rechnung getragen. Optionsscheine können auch auf Bezug von Obligationen des gleichen Emittenten bestehen. Warrants auf Renten (= **Bond Warrants**) gibt es an deutschen Wertpapierbörsen seit 1982. Der Vorteil für den Emittenten liegt vor allem darin, dass er sich den Bond Warrant vom Anleger mitbezahlen lässt. Im Weiteren sollen ausschließlich Aktien Optionsscheine betrachtet werden.

Eine Besonderheit in Zusammenhang der Optionsanleihen besteht in sog. **Covered Warrants**. Sie funktionieren zwar genauso wie die den herkömmlichen Optionsanleihen beigefügten Optionsscheine, allerdings wird im Gegensatz zu den bisher vorgestellten traditionellen Warrants bei Ausübung kein neues Aktienkapitel geschaffen. Covered Warrants berechtigen zum **Bezug** bereits **existierender Aktien** eines Unternehmens. Der Emittent dieser Aktien und der Emittent der Covered Warrants müssen zudem nicht identisch sein. Der Emittent von Covered Warrants beschafft sich einen Bestand an Aktien Dritter, um ähnlich eines Stillhalters (analog herkömmlicher Optionsgeschäfte) im Falle der Ausübung die von ihm emittierten Covered Warrants bedienen zu können. Die Aktien sind hierzu in einem **Sperrdepot** hinterlegt. Aufgrund dieses Deckungsbestands wird diese Art von Optionsscheinen „gedeckte“, d.h. „Covered“ Warrants genannt.

Beispiel: Ausgabe von *20 000* Covered Warrants der Bank CSFB (Crédit Suisse-First Boston), von denen je *4* zum Bezug einer Aktie der Mercedes-Holding zum Preis von *691* DM (= Optionspreis) in der Periode vom 26.09.89 bis 25.09.91 berechtigten. Der Ausgabepreis der Warrants betrug *45* DM (Prämie *26%*). Bei Emission wurden für die neuen Scheine dann von den Anlegern *54* DM bis *58* DM bezahlt.

Im Gegensatz zu den durch hinterlegte Aktien gedeckten Covered Warrants, handelt es sich bei sog. **Naked Warrants** um Optionsscheine, die dem Inhaber bestimmte Rechte einräumen. Statt der Lieferung effektiver Stücke werden Zahlungen geleistet.

Für eine AG lassen sich mit der Emission einer Optionsanleihe ganz bestimmte Sachverhalte und Effekte unterscheiden. Abb. II-33 gibt hierzu einen Überblick.

| | Sachverhalt | | Effekt |
|---|---|---|---|
| **bei Emission** | Agio ist gem. § 272 Abs. 2 HGB in die Kapitalrücklage einzustellen. | → | Es erfolgt eine sofortige Erhöhung des Eigenkapitals. |
| | Agio der Anleihe wird von AG vereinnahmt und nicht mehr zurückgezahlt. | → | Agio senkt Effektivkosten der Eigenkapitalbeschaffung. |
| | Bezugskurs liegt über Börsenkurs. | → | Ein bei Kapitalerhöhung gegen Bareinlagen möglicher Abschlag wird vermieden. |
| | Emittent wird Stillhalter. | → | Optionsausübung abhängig vom Investor, i.d.R. am Ende der Ausübungsfrist sinnvoll. |
| **bei Fälligkeit** | Aktienkurs > Bezugskurs → Ausübung des Optionsrechts. | → | Eigenkapital erhöht sich |
| | Aktienkurs < Bezugskurs → Verfall des Optionsrechts. | → | Eventuell gewinnerhöhende Auflösung der Optionsprämie. |

Abb. II-33: Besondere Sachverhalte und Effekte bei Optionsanleihen

### 9.1.2.2 Optionsanleihen im Finanzmanagement

Weite Teile der Argumente wie sie für den Einsatz der Wandelanleihe im Finanzmanagement unter Abschnitt 9.1.1.2 herausgearbeitet wurden gelten auch für die Optionsanleihe. Ergänzend ist an dieser Stelle auf spezielle Einsatzmöglichkeiten der Optionsanleihe (wie auch der Wandelanleihe) als Mezzanine-Finanzinstrument zu sehen. Eine Besonderheit besteht in der instrumentellen Ausgestaltung als **Equity-Kicker**. Kennzeichnend ist für sie, dass die Ausübung des Options- bzw. Wandlungsrechts an den Eintritt eines im Voraus festgelegten zukünftigen Ereignisses gebunden ist. Solche Ereignisse sind im Grunde zwischen Emittent und

Gläubiger frei bestimmbar und haben sich in der Vergangenheit öfter auf eine Börseneinführung, den Verkauf des emittierenden Unternehmens oder das Ende einer Vertragslaufzeit bezogen (vgl. *Golland* 2000, S. 36).

Neben Equity-Kicker sind die Variante der Non-Equity-Kicker zu unterscheiden, die sich in **„Shadow"** oder **„Phantom"-Warrants** und performanceabhängige Non-Equity-Kicker (vgl. Abschnitt 9.4 in diesem Kapitel) unterscheiden. Shadow-Warrants stellen virtuelle Optionsvereinbarungen dar, mit denen kein physischer Bezug des Bezugsobjekts vorgesehen ist. Anstelle dessen ist eine Ausgleichszahlung vorgesehen. Sie setzt sich aus dem Veräußerungsgewinn zusammen, den der Investor beim Bezug von Anteilen des als Bezugsobjekt dienenden Unternehmens und deren anschließendem Verkauf (z.B. aufgrund eines Unternehmensverkaufs) erzielt hätte (vgl. *Golland* 2000, S. 27).

Von besonderer Bedeutung bei Equity-Kickern ist die **Going Public-Optionsanleihe** (GPO). Mit ihr erhält das Finanzmanagement die Handlungsflexibilität, während der Anleihelaufzeit die Aktien des die GPO emittierenden Unternehmens an der Wertpapierbörse einzuführen - oder hierauf zu verzichten. Unterlässt der Emittent eine Börseneinführung, so verbleibt ihm eine Anleihefinanzierung mit marktgerechten Konditionen. Wird der Börsengang durchgeführt und die Bezugsrechte ausgeübt, so liegt der Rückzahlungskurs der GPO niedriger und die Finanzierungskosten können gesenkt werden (vgl. *Karsch* 1989, S. 171).

GPO sind besonders für expandierende Unternehmen geeignet, die in der Zukunft umfangreiche Investitionen zu tätigen beabsichtigen, aber noch nicht eine erforderliche Börsenreife zur Beschaffung von Aktienkapital und Finanzierung der geplanten Investitionen aufweisen. Mit Emission einer GPO stehen solchen Unternehmen nach Platzierung unmittelbar Finanzmittel (in Form von Kredit) zu einem relativ niedrigeren Zinssatz, als es alternative Kreditinstrumente ermöglichen würden, zur Verfügung. Da üblicherweise die Laufzeit der GPO im Bereich von nicht unter fünf Jahren liegt, besteht während dieser Zeit Handlungsflexibilität zur Vorbereitung und Realisierung eines Börsengangs unter Nutzung eines förderlichen Kapitalmarktumfelds.

Hinsichtlich der Börseneinführung ermöglicht die GPO ferner eine Reduktion des Platzierungsrisikos, da ein Teil der Aktien bereits optionshalber vorplatziert ist und den Investoren eine zeitlich erweiterte Zeichnungsfrist (i.d.R. bis zu zwei Jahren nach Börseneinführung) gewährt wird. Weitere positive Effekte mit Blick auf die Börseneinführung der Aktien des Emittenten sind eine frühzeitige Präsenz am Kapitalmarkt mittels der GPO vor Börseneinführung der Aktien sowie damit einhergehend eine Verbreiterung des Bekanntheitsgrads. Als problematisch könnte es sich für die Platzierbarkeit der GPO erweisen, dass bei Investoren die Befürchtung besteht, mit der Börseneinführung der Aktien des GPO-Emittenten einen überhöhten Emissionspreis zu erhalten (vgl. *Schwenkedel* 1989, S. 606).

## 9.2 Genussscheine

„Genussscheine verbriefen Genussrechte. Genussrechte unterliegen keiner gesetzlichen Definition. Daher leitet sich ihre inhaltliche Bestimmung aus der allgemein üblichen Praxis ab. Genussrechte sind primär Gläubigerrechte. Diese können sehr unterschiedlich gestaltet sein" (*Glogowski/Münch* 1990, S. 60). Das durch die Emission von Genussscheinen beschaffte Kapital wird als Genussrechtskapital bezeichnet. Eine rechtliche Definition von Genussrechten existiert nicht. Einzig im **Aktienrecht** in §§ 160 Abs. 1 Nr. 6 und 221 Abs. 3 AktG sowie im Bankenrecht unter § 10 Abs. 5 KWG werden sie erwähnt. Im Aktienrecht werden sie den Vorschriften für Wandelanleihen und Gewinnschuldverschreibungen unterworfen. Genussscheine werden **überwiegend** von **Aktiengesellschaften** emittiert, obwohl sie auch von Emittenten anderer Rechtsformen ausgegeben werden können. Aktionären ist ein **Bezugsrecht** auf die Genussscheine einzuräumen.

Genussscheine weisen große Ähnlichkeiten mit (stimmrechtslosen) Vorzugsaktien und mit Gewinnobligationen auf. Die **Unterschiede** zwischen Genussschein und der (stimmrechtslosen) Vorzugsaktie werden in Abb. II-34 veranschaulicht.

| Wertpapier ⇒<br>Merkmal<br>⇓ | Genussschein | stimmrechtslose Vorzugsaktie |
|---|---|---|
| Stimmrechte | grundsätzlich nicht | grundsätzlich nicht, lebt aber nach zwei dividendenlosen Jahren auf |
| verbriefte Rechte | Gläubigerrechte | Eigentümerrechte |
| Höhe des Emissionsvolumens | unbegrenzt | begrenzt auf die Höhe des gezeichneten Kapitals |
| Formen der Einkommenszahlungen | • festverzinslich<br>• Mindestausschüttung und dividendenabhängiger Bonus<br>• vollkommene Dividendenabhängigkeit<br>• renditeabhängige Ausschüttung | Dividende mit Mindestanspruch oder Aufschlag gegenüber Stammaktie |
| bilanzielle Behandlung | Zinsaufwand | erfolgsabhängige Ausschüttung |

Abb. II-34: Genussschein und stimmrechtslose Vorzugsaktie im Vergleich

Aus **juristischer Sicht** gelten Genussscheine als **Gläubigerrechte schuldrechtlicher Art**. Sie können vermögensrechtliche Ansprüche beinhalten, wie sie typischerweise auch einem Aktionär zustehen, beispielsweise eine Beteiligung am Jahreserfolg oder Liquidationserlös des emittierenden Unternehmens. Der Genussscheininhaber hat dagegen **keine mitgliedschaftlichen oder gesellschaftsrechtlichen Ansprüche** (also auch keine Mitwirkungs-, Teilnahme- oder Stimmrechte). Dies bildet sozusagen die Grenze der Ausgestaltbarkeit von Genussrechten. Genussscheine stellen andererseits gegenüber den übrigen Gläubigern Teil des haftenden Eigenkapitals des emittierenden Unternehmens dar, sofern sie bis zur vollen Höhe am Verlust teilnehmen. Dies deutet wiederum auf ihren eigenkapitalähnlichen Charakter hin. Allerdings kann die Form der Verlustteilnahme in den Emissionsbedingungen und aufgrund der Bestimmungen von Sondergesetzen sehr unterschiedlich ausgestaltet sein. Die Verlustteilnahme beruht auf der Nachrangabrede in den Genussscheinen: Zuerst werden alle bevorrechtigten Gläubiger in ihren Zinsforderungen bedient (z.B. Inhaber von Industrieobligationen oder ein kreditgebendes Kreditinstitut). Erst danach sind Zinsansprüche aus Genussscheinforderungen zu erfüllen und in der Rangordnung anschließend können verbliebene Teile eines Periodenerfolgs an die Eigenkapitalgeber gezahlt werden (z.B. Dividenden).

Die **Nachrangabrede** verleiht Genussrechtskapital das Merkmal von haftendem Kapital. Finanziell macht sich dies bei Genussscheininhabern bemerkbar, indem bei einem Verlust des Emittenten die laufende Ausschüttung oder Verzinsung entfallen kann. So sieht beispielsweise das Kreditwesengesetz (= KWG) nach seiner Neufassung aufgrund der 4. KWG-Novelle im § 10 Abs. 5 Nr. 1 KWG vor, dass sich ein emittierendes Kreditinstitut verpflichten muss, im Falle eines Verlusts die Zinszahlungen an die Genussscheininhaber aufzuschieben. Andernfalls wird ihm die Anrechnung des Genussscheinkapitals als sog. Ergänzungskapital zu den eigenen Mitteln versagt (vgl. *Arnold/Boos* 1993, S. 276). **Verlustteilnahme** macht damit u.a. den **Eigenkapitalcharakter** von Genussscheinen aus.

Während Genussscheine ursprünglich überwiegend in Zusammenhang mit der Gründung oder der Sanierung eines Unternehmens emittiert wurden, stellen sie heute als **Beteiligungs-(Finanzierungs-)Genussscheine** oder **Partizipationsscheine** häufig eine Ergänzung zur rechtsformtypischen Beteiligungsfinanzierung dar. Insbesondere Kreditinstitute greifen auf diese Finanzierungsinstrumente seit Anfang der *90*er Jahre zurück, um die Eigenkapitalbasis zu stärken.

**Steuerlich** werden Genussscheine unter ganz bestimmten Umständen wie **Fremdkapital** anerkannt und die Einkommenszahlungen an die Genussscheininhaber stellen für den Emittenten Betriebsausgaben dar:

- Gewinn- oder Dividendengrößen dienen lediglich als Orientierungsgrößen für die **Ausschüttung** an Genussscheininhaber, die Ausschüttung selbst stellt keine Gewinnverwendung dar;
- in den Genussscheinbedingungen ist ferner die Beteiligung des Inhabers am Liquidationserlös ausgeschlossen und
- die Laufzeit des Kontrakts ist befristet oder kündbar.

Ferner entfällt unter diesen Umständen die Erhebung von Körperschaftsteuer auf die Ausschüttungen. Darüber hinaus ist das Genussrechtskapital nicht im Einheitswert des Betriebsvermögens aufzuführen. Aufgrund dieser steuerlichen Vorschriften ist bei fast allen Genussscheinen die **Laufzeit** befristet oder kündbar und es wird eine **Tilgungszahlung** vom Emittenten versprochen. Dadurch weisen Genussscheine wesentliche Charakterzüge von Fremdkapital auf.

Genussscheine sind vereinfachend als **Mischform** aus Beteiligungs- und Gläubigerpapieren zu betrachten. Ob ein Genussschein eher der einen oder der anderen Seite zuzuordnen ist, hängt bei der Ausgestaltung von der Gewichtung der **Eigen- und Fremdkapitalelemente** ab (vgl. *Drukarczyk* 1993a, S. 583-585). Ein Vergleich zwischen Stammaktie, Genussschein und Obligation wie in Abb. II-35 ist instruktiv.

| (Stamm-)Aktie | Genussschein | Obligation |
|---|---|---|
| Aktionär:<br>• Miteigentümer an der AG<br>• eingezahlte Beträge = Eigenkapital | Genussscheininhaber:<br>• Gläubiger des Unternehmens<br>• eingezahlte Beträge =<br>* steuerrechtlich Fremdkapital<br>* bilanziell Eigenkapital | Obligationär:<br>• Gläubiger des Unternehmens<br>• eingezahlte Beträge = Fremdkapital |
| Aktionär:<br>Stimmrecht | Genussscheininhaber:<br>kein Stimmrecht | Obligationär:<br>kein Stimmrecht |
| Aktionär:<br>Anspruch auf Gewinnanteil variable Höhe je nach Periodenerfolg | Genussscheininhaber (alternative Ausstattungen):<br>• festverzinslich<br>• Mindestausschüttung und dividendenabhängiger Bonus<br>• vollkommene Dividendenabhängigkeit<br>• renditeabhängige Ausschüttung | Obligationär:<br>Anspruch auf Verzinsung fix oder variabel |
| Dividende:<br>Gewinnverwendung der AG | Verzinsung des Genussscheins (Ausschüttung):<br>• steuerlich: Betriebsausgaben, Voraussetzung: keine Beteiligung der Genussscheine am Liquidationserlös des Unternehmens<br>• bilanziell: Aufwand | Zinszahlung:<br>• steuerlich: Betriebsausgaben<br>• bilanziell: Aufwand |
| Eigenkapital:<br>durch Aktionär nicht kündbar | Genussrechtskapital:<br>• durch Inhaber nach Ablauf einer bestimmten Frist kündbar<br>• durch Emittent bedingt kündbar meist aus steuerlichen Gründen<br>• jederzeit vom Emittenten kündbar | Fremdkapital:<br>• durch Inhaber nicht kündbar<br>• von vornherein in der Laufzeit beschränkt (Ausnahme: ewige Anleihen) |
| keine Rückzahlung des Kapitals | • bei unbegrenzten Laufzeiten keine Rückzahlung des Kapitals<br>• begrenzte Laufzeit kann vertraglich vorgesehen werden | Rückzahlung zum Ende der Laufzeit oder vorher (z.B. durch Auslosung oder freihändigen Rückkauf) |

Abb. II-35: (Stamm-)Aktie, Genussschein und Obligation im Vergleich

Da **Inhaber** von **Genussrechten** keine Mitspracherechte besitzen, aber als Gläubiger nachrangig haften, gehen sie ein **höheres Kapitalanlagerisiko** ein als Aktionäre. Die vermehrte Risikoübernahme wird i.d.R. nur dann von Anlegern getragen, wenn sie hierfür eine **Kompensation** erhalten. Insofern ist der Satz für die geforderte Rendite beim Genussrechtskapital um eine Risikoprämie zu erhöhen. Dies relativiert die zuvor getroffene Aussage hinsichtlich der Vorteilhaftigkeit der

Beschaffung von Genussrechtskapital als kostengünstigere Form der (substitutionalen) Eigenfinanzierung.

Vor dem Hintergrund der hohen **Ausgestaltungsfreiheit** für die Individualität von Genussscheinen kann je nach Intention des Emittenten eher eine kreditverwandte Gestaltung (Genussrechte als **Debt Mezzanine**) oder eigenkapitalähnliche Form (Genusscheine als **Equity Mezzanine**) erfolgen.

Folgende **Ausstattungsmerkmale** von Genussscheinen sind üblich:

- Genussrechtskapital stellt eine längerfristige Kapitalbereitstellung für ein emittierendes Unternehmen dar. Als **Orientierung** können die Regelungen bei Genussscheinen der Kreditinstitute angesehen werden: So erfordert die Anerkennung des Genussscheinkapitals (als nachrangiges Haftkapital) aufgrund der Vorschriften des KWG und des Steuerrechts eine Laufzeit zwischen **fünf und *30* Jahren**.
- Die Ausgestaltung der Genüsse kann individuell vom Emittenten festgelegt werden. Der Gesetzgeber lässt hier Gestaltungsfreiheit zu. Vorfindbar sind folgende Regelungen der Einkommenszahlung:
  - Beteiligung **am Gewinn** mit oder ohne Mindestverzinsung,

    Beispiel: In den Bedingungen des Genussscheins der Bertelsmann AG findet man folgende Ausschüttungsregelung: „Die Ausschüttung der Bertelsmann-Genussscheine richtet sich nach der Gesamtkapitalrendite des Hauses Bertelsmann. Bei einer Gesamtkapitalrendite zwischen *12* Prozent und *16* Prozent beträgt die Ausschüttung *15* DM je Genussschein im Nennwert von *100* DM. Würde die Gesamtkapitalrendite in einem Jahr über *16* Prozent oder zwischen *0* und *12* Prozent liegen, beliefe sich die Ausschüttung auf den Satz der Gesamtkapitalrendite plus *1* Prozentpunkt. Die Gesamtkapitalrendite errechnet sich als das Verhältnis der Summe von Konzernjahresüberschuss vor Ertragsteuern und inländischer Mitarbeiter-Gewinnbeteiligung zur durchschnittlichen Konzernbilanzsumme" (*Bertelsmann* AG o. J.).
  - Beteiligung am Liquidationserlös,
  - Gewährung von **Bezugs- oder Umtauschrechten** in Aktien,
  - unentgeltliche Benutzung gesellschaftseigener Vermögensgegenstände bzw. **andere Formen der Nutznießung**.

    Beispiel: Frühere Genussscheine der Audi NSU AG verbrieften den Genussscheininhabern eine finanzielle Beteiligung an den Einnahmen aus Lizenzgebühren für den Wankelmotor.
- Die Verlustteilnahme der Genussscheine kann durch **Besserungsabreden** für den Anleger gemildert werden. Damit kann sich der Emittent verpflichten,
  - entgangene Ausschüttungen nachzuholen, teilweise unter Nachzahlung entgangener Zinsen auf den ausgefallenen Betrag oder
  - das um Verlustzuweisungen herabgesetzte Genussscheinvermögen bis zum ursprünglichen Nominalwert wieder aufzufüllen.
- Auch bei den **Kündigungsmodalitäten** sind unterschiedliche Regelungen vorzufinden:
  - Ausschluss der Kündigung während der gesamten Laufzeit durch den Emittenten und den Genussscheininhaber,
  - beiderseitiges Kündigungsrecht in Abhängigkeit von einer Mindestlaufzeit,
  - Ausschluss des ordentlichen Kündigungsrechts für den Genussscheininhaber,

- bedingtes Kündigungsrecht des Emittenten, vor allem für den Fall, dass sich die steuerrechtliche Behandlung des Genussscheins in Zukunft zum Nachteil des Emittenten ändert,
- Kündigungsrecht des Genussscheininhabers nach Ablauf einer Mindestlaufzeit.

- Genussscheinkapital kann im Regelfall erst nach Befriedigung der übrigen Gläubiger vom Genussscheininhaber **zurückgefordert** werden.

Genussscheine können an der Wertpapierbörse zum Handel eingeführt werden. Auf den Kurszetteln der deutschen Wertpapierbörsen finden sich mittlerweile eine Reihe unterschiedlicher Emittenten (nicht nur in der Rechtsform der AG) und eine **Formenvielfalt** an Genussscheinen. Der börsenmäßige Handel von Genussscheinen bleibt auf die **deutsche Wertpapierbörsen** beschränkt. Bei ausländischen Anlegern ist dieses Instrument weitestgehend unwillkommen, da seine Rechtskonstruktionen von ausländischen Anlegern als intransparent eingestuft werden. Allen börsennotierten **Genussscheinen ist gemeinsam**, dass sie mit einer mehr oder weniger **variablen Ausschüttung** und einem **Rückzahlungsversprechen** versehen sind. Es lassen sich anhand der Ausschüttungsbestimmungen prinzipiell vier Genussscheintypen unterscheide (vgl. Tab. II-9).

Der überwiegende Teil der Genussscheine weist Eigenschaften **festverzinslicher Anleihen** inkl. **Verlustbeteiligung (Typ A)** auf. Grundsätzliche Merkmale sind damit eine feste Verzinsung und ein fester Tilgungskurs. Eine weitere Variante von Genussscheinen **(Typ B)** beinhaltet eine **Mindestausschüttung und** einen **dividendenabhängigen Bonus**. Hilfreich ist für die Einschätzung solcher Genussscheine aus Anlegersicht der Dividendenpartizipationsfaktor (DPF). Er gibt an, wie der Genussscheininhaber an Dividendensteigerungen teilhaben wird. Ein weiterer Faktor ist die Dividendenpartizipationsgrenze (DPG), ab der eine Bonusausschüttung einsetzt.

<u>Beispiel:</u> Beim *85*er Genussschein der Commerzbank AG betragen die Mindestausschüttung *8,25%*, die DPG *6* DM und der DPF *0,5*. Wenn die Commerzbank eine Dividende zahlt, die um *7,50* DM über der DPG liegt, ergibt sich eine Bonusausschüttung von *3,75* DM und insgesamt eine Ausschüttung für den Genussscheininhaber in Höhe von *12* DM *[8,25 + 0,5 x (13,5 - 6)]* (vgl. *Kander/Thomae* 1995, S. 2).

Genussscheine können auch eine Ausschüttung vorsehen, die vollständig von der **Dividendenhöhe** des Emittenten abhängig ist **(Typ C)**. Eine weitere Form des Genussscheins sieht **„renditeabhängige" Ausschüttungen** vor. Die Rendite ist in den Genussscheinbedingungen im Einzelnen geregelt und setzt sich aus dem Verhältnis von Bezugsergebnis zu Bezugskapital zusammen **(Typ D)** (vgl. *Kander/Thomae* 1995, S. 3-4).

| Typ | Ausschüttung | | | | Verlustteilnahme | | |
|---|---|---|---|---|---|---|---|
| | MA | DPF | DPG | RND | AAF | KMZ | VTN |
| **Typ A** | | | | | | | |
| DG BANK v. *92* | *8,25* | - | - | - | BV | nein | BV |
| Sixt v. *90* | *10* | - | - | - | JF | nein | BVR |
| Edeka v. *93* | *7,125* | - | - | - | JF | ja | BV |
| **Typ B** | | | | | | | |
| Commerzbank v. *85* | *8,25* | *0,5* | *6* | - | BV | nein | BV |
| **Typ C** | | | | | | | |
| Allianz v. *86* | *0,5* | *0,24* | - | - | nein | - | nein |
| ABB v. *84* | *5* | *1,6* | - | - | nein | - | nein |
| **Typ D** | | | | | | | |
| Bertelsmann v. *92* | - | - | - | EKRvST | JÜR | GA | nEKR |
| Stadtwerke Hannover v. *90* | - | - | - | nach Formel | - | - | JF |

Legende: AAF=Ausschüttungsausfall, JF=Jahresfehlbetrag, BV=Bilanzverlust, BVR=verbleibender Bilanzverlust nach Rücklagenauflösung, GA=Genussausschüttung, MA=Mindestausschüttung in DM, DPF=Dividendenpartizipationsfaktor, DPG=Dividendenpartizipationsgrenze, KMZ=kumulative Nachzahlung, VTN=Verlustteilnahmetatbestand, RND=Rendite, EKRvST=Eigenkapitalrentabilität vor Steuern, nEKR=negative Eigenkapitalrentabilität, JÜR=erforderliche Zuführung zu den gesetzlichen Rücklagen geht Ausschüttungsansprüchen der Genussscheininhaber vor (Quelle: *Kander/Thomae* 1995, S. 5-6).

Tab. II-9: Beispiele für Genussscheine und deren Ausstattungsmerkmale

Lesehinweis: Die Gemeinsamkeiten und Unterschiede zwischen einzelnen Ausgestaltungsformen von Genussscheinen werden mittels finanzanalytischer Kennzahlen instruktiv betrachtet bei *Nowak/Hartmann* (1995).

@ Zum kennen lernen eines Genussscheins ist der Besuch der Website der vivanco AG interessant **http://www.vivanco.de/de/unternehmen/investor/.**

## 9.3 Nachrangiges Haftkapital

Nachrangiges Haftkapital, auch **nachrangige Verbindlichkeit** oder **Subordinated Debenture** genannt, bezeichnet Fremdkapital, das Kapitalgeber einem Unternehmen mit folgenden vertraglichen Vereinbarungen zuführen:

- Im **Konkurs- oder Liquidationsfall** wird es erst nach Befriedigung aller nicht nachrangigen Gläubiger zurückerstattet.
- Die Kapitalüberlassung erfolgt für eine längere Periode (i.d.R. mindestens fünf Jahre) und muss vom Kapitalnehmer **nicht** auf Verlangen des Gläubigers **vorzeitig zurückgezahlt** werden.
- Eine Aufrechnung des Rückerstattungsanspruchs gegen Forderungen des Unternehmens ist ausgeschlossen und für diese nachrangigen Verbindlichkeiten werden **keine vertraglichen Sicherheiten** durch das Unternehmen oder durch Dritte.

Nachrangige Verbindlichkeiten können fest oder variabel verzinslich ausgestattet und in verschiedener Form verbrieft sein. Die vertraglichen Grundlagen können speziell auf die **Bedürfnisse** von **Kapitalgeber** und **-nehmer** abgestellt sein. Erst aufgrund der konkreten Vertragsgestaltung und nur im Einzelfall kann i.d.R. beurteilt werden, ob es sich um nachrangiges Haftkapital handelt. Ähnlich den Genussrechten sind die Ausgestaltungsvorschriften nachrangiger Verbindlichkeiten aufgrund steuerlicher und/oder sonstiger rechtlicher Grundlagen (z.B. KWG) zu sehen (vgl. *Arnold/Boos* 1993, S. 276):

- Es muss vereinbart werden, dass aufgrund des Darlehnsvertrags eingezahltes Kapital im Falle des Konkurses oder der Liquidation erst nach Befriedigung aller nicht nachrangigen Gläubiger zurückerstattet wird (= **Nachrangabrede**). Allerdings geht die Haftung des (originären) Eigenkapitals dem nachrangigen Haftkapital voraus.
- Ferner müssen nachrangige Darlehnsverträge **befristet oder kündbar** formuliert sein. Sie dürfen nicht vorzeitig auf Verlangen des Gläubigers zurückgezahlt werden.

Insofern sind die Konstruktionen des nachrangigen Haftkapitals Mischformen von Eigen- und Fremdkapital. Zu unterscheiden sind partiarisches Darlehen und Gesellschafterdarlehen.

Ein **partiarisches Darlehen** ist eine befristete Überlassung von Fremdkapital, bei welcher der Kapitalnehmer die Rückzahlung und eine gewinnabhängige Verzinsung verspricht. Eine Verlustbeteiligung des Kreditgebers ist ausgeschlossen. Es handelt sich um ein Darlehen, das anstelle einer festen Verzinsung eine **Gewinnbeteiligung** aufweist. Insofern ähnelt es der Gewinnobligation. Sie kann nach dem Jahresgewinn, dem Umsatz oder anderen Erfolgsgrößen des kapitalnehmenden Unternehmens bemessen werden. Das partiarische Darlehen ähnelt ebenfalls der stillen Gesellschaft; im Unterschied dazu ist aber beim partiarischen Darlehen die **Verlustbeteiligung** ausgeschlossen (vgl. *Paulick/Blaurock* 1998, S. 136). Als Finanzierungsinstrument ist das partiarische Darlehen für Kapitalnehmer **steuerlich interessant**. Die gewinnabhängigen Vergütungsanteile zählen nicht zu den hinzurechnungspflichtigen Zinsen i.S.d. § 8 Nr. 1 GewStG, wodurch die Bemessungsgrundlage für die Gewerbeertragsteuer um diesen Vergütungsbetrag gekürzt wird. Das partiarische Darlehen ist daher mit Recht als **Mischform** zwischen Eigen- und Fremdkapital zu betrachten:

- **steuerlich** wird es als Fremdkapital eingestuft,
- aus **Haftungssicht** kann es je nach Vertragsgestaltung stärker Eigen- oder mehr Fremdkapitalcharakter annehmen (z.B. Eigenkapitalcharakter dann, wenn keine Besicherung vereinbart ist und keine außerordentlichen Kündigungsrechte seitens des Darlehensgebers bestehen)
- aufgrund der gewinnabhängigen Vergütungszahlungen ähnelt es dem **Eigenkapital** (vgl. *Drukarczyk* 1993a, S. 582).

In der Realität der Unternehmensfinanzierung ist ferner das **Gesellschafterdarlehen** verbreitet. Die Eigentümer eines Unternehmens führen ihrer Gesellschaft durch ein Darlehen Fremdkapital zu und nehmen daraufhin eine Eigen- <u>und</u> Fremdkapitalgeberposition gegenüber dem Unternehmen ein.

<u>Beispiel:</u> Der Gesellschafter einer GmbH lässt sich nach Ablauf eines Geschäftsjahres seinen (am Jahresüberschuss bemessenen) Erfolgsanteil nicht ausschütten, sondern thesauriert ihn und wandelt ihn in ein Darlehen um.

Den Charakter von haftendem Eigenkapital erhält das Gesellschafterdarlehen aufgrund der seit einem **Urteil des BGH** vom 24.03.1980 vorherrschenden juristischen Betrachtungsweise: Das Darlehen hat zum Zeitpunkt der Bereitstellung Eigenkapitalcharakter, wenn das kreditnehmende Unternehmen zum gleichen Zeitpunkt von dritter Seite i.d.R. einem Kreditinstitut keinen Kredit zu marktüblichen Bedingungen erhalten hätte und deshalb das Unternehmen ohne das Gesellschafterdarlehen hätte liquidiert werden müssen.

Auch beim Gesellschafterdarlehen sind die **steuerlichen Effekte** für diese Finanzierungsform relevant, da diese Darlehen ähnliche Vorteile wie Fremdkapital eingeräumt bekommen. Die auf das Darlehen zu zahlenden Zinsen sind für das Unternehmen bei der Berechnung der Körperschaftsteuer vollständig und bei der Gewerbeertragsteuer hälftig abzusetzen.

Als Finanzierungsinstrument qualifiziert das Gesellschafterdarlehen weitere **Vorteile** wie geringere Kapitalkosten (Kreditwürdigkeitsprüfung und Kreditkontrolle seitens eines Kreditinstituts entfallen) und individuelle Gestaltung der Vertragsbedingungen. Ferner kann eine drohende Insolvenz beseitigt werden, ohne dass Außenstehende wie Lieferanten oder Kunden das geschäftliche Vertrauen verlieren, was sonst meist zur Beantragung des Vergleichs- oder Konkursverfahrens führen würde (vgl. zu diesem Abschnitt *Drukarczyk* 1993a, S. 610-617).

## 9.4 Gewinnobligation

Eine **Gewinnschuldverschreibung** stellt eine Obligation dar, bei der die Gläubiger statt einer festen nominalen Verzinsung eine erfolgsabhängige Einkommenszahlung erhalten. Diese Gewinnbeteiligung stellt das Sonderrecht der Gewinnobligation dar. Eine Beteiligung am Verlust ist dagegen ausgeschlossen. Die Emission von Gewinnobligationen steht nur Aktiengesellschaften offen. Die Gewinnobligation kann hinsichtlich der Vergütungsansprüche des Inhabers in folgender Weise geregelt sein. Zum einen ist eine Festverzinsung möglich, allerdings lediglich im Sinne einer **Mindestverzinsung** (also unterhalb der Umlaufrendite von vergleichbaren festverzinslichen öffentlichen Anleihen). Ergänzend erfolgt eine erfolgsabhängige **Zusatzverzinsung**. Zum anderen kann die Festverzinsung vollständig durch eine **gewinnabhängige Verzinsung** ersetzt werden, wobei diese in ihrer Höhe nach oben meist begrenzt wird.

Beide Formen der Gewinnbeteiligung müssen an bestimmten **Bezugsgrundlagen** ausgerichtet werden. Man findet die Orientierung der Verzinsung an der **Aktiendividende** oder Koppelung der Gewinnbeteiligung an die **Gewinnhöhe** des Emittenten (Gewinnobligation in der Eigenschaft als Income Bond). Auch eine erfolgsorientierte Beteiligung in Form eines Anspruchs am **Reingewinn** (Gewinnobligation als Participating Bond) ist vorfindbar. In Deutschland dominiert die Variante der Gewinnschuldverschreibung mit **fester Grundverzinsung** und **dividendenabhängiger Zusatzverzinsung**.

Beispiel: Verzinsung der Gewinnobligation *5%* plus *1%* pro *2%* Dividende auf Stammaktien oberhalb von *8%* Dividende.

Das Aktienrecht fordert nach § 221 Abs. 1 Satz 2 AktG für die Emission von Gewinnschuldverschreibungen den Beschluss der Hauptversammlung mit einer **Dreiviertel-Mehrheit**. Den Aktionären steht ein Bezugsrecht zu. Gewinnobligationen können auch in Form von performanceabhängigen Non-Equity-Kickern konstruiert sein. Die variablen Ausschüttungskomponenten (zusätzlich zu den festverzinslichen) können hier entweder an absolute Größen wie Ergebnis- oder Cash Flow-

Werten, an relative Performance-Kennzahlen (z.B. Umsatz- oder Eigenkapitalrendite) und/oder an Benchmark-Größen (wie Indizes) gebunden sein (vgl. *Golland* 2000, S. 37).

# 10 Ausgewählte Sonderanlässe der Beteiligungsfinanzierung

In den bisherigen Ausführungen zur Beteiligungsfinanzierung wurde nicht auf konventionell in der Literatur behandelte einmalige oder Sonderanlässe wie Unternehmensgründung, Verschmelzung und Beteiligungspolitik, Sanierung und Kapitalherabsetzung, Umwandlung und Liquidierung eingegangen. Hierzu finden sich Darstellungen z.B. in *Süchting* (1995, S. 100-119) oder *Büschgen* (1991, S. 295-319). Nachfolgend sollen mit der Venture Capital- und der Buy Out-Finanzierung zwei ebenfalls den Sonderanlässen zuzurechnende Formen der Beteiligungsfinanzierung vorgestellt werden, die insbesondere für die Gründung von Unternehmen und die Erhaltung etablierter Betriebe (vor allem mit Nachfolgeproblemen) besondere Bedeutung haben. Nicht näher behandelt wird im Rahmen der Venture Capital-Finanzierung die Rolle sog. **Business Angels** und **Venture Capitalists**. Es handelt sich bei der erstgenannten Gruppe meist um Personen, die in der Vergangenheit selbst ein Unternehmen aufgebaut haben oder in Leitungsorganen großer Unternehmen tätig waren. Sie setzen ihr Privatvermögen als Eigenkapital oder hybride Finanztitel bei Existenzgründern ein. Nach dem Vorbild der USA bestehen mittlerweile auch in Deutschland Netzwerke von Business Angels, in denen gemeinsam Geschäftspläne geprüft und Beteiligungsmöglichkeiten eruiert werden (vgl. *Bell* 1999).

@ Weitere Informationen zu Business Angels gibt das Business Angels Netzwerk Deutschland (BAND) unter **http://www.business-angels.de**

## 10.1 Venture Capital-Finanzierung

Der Venture Capital-Begriff wird aus dem Englischen übersetzt häufig mit **Risiko-, Wagnis- oder Chancenkapital** gleichgesetzt. Kennzeichnend ist bei dieser Form der Beteiligungsfinanzierung, dass sie im Regelfall dazu dient, solches Eigenkapital zu ergänzen, das für **überdurchschnittlich riskante Investitionen** eingesetzt werden soll. Derartige Investitionsobjekte dominieren typischerweise in Branchen, die als innovativ gelten. Aus der Sicht der Eigenkapital gebenden Venture Capital-Gesellschaften sind diejenigen Unternehmen interessant, die neben dem erhöhten Risiko auch überdurchschnittliche Renditen erwarten lassen. Solchen Unternehmen fehlen i.d.R. andere Zugangsmöglichkeiten zu Eigenkapitalquellen (etwa durch den Börsengang). Für eine Abdeckung der Kapitallücke durch langfristige Bankdarlehen sind solche Unternehmen wiederum wegen ihres außergewöhnlich hohen Risikopotenzials ungeeignet.

Risikokapital, welches oft zur Verdeutlichung des **Verlustrisiko**s im **Konkursfall** als Synonym für Eigenkapital verwendet wird, kennzeichnet alle Finanzierungsmittel, bei denen keine Rückzahlungspflicht, kein Kündigungsrecht des Gläubigers, kein fester Zinsanspruch und keine Erstattungspflicht im Konkursfall besteht (vgl. *Laub* 1985, S. 8). Die Ursache der Beteiligungsnahme kann in Unternehmensgründungen, Erweiterungen bestehender Unternehmen, Finanzierung von Buy Outs oder Spin Offs liegen. Auch anstehende Gesellschafterwechsel stellen Anlässe einer Finanzierung mittels Venture Capital dar (z.B. wurden in Folge des Systemwechsels in den neuen Bundesländern ehemalige volkseigene Betriebe oder Abspaltungen hiervon in dieser Form finanziert).

### 10.1.1 Abgrenzungen

Aus Sicht der betrieblichen Finanzwirtschaft ist Venture Capital-Finanzierung eine unter besonderer Intention der Kapitalgeber durchgeführte Beteiligungsfinanzierung, die zusätzlich dadurch gekennzeichnet ist, dass die Repräsentanten des Beteiligungskapitals oder deren Bevollmächtigte eine Managementbetreuungsfunktion mit übernehmen. Die Formen der Beteiligungsnahme können unterschieden werden (vgl. *Kaminski* 1988, S. 12):

- **Direkte Beteiligung**, d.h., ein Venture Capital-Investor geht direkt einen Finanzkontrakt mit dem zu finanzierenden Unternehmen ein (erwirbt z.B. Kommanditanteile).
- **Indirekte Beteiligung**, bei der eine spezielle Finanzierungsgesellschaft - Venture Capital-Unternehmen - als Intermediär zwischen Investor und kapitalnehmendem Unternehmen geschaltet ist.
- Vom **projektorientierten Ansatz** spricht man, wenn für jedes unternehmerische Projekt ein gesondertes Finanzkonzept gestaltet wird. Eine Risikoverteilung ist nicht möglich.
- Beim **fonds-orientierten** Ansatz kann dem extrem hohen Ausfallrisiko durch eine Streuung der finanzierten Projekte, als auch durch unternehmerische Betreuung und Beratung entgegengewirkt werden. Die optimale Fondsbildung wird durch Minderheitsbeteiligungen in mehrere unterschiedliche Branchen sowie in verschiedene technologische Richtungen erreicht. Wesentlich ist die Gewährung des Anlegerschutzes, u.a. durch sorgfältige Auswahl und Prüfung der Beteiligungsobjekte.

In Deutschland ist die **indirekte Form** der Beteiligungsnahme vorherrschend, insbesondere weil die bei direkter Beteiligungsnahme erforderliche Risikostreuung in dem benötigten Umfang aufgrund fehlender Beteiligungsobjekte nicht existiert (vgl. *Fischer* 1987, S. 11). Bei der indirekten Beteiligung können zwei Gesellschaftsformen unterschieden werden: **Kapitalbeteiligungsgesellschaften**, die seit 1965 entstanden sind und **Venture Capital-Gesellschaften**, die Ende der 70er Jahre von den Kapitalbeteiligungsgesellschaften abgespalten wurden.

| Kriterium | Venture Capital-Gesellschaft | Kapitalbeteiligungs-gesellschaft |
|---|---|---|
| Merkmale der anvisierten Beteiligung (= Target) | • innovative Unternehmen<br>• Existenz erst kurze Zeit<br>• hohes Wachstumspotenzial<br>• hohes Investitionsrisiko (hinsichtlich Verlust und Chance)<br>• kleine/mittlere Unternehmen | • bereits über längere Zeit bestehende Unternehmen<br>• ausgereifte technologische Grundlage vor allem in der Produktion |
| Branchenschwerpunkte | • High Tech-Branchen wie Kommunikationstechnik, Gen-Technik, Medizintechnik<br>• Dienstleistungssektor | traditionelle Branchen wie Maschinen- und Anlagenbau, Eisen- und Metallverarbeitung |
| Zielsetzung der Beteiligungsnahme | Anteilswertsteigerung aufgrund des hohen Potenzials in der Marktwertmaximierung (= Maximierung des eingesetzten Vermögens) | Gewinnausschüttung (= Maximierung des entnehmbaren Einkommensstroms) |
| Partizipationsumfang | Bereitstellung von Beteiligungskapital <u>und</u> Übernahme von Managementfunktionen, Beratung | Finanzierungsfunktion überwiegt, in Ausnahmen auch Managementfunktionen |
| Gemeinsamkeit in der Rechtsform | GmbH oder GmbH & Co KG | |

Abb. II-36: Abgrenzung von Venture Capital- gegenüber Kapitalbeteiligungsgesellschaften (Quellen: *Albach/Hundsdiek/Kokalj* 1986, S. 1664 und *Fanselow/Stedler* 1988, S. 555)

Von diesen beiden institutionellen Ausprägungen der Beteiligungsgesellschaften sind die **Unternehmensbeteiligungsgesellschaften** (= UBG) abzugrenzen. Nach einem eigens für diese Beteiligungsgesellschaften geschaffenen Recht aus dem Jahre 1986 (Gesetz über Unternehmensbeteiligungsgesellschaften UBGG) wies der Gesetzgeber den UBGen in § 2 genaue **Anforderungen** an Rechtsform, Unternehmensgegenstand, Sitz und Kapital zu. So war die AG ausschließlich als die zulässige Rechtsform für eine UBG vorgeschrieben, das Grundkapital musste mindestens 2 Mio. DM betragen und Sitz sowie Geschäftsleitung der UBG im Inland sein. UBGen durften ferner ausschließlich Anteile an anderen Unternehmen in der Form der stillen Gesellschaft halten. Erwerb, Verwaltung und Veräußerung dieser Anteile oder Beteiligungen bilden den in der Satzung festzulegenden Unternehmensgegenstand. Die Beteiligungen dürfen nur solche Unternehmen betreffen, die nicht in einem deutschen Börsensegment notiert sind. Der Sitz dieser Unternehmen und ihrer Geschäftsleitung muss im EU-Raum liegen.

Nach bisherigem Recht erhielt eine UBG im Gegensatz zu Beteiligungsgesellschaften, die sich meist nach dem Fondsprinzip refinanzieren, ihr Beteiligungskapital durch die Emission von Aktien, die zumindest innerhalb von *10* Jahren zu sieben Zehntel an der Wertpapierbörse einem breiten Publikum angeboten werden mussten (§ 9 Abs. 1 a.F.) (vgl. auch *Fischer* 1987, S. 121).

Mit dem Dritten Finanzmarktförderungsgesetz ist es zu einer grundlegenden Novellierung des UBGG gekommen. Danach wird zwar weiterhin der Begriff der UBG für typisierte Beteiligungsgesellschaften geschützt, es wird nun aber zwischen zwei Arten von Unternehmensbeteiligungsgesellschaften unterschieden: Die **offene UBG** weist gesetzliche Beschränkungen hinsichtlich ihrer Gesellschafterstruktur auf, d.h. nach Ablauf der Anlaufphase von fünf Jahren dürfen keine Anteilsinhaber mit mehr als *40%* beteiligt sein (§ 7 Abs. 1 UBGG). Der zweite UBG-Typus, die **integrierte UBG**, ist in der Gesellschafterstruktur nicht beschränkt, so dass dieser UBG-Typus vor allem für Beteiligungsgesellschaften mit Mehrheitsgesellschafter wie z.B. einem Kreditinstitut oder einer Versicherung von Bedeutung ist. Die integrierte UBG ist im Gegensatz zum offenen UBG-Typus in ihrer Anlagepolitik begrenzt. Sie dürfen z.B. nur Wagniskapitalbeteiligungen an Unternehmen eingehen, bei denen mindestens einer der Geschäftsführer eine natürliche Person ist, die mindestens zehn Prozent der Stimmrechte des Unternehmens hält (§§ 7 Abs. 6, 4 Abs. 4 UBBG).

Der Begriff der Wagniskapitalbeteiligung, der in § 1a Abs. 2 UBGG definiert ist, umfasst nun neben den stillen Beteiligungen auch das Genussrecht und die direkten Unternehmensbeteiligungen wie Aktien, Geschäftsanteile an GmbHs, Kommanditeinlagen und Beteiligungen als Komplementär.

Mit Novellierung des UBGG ist es auch zu einer stärkeren Flexibilisierung der Rechtsformen gekommen, da für eine UBG nicht mehr zwingend die AG, sondern auch die GmbH, KG und KGaA zulässig sind. Die Verpflichtung zum Börsengang ist auf diese Weise gleichermaßen entfallen. Für die UBG bestehen durch den Wegfall der Anlagebeschränkungen für Beteiligungen außerhalb des EU-Raums höhere Diversifizierungsmöglichkeiten durch den Markteintritt in internationale Kapitalbeteiligungsmärkte (vgl. *Fanselow/Stedler* 1998, S. 292).

Die Problematik, dass Ausleihungen von Kreditinstituten im Insolvenzfall den Charakter kapitalersetzender Gesellschafterdarlehen nach § 32a GmbHG erlangen, wenn Risikokapital institutseigener Kapitalbeteiligungsgesellschaften in die Finanzierungsstruktur eingebunden wird, trifft für die Unternehmensbeteiligungsgesellschaft nicht mehr zu. Der Anwendungsbereich der eigenkapitalersetzenden Darlehen erstreckt sich gemäß § 24 UBGG nicht auf Unternehmensbeteiligungsgesellschaften. Eine Unternehmensbeteiligungsgesellschaft als Tochtergesellschaft eines Kreditinstituts kann Beteiligungen an Unternehmen eingehen, ohne dass diese Kredite im Insolvenzfall als (haftendes) Eigenkapital umqualifiziert werden (vgl. *Weitnauer* 2000, S. 30). Der Wegfall der Regeln über Eigenkapitalersatz ist somit insbesondere für den integrierten UBG-Typus von Bedeutung.

Der Gesetzgeber verfolgte mit der UBG aus steuerlicher Perspektive die Gleichstellung der Direktanlagen von Privatanleger in nicht börsennotierte Unternehmen und der indirekten Anlageformen über UBG-Kapital. Aus diesem Grund ist die UBG von der Gewerbesteuer und der Vermögenssteuer, die allerdings nicht mehr erhoben wird, befreit. Gewinne aus der Veräußerung von Beteiligungen an Kapitalgesellschaften waren für die UBG nach altem Recht steuerfrei, wenn sie sechs Jahre zum Portfolio der gehörten und der Veräußerungsgewinn in neue Beteiligungen an Kapitalgesellschaften investiert wurde (= „6-b-Rücklage"). Diese Haltefrist für 6-b-Rücklagen ist mit dem dritten Finanzmarktförderungsgesetz auf ein Jahr reduziert worden. Durch diese Form der Thesaurierung entsteht für die Anteilsinhaber der UBG ein Steuerstundungseffekt, aber keine Steuerbefreiung. Mit der Ausschüttung fallen Körperschaftsteuerzahlungen an. Zudem gilt diese Regelung nur für Beteiligungen an Kapitalgesellschaften und nicht an Personengesellschaften. Letztere haben als Rechtsform aber eine hohe Bedeutung für kleine und mittlerer Unternehmen in Deutschland (vgl. *Fanselow/Stedler* 1998, S. 292-293). Mit dem Steuerentlastungsgesetz 1999/2000/2002 ist die 6-b-Rücklage neu geregelt und damit die Begünstigung der Übertragung von Veräußerungsgewinnen eingeschränkt worden. Allein der Gewinn aus der Veräußerung von Grund und Boden oder Gebäuden kann bei der Investition in neue Objekte, beschränkt auf die genannten Anlageformen übertragen werden. Damit entfällt die Möglichkeit für die UBGen, Veräußerungsgewinne steuerfrei auf neue Beteiligungen zu übertragen. Der Gesetzgeber will auf diese Weise steuerlichem Missbrauch der Begünstigung durch Holdingkonstruktionen von Unternehmen entgegenwirken (vgl. *Bundestag-Drucksache* 14/23).

Neben der Abgrenzung von Kapitalbeteiligungsgesellschaft, Venture Capital-Gesellschaft und Unternehmensbeteiligungsgesellschaft ist auch zwischen öffentlichen und privatwirtschaftlichen Finanzierungsformen in der **Existenzgründung** zu unterscheiden. Bei **öffentlichen Kapitalhilfen** ist das Existenzgründungs- und Eigenkapitalhilfeprogramm des Bundes aus ERP-Mitteln zu nennen, was sich als eine Form von zinsverbilligten Darlehen und Bürgschaften darstellt. Daneben stellen die Länder öffentliche Finanzhilfen zur Verfügung. Auch stehen Technologieförderprogramme zur Verfügung, jedoch muss eine mangelnde Transparenz dieses Fördermarkts angemerkt werden, so dass die ERP-Hilfen deutlich überwiegen (vgl. *Büschgen* 1985, S. 223).

## 10.1.2 Merkmale der Venture Capital-Finanzierung

Venture Capital Finanzierung stellt Beteiligungskapital bereit. Sie ist neben der klassischen Kreditfinanzierung als ergänzende oder alternative Finanzierungsmöglichkeit anzusehen. Durch die **Stärkung der Eigenkapitalbasis** wird das unternehmerische Potenzial und der damit verbundene hohe Kapitalbedarf in einer starken Wachstumsphase erweitert und dem Unternehmen wird die Möglichkeit eines größeren Marktzugangs ermöglicht. Neben dem Finanzierungseffekt (**Innovationsfinanzierung**) ergibt sich der Vorteil, dass das Risiko auf neue Kapitalgeber überwälzt, die Bonität gegenüber Kreditinstituten verbessert sowie das Eigenkapital (nicht wie Fremdkapital) durch regelmäßige Zins- und Tilgungsverpflichtungen belastet wird (Sicherungseffekt) (vgl. *Büschgen* 1985, S. 222).

Die Venture Capital Finanzierung konzentriert sich idealerweise auf **junge, innovative Unternehmen** mit einem erkennbaren Wachstums- und Entwicklungspotenzial. Sie sind häufig auf einem Geschäftsgebiet tätig, welches zu den „Wachstumsbranchen" zählt. Dazu gehören u.a. die Mikroelektronik, die Kommunikationstechnik und die Biotechnologie. Junge Unternehmen zeichnen sich durch einen begrenzten Marktanteil und damit verbundenem relativ geringen Einfluss auf den Markt aus. Als Innovation werden sowohl der Vorgang einer Neuentwicklung, als auch sein Ergebnis bezeichnet, wobei es sich zum einen um Erzeugnisse (**Produktinnovationen**), zum anderen um Herstellungsverfahren (**Prozessinnovationen**) handeln kann. Deshalb spricht man nur dann von einer Innovation, wenn es sich um die erstmalige Anwendung von neuem produktrelevanten Wissen in der Praxis handelt. Venture Capital-Gesellschaften nutzen die Wachstumschancen, gemessen an der Steigerung des Veräußerungswertes der Beteiligung, die diese Unternehmen bieten.

„Das Ziel der Venture Capital Anbieter liegt in der Vervielfachung des Werts ihrer (i.d.R. Minderheits-) Kapitalbeteiligung innerhalb eines mit fünf bis zehn Jahren relativ kurzen Zeitraumes. Auf eine laufende Gewinnbeteiligung wird verzichtet; die Realisierung des Wertzuwachses der Kapitalbeteiligung erfolgt möglichst durch Börseneinführung des Unternehmens und anschließende Veräußerung der Beteiligungsquote am Kapitalmarkt“ (*Kaminski* 1988, S. 7). Mit der Orientierung an der **Marktwertsteigerung** stärken Venture Capital-Gesellschaften die Unternehmensliquidität, indem sie während der Dauer der Beteiligung keine Ausschüttungszahlungen verlangen, Gewinne und Cash Flows somit im Unternehmen verbleiben. Der Veräußerungsgewinn am Ende der Beteiligungszeit muss eine Rendite erbringen, die dem Risiko und der Dauer des Kapitaleinsatzes entspricht.

Ergänzend ist darauf hinzuweisen, dass Venture Capital in Deutschland auch durch öffentliche Finanzinstitutionen bereitgestellt wird. Häufig geschieht dies in Kooperation mit privatwirtschaftlich agierenden Venture Capital-Gesellschaften in Form sog. **Public-Private Partnerships**. Hier liegt i.d.R. das Verhältnis des privaten zum öffentlichen Beteiligungskapital bei 60 : 40. Neben öffentlichen Finanzinstitutionen in den Bundesländern operieren auf Bundesebene die Kreditanstalt für Wiederaufbau (KfW) und die Technologie-Beteiligungs-Gesellschaft (tbg) der Deutschen Ausgleichsbank (vgl. *Meyer-Koester* 1997).

Die **Kapitalhingabe** ist **verbunden** mit unternehmerischer **Betreuung und Beratung** durch die Venture Capital-Gesellschaft in den Bereichen Strategieplanung, Organisation, Finanzen, Marketing und Personal. Ziel ist es, durch das Venture Capital-Management **betriebswirtschaftliches Wissen** und **Erfahrung** zur Verfügung zu stellen. In die laufende Geschäftsführung soll nicht eingegriffen werden, jedoch bei strategischen Entscheidungen behält sich das Venture Management ein Kontroll- und Mitspracherecht vor, um die Kapitalverwendung zu beeinflussen (vgl. *Fischer* 1987, S. 10). Die **Managementunterstützung** durch das Venture Management für die Beteiligungsnehmer wird neben der Stärkung der Eigenkapitalbasis durch Hingabe von Eigenkapital als wichtigste Aufgabe für eine erfolgreiche Venture Capital-Finanzierung angesehen. Die externe Fachkompetenz soll vorhandene Potenziale im Unternehmen konzentrieren und zur optimalen Leistungserstellung und -verwendung befähigen. Die konstruktiv-kritische Hinterfragung, die Kontaktherstellung zu Abnehmern oder Lieferanten sowie die Beschaffung von Informationen sind Hauptaufgaben des Venture Capital-Managements. Die höhere Eigenkapitalausstattung erleichtert die Finanzierung von Investitionen. Innovationen stärken die Ertragskraft der Unternehmen, die Anfälligkeit bei wirtschaftlichen Schwankungen nimmt ab. Durch einen niedrigeren Zinsaufwand ergeben sich Wirtschaftlichkeitsvorteile, so dass trotz eventuell rezessiver Konjunktur eine expansive Unternehmensstrategie möglich ist (vgl. *Nevermann/Falk* 1986, S. 52ff).

Die Finanzierung eines Unternehmensstarts (**Early-Stage-Financing**) läuft in drei verschiedenen Phasen ab:

1. Die **Phase des Seed-Financing** erstreckt sich auf die Zeit der Vorbereitung der Unternehmensgründung. Sie hat zum Gegenstand, das Unternehmenskonzept zu entwickeln (z.B. Unternehmensziele formulieren, anvisierten Markt mittels Marktforschungsanalysen untersuchen, Produktionspläne entwickeln etc.) sowie die Unternehmensgründung vorzubereiten. In der **Vorbereitungsphase** wird ein Unternehmensgründer i.d.R. einen relativ geringen Betrag an eigenen Mitteln selbst in die Eigenkapitalausstattung des Unternehmens einbringen können. Dennoch erfolgt in den meisten Fällen in dieser Entwicklungsphase eines Unternehmens noch keine Beteiligungsfinanzierung mit Venture Capital. Die Finanzmittelausstattung wird zum Teil vom Unternehmensgründer und häufig noch ergänzend von öffentlichen Fördergesellschaften kommen. Diesem sogenannten Seed Money ist zu Eigen, dass es für den Kapitalgeber eine Kapitalan-

lage mit überdurchschnittlich hoher Rendite und hohem Risiko darstellen sollte, je nachdem, mit welchem Erfolg der Unternehmensstart verläuft

2. Dem Seed Financing folgt die Phase des **Start Up-Financing**. Diese **Entwicklungsphase** des Unternehmens ist gekennzeichnet durch die technologische Reifung des Produkts bis zur Herstellung von Prototypen. In diesem Zeitraum erfolgt auch die Erstellung eines umfassenden Unternehmensplanungskonzepts und des detaillierten Marketingkonzepts. Die Unternehmensgründung wird ferner formaljuristisch durchgeführt. Die Phase des Start Up-Financing ist gekennzeichnet durch erste Venture Capital-Finanzierungen.

3. Die nächste Phase ist die des **First Stage-Financing**. Das gegründete Unternehmen beginnt mit der Produktion seiner Produkte auf der Grundlage der Prototypen. Die Produkte werden am Markt eingeführt und erste Umsätze damit getätigt. Zum bisherigen Umfang bereitgestellten Beteiligungskapitals aus der ersten und zweiten Finanzierungsphase führt die Produktionsaufnahme und Produkteinführung zu zusätzlichem, je nach Absatzerfolgen, teilweise erheblichen Kapitalbedarf.

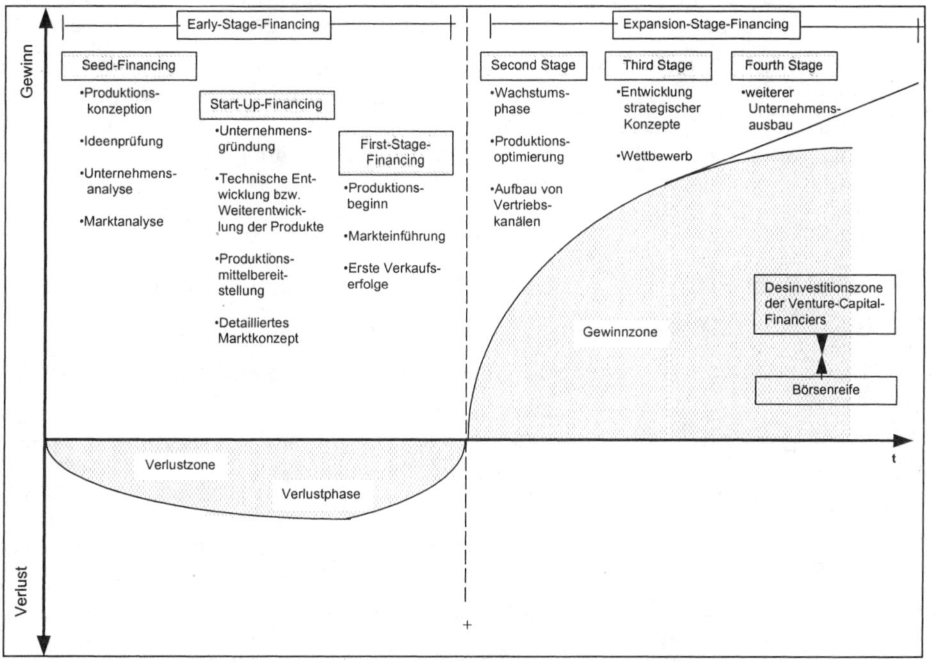


Abb. II-37: Phasenschema einer idealtypischen Venture Capital-Finanzierung

Mit den drei ersten Phasen ist die des Early-Stage-Financing abgeschlossen. Üblicherweise ist diese mit anfänglich zunehmenden Unternehmensverlusten verbunden. Oft kommen Probleme bei der Suche qualifizierter Führungs- und Fachkräfte hinzu. Diese Phase kann auch als **kritische Durchhaltephase** für den Venture Capital-Finanzier bezeichnet werden. Dies macht sich u.a. seitens der Kapitalgeber in der Höhe der angestrebten Renditeziele bemerkbar. Hier wird nach Experten-Auskunft seitens privatwirtschaftlicher Venture Capital-Gesellschaften mit einer **Renditeforderng** zwischen *15%* und *50%* operiert; bei öffentlich-rechtlichen Venture Capital-Gesellschaften liegt der entsprechende Satz dagegen zwischen *10%* und *25%* (vgl. *Rams/Remmen* 1999, S. 688). Sobald die „Talsohle der Verlustphase durchschritten ist", die Produktion begonnen hat und die Markteinführung erfolgreich verlaufen ist, wird das Unternehmen in die Gewinnzone gelangen. Die Finanzierung der dann einsetzenden Unternehmensexpansion wird als **Expansion Stage-Financing** bezeichnet. Auch hier sind im idealtypischen Fall wiederum drei Phasen zu unterscheiden:

4. Phase des **Second Stage-Financing**. Nach erfolgreichem Markteintritt erreicht das Unternehmen seine stärkste Wachstumsentwicklung. Produktionsprobleme, Kapazitätsauslastungsprobleme und Kostensenkung stehen im Vordergrund der Unternehmensführungsaufgaben. Organisationsstrukturen und insbesondere Vertriebskanäle werden geschaffen und ausgebaut. Der Umsatz entwickelt sich überdurchschnittlich im Wachstum. Die Finanzierungserfordernis richtet daher auch überwiegend auf die Kapitalbereitstellung, um das Unternehmenswachstum ermöglichen zu können.
5. **Third Stage-Financing**-Phase. In dieser wirtschaftlichen Phase des Wettbewerbswachstums steht die strategische Ausschöpfung von Marktpotenzialen im Vordergrund. Das Unternehmen befindet sich in einer nachhaltigen Gewinnzone. In dieser Phase erfolgen erstmals auch längerfristige Kreditfinanzierungen, die den expansiven betrieblichen Umsatzprozess kapitalmäßig begleiten.
6. Die Phase der **Fourth Stage-Financing** (= Bridge-Financing) geht einher mit der wirtschaftlichen Expansionsphase des Unternehmens. Die Venture Capital-Gesellschaft hat ab dieser Phase der Unternehmensentwicklung ihre besondere Finanzierungsrolle erfüllt, und es beginnt die Vorbereitung sowie Durchführung des Ausstiegs dieses Kapitalgebers aus der bisherigen Finanzierungsbeziehung (= Exit). Diese Desinvestitionsphase kann über folgende **Wege** beschritten werden:
   - **Initial Public Offering** (= **IPO**): Einführung des Unternehmens an einer Börse
   - **Buy Back**: Rückkauf der Unternehmensteile durch den/die Anteilseigner
   - **Trade Sales**: Veräußerung der Unternehmensteile an einen industriellen Investor
   - **Secondary Purchase**: Veräußerung der Unternehmensteile an eine andere Venture Capital-Gesellschaft oder einen Finanzinvestor.

Weitere Einsatzmöglichkeiten der Venture Capital-Finanzierung außerhalb dieser Stationen des idealtypischen Unternehmenslebenszyklus sind besondere Anlässe der Wagnisfinanzierung. Hierzu zählen (vgl. *Hoffmann/Ramke* 1990, S. 28):

- **Bridge Finance**: Einem Unternehmen wird zur Vorbereitung seines IPOs Kapital zur Verfügung gestellt.
- **Turnaround**: Einem Unternehmen wird Kapital zur Verfügung gestellt, welches sich nach der Überwindung von wirtschaftlichen Schwierigkeiten (z.B. einer Verlustphase) wieder erfolgreich entwickelt.
- **Management Buy Out** bzw. **Buy In**: Übernahme oder Kauf eines Unternehmens oder Unternehmensteils durch die bis dahin angestellten Manager (Buy Out) oder durch externe Manager (Buy In). Diese Variante wird meist bei Generationswechsel angewandt, wenn kein internes Management vorhanden ist, das die erforderlichen Kompetenzen aufweist und einbringen will.
- **Spin Off/Spin Out**: Spin-Offs sind Unternehmensgründungen durch Manager oder Wissenschaftler, die aus ihrem Unternehmen ausscheiden. Dies geschieht

oft mit der Unterstützung des Unternehmens, da sich Innovationen leichter entwickeln und durchsetzen lassen, wenn das Projekt nicht mehr unter der Kontrolle einer schwerfälligen Großunternehmung steht. Auf der anderen Seite bieten Bereiche wie Datenverarbeitung, Marktforschung, Logistik und andere Serviceleistungen ein großes Spin Out- Potenzial, da diese Bereiche in kleinen Unternehmen nicht ausgelastet sind und nach Auslagerung durch die Konkurrenz am Markt kostengünstiger werden.

Lesehinweis: Zur eingeschränkten Leistungsfähigkeit der deutschen Venture Capital-Gesellschaften liefert *Schmidt* (1988) wichtige Indizien.

@ Aktuelle Informationen und Daten aus dem deutschen und europäischen Markt für Venture Capital bietet die Homepage des Bundesverbands Deutscher Kapitalbeteiligungsgesellschaften **http://www.bvk-ev.de**.

## 10.2 Buy Out-Finanzierungen

Finanzierungstheoretisch ist diese Form der Unternehmensübernahme und -finanzierung in den Problembereich der Kontrolle der Entscheidungen der Unternehmensführung durch die Kapitalgeber einzuordnen. So werden **Management Buy Outs** (= MBOs) als eine Erscheinungsform des Buy Out vor allem unter dem Aspekt diskutiert, diskretionäre Handlungsspielräume von Managern und die damit möglichen Agency Costs zu reduzieren, indem mehr Konformität mit den Zielsetzungen der Unternehmenseigner hergestellt wird. Die Bedeutung von MBOs besteht in diesem Zusammenhang darin, dass sie verschiedene Formen von Disziplinierungsmechanismen kombinieren (z.B. an der Performance orientierte Vergütung an Manager, Aussetzen von Übernahmerisiken). Nach erfolgtem Buy Out werden durch den Erwerb von Anteilen am bisherigen Unternehmen (= Zielgesellschaft) aus Managern Eigentümer. Neben dem Einsatz ihres Privatvermögens benötigen die erwerbenden Manager in hohem Umfang zusätzliche fremde Finanzmittel. Institutionelle Kapitalgeber stellen diese bereit. Vor allem die daraus resultierenden hohen Fremdkapitalquoten und die Bedienung des daraus erwachsenden hohen Kapitaldiensts zwingt die Manager zur Allokation des Cash Flow in Investitionsprojekte mit hohen Kapitalwerten (vgl. *Jensen* 1986).

### 10.2.1 Spektrum des Buy Out-Begriffs

Zentrale Rolle innerhalb der Gruppe von Buy Outs nimmt der **MBO** ein: „Unter Management Buyouts (MBO) wird der Erwerb eines Unternehmensteils (Geschäftsbereich, Tochtergesellschaft) oder des gesamten Unternehmens durch Manager des verkaufenden Unternehmens verstanden. Die kaufende Partei, die Manager, sind nach erfolgreicher Transaktion mit spürbaren Anteilen am Eigenkapital der neuen Gesellschaft beteiligt; die restlichen Eigenkapitalanteile werden von Investmentbanken, Venture Capital-Gesellschaften, Buyout-Fonds, Beratern und anderen Drittparteien gehalten“ (*Drukarczyk* 1990, S. 545). Manager oder ein Managerteam, das für MBO-Zwecke in Frage kommt, rekrutiert sich aus der bisherigen Unternehmensleitung und der darunter befindlichen Führungsstufe. Für diese Personen gibt es als potenzielle Käufer spezifische Vorteile, die eine Übernahme für sie attraktiv machen können. Manager besitzen aufgrund ihrer bisherigen Tätigkeit und Position im Unternehmen Insider-Kenntnisse über das zu erwerbende Unternehmen, insbesondere von seiner Risikostruktur und den Ertragsaussichten. So besitzt das Management gegenüber fremden Kaufinteressenten nicht nur spezifische Informationen über Absatz- und Beschaffungsmärkte, sondern insbesondere auch über die interne Mitarbeiter- und Organisationsstruktur, die finanzielle Lage, vorhandene Geschäftsverbindungen, Branchenbesonderheiten und weitere unternehmensinterne Informationen (z.B. Produktentwicklungsstand). Dieser Informationsvorteil verringert für das Management das Risiko des Wechsels in die unternehmerische Selbstständigkeit und erleichtert die Einschätzung des zukünftigen Geschäftsverlaufs sowie die strategischen Planungen des Unternehmens, die mit dem Eigentumswechsel verbunden sind. Nicht-finanzielle Ziele wie der Zuwachs an Prestige und Status als Unternehmer mögen im Einzelfall ein weiteres Motiv für den Erwerb von Eigentum am Unternehmen sein (vgl. *Hitschler* 1990, S. 1879).

Im Einzelnen werden in der Kategorie von Buy Outs eigenständige Konzeptionen unterschieden, die nachfolgend im Überblick dargestellt werden:

- **Mitarbeiterbeteiligung** (= **MAB**). „Mitarbeiterbeteiligung ist ein Sammelbegriff für die Beteiligung von Mitarbeitern am/im Unternehmen bzw. in Betrieben, wobei der Mitarbeiterbegriff vom Arbeiter bis zum leitenden Angestellten reicht" (*Wagner* 1993, S. 19). Die MAB zielt auf eine stärkere Beteiligung von Mitarbeitern am Produktivvermögen der Wirtschaft ab und wird manchmal auch als Komponente erfolgsorientierter Anreizsysteme verstanden. Zu unterscheiden ist hiervon der **Belegschafts Buy Out** (= **BBO**). Er stellt eine Erweiterung des Management Buy Out dar, da sich zusätzlich zum Management ein erheblicher Teil der Belegschaft am Erwerb des Unternehmens beteiligt. BBO werden insbesondere aus Gründen einer ansonsten nicht realisierbaren Unternehmenssanierung durchgeführt (vgl. *Ballwieser/Schmid* 1990, S. 300).

- **Management Buy In** (= **MBI**). „Beim MBI handelt es sich um einen Unternehmungskauf, bei dem externe Manager eine Unternehmung ganz oder teilweise übernehmen" (*Luippold* 1991, S. 16). Diese Form des Unternehmenskaufs wird bei Unternehmen angewandt, in denen kein funktionsfähiges oder übernahmebereites Management vorhanden ist. Hierbei „kaufen" sich von außerhalb des Unternehmens Geschäftsführer ein. Häufig verfügen diese über geschäftliche Erfahrungen in der betreffenden Branche des MBI-Unternehmens. Ein Nachteil gegenüber einem MBO liegt aus Informationssicht im fehlenden betriebsspezifischen Insiderwissen der neuen von außen kommenden Eigentümer-Gesellschafter (vgl. *Hoffmann/Ramke* 1990, S. 24). MBI und MBO treten auch in Kombination als Konstruktion einer Buy Out-Finanzierung auf.

- **Leveraged Buy Out** (= **LBO**). Eine Unternehmensakquisition, die zum Großteil auf dem Einsatz von Fremdkapital basiert, wird als Leveraged Buy Out bezeichnet. In Anlehnung an den Leverage-Effekt kann man bei dieser Finanzierung erwarten, dass der hohe Fremdkapitalanteil als Hebel auf die Eigenkapitalrendite wirkt, sofern die Gesamtkapitalrendite größer als der Fremdkapitalzins ist. LBOs dienen auch als Instrument für das „Going Private" eines Unternehmens. Hierzu werden vor einer Transaktion im Streubesitz befindliche Aktien aufgekauft und nicht mehr an der Börse gehandelt (vgl. *Milde* 1990b).

- **Leveraged Management Buy Out** (= **LMBO**). Der Leveraged Management Buy Out ist eine Kombination aus MBO und LBO, wobei der vom Management direkt oder indirekt gehaltene Anteil am Eigenkapital auf Grund der Größenordnung der Transaktion häufig verhältnismäßig gering bleibt. Häufig versuchen die Investoren auf diese Weise Insiderwissen und Motivation des MBO-Managerteams zu nutzen (vgl. *Hoffmann/Ramke*, 1990, S. 11-14).

<u>Beispiel:</u> Eine Management-Gruppe kann ihr Unternehmen für *10* Mio. € erwerben. Der zu erwartende jährliche Gewinn beträgt zwei Mio. €. Wird der Kaufpreis ausschließlich mit Eigenkapital der Manager bestritten, beträgt die Eigenkapitalrendite mithin *20%*. Stellt das Management dagegen nur fünf Mio. € als Eigenkapital zur Verfügung, und nimmt fünf Mio. € zu *10%* Zinsen p.a. als Kredit auf, so reduziert sich zwar der Gewinn um *0,5* Mio. €, die Eigenkapitalrendite steigt jedoch bei einem verbleibenden Gewinn von *1,5* Mio. € und fünf Mio. € Eigenkapital auf *30%*. Der Hebel wird deutlich, wenn das Management nur eine Mio. € Eigenkapital beisteuert und neun Mio. € als Fremdkapital aufnimmt: Die Eigenkapitalrendite steigt auf *110%* (vgl. *Honert*, 1995, S. 42 f.).

Gemeinsam ist **LMBO**, **MBI** und **MBO**, dass ein Management die Käufer des Zielunternehmens verkörpert, während bei einem **LBO** lediglich auf den Finanzierungsaspekt einer Unternehmensübernahme abgestellt wird. Die Käufer sind i.d.R. keine Manager, sondern anlageorientierte Finanzierungsgesellschaften.

- **Spin Off** bezeichnet einen Unternehmenserwerb, bei dem das Management einer Konzerngesellschaft oder eines Unternehmensbereichs den fraglichen Unternehmensbereich aus dem Ursprungsunternehmen herauskauft (vgl. *Nadig* 1992). Dabei werden nur Teile des Personals und der Aktiva übernommen, während die ursprüngliche Unternehmung weiterbesteht. Das besondere bei Spin Offs gegenüber den bisher vorgestellten Buy Out-Formen ist, dass ein neues Unternehmen entsteht. Auszunehmen sind die Übernahmegesellschaften, die bei Buy Out Transaktionen meist als GmbH gegründet werden. In der Regel liegt bei Spin Offs kein umfangreiches Anlagevermögen vor, das für eine Fremdkapitalaufnahme als Sicherheit eingesetzt werden könnte. An dessen Stelle tritt deshalb die Kapitalhilfe der Muttergesellschaft. Meist erfolgt ohnehin eine finanzielle und wirtschaftliche Unterstützung der an der Fortführung dieses Unternehmensteils aus strategischen Gründen nicht mehr interessierten Konzernleitung der Muttergesellschaft (vgl. *Luippold* 1991, S. 16).
- **Partieller Eigentümer Buy Out** (= **Owner Buy Out**). Die Bezeichnung „Partieller Eigentümer Buy Out" markiert den Übergang der Geschäftsanteile des Eigentümers an eine Erwerbergesellschaft, an der sich der Veräußerer wiederum beteiligt. Diese Form des Buy Out beinhaltet parallel dazu, dass die Gestaltung des Anteilsübergangs und der Kapitalstruktur maßgeblich vom Verkäufer bestimmt wird (vgl. *Hoffmann/Ramke* 1990, S. 29).

## 10.2.2 Funktionsweise eines MBO

Bezüglich der praktischen Durchführung eines MBO existiert eine ganze Palette von Handlungsvarianten. Um diese überschaubar zu halten, beschränken sich die folgenden Ausführungen auf die Annahme, dass es sich bei der zu übernehmenden Zielgesellschaft um eine Kapitalgesellschaft in der Rechtsform einer GmbH handelt. Des Weiteren wird angenommen, dass der MBO als indirekte Übernahme erfolgt, d.h., eine von den Managern und anderen Eigenkapitalgebern gehaltene GmbH-Holding wird zwischengeschaltet und fungiert als Übernahmegesellschaft. Die GmbH-Rechtsform stellt die in der Praxis am häufigsten eingesetzte Variante des MBO dar, weshalb auch nachfolgend diese indirekte Übernahmeform behandelt wird (vgl. auch *Hitschler* 1990, S. 1880 ff.). Im Unterschied dazu treten bei der direkten Übernahme die Manager unmittelbar selbst als Käufer auf.

Bei den oben gemachten Annahmen existieren dann vier Möglichkeiten, wie sich der MBO vollziehen kann (vgl. *Honert* 1995, S. 66 ff.):

1. MBO durch Erwerb der Vermögensgegenstände der Ziel-GmbH (= Asset Deal),

2. MBO durch Erwerb der Anteile der Ziel-GmbH (= Share Deal),
3. MBO durch Erwerb der Anteile der Ziel-GmbH und anschließender Verschmelzung mit der Übernahme-Holding,
4. MBO durch Erwerb der Anteile der Ziel-GmbH und anschließendem Erwerb der Vermögensgegenstände.

**MBO durch Erwerb der Vermögensgegenstände („Asset Deal")**

Der Erwerb sämtlicher materieller und immaterieller Wirtschaftsgüter einschließlich eines eventuell vorhandenen Geschäftswerts der Ziel-Gesellschaft durch die Übernahme-Gesellschaft kommt in erster Linie den Zielsetzungen der Käufer entgegen, da die übergegangenen Aktiva Vermögen der Übernahme-Holding werden. Dies hat zur Konsequenz, dass die Aktiva zu Sicherungszwecken für Verbindlichkeiten verwendbar sind, der Cash Flow der Ziel-Gesellschaft zum Cash Flow der Übernahme-Gesellschaft wird und dort in vollem Umfang zur Tilgung der Verbindlichkeiten zur Verfügung steht. Die folgende Abb. II-38 verdeutlicht dies (vgl. *Honert* 1995, S. 70).

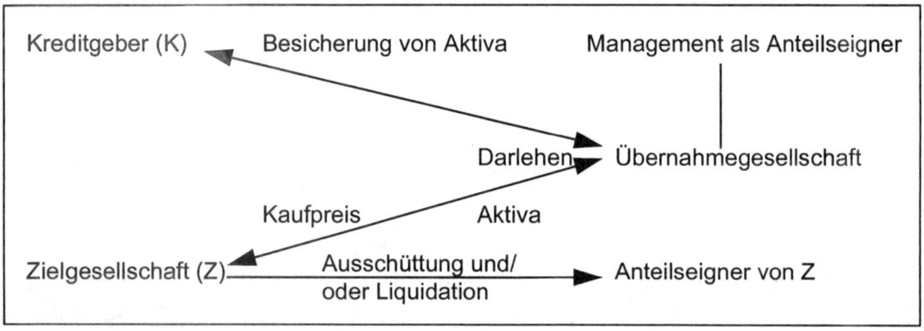


Abb. II-38: Grundkonstruktion des MBO durch Erwerb der Vermögensgegenstände

Die Übernahme-Gesellschaft ist dabei primär daran interessiert, die Anschaffungskosten der übernommenen Aktiva so schnell wie möglich über verrechnete Abschreibungen (und damit steuerlich wirksamen Betriebsausgaben) geltend zu machen, um über eine Reduktion in ihrer Ertragssteuerbelastung Liquiditätseffekte zu realisieren. Im Endeffekt ist es das Ziel, über einen höheren Cash Flow zur Fremdkapitaltilgung verfügen zu können. Der vom Käufer gezahlte Gesamtkaufpreis wird dazu in einem mehrstufigen Verfahren auf die übernommenen Aktiva aufgeteilt, die Buchwertaufstockung (sog. „Step-up") führt zu höheren Abschreibungen, welche die Steuerlast mindern und den Cash Flow erhöhen. Die Vorteile aus der Verrechnung höherer Abschreibungen sind letztendlich von der Struktur der Nutzungsdauern der Aktiva abhängig: Je größer der Anteil, der auf Vermögensgegenstände mit vergleichsweise kurzer Restnutzungsdauer entfällt, desto vorteilhafter stellt sich der Asset Deal für den Käufer dar, da Liquiditäts-, resp. Cash Flow-Effekte schneller realisiert werden können.

Der Erwerb des Vermögens der Ziel-Gesellschaft scheitert allerdings häufig an den Interessen der Verkäuferseite, die aus steuerlichen (Veräußerungsgewinnbesteuerung), haftungsrechtlichen oder aufwandstechnischen Gründen den Verkauf von Anteilen präferiert. Die Haftung der Verkäufer bleibt vollständig erhalten, da die Ziel-Gesellschaft bestehen bleibt. Die Kosten einer späteren Liquidation tragen vollständig die Verkäufer. Die Übertragung der Aktiva hat im Wege der

Singularsukzession zu erfolgen, d.h., alle Vermögensgegenstände müssen einzeln übertragen werden. Der Aufwand ist mithin recht hoch.

Lesehinweise: Die steuerlichen Konsequenzen für den Verkäufer vgl. detailliert in *Honert* (1995, S. 72), zur Haftungsfrage vgl. *Hitschler* (1990, S. 1881) und zur technischen Seite, vgl. *Kessel* (1991, S. 101 ff.).

### MBO durch Erwerb der Anteile („Share Deal")

Bei dieser Transaktion erwirbt die Übernahmegesellschaft Anteile der Ziel-Gesellschaft. Der Kaufpreis wird direkt an den oder die ehemaligen Eigentümer gezahlt. Hält ein einzelner Verkäufer eine wesentliche Beteiligung an der Ziel-Gesellschaft (*1%* oder mehr), so ist der Veräußerungsgewinn als Einkünfte aus Gewerbebetrieb zu erfassen und wird unter Beachtung der Freibeträge nach § 17 Abs. 3 EStG besteuert.

Aus grundsätzlichen Erwägungen wird der Käufer einem Asset Deal gegenüber dem Share Deal den Vorzug geben. Aus Sicht des Käufers besteht keine Möglichkeit, die Anschaffungskosten für den Erwerb der Anteile in steuerlich wirksame Abschreibungen umzusetzen. Die erworbenen Anteile stellen nicht abnutzbare Wirtschaftsgüter dar – der Anteilserwerb führt anders als beim Asset Deal nicht zu einer Aufstockung der Buchwerte der Aktiva der Ziel-Gesellschaft. Abschreibungen können darüber hinaus nur auf der Basis historischer Buchwerte vorgenommen werden. Der in dieser Variante generierbare Cash Flow ist regelmäßig nicht ausreichend, um den Finanzbedarf zur Rückführung der Fremdfinanzierung zu decken. Außerdem fehlt der zusätzliche Cash Flow aufgrund der Steuerersparnis in Folge der Senkung der Ertragssteuerlast (vgl. *Honert* 1995, S. 79 ff.).

### MBO durch Verschmelzung

Das Verschmelzungsmodell sieht nach der Übernahme der Anteile eine Verschmelzung von Ziel- und Übernahme-Gesellschaft vor, die ein Erlöschen der Ziel-Gesellschaft unter Ausschluss einer Liquidation zur Folge hat. Durch eine Verschmelzung der Ziel-Gesellschaft mit der Erwerbsgesellschaft gemäß §§ 19 ff. Kapitalerhöhungsgesetz (= KapErhG) können die Vermögenswerte und der Cash Flow der Zielgesellschaft unmittelbar für die Besicherung der Verbindlichkeiten der Übernahme-Gesellschaft genutzt werden. Die Verschmelzung hat jedoch auch Nachteile, die sie für die Praxis unattraktiv machen: Die Akquisitionsgesellschaft muss nach § 27 Abs. 1 KapErhG die Buchwerte des übernommenen Vermögens fortführen. Liegt der Kaufpreis für die Anteile über dem Buchwert der übernommenen Wirtschaftsgüter, muss die Übernahme-Gesellschaft in ihrer Handelsbilanz einen Verlust in Höhe des Differenzbetrags ausweisen, der infolge der für einen MBO typischen niedrigen Eigenkapitalquote zur buchmäßigen Überschuldung führen kann. Vor diesem Hintergrund scheidet die Verschmelzung im Regelfall aus (vgl. *Honert* 1990, S. 82-84).

### MBO durch Erwerb der Anteile der Ziel-GmbH und anschließendem Erwerb der Vermögensgegenstände

Konzeptionelle Grundidee dieses Kombinationsmodells ist es, den für den Käufer nachteiligen Share Deal in einen Asset Deal zu transformieren. Dazu erwirbt die Akquisitionsgesellschaft zunächst die Anteile des Zielunternehmens. In einem zweiten Schritt werden die Vermögensgegenstände durch die Ziel-Gesellschaft an die Akquisitions-Gesellschaft veräußert; der Veräußerungsgewinn unterliegt der Körperschaft- und Gewerbeertragsteuer. In einem dritten Schritt werden der Veräußerungsgewinn sowie evtl. vorhandene Gewinnrücklagen der Ziel-Gesellschaft vollständig an die Übernahme-Gesellschaft ausgeschüttet. Der ausgeschüttete Gewinn (inkl. Gewinnrücklagen) unterliegt bei der Übernahme-Gesellschaft als Beteiligungsertrag der Körperschaftsteuer, ist aber gem. § 9 Nr. 2a GewStG von der Gewerbeertragsteuer befreit. In einem abschließenden vierten Schritt wird der körperschaftsteuerpflichtige Beteiligungsertrag durch eine ausschüttungsinduzierte Teilwertabschreibung kompensiert und auf null gestellt: Die Übernahme-Gesellschaft führt hierzu eine Teilwertabschreibung der zu den Anschaffungskosten (= Anteilserwerbspreis) bilanzierten Beteiligung an der Ziel-Gesellschaft in Höhe der vollzogenen Gewinnausschüttung durch, da die Beteiligung in eben dieser Höhe an Wert verloren hat. Die Teilwertabschreibung setzt allerdings voraus, dass die Ausschüttung an die Übernahme-Gesellschaft aus realisierten stillen Reserven bzw. Gewinnrücklagen erfolgt, die bereits zum Zeitpunkt des Anteilserwerbs durch die Übernahme-Gesellschaft vorhanden waren.

Bei der Ziel-Gesellschaft findet entsprechend ein Aktivtausch statt: Anstelle des Vermögens wird ein Kaufanspruch gegen die Übernahme-Gesellschaft bilanziert. Um die doppelte Aufbringung des Kaufpreises zu vermeiden, kann eine Stundung des Kaufpreises und eine Erfüllung der Kaufpreisforderung im Wege der Aufrechnung mit dem Gewinnauszahlungsanspruch vereinbart werden. Die Aktiva werden zu Zeitwerten bilanziert, was eine höhere Abschreibungsbasis mit den entsprechenden Vorteilen für den Cash Flow mit sich bringt. Nun können immaterielle Wirtschaftsgüter genauso aktiviert werden wie der Firmenwert, der gemäß § 7 Abs. 1 Satz 3 EStG über *15* Jahre abgeschrieben wird (vgl. *Kessel* 1991, S. 122 ff. und *Hitschler* 1990, S. 1883).

### 10.2.3 Besonderheiten in der Finanzierung eines MBO

Die Finanzierung des Kaufpreises stellt den finanzwirtschaftlichen Kern einer Buy Out-Transaktion dar. Für die Finanzierung eines MBO sind jeweils maßgeschneiderte Individualkonzepte erforderlich. Nicht nur die Kapitalaufnahme zur Finanzierung des Kaufpreises und der sonstigen Kosten muss ein Finanzierungskonzept zum Inhalt haben, sondern auch die Entschuldungsstrategie und eventuelle Folgefinanzierungen. Ein ausgewogenes Verhältnis zwischen Eigen- und Fremdkapital ist bei der Kaufpreisfinanzierung zentral, um die Bedienbarkeit der Fremdmittel auch in Phasen konjunktureller Abschwünge zu gewährleisten (vgl. *Fanselow/Stedler* 1992, S. 397). Abb. II-39 gibt einen Überblick über die übliche Finanzierungsstruktur bei Buy Out -Transaktionen, sowie über die Anbieter dieser unterschiedlichen Kapitalformen und ihre durchschnittlichen Renditeerwartungen.

| Struktur | Zielrendite | Finanzquellen |
|---|---|---|
| *60%* Senior Debt | *10%* | Kreditinstitute |
| *20 - 30%* Mezzanine Money | *15 - 25%* | • Kreditinstitute<br>• Mezzanine-Fonds |
| *10 - 20%* Eigenkapital | *25 - 45%* | • Venture Capital-Gesellschaften<br>• LBO-Fonds |

Abb. II-39: Überblick über die übliche Finanzierungsstruktur bei Buy Out-Transaktionen

Bei der MBO-Finanzierung ist eine Unterscheidung zwischen Darlehen in unbesicherter Form oder besicherter vorrangiger Form notwendig. Die Darlehen werden hierbei kurzfristig sowie im mittel- und langfristigen Bereich zur Verfügung gestellt. Im Allgemeinen treten die Eigenkapitalgeber oder auch die Verkäufer mit nachrangigen oder gleichberechtigten Darlehen auf. Dabei versucht das Management einen hohen Anteil langfristiger Kredite mit festen Zinsen vertraglich zu sichern.

**Vorrangige Fremdmittel** (= **Senior Debt**)

Senior Debt ist das am geringsten ausfallgefährdete Kapital bei einem Buy Out, da es bei einer Liquidation als erstes zurückgezahlt wird und zudem in der Regel mit den Vermögensgegenständen der Objektgesellschaft besichert ist. Die Höhe des Senior Debt ist auf die Beleihungsgrenze von etwa *50-75%* des jeweiligen Werts der zur Besicherung eingesetzten Vermögensobjekte begrenzt. Aus pagatorischer Sicht ist das Senior Debt der Teil des Fremdkapitals mit den niedrigsten relativen Kapitalkosten. Der Kapitalkostensatz setzt sich aus einem Referenzzinssatz (z.B. EURIBOR) zzgl. einer Marge von ca. *1 1/2* bis *2%* zusammen (vgl. zu Details *Heidemann* 1994, S. 57). Senior Debt ist der wichtigste Bestandteil der Buy Out-Finanzierung und macht teilweise bis *60%* des Kaufpreises aus. Die Laufzeit solcher Darlehen beträgt etwa *7* bis zu maximal *15* Jahre; die Kreditgeber sind Kreditinstitute. Die Kreditnehmer sichern sich häufig mittels Zinscap bzw. Zinscollar gegen das Risiko variabler Zinssätze ab (vgl. *Boxberg* 1991, S. 19).

**Mezzanine Money** (= **Subordinated Debt**)

Kann der zu finanzierende Betrag des Kaufpreises der Zielgesellschaft durch Eigen- und vorrangiges Fremdkapital nicht ausreichend finanziert werden, wird ergänzend Mezzanine Money eingesetzt. Einen Überblick gibt nachfolgende Abb. II-40.

| | Kapitalbeteiligungs-gesellschaft | LBO-Fonds |
|---|---|---|
| Finale Kapitalgeber | Kreditinstitute | individuelle und institutionelle Investoren |
| Beteiligungsgrad | fast ausschließlich Minderheitsbeteiligung | überwiegend Mehrheitsbeteiligung |
| Beteiligungsführung | passiv | aktiv |
| Ziel der Beteiligung | Halten der Beteiligung, mindestens fünf Jahre | Verkauf nach drei bis fünf Jahren an der Börse oder an dritte Parteien |
| Finanzierungsmerkmal | Nähe zu Fremdkapital | Nähe zu Eigenkapital |
| Management | eigenes Beteiligungsgesellschaftsmanagement | Vertragspartner mit Fondsmanagement und beauftragter Servicegesellschaft |

Abb. II-40: Charakterisierung der Anbieter von Mezzanine Money im Buy Out

Da Mezzanine Money grundsätzlich unbesichert ist und nachrangiges Fremdkapital darstellt, wird das dadurch höhere Ausfallrisiko für die Kapitalgeber mit einem entsprechenden Risikoaufschlag kompensiert. Die geforderte Rendite für Mezzanine Money erreicht daher nicht selten Werte bis zu *45%* p.a., bei einem Anteil an der Gesamtfinanzierung zwischen *20* und *30%* (vgl. *Honert* 1995, S. 37-41). Bereitgestellt wird Mezzanine Money in Gestalt von nachrangigen Darlehen, stillen Beteiligungen oder Genussscheinen. Kapitalgeber sind zum einen Kapitalbeteiligungsgesellschaften mit Größenordnungen der Finanzierung zwischen *50.000 €* bis *100.000 €*. Des Weiteren engagieren sich LBO-Fonds mit Beträgen bis zu maximal *7,5* Mio. €. In der Regel liegen die Beteiligungsnahmen im Bereich von *2,5* bis *4* Mio. € (vgl. *Fanselow/Stedler* 1992, S. 369).

Einige Ausgestaltungsformen des Mezzanine-Kapitals werden steuerlich günstiger behandelt als Eigenkapital, von daher kann eine Steuerersparnis Ursache für die Substitution von Eigen- durch Fremdkapital sein. Ein weiterer Grund ist, dass MBO-Manager Eigen- und Fremdkapital nicht in benötigtem Umfang in Anspruch nehmen wollen oder können. Ein Managementteam legt höchstwahrscheinlich Wert darauf, die Kapitalmehrheit im Unternehmen zu halten, um seinen unternehmerischen Einfluss auf das Unternehmen zu sichern. Dadurch ist die Zuführung von externem Eigenkapital auf *49%* des Eigenkapitals beschränkt. Da die den Managern zur Verfügung stehenden (privat aufgebrachten) Eigenmittel wahrscheinlich i.d.R. zu gering sein dürften, um zusammen mit dem maximal gleich hohen Betrag an externem Eigenkapital eine befriedigende Eigenkapitalquote zu erreichen bzw. die fehlenden Mittel als Fremdkapital beschaffen zu können, kann in diesem Fall die Inanspruchnahme von Mezzanine-Kapital von Vorteil sein.

Auch bei Risiken, die über das von den übrigen Fremdkapitalgebern akzeptierte Maß hinausgehen, geben Mezzanine-Kapitalgeber Finanzmittel. Die Konkurswahrscheinlichkeit bei einer Mezzanine-Finanzierung ist aufgrund ihrer flexiblen Regelung der Zins- und Tilgungsmodalitäten geringer, als bei einer alternativen Fremdkapitalfinanzierung (vgl. *Forst* 1992, S. 13-14).

**MBO-Manager als Eigenkapitalgeber**

Der Anteil der MBO-Manager am Eigenkapital beträgt im Allgemeinen ca. zehn bis *20%*. Die Manager erwarten für das von ihnen eingesetzte Kapital eine besonders hohe Risikoprämie, da sie beim MBO einen großen Teil ihres Humankapitals und ihres finanziellen Vermögens undiversifiziert in ein Unternehmen investiert haben, so dass sie Risiko tragen. Neben der Maximierung ihres finanziellen Vermögens verfolgen die Manager das Ziel, sich mit ihrem Eigenkapitalbeitrag einen möglichst hohen unternehmerischen Einfluss zu sichern, der ihnen ermöglicht, im Unternehmen die einem selbstständigen Unternehmer zumindest ähnliche Stellung zu erlangen. Dem umfangreichen Eigenmittelbedarf steht meist die begrenzte private Bereitstellungsmöglichkeit von Eigenkapital durch die Manager entgegen. Grundsätzlich besteht zwar die Möglichkeit die verfügbaren Mittel durch private Verschuldung zu erweitern, jedoch sind der Fähigkeit und Bereitschaft der Manager aus Gründen der Kreditwürdigkeit und der subjektiven Risikotragfähigkeit enge Grenzen gesetzt (vgl. *Forst* 1992, S. 86-88). Diese Umstände machen i.d.R. den Eintritt externer Kapitalgeber aus dem eigenkapitalnahen Bereich unumgänglich.

## 10.2.4 Anforderungen an ein MBO-Unternehmen

Ein wesentliches Instrument für die Strukturierung und Finanzierung eines vom Management getragenen Buy Out bildet der mittel- bis langfristig zu erwartende Cash Flow. Für einen MBO kommen daher Unternehmen in Frage, die in den Geschäftsjahren der jüngsten Vergangenheit einen hohen Cash Flow aufgewiesen haben sowie einen hohen Cash Flow in der näheren Zukunft erwarten lassen. Es sollte insbesondere nicht mit aufgestautem, kurz- und mittelfristig notwendigem Investitionsbedarf belastet sein; es sei denn, diese Investitionen und ihre Finanzierung sind fest eingeplant und bei der Kaufpreisfindung berücksichtigt (vgl. *Ballwieser/Schmid* 1990, S. 359).

„Die schnelle Tilgung von Fremdkapitalbestandteilen der Buy Out-Finanzierung in Kombination mit der Nutzung des Leverage-Effektes können erhebliche Wertsteigerungen der Unternehmensanteile bewirken. Durch die Rückführung von Fremdkapital mittels Cash Flow erfährt das Eigenkapital einen Wertanstieg“ (*Schwenkedel* 1991, S. 29). Die Manager zeigen sich bei einem MBO bestrebt, den Cash Flow nach erfolgter Übernahme zu nutzen und zu erhöhen. Hierzu stehen ihnen verschiedene Möglichkeiten zur Verfügung. Maßnahmen bestehen u.a. in der Unternehmensrestrukturierung, der Veräußerung nicht betriebsnotwendiger Vermögensteile und der Realisierung sonstiger stiller Reserven. Überdies erfordert die hohe Fremdkapitalaufnahme ausreichende dinglich unbelastete Aktiva, die sich für Sicherungszwecke eignen (z.B. Grundstücke, Maschinen, Geschäftsausstattung, Tochtergesellschaften). Aus der Erfordernis, mittel- bis langfristig einen möglichst hohen Cash Flow zu generieren, leiten sich bestimmte **wirtschaftliche Anforderungen** an einen „MBO-Kandidaten“ ab (vgl. *Kessel* 1991, S. 24):

- Die Güter bzw. Dienstleistungen des Zielunternehmens sollten ausgereift sein und keine hohen Forschungs- und Entwicklungskosten erfordern.
- Die Branche, in der das Unternehmen tätig ist, sollte keinen erheblichen saisonalen oder konjunkturellen Schwankungen unterliegen, um die Beständigkeit und Gleichmäßigkeit des Cash Flow zu gewährleisten.
- Es sollte ein hoher Grad an liquider Verfügbarkeit der Umsatzerlöse bestehen.

- Aufgrund der anfänglichen Belastung des Cash Flow durch die Bedienung des extern zur Verfügung gestellten Kapitals, darf der anstehende Investitionsbedarf nicht zu hoch sein. Das MBO-Unternehmen sollte daher bereits mit zeitgemäßen Anlagegütern ausgestattet sein.

Wegen des zu Beginn meist sehr hohen Anteils der Fremdfinanzierung bei einem MBO sollte der **Verschuldungsgrad** des Unternehmens niedrig sein. Die Tendenz, einen MBO mit einem hohen (dynamischen) Verschuldungsgrad durchzuführen, erhöht das Risiko eines Misserfolgs für alle Beteiligten, wenn die Verschuldung in einem Missverhältnis zur Ertragskraft der Unternehmung steht. In der deutschen MBO-Praxis bewegt sich der akzeptierte dynamische Verschuldungsgrad zwischen sieben und acht Jahren.

Branchen mit hoher **Kapitalintensität** sind für einen MBO weniger geeignet. Da sich der Fertigungsprozess in diesen Branchen unter großem Einsatz von Anlagen, Maschinen usw. und einem hohen Automatisierungsgrad vollzieht und somit hier Umsatzminderungen aufgrund der hohen ausgabewirksamen Fixkosten zugleich Einbußen im Gewinn und Cash Flow nach sich ziehen.

### 10.2.5 Anlässe für die Durchführung eines Buy Out

Einen vorläufigen „Boom" erlebte der Buy Out zu Beginn der 90er Jahre, als mit dem Systemwechsel in der ehemaligen DDR Bereiche oder ganze Einheiten ehemaliger staatseigener Betriebe durch Buy Out-Konstruktionen privatisiert wurden. Sieht man von diesem einmaligen Anlass einmal ab, so konzentriert sich in Deutschland der Einsatz von Buy Out-Finanzierungen vor allem auf **Nachfolgeregelungen** bei überwiegend eigentümerorientierten mittelständischen Unternehmen. Ursachen hierfür sind meist, dass in der Eigentümerfamilie keine Nachkommen vorhanden sind oder Familienmitglieder nicht zur Übernahme des Unternehmens bereit bzw. in manchen Fällen nicht befähigt sind. Ein Unternehmer sieht sich vor die Erfordernis gestellt, möglichst rechtzeitig Führungsnachfolge für sein Unternehmen zu suchen. Der hohe Wettbewerbsdruck, unter dem die meisten mittelständischen Unternehmen operieren, lassen Nachfolgefriktionen umgehend in wirtschaftliche Misserfolge bis hin zur Existenzgefährdung einmünden (vgl. *Meier-Preschany/Schäfer* 1990, S. 147-148). Durch den Ersatz der Altgesellschafter mit dem bisherigen Management kann die Unternehmenskontinuität erhalten bleiben und spezifisches unternehmenspolitisches Wissen, das meist entscheidend die Wettbewerbsvorteile in der Vergangenheit begründet und gesichert hat, auch nach dem Eignerübergang eingesetzt werden.

Ein weiteres Einsatzgebiet für Buy Out-Finanzierung besteht in Deutschland bei Unternehmenssanierungen. Mit dem sog. **Sanierungs-Buy Out** soll durch den Übergang der Unternehmung in die Hände des neuen Eigentümers die Gesundung des Unternehmens ermöglicht werden. Dabei findet nicht selten ein Verkauf im Rahmen eines MBO unter Beteiligung der Belegschaft statt. Die Sanierung über einen MBO stößt allerdings häufig auf Kritik, da das Unternehmen von den gleichen Führungskräften übernommen werden soll, die meist in nicht unerheblichem Umfang für den Zustand der Gesellschaft verantwortlich zeichnen. In derartigen Fällen wird denn auch eher auf externe Manager im Rahmen eines MBI zurückgegriffen (vgl. *Schwenkedel* 1991, S. 16).

# Kapitel III Kreditfinanzierung

## 1 Wesensmerkmale von Kredit und Kreditrisiko

Der Begriff „**Kredit**“ ist etymologisch auf das lateinische Wort „credere“ zurückzuführen, das mit „**glauben**", auch „**vertrauen**“ übersetzt wird. Den Begriff Kredit abschließend zu definieren gelingt nicht, da in der Literatur und der kreditwirtschaftlichen Praxis eine Vielzahl von Begriffsbestimmungen bestehen. Je nach Verwendungszweck oder Betrachtungsweise kommen unterschiedliche Definitionen zum Tragen. Im Wesentlichen sind zu unterscheiden:

- Mit „Kredit" wird im Allgemeinen der **Ruf** einer Person bzw. Institution beschrieben, den diese hinsichtlich ihres **Willens** und ihrer **Fähigkeit** genießt, eingegangene Verpflichtungen zu erfüllen. Kredit wird hier im Sinne von **kreditwürdig** verstanden.
- In der weiteren Bedeutung wird Kredit als **Versprechen** interpretiert, einem Dritten finanzielle Mittel zur Verfügung zu stellen. Kredit wird als **Zusage** angesehen.
- In einer anderen Interpretation wird unter Kredit der **Vorschuss** einer finanziellen Leistung verstanden: Die Verpflichtung des Kreditnehmers, einem Kreditgeber einen in der Gegenwart zur Verfügung gestellten Geldbetrag zu einem vereinbarten zukünftigen Zeitpunkt zurückzuzahlen. Zu unterscheiden ist in Kreditbeziehungen zwischen Unternehmen untereinander und in Kredittransaktionen zwischen Finanzintermediären, vor allem zwischen Kreditinstituten und Unternehmen. **Kredittransaktionen zwischen Unternehmen** sind i.d.R. an ein zugrunde liegendes Waren- oder Dienstleistungsgeschäft gebunden. Bei einer **Kreditvergabe** seitens eines **Finanzintermediärs** fehlt eine solche Verknüpfung. Man spricht bei solchen Kreditbeziehungen von **Geldleihe**, da eine reine Übertragung von Finanzmitteln erfolgt.
- Demgegenüber kann Kredit ohne Einschaltung von Finanzmitteln vergeben werden. Gemeint ist die sog. **Kreditleihe**, bei der die **Bonität** des Kreditgebers durch ein entsprechendes Rechtsgeschäft auf den Kreditnehmer **übertragen** wird. Solche Kreditgeschäfte stellen etwa Aval- und Akzeptkredite von Kreditinstituten dar.
- Speziell für Kreditinstitute hat das **KWG** im § 19 Abs. 1 und das **Bundesaufsichtsamt für das Kreditwesen** im Grundsatz I der Grundsätze über das Eigenkapital und die Liquidität der Kreditinstitute den Kreditbegriff festgelegt. Er erfolgt durch Aufzählung einzelner **Kreditarten** (z.B. Barkredite, Leasing etc.)

Die definitorische Breite des Kreditbegriffs wird durch die in der Praxis des Kreditgeschäfts von Finanzintermediären und Unternehmen geschaffene Formenvielfalt von Kreditarten unterstrichen. Abb. III-1 gibt eine erste Vorstellung hiervon, indem sie die in der Literatur und Praxis gängigen **Einteilungen** von Krediten aufführt.

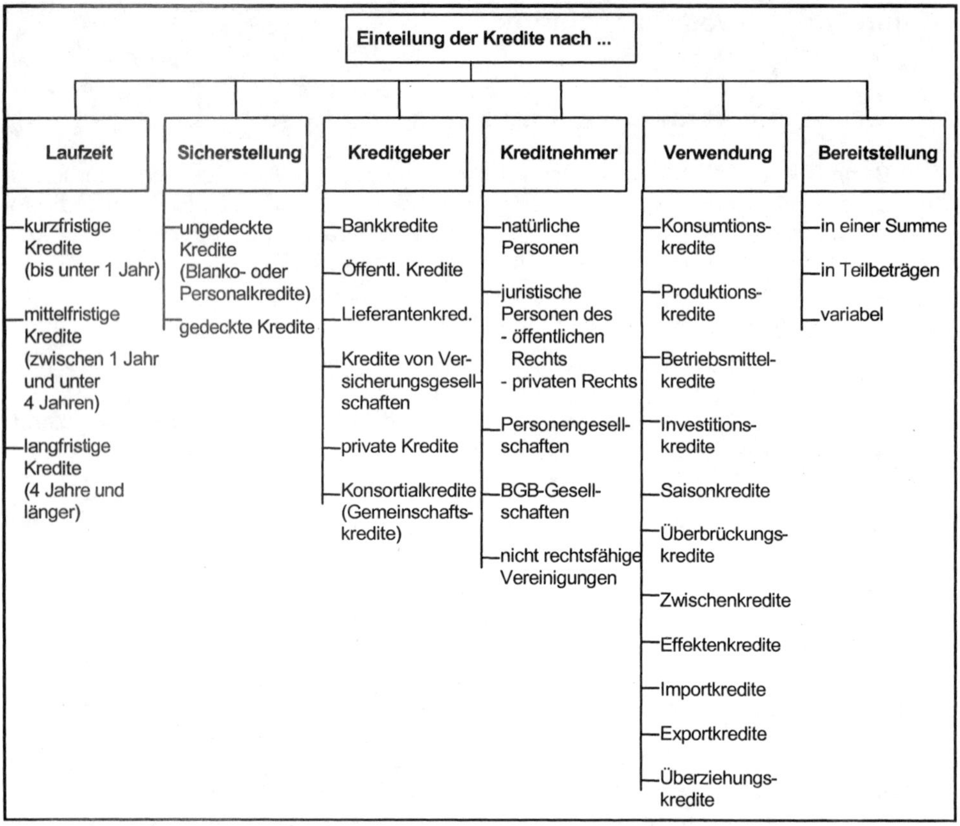


Abb. III-1: Einteilung von Krediten (Quelle: *Adrian/Heidorn* 2000, S. 399)

Charakteristisch für den Kredit ist die **zeitliche Separation** der Leistung des Kreditgebers und der Gegenleistung des Kreditnehmers. Diese gilt als erbracht, wenn Zinsen und Tilgung vollständig und termingerecht an den Kreditgeber zurückgeflossen sind. Damit handelt es sich bei einem Kreditgeschäft um

- eine **Fristentransformation** von Liquidität (d.h. Kreditvergabe in der Gegenwart, Rückzahlung in der Zukunft), unter
- **Informationstransformation**, wobei der Kreditgeber in der Regel über die Investition und die Rückzahlungsmöglichkeit weniger gut informiert ist, als der Kreditnehmer. Es besteht bei Kreditgeschäften daher regelmäßig eine **asymmetrische Informationsverteilung** zwischen Kreditnehmer und -geber.

Die Tatsache, dass die Vergabe von Kredit eine in die Zukunft gerichtete Handlung darstellt, bedeutet insbesondere für den Kreditgeber, Zahlungsmittel (oder Bonität) zu einem späteren Zeitpunkt zurück zu erhalten. In einer Umwelt, in der in der **Gegenwart** keine Sicherheit über den Eintritt von Ereignissen in der Zukunft vorliegt, ist auch jede Kreditvergabe i.d.R. **Unsicherheiten** ausgesetzt, bzw. einem Risiko unterworfen: Es stellt die Gefahr für den Kreditgeber dar, dass der Kredit nicht fristgerecht getilgt wird und/oder Zinszahlungen ausbleiben. Derartige Unsicherheiten im Kreditgeschäft unterscheidet man in **aktives** bzw. **rückzahlungsbedingtes** Kreditrisiko und **passives Kreditrisiko**.

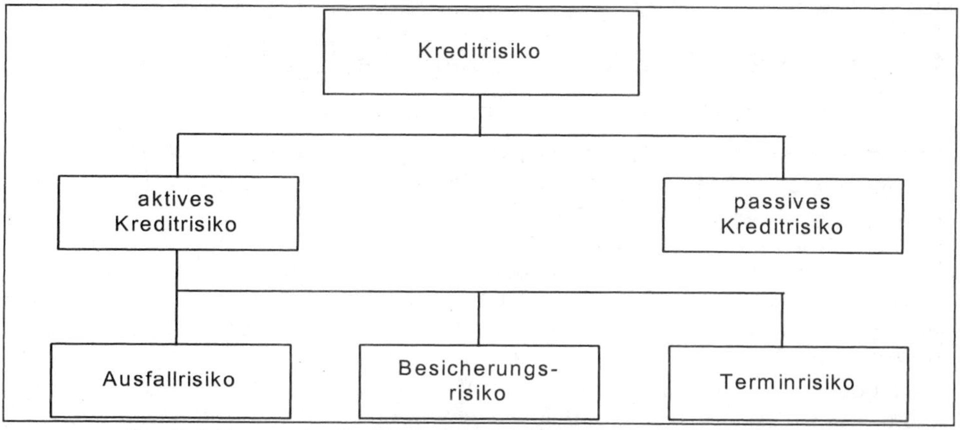


Abb. III-2: Formen der Kreditrisiken (in Anlehnung an *Zellweger* 1987, S. 12)

Das **passive Kreditrisiko** beruht auf zwei **Komponenten**:

- **Zinsänderungsrisiko**, d.h., beim Kreditgeber verringert sich durch Marktzinsänderungen die kalkulierte Verdienstspanne zwischen den Zinsen, die er für die Kreditvergabe vom Kreditnehmer erhält (= Zinserlöse) und den Zinsen, die er Anlegern für deren Überlassung von Finanzmitteln zahlt (= Zinskosten).
- Das **Risiko**, dass die **Anleger vorzeitig** ihre beim Kreditgeber angelegten **Gelder zurückfordern**.

Das passive Kreditrisiko hat für die Vergabe von Krediten keine unmittelbare Auswirkung. Dagegen ist mit der Kreditvergabe direkt das **aktive Risiko** verbunden. Es beinhaltet die Gefahr, dass ein dem Kreditnehmer gewährter Kredit nicht fristgerecht oder nicht vollständig zurückgezahlt wird. Folgende drei Komponenten sind hierbei zu unterscheiden:

- Vom **Ausfallrisiko** spricht man, wenn sich die wirtschaftliche Lage eines Kreditnehmers derart verschlechtert, dass er seine Pflichten aus dem Kreditvertrag nicht mehr mit Sicherheit erfüllen kann.
- Als **Besicherungsrisiko** wird die Gefahr bezeichnet, dass im Fall der Zahlungsunwilligkeit oder -unfähigkeit eines Kreditnehmers die notwendig gewordene Verwertung von Sicherheiten seitens des Kreditgebers niedrigere Verwertungserlöse erbringt, als bei Kreditbewilligung geschätzt wurde.
- Erfolgen vertraglich vereinbarte Zahlungen seitens des Kreditnehmers erst verspätet, so spricht man von einem **Terminrisiko**.

Gängig ist ferner die Unterscheidung in Bonitäts- und Länderrisiko. Hierbei wird auf die Eigenschaft der Kreditnehmer abgestellt. Beim **Bonitätsrisiko** wird auf den einzelnen Kreditnehmer Bezug genommen. Es beinhaltet die Gefahr der mangelnden Kreditrückführung, die sich aus der fehlerhaften Beurteilung seiner aktuellen und zukünftigen Zahlungsfähigkeit und -willigkeit durch den Kreditgeber ergibt. Das **Länderrisiko** betrifft Bonitätsrisiken im Kreditgeschäft mit internationalen Schuldnern, d.h. Staaten, die in ihrer Gesamtheit Zins- und Tilgungszahlungen nicht leisten können.

**Kreditrisiken** stellen sich demnach als **Bonitätsrisiken** dar, die in den Ausprägungen Termin-, Besicherungs- und Ausfallrisiko auftreten (vgl. *Brakensiek* 1991, S. 14-16).

# 2 Informations- und Anreizprobleme bei Finanzierung mit Fremdkapital

Asymmetrische Informationsverteilung und Verhaltensunsicherheiten kennzeichnen wie andere Formen der Beziehungen zwischen Kapitalgebern und -nehmern auch die Kreditbeziehung. In einer Kreditbeziehung ist das herkömmliche Rollenmuster dergestalt, dass der **Kreditgeber** den **Prinzipal** darstellt und der Kreditnehmer die Funktion des **delegierten Agenten** übernimmt. Der Kreditgeber überlässt dem Kreditnehmer Finanzmittel, die dieser für Investitionszwecke einsetzt. Aus den Erträgen der realisierten Investitionen beansprucht der Kreditgeber seinen Anteil in Form von kontraktbestimmten Einkommenszahlungen. Der Kreditgeber ist bei der so zu verstehenden Wahl seiner Einkommensquelle auf die Informationen über zeitliche Struktur, Breite und Sicherheitsgrad der zukünftigen Zahlungsströme und Verhaltensweisen des Kreditnehmers angewiesen. Der Kreditnehmer nimmt typische Aufgaben einer delegierten Auftragsfunktion wahr: Auswahl und Realisierung von Investitionsobjekten, die die von ihm dem Kreditgeber in Aussicht gestellten Zahlungsstromeigenschaften aufweisen. Für den Kreditgeber sind die Informationsstände und Verhaltensweisen des Agenten nicht oder unvollständig bekannt.

## 2.1 Ausprägungen des Prinzipal-Agent-Problems

In Anlehnung an die Dreiteilung der damit verbundenen neo-institutionenökonomischen Problemlagen lassen sich darauf aufbauend folgende Spezifikationen vornehmen.

Mit der **Qualitätsunsicherheit** wird in Kreditbeziehungen das Problem gekennzeichnet, dass Kreditgeber vor Abschluss von Kreditverträgen keine oder unzureichende Kenntnis über das unbeobachtbare Risiko des Ausfalls des Kredits während der Vertragslaufzeit nach Kreditvergabe haben. Sie stehen vor dem Problem, zwischen guten und schlechten Kreditnehmern unterscheiden zu müssen. Erst dann können sie jeden Nachfrager nach Kredit hinsichtlich der **risikoadäquaten Zinsgestaltung** und der **sonstigen Vertragsinhalte** mit einem entsprechenden Kreditangebot bedienen. Ohne bestimmte Maßnahmen und Instrumente zur Separation der Kreditnachfrager entsprechend ihrer individuellen Risikostruktur sehen sich die Anbieter von Kredit einem gepoolten Kreditmarkt gegenüber.

*Jaffee/Russell* (1976) und *Stiglitz/Weiss* (1981) haben gezeigt, welche Folgen die Übertragung des Qualitätsunsicherheitsansatzes auf Kapitalmärkte hat: Kreditgeber müssen ihre Konditionsangebote aufgrund der unvollständigen Kenntnis über das Ausfallrisiko der einzelnen Kreditnachfrager (oder positiv gewendet, deren Bonität) auf die **durchschnittliche Kreditwürdigkeit** abstellen. Damit verlangen sie einen durchschnittlichen Kapitalkostensatz, unabhängig davon, ob ein Kreditnehmer ein überdurchschnittlich gutes oder schlechtes Risiko darstellt. Insofern subventionieren die guten Kreditnehmer wegen des für sie zu hohen Kapitalkostensatzes die Kreditnehmer mit hohem Risiko, die ihre Kreditverträge zu relativ zu niedrigen Kapitalkosten angeboten bekommen.

Kreditnehmer guter Bonität ziehen sich vom Markt zurück, wenn für sie im Fall einer zu hohen Subventionierung schlechter Kreditnachfrager keine Vorteile mehr aus der Kreditfinanzierung bestehen. Dadurch sind Kreditnehmer guter Qualität benachteiligt, da Kreditgeber nur die Nachfrager mit relativ hohem Ausfallrisiko bedienen. Dies zeigt, dass auf einem **gepoolten Kreditmarkt** mit potenziellen Schuldnern **kaum** eine **Bonitätsdifferenzierung** existiert. Dadurch erhalten einige Nachfrager keinen Kredit oder nur zu einem geringeren Volumen, als sie zu einem gedachten markträumenden Zinssatz nachfragen würden (vgl. *Schmidt* 1981). Das **Problem** der **Qualitätsunsicherheit** auf Kreditmärkten ist dann aus zweierlei Sicht zu betrachten:

- Die Kreditgeber werden durch den Rückzug von überdurchschnittlich guten Kreditnachfragern in ihren Kreditvergabemöglichkeiten (potenziellen Anlagemöglichkeiten) rationiert. Um dies zu vermeiden oder um sich eine größere Anzahl von Kreditvergaben zu erschließen, müssen sie zwischen guten und schlechten Kreditnachfragern sortieren bzw. filtern, also ein Screening betreiben. Dies verursacht **Überprüfungskosten**, die aus Such- und Auswahlkosten vor dem Abschluss des Kreditvertrags bestehen und aus Aktivitäten der **Informationsgewinnung** und **-verarbeitung** sowie der **Kreditnehmerselektion** resultieren. Nach der Kreditvergabe und während der Kreditlaufzeit folgen Kontrollkosten. Solche Transaktionskosten werden bei der Kreditvergabe- bzw. Anlageentscheidung mit ins Kalkül gezogen.
- Auf der Seite der **Kreditnachfrager** besteht bei denjenigen mit **hoher Bonität** ein Anreiz, die Kreditgeber von ihrer überdurchschnittlichen Qualität zu überzeugen. Hierzu bedarf es **Signale** an die Kreditgeber, die ausschließlich von Unternehmen mit guter Kreditqualität ausgesendet werden können (vgl. Abschnitte 2.3.1 und 2.3.2). Sie sind dann verlässlich, um von den Kreditgebern zur Extrapolation auf die für sie nicht beobachtbare objektive Höhe des Ausfallrisikos guter Schuldner verwendet werden zu können. Die Produktion solcher Signale ist daher für die Kreditnachfrager kostenpflichtig (eine wichtige Bedingung im Übrigen, um die Funktionsfähigkeit und Effizienz dieses Prozesses zu gewährleisten). Eine andere Möglichkeit, entsprechend des Extrapolationsprinzips Informationen über die hohe Kreditwürdigkeit zu generieren, ist der Aufbau von **Reputation**.

Liegt asymmetrische Informationsverteilung vor, ist während der Kreditvertragslaufzeit opportunistisches Verhalten des Kreditnehmers nicht auszuschließen. Es entsteht durch die Unmöglichkeit, bereits mit Vertragsabschluss alle zukünftigen Umwelteinflüsse und Handlungen der Kreditvertragsparteien im Kreditvertrag festzuschreiben und entsprechende Handlungsvorschriften zu fixieren. Mögliche Konsequenzen solcher verbliebenen **diskretionären Handlungsspielräume** des Agenten „Kreditnehmer“ können Hold Up und Moral Hazard sein.

Wie in Kapitel I ausgeführt, besteht das Problem des **Hold Up** in der **Irreversibilität von Investitionen**: Kreditnehmer haben Kreditverträge gezeichnet und daraufhin Finanzmittel erhalten. Ihre Kapitalanlagen sind über die Kreditvertragslaufzeit wie irreversible Investitionen zu charakterisieren und die Vertragserfüllung hängt in dieser Zeit von der Willensbildung des Kreditnehmers ab. Nutzt dieser seine vertraglichen Freiräume zu Lasten der Wohlfahrt des Kreditgebers, so ergeben sich für diesen **Sunk Costs**. Ein solches Verhalten des Kreditnehmers muss nicht zwangsläufig auf kalkulierten Absichten beruhen, den Kreditgeber im Rahmen zulässiger Vertragsspielräume zu schädigen, sondern kann sich aus Missverständnissen aufgrund fehlender expliziter Vertragsformulierungen ergeben.

Ähnliche Grundlagen wie im Hold Up sind für das Entstehen von **Moral Hazard** in Kreditbeziehungen verantwortlich. Der zentrale Unterschied ist, dass der Kreditgeber beim Hold Up ex post, also nach Eintritt der Verhaltensweisen des Kreditnehmers, den Vertragsverstoß erkennt, während er bei Moral Hazard zwischen exogener Unsicherheit aufgrund von Umwelteinflüssen und Verhaltensrisiko des Kreditnehmers nicht unterscheiden kann. Ist dem Kreditgeber beim Hold Up durch Kontrolle und Überwachung (Monitoring) während der Kreditvertragslaufzeit das Erkennen von Vertragsverletzungen grundsätzlich zugänglich, so entzieht sich der Kreditnehmer demgegenüber in Moral Hazard-Situationen einer solchen Kontrolle. Der Kreditgeber kann in diesem Fall bestimmte Bedingungen dem Kreditnehmer setzen, auf die er dann im Interesse des Kreditgebers reagieren müsste. Solche anreizorientierten Kooperationsdesigns stellen **Entlohnungsschemata** dar.

### 2.1.1 Adverse Selektion in Kreditverträgen und Kooperationsdesigns

Bei der Analyse von Kreditbeziehungen ist ein erster zentraler Schritt, gedanklich zwischen der **Vorvertrags-** und der **Nachvertragsphase** zu unterscheiden. Beide sind eng miteinander verbunden, da die im Laufe der Vorvertragsphase durch das Identifizieren des Kreditrisikos gewonnenen Informationen die Grundlagen dafür bilden, in welcher Form Kompensationen für das einzugehende Kreditrisiko vom Kreditgeber gefordert werden. Als Ergebnis der Verhandlungen mit dem Kreditnehmer resultiert ein Kreditvertrag, dessen Komponenten mehr sind, als reine kreditartenbezogene Merkmalsbeschreibungen: Sie verkörpern explizit formulierte Kontroll-, Überwachungs- und Sanktionsregeln, mit denen ein Ausgleich der (häufig konfliktären) Interessen von Kreditnehmer und -geber für die Funktionsfähigkeit der Beziehung in der Nachvertragsphase festgeschrieben sind und die durchgesetzt werden müssen. Neben den expliziten Vertragselementen werden eine Reihe von Unvollständigkeiten verbleiben und manche Regelung wird nur impliziter Natur sein können.

#### 2.1.1.1 Adverse Selektion in der Vorvertragsphase

Wie oben dargestellt benötigen Kreditgeber Informationen zur Bonität Kredit suchender Unternehmen, um Kreditengagements eingehen zu können. Zur Überwindung der asymmetrisch verteilten Informationen müsste ein Informationstransfer stattfinden. Es ist anzunehmen, dass Unternehmen mit schlechter Bonität kein Interesse daran haben, wahrheitsgemäß zu informieren. Vielmehr wird das Management versuchen, den Kreditgebern erstklassige Bonität vorzuspielen, um günstige Konditionen zu erhalten. Dies ist damit zu begründen, dass „(...) jede Negativdarstellung von Zukunftsaussichten .. in der Finanzwelt eine sich selbst erfüllende Prophezeiung [ist]“ (*Spremann* 1996, S. 718). Zum anderen ist die Kenntnis negativer Zukunftsaussichten dem Management schwer nachzuweisen. Haben die Kapitalgeber keine Möglichkeit Schuldner zu selektieren, muss selbst an richtigen Informationen erstklassiger Schuldner gezweifelt werden. Bleibt die ursprüngliche Informationsasymmetrie erhalten, ist der Markt gepoolt. Die Kreditgeber können nur einen standardisierten Mischvertrag anbieten, der dem durchschnittlichen Kreditrisiko angepasst ist (vgl. *Milde* 1987, S. 322 f.).

Für gute Schuldner ist der Mischvertrag zu teuer, so dass deren Nachfrage abnimmt oder sie das Risiko ihrer Investitionen den Konditionen anpassen. Dadurch erhöht sich das Kreditrisiko im Markt, woraufhin die Kreditgeber den Zinssatz erhöhen werden (zum Risikoaufschlag vgl. auch Kapitel I, Abschnitt 5.1). Setzt sich dieser Mechanismus fort, verbleiben letztlich nur Schuldner mit schlechter Bonität. Diese Negativauslese ist als adverse Selektion bekannt. Dies ist der Fall, wenn Kreditrisiken so hoch werden, dass keine Kredite mehr angeboten werden. An einem einfachen Zahlenbeispiel nach *Hartmann-Wendels* soll die Problematik verdeutlicht werden.

Beispiel (vgl. *Hartmann-Wendels* 1992): Angenommen, ein Kreditgeber könne zwei Typen von Unternehmen in einem einperiodigen Modell identifizieren, die jeweils einen gleichen Kapitaleinsatz in Form der Anschaffungskosten von *113 €* erfordern (vgl. auch die Daten in Tab. III-1):

- Unternehmen *I* beabsichtigt, das Investitionsprojekt $I_1$ mit zu erwartenden Einzahlungen $e_1(I)$ = *130 €* und einem Kapitalwert, $PV(I_1)$, von *5,18 €* durchzuführen.
- Unternehmen *II* wird das relativ risikoreichere Investitionsprojekt $I_2$ mit zu erwartenden Einzahlungen $e_2(II)$ = *125 €* und entsprechendem Kapitalwert von $PV(I_2)$ = *0,64 €* realisieren.

| | $w(s_1)$ = 0,15 | $w(s_2)$ = 0,2 | $w(s_3)$ = 0,3 | $w(s_4)$ = 0,2 | $w(s_5)$ = 0,15 | $E(e_1)$ | $PV(I)$ |
|---|---|---|---|---|---|---|---|
| $I_1$ | 90 | 110 | 130 | 150 | 170 | 130 | 5,18 |
| **FK ($I_1$)** | 90 | 110 | 114,62 | 114,62 | 114,62 | 110 | 0 |
| **EK ($I_1$)** | 0 | 0 | 15,38 | 35,38 | 55,38 | 20 | 5,18 |
| $I_2$ | 45 | 85 | 125 | 165 | 205 | 125 | 0,64 |
| **FK ($I_2$)** | 45 | 85 | 125 | 139,29 | 139,29 | 110 | 0 |
| **EK ($I_2$)** | 0 | 0 | 0 | 25,71 | 65,71 | 15 | 0,64 |

Tab. III-1: Datensituation der Investitionsprojekte (in €) (vgl. *Hartmann-Wendels* 1992, S. 416-417)

Die Finanzierung der Anschaffungskosten setzt sich zu *13 €* aus Eigenkapital (= *EK*) und zu *100 €* aus Fremdkapital (= *FK*) zusammen. Aus den beiden Investitionsobjekten sollen die zustandsabhängigen (Netto-) Rückflüsse von den jeweiligen exogenen Umweltzuständen (= $s_i$) abhängig sein. Für sie gelten die Wahrscheinlichkeiten [= $w(s_i)$]. Der risikofreie Zinssatz (= $r_f$) beträgt *0,1*. Für die Kreditgeber wird Risikoneutralität unterstellt.

Die Kreditgeber kennen nun die Investitionsprojekte der jeweiligen Unternehmen nicht. Würden die Kreditgeber eine kreditsuchende Unternehmung jeweils den beiden Unternehmenstypen anhand des Investitionspolitik-Kriteriums zuordnen, müsste ein Zinssatz von *14,62%* für Unternehmenstyp I und *39,29%* für Unternehmenstyp II angeboten werden. Die Werte kommen wie folgt zustande:

- Damit für $\mathbf{I_1}$ ein **Ertragswert** von *110 €* erzielt wird, was dann einer risikolosen Verzinsung von *10%* äquivalent wäre, resultiert für den Kapitalgeber eine Renditeforderung von *14,62%*, die sich wie folgt errechnet (wobei die nachfolgende Größe *0,65* die Restwahrscheinlichkeit aller übrigen Umweltzustände ist, d.h. $w(s_3) + w(s_4) + w(s_5)$):

  $90 \cdot 0{,}15 + 110 \cdot 0{,}2 + 100 \cdot (1+i) \cdot 0{,}65 = 110$, mit Auflösung nach der geforderten Rendite *i* erhält man $i = (74{,}5/65) - 1 = 0{,}1462$.

- Für das Projekt $\mathbf{I_2}$ errechnet man einen entspechenden **Ertragswert** von *39,3%*:

  $45 \cdot 0{,}15 + 85 \cdot 0{,}2 + 125 \cdot 0{,}3 + 100 \cdot (1+i) \cdot 0{,}35 = 110$. Wiederum aufgelöst nach der geforderten Rendite ergibt sich: $i = (48{,}75/35) - 1 = 0{,}3929$.

Wenn nun die risikoadäquaten Renditen bekannt sind und von einem gepoolten Kreditmarkt auszugehen ist, wird ein für beide Unternehmen geltender **Mischkreditvertrag** mit einem **Kreditzinssatz** von *24%* angeboten. Der Satz errechnet sich wie folgt:

Für den Ertragswert von *110 €* muss gelten:

$[90 \cdot 0{,}15 + 110 \cdot 0{,}2 + 100 \cdot (1+i) \cdot 0{,}65 + 45 \cdot 0{,}15 + 85 \cdot 0{,}2 + 100 \cdot (1+i) \cdot 0{,}65] \cdot 0{,}5 = 110,$

woraus sich $i = (160{,}75/130) - 1 = 0{,}24$ ergibt.

Unter diesen Bedingungen erzielen die Kreditgeber eine durchschnittlich erwartete Verzinsung von wiederum *10%*, wohingegen die effektiven Fremdkapitalkosten für $I_1$ *16,1%* betragen und einen negativen Kapitalwert begründen. Aus diesem Grund werden Kredite ausschließlich für $I_2$ nachgefragt. Die entsprechenden Fremdkapitalkosten belaufen sich auf *4,35%* und besitzen einen positiven Kapitalwert von *5,77 €*. Dies werden rationale Kreditgeber antizipieren und somit ausschließlich Kredite mit einem Zinssatz von *39,29%* anbieten (vgl. Tab. III-2).

| | $w(s_1) =$ 0,15 | $w(s_2) =$ 0,2 | $w(s_3) =$ 0,3 | $w(s_4) =$ 0,2 | $w(s_5) =$ 0,15 | $E(e_1)$ | $PV(I)$ |
|---|---|---|---|---|---|---|---|
| $I_1$ | 90 | 110 | 130 | 150 | 170 | 130 | 5,18 |
| $FK(I_1)$ | 90 | 110 | 124 | 124 | 124 | 116,1 | 5,55 |
| $EK(I_1)$ | 0 | 0 | 6 | 26 | 46 | 13,9 | -0,37 |
| $I_2$ | 45 | 85 | 125 | 165 | 205 | 125 | 0,64 |
| $FK(I_2)$ | 45 | 85 | 124 | 124 | 124 | 104,35 | -5,14 |
| $EK(I_2)$ | 0 | 0 | 1 | 41 | 81 | 20,65 | 5,77 |

Tab. III-2: Angepasste Datensituation der Investitionsprojekte (in €)
(vgl. *Hartmann-Wendels* 1992, S. 416-417)

Im Ergebnis werden Investitionen von solchen Unternehmen unterlassen, die ein relativ niedrigeres Ausfallrisiko gegenüber dem Marktdurchschnitt aufweisen. Die Kapitalwerte ihrer Investitionen wären bei einem vom Durchschnitt des Kreditmarkts abweichenden (also risikoadäquaten) Zinssatz positiv. Es wäre daraufhin für das Kreditmarktergebnis und die unternehmensindividuelle Allokation von Kreditkapital denkbar, dass die Unternehmen mit relativ guter Bonität ihrerseits Maßnahmen ergreifen, um sich von den Kreditnehmern mit niedrigerer Bonität zu unterscheiden und in den Genuss niedriger risikoadjustierter Kreditzinssätze zu gelangen. Der Signalmechanismus stellt eine grundsätzliche Möglichkeit dar und ermöglicht Kreditgebern die Konstruktion und das Angebot von Trennkontrakten.

## 2.1.1.2 Adverse Selektion während der Vertragslaufzeit

Im Anschluss an den Abschluss eines Kreditvertrags beginnt die Kreditvertragslaufzeit und damit der vertraglich vereinbarte **Zeitraum der Vertragserfüllung**. Während dieser Zeit bestehen grundsätzlich für den Schuldner opportunistische Handlungsspielräume, die seitens der Kreditgeber nicht zwingend erkennbar sind. Derlei als Hidden Intention in Kapitel I, Abschnitt 4.2.3.2 eingeführten Verhaltensweisen erfüllen dann die Merkmale von **Hold Up**. Sie ermöglichen ihm Vermögensverschiebungen innerhalb des Unternehmens in den Investitionsobjekten, wodurch die Erfüllung von Gläubigeransprüchen aus bestehenden Kreditverträgen gefährdet werden können. Insbesondere in Kapitalgesellschaften mit ihrem hohen Grad an unternehmensinternen delegierten Verantwortungsebenen für die Unternehmensführung und der durch die Rechtsformen von AG und GmbH bedingten beschränkten Haftungsgrundlagen kann Hold Up die Ansprüche der Kreditgeber ernsthaft gefährden. Eine systematisierte Betrachtung einer auf Moral Hazard beruhenden Vermögensverschiebung wird in nachfolgendem Modell entwickelt.

Vermögensverschiebungen aufgrund von Hold Up beziehen sich auf die Wechselmöglichkeit des Kreditnehmers hin zu einer risikoreicheren Investition, nachdem der Kreditvertrag bewilligt wurde. Damit erfolgt ein gewolltes Abweichen der Investitionspolitik von der Grundlage, auf der die Bewilligung des Kreditantrags zustande kam. Ein solcher Wechsel hin zu einer Investition mit höherem Risiko stellt eine Vermögensverschiebung zu Lasten der Kreditgeber dar und wird als **Asset Substitution Problem** bezeichnet. An einem Zahlenbeispiel lässt sich dieser Sachverhalt demonstrieren. Zu diesem Zweck werden die Beispieldaten aus Abschnitt 2.1.1.1 aufgegriffen.

Beispiel (vgl. *Hartmann-Wendels* 1992): Unterstellt man als Ausgangspunkt vorläufig eine vollständige Eigenfinanzierung der Investitionsprojekte $I_1$ und $I_2$, so würde man ein Unternehmen Projekt $I_1$ aufgrund des höheren Kapitalwerts von *5,18* € durchführen (vgl. Tab. III-3). Betrachtet man anschließend den Fall der Kreditfinanzierung in Höhe von wiederum *100* €, so besteht jetzt ein Anreiz, von dem ursprünglich (bei Eigenfinanzierung) angestrebten Investitionsobjekt $I_1$ auf das alternative Investitionsobjekt $I_2$ zu wechseln. Geht man wiederum davon aus, dass der bereitgestellte Kredit vor Wechsel der Investitionspolitik und damit auf der Grundlage der Investition $I_1$ zum Zinssatz von *14,62%* begeben wurde (vgl. zur Begründung des Satzes Abschnitt 2.1.1.1), so kann das Unternehmen nach erfolgtem Wechsel auf Investitionsprojekt $I_2$ mit diesem Kredit einen Kapitalwert von *11,32* € erzielen, der damit höher liegt als der Kapitalwert von $I_1$. Es ist zu betonen, dass der Wertzuwachs ausschließlich durch einen Wechsel in der Investitionspolitik, d.h. eine Vermögensverschiebung erreicht wird. Als Folge davon wird selbst der niedrigere Kapitalwert des zweiten Investitionsprojekts kompensiert und der Verlust der Gläubiger bemisst sich in einem auf *98,25* € gesunkenen Ertragswert bzw. einem negativen Kapitalwert von *-10,68* €.

| | $w(s_1) =$ 0,15 | $w(s_2) =$ 0,2 | $w(s_3) =$ 0,3 | $w(s_4) =$ 0,2 | $w(s_5) =$ 0,15 | $E(e_1)$ | $PV(I)$ |
|---|---|---|---|---|---|---|---|
| $I_1$ | 90 | 110 | 130 | 150 | 170 | 130 | 5,18 |
| $FK(I_1)$ | 90 | 110 | 114,62 | 114,62 | 114,62 | 110 | 0 |
| $EK(I_1)$ | 0 | 0 | 15,38 | 35,38 | 55,38 | 20 | 5,18 |
| $I_2$ | 45 | 85 | 125 | 165 | 205 | 125 | 0,64 |
| $FK(I_2)$ | 45 | 85 | 114,62 | 114,62 | 114,63 | 98,25 | -10,68 |
| $EK(I_2)$ | 0 | 0 | 10,38 | 50,38 | 90,38 | 26,75 | 11,32 |

Tab. III-3: Datensituation zum Asset Substitution Problem bei Belegung mit einer Risikoprämie (in €) (vgl. *Hartmann-Wendels* 1992, S. 420 f.)

Der Wechsel in der Investitionspolitik ist für Kreditgeber aufgrund von Hidden Intention der Kreditnehmer oft nicht direkt durch entsprechende Vertragsgestaltungen verhinderbar. Für diesen Fall können Kreditgeber aber einen befürchteten Projektwechsel (zu ihren Lasten) durch eine entsprechende Konditionengestaltung im Kreditvertrag antizipieren. Ein geeignetes Mittel wäre diesbezüglich die Erhöhung der Risikoprämie. Der Kreditzinssatz würde daraufhin wie folgt zu kalkulieren sein:

$110 = 0{,}15 \cdot 45 + 0{,}2 \cdot 85 + 0{,}3 \cdot 125 + 0{,}35 \cdot 100 \cdot (1+i) \Rightarrow i = (48{,}75)/35)-1 = 0{,}3929$, was einem Zinssatz von *39,29%* entspricht.

Auf diese Weise wäre für die Kapitalgeber wieder eine Verzinsung von *10%* für das Investitionsprojekt $I_2$ erreicht. Das Kredit nehmende Unternehmen müsste daraufhin von vornherein das zweite Investitionsobjekt realisieren, da nur dieses einen positiven Kapitalwert (= *0,64* €) mit dieser Kreditkondition aufweist. Die erhöhte Risikoprämie zwingt damit aus dem ökonomischen Kalkül der Investitionsbewertung heraus das Unternehmen zum Projektwechsel und zugleich hat daraufhin das Unternehmen selbst die negativen Folgen der asymmetrischen Informationsverteilung zu tragen. Quantifizierbar ist der negative Erfolg der Investitionspolitik im Unterschiedsbetrag der projektspezifischen Kapitalwerte, d.h. *-4,54* € aufgrund *0,64* € – *5,18* €.

**Alternativ** zur Belegung mit einer Risikoprämie können Kapitalgeber Kreditrisiko aufgrund von Hold Up durch eine Rationierung des (nachgefragten) Kreditvolumens reduzieren. Der markante Unterschied zur Risikoprämienpolitik ist bei der **Kreditrationierung**, dass Kreditnehmer nicht in den Wechsel zu risikoreichen Investitionsprojekten veranlasst werden. Ferner besteht für die Risikoreduktion durch Auflage einer Risikoprämie deren Wirkungsgrenze darin, dass für solche Investitionen, bei denen es zum Totalverlust kommen kann, eine hohe Risikoprämie wirkungslos ist. Alternativ stellt dagegen die Kreditrationierung eine tragfähige Lösung bei adverser Selektion dar, bedeutet aber aus investitionstheoretischer Sicht die Existenz eines **Unterinvestitionsproblems** (vgl. *Schäfer* 1999a, S. 412). Eine andere Art des Unterinvestitionsproblems besteht darin, dass im Rahmen der Investitionspolitik Investitionen mit positivem Kapitalwert unterlassen werden. So werden insbesondere bei drohender Insolvenz beschränkt haftende Unternehmen kein Interesse an Investitionen haben, die nur die Gläubigerposition verbessern (vgl. ein Zahlenbeispiel dazu bei *Franke/Hax* 1999, S. 423).

Lesehinweis: Zur Kreditrationierung vgl. auch *Spremann* (1996, S. 297 f.); vgl. dazu auch das Beispiel von *Schmidt/Terberger* 1997, S. 418.

Beispiel: Übertragen auf das Ausgangs-Beispiel würde eine Kreditrationierung beispielsweise darin liegen, dass ein Kreditgeber die Kreditvergabe auf *68,35 €* beschränkt. Die damit verbundene Verzinsung des vom Kreditgeber bereitgestellten Kreditkapitals beträgt bei Investitionsobjekt $I_1$ *14,62%* mit einem entsprechenden Kapitalwert des Investitionsobjekts von *2,87 €* (vgl. hierzu die mit (*) markierten Eintragungen in Tab. III-4). Das Unternehmen realisiert unter der Bedingnung der Kreditrationierung daraufhin in beiden Projekten einen Kapitalwert von *2,31 €* (wurde durch Interpolation bestimmt). Es besteht daraufhin kein Anreiz mehr zum Wechsel auf die risikoreichere Investition. Der entsprechende Zahlungsanspruch beläuft sich auf *78,34 €* (= *68,35 · 1,1462*). Der Eigenkapitalanteil der Unternehmung steigt daraufhin auf *44,65 €* (= *113 – 68,35*).

| | $w(s_1)$ = 0,15 | $w(s_2)$ = 0,2 | $w(s_3)$ = 0,3 | $w(s_4)$ = 0,2 | $w(s_5)$ = 0,15 | $E(e_1)$ | $PV(I)$ |
|---|---|---|---|---|---|---|---|
| $I_1$ | 90 | 110 | 130 | 150 | 170 | 130 | 5,18 |
| FK ($I_1$) | 90 | 110 | 114,62 | 114,62 | 114,62 | 110 | 0 |
| EK ($I_1$) | 0 | 0 | 15,38 | 35,38 | 55,38 | 20 | 5,18 |
| FK ($I_1$)* | 78,34 | 78,34 | 78,34 | 78,34 | 78.34 | 78,34 | 2,87 |
| EK ($I_1$)* | 11,66 | 31,66 | 51,66 | 71,66 | 91,66 | 51,66 | 2,31 |
| $I_2$ | 45 | 85 | 125 | 165 | 205 | 125 | 0,64 |
| FK ($I_2$) | 45 | 85 | 114,62 | 114,62 | 114,63 | 98,25 | -10,68 |
| EK ($I_2$) | 0 | 0 | 10,38 | 50,38 | 90,38 | 26,75 | 11,32 |
| FK ($I_2$)* | 45 | 78,34 | 78,34 | 78,34 | 78,34 | 73,34 | -1,67 |
| EK ($I_2$)* | 0 | 6,66 | 46,66 | 86,66 | 126,66 | 51,66 | 2,31 |

Tab. III-4: Datensituation zum Asset Substitution Problem bei Kreditrationierung (in €) (vgl. *Hartmann-Wendels* 1992, S. 420 f.)

Eine weitere zu unterscheidende Handlungsmöglichkeit von Kreditnehmern zur Verschiebung von Vermögen in der Phase nach Bewilligung eines Kredits besteht in der anschließenden Aufnahme zusätzlicher Kredite. Die erste Wirkung besteht daraufhin darin, dass die bisherigen Kreditgeber einen Qualitätsverlust ihrer Gläubigerposition erleiden, denn das haftende Vermögen pro Krediteinheit verringert sich. Aufgrund dieses Verwässerungseffekts können die Altgläubiger im Insolvenzfall nur zu einem geringeren Anteil befriedigt werden. Mit einem Zahlenbeispiel lässt sich die Problematik verdeutlichen (vgl. *Schmidt/Terberger* 1997, S. 420-421).

Beispiel: Ein Investitionsprojekt (*I*) kann mit einer Auszahlung von *100 €* erworben werden. Die Finanzierung erfolgt jeweils hälftig mit Eigen– und Kreditkapital. Der Kreditkapitalzinssatz beträgt *10%*. Das Investitionsprojekt wird voraussichtlich mit *80%*iger Wahrscheinlichkeit (*w*) Einzahlungen in Höhe von *150 €* und mit *20%*iger Wahrscheinlichkeit *70 €* erwarten. Die Kreditvergabe erfolgte zu einem Zinssatz von *10%*, woraus ein Zahlungsanspruch der Kreditgeber von *55 €* resultiert (vgl.

Tab. III-5). Nach Kreditaufnahme ersetzt das Unternehmen den Eigenkapitalanteil durch einen weiteren nachträglich aufgenommenen Kredit von *50 €*. Um sich vor einem teilweisen Kreditausfall zu schützen, wird angenommen, dass der zweite Kreditgeber einen erhöhten Zinssatz von *19,3%* fordert. Unter Berücksichtigung der Ausfallmöglichkeit wird die Verzinsung für den zweiten Gläubiger wie folgt errechnet:

$0{,}8 \cdot i + 0.2 \cdot i \cdot 70/(55 + i) = 55$. Durch anschließendes null setzen und Auflösen der quadratischen Gleichung nach *i* kann der gesuchte Zinssatz errechnet werden:

$0 = i^2 + 3{,}75i - 55^2/0{,}8$ und mittels quadratischer Gleichung $i = 59{,}65/50\text{-}1 = 0{,}19$.

Die erwartete Verzinsung für Kreditgeber eins beträgt daraufhin wieder *10%*.

| | Finanzierung | | w | Einzahlung | Kredit-geber 1 | Kredit-geber 2 | Kredit-nehmer |
|---|---|---|---|---|---|---|---|
| I | *FK* | *EK* | *0,8* | *150* | *55* | | *95* |
| | *50* | *50* | *0,2* | *70* | *55* | | *15* |
| I | *FK 1* | *FK 2* | *0,8* | *150* | *55* | *59,65* | *35,35* |
| | *50* | *50* | *0,2* | *70* | *33,55* | *36,39* | *0* |

Tab. III-5: Datensituation zum Asset Substitution Problem bei Veränderung der Verschuldungsstruktur (vgl. *Schmidt/Terberger* 1997, S. 420-421)

Im Fall eines erfolgreichen Projektverlaufs erhält der zweite Kreditgeber *59,65 €* (= *50 · 1,193*); für die Eigenkapitalgeber verbleiben *35,35 €*. Sollte der Insolvenzfall eintreten, so werden die Ansprüche der gleichberechtigten Gläubiger zu *61%* [= *70/(55 + 59,65) = 0,61*] befriedigt, d.h. Kreditgeber *2* erhält *36,39 €* (= *0,61 · 59,65*) und der erste Kreditgeber *33,55 €* (= *0,61 · 55*). Dadurch sinkt die zu erwartende Verzinsung des ersten Kreditgebers auf *1,43%* [= *(0,8 · 55 + 0,2 · 33,55)/50 = 1,0143*]. Die Eigenkapitalgeber konnten ihre Fremdkapitalkosten von *20%* auf *14,65%* reduzieren, indem die Gläubigerposition von Kreditgeber *1* reduziert und an Kreditgeber 2 übertragen wurde. Aus Sicht eines Gesamtgläubigers ist daraufhin ein Kreditzinssatz von *20%* (*0,8 · 120 + 0,2 · 70 = 110*) zu fordern, um eine Verzinsung von *10%* erwarten zu können. Die Durchschnittsverzinsung der Kreditvergaben beträgt daraufhin 14,65% (*55 + 59,65 – 100*). Will Kreditgeber *1* die nachträgliche Kreditaufnahme des Unternehmens antizipieren und eine Kompensation für das eintretende Verwässerungsrisiko verlangen, so kann er eine Risikoprämie verlangen, durch die das Unternehmen wieder zu höherer Verschuldung veranlasst wird. Eine Alternative besteht im Vereinbaren von Negativklauseln im Kreditvertrag zugunsten des ersten Kreditgebers (vgl. die entsprechenden Ausführungen in Abschnitt 3.1.1.2 in diesem Kapitel).

Das **Asset Substitution Problem** kann in einer weiteren Ursachen-Unterscheidung im Rahmen der Finanzierungspolitik **durch Erhöhung des Verschuldungsgrads** vom Kreditnehmer ausgelöst werden. Er erreicht dies, indem durch erhöhte Entnahmen bzw. Ausschüttungen das haftende Eigenkapital dem Unternehmen entzogen wird. Wie in Kapitel I, Abschnitt 1.4 erläutert ist eine zentrale Funktion des Eigenkapitals dessen Haftung für die Ansprüche der Kreditgeber im Insolvenzfall. Kam es in vorangegangenen Perioden jedoch zu Eigenkapitalabflüssen, so besteht zur Befriedigung der Gläubigeransprüche nur eine geringere Vermögensmasse zur Verfügung. Ausschüttungssperren, wie sie im Gesellschaftsrecht für Kapitalgesellschaften vorgeschrieben sind dienen daher letztendlich dem Schutz der Kreditgeber vor einer das Eigenkapital auszehrenden Entnahmepolitik (vgl. *Spremann* 1996, S. 295). Neben den beispielhaft genannten speziellen Lösungsansätzen existieren allgemeine Instrumente, die für eine Vielzahl von Problemen geeignet sind.

### 2.1.2 Vermeidung von adverser Selektion mittels Signaling-Aktivität

Ausgangspunkt von Signaling-Modellen auf Kreditmärkten ist der im Beispiel des vorangegangenen Abschnitts 2.1 beschriebene sog. **Pool-Markt**, in dem sich interessierte Kreditnehmer mit unterschiedlichem Ausfallrisiko befinden, für den Kreditgeber aber vor seiner Kreditvergabeentscheidung nicht die unterschiedlichen Bonitäten erkennbar sind (vgl. zu den Ausführungen *Spremann* 1996, S. 722-724). Wie im vorangegangenen Abschnitt ausgeführt werden Unternehmen mit einem überdurchschnittlich geringen Ausfallrisiko ein Interesse daran haben, den Kreditgebern diese Information mitzuteilen, sofern sie dann mit niedrigeren Risikozuschlägen gegenüber dem Marktdurchschnitt und dadurch mit niedrigeren Kapitalkosten rechnen können. Der Einfachheit halber wird nachfolgend unterstellt, dass es **zwei Gruppen** von Kredit suchenden Unternehmen gibt: solche mit relativ **niedrigem Ausfallrisiko**, gemessen in einer Konkurswahrscheinlichkeit von null („gute" Unternehmen) und solche mit **höherem Ausfallrisiko**, gemessen in einer positiven Konkurswahrscheinlichkeit („schlechte" Unternehmen). Gelingt den guten Unternehmen, sich mit ihrem Ausfallrisiko den Kreditgebern mitzuteilen, können sie als Kapitalkostensatz den risikolosen Kapitalmarktsatz (= $r_f$) realisieren; die schlechten Unternehmen müssen dagegen zusätzlich die Kompensation für das positive Ausfallrisiko (= *tk*) tragen und unterliegen daher einem gesamten Kapitalkostensatz in Höhe von $r_f + tk$.

Hinsichtlich der Verteilungsstruktur zwischen guten und schlechten Unternehmen verfügen die Kreditinstitute über statistische Informationen, wonach sich im Kreditmarkt ein Anteil von *s* schlechten Unternehmen und (*1-s*) guten Unternehmen befindet. Die gesamten Kapitalkosten $r_f + tk$ sind daraufhin dergestalt aufzuteilen, dass gute Unternehmen ein Angebot in Höhe von $r_f + tk \cdot (1\text{-}s)$ und die schlechten Unternehmen ein Kreditangebot zum Kapitalkostensatz $r_f + tk \cdot (s)$ erhalten. Das Problem der Kreditgeber ist daraufhin, dass sie im Einzelfall bezüglich des Kredit suchenden Unternehmens keine Informationen über dessen tatsächliche Risikolage haben. Wie beim Fall der adversen Selektion üblich, würden die Kreditangebote einen **Durchschnittskapitalkostensatz** enthalten. Gute Unternehmen würden daraufhin einen zu hohen und schlechte Unternehmen einen zu niedrigen Satz für die Kreditnahme zahlen.

Mittels des Signaling verfügen nun die guten Unternehmen über ein Kooperationsdesign, mit dem sie sich selbst als relativ besseres Kreditrisiko deklarieren und so in den Genuss niedrigerer Kapitalkosten gelangen können. Voraussetzung ist, dass es sich um ein Signal handelt, das für die Kreditgeber eine zuverlässige Extrapolation auf das für sie unbeobachtbare wahre Ausfallrisiko der signalisierenden Unternehmen zulässt. Als Bedingung gilt diesbezüglich erfüllt, wenn das Signaling für die Unternehmen Kosten verursacht, z.B. aufgrund der Einhaltung bestimmter Bilanzkennzahlen-Relationen. Dies vorausgesetzt, lässt sich weiterführend im Modell die **Signalkomponente** *x* (als Niveaugröße mit $x > 0$) einführen. Die Kosten zur Erzeugung dieses Signals betragen für das signalisierende Unternehmen *c*. Da grundsätzlich jedes Unternehmen Signale bezüglich seiner Kreditwürdigkeit absenden kann, muss zur Differenzierung gelten: $c_g x$ stellt die Kosten zur Erzeugung eines Signalniveaus für gute Unternehmen dar; für schlechte Unternehmen gilt $c_s x$ (= Kosten Signalniveau-Erzeugung für schlechte Unternehmen).

Für Kreditgeber besteht dahingehend Sicherheit, dass es aus ökonomischen Gründen nur dann zu einem Signaling ausschließlich der guten Unternehmen kommt, wenn gilt:

$$c_g > c_s \tag{III-1}$$

Die Trennung nach guten und schlechten Unternehmen auf der Grundlage eines Signaling-Prozess (**Kreditmarkt-Separation**) erfolgt dann in folgenden Schritten:

$$c_g x < tk \cdot s \text{ bzw. } x < \frac{tk \cdot s}{c_g} \tag{III-2}$$

Nach Gleichung (III-2) gilt als Bedingung für die Marktseparation, dass die Kosten der Signalerzeugung geringer sein müssen als der Risikozuschlag aus dem Kreditvertrag.

Weiterhin muss gelten, dass die durch die Differenz *tk · (1-s)* bewertete Verschlechterung kleiner sein muss als die Kosten des Signaling:

$$\frac{tk \cdot (1-s)}{c_s} < x < \frac{tk \cdot s}{c_g}$$

(III-3)

Das **optimale Signalniveau** *x* ist aufgrund von (III-2) und (III-3) erreicht, wenn folgende Ungleichung gilt:

$$\frac{(1-s)}{c_s} < \frac{s}{c_g} \text{ bzw. } \frac{c_g}{c_s} < \frac{s}{(1-s)} \tag{III-4}$$

Im Ergebnis kommt ein gepoolter Kreditmarkt nur dann durch Signaling der guten Unternehmen zustande, wenn die Kosten der Signalerzeugung ($c_g/c_s$) kleiner eins sind. Daraus lässt sich folgern, dass sich ein Signaling dann für die guten Unternehmen nicht lohnt, wenn es auf dem Kreditmarkt nur wenige schlechte Unternehmen gibt. Die Signale müssen nicht notwendig im sachlogischen Zusammenhang mit der Bonität stehen. Vielmehr kommt es darauf an, dass die Signale von den guten Schuldnern zu niedrigeren Kosten erzeugt werden können.

**Signaling** stellt also unter bestimmten Bedingungen eine Möglichkeit zur **Marktseparation** dar. Durch differenzierte Kreditangebote gelangen die guten Unternehmen in den Genuss niedrigerer Kapitalkosten. Abschließend betrachtet müssen die Signale bestimmte Eigenschaften aufweisen. Hierzu zählt primär die negative Korrelation von Signalerzeugungskosten und der zu signalisierenden Qualität. Die **Kosten der Signalproduktion** müssen:

- für gute Unternehmen geringer sein als für schlechte,
- geringer sein als der Spread für das Durchschnittsrisiko im Pool,
- so hoch sein, dass es für schlechte Unternehmen keinen Anreiz zur Erhaltung des gepoolten Markts gibt.

## 2.2 Weitere Kooperationsdesigns in Kreditbeziehungen

Kreditgeber und -nehmer bzw. Prinzipale und Agenten stehen bei der Optimierung ihrer individuellen Finanzentscheidungen vor einem Identifikationsproblem, da sie auf informationsineffizienten Märkten operieren (vgl. grundsätzlich hierzu *Zweifel*

1988). Es können bestimmte **Kategorien von** Kooperationsdesigns identifiziert werden, die (kombinierbare) Lösungsansätze zur Überwindung von Informationsasymmetrien und teilweise ein Anreizsystem zur Vermeidung von opportunistischem Verhalten darstellen:

- **Informations-/Kommunikationspolitik**. Informationsübertragung und Informationsbeschaffung wird in der informationsökonomischen Literatur mit den Begriffen Signaling und Screening beschrieben. Screening lässt sich durch zwei Varianten differenzieren: „**Self Selection**" und „**Examination**". Während **Signaling** den Vorgang der Informationsübertragung bezeichnet, drückt Screening den Prozess der Informationsbeschaffung zur Darstellung von Charakteristika der Kreditnehmer, wie Solvenz, Seriosität und Kooperationsbereitschaft aus. Beim Screening versuchen die Kreditgeber (selbst oder mittels Dritter) durch Prüfungshandlungen die Qualität der kreditsuchenden Unternehmen herauszufinden. Neben Presseinformationen und hausinternen Informationen (z.B. bei Hausbanken) stehen dazu v.a. Jahresabschlüsse und Wirtschaftsprüfungsberichte zur Verfügung. Die in der Praxis übliche Bonitätsprüfung kreditsuchender Unternehmen findet mit dem Screening einen Erklärungsansatz (zu den Bewertungsfeldern der Bonitätsanalyse vgl. *Sperber/Mühlenbruch* 1995). Self Selection bietet eine Selbsteinordnungs- oder Selbstbindungsmöglichkeit vor allem in Kreditverträgen mit vorgegebenen Kategorien und bekannten Eigenschaften, die für den Kreditnehmer unveränderliche Kontraktelemente darstellen. Dies erfordert Vorgaben der weniger informierten Partei der Kreditgeber an die besser informierte Seite der Kreditnehmer, Informationen durch **Wahlhandlungen** offenzulegen. Die Informationsasymmetrie kann so überwunden werden, wenn die Verträge derart konstruiert sind, dass die Kreditgeber durch die Wahl eines bestimmten Vertrags mit hoher Wahrscheinlichkeit auf das (an sich für sie unbeobachtbare) Kreditrisiko des Schuldners schließen können (zu diesen sog. **Trennkontrakten** vgl. auch *Milde* 1987).

- **Examination** bezeichnet die Möglichkeit der Überprüfung der Kreditnehmerqualitäten. Der Vorgang ist mit unterschiedlichen Schwierigkeiten und Kosten verbunden, je nachdem welche Eigenschaften des Kreditnehmers zu prüfen sind. Das **Signaling** beinhaltet die Überwindung der Informationsasymmetrie durch die Initiative der informierten Marktseite; die Aktivität geht von Kreditnehmern aus. Sie signalisieren den Kreditgebern ihre überdurchschnittliche Bonität, etwa durch die gezielte Einhaltung von bei Kreditgebern beachteten Bilanz- und Finanzierungskennziffern in der Bilanz. Im Gegensatz dazu vollzieht sich Screening (Informationsbeschaffung) durch die schlechter informierte Marktseite, also durch die Kreditgeber.

- **Reputation**: Dieses Kooperationsdesign repräsentiert einen impliziten Kontrakt. Der **Aufbau** von **Reputation** in Kreditbeziehungen, auch Soft Incentive System genannt, erfordert, dass Kreditnehmer ein individuelles **Brand Equity** aufweisen. Sie erhalten dies, indem sie irreversible Investitionen aus der Vergangenheit, die sie anschließend vergleichbar mit einem **Pfand** in die Kreditbeziehungen mit dem Kreditgeber einbringen. Dadurch erhält diese Beziehung ihre Form der Exklusivität. Der Bruch von Bestandteilen des Kreditvertrags in einer solchen Kooperation führt zum Verlust dieses Pfands, d.h., die Reputation muss für den Kreditnehmer abgeschrieben werden. Dies wirkt dann wie eine **Bestrafung**, insbesondere weil Kosten, zukünftige Vertragsbeziehungen aufzubauen (Problem der Gewinnung neuer Kreditgeber) und bisherige Kreditbeziehungen zu erhalten, steigen werden. Ferner wird in den Kapitalkosten zukünftiger Kreditkontrakte die Risikoprämie ansteigen, was im Ergebnis den Verlust von vormals vorhandenen Reputationsrenten ausdrückt. Die Rate der **Abschreibung des Reputationskapitals** von Kreditnehmern wird durch die Schnelligkeit der Informationsübertragung auf Kapitalmärkten bestimmt (vgl. *Diamond*, 1989b und *Klein*, 1985, S. 596). Je entwickelter Kapitalmärkte sind, umso effizienter ist die Informationsübertragung an Kreditmarktteilnehmer. Die härteste Strafe wäre dann für einen Kreditnehmer der **Ausschluss vom Kapitalmarkt**. Sofern Kreditgeber erkennen oder der Kreditnehmer glaubhaft machen kann, dass es sich um eine einmalige Verletzung von Kreditvertragsbedingungen handelt, können **Kreditgeber „verzeihen"**. Dies ist dann wahrscheinlich, wenn der Schuldner mit den Erträgen eines neuen Investitionsprojekts seine Altschulden wieder begleichen kann. Für die Realisierung dieser neuen Investition hätten dann die bisherigen Kreditgeber einen Finanzierungsanreiz.

- Dieser Ausschlussmechanismus ist dann funktionsfähig, wenn das schädigende Verhalten für die Kreditgeber und potenzielle Vertragspartner einwandfrei beobachtbar ist. Kann nämlich nicht geklärt werden, ob schädigendes, vom Kreditnehmer zu verantwortendes Verhalten zu einem Ausfallrisiko führte oder es durch Zufall zu Stande kam (sog. „**Noise**" im identifizieren der Risikoverursachung), würde der Kreditnehmer u.U. zu Unrecht bestraft. Damit sinkt dessen Bereitschaft zur Kooperation in der Kreditbeziehung (vgl. *Kreps* 1990, S. 515).
- **Autoritäre Maßnahmen**: Solche Möglichkeiten bieten langfristige Rahmenverträge, in denen sich ein Kreditnehmer gegenüber dem Kreditgeber verpflichtet, von Fall zu Fall auf dessen Anweisungen hin Handlungen auszuführen, z.B. aktuelle Finanz- und Investitionspläne bereitzustellen. Es ist eng gekoppelt mit dem Recht zur laufenden **Überwachung des Finanzmitteleinsatzes** durch den Kreditgeber oder einen durch ihn Beauftragten. Dies ist z.B. Praxis in der Unternehmensberatung, wenn Kreditnehmer von einer Bank oder ihrer Consulting-Tochtergesellschaft Sanierungspläne erstellt bekommen und die Umsetzung entweder von diesen begleitet oder deren Ergebnisse überwacht werden (vgl. *Schäfer* 1993b). Aus der Informationsökonomik ist durch die Arbeiten von *Klein/Crawford/Alchian* (1978) bekannt, dass insbesondere bei ausgeprägtem Hold Up autoritäre Maßnahmen bis zur **vertikalen Integration** führen können. Der Kreditgeber erwirbt dann die Produktionsfaktoren des Kreditnehmers mit dem Ziel, durch ein eigenes Investitionsmanagement die erwarteten und durch Missmanagement des Kreditnehmers in Gefahr geratenen Investitionserträge zu realisieren bzw. befürchtete Verluste zu verringern.
- **Kompensationen**: Während Reputation eine vorbeugende Wirkung für die Kreditbeziehung hat (es soll nicht zum Kreditrisiko kommen), erhalten Kompensationen ihre Bedeutung für den Fall, dass das Kreditrisiko eingetreten ist. Der Prinzipal begrenzt den ihm entstandenen Schaden durch teilweise oder vollständige Verwertung von Vermögensgegenständen, die ihm der Agent (oder für ihn ein Dritter) überlassen hat. Der Begriff Kompensation umfasst neben Kreditsicherheiten auch Ausfallbürgschaften u.ä. Zwar kann damit der Verlust aus dem Eintritt des Kreditrisikos für den Kreditgeber reduziert werden, nicht aber die Varianz des Investitionsergebnisses.

Bisher wurde eine direkte Kreditbeziehung zwischen den finalen Kreditgebern und –nehmern unterstellt. Die Überlegungen verdeutlichen, dass eine Kreditbeziehung unter neo-institutionenökonomischen Rahmenbedingungen unvermeidbar **Kosten** der Informationsgewinnung und -auswertung, Vertragsverhandlungen und

-gestaltungen sowie Kontrolle und Durchsetzung mit sich bringt. Diese Transaktionskosten können prohibitiv hoch sein und sind für jeden Kreditgeber abhängig von seiner **individuellen Transaktionstechnologie** (vgl. *Kurz* 1974, S. 3). Dies hat zur zentralen Konsequenz, dass sich zwischen Kreditnehmern und -gebern Wirtschaftssubjekte etablieren können, die **komparative Transaktionskostenvorteile** aufgrund spezifischer Skalenerträge in ihrer Transaktionstechnologie aufweisen. In Kapitel I wurde bereits auf die diesbezügliche Schlüsselfunktion von Finanzintermediären hingewiesen. Aufgrund der bereits genannten Informationsineffizienzen in Kreditbeziehungen ist gerade hier zu unterscheiden, ob Kreditbeziehungen

- **direkt** zustande kommen und die vorgenannten Prozesse des Risikomanagements weitestgehend beim Kreditgeber verbleiben, oder
- **indirekt** durch die Zwischenschaltung von Finanzintermediären erfolgt.

Aus der statistischen Darstellung im ersten Kapitel zur Kapital- und Finanzierungsstruktur wurde deutlich, dass Unternehmen in erheblichem Umfang untereinander Kreditbeziehungen aufweisen, d.h. keine Kreditinstitute zwischengeschaltet sind. Das schließt nicht aus, dass während der Kreditvertragslaufzeit oder in Ergänzung zum Kredit Finanzintermediäre in Anspruch genommen werden:

- So kann ein kreditvergebendes Unternehmen seine Kreditforderungen (= Forderungen aus Lieferungen und Leistungen) vor Fälligkeit an eine **Factoringgesellschaft** verkaufen und sich aus der Kreditgeberrolle lösen (vgl. Abschnitt 4.1.4 in Kapitel III).
- Im **Exportgeschäft** besteht die ergänzende Sicherungsmöglichkeit kurzfristiger Kredite durch den Abschluss von Warenkreditversicherungen.

**Unternehmen** (= „Nichtbanken") treten als **direkte Kreditgeber** gegenüber ihren Kunden auf, d.h., die Kreditvergabe ist gekoppelt an ein zugrunde liegendes Warengeschäft und steht in Verbindung mit der **Absatzpolitik**. Kurzfristige Handelskredite erfolgen meist durch Einräumung eines Zahlungsziels, sind weitgehend vertraglich standardisiert und durch Eigentumsvorbehalte besichert. Im mittel- bis langfristigen Bereich existiert das Lieferantendarlehen, besonders verbreitet z.B. bei Brauerein, im Großhandel und bei der Händlerfinanzierung durch Hersteller (vgl. *Löffler* 1991, S. 16-17).

Das **Kreditrisikomanagement** von **Unternehmen** ist organisatorisch gesehen Teil des (aktiven) Kredit- und Risikomanagements des Finanz-Controllings, das sich zwischen Absatzinteressen der Vertriebseinheiten und den eigenen finanzwirtschaftlichen Zielen bewegt. Kreditrisikomanagement in Unternehmen ist als eine „Gradwanderung" zwischen der Minimierung von Kreditrisiken und Absatzunterstützung zu verstehen. Die Funktionen des Risikomanagements sind meist organisatorisch verselbstständigt, um weder dem Vertriebs- noch dem Finanzinteresse ein unangemessenes Übergewicht in Fragen der Kreditgewährung zu ermöglichen. **Funktionen** des Kredit- und Risikomanagements in Unternehmen sind allgemein Entwurf der Zahlungsbedingungen, Prüfung von Kreditfähigkeit und -würdigkeit der Kunden, Lieferfreigabe, Forderungsüberwachung, Kontrolle des Mahnwesens, Forderungs-Inkasso. Kredit- und Risikomanagement hat daher eine fortlaufende Aufgabe inne, die auch der direkte Kundenkontakt und ggf. die Einwirkung auf die Behebung von Mängelanzeigen des Kunden als Begründung für eine Zahlungsverzögerung einzubeziehen hat (vgl. *Seibel* 1975, S. 407-408).

Die **indirekte Kreditbeziehung** kommt zwischen dem Kreditnehmer und dem Delegated Monitor „Kreditinstitut" zustande, der im Auftrag des finalen Kreditgebers (= Einleger) handelt. Hier obliegt die Kreditprüfung (gemäß bankinternen Kompetenzrichtlinien) zum Teil den Vertriebsstellen vor Ort, ab bestimmten Größenordnungen ist entsprechend des „**Vier-Augen-Prinzips**" eine Gegenkontrolle in der hierarchisch übergeordneten Stelle gängig. Der Prozess der Kreditüberwachung obliegt der kreditgewährenden Stelle, u.U. ebenfalls ab bestimmten Kreditbeträgen mit Rückmeldung an die übergeordneten Instanzen. Begleitend erfolgt ein Sparten- und/oder Gesamtbank-**Controlling**, entweder im Kredit- und Risikomanagement der Bank als eigenständiger Organisationseinheit oder innerhalb des Controllingbereichs (vgl. *Schierenbeck* 2001, S. 4 ff.). Mit den Kreditvergabe- und Überwachungsregeln sollen **Prinzipal-Agent-Probleme**, die zwischen der **Leitung eines Kreditinstituts** und den **hierarchisch Weisungsgebundenen** bestehen, reduziert werden. Kreditvergaberegeln engen die Entscheidungsspielräume der Kreditsachbearbeiter ein und verringern für das Kreditinstitut gleichzeitig Überprüfungskosten. Eine weitere Möglichkeit stellt die Einschränkung der Eigenständigkeit von Kreditsachbearbeitern in ihrer Kreditvergabekompetenz dar.

Begleitend wird zur Begrenzung der Risiken aufgrund von Mängeln in der Betriebsorganisation und des Personals bei Kreditinstituten noch eine zusätzliche Kontrollinstanz im Kreditvergabeprozess eingebaut, die interne **Kreditrevision**. Zumindest bei allen größeren Kreditinstituten wird diese formale und materielle Überwachung des Kreditvergabeprozesses von dieser Einrichtung durchgeführt. Das gesamte Kreditgeschäft von Banken unterliegt regelmäßig im Rahmen der Abschlussprüfung einer externen Prüfung (vgl. *Kreim* 1988, S. 51).

## 2.3 Management von Qualitätsunsicherheit vor Kreditvergabe

Bei **Kreditvergaben durch Unternehmen** wird die Einschätzung des Bonitätsrisikos der Kreditnehmer durch die Besonderheit geprägt, dass meist Erfahrungen mit dem Kreditnehmer als Kunden aus bisherigen Waren- und Dienstleistungsgeschäften bestehen. Diese Geschäfte übernehmen quasi eine Vehikelfunktion, indem sie indirekt auch auf das Bonitätsrisiko Signale abgeben. Hierzu zählt insbesondere das bisherige Zahlungsverhalten und damit die Erfüllung von Forderungen des Lieferanten. Wegen der **Liefer- und Leistungsverflechtung** des Unternehmens mit den Kreditnehmern sind spezifische Branchenkenntnisse vorhanden, z.B. wie Schwankungen in der Abnahmemenge zu beurteilen sind, ob sie eventuell ein Indiz für nachhaltige wirtschaftliche Schwierigkeiten darstellen. Ferner verfügen kreditgebende Unternehmen zusätzlich über **private Informationen**, die ihnen bei längerer Geschäftsbeziehung durch die Auswertung der Transaktionshistorien aufgrund vergangener Aufträge zur Verfügung stehen. Bei mittel- bis längerfristigen Lieferantendarlehen ist es darüber hinaus gängig, sich über die laufende Absatzentwicklung beim Schuldner von diesem Berichte zukommen zu lassen (vgl. *Löffler* 1991, S. 16-18).

**Kreditinstitute** verfügen wegen der fehlenden leistungswirtschaftlichen Verflechtung über keine vergleichbaren Informationsquellen. Allerdings können sie in einem Haus- und Universalbanksystem ebenfalls über **längerfristige Geschäftsbeziehungen** Informationen für die Risikobeurteilung generieren, etwa durch Beobachtung des **Zahlungsverkehrs** auf dem Zahlungsverkehrskonto des Kreditnehmers. Eine herausgehobene Bedeutung als Informationsquelle nimmt aber für die Beurteilung des Kreditrisikos die **Rechnungslegung** des Kreditnehmers als

Mindestinformationsquelle ein. Mit dem Jahresabschluss soll insbesondere Aufschluss gewonnen werden über die speziellen zukünftigen Bestimmungsfaktoren der Kreditwürdigkeit des Kreditnehmers. Die Durchführung des Screenings erfolgt in der Praxis mittels der Kreditprüfung, für die sich einige Kernelemente unabhängig von der kreditinstitutsindividuellen Handhabung herausgebildet haben.

### 2.3.1 Screening- und Monitoringprozesse im Risikomanagement

Risikomanagement kann also verstanden werden als Prozess, der sich in Hinblick auf die Phasen eines Kreditvertrags in zwei Bereiche unterteilen lässt:

- In der **Vorvertragsphase** besteht das Erfordernis für den Kreditgeber, das ihm unbekannte Ausfallrisiko des Kredit nachfragenden Unternehmens zu identifizieren. Hier ist der Prozess des Screening einzuordnen. In der Praxis wird dies mit der Kreditprüfung beschrieben. Hierzu zählt ferner, die Verfügbarkeit und Werthaltigkeit geeigneter **Kreditsicherheiten** zu analysieren.
- Nachdem es zum Abschluss eines Kreditvertrags gekommen ist, setzt die **Nachvertragsphase** ein. Tätigkeitsinhalt dieses Teils des Risikomanagements ist die Kreditüberwachung und -überprüfung. Die **Kreditüberwachung** (Monitoring) ist darauf gerichtet, die Erfüllung der Vertragsbedingungen insbesondere der Zins- und Tilgungsverpflichtungen zu kontrollieren. Die **Kreditüberprüfung** hat zum einen zum Zweck, den Kreditnehmer zur Realisierung ertragreicher und wenig risikobehafteter Investitionsobjekte zu veranlassen. Ferner ist sie darauf gerichtet, bei erkennbaren getätigten Investitionen mit schlechten Ertrags-Risiko-Aussichten eine Umkehr der zukünftigen Investitionspolitik zu erreichen (vgl. *Diamond* 1991).

Die nachfolgende Abb. III-3 gibt einen Überblick über den Zusammenhang von Screening und Monitoring.

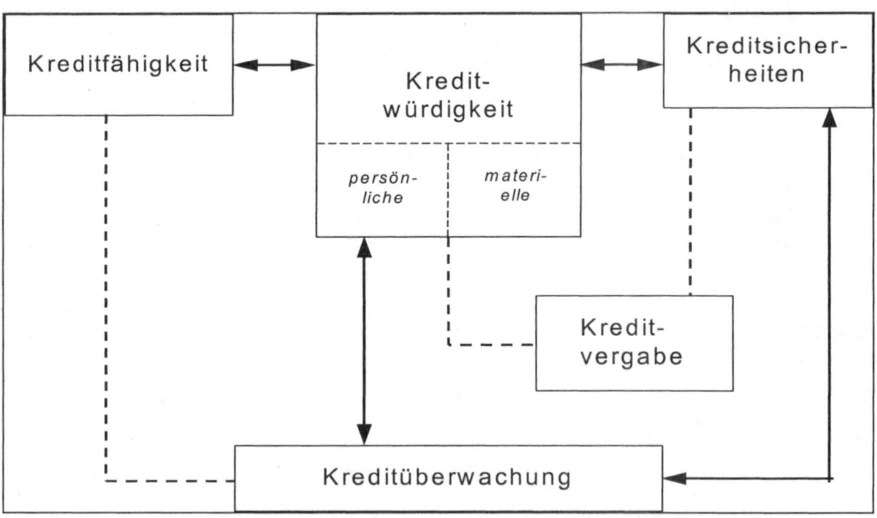


Abb. III-3: Überblick über die Komponenten des Kreditrisikomanagements

Kreditwürdigkeits- und Kreditfähigkeitsprüfung sind die Bestandteile der Kreditprüfung. Wegen der Bedeutung der Sicherheiten in ihrer Garantiefunktion zählt die

Sicherheitenprüfung neben der Kreditprüfung ebenfalls zu den Komponenten des Risikomanagements vor Kreditvergabe. Die drei Komponenten stehen in Zusammenhang mit der Risikoüberwachung des Kredits nach Vergabe.

## 2.3.1.1 Kreditfähigkeit

Bei der **Kreditfähigkeit** werden im Rahmen einer Kreditantragstellung vor allem zwei Aspekte geprüft:

- die Fähigkeit des Kreditnehmers, **rechtswirksame Geschäfte** abzuschließen, d.h., ob er juristisch in der Lage ist, sich rechtswirksam gegenüber dem Kreditgeber zu verpflichten;
- die **Haftungsgrundlagen**, die zur Besicherung des Kredits dienen sollen.

In beiden Fällen kommt der **Rechtsform** von **Unternehmen** die zentrale Bedeutung zu - bei der Haftungsfrage dominiert sie. Die **Gründe** hierfür sind (vgl. *Buchner* 1993, S. 180):

- Es gibt je nach gesellschaftsrechtlichem und vertraglichem Rahmen unterschiedliche Möglichkeiten, Eigenkapital zu verändern. Dies beeinflusst nachhaltig den Gläubigerschutz und damit vor allem die Kreditgeberstellung.
- Regelungen hinsichtlich der Erfolgsermittlung und -verwendung (bedeutend für die Sicherung des haftenden Eigenkapitals) weichen in einzelnen Rechtsformen voneinander ab.
- Kontrollbestimmungen der Rechnungslegung (z.B. bezüglich Einsatzes unabhängiger externer Prüfer) können sich unterscheiden.

**Kreditfähig** sind generell:

- **Natürliche Personen**, wenn sie voll geschäftsfähig sind. Bei beschränkt Geschäftsfähigen bedarf es zur Rechtswirksamkeit des Kreditvertrags der Genehmigung des gesetzlichen Vertreters: bei Eltern hat für Minderjährige gem. § 1643 BGB das Familiengericht und bei Müdeln gem. § 1802 BGB das Vormundschaftsgericht zur Rechtsgültigkeit seine Genehmigung zu leisten.
- **Juristische Personen** des öffentlichen und privaten Rechts, sowie Personenhandelsgesellschaften sind Kraft Gesetz kreditfähig. Dies gilt auch für ihre gesetzlichen Vertreter, z.B. Geschäftsführer und Prokuristen. Nicht rechtsfähige Personenvereinigungen (z.B. BGB-Gesellschaften, nicht rechtsfähige Vereine und Erbengemeinschaften) können Kredite nur aufnehmen, wenn die Mitglieder gemeinschaftlich handeln und sich als Gesamtschuldner verpflichten.

**Nachweise** der **Kreditfähigkeit** erfolgen z.B. mittels Vorlage von persönlichen Legitimationspapieren (z.B. Reisepass), Registerauszügen, Verträgen, Vollmachten etc.

Von der Kreditfähigkeit ist die **Kreditwürdigkeit** zu unterscheiden. Kreditwürdig ist, von wem erwartet werden kann, dass er seine Kreditverpflichtung vertragsgemäß erfüllt. Diese Bonitätsproblematik ist in **zwei Ausprägungen** zu sehen (vgl. *Buchner* 1993, S. 180):

- **Persönliche Kreditwürdigkeit**. Man bezeichnet sie auch als **Vertrauenswürdigkeit**. Sie ergibt sich aus der **Zuverlässigkeit** (u.a. den charakterlichen Merkmalen) und der Fähigkeit (berufliche bzw. fachliche Qualifikation oder unternehmerische Fähigkeiten) eines Kreditnehmers, Rückzahlungsvereinbarungen aus einem Kreditvertrag einhalten zu können. Signale bzw. Indizien hierfür sind z.B. das vergangene Zahlungsverhalten gegenüber dem Kreditgeber bzw. Dritten, die Lebensgewohnheiten oder beispielsweise das Betriebsklima in einem kreditsuchenden Unternehmen.

- **Materielle (wirtschaftliche) Kreditwürdigkeit**. Hierunter werden pauschal die gegebenen **wirtschaftlichen Verhältnisse** des Kreditnehmers hinsichtlich seiner Rückzahlungsfähigkeit gesehen. Die zentrale Informationsquelle ist der Jahresabschluss, dessen Analyse der Gesetzgeber vor Kreditvergabe durch ein Kreditinstitut als wichtigstes Instrument zur Offenlegung der wirtschaftlichen Verhältnisse des Kreditnehmers vorschreibt, wenn der Kredit eine Freigrenze von 250.000 € übersteigt (§ 18 KWG).

### 2.3.1.2 Kreditwürdigkeitsprüfung

Die Kreditwürdigkeitsprüfung kann als die Prüfung der persönlichen sowie wirtschaftlichen Determinanten einer vertragsgemäßen Erfüllung von Kreditverbindlichkeiten verstanden werden. Aus wissenschaftlicher Sicht wird hierbei in klassische traditionelle und in quantitativ-statistische Verfahren unterschieden.

**Traditionelle Verfahren**

Zu dieser Kategorie werden sog. Fundamentalanalysen von Unternehmen als kreditnehmende Einheit gezählt. Mittelpunkt der Datenquelle sind Jahresabschlüsse des Unternehmens, wobei in Form von retrospektiven Verfahren ausschließlich Vergangenheitsdaten betrachtet, während bei prospektiven Methoden zusätzlich zukünftige Daten(schätzungen) mit einbezogen werden.

Kernelement der **retrospektiven Analyse** ist der Jahresabschluss und seine Analyse. Mit dem **Jahresabschluss** soll insbesondere Aufschluss gewonnen werden über die speziellen Bestimmungsfaktoren der Kreditwürdigkeit des Kreditnehmers. Hierzu zählen (vgl. *Hein* 1981, S. 160ff.):

(1) **Vermögensverhältnisse**, die von Bedeutung sind unter den Gesichtspunkten Erfolgserzielung, Liquidierbarkeit (welche Liquidität ist bei zwangsweiser Liquidation von Vermögen des Kreditnehmers zu erwarten), Kreditsicherheiten (Feststellung von Art und Ausmaß bisher vom Schuldner gegebener Sicherheiten und Ermittlung des Rests des noch für weitere Besicherungen freien Vermögens).

(2) Des Weiteren ist die **Erfolgssituation** ausschlaggebend, da der Ertrag des Unternehmens die Bedienung des Schuldendiensts (Tilgungs- und Zinszahlungen) sichert.

(3) Die **finanziellen Verhältnisse** sind zu analysieren, z.B. um zu ermitteln, ob die Kreditnachfrage ausreicht, um den Gesamtkapitalbedarf des Kreditnehmers zu decken.

Die Komponenten einer Kreditprüfung liefert Abb. III-4. Obwohl die Vorgehensweise von Kreditinstitut zu Kreditinstitut abweicht, kann die Darstellung als allgemein gültiger „roter Faden“ angesehen werden. Gemeinsamkeiten liegen auch in den dabei zu verwendenden Informationsquellen, wobei deren Gewichtung je nach Institut, aber auch je nach Kreditantragsteller, abweichen kann.

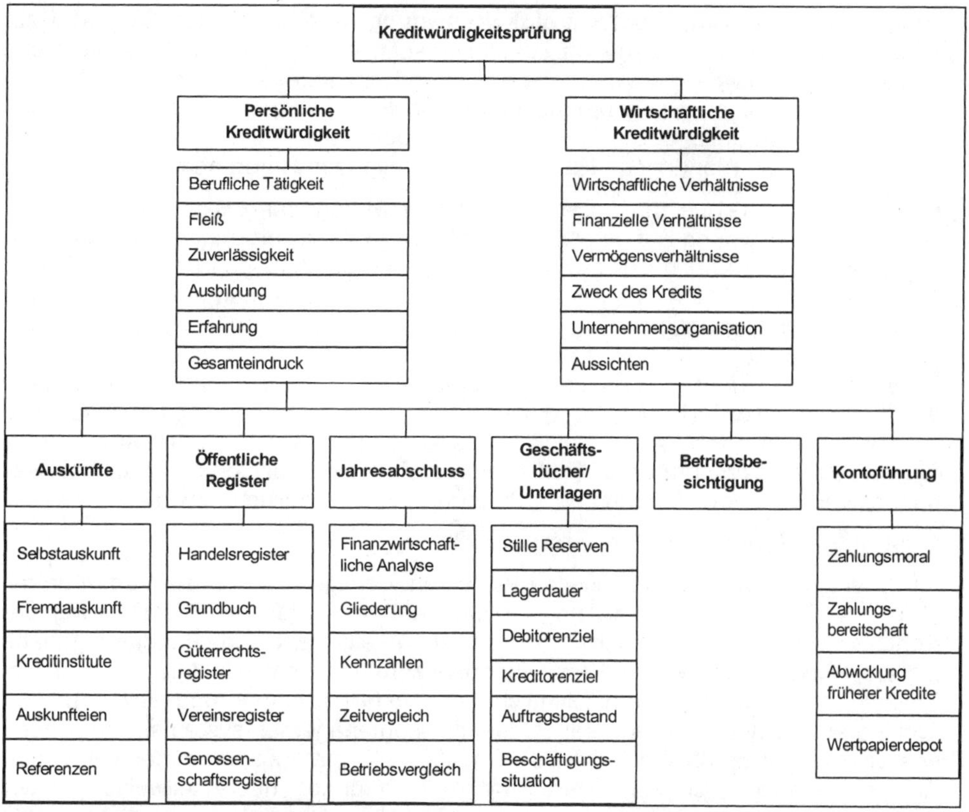

Abb. III-4: Komponenten der herkömmlichen Form der Kreditwürdigkeitsprüfung

Zentral für die Ermittlung der retrospektiven Kreditwürdigkeit ist die Verdichtung von jahresabschlussdaten zu Kennzahlen und Kennzahlensystemen (vgl. auch Kapitel I, Abschnitt 3.5) mit anschließendem Zeit-, Betriebs- oder Branchenvergleich. Im Rahmen des Zeitvergleichs werden die Vergleichsdaten des analysierten Unternehmens aus vergangenen Perioden gegenübergestellt, um so Entwicklungstendenzen über die Zeit zu erhalten. Im Betriebsvergleich wird i.S. eines Benchmarkings ein Vergleich zu Unternehmen der gleichen Branche, Betriebsgröße und Rechtsform durchgeführt. Ziel ist es, eine Einordnung des zu analysierenden Unternehmens vor allem zu direkten Konkurrenten mit ähnlicher Wertschöpfungsstruktur zu ermöglichen.

Für die retrospektive Jahresabschlussanalyse als Kernstück der Kreditwürdigkeitsprüfung gelten die gängigen Einwände hinsichtlich der Eignung jahresabschlussbezogener Analysedaten und in der Literatur weitgehend abgeschlossen behandelt wurden. Neben der Vergangenheitsorientierung (für eine auf die Zukunft gerichtete Kreditentscheidung), hohen rechtlich zulässigen Bilanzansatz- und -bewertungsspielräumen und fehlenden Angaben über Verpflichtungen mit teilweise einschneidenden Wirkungen auf die Vermögens- und Erfolgssituation wie Leasing-, Miet- und Pachtverhältnisse sind üblicherweise die mangelnden Angaben zu den Restlaufzeiten von Forderungen und Verbindlichkeiten zu zählen (vgl. etwa *Unterharnscheidt* 1987).

Mit der **prospektiven Kreditwürdigkeitsprüfung** im traditionellen Sinn wird zumindest versucht, den Mangel an Zukunftsorientierung zu mildern. Als wesentliche Beurteilungsgrundlagen werden jetzt ergänzend zu Jahresabschlussdaten Finanz- und Investitionspläne sowie prospektive Kapitalflussrechnungen zur Kreditwürdigkeitsbeurteilung hinzu gezogen. Die Qualität der prospektiven Kreditwürdigkeitsprüfung ist an die Planungsqualität des zu beurteilenden Unternehmens gebunden.

Kennzeichnend für die traditionelle Kreditwürdigkeitsprüfung ist letzendlich, dass die Kreditentscheidung auf einer Subsumption von Einzelinformationen beruht, die überwiegend zu Kennzahlen zuvor verdichtet wurden. Anliegen ist es, damit eine Einschätzung bezüglich der Ausfallwahrscheinlichkeit zu erlangen. Auswahl und Gewichtung der Kennzahlen sind bei der traditionellen Kreditwürdigkeitsprüfung typischerweise subjektiv dem Analysten überlassen. Hier paart sich i.d.R. Analysekompetenz mit Erfahrungswissen aus historischen Verläufen von Kreditverträgen, die oft nicht objektiviert ist und Raum für diskretionäre Entscheidungsprozesse hält. Anstelle objektvierter Wahrscheinlichkeitsverteilungen werden **subjektive Ausfallwahrscheinlichkeiten** generiert, die unter Analysten für den gleichen Analysegegenstand variieren können und nicht zwingend nachvollziehbar sind.

**Quantitativ-statistische Verfahren**

Im Unterschied zu den traditionellen Verfahren verfolgen modernere Verfahren mit Hilfe quantitativ-statistischer Analysemethoden eine größere Objektivierung der Bonitätseinschätzung (sachliche Nachvollziehbarkeit, statistische Fundierung), eine höhere Rationalisierung der Kreditwürdigkeitsprüfung und eine Integration in ein Risikomanagementsystemt hinsichtlich der Ausfallrisikosteuerung selbst und in Einbindung zum übergeordneten Gesamtrisikomanagementsystems. Ausgehend von Diskriminanzanalysen haben sich mittlerweile methodisch immer verfeinerte Analysen etabliert. So sind Kreditwürdigkeitsprüfungen heute teilweise auf der Basis von neuronalen Netzwerken und Ansätzen der Chaostheorie im Einsatz. Mit der voraussichtlichen Einführung einer neuen Regelung der Bankaufsichtsbehörden zur Praxis der Kreditvergabe und der Unterlegung von Kreditvergaben mit bankeigenem Eigenkapital auf internationaler Ebene (sog. Basler Akkord, auch kurz **Basel II** genannt) wird in naher Zukunft u.a. die Anforderung an die Qualität einer quantitativ-statistischen Kreditwürdigkeitsprüfung erhöht. Insbesondere die den einzelnen Krediten direkt zurechenbaren Marktisiken für Kreditinstitute werden durch bestimmte Empfehlungen der Bankaufsichtsbehörden direkt die Kreditvergabekapazität und die Zinspolitik der Kreditinstitute beeinflussen.

So wird vom **Grundsatz** her mit der Verwendung von Kreditwürdigkeitsmethoden im Sinne des Ratings operiert werden, wobei hier zwischen bankexternen Ratings und bankinternen Ratings und hierbei nochmals in drei Ansätzen nach ihren unterschiedlichen leistungsfähigkeit zur Risikoerkennung unterschieden wird. Das **interne Verfahren** (IRB-Ansatz) stellt sich als ein vierstufiger Prozess dar (vgl. *Boos/Schulte-Mattler* 2001a bis 2001c):

1. Bankseitige Einteilung ihrer Kreditforderungen und sonstigen Vermögensgegenstände **in sechs definierte Klassen** als Kreditnehmer: Staaten, Banken, Nichtbanken, Privatkunden, Projektfinanzierung und Beteiligungsbesitz.

2. Berechnung bestimmter Risikokomponenten, die alternativ auf einem **Basisansatz** (Foundation Approach) oder einem **fortgeschrittenen Ansatz** (Advanced Approach) basieren kann. Abb. III-5 zeigt diese beiden Verfahren im Überblick und erläutert kurz deren Unterschiede. Die Verfahren laufen letzendlich auf die Festlegung von Bonitätsgewichten zu, die ebenfalls von den Bankaufsichts-

behörden mit vier Risikoparametern vorgegeben werden: Ausfallwahrscheinlichkeit (PD, Probability of Default), Ausfallrate (LGD, Loss Given Default, ausgedrückt in Prozent vom Kreditvolumen), Forderungsbeträge bei Ausfall (EAD, Exposure at Default), Restlaufzeit (M, Maturity). Im Basisverfahren wird in Zukunft ein Kreditinstitut lediglich die Ausfallwahrscheinlichkeit selbst schätzen. Bei den übrigen drei Parametern wird es auf die Vorgaben der Bankaufsichtsbehörde zurückgreifen. Im fortgeschrittenen Verfahren werden diese drei Risikoparamter dann ebenfalls vom Kreditinstitut intern geschätzt.

| | | **Modifizierter Standardansatz** | **IRB-Ansatz** | |
|---|---|---|---|---|
| | | | **Foundation Approach** | **Advanced Approach** |
| **Bonitätsbeurteilung** | | extern | intern | |
| **Risikoparameter (Inputfaktoren)** | **Ausfallwahrscheinlichkeit** | keine Berücksichtigung | eigene Schätzung | eigene Schätzung |
| | **ausstehender Betrag bei Ausfall** | einfacher Wertansatz | „von der Aufsicht" | |
| | **Verlust bei Ausfall** | - | | |
| | **Restlaufzeit** | - | 3 Jahre (im Durchschnitt) | Mindest- und Höchstlaufzeit |
| **Granularität** | | - | institutsindividuelle Ermittlung anhand aufsichtlicher Funktion | |
| **Datenhistorie** | | - | Ausfallwahrscheinlichkeit fünf Jahre | Ausfallwahrscheinlichkeit (fünf Jahre) Verlust bei Ausfall/ ausstehender Betrag bei Ausfall (sieben Jahre) |
| **Risikogewichtung** | | Tabelle | Funktion | |
| **Kreditrisikominderungstechniken** | | vorgegebener Katalog | kein vorgegebener Katalog Integration in Ausfallwahrscheinlichkeit/ Verlust bei Ausfall | |

Abb. III-5: Zukünftige zwei Methoden zur Berechnung des Kreditrisikos

3. Mit den Angaben aus der vorangegangenen Stufe zwei wird anschließend in Stufe drei das kreditnehmerspezifische **Risikogewicht** ermittelt.
4. Auf einer vierten und letzten Stufe findet noch eine Anpassung für den Diversifikationsgrad des Kreditportefeuilles eines Kreditinstituts (sog. **Granularität**) statt.

Das Ergebnis einer jeden einzelnen Kreditwürdigkeitsprüfung ist demzufolge eine Einordnung in eine Ratingsklasse (vgl. zum Rating grundsätzlich Abschnitt 3.1.3 in diesem Kapitel). Für das Kredit vergebende Institut hat dies zur Konsequenz, dass es in Abhängigkeit davon von den Bankaufsichtsbehörden den Umfang der für den jeweiligen Einzelkredit bereit zu haltenden Eigenkapitals ermittelt bekommt. Je schlechter die Bonitätseinstufung, ausgedrückt durch eine niedrigere Ratingklasse, desto höher ist das vom Kreditinstitut zu unterlegende Eigenkapital als Sicherheit. Geschäftspolitisch werden die Kreditinstitute durch die Qualität ihrer Kreditnehmer im Umfang ihrer Kreditvergaben beeinflusst. Somit werden in Zukunft Kreditinstitute ein geschäftspolitisches Interesse daran haben, den Kreditnehmern eine risikoadäquate Zuweisung von Risikoprämien über den Zinssatz der für Ausleihzwecke beschafften Zinssatz hinaus.

| | | Bonitätsbeurteilung | | | | | |
|---|---|---|---|---|---|---|---|
| | | **AAA bis AA-** | **A+ bis A-** | **BBB+ bis BBB-** | **BB+ bis B-** | **unter B-** | **nicht beurteilt** |
| **Staaten** | | 0 % | 20 % | 50 % | 100 % | 150 % | 100 % |
| **Banken** | **Option 1** [1] | 20 % | 50 % | 100 % | 100 % | 150 % | 100 % |
| | **Option 2** [2] | 20 % | 50 % | 50 % | 100 % | 150 % | 50 % [4] |
| | **Option 2** [3] **bei kurzfr. Forderungen** | 20 % | 20 % | 20 % | 50 % | 150 % | 20 % [4] |
| | | **Bonitätsbeurteilung** | | | | | |
| | | **AAA bis AA-** | **A+ bis A-** | **BBB+ bis BB-** | | **unter BB-** | **nicht beurteilt** |
| **Unternehmen** | | 20 % | 50 % | 100% | | 150 % | 100% |

[1] Risikogewichtung auf Basis des Risikogewicht des Sitzlands der Bank („Sitzstaat des Instituts")
[2] Risikogewichtung auf Basis des externen Ratings der Bank selbst
[3] Eine weitere Reduzierung der Risikogewichte (jeder Klasse um eine Kategorie) bei kurzfristigen Forderungen (Laufzeit unter sechs Monaten) ist möglich.
[4] Nicht geratete Forderungen an Banken können kein Risikogewicht erhalten, das niedriger als das des Sitzlands ist.

Abb. III-6: Bonitätsgewichte nach dem Standardansatz (Stand 12/2001)

Lesehinweise: Einen Einblick in die von Banken praktizierte Bonitätsanalyse gibt empirisch *Elsas* (1999).

## 2.3.2 Signaling durch Selbstselektion mittels Standardkreditverträgen

Die Kreditwürdigkeitsprüfung ist für Kreditinstitute mit **Transaktionskosten** verbunden. Ihre Höhe variiert direkt mit dem Ausmaß der Individualität von Kreditverträgen, vor allem aufgrund des vorangehenden Verhandlungsprozesses. Als Alternative zum Screening des Kreditrisikos durch Kreditprüfung können Signale dienen, die Kreditnehmer durch Selbstdeklaration (Selbstselektion) aussenden. Im Grunde erfolgt eine Kreditvergabe ohne Bonitätsprüfung. Aus dem Entscheidungsverhalten des Kreditnehmers bezüglich alternativ angebotener Standardkreditverträge mit unterschiedlichen Kapitalkostensätzen und Kreditbedingungen können Kreditinstitute auf dessen verborgenes Risikopotenzial schließen.

So kann ein Kreditinstitut allen Kreditnachfragern prinzipiell eine bestimmte Anzahl **alternativer Kreditkontrakte zur Auswahl** stellen. Jeder Kontrakt ist durch eine **fest vorgegebene Kombination** von mindestens zwei Vertragskomponenten gekennzeichnet (z.B. niedriger Zinssatz und hohe Sicherheitenstellung). Der Kreditnachfrager wählt gemäß seines individuellen Verlustrisikos den für ihn optimalen Kontrakt aus. Da der **Kreditnachfrager** nicht frei Bestandteile des Kontrakts zusammenstellen kann, **offenbart** er **indirekt** durch seine Auswahlhandlung für das Kreditinstitut, welches unbeobachtbare **Ausfallrisiko** in seinem Fall vorliegt.

Dieser Prozess der Selbstselektion offenbart meist, dass **gute Risiken systematisch andere Kontrakte** auswählen als schlechte Risiken. Zudem weisen Kreditkontrakte umso höhere Risikoaufschläge auf, je geringer die Informationsoffenbarungen durch zusätzlich vom Kreditnachfrager vorzulegende Informationsquellen sind. Durch die Selbstselektion können dann die Kreditnachfrager ex post nach Risikoaspekten getrennt und klassifiziert werden. Gute Risiken sind bemüht, ihre gute Bonität zu signalisieren und sich von den schlechten Risiken zu unterscheiden, da sie dadurch in den Genuss niedriger Risikoprämien gelangen und so ihre Kapitalkosten senken (vgl. *Bester* 1985). So findet man bei Autokäufen häufig den Fall, dass Kunden mit geringem Ausfallrisiko bei einem Kreditinstitut Kredit beantragen, um den Autokauf zu finanzieren. Sie unterwerfen sich dabei zwar einer Kreditwürdigkeitsprüfung, was sich aber für sie als gute Risiken in einem niedrigeren Zinssatz positiv auswirkt. Bei alternativer Inanspruchnahme des Kreditangebots des Autohändlers ohne Kreditwürdigkeitsprüfung, wird der Kredit meist zu einem höheren Zinssatz (aufgrund des Risikozuschlags) angeboten.

Lesehinweis: *Milde* (1987).

### 2.3.3 Signaling durch Kreditnehmer

In Kapitel I, Abschnitt 5.3.5 wurde auf die Übertragung der Signaling-Theorie auf die Finanzmärkte durch *Ross* hingewiesen. Er interpretiert den Verschuldungsgrad eines Unternehmens als Ergebnis der Politik der Unternehmensleitung, wobei dem Verschuldungsgrad eine Signalfunktion für unternehmensexterne Kreditgeber zu kommt (direktes Signal). *Leyland/Pyle* (1977) entwickelten Ansätze des **indirekten Signalisierens**, d.h. Signalbildung mittels Finanzintermediären. Potenzielle Kreditgeber warten im Gegensatz zu direkten Signalen nicht passiv auf das von der Unternehmensleitung ausgesendete Signal, sondern werden aktiv, um Information über den Unternehmenswert zu erhalten. Das ökonomische Kalkül führt zu einer Kooperation mit Finanzintermediären, die wie gezeigt niedrigere Transaktionskosten der Informationsgewinnung und -verarbeitung im Rahmen der Kreditwürdigkeitsprüfung aufweisen. Die Zwischenschaltung des Intermediärs hilft dem finalen Kreditgeber, Such- und Analysekosten zu reduzieren und ermöglicht den zusätzlichen Verkauf der so gewonnenen Informationen an andere Kapitalgeber.

*Lee/Thakor/Vora* (1983) argumentieren, dass eine Kreditwürdigkeitsprüfung aller potenziellen Kreditnehmer zwar prinzipiell möglich ist, aber vergleichsweise zu hohe Kosten impliziert. Gerade bei Unternehmen, die neue und für Unternehmensexterne schwer zu beurteilende Produktpaletten bzw. Produktionstechnologien aufweisen, ist diese Problematik von Bedeutung. Zur Informationskostenreduktion prüft nur ein Kreditinstitut die Bonität des Kreditnachfragers, die Konditionen für Kapitalüberlassung werden dann als Signal für den Kapitalmarkt interpretiert. Die daraus resultierende Glaubwürdigkeit ist durch die Gefahr des falschen Pricings bedingt.

Diese Theorieansätze im Bereich des indirekten Signaling erscheinen plausibel, sind aber schwierig zu operationalisieren. Daraus lässt sich die Signalingproblematik auf Finanzmärkten folgendermaßen skizzieren:

- Die genaue Bestimmung der Signaling-Kosten für das Unternehmen ist kaum möglich (vgl. *Ross* 1978).
- Da die Diskretion von Kreditprogrammen im Gegensatz zu der Publizität von öffentlichen Aktienemissionen eine externe Beurteilung erschwert, ist die Übermittlung der Unternehmensinformation von den Finanzintermediären zu den Kapitalmärkten problematisch.
- Eine zentrale Bonitätsprüfung durch nicht-monetäre Finanzintermediäre, d.h. Informationsspezialisten wie Rating-Agenturen, erfordert nicht eine Kapitalunterlegung des Kredits, wird aber als glaubwürdiges Signal angesehen, da ansonsten die Kapitalmarktakzeptanz der Bonitätseinschätzung gefährdet wäre.

## 2.3.4 Reputation in Kreditbeziehungen

Innerhalb betriebswirtschaftlicher Publikationen wird der Nutzen mehrperiodiger Verträge zwischen Vertragspartnern darin gesehen, dass der Agent Reputation in langfristigen Geschäftsbeziehungen aufbauen kann. Durch die langfristige Kreditbeziehung erhält der Prinzipal die Möglichkeit, sich ein zunehmend vollständigeres Bild über die Qualität und das Verhalten des Agenten zu verschaffen. So erhält ein kreditgebendes Kreditinstitut zentrale Informationen vor allem durch regelmäßige Analyse (möglichst) aller Zahlungsvorgänge des Kreditnehmers über die Entwicklung der Liquidität, fristgemäßen Zins- und Tilgungszahlungen sowie teilweise auch über die Wertentwicklung gestellter Sicherheiten. Damit kann das Institut kostenintensivere Monitoringaktivitäten immer mehr reduzieren (vgl. *Kreps/Wilson* 1982). Im Gegensatz dazu kann ein Kreditinstitut bei einem Kreditnachfrager, der keine weiteren (vor allem Zahlungsverkehrs-) Dienstleistungen beim gleichen Institut in Anspruch nimmt, schwieriger verborgene Ausfallrisiken einschätzen, und es steigt die Wahrscheinlichkeit, Kreditrationierung bei solchen Kreditanträgen betreiben zu müssen (vgl. *Cukierman* 1978).

Die Reputation eines Agenten rechtfertigt und fördert eine gewisse Erwartung hinsichtlich seiner Handlungen im Sinne des Prinzipals. Der **Reputationsaufbau** wird nur durch bestimmtes Verhalten ermöglicht, dessen Fortsetzung auch für die Zukunft angenommen wird. Dieses **Extrapolationsprinzip** wird durch frühere Sorgfalt und Berechenbarkeit des Vertragsverhaltens des Agenten gerechtfertigt. Der Prinzipal hat ein Interesse daran, dass er sich auch in Zukunft auf seine Vorhersagen bezüglich des Kreditnehmers verlassen kann und unterstützt die Fortsetzung kontraktkonformer Handlungen des Agenten. Dieser erlangt dadurch einen wirtschaftlichen Vorteil, da er nicht in jedem Kreditantrag erneut Signaling-Kosten für seine Qualitätsdarstellung aufbringen muss. Reputation wird zum immateriellen Vermögensobjekt für den Agenten (vgl. *Diamond* 1989b, S. 831).

Der Erwerb von Reputation durch einen Kreditnehmer basiert also auf einem **Anreizsystem**. Reputation kann sich der Kreditnehmer in erster Linie durch kontraktkonformes Verhalten erwerben, d.h. vor allem durch regelmäßige Erfüllung der Zins- und Tilgungsverpflichtungen. Reputation wird vergleichbar mit **Standing**, **Bonität** und **Kreditwürdigkeit** bezüglich eines finanziell guten Rufs (vgl. *Nippel* 1992, S. 1008). Der zunehmende Wert der Reputation wird als Schutz vor unerwünschten Handlungen betrachtet. Wenn dadurch im Zeitablauf der Kreditbeziehung bei Unternehmensfinanzierungen der durchschnittliche Kreditzinssatz abgenommen hat, erhöhen sich c.p. aufgrund niedrigerer Kalkulationszinsfüße die Barwerte der zukünftigen Einnahmeüberschüsse aus ihrem Investitionsprogramm. Mit steigender Bonität wird das Unternehmen stärker davor zurückschrecken, seine Kreditwürdigkeit zu gefährden (vgl. *Diamond* 1984 und 1989a). Es besteht dadurch auch die Möglichkeit des „Melkens" der Reputation (vgl. *Nippel* 1992, S. 991): Das Unternehmen kann zur Kreditfinanzierung alternativ Kapitalmarktfinanzierungen nutzen, da seine Reputation bei anderen potenziell im Wettbewerb befindlichen Kapitalgebern (Prinzipalen) verbreitet wird.

Mit dem **Hausbankprinzip** wird eine besonders plastische Reputationsdarstellung ermöglicht: Durch die dauerhafte enge Bindung zwischen Kreditinstitut und Kreditnehmer betreut die Hausbank nicht nur das Finanzierungsgeschäft, sondern auch weitere Geschäfte aus dem Anlage-, Risikomanagement- oder Beteiligungsbereich eines Unternehmens. Auf diese Weise erhält ein Kreditinstitut durch seine Hausbankfunktion mittels der Anzahl und Artenbreite der Geschäftskontrakte über gesetzlich vorgeschriebene Informationen hinaus einen umfassenden Einblick in ein Unternehmen. Dieser gegenüber anderen Fremdkapitalgebern höhere Grad an Insiderinformationen und -wissen stellt das immaterielle Vermögensobjekt eines Kreditinstituts aus seiner Hausbankfunktion dar (vgl. *Black* 1975). Zusätzliche Aspekte der besonderen Informationsqualifikation einer Hausbank können aus einer hohen Anzahl branchenübergreifender Geschäftskontakte auf Basis des Hausbankprinzips sein (vgl. *Chan/Greenbaum/Thakor* 1986) sowie der exklusive Informationszugang zu sensiblen, vertraulichen Unternehmensdaten wie z.B. Innovationen oder Strategien gegenüber Wettbewerbern (vgl. *Campbell* 1979). In diesem Zusammenhang sieht die bankwissenschaftliche Literatur einen Kredit als „**Inside Debt**" (vgl. *Fama* 1985, S. 36-38) im Gegensatz zum „**Arm's-Length-Debt**" (vgl. *Rajan* 1992, S. 1367), wie es eine Unternehmensanleihe verkörpert. Zwar sind „Long Term-Relationships" nicht immer „like marriages" (vgl. *Haubrich* 1989, S. 18), doch wird die Hausbank über die Dauer der Absatzbeziehung „(...) familiar... with financial histories" (*Fama* 1990, S. 85). Solche Kontakte bewirken eine verbesserte Unternehmensbeurteilung, d.h., ob dauerhaft schlechte Unternehmensergebnisse durch exogene Einflüsse oder Fehlverhalten der Unternehmensleitung bedingt sind. Zudem können die häufig mit den längerfristigen Kreditbeziehungen einhergehenden **persönlichen Beziehungen** nach einer empirischen Erhebung z.B. zu frühzeitigem Erkennen drohender Insolvenzen beitragen (vgl. *Drukarczyk/Duttle/Rieger* 1985, S. 125). In langfristigen Kreditbeziehungen aufgebaute Reputation ist für Kreditnehmer positiv, z.B. indem einem solchen Unternehmen Kredite ohne Besicherung gegeben werden (vgl. *Hauschildt* 1972) oder während Unternehmenskrisen Kreditunterstützung durch die Hausbank zuteil wird (vgl. *Fischer* 1990, S. 132 und 140 ff.).

Anreize zur Sorgfalt, Fleiß und Anstrengung der Unternehmensleitung ergeben sich bei Hausbankbeziehungen aus der Kündbarkeit der Kreditbeziehung (vgl. *Fama* 1990, S. 85), d.h., einer Sanktionsdrohung, wenn das Unternehmen „informationally captured" ist. Das mit Dauer der Kreditbeziehung erworbene Standing lässt sich nicht wie ein materieller Sicherungsgegenstand in andere Kreditbeziehungen mit einbringen (Lock-in-Effekt). Langjährige Erfahrungen stellen exklusive Informationen dar, so dass ein Unternehmen beim Wechsel des Kreditgebers eventuell Konditionen hinnehmen müsste, die seiner Bonität nicht gerecht würden.

# 3 Zentrale Komponenten von Kreditkontrakten

Die Ausgestaltung von Kreditkontrakten stellt aus der Sicht des Kreditgebers mehr als nur die juristische Fixierung zentraler Vertragsbestandteile dar. Für ihn repräsentiert er eine Institution, mit der er die der Kreditvergabe inhärenten Verhaltensunsicherheiten des Kreditnehmers begrenzen kann. Aus neo-institutionenökonomischer Sicht besteht das Ziel in einem Kreditvertrag darin, geeignete Anreizstrukturen so zu implementieren, dass es zu Risiko/Kosten-Konstellationen kommt, die sowohl für den Kreditnehmer als auch den Kreditgeber optimal sind. Durch die individuelle Ausgestaltung einzelner Kontraktparameter (typischerweise Preis, Kreditvolumen und Sicherheiten) sowie deren individuelle Kombination wird eine den Anreizkontrakt charakterisierende Anreizstruktur geschaffen und im Kreditvertrag festgeschrieben.

Lesehinweis: Zum Prozess eines solchen Kontrakt-Design vgl. *Jacob/ Warg* (1998).

Damit besteht mit der Gestaltung des Kreditvertrags die Möglichkeit des Risikomanagements, die zudem abgestützt werden kann durch weitere Maßnahmen. So kann sich ein Kreditnehmer zur **Risikobeschränkung** mit anderen zusammenschließen. Sie bilden ein Kreditkonsortium, in dem jedes Konsortialmitglied einen zuvor vereinbarten Teil an der gesamten Kreditsumme dem Kreditgeber befristet überlässt. Diese Vorgehensweise ist insbesondere bei großvolumigen Krediten üblich. Eine weitere Strategie zur Beschränkung des Risikos besteht in der **Diversifikation** des Kreditportefeuilles durch einen Kreditgeber. Unter Ausschöpfung der Erkenntnisse der Portfolio Selection-Theorie wäre eine Portefeuille-Struktur so zu gestalten, dass die Einzelrisiken der Kreditverträge so miteinander verbunden sind, dass sie das Gesamtrisiko des Kreditportefeuilles minimieren. Kreditgeber versuchen i.d.R. über die Preisgestaltung des Kredits, eingegangene Risiken entsprechend ihres zu erwartenden Umfangs durch Risikoaufschläge zu kompensieren (vgl. etwa *Dietrich/Krcmar* 1999). Je nach Risikograd bemisst sich die Höhe der **Risikoprämie**. Aus der Sicht des Kreditnehmers stellt die Risikoprämie einen Bestandteil der **expliziten Kapitalkosten** dar. Je nach Verschuldungsgrad oder Umfang der gesamten Kreditvergabe eines Kreditgebers an einen Kreditnehmer können noch **implizite Kapitalkosten** entstehen. Die einzelnen Möglichkeiten der Besicherung von Krediten werden anschließend erläutert.

## 3.1 Sicherheiten

Vermögensobjekte als Sicherheiten sind für den Schutz vor den Folgen des Ausfallrisikos geeignet, wenn sie werthaltig sind. Können Kreditgeber als Gläubiger betraglich ausreichend dimensionierte Sicherheiten mit nach ihren Anforderungen juristisch adäquaten Ausgestaltungskontrakten in Kreditverhandlungen durchsetzen, so schützen sie sich vor dem Ausfallrisiko. Mit dem Verlangen von Sicherheiten einher geht daher für den Kreditgeber vor Beginn des Kreditkontrakts die juristische und materielle **Überprüfung der Sicherheiten**. Ist die erforderliche Werthaltigkeit gegeben und kommt es zum Abschluss des Kreditvertrags, verlagert sich das Prüferfordernis auf die Werthaltigkeit während der Kreditlaufzeit. Die Informations- und Kontrollanstregnungen des Kreditgebers beschränken sich bei gesicherten Krediten auf die Überprüfung der Werthaltigkeit der Sicherheiten und erfordern eine geringere laufende Überprüfung des Kreditnehmers bzw. seiner wirtschaftlichen Lage (vgl. *Rudolph* 1984). Vor allem bei vom Kreditnehmer genutzten Gütern als Sicherungsobjekte kann es durch **Moral Hazard** zu mangelnder Sorgfalt kommen. Wertverluste können die Folge sein. Eine Schutzhandlung des Kreditgebers ist daher häufig, zur Antizipation befürchteter Sicherheitenverluste **höhere Besicherungen** zu verlangen (vgl. *Igawa/Kanatas* 1990).

Werden Sachwerte zur Sicherung vom Kapitalnehmer bereitgestellt, haben diese die Eigenschaften von Realsicherheiten und stellen das Objekt der Besicherung dar. Man spricht dann von **Realsicherheiten** oder von **Sicherungsobjekten**. Eine andere oder ergänzende Besicherungsmöglichkeit ist die Haftung für den Kredit durch eine dritte Person. Hierfür sind die Begriffe **Personalsicherheiten** und **Sicherungssubjekte** gebräuchlich (vgl. Abb. III-7 im Überblick).

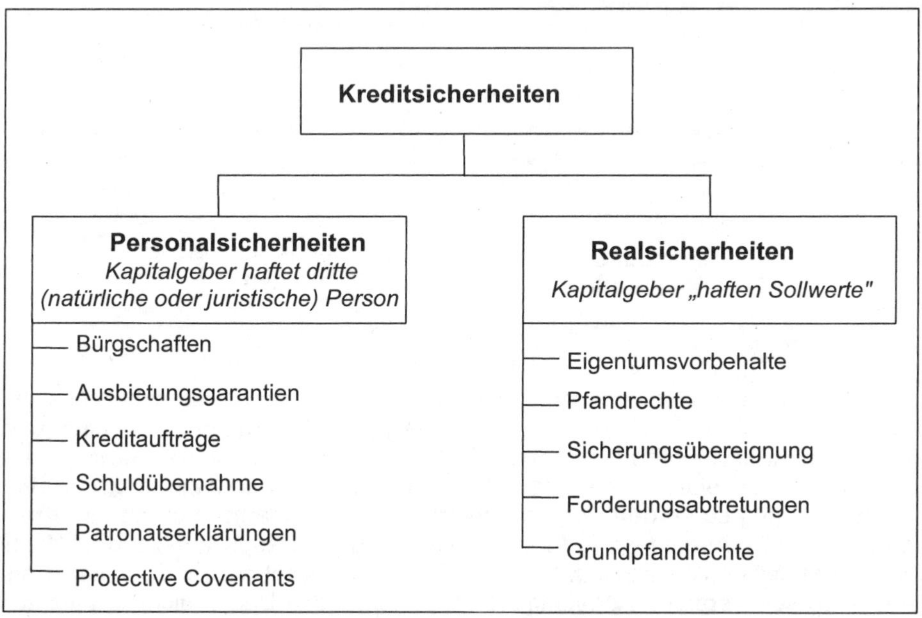


Abb. III-7: Kreditsicherheiten im Überblick

Sicherheiten können ferner danach unterschieden werden, ob sie mit der zugrunde liegenden Kreditforderung juristisch eine Verbindung haben oder losgelöst davon sind. So stellen Bürgschaften, Garantien, Eigentumsvorbehalte, Pfandrechte und Hypotheken **akzessorische Sicherheiten** dar. Rechtlich sind sie als Sicherheit nur dann und solange zu betrachten, wie die zugrunde liegende Forderung besteht. Demgegenüber fehlt **fiduziarischen Sicherheiten** eine solche Eigenschaft: Sicherungsübereignungen, Sicherungsabtretungen und Grundschulden bestehen ohne die Kreditforderung als Sicherheiten im juristischen Sinne.

### 3.1.1 Personalsicherheiten

Unter Personalsicherheiten werden Bürgschaften, Garantien, Kreditaufträge, Schuldübernahmen, Patronatserklärungen und Protective Covenants subsumiert.

### 3.1.1.1 Bürgschaft

„Durch den Bürgschaftsvertrag verpflichtet sich der Bürge gegenüber dem Gläubiger eines Dritten, für die Erfüllung der Verbindlichkeit des Dritten einzustehen" (§ 765 Abs. 1 BGB). Der Vertrag verpflichtet also nur den Bürgen (= **einseitig verpflichtender Vertrag**). Folgende Grundkonstellation zwischen Bürgen, Gläubiger (= Kreditgeber) und Schuldner (= Kreditnehmer) ist zu unterscheiden:

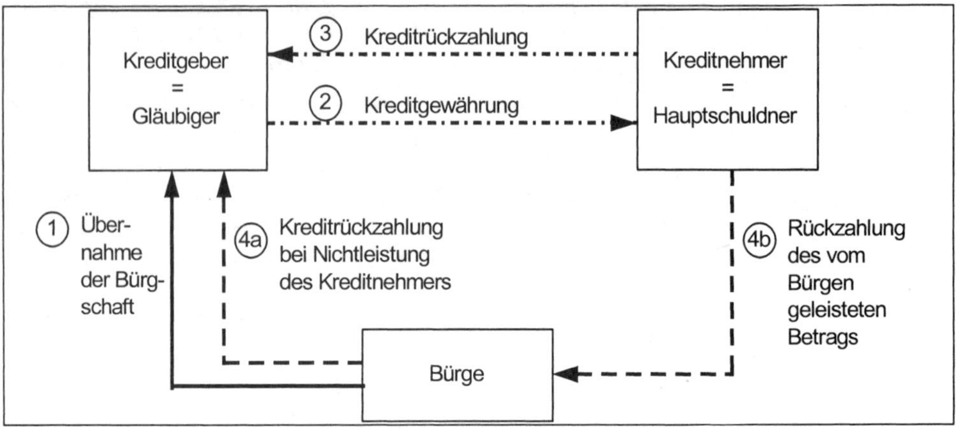


Abb. III-8: Grundsätzliche Rechts- und Geschäftskonstellation der Bürgschaft

Im Ablauf gesehen wird eine Kreditvergabe, die durch eine Bürgschaft besichert werden soll, erst dann erfolgen, wenn ein Bürge die **Bürgschaft** für diesen Kredit (= **Hauptschuld**) übernommen hat (Pfeil 1). Die **Bürgschaftserklärung** muss **schriftlich** abgegeben werden (§ 766 BGB). Nach **Unterzeichnung** der Bürgschaftserklärung durch den Bürgen erfolgt die Kreditgewährung durch den Kreditgeber (Pfeil 2). Hieran schließt sich planmäßig die Rückzahlung des Kredits (= Tilgung) nebst den Zinszahlungen an (Pfeil 3). Sofern bis zum Ende der Kreditlaufzeit dieser Vorgang störungsfrei verläuft, wird der Bürge nicht in Anspruch genommen. Die Besicherung wird dann für den Gläubiger wichtig, wenn der **Schuldner nicht** die planmäßigen Zins- und Tilgungsleistungen **vertragsgemäß** erbringt. In diesem Fall ist der Gläubiger berechtigt, aufgrund der Bürgschaftserklärung vom **Bürgen** die **Zahlung** der säumigen Leistungen zu verlangen (Pfeil 4a). Der Bürge ist daraufhin seinerseits berechtigt, die von ihm anstelle des Schuldners geleisteten Zahlungen vom Kreditnehmer, für den er bürgt, zurückzuverlangen (Pfeil 4b).

Die Bürgschaft setzt als akzessorische Sicherheit das Bestehen der Forderung aus dem Kreditvertrag voraus (= Hauptschuld). Daraus folgen bestimmte Merkmale der Bürgschaft:

- Ohne **Hauptschuld** ist die Bürgschaft wirkungslos.
- Auch für **künftige** Verbindlichkeiten kann vom Bürgen eine Bürgschaft übernommen werden (§ 765 BGB).
- Die **Höhe** des Bestands der **Hauptschuld** ist wiederum für die **Höhe** der **Bürgschaftsverpflichtung** maßgebend (§ 767 BGB).

Beispiel: Steigt die Schuld des Kreditnehmers, weil er fällige Zinsen nicht zahlen konnte, so erhöht sich um den Betrag der säumigen Zinszahlung die Höhe der Bürgschaft. Es verringert sich die Bürgschaftsverpflichtung betraglich, wenn durch Tilgungen die Hauptschuld reduziert wurde.

Bürgschaften können in der Praxis, aufbauend auf der Grundkonstellation aus Abb. III-8, in verschiedenen Formen vorkommen. Zum einen kann nach der Anzahl der bürgenden Personen unterschieden werden:

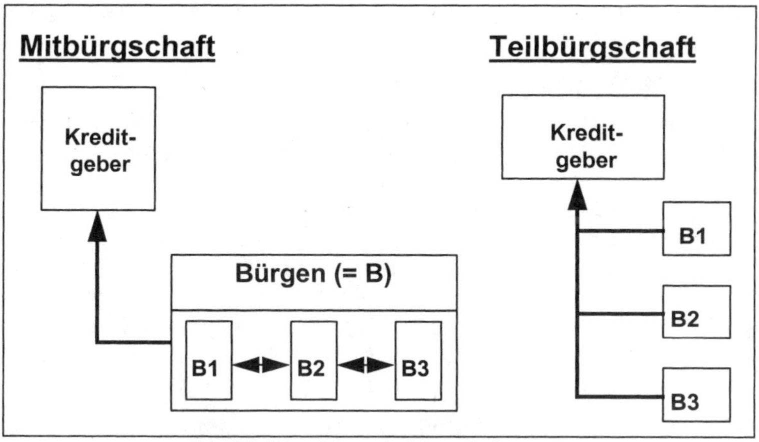


B1, B2, B3 = Bürge 1, Bürge 2, Bürge 3

Abb. III-9: Rechtsbeziehungen in der Mit- und Teilbürgschaft

- Als **Mitbürgschaft** bezeichnet man eine gemeinschaftliche Bürgschaft von mehreren Personen für die gleiche Verbindlichkeit eines Schuldners (§ 769 BGB). Die Bürgen haften **gesamtschuldnerisch** (§ 421 BGB), d.h., der Gläubiger kann nach seiner Wahl jeden Bürgen ganz oder in Teilbeträgen in Anspruch nehmen. Daraufhin hat der oder haben die Bürgen neben ihrer Forderung gegenüber dem Hauptschuldner einen Ausgleichsanspruch gegenüber den übrigen Mitbürgen.
- Bei der **Teilbürgschaft** handelt es sich zwar auch um eine gemeinschaftliche Bürgschaft mehrerer Personen für die gleiche Verbindlichkeit, doch **haftet** jeder **Bürge** nur **für** den von ihm in der Bürgschaftserklärung **fixierten Betrag**.

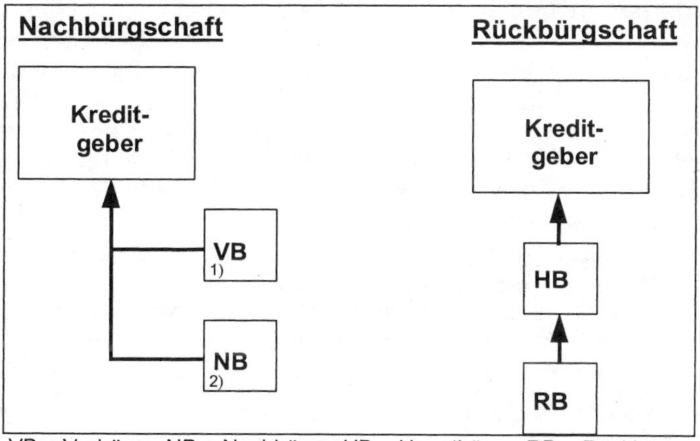


VB = Vorbürge, NB = Nachbürge, HB = Hauptbürge, RB = Rückbürge

Abb. III-10: Rechtsbeziehungen in der Nach- und Rückbürgschaft

- Eine **Nachbürgschaft** ist durch einen **Haupt-** bzw. **Vorbürgen** und einen **Nachbürgen** gekennzeichnet. In dieser Reihenfolge hat der Gläubiger zuerst den Hauptbürgen in Anspruch zu nehmen. Wenn dieser nicht leisten kann, ist der Gläubiger berechtigt, den Nachbürgen zu belangen.
- Bei der **Rückbürgschaft** haftet ausschließlich der Hauptbürge dem Gläubiger. Kann der Hauptschuldner nach Inanspruchnahme des Hauptbürgen nicht leisten, so haftet der Rückbürge dem Hauptbürgen für die Begleichung von dessen Forderungen gegenüber dem Hauptschuldner.

Von den **Arten** der **Bürgschaft** unterscheidet man folgende Ausprägungen:

- Als **gewöhnliche Bürgschaften** bezeichnet man Regelungen, in denen keine besonderen Vereinbarungen getroffen wurden. Dem Bürgen steht laut § 771 BGB das Recht zu, vom Gläubiger die Vorausklage gegen den Hauptschuldner zu verlangen (= **Einrede der Vorausklage**). Wird der Hauptschuldner mit seiner Zahlung säumig und bringt der Bürge eine solche Einrede der Vorausklage dem Gläubiger vor, muss der Gläubiger beweisen, dass er erfolglos eine Zwangsvollstreckung in das Vermögen des Hauptschuldners betrieben hat. Diese Pflicht bezieht sich ausschließlich auf bewegliche Objekte des Hauptschuldners. Erst aufgrund eines solchen Nachweises ist der Gläubiger berechtigt, Leistungen vom Bürgen zu verlangen.
- Verwandt damit ist die **Ausfallbürgschaft** (= Schadlosbürgschaft). Sie ist im BGB nicht geregelt und bedeutet in der Praxis, dass der Gläubiger erst dann den Bürgen in Anspruch nehmen kann, wenn er nachweist, dass er bei der verbürgten Forderung einen Verlust (= Forderungsausfall) erlitten hat. Ein solcher Ausfall ist eingetreten, wenn der Gläubiger versucht hat, durch Zwangsvollstreckung in das gesamte Vermögen des Hauptschuldners Befriedigung zu erlangen, dabei aber nicht oder nicht in voller Höhe zum Zuge kam. Der Unterschied zur gewöhnlichen Bürgschaft ist:
  - Der Bürge haftet nur für den durch den Gläubiger nachgewiesenen Ausfall und
  - auch ohne die Einrede der Vorausklage ist der Gläubiger verpflichtet, die erfolglose Zwangsvollstreckung nachzuweisen.
- Ausfallbürgschaften haben vor allem Bedeutung als Kreditsicherungsmittel von sog. **Kreditgarantiegemeinschaften** (Bürgschaftsgemeinschaften des Handwerks, des Handels, der Industrie und des Hotel- und Gaststättengewerbes). „Insbesondere bei mittel- und langfristigen Krediten an mittelständische Betriebe nehmen die Banken Ausfallbürgschaften von Kreditgarantiegemeinschaften als Sicherheiten herein, wenn andere geeignete Sicherheiten nicht zur Verfügung stehen, wobei die Kreditgarantiegemeinschaften sich für einen Teilbetrag von höchstens *80%* des Kredits verbürgen" (*Hagenmüller/Diepen* 1993, S. 449). Ihre Anwendung findet sich vor allem bei der Subventionsfinanzierung etwa durch die Deutsche Ausgleichsbank AG. Ausfallbürgschaften werden hier für den endgültigen Ausfall erteilt, der sich nach Verwertung aller Sicherheiten für das Kreditinstitut ergibt. Bei der **modifizierten Ausfallbürgschaft** wird im Bürgschaftsvertrag die Vereinbarung getroffen, wann der Ausfall genau als eingetreten gelten soll.
- Die für Kreditinstitute **wichtigste Art** der Bürgschaft ist die **selbstschuldnerische Bürgschaft**. Bei ihr muss der Bürge auf Verlangen des Gläubigers sofort zahlen, sofern der Hauptschuldner seine Verpflichtungen nicht vertrags-

gemäß erfüllt hat. Die Einrede der Vorausklage ist in dieser Art der Bürgschaft nicht möglich. Der Bürge wird so behandelt, als wäre er selbst der Hauptschuldner (§ 349 HGB).

- **Höchstbetragsbürgschaften** sind grundsätzlich bei allen bisher beschriebenen Arten von Bürgschaften konstruierbar. Damit erklärt der Bürge, dass er nicht für den gesamten betraglichen Forderungsumfang gegen den Hauptschuldner haftet, sondern für einen bestimmten Höchstbetrag. Eine Entscheidung des BGH aus dem Jahre 1997 zwingt den Gläubiger aus einem Kreditvertrag, für den eine Höchstbetragsbürgschaft gegeben werden soll, in der Bürgschaftserklärung weitgehende Transparenz über den Bürgschaftsumfang wie z.B. tatsächliche Höhe der verbürgten Hauptschuld oder evtl. bestehende Einzelkreditbeträge auszuweisen (vgl. *Brogl* 2000).

Die **Qualität** einer **Bürgschaft** als Kreditsicherungsmittel hängt entscheidend von der Kreditwürdigkeit des Bürgen ab. Um diese Qualitätsunsicherheit zu reduzieren, wird der Kreditgeber zuvor vom Bürgen Nachweise über seine materielle Situation wie Einkommens- und Vermögensverhältnisse verlangen. Die Kreditprüfung und Kreditüberwachung des Kreditnehmers wird damit zusätzlich ergänzt um die gegenüber des Bürgen.

Bürgschaften nehmen in der **Praxis des Kreditgeschäfts** eine wichtige Rolle ein:

- So werden besonders bei der Finanzierung kleiner und mittlerer Unternehmen die als Privatpersonen hinter den kreditnehmenden Unternehmen stehenden Eigentümer oft als Bürgen in die Kreditverträge miteinbezogen.
- Konzernmuttergesellschaften leisten für ihre Tochtergesellschaften mittels Bürgschaften Haftung, vor allem bezüglich solcher Geschäftstätigkeiten, die an die Tochtergesellschaft ausgelagert wurden (z.B. die Emission von Anleihen).
- Bei Existenzgründern werden oft Ehepartner oder andere Familienmitglieder zur Rückführung des Kredits als Bürgen verpflichtet.

### 3.1.1.2 Sonstige Personalsicherheiten

Eine der Bürgschaft vergleichbare Funktion übernimmt die **Ausbietungsgarantie**. Sie ist im Gegensatz zur Bürgschaft nicht akzessorischer Natur. Es ist ebenfalls ein einseitig verpflichtender Schuldvertrag. In ihm verpflichtet sich der Garantiegeber gegenüber dem Garantienehmer, für das Ausbleiben eines Erfolgs Gewähr zu leisten. Angewendet wird die Ausbietungsgarantie z.B. bei dinglichen Pfandrechten. Hier übernimmt ein Dritter die Verpflichtung dafür einzustehen, dass der Gläubiger einer Hypothek oder Grundschuld im Falle der Zwangsversteigerung einer Immobilie keinen Verlust erleidet (vgl. *Hagenmüller/Diepen* 1993, S. 451).

Beim **Kreditauftrag** wird ein Kreditgeber von einer Person beauftragt, einem Dritten (= Kreditnehmer) im eigenen Namen und auf eigene Rechnung Kredit zu gewähren (§ 778 BGB). Dies begründet seitens des Kreditgebers zwei **Ansprüche**: gegenüber dem Kreditnehmer auf Tilgung des Kredits und Zahlung der Zinsen und gegenüber dem Auftraggeber in seiner Rolle als Bürgen. Der Kreditauftrag wird vor allem bei der Finanzierung von Außenhandelsgeschäften verwendet.

Bei der **Schuldübernahme** (= Schuldbeitritt) wird ein Vertrag geschlossen, in dem sich ein Dritter gegenüber dem Gläubiger verpflichtet, zusätzlich zu dem Schuldner für die gleiche Verbindlichkeit zu haften. Der Dritte ist wie ein zusätzlicher Schuldner zu behandeln (gesamtschuldnerische Haftung gem. § 421 HGB). Er haftet als Mitantragsteller des Kredits für eine eigene Schuld, während er im Vergleich dazu als Bürge für eine fremde Schuld haftet. Schuldbeitritte werden z.B. von Kreditinstituten bei Ratenkrediten an Verheiratete vom jeweils anderen Ehepartner verlangt, der dadurch Mitantragsteller wird.

**Patronatserklärungen** und **Garantien** von Muttergesellschaften gegenüber Verpflichtungen der Konzerntöchter aus Anleihen sind bei internationalen Emissionen üblich. Wichtige **Ausprägungen** sind:

- Zusage der Konzernmutter, dass keine Änderung, Aufhebung oder Kündigung des Unternehmensvertrags mit der Konzerntochter während der Anleihelaufzeit erfolgt. Ferner sichert die Muttergesellschaft zu, die finanzielle Ausstattung der Tochtergesellschaft nicht zu verändern, so dass die Konzerntochter ihren aus der Emission resultierenden Verpflichtungen nachkommen kann.
- Auch sind vereinzelt Erklärungen der Konzernmutter vorzufinden, in denen sie die Aufrechterhaltung einer Mindestkapitalausstattung der Tochtergesellschaft garantiert.

Den Charakter subsidiärer bzw. **ergänzender Kreditsicherungsinstrumente** haben sog. „**Protective Covenants**". Verallgemeinert gesagt handelt es sich bei dieser Gruppe von Absicherungsinstrumenten um Wohlverhaltensregeln, die sich ein Schuldner gegenüber Gläubigern auferlegt. Sie sind insbesondere an Euro-Währungsmärkten gängig und stellen eine kostengünstigere und flexiblere Besicherungsform vor allem gegenüber dinglichen Sicherheiten dar. Von besonderer Bedeutung sind **Negativklauseln**. Mit ihnen verpflichtet sich der Emittent

- von nun an keinem seiner bisherigen oder zukünftigen Gläubiger bessere Sicherungsrechte zu gewähren als bisherigen Gläubigern, die diese Verpflichtung erhalten und
- dem Schuldner ist untersagt, Vermögen oder Teile davon zu verkaufen, zu belasten, in fremde Unternehmen einzubringen oder in einer sonstigen Weise dem Zugriff der vorhandenen Gläubiger zu entziehen.

Lesehinweis: Zu Patronatserklärung und Protective Covenants vgl. *Vormbaum* (1995, S. 299 f.).

### 3.1.2 Realsicherheiten

Werden vom Kreditnehmer **Sachwerte als Sicherheiten** für einen Kredit zur Verfügung gestellt, so spricht man von Realsicherheiten. Sie bestehen aus Formen des Eigentumsvorbehalts, der Verpfändung von Sachwerten und Rechten, Sicherungsübereignung, der Forderungsabtretung sowie den Grundpfandrechten.

#### 3.1.2.1 Eigentumsvorbehalt

Ein Eigentumsvorbehalt liegt vor, wenn ein Käufer einer beweglichen Sache zum Besitzer, nicht aber zum Eigentümer geworden ist. Das Eigentum an der Sache verbleibt bis zur vollständigen Zahlung des Kaufpreises beim Verkäufer. Der Eigentumsvorbehalt ist eine vielfach verwendete Form der **Kreditbesicherung** vor allem bei **Lieferantenkrediten**, d.h. wenn ein Lieferant (= Verkäufer) einem Käufer ein Zahlungsziel eingeräumt hat. Rechtsgrundlagen sind § 454 BGB ff. Dieses Sicherungsmittel wird in der Praxis äußerst vielfältig ausgestaltet:

- Vom **einfachen Eigentumsvorbehalt** spricht man, wenn sich analog § 454 BGB ein Verkäufer das Recht vorbehält, bei Zahlungsverzug des Käufers seinen Rücktritt vom Geschäft zu erklären und nach § 985 f. BGB die Herausgabe der Sache zu fordern. Hier sind allerdings Fälle zu unterscheiden, in denen ein solcher Eigentumsvorbehalt unwirksam wird und daher das Eigentum doch vom Verkäufer auf den Käufer übergeht. Dies ist dann der Fall, wenn der Käufer die Sache verarbeitet (§ 950 BGB) oder mit einer anderen Sache verbindet (§ 947 Abs. 2 BGB). Auch wenn der Dritterwerber einer unter Eigentumsvorbehalt stehenden Sache gutgläubig war (§§ 932 ff. BGB, 366 f. HGB) wird der Vorbehalt unwirksam. Die gleiche Wirkung ergibt sich ferner für Eigentumsvorbehalte an Sachen, wenn sie mit einem Grundstück verbunden werden (§ 946 BGB).
- Aus diesen Gründen findet man in der Praxis am häufigsten den **verlängerten Eigentumsvorbehalt**. Mit ihm soll verhindert werden, dass der Sicherungseffekt des Eigentumsvorbehalts mit der Weitergabe der Sache entfällt. Man **unterscheidet** dabei:
  - Der **Käufer tritt** dem Verkäufer im Voraus alle **Forderungen ab**, die der Käufer durch die Weiterveräußerung der unter Eigentumsvorbehalt stehenden Sachen erwerben wird (§ 398 BGB).
  - Der Verkäufer vereinbart einen Eigentumsvorbehalt, durch den der Käufer zur Weiterverarbeitung der an ihn gelieferten Erzeugnisse ermächtigt wird, allerdings mit einer zentralen **Zusatzvereinbarung**: das Eigentum an den damit vom Käufer hergestellten Erzeugnissen geht abweichend vom § 950 BGB auf den Verkäufer über.
- Eine Stufe weiter geht der **erweiterte Eigentumsvorbehalt**. Der Eigentumsübergang einer Sache wird davon abhängig gemacht, dass der Käufer auch die Zahlungsverpflichtungen für die anderen vom Verkäufer bezogenen Sachen erfüllt hat (= **Kontokorrentvorbehalt**).

Im Gegensatz zu anderen Formen der Sicherheiten wie Pfandrecht und Sicherungsübereignung gewährt der Eigentumsvorbehalt kein Verwertungs- und Befriedigungsrecht des Verkäufers. Dagegen stand bis zur Einführung der seit 01.01.1999 gültigen Insolvenzordnung im Konkursfall ein **Aussonderungsrecht** des Verkäufers für die mit Eigentumsvorbehalt veräußerten Sachen. Nach Eröffnung des Insolvenzverfahrens besteht nach der Insolvenzordnung im Rahmen einer Unternehmensinvolvenz des Käufers grundsätzlich weiterhin ein Aussonderungsrecht für den Verkäufer. Dieser Anspruch des Verkäufers gilt, wenn der Insolvenzverwalter nicht auf der Erfüllung des Kaufvertrages besteht (§§ 103, 107 Abs. 2 InsO). Während dieser Grundsatz des Aussonderungsrechts nach herrschender Meinung der Rechtspraxis für den einfachen und erweiterten Eigentumsvorbehalt Gültigkeit erlangt, kann bei einem verlängerten Eigentumsvorhehalt von einem Absonderungsrecht ausgegangen werden (vgl. dazu auch weiterführend *Gottwald* 2000, § 43 Rn. 1-31 und zu Aussonderungs- und Absonderungsrechten nach der InsO Abschnitt 3.1.2.6).

### 3.1.2.2 Pfandrecht

„Eine bewegliche Sache kann zur Sicherung einer Forderung in der Weise belastet werden, dass der Gläubiger berechtigt ist, Befriedigung aus der Sache zu suchen (Pfandrecht)“ (§ 1204 Abs. 1 BGB). Im Rahmen von Kreditsicherheiten spricht man von einem **vertraglichen Pfandrecht**. Es ist vom **gesetzlichen Pfandrecht** zu unterscheiden, das bestimmten Personen Kraft gesetzlicher Bestimmungen zur Sicherung von Forderungen zusteht (z.B. Vermietern und Verpächtern aufgrund des BGB oder beispielsweise Spediteuren nach HGB). Zweck einer Verpfändung ist die Sicherung einer Forderung in ihrer jeweiligen Bestandshöhe, zzgl. Zinsen und Vertragsstrafen (§ 1210 Abs. 1 BGB). Mit dem Besitz des Pfands besteht ein **Zurückbehaltungsrecht** des Gläubigers bis der Schuldner im Sinne des Vertrags geleistet hat. Das Pfandrecht kann sich auf eine bewegliche Sache, auf Grundstücke oder auf Rechte beziehen. Vorerst werden in diesem Abschnitt bewegliche Sachen zugrunde gelegt. Der Inhaber des Pfandrechts hat hierbei im Konkursfall ein **Absonderungsrecht**. Im Rahmen einer Kreditbeziehung unterscheidet man folgende Grundkonstellation des Pfandrechts.

Vor der eigentlichen Kreditgewährung steht die Bestellung eines Pfandrechts an beweglichen Sachen (vgl. Abb. III-11). Hierzu sind erforderlich:

- **Einigung** (= Vertrag) zwischen dem Eigentümer (= Verpfänder, d.h. Kreditnehmer) und dem Gläubiger (= Pfandgläubiger, d.h. Kreditgeber) über die Entstehung des Pfandrechts (also auch darüber, was als Pfand dienen soll) und
- **Übergabe** der Sache an den Pfandgläubiger (= **Faustpfandprinzip**) (Pfeil 1).

Praktisch vereinbaren Kreditgeber und -nehmer auf der Basis dieser Grundsätze eine **Verpfändungserklärung**. Das Pfandrecht im Rahmen der Kreditbesicherung bei Kreditinstituten basiert auf deren Allgemeinen Geschäftsbedingungen (AGB), das sog. AGB-Pfandrecht: Es regelt, welche Vermögensobjekte eines Kreditnehmers bei einem Kreditinstitut der Verpfändung unterliegen.

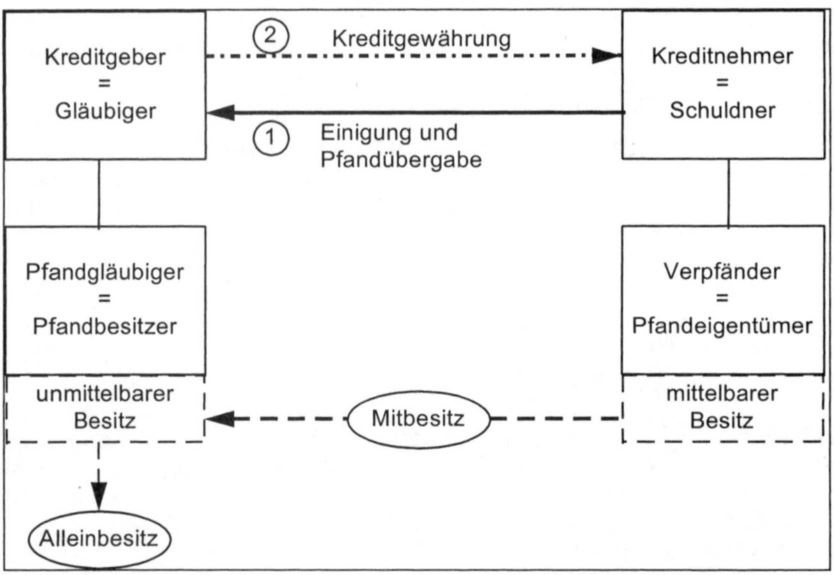


Abb. III-11: Grundsätzliche Rechts- und Geschäftskonstellation des Pfandrechts

Zentrale Voraussetzungen für die rechtliche Wirksamkeit des Pfandrechts ist die Akzessorietät. Das **Pfand** an **beweglichen Sachen** muss in den unmittelbaren Besitz des Gläubigers übergehen. Er übt als **Alleinbesitzer** die tatsächliche Verfügungsgewalt aus (§ 868 BGB). Der Eigentümer des Pfands (= Schuldner bzw. Kreditnehmer) wird zum mittelbaren Besitzer. Er hat als Mitbesitzer gemeinschaftlich mit dem Pfandgläubiger eine mittelbare Verfügungsgewalt über das Pfandobjekt. Im Gegenzug erfolgt die Kreditgewährung durch den Kreditgeber (Pfeil 2). Bei der Übergabe des Pfandobjekts sind verschiedene Möglichkeiten zu berücksichtigen, wobei nachfolgend nicht auf die Bestellung des Pfandrechts an einem Grundstück eingegangen wird, da dies Gegenstand des Abschnitts 3.1.2.5 ist.

Bei der **Bestellung** eines **Pfandrechts** an beweglichen Sachen sind folgende **Fälle** zu unterscheiden (vgl. *Adrian/Heidorn* 2000, S. 437):

| unmittelbarer Besitzer des Pfandobjekts vor Verpfändung | Beispiel | Einigung über die Entstehung des Pfandrechts und | rechtliche Wirkung |
|---|---|---|---|
| Eigentümer | Edelmetalle, die vom Eigentümer verwahrt werden. | Übergabe des Pfandobjekts (§ 1205 Abs. 1 Satz 1 BGB) | Pfandgläubiger wird unmittelbarer Besitzer. |
| Eigentümer | Ware im Lager des Eigentümers, die nicht in den Alleinbesitz des Pfandgläubigers übergehen soll. | Einräumung des Mitbesitzes durch Mitverschluss (§ 1206 BGB) | Mitverschluss ersetzt die Übergabe, da Pfandgläubiger unmittelbarer Besitzer wird und mit dem Eigentümer gemeinschaftlichen Besitz erlangt. |
| Pfandgläubiger | Schmuck, der vom Pfandgläubiger verwahrt wird (z.B. im Tresor der kreditgebenden Bank). | Keine Übergabe erforderlich, da Pfandobjekt bereits im Besitz des Pfandgläubigers (§ 1205 Abs. 1 Satz 2 BGB) | Pfandgläubiger ist bereits unmittelbarer Besitzer. |
| Dritter | Ware, die sich auf den Namen des Kreditnehmers in einem Lagerhaus befindet. | • Übertragung des mittelbaren Besitzes durch Abtretung des Herausgabeanspruchs und<br>• Anzeige der Verpfändung an den unmittelbaren Besitzer (§ 1205 Abs. 2, § 870 BGB). | Die Übertragung des mittelbaren Besitzes und die Anzeige an den unmittelbaren Besitzer ersetzen die Übergabe. |
| Dritter | Ware, die sich auf See befindet und in einem Orderpapier (z.B. Konnossement) verbrieft ist. | • Offenes oder verdecktes Pfandindossament und<br>• Übergabe des Orderpapiers (§ 1292 BGB) | Die Übertragung des unmittelbaren Besitzes wird durch die Übergabe des indossierten Orderpapiers ersetzt. |

Abb. III-12: Bestellung eines Pfandrechts an einer beweglichen Sache

Bei der **Verpfändung von Rechten** ist ebenfalls eine Einigung zwischen Rechtsinhaber und Pfandgläubiger über die Entstehung des Pfandrechts notwendig (§1274 BGB).

| Art der Rechte | Beispiel | Einigung über die Entstehung des Pfandrechts und | rechtliche Wirkung |
|---|---|---|---|
| Forde-rungen | Forderungen aus Warenlieferungen | Anzeige an den Schuldner (§ 1280 BGB) | Benachrichtigung macht das Pfandrecht erkennbar und schützt Pfandgläubiger vor unberechtigten Verfügungen des Gläubigers. |
| Inhaber-wertpa-piere | Unternehmensan-leihe, Sparbuch | Verpfändung wie bewegliche Sache (§ 1293 BGB) | Nicht das Recht aus dem Papier, sondern das Papier selbst wird verpfändet (das dem Wertpapier verbriefte Recht folgt dem verpfändeten Wertpapier). |
| Order-wert-papier | Namensaktie, Ladeschein z.B. Warentransport auf See. | Übergabe des indossierten Wertpapiers (§ 1292 BGB) | Nicht das Recht aus dem Papier, sondern das Papier selbst wird verpfändet. Ein Pfand- oder Blankoindossament macht die Übertragung erst rechtlich wirksam. |

Abb. III-13: Bestellung eines Pfandrechts an Rechten

Die **Verwertung des Pfands** ist nur unter Einhaltung gesetzlich vorgeschriebener Voraussetzungen möglich: Fälligkeit der Forderung des Gläubigers (= Pfandreife nach § 1228 BGB), Androhung der Verwertung des Pfandobjekts gegenüber dem Eigentümer (§ 1234 BGB) und Verwertung des Pfandobjekts nach Ablauf einer Wartefrist, (stellt die Verpfändung für Pfandgeber oder –nehmer ein Handelsgeschäft dar, gilt nach § 368 HGB für die betroffene Partei als Frist eine Woche; ansonsten gem. § 1234 BGB: ein Monat, jeweils ab Datum der Androhung). Auch die Wege der **Verwertung** sind gesetzlich vorgeschrieben. Bei beweglichen Sachen ist grundsätzlich deren öffentliche Versteigerung erforderlich. Sachen (und Wertpapiere) mit einem Börsen- oder Marktwert können freihändig durch einen öffentlich bestellten Makler verkauft werden. Verpfändete Forderungen zieht der Pfandgläubiger ein und befriedigt sich aus dem Erlös (§ 1282 BGB). Ein **Pfandrecht erlischt**, wenn die Forderung nicht mehr besteht (§ 1252 BGB), das Pfand an den Eigentümer zurückgegeben wird (§ 1253 BGB) oder der Gläubiger ausdrücklich auf das Pfandrecht verzichtet (§ 1255 BGB).

Das Pfandrecht spielt als Besicherungsinstrument bei Kreditinstituten eine wichtige Rolle. So dienen nach **Ziffer 19** der **AGB** von Kreditinstituten alle bei einem Kreditinstitut unterhaltenen Werte als Pfand für Ansprüche des Kreditinstituts gegenüber Kunden. Die Verpfändung von Wertpapieren, Waren und sonstigen Vermögenswerten ist die Grundlage des Lombardkredits. Auch Kontokorrent- und Wechselkredite werden häufig durch Pfandobjekte gesichert. Eine eingeschränkte Einsetzbarkeit des Pfandrechts als Kreditsicherungsmittel liegt vor, wenn zwar Vermögensobjekte zur Besicherung vorhanden sind, diese aber für den Geschäftsablauf des Kreditnehmers zwingend notwendig sind. Eine dann praktizierte Alternative zur Verpfändung stellt die Sicherungsübereignung dar.

Beispiel: Probleme bei Verpfändungen können ganz spezifischer Natur sein: Ein Kredit wurde mit Edelsteinen (Rubine) besichert. Bei Hereinnahme der Steine wurde eine Expertise erstellt, die wertmäßig etwa der Höhe des Kredits entsprach. Es wurde seitens der Bank dem Kunden überlassen, die Edelsteine in einem Bank-/Kundensafe zu verbringen. Bei der später folgenden Kundeninsolvenz sollten die Steine wie vorgesehen verwertet werden. Es stellte sich bei dem Verkauf heraus, dass es sich nicht um Rubine, sondern um geschliffenes Glas handelte. Der Schuldner hatte geschickterweise die mit der Expertise bestätigten Steine gegen Dupletten aus Glas getauscht. Der

Nachweis konnte nicht geführt werden. Zur Vermeidung derartiger Verfehlungen ist die Pfandsache gemeinsam von Verpfänder und Bank zu verpacken und zu versiegeln.

### 3.1.2.3 Sicherungsübereignung

„Das Sicherungseigentum ist das durch die Übereignung einer beweglichen Sache seitens des Sicherungsgebers (Veräußerers) an dem Sicherungsnehmer (Erwerber) begründete und zur Sicherung einer Forderung bestimmte Eigentum an einer Sache, welche der Erwerber zu verwerten berechtigt ist, um aus dem Erlös die gesicherte Forderung zu tilgen" (*Adrian/Heidorn* 2000, S. 441). Im Gegensatz zur Verpfändung ist es dem Kreditnehmer bei der Sicherungsübereignung möglich, die sicherungsübereignete **Sache weiter** zu **nutzen**. Der Kreditgeber hat seinerseits nicht das Problem der Verwahrung der sicherungsübereigneten Sache. Eine **gesetzliche Regelung** der Sicherungsübereignung existiert **nicht**; sie hat sich aus der Praxis heraus entwickelt. Rechtliche Grundlagen bestehen im Rahmen der allgemeinen Vorschriften des BGB über das Eigentum, die Leihe, die Miete usw. Daneben sind die einschlägigen höchstrichterlichen Entscheidungen zu beachten. Im Konkursfall besteht ein **Absonderungsrecht**. Die Grundkonstellation erläutert Abb. III-14.

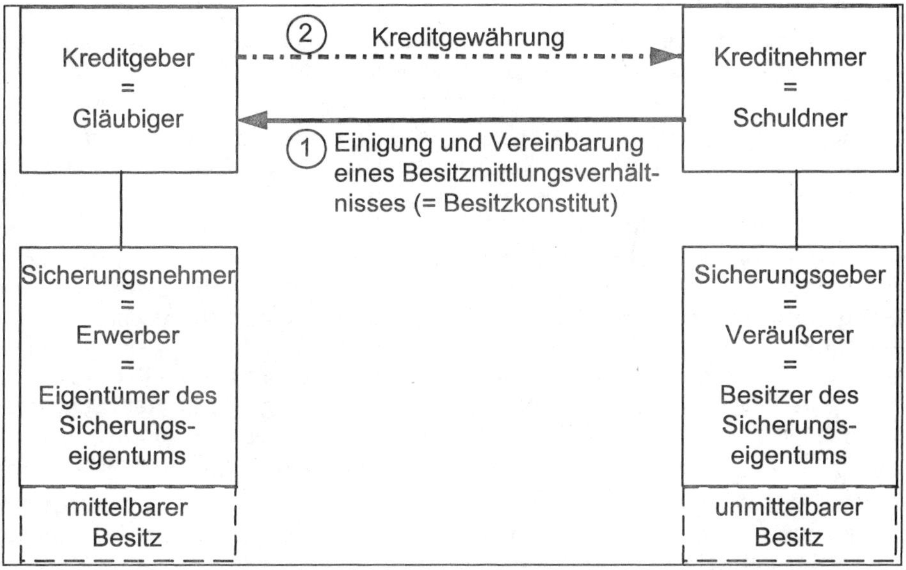


Abb. III-14: Grundsätzliche Rechts- und Geschäftskonstellation der Sicherungsübereignung

Der Kreditgewährung geht bei der Sicherungsübereignung die vertragliche Einigung zwischen Sicherungsgeber und -nehmer voraus. In ihr muss geregelt sein, dass die Übertragung des Eigentums ernsthaft gewollt ist. Der Vertrag hat den Charakter eines **Leih-** oder **Verwahrvertrags**: Der Sicherungsgeber (= Kreditnehmer) leiht sich vom Sicherungsnehmer (= Kreditgeber) das Sicherungseigentum oder verwahrt es für den Sicherungsnehmer. Dem Kreditgeber wird lediglich vorübergehend das treuhänderische Eigentum an einer beweglichen Sache übertragen. Auf die Übergabe der Sache selbst wird ausdrücklich verzichtet und stattdessen wird ein Besitzmittlungsverhältnis vereinbart (= **Besitzkonstitut** gem. § 930 BGB). Mit dessen Hilfe bleibt der Kreditnehmer weiterhin unmittelbarer Besitzer der Sache und der Kreditgeber mittelbarer Besitzer (nach § 868 BGB). Die Übergabe der Sache wird durch die Abtretung des Herausgabeanspruchs (§ 931 BGB) (Pfeil 1) ersetzt. Anschließend erfolgt die Kreditgewährung (Pfeil 2).

**Voraussetzungen** für die Entstehung der Sicherungsübereignung sind die **Einigung** über die Eigentumsübertragung an einem bestimmten Sicherungsgut und die genaue Feststellung des Sicherungsguts (= **Individualisierung**). Bei der **Individualisierung** sind je nach Art des Sicherungseigentums verschiedene Vorgehensweisen zu beachten:

- Sicherungsübereignung einer einzelnen Sache. Bei dieser auch **Einzelübereignung** genannten Form der Bestimmung eines Sicherungsguts ist eine genaue Bezeichnung der Sache erforderlich.
- Sicherungsübereignung mehrerer Sachen (= **Sachgesamtheit**). Eine Bestimmung des Sicherungsguts erfolgt durch spezielle Vertragsgestaltungen:
  - **Markierungsvertrag**. Diese Vertragsform wird bei der Sicherungsübereignung von Maschinen praktiziert. An den Sicherungsobjekten werden Schilder mit bestimmten Buchstaben, Zahlen oder Zeichen angebracht, die sie als sicherungsübereignet kennzeichnen. Zusätzlich werden im Sicherungsvertrag Fabriknummern, Typbezeichnungen und Herstellernummern jeder einzelnen markierten Maschine notiert.
  - **Raumsicherungsvertrag** (= **Basinvertrag**). In ihm werden die Waren oder Vorräte genau bezeichnet und ihr Aufbewahrungsort angegeben. U.U. wird dem Vertrag zur genauen Bestimmung des Lagerorts eine Skizze beigefügt.
  - Bei **Raumsicherungsverträgen** mit einem **wechselnden Bestand** wird ergänzend vereinbart, wann und wodurch Lagerauffüllungen in das Sicherungseigentum des Kreditgebers übergehen. Der Kreditnehmer hat monatliche Bestandsmeldungen an den Kreditgeber vorzunehmen.

Die **Verwertung** einer sicherungsübereigneten Sache ist rechtlich einfacher als beim Pfandrecht, da der Kapitalgeber berechtigt ist, die Sache selbst, d.h. **freihändig** zu **verkaufen**. Die Sicherungsübereignung ist eine sehr flexible Form der Besicherung und in der Kreditpraxis sehr gebräuchlich. Allerdings sind mit ihr im Gegensatz zur Verpfändung für den Kreditgeber wesentlich mehr **Probleme** verbunden, da sich das Sicherungsobjekt in der Verfügungsgewalt des Schuldners befindet. Die Wahrscheinlichkeit des Eintritts von Hold Up und Moral Hazard ist höher als in anderen Realsicherheiten. So kann die sicherungsübereignete Sache

- unter Eigentumsvorbehalt stehen (Abhilfe: Vereinbarung im Sicherungsübereignungsvertrag, die dem Kreditgeber ein Anwartschaftsrecht auf Eigentumserwerb überträgt),
- bereits einem anderen Gläubiger übereignet sein (Gefahr der Doppelübereignung),
- dem gesetzlichen Pfandrecht eines Vermieters oder Verpächters unterliegen (Abhilfe: Vermieter oder Verpächter gibt gegenüber Kreditgeber eine Verzichtserklärung ab),
- nicht ausreichend bestimmbar sein,
- Wertminderungen durch Preisrückgänge oder Verwertungsprobleme aufweisen (Abhilfe: Überdeckung durch zusätzlich sicherungsübereignete Objekte).

Beispiel: Ein Kiesgrubenbesitzer übereignete seinen Radbagger als Kreditsicherheit an die Bank. Das Fahrzeug wurde gemäß den internen Vorschriften ordnungsgemäß gekennzeichnet und zum Gebrauch dem Kiesgrubenbesitzer überlassen (...). Da nach einiger Zeit Zahlungsunfähigkeit vorlag, sollte der Radbagger verwertet werden. Zum Erstaunen der Mitarbeiter der Bank, die den Radbagger sicherstellen sollten, waren nur noch Fragmente, d.h. die Karosserie, die Achsen und eine Hydraulik vorhanden. Der Rest (Motor, Baggerschaufel, Greifmechanismus, Reifen, Führerstand) war ab- und ausgebaut und vor Sicherstellung abtransportiert worden. Die Begründung lautete: der Radbagger wurde zur technischen Überwachung und zur Betriebsbereitschaft von einer Spezialwerkstatt gewartet. Es entstanden Rechnungen (wurden gegenüber der Bank nachgewiesen), die nicht beglichen wurden, das Zurückbehaltungsrecht trat ein. Der Werkunternehmer baute kurzerhand seine Teile wieder aus.

### 3.1.2.4 Sicherungsabtretung

Wird im Rahmen eines Kreditvertrags eine Sicherungsabtretung als Sicherheitenstellung vereinbart, so tritt der bisherige Gläubiger aus einer Forderung beispielsweise aus einem Warengeschäft (= Zedent und Schuldner aus dem Kreditvertrag) dem neuen Gläubiger dieser Forderung (= Zessionar und Gläubiger aus dem Kreditvertrag) seine Forderung, die er gegenüber einem Dritten (= Drittschuldner) hat, ab. Für eine solche Zession existieren keine Formvorschriften. Der Zessionar erhält die uneingeschränkte Rechtsstellung eines Gläubigers. Die abgetretene Forderung hat für den Kreditgeber den Charakter einer Deckung für seine Ansprüche aus dem Kredit. Sicherungsabtretungen haben fiduziarischen Charakter. Bei mehrfach abgetretenen Forderungen dominiert die älteste Zession alle übrigen. **Abtretbar** sind **Forderungen** (z.B. Forderungen aus Warenlieferungen und -leistungen oder Guthaben bei Kreditinstituten) und **andere Rechte** (z.B. Gesellschaftsrechte, wie GmbH-Anteile oder Grundpfandrechte, Ansprüche aus Kapitallebensversicherungsverträgen). Die **Rechtsgrundlagen** hierzu bilden die Vorschriften des BGB über die Übertragung von Forderungen (= Abtretung) der §§ 398 und 413 BGB. Nicht abtretbar sind Forderungen, bei denen diesbezüglich Verbote bestehen:

- **Vertragliches** Abtretungsverbot. Zwischen Gläubiger und Schuldner ist die Abtretung ausgeschlossen, was häufig bereits in den AGB des Gläubigers enthalten sein kann.
- **Gesetzliches Abtretungsverbot**. Es besteht für unpfändbare Forderungen ein Verbot der Abtretung, z.B. unpfändbarer Teil von Lohn- und Gehaltseinkommen sowie bei höchstpersönlichen Ansprüchen.
- **Kollektives Abtretungsverbot**, z.B. wenn durch Betriebsvereinbarungen das Abtreten von Lohn- und Gehaltsforderungen von Beschäftigten ausgeschlossen wurde.

Der Zessionar kann dem Drittschuldner die Abtretung offen anzeigen (= **offene Zession**) oder Stillschweigen darüber bewahren (= **stille Zession**). Die Grundkonstellation der **offenen Zession** zeigt Abb. III-15:

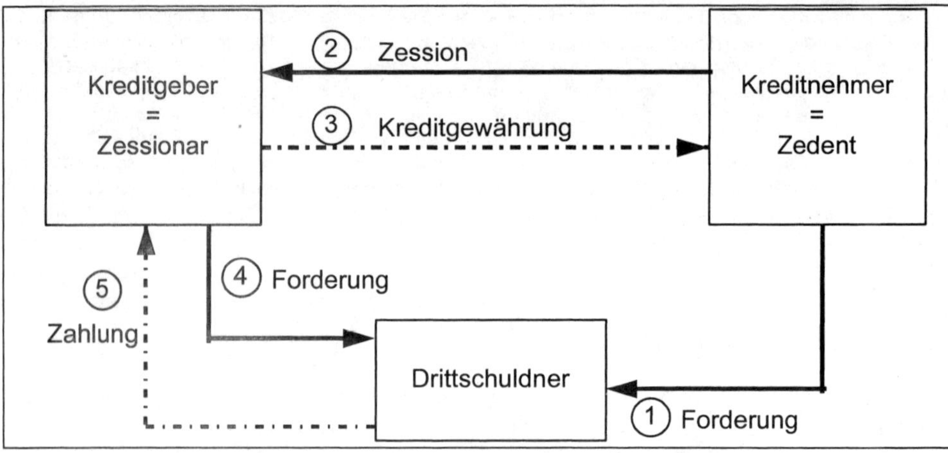


Abb. III-15: Grundkonstellation der offenen Zession

Ausgangspunkt der Zession ist, dass ein Kreditnehmer (= Zedent) einem Dritten gegenüber Forderungen hat (Pfeil 1). Im Rahmen eines Zessionsvertrags zwischen dem Kreditnehmer und -geber tritt der Zedent die Forderungen an den Zessionar ab (Pfeil 2). Bei der offenen Zession wird der **Drittschuldner von** dieser **Abtretung benachrichtigt**. Der Kreditgeber gewährt gegen diese Besicherung den Kredit (Pfeil 3). Die Ansprüche aus der Forderung liegen jetzt beim Zessionar (Pfeil 4). In der offenen Zession kann der Drittschuldner mit schuldbefreiender Wirkung ausschließlich an den Zessionar - und nicht an den Zedenten - zahlen (Pfeil 5).

Im Interesse des Kreditnehmers wird im Allgemeinen nur in Ausnahmefällen die offene Zession vereinbart. Eine offene Zession beinhaltet für den Kreditnehmer die Gefahr, dass er gegenüber seinen Kunden eine Schädigung seiner Reputation befürchten muss. Daher ist die **Praxis** der Sicherungsabtretung vor allem die **stille Zession**. Deren Konstellationen zeigt Abb. III-16.

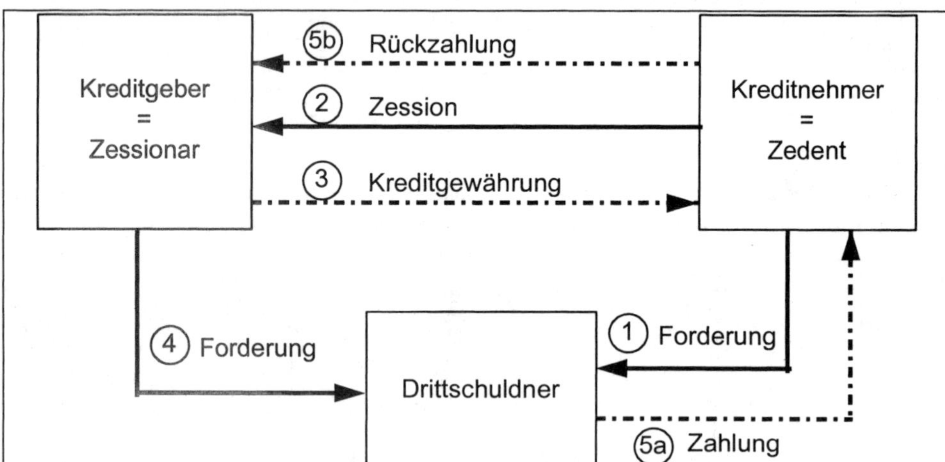


Abb. III-16: Grundkonstellation der stillen Zession

Die stille Zession unterscheidet sich von der offenen Sicherungsabtretung dadurch, dass der **Drittschuldner keine Anzeige** der Zession erhält. Unterschiede zur offenen Zession und damit zum Ablauf in Abb. III-15 ergeben sich in Hinblick auf die Zahlungsverläufe. Zwar ist der Kreditgeber anstelle des Kreditnehmers Gläubiger aus den Forderungen (Pfeil 4), doch der **Drittschuldner** hat hierüber keine Information. Bei Fälligkeit zahlt der Drittschuldner mit befreiender Wirkung an den Zedenten (Pfeil 5a), der verpflichtet ist, die empfangene Zahlung an den Kreditnehmer abzuführen (Pfeil 5b). Aus dieser Beschreibung wird bereits eine Problematik ersichtlich: Der Zessionar ist bei einer stillen Zession auf das vertragskonforme Verhalten des Zedenten angewiesen. Kreditinstitute als Kreditgeber verlangen üblicherweise, dass der gesamte Zahlungsverkehr des Kreditnehmers hinsichtlich der abgetretenen Forderungen ausschließlich über ihre Konten abgewickelt wird. Zusammengefasst sind die **Probleme** bei einer stillen Zession:

- Forderungen sind bereits an einen anderen Zessionar abgetreten.
- Forderungen werden nach Zahlungseingang nicht an den Kreditnehmer abgeführt.
- Der Zedent tritt Forderungen ab, die nicht existieren.
- Der Drittschuldner hat die Abtretbarkeit vertraglich ausgeschlossen.

Bis auf die letzte Problematik resultieren die vorangegangenen Punkte aus Moral Hazard und Hold Up des Kreditnehmers. **Probleme** können sich sowohl bei der stillen als auch bei der offenen Zession für den Zessionar ergeben, wenn Forderungen abgetreten oder abgetreten werden sollen, die mit einem **verlängerten Eigentumsvorbehalt** belastet sind. Erheben nämlich ein Lieferant aus dem Eigentumsvorbehalt und ein Kreditgeber aus der Sicherungsabtretung Ansprüche, gilt der Grundsatz der zeitlichen Vorrangigkeit (= **Prioritätsprinzip**). Dies gilt auch für Globalzessionen, so dass im Endergebnis der Begünstigte aus einem Eigentumsvorbehalt nach höchstrichterlicher Rechtsprechung Vorrang vor dem Kreditgeber, d.h. dem Zessionar hat. Wegen solcher möglichen Probleme wird bei einer Sicherungsabtretung vom Kreditgeber meist ein Betrag der abzutretenen Forderungen angesetzt, der um *20%* bis *30%* über dem gewährten Kreditvolumen liegt.

Die Sicherungsabtretung kann in unterschiedlichem **Umfang** erfolgen:

- Verpflichtet sich der Kreditnehmer, eine einzelne Forderung an den Kreditgeber abzutreten, spricht man von einer **Einzelzession**. Der Kreditgeber kann die ihm angediente Forderung ablehnen, wenn er Zweifel an der Bonität des Schuldners hat. Der Kreditgeber kann anschließend die Abtretung neuer Forderungen verlangen.
- Werden fortlaufend Forderungen in einer bestimmten Gesamthöhe abgetreten, handelt es sich um eine **Mantelzession**. Bei dieser Form der Sicherungsabtretung verpflichtet sich der Kreditnehmer gegenüber dem Kreditgeber, in vereinbarten Zeitabständen Rechnungskopien und Debitorenlisten einzureichen. Erst mit den Einreichungen ist die tatsächliche Abtretung rechtlich wirksam geworden. Die Mantelzession erfordert die ständige Einreichung von Forderungsbelegen (= Rechnungen). In der Praxis herrscht die **Globalzession** vor. Der Zedent verpflichtet sich in einem solchen Vertrag, seine zukünftigen und gegenwärtigen Forderungen gegenüber einer genau bezeichneten Kundengruppe abzutreten (z.B. spezifiziert nach Verkaufsregionen).

### 3.1.2.5 Grundpfandrechte

Pfandrechte, die die Verpfändung von unbeweglichem Vermögen regeln, werden Grundpfandrechte genannt. Sie erstrecken sich auf Grundstücke, inkl. deren Bestandteile (z.B. die Montagehalle eines Automobilherstellers) und dem Zubehör (z.B. die fertigen sowie halbfertigen Fahrzeuge des Herstellers). Im Gegensatz zum Pfandrecht an beweglichen Sachen entsteht das Grundpfandrecht durch Einigung und Eintragung im Grundbuch.

Das Grundbuch ist ein im **Grundbuchamt** beim Amtsgericht geführtes Verzeichnis aller Grundstücke des betreffenden Amtsgerichtsbezirks. Das sog. materielle Grundbuchrecht ist im BGB enthalten, das formelle in der Grundbuchordnung (GBO). So regelt z.B. § 12 GBO, dass derjenige in das Grundbuch einsehen darf, der ein berechtigtes Interesse hat:

- Dies umfasst zunächst all Diejenigen, denen ein **Recht am Grundstück** oder ein Grundstücksrecht zusteht.
- Daneben sind tatsächliche, vor allem **wirtschaftliche Interessenten** einsichtsberechtigt. Dies trifft bei Kreditbeziehungen beispielsweise auf ein Kreditinstitut zu, das einem Grundstückseigentümer einen Kredit einräumen möchte bzw. eingeräumt hat.

**Kein Recht** auf Einsicht in das Grundbuch hat beispielsweise ein Kaufinteressent einer Immobilie, der dadurch erst den Namen des Grundstückseigentümers erfahren möchte. Eine Berechtigung zur Einsichtnahme hat er erst nach Eintritt in Kaufverhandlungen mit dem Eigentümer.

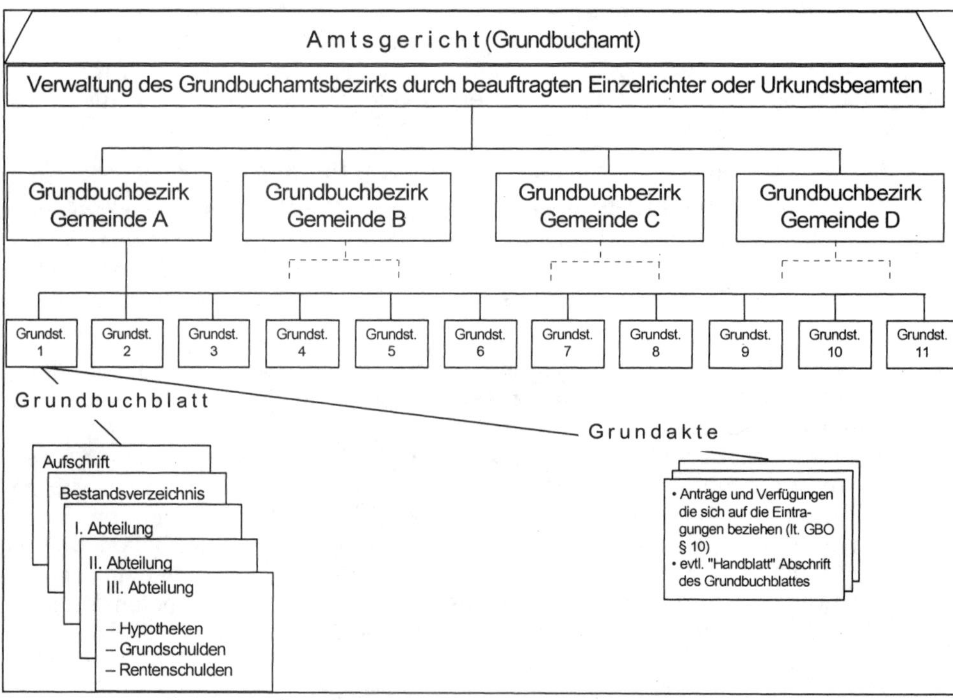


Abb. III-17: Überblick über die Organisation des Grundbuchamts

Bei Kreditsicherheiten übernimmt das Grundbuch bei unbeweglichen Sachen im Rahmen des Pfandrechts eine ganz zentrale **Funktion**: Da im Gegensatz zu beweglichen Sachen die Übergabe für die rechtliche Wirksamkeit des Pfandrechts nicht möglich ist, findet das Faustpfandprinzip ersatzweise durch bestimmte Rechtsinstitutionen im Grundbuch statt. Daher ist es erforderlich, sich kurz mit dem Inhalt des Grundbuchs vertraut zu machen, bevor die eigentlichen Grundpfandrechte erläutert werden können.

Ein Grundbuch wird für jedes Grundstück angelegt und besteht aus folgenden **Bestandteilen**:

- **Aufschrift**. Sie weist den Grundbuchbezirk sowie die Nummer des Bands und des Grundbuchblatts aus.
- **Bestandsverzeichnis**. In ihm sind Lage, Art und Größe des Grundstücks sowie mit dem Eigentum verbundene Rechte bezeichnet.
- **Erste Abteilung**. Sie enthält die Namen der Eigentümer sowie die Rechtsgrundlage und den Zeitpunkt des Grundstückserwerbs.
- **Zweite Abteilung**. In ihr sind Lasten und Beschränkungen des Grundstückseigentums eingetragen (z.B. Wohnrechte Dritter).
- **Dritte Abteilung**. Diese Abteilung ist für die weitere Behandlung der Grundpfandrechte von Bedeutung, weil hier die Grundpfandrechte eingetragen und Veränderungen sowie Löschungen vorgenommen werden.

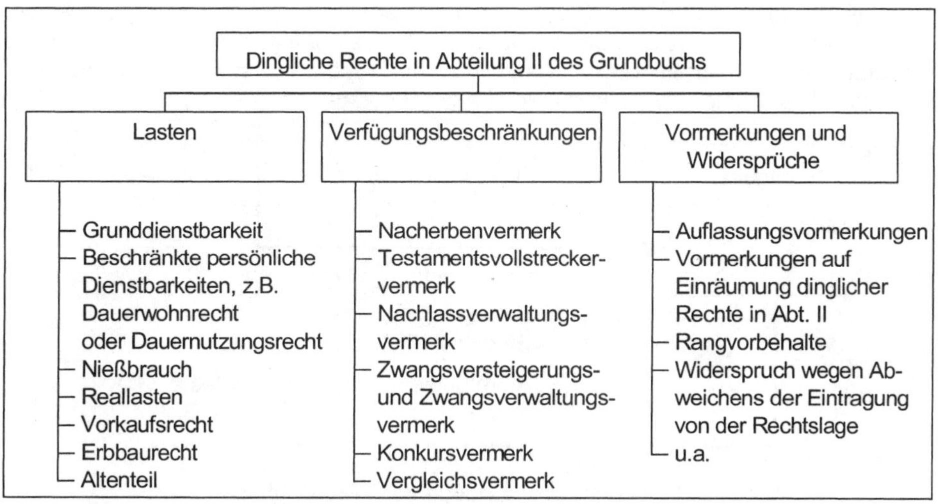


Abb. III-18: Überblick zu den dinglichen Rechten

Für das Grundbuch gelten bestimmte **materielle Grundsätze**:

- Das **Spezialitätenprinzip** erfordert, dass eingetragene Grundstücke und Rechte genau bestimmt sind.
- Mit dem **Eintragungsgrundsatz** wird gefordert, dass jede rechtsgeschäftliche Begründung, Änderung oder Übertragung von Grundstücksrechten eine inhaltlich gleiche Eintragung im Grundbuch erfährt.

- Durch das materielle **Konsensprinzip** gem. § 873 BGB ist zur Änderung von Grundstücksrechten neben der Eintragung die Einigung des Berechtigten mit der anderen Rechtspartei erforderlich.
- Im § 892 BGB wird das materielle **Publizitätsprinzip** geregelt: Das Grundbuch genießt öffentlichen Glauben. Jedermann muss demzufolge von der Richtigkeit des Inhalts ausgehen, sofern nicht der Erwerber eine Unrichtigkeit kennt.

Ein Grundstück kann mit mehreren Rechten belastet sein. In diesem Fall sind die Bestimmungen nach dem **Prioritätsgrundsatz** (§ 879 BGB) ausschlaggebend: Bei **Rechten** in **derselben Abteilung** geht das Rangverhältnis nach der Reihenfolge der Eintragungen. Sind **Rechte** in **verschiedenen Abteilungen** betroffen, so wird das Rangverhältnis nach dem Datum der Eintragung der Rechte bestimmt (Rechte mit Eintragung am gleichen Tag haben den gleichen Rang). Dies ist für die Verwertung der Sicherheit und für die Qualität der Grundpfandrechte als Sicherungsmittel bedeutend.

Die **Arten** der **Grundpfandrechte** sind Hypothek und Grundschuld sowie die Rentenschuld. Letztgenannte sichert einem Begünstigten das Recht zu, aus einem Grundstück in regelmäßigen Zeitabständen eine bestimmte Geldsumme (= Rente) zu erhalten (§ 1199 BGB). Die Rentenschuld spielt heutzutage für die Besicherung eines Kredits keine Rolle. Die **Hypothek** ist eine dingliche Belastung eines Grundstücks, ohne dass der Nutznießer hieraus sich im Besitz des Grundstücks befindet. Sie hat zum Inhalt, dass das Grundstück für eine bestimmte Forderung eines Gläubigers (= **Hypothekengläubiger**) haftet sowie ein dingliches Verwertungsrecht einräumt (§ 1113 BGB). Damit ist die Verpflichtung für den Schuldner verbunden, an denjenigen zu dessen Gunsten die Belastung erfolgt, eine bestimmte Geldsumme zur Befriedigung wegen einer ihm zustehenden Forderung aus dem Grundstück zu zahlen. Die Hypothek ist **akzessorisch**.

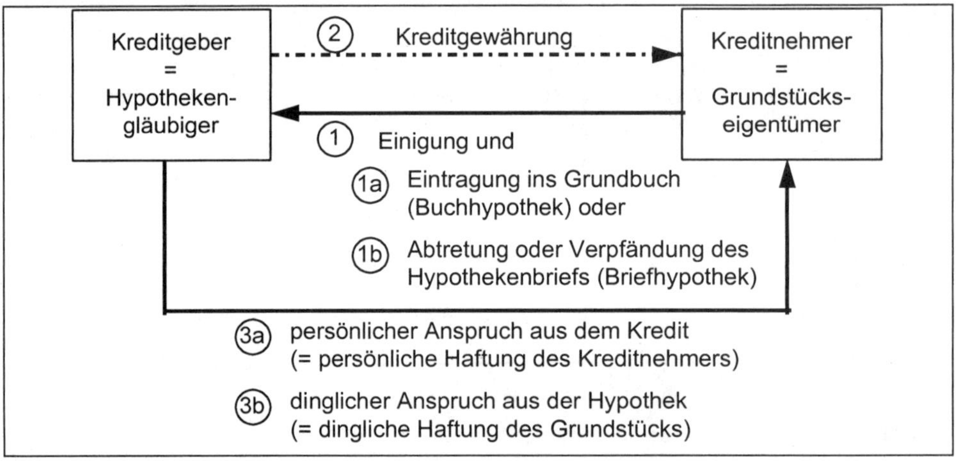


Abb. III-19: Grundkonstellation der Hypothek

Bei der Entstehung (und dem Erwerb) einer Hypothek sind zu unterscheiden:

- **Buchhypothek** - hierbei wird nur eine Eintragung in das Grundbuch vorgenommen, ohne dass der Gläubiger eine Urkunde über sein Pfandrecht erhält. Eine Weitergabe im Sinne einer Abtretung seines dinglichen Pfandrechts bedarf einer Umschreibung im Grundbuch, die vom Gläubiger notariell bewilligt werden muss (Pfeil 1a in Abb. III-19).

- **Briefhypothek** - die Grundbucheintragung wird vom Grundbuchamt durch den Hypothekenbrief (= öffentliche Urkunde) bestätigt. Der Brief kann schriftlich abgetreten und verpfändet werden, ohne dass eine Grundbucheintragung zur Rechtswirksamkeit erforderlich ist (Pfeil 1b). Allerdings muss einschränkend darauf hingewiesen werden, dass nicht alle Arten von Hypotheken in dieser Form bestehen können (vgl. die Ausführungen weiter unten).

Mit der anschließenden Kreditgewährung (Pfeil 2) ist die Hypothek aufgrund der Akzessorietät zustande gekommen. Die Hypothek gewährt dem Hypothekengläubiger während ihrer Laufzeit einen persönlichen Anspruch aus dem Kredit gegenüber dem Kreditnehmer und einen dinglichen Anspruch aus der Hypothek, d.h. die **dingliche Haftung** des Grundstücks. Der persönliche Anspruch aus dem Kredit erstreckt sich auf das gesamte Vermögen des Schuldners und stellt eine **persönliche Haftung** des Schuldners dar (Pfeil 3a). Zusätzlich umfasst der **dingliche Anspruch** den Kredit, die gesetzlichen Zinsen sowie die Kosten der Rechtsverfolgung. Gerichtet ist der dingliche Anspruch auf Zahlung aus dem Grundstück: Der Schuldner hat im Fall der Säumigkeit seiner Zahlungsverpflichtungen aus dem Kreditvertrag die Zwangsvollstreckung in sein Grundstück durch den Hypothekengläubiger zu dulden (Pfeil 3b). Dabei erstreckt sich die Zwangsvollstreckung neben dem Grundstück auch auf Zubehör und Bestandteile des Grundstücks, Miet- und Pachtforderungen, Versicherungsforderungen und sonstige Ansprüche, die zugunsten des Grundstückseigentümers bestehen.

Hypotheken werden in der Praxis in verschiedenen **Formen** vereinbart:

- Als Brief- oder Buchhypothek kann die sog. **Verkehrshypothek**, auch gewöhnliche Hypothek genannt, bestehen. Die Höhe der Forderung richtet sich nach der Eintragung im Grundbuch; der Gläubiger braucht die Höhe seiner Forderung nicht separat nachzuweisen, wenn er sein Pfandrecht geltend machen will. Der Grundstückseigentümer hat nur beschränkte Möglichkeiten der Einreden (z.B. es sei Stundung vereinbart worden, wenn Zahlungsversäumnisse entstehen). Erlischt die zugrunde liegende Forderung (z.B. aufgrund vollständiger Rückzahlung des Kredits), lebt die Hypothek nicht wieder auf. Sie wird zur **Eigentümergrundschuld**.

- Bei einer **Sicherungshypothek** bedarf es des Nachweises des Gläubigers, über Forderungsexistenz und Höhe. Erst dann kann er sein Pfandrecht in Höhe der bestehenden Forderung geltend machen.

- Die Sicherungshypothek ist immer eine Buchhypothek, da eine Briefausstellung ausgeschlossen ist. Der Erwerber der Sicherungshypothek muss zudem Einreden des Eigentümers gegen sich gelten lassen.

- Die Sicherungshypothek kann in Sonderform als **Höchstbetragshypothek** bestehen. Das Grundstück haftet bis zur Höhe des im Grundbuch eingetragenen Höchstbetrags. Nach Rückzahlung des Kredits entsteht eine Eigentümergrundschuld. Sie lebt als Hypothek mit der erneuten Inanspruchnahme eines Kredits wieder auf. Auch die Höchstbetragshypothek ist eine Buchhypothek. Der Gläubiger hat die Höhe seiner Forderung nachzuweisen, wenn er sein Pfandrecht geltend machen will.

- Ferner gibt es noch die Form der **Gesamthypothek**, bei der für eine einzige Forderung mehrere Grundstücke haften.

Die **Verwertung** der Sicherheit aus einer Hypothek setzt einen **vollstreckbaren dinglichen Titel** gegen den Eigentümer voraus. Er kann entweder im Mahn- und Klageverfahren durch ein vollstreckbares Urteil (Klage auf Duldung der Zwangsvollstreckung) oder durch Ausfertigung einer vollstreckbaren Urkunde erworben werden. Die vollstreckbare Urkunde entsteht durch Notar oder Gericht, wenn sich der Eigentümer bei der Bestellung der Hypothek der sofortigen Zwangsvollstreckung vertraglich unterworfen hat (= Zwangsvollstreckungsklausel nach § 794 ZPO, die im Grundbuch eingetragen wird). Die anschließende **Zwangsvollstreckung** kann in einer der beiden Formen erfolgen:

- Bei der Zwangsversteigerung erhält der Gläubiger den Versteigerungserlös bis zur Höhe seiner Forderung. Die Versteigerung muss öffentlich erfolgen.
- Statt der Zwangsversteigerung ist auch eine Zwangsverwaltung möglich. Das Gericht bestellt einen Verwalter, der dem Gläubiger die Erträge des Grundstücks (z.B. Mietzinsen) nach Abzug seiner Kosten zuführt.

Die Verkehrshypothek dient der Besicherung von vor allem langfristigen Krediten.

Ähnlich der Hypothek gewährt die **Grundschuld** dem Grundschuldgläubiger das Recht, im Fall der Nichtzahlung der Forderung, das belastete Grundstück zu verwerten. Im Gegensatz zur Hypothek ist die Grundschuld gemäß § 1191 BGB in Entstehung und Bestand nicht von einer Forderung abhängig und hat daher **fiduziarischen Charakter**. Gesetzlich geregelt ist die Grundschuld in §§ 1191 - 1198 BGB. Die Grundkonstellation der Rechtsbeziehung ist im Grundsatz mit derjenigen der Hypothek aus Abb. III-19 vergleichbar, was aus den gleichen rechtlichen Vorschriften resultiert. Man unterscheidet daher u.a. auch zwischen Brief- und Buchgrundschuld. Grundschulden für Kreditsicherheiten werden als **Sicherungsgrundschulden** bezeichnet. Wegen der fehlenden Akzessorietät handelt es sich um eine abstrakte Schuld. In der Praxis des Kreditgeschäfts von Kreditinstituten werden Grundschulden meist mit folgenden **Vermerken notariell beurkundet**: Grundschuldbetrag zzgl. Zinsen, Unterwerfung unter die sofortige Zwangsvollstreckung (ermöglicht dem Kreditgeber die schnelle Zwangsvollstreckung in das Grundstück) sowie persönliche Haftung (ermöglicht dem Kreditgeber eine unverzügliche Zwangsvollstreckung in das private Vermögen) (vgl. *Adrian/Heidorn* 2000, S. 473).

Eine Besonderheit ist die **Eigentümergrundschuld** (§ 1196 BGB). Sie entsteht, indem die Rückzahlung einer Hypothek immer in Höhe des Werts der Rückzahlungen zu einer Eigentümergrundschuld wird, oder ein Grundstückseigentümer die Eigentümergrundschuld im Grundbuch eintragen lässt. Absicht ist meist, einen bevorzugten Rangplatz für einen später aufzunehmenden Kredit freizuhalten.

Die Grundschuld dient insbesondere als Sicherheit im kurzfristigen Kreditgeschäft (z.B. beim Kontokorrentkredit).

### 3.1.2.6 Aussonderungs- und Absonderungsrechte nach InsO

Mit Einführung der InsO im Jahr 1998 wurden die bis dahin bestehenden Regelungen zum Aussonderungs- und Absonderungsrecht der Kreditgeber und damit die rechtliche Qualität bestimmter Sicherheiten in ein verändertes Licht gerückt. Nach wie vor gehört fremdes Eigentum nicht zur Insolvenzmasse (früher Konkursmasse) und kann vom Eigentümer aus dem Vermögen des Besitzers ausgesondert werden. Die jeweiligen Ansprüche regelt § 47 InsO. Absonderungsberechtigte Gläubiger stellen sich nach der InsO dagegen in der Realisierung ihres Anspruchs Neuerungen. Die InsO unterscheidet zwischen Absonderung von unbeweglichen und beweglichen Vermögensegenständen. Maßgebend ist hier die Entscheidung der Gläubigerversammlung hinsichtlich Stilllegung oder vorläufige Fortführung des insolvent gewordenen Unternehmens sowie die Entscheidung, ob der Insolvenzverwalter mit der Erstellung eines Insolvenzplans beauftragt werden soll (vgl. §§ 29 und 156 InsO). Hiervon ist der weitere **Ablauf** der **Sicherheitenverwertung** abhängig (vgl. *Burger/Schellberg* 1995, S. 413-414):

- Eine **Absonderung** von Gläubigern an **Immobilien** erfolgt gem. § 49 InsO nach den Vorgaben des Gesetzes für Zwangsversteigerung und Zwangsverwaltung. Ist die Immobilie für die eventuelle Unternehmensfortführung notwendig (entscheidet die Gläubigerversammlung), so kann der Insolvenzverwalter die Zwangsversteigerung vorerst einstellen lassen.
- **Mobilien** des insolventen Unternehmens, auf denen Pfandrechte, Sicherungseigentum, Zessionen und Eigentum aus verlängertem Vorbehalt lastet, berechtigen deren Gläubiger grundsätzlich zur **Absonderung**. Allerdings liegt das Verwertungsrecht nicht bei den Gläubigern selbst, sondern beim Insolvenzverwalter. Er ist berechtigt, die Mobilien freihändig zu verkaufen (anstelle der im alten Recht erforderlichen Zwangsversteigerung) und Forderungen einzuziehen. Befindet sich ein Sicherungsobjekt bereits im Besitz des Gläubigers, so hat der Insolvenzverwalter kein Verwertungsrecht; es liegt beim Gläubiger selbst (vgl. §§ 166 und 173 InsO). Der Insolvenzverwalter hat wie bei Immobilien bei beweglichen Vermögensobjekten das Recht, die Verwertung vorerst nicht vorzunehmen, um eine Unternehmensfortführung oder die Realisierung eines Insolvenzplans zu ermöglichen. Für diesen Fall steht dem gesicherten Gläubiger als Gegenleistung eine Verzinsung der aus der Verwertung zu erwartenden Befriedigung zu. Tritt beim Sicherungsgegenstand während dieser Zeit ein Wertverlust ein, so sind hierfür laufende Ausgleichszahlungen vorzunehmen.

Ergänzend ist zu erwähnen, dass für die Feststellung der Vermögensobjekte und der Absonderungsrechte die gesicherten Gläubiger gem. § 171 InsO an den Verfahrenskosten beteiligt werden. Es ist davon auszugehen, dass Gläubiger durch entsprechende Übersicherung diesen Kosteanteil mit einkalkulieren werden.

### 3.1.3 Rating als direkter Informationsverkauf zu Kreditrisiken

Rating zum einen den **Vorgang** und zum anderen das **Ergebnis** einer Bewertung dar. Es ist vor allem im internationalen Kredit- und Anleihegeschäft zur **Bonitätsermittlung** hinsichtlich von **Schuldtiteln** (vor allem Anleihen) und/oder der **Schuldner** selbst üblich. Rating wird darüber hinaus auch für Staaten als Ganzes vorgenommen. Im sog. „**Länderrating**" werden die Auslandskreditverpflichtungen aller Schuldner eines Landes beurteilt. Ratings werden von speziellen Finanzintermediären, Rating-Agenturen, durchgeführt.

Rating-Agenturen vergeben im Gegensatz zu Kreditinstituten oder anderen monetären Finanzintermediären **keine Kredite** und nehmen auch **keine Einlagen** entgegen. Ihre Existenz ist einzig auf die zu Beginn des Kapitels III dargestellten Umstände zurückzuführen, dass Kapitalüberlassungen in erster Linie ein Informationsproblem darstellen. Dieses zu lösen, erfordert in funktionsfähigen Finanzmärkten nicht zwingend Kreditinstitute, andere Informationsproduzenten können an Kapitalmärkten adäquate Funktionen übernehmen. Die Tätigkeit von Rating-

Agenturen kann in diesem Sinne als **direkter Informationsverkauf** verstanden werden. Die Qualität der Informationen wird danach bemessen, inwieweit sie verlässliche Grundlagen für die Entscheidung der Kreditgeber sind, um eine Einschätzung über das für sie nicht beobachtbare Ausfallrisiko des Kreditnehmers zu erhalten. Rating-Agenturen stehen daher grundsätzlich vor einem **Glaubwürdigkeitsproblem** (wie im Grunde alle Finanzintermediäre). Vereinbart der Intermediär mit dem Kreditnehmer, dass er unter bestimmten Umständen seine Einschätzung wieder überprüfen kann, so wird die Glaubwürdigkeit von Rating-Agenturen aufgebaut bzw. gestärkt. Den gleichen Zweck erfüllen eine hohe Reputation der Rating-Agentur und ganz bestimmte Vergütungsstrukturen, mit denen die Tätigkeit der Agentur entlohnt wird (vgl. *Campbell/Kracaw* 1980). In diesem Zusammenhang verfahren Rating-Agenturen häufig nach dem Prinzip der **Joint Contracts**: Es wird ein Unternehmen als Kreditnehmer nicht einmalig, sondern über mehrere Perioden beurteilt. Ziel dieser langfristigen Bindung ist der Aufbau von Reputation bei guten Risiken im Fall wiederholter korrekter Beurteilung von Kreditnehmern durch Rating-Agenturen. Die Kreditnehmer profitieren hiervon durch niedrigere Kapitalkosten und die Rating-Agentur erhält dadurch steigende Provisionseinnahmen vom beurteilten Unternehmen.

*Im Handelsblatt vom 11./12.08.1995 war hierzu eine Pressenotiz zu lesen, die auszugsweise wiedergegeben ist:*

*„Phantasie für sinkende Zinsen bleibt erhalten*

*(...) Die Europäische Gesellschaft zur Finanzierung von Eisenbahnmaterial (Eurofima), Basel, begibt unter der Federführung des Bankhauses Trinkaus & Burkhardt eine Euroanleihe über 100 Mill. DM. Der Titel ist mit einer Laufzeit von zwei Jahren und einem Kupon mit 5% ausgestattet worden. Der Ausgabepreis beträgt 101,30%, woraus sich eine Rendite von 4,31% errechnet. Eurofima ist ein erstklassiger Schuldner und wird von den Ratingagenturen Moody's bzw. Standard & Poor's mit der bestmöglichen Note von AAA bewertet. (...)".*

Grundlage für das Rating bilden Bonitätsbeurteilungen. Sie können pauschal mit Methoden verglichen werden, die der herkömmlichen Kreditwürdigkeitsprüfung des Kreditgeschäfts von Kreditinstituten ähneln. Initiieren Schuldner eine Einstufung oder die Überprüfung einer solchen selbst, so überlassen sie hierzu einer Agentur Unternehmensdaten, die teilweise oder gänzlich aus öffentlich verfügbaren Informationen bestehen können (z.B. Jahresabschlüsse). Das Ergebnis der Analyse und die Klasseneinstufung wird dem **Schuldner** mitgeteilt. Er hat **direkt keinen Einfluss** auf die Einstufung. Besteht zwischen ihm und der Rating-Agentur hinsichtlich der Bonität **Dissens**, kann er durch **weitere Informationen** seine abweichende Haltung fundieren und so eine neuerliche Analyse auslösen. Bei daraufhin noch verbleibendem Dissens wird keine Bewertung vorgenommen. Vorangegangene Abb. III-20 liefert eine Vorstellung vom Rating-Prozess. Rating-Agenturen nehmen auch **unaufgefordert Bonitätseinschätzungen** vor. Sie bedienen sich dabei der gleichen Methoden, sind aber in der Beschaffung des Analysematerials auf sich angewiesen (vgl. *Glogowski/Münch* 1990, S. 415).

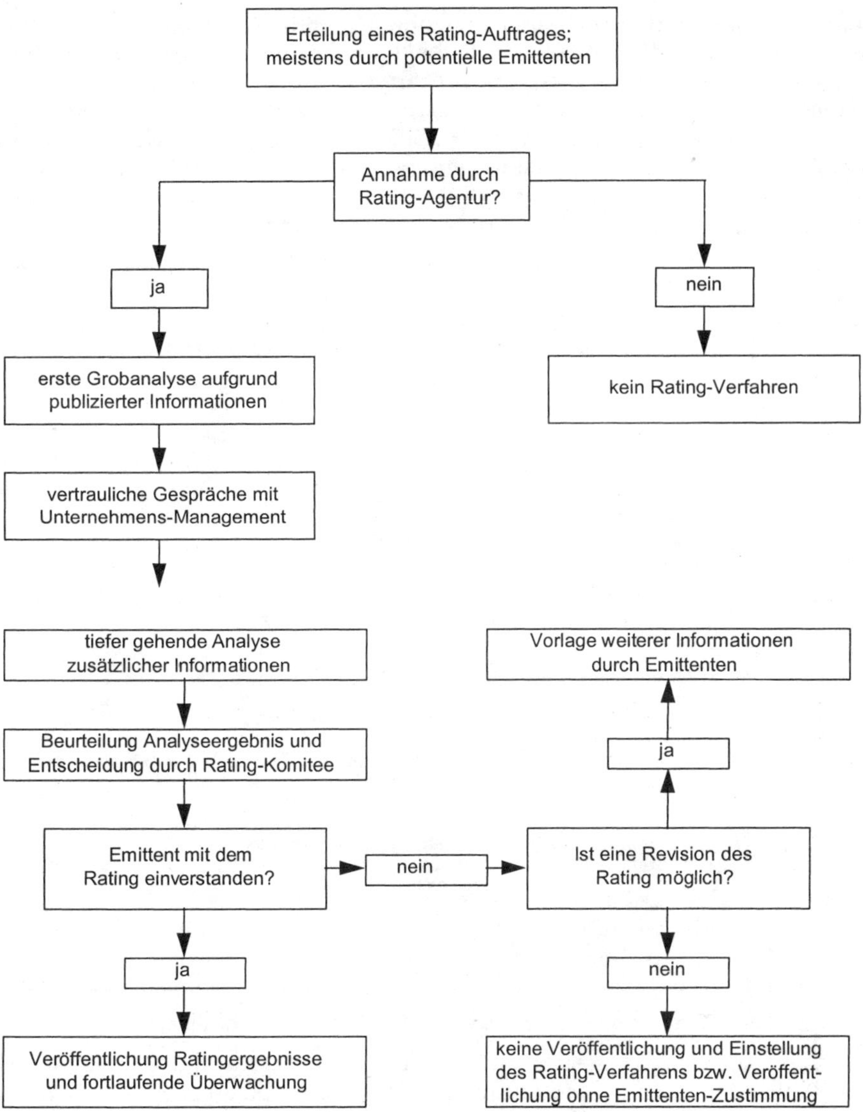


Abb. III-20: Schematisierter Ablauf des Rating-Verfahrens

Rating wird von Schuldnern mit hoher Bonität initiiert, um mit der Einordnung in eine bonitätsmäßig gute Schuldnerklasse, momentanen oder potenziellen Gläubigern ihre hohe Qualität als Kreditrisiko signalisieren zu können. Sie haben dann meist eine berechtigte Aussicht auf eine **Finanzmittelbeschaffung** zu risikoadäquaten Kapitalkosten, weil Anleger nur geringe oder **keine Risikozuschläge** ihren Renditeforderungen zugrundelegen werden. Gängig ist auch eine aktive **Aufbesserung der eigenen Bonität** durch die Schuldner selbst. Kreditausfallgarantien oder Patronatserklärungen werden entweder von Muttergesellschaften für Tochtergesellschaften abgegeben oder Banken geben Bürgschaften ab.

Im Rating von Krediten und Anleihen werden technisch gesehen nicht die Kreditnehmer, sondern die Schulden beurteilt. Die Bewertung erstreckt sich auf Aussagen über den Grad der **Wahrscheinlichkeit**, dass ein Emittent von Wertpapieren seinem **Schuldendienst** (Zinszahlung und Kredittilgung) **termingerecht nachkommen** kann. Häufig wird mit dem Ergebnis des Urteils aber auf die **Qualität des Schuldners** geschlossen. Einstufungen in **Rating-Klassen** haben dann zur Folge, dass ein Emittent generell seine Konditionen, vor allem die Rendite, daran ausrichten muss: Die Einstufungen werden publiziert und es ist für Anleger erkennbar, wie hoch das Ausfallrisiko ist. Nachfolgende Abb. III-21 zeigt deren Bedeutung anhand des Symbolsystems der Agentur Standards & Poor`s.

| Rating-Symbol | Rating-Definition |
|---|---|
| AAA | Außergewöhnlich große Fähigkeit zur Zins- und Tilgungsleistung. |
| AA+<br>AA<br>AA- | Sehr große Fähigkeit zur Zins- und Tilgungsleistung. Nur geringfügige Unterschiede zur höchsten Bewertungsstufe. |
| A+<br>A<br>A- | Starke Fähigkeit zur Zins- und Tilgungsleistung. Etwas anfälliger gegenüber Veränderungen der äußeren Umstände und wirtschaftlichen Bedingungen. |
| BBB*<br>BBB<br>BBB- | Ausreichende Fähigkeit zur Zins- und Tilgungsleistung. Ausreichende Schutzparameter vorhanden, jedoch könnten nachteilige wirtschaftliche Bedingungen zu verminderter Zahlungsfähigkeit führen. |
| BB*<br>BB<br>BB- | Aktuelle Unsicherheiten oder Risiken durch nachteilige Geschäfts-, Finanz- oder Wirtschaftsbedingungen vorhanden, die zu einer unzulänglichen Fähigkeit zur Zins- und Tilgungsleistung führen könnten. Geringere kurzfristige Anfälligkeit als bei den schlechteren Einstufungen. |
| B*<br>B<br>B- | Höhere Anfälligkeit. Gegenwärtig Fähigkeit zur Zins- und Tilgungsleistung vorhanden. Jedoch ist es wahrscheinlich, dass nachteilige Geschäfts-, Finanz- oder Wirtschaftsbedingungen die Fähigkeit oder Bereitschaft zur Zins- und Tilgungsleistung beeinträchtigen würden. |
| CCC<br>CC<br>C | Aktuell nachweisbare Anfälligkeit für Zahlungsverzug. Zur fristgerechten Zins- und Tilgungsleistung sind günstige Geschäfts-, Finanz- oder Wirtschaftsbedingungen zwingend erforderlich. Sonst ist es unwahrscheinlich, dass Zins- und Tilgungsleistungen fristgerecht erbracht werden können. |
| D | Zahlungsverzug vorhanden oder Konkursverfahren beantragt. Zins- und Tilgungsleistungen sind am Fälligkeitsdatum nicht erfolgt. |

Abb. III-21: Langfristige Ratingklassen und ihre Bedeutung nach Standard & Poor's

Alle Rating-Agenturen klassifizieren die von ihnen beurteilten Schuldner mittels eines Buchstabensystems hinsichtlich der Risikoeinschätzung. Die Symbolverwendung weicht zwischen den Rating-Agenturen geringfügig ab. Abb. III-22 zeigt dies anhand der Gegenüberstellung von Symbolen der Agenturen Standard & Poor`s und Moody`s.

Es existieren drei global agierende **Rating-Agenturen** auf den Finanzmärkten. 1909 begann der Amerikaner *John Moody* damit, Obligationen von US-Eisenbahngesellschaften auf ihr Risiko hin zu beurteilen. Hieraus entstand die älteste, weltweit derzeit zweitgrößte Rating-Agentur - Moody's Investors Service („Moody's"). Sieben Jahre nach Moody's erstem Rating veröffentlichte die amerikanische Poor's Publishing Company ebenfalls statistische Zahlen, mit denen die Bonität von Kreditnehmern bzw. deren Schuldtitel beurteilt werden konnten. 1941 fusionierte das Unternehmen und nimmt als Standard and Poor's Corporation („S&P") heute den ersten Rang in der Weltspitze ein. Fitch Investors Service, ebenfalls mit Sitz in den USA betreibt das Rating seit 1924. Sie bilden als Einheit mit der britischen Agentur

IBCA die drittgrößte Rating-Agentur mit internationalem Aktionsradius ( „Fitch-IBCA"). Außerhalb der USA bestehen weitere Rating-Agenturen z.B. in Kanada, Japan und Indien (vgl. *Cantor/Packer* 1994). In **Deutschland** haben sich in den *90*er Jahren Agenturen gegründet, deren spezielles Tätigkeitsgebiet das Rating von mittelständischen Unternehmen darstellt (vgl. *Pape, D.* 1999).

| **Rating-Agentur** | | **Interpretation** |
|---|---|---|
| ***S&P und andere*** | ***Moody's*** | |
| Investment Grade Ratings | | |
| AAA | Aaa | Highest quality |
| AA+ | Aa1 | High quality |
| AA | Aa2 | |
| AA- | Aa3 | |
| A+ | A1 | Strong payment capacity |
| A | A2 | |
| A- | A3 | |
| BBB+ | Baa1 | Adequate payment capacity |
| BBB | Baa2 | |
| BBB- | Baa3 | |
| Speculative Grade Ratings | | |
| BB+ | Ba1 | Likely to fulfill obligations; ongoing uncertainty |
| BB | Ba2 | |
| BB- | Ba3 | |
| B+ | B1 | High risk obligations |
| B | B2 | |
| B- | B3 | |
| CCC+ | Caa | Current vulnerability to default, or in default (Moody's) |
| CCC | Caa | |
| CCC- | Caa | |
| C | Ca | In bankruptcy or default, or other marked shortcoming |
| D | D | |

Anmerkung: Anleihen mit einem Rating ab Klasse BB/Ba2: „High Yield- oder Junk bonds"

Abb. III-22: Rating-Symbole und Bewertungsbedeutung für langfristige Kreditaufnahmen (Quelle: *Cantor/Packer* 1994, S. 3)

Lesehinweis: Einen Überblick über Rating-Agenturen liefern *Everling* (1991) und *Steiner/Heinke* (1996).

## 3.2 Die Ausgestaltung von Kreditkontrakten

Der Kreditkontrakt hat in der Finanzierung zentrale **Funktionen**. Er enthält **Kontroll- und Sanktionsrechte** des Kreditgebers gegenüber dem Kreditnehmer, um das Ausfallrisiko zu begrenzen oder zu vermeiden. Für Kreditinstitute als wichtigste Gruppe der delegierten Finanzintermediäre ermöglicht der Kreditkontrakt die **Ver-**

**minderung** der **eigenen** Insolvenzgefahren, die durch Kreditausfälle entstehen können. Die Kombination verschiedener Vertragsbestandteile wie Finanzierungskostensätze ermöglicht das **Sortieren** von Kreditnehmern **nach Risikoklassen**.

Nach Abschluss der Kreditprüfung (und hier insbesondere der Kreditwürdigkeitsprüfung) sowie nach Analyse der einsetzbaren Sicherungswerte hat der Kreditgeber ein objektiviertes Bild vom möglichen Risiko der Kreditvergabe gewonnen. Vom Ergebnis dieser Prüfungen hängt es ab, ob es zu einer Kreditvergabe kommt. Wird das Kreditrisiko aufgrund interner Vorgaben des Kreditgebers als im jeweiligen Einzelfall zu hoch eingestuft, unterbleibt die Kreditvergabe und das Kreditgeschäft. Der Kreditantragsteller wird rationiert. Wird mit dem Kreditantragsteller dagegen Einigkeit erzielt, so wird üblicherweise von Kreditinstituten mit einem Kreditzusageschreiben die Kreditvergabe in Gang gesetzt. Dieses Schreiben beinhaltet im Wesentlichen Angaben über Art und Höhe des Kredits, Verwendungszweck der Kreditmittel, Kreditlaufzeit, Tilgungsform (= Rückzahlungsweise), Kündigungsmöglichkeiten und -rechte, Kreditkosten (= Kapitalkosten), Besicherung, Gerichtsstand sowie Anerkennung der AGB.

Aus dem Katalog von Vertragsbestandteilen kommt den Positionen Sicherheiten, Verwendungszweck, Kapitalkosten, Kreditlaufzeit, Tilgungsformen und Kündigungsregelung eine herausgehobene Bedeutung zu. Durch eine geeignete Kombination dieser Komponenten lassen sich Ausfallrisiken begrenzen und gleichzeitig positive Anreizeffekte für den Kreditnehmer erzielen, sich während der Kreditlaufzeit vertragskonform zu verhalten.

Lesehinweis: *Terberger* (1987) analysiert ausführlich den Kreditvertrag als Instrument zur Lösung von Anreizproblemen. Rechtliche Aspekte der Kreditgewährung bespricht *Nirk* (1999).

In diesem Zusammenhang ist darauf hinzuweisen, dass zwischen dem Kreditbetrag im eigentlichen Kreditvertrag und Kreditlinien unterschieden werden muss:

- Kreditlinien können zum einen als betragliche **Kreditrahmen** vergeben werden, bis zu der ein Kreditnehmer maximal Finanzmittel des Kreditgebers in Anspruch nehmen darf. Diese Regelung ist z.B. im Kontokorrentkredit von vornherein vorgesehen. Er kann bis zum vereinbarten **Kreditlimit** in Anspruch genommen werden. Zwischenzeitlich können zu vertraglich festgelegten Terminen vollständige oder teilweise **Tilgungen** erfolgen. Aber auch andere Kreditformen stellen Kreditlinien dar, wenn sie nicht mit Zeitpunkt der Bewilligung in einem Betrag in Anspruch genommen werden (sog. „Drawdown-Variante"). Als **Stand by-Kredit** werden insbesondere Kredite bezeichnet, wenn sie von vornherein vorsorglich für Ausnahmefälle vom Kreditnehmer vereinbart wurden (z.B. bei Liquiditätsengpässen).
- Kreditlinien können sich auf die **intern** beim Kreditgeber **festgelegte maximale Höhe** der kumulierten Kredite an einen einzelnen Kreditgeber beziehen. Bei Erreichen dieses Limits werden die Konditionen der bisherigen und der neuen Kredite dem gestiegenen Risiko des „Gesamtengagements" angepasst. Unter Umständen kommt es bei Risikozunahme zu Kreditrationierung.

Eingeräumte Kreditlinien **signalisieren** zudem **Informationen** über nicht beobachtbare Eigenschaften des Kreditnehmers an den Kapitalmarkt: „Indeed large corporations often purchase lines of credit from banks for the sole purpose of providing a signal about outside debt (...) to be issued publicly rather than held by the bank" (*Fama* 1985, S. 37). In diesem Sinne ist der Stand by-Charakter von Kreditlinien zu sehen: In Verbindung mit einer beabsichtigten Emission von vor allem kurz- bis mittelfristig laufenden Anleihen signalisiert er durch die hohe potenzielle Liquidität den Anlegern, die Bereitschaft und Möglichkeit, Zins- und Tilgungsleistungen für die emittierten Gläubigerpapiere zu erfüllen. Diesen Zweck kann bereits auch eine nur teilweise betragliche Ausschöpfung eingeräumter Kreditlinien erfüllen (vgl. *Greenbaum/Hong/Thakor* 1981).

### 3.2.1 Verwendungszweck und Kreditlaufzeit

In der Finanzierungslehre und -theorie existiert die Vorstellung einer bestimmten Laufzeitunterteilung, die sich i.d.R. an der Methodik der Statistiken der Deutschen Bundesbank anlehnt. Demzufolge gelten Kredite als **kurzfristig**, wenn sich ihre Laufzeit zwischen einem Tag und unter einem Jahr bewegt, **mittelfristig** bei einer Laufzeit von einem Jahr bis zu vier Jahren und **langfristig** ab dem vierten Jahr und darüber. Zu unterscheiden ist zwischen der **vereinbarten** Laufzeit eines Kredits und seiner **effektiven Laufzeit**. So kann durch Prolongation oder vorzeitige (i.S. einer außerplanmäßigen) Tilgung die effektive von der vereinbarten Laufzeit abweichen. **Prolongation** und vorzeitige **Tilgungsmöglichkeit** sind nur möglich, wenn sie im Kreditvertrag vereinbart wurden. Hiervon eine Ausnahme bildet die vorzeitige Tilgung nach Kündigung durch den Kreditnehmer gemäß § 247 BGB oder durch den Kreditgeber aus wichtigem Grunde.

Von der statistischen Einteilung der Kreditlaufzeit im Sinne von kalendarischer Zeit ist die **ökonomische Einteilung** zu unterscheiden. Die Fristigkeiten können als Periode bis zum Eintreffen neuer Informationen zu Renditen und Risiken der mit Krediten finanzierten Investitionsobjekte beim Kreditgeber verstanden werden. Ferner lässt sich die Zeitdauer an die Ausreifungszeit von Investitionsprojekten koppeln, die mit diesen Finanzmitteln finanziert wurden.

Die Festlegung eines **Verwendungszwecks** für vergebene Kredite wird in erster Linie seitens des Kreditgebers aus Gründen der **Risikobegrenzung** verlangt. Mit der Zweckfestlegung können die Risiken besser vom Kreditgeber eingeschätzt werden, die mit der Finanzmittelverwendung (der Investition) einhergehen. Dadurch **sinkt** für den Finanzintermediär die **Gefahr der Insolvenz**. Trotz Fixierung des Verwendungszwecks kann aufgrund zunehmender Kreditlaufzeit die Wahrscheinlichkeit des Ausfallrisikos steigen. Längere Laufzeiten erhöhen die Dispositionsspielräume der Kreditnehmer. Aus Kreditgebersicht wäre eine lange Kreditlaufzeit vorzuziehen, wenn die mit einer Investition verbundenen Sunk Costs hoch sind und damit auch der Grad der Irreversibilität sowie die Selbstbindung des Kreditnehmers (vgl. *Krahnen* 1991).

### 3.2.2 Kündigungsmodalitäten

Eine Kreditzusage ist i.d.R. zeitlich befristet. Lediglich bei Kontokorrentkrediten ist eine zeitliche Befristung nicht von vornherein vorgesehen. Eine Kündigungsfrist fehlt daher im Regelfall. Die Kündigungsmöglichkeiten von Kreditgebern und -nehmern unterliegen gesetzlichen und vertraglichen Regelungen. Bei Kreditinstituten sind deren AGB zu berücksichtigen. Zu unterscheiden ist zwischen ordentlichem und außerordentlichem Kündigungsrecht. Beim **ordentlichen Kündigungsrecht** gelten folgende Bestimmungen:

- Jederzeit können **Kontokorrentkredite** von beiden Vertragsparteien gekündigt werden (§ 355 HGB). Die AGB der Kreditinstitute sehen darüber hinaus regelmäßig ein **Kündigungsrecht** für die **Geschäftsverbindung im Ganzen** vor, wenn für Kredite und Kreditzusagen weder eine Laufzeit noch eine abweichende Kündigungsregelung vereinbart wurde.

- Für **andere Kreditformen** gelten die Regelungen des § 609a BGB, sofern die Verträge nach dem 01.01.1987 geschlossen wurden:
  - Der Kreditnehmer kann jederzeit Darlehen kündigen, bei denen eine **variable Verzinsung** vereinbart wurde. Er hat eine dreimonatige Kündigungsfrist einzuhalten.
  - Von beiden Seiten nicht gekündigt werden dürfen Darlehen mit einer **Festzinsvereinbarung** während der Dauer der Zinsbindungsfrist. Dies gilt für Zinsbindungen von maximal zehn Jahre Dauer. Innerhalb dieses Zeitrahmens gelten zum Ablauf der **Zinsbindung** folgende Kündigungsfristen: Zinsbindungsdauer kleiner als zehn Jahre: Kündigungsfrist ein Monat, bei einer Zinsbindung von zehn Jahren und mehr: Kündigungsfrist sechs Monate.

**Außerordentliche Kündigungsrechte** liegen in folgenden Fällen vor:

- Für den Schuldner besteht nach § 274 BGB bei Kreditverträgen, die bis zum 31.12.1986 geschlossen wurden ausnahmsweise ein Kündigungsrecht, wenn der vereinbarte Zinssatz mehr als 6% p.a. betrug. Die Bestimmungen dieses sog. „**Wucherparagraphen**" gemäß § 274 BGB, sahen für diesen Fall vor, dass
  - frühestens sechs Monate nach Inanspruchnahme des Kredits,
  - mit einer Kündigungsfrist von weiteren sechs Monaten

  ein Kreditvertrag seitens des Kreditnehmers gekündigt werden durfte. Dieses Recht durfte vertraglich nicht ausgeschlossen werden. Seine Anwendung erstreckte sich allerdings nicht auf Darlehen von Hypothekenbanken und Landesbanken, wenn diese die Darlehen durch Ausgabe von Pfandbriefen refinanziert haben.
- Für den Kreditgeber besteht gem. **§ 610 BGB** ein Kündigungsrecht, „(...) wenn in den Vermögensverhältnissen des anderen Teils eine wesentliche Verschlechterung eintritt, durch die der Anspruch auf die Rückerstattung gefährdet wird" (§ 610 BGB). Kreditinstitute haben auf der Basis dieses Paragraphen in ihren AGB üblicherweise ein solches Kündigungsrecht verankert, zudem **ohne** Einhaltung einer **Kündigungsfrist**.

  Beispiele: Anlässe für ein Kündigung nach § 610 BGB können beim Kreditnehmer sein: unrichtige Angaben über die Vermögenslage, wesentliche Verschlechterung der Einkommens- oder Vermögenslage, Vermögensgefährdung, pflichtwidriges Unterlassen der Aufklärung der Bank über die tatsächlichen Vermögensverhältnisse, Durchführung von Zwangsmaßnahmen durch Dritte (etwa die Abgabe der eidesstattlichen Versicherung), Kreditüberziehung trotz wiederholter Abmahnung, Verweigerung der Stellung oder Verstärkung von Sicherheiten.

Vorgenannte Regelungen werden seit 1990 in ganz bestimmten Fällen durch das **Verbraucherkreditgesetz** (VerbrKrG) ergänzt: Es ist grundsätzlich für alle Kreditvergaben an natürliche Personen anzuwenden, sofern der Kredit nicht zum Zweck einer selbstständigen oder freiberuflichen Tätigkeit verwendet wird. Eine Ausnahme hiervon bilden Darlehen, die im Rahmen der Existenzgründung vergeben werden. Bei der Unternehmensfinanzierung spielt daher das VerbrKrG nur in Ausnahmefällen eine Rolle, weshalb des Weiteren nicht auf seine Regelungen eingegangen werden soll.

Lesehinweis: Die Bestimmungen des VerbrKrG erläutert u.a. *Wagner-Wieduwilt* (1992).

Kündigungsklauseln üben eine wichtige **ökonomische Funktion** im Prinzipal-Agent-Verhältnis von Kreditgeber und -nehmer aus. Bei der Einräumung von Kreditlinien (vor allem in Form von Kontokorrentkrediten, vgl. Abschnitt 5.1.1 in diesem Kapitel) tragen die Kreditverträge Klauseln, die den Kreditgeber von der Vertragserfüllung entbinden, wenn sich die Schuldnerverhältnisse „drastisch" verschlechtert haben. Dies stellt eine implizite Vereinbarung dar und der Kreditgeber kann bei Neuverhandlung über eine Kreditverlängerung dem Kreditnehmer drohen und von der Verpflichtung des Schuldners zur Einhaltung der Kreditvertragsbestandteile die Kreditverlängerung abhängig machen.

*In der Financial Times Deutschland vom 26.02.2002 war hierzu eine Pressenotiz auf S. 4 zu lesen, die auszugsweise wiedergegeben ist:*

*„Elsa bekommt keine Gnadenfrist. Hersteller von Computerzubehör muss Insolvenzantrag stellen.*

*Der Hersteller von Computerzubehör Elsa ist pleite. Das Unternehmen aus Aachen, das am Neuen Markt notiert ist, hat gestern einen Antrag auf Insolvenz gestellt. (...) Ähnlich wie die Softwareunternehmen Brokat oder Softmatic war auch der Hersteller von Grafikkarten und Internetmodems mit seinen Millionen aus dem Börsengang zu ungestüm umgegangen. Ein Sprecher bestätigte Anfang Februar, dass das laufende Geschäft zu häufig über Kredite finanziert worden sei. Die Expansion in Europa habe Millionen verschlungen, ohne sich zu rentieren. Am 15. Februar bekam Elsa die Rechnung für die teure Strategie präsentiert: Sieben von acht Gläubigerbanken kündigten Kredite in Höhe von 28 Mio. € und stellten die Darlehen fällig. (...)"*

### 3.2.3 Tilgungsvereinbarungen

Zu unterscheiden ist zwischen planmäßigen und außerplanmäßigen Formen der Rückzahlung, d.h. der Tilgung von Krediten. **Planmäßige Tilgungen** können wie folgt ausgestaltet sein. Bei der **Annuitätentilgung** zahlt der Kreditnehmer jährlich einen gleichbleibenden Betrag, die sog. Annuität, an den Kreditgeber. Die Annuität besteht aus einem Tilgungs- und einem Zinsanteil. Der Anteil des jährlichen Rückzahlungsbetrags ist zu Beginn der Laufzeit des Kredits gering und der Zinsanteil weist den größeren Anteil auf. Das **Verhältnis** zwischen **Zins-** und **Tilgungsbeträgen** verändert sich jährlich über die Laufzeit des Kredits. Gegen Ende der Kreditlaufzeit haben die Anteile von Zins und Tilgung gegenüber dem Laufzeitbeginn gewechselt: Der Zinsanteil ist dann sukzessive geringer und der Tilgungsanteil steigt kontinuierlich, bis er gegen Ende der Laufzeit fast ausschließlich die Annuität bestimmt.

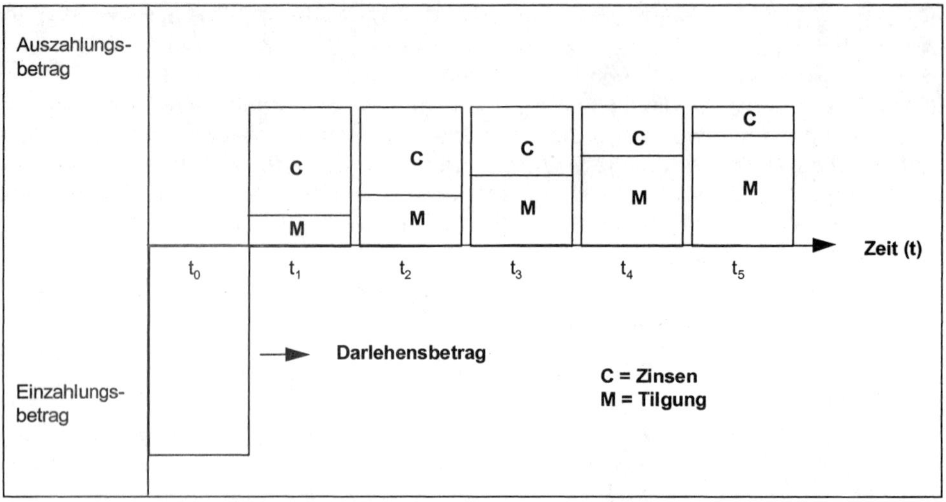


Abb. III-23: Verlauf einer Annuitätentilgung (Sichtweise des Kreditnehmers)

Rechnerisch ermittelt werden Annuitäten durch Mulitplikation des Darlehensbetrags mit dem **Kapitalwiedergewinnungsfaktor**. Dadurch wird der Darlehensbetrag finanzmathematisch zum Gegenwartszeitpunkt $t_0$ in eine in der Zukunft über die gesamte Kreditlaufzeit liegende gleichförmige Zahlungsreihe (= **uniforme Rente**) durch Diskontierung auf den Gegenwartszeitpunkt $t_0$ überführt.

$$\text{Kapitalwiedergewinnungsfaktor (= WGF)} \quad = \quad \frac{i \cdot (1+i)^T}{(1+i)^T - 1}$$

wobei gilt:

i = Zinssatz in Prozent/*100*,

T = Laufzeit des Kredits.

Die Annuität (*AN*) entsteht durch Multiplikation des Darlehensbetrags mit dem Kapitalwiedergewinnungsfaktor.

Beispiel: Ein Darlehen wird in Höhe von *100.000* € mit einer Laufzeit von vier Jahren zu einem Zinssatz von *10*% gewährt.

1. Ermittlung des Kapitalwiedergewinnungsfaktors: $WGF = \frac{0{,}10 \cdot (1+0{,}1)^4}{(1+0{,}1)^4 - 1} = 0{,}315471$.

2. Berechnung der Annuität: *AN* = *100.000 · 0,315471 = 31.547,10* €.

| Jahr | Restschuld am Jahresanfang | Zinsen | Tilgung | Annuität | Restschuld am Jahresende |
|---|---|---|---|---|---|
| *1* | *100.000,00* | *10.00000* | *21.547,10* | *31.547,10* | *78.452.90* |
| *2* | *78.452,90* | *7.845,29* | *23.701,81* | *31.547,10* | *54.751,09* |
| *3* | *54.751,09* | *5.475,10* | *26.072,--* | *31.547,10* | *28.679,09* |
| *4* | *28.679,09* | *2.867,91* | *28.679,19* | *31.547,10* | *-0,10**) |
| | | *26.188,30* | *100.000,10**) | *126.188,40* | |

*) aufgrund von Rundungsdifferenzen

Tab. III-6: Tilgungsplan eines Annuitätendarlehens (Betragsangaben in €)

Jährlich ist fünf Jahre lang eine gleich hohe Rate von *31.547,10 €*, bestehend aus einem Zins- und einem Tilgungsanteil, vom Kreditnehmer an den Kreditgeber zu zahlen. Am Ende des fünften Jahres ist der Kredit vollständig getilgt.

Eine weitere Möglichkeit der Kreditrückzahlung ist die Tilgung in **gleichbleibenden Teilbeträgen** vom ursprünglichen Kreditbetrag. Hierbei sind Konstruktionen mit sinkender periodischer Gesamtbelastung infolge geringer werdender Zinsen und solche mit gleichbleibender periodischer Gesamtbelastung aufgrund gleichbleibender Zinsen (= Ratenkredite) am gebräuchlichsten.

Die Ratentilgung zeichnet sich durch über die Laufzeit des Darlehens **fallende Annuitäten** aus. Verantwortlich ist hierfür der sinkende Zinsanteil und der betraglich gleichbleibende Tilgungsanteil pro Jahr. Die fortschreitende jährlich gleichbleibende Tilgung des Darlehens sorgt dafür, dass der Zinsaufwand geringer wird, die Jahresleistung des Schuldners an Zins- und Tilgungszahlungen sinkt.

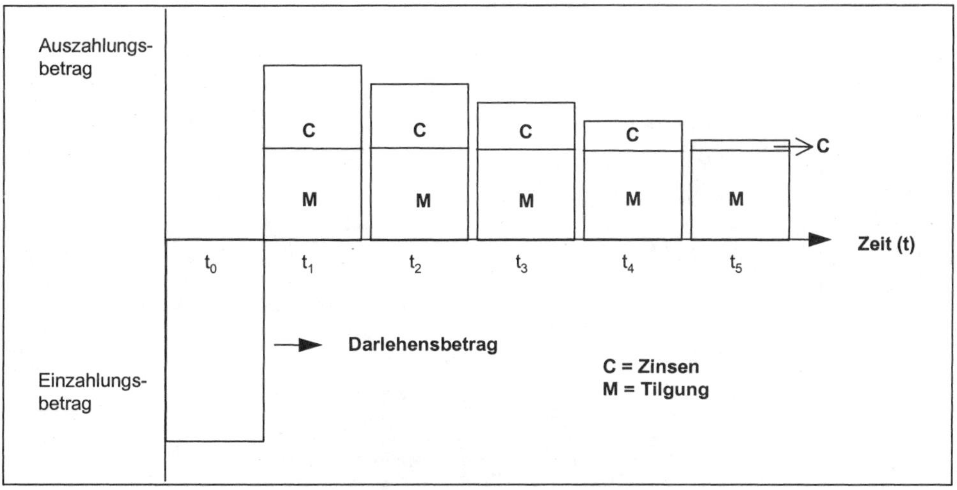


Abb. III-24: Verlauf einer Ratentilgung (Kreditnehmersicht)

Beispiel: Ein Darlehen wird in Höhe von *100.000 €* mit einer Laufzeit von vier Jahren zu einem Zinssatz von *10%* gewährt und soll in gleichen Beträgen getilgt werden.

Tilgungsbetrag: *100.000 € / 4* Jahre = *25.000 €*.

| Jahr | Restschuld am Jahresanfang | Zinsen | Tilgung | Annuität | Restschuld am Jahresende |
|---|---|---|---|---|---|
| *1* | *100.000* | *10.000* | *25.000* | *35.000* | *75.000* |
| *2* | *75.000* | *7.500* | *25.000* | *32.500* | *50.000* |
| *3* | *50.000* | *5.000* | *25.000* | *30.000* | *25.000* |
| *4* | *25.000* | *2.500* | *25.000* | *27.500* | -,-- |
| | | *25.000* | *100.000* | *125.000* | |

Tab. III-7: Tilgungsplan eines Abzahlungsdarlehens

Bei Tilgung in einer **Summe** am **Laufzeitende** (= gesamtfällige Kredite oder Festkredite) erfolgt eine Rückzahlung in einem Betrag am Ende der Kreditlaufzeit. Während der Laufzeit werden keine Tilgungen vorgenommen, sondern ausschließlich Zinsen vom Kreditnehmer gezahlt.

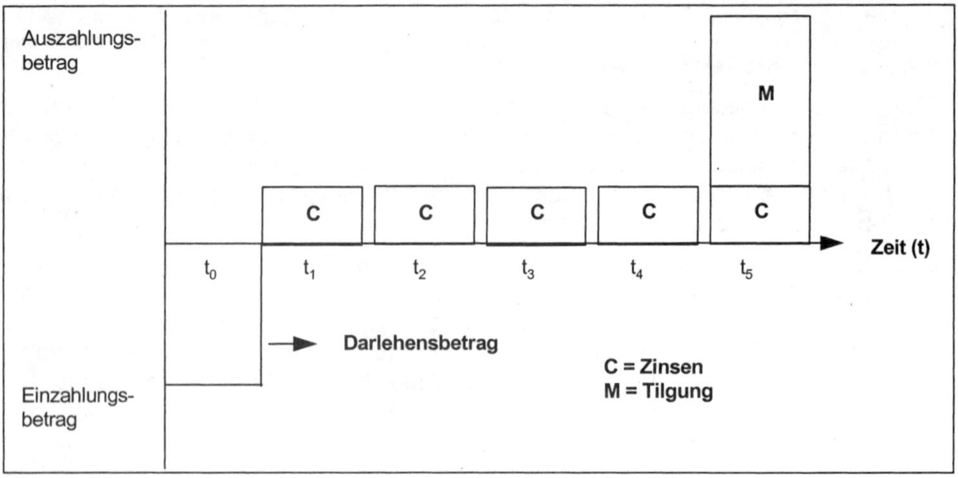


Abb. III-25: Verlauf einer Gesamttilgung (Kreditnehmersicht)

Beispiel: Ein Darlehen wird in Höhe von *100.000* € mit einer Laufzeit von vier Jahren zu einem Zinssatz von *10%* gewährt und soll am Ende der Laufzeit getilgt werden.

Tilgungsbetrag: *100.000 € · 0,10 = 10.000 €.*

| Jahr | Restschuld am Jahresanfang | Zinsen | Tilgung | Annuität | Restschuld am Jahresende |
|---|---|---|---|---|---|
| *1* | *100.000* | *10.000* | -,- | -,- | *100.000* |
| *2* | *100.000* | *10.000* | -,- | -,- | *100.000* |
| *3* | *100.000* | *10.000* | -,- | -,- | *100.000* |
| *4* | *100.000* | *10.000* | *100.000* | -,- | -,- |
| | | *40.000* | *100.000* | -,- | |

Tab. III-8: Tilgungsplan eines Festdarlehens

Bei Krediten in sog. „laufender Rechnung" (= Kontokorrent) erfolgt eine **automatische Tilgung** durch Zahlungseingänge aus i.d.R. dem regelmäßigen Zahlungsverkehr. Eine Wiederinanspruchnahme des Kredits erfolgt, wenn die Zahlungsausgänge die -eingänge betraglich überwiegen. Dadurch wird im Rahmen eines gesetzten Kreditlimits die Kredittilgung und -inanspruchnahme nach dem jeweiligen Bedarf des Kreditnehmers ausgerichtet. Bei langfristigen Kreditverträgen (Laufzeit von mehr als zehn Jahren) kommen **tilgungsfreie Jahre** zu Beginn der Kreditlaufzeit vor. Die tilgungsfreie Zeit kann zwischen drei und fünf Jahren liegen.

Neben den planmäßigen sind **außerplanmäßige Tilgungen** zu unterscheiden. Sie können einerseits aus Vereinbarungen bestehen, die bereits im Kreditvertrag von vornherein zwischen Kreditgeber und -nehmer getroffen wurden. Dabei muss es nicht zwingend zu einer Kündigung des Kredits kommen. Die meisten Vereinbarungen sehen eine betraglich fixierte jährliche **Sondertilgung** vor, die die übrigen Vertragsbestandteile unberührt lässt. Eine außerplanmäßige Tilgung kann durch **Kündigung des Kreditvertrags** ausgelöst werden. Hierbei sind insbesondere die in Abschnitt 3.2.2 behandelten Kündigungsrechte des Kreditgebers maßgebend.

Lesehinweis: Außerplanmäßige Tilgungen, die nicht Bestandteil des Kredit- oder Darlehensvertrags sind, werden i.d.R. seitens der Kreditinstitute zu Lasten des Kreditnehmers mit einer sog. Vorfälligkeitsentschädigung belegt.

### 3.2.4 Kapitalkosten des Kredits

Grundsätzlich ist bei Kapitalkosten zwischen fixen und variablen Zinssätzen zu unterscheiden. Aus der Sicht der Kreditgeber hat eine **Vereinbarung variabler Zinssätze** den Vorteil, dass sie Schwankungen im Marktzinssatz, den sie im Sinne des Opportunitätskostenkonzepts der Marktzinsmethode als Kalkulationsgrundlage für das Kreditgeschäft ansehen sollten, ausgleichen können. Sie können sich dadurch vor dem Zinsänderungsrisiko schützen. Bei Zugrundelegung eines fixen Zinssatzes im Kreditvertrag besteht ein weiteres Problem: Um Zinssatzänderungen nach oben bis zu einem gewissen Grad im fixen Zinssatz abfangen zu können, dürfte der Kreditvertrag mit festem Zinssatz gegenüber einem vergleichbaren mit einem variablen betraglich höher sein. Der Unterschiedsbetrag erklärt sich vor dem Hintergrund, quasi automatisch Zinsanstiege während der Kreditlaufzeit kompensieren zu können. *Stiglitz/Weiss* (1981) weisen für diesen Fall darauf hin, dass dadurch grundsätzlich riskante Investitionsprojekte in der Finanzierung bevorzugt werden. Auf diese Weise können sie durch die höheren erwarteten Renditen die höhere Renditeforderung der Kreditgeber erfüllen.

**Variable Zinssätze** können auch für Kreditnehmer unter gewissen Umständen gegenüber festen Zinssätzen präferiert werden. Weist ein Unternehmen eine relativ niedrige Bonität auf, so wird es gegenüber einem Unternehmen mit relativ höherer Bonität für gleichen Kreditbetrag und identische Laufzeit einen höheren fixen Zinssatz entrichten müssen. Bei normaler Zinsstrukturkurve, d.h. wenn die kurzfristigen unter den mittel- und langfristigen Zinssätzen liegen, kann das Unternehmen mit niedriger Bonität auf den variablen Zinssatz ausweichen. Dieser orientiert sich an einem Referenzzinssatz des Geldmarkts (z.B. EURIBOR, vgl. Abschnitt 6.2.1 in diesem Kapitel). Durch regelmäßige Prolongation einer kurzfristig laufenden Kreditlinie (z.B. sechs Monate) lässt sich die vom Kreditnehmer benötigte längere Gesamtlaufzeit des Kredits (z.B. vier Jahre) darstellen. Dadurch setzt sich ein Kreditnehmer einem Zinsänderungsrisiko aus, da bei steigendem Zinsniveau zu jedem Zinsanpassungstermin automatisch der zwischenzeitliche Zinsanstieg auf ihn übertragen wird. Dies ist sogar sehr wahrscheinlich, denn eine normale Zinsstrukturkurve läutet einen Prozess des Zinsniveauanstiegs ein (vgl. *Schäfer* 1999a, S. 188 ff.). Um sich vor dem Zinsänderungsrisiko zu schützen hat der Kreditnehmer die Möglichkeit, Zins-Derivate einzusetzen.

## 4 Kontraktregelungen im Rahmen der Absatzfinanzierung

Die Kapitalausstattung deutscher Unternehmen wie sie in den Statistiken des ersten Kapitels vorgestellt wurde zeigte bereits, dass Unternehmen untereinander in nicht geringerem Umfang Finanzmittel ausleihen als es Kreditinstitute vornehmen. Zentraler Unterschied zwischen den rein finanziell im ersten Moment gleichwertig erscheinenden Vorgängen ist, dass Mittelausleihungen zwischen Unternehmen in erster Linie **an Güter- oder Leistungsströme gebunden** sind, denen keine zeitgleichen Zahlungsströme gegenüberstehen, so dass eine Finanzierung notwendig wird. Die Koppelung der Mittelausleihungen an zugrunde liegende Absatz- und Beschaffungsprozesse ist der Grund, weshalb eine eigenständige Einteilung von Finanzierungskontrakten zur Absatzfinanzierung sinnvoll erscheint. „Absatzfinanzierung ist kein selbständiges Finanzierungsinstrument. Sie kommt nur im Zusammenhang mit einem Grundgeschäft, der Lieferung von Gütern oder der

Erbringung von Dienstleistungen, vor“ (*Ullsperger* 1988, S. 245). Kontrakte der Absatzfinanzierung werden aus Marketingsicht als Instrumente der Kontrahierungspolitik verstanden. Der Kreditgeber ist im Gegensatz zu einem Kreditinstitut nicht wegen des Kreditgeschäfts, sondern zum Zweck der Umsatzsteigerung an der Einräumung eines Kredits interessiert. Letztendlich finanziert er bis zum finanziellen Ausgleich seiner Forderungen seinen eigenen Güter- und Dienstleistungsabsatz (vgl. *Meffert* 2000).

Vor allem beim Absatz von **dauerhaften langlebigen Gebrauchs-** und **Investitionsgütern** nimmt die Absatzfinanzierung eine immer größere Bedeutung für Anbahnung und Zustandekommen von Geschäftsabschlüssen ein. Die hierbei eingesetzten Instrumente umfassen spezifische Kreditformen. In neuerer Zeit nehmen jedoch sog. Kreditsubstitute wie **Leasing**, **Factoring** sowie die **Warenkreditversicherung** eine immer wichtigere Rolle ein. Der zunehmende Einsatz von Finanzierungsinstrumenten, die Kredite ersetzen können, kennzeichnen die moderne Absatzfinanzierung. Sie ermöglicht gegenüber Bankkrediten eine generell auf die individuelle finanzielle und wirtschaftliche Situation zugeschnittene Finanzierung, häufig zudem verbunden mit niedrigeren Kapitalkosten. Solche **Kosten- und Konditionenunterschiede** werden nicht selten im Rahmen der Absatzförderung von Anbietern getragen (vergleichbar Kosten für Werbung oder Vertriebsorganisation).

Man unterscheidet folgende zwei **Bereiche** der modernen Absatzfinanzierung, in denen Kreditsubstitute zum Einsatz kommen (vgl. *Kirstein* 1995):

- Mit der **direkten Absatzfinanzierung** bezeichnet man die unmittelbare Finanzierungsvereinbarung **zwischen** dem **Käufer einer Ware** und dem **Finanzierungsinstitut**. Absicht ist es, mittels der (meist individuell auf die Käuferbedürfnisse zugeschnittenen) Finanzierung den Produktkauf zu ermöglichen oder zu erleichtern. Typische Finanzierungsformen, die dabei zum Einsatz kommen können, sind der mittelfristige objektgebundene Ratenkredit, Lieferantenkredite, Kundenkredite sowie Leasing- oder Mietkaufverträge. Die Besonderheit dieser **Finanzinstrumente** als Komponenten der Absatzfinanzierung ist darin zu sehen, dass sie vom Hersteller oder Händler **in Verbindung** mit dem **Güter- bzw. Dienstleistungsangebot** gesehen werden.
- Im Gegensatz dazu richten sich Finanzierungsinstrumente der **indirekten Absatzfinanzierung** nicht an den Verkäufer von Waren, sondern an **Hersteller und Händler**. Sie sollen mit den Finanzierungsmöglichkeiten in die Lage versetzt werden, ihrerseits Kunden Finanzierungsmöglichkeiten in eigener Regie anbieten zu können. Es handelt sich um Instrumente der **Finanzmittelbeschaffung** sowie des **Risikomanagements**: Einkaufs-/Lagerfinanzierungen, Refinanzierungen von Vermietgeschäften (im Rahmen des Mietkaufs), Sale-and-Lease-Back-Vereinbarungen, Ankauf von Lieferforderungen im Factoring.

Nachfolgend werden sowohl die reinen Kreditkontraktformen als auch die Kreditsubstitute als Komponenten der Absatzfinanzierung dargestellt.

## 4.1 Kurz- bis mittelfristige Formen

Handelskredite umfassen alle Formen der Kreditfinanzierung, bei denen Kredite von Handelspartnern eines Unternehmens gewährt werden. Sie sind immer mit einem Waren- oder Dienstleistungsgeschäft gekoppelt. Man unterscheidet diese

Kredite in Lieferantenkredite (Zielverkäufe oder Lieferungskredite) und Kundenkredite (bzw. Vorauszahlungskredite oder Kundenanzahlungen).

### 4.1.1 Lieferantenkredit

Lieferantenkredite **entstehen**, indem ein Lieferant **freiwillig** einen Kredit gewährt; er räumt dem Käufer ganz bestimmte Zahlungsbedingungen ein. Diese gestatten dem Käufer i.d.R., die Ware erst einige Wochen nach Erhalt zu bezahlen. Aber auch **unfreiwillig** können Lieferantenkredite entstehen: Wenn der Käufer mit Zeitverzögerungen oder in Teilbeträgen zahlt, ohne dass hierzu entsprechende Zahlungsbedingungen vereinbart wurden. Die Bedeutung des Lieferantenkredits liegt in seiner von Lieferanten freiwillig gewährten Form. Seine klassische Eigenschaft ist die eines Kredits zur **Überbrückung** des **Zeitraums** zwischen der Beschaffung und dem Verkauf von Waren. Daher wird die Tilgung auch typischerweise aus den Umsatzerlösen der kreditierten Waren vorgenommen. Es erfolgt keine Bereitstellung von Geldmitteln, sondern eine Kreditierung in Form der **Stundung** des Kaufpreises einer Ware. Heutzutage wird der Lieferantenkredit denn auch vom Lieferanten überwiegend als absatzpolitisches Instrumentarium und weniger als reines Finanzierungsinstrument eingesetzt. Als Marketinginstrument - also die Gestaltung der Zahlungsbedingungen - besitzt der Lieferantenkredit in manchen Branchen die gleiche Bedeutung wie andere preisliche Aktionsparameter (vgl. *Däumler* 1997, S. 196 ff.).

#### 4.1.1.1 Institutionelle Ausprägung

Am häufigsten wird der Lieferantenkredit als **Buchkredit** ausgestaltet. Ausgangspunkt ist die Lieferung einer Ware oder die Erstellung einer Dienstleistung. Die gelieferte Ware oder Dienstleistung ist mit bestimmten Zahlungsbedingungen verbunden. Meist kann die Zahlung innerhalb eines bestimmten Zeitraums (= **Skontofrist**) unter Abzug des **Skontosatzes** vom Rechnungsbetrag oder innerhalb der Zahlungsfrist ohne Abzug des Skontosatzes vom Rechnungsbetrag geleistet werden. Die Skontofristen reichen in der Praxis meist bis zu *14* Tage, die Skontosätze variieren dabei zwischen ein und drei Prozent, die Zahlungsfristen liegen zwischen zehn und *40* Tagen. Auch Staffelungen von Skontosätzen in den Zahlungsbedingungen werden praktiziert. Mit der vollständigen Zahlung des Rechnungsbetrags am Ende des Zahlungsziels ist der Kredit getilgt und seine Laufzeit beendet.

Eine andere Erscheinungsform des Lieferantenkredits ist der **Wechselkredit**. Der Lieferant zieht einen Wechsel auf den Käufer, der diesen akzeptiert. Der Wechselkredit wurde bis zur Einführung des Euros am 01.01.1999 meistens eingesetzt, wenn der Lieferant einen Wechsel für die eigene Finanzierung im Rahmen eines Diskontkredits bei seiner Bank einreichen wollte (vgl. zum Wechselkredit Abschnitt 5.1.3) oder der Lieferant Zweifel an der Bonität des Käufers hatte.

Vom **Lieferantenkredit i.e.S.** zu trennen ist der **Einrichtungs-** oder **Ausstattungskredit** (= Lieferantenkredit i.w.S.). Er ist langfristiger Natur und dient dazu, Geschäftsausstattungen eines potenziellen Abnehmers zu finanzieren (z.B. Kredite einer Brauerei für die Einrichtung von Restaurants und Gaststätten). Die Rückzahlung erfolgt entweder in bar oder über die gelieferten Waren durch einen

Aufschlag auf den sonst üblichen Warenpreis oder in Form einer Verpflichtung zur Abnahme von Mindestmengen.

Die Kosten des Lieferantenkredits i.e.S. ergeben sich als Kosten der Nicht-Ausnutzung eines eingeräumten Skontos und stattdessen Zahlung im Endzeitpunkt des eingeräumten Zahlungsziels. Die Kapitalkosten des Lieferantenkredits tragen damit den Charakter von **Opportunitätskosten**, die durch einen Ertragsverlust, d.h. **Skontoverlust**, entstehen. Die Skontosätze beziehen sich i.d.R. auf kurze unterjährige Zeiträume. Zum Zweck der Vergleichbarkeit mit alternativen Finanzierungsformen zum Lieferantenkredit, z.B. dem Kontokorrentkredit von Kreditinstituten, müssen die Skontosätze auf Jahressätze umgerechnet werden. Eine vereinfachte **Umrechnungsformel** hierzu lautet:

$$k_L = \frac{S}{z-s} \cdot 360 \cdot 100 \qquad \text{(III-1a)}$$

bzw. bei Berücksichtigung unterjähriger Zahlungsweise

$$k_{L_{eff}} = \left[ \left( 1 + \frac{k_L}{\frac{360}{z-s}} \right)^{\frac{360}{z-s}} - 1 \right] \cdot 100 \qquad \text{(III-1b)}$$

Es gelten folgende Notationen:

$k_L$ = Kapitalkostensatz des Lieferantenkredits (in % p.a.),
$k_{Leff}$ = effektiver Kapitalkostensatz (in % p.a.),
S = Skontosatz,
z = Zahlungsziel (in Tagen),
s = Skontofrist (in Tagen).

Beispiel: Die XY GmbH verkauft der ABC GmbH Rohstoffe, die binnen zehn Tagen abzgl. *3%* Skonto oder innerhalb *30* Tagen netto Kasse zu zahlen sind. Die Kapitalkosten bei Inanspruchnahme dieses Lieferantenkredits betragen: $k_L = \frac{0{,}03}{30-10} \cdot 360 \cdot 100 = 54\%$.

Verantwortlich für die Höhe des Kapitalkostensatzes p.a. ist überwiegend der Zeitraum zwischen dem Zahlungsziel und der Skontofrist, (= Skontobezugsspanne). Sie stellt die eigentliche Kreditlaufzeit dar. Eine **Verlängerung** der **Skontobezugsspanne** kommt oft dadurch zustande, dass der Abnehmer zwar den Lieferantenkredit gemäß den Zahlungsbedingungen beansprucht, das Zahlungsziel aber überschreitet. Kann der Lieferant z.B. wegen einer schwachen Marktstellung dafür keine Verzugszinsen in Rechnung stellen, reduzieren sich die Kapitalkosten für den Abnehmer. Allgemein kann die Schlussfolgerung gezogen werden, dass der Kapitalkostensatz des Lieferantenkredits mit zunehmendem Skontosatz und abnehmender Skontobezugsspanne steigt.

Beispiel: Zahlt der Abnehmer aus obigem Beispiel erst nach *45* Tagen, dann vermindern sich seine Kapitalkosten von *54%* auf *30,9%*. Möchte der Abnehmer auf einen Kapitalkostensatz kommen, der einem Sollzinssatz eines vergleichbaren Bankkredits entspricht, müsste er das Zahlungsziel bei gleicher Skontofrist auf *100* bis *145* Tage ausdehnen. Dann ergäbe sich ein Kapitalkostensatz zwischen *8* und *12%*.

In Anbetracht der hohen Kapitalkostensätze stellt sich die Frage nach den Vorteilen dieser Finanzierungsform für den Käufer. In einer Gegenüberstellung mit den Nachteilen beantwortet dies Abb. III-26.

| Vorteile | Nachteile |
| --- | --- |
| schnelle, formlose und bequeme Kreditgewährung | komparativ hohe Kapitalkosten |
| keine systematische Kreditwürdigkeitsprüfung | Gefahr der Abhängigkeit vom Lieferanten |
| Entlastung von Kreditlinien bei Kreditinstituten | häufige Unkenntnis über die effektiven Kapitalkostensätze |
| Kreditbeschaffung trotz ausgeschöpfter Kreditlinien | |
| einfache Kreditsicherung durch Eigentumsvorbehalt | |

Abb. III-26: Vor- und Nachteile des Lieferantenkredits

### 4.1.1.2 Theoretische Erklärungsansätze

Obwohl der Lieferantenkredit ein Finanzierungsinstrument mit den höchsten relativen Kapitalkosten und den alternativen Kreditinstrumenten ist, nimmt er eine statistische und wirtschaftspraktische wichtige Rolle ein. Aus theoretischer Sicht dieses Phänomen aus drei teilweise ergänzenden Perspektiven begründet worden:

- **Transaktionskosten-Ansatz**: Dieser Theoriezweig betont zur Erklärung der hohen Verbreitung von Lieferantenkrediten die für Kreditnehmer relativen Reduktionen von Transaktionskosten aufgrund der Kreditnahme. So wird der komparative Kostenvorteil des Lieferantenkredits darin gesehen, dass Kosten der Durchführung von Überweisungen vermieden werden, indem anstelle einzelner Rechnungsausgleiche je Lieferung eine gesammelte monatliche oder quartalsmäßige Abrechnung beim Lieferantenkredit erfolgt. Neben der Abkopplung des Zahlungs- vom Lieferrhytmus liegt ein weiterer Vorteil des Lieferantenkredits in der Überbrückung saisonaler Kapitalbedarfsschwankungen (vgl. *Schwartz/Whitcomb* 1979).
- **Ansatz des Finanzierungsvorteils**: Im Gegensatz zur Kreditnehmer orientierten Sichtweise des Transaktionskosten-Ansatzes betont der Ansatz des Finanzierungsvorteils das wirtschaftliche Kalkül des Kreditgebers. Demzufolge haben Geber von Lieferantenkrediten eine gegenüber Kreditinstituten aufgrund ihrer Lieferverflechtung effizientere Möglichkeit, Kreditrückzahlungen zu überwachen und zu beschleunigen. Hieraus können komparative Kostenvorteile gegenüber Bankkrediten erwachsen. Begründet werden kann dies einerseits durch einen Vorteil in der **Informations-Akquisition**, da durch Vertriebspersonal regelmäßige Kommunikation mit dem Kreditnehmer besteht. Zusätzlich erlauben der betragliche Umfang und die Häufigkeit von Bestellungen sowie die Wahl des Zahlungszeitpunkts Rückschlüsse auf die wirtschaftliche Situation des Käufers, resp. Kreditnehmers. Eine zweite Ausprägung des Finanzierungsvorteils-Ansatzes betont die überlegenere **Monitoring-Kapazität** des Lieferantenkredits (gegenüber einem vergleichbaren Bankkredit): So kann eine hohe Kundenbindung die Kontrollkosten des Kreditgebers reduzieren und seine Durchsetzungs-

macht auf die vertragskonforme Rückzahlung des Lieferantenkredits erhöhen. Eine dritte Ausprägung des Finanzierungsansatzes betont den komparativen Vorteil der **Besicherung** mittels Eigentumsvorbehalt aufgrund des Aussonderungsrechts gegenüber vergleichbaren Sicherungseinrichtungen für Bankkredite (vgl. *Petersen/Rajan* 1997).

- **Preisdifferenzierungsansatz**: Mittels der Gestaltung von Liefrantenkredit-Konditionen ist es Lieferanten möglich, versteckte Preiszugeständnisse zu machen. Da i.d.R. die Konditionen des Lieferantenkredits nicht oder kaum von der Bonität des Kreditnehmers abhängen, reduzieren „günstige" Lieferantenkredite den effekten Einkaufspreis des Käufers. Besteht im Marktsegment der Käufer mit niedriger Kreditwürdigkeit die höchste Preiselastizität (wofür i.d.R. Vieles sprechen dürfte), wird die Preisdifferenzierung hier ihre größte Erklärungskraft haben.

- **Selbstselektionsansatz**: Werden Lieferanten- und Kontokorrentkredit als gleichwertige Finanzierungssubstitute angesehen, so lässt sich die Instrumentenauswahl als Selbstwahlprozess des Kreditnehmers verstehen. Das Ergebnis der Selbstwahl durch den Schuldner gibt Aufschluss über sein nicht beobachtbares Ausfallrisiko. Mit der Entscheidung für den Lieferantenkredit gibt der Schuldner ein Indiz für sein hohes Ausfallrisiko, z.B. weil er unter hohen Liquiditätsengpässen leidet. Mit seiner Wahlhandlung entzieht er sich der Kreditprüfung, die andernfalls bei einem Bankkredit der Vergabe vorausgehen würde. Bei schlechter Ertrags-, Vermögens- oder Liquiditätslage könnte dies zur Kreditrationierung führen. Unter diesem Aspekt relativiert sich auch der hohe Kapitalkostensatz (und die hohe Sicherheitenstellung durch den Eigentumsvorbehalt): Der **Kapitalkostensatz** rechtfertigt sich vor dem Hintergrund der Vermutung, dass es sich bei Schuldnern des Lieferantenkredits um solche mit **hohem Ausfallrisiko** handeln muss. Die Höhe des Kapitalkostensatzes ist dann zu einem erheblichen Anteil mit der darin enthaltenen hohen **Risikoprämie** zu erklären. Zudem weisen Lieferantenkredite als Sicherheitenerfordernis i.d.R. **Eigentumsvorbehalte** auf, meist in der weitest gehenden Form. Hoher Kapitalkostensatz und rechtlich umfassende Sicherheitenstellung charakterisieren den Lieferantenkredit als Standardkreditvertrag, der eine Selbstdeklaration des Schuldnerrisikos hervorruft und wie ein **Sortiermechanismus** zwischen schlechten und guten Kreditnehmern wirkt (vgl. *Berkovitch/Greenbaum* 1991). Jeder **Käufer** einer Ware, der ein **gutes Risiko** darstellt, wird den Lieferantenkredit des Verkäufers nicht in Anspruch nehmen, durch Kreditprüfung bei einer Bank einen laufzeitgerechten Kredit zu niedrigeren Kapitalkosten erhalten und mit der gewonnenen Liquidität die **Skontierung** der Warenrechnung ausnutzen.

### 4.1.2 Kundenkredit

Ganze Branchen wie der Anlagenbau, der Wohnungs- und Industriebau oder Dienstleistungen sind dadurch gekennzeichnet, dass sie überwiegend **singuläre**, **komplexe** und **hochwertige Güter** bzw. **Leistungen** erstellen. Ohne Spezifizierung durch den Käufer oder seine Mitwirkung ist ihre Herstellung selten möglich. Im Grunde werden sie auf Vertragsbasis verkauft, bevor sie hergestellt sind. Dies kann technisch-organisatorisch bedingt sein, etwa weil bestimmte Sachleistungen des Käufers in die Erstellung eingebracht werden müssen (z.B. Komponenten einer Industrieanlage). Ein anderer Grund kann sein, dass eine ökonomisch bedingte Auftragsfertigung vorliegt, da Produkte nach Art, Menge oder Liefertermin ganz auf die speziellen Bedürfnisse eines Käufers vom Hersteller zugeschnitten werden. In diesem Fall ist für den Verkäufer eine anderweitige Verwendung nicht oder nur zu hohen Preisabschlägen möglich (z.B. eine sondergefertigte Spezialmaschine). Der Käufer bringt in solche Güterproduktionen meist (**externe**) **Informationen** ein, die Sachverhalte betreffen, die nur ihm bekannt sind. Aus der Sicht der Dienstleistungsproduktion stellt der Käufer externe Produktionsfaktoren bereit.

Liegen solche Merkmale der **Spezifität** und **Plastizität** von Investitionen vor, handelt es sich um Kontraktgüter. Der Güter- und Dienstleistungsaustausch ist dadurch gekennzeichnet, dass sowohl Verkäufer als auch Käufer einen Input einbringen (vgl. *Kaas* 1992). Neben exogenen Unsicherheiten bei der Herstellung (z.B. zwischenzeitlich wird ein kostengünstigeres substitutionales Produkt von einem Konkurrenten entwickelt) zeichnet sich diese Absatzbeziehung durch ihre speziellen **Verhaltensunsicherheiten** (in der realen Sphäre) aus. So besteht für den Verkäufer das Risiko, dass er spezifische Vorleistungen erbringt bzw. Vorprodukte beschafft, die ausschließlich für diesen speziellen Kundenauftrag verwertbar sind. Damit tätigt er idiosynkratische **irreversible Investitionen** (vgl. hierzu *Schäfer* 1999a, S. 15). Zieht der Auftraggeber plötzlich den Auftrag zurück oder ändert er überraschend einseitig Auftragsbestandteile, entsteht für den Hersteller eine **Hold Up-Situation**: Die beschafften Vorleistungen bzw. Vorprodukte sind für keine andere Verwendung geeignet, **Sunk Costs** entstehen. Der Kundenkredit ist in diesem Sinn als Garantie und als Kooperationsdesign für ein **Prinzipal Agent-Problem** zu interpretieren. Der Kundenkredit kann über seine Finanzierungsfunktion hinaus vor allem als **Kooperationsdesign** zur Regelung von Verhaltensunsicherheiten gesehen werden. Mit der erhaltenen Zahlung sichert sich der Hersteller gegen die Gefahr eines Vermögensschadens durch vertragswidriges Verhalten des Auftraggebers ab und reduziert auf diese Weise die Agency Costs.

Der Kundenkredit wird auch **Abnehmer-**, **Kundenanzahlungs-** oder **Vorauszahlungskredit** genannt. Technisch gesehen leistet der Käufer bei einem Kundenkredit Zahlungen, bevor die Fertigstellung bzw. Lieferung der Ware erfolgt. Die Vorauszahlung des Abnehmers stellt einen Kredit an den Lieferanten dar. Mit ihm tritt im Gegensatz zum Lieferantenkredit nicht der Lieferant, sondern der Besteller (= zukünftiger Abnehmer) als Kreditgeber auf. Er leistet im Voraus teilweise oder vollständig eine Zahlung an den Produzenten bzw. zukünftigen Lieferanten. Nach der Leistungserstellung erfolgt der Ausgleich des Restbetrags, sofern die Höhe der Rechnung nicht vollständig durch die Anzahlung beglichen wurde (vgl. *Perridon/ Steiner* 1999, S. 418).

Beispiel: Die Auftragserteilung zum Bau eines Heizkraftwerks besteht aus folgenden Zahlungsbedingungen:
*25%* der Gesamtkosten zahlbar bei Vertragsabschluss, *25%* der Gesamtkosten zahlbar bei Rohbaufertigstellung, *50%* der Gesamtkosten zahlbar bei Übergabe.

Die Anzahlungen können **zinslos** zur Verfügung gestellt werden. Letztendlich ist die Frage, ob Zinsen in Rechnung gestellt werden oder nicht, durch die Marktstellung des Lieferanten zu beantworten - bei starker Marktstellung wird der Besteller keine Zinsforderungen durchsetzen können. Als **Sicherheiten** dienen dem Kreditgeber Konventionalstrafen und Garantien sowie die im Fertigungsprozess befindlichen Zwischenerzeugnisse. Auch können Bankgarantien zusätzlich seitens des Kreditnehmers beigestellt werden.

### 4.1.3 Kreditversicherung

Die Einordnung eines Versicherungskontrakts in den Finanzierungskontext mag im ersten Augenblick inkonsistent erscheinen, wird Versicherungsgesellschaften doch im Regelfall keine eigentliche Finanzierungs-, sondern eine reine **Risikoschutzfunktion** in Theorie und Praxis zugewiesen: „(...) "reserve theory" is based essentially on the application (and feasibility) of the law of large numbers (...). (...) the "mutuality theory", insurance companies are then intermediaries which sell to every agent the prefered set of contingent claims (...). (...) the "capital market theory", on the one hand, selling insurance contracts is considered as selling contingent securities, the proceeds of which are invested in the capital market, on the other hand" (*Eisen/Müller* 1985, S. 1). Versicherungsunternehmen zahlen in diesem Sinne einen vertraglich festgelegten Betrag (= Versicherungsprämie), wenn die im Kontrakt zugrunde gelegten Umweltzustände, gegen die sich der Versicherte schützen will, eintreten. Aus informationsökonomischer Sicht werden Versicherungsgesellschaften in erster Linie als Informationsproduzenten verstanden. Der Versicherer gibt zum Zeitpunkt des Kontraktabschlusses eine bestimmte **finanzielle Garantie** über den **gegenwärtigen Zustand** des versicherten **Vermögensobjekts** (z.B. Haus, Menschenleben, PKW). Ändert sich während der Laufzeit des Versicherungsvertrags dieser Anfangszustand, indem die versicherten Vermögensobjekte vom Verlust bedroht sind, zahlt der Versicherer für die Wiederherstellung des vereinbarten Zustands.

In einer Welt **begrenzter Rationalität** und existierender **Unsicherheiten** gewinnt eine solche Zustandsgarantie für den Versicherungsnehmer einen eigenständigen **Informationswert**, wenn für ihn davon weitergehende wirtschaftliche Entscheidungen abhängen. Beispielsweise mag sich eine Person erst dann für eine Urlaubsreise nach Taschkent entschließen, wenn sie sicher sein kann, dass dort im Krankheitsfall auch ihre private Krankenversicherung die Kosten der medizinischen Behandlung übernimmt. Ohne Mühe sind Situationen mit Finanzierungsaspekten in ähnlicher Weise konstruierbar: Ein mittelständischer Anlagenbauer entscheidet sich beispielsweise nur dann dazu, einem Interessenten in Taschkent ein Angebot abzugeben, wenn er sicher gehen kann, dass er im Fall des Auftragszuschlags den Forderungswert gegen politische Risiken absichern kann. Versicherungsgesellschaften nehmen damit einen Platz in der Gruppe der Informationsproduzenten ein, indem sie ganz spezifische Informationen aufgrund ihrer speziellen **Transaktionstechnologie** zu niedrigeren Transaktionskosten herstellen können als andere Informationsanbieter (vgl. *Müller* 1981, S. 164ff.).

*In der FAZ vom 19.06.1995 war hierzu eine Pressenotiz zu lesen, die auszugsweise wiedergegeben ist:*

*„Gerling verdient mit der Kreditversicherung wieder Geld*

*In Deutschland fördern die Konjunkturerholung und die zu immer neuen Negativrekorden eilende Zahl der Unternehmenszusammenbrüche gleichermaßen das Geschäft der Gerling-Kreditversicherung. Der Anstieg der Firmeninsolvenzen verstärkt bei den Lieferanten das Bedürfnis, ihre Außenstände zu versichern. (...)“*

Für Gläubiger von Warenforderungen, also Kreditgebern in Handelskrediten, besteht die Unsicherheit in der Gefahr des Ausfallrisikos. Wie bereits mehrfach aufgezeigt, stellt dies ein Informationsproblem dar. Neben den bisher besprochenen Möglichkeiten für den Gläubiger, selbst Screening- und Monitoringprozesse durchzuführen oder sie alternativ an einen Finanzintermediär zu delegieren, stellt die Einschaltung von Versicherungsunternehmen eine weitere Möglichkeit dar.

Instruktiv ist der **historische Vergleich** zwischen Finanzierung und Versicherung wie ihn *Rudolph* nachvollzieht: „Von alters her gibt es starke inhaltliche und institutionelle Verbindungen zwischen der Kredit- und Versicherungswirtschaft. Als Beispiel ist es nützlich, auf das in der Antike bei den Griechen und Römern übliche und dann bis ins 12. Jahrhundert gepflegte Seedarlehen hinzuweisen, das Kreditvergabe und Kreditversicherung in einem war. (...) Beim Seedarlehen wurde die gesamte Sicherungssumme für das Schiff und seine Ladung bereits beim Auslaufen des Schiffs an den Eigner übergeben. Kam das Schiff wohlbehalten zurück, musste der Schiffseigner die ganze Summe wieder zurückgeben und dazu noch einen erheblichen Aufschlag als Zins. (...) Typisch für das Seedarlehen ist die Rückführung des Kredits aus dem erwirtschafteten Cash Flow (...). Wird kein Cash Flow erwirtschaftet, weil Freibeuter das Schiff kapern und sich die Schiffsladung sozusagen unentgeltlich aneignen oder wenn das Schiff untergeht, dann braucht der Kaufmann den Kredit nicht zurückzuzahlen; er ist versichert und trägt das Unternehmerrisiko für sein Projekt nur als möglichen Gewinnentgang“ (*Rudolph* 1987, S. 656).

Der in heutiger Zeit maßgebende Versicherungskontrakt bezüglich des Ausfallrisikos von Güter- und Leistungstransaktionen stellt die **Kreditversicherung** dar. In einer ersten Kennzeichnung stellt sie einen **Versicherungsvertrag** dar, der den Ausfall von Waren- und Dienstleistungsforderungen absichert und der von einem **Versicherungsnehmer** (= Lieferant oder Exporteur) mit einem **Versicherer** (= Versicherungsgesellschaft) abgeschlossen wird. Private Kreditversicherungsgesellschaften übernehmen für Lieferanten innerhalb des deutschen Markts dadurch das **Ausfallrisiko** aufgrund einer **Insolvenz** von Abnehmern. Man spricht dann von einer **Warenkreditversicherung**. Wird von einer Versicherungsgesellschaft das Risiko von grenzüberschreitenden Forderungen gegen Ausfall für einen Exporteur versichert, handelt es sich um eine **Ausfuhrkreditversicherung**. In beiden Fällen (= Versicherungssparten) wird mit Eintritt des Risikoereignisses „Forderungsausfall“ **Liquidität** von der Versicherungsgesellschaft bereitgestellt. Damit wird, um in der informationsökonomischen Darstellungsweise zu bleiben, der Zustand wieder hergestellt, der zum Zeitpunkt des Vertragsabschlusses bestand: Die hundertprozentige nominale Werthaltigkeit der vom Versicherungsvertrag gedeckten Forderung. Dies stellt auch die **Zustandsgarantie** des Versicherungsunternehmens dar. Der Zustand wird aber nicht in identischer Weise wieder hergestellt werden können, sondern nur in wertmäßiger Form.

Die Abgabe der Zustandsgarantie durch das Versicherungsunternehmen basiert auf einer vorherigen Einschätzung, wie wahrscheinlich und in welcher Höhe die zu versichernden Forderungen einem **Ausfallrisiko** unterliegen. Damit steht ein Versicherungsunternehmen vor dem gleichen Problem wie jeder Kreditgeber: Es liegt eine asymmetrische Informationsverteilung vor, das Versicherungsunternehmen ist schlechter informiert als die Schuldner bezüglich deren Rückzahlungsmöglichkeiten, d.h. deren die Rückzahlung speisenden Investitionserträge. Zudem ist für das Unternehmen eine Verhaltensunsicherheit der Schuldner nicht von vornherein auszuschließen. Das Versicherungsunternehmen betrachtet also ebenfalls einen **gepoolten Versicherungsmarkt** und muss die zu versichernden Forderungen in einzelne Risikoklassen **separieren**. Das Versicherungsunternehmen bedient sich jetzt ähnlicher Kooperationsdesigns wie andere Finanzintermediäre. Der relative Vorteil in der Transaktionstechnologie basiert bei Versicherungsunternehmen wie bei Kreditinstituten auf den Erfahrungen, die aus **Versicherungshistorien** gewonnen wurden. Von seiner Struktur her verdeutlicht nachfolgende Abb. III-27 die **Beziehungen**, die in einem typischen Kreditversicherungsvertrag bestehen. Die Bereitschaft zur Übernahme eines Versicherungsschutzes durch das Versicherungsunternehmen hängt denn auch zuerst von einer vorausgegangenen **Bonitätsprüfung** der Schuldner (= Abnehmer, Debitoren des Versicherungsnehmers) ab (Pfeil 1). Bis an diese Stelle der Betrachtungen mag zwischen Versicherungsvertrag und Kreditvertrag kaum ein Unterschied gesehen werden. Versicherungsunternehmen stehen aber vor einem zusätzlichen Informationsproblem: Zwischen ihnen und den Versicherungsnehmern besteht meist eine **asymmetrische Informationsverteilung** hinsichtlich der **Schadeneintrittswahrscheinlichkeit**, wenn der Versicherungsnehmer über diese informiert ist. Des Weiteren kann bei Versicherungsnehmern **Moral Hazard** vorliegen: Dies ist immer dann möglich, wenn das Ausmaß eines Schadens im Entscheidungs- bzw. Handlungsbereich des Versicherungsnehmers liegt, es für die Versicherungsgesellschaft unmöglich ist, dessen Handlungen von der exogenen Unsicherheit zu trennen und der Versicherungsnehmer diesen diskretionären Handlungsspielraum in seinem Interesse und gegen das Versicherungsunternehmen ausbeutet (vgl. *Eisen* 1979, S. 111-121). Neben der Prüfung der Reputation des Versicherungsnehmers kommt vor allem der Vertragsgestaltung eine besondere Rolle im Rahmen der Kooperationsdesigns bei Versicherungsverträgen zu. Abzugsfranchisen oder Selbstbehaltspolicen stellen anreizorientierte Kooperationsdesigns im Prinzipal Agent-Problem dar.

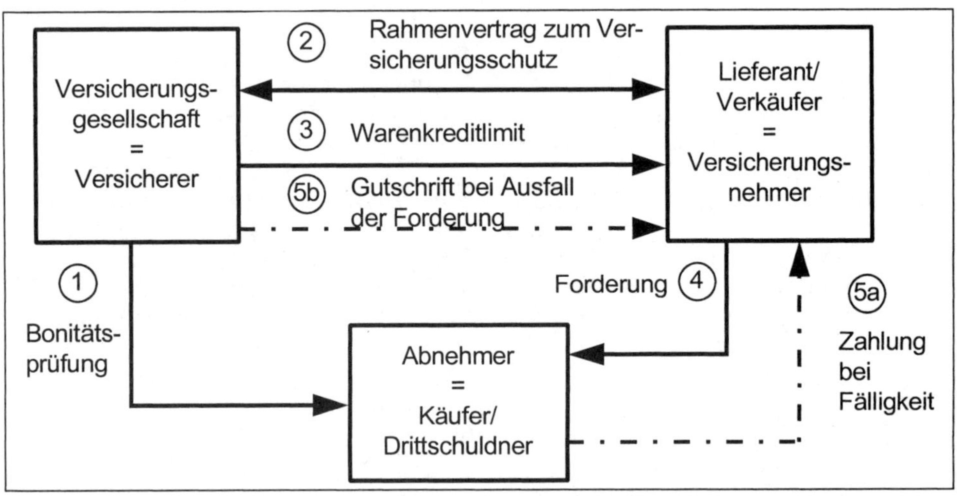


Abb. III-27: Beziehungen im Rahmen einer Kreditversicherung

Zentrale Rolle in der Kreditversicherung kommt daher der Ausgestaltung des Versicherungsvertrags zu, der als Rahmenvertrag zwischen einem Versicherer und einem Lieferanten als Versicherungsnehmer abgeschlossen wird. Hierin werden die generellen **Bedingungen** des **Versicherungsschutzes** festgelegt, z.B. Gesamtbetrag der zu versichernden Forderungen, Prämienhöhe und Selbstbeteiligung im Schadenfall (Pfeil 2). Der Versicherungsnehmer erhält damit ein generelles Warenkreditlimit für die vom Versicherer überprüften Abnehmer. Bis zum jeweiligen Limit kann der Versicherungsnehmer im Forderungsausfall maximalen Versicherungsschutz ausschöpfen (Pfeil 3).

Welche konkreten Forderungen in den Versicherungsschutz einbezogen werden, wird in der Regel erst unmittelbar vor der Lieferung des Lieferanten an den Kunden im Einzelnen festgelegt. Anschließend erfolgt die Warenlieferung bzw. Dienstleistungserstellung durch den Lieferanten, wodurch die Forderung gegenüber dem Abnehmer entsteht (Pfeil 4). Zahlt der Abnehmer bei Fälligkeit der Forderung, wird die Versicherungsgesellschaft vom Lieferanten nicht in Anspruch genommen (Pfeil 5a). Kommt es dagegen zu einem vollständigen oder teilweisen Forderungsausfall wegen Zahlungsunfähigkeit des Abnehmers, begleicht die Versicherungsgesellschaft im Rahmen der Vertragsvereinbarungen den ausgefallenen Forderungsbetrag (Pfeil 5b). Die **Höhe** des **übernommenen Ausfallrisikos** liegt zwischen ***70**%* **bis** ***80**%* des zuvor eingeräumten Warenkreditlimits für einen Debitor. Voraussetzung für die Auszahlung der Schadenssumme ist der gerichtliche Nachweis der Zahlungsunfähigkeit des Abnehmers. Durch die Schadensvergütung im Insolvenzfall gleicht der Versicherer nach Abzug der Selbstbeteiligung den Liquiditätsverlust des Lieferanten aus.

Aus der Informationsproduktion der Versicherungsgesellschaft im Rahmen der Risikoüberprüfungen entstehen quasi als Kuppelprodukt Datenbänke, die einen aktiven zusätzlichen Informationsverkauf ermöglichen. Anders als ein Lieferant und ähnlich einem Kreditinstitut gewinnt auch ein **Kreditversicherer**, der auf unterschiedlichen Märkten und Branchen **spezialisiert** ist, vielfältige Informationen über die zu beliefernden Unternehmen. Die Kreditversicherung bietet über diesen eigentlichen Vertragszweck hinaus weitere Leistungen, die dem Risikomanagement dienen. Der Kreditversicherer, der häufig mehrere, teilweise alle Lieferanten eines bestimmten Unternehmens versichert, kann unter Kostengesichtspunkten u.U. eine **intensivere, komplexere Analyse** im Rahmen der Bonitätsprüfung betreiben als der jeweilige einzelne Lieferant. Der Kreditversicherer kann teilweise besser unmittelbar vom Abnehmer Informationen erhalten, z.B. in Form von Jahresabschlüssen, oder er verfügt über versicherungsinterne Datenquellen.

Zwei besondere **Vorteile der Kreditversicherung** sind zu nennen:

- Der Kreditversicherer gewährleistet durch seine ständige Überwachung der einzelnen Risiken eine kontinuierliche Sicherheit in der Bonitätseinschätzung. Aus dieser kontinuierlichen **Kenntnis der Risiken** (= der Abnehmer) heraus kann der Versicherer den Antrag des Versicherungsnehmers in der Regel innerhalb kurzer Zeit entscheiden, und das unternehmenseigene **Kreditmanagement** kann der Abwicklung eines Auftrags sofort zustimmen. Führt die Bonitätsprüfung des Versicherers dagegen zur Befürchtung, dass das Ausfallrisiko überdurchschnittlich hoch sein dürfte, wird ein Lieferant möglicherweise von vornherein keine Geschäftsbeziehung in Erwägung ziehen. Dadurch lassen sich nicht notwendige, u.U. aufwändige **Vertragsanbahnungskosten** im Vorfeld der Geschäftbeziehung **vermeiden**.
- Der Kreditversicherer hat als **neutraler Dritter** anders als das unternehmenseigene Kreditmanagement eines Versicherungsnehmers (= im einfachsten Fall die Debitorenbuchhaltung) eine unabhängige Stellung gegenüber dem Verkaufsmanagement des liefernden Unternehmens. Verkaufspolitischen Zwängen ist der Kreditversicherer nicht unterworfen und kann deshalb eher die objektivierte Kreditentscheidung vorbereiten. Der Versicherungsnehmer hat damit die Gewähr für eine ausgewogene Verkaufspolitik, die nicht nur die Maximen des Verkaufsmanagements, sondern auch denen des Risikomanagements Rechnung trägt.

Lesehinweis: Zur Vertiefung der Kreditversicherung vgl. *Meyer* (1997)

Diese Vorteile der Kreditversicherung werden in der **Ausfuhrkreditversicherung** noch verstärkt. Die Möglichkeiten gerade für mittelständische Unternehmen, jeden einzelnen zu beliefernden **Auslandsmarkt** mit der erforderlichen Sachkenntnis zu durchdringen, sind häufig gering bzw. verursachen prohibitiv hohe Kosten. Demgegenüber hat der Kreditversicherer die Möglichkeit, in spezialisierten Länderabteilungen Experten in rechtlicher und wirtschaftlicher Hinsicht bei der **Bonitätsüberprüfung** einzusetzen. Kontakte zu lokalen Banken, Auskunfteien und kooperierenden ausländischen Kreditversicherungsgesellschaften verschaffen dem Versicherer einen entsprechenden Informationsvorsprung. Dieser ermöglicht eine schnelle und risikoarme Abwicklung des Exportgeschäfts.

### 4.1.4 Factoring

Eine in finanzierungs- und versicherungstheoretischer Sicht grundsätzliche Ähnlichkeit zur Kreditversicherung besteht beim Factoring. Diese auch als dynamische Absatzfinanzierung bezeichnete Form von Kreditsubstitut bezeichnet den **Ankauf** von **Forderungen** aus Warenlieferungen und Dienstleistungen. Wie bei der Kreditversicherung werden diesbezüglich betragliche **Limite** festgelegt, innerhalb derer ein Lieferant Forderungen gegen gewerbliche und private Abnehmer im Inland und Ausland an den Factor (Factoringgesellschaft, Bank oder Sparkasse) vor Fälligkeit verkaufen kann. Es erfolgt beim Factoring also eine **Bevorschussung** des **Kaufpreises** einer Forderung. Damit wird nach Zustandekommen des Factoringvertrags nicht durch den Schadenseintritt „Forderungsausfall" ein Zahlungsstrom ausgelöst, sondern durch einen Forderungsverkauf. Mit dem Ankauf der Forderung vor Fälligkeit übernimmt der Factor wie die Kreditversicherung die Deckung des Forderungausfalls, nur mit dem Unterschied einer *100%*igen **Übernahme** des **Ausfallrisikos** (= Delkredererisiko).

Neben dieser Einordnung des Factoring aus finanzierungstheoretischer Sicht ist das spezifische **Einsatzfeld** in der Unternehmensfinanzierung zu sehen. Ziel des Factoring ist vor allem, den Forderungsverkäufer in die finanzielle Lage zu versetzen, Rechnungen seiner Vorlieferanten unter Abzug von Skonti, Rabatten und Preisnachlässen begleichen zu können. Insofern kommt Factoring in der Pecking Order der Finanzinstrumente spätestens dann zum Einsatz, wenn kurzfristige Kreditlinien bei Kreditinstituten nicht mehr erweiterbar sind und der weitere Finanzbedarf nur durch Lieferantenkredite gedeckt werden kann: Wenn für Betriebsmittelkredite eines Kreditinstituts keine Sicherheiten mehr vom Kreditnehmer vorgelegt werden können, bleibt als Sicherheit häufig nur noch das kurzfristig gebundene Betriebsvermögen aus Warenlager und Kundenforderungen. Wegen des darauf teilweise lastenden Eigentumsvorbehalts der Vorlieferanten und der schwierigen Ermittlung des Sicherungswerts ist der Beleihungsspielraum des Umlaufvermögens dann oft erheblich eingeschränkt. Es hat sich für diese Situationen eine Praktikerformel herausgebildet: Bewertungsspielraum Umlaufvermögen entspricht maximal *50%* der Summe aus Warenbeständen und Kundenforderungen abzgl. Lieferantenschulden. Die Beleihung von Waren und Warenforderungen geht daher zu Lasten von Liquidität. Der Verkauf von Forderungen aus Warenlieferungen und Leistungen im Rahmen des Factoring ermöglicht dagegen Liquiditätsschöpfung.

Lesehinweis: Ein anschauliches Beispiel zur liquiditätsstrategischen Rolle des Factoring findet sich bei *Swoboda* (1994, S. 144-147).

Abb. III-28 zeigt die Beziehung der Beteiligten im Überblick.

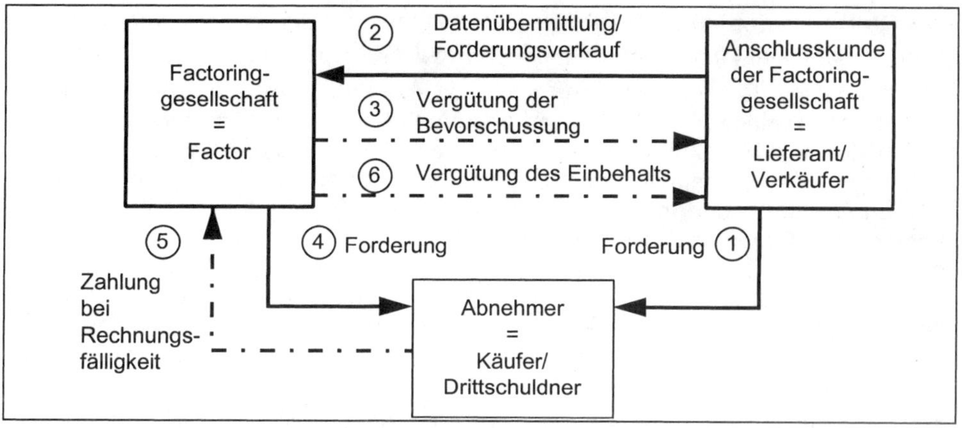


Abb. III-28: Grundstruktur des Factoring

Ausgangspunkt ist die Warenlieferung bzw. Dienstleistungserstellung eines Lieferanten (= Anschlusskunde, Factoringkunde, Klient) an einen Abnehmer und die Rechnungsstellung (Pfeil 1). Besteht zwischen Klient und Factoringgesellschaft (= Factor) ein Factoringvertrag, so übermittelt der Lieferant die Rechnungsdaten an den Factor und veräußert die Forderung (Pfeil 2). Der Factor kauft im Rahmen von Kauflimiten die Forderung an und bevorschusst diese, d.h., er vergütet dem Klienten bis zu **max. *90%*** des **Rechnungsbetrags** (Pfeil 3). Der **Einbehalt** wird bis zu etwa drei Monate nach dem Fälligkeitstag der jeweiligen Rechnung auf einem **Sperrkonto** gehalten. Sollte es beim Begleichen der Rechnungen zu Beanstandungen seitens des Drittschuldners kommen (z.B. Geltendmachen von Abzügen wegen schadhafter Ware, d.h. Mängelrüge) und der Rechnungsbetrag gekürzt werden, verrechnet der Factor diese Minderung mit dem Sperrkonto-Betrag. Im Übrigen behält sich der Factor das Recht vor, einzelne eingereichte **Forderungen** gegenüber Schuldnern, die aus seiner Sicht von mangelnder Bonität sind, **auszusondern** und den Ankauf abzulehnen. Kauft der Factor Forderungen an, so ist er jetzt anstelle des Klienten Gläubiger aus der Forderung gegenüber dem Kunden (Pfeil 4). Bei Rechnungsfälligkeit zahlt der Abnehmer im Rahmen des offenen Factoring an den Factor (Pfeil 5). Nach Zahlungseingang vergütet der Factor dem Klienten den Einbehalt (mindestens *10%*) (Pfeil 6). Den Liquiditätsfluss für einen Forderungsverkauf bei Zahlung durch den Abnehmer verdeutlicht.

Kommt es zum teilweisen oder vollständigen Forderungsausfall, übernimmt bei vertraglich vereinbarter **Delkrederefunktion** die Factoringgesellschaft das Eintreiben der Forderung. Sie setzt für den Klienten das Mahnwesen in Gang und überwacht den Forderungseingang. In der Factoringbranche ist es üblich, dass ***120*** **Tage** nach einem **erfolglosen Mahnverfahren** der Einbehalt an den Klienten ausgezahlt wird.

Die Grundlage des Factoringgeschäfts ist ein Vertrag zwischen Factor und Klient. Der Vertrag hat eine **Grundlaufzeit** von gewöhnlich zwei bis vier Jahren. Für Factoring sind Forderungen geeignet, die auf dauerhaften Geschäftsverbindungen beruhen, da dies für einen kontinuierlichen Informations- und Forderungsfluss sorgt. Rechtliche Grundlage des Factoring, also des Forderungsankaufs durch einen Factor, ist die Forderungsabtretung in der Form der **Globalzession**. In der umfassendsten Vertragsausgestaltung ist der Factor verpflichtet, diese Forderungen im Rahmen der vorher festgelegten Kauflimite zu kaufen und zu bevorschussen sowie das Risiko des Forderungsausfalls zu übernehmen. Häufig wird er vom Klient auch mit der Verwaltung der Forderungen beauftragt.

Vor Abschluss des Factoring-Vertrags prüft der Factor zunächst die Geschäfts- und Bilanzunterlagen des künftigen Klienten. Der Factor verfügt dabei gegenüber einem Kreditinstitut über den Vorteil, **direkte** institutsspezifische **Erfahrungen** mit Zahlungen von Rechnungen durch abgetretene Forderungen zu verfügen, da die **Zahlungen** der **Abnehmer** i.d.R. **direkt** an den Factor geleistet werden. Der Factor erhält ferner eine Liste der Abnehmer des Klienten, denen ein Kreditrahmen eingeräumt und Zahlungsziele von *90* Tagen im Inland und *180* Tagen im Ausland zugestanden wurden. Vom Ausgang dieser **Bonitätsprüfung** ist es abhängig, ob der Factor den Vertrag mit dem Klienten abschließt, welches Limit er anbietet, d.h., bis zu welcher Betragshöhe er insgesamt eingereichte Rechnungen ankauft (= Kauflimit) und wie hoch der Einbehalt im Einzelfall ist.

Beispiel: Der Firma Mustermann, ein Unternehmen des Großhandels, wurde von einer Factoringgesellschaft ein Limit in Höhe von *20.000 €* bei einem Einbehalt von *10%* eingeräumt. Die Firma Mustermann reicht zwei Rechnungen ein, die wie folgt abgerechnet werden:

| | | |
|---|---|---|
| eingereichte Rechnung *1* | *15.000 €* | |
| Ankauf | *15.000 €* | |
| **Auszahlung** | | ***13.500 €*** |
| eingereichte Rechnung *2* | *10.000 €* | |
| Ankauf | *5.000 €* | |
| **Auszahlung** | | ***4.500 €*** |
| Zahlungseingang *1* | *15.000 €* | |
| Auszahlung Einbehalt | *1.500 €* | |
| Nachkauf Rechnung 2 | *5.000 €* | |
| **Auszahlung Nachkauf** | | ***4.500 €*** |

Tab. III-9: Die Funktion des Kauflimits im Beispiel

Kommt der Vertrag zustande, wird der Klient bis zur maximalen Limithöhe insgesamt Rechnungen an den Factor verkaufen können.

Man unterscheidet drei Funktionen des Factoring, die aber nicht zwingend alle von Klienten in Anspruch genommen werden müssen (vgl. *Süchting* 1995, S. 196-197):

<table>
<tr><td>Finanzierungs-funktion</td><td>Ankauf und Bevorschussung (= Kreditierung) der Forderungen</td><td rowspan="2">unechtes<br><br>Factoring<br><br>(non-recourse Factoring)</td><td rowspan="3">echtes<br><br>Factoring<br>(recourse Factoring, Full service Factoring)</td></tr>
<tr><td>Dienstleistungs-funktion</td><td>Verwaltung der Forderungen, d.h. Erstellung von Rechnungen für den Klienten, Führen der Debitorenbuchhaltung und des Mahnwesens, Inkasso auch von nicht abgetretenen Rechnungen, Beratungsaufgaben (z.B. Analyse von Absatzmärkten)</td></tr>
<tr><td>Delkrederefunktion</td><td>Übernahme des Risikos einer möglichen Zahlungsunfähigkeit von Abnehmern (= Käufern der Güter und Dienstleistungen, Gläubiger), d.h. Übernahme des Bonitätsrisikos zu 100%</td><td></td></tr>
</table>

Abb. III-29: Funktionen des Factoring und die Art des Factoringgeschäfts

Für die Unterscheidung der Factoringgeschäftsarten ist die **Delkrederefunktion** ausschlaggebend (vgl. *Perridon/Steiner* 1999, S. 433):

- Beim **unechten Factoring** handelt es um ein Kreditgeschäft seitens der Factoringgesellschaft an einen Klienten. Die Besicherung erfolgt durch eine Globalzession. Man bezeichnet das unechte Factoring in der Rechtsprechung als Zessionskredit. In diesem Fall wird der Drittschuldner wie bei der **stillen Forderungsabtretung** von der Übertragung der Forderung auf den Factor nicht in Kenntnis gesetzt. Kennzeichnend für den Zessionskredit ist, dass mit ihm Forderungen in Höhe von *30* bis *50%* vorfinanziert werden. Nach § 19 KWG zählen daher auch die im Rahmen des unechten Factoring angekauften Rechnungen zu den „**entgeltlich erworbenen Geldforderungen**", die gesetzlich als Kredite bezeichnet sind. Die Unterschiede zwischen Factoring und Zessionskredit werden in Abb. III-30 gegenübergestellt.
- Das echte Factoring zeichnet sich durch Aufkauf der Forderungen eines Klienten durch den Factor **ohne Rückgriffsrecht** aus. Im Fall, dass eine der vom Factor angekauften Forderungen am Fälligkeitstermin vom Schuldner nicht beglichen werden kann, trägt der Factor das Risiko des teilweisen oder vollständigen Ausfalls dieser Forderung. Der Klient hat hingegen bereits vor Fälligkeit den anteiligen Rechnungsbetrag erhalten. Für ihn ergibt sich durch das echte Factoring die Möglichkeit, sich vor der steigenden Insolvenzgefahr und dem dadurch gewachsenen Ausfallrisiko zu schützen.

| Factoring | Zessionskredit |
|---|---|
| kein bilanzieller Forderungsausweis beim Verkäufer der Forderungen | bilanzieller Forderungsausweis beim Kreditnehmer |
| Forderungsverkauf, d.h. rechtliche Grundlage ist ein Kaufvertrag | rechtliche Grundlage ist ein Kreditvertrag mit anteiliger Abtretung von Forderungen als Kreditsicherheiten |
| sofortiger hoher Finanzierungsgrad, da i.d.R. bis auf den Einbehalt von 10% die gesamte Forderungshöhe bevorschusst wird | Höhe der Finanzmittelbereitstellung abhängig von der Beleihungsgrenze, die bei etwa *60%* der eingereichten Forderungshöhe liegt |
| Übernahme zusätzlicher Dienstleistungen | keinerlei weitere Dienstleistungen zusätzlich zur Kreditvergabe |
| keine Regresspflichten des Verkäufers der Forderungen im Fall säumiger Drittschuldner aus den verkauften Forderungen | vollständige Regresspflicht des Kreditnehmers für die von ihm abgetretenen Forderungen |
| umsatzkongruente Finanzierung | keine umsatzkongruente Finanzierung |
| keine Selbstbeteiligung bei Forderungsausfall | grundsätzlich bis zu *30%* ausschließbar, wenn zusätzlich vom Kreditnehmer eine Warenkreditversicherung abgeschlossen wird |
| laufende Bonitätsüberwachung der Drittschuldner durch den Factor | Bonitätsüberwachung der Schuldner verbleibt beim Kreditnehmer |
| Rechtsform des Eigentümerwechsels beim Forderungsübergang: Globalzession | Rechtsform des Eigentümerwechsels beim Forderungsübergang: i.d.R. Mantelzession |

Abb. III-30: Gegenüberstellung der Unterschiede von Factoring und Zessionskredit

Factoringgeschäfte können sich hinsichtlich der Finanzierungsfunktion unterscheiden. Beim **Maturity Factoring** vereinbart der Factor den Ankauf von Forderungen zu einem individuellen oder durchschnittlichen Fälligkeitszeitpunkt. Es liegt **keine Finanzierung** vor. Demgegenüber **bevorschusst** der **Factor** beim **Standard Factoring** (= Advanced Factoring) die Forderung ab dem Zeitpunkt des Ankaufs. Zu diesem Zweck übermittelt der Klient dem Factor jeweils seine ausgehenden Rechnungen, die er seinen Abnehmern (= Drittschuldner) schickt. Wenn der Factor die Debitorenbuchhaltung im Rahmen einer vereinbarten Dienstleistungsfunktion ausübt, werden ausschließlich die erforderlichen Kundendaten (z.B. Rechnungsbetrag und Fälligkeit) übermittelt.

Eine weitere Unterscheidung betrifft die **Art** der **Forderungsabtretung** - wie die Voraussetzung für die Rechtswirksamkeit des Factoringvorgangs erfüllt wird. Beim **offenen Factoring** (= notifiziertes Factoring, Notification-Factoring) wird dem Abnehmer in der Rechnung vom Klienten die Forderungsabtretung angezeigt. Dies entspricht der offenen Zession und erfolgt praktisch durch eine entsprechende Kennzeichnung der Rechnung an den Abnehmer. Gleichzeitig wird die Bankverbindung des Factors angegeben, an welche die Zahlung zu leisten ist. Der Drittschuldner hat mit befreiender Wirkung nur an den Factor zu zahlen. Dem **stillen Factoring** (= nicht notifiziertes Factoring, Non-Notification-Factoring) liegt dagegen eine stille Zession zugrunde; der Abnehmer wird nicht von der Forderungsabtretung informiert. Er leistet bei Fälligkeit der Forderung Zahlung an den Klienten des Factors, der den Betrag an diesen weiterleitet. Zwischen beiden Formen besteht die Möglichkeit des halboffenen Factoring: Der Klient informiert den Abnehmer in der Rechnung über seine Zusammenarbeit mit dem Factor. Da der Klient nicht die Abtretung der Forderung als solches erklärt, hat der Abnehmer die Wahl, an den Klienten oder an den Factor zu leisten (vgl. *Adrian/Heidorn* 2000, S. 534).

<u>Lesehinweis:</u> Einen Überblick zum Factoring liefert *Schepers* (1995).

Die **Kapitalkosten** des Factoring richten sich u.a. nach der Bonität der Abnehmer, der Beurteilung des Klienten durch den Factor und dem Geschäftsumfang. Für die Finanzierung aufgrund der Bevorschussung werden **Zinsen** nach Marktlage in Rechnung gestellt. Bei Übernahme des Ausfallrisikos wird eine **Delkrederegebühr** in Höhe von durchschnittlich ca. *0,2* bis *0,5%* des Umsatzes fällig, für zusätzliche Dienstleistungen (z.B. Debitorenbuchhaltung) kommt eine **Factoringgebühr** in Höhe von ca. *0,5* bis *2,5%* gemessen am Umsatz hinzu. Gängig ist auch, Dienstleistungs- und Delkrederegebühr als einheitliche Gebühr vom Rechnungsbetrag zu erheben. Die laufende **Prüfung** der **Bonität** der Abnehmer wird mit **Limitgebühren** pro Limit und Jahr in Rechnung gestellt.

<u>Beispiel</u>: Die Werkzeug GmbH hat einen monatlichen Umsatz von *800.000* €. Das durchschnittliche Zahlungsziel beträgt *30* Tage. Ein Factor unterbreitet folgendes Angebot:

| | |
|---|---|
| Dienstleistungsgebühr: | *1,5%* des Umsatz |
| Delkrederegebühr: | *0,8%* des Umsatz |
| Zinsen: | *10,8%* p.a. |

Die monatlichen Kosten des Factoring betragen in diesem Fall für die Werkzeuge GmbH bei vollständigem Verkauf der Forderungen:

| | | | |
|---|---|---|---|
| Dienstleistungsgebühr: | *800.000 · 0,015* | = | *12.000* € |
| Delkrederegebühr: | *800.000 · 0,008* | = | *6.400* € |
| Zinsen: | *800.000 · 0,108/12* | = | *7.200* € |
| **Kosten des Factoring pro Monat** | | | ***25.600* €** |

Factoring eignet sich vor allem für **junge wachstumsstarke Unternehmen**, sofern sie einen **Jahresumsatz** von mindestens ***0,5* Mio. €** haben und einen festen Kundenstamm aufweisen. Die Spannweite der in Frage kommenden Unternehmen, für die sich Factoring eignet, reicht aber bis zu etablierten **multinationalen Konzernen**. Der größte Teil des Factoring-Umsatzes in Deutschland entfällt auf Industrie- und Großhandelsunternehmen, wobei die klassischen **Branchen** der Factoring-Nutzer aus den Bereichen wie Textilien, Lebensmittel, Metall- und Holzverarbeitung bzw. –handel, EDV (Hardware) oder Automobilzulieferung entstammen. Die Dienstleistungsunternehmen, die einen weit geringeren Anteil am gesamten Factoring-Umsatz haben, sind vor allem den Branchen Personal- und Mobilien-Leasing, Gebäude-Management oder Softwareentwicklung zuzurechnen (vgl. *Deutscher Factoring-Verband e.V.* 2001, S. 5).

Die finanzwirtschaftliche Eignung des Factoring aus Unternehmenssicht fasst die nachstehende Abb. III-31 in einer Gegenüberstellung zusammen (vgl. *Perridon/ Steiner* 1999, S. 434, *Süchting* 1995, S. 197 und *Büschgen* 1991, S. 95).

| Vorteile | Nachteile |
|---|---|
| Ertragsvorteile im Einkauf (Skonti, Boni, Mengenrabatte, Sonderkonditionen) können geltend gemacht werden. | Bei umfassendem Factoring (z.B. Auslagerung der Buchhaltung zur Factoringgesellschaft) ist eine Abhängigkeit vom Factor unvermeidlich. |
| Einsparung von Personal- und Sachkosten bei der Debitorenbuchhaltung, der Kreditprüfung und dem Mahnwesen durch Outsourcing. | Verkauf von Forderungen kann im Rahmen der Abtretung zu Rechtsproblemen führen (z.B. Kollision mit verlängertem Eigentumsvorbehalt). |
| Schnellere und pünktlichere Zahlung vom Factor erlaubt genauere Finanzdisposition und ggf. Ausdehnung des Umsatzes, insbesondere, wenn vor Aufnahme des Factoring ein Kreditengpass bestand. Kongruente oder dynamische Anpassung des Finanzierungsvolumens mit der Umsatzentwicklung. | Im Rahmen des notifizierten Factoring möglicherweise negative Standing-Effekte (z.B. Imageverluste) des Klienten gegenüber dem Drittschuldner, wenn dieser nicht zwischen Factoring und Abtretung im Rahmen eines Bankkredits unterscheiden kann und daher beim Klienten Liquiditätsengpässe vermutet. |
| Liquiditätszufuhr z.B. durch freigewordene Finanzmittel aufgrund des Abbaus von Außenständen und umsatzkongruenter Finanzierung. | Erschwerte Kundenpflege, wenn das Mahnwesen ausgelagert und dann u.U. nicht mehr kundenspezifisch steuerbar ist. |
| Bilanzpolitische Verbesserungen, z.B. bei Bilanzrelationen aufgrund des Abbaus von Verbindlichkeiten und dadurch höhere Bonität. | Ungeeignet für Unternehmen, die weitgehend bar Geschäfte abwickeln oder sehr kurze Zahlungsziele haben (z.B. Einzelhandel). |
| Vermeidung von Forderungsverlusten wegen Insolvenzen von Abnehmern, da *100%*ige Übernahme des Ausfallsrisikos durch Factor. | Kapitalfreisetzungseffekt durch Factoring ist nur einmal realisierbar. |
| Keine Nachweispflicht über Zahlungsunfähigkeit bei Forderungsausfall. | Finanzierung auf Wechselbasis kann u.U. günstiger sein. |

Abb. III-31: Vor- und Nachteile des Factoring

Der Bekanntheitsgrad von Factoring in der Wirtschaft ist in den letzten Jahren merklich gestiegen. Zunehmend sind mittelständische Unternehmer an Factoring interessiert und prüfen, ob die komplexe Finanzdienstleistung auch für ihr Unternehmen rentabel ist. Vor allem mit „Full-Service-Factoring" wird gleichzeitig kontinuierlich, mit dem Umsatz wachsende Finanzierung der Außenstände, der *100%*ige Schutz vor Forderungsausfall und die Entlastung von Debitorenmanagement gesenkt. Je nach Bedarf der Kunden bieten die Factoring-Institute individuelle Leistungskombinationen an, wie z.B. Eigenservice-Factoring (= **Inhouse- oder Bulk-Factoring**), das Finanzierung und Schutz vor Zahlungsausfällen umfasst, während das Debitorenmanagement von dem Unternehmen weiterhin selbst geleistet wird. Auch durch neue Datenübertragungstechniken ist die Abwicklung des Factoring weiterentwickelt worden (= **Online-Factoring**).

Als **Export-Factoring** wird der Forderungsverkauf zunehmend auch als Kreditsubstitut in der Außenhandelsfinanzierung eingesetzt, wobei zunehmend mittelständische Unternehmen diese Finanzierungsvariante bei der Erschließung von Auslandsmärkten einsetzen.

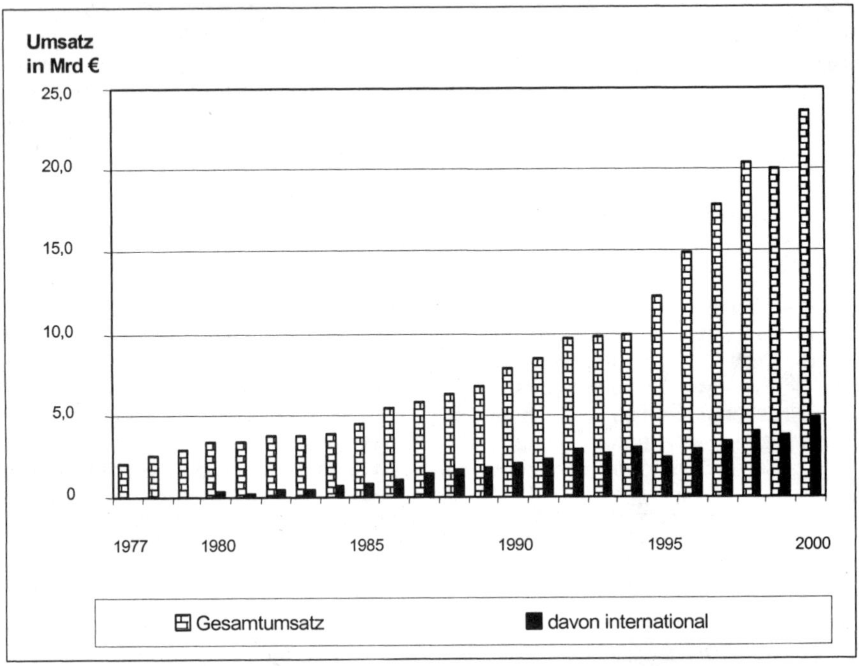


Abb. III-32: Umsatzentwicklung des Factoringgeschäfts in Deutschland
(Quelle: *Deutscher Factoring-Verband e.V.* 2001, S. 4)

Wahrscheinlich aufgrund der **Aufhebung** des sog. „**Abtretungsverbots**" durch die Reform des § 354a HGB im Juli 1994 dürfte sich der Factoringumsatz in Deutschland daraufhin ausgeweitet haben. Demzufolge wird Vollkaufleuten grundsätzlich die Abtretung ihrer Forderungen erlaubt, auch wenn ein Verbot in den Allgemeinen Geschäftsbedingungen der Drittschuldner besteht. Nach ihrer **Entstehungsgeschichte** betrachtet wurde die Technik des Forderungsverkaufs bereits im Mittelalter gehandhabt. In **Deutschland** fasste das Factoring erst Ende der **fünfziger Jahre** nach und nach Fuß. Seit den **achtziger Jahren** ist in Deutschland ein **kontinuierlicher Anstieg** zu verzeichnen. So lag der Umsatz der Factoringgesellschaften in Deutschland im Jahr 2000 bei etwa *23,5* Mrd. €, von denen der größte Teil auf Inlandsforderungen entfiel (*79%*). Die ausländischen Forderungen nahmen einen Anteil von *21%* ein und betreffen im Wesentlichen das Export-Factoring. Im internationalen Factoring, dass sich weitgehend auf das europäische Ausland erstreckt, spiegelt sich die gleichen Branchstruktur wie im Inlandsgeschäft wider. Abb. III-32 zeigt den Wachstumstrend des Factorings seit Ende der 70er Jahre.

Die **Auswirkungen** von **Factoring** auf **Bilanz und GuV** eines Verkäufers von Forderungen sollen nachfolgend beispielhaft dargestellt werden.

Beispiel: Die „Muster-GmbH" ist ein Großhandelsunternehmen in der Damenoberbekleidung. Vor fünf Jahren wurde sie gegründet. Aufgrund qualitativ guter und ansprechender Produkte ist es dem Unternehmen schnell gelungen, das Umsatzvolumen auf *17* Mio. € auszudehnen. Die Bonität der Abnehmer kann als normal bezeichnet werden. Im Unternehmen wurde bereits eine Bonitätskontrolle der Debitoren eingerichtet. Trotzdem konnten Forderungsausfälle von *25.000 €* p.a. nicht vermieden werden. Die Muster-GmbH erwirtschaftet Gewinne und hat überaus positive Zukunftsperspektiven. Sofern die nötigen Mittel vorhanden wären, könnte der Umsatz nochmals erheblich gesteigert werden. Die Hausbank des Unternehmens steht dem Unternehmen seit seiner Gründung mit einem Betriebsmittelkredit zur Verfügung. Die hohe Wachstumsrate hatte zur Folge, dass erheblich mehr Finanzmittel in Forderungen und im Warenlager gebunden werden mussten als zunächst geplant. Wie so oft bei Handelsunternehmen stehen keine zusätzlichen klassischen Kreditsicherheiten dem Unternehmen mehr zur Verfügung, was die Hausbank an einer weiteren Ausweitung der Betriebsmittelkreditlinie hindert. Somit finanzierte das Unternehmen die Ausweitung des Umsatzes durch die Inanspruchnahme von Lieferantenkrediten. Hierdurch verlor das Unternehmen die Möglichkeit der Skontierung und musste hohe Finanzierungskosten durch Lieferantenverbindlichkeiten hinnehmen. Es ist durchaus üblich, dass in solchen Fällen die Hausbank den Kontakt zu einer mit ihr kooperierenden Factoringgesellschaft herstellt.

Nach einem Analysegespräch unterbreitet der Factor folgendes **Angebot**:

- Factoring-Gebühr: *0,9%*
  Zinsen: *12,0%* auf die in Anspruch genommenen Gelder
- ankaufbare Forderungen: *1,7* Mio. € (vom gesamten Forderungsbestand über *1,85* Mio. €)
  Sperrkonto: *10%* des Betrags der angekauften Forderungen
- anteilige Limitprüfgebühren: *3.750 €*.

Durch die zusätzliche Liquidität aufgrund der an die Factoringgesellschaft verkauften Forderungen wird die Muster-GmbH in die Lage versetzt, Lieferantenverbindlichkeiten wieder zu skontieren (Skontosatz *4%*, Wareneinsatz *11,9* Mio. €). Das Unternehmen kalkuliert weiterhin, dass durch die verbesserte Liquiditätsausstattung Einkaufsvorteile, z.B. durch Postenkäufe in Höhe von *15.000 €*, wahrgenommen werden können. Die Kosten der Bonitätsprüfung und -überwachung der Debitoren betrugen im Unternehmen bisher *6.000 €*. Die Aufnahme des Factoring soll in ihren Auswirkungen auf die Bilanz und einer GuV der Muster-GmbH verdeutlicht werden. Zunächst sei die Bilanz betrachtet, die den Status vor und nach der Aufnahme des Factoring aufzeichnet.

| Aktiva | vorher | nachher | Passiva | vorher | nachher |
|---|---|---|---|---|---|
| **I. Anlagevermögen** | | | **I. Eigenkapital** | | |
| Fuhrpark | *150* | *150* | Stammkapital | *250* | *250* |
| Einrichtungen | *110* | *110* | | | |
| **II. Umlaufvermögen** | | | **II. Langfr. Fremdkap.** | *180* | *180* |
| Warenbestände | *1.000* | *1.000* | | | |
| Forderungen | *1.850* | *150* | | | |
| **III. Liquide Mittel** | | | **III. Kurzfr. Fremdkap.** | | |
| Bankguthaben | *5* | *175* | Verbindl. L.u.L. | *1.800* | *270* |
| Kasse | *15* | *15* | Verbindl. Bank | *900* | *900* |
| **Bilanzsumme** | *3.130* | *1.600* | **Bilanzsumme** | *3.130* | *1.600* |
| | | | Eigenkapitalquote | *8,0%* | *15,6%* |
| | | | Umschlag Kreditoren | *55 Tage* | *9 Tage* |

Abb. III-33: Auswirkungen von Factoring auf die Bilanz der Muster-GmbH (in Tausend €)

Folgende Wirkungen sind in Abb. III-33 bilanziell dokumentiert:

- Der Forderungsverkauf in Höhe von *1,7* Mio. € reduziert die Position „Forderungen" um den gleichen Betrag.
- Die hierdurch verfügbare Liquidität beträgt *1,53* Mio. €, da vom Gesamtbetrag des verkauften Forderungsbestands *10%* als Einbehalt die Liquidität schmälern. Mit diesen *1,53* Mio. € Liquiditätszufluss werden umgehend Lieferantenverbindlichkeiten zurückgezahlt („Kreditorenbestand" sinkt). Die Position „Verbindlichkeiten aus Lieferungen und Leistungen" (→ Verbindl. L.u.L.) reduziert sich entsprechend auf *270.000* €.
- Der Einbehalt der Factoringgesellschaft in Höhe von *170.000* € befindet sich auf einem Sperrkonto, dessen Kontoinhaber die Muster-GmbH ist und daher der Betrag als Zunahme in der Bilanz der Muster-GmbH in der Position „Bankguthaben" erscheint.
- Insgesamt betrachtet **verkürzt sich** also die **Bilanzsumme** um *1,53* Mio. €, woraufhin die **Eigenkapitalquote** von acht auf *15,6%* **steigt**.
- Der **Umschlag** der **Kreditoren** hat sich von *55* auf neuen Tage **reduziert**.

Die Aufnahme des Factoring wirkt sich auch positiv auf den Periodenerfolg aus, was in Abb. III-34 aus der GuV der Muster-GmbH erkennbar wird.

| **Aufwendungen** | **€** | **Einsparungen** | **€** |
|---|---|---|---|
| *0,9%* Factoringgebühren aus *1,7* Mio. € Umsatz | *15.300* | *4%* Skonto aus *11,9* Mio. € Wareneinsatz | *476.000* |
| *12%* Sollzinsen aus *1,53* Mio. € Factoring | *183.600* | Vermeidung von Delkredereverlusten | *25.000* |
| Limitgebühren u.ä. | *3.750* | Kosten der Bonitätsbeurteilung | *6.000* |
| | | Konditionenverbesserung im Einkauf | *15.000* |
| **Summe Aufwendungen** | *202.650* | **Summe Einsparungen** | *522.000* |
| **Netto-Einsparung** | *319.350* | | |
| | *522.000* | | |

Abb. III-34: Erfolgsauswirkungen von Factoring bei der Muster-GmbH

Als Fazit lässt sich für dieses Unternehmen sagen, dass sich durch Factoring Liquidität und Rentabilität nachhaltig verbessert haben und sich das Unternehmen überdies administrativ in der Debitorenbuchhaltung entlastet hat.

### 4.1.5 Forfaitierung

Forfaitierung ist dem Factoring in vielen Merkmalen sehr ähnlich. Grundlage des Forderungsankaufs bilden aber meist (mittel- und langfristige) **Exportforderungen** und ein wesentlicher Unterschied liegt darin, dass der Forfaiteur **keine Dienstleistungsfunktionen** übernimmt. Mit dem Forderungsankauf vor Fälligkeit (à forfait – „in Bausch und Bogen") ist wiederum ein Kreditvorgang verbunden, eine Rückgriffsmöglichkeit nach Forderungsankauf ist für das Kreditinstitut stets ausgeschlossen. Für den Käufer der Forderungen stellen deren Zahlungseingänge bei Fälligkeit die hauptsächliche Sicherheit dar, u.U. werden zusätzliche Sicherheiten vom Verkäufer gefordert. Daraus ergibt sich die Bedeutung ihrer Werthaltigkeit hinsichtlich des Ausfalls, die vom Käufer im Voraus zu beurteilen ist. Es hat sich in der Praxis die Usance eingestellt, dass aufgrund der den **Forderungen** meist zugrunde liegenden Auslandsgeschäfte, nur Forderungen zu kaufen, die in ihrer **Qualität höchste Bonität aufweisen**. Das Verfahren der Forfaitierung wird in nachfolgender Abb. III-35 im Überblick dargestellt und anschließend erläutert (vgl. *Glogowski/Münch* 1990, S. 179-181).

Ausgangspunkt einer Forfaitierung ist ein Warengeschäft zwischen **Exporteur** und Importeur, das mit einem **Lieferantenkredit** verbunden ist (Pfeil 1). Diesen Lieferantenkredit möchte im Regelfall der Exporteur durch die Forfaitierung ersetzen, also eine **Umfinanzierung** vornehmen. Der Exporteur wird jetzt als **Forfaitist** bezeichnet. Meist ist dies vom Exporteur bereits vor dem eigentlichen Warengeschäft beabsichtigt; und es ist daher üblich, bereits vorher mit dem Forfaiteur (= i.d.R. die sog. Hausbank) zusammen zu arbeiten. Im Rahmen der Forfaitierung übergibt der **Importeur** anstelle der Zahlung ein Kreditinstrument. Am häufigsten wird hierzu ein **Solawechsel** (= Eigenwechsel, Promissory Note) eingesetzt - also ein verbrieftes Zahlungsversprechen, das der Importeur zugunsten des Exporteurs ausstellt.

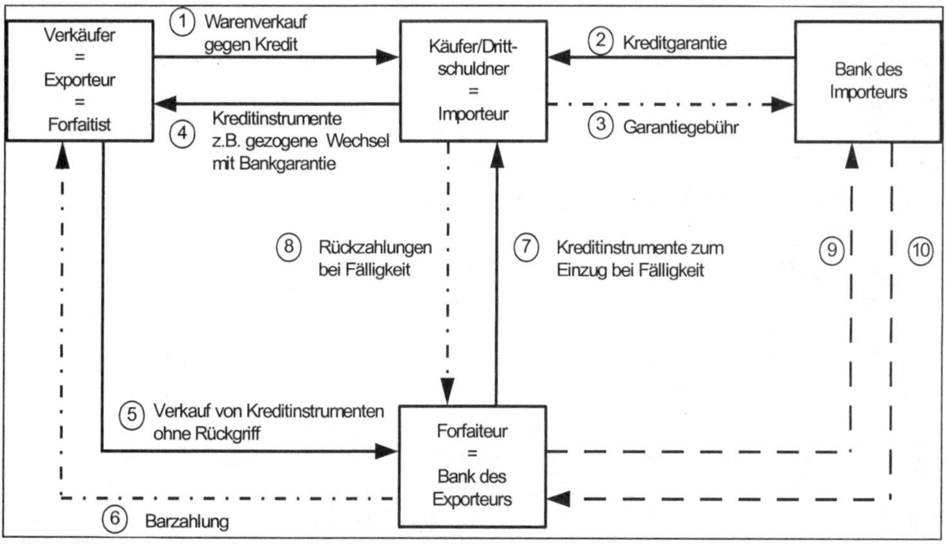


Abb. III-35: Ablauf der Forfaitierung

Ziel des Forfaitisten ist es, den Solawechsel nach Erhalt vom Importeur an den **Forfaiteur** zu verkaufen. Hierzu muss der Forfaitist den Wechsel mittels **Indossament** an die Bank übertragen. Er indossiert hierzu blanko mit dem Zusatz „**without recourse**" (= ohne Regress). Damit ist für den Forfaiteur ein Rückgriff auf den Forfaitisten im Fall mangelnder Zahlung bei Fälligkeit durch den Importeur nicht möglich. Um sich seinerseits gegen einen möglichen Forderungsausfall zu schützen, stellt der Forfaiteur eine bestimmte **Anforderung** an den **Wechsel**: Der Importeur muss den Wechsel mit der Bürgschaft oder Garantie einer **im internationalen Standing erstklassigen Bank** versehen. Daher geht der eigentlichen Beschaffung von Liquidität durch den Wechselverkauf ein Zwischenschritt voraus: Der Importeur lässt sich von seiner Hausbank eine Bürgschaft oder Garantie geben (Pfeil 2). Im Fall mangelnder Zahlungsfähigkeit des Importeurs zahlt an seiner Stelle die Importeurbank. Die Importeurbank begibt einen Avalkredit und lässt sich dies mit einer Garantiegebühr vergüten (Pfeil 3).

Nach diesem Vorgang erhält der Forfaitist den Solawechsel vom Importeur bzw. ist der Forfaitist bereit, einen solchen Wechsel zu akzeptieren (Pfeil 4). Anschließend findet der bereits erwähnte **Verkauf** des **Solawechsels** beim Forfaiteur statt (Pfeil 5) und im Gegenzug erfolgt die Vergütung abzüglich eines Disagios in Höhe des zugrunde zu legenden Diskontsatzes (Pfeil 6). Zum **Fälligkeitstermin** legt der Forfaiteur dem Drittschuldner (Importeur) den auf ihn gezogenen Wechsel vor und führt damit das **Inkasso** durch (Pfeil 7). Verläuft alles **ordnungsgemäß**, so leistet der Importeur daraufhin die Zahlung des geschuldeten Forderungsbetrags (Pfeil 8). Sollte es zu dem Fall kommen, dass der **Importeur** zum Fälligkeitstermin bei Vorlage des Wechsels **zahlungsunfähig** ist, legt der Forfaiteur der Bank des Importeurs den fälligen Wechsel vor (Pfeil 9). Sie ist dann aufgrund ihrer **Bürgschafts- oder Garantieerklärung** an Stelle des Importeurs zur Zahlung verpflichtet (Pfeil 10). Im Rahmen ihres Avalkreditvertrags geht sie ihrerseits mit dieser Forderung auf den Importeur zu bzw. wenn dieser nicht zahlen kann, an die Verwertung der für diesen Kredit vom Importeur gestellten Sicherheiten.

Der beschriebene Verfahrensablauf macht ein Unterscheidungsmerkmal zum Export-Factoring deutlich: Meist werden nicht Forderungen abgetreten, sondern Kreditinstrumente wie **Solawechsel** übernehmen diese Funktion. Als Alternativen sind gebräuchlich:

- **Gezogener Wechsel** (= Bill of Exchange). Der Exporteur ist der Aussteller; der Importeur erkennt durch Akzept (= sog. „quer schreiben“) seine Zahlungsverpflichtung an.
- **Verkauf von Buchforderungen**, also Rechnungen des Exporteurs an den Importeur.
- Bei einer anderen Möglichkeit, dem **Deferred Payment-Akkreditiv**, räumt der Exporteur, d.h. der Begünstigte, dem Importeur (= Akkreditiv-Auftraggeber) ein **offenes Zahlungsziel** ein (z.B. Fälligkeit der Zahlung *90* Tage nach Verladedatum der Ware). Für den Exporteur ergibt sich der Vorteil, dass er einen Zahlungsanspruch hat, dessen Datum von ihm selbst bestimmt werden kann.

Forfaitierung wird vor allem in Außenhandelsgeschäften von Industrieländern mit Entwicklungs- und Schwellenländern eingesetzt. Forfaitierungen können sich allgemein auf Warengeschäfte beziehen, in der Praxis ist der Einsatz von Forfaitierungen vor allem im Handel mit Investitionsgütern üblich. Die zu finanzierenden Exporte sollten einen **Mindestauftragswert** von *50.000* bis *100.000* € haben. Nach oben sind betragsmäßig keine Grenzen gesetzt. Bei hohen Beträgen besteht der Forfaiteur wegen des größeren Ausfallrisikos meist aus einem **Bankensyndikat**. Die Laufzeiten der auf diese Weise angekauften Forderungen sind variabel und reichen von kurzen (unter *180* Tagen) bis zu langen Laufzeiten von bis zu zehn Jahren. Bevorzugte **Währungen** sind gängige Währungen der Euro-Währungsmärkte wie US-$, britisches Pfund oder Euro.

Forfaitierung bietet gegenüber dem Exportfactoring einige **Vorteile**. Der Exporteur trägt kein Kursrisiko, und es fallen keine Kreditversicherungskosten an. Zudem wird sofort vollständig auf den Forderungsbetrag Liquidität bereitgestellt, weil Einbehalte, wie sie für das Factoring typisch sind, nicht zum Tragen kommen.

## 4.2 Leasing als bedeutende langfristige Kontraktform der Absatzfinanzierung

Allgemein versteht man unter **Leasing** ein Rechtsgeschäft, bei dem Wirtschaftsgüter mittel- bis langfristig entgeltlich zum Gebrauch oder zur **Nutzung** überlassen werden. Häufig ist damit ein **Paket von Dienstleistungen** verbunden. Der Begriff „Leasing“ tauchte **erstmals 1877** auf, als in den **USA** die Bell Telephon Company ihre Telefonendgeräte noch zum Leasing und nicht mehr zum Verkauf anbot. Seine weltweite Bedeutung gewann Leasing nach dem zweiten Weltkrieg, als spezielle Leasinggesellschaften gegründet wurden, die Herstellern die Vermietung und Finanzierung von mobilen Gegenständen und die damit verbundenen Risiken abnahmen. 1962 wurde in Deutschland die erste Leasinggesellschaft gegründet. Leasing gilt mittlerweile als eine bedeutende Form unter den Kreditsubstituten.

Während bei einem kreditfinanzierten Kauf Kreditinstitut und Verkäufer in keinerlei **Rechtsbeziehung**, im Regelfall nicht einmal in geschäftlichen Kontakt stehen, liegt eine solche Verbindung bei einem Leasinggeschäft vor. Für das Leasinggeschäft kennzeichnend sind zwei voneinander losgelöste Vertragsbeziehungen. Der **Kaufvertrag** zwischen dem Verkäufer bzw. Lieferant und dem Käufer. Der Käufer ist sowohl Eigentümer als auch Nutzer. Wird anstelle einer Barzahlung der erworbene Vermögensgegenstand durch einen Kredit finanziert, so besteht zwischen dem Kreditgeber, meist einer Bank oder Sparkasse, und dem Käufer (= Kreditnehmer) ein **Darlehensvertrag**.

Einem Leasinggeschäft liegt eine **eigenständige Rechtskonstellation** zugrunde. Ausgangspunkt ist, dass ein Unternehmen oder eine Privatperson einen Vermögensgegenstand benötigt und sich bei einem Anbieter (= Lieferant, Verkäufer) bezüglich eines Angebots erkundigt. Will der Interessent das Objekt nicht bar oder durch Kredit bezahlen, so wird ihm häufig die Möglichkeit angeboten, durch Leasing den Vermögensgegenstand zu nutzen. Zu diesem Zweck schließt man zuerst einen Leasingvertrag mit einer Leasinggesellschaft ab. In ihm wird u.a. geregelt, um welchen Vermögensgegenstand (= Leasingobjekt) es sich handelt, dass die Leasinggesellschaft nach Auftragserteilung durch den Leasingnehmer Eigentümerin des Leasingobjekts ist und zu welchen finanziellen Modalitäten dem Leasingnehmer das Objekt zur Nutzung überlassen wird.

Der Nutzer wird daraufhin zum Leasingnehmer und erteilt dem Lieferanten den Auftrag, an ihn die Ware zu liefern. Die **Leasinggesellschaft** tritt daraufhin in die Bestellung des Nutzers ein und erlangt das zivilrechtliche und wirtschaftliche **Eigentum** an dem Objekt, soweit die entsprechenden steuerlichen Voraussetzungen erfüllt sind (gem. §§ 903 ff. BGB und § 39 AO). Dem Leasingnehmer wird von der Leasinggesellschaft das Recht zur Nutzung des Leasingobjekts auf Zeit eingeräumt. Wie bei jedem erworbenen Vermögensgegenstand bestehen damit für den Eigentümer gegenüber dem Lieferanten bestimmte **Gewährleistungsansprüche**. Originäre Gewährleistungsansprüche bestehen zwischen dem Leasinggeber als Eigentümer des Leasingobjekts. Der Leasingnehmer als Nutzer des Leasingobjekts übt gegenüber dem Lieferanten diese Gewährleistungsrechte aus, da er sie zuvor im Regelfall vom Leasinggeber abgetreten bekommt (= derivative Gewährleistungsansprüche). Die **Abwicklung** eines Leasinggeschäfts hinsichtlich der Lieferung des Leasingobjekts beginnt damit, dass der Lieferant das Leasingobjekt an den Leasingnehmer liefert. Es entsteht eine Forderung gegenüber dem Eigentümer, also der Leasinggesellschaft, die auch die Rechnung vom erhält. Die Leasinggesellschaft begleicht die Rechnung, wenn ihr vom Leasingnehmer eine Abnahmebestätigung vorliegt. In ihr unterrichtet der Leasingnehmer die Leasinggesellschaft, dass er das Leasingobjekt mängelfrei übernommen hat oder, dass Mängelrügen vom Lieferanten behoben wurden. Die Rechnung wird dann anschließend von der Leasinggesellschaft beglichen.

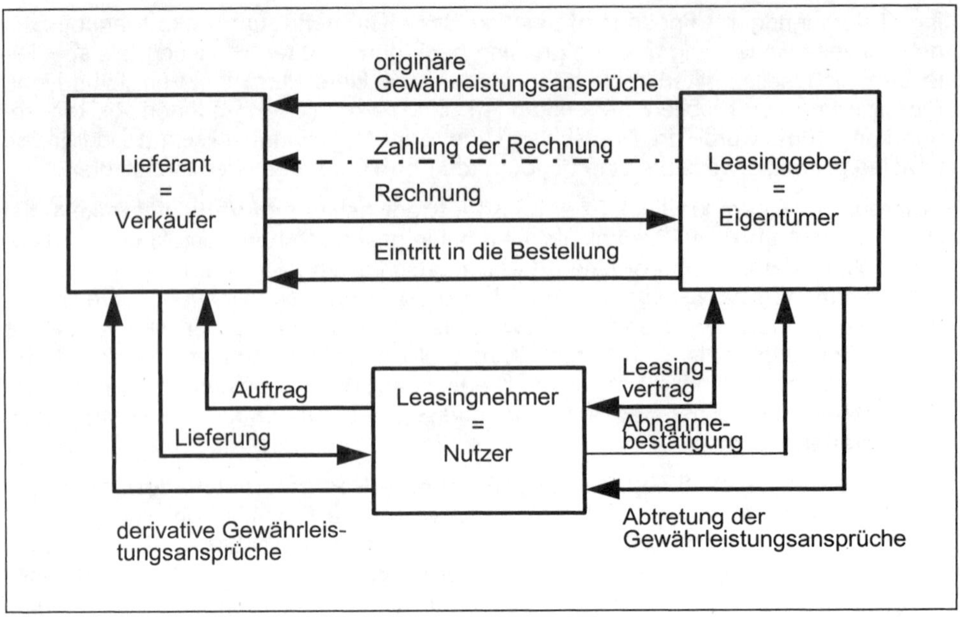


Abb. III-36: Struktur des Leasinggeschäfts

Abb. III-36 fasst die vorgenannten Einzelbetrachtungen zusammen und zeigt die komplexe Struktur des Leasinggeschäfts.

Lesehinweis: Eine Einführung in die rechtlichen Grundlagen des Mobilien-Leasing wie es hier vorgestellt wurde liefert *Seifert* (1992).

Ausgehend von diesen grundsätzlichen Merkmalen des Leasinggeschäfts sind Leasingverträge zivilrechtlich und steuerrechtlich hinsichtlich der Art der Leasingobjekte zu unterscheiden. **Zivilrechtlich** werden Leasingobjekte getrennt in Mobilien, d.h. bewegliche Sachen gemäß § 90 BGB und Immobilien, also Grundstücke und Grundstücksbestandteile gemäß § 94 BGB sowie Erbbaurechte als grundstücksgleiche Rechte gem. Erbbaurechtsverordnung, sowie Zubehör, das dinglich gem. § 97 BGB zu den Mobilien und haftungsrechtlich gem. § 1120 BGB zu den Immobilien zu rechnen ist. **Steuerrechtlich** erfolgt die Einordnung insbesondere hinsichtlich der Vorschriften zur „Absetzungen für Abnutzung" (= AfA) gemäß § 7 EStG. Leasingobjekte sind bewegliche Wirtschaftsgüter - Sachen i.S. von § 90 BGB, und solche, die wesentlicher Bestandteil eines Grundstücks sind sowie Betriebsvorrichtungen. Im Investitionsgüterbereich spricht man von Equipment-Leasing i.e.S. Bilden unbewegliche Wirtschaftsgüter - Grund und Boden, Gebäude sowie Gebäudebestandteile - die Leasingobjekte, wird dies als **Immobilien-Leasing** bezeichnet (z.B. Leasing von Verwaltungsgebäuden) und **Plant-Leasing** genannt, wenn komplette Industrieanlagen bei einer Laufzeit von regelmäßig *20* bis *30* Jahren das Leasingobjekt darstellen.

Eine der wichtigsten Unterscheidungen von Leasingverträgen ist die nach dem **Verpflichtungscharakter**. Die darauf aufbauenden beiden Grundformen des Leasinggeschäfts sind Operate Leasing und Finance Leasing.

### 4.2.1 Operate Leasing und Finance Leasing

Das **Operate Leasing** (auch unechtes Leasing genannt) ist durch eine kurzfristige Nutzungsüberlassung gekennzeichnet und ähnelt einem **Mietverhältnis** im Sinne des § 553 BGB. Folgende Merkmale kennzeichnen es im Einzelnen (vgl. *Perridon/ Steiner* 1999, S. 437):

- Kurzfristige Nutzungsüberlassung mit kurzfristiger oder jederzeitiger Kündigungsmöglichkeit im Rahmen eines Mietvertrags gem. BGB.
- Vereinbarung einer von der Laufzeit unabhängigen Leasingrate. Kalkulationsgrundlage ist die betriebsgewöhnliche Nutzungsdauer des Leasingobjekts.
- Das Leasingobjekt wird im Unternehmen für eine wesentlich kürzere Zeit als die betriebsgewöhnliche Nutzungsdauer benötigt.
- Überwälzung der mit dem Eigentum behafteten Risiken auf den Leasinggeber. Die Leasinggesellschaft trägt damit das Investitionsrisiko: Sie muss sich bemühen, das Objekt u.U. mehrmals bis zum Ablauf der betriebsgewöhnlichen Nutzungsdauer zu vermieten. Sie betreibt dann mit einem solchen Leasingobjekt sog. „Second Hand-Leasing".
- Mietverträge nach dem Operate Leasing werden wie übliche Miet- und Pachtverträge beim Leasingnehmer nicht bilanziert, da es sich um schwebende Geschäfte handelt. Die Aktivierung des Leasingobjekts (genauer: des Mietobjekts) erfolgt beim Leasinggeber. Es ist dort mit der betriebsgewöhnlichen Nutzungsdauer abzuschreiben.
- Für den Leasingnehmer stellen die Leasingraten Aufwand dar.
- Operate Leasing erfolgt vorwiegend bei Gütern, die einer dynamischen technologischen Entwicklung unterliegen.

Als sog. „**echtes Leasing**" bezeichnet man das **Finance Leasing**. Seine wichtigsten Merkmale sind:

- Mietvertrag für einen längeren Zeitraum ohne Kündigungsmöglichkeiten durch Mieter oder Vermieter. Man nennt diesen Zeitraum Grundmietzeit.
- Eine Grundmietzeit ist i.d.R. kürzer als die betriebsgewöhnliche Nutzungsdauer des Leasingobjekts.
- Leasingraten werden in der Regel in der Grundmietzeit entweder so kalkuliert, dass sie das Objekt vollständig amortisieren (= Vollamortisation) oder ein Restwert verbleibt (= Teilamortisation). Amortisation bedeutet, dass für den Leasinggeber am Ende der Vertragszeit die Leasing-Wertkosten durch die Summe der Leasingraten gedeckt werden.
- Der Leasingnehmer erwirbt das gesamte Nutzungspotenzial des Leasingobjekts.
- Die Höhe der Leasingrate wird meist als Annuität mit monatlicher Zahlweise festgesetzt.

Auf der Grundlage von sog. Vollamortisationsverträgen lassen sich folgende unterscheidende Merkmale feststellen: Der Entscheidung für **Operate Leasing** liegt ein Kalkül in **Investitionsalternativen** zugrunde: Soll ein Unternehmen einen Vermögensgegenstand anschaffen oder leasen - die Leasingmöglichkeit ist wie ein Investitionsanreiz zu verstehen. Das **Finance Leasing** ist hingegen als **Finanzierungs-**

**alternative** zu verstehen: Die Investitionsentscheidung wurde bereits getroffen, der Vermögensgegenstand wird in jedem Fall angeschafft, die Art der Finanzierung steht noch zur Disposition. Der Leasingnehmer trägt in dieser Überlegung vollständig das Investitionsrisiko; der Leasinggeber übernimmt die Finanzierung. Die beiden Leasingformen unterscheiden sich also vor allem hinsichtlich des **Verpflichtungscharakters** der Leasingverträge, d.h., ob der Leasingnehmer oder der Leasinggeber das mit der Anschaffung verbundene Risiko (= Investitionsrisiko) trägt. Im Überblick kann hierzu folgende Unterscheidung getroffen werden:

| Operate Leasing | Finance Leasing |
|---|---|
| i.d.R. unbestimmte Laufzeit | feste, unkündbare Laufzeit |
| Kündigungsmöglichkeit seitens Leasingnehmer vor Amortisation möglich, keine vollständige Amortisation des Kaufpreises beim Leasinggeber | keine Kündigungsmöglichkeit seitens Leasingnehmer, vollständige oder teilweise Amortisation des Kaufpreises beim Leasinggeber je nach Vertragsregelung |
| Objektrisiken*) zumindest z.T. beim Leasinggeber | Objektrisiken beim Leasingnehmer |
| Leasinggeber auf Anschlussverwertung**) angewiesen | Leasinggeber auf Anschlussverwertung nicht angewiesen |
| ⇒ **Investitionsalternative** *(Alternative zum Kauf)* | ⇒ **Finanzierungsalternative** *(Alternative zur Kreditfinanzierung)* |

*) Objektrisiken = zufälliger Untergang, Verschlechterung oder vorzeitiger Verschleiß des Leasingobjekts
**) Anschlussverwertung = z.B. Weiterverkauf eines Leasing-PKW auf dem Gebrauchtwagenmarkt

Abb. III-37: Vergleich von Operate und Finance Leasing bei Vollamortisationsverträgen

Für Leasinggesellschaften, die ausschließlich das Finance Leasinggeschäft betreiben, ist das Risiko des geringen Restwerts besonders groß. Im Gegensatz zu Leasinggesellschaften von Handels- oder Produktionsunternehmen (allen voran Automobilhersteller) wird an **herstellerunabhängige Leasinggesellschaften** eine ausreichende Fach- und Sachkenntnis über den zukünftig erzielbaren Restwert eines Leasingobjekts (= Restwertrisiko) benötigt. Leasingobjekte sind meist sehr unterschiedlich technisch beschaffen und erfordern ständige Aktualisierung des wirtschaftlichen Werts eines Leasingobjekts. Aus diesem Grund haben sich Vertragsvarianten durchgesetzt, die eine Beteiligung des Leasingnehmers am Restwertrisiko zum Inhalt haben.

Leasing wird häufig mit dem **Mietkauf** in Verbindung gebracht und Mietkauf wird auch als **Leasing i.w.S.** interpretiert. Zwischen beiden Geschäftsarten bestehen erhebliche **Unterschiede**. Bei Mietkauf werden Gebrauchsgüter von einem Vermieter dem Mieter gegen Mietzins überlassen. Nach Ablauf des Mietvertrags können die vormals vermieteten Gebrauchsgüter unter Anrechnung der bis dahin gezahlten Mietbeträge vom Mieter käuflich erworben werden. Damit stellt der **Mietkauf** einen **Mietvertrag** zwischen einem Vermieter und einem Mieter dar, der aber hinsichtlich **Aufgaben- und Risikoverteilung** zwischen den beiden Vertragsparteien gegenüber dem Leasing, genauer dem Finance Leasing, **Unterschiede** aufweist. Abb. III-38 stellt diese in den beiden Vertragsarten vergleichend gegenüber. Die jeweiligen Aufgaben und Risikoarten werden durch die Kreuzmarkierungen hinsichtlich der Beteiligten beim Finance Leasing und derjenigen beim Mietkauf unterschieden (vgl. *Tacke* 1993, S. 5f.).

| | Finance Leasing | | Miete nach BGB | |
|---|---|---|---|---|
| *Aufgabe/Risikoart* | *Leasing-geber* | *Leasing-nehmer* | *Vermieter* | *Mieter* |
| wirtschaftliche Beschaffung des Objekts bestimmt ... | | X | X | |
| rechtliche Beschaffung des Objekts (Kaufvertrag) legt fest ... | X | | X | |
| Objektrisiko während der Vertragsdauer trägt ... | | X | X | |
| Instandhaltung während der Vertragsdauer obliegt ... | | X | X | |
| Gewährleistungsansprüche gegen Lieferanten machen geltend und setzen durch ... | | X | X | |
| Gewährleistungsansprüche (Lieferant in Konkurs = Lieferantenrisiko) liegen bei ... | X | | X | |
| volle Amortisation der Investition durch ... | | X | X | |
| Anzahlungen an Lieferanten vor Beginn der Vertragsdauer von ... | X (kann ggf. übertragen werden) | | X | |

Abb. III-38: Aufgaben- und Risikoverteilung bei Finance Leasing und Miete

### 4.2.2 Vertragsgestaltungen des Finance Leasing und Bilanzierung

Eine zentrale Unterscheidung der Leasingverträge betrifft die bereits angeschnittene Frage nach dem Umfang der **amortisierten Wertkosten**. Wertkosten ist eine besondere Bezeichnung von bestimmten Kapitalkosten im Leasinggeschäft. Sie bestehen im Einzelnen aus Anschaffungskosten, Vertriebs- und Verwaltungskosten, Finanzierungskosten (Zinsen und Risikokosten), Steuern und Gewinnkomponente. Leasingverträge, die die Wertkosten **vollständig amortisieren**, d.h. dem Leasinggeber zurückfließen, nennt man Vollamortisationsverträge (= **Full Pay Out-Verträge**). Sie dominierten lange Jahre in Deutschland. Im Gegensatz dazu erhält der Leasinggeber bei Vertragstypen mit **Teilamortisationsvereinbarungen** während der unkündbaren Vertragslaufzeit keinen vollen Ausgleich seiner Wertkosten (= **Non Full Pay Out-Verträge**). Zu diesen beiden grundsätzlichen Möglichkeiten von Vertragsvereinbarungen gibt es zahlreiche Optionen, die im Einzelnen getrennt nach Voll- und Teilamortisationsverträgen vorgestellt werden.

Wegen des Problems des Restwertrisikos haben Leasinggesellschaften beim Finance Leasing Vertragsvarianten kontinuierlich weiterentwickelt. Abb. III-39 zeigt im Überblick die Typen von Grundvereinbarungen, die sich hinsichtlich der

**Behandlung** des **Leasingobjekts** nach **Ablauf der Grundmietzeit** am Markt durchgesetzt haben.

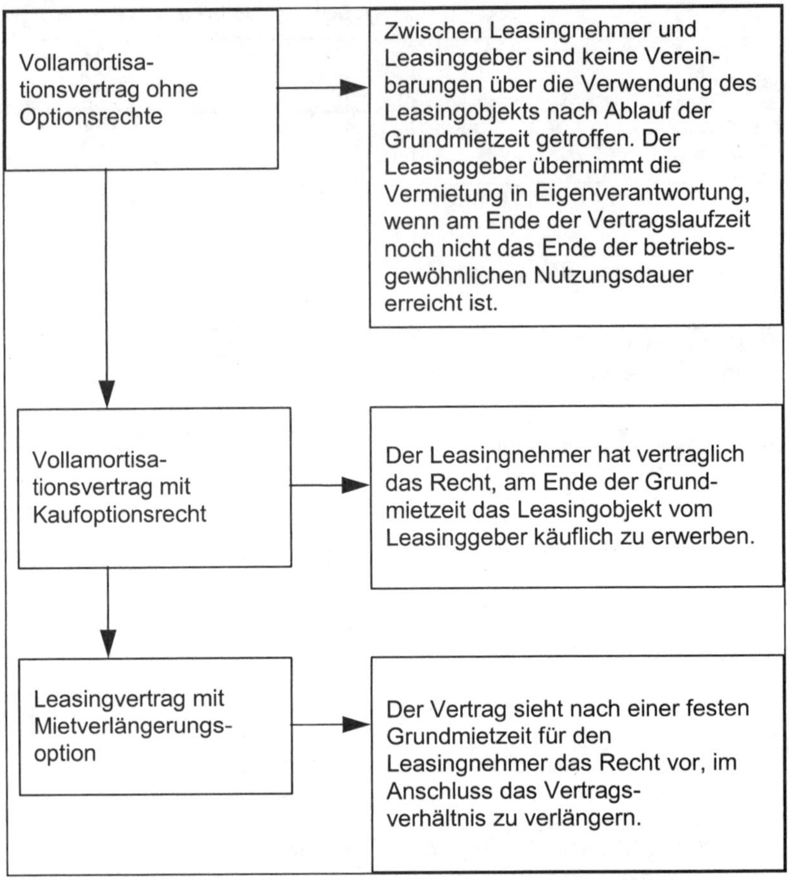


Abb. III-39: Grundvertragstypen bei Vollamortisationsverträgen

Die Verwendung solcher Optionen hat in **Vollamortisationsverträgen** ganz entscheidende Bedeutung für die steuerliche Zurechnung des Leasingobjekts. Sie kann entweder beim Leasingnehmer oder beim Leasinggeber erfolgen. Hierzu hat das Urteil des Bundesfinanzhofs (**BFH-Urteil** vom 26.01.1970) grundsätzliche Richtlinien vorgegeben. Hinsichtlich der praktischen Durchführbarkeit gilt als Grundlage der sog. **Leasingerlass** des BMF vom 19.04.1971. Grundlage der Beurteilung von Zurechnungen stellt die betriebsgewöhnliche Nutzungsdauer des Leasingobjekts dar. Sie wird nach den für die jeweilige Branche, aus der ein Leasingnehmer stammt und den dort gültigen AfA-Tabellen bemessen. Für die Zurechnung des Leasingobjekts ist die sog. *40/90*-Regelung des BFH kennzeichnend. Derzufolge wird ein Leasingobjekt immer dem Leasingnehmer zugerechnet, wenn die obere Grenze von *90%* überschritten oder die untere von *40%* unterschritten wird.

Nachfolgende Abb. III-40 fasst die Bestimmungen und ihre Zurechnungsvorschriften im Überblick zusammen.

| Grundtyp des Leasingvertrags | Besonderheiten des Vertrags | Leasingobjekt ist zuzurechnen bei |
|---|---|---|
| 1. Verträge **ohne Option** | Grundmietzeit **zwischen *40*** bis ***90%*** der betriebsgewöhnlichen Nutzungsdauer | Leasinggeber |
| | Grundmietzeit **weniger als *40%*** der betriebsgewöhnlichen Nutzungsdauer | Leasingnehmer |
| | Grundmietzeit **mehr als *90%*** der betriebsgewöhnlichen Nutzungsdauer | Leasingnehmer |
| 2. Verträge **mit Kaufoption** für Grundmietzeit **zwischen *40*** bis ***90%*** der betriebsgewöhnlichen Nutzungsdauer | Kaufpreis **niedriger** als der Restbuchwert (nach linearer AfA) bzw. geringerer gemeiner Wert (= Marktwert) | Leasingnehmer |
| | Kaufpreis **mindestens** Restbuchwert (nach linearer AfA) bzw. geringerer gemeiner Wert (= Marktwert) | Leasinggeber |
| 3. Verträge **mit Mietverlängerungsoption** für Grundmietzeit **zwischen *40*** bis ***90%*** der betriebsgewöhnlichen Nutzungsdauer | Anschlussmiete **niedriger** als der Wertverzehr auf der Basis des Restbuchwerts bzw. des geringeren gemeinen Werts (= Marktwerts) | Leasingnehmer |
| | Anschlussmiete **entspricht** dem Wertverzehr auf der Basis des Restbuchwerts bzw. des geringeren gemeinen Werts (= Marktwerts) | Leasinggeber |

Abb. III-40: Ertragssteuerliche Behandlung von Leasing bei Vollamortisationsverträgen

Folgende Erklärungen sind für die Grenzziehungen maßgebend (vgl. auch *Hastedt/Mellwig* 1998, S. 39 ff.):

**Begründung der *90%*-Grenze:**

- Mit Überschreiten der *90%*-Grenze decken sich die Grundmietzeit und die betriebsgewöhnliche Nutzungsdauer annähernd.
- Ferner unterstellt der BFH in seinem Urteil vom 26.01.1970, dass der Leasinggeber nachhaltig von Substanz und Ertrag des Leasingobejekts ausgeschlossen ist. Ein evtl. von ihm bestehender Herausgabeanspruch wird als wirtschaftlich bedeutungslos erachtet, wodurch das wirtschaftliche Eigentum beim Leasingnehmer liegt.

**Begründung der *40%*-Grenze:**

Ziel des BFH war es mit dieser Grenzziehung ein willkürliches zeitliches Vorziehen von Aufwendungen für das Leasing seitens des Leasingnehmers auszuschließen. Der BFH geht davon aus, dass der Leasingnehmer kaum zur Vollamortisation über so kurze Zeit bereit sein wird, insbesondere falls ihm in einer Nebenabsprache die

Übernahme des Leasingobjekts zu günstigen Konditionen zugesichert wird (wovon im Regelfall seitens des BFH ausgegangen wird). Unter diesen Umständen ist davon auszugehen, dass der Leasinggeber über die gesamte Nutzungsdauer von der Einwirkung auf das Leasingobjekt wirtschaftlich ausgeschlossen ist. Daher wird das wirtschaftliche Eigentum beim Leasingnehmer vermutet.

Unabhängig von der Wahl des Vertragstyps gilt grundsätzlich für alle Leasingverträge, dass die Leasinggegenstände immer dem Leasinggeber zuzurechnen sind, wenn die Chance einer Wertsteigerung bei ihm verbleibt und er auch das Risiko einer Wertminderung vor Erreichen der vollen Amortisation trägt. Hingegen müssen in Fällen eines „Spezial-Leasing" die Leasinggegenstände dem Leasingnehmer zugerechnet werden. „Es handelt sich hierbei um Verträge über Leasing-Gegenstände, die speziell auf die Verhältnisse des Leasing-Nehmers zugeschnitten und nach Ablauf der Grundmietzeit regelmäßig nur noch beim Leasing-Nehmer wirtschaftlich sinnvoll verwendbar sind. Die Verträge kommen mit oder ohne Optionsklausel vor" (*Bundesministerium der Finanzen, BMF* 1971, S. 1).

Bei **Teilamortisationsverträgen** wird die Höhe der einzelnen Raten durch die Grundmietzeit und die Höhe des nicht amortisierten Kostenanteils (= **Restwert**) bestimmt. Nach Ablauf des Leasingvertrags muss der Restwert durch den Objektwert abgedeckt sein und daher anhand des zu diesem Zeitpunkt erwarteten Verkehrswerts kalkuliert werden. Hier liegt das besondere Problem der Teilamortisationsverträge, sowohl für den Leasinggeber als auch für den Leasingnehmer. Bei Teilamortisationsverträgen ist ebenfalls die *40/90*-Regel kennzeichnend. Auch hier ist wie bei der Vollamortisationregelung für den BFH die Grundlage, dass die betriebsgewöhnliche Nutzungsdauer eines Leasingobjekts nach der für die jeweilige Branche des Leasingnehmers gültigen AfA-Tabelle ausgerichtet wird. Im einzelnen lauten die Begründungen analog denjenigen zu Vollamortisationsverträgen. Insbesondere für die *40%*-Regel gilt noch verschärfend, dass bei Teilamortisationsverträgen noch mehr als im Fall von Vollamortisationsverträgen Nebenabsprachen zwecks Übernahme des Leasingobjekts zu günstigen Konditionen vermutet wird, da i.d.R. ein starkes Absinken des Objektwerts zu Beginn der Nutzungsdauer zu einem niedrigen Restwert führt. Am Ende der kurzen Grundmietzeit wären die Leasingraten für den Leasingnehmer dann derart hoch, dass von einer Folgenutzung von vornherein ausgegangen wird. Strittig ist allerdings wie verfahren werden müsste, wenn Restwerte von vornherein angemessen, d.h. niedriger als bislang zu vermuten wären. Abb. III-41 zeigt im Überblick die Typen von Grundvereinbarungen, die sich hinsichtlich der **Behandlung** des **Leasingobjekts** nach **Ablauf** der **Grundmietzeit** am Markt durchgesetzt haben.

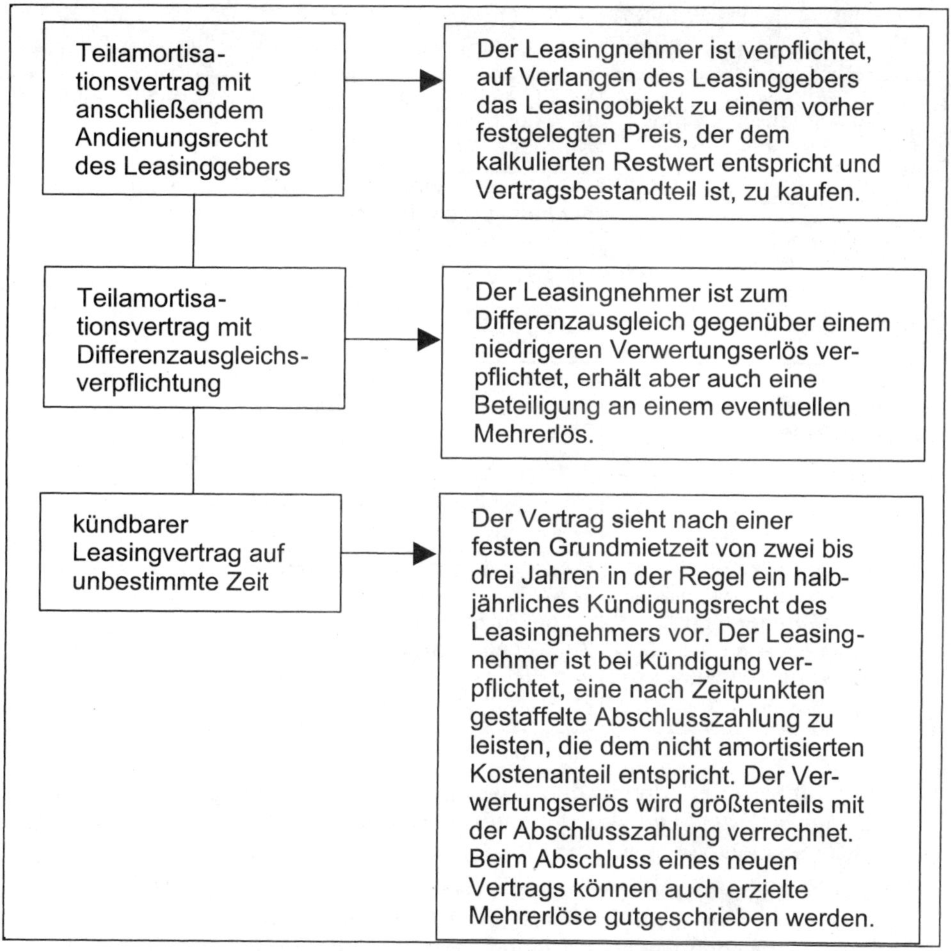


Abb. III-41: Grundvertragstypen bei Teilamortisationsverträgen

Lesehinweis: Zur weiteren Erläuterung steuerrechtlicher und handelsrechtlicher Fragen vgl. *Mellwig* (2000) und *Christen* (2000).

Auch im Fall der Teilamortisationsverträge hat der BMF auf der Grundlage des Urteils des BFH einen Katalog an Leasingvertragstypen und der daraus folgenden Zurechnung des Leasingobjekts herausgegeben. In der nachfolgenden Abb. III-42 sind wieder die Optionen und die Zurechnungsvorschriften hinsichtlich des Leasingobjekts dargestellt.

| Grundtyp des Leasingvertrags | Besonderheiten des Vertrags | Leasingobjekt ist zuzurechnen bei |
|---|---|---|
| 1. Verträge **Mit Andienungsrecht** des Leasinggebers | Grundmietzeit **zwischen *40* bis *90%*** der betriebsgewöhnlichen Nutzungsdauer | Leasinggeber |
| | Grundmietzeit **weniger als *40%*** der betriebsgewöhnlichen Nutzungsdauer | Leasingnehmer |
| | Grundmietzeit **mehr als *90%*** der betriebsgewöhnlichen Nutzungsdauer | Leasingnehmer |
| 2. Verträge **mit Aufteilung des Differenzerlöses** | Differenzerlösbeteiligung des Leasinggebers **weniger als 25%** | Leasingnehmer |
| | Differenzerlösbeteiligung des Leasinggebers **mindestens *25%*** | Leasinggeber |
| 3. Verträge **mit Kündigungsrecht des Leasingnehmers** (und Anrechnung von max. *90%* des Veräußerungserlöses auf die Schlusszahlung) | Kündigungsrecht **nach Ablauf von *40%*** der betriebsgewöhnlichen Nutzungsdauer | Leasinggeber |
| | Kündigungsrecht **vor Ablauf von *40%*** der betriebsgewöhnlichen Nutzungsdauer | Leasingnehmer |

Abb. III-42: Ertragssteuerliche Behandlung von Leasing bei Teilamortisationsverträgen

In Bezug auf die Einordnung des Leasingobjekts beim Vermögen des Leasinggebers oder -nehmers kann zusammenfassend aus steuerlicher und handelsrechtlicher Sicht festgehalten werden:

- Während bei der handelsrechtlichen Bilanzierung zu prüfen ist, ob sich aus den Grundsätzen der ordnungsmäßigen Buchführung und den Vorschriften der handelsrechtlichen Rechnungslegung Zurechnungsnormen ergeben oder ableiten lassen, muss bei der steuerrechtlichen Zuordnung auf die **wirtschaftliche Zugehörigkeit** des Leasingobjekts abgestellt werden.
- In der Bilanzierungspraxis nach HGB wird den steuerrechtlichen Vorschriften gefolgt und das **umgekehrte Maßgeblichkeitsprinzip** angewendet.
- Steuerrechtlich ist demnach zu **prüfen**, wer von den beim Leasingvertrag beteiligten Vertragsparteien als **wirtschaftlicher Eigentümer** anzusehen ist.
- Von wesentlicher Bedeutung für die Frage des wirtschaftlichen Eigentums und für die Zurechnung ist meist das **Verhältnis** von **Grundmietzeit** und **betriebsgewöhnlicher Nutzungsdauer** sowie der diesbezüglichen Vertragsregeln.

## 4.2.3 Formen und Umfang des Leasinggeschäfts

Zur Zusammenfassung und Ergänzung der bisher besprochenen Leasingformen dient nachfolgende Übersicht in Abb. III-43.

| Gliederungs-kriterien | Leasingformen | Wichtigste Merkmale |
|---|---|---|
| Wirtschaftliche Stellung des Leasinggebers | – direktes Leasing<br>– indirektes Leasing | – Herstellerleasing<br>– herstellerunabhängiges Leasing/Direct-Leasing |
| Art des Leasing-objekts | – Konsumgüterleasing<br>– Investitionsgüter-leasing<br>• Mobilien-Leasing<br>• Immobilien-Leasing | Gegenstand kann von vielen genutzt werden (z.B. Pkw) |
| | Spezialleasing | Gegenstand ist so speziell auf die Bedürfnisse des Nutzers zugeschnitten, dass er nach Ablauf der Mietzeit nur von diesem sinnvoll genutzt werden kann (Bilanzierung in jedem Fall beim Leasingnehmer). |
| Anzahl der Lea-singobjekte | Equipment Leasing | Leasing von Ausrüstungsgegenständen |
| | Plant Leasing | Leasing ganzer Betriebsanlagen |
| Anzahl bisheri-ger Nutzer | • First Hand Leasing<br>• Second Hand Leasing | Leasing neuer Gegenstände<br>Leasing bereits genutzter Gegenstände |
| Geschäftssitze Leasingpartner | Cross Border Leasing | Leasinggesellschaft und Leasingnehmer befinden sich in unterschiedlichen Ländern. |
| Verpflichtungs-charakter des Vertrags | Operate Leasing | Kurzfristige Verträge, unter Einhaltung bestimmter Fristen, jederzeitiges Kündigungsrecht des Leasingnehmers |
| | Finance Leasing<br>– Vollamortisations-vertrag<br>– Teilamortisations-vertrag | Mittel- und langfristige Verträge (ab ca. 24 Monate), i.d.R. keine Kündigungsmöglichkeit während der gesamten Grundmietzeit<br>a) Leasingzahlungen decken in der Grundmietzeit alle Wertkosten der Leasinggesellschaft.<br>b) Während der unkündbaren Grundmietzeit werden die gesamten Wertkosten der Leasinggesellschaft nur teilweise gedeckt. Restdeckung durch Wiedervermietung des Gegenstands oder durch Verkaufserlös. |
| | • Full Service Leasing/ Maintenance Leasing<br>• Revolving Leasing | • Leasinggesellschaft übernimmt Wartung, Reparaturen, Versicherungen und ähnliches für Leasingobjekt.<br>• Leasingnehmer kann Gegenstand nach Ablauf einer Frist austauschen. |
| | • Null Leasing | • Leasingkosten entsprechen dem Kaufpreis, keine weiteren Finanzierungskosten für den Leasingnehmer. |

Abb. III-43: Überblick über ausgewählte Leasingformen

Das Leasinggeschäft in Deutschland verzeichnete insbesondere seit Mitte der 90er eine verstärkte Expansion. Die hohe Wachstumsdynamik der Leasing-Investitionen wird vor allem im Vergleich mit den gesamtwirtschaftlichen Investitionen deutlich, wie sie in Abb. III-44 dargestellt ist.

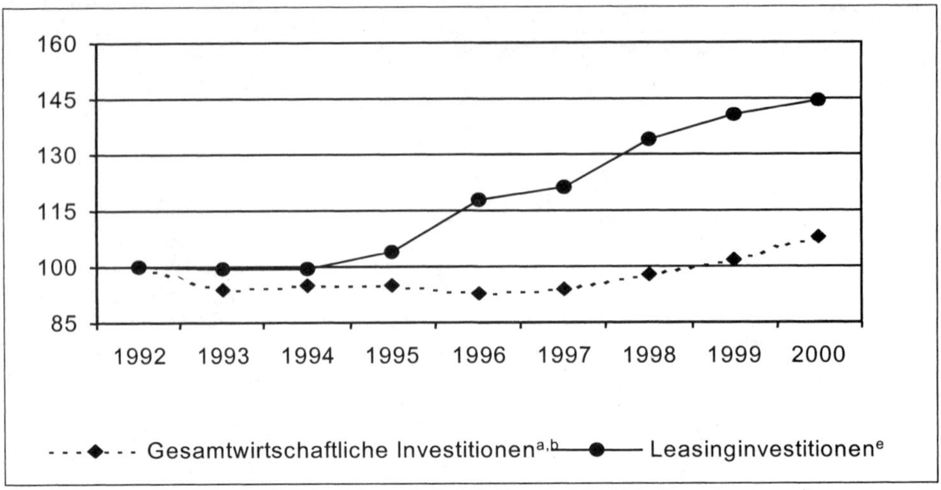


Investitionsentwicklung in den jeweiligen Preisen (1992 = *100*); [a] ohne Wohnungsbau; [b] Brutto-Anlageinvestitionen nach neuem Statistikonzept (ESVG); [c] vorläufig; [d] anhand der Planangaben berechnet; [e] soweit erfasst

Abb. III-44: Wachstumsdynamik Leasing-Investitionen in Deutschland 1992 – 2000 (Quelle: *Ifo Schnelldienst* 2000)

Der Anteil der gesamtwirtschaftlichen Investitionen (ohne Wohnungsbau), die auf Mobilien- und Immobilienleasingverträge basieren (= **Leasingquote**), hat mit *15,1%* im Jahr 1999 einen Höchststand erreicht. Im Jahr 2000 lag die Leasingquote bei *14,8%*, so dass sich die Ausweitung der Leasingquote, wie sie in den vergangenen Jahren festzustellen war, erstmals nicht fortsetzte. Diese Entwicklung zeichnet auch Abb. III-45 nach.

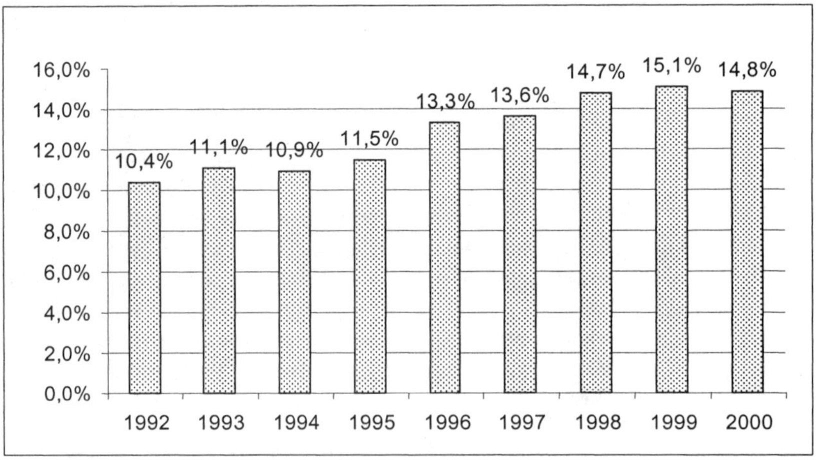


Abb. III-45: Entwicklung der Leasingquote in Deutschland 1992 – 2000 (Quelle: *Bundesverband Deutscher Leasinggesellschaften e.V.* 2000, *Ifo Schnelldienst* 2000)

Leasing wurde ursprünglich von Finanzinstituten angeboten, die unabhängig von den Herstellern der Investitionsobjekte operiert. Zu diesem sog. **herstellerunabhängigen Leasing** (= Direct Leasing) hat sich über die Jahre das Vermietungs- und Leasing-Angebot der Hersteller gesellt. Sein Anteil beträgt seit Anfang der 90er Jahre etwa *40%*. Abb. III-46 zeigt den Verlauf der durch Leasingverträge finanzierten Investitionen in Deutschland und unterscheidet zwischen den beiden erläuterten Anbietergruppen des Leasinggeschäfts.

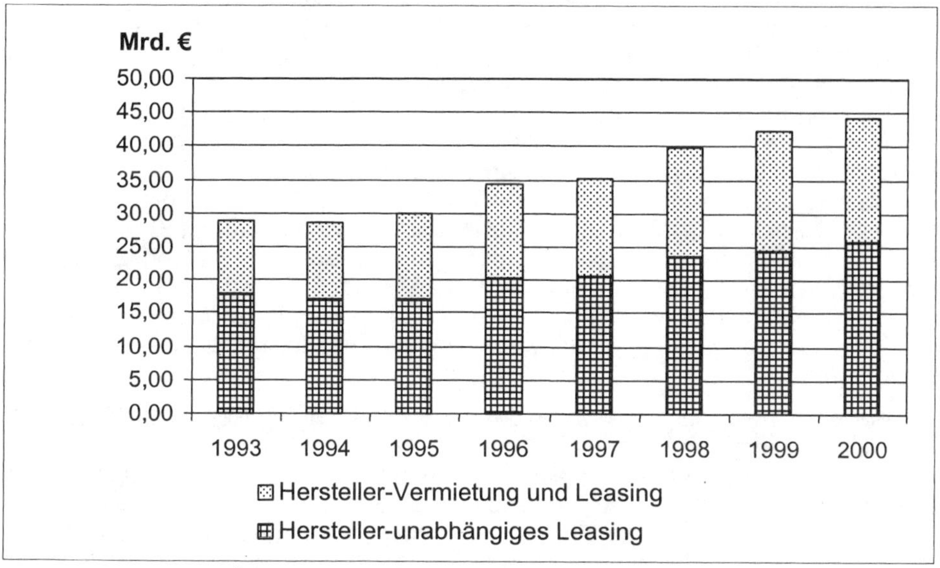


Abb. III-46: Entwicklung von Hersteller- und Hersteller-unabhängigen Leasing 1993 –2000 (Quelle: *Ifo Schnelldienst* 2000)

Auf das Mobilien-Leasing entfallen die meisten Leasingverträge. Mit etwa *17%* an den gesamtwirtschaftlichen Leasing-Investitionen hat das Immobilien-Leasing gegenüber dem Mobilien-Leasing eine geringere Bedeutung. Beim Mobilien-Leasing werden vor allem Verträge über Straßenfahrzeuge abgeschlossen. Dieses Geschäft wird insbesondere von den Automobilherstellern und den ihnen angeschlossenen Leasinggesellschaften getragen (sog. **herstellerabhängiges Leasinggeschäft**). Sie haben das Leasing mittlerweile zu einem wichtigen Bestandteil ihrer marketingpolitischen Instrumente im Absatz von Kraftfahrzeugen gemacht. Mit weitem Abstand folgen den Leasingverträgen mit Straßenfahrzeugen Verträge aus dem Bereich der Büromaschinen und der Informationsverarbeitung mit weiteren nennenswerten Anteilen.

Nach Branchen unterschieden **dominieren** auf der Kundenseite das **produzierende Gewerbe**, der **Handel und Verkehr** sowie der **Dienstleistungssektor** die Leasinggesellschaften. **Auffallend** ist, dass der Bereich der **privaten Haushalte** gemessen an den Wirtschaftsbranchen einen durchaus beachtlichen Anteil hat, insbesondere wenn man berücksichtigt, dass der Wert des durchschnittlichen Leasingobjekts im Privatbereich niedriger sein dürfte als in der restlichen Wirtschaft.

### 4.2.4 Zukünftige Entwicklungstendenzen des Leasing

Eine einschneidende Änderung für das Leasing wird in naher Zukunft von der anstehenden Änderungen in den Bilanzierungsvorschriften zu erwarten sein. Wie in Abschnitt 4.2.2 ausgeführt, ist derzeit noch für die Bilanzierung die *40/90*-Regel der Leasingerlasse des BFH aus den Jahren 1971/1972 maßgebend. In Zukunft wird es mit der Harmonisierung der Bilanzierungsrichtlinien der meisten Eurolandstaaten an internationalen Grundsätzen eine Änderung auch für die Bilanzierung von Leasingverträgen geben. So hat das „Gesetz zur Verbesserung der Wettbewerbsfähigkeit deutscher Konzerne an internationalen Kapitalmärkten und zur Erleichterung der Aufnahme von Gesellschafterdarlehen" (Kap-AEG) vom 02.02.1998, in Deutschland mit dem Einschub des § 292a HGB bereits dafür gesorgt, dass börsennotierte Unternehmen mit juristischem Sitz in Deutschland ihre Konzernabschlüsse nach internationalen Rechnungslegungsvorschriften, d.h. entweder nach International Accounting Standards (IAS) oder United States Generally Accepted Accounting Principles (US-GAAP) erstellen dürfen. Derzeit wird auf EU-Ebene über eine **Harmonisierung** der **Rechnungslegungsvorschriften** in den EU-Staaten auf der Basis der IAS im International Accounting Standard Committee (IASC) beraten. Eine Einführung internationaler Rechnungslegungsrichtlinien und damit eine zumindest teilweise Ablösung der bisherigen handelsrechtlichen Rechnungslegungsvorschriften wird bis Ende 2010 erwartet.

Vor diesem Hintergrund zu erwartender Änderungen in den Rechtsgrundlagen der Rechnungslegung stellt sich die Frage, inwiefern Auswirkungen auf die Bilanzierung von Leasingverträgen zu erwarten sind und ob sich Anpassungen in der Praxis des Leasing in Deutschland (sowie der EU) ergeben werden. Im Zentrum steht zur Beantwortung dieser Frage die Definition des Vermögensgegenstands als Grundlage für eine Aktivierungspflicht. Nach § 252 Absatz 1 Ziff 3 HGB ist ein Vermögensgegenstand dann zu aktivieren, wenn er selbstständig bewertbar und verkehrsfähig ist sowie ein Objekt des Rechtsverkehrs darstellt. Nach den Auffassungen des IASC ist ein Vermögensgegenstand (= Asset) eine Ressource, über die ein Unternehmen aufgrund vergangener Ereignisse verfügt, um zukünftig wirtschaftlichen Nutzen für das Unternehmen zu erzielen (vgl. *Findeisen* 1997, S. 839). Ist diese Bedingung gegeben, so ist für einen Vermögensgegenstand ein Bilanzansatz vorzunehmen. In einigen EU-Staaten werden die nationalen Rechnungslegungsvorschriften sinngemäß ergänzt durch die Grundsätze der **IAS 17**. Demzufolge sind Finance Leasing-Verträge als Abkommen definiert, bei denen alle Chancen und Risiken, die mit dem Eigentum am Leasingobjekt verbunden sind, vom Leasinggeber auf den Leasingnehmer in allen wesentlichen Punkten erfolgt. Sie sind daher beim Leasingnehmer zu bilanzieren. In einigen EU-Staaten wie den Niederlanden besteht eine Orientierung der nationalen Rechnungslegungsvorschriften an den US-GAAP. Da das Kap-AEG gerade zum Zweck der Erleichterung von Kapitalaufnahmen an US-Börsen eingerichtet wurde, kommt für die zukünftige Bilanzierung bei vielen deutschen Konzernen hinsichtlich Leasing den amerikanischen Rechnungslegungsvorschriften wahrscheinlich größere Bedeutung zu.

Im Rahmen der **US-GAAP** hat das Federally Accounting Standards Board (FASB) auf der Basis der Asset-Vorstellung konkret hinsichtlich Leasing-Verträge folgende Grundsätze formuliert, die als Ansatzpunkte für die Beantwortung nach der zukünftigen Bilanzierungspraxis von Leasingobjekten dienen können (vgl. *FASB* 13, § 8, Anmerkung: das FASB bezeichnet Finance Leasing als Capital Lease):

- Weder als Capital noch als Operate Lease werden Mietverträge angesehen, die eine Laufzeit von weniger als zwölf Monaten aufweisen. Sie sind somit beim Leasingnehmer nicht bilanzierungspflichtig.
- Liegt der Fall eines **Capital Lease** vor, so ist das Leasingobjekt grundsätzlich immer beim **Leasingnehmer** anzusetzen. Zur Identifikation eines Capital Lease-Vertrags werden bestimme Anforderungen gestellt, die nachfolgend aufgeführt werden. Sofern von diesen vier Anforderungen eine erfüllt ist und zusätzlich die Einbringlichkeit der Mindestleasingzahlungen einigermaßen sicher gestellt ist sowie beim Leasinggeber keine wesentlichen Unsicherheiten über die bei ihm selbst zukünftig anfallenden und nicht auf den Leasingnehmer überwälzbare Kosten aus dem Leasinggeschäft bestehen, folgt die eindeutige Bilanzierungspflicht beim Leasingnehmer:

1. Der Leasingvertrag überträgt automatisch Eigentum am Leasingobjekt dem Leasingnehmer während oder am Ende der Grundmietzeit.
2. Es besteht eine Option im Leasingvertrag, wonach das Leasingobjekt weit unter dem Verkehrswert vom Leasingnehmer erworben werden kann (hohe Wahrscheinlichkeit, dass Option ausgeübt wird).
3. Die Grundmietzeit beträgt *75%* der betriebsgewöhnlichen Nutzungsdauer und mehr - dadurch wird davon ausgegangen, dass der Leasingnehmer materiell wie ein Eigentümer zu behandeln ist (und nicht etwa wie ein Mieter).
4. Der Barwert der Mindeszahlungen zu Beginn des Leasingvertrags ist größer als oder gleich *90%* des Werts des Leasingobjekts – in diesem Fall zahlt der Leasingnehmer effektiv für das Leasingobjekt wie im Erwerbsfall.

Unter den näherungsweisen Vorschriften zum Bilanzansatz von Leasingobjekten nach US-GAAP und dem Grunsatz der Bilanzierungsvorschrift für Vermögensgegenstände nach dem IASC dürfte bei der Einführung von internationalen Rechnungslegungsvorschriften bzw. bereits heute möglichen Nutzung solcher Vorschriften gem. Kap-AEG ein Bilanzansatz beim Leasingnehmer die weit häufigste Form der Bilanzierung sein. Hinsichtlich der Einordnung von Operate Lease-Verträgen ergeben sich zwischen der derzeit in Deutschland gültigen Ansatzregelung und internationalen Rechnungslegungsvorschriften keine wesentlichen Unterschiede, da in beiden Fällen ein schwebendes Geschäft gesehen wird, das die Bilanzierung unberührt lässt.

Eine weitere Entwicklung auf dem deutschen Leasingmarkt der vergangenen zehn Jahre ist die **zunehmende Verbreitung von Operate Leasing**-Verträgen, häufig mit zusätzlichen Innovationen versehen. Entscheidend ist für das Operate Leasing neben des im Vergleich zur betriebsgewöhnlichen Nutzungsdauer relativ kurzen Leasingzeitraums, dass (im Gegensatz zum Finance Leasing) alle wesentlichen Risiken aus dem Leasingobjekt sowie die Kosten für Reparaturen und Instandhaltung/Wartung direkt beim Leasinggeber liegen. Auf diese Weise wird die außerbilanzielle Behandlung von Leasingverträgen für den Leasingnehmer, auch wenn er die vorgestellten Bestimmungen der internationalen Rechnungslegung anwendet, wieder möglich. Der Leasingvorgang bleibt dadurch für den Leasingnehmer bilanziell neutral. Insbesondere für Unternehmen, die sich bereits durch eine hohe Kreditinanspruchnahme auszeichnen gewinnt das Kreditsubstitut so an finanzierungstaktischer Bedeutung. Es bietet sich nun wiederum für Leasinggesellschaften an, die zunehmende Attraktivität von Operate Leasing-Verträgen, die auch eine Abkehr von der Finanzierungsfunktion des Leasing bedeuten, marktstrategisch wahrzunehmen und sich mehr als Serviceleister, denn als Finanzdienstleister zu profilieren. Ein am Markt in den vergangenen Jahren erfolgreiches Geschäftsmodell ist diesbezüglich das **Flottenmanagement** im Bereich des Kraftfahrzeugleasing. Hier enthält die Leistung der Leasinggesellschaft auch die Verwaltung des Fuhrparks und ein weitreichendes Angebot zusätzlicher Dienstleistungen wie Fahrzeugbeschaffung, Versicherungsleistung, Tankabrechnung, Wartung, Ersatzwagen-Bereitstellung sowie Verwertung der Fahrzeuge (vgl. *Gödel* 1998).

# 5 Kreditkontraktformen von Kreditinstituten

Kreditfinanzierungen durch Kreditinstitute werden in zwei Unterscheidungen behandelt:

- Ein Kreditinstitut erbringt seine Finanzierungsleistung in **Geldformen** und der Kreditnehmer erfüllt seine Rückzahlungsverpflichtung am Ende der vereinbarten Laufzeit ebenfalls durch eine Geldleistung. Es handelt sich um **Geldleihe** durch Kreditinstitute.
- Kreditinstitute schließen daneben mit Kreditnehmern Kontrakte ab, die nicht zwingend zu einem Zahlungsmittelfluss führen und meist ist beabsichtigt, dass es hierzu nur in ganz bestimmten, vertraglich geregelten Fällen kommen soll. Bilanziell stellen sie bei Kreditinstituten **Eventualverbindlichkeiten** dar, ökonomisch bezeichnet man sie als Kreditleihe. Ihre Gemeinsamkeit ist, dass ein Kreditnehmer eine Leistungsverpflichtung einem Dritten gegenüber hat - dieser Gläubiger aber unsicher hinsichtlich der Erfüllung ist. Mit der Kreditleihe bietet ein Kreditinstitut einem Kreditnehmer die Möglichkeit, gegenüber dem Dritten Reputation einzusetzen. Sie besteht darin, dass der Gläubiger einer Leistung darauf **vertrauen** kann, diese bei Fälligkeit zu erhalten, auch wenn der eigentliche Schuldner (= Kreditnehmer) nicht leisten kann.

## 5.1 Kreditformen der Geldleihe

Bankkredite als Geldleihe bedeuten, dass ein Kreditinstitut einem kreditsuchenden Unternehmen liquide Finanzmittel (= Geld) zur Verfügung stellt. Kontokorrentkredit, Lombardkredit, Wechselkredit und Umkehrwechsel sind die in der Praxis des inländischen Kreditgeschäfts wichtigsten kurz- bis mittelfristigen Formen.

### 5.1.1 Kontokorrentkredit

„Der Kontokorrentkredit (Kredit in laufender Rechnung) als „klassische" kurzfristige Kreditform ist ein Buchkredit, den die Bank auf der Basis eines bei ihr geführten Girokontos in der Weise zur Verfügung stellt, dass die kreditsuchende Unternehmung berechtigt ist, dieses Konto bis zu einem vertraglich vereinbarten Limit debitorisch zu führen" (*Büschgen* 1991, S. 78). Im Gegensatz zu einem Darlehen (gem. §§ 607-610 BGB) kann ein Kreditnehmer bei einem Kontokorrentkredit innerhalb des eingeräumten Kreditlimits beliebig während der Kreditlaufzeit verfügen. Rechtlich geregelt ist der Kontokorrentkredit in den §§ 355-357 HGB. **Grundlage** des Kontokorrentkredits ist das vom Kreditinstitut für das kreditsuchende Unternehmen eingerichtete **Girokonto**. Es dient nicht nur als Kreditkonto, sondern über das Konto wird im Regelfall vollständig oder in wesentlichen Teilen der gesamte Zahlungsverkehr des Kreditnehmers abgewickelt. Nach vorangegangener Kreditprüfung und der Bestellung erforderlicher Sicherheiten wird dem Kreditnehmer eine maximale Betragshöhe (= **Kreditlimit** des Kreditrahmens) eingeräumt, bis zu der er das Konto „überziehen" darf (das Konto debitorisch führen darf). Die Kontoverfügungen erfolgen mit Überweisungsaufträgen, Scheckziehungen, Barabhebungen etc. Wegen der engen **Koppelung an** den **Zahlungsverkehr** weist der Kontokorrentkredit über die Kreditlaufzeit **schwankende Salden** auf. Die Tilgung erfolgt nicht planmäßig im Sinne im Voraus festgelegter Rückzahlungsraten, sondern aufgrund der laufenden Einzahlungsüberschüsse, z.B. durch Überweisungseingänge, Scheckgutschriften oder Bareinzahlungen. Die Kapitalkosten werden ebenfalls nicht im Rahmen einer besonderen ratierlichen Vereinbarung berechnet, sondern erfolgen mit der monatlichen oder vierteljährlichen Abrechnung zum Kontoabschluss. Das prägende Merkmal des Kontokorrentkredits ist also seine wechselnde Inanspruchnahme. In Abb. III-47 ist ein solcher Verlauf beispielhaft abgebildet.

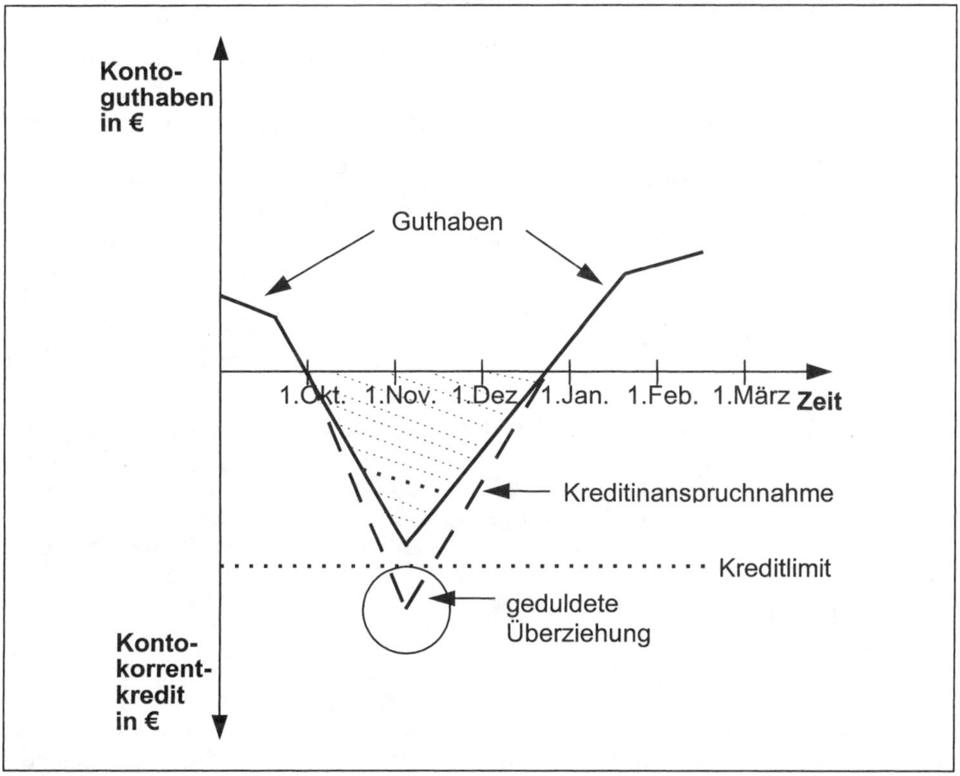


Abb. III-47: Entwicklung eines Kontokorrentkredits im Zeitablauf

<u>Beispiel:</u> Man betrachte ein Einzelhandelsunternehmen zum Jahreswechsel. Kennzeichnend für Geschäfte im Einzelhandel sind deren saisonalen Absatz- und Beschaffungsschwankungen, was sich in einem variablen Finanzierungsbedarf niederschlägt. So ist etwa denkbar, dass im September, Oktober und November Waren für das Weihnachtsgeschäft auf Lager eingekauft werden, mit der Folge steigender Auszahlungen, die nicht in gleichem Umfang von Einzahlungen gedeckt werden. Wird davon ausgegangen, dass keine Lieferantenkredite in Anspruch genommen werden, so weist das Girokonto nach einem Guthabenstand im September (kreditorische Kontoführung, „Konto ist im Haben") eine über die Zeit gesehene Veränderung zum Kreditkonto auf (ab Oktober bis Mitte Dezember). Dies ist nur möglich aufgrund der vorherigen Einräumung eines Kontokorrentkredits auf diesem betrachteten Konto für den Kreditnehmer möglich.

Die laut Kreditvertrag maximal zulässige Überziehung des Kontos, d.h. die maximale Höhe des Kreditrahmens (= Kreditlimit), zeigt in Abb. III-47 die gepunktete Linie parallel zur Abszisse. Häufig wird in Kontokorrentkreditverträgen ein Passus aufgenommen, der es zulässt, dass der Kreditnehmer in Ausnahmefällen auch das vereinbarte Kreditlimit für kurze Zeit überziehen darf (= sog. geduldete Überziehungen, vgl. gestrichelte Linie). Aufgrund des erfolgreichen Verlaufs des Weihnachtsgeschäfts soll sich im Beispiel die Kreditinanspruchnahme im Laufe des Novembers und Dezembers verringern. Ab Mitte Dezember wird das Konto wieder auf Guthabenbasis geführt. Der Kontokorrentkredit ist zwar eingeräumt, wird aber vom Kreditnehmer nicht in Anspruch genommen.

Die Eigenschaften des Kontokorrentkredits haben nachhaltigen Einfluss auf die Zusammensetzung der **Kapitalkosten**. Kreditinstitute verlangen für diesen Kredit ein Entgelt, das sich nach der sog. Teilpreispolitik bestimmt, d.h. aus mehreren Preiskomponenten zusammensetzt. Die Kapitalkostenbestandteile eines Kontokorrentkredits sind Bereitstellungsprovision (auf den zugesagten, nicht in Anspruch genommenen Kredit), Sollzinsen (auf den in Anspruch genommenen Kredit), Kreditprovision, gegebenenfalls Überziehungsprovision (auf den Höchstsaldo der Periode), Umsatzprovision (auf den Umsatz der größeren Kontoseite) oder Kontoführungsgebühren (auf die Zahl der Buchungsposten) sowie Ersatz von Spesen und Auslagen (z.B. Porto).

Aufgrund der Möglichkeit einer schwankenden Inanspruchnahme des Kredits haben sich bestimmte **Formen** des Kontokorrentkredits herausgebildet: Betriebskredite dienen dazu, Zahlungen z.B. für Löhne und Gehälter zu leisten, oder dienen der Ausnutzung von Skonti im Rahmen der Beschaffung von Vorräten. Mit Hilfe von Saisonkrediten werden Beschäftigungsspitzen im Unternehmen (z.B. zur Erntezeit) finanziert. Zwischenkredite werden bei Bauvorhaben häufig bis zur regulären Finanzierung vorab mit Kontokorrentkrediten finanziert. Bei Überziehungskrediten kann der Inhaber eines Girokontos ohne besondere Absprache mit dem Kreditinstitut sein Konto bis zu dem ihm vom Kreditinstitut eingeräumten Kreditlimit überziehen.

Zwar beträgt die Laufzeit des Kontokorrentkredits meist drei bis sechs Monate, doch **i.d.R.** wird der Kredit **prolongiert**, so dass er **häufig langfristiger Natur** ist. Die **Besicherungsmöglichkeiten** von Kontokorrentkrediten sind vielfältig. Im Einsatz sind in der Praxis vor allem Bürgschaften, Pfandrechte, Sicherungsübereignungen, Zessionen und Grundschulden (seltener Höchstbetragshypotheken).

### 5.1.2 Lombardkredit

Der Lombardkredit bezeichnet ein kurzfristiges Darlehen, das gegen Verpfändung beweglicher, marktgängiger Vermögensobjekte des Kreditnehmers gewährt wird. Verpfändet werden Vermögensobjekte, die sich durch hohe Wertbeständigkeit, schnelle Liquidierbarkeit und einfache Bewertbarkeit auszeichnen. Zu solchen Objekten zählen i.d.R. Wertpapiere, Waren, Wechsel, Forderungen, Edelmetalle. Der Ansatz der Höhe des verpfändbaren Wertes (= **Beleihungsgrenze**) schwankt je nach Art des Vermögensobjekts. Der Lombardkredit wird häufig auch als Beleihungskredit bezeichnet.

Der Lombardkreditvertrag enthält i.d.R. die Vereinbarung, dass der Kredit in einer Summe, d.h. als Darlehen zur Verfügung gestellt wird. Zusätzlich muss zwischen Kreditgeber und -nehmer Einigung über die Art der zu verpfändenden Vermögensobjekte, ihre Werte und die notwendige Form des Besitzübergangs (**Faustpfandprinzip**) vorliegen. Anschließend ist das Pfand zu übergeben. Der Kreditnehmer kann den Kredit in einer Summe oder in Teilbeträgen in Anspruch nehmen. Eingeräumt wird der Lombardkredit als festterminierter Einzelkredit. Die

**Rückzahlung** des Lombardkredits erfolgt (im Gegensatz etwa zum Kontokorrentkredit) in voller Höhe, **in einem Betrag** und meist zu einem **festen Termin**. Je nach Vereinbarung im Kreditvertrag kann der Rückzahlungsbetrag die aufgelaufenen Zinsen noch zusätzlich enthalten oder während der Kreditlaufzeit werden in regelmäßigen Abständen Zinszahlungen geleistet. Nach den verpfändeten Vermögensobjekten unterscheidet man die **Arten** des Lombardkredits (vgl. *Perridon/ Steiner* 1999, S. 425-427):

- Mit der Verpfändung von fungiblen, i.S. von handelbaren Wertpapieren (= Effekten) wie Aktien, Pfandbriefen, Anleihen u.a. wird ein **Effektenlombardkredit** begründet. Bei festverzinslichen Wertpapieren liegt die Beleihungsgrenze bei ca. *80%*, bei Aktien dagegen wegen der höheren Wahrscheinlichkeit von Kurs- und damit Wertschwankungen zwischen *50%* bis *70%*. Sind die Wertpapiere nicht an der Börse notiert, liegen deren Beleihungswerte meist unter den vorgenannten Sätzen. Der Effektenlombard ist für einen Kreditnehmer dem tatsächlichen Verkauf der Wertpapiere vorzuziehen, wenn er einen kurzfristigen vorübergehenden Finanzbedarf aufweist.
- Wird ein Lombardkredit gegen Hinterlegung marktfähiger Waren beim Kreditinstitut gewährt, so spricht man von einem **Warenlombardkredit**. Häufig wird statt der stofflichen Übergabe dem Kreditinstitut ein Lagerschein eines Lagerhauses übergeben, indem sich die Waren befinden. Werden die Waren beim Kreditnehmer für seine Produktion benötigt, so findet statt einer tatsächlichen Übergabe eine Sicherungsübereignung der Ware statt. Die Beleihungsgrenze liegt bei ca. *50%*.
- Da auch Rechte verpfändet werden können, gibt es Lombardkreditverträge, in denen Forderungen die Sicherungsobjekte darstellen (= **Forderungslombardkredit**). Grundsätzlich kommen zwar alle Arten von Forderungen in Betracht, in der Kreditwirtschaft hat sich aber vor allem die Verpfändung von Policen von Kapitallebensversicherungen (in Höhe ihres Rückkaufwerts) als Pfand etabliert.
- Grundsätzlich können auch Edelmetalle, Schmucksteine und -stücke als Sicherheit für einen Lombardkredit hinterlegt werden (= **Edelmetalllombardkredit**). Für die Unternehmensfinanzierung hat dies Ausnahmecharakter.

Als „**unecht**“ bezeichnet man einen Lombardkredit, wenn es sich um einen Kontokorrentkredit handelt, der entweder durch das Pfandrecht an Vermögensobjekten gesichert ist oder die Vermögensobjekte sicherungsübereignet sind.

Die **Kapitalkosten** des Lombardkredits sind in ihrer Höhe etwa vergleichbar mit denjenigen des Kontokorrentkredits. Sie bestehen aus dem Zinssatz, der sich sich am Geldmarktsatz orientiert. Daneben wird eine Kreditprovision fällig. Sonstigen Kosten werden zusätzlich z.B. für Bewertungsgutachten sowie die Verwahrung und Verwaltung der verpfändeten Vermögensobjekte von den Kreditinstituten erhoben.

Der Lombardkredit ist zur Deckung eines **kurzfristigen Finanzbedarfs** geeignet. Im Gegensatz zum Kontokorrentkredit bietet er aber nicht die flexible Inanspruchnahmemöglichkeit, und es fehlt ihm auch die schnelle Prolongationsmöglichkeit nach Ablauf der vereinbarten Kreditlaufzeit. Sein Verwendungszweck liegt primär in der **Überbrückungsfinanzierung** kurzfristiger Liquiditätsanspannungen im Unternehmen. Er wird zudem meist dann eingesetzt, wenn die Beschaffung von kurzfristigen Finanzmitteln im Rahmen eines Kontokorrentkredits nicht mehr möglich ist. Vom Volumen gesehen wird der Lombardkredit gegenüber anderen kurzfristigen Finanzierungsformen weniger in Anspruch genommen.

### 5.1.3 Wechselkredit

In Anlehnung an die Merkmale des Lieferantenkredits bedeutet der Wechselkredit Finanzierung durch Verkauf noch nicht fälliger, in Wechselform verbriefter Forderungen eines Lieferanten an ein Kreditinstitut. **Grundlage** dieser bis zur Einführung des Euros zum 01.01.1999 als **Diskontkredit** bekannten Finanzierungsform bildet der Wechsel - ein Wertpapier, mit vorgeschriebenen gesetzlichen Bestandteilen (§§ 1 ff. Wechselgesetz):

- Üblicherweise zieht ein Lieferant von Waren (= Gläubiger aus dem Warengeschäft) als sog. Aussteller einen Wechsel in Form einer **Tratte** (= Zahlungsanweisung) auf den Abnehmer, den sog. **Bezogenen** (= Schuldner aus Warengeschäft und Wechsel). Hierdurch entsteht ein gezogener Wechsel. Der Wechsel enthält die Anweisung an den Bezogenen, die eingetragene Geldsumme bei Fälligkeit des Wechsels an einem bestimmten Ort demjenigen zu zahlen, der ihm den Wechsel als Inhaber vorlegt (= Remittenten). Schuldner eines Wechsels ist der Bezogene, d.h. der Abnehmer von Waren (= Käufer), wenn er den Wechsel mit seiner Unterschrift akzeptiert („querschreibt"), aus dem Wechsel ist eine **Zahlungsanweisung** und eine Zahlungsverpflichtung geworden.
- Beim **Eigenwechsel** (= **Solawechsel**) liegt keine Zahlungsanweisung, sondern ein **Zahlungsversprechen** vor. Dieses Versprechen gibt der Aussteller gegenüber dem Wechselinhaber ab. Schuldner des Solawechsels ist der Aussteller, insofern sind Bezogener und Aussteller dieselbe Person.

Der Wechsel ist losgelöst vom zugrunde liegenden Waren- oder Dienstleistungsgeschäft, (= **abstrakte Zahlungsverpflichtung**). Daraus folgt der für den Gläubiger aus dem Wechsel willkommene Umstand, dass im Fall der Zahlungsverweigerung des Schuldners der Wechsel „zu Protest geht" und im **beschleunigten Urkundenprozess** eingeklagt werden kann. Der Vorteil für den Gläubiger liegt darin, dass in diesem Verfahren nur noch die formellen Erfordernisse des Wechsels, nicht aber etwaige Mängel im zugrunde liegenden Geschäft überprüft werden (= Wechselstrenge). Eine besondere zusätzliche **Besicherung** von Wechselkrediten ist wegen der Strenge des Wechselrechts **nicht üblich**.

Lesehinweis: Zur näheren Erläuterung des Wechsels vgl. *Adrian/Heidorn* (2000, S. 168 ff.).

#### 5.1.3.1 Grundkonzeption des Wechselkredits

Auf der Grundlage eines Wechsels kann der Aussteller diesen Wechsel zur Beschaffung von Finanzmitteln einsetzen, indem er den Wechsel zum Ankauf bei einem Kreditinstitut einreicht und auf diese Weise zum Kreditnehmer wird. Nachfolgende Abb. III-48 veranschaulicht die dabei zugrunde liegende Struktur.

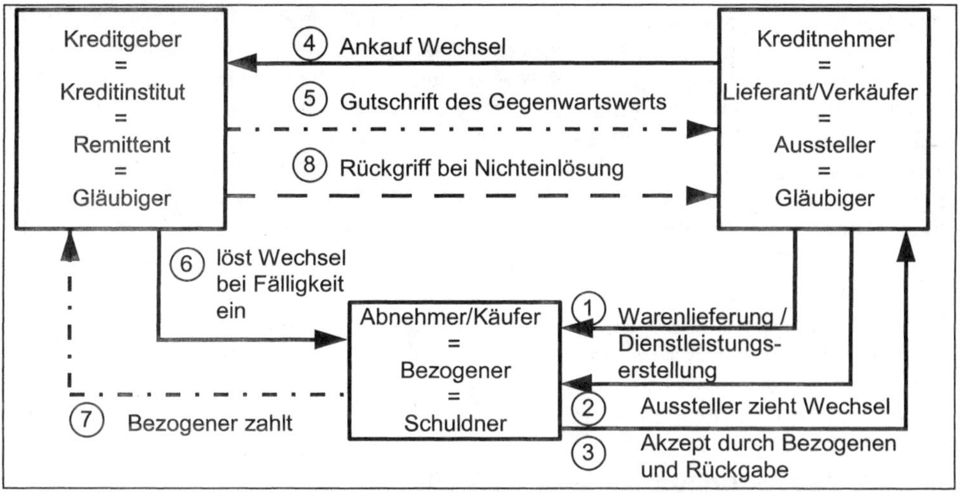


Abb. III-48: Grundkonstellation des Wechselkredits

Vorausgesetzt, der Kreditnehmer verfügt über einen Vertrag mit einem Kreditinstitut zum Ankauf von Wechseln, reicht er den (indossierten) Wechsel zum Ankauf beim Kreditinstitut ein (Pfeil 4). Es kauft den Wechsel daraufhin vor Fälligkeit unter Abzug von Zinsen für die Zeit vom Ankaufstag bis zum Fälligkeitstag an. Der Abzug erfolgt nach dem Kreditzinssatz, der vor 1999 als Diskontsatz bezeichnet wurde. Die Vergütung für den Kreditnehmer (= **Gegenwartswert** des Wechsels) liegt unter dem **Nominalwert** des **Wechsels** (Pfeil 5). Zum Fälligkeitstermin legt das Kreditinstitut dem Bezogenen den Wechsel vor und fordert ihn zur Zahlung des geschuldeten Nominalbetrags auf (Pfeil 6). Zahlt der Bezogene, so ist der Vorgang abgeschlossen (Pfeil 7). Andernfalls geht das Kreditinstitut auf den Aussteller zu und verlangt von ihm die Zahlung (Pfeil 8).

Der Wechselkredit weist gegenüber anderen Krediten eine **Besonderheit** auf: Der Diskontkredit wird normalerweise nicht vom Kreditnehmer an das Kreditinstitut zurückgezahlt, sondern vom Wechselschuldner (Bezogener oder Aussteller), bei dem das Kreditinstitut den Wechselbetrag bei Fälligkeit einzieht. Damit handelt es sich wirtschaftlich gesehen beim **Wechselkredit nicht** um einen **Kredit**, **sondern** um einen **Forderungsverkauf**, bei dem der Gläubiger wechselt, der Schuldner aber die gleiche Person bleibt. Der eigentliche Kreditnehmer, d.h. der Einreicher des Wechsels, ist nur noch ein **Eventualschuldner**. Auf ihn kann das Kreditinstitut zurückgreifen, wenn der Bezogene nicht zahlt.

Der Wechselkreditvertrag enthält neben dem Zinssatz, zu dem Wechsel vom Kreditinstitut angekauft werden, auch die betragliche Höhe, bis zu der das Kreditinstitut zum Wechselankauf bereit ist (= Wechselobligo). Kreditinstitute konnten vor 1999 die von ihnen im Rahmen des Diskontkredits angekauften Wechsel wiederum selbst zur Beschaffung von Finanzmitteln über die Rediskontkontingente bei der Deutschen Bundesbank einsetzen (= „Kreditinstitute **rediskontieren** ihre Wechsel"). Diese Möglichkeit besteht seit dem 01.01.1999 aufgrund der Europäischen Währungsunion und der Neuregelung der geldpolitischen Instrumente nicht mehr.

Die **Kapitalkosten** des Wechselkredits orientierten sich vor Einführung des Euros am Diskontsatz der Deutschen Bundesbank, der als niedrigster Zinssatz des deutschen Geldmarkts für Diskontkreditnehmer attraktiv niedrige Kapitalkosten darstellte. Mittlerweile wird von Kreditinstituten für die Wechsel basierte Finanzierung das Zinsniveau des Euroland-Geldmarkts (Drei-Monats-EURIBOR) zugrunde gelegt, wodurch sich die Kapitalkosten dieser Form der Finanzierung um durchschnittlich einen Prozentpunkt erhöhen dürften. Die Kapitalkosten des Wechselkredits bestehen damit in erster Linie aus dem kurzfristigen Zinssatz und den Spesen, die vor allem für das Einlösen des Wechsels (= Inkasso) zum Fälligkeitstermin berechnet werden. Dabei wird die Höhe des Zinssatzes neben dem Zinsniveau des Geldmarkts auch von der Qualität des Wechselmaterials, der Höhe der Wechselsumme, der Kundenbeziehung, den lokalen Marktgegebenheiten und der Liquiditäts- und Ertragslage des jeweiligen Kreditinstituts bestimmt (vgl. *Eichwald/ Pehle* 2000, S. 758).

Der Wechselkredit wird vor allem als **Betriebsmittelkredit** zur **Umsatzfinanzierung** verwendet. Er wird auch als **„sich selbst liquidierender" Kredit** bezeichnet, da er aus dem Erlös des Umsatzes getilgt wird, der aus dem zugrunde liegenden Waren- oder Handelsgeschäft entsteht.

### 5.1.3.2 Zur aktuellen Rolle des Wechselkredits

Bis zur Einführung der dritten Stufe der Europäischen Währungs- und Wirtschaftsunion im Jahr 1999 nahm der Diskontkredit für die kurzfristige Finanzmittelbeschaffung deutscher Unternehmen eine herausgehoben wichtige Rolle ein. Die Attraktivität dieses Finanzinstruments beruhte bis dahin primär auf der Einbindung von Handelswechseln in der Diskontpolitik als mit eines der zentralen geldpolitischen Instrumente der Deutschen Bundesbank. Für deutsche Kreditinstitute bestand in der Rediskontierung von Handelswechseln - in Abhängigkeit von aktuell geltenden Ankaufshöchstgrenzen durch die Deutsche Bundesbank (sog. Rediskontkontingente) und des Diskontsatzes - ein komforabler Zugang zu Notenbankgeld, wodurch Kreditinstute ihrerseits der Diskontierung von Handelswechseln ihrer Firmenkundschaft eine hohe Priorität in der Form der kurzfristigen Kreditvergabe eingeräumt hatten.

Mit dem Wechsel der währungspolitischen Zuständigkeit auf europäische Ebene zur **Europäischen Zentralbank** (EZB) fand u.a. auch eine Änderung des bis dahin gültigen Systems geldpolitischer Instrumente und Steuerungsgrößen statt. So wurde im Wesentlichen die Diskontpolitik abgelöst von einer auf bestimmten Kategorien basierenden Refinanzierungspolitik für Kreditinstitute zur Beschaffung von Notenbankgeld. Die EZB teilt die hierzu zulässigen Sicherheiten in Kategorie-*1*-(sog. Tier One)Sicherheiten und **Kategorie-2-(sog. Tier-Two)Sicherheiten** ein. Diese Einteilung beruht auf der Tatsache, dass es unterschiedliche Finanzstrukturen in den einzelnen Mitgliedstaaten des Eurolands gibt. Die in Kategorie *1* genannten marktfähigen Schuldverschreibungen gelten für den gesamten Euro-Währungsraum. Die spezifischen Zulassungskriterien der Kategorie 2 legen die jeweiligen nationalen Zentralbanken (NZBen) mit Zustimmung der EZB fest (vgl. *Europäisches Währungsinstitut* 1997, S. 39).

**Kategorie-*1*-Sicherheiten** können grenzüberschreitend für alle, mit Sicherheiten zu unterlegenden, Geschäfte genutzt werden. Als Kategorie-*1*-Sicherheiten sind nur Schuldtitel, die auf Euro lauten, zugelassen. Als Emittenten kommen das ESZB, die öffentliche Hand, der private Sektor oder internationale bzw. supranationale Unternehmungen in Frage. Die Bonität des Emittenten bzw. Garanten muss einwandfrei sein. Zur Beurteilung der Bonität werden auch Ratings herangezogen. Die Hinterlegung der Sicherheiten muss im europäischen Währungsraum mittels Girosammelverwahrung erfolgen (vgl. *European Central Bank* 1998, S. 40).

Die EZB stellt bestimmte Bonitätsanforderungen an Kategorie-*1*-Sicherheiten. Die Bonität wird entweder mit Hilfe von bestehenden Ratings für jede einzelne Emission oder aufgrund festgelegter institutioneller Kriterien, die einen hohen Gläubigerschutz gewährleisten, festgestellt. Die Sicherheiten müssen von juristischen Personen, die ihren Sitz im EWR haben, begeben oder garantiert sein. Diese Bestimmung gilt nicht für internationale und supranationale Organisationen. Die Sicherheiten müssen an einem geregelten Markt oder einem von der EZB bestimmten ungeregelten Markt eingeführt, notiert oder gehandelt werden. Die EZB kann die Zulassung von Schuldtiteln von ihrer Marktliquidität abhängig machen (vgl. *European Central Bank* 1998, S.40).

Für die neue **Rolle des Diskontkredits** als Finanzierungsinstrument von Unternehmen ist die (für Kreditinstitute geltende) **Kategorie-*2*** von zentralbankfähigen Sicherheiten maßgebend. Sie bestehen aus marktfähigen oder nicht-marktfähigen Sicherheiten, die in den ehemaligen nationalen Finanzmärkten der EU-Staaten eine besondere Bedeutung haben. Kategorie-2-Sicherheiten sind nur für definitive Käufe und Verkäufe nicht zugelassen, für alle übrigen geldpolitischen Operationen dürfen sie als Sicherheiten genutzt werden. Der Sitz des Emittenten hat im Euro-Währungsraum zu liegen. Als Emittenten kommen die öffentliche Hand und der private Sektor in Frage. Die NZB muss den Emittenten als bonitätsmäßig einwandfrei einstufen. Einen Überblick, über die von den Sicherheiten zu erfüllenden Kriterien, gibt Tab. III-10.

| | **Handelswechsel** | **Kreditforderungen von Banken an Handel und Industrie** |
|---|---|---|
| **Minimale-Restlaufzeit** | *1* Monat | *1* Monat |
| **Maximale Restlaufzeit** | 6 Monate | 2 Jahre |
| **Mindestbetrag** | keiner | *10.000 €* |
| **Währung** | Euro | |
| **Sitz des Schuldners** | Deutschland | |
| **Bonitätsprüfung des Wirtschaftsunternehmens** | Nach Bundesbank-Bonitätsprüfung mindestens eine als notenbankfähig eingestufte (inländische) Nichtbankenunterschrift | |
| **Bewertung** | Zeitwert nach Geldmarktformel auf Basis Drei-Monats-EURIBOR | Nominalwert |
| **Bewertungsabschlag** | *2%* | *20%* |
| **Sonstiges** | Wechseleinzug durch Bundesbank | Deutsches Recht, keine Kontokorrentkredite |

Tab. III-10: Refinanzierungsfähige Wirtschaftskredite gemäß der Kategorie-2-Liste der Deutschen Bundesbank (Quelle: *Deutsche Bundesbank* 1998b, S. 18)

Eine Neuerung ist die Zulassung von Kreditforderungen. Bei den Wechseln wurden die Anforderungen an die Mindest- und die Höchstlaufzeit geändert. Der Zugang zu den Kategorie-2-Sicherheiten der jeweiligen nationalen Zentralbank muss ohne Probleme möglich sein (vgl. *Deutsche Bundesbank* 1998b, S. 15). Die Zentralbanken benötigen für die Prüfung der Bonität spezielle Systeme.

Die herabgesetzte geldpolitische Bedeutung des Handelswechsels hat maßgeblich die Bereitschaft von Kreditinstituten zum Angebot von Wechselkrediten geschmälert. Hinzu kommt, dass Kreditinstitute mittlerweile weniger Wechsel als zu Zeiten des Diskontkredits akzeptieren werden, da diese Form der Finanzierung arbeitsaufwendiger ist als alternative kurzfristige Kreditformen. International operierende Kreditinstitute haben darüber hinaus grundsätzlich ihren geschäftspolitisch begründeten Rückzug aus der Wechsel basierten Finanzierung angekündigt. Aus Unternehmensicht hat der Wechselkredit gegenüber anderen Formen der kurzfristigen Unternehmensfinanzierung aufgrund der gestiegenen Kapitalkosten an Attraktivität verloren. Auf diese Weise dürfte insgesamt von einer zukünftig **sinkenden Bedeutung** dieser Finanzierungsform auszugehen sein (vgl. *Priewasser* 2001, S. 416). Als Zahlungsmittel bietet der Wechsel für die kurzfristige Finanzierung kleiner und mittlerer Unternehmen weiterhin bedeutende Vorteile bezüglich Liquidität und Sicherheit. Mit dem Wechselkredit besteht für diese Unternehmen immer noch eine zinsgünstige Refinanzierungsmöglichkeit für Forderungen aus Lieferungen und Leistungen, da die Wechselkreditkonditionen unterhalb der Sätze für Kontokorrentkredite liegen (vgl. *Eichwald/Pehle* 2000, S. 760-761).

## 5.2 Arten der Kreditleihe

In den bisherigen Ausführungen zu kurzfristigen Kreditarten wurden Instrumente behandelt, mit denen Kreditinstitute kreditsuchenden Unternehmung Zentralnotenbankgeld bzw. Giralgeld zur Verfügung stellen. Dies wird als Geldleihgeschäft bezeichnet. Ergänzend sind Finanzierungsinstrumente von Kreditisntituten zu betrachten, die zum sog. **Kreditleihgeschäfte** zählen. Akzept- und Avalkredit verkörpern die beiden Finanzierungsformen dieser Kategorie. Ihnen ist zu eigen, dass im Gegensatz zu Krediten des Geldleihgeschäfts kein unmittelbarer Zahlungsstrom verbunden ist, sondern sie vom kreditnehmenden Unternehmen als Instrumente zur Übertragung von Reputation und Bürgschaft eingesetzt werden, um Finanzmittel beschaffen zu können.

### 5.2.1 Akzeptkredit

Der Akzeptkredit ist ein Kredit, den ein Kreditinstitut gewährt, indem es innerhalb einer festgesetzten Kreditgrenze vom Kreditnehmer ausgestellte Wechsel mit ihrem Akzept versieht. Ausgangspunkt des Akzeptkredits ist ein Kreditvertrag zwischen Kreditgeber und Kreditinstitut. Darin verpflichtet sich der Kreditnehmer, spätestens einen Werktag vor Fälligkeit des Wechsels betragliche Deckung für die vom Kreditinstitut akzeptierten Wechsel anzuschaffen.

Abb. III-49: Grundkonstellation des Akzeptkredits

Ein Kreditinstitut verpflichtet sich, die ihr vom ausstellenden Kreditnehmer vorgelegte Tratte zu akzeptieren (Pfeil 1). Anschließend zieht der Aussteller eine Tratte auf die Akzeptbank und übergibt den Wechsel dem Kreditinstitut zum Zweck der Akzeptleistung (Pfeil 2). Nachdem das Kreditinstitut das Akzept geleistet hat, reicht es den Wechsel (jetzt Bankakzept genannt) an den Aussteller zurück (Pfeil 3). Im **Innenverhältnis** ist der Kreditnehmer (= Aussteller) aufgrund des Kreditvertrags Schuldner des akzeptierenden Kreditinstituts. Dies resultiert nicht aus dem Wechsel, sondern aus dem zugrunde liegenden Kreditvertrag, der eine Geschäftsbesorgung zum Inhalt hat. Im Verhältnis gegenüber Dritten (= **Außenverhältnis**) ist das Kreditinstitut durch seine Akzeptleistung eine wechselrechtliche Verpflichtung eingegangen. Es ist gegenüber jedermann, der ihr diesen Wechsel vorlegt, zur Einlösung verpflichtet. Dies gilt auch, wenn der Kreditnehmer nicht rechtzeitig für Deckung zur Wechseleinlösung beim Kreditinstitut gesorgt hat.

Der Kreditnehmer hat mit dem Bankakzept drei **Verwendungsmöglichkeiten**:

- Weitergabe als Zahlungsmittel an einen Lieferanten,
- Einreichung bei einem anderen Kreditinstitut im Rahmen eines Wechselkredits,
- Einreichung des Bankakzepts im Rahmen eines Wechselkredits bei der Akzeptbank selbst (= Selbstdiskontierung aus Sicht der Akzeptbank).

In der **Praxis** ist die **Selbstdiskontierung** üblich, d.h., der Akzeptkredit wird mit einem Wechselkredit verbunden: Der Kreditnehmer reicht das Bankakzept bei der Akzeptbank zum Diskont ein (Pfeil 4) und erhält den Gegenwartswert gutgeschrieben (Pfeil 5). Vor Fälligkeit hat der Aussteller rechtzeitig den Deckungsbetrag (= Nominalwert des Bankakzepts) für die Akzeptbank anzuschaffen (Pfeil 6). Zum Fälligkeitstermin belastet die Akzeptbank dann den Aussteller für die Akzepteinlösung (Pfeil 7).

Der Akzeptkredit weist eine **Laufzeit** von *30* bis *90* Tagen auf. Die üblichen **Wechselsummen** liegen zwischen *50.000* € und *500.000* €. Eine **Besicherung** des Akzeptkredits findet nicht statt. Es wird Wert gelegt auf das Akzept für Tratten von **Ausstellern** mit **höchster Bonität**. Die Bedeutung des Akzeptkredits liegt in der Finanzierung des Warenumsatzes, insbesondere im Rahmen der Außenhandelsfinanzierung. Die **Kapitalkosten** des Akzeptkredits bestehen aus der Akzeptprovision (zwischen *1,5%* und *2,5%* p.a.) und der Bearbeitungsgebühren mit ca. *0,5%*. Im Fall der (Selbst-)Ankaufs kommen noch die Kapitalkosten des Wechselkredits hinzu.

## 5.2.2 Umkehrwechsel

In der Praxis ein häufig benutztes Verfahren der Finanzierung von Warenlieferungen ist das **Scheck-Wechsel-Tauschverfahren**, das auch als Umkehrwechsel bezeichnet wird. Es handelt sich der Form nach um eine Kreditleihe, die ebenfalls wie häufig beim Akzeptkredit an einen Wechselkredit gekoppelt ist. Abb. III-50 stellt die Zusammenhänge im Überblick dar.

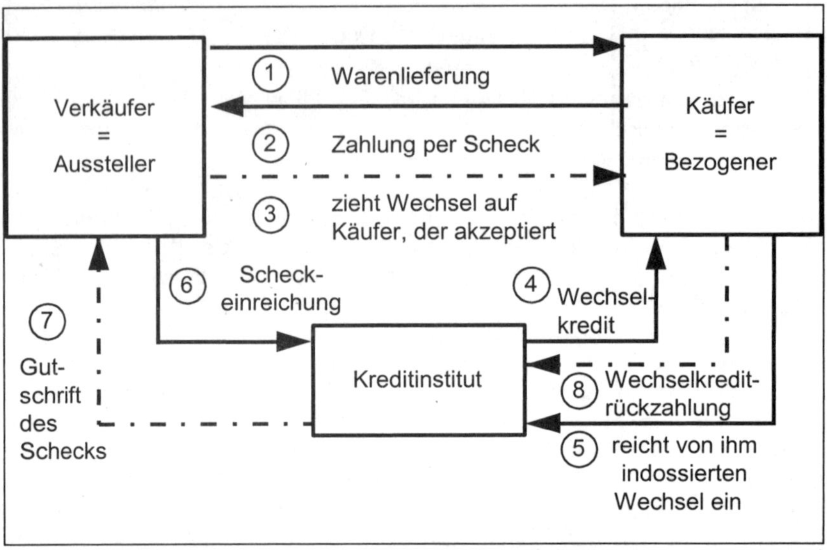


Abb. III-50: Grundkonstellation des Umkehrwechsels

Ausgangspunkt ist die Lieferung einer Ware des Verkäufers an den Käufer (Pfeil 1). Anschließend zahlt der Käufer die Warenlieferung unter **Ausnutzung** des **Skontos** durch Scheck (oder in Ausnahmefällen bar) (Pfeil 2). Gleichzeitig zieht der Verkäufer einen Wechsel auf den Käufer, der diesen akzeptiert (Pfeil 3). Der **Käufer** hat sich zuvor einen **Wechselkredit** beim Kreditinstitut einräumen lassen (Pfeil 4). Den Wechsel indossiert der Käufer anschließend und reicht ihn dem Kreditinstitut ein (Pfeil 5). Ausschließlicher Zweck der Einreichung ist es, vom Kreditinstitut Finanzmittel bereitgestellt zu bekommen zur Deckung des später vom Verkäufer zur Einlösung vorgelegten Schecks (Pfeile 6 und 7) (bzw. in Ausnahmefällen, um sich die Finanzmittel für die Barzahlung zu beschaffen). Dem Umkehrwechsel liegt somit ein **Wechselkreditverhältnis** zugrunde. In seltenen Fällen behält der Käufer den Wechsel in seinem Bestand, um seine Liquiditätsreserven aufzufüllen. Zum Zeitpunkt der Fälligkeit des Wechsels legt das diskontierende Kreditinstitut dem Bezogenen (= Käufer) den Wechsel zur Einlösung vor (Pfeil 8).

Der Vorteil dieses Verfahrens liegt in der Ausnutzung des Skontos durch den Käufer und der Finanzierung mittels eines zinsgünstigen Wechselkredits. Für den Lieferanten besteht insofern ein Risiko, als er im Rahmen seiner Haftung als Aussteller bei mangelnder Bonität gegenüber dem ankaufenden Kreditinstitut wechselrechtlich verpflichtet ist, wenn der Bezogene wegen Zahlungsunfähigkeit ausfällt. Hieran wird auch der Charakter der Kreditleihe deutlich. Der Kreis der Käufer, die an einem solchen Verfahren teilnehmen, ist daher meist auf solche mit guter Bonität begrenzt.

### 5.2.3 Avalkredit

Beim Avalkredit handelt es sich um ein **abstraktes Leistungsversprechen** eines Kreditinstituts. Es verpflichtet sich, für gegenwärtige Verbindlichkeiten unterschiedlicher Kategorien gegenüber einem Dritten (= Avalbegünstigter) einzustehen. Da es das Versprechen erst einlösen muss, wenn der dem Aval zugrunde liegende Fall eintritt, handelt es sich für das Kreditinstitut um eine sog. **Eventualverbindlichkeit**. Es kommt in der Praxis vor allem im Auslandsgeschäft vor, dass sich dieses Leistungsversprechen auf einen Wechsel bezieht: Bei der Wechselbürgschaft unterschreibt das Aval gebende Kreditinstitut auf dem Wechsel einen Vermerk wie z.B. „als Bürge" oder „per aval" und verbessert dadurch die Qualität des Wechsels, d.h., die Wahrscheinlichkeit für den Aussteller, dass der Wechsel bei Fälligkeit eingelöst wird - entweder regulär vom Bezogenen oder ausnahmsweise durch das Kreditinstitut aufgrund der Bankbürgschaft.

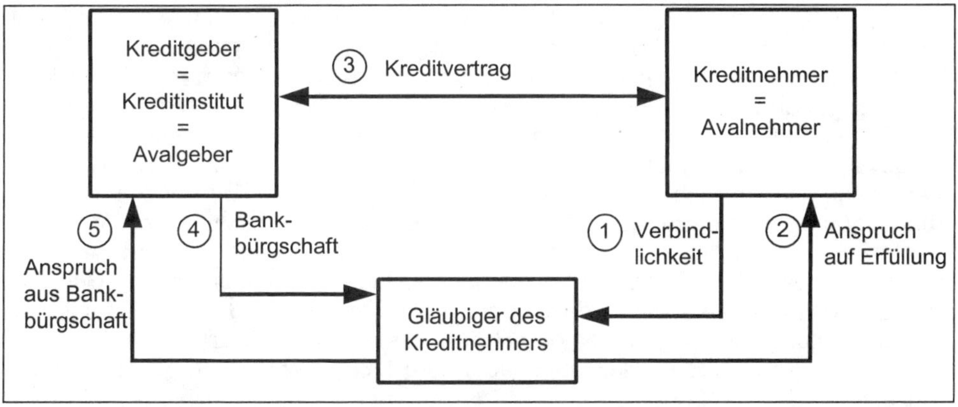


Abb. III-51: Grundkonstellation des Avalkredits

Die Beziehungen beim Avalkredit sind wie folgt. Ausgangspunkt ist die Verbindlichkeit des Kreditnehmers gegenüber einem Gläubiger (Pfeil 1). Der Gläubiger hat Anspruch auf Erfüllung von vertraglich durch den Kreditnehmer zugesagten Leistungen, wenn die zwischen den beiden im Vertrag formulierten Ereignisse eintreten (Pfeil 2). Als Sicherheit dafür, dass bei Eintritt des Risikofalls der Kreditnehmer tatsächlich seinen versprochenen Verpflichtungen nachkommt, zumindest ein geldwerter Ersatz gezahlt wird, verlangen Gläubiger die Sicherheit für die Verbindlichkeit durch die Bürgschaft oder Garantie einer Kreditinstitut. Zu diesem Zweck schließt der Kreditnehmer mit einem Kreditinstitut einen **Kreditvertrag** ab (Pfeil 3). Es wird dadurch zum Avalgeber und verpflichtet sich gegenüber dem Gläubiger, für die Verbindlichkeiten des Kreditnehmers (= Avalnehmer) einzustehen (= Bankbürgschaft) (Pfeil 4).

Der Avalkredit kann auch die Abgabe einer **Bankgarantie** zum Gegenstand haben. Damit verpflichtet sich der Avalgeber gegenüber dem Gläubiger, für einen bestimmten künftigen Erfolg einzustehen oder Gewähr zu übernehmen für einen künftigen, noch nicht entstandenen Schaden. Der Gläubiger hat in beiden Fällen einen Anspruch gegenüber dem Kreditinstitut (Pfeil 5). Dieses muss in dem vertraglich von ihm versprochenen Umfang an den Gläubiger leisten, wenn der Avalnehmer ihm gegenüber nicht seinen Verpflichtungen nachkommt. Andererseits erlischt die Verpflichtung des Kreditinstituts aus dem Avalkredit, wenn die verbürgte oder garantierte Forderung des Gläubigers erlischt.

Beispiel: Eine Paketsortieranlage funktioniert bei Inbetriebnahme nicht wie vom Hersteller versprochen. Der Käufer wird vertraglich vom Verkäufer im Rahmen eines Garantieversprechens dann die ihm zugesicherte Garantiezahlung vom Kreditinstitut verlangen.

Die Praxis unterscheidet zahlreiche **Formen** von Avalkrediten. Beabsichtigt ein Steuerpflichtiger, Steuern und Zölle nicht in einem Betrag zu zahlen, sondern sie zu stunden, so setzt dies eine Sicherheitsleistung voraus. Hierfür wird meist eine **Steuer-** und **Zollbürgschaft** gestellt. Unternehmen mit hohem Frachtaufkommen können fällige Frachtgelder im Rahmen von **Frachtstundungsbürgschaften** gegenüber der Deutschen Bahn AG stunden. Bei Ausschreibungen, insbesondere durch die öffentliche Hand, soll der Bietende an sein Angebot für den Fall der Zuschlagserteilung gebunden werden. Durch die **Bietungsgarantie** (= **Bietungsaval**) verpflichtet sich ein Kreditinstitut zu einer Ausgleichszahlung, falls der Bietende bei Zuschlag diesen entweder nicht oder zu veränderten Konditionen annimmt. Häufig wird vor allem im **Außenhandel** eine Anzahlung seitens eines Abnehmers vorgenommen (= Kundenkredit). Das anzahlende Unternehmen möchte dann sichergestellt haben, dass die vereinbarte Leistung erbracht wird. Zu diesem Zweck stellt das Unternehmen, das die Anzahlung erhält, durch ein Kreditinstitut ein Aval. In einer solchen Anzahlungsgarantie (= **Anzahlungsaval**) verpflichtet sich der Avalgeber gegenüber dem Abnehmer oder Besteller des Avalnehmers, den angezahlten Betrag zurückzuzahlen, wenn der Avalnehmer nicht seinen Liefer- oder Leistungsverpflichtungen gegenüber dem Abnehmer nachkommt. Im Fall einer nicht vertragsgemäß erbrachten Leistung oder Lieferung sollen Leistungs- und Lieferungsgarantie (= **Leistungs-** und **Lieferungsavale**) die Zahlung von Vertragsstrafen garantieren. Ihre Höhe beträgt im Allgemeinen *5*% bis *10*% des Auftragswerts. Als besondere Form des Leistungs- und Lieferungsavals soll das **Gewährleistungsaval** sicherstellen, dass der Verkäufer während der vertraglichen Gewährleistungsfrist gegenüber dem Käufer seine Vereinbarung einhält - ohne dass hierzu für die Gewährleistungsdauer eine Sicherheit in Geld gestellt werden muss.

Die Formen des Avalkredits zeigen auch die Anlässe und die Verwendungszwecke dieser Kreditart. Ebenso richtet sich danach die Laufzeit eines Avalkredits. Avalkredite werden nur an Kreditnehmer mit **hoher Bonität** vergeben. Meist wird verlangt, dass der Kreditinstitut eine entsprechende betragliche Deckung durch den Avalnehmer hinterlassen wird. Die **Kapitalkosten** des Avalkredits bestehen aus der Avalprovision in Höhe von *1*% bis *2,5*% des verbürgten bzw. garantierten Betrags.

## 5.3 Investitionskredite

Investitionskredite dienen zur Finanzierung von Herstellung oder Beschaffung von Anlagegütern (Gebäude, Produktionsanlagen, Maschinen, Transporteinrichtungen) und der Vergrößerung von Vorräten. Diese Kreditart wird daher meist **zweckgebunden** vergeben. Aufgrund der Zweckbindung ist die Gestaltung der Tilgungs- und Laufzeitvereinbarung an die jeweiligen Kapitalbindungs- bzw. -freisetzungsrhythmen der finanzierten Investitionsobjekte geknüpft. Sie richtet sich vor allem nach der Dauer der Abschreibungen des finanzierten Investitionsobjekts. Ziel ist es, die Tilgungen aus den Abschreibungserlösen zu finanzieren. Üblich sind Zeiträume der Investitionskredite von zehn, mitunter auch bis zu *15* Jahren. Die Besicherung erfolgt meist durch Grundschulden oder Bürgschaften. **Programmkredite** sind für die mittelständische Wirtschaft als standardisierte Investitionskredite von

Bedeutung (andere Bezeichnungen der Praxis sind gewerblicher Anschaffungskredit, Mittelstandskredit und Industriedarlehen). Die häufigsten anzutreffenden **Kreditlaufzeiten** liegen hier bei bis zu zwölf Jahren, bei sehr großen Investitionsfinanzierungen auch bis zu *20* Jahre. Die Verzinsung kann variabel oder fest vereinbart sein. Als **Sicherheiten** dienen Sicherungsübereignung oder Grundschuld.

## 5.4 Schuldscheindarlehen

„Im wörtlichen Sinne ist darunter zu verstehen, dass der Darlehensnehmer den Empfang des Geldes in einem Schuldschein bestätigt; der Schuldschein ist damit lediglich Beweismittel, nicht jedoch Wertpapier. (...) Die rechtliche Bedeutung des Schuldscheins liegt ausschließlich in der Übertragung der Beweislast, die gewöhnlich dem Gläubiger obliegt, auf den Schuldner" (*Büschgen* 1991, S. 105). Diese Kreditform kommt zwischen Kreditnehmer und Kreditgeber **ohne Zwischenschaltung** einer **Börse** oder eines **Kreditinstituts** zustande. Schuldscheindarlehen werden als Kredite von Sozialversicherungsträgern (z.B. Bundesversicherungsanstalt für Angestellte), öffentlichen Stellen, Kreditinstituten mit Sonderaufgaben (z.B. Kreditanstalt für Wiederaufbau) und anderen Kapitalsammelstellen (vor allem Versicherungsunternehmen) kreditnehmenden Unternehmen gewährt. In hohem Umfang nehmen **Lebensversicherungsgesellschaften** Schuldscheine ab. Sie legen in ihnen das durch ihre Prämieneinnahmen angesammelte Kapital, das nicht zur Risikoabdeckung verwendet wird, langfristig an. Rechtliche Voraussetzung hierfür ist, dass Schuldscheine deckungsstockfähig sind.

Der **Deckungsstock** ist ein Teil der Kapitalanlagen von vor allem Lebens- und Krankenversicherungsunternehmen. Hier werden die Gelder, die zur Erfüllung der Versicherungsverträge notwendig sind, angesammelt und mit dem Rechnungszinssatz (meist *4*%) verzinst. Das Deckungsstockvermögen muss getrennt vom übrigen Vermögen des Versicherungsunternehmens verwaltet werden und ist bei Konkurs nicht pfändbar. Überwacht wird der Deckungsstock vom Bundesaufsichtsamt für das Versicherungs- und Bausparwesen (= BAV), weitere Einzelheiten zur Deckungsstockbildung regelt § 54 Versicherungsaufsichtsgesetz (= VAG). Dort sind die zulässigen Vermögensanlagen abschließend aufgeführt und prozentual in ihrem maximal erlaubten Anteil festgelegt.

Schuldscheindarlehen werden wegen der Anforderungen der Deckungsstockfähigkeit und der Lebensversicherungen als die hauptsächlichen Kapitalgeber i.d.R. mit Grundpfandrechten besichert (**Briefgrundschulden**). Besichert werden kann ansonsten **auch** mit einer **Negativerklärung**. Da dies zur Deckungsstockfähigkeit nicht ausreicht, ist bei Platzierung eines solchen Schuldscheins bei Versicherungsgesellschaften eine Einzelgenehmigung durch das BAV notwendig, um die Deckungsstockfähigkeit zu erlangen.

Als Emittenten von Schuldscheindarlehen kommen Unternehmen aller Rechtsformen in Frage, insbesondere solche, die die Anforderungen an die **Deckungsstockfähigkeit** erfüllen. Hierdurch besteht die größte faktische Aussicht, einen Kapitalgeber zu gewinnen. Eingeschränkt wird der Kreis potenzieller Kreditnehmer dadurch, dass **Mindestbeträge** von *50.000* € und **höchste Bonität** der Schuldner Voraussetzungen einer erfolgreichen Platzierung sind. Die tatsächliche (= effektive) Ausstellung eines Schuldscheins begründet (konstituiert) diese Kreditart nicht, sondern die dahinter stehende Kreditvereinbarung. Da der **Schuldschein** lediglich der **Beweissicherung** dient und die Kreditnehmer meist von höchster Bonität sind, wird häufig auf die Ausstellung des Schuldscheindokuments verzichtet. Dann basiert das Schuldscheindarlehen ausschließlich auf einem **Darlehensvertrag**. Besteht ein Schuldscheindokument, so kann es durch Zession übertragen werden.

Abb. III-52 zeigt, nach welchen beiden Kriterien Schuldscheindarlehen grundsätzlich zu unterscheiden sind.

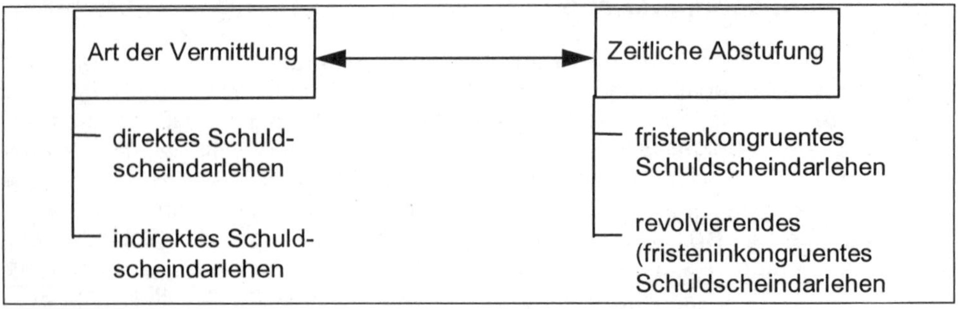


Abb. III-52: Arten von Schuldscheindarlehen

Unter einem **fristenkongruenten Schuldscheindarlehen** versteht man ein Darlehen, bei dem die Dauer der Kapitalbereitstellung durch den Kreditgeber der Dauer der Kapitalnutzung durch den Kreditnehmer entspricht. Beide Seiten vermeiden dadurch ein Fristentransformationsrisiko. Der Zinssatz eines Schuldscheindarlehens kann entweder über die Laufzeit fest oder variabel gestaltet sein. Zu unterscheiden ist bei fristenkongruenten Schuldscheindarlehen die Art und Weise wie sich Gläubiger und Schuldner „treffen". Beim **direkten fristenkongruenten Schuldscheindarlehen** kommen Kapitalgeber und -nehmer direkt, d.h. ohne Einschaltung einer vermittelnden Institution (wie z.B. Finanzmakler oder Kreditinstitut) zusammen. Sie schließen den Vertrag über das Schuldscheindarlehen direkt miteinander ab. Die Tilgung und die Zinszahlung erfolgt im Rahmen der Darlehensvereinbarungen direkt an den Kreditnehmer. Dieses Vorgehen ist in der Praxis wenig gebräuchlich.

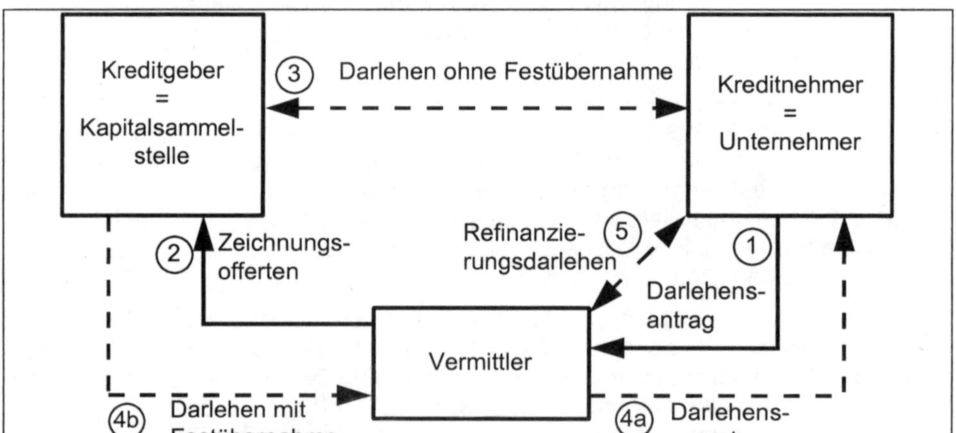


Abb. III-53: Beziehung bei indirektem fristenkongruenten Schuldscheindarlehen

Die in der Praxis übliche Entstehungsform des Schuldscheindarlehens basiert auf der Zwischenschaltung eines Vermittlers (vgl. Abb. III-53). Es handelt sich dabei i.d.R. um ein **indirektes fristenkongruentes Schuldscheindarlehen**. Das kapitalsuchende Unternehmen wendet sich hierzu an einen Finanzintermediär (= Vermittler), der die wirtschaftlichen Voraussetzungen der Darlehensgewährung prüft, mit dem potenziellen Schuldner die Darlehensmodalitäten festlegt (Pfeil 1) und anschließend Offerten zur Zeichnung des Darlehens oder Teilen davon an Kapitalgeber abgibt (Pfeil 2). Dabei können nach der **Funktion des Vermittlers** unterschieden werden:

- Der Vermittler beschränkt sich auf seine Vermittlungsfunktion (Darlehen ohne Festübernahme). Somit wird er selbst kein Kapitalgeber und trägt nicht das Risiko einer fehlgeschlagenen Platzierung, also eines mangelnden Absatzes von Betragsteilen oder des Schuldscheindarlehens insgesamt (Pfeil 3).
- Beim Darlehen mit Festübernahme wird der Vermittler selbst zum Kapitalgeber (Pfeil 4a). Er trägt das Platzierungsrisiko, bis die Kapitalbereitstellung abgewickelt ist. Danach tritt er seine Forderungen an die Kapitalsammelstelle, d.h. den endgültigen Gläubiger, ab (Pfeil 4b).

Als Refinanzierungsdarlehen wird das Schuldscheindarlehen bezeichnet, wenn der Vermittler über die gesamte Laufzeit rechtlich Kapitalgeber ist (Pfeil 5).

**Fristeninkongruente Schuldscheindarlehen** oder sog. **revolvierende Schuldscheindarlehen** weisen einen Unterschied zwischen der Dauer der Kapitalbereitstellung durch den Kreditgeber und der Kapitalnutzung durch den Kreditnehmer auf. Dieser Umstand erfordert, dass zur langfristigen Finanzierung bei einem Kreditgeber mehrere zeitlich befristete Darlehen von Kapitalsammelstellen unmittelbar aneinandergereiht werden. Dabei trägt der Kreditnehmer grundsätzlich das Risiko des rechtzeitigen Kapitalanschlusses (= **Fristentransformationsrisiko**) und dadurch auch das Zinsänderungsrisiko. Auch beim revolvierenden Schuldscheindarlehen kann zwischen einer direkten und einer indirekten Form des Zustandekommens unterschieden werden. Das früher weit verbreitete revolvierende Schuldscheindarlehen ist **kaum mehr in Gebrauch**.

Die **Laufzeiten** umfassen meist zehn Jahre und in Ausnahmefällen bis zu *15* Jahre. Der Grund hierfür liegt ebenfalls in den Anforderungen der Deckungsstockfähigkeit: Das BAV akzeptiert Schuldscheine mit einer längeren Laufzeit nicht als deckungsstockfähig. Grundsätzlich ist dieser Kreditform eine sehr individuelle Laufzeitenregelung zu eigen. Die Kündigung ist nur ausnahmsweise zulässig.

Die vorherrschenden **Tilgungsmodalitäten** bei Schuldscheindarlehen sehen überwiegend planmäßige Rückführungen nach einem Tilgungsplan vor. Tilgungsfreie Zeiten sind möglich. Der Nominalzinssatz, der i.d.R. mit einem Aufschlag zwischen ¼% bis ½% über dem Satz einer vergleichbaren Unternehmensanleihe liegt (Grund für den Aufschlag: geringere Liquidierbarkeit im Vergleich zur Obligation) und die Nebenkosten stellen die Komponenten der **Kapitalkosten** dar. Nebenkosten von ca. *1*% bis *2*% bestehen vor allem aus Vermittlerprovision bei den indirekten Formen des Schuldscheindarlehens und Kosten für die Sicherheitenstellung (vgl. *Büschgen* 1991, S. 109).

Aus der Sicht der Finanzmittelbeschaffung bietet das Schuldscheindarlehen den **Vorteil** hoher **Flexibilität** der Kapitalbeschaffung, insbesondere für nichtemissionsfähige Unternehmen sowie kleinen und mittleren Gesellschaften aufgrund der erforderlichen niedrigen Mindestsummen. Ein Vorzug gegenüber Anleihen ist, dass bei Schuldscheindarlehen **keine Wartefristen** für die **Börsenzulassung** zu beachten sind.

Die höheren Kapitalkosten des Schuldscheindarlehens werden zum Teil dadurch kompensiert, dass die Emissionskosten des Schuldscheindarlehens erheblich unter denen einer Anleihe liegen und **laufende Kosten** wie z.B. Kuponeinlösungskosten **entfallen**.

# 6 Finanzmarktorientierte Finanzierungsformen

Seit den 90er Jahren verfügen vor allem große deutsche und multinationale Unternehmen über eine zunehmend breiter werdende Palette an verbrieften Finanzinstrumenten. Dabei zeigt es sich, dass einige Formen eher zeitweise eine hohe Bedeutung erlangen (z.B. in Abhängigkeit bestimmter Zinsstrukturen), während andere sich dauerhaft als effizientes Finanzierungsinstrument bewährt haben. Hierzu sollen ausgewählte Formen behandelt werden. Die Entwicklung der verstärkten Substitution des Buchkredits durch verbriefte Finanzierungsformen (Prozess der **Securitization**) ist vor allem auf den Euro-Währungsmärkten gut nachvollziehbar. Euro-Währungsmärkte haben keine eigene (originäre) Währung, sondern es werden abgeleitete (derivative) Währungen (z.B. Euro-Dollar, Euro-Pfund) verwendet. Zur Verdeutlichung mag folgende Aussage für den Euro-Dollar dienen, die heute noch so aktuell ist wie vor gut *30* Jahren: „Ein Eurodollar kann als Dollar bezeichnet werden, den eine außerhalb der Vereinigten Staaten befindliche Kreditinstitut erworben und unmittelbar oder nach Umtausch in eine andere Valuta zur Kreditgewährung an einen Nichtbankenkunden verwendet hat, unter Umständen nach ein- oder mehrmaliger Platzierung von Bank zu Bank“ (*Bank für Internationalen Zahlungsausgleich (BIZ)* 1964, S. 142, zit. nach *Schäfer* 1983, S. 10-11). Die Euro-Währungsmärkte werden von Kreditinstituten (= Eurobanken), multinationalen Unternehmen und Währungsbehörden frequentiert. Euro-Währungsmärkte sind nicht zu verwechseln mit den **Euroland-Finanzmärkten** (auch oft einfach als Euro-Finanzmärkte bezeichnet). Hierbei handelt es sich um die nach Einführung der EWWU 1999 entstandene Zusammenfassung der vormals autonomen nationalen Finanzmärkte der Teilnehmerstaaten der EWWU zu einem einzigen integrierten Finanzmarkt.

Lesehinweis: Einen Überblick über die Entstehungsgeschichte und die Eigenarten der Euro-Währungsmärkte liefert *Schäfer* (1983).

## 6.1 Securitization

Ausgangspunkt zunehmender Verbriefung von Buchkrediten an Unternehmen stellt u. a. der Securitizations-Prozess auf den **Euro-Währungsmärkten** für **Notes** dar. Anhand dessen lässt sich ein mehrstufiger Verlauf erkennen (vgl. *Storck* 1995, S. 267 ff.):

1. Als Prozessbeginn kann die Schaffung der **Committed Note Purchase Facility** angesehen werden. Sie basiert auf einer vertraglichen Regelung zwischen einem Kreditnehmer und einer kreditgebenden Eurobank, dass ein sog. **unterbeteiligter Dritter** (i.d.R. eine weitere Eurobank) in Teilen oder in Höhe des gesamten Kreditbetrags, den die kreditgebende Bank gewährt, das Ausfallrisiko und alle anderen Risiken übernimmt. Mit einer solchen **stillen Unterbeteiligung** wird eine Durchleitung des Risikos zu oder Haftungserklärung von einem Dritten

bewerkstelligt, die im Innenverhältnis zwischen den beteiligten Kreditinstituten gilt. Im Außenverhältnis zum Kreditnehmer bleibt die kreditgebende Bank in der Rechtsposition des originären Kreditgebers.

2. Das beschriebene Verhältnis lässt sich erweitern, wenn die **Kreditforderung** der originären Kreditbank auch **abtretbar und handelbar** wird: Bereitstellung des Kredits, i.d.R. auf Roll Over-Basis und vertraglich vereinbarte Möglichkeit, dass die kreditgebende Bank im Bedarfsfall den Kredit als Forderung an eine andere Bank verkaufen kann. In dieser Konstruktion spricht man von einer „**Transferable Loan Facility**" (= TLF). Der Vorteil für das Kreditinstitut ist, dass es bei bevorstehenden eigenen Refinanzierungsproblemen den Kredit aus der Bilanz nehmen kann und so ein Refinanzierungsproblem in Bezug auf den jeweiligen Kredit lösen kann.

3. Wird bei der TLF originär noch ein Buchkredit zugrunde gelegt und nur eventuell weiterveräußert, so wird in einer nächsten Stufe der eigentliche Buchkredit durch eine verbriefte Forderung substituiert und nur noch in Form einer „**Auffanglinie**", d.h. Fazilität, für den Fall fehlgeschlagener Platzierungen von Wertpapieren des Emittenten (= Kreditnehmer) beigestellt. Eine solche Kreditvergabe besteht aus der Bereitstellung der **Kreditlinie** und **Platzierung** eines Wertpapiers (Inhaberpapier mit dem Kreditnehmer als Emittenten), das die eigentliche Funktion der Mobilisierung von Finanzmitteln übernimmt. Solche verbrieften Kreditforderungen stellen (meist kurzfristig laufende) **Euronote-Fazilitäten** dar. Trotz ihrer kurzen Laufzeiten von *30* Tagen oder drei bis sechs Monaten ermöglichen sie eine Bereitstellung von Finanzmitteln für mittel- bis langfristige Investitionen. Realisierbar wird die Platzierung der Notes durch Ergänzung der Fazilität auf der Basis eines Roll Over-Kredits. Diese Stand By- **oder** Back Up-**Fazilität** sichert die jeweilige Prolongation der Finanzmittel nach Auslaufen der Note-Laufzeiten und damit die Anschlussfinanzierung bis zur erneuten Platzierung weiterer Papiere. Ersatzweise kann dann die Kreditlinie eingesetzt werden, entweder um damit den Aufkauf der nicht platzierbaren Notes zu finanzieren oder als Ergänzung der fehlenden Finanzmittel aus einer wenig erfolgreichen Platzierung. Die Sicherstellung der Finanzmittel übernimmt entsprechend den angelsächsischen Gepflogenheiten von Wertpapieremissionen eine sog. **Underwriter-Bankengruppe** (vgl. hierzu Abschnitt 6.3). Man bezeichnet Notes mit Auffanglinie daher auch als Underwritten Facilities.

4. Im Gegensatz zur beschriebenen Konstruktion kann vereinbart werden, dass sich die beteiligten Kreditinstitute zu keiner Übernahme von Notes verpflichten und keine ergänzenden Finanzmittel aus einer Fazilität bereitstellen. In diesem Fall trägt der Emittent, d.h. Kreditnehmer, das vollständige Risiko des mangelnden Absatzes seiner Notes. Vom technischen Prozedere der Emission her gesehen gibt es bei der Platzierung dieser Wertpapiere keine Underwriter-Banken. Man bezeichnet diese Kreditformen daher auch als **Non-Underwritten Facilities**. Solche Konstruktionen kennzeichnen **Euro-Commercial Paper** (= CP) und **Medium Term Notes** (= MTN). Seit Januar 1991 werden auch auf dem deutschen Geldmarkt aufgrund des Wegfalls der Börsenumsatzsteuer und dem vereinfachten Genehmigungsverfahren CPs aufgelegt. Mit Übergang zum einheitlichen Geldmarkt des Eurolands seit Beginn des Jahres 1999 konnte das CP eine weitere Expansion verzeichnen.

5. Eine weitere Form der Notes stellen die **Certificates of Deposit** (= CDs) dar. Der Unterschied zu den bisher beschriebenen Papieren liegt vor allem darin, dass die Emittenten Kreditinstitute sind, und es sich um eine Verbriefung ihrer

Termineinlagen handelt (Laufzeiten zwischen *30* und *270* Tagen). Seit Mai 1986 sind CDs auch auf dem deutschen Geldmarkt zugelassen. Davor waren sie vor allem in den USA und auf den Euro-Währungsmärkten wesentlicher Bestandteil der Finanzproduktpalette. Die Mindestreservebelastung hat die Marktentwicklung deutscher CDs bisher gehemmt (vgl. *Schäfer* 1998a).

Lesehinweis: Zur Entwicklung der Verbriefung im Kurzfristbereich durch Notes vgl. *Storck* (1995, S. 268ff).

Aus der Sicht kreditgebender Kreditinstitute haben Notes gegenüber buchmäßigen Kreditforderungen den Vorteil leichter Mobilisierbarkeit und Platzierungsmöglichkeit bei institutionellen Investoren (= Großanleger wie Kapitalsammelstellen und Großunternehmen). Zudem lassen sie sich hervorragend in Programm-Finanzierungen integrieren. Solche Programme können sich zum einen ausschließlich auf eine Wertpapierart bzw. ein Finanzinstrument beziehen, wie dies z.B. bei Commercial Paper-Programmen der Fall ist. Immer häufiger werden gerade bei Export- und Projektfinanzierungen verbriefte Finanzinstrumente und Buchkreditinstrumente kombiniert und in ein Programm eingestellt, das dann aus verschiedenen Finanzierungsformen besteht. **Multi Option Facilities** (MOFs) z.B. bauen auf den Euronote-Facilities auf und erweitern das Spektrum der vom Emittenten periodisch einsetzbaren Instrumente der Finanzmittelbeschaffung. Sie ähneln den **Multiple Component Facilities**, die zudem das Recht zur Inanspruchnahme kurzfristiger Überbrückungskredite beinhalten (Bridge Financing). Wird zusätzlich noch eine Flexibilität in verschiedenen Währungen zugelassen, so ergibt sich eine Konstruktion der **Multi-Currency Facilities**. Diese Programme sind immer dann von Nutzen für die Unternehmensfinanzierung, wenn mit ihnen die Kapitalkosten gegenüber den isolierten Instrumenten und ihrer Inanspruchnahme niedriger sind (vgl. *Breuer* 1987).

## 6.2 Roll Over-Kredite

Der Roll Over-Kredit wird mittel- bis langfristig von einem Kreditinstitut einem Kreditnehmer bereitgestellt. Die **Refinanzierung** der Bank erfolgt kurzfristig im **Geldmarktsegment** der **Euro-Währungsmärkte**, wodurch sich über die Kreditlaufzeit durch die Art der Refinanzierung **Anpassungen** in den aktuell gültigen **Geldmarktzinssätzen** ergeben. Der Kredit wird in diesem Sinn zeitlich am „Roll Over Date" (= Zinstermin) periodisch, d.h. meist viertel- oder halbjährlich **„weitergerollt"**, d.h. angepasst.

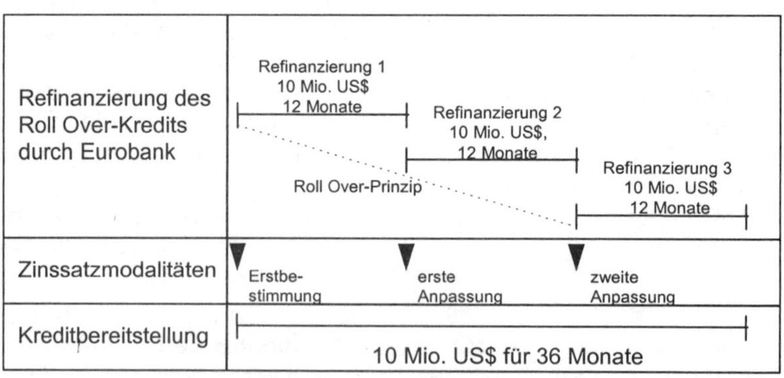


Abb. III-54: Merkmale des Roll Over-Kredits

### 6.2.1 Konstituierendes Merkmal „Referenzzinssatz"

Bezugsgrößen der Zinsanpassungen sind **Basiszinssätze** der Euro-Geldmärkte in kurzfristigen Laufzeitbereichen und den gängigen Euro-Währungen. Der zentrale Geldmarktsatz für Roll Over-Kredite ist die **L**ondon **I**nter**b**ank **O**ffered **R**ate (= **LIBOR**), der zudem auch eine Referenzfunktion als Basiszinssatz generell für variabel verzinsliche Finanzkontrakte (z.B. variabel verzinsliche Anleihen) ausübt. Der LIBOR wird für Drei- und Sechs-Monats-Geld ermittelt, das in einer der gängigen Euro-Währungen wie US-$ oder € unter Kreditinstituten am Geldmarkt in London gehandelt wird (sog. Interbankenhandel). Anfänglich wurde als Basiswert nicht LIBOR, sondern **LIMEAN** (= London Interbank Mean Rate) und der Geldnachfragesatz **LIBID** (= London Interbank Bid Rate) zugrunde gelegt. Beide Sätze haben ihre Referenzfunktion mittlerweile zugunsten des LIBOR eingebüßt.

| **Satz für Euro-Geldnachfrage** (Geldsatz für Geldhereinnahme im Interbanken-Handel) | **Arithmetisches Mittel zwischen LIBID und LIBOR** | **Satz für Euro-Geldangebot** (Briefsatz für Geldausleihungen im Interbankenhandel) |
|---|---|---|
| LIBID *London Interbank Bid Rate* | LIMEAN *London Interbank Mean Rate* | LIBOR *London Interbank Offered Rate* |
| Differenz: i.d.R. *0,125%* (*1/8*) unter LIBOR | Differenz: i.d.R. *0,063%* (*1/16*) unter LIBOR | |
| Weitere wichtige Sätze anderer Euro-Geldmarktplätze: Frankfurt: EURIBOR, Singapur: SIBOR, Tokio: TIBOR | | |

Abb. III-55: LIBOR und Struktur verwandter Geldmarktsätze

Mit Einführung der Europäischen Wirtschafts- und Währungsunion zum 01.01.1999 wurde von den europäischen Verbänden der Kreditwirtschaft der Referenzzinssatz des Euroland-Geldmarkts - **EURIBOR** (**Eur**opean **I**nter**b**ank **O**ffered **R**ate) - geschaffen. Er löste die bis dahin in den nationalen Geldmärkten der Euroland-Mitglieder bestandenen nationalen Referenzzinssätze, wie z.B. den FIBOR für den deutschen Geldmarkt, ab. Zur Zeit (01/2002) gibt es *49* EURIBOR-Referenzbanken (= Panel Banks) mit Sitz im Euroland (vgl. *Bundesverband deutscher Banken* 1998, S.5). Die Auswahl der Referenzbanken orientiert sich an einem verbindlichen Regelwerk (EURIBOR Code of Conduct) wonach nur Kreditinstitute mit einem erstklassigen Rating als Referenzbanken für das EURIBOR-Fixing zugelassen sind (vgl. *Deutsche Bundesbank* 1998c, S. 8). Die Kriterien sind: erstklassiges Kreditstanding, hoher ethischer Standard, hervorragende Reputation und ausgeprägte Marktaktivität.

Die EURIBOR-Referenzbanken melden seit dem 04. 01.1999 börsentäglich jeweils bis 11.00 Uhr Brüsseler Zeit (MEZ) ihre Angebots-, d.h. Briefsätze für Ein- bis Zwölfmonatsgelder im Interbankenhandel in der Eurozone. Der EURIBOR wird daraufhin um 10.45 Uhr MEZ auf drei Dezimalstellen festgestellt. Bei der Ermittlung werden *15%* der niedrigsten und *15%* der höchsten Zinssätze nicht berücksichtigt, um Extremwerte zu glätten. Der EURIBOR wird im offiziellen Fixing auf Basis der Eurozinsmethode (365/360 bzw. Actual/360) ermittelt und ab 11.00 Uhr anschließend MEZ über den Informationsdienstleister BRIDGE Telerate weltweit verbreitet (vgl. *Eurex Frankfurt AG* 1998, S. 7 f.).

Ergänzend werden von den EURIBOR-Berichtsbanken deren täglich am Euroland-Geldmarkt getätigten Handelsumsätze mit den entsprechenden Abschlusssätzen an die EZB gemeldet. Sie ermittelt daraufhin den (umsatzgewichteten) Tagesgeldsatz **EONIA** (**E**uro **O**vernight **I**ndex **A**verage), der den zuvor geltenden **FIONA**-Satz (**F**rankfurt **I**nterbank **O**vernight **A**verage) ablöste. Grundlage des EONIA sind die während eines Tages bis 18.00 Uhr MEZ getätigten Transaktionsvolumina und -zinssätze der von den EURIBOR-Referenzbanken an andere Banken über Nacht vergebenen unbesicherten Tagesgelder.

@ Weitere Informationen sind auf folgenden Internet-Adressen abrufbar: **http://www.euribor.org** und **http://www.bridge.com** oder **http://www.telerate.com.**

## 6.2.2 Wesentliche Vertragsusancen

Gegenüber konventionellen Krediten auf nationalen Kreditmärkten unterscheiden sich Roll Over-Kredite durch ihre Form der Zinsgestaltung. Bedingt durch die regelmäßigen Zinssatzanpassungen zum Roll Over-Termin ist die **Zinszahlung** von der Länge der Zinsperiode (= Interest Period) abhängig, die ihrerseits von der Fristigkeit der Refinanzierungsgelder der kreditgebenden Bank bestimmt wird. Festgesetzt werden kann diese Fristigkeit im Kreditvertrag von vornherein oder jeweils vor jeder Refinanzierungsperiode. Als Fristen kommen Zinsperioden zwischen **drei und zwölf Monaten** in Frage. Sie können in einem Kredit auch wechselweise gewählt werden (vgl. *Storck* 1995, S. 26 ff.).

Der Kreditbetrag wird meist in der Basiswährung US-$ festgesetzt, kann aber auch alternativ aufgrund eines im Kreditvertrag eingeräumten Wahlrechts andere Euro-Währungen zum Inhalt haben (= **Optional Currency-Klausel**). Die typische **Kreditdauer** für einen Roll Over-Kredit ist wegen der Verlängerungsmöglichkeit nicht genau zu bestimmen. Sie dürfte derzeit zwischen vier und zehn Jahren liegen. Hinsichtlich der **Inanspruchnahme** werden Roll Over-Kredite in drei **Grundformen** unterschieden. Er kann sofort in voller Summe bereitgestellt werden; der Roll Over-Kredit stellt dann von Anfang an eine feste Schuld des Kreditnehmers dar (= Eurocurrency Term Loan). In der Drawdown-Variante wird der Kreditbetrag sofort in vollem Umfang vom Kreditnehmer in Anspruch genommen. Möglich ist auch eine Inanspruchnahme zu einem späteren Zeitpunkt. Roll Over-Kredite können auch als Kreditrahmen vergeben werden. Ähnlich wie ein Kontokorrentkredit revolviert der Kredit mit jeder Inanspruchnahme bis zum vereinbarten **Kreditlimit**. Zwischenzeitlich können zu vertraglich festgelegten Terminen vollständige oder teilweise **Tilgungen** erfolgen. Als **Stand By-Kredit** wird der revolvierende Roll Over-Kredit bezeichnet, wenn er von vornherein vorsorglich für Ausnahmefälle vom Kreditnehmer vereinbart wurde (z.B. für den Fall auftretender Kreditengpässe) (vgl. *Glogowski/Münch* 1990).

Bei der **Rückzahlung** von Roll Over-Krediten haben sich ebenfalls unterschiedliche Möglichkeiten in der Praxis herausgebildet:

- **nach Ablauf** der Kreditdauer in einer **Gesamtsumme** oder
- durch **regelmäßige Tilgung**, meist nach Ablauf einiger **Freijahre** oder

- durch niedrige Tilgungen während der Darlehensdauer und der Rückzahlung des Restbetrags zum Ende der Darlehenszeit (= **Balloon Payment**).

Die typischen Kreditnehmer von Roll Over-Krediten sind mittlere und große Exportunternehmen sowie multinationale Unternehmen, große Staatsunternehmen, staatliche Organisationen und Währungsbehörden. Die Kredite werden vor allem für mittel- bis langfristige Zwecke aufgenommen (z.B. Investitionsfinanzierung im Ausland, Finanzierung von Großprojekten). Wegen der in den 70er Jahren durchschnittlich hohen Beträge in den Kreditverträgen (teilweise im Einzelfall bis zu einer Mrd. US-$), vergeben Eurobanken seither **verstärkt Konsortialkredite** anstelle der zuvor üblichen individuellen Kredite durch eine einzelne Eurobank.

Die **Kapitalkosten** dieses Kredits bestehen aus dem variablen Marktzinssatz (LIBOR oder vergleichbare Basissätze, evtl. zzgl. Marge, auch Spread genannt) und der Front-End Fee für die Dienstleistungen der Konsortialbank, die je nach Beitrag diese wieder auf sich und andere beteiligte Konsortialbanken aufteilt. Die Chancen und Risiken des Roll Over-Kredits zeigt Abb. III-56 im Überblick.

| Chancen | Risiken |
|---|---|
| Inanspruchnahme eines längerfristigen Kredits zu Geldmarktbedingungen, was bei normaler Zinssatzstrukturkurve (kurzfristige Geldmarktsätze niedriger als langfristige Kapitalmarktsätze) kostengünstig ist. | • Kreditnehmer trägt das Zinsrisiko.<br>• Höhe der gesamten Kapitalkosten von vornherein nicht genau kalkulierbar. |
| Kreditgeber kann sich im Rahmen seiner Refinanzierungsmöglichkeiten flexibel auf die Wünsche des Kreditnehmers einstellen. | |

Abb. III-56: Chancen und Risiken des Roll Over-Kredits

Lesehinweis: Einen Einblick in die Komplexität des Roll Over-Kreditgeschäfts liefert *Storck* (1995, S. 26-30).

## 6.3 Verbriefte kurz- und mittelfristige Finanzierungsformen (Notes)

Bereits mit dem Roll Over-Kredit sind einige Komponenten insbesondere hinsichtlich der Unterbringung von Krediten verbunden, die in der Vergangenheit für die Emission von Notes übernommen und weiterentwickelt wurden. So hat sich insbesondere bei hohen Kreditbeträgen und/oder Kreditrisiken anstelle der Kreditbereitstellung durch eine einzelne Bank die Kreditvergabe im Rahmen von **Eurobankkonsortien** in Syndikatform entwickelt. Solche Konsortien werden entweder von einer einzelnen Bank geleitet (= Konsortialführerin) oder durch eine Führungsgruppe, innerhalb deren einem Lead Manager die Federführung zusteht. Er koordiniert die Mitwirkung der übrigen Mitglieder der Gruppe (= Co-Manager), um den Kredit mit ihnen abzuwickeln und bei Banken in Tranchen unterzubringen.

Die Übertragung, Anpassung und Verfeinerung dieses Grundmusters der Abwicklung von Roll Over-Krediten findet sich bis heute bei der Begebung von Notes. Sie verkörpern nicht nur aus diesen Wurzeln heraus Kreditkomponenten. Insbesondere Underwritten Facilities weisen durch die Koppelung mit Back Up-Krediten eine enge Nähe zu Kreditkontrakten auf. Dagegen verkörpert die Verbriefung der Notes deren Unterschied gegenüber einem Buchkredit: Die Kreditnehmer nehmen

Finanzmittel außerhalb der Bilanzen von Eurobanken direkt am Kapitalmarkt auf. Eurobanken fungieren dabei als „Absatzscharnier" zwischen Kreditnehmern und Kreditgebern. Sie nehmen in dieser Rolle zwar nicht mehr ihre traditionelle Funktion als Kreditgewährer wahr, übernehmen aber wichtige Dienstleistungen im Rahmen der Koordination der Marktteilnehmer und der Abwicklung der Notes-Emissionen. zeigt die beiden zentral zu unterscheidenden Formen von in Notes verbrieften Fazilitäten. Abb. III-57 zeigt die beiden zentral zu unterscheidenden Formen von in Notes verbrieften Fazilitäten.

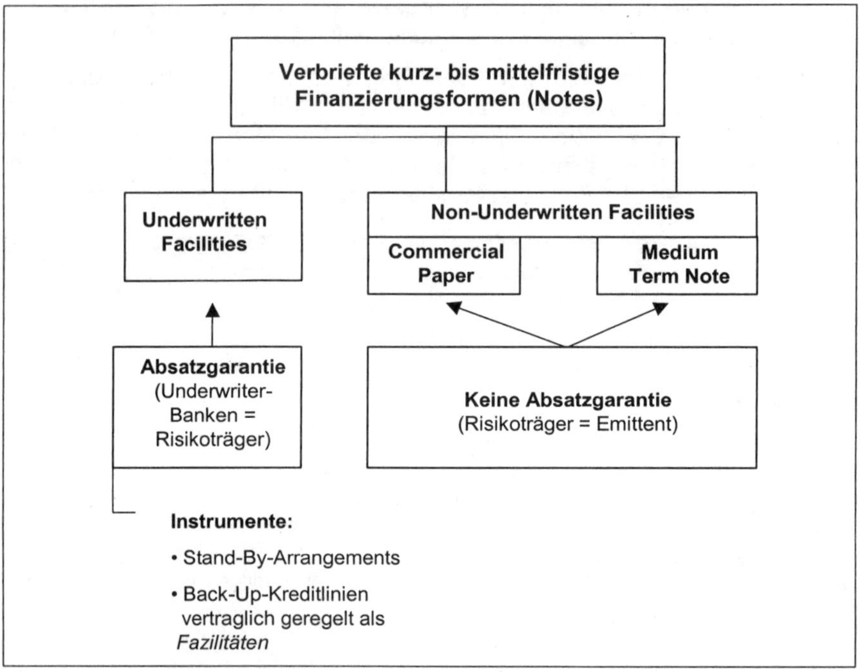


Abb. III-57: Überblick über die Finanzierungsinstrumente des Euro-Währungsmarkts für Notes

### 6.3.1 Underwritten Facilities

In diese Kategorie fallen alle verbrieften Finanzierungsinstrumente, die eine Absatzgarantie von Seiten der (Underwriter-)Kreditinstitute tragen. Diese Banken sind auch in manchen Fällen identisch mit den platzierenden Kreditinstituten. In besonderer Weise werden diese Papiere als **Euronotes** bezeichnet und stellen **nicht börsennotierte kurzfristige Papiere** von emissionsfähigen Kreditnehmern dar. Sie sind rechtlich gesehen eng verwandt mit einem umlauffähigen Sola-Finanzwechsel, da sie ein **voll übertragbares Zahlungsversprechen** verkörpern (Fully Negotiable Promissory Note).

Die Papiere sind **fungible Inhaberschuldpapiere**. Schuldner sind sog. erste Adressen am Euro-Währungsmarkt; es erfolgt i.d.R. **keine Besicherung**. Die Verzinsung ist für die Laufzeit fest und orientiert sich überwiegend an LIBOR mit einer Marge als Abschlag bis zu *¼*% und einem Aufschlag bis zu *1/16*%, je nach Bonität des Emittenten und Marktlage. Die Zinszahlung erfolgt bei Fälligkeit der Notes, in Einzelfällen werden auch diskontierte Varianten begeben. Als **Emissionswährung** fungiert meist der US-$, alle anderen gängigen Euro-Währungen sind aber ebenso möglich. Die **Volumina** von Euronote-Emissionen liegen i.d.R. zwischen *100* bis *300* Mio. US-$, die Stückelungen zwischen *0,5* bis *1* Mio. US-$.

Euronotes können im Rahmen von Euronote-Fazilitäten begeben werden, was für Unternehmen ein besonders flexibles Finanzierungsinstrument darstellt: Gegen Zahlung einer Provision räumt ein **Bankenkonsortium** dem Kreditnehmer langfristige Refinanzierungsgarantien (bis zu *10* Jahren) ein. Innerhalb dieser Zeit kann ein Unternehmen benötigte Finanzmittel durch **revolvierende Emissionen von Euronotes** am Euro-Währungsmarkt aufnehmen. Die Eurobanken treten nicht direkt als Kreditgeber im Rahmen der Underwritten Facilities auf, sondern vermitteln an Anleger. Erst im Falle des mangelnden Absatzes der Euronotes werden Kreditinstitute indirekt als Kreditgeber aktiv: Emissionen für Euronotes werden von **Stand By-Arrangements** bzw. **Back Up-Kreditlinien** des Emissionskonsortiums begleitet. Mit ihnen verpflichtet sich das Konsortium für den Fall einer fehlgeschlagenen Emission **restliche Euronotes** des Schuldners (= Unternehmens) zu **übernehmen** und ihm auf diese Weise die ansonsten fehlende Liquidität bereitzustellen oder **anstelle** des **Euronote-Absatzes** einen **Kredit** an den Emittenten in Höhe des fehlenden Emissionsrestbetrags zu **gewähren**. Solche kreditgebenden Kreditinstitute bezeichnet man als sog. „Underwriter".

Lesehinweis: *Storck* (1995, S. 30 ff.)

Die langfristige Übernahme des Platzierungsrisikos von Euronotes durch Kreditinstitute, die i.d.R. revolvierend emittiert werden, kennt mittlerweile etliche Vertragskategorien. Sie werden ebenfalls als Fazilitäten bezeichnet und stellen die vertragliche Möglichkeit der Kreditmobilisierung durch die Ausgabe garantierter Euronotes dar. Sie betreffen Regelungen der Kreditbereitstellung durch die Underwriter-Bankengruppe für den Fall, dass Euronotes nicht vollständig abgesetzt werden konnten (= **Underwriter Euronote Facilities**). Als Oberbegriff fungieren die **Note Issuance Facilities** (= NIF): Sie stellen eingeräumte Kreditlinien dar, innerhalb derer kurzfristig Notes begeben werden können. Die Marge über dem Referenzzinssatz bei Platzierung wird von den Kreditinstituten bestimmt. **Revolving Underwriting Facilities** sind der bedeutendste Unterfall der NIFs. Bei ihnen bestimmt der Schuldner selbst die Höhe der Marge, die über dem Referenzzinssatz liegen soll und zu dem die Notes platziert werden sollen. Die Underwriter-Bankengruppe übernimmt die mittel- bis langfristige Verpflichtung, die Euronotes zu einem vorab festgelegten Zinssatz (LIBOR zzgl. Spread) aufzukaufen, wenn die Emission der Euronotes zu diesem oder einem niedrigeren Zinssatz nicht möglich ist. Bei **Transferable Revolving Underwriting Facilities** haben die Underwriter-Banken vertraglich das Recht, ihre Übernahmeverpflichtung auf andere Kreditinstitute zu übertragen. Bei **Short Term Issuance Facilities** werden Wertpapiere mit Laufzeiten von einem Monat bis zu drei Monaten emittiert. Im Gegensatz zu den vorgenannten Versionen übernehmen die Underwriter bei **Note Stand By Facilities** keine Rückkaufsverpflichtung. Sie räumen statt dessen dem Kreditnehmer eine Kreditlinie ein, die es ihm ermöglicht, die Papiere bei Nichtplatzierung durch freihändigen Aufkauf selbst aus dem Markt zu nehmen.

Der Kreditgeber profitiert von den Absicherungsfazilitäten durch die gegenüber herkömmlichen Anlagen (z.B. Termingelder) **höhere Verzinsung** und von der **Fungibilität** der Euronotes. Die **Vorteile** bestehen für die Kreditnehmer in der

- Flexibilität durch **Anpassung der Laufzeit** der Wertpapiere an die Zinserwartung und dem Finanzbedarf,

- festen langfristigen **Liquiditätszusage** mit Übernahmeverpflichtung der Underwriter,
- langfristigen Finanzierung zu **Geldmarktsätzen** auf revolvierender Basis. Die **Kapitalkosten** dieser Finanzierungsform **hängen vom Platzierungserfolg ab**. Davon unabhängig erhält der Kreditnehmer immer Finanzmittel zu geldmarktnahen Sätzen verbunden mit einer langfristigen Finanzierung.

## 6.3.2 Non-Underwritten Facilities

Im Gegensatz zur vorgenannten Gruppe von Fazilitäten wird bei Non-Underwritten Facilities das Platzierungsrisiko von keiner Underwriter-Bankengruppe getragen, sondern verbleibt beim Emittenten. Non-Underwritten Facilities setzen sich aus sog. Programmemissionen zusammen, die im kurzen Laufzeitbereich (bis zu zwei Jahre) durch Commercial Paper und im darüberhinausgehenden Laufzeitenspektrum als Medium Term Notes Bezeichnet werden.

### 6.3.2.1 Commercial Paper

Commercial Paper sind fungible Inhaberpapiere, die in erster Linie von großen Industrie-, Handels- und Dienstleistungsunternehmen (sowie öffentlichen Emittenten) zur kurzfristigen Fremdmittelaufnahme emittiert werden. In **Deutschland** werden CPs als **Inhaberschuldverschreibungen** gegeben. Insbesondere in den **angelsächsischen Ländern** und am Euro-Währungsmarkt haben CPs die rechtliche Form von **Promissory Notes**. CPs werden deshalb auch als Eigenwechsel, Schuldscheine oder Schuldbriefe bezeichnet (vgl. *Hasewinkel* 1993, S.177).

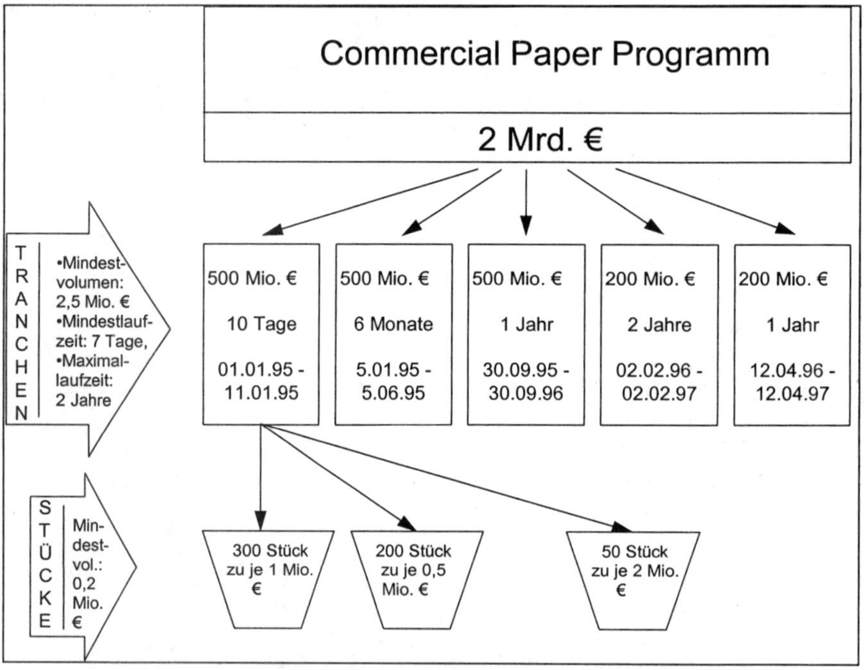


Abb. III-58: Grundstruktur eines Commercial Paper-Programms

Die Begebung von CPs erfolgt typischerweise als **Daueremission** im Rahmen eines CP-Programms (= CPP), da die Notes in mehreren Tranchen und über einen längeren Zeitraum hinweg emittiert werden sollen. Die **Rahmenvereinbarung** wird zwischen dem Emittenten und dem arrangierenden Kreditinstitut (= Arrangeur) getroffen. Sie räumt dem Emittenten das Recht ein, jederzeit innerhalb des Programmvolumens CPs in einzelnen Tranchen zu begeben. Ein CPP ist i.d.R. nicht vornherein zeitlich befristet und läuft meist über **mehrere Jahre**. Die **durchschnittliche Laufzeit** von CPs am deutschen Geldmarkt schwankt von Jahr zu Jahr, beträgt aber in etwa *30* Tage bis drei Monate. Laufzeiten von über einem Jahr sind für privatrechtliche Emittenten in Deutschland aufgrund der steuerlichen Behandlung als Dauerschuld (nur zu *50%* abziehbar) uninteressant. Das Programm regelt in seinen Bedingungen einmalig alle Details und rechtlichen Grundlagen der nachfolgenden Emissionen. Der Emittent hat das **Recht**, aber nicht die Pflicht, jederzeit nach Finanzbedarf **Notes** auf abgezinster Basis unter Einhaltung der Betragsobergrenze des Programms zu begeben (vgl. *Schäfer* 1998b).

Es handelt sich bei CPs um **Diskontpapiere**, d.h., die Zinsen entsprechen der Differenz zwischen Ausgabe- und Nennwert. Im Ausland kommen in seltenen Fällen auch CPs mit Zinskupon vor. Der **Ausgabekurs** der einzelnen Tranchen wird dem jeweils aktuellen Niveau der **Geldmarktrendite** angepasst. CPs orientieren sich bei den erforderlichen Platzierungsrenditen wegen ihrer kurzfristigen Laufzeit an Geldmarktzinssätzen. Als Referenzzinssätze dienen der jeweilige Euro-LIBOR- bzw. EURIBOR-Satz für den in Frage kommenden Laufzeitenbereich. Je nach Bonität des Schuldners weist die erforderliche Platzierungsrendite einen **Spread** zum entsprechenden Referenzzinssatz auf (vgl. *Alworth/ Borio* 1993, S. 21).

Das CP hat in den **USA** schon frühzeitig eine wichtige Rolle gespielt: Zu den ersten CP-Emissionen, die ebenfalls wie die Entstehung US-amerikanischen CD-Markts auf die Umgehung von Restriktionen im Kreditinstitutensystem zurückgehen, kam es dort bereits um 1820. Der weltweit älteste und heute bei weitem wichtigste CP-Markt stellt der US-Markt dar. Die Platzierung von Commercial Paper für deutsche Unternehmen als Emittenten erfolgte **lange Zeit** ausschließlich auf dem **Euronotes-Markt**; da die Deutsche Bundesbank jahrelang die Emission von CPs in Deutschland untersagte. Mit Aufhebung der staatlichen Genehmigungspflicht für inländische Wertpapieremissionen gemäß §§ 795, 808a BGB und dem Wegfall der Börsenumsatzsteuer Anfang 1991 besteht seit Anfang der 90er Jahre im **DM-Inlandsgeldmarkt** die Möglichkeit, DM-Commercial-Paper-Programme zu emittieren. Mit der 01.08 1992 in Kraft getretenen „Erklärung der Bundesbank zu DM-Emissionen" wurde der Kreis der zulässigen **Emittenten** einer derartigen Fazilität neben **deutschen Gesellschaften** um ausländische Unternehmen erweitert (vgl. *Schäfer* 1998b).

Eine **Börseneinführung** von CPs ist wegen der kurzen Laufzeiten aus Kostengesichtspunkten **nicht üblich**. Im Regelfall werden CPs bis zur Endfälligkeit von den Anlegern gehalten, da die Laufzeiten von CPs im Regelfall schon bei der Emission zwischen Emittent und Anleger abgestimmt werden. Lediglich zwischen Kreditinstituten und Brokerhäusern besteht ein Handel im sog. **Telefonverkehr**, und es fehlt bislang noch ein liquider Sekundärmarkt .

Wegen seines Charakters als Daueremission eignet sich das Instrument der CPs in erster Linie für **Emittenten** mit **gleichbleibend guter Bonität** und **wiederkehrendem umfangreichen Finanzbedarf** im kurzen Laufzeitbereich. Auf diese Weise wird eine **kontinuierliche Verfügbarkeit** von Papieren **für Anleger** sichergestellt, was ihre besondere Attraktivität gegenüber alternativen Kurzfristanlagen ausmacht und ihre Platzierung sichern hilft.

CPs kommen für Teilnehmer aus dem **professionellen Wholesale-Anlegerkreis** in Frage (Zentralbanken, Versicherungen, Pensionsfonds, Kreditinstitute und große Industrieunternehmen). Diese Anleger gehen aufgrund von Performance- und Renditeüberlegungen dazu über, kurzfristig überschüssige Gelder nicht mehr nur in traditionellen Bankeinlagen „zu parken", sondern alternativ auch Notes ihren Anlageentscheidungen zugrunde zu legen. Einen weiteren Anlegerkreis bilden **indirekt** auch **Privatpersonen**, indem sie Investmentzertifikate von **Geldmarktfonds** erwerben, die seit 01.08.1994 von Investmentgesellschaften emittiert werden dürfen.

Die **Platzierung** der CPs und die **technische Abwicklung** der Emission wird meistens durch Kreditinstitute übernommen. Eine Emission kann auf Initiative des Emittenten wie auch durch Investorenanfragen bei den Plazeuren ausgelöst werden. Letzteres ist z.B. der Fall, wenn ein Investor Anlagebedarf für eine bestimmte, nicht gängige Laufzeit hat, für die er am Markt weniger Ertrag erzielt. Dabei besteht eine ganz bestimmte **Arbeitsteilung**, die sich an das angelsächsische Emissionsverfahren anlehnt (vgl. *Schäfer* 1998b):

- Der Emittent beauftragt zu Beginn den **Arrangeur** mit der Auflegung des Programms, das als **Rahmenvereinbarung** die Daueremission von Teilschuldverschreibungen (Tranchen) vorsieht. In dieser Vereinbarung werden u.a. zeitlicher Rahmen des Programms, Gesamtvolumen und Mindesttranchenvolumen geregelt. Bei einer **konkreten Emission** werden dann zwischen Emittent und Arrangeur die **Konditionen** einer Tranche abgesprochen. Darüber hinaus ist der Arrangeur für die Emission der einzelnen Tranchen verantwortlich. Ferner wickelt er als sog. Zahlstelle die Tilgung ab.
- Der Arrangeur wählt in Abstimmung mit dem Emittenten anschließend einen Kreis von weiteren Kreditinstituten aus, die den Absatz der CPs übernehmen (= **Plazeure** oder **Dealer**), an dem der Arrangeur häufig auch selbst noch mitwirkt. Die Plazeure erhalten die CPs vom Arrangeur angeboten und haben den Auftrag, die einzelnen Tranchen des CP-Programms zu den vom Emittenten gewünschten Konditionen am Markt zu verkaufen. Die Anzahl der Plazeure hängt von Art und Umfang des Programms ab. In einer Platzierungsvereinbarung (= **Dealer's Agreement**) werden die Beziehungen zwischen Emittent, Arrangeur und Plazeuren hinsichtlich der jeweiligen Verpflichtungen unter diesem Programm geregelt.

Gegenüber den bisher besprochenen Fazilitäten übernehmen die platzierenden Kreditinstitute bei CPs **keine Übernahmeverpflichtung** und geben (formell) keine Übernahmegarantie. Die Platzierung erfolgt auf der sog. Best-Effort-Basis. Wegen der geringeren Dienstleistungen der Kreditinstitute entfallen teilweise Provisionen der Kreditinstitute, weshalb dieses Finanzierungsinstrument für den Emittent gegenüber einem vergleichbaren Buchkredit kostengünstiger sein wird. Allerdings muss er dafür auch das **Platzierungsrisiko** tragen.

Bei CPs, die an Euro-Währungsmärkten platziert werden, sind **Platzierungsverfahren** zu unterscheiden, die in Teilen für Emissionen im Euroland-Raum Bedeutung haben:

- Wenn der Emittent den Mitgliedern des Platzierungskonsortiums den maximal zu zahlenden Zinssatz und das gewünschte Emissionsvolumen vorgibt, spricht man von einem **Issuer Set Yield-Verfahren**. Die Konsorten bemühen sich dann anschließend, die Platzierung des gewünschten Volumens zu den geringsten Zinssätzen durchzuführen, maximal jedoch zum Satz, den der Emittent genannt hat.

- Beim **Competitive Dealership-Verfahren** fordert der Emittent anstelle eigener Vorgaben die Mitglieder des Platzierungskonsortiums auf, Zinsgebote mit dem gewünschten Volumen zu unterbreiten.

Grundsätzlich sind CPP durch eine **Negativerklärung** des Emittenten besichert. Ähnlich der Praxis auf den Euro-Währungsmärkten für Notes verlangen i.d.R. auch Anleger von den Emittenten der CPs eine Einstufung durch Rating-Agenturen. Zudem lässt sich durch das Rating eines CPP der mögliche Anlegerkreis erweitern.

| **Commercial Paper-Rating Symbole Standard & Poor's** | | **Rating-Symbole für kurzfristige Verbindlichkeiten (bis 1 Jahr) Moody's** | |
|---|---|---|---|
| A-1 | Sehr starke Zahlungskraft | Prime-1 | Sehr starke Zahlungskraft |
| A-2 | Gute Zahlungskraft | Prime-2 | Gute Zahlungskraft |
| A-3 | Befriedigende Zahlungskraft | Prime-3 | Noch akzeptable Zahlungskraft |
| B | Ausreichende Zahlungskraft | Not Prime | Nicht Prime-fähig, spekulativ |
| C | Zweifelhafte Zahlungskraft | | |
| D | Zahlungsunfähigkeit | | |

Abb. III-59: Ratingklassen für CP (Quelle: *Steiner* 1992, S. 510)

Empirische Untersuchungen an entwickelten CP-Märkten haben gezeigt, dass statistisch **signifikante Korrelationen** zwischen **Marktrenditen** und den jeweiligen **Rating-Einstufungen** bestehen. Gute Schuldner haben daher einen Anreiz, ihre Programme einem Rating zu unterziehen. Die Programme erhalten ein „**kurzfristiges Rating**“, das ausschließlich den Laufzeitenbereich bis zu einem Jahr abdeckt, sich somit ausschließlich auf die emittierten Geldmarktpapiere eines Unternehmens (und nicht beispielsweise auf seine Anleihen) beziehen. Aufgrund der kurzfristigen Struktur und der häufigen Fälligkeiten von Geldmarkttiteln ist es für die meisten Unternehmen kaum möglich, alle Verbindlichkeiten aus dem „**originären**“ **Cash Flow** abzudecken. Üblich ist vielmehr eine Anschlussfinanzierung durch Auflegung neuer Tranchen (Roll Over-Prinzip). Die Rating-Agenturen untersuchen daher insbesondere die einem Emittenten im Falle einer Nichtplatzierbarkeit der Geldmarktpapiere zuverlässig zur Verfügung stehenden externen Liquiditätsquellen. Dies sind vor allem **unausgeschöpfte Kreditlinien** bei Kreditinstituten.

Für die Einschätzung des Ausfallrisikos bei Commercial Paper ist demzufolge für die Investoren die Höhe der von Kreditinstituten dem Emittenten eingeräumten Kreditlinien ein außerordentlich wichtiges **Signal**, quasi ein Gütesiegel. Zwar stützen sich auch die Einschätzungen der Rating-Agenturen auf diese Komponente, doch stellen Kreditlinien bereits einen eigenständigen Signalwert dar (der Vorteil der Zwischenschaltung von Rating-Agenturen liegt darin, dass sich das Signal schneller und zu relativ niedrigeren Kosten bei den Investoren verbreiten kann). Die Einräumung von Kreditlinien dient dazu, die Wahrscheinlichkeit der Tilgung dieser Papiere in der Einschätzung durch die Investoren zu erhöhen. Dafür spricht weniger die Tatsache, dass der Emittent über kurzfristig bereitgestellte und verfügbare Liquidität verfügt, somit laufzeitkongruente Liquidität hat. Vielmehr ist es die Tatsache, dass die Bereitschaft eines Kreditinstituts, eine Kreditlinie zu vergeben, auf der vorangegangenen Kreditprüfung des Instituts basiert. Die Einräumung der Kreditlinie ist ein glaubwürdiges Signal für Dritte (= Investoren), dass die Bonität des Emittenten geprüft wurde.

Daneben existieren am Markt auch Commercial Paper, die nicht durch Bereitstellung von Kreditlinien emittiert wurden. Hier handelt es sich entweder um

- Papiere von Schuldnern mit hoher Qualität, die für Investoren gut zu beobachten ist (z. B. Großunternehmen in der Rechtsform der AG, die entsprechend hohe Publizitätsanforderungen durch die Rechnungslegungsvorschriften erfüllen) oder um
- Commercial Paper von Schuldnern, die keine Kreditlinie erhielten oder erst keine nachfragten (vgl. *Kanatas* 1987).

Eine andere Sicherheit mag für Investoren in Garantierklärungen von Kreditinstituten für bestimmte CPs gesehen werden: Mit sog. **Credit** bzw. **Dated Repos** sichert die die Erklärung platzierende Bank dem Anleger zu, den Nominalbetrag und die Zinszahlung bzw. eine künstliche Fälligkeit, d.h. vorfälligen Rückkauf eines CPs zu garantieren.

Das CP-Programm ist aufgrund seiner **Flexibilität** und den vergleichsweise **niedrigeren Kapitalkosten** in besonderer Weise für die Finanzierung von kurzfristigen Vermögensteilen eines Unternehmens (aber auch staatlicher Stellen) geeignet. Von herausragendem Vorteil ist dabei die Möglichkeit, Laufzeit und Emissionsvolumen dem Finanzbedarf des Emittenten genau anzupassen. Als **Vorteile** aus der Sicht **des Emittenten** lassen sich anführen (vgl. *Hasewinkel* 1993, S. 296 ff.):

- Aufgrund des Vertriebs der Papiere auf Vermittlungsbasis fällt **keine** Übernahme- oder Bereitstellungsprovision (sog. **Underwriting Fee**) an.
- Die **einmaligen Kosten** der Etablierung eines CP-Programms sind relativ **gering**.
- Wird bei den Emissionsbedingungen auf spezifische Bedürfnisse des Investors abgestellt, so kann der Emittent im Gegenzug bzgl. der geforderten Zinssätze Zugeständnisse erwarten.
- Auch kleinere Beträge mit variierenden Laufzeiten, die exakt auf die **unternehmensspezifischen Finanzierungsbedürfnisse** abgestellt sind, können aufgenommen werden.
- Dem Emittenten wird eine **betrags- und laufzeitkongruente Refinanzierung** von Bilanzaktiva ermöglicht.
- Der Emittent kann sehr **schnell** auf sich ändernde Gegebenheiten an den Finanzmärkten **reagieren**.
- Im Rahmen einer Privatplatzierung kann eine Mittelaufnahme völlig ohne öffentliche Bekanntmachung erfolgen (= **Geräuschlosigkeit**).
- Die kontinuierliche Präsenz am Markt erlaubt eine optimale **Marktdurchdringung** und sensibilisiert potenzielle Anleger für den Emittentennamen. Dadurch wird es dem Emittenten möglich, einen großen und unterschiedlichen Kreis von Anlegern zu erreichen.

Da das Platzierungsrisiko bei CPs beim Emittenten verbleibt und somit die Mittelaufnahme von den Nachfrageverhältnissen am Geldmarkt abhängig ist, können CPs allerdings nicht immer als Finanzierungsinstrument genutzt werden. Sie stellen insofern eher eine **Alternative**, denn ein Substitut **zu kurzfristigen Bankkrediten** dar.

Für **Anleger** bieten sich ebenfalls eine Reihe von **Vorteilen**. So können außergewöhnliche Bedürfnisse hinsichtlich Anlagedauer, Betrag und Zinsbasis mit CP-Emissionen erfüllt werden. Mit zunehmender Verfeinerung der Portfoliomanagement-Techniken wird sich der Bedarf nach **betrags- und laufzeitkongruenten Papieren** ohnehin bei institutionellen Anlegern erheblich erhöhen. Die **Initiative** zur Ausgabe von CPs im Rahmen eines bestehenden Programms kann durchaus von potentiellen Anlegern ausgehen, die für ihre freien Mittel eine entsprechende Anlage suchen. Über die platzierende Bank wird ein solcher Bedarf dem Emittenten mitgeteilt, der sich überlegen muss, inwieweit sein eigener Finanzierungsbedarf dem Anlagewunsch entspricht.

### 6.3.2.2 Medium Term Notes

Unter **Medium Term Notes** sind Schuldverschreibungen zu verstehen, die bei einer Laufzeit in der Regel zwischen ein und *10* Jahren die Lücke zwischen den kurzfristigen Commercial Paper und den langfristigen Anleihen schließen. „Most MTNs are noncallable, unsecured, senior debt securities with fixed coupon rates and investment-grade credit ratings. In these features, MTNs are similar to investment-grade corporate bonds. However, they have generally differed from bonds in their primary distribution process" (*Crabbe* 1993, S. 751). **Wichtigstes Abgrenzungskriterium** von herkömmlichen Varianten der Fremdkapitalaufnahme ist das **Emissionsverfahren**, das aufgrund der Best-Effort-Basis dem CP sehr ähnlich ist. Ferner liegt den MTN-Programmen wie bei CPP eine (zeitlich unbefristete) **Rahmenvereinbarung** zwischen Emittent und Arrangeur zugrunde, die eine Obergrenze für das gesamte Emissionsvolumen vorsieht. Dadurch erhält der Emittent quasi den Status eines **Daueremittenten**. Die dem CPP zu eigene Flexibilität und günstige Kostenstruktur wird für MTN-Emissionen anwendbar.

Der Markt für MTNs entstand wie der für CPs in den **USA** und erlebte zunächst dort, und dann nahezu weltweit eine dynamische Wachstumsphase. Die **Liberalisierungen** der **Deutschen Bundesbank** vom Juni 1989 (Zulassung des Handels von Fremdwährungswertpapieren in Deutschland) und die staatlichen Deregulierungen wie die Aufhebung der Börsenumsatzsteuer sowie der Wegfall der staatlichen Zulassungspflicht für Wertpapiere ebneten den MTN-Programmen am (ehemaligen) DM-Kapitalmarkt den Weg. Analog zur Abgrenzung zwischen Eurobonds und Inlandsanleihen könnte man auch zwischen MTN-Programmen an den Euro-Währungsmärkten (EMTN) und Inlandsprogrammen (des Euroland-Kapitalmarkts) differenzieren. Da MTN-Programme erst mit Währungsoptionen ihre Flexibilität entfalten, wird im Folgenden ausschließlich auf EMTN-Programme abgezielt.

Das **Laufzeiten- und Währungsspektrum** von MTNs ist weit gefächert. Die Fälligkeiten der unter einem MTN-Programm begebbaren Tranchen reichen von einem Monat bis zu *30* Jahren. Die Zinssätze werden meist je nach Marktlage zwischen dem Emittenten und den platzierenden Kreditinstituten abgestimmt. Sie können **fest oder variabel** sein. Die Zinsen werden je nach Ausstattung **jährlich**

**bzw. halbjährlich** abgerechnet **oder bei Rückzahlung** im Fall der Nullkupon-Variante. Die Laufzeiten sind von vornherein vertraglich festgelegt, vorzeitige Kündigungen durch den Emittenten bilden die Ausnahme (vgl. *Schäfer* 1999b).

| Programmkurzbeschreibung | | |
|---|---|---|
| **Emittent:** | Daimler Benz AG | |
| **Rating:** | AA S&P | |
| **Gesamtvolumen:** | 3 Mrd. US-Dollar | |
| **Anleihetypen:** | • Festsatz | • Nullkupon |
| | • Floater | • Index linked |
| **Währungs-optionen:** | Multi Currency | |

| Ausgewählte Beispiele der Ausstattung einzelner Tranchen für den Zeitraum 02/1993 bis 03/1994 | | | |
|---|---|---|---|
| **Betrag in Mio.** | **Emissionsdatum** | **Fälligkeit** | **Zinssatz** |
| US$ 10 | 02/93 | 02/95 | |
| Hfl 20 | 02/93 | 02/95 | |
| US$ 60 | 02/93 | 02/95 | |
| LS 2 | 02/93 | 10/96 | |
| US$ 10 | 03/93 | 03/95 | |
| C$ 100 | 03/93 | 03/95 | |
| LS 3 | 03/93 | 07/96 | |
| Lit 14.000 | 07/93 | 07/94 | |
| US$ 10 | 08/93 | 02/95 | Lib - 12,5 bp |
| LS 10.0 | 10/93 | 10/95 | Lib + 3 bp |
| US$ 13 | 11/93 | 11/94 | |
| Hfl 25 | 11/93 | 11/98 | |
| LS 3 | 11/93 | 11/98 | |
| DM 30 | 01/94 | 01/04 | |
| LS 5 | 02/94 | 02/97 | Lib + 6 bp |
| LS 5 | 02/94 | 02/97 | Lib + 10 bp |
| Lit 30.000 | 03/94 | 03/96 | |

Legende: Lib = LIBOR, bp = Basic Points, Hfl = holländische Gulden, US$ = US-Dollar, Lit = italienische Lira, C$ = kanadischer Dollar, DM = Deutsche Mark, LS = Luxemburgische Francs, S&P = Standard & Poor´s

Abb. III-60: Inanspruchnahme eines MTN-Programms exemplarisch anhand der Daimler Benz AG (Quelle: *DG BANK* 1995)

Voraussetzung für die Wahrnehmung der vielfältigen Vorteile des MTN-Programms ist die regelmäßige Inanspruchnahme des Programms, was beim Emittenten einen periodisch **wiederkehrenden Finanzierungsbedarf** voraussetzt. Die Emission von MTN erfordert (wie beim CPP) seitens des Emittenten Kapazitäten für ein **aktives Finanzmanagement**, um mit der Vielfalt und Komplexität der verschiedenen Notes umgehen und das Kapitalmarktgeschehen laufend verfolgen zu können. Dies ist erforderlich, damit kurzfristige Platzierungschancen vom Emittenten erkannt und wahrgenommen werden. Zudem werden bei einer wirtschaftlichen Nutzung des MTN-Programms häufig Swapverträge eingegangen. Das Finanzmanagement des Emittenten muss daher auch über ein funktionierendes **Risikomanagement-system** verfügen, um die daraus resultierenden Kreditrisiken überwachen und limitieren zu können. Emittenten von MTN-Programmen sind u.a. aufgrund der Anforderungen an das Finanzmanagement i.d.R. international operierende Industrieunternehmen, Versicherungen, Kreditinstitute und öffentliche Stellen. Da **keine Sicherheitenstellung** üblich ist, kommen i.d.R. ausschließlich Emittenten mit **erstklassiger Bonität** in Frage, d.h. mit einem entsprechenden Rating in der Kategorie AAA bzw. Aaa. Abb. III-60 zeigt exemplarisch anhand des MTN-Programms der *Daimler Benz AG* Tranchen-Vielfalt die eines Programms.

**Platziert** werden die Notes **von Kreditinstituten** (= Dealer) **auf Vermittlungsbasis** (= Agency Basis). Sie haben die Aufgabe, Anleger ausfindig zu machen, zu deren speziellen Anlagebedürfnisse dieses Finanzierungsinstrument passt. Dabei sind sie **nicht verpflichtet**, **für** den **Platzierungserfolg einzustehen** und einen entsprechenden Kreditbetrag bereitzustellen. Das Platzierungsrisiko verbleibt dadurch beim Emittenten. Abgesehen von diesem Begebungsverfahren auf Vermittlungsbasis ist die Emission großvolumiger konsortialgeführter Anleihen, die von einem **Kreditinstitutenkonsortium** fest zur **Weiterplatzierung** übernommen werden, im Rahmen eines MTN Programms zunehmend gebräuchlich.

Die **Kapitalkosten** liegen aufgrund der speziellen Emissionsverfahren unter denen der herkömmlichen Kreditaufnahme und setzen sich zusammen aus den laufenden Kapitalkosten in Form des Sollzinssatzes bzw. einmalig am Ende der Laufzeit im Fall der Nullkupon-Variante, Sachkosten für die Rechtsberatung, Druck der Notes etc. sowie Vermittlungsprovisionen der platzierenden Kreditinstitute (wegen der Vermittlung der Händler-Kreditinstituten auf Provisionsbasis entfällt die Underwriting Fee). Durch die Zugrundelegung eines Rahmenvertrags mit Gültigkeit für alle unter dem Programm zu ziehenden **Tranchen** werden die Kapitalkosten durch die Verringerung des administrativen Aufwands bei Emission einer Teilschuldverschreibung erheblich vermindert. Es entfällt das Erfordernis, ausführliche Börsenzulassungsprospekte zu erstellen. Der **Rechtsrahmen** einzelner Emissionen ist von vornherein festgelegt und bedarf keiner weiteren Verhandlungen. Nach Abschluss der Dokumentation, können einzelne Tranchen aufgrund der kurzen Abwicklungszeit **kurzfristig platziert** werden. Dies gestattet kurzfristige Finanzdispositionen beim Emittenten. Durch flexible Ausgestaltung von Laufzeit, Volumen, Struktur und Währung ist es möglich, günstige Kapitalmarktkonstellationen unmittelbar umzusetzen oder eine betrags- und fristenkongruente Bilanzsteuerung zu betreiben. Auch lassen sich aus dem Auslandsgeschäft des Emittenten resultierende **Währungsrisiken** im Rahmen von Multi Currency MTN-Programmen **managen** („Hedging"). Medium-Term Note Programme eignen sich darüber hinaus, der **Internationalisierung** von Unternehmen in ihren Geschäftsfeldern entsprechend auf der Finanzierungsseite Rechnung zu tragen (vgl. *Schäfer* 1999b).

Die Begebung von Papieren unter einem MTN-Programm gewinnt durch die vorgenannten Aspekte einen Charakter, der über den der Finanzierung hinausgeht. Unterstützend wirkt die Kapitalmarkt-Reputation, die sich ein Emittent von MTN-Programmen aufbaut und auch bei sonstigen Mittelaufnahmen vorteilhaft auswirkt:

- Der Emittent erschließt durch die mit der Auflegung eines Programms verbundene Publizität **neue Anlegerschichten**.
- Seine ständige Präsenz im Emissionsgeschäft vergrößert die **Marktdurchdringung**.

Medium Term Note-Programme stellen gegenwärtig eine der **flexibelsten Methoden** dar, Fremdmittel aufzunehmen. Die Auflegung eines MTN-Programms **erweitert** grundsätzlich den **Spielraum** des Emittenten bei seinen **Kapitalmarkt-**

**dispositionen** deutlich. Mit der situationsbezogenen Emission von MTNs ist es zudem möglich, kurzfristig günstige Gelegenheiten am Kapitalmarkt wahrzunehmen.

1993 wurden mit über *2.094* Tranchen *63,98* Mrd. US-$ Finanzmittel auf dem Euronotes-Markt aufgenommen. Dies macht einen **Anstieg** gegenüber dem Vorjahr von ***178%*** aus und übertraf damit die ohnehin in den Vorjahren zu verzeichnenden starken Zuwächse. Die **bevorzugte Emissionswährung** war mit *34,5%* der US-$, gefolgt von der italienischen Lira (*23,8%*) und dem japanischen Yen (*16,5%*). Es wird erwartet, dass die verstärkte Finanzmittelaufnahme deutscher Unternehmen mittels MTN-Programmen den Anteil der DM an den bevorzugten Währungen erhöhen wird. Bisher haben vor allem multinationale Unternehmen davon Gebrauch gemacht (vgl. *Crabbe* 1993). Dies liegt vor allem an den vergleichsweise höheren Vorteilen solcher Programme gegenüber den herkömmlichen Anleiheemissionen:

- Vergleichsweise großen Beträgen der emittierten Papiere mit jeweils gleicher Fälligkeit und gleichem Zinskupon erleichtert die **Austauschmöglichkeit** der Papiere und ihren **Handel**.
- Gibt der Emittent den Plazeuren Kriterien für die Emission von Notes vor (z.B. einen bestimmten Spread zu einer Benchmark), **erhöht** er die **Geschwindigkeit** des **Zugriffs** auf Finanzierungsmöglichkeiten. Die wird verstärkt durch die Möglichkeit der Privatplatzierung, mit denen eine öffentlichkeitswirksame Mittelaufnahme ein fester Investorenkreis erreicht wird (sog. „**geräuschlose Finanzierungen**").

Neben den Emittentenvorteilen wiegen die der **Anleger**. Die große Vielfalt möglicher Konstruktionen erweitert das **Anlagespektrum**. Wie bei einem CPP können Anleger Emittenten in Eigeninitiative veranlassen, ein für sie als Anleger auf ihren Bedarf hin **maßgeschneidertes Papier** (ungerade Laufzeiten, Währung, Konstrukte, etc.) zu begeben.

<u>Lesehinweise:</u> Ausführungen zu Medium Term Notes mit starker Betrachtung des US-Kapitalmarkts findet man bei *Crabbe* (1993), einen Überblick unter Betonung der Variante mit Euro-Währungsmarkt liefert *Schäfer* (1999b).

## 6.4 Finanzmanagement mittels Repurchase Agreements (Repos)

Ein Repurchase Agreement (kurz Repo genannt) wird im Deutschen mit dem Begriff des Pensionsgeschäfts übersetzt. Seiner **Struktur** nach ist es eine Vereinbarung zwischen zwei Parteien über die zeitweise Zurverfügungstellung von Vermögenswerten zu einem vertraglich festgelegten Zinssatz (Repo-Satz). Gegenüber (Effekten-)Lombardkrediten weisen Repos Unterschiede auf: So ist bei Repos für den Fall, dass Kursschwankungen bei den als Sicherheiten gelieferten Wertpapieren in Form von Über- oder Unterdeckungen auftreten, ein Margenausgleich vorgesehen (vgl. auch die weitergehenden Ausführungen in Abschnitt 6.4.4). Dadurch verbleibt das Kursrisiko beim Pensionsgeber, der aus diesem Grund auch wirtschaftlich Begünstigter von Zins- oder Dividendenzahlungen der als Sicherheiten verwerteten Wertpapiere während der Repo-Laufzeit bleibt (vgl. *Alig* 1999, S. 28).

Repos sind aus Marktgesichtspunkten den Collateral Trading Markets zuzuordnen. Diese Märkte bezeichnen Segmente von Geld- und Kapitalmärkten, auf welchen Kontrakte abgeschlossen werden, mit denen Finanzmittel gegen zeitweise Überlassung von Sicherheiten (Collateral) wie Liquidität oder Wertpapiere unter den Marktteilnehmern alloziiert werden. Gängig ist auch die Bezeichnung „Securities Lending Markets“ (vgl. *BIS* 1999, S. 5). Je nach zugrundeliegender Motivation eines Geschäftsabschlusses auf diesen Märkten wird in wertpapiergetriebene und liquiditätsgetriebene Segmente unterschieden. Ein Kontrakt wird in das **wertpapiergetriebene Segment** eingeordnet, wenn der Antrieb zum Geschäftsabschluss daraus resultiert, vorübergehend in den Besitz bestimmter Wertpapiere zu gelangen. In dieser **Wertpapierleihe** werden dann Sicherheiten (überwiegend Aktien) vom Leiher dem Verleiher überlassen. Im **liquiditätsgetriebenen Segment** der Collateral Trading Markets werden ebenfalls Sicherheiten eingesetzt (primär öffentliche Anleihen), doch liegt solchen Repos das Motiv zugrunde, Barliquidität auszutauschen. Das ultimative Ziel des Liquiditätsnehmers ist es hierbei, mittels Sicherheitenstellung kurzfristige Liquidität zu niedrigeren Konditionen zu erhalten, als dies andernfalls am Geldmarkt auf der Grundlage seiner Bonität möglich wäre (vgl. *Schäfer* 1997b). Kennzeichnend für Collateral Trading Markets ist mittlerweile, dass Transaktionsstrukturen zwischen wertpapier- und liquiditätsgetriebenen Segment austauschbar sind (vgl. hierzu *BIS* 1999, S. 5-6).

Größte Bedeutung als **Sicherheiten** haben auf den Collateral Trading Markets Anleihen öffentlicher Emittenten. Das weltweit täglich ausstehende Volumen an Transaktionen, die auf öffentlichen Anleihen als Sicherheiten basieren, wird nach Erhebungen der Bank für Internationalen Zahlungsausgleich 1998 auf 3,4 Billionen € veranschlagt, die sich ganz überwiegend (ca. 2 Billionen €) auf amerikanische Märkte verteilen. Collateral Trading Markets haben mittlerweile für den amerikanischen Finanzmarkt eine hohe Bedeutung, was daran erkennbar wird, dass in den USA 55,3% des gesamten Volumens umlaufender US-Staatsanleihen in Zusammenhang mit Transaktionen des US Collateral Trading Markets stehen. Instruktiv ist die Dynamik des Markts, der ausgehend von Februar 1997 innerhalb von zwei Jahren einen Zuwachs von 27% verzeichnete (vgl. *BIS* 1999, S. 13).

Neben öffentlichen Anleihen werden traditionell als Sicherheiten auch Barliquidität und Letter of Credit eingesetzt. Im Zuge des rapiden Wachstums der Märkte finden zunehmend auch Vermögenspositionen mit Ausfallrisiken als Sicherheiten Verwendung, vor allem High Yield Bonds von Emittenten aufstrebender Wirtschaften, ferner Aktien sowie Kreditforderungen.

Lesehinweis: Zum Umfang der Collateral Trading Markets und deren Segmente vgl. *Schäfer* (2000).

## 6.4.1 Merkmale von Repos

Grundsätzlich kann ein **Repo-Geschäft** im wertpapier- oder im liquiditätsgetriebenen Segment des Collateral Market durchgeführt werden. Liquiditätsgetrieben wird das Repo als **General Collateral** bezeichnet und übernimmt als **Geldmarktinstrument** Funktionen im Liquiditätsmanagement der Kontraktparteien. Kennzeichnend ist demzufolge, dass eine Partei einen Liquiditätsbedarf und die Gegenpartei einen Liquiditätsüberschuss hat. Die Wertpapiere dienen dem Pensionsnehmer (und Liquiditätsgeber) lediglich als Sicherheit zum Schutz vor dem Ausfall der Zahlungsfähigkeit des Pensionsgebers (d. h. Liquiditätsnehmers). Wegen des ausschließlichen Sicherheitencharakters der Wertpapiere müssen sich die Kontraktpartner nicht auf die einzelne Gattung, sondern nur auf die Qualität der Wertpapiere einigen. Repos werden in der Praxis meist als Ersatz für andere Formen kurzfristiger Geldleihen eingesetzt, insbesondere konkurrieren sie mit unbesicherten

Formen der Geldmarktausleihungen (vgl. *Huwyler/Fuchser* 1999). Der Kostensatz der Kapitalüberlassung orientiert sich beim Repo an den Geldmarktsätzen und weist daher keine Bezüge zu Kurs, Nominalzinssatz oder der Restlaufzeit der als Sicherheiten dienenden Anleihen auf (vgl. *Stigum* 1990, S. 577).

Die Geldmarktnähe von General Collateral Repos wird auch darin deutlich, dass sie sich in ihren Vertragsformen grundsätzlich an den Usancen klassischer Geldhandelsgeschäfte, insbesondere hinsichtlich der Laufzeiten anlehnen. In der Praxis dominieren Geschäftsabschlüsse mit fester Laufzeit von einem Tag. Bei solchen **Overnight Repos** ist es üblich, am Tag der Fälligkeit in den nächsten Fälligkeitstermin „weiterzurollen". Eine weitere Geschäftsform, **Term Repos**, weisen eine Laufzeit von mehr als einem Tag und einen genau spezifizierten Fälligkeitstermin auf. Sie können zudem Vereinbarungen enthalten, mit denen vor Erreichen des vereinbarten Fälligkeitstermins in gegenseitigem Einverständnis der Vertragsparteien die Laufzeit beendet wird. Man bezeichnet in diesem Fall Term Repos als **Liquid Repos**.

Liegt Repos ein täglich kündbares Geschäft mit unbestimmter Laufzeit zugrunde, spricht man von einem **Open** oder **Demand Repo**. An sog. Roll Over-Terminen wird dann jeweils der für die folgende Periode gültige Repo-Satz festgelegt. Ergänzend ist auf **Cross Currency Repos** hinzuweisen, die in erster Linie auf Euro-Währungsmärkten abgeschlossen werden. Ihnen ist zu eigen, dass die Währung, in denen die Sicherungswertpapiere notieren, von der Währung des Liquiditätsbetrags abweicht (vgl. *o.V.* 1991, S. 7-8).

Im Gegensatz zu den geldmarktorientierten General Collaterals verkörpern **Special Repos** das wertpapiergetriebene Segment der Collateral Markets und gelten daher als **kapitalmarktorientierte Repos**. So kann man aus Sicht des Pensionsgebers einen Special Repo auch als Ersatz für das Verleihen von Wertpapieren ansehen (sog. Wertpapierleihe). In diesem Fall ist das Motiv des Geschäftsabschlusses der vorübergehende Erwerb eines bestimmten Wertpapiers, und die Liquiditätsüberlassung übt die Sicherheitenfunktion aus. Bei Special Repos wird daher der Kapitalkostensatz der Transaktion durch Angebots- und Nachfrageverhältnisse bezüglich der Anleihen und nicht durch Geldmarktsätze bestimmt (vgl. *Acker* 1995).

Volumenmäßig dominiert im liquiditätsgetriebenen Segment der Einsatz von Repos, weshalb mit Repos auch häufig ausschließlich eine Analogie zu Geldmarktinstrumente suggeriert wird. Entsprechend der Terminologie des US-Repo-Markts handelt es sich dabei um „**Classic Repos**", was aus wirtschaftlicher Sicht ein mit Wertpapieren gesichertes Darlehen bezeichnet. Die Besonderheit dieser Finanzmittelvergabe besteht darin, dass entgegen der meisten unbesicherten Transaktionsformen auf Geldmärkten (vgl. *Schäfer* 1997b) die Liquiditätsbeschaffung mittels Repo-Geschäften die Übertragung von Sicherheiten in Form von Anleihen an den Liquiditätsgeber bedingt.

Es sind im einfachsten Fall zwei Vertragsbeteiligte in einem bestimmten Vertragsverhältnis zueinander zu unterscheiden. Diejenige Partei im Repo-Geschäft, die einen kurzfristigen Liquiditätsbedarf aufweist, wird als **Pensionsgeber** oder **Anbieter** von **Sicherheiten** bezeichnet. Sie stellt den **Verkäufer der Wertpapiere** und den **Liquiditätsnehmer** dar. Zu einem Zeitpunkt $t_0$ überträgt zu diesem Zweck der Pensionsgeber nach Abschluss einer entsprechenden Repo-Vereinbarung im vorgesehenen Wertumfang festverzinsliche Wertpapiere an seinen Kontraktpartner, den **Pensionsnehmer**. Er wird auch als **Empfänger der Sicherheiten** bezeichnet und verkörpert sowohl den **Käufer der Anleihen** als auch den **Liquiditätsgeber**.

Für die Abwicklung des Repo-Geschäfts gilt das **Prinzip** des **Delivery versus Payment**, d.h. nach Lieferung der Wertpapiere erfolgt die Auszahlung des Gegenwerts. Wie die Bezeichnung ausdrückt, übernimmt der Pensionsnehmer die Wertpapiere nur vorübergehend („nimmt sie in Pension"). Die während der Zeit der Wertpapierüberlassung anfallenden Stückzinsen für den Zeitraum der Liquiditätsbeschaffung bzw. Wertpapierüberlassung stehen dem Pensionsgeber zu (vgl. *Zayer* 1993, S.48).

Die Dauer eines Repos bemisst sich nach dem vereinbarten Zeitraum, für den der Pensionsgeber Finanzmittel vom Pensionsgeber benötigt (vgl. *Hasewinkel* 1993, S. 115). Grundsätzlich muss nach Ablauf der Laufzeit eines Repo-Geschäfts der Pensionsnehmer nicht die identischen Wertpapiere, sondern in Ausstattung, Wert und Qualität gleiche Wertpapiere an den Pensionsgeber zurückverkaufen (sog. **Right of Substitution** des Pensionsnehmers). Der Pensionsnehmer hat zudem die Pflicht, während der Laufzeit des Repo-Geschäfts ihm als rechtmäßigen Eigentümer der erworbenen Wertpapiere zufließende Zins- und sonstige Einkommenszahlungen an den Pensionsgeber vollständig weiterzuleiten. In Abb. III-61 sind die Grundzusammenhänge grafisch dargestellt.

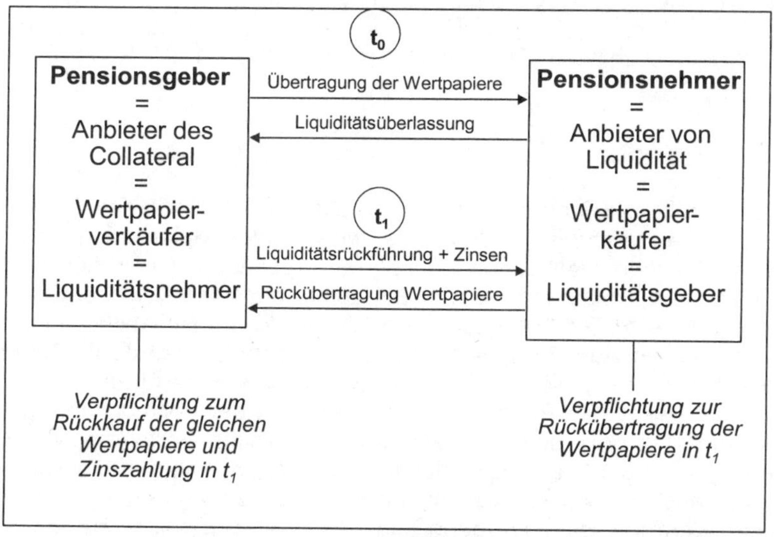


Abb. III-61: Grundstruktur eines Repo

Beispiel (vgl. *Gisler* 1999): Gedanklich lässt sich ein Repo-Geschäft in fünf Phasen unterscheiden: In Phase *1* wünscht ein Wertpapierhändler (Pensionsgeber) *25* Mio. € auszuleihen, um den Erwerb von *24* Mio. € einer *6½*% Bundesanleihe mit Laufzeit 2003 (kurz „6½% Bund 2003") für eine Woche finanzieren zu können. Auf Anfrage nennt ihm ein Repo-Händler (Pensionsnehmer) einen Repo-Satz in Höhe von *5,25%* (Phase 2). Der Pensionsgeber akzeptiert das Angebot und liefert zum Wertstellungstermin (Zeitpunkt $t_0$) in Höhe des Nominalbetrags von *24* Mio. € *6½*% Bund 2003 gegen *25* Mio. € Liquidität an den Pensionsnehmer (Phase *3*); der Pensionsnehmer zahlt also daraufhin an den Pensionsgeber *25* Mio. € im Gegenzug für die erhaltenen *6½*% Bund 2003 mit Wert *24* Mio. € (Phase *4*). Am Ende der einwöchigen Vertragslaufzeit liefert der Pensionsnehmer zum vereinbarten Rückkauftermin (= $t_1$) die Sicherheiten, bestehend aus *24* Mio. € *6½*% Bund 2003, an den Pensionsgeber und erhält von diesem im Gegenzug das Darlehen in Höhe von *25* Mio. €, zuzüglich der Darlehenszinsen für die einwöchige Darlehensvergabe in Höhe von *520.803* €. Der Betrag wurde wie folgt ermittelt: $25.000.000 \cdot \frac{5,25 \cdot 7}{100 \cdot 360}$. Zu den gängigen Methoden der Zinsberechnung bei Repo-Geschäften (actual/360) vgl. *Walmsley* (1992, S. 150 ff.).

Charakteristisch für das Repo ist, dass von vornherein nach Ablauf der Vertragslaufzeit die Umkehrung der ursprünglichen Transaktion von den Vertragsparteien gewollt und vertraglich bindend ist. Repo-Geschäfte lassen sich daher auch als Kombination eines Kassaverkaufs mit einem Termin(rück)kauf von Wertpapieren verstehen. Insofern erhält der Wertpapierverkäufer ein befristetes Verfügungsrecht über seinen Verkaufserlös. Aus diesem Grund lässt sich das **Repo** faktisch als **Form der kurzfristigen Kreditvergabe und** wegen der kurzen Laufzeiten als **besichertes Geldhandelsgeschäft** verstehen. Die gehandelten Wertpapiere übernehmen darin die Funktion eines Sicherungsobjekts. Traditionell ist ihnen zu eigen, dass Sicherungsgegenstände mit niedrigster Ausfallwahrscheinlichkeit erforderlich sind, weshalb hierfür Wertpapiere bonitätsmäßig einwandfreier Emittenten besonders geeignet sind. Zu den repofähigen Wertpapieren zählen in den Euroland-Kapitalmärkten in erster Linie Staatsanleihen und –obligationen, Pfandbriefe sowie Anleihen von supranationalen Organisationen mit hohem Emittenten-Rating. Unternehmensanleihen und variabel verzinsliche Anleihen spielen zunehmend eine nennenswerte Rolle (vgl. *WestLB* 1993, S. 18).

Betrachtet man das Repo-Geschäft aus der Sicht der Gegenpartei, so handelt es sich um einen **Reverse Repo** (kurz Reverse genannt). Hierbei tritt der Pensionsgeber an einen Pensionsnehmer heran und bietet ihm den Kauf bestimmter Wertpapiere unter gleichzeitigem Rückverkauf an (vgl. *Stigum* 1990, S. 576).

### 6.4.2 Verwandte und Sonderformen von Repos

Kennzeichnend für die Grundform des Repurchase Agreement, des Classic Repos, ist die physische Lieferung und Rücklieferung der Wertpapiere (sog. Delivery Repo) oder stattdessen die buchungsmäßige Verrechnung von gegenseitigen Ansprüchen und Verpflichtungen, wenn Wertpapiere nicht in physischer Form existieren oder aus anderen Gründen nicht mobilisierbar sind. Eine Abwandlung von Delivery Repos stellen **Due Bill Repos** dar, auch **Letter** oder **Hold-in-Custody Repos** genannt. Hierbei verbleiben die verkauften Wertpapiere für die Dauer der Repo-Laufzeit im Besitz des Pensionsgebers, während der Pensionsnehmer das Eigentum übertragen bekommt. Der Vorteil einer solchen Verfahrensweise liegt in einer Verringerung der Transaktionskosten, die sich im Fall der physischen Übertragung z. B. aus Provisionen des Verwahrers für die Ein- und Ausgangssachbearbeitung der Wertpapierstücke ergeben. Insbesondere für solche Repo-Geschäfte, die einen eher unterdurchschnittlichen Transaktionswert kennzeichnet, wird diese Arten der Verwahrung dem Delivery Repo vorgezogen.

Es kann unter gewissen Umständen nicht vom Pensionsnehmer gewünscht sein, dass er neben der Eigentumsübertragung nicht auch in den Besitz der Wertpapiere gelangt. Insbesondere da Wertpapiere im Regelfall in einer dritten Institution, einer gemeinsamen Depotbank bzw. einem Clearing House aufbewahrt werden, bietet sich zu diesem Zweck an, zwar die Wertpapiere nicht an den Pensionsnehmer zu liefern, sie aber innerhalb der dritten Institution aus dem Depot des Pensionsgebers in ein treuhänderisch geführtes **Trust Account** des Pensionsnehmers bei der gleichen Institution zu überführen. Bei diesem **Safe Keeping Repo** fallen aufgrund der vermiedenen physischen Übertragung geringere Transaktionskosten an, allerdings verlangt die verwahrende Institution eine Provision für ihre Tätigkeit. Eine hinsichtlich der Dienstleistungen des Verwahrers sehr umfangreiche Variante stellt das **Tri Party Repo** dar. Bei diesem Geschäft erfolgen Wertpapier- und Geldtransaktionen in weiten Teilen des Geschäftsprozesses nicht mehr direkt zwischen Pensionsnehmer und –geber, sondern innerhalb der gemeinsamen Depotbank bzw. Clearing House. Solche Clearingstellen repräsentieren internationale Zentralverwahrer wie „Euroclear“ sowie „CEDEL“ und Kreditinstitute wie The Bank of New York und Morgan Guaranty Trust (für US-$-Wertpapiere) (vgl. *Merrill Lynch* 1998). Daneben sind für den deutschen Kapitalmarkt die Deutsche Clearing AG sowie einige marktführende Banken von internationaler Bedeutung.

Die Dienstleistungen der dritten Partei sind vielfältig: Sie überwacht treuhänderisch die Transaktionen sowie die Wertentwicklung des Sicherungsobjekts während der Laufzeit und überträgt ggf. weitere Wertpapiere vom Pensionsgeber auf den Pensionsnehmer. Die wirtschaftlichen Vorteile von Tri Party Repos liegen in einer Vereinfachung der Geschäfte für die Kontrahenten, einer schnelleren und sicheren Abwicklung der Transaktionen sowie in einer Reduktion von Transaktionskosten. Zudem ermöglicht das Verfahren auch kleineren Kreditinstituten und Unternehmen, welche aus technischen oder personellen Gründen nicht selbst Repos abwickeln können, die Teilnahme am Repo-Markt (vgl. *BHF-Bank* 1995).

Abwandlungen der Classic Repos stellen **Sell/Buy Back-Geschäfte** (aus Sicht des Pensionsnehmers auch als Buy/Sell Backs bezeichnet) und **Wertpapierleihe** dar. Während für das Classic Repo die Kombination von Kassa- und Termingeschäft in einem Vertrag zu eigen ist, zeichnen sich Sell/Buy Backs durch zwei getrennt voneinander abgeschlossene Verträge aus. Ähnlich dem Repo zeichnet sich die **Wertpapierleihe** durch eine zeitlich begrenzte (kurz- bis mittelfristige) Überlassung von Wertpapieren aus. Rechtsgrundlage sind in Deutschland die § 607 ff. BGB, weshalb es sich bei der Wertpapierleihe um ein Sachdarlehen handelt. Das Wertpapierleihgeschäft ist nicht mit dem Lombardkredit zu verwechseln, da mit dem Wertpapierleihgeschäft nicht ein rechtlicher, sondern ein wirtschaftlicher Vorgang beschrieben wird. Die Wertpapierleihe ist mit dem Sachdarlehen vergleichbar.

Lesehinweis: Sell/Buy Back-Geschäfte und Wertpapierleihe erläutert *Schäfer* (2000).

### 6.4.3 Bedeutung für das Finanzmanagement

Die wesentlichen **Teilnehmergruppen** an Collateral Markets sind ultimative **Nutzer** wie Verleiher und Leiher sowie **Finanzintermediäre** mit speziellen Dienstleistungen aus dem Bereich von Clearing und Settlement. Bedeutung für das Finanzmanagement von Unternehmen haben vor allem Repos, indem Unternehmen als Leiher oder Verleiher von Barliquidität auftreten.

Als **Leiher von Barliquidität** und damit **Pensionsgeber** traten ursprünglich vor allem **Kreditinstitute** auf, die hohe Bestände an repofähigen Anleihen besaßen. Mittlerweile sind zu dieser Gruppe Wertpapierhändler, multinationale Unternehmen und Hedge Funds hinzugetreten (vgl. auch hierzu *Deutsche Bundesbank* 1999, S. 36-37). Repos stellen für **Pensionsgeber** unabhängig von diesen Gruppierungen eine kostenminimale Quelle zur **Liquiditätsbeschaffung** und zur Durchführung rentabler Kapitalmarkttransaktionen dar. Aus Liquiditätsgesichtspunkten liegt ihr Vorteil darin, dass im Gegensatz zum klassischen (unbesicherten) Geldhandel Liquidität wegen eines niedrigeren bis hin zu einem negativen Credit Spread auf den Geldmarktzinssatz zu geringeren Kapitalkosten beschafft werden kann.

Für Pensionsgeber mit einer geringeren als erstklassigen Bonität kann das höhere Ausfallrisiko faktisch durch die höhere Bonität der Wertpapieremittenten aus dem

Collateral substituiert bzw. ergänzt werden und so den **Credit Spread reduzieren** (vgl. *Alig* 1999, S. 32). (Insbesondere für Kreditinstitute ergibt sich mit dem Einsatz von Collaterals die Möglichkeit, die Refinanzierungsbasis außerhalb der Anrechnung aufgrund der Eigenkapitaladäquanzanforderungen der Aufsichtbehörden zu verbreitern.) Ein weiterer wirtschaftlicher Vorteil für den Pensionsgeber liegt in der Möglichkeit der Renditeverbesserung seines Wertpapierportefeuilles, indem er ruhende Wertpapierbestände für Repo-Geschäfte mobilisiert und **Arbitragegewinne** erwirtschaftet. Dies geschieht im einfachsten Fall dadurch, dass er die mittels des Repos aufgenommenen Finanzmittel zu einem höheren Zinssatz im klassischen Geldhandel bzw. durch Abschluss einer Gegenposition im Collateral Market (Reverse Repo) seinerseits wieder ausleiht. Mittels Repos beschafftes Fremdkapital lässt sich konsequent unter Nutzung des Financial Leverage-Effekts zum Zweck der Wiederanlage in höher rentierliche Vermögenswerte einsetzen. Neben der Wiederanlage der durch Repos beschafften Finanzmittel bietet das Special Repo die Chance, wiederholt **Leerverkäufe** damit abzudecken.

Weiterhin lässt sich mittels **Cross Currency Repos** ein vorübergehender Bedarf an Fremdwährung decken. So kann im Finanzmanagement eines Unternehmens ein Fremdwährungsdarlehen, z. B. denominiert in US $, durch ein Repo-Geschäft unter Einsatz von auf € lautenden Anleihen kursgesichert werden. Der Pensionsgeber erhält beim Cross Currency Repo den Liquiditätsbetrag in US $ gegen Hingabe des Collateral, denominiert in € und verfügt so in gleicher Betragshöhe wie das Fremdwährungsdarlehen in US $ eine Vermögensposition. Die während des Absicherungszeitraums auftretenden Veränderungen in der €/US-$-Parität wirken sich jeweils gegensätzlich auf die Schuld- und die Vermögensposition in der Fremdwährung aus, so dass die Wirkungen des Kursrisikos neutralisiert sind (vgl. *Huwyler/Fuchser* 1999).

Für **Pensionsnehmer** stellen Repos als Alternative zu Bankeinlagen und Geldmarktpapieren eine **besicherte Geldmarktanlage** dar, da nicht nur der Pensionsgeber, sondern auch die Wertpapiere für die Erfüllung der Geschäfte haften. Das Risiko des Pensionsnehmers beschränkt sich auf das Kursrisiko der Wertpapiere und das Ausfallrisiko des Emittenten des Collateral. Für eine nahezu vollständige Ausschaltung des Ausfallrisikos bei öffentlichen Anleihen als Collaterals müssen die Investoren allerdings eine im Vergleich zu den Geldhandelskonditionen geringere Verzinsung ihrer Anlage in Kauf nehmen.

Aus der Sicht beider Kategorien von Teilnehmern an liquiditätsgetriebenen Collateral Markets erweisen sich Repos zunehmend als **flexiblere Alternative** zu ungesicherten Geldmarktinstrumenten wie Certificates of Deposit (CDs), Call Money und Commercial Papers (CPs). Vor allem gegenüber CDs und CPs lassen sich mittels Repos kostenminimale und zu einem höheren Grad maßgeschneiderte Finanzierungsquellen erschließen. Dies bezieht sich vor allem auf die Laufzeiten, die über die gängigen Fristen von CDs und CPs hinausreichen können. Ferner wird eine flexiblere Handhabung von Zahlungsströmen in Fremdwährung möglich: Mit dem **Out of Currency Repo** akzeptiert der Pensionsnehmer Collateral, die in Fremdwährung denominiert sind, unabhängig von der Währung, die dem Zahlungsstrom des Repos zugrunde liegt (vgl. *Merrill Lynch* 1998). Ein weiterer Vorteil von Repos gegenüber den genannten alternativen Instrumenten ist, dass die Teilnahme am Repo-Markt lediglich an den Besitz von Collaterals, d. h. von i.d.R. Wertpapieren, geknüpft ist, während die Emission von CDs und CP erfordert, dass zuvor der Emittent am Geldmarkt eingeführt wurde und ein entsprechendes Standing besitzt (vgl. *Schäfer* 1998a und 1998b).

### 6.4.4 Risikomanagement

Von besonderer Bedeutung für die Effizienz von Repos im Finanzmanagement ist die Bewältigung der spezifischen mit dem Instrument verbundenen **Risiken**, dem Preis- und dem Ausfallrisiko. Hierfür sind im wesentlichen die speziellen Transaktions-, insbesondere Abwicklungsstrukturen verantwortlich. Es sind hierfür vor allem die vielfältigen Zwischenstationen in der Abwicklung der Transaktionen, die Vielfalt der mit den Transaktionen verbundenen Aufgaben, die dabei meist mehreren eingeschalteten Transaktionsstellen und die kürzeren Perioden verantwortlich (vgl. *BIZ* 1995). Es haben sich in der Praxis einige zentrale Formen des Risikomanagements heraus gebildet.

Zum Schutz des Pensionsnehmers vor dem **Ausfall des Pensionsgebers** zum Rückkauftermin dienen die sicherungsweise dem Pensionsnehmer überlassenen Wertpapiere. Sollte der Pensionsgeber am Fälligkeitstag seiner Rückkaufverpflichtung aus dem Repo-Geschäft nicht nachkommen können, bedeutet dies faktisch, dass der Pensionsnehmer im Eigentum der Wertpapiere bleibt. Vertragliche Vereinbarungen von Repo-Geschäften enthalten i.d.R. die genaue Spezifikation, unter welchen Bedingungen ein Forderungsausfall in einem Repo-Geschäft vorliegt und welche Handlungen die durch den Ausfall betroffene Vertragspartei ergreifen darf. Grundsätzlich wird dem Pensionsnehmer das Recht in solchen Verträgen eingeräumt, seine Forderung aus dem resultierenden Erlös zu befriedigen, den er durch Verkauf der Wertpapiere an eine dritte Partei erzielt. Dadurch wird wiederum der Sicherungscharakter der Wertpapiere deutlich. Der Pensionsnehmer ist auf diese Weise vor dem Ausfallrisiko des Pensionsgebers effektiv geschützt, wenn die Emittenten der erworbenen Wertpapiere ihrerseits zahlungsfähig bleiben. Andernfalls hätte der Pensionsnehmer zwar anstelle des Erlöses aus dem Rückkauf Wertpapiere zur Verwertung, die dann aber ihrerseits ausfallgefährdet wären. Um bei den sicherungsweise übernommenen Wertpapieren keinen Ausfall zu erleiden, werden daher i.d.R. nur solche Papiere akzeptiert, deren Emittenten höchsten Bonitätsanforderungen gerecht werden. Diese Anforderung erfüllen vor allem öffentliche Anleihen (vgl. *Hasewinkel* 1993, S. 116).

Neben der Reduktion des Ausfallrisikos besteht für den Pensionsnehmer das Erfordernis zum Management des **Preisrisikos**. Um sich gegen einen Wertverlust im Sicherungsobjekt zu schützen, wird für die Geldzahlung aus dem Ankauf der Anleihe vom Pensionsnehmer eine Erhöhung der Sicherheitsleistung über den Kontraktwert verlangt. Dieser Satz beträgt bei Repos zwischen *102%* bis *110%*, am häufigsten dürfte nach Einschätzung von Marktteilnehmern ein Satz von *105%* vorherrschen (vgl. *BIS* 1999, S. 30). Solche Aufschläge dienen als Puffer gegen den Wertverfall der Sicherheitenobjekte aufgrund von Preisabsenkungen in den Sicherungsobjekten während der Vertragslaufzeit und beugen damit einer Wertminderung des späteren Rückkaufserlöses vor (vgl. *Stigum* 1990, S. 580-581). Auf Collateral Markets finden solche Sicherheitenaufschläge in Form sog. **Margins** oder **Haircuts** Anwendung. Margins werden zur Sicherung gegen Preisvolatilitäten des verliehenen Vermögensobjekts eingesetzt, während Haircuts das Preisrisiko des Sicherungsobjekts betreffen. Es ist nun möglich, dass während der Laufzeit des Repo-Geschäfts der Preisrückgang und damit der Wertverlust der Sicherungswertpapiere höher ausfällt als er mit der vereinbarten **Initial Margin** seinerzeit bei Geschäftsabschluss vereinbart wurde. Berechnungsgrundlage hierfür ist die Marktzinsmethode, die zur börsentäglichen Neuberechnung des Werts von Sicherheitswertpapieren führt (Prinzip des **Daily Marking to Market** bzw. **Remar-**

**king**). Werden Preisrückgänge festgestellt, die zu Wertverlusten über den Betrag der Initial Margin führen, wird eine Anpassung der Initial Margin mittels der **Variation Margin** erforderlich. Diese „Nachbesicherung" kann entweder durch zusätzliche Lieferung der Sicherungswertpapiere seitens des Pensionsgebers oder durch Barausgleich des Differenzbetrags erfolgen. Umgekehrt ist der Pensionsnehmer zu einer Ausgleichszahlung oder ausgleichenden Wertpapierlieferung gezwungen, wenn der Wertpapierpreis statt zu fallen ansteigt (vgl. *Meier* 1992, S. 83).

Der Pensionsnehmer erhält mit dem Rückverkauf der Wertpapiere ebenfalls die Zinsen für die Überlassung der Finanzmittel vom Pensionsgeber ausgezahlt. Die Zinsen werden auf der Grundlage des Repo-Satzes berechnet und auf den in $t_0$ ausgeführten Betrag des Repo-Geschäfts bezogen (nicht also auf die zwischenzeitlich aufgelaufenen Stückzinsen). Im Normalfall erfolgt damit eine Vereinbarung über einen identischen Hingabe- und Rücknahmewert der Wertpapiere, so dass die Zinsen für die Liquiditätsbereitstellung separat gezahlt werden. Grundlage der Berechnung der Repo-Zinsen ist die **französische Stückzinsmethode** („actual/*360*"). Die Repo-Sätze orientieren sich an den laufzeitentsprechenden Geldhandelssätzen, liegen aber aufgrund der Gewährung von Sicherheiten geringfügig unter diesen.

Collateral Trading Markets haben sich zu dynamischen Finanzmarktsegmenten entwickelt. Im Zuge anhaltender Liberalisierungsschritte vieler westlicher Zentralbanken und Bankenaufsichtsbehörden entwickelt dieser Markt eine anhaltende Dynamik. Mit der ihm eigenen Form der Substitution von Schuldnerbonität des Liquiditätsnehmers durch die Emittentenbonität des Collateral ermöglicht er die Reduktion von Finanzierungskosten im Finanzmanagement. Der Zugang zu kurzfristigen Finanzierungsquellen mit geringen Credit Spreads steht vor allem jenen Institutionen offen, die über hohe Wertpapierbestände verfügen. Neben Kreditinstituten eignet sich die Finanzmittelbeschaffung über Collateral Trading Markets vor allem für institutionelle Investoren und Großunternehmen. Die Dynamik des Marktes wird unterstützt durch das schnelle Wachstum elektronischer Handelsplattformen und Abwicklungssysteme sowie die wachsende Unterstützung von Finanzintermediären, die aufgrund ihrer spezifischen Transaktionstechnologie primär im Bereich des Risikomanagements und der Geschäftsabwicklung für Senkungen in den Transaktionskosten des Marktes sorgen. So führt die mit Repos begünstigte Tendenz zur Securitization nicht in eine breite Disintermediation, sondern re-arrangiert die Arbeitsteilung innerhalb der Kreditwirtschaft. Allerdings agieren zunehmend auch marktunmittelbare Institutionen wie Clearing Houses im Rahmen der sich verbreitenden netzwerkartigen Organisationsformen von Börsen mit Intermediärfunktionen in Collateral Trading Markets.

Nachhaltige Wachstumsunterstützung dürften Collateral Trading Markets im neu geschaffenen Euroland-Währungsgebiet entfalten. Kapitalmarktbeobachter registrieren nach Annäherung der Kapitalmarktrenditen der Euroländer im Vorfeld der Einführung des Euros aufgrund der derzeitigen Niedrigzinslage des Eurolands eine ausgeprägte Suche von (institutionellen) Investoren nach Investitionen mit höheren Renditen bei überschaubarem Risiko. Zugleich weitet sich das Angebot an sog. Credit Products, also Schuldpositionen mit Ausfallrisiken, aus. So dürften teilweise ähnliche Gründe (vgl. hierzu *BHF-Bank* 1999), wie sie für das außergewöhnliche Wachstum des Marktes für Corporate Bonds im Euroland verantwortlich gemacht werden, die Basis für die Entwicklungsprognose des Repo-Geschäfts im Euro-Raum bilden, in dem noch das größte Nachholpotential besteht.

## 6.5 Langfristige verbriefte Finanzierungsinstrumente

Mit den vorgestellten MTN wird auch die Verbindung zwischen der kurz- und mittelfristig verbrieften Finanzierung hin zu langfristigen Formen gewiesen. MTN basieren in ihren Rechtskonstruktionen überdies ähnlich den CP auf Vertragskonstruktionen, die denen der Anleihe angelehnt sind. Nachfolgend werden Anleihen, auch Obligationen oder Schuldverschreibungen genannt, vorgestellt. Dabei handelt es sich im Grundsatz aus Emittentensicht um Unternehmensanleihen, auch als Unternehmensanleihen oder Corporate Bonds bezeichnet. Die mittlerweile auch an den Finanzmärkten des Eurolandes existierende Formenvielfalt, vor allem hinsichtlich der Gestaltung des Kupons, also der Art und Weise, wie Anleihegläubiger Einkommenszahlungen aus dem Anleihebesitz erhalten, sowie die Anreicherung der klassischen Anleihe mit Zusatzausstattungen, ist für alle anderen Emittentenkreise übertragbar (vor allem für Kreditinstitute).

### 6.5.1 Grundlegende Merkmale von Unternehmensanleihen

Unternehmensanleihen sind **langfristige Darlehen in verbriefter Form**, die Großunternehmen der Industrie, des Handels oder des Verkehrs an der Börse aufnehmen. Der **Eigentümer** einer Unternehmensanleihe befindet sich in der Rechtsstellung eines originären **Gläubigers**. Damit verbunden ist, dass er nicht für Verbindlichkeiten des Emittenten (= Schuldner aus der Obligation) haftet. Der Gläubiger hat Anspruch auf Zinszahlung während der Laufzeit und auf Rückzahlung des Nominalwerts zum Laufzeitende. Diese Forderung ist an die Obligation gebunden (= verbrieft). Unternehmensanleihen werden i.d.R. an Wertpapierbörsen gehandelt. Sie sind **fungibel**, d.h. vertretbar, weil bei gleichem Nennwert bzw. gleicher Stückelung jedes Papier die gleichen Rechte verkörpert. Die Stücke können untereinander ausgetauscht werden, ohne dass der neue Eigentümer der Urkunde eine Minderung oder Mehrung seiner Rechte erfährt.

Obligationen können als Inhaber- oder Namenspapiere vorkommen. **Namenspapiere** (= Orderpapiere) lauten auf einen namentlich Berechtigten. Nur der durch den Aussteller benannte Berechtigte oder eine vom Berechtigten durch Indossament benannte Person können die verbrieften Rechte geltend machen. Die Übertragung erfolgt durch Einigung, Indossament und Übergabe des Papiers. Bei **Inhaberpapieren** kann jeder, der das Papier in seinen Händen hält, das darin verbriefte Recht geltend machen. Die Übertragung erfolgt durch Einigung und Übergabe (§ 929 BGB). Unternehmensanleihen sind i.d.R. als Inhaberpapiere ausgestaltet.

Die Schuldverschreibung dient dem **Aussteller** (= **Emittent**) zur Beschaffung mittel- und langfristiger Fremdmittel. Der Gesamtbetrag des benötigten Kapitals (= **Anleihe**) wird in Teilbeträge gestückelt (= **Teilschuldverschreibungen**). Der Emittent ist der **Anleiheschuldner**. Die Anleihe ermöglicht ihm, große Finanzbeträge bei einer Vielzahl von Kreditgebern (auch bei Anleihekäufern unterer Einkommensklassen) zu mobilisieren. Eine bestimmte Unternehmensrechtsform ist rechtlich nicht vorgeschrieben: Unternehmensanleihen können von jedem Unternehmen ausgegeben werden; es dominieren auf Emittentenseite Kapitalgesellschaften (AG, KGaA und große GmbH).

Die Teilschuldverschreibung besteht aus zwei Bestandteilen. Die eigentliche **Urkunde** nennt man **Mantel**. Auf ihrer Vorderseite ist das Schuldanerkenntnis sowie das Verzinsungsversprechen der emittierenden Unternehmung u.a.m. aufgeführt. Auf den weiteren Seiten befinden sich vor allem Rückzahlungs- und sonstige Vertragsbedingungen. Die Zinsscheine und bei längerfristigen Schuldverschreibungen der Erneuerungsschein (= Talon) zur Entgegennahme weiterer Zinskupons sind auf dem zweiten Bestandteil der Obligation, dem sog. **Bogen**, aufgedruckt.

Die klassische Anleihe ist die festverzinsliche Unternehmensanleihe ohne Sonderrechte. Mittlerweile gängig ist auch der angelsächsische Begriff „**Straight Bond**" bzw. „**Fixed Income Bond**", wenn die über die Laufzeit gleichbleibende Kuponzahlung betont wird. Anleihen, die einen rechtswirksamen Bezug zum Eigenkapital aufweisen, sind Unternehmensanleihen mit Sonderrechten. Es handelt sich um Wandelschuldverschreibungen, entweder in Gestalt einer Wandelanleihe oder einer Optionsanleihe (nach § 221 AktG). Neuere Formen von Anleihen gelten als **Sonderformen** von Unternehmensanleihen. Hierzu sollen ausgewählte neuere Finanzierungsinstrumente nachfolgend vorgestellt werden, die für Unternehmen des Eurolands mittlerweile eine Bedeutung erlangt haben. Es handelt sich hierbei um Zero Bonds, Floating Rate Notes und Fremdwährungsanleihen mit Sonderausstattungen. Diesen Anleihen ist gemeinsam, dass die Zins- und Tilgungszahlungen des Emittenten aus dem vorhandenen investierten Gesamtvermögen gespeist werden. Damit steht dem Gläubiger sozusagen ein Durchschnittswert von Vermögensqualität gegenüber, da die Vermögensobjekte hinsichtlich ihrer Liquidierbarkeit nicht als äquivalent zu betrachten sind.

Nach dem Sitzland des Emittenten charakterisiert, müssen Unternehmensanleihen in Deutschland seit 1985 in **Inlandsanleihen** (juristischer Sitz des Emittenten innerhalb des deutschen Rechtsgebiets) und in **Auslandsanleihen** (juristischer Sitz außerhalb des Bundesgebiets) unterschieden werden. Praktisch findet man Unternehmensanleihen in der Gestalt einer Inlandsanleihe so gut wie nicht mehr an den deutschen Wertpapierbörsen notiert. Unternehmensanleihen, die als Finanzierungsform ohnehin in Deutschland eine im internationalen Maßstab sehr untergeordnete Finanzierungsrolle spielen, werden seit der „Erklärung der Bundesbank zur Begebung von Auslandsanleihen" fast ausschließlich als **Auslandsanleihe** emittiert. Im Gegensatz zu einer „herkömmlichen" Unternehmensanleihe erfolgt die Emission einer Auslandsanleihe durch eine **Tochtergesellschaft** eines deutschen Unternehmens, das **im Ausland** seinen juristischen Sitz hat. Letztere weisen den Charakter von insbesondere zu reinen Finanzzwecken gegründeten Tochtergesellschaften deutscher Großunternehmen auf. Die **Besicherung** erfolgt nicht durch eine dingliche Sicherheit - wie bei einer in Deutschland begebenen Unternehmensanleihe üblich - sondern i.d.R. ausschließlich durch eine unwiderrufliche Garantie der deutschen Muttergesellschaft (Patronatserklärung). Eine solche Anleihe wird meist auf dem deutschen Rentenmarkt zum Handel an einer deutschen Börse eingeführt. Die Auslandsanleihen lauten auf Euro und sind im Regelfall als Festsatzanleihe ausgestattet. Die Emission von Auslandsanleihen ist an die Erfüllung bestimmter Anforderungen geknüpft, die die **Deutsche Bundesbank** auferlegt (vgl. *Deutsche Bundesbank* 1992b):

- Begebung nur unter Konsortialführung eines deutschen Kreditinstituts,
- Meldepflicht der Emissionsdaten bei der Deutschen Bundesbank,
- neue Anleihekonstruktionen erfordern eine zuvorige Stellungnahme der Deutschen Bundesbank.

Die Kapitalbeschaffung durch Emissionen von Auslandsanleihen erfreuen sich einer zunehmenden Beliebtheit, worauf die steigenden Emissionsvolumina in Auslandsanleihen in den vergangenen Jahren schließen lassen. Gründe hierfür dürften sein:

- Der Vorteil niedrigerer Euro-Zinsen aufgrund der Währungsstabilität gegenüber wichtigen international verwendeten Währungen. Durch anschließende Währungsswaps tauschen vor allem ausländische Emittenten ihre durch Auslandsanleihen erlösten Euro-Beträge der Emission unmittelbar anschließend in die benötigte Fremdwährung.
- Die Verwendung der emittierten Erlöse an Euro-Beträgen zur Finanzierung von in Euro denominierten Kapital- und Gütertransaktionen der Emittenten.
- **Niedrigere Kapitalkosten** durch geringere Sicherheitenunterlegung und niedrigeren Verwaltungsaufwand bei Erstemissionen.

Von der Auslandsanleihe ist die Währungsanleihe zu trennen. Bei **Währungsanleihen** handelt es sich um Anleihen, die nicht auf Euro, sondern i.d.R. auf eine der international gängigen Währungen wie US-$ lauten. In jüngster Zeit werden auch vermehrt Fremdwährungsanleihen in Währung sog. Emerging Markets, d.h. aufstrebender Wirtschaften wie z.B. Tschechien, aufgelegt. Den Unterschied zeigt nachfolgende Abb. III-62 im Überblick.

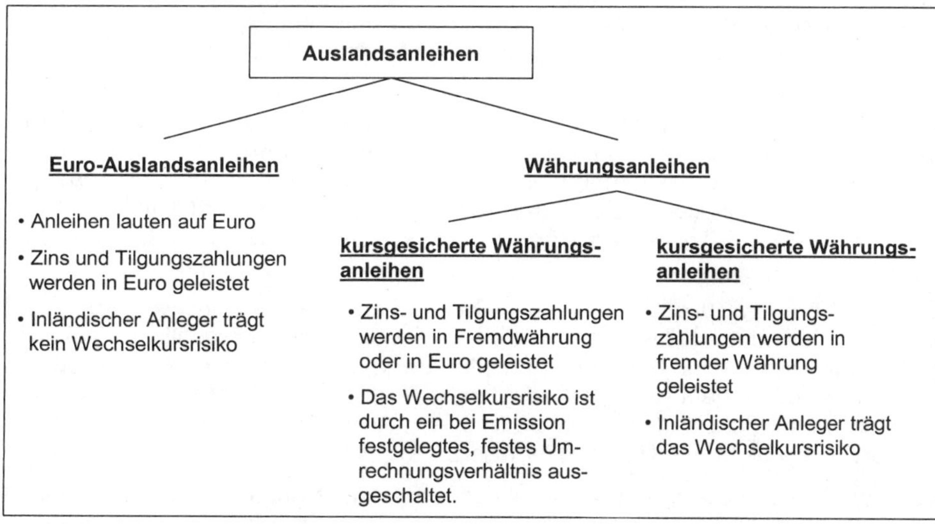


Abb. III-62: Unterscheidung von Auslands- und Währungsanleihen

### 6.5.2 Straight Bonds

Die klassischen von Unternehmen emittierten Anleihen weisen eine feste Verzinsung und keine weiteren Sonderrechte auf. In regelmäßigen Abständen erfolgen Zinszahlungen entweder in jährlichem Zahlungsrhythmus (in Deutschland üblich) oder jeweils am Ende des Halbjahres (z.B. in den USA gängig). Bezeichnend ist für solche Anleihen auch der Begriff „**Straight Debt Security**". Der **Nominalzinssatz**, sog. **Kupon**, ist auf der Urkunde aufgedruckt. Er orientiert sich an dem herrschenden laufzeitgerechten Kapitalmarktzinsniveau zum Zeitpunkt der Emission. Er wird üblicherweise zinstheoretisch als Preis für den Verzicht des Anleihekäufers auf anderweitige Verwendung seiner Finanzmittel (z.B. für Konsum) interpretiert (vgl.

*Schäfer* 1999a, S. 95-96). Zusätzlich wird der Nominalzinssatz eine **Geldentwertungsprämie** enthalten, wenn Inflationserwartungen der Anleger für den jeweiligen Laufzeitbereich bestehen. Des Weiteren trägt der Nominalzinssatz eine **Risikoprämie** in sich, wenn die Bonität des Emittenten unterhalb der Kriterien für beste Bonität vergleichbarer Schuldner liegt (i.d.R. repräsentiert durch Bundesobligationen bzw. -anleihen). Traditionell werden Unternehmensanleihen als Inlandsanleihen dinglich besichert (erstrangige Grundpfandrechte innerhalb einer Beleihungswertgrenze von *40%* des Werts der Sicherungsobjekte). Wegen der geringen Verbreitung der Unternehmensanleihe als Inlandsanleihe und der stattdessen dominierenden Form der Auslandsanleihe ist die dingliche Besicherung in den vergangenen Jahren kaum mehr anzutreffen. Bei Unternehmensanleihen herrschen **Bürgschaften** bzw. Garantien (in Form von Patronatserklärungen) oder **Negativklauseln** vor.

**Ausgabe- und Rückzahlungskurs** von Obligationen fallen häufig auseinander, i.d.R. ist der Ausgabekurs niedriger als der Rückzahlungskurs, der wiederum meist mit dem Nennwert identisch ist (= *100%*-Bezugswert). Die Differenz zwischen Ausgabe- und Rückzahlungskurs wird (wie bei Aktien) als **Agio** bezeichnet. Da im Regelfall Obligationen von Kreditinstituten übernommen und (im Wege der Fremdemission) bei den Anlegern („im Publikum") platziert werden, ist vom Ausgabekurs der abweichende **Übernahmekurs** zu unterscheiden. Er liegt unterhalb des Ausgabekurses, da er die Vergütung der Kreditinstitute für ihre Emissionstätigkeit enthält (= **Bonifikation**).

Die Emission sowie die **Zins-** und die **Rückzahlung** erfolgt bei Inlands- und Auslandsanleihen am Euroland-Kapitalmarkt in Euro (= **Denomination**). Grundsätzlich kann auch in anderen Währungen eine Emission aufgelegt werden. Die Auswahl der Anleihedenominations-, Zins- und Rückzahlungswährung wird durch die Höhe des Wechselkursrisikos einer Währung und die interessierbaren Anlegerkreise bestimmt.

Die **Ausgabe** von Obligationen kann **in Stücken** ab einem Nominalwert von *0,01 €* erfolgen. Kriterium ist das vom Emittenten anvisierte Anlegerpublikum. Niedrige Nennwerte ermöglichen den Verkauf an Anleger mit geringeren anlagefähigen Mitteln. Stücke mit hohem Nennwert erhalten i.d.R. größere Kapitalsammelstellen angeboten, womit der Emittent auch die Emissionskosten (insbesondere für Verwahrung und Verwaltung der Papiere) reduziert.

Der Verwendungszweck des Anleiheerlöses bestimmt grundsätzlich die **Laufzeit** der Obligation, da üblicherweise die Zins- und Tilgungsverpflichtungen aus dem Cash Flow der damit finanzierten Investitionen geleistet werden. Die Praxis kennt heutzutage Laufzeiten von bis zu zehn Jahren.

Es haben sich in der Praxis verschiedene **Formen der Rückzahlung**, d.h. der Tilgung, der Anleihe entwickelt. Obligationen enthalten in ihren Anleihebedingungen häufig mehrere, sich ergänzende Tilgungsformen. Grundsätzlich finden die Tilgungsformen für Kredite auch in Anleihebedingungen Anwendung. Die Anleihen, die in der Praxis vorherrschen, weisen in ihren Bedingungen planmäßige Tilgungen auf, weshalb man sie auch **Tilgungsanleihen** nennt (vgl. Abb. III-63):

- **vollständige Rückzahlung** nach Kündigung der Anleihe durch den Emittenten,
- Rückzahlung in gleichen Raten (= Ratentilgung), wobei die jährlichen Zahlungsbeträge durch die sinkende Zinsbelastung zurückgehen,

- dagegen bleiben bei der **Annuitätentilgung** die jährlichen Zahlungsbeträge des Emittenten gleich,
- praktiziert werden auch **Auslosungen** von Anleihen (nach Serien, Reihen, Gruppen oder Endziffern) zu bestimmten Terminen und die Rückzahlung dieser ausgelosten Stücke. Pflicht ist die Veröffentlichung dieser Papiere im Bundesanzeiger.

Bei **gesamtfälligen** Anleihen kann die Tilgung mittels einer speziell vorher gebildeten Rücklage erfolgen (= „**Sinking Fund**"-Tilgung). Der Emittent bildet dann über die Laufzeit der Obligation aus den anfallenden Abschreibungserlösen und Gewinnanteilen der durch die Anleihe finanzierten Investitionen eine zweckgebundene Rücklage.

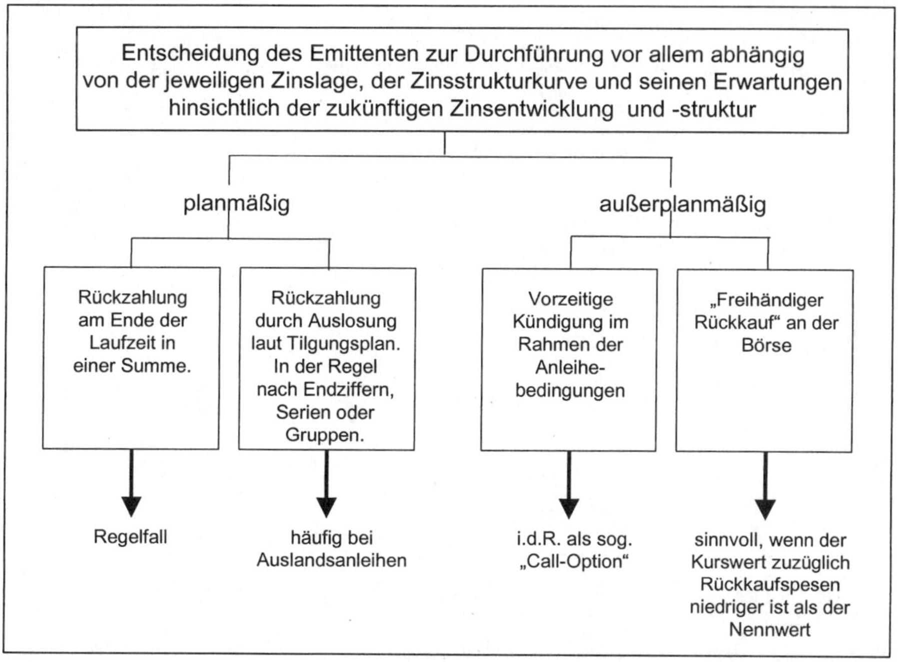


Abb. III-63: Überblick über die Tilgungsformen

Zwar ist die Tilgungsregelung grundsätzlich von den Erwartungen des Emittenten hinsichtlich der zukünftigen Zinsentwicklung und der Zinsstrukturkurve abhängig, doch in besonderer Weise liegen diese Überlegungen bei Anleihen mit **außerplanmäßigen Tilgungsformen** zugrunde:

- Der Emittent kauft die Anleihe an der Börse (freihändig) zurück. Dies wird meist zur Verstärkung parallel verlaufender Tilgungsformen (z.B. Verlosung) angewendet.
- Vor allem bei ewig laufenden Anleihen, die ohne Endfälligkeit gekennzeichnet sind, verfügt der Emittent häufig über ein Kündigungsrecht (sog. Call-Option). Eine solche Tilgungsbedingung findet man bei endfälligen Stufenzinsanleihen (vgl. Abschnitt 6.4.3).

### 6.5.3 Kombizinsanleihen

Unter diese Gruppe von Anleihen werden alljene Obligationen zusammengefasst, die folgende Eigenschaften aufweisen: „Die jährlichen Zinszahlungen sind in ihrer absoluten Höhe festgelegt, im Gegensatz zu klassischen Kuponanleihen ist der Kupon jedoch **nicht** während der gesamten Laufzeit **konstant**. (...) Die jährlichen Kupons sind derart aufeinander abgestimmt, dass eine Emission der Anleihe **nahe bei pari möglich** ist" (*Bühler/Ayasse* 1993, S. 89). Da solche Anleihen den Kupon durch die Kombination verschiedener Nominalzinssätze darstellen, werden sie auch als Kombi(nations)zinsanleihen bezeichnet.

Kombizinsanleihen zeichnen sich im einfachsten Fall dadurch aus, dass für die Gesamtlaufzeit zwei verschiedene Nominalzinssätze festgelegt werden. Der erste, regelmäßig sehr niedrigen oder teilweise auch null betragende Nominalzinssatz, gilt für eine bestimmte Periode zu Beginn der Laufzeit. Innerhalb der folgenden zweiten Periode wird ein zweiter relativ höherer Nominalzinssatz festgelegt.

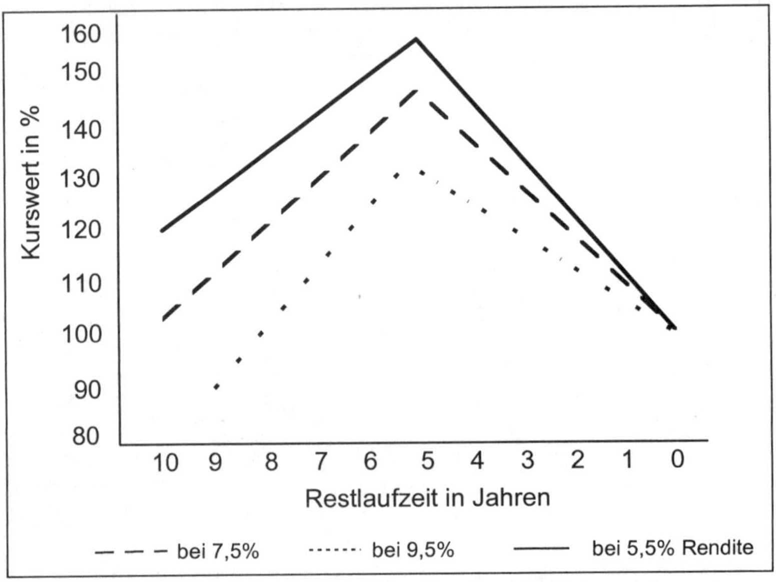


Abb. III-64: Verlaufsprofil der Rendite einer Kombizinsanleihe

Durch den niedrigen Kupon wird in den ersten Laufzeitjahren ein steigender Kurs erzielt, der für den Anleger bei vorzeitigem Verkauf Kursgewinne ermöglicht. Behält der Anleger das Wertpapier bis zum Laufzeitende in seinem Portefeuille, so verlagert er durch den Zinsabschlag die Besteuerung von Zinseinkünften in die Zukunft.

Beispiel: Die erste Anleihe dieser Art auf dem deutschen Rentenmarkt emittierte die Hamburgische Landesbank am 28.01.1992. Sie war mit einer Laufzeit von zehn Jahren ausgestattet. Die Regelung der Zinszahlung: in der ersten fünf Jahren keine, bis zur Endfälligkeit dann pro Jahr *19%*. Die Rückzahlung erfolgt am *07.02.2002* zu *100%*. Der Emissionskurs betrug *101,70* DM. Als Rendite errechnete man *7,54%*.

Verwandt mit dieser Form der Kombizinsanleihe ist die Gleitzinsanleihe. Bei **Gleitzinsanleihen** (= **Stufenzinsanleihe**, **Staffelzinsanleihe**) wird von Emissionsbeginn statt einer über die Laufzeit festen einheitlichen Nominalverzinsung eine steigende oder sinkende Zinssatzstaffel vereinbart. Häufig erfolgt die Anpassung im Jahresrhythmus (vgl. *Steiner/Bruns* 2000, S. 134-135). Folgende **Varianten** sind am Finanzmarkt zu unterscheiden:

- Eine Gleitzinsanleihe, die zum Laufzeitbeginn mit niedrigen Zinssätzen beginnt und bis zum Ende der Laufzeit ansteigende Zinssätze aufweist, kennzeichnet die **Step Up-Variante**. Damit werden aus Anlegersicht Zinserträge auf spätere Zeiten verlagert. Es sind Typen am Markt, bei denen der Zinssatz jährlich um einen gleichen betraglichen Abstand ansteigt. Die Grundkonstruktion ähnelt dem Bundesschatzbrief Typ A. Auf der anderen Seite findet man auch Papiere mit anfangs sehr geringem Zinsanstieg und später sehr hohen Zuwächsen. Die letzten Typen weisen in der Niedrigzinsphase ihrer Laufzeit meist sehr hohe Kursgewinne auf, die einen vorzeitigen Verkauf für Anleger u.U. (besonders aus steuerlicher Sicht) attraktiver erscheinen lassen, als das Papier bis in die Hochzinsphase zu halten.

  Beispiel: So legte im Mai 1992 die Berliner Bank AG eine Step Up-Anleihe mit zehn Jahren Laufzeit bei einem Emissionskurs von *94,50* DM auf. In den ersten acht Jahren werden jährlich *2,75%* Zinsen gezahlt, in den letzten beiden Jahren *30%*.

- Werden in einer Gleitzinsanleihe Zinssatzvereinbarungen getroffen, die über ihre Laufzeit von anfangs hohen zu sinkenden Zinssätzen führen, spricht man von der **Step Down-Variante**. Bei diesen Anleihen ist der Kurs anfangs hoch. In den folgenden Jahren fallender Zinssätze sinken die Kurse meist weit unter den Nominalwert. Für Anleger, die dann das Wertpapier erwerben, kann ein Kursgewinn realisiert werden, da die Anleihe am Laufzeitende zu *100%* getilgt wird. Dieser Kursgewinn ist zudem im Rahmen der Spekulationsfrist steuerfrei.

  Beispiel: In einer von Trinkaus & Burkhardt begebenen ersten Step Down-Anleihe waren für die Laufzeit von zehn Jahren folgende Zinssätze pro Laufzeitjahr fixiert: *15%*, *12,5%*, *10%*, *8%*, *6%*, *5%*, *4%*, *3%*, *2,5%*, *2%*.

Häufig sind mittlerweile Step Up-Varianten mit **Call-Vereinbarung** ausgestattet, was ein einseitiges im Voraus in den Anleihebedingungen festgelegtes Kündigungsrecht des Emittenten beschreibt. Es ermächtigt ihn, ab der in den Anleihebedingung festgeschriebenen Zeit nach Emission die Anleihe vorzeitig zu tilgen. Analog der Denkweise bei Optionen übernimmt der Anleihegläubiger die Rolle des Stillhalters, während der Emittent sozusagen bei Ausübung seines Calls die Lieferung der Anleihe i.S. einer Rückgabe gegen Zahlung des Tilgungsbetrags vornimmt. Die Call-Vereinbarung dient dem Management des Zinsänderungsrisikos seitens des Emittenten. Meist kann nach zwei bis drei Jahren ab Emissionszeitpunkt der Call ausgeübt werden. Der Emittent wird seine Option wahrnehmen, wenn er bei gesunkenem Zinsniveau oder veränderter Zinsstrukturkurve die Anschlussfinanzierung zu niedrigeren Zinssätzen und damit geringeren Kapitalkosten bewerkstelligen kann.

Lesehinweis: *Bühler/Ayasse* (1993).

### 6.5.4 Anleihen mit variablem Zinssatz

Bei diesem Anleihetyp - auch als **Floating Rate Note**, **FRN** oder **Floater** bezeichnet - handelt es sich um eine **langfristige Anleihe**, deren Zinssatz im Voraus am „Roll Over Date“ periodisch, meist viertel- oder halbjährlich angepasst wird. Dadurch haben diese Anleihen eine prinzipielle Verwandtschaft zum Roll Over-Kredit der Euro-Währungsmärkte. Der Nominalzinssatz einer FRN besteht aus dem jeweiligen **Basiszinssatz** LIBOR oder EURIBOR, zzgl. einer **Marge** (= „**Spread**“).

Sie wird in Basispunkten gemessen. Ein Prozentpunkt entspricht *100* Basispunkten, auch Basic Points bezeichnet, was mit „bps." abgekürzt wird. Der Spread orientiert sich in seiner Höhe an der Bonität des Schuldners und kann mit Aufschlag (gängig sind Margen von *1/16%* bis *1/2%*) oder mit Abschlag (z.B. abzgl. *1/10%*) ausgestaltet sein. Möglich ist auch, dass ein Spread auf den Basiszinssatz ganz entfällt. FRN ohne Marge werden mit „**flat**" bezeichnet. Während der Basiszinssatz je nach Fristigkeit der Bezugsbasis unterjährig angepasst wird (und die Höhe der Zinszahlung bestimmt), bleibt der Spread bei der herkömmlichen FRN-Konstruktion während der gesamten Laufzeit konstant. Im Unterschied dazu sehen „**Variable Rate Notes**" vor, dass die Margenhöhe nach jeder abgelaufenen Zinszahlung für die kommende Zinsperiode neu festgelegt werden kann. Änderungen in der Bonität des Schuldners oder der Zinsspannen auf dem in den Anleihebedingungen festgelegten Referenz-Finanzmarkt können Gründe hierfür sein.

Während mit EURIBOR und LIBOR ein Geldmarktzinssatz als **Basiszinssatz** gewählt wird, gibt es insbesondere auf den Euro-Währungsmärkten auch Konstruktionen von FRN, die den Zinssatz an einen **Kapitalmarktzinssatz** binden. Bei sog. **SURF-Anleihen** (Constant Maturity Treasury **S**tep **U**p **R**ecovery **F**loating Rate Note) wird der Zinssatz zehnjähriger US Treasury-Notes zugrundegelegt: Er wird zum Zeitpunkt der Zinsfestlegung halbiert und um den in den Anleihebedingungen fixierten Spread ergänzt. Eine solche Zinssatzkonstruktion ist für Anleger besonders interessant, wenn die Geldmarktzinsen deutlich unter den langfristigen Zinssätzen liegen (vgl. *Eller/Spindler* 1994, S. 181-182). Mittlerweile befinden sich auch Anleihen im Kapitalmarkt, die die kapitalmarktorientierte Verzinsung an den Performanceindex des Segments der deutschen öffentlichen Anleihen innerhalb des Euroland-Kapitalmarkts (**REX-P**) gekoppelt haben.

FRN werden häufig als **Inhaberpapiere** emittiert, sind **fungibel** und werden am Sekundärmarkt gehandelt. Der Emissionskurs beträgt regelmäßig *100%*. Als **Emittenten** treten emissionsfähige Unternehmen und Kreditinstitute sowie staatliche Organisationen auf. Die Käufer setzen sich - wegen der überwiegenden **Stückelung** von *50.000 €* oder deren Gegenwert in ausländischer Währung - meist aus Kreditinstituten und institutionellen Anlegern zusammen, immer häufiger werden Floater auch in niedrigeren Nominalbeträgen zum Absatz an die Privatkundschaft von Kreditinstituten emittiert. Mittlerweile gibt es auf dem Kapitalmarkt eine ganze Reihe von Variationen des klassischen Floaters, wovon einige hier kurz vorgestellt werden sollen (zu den Optionsgrundlagen vgl. *Schäfer* 1999b, S. 347 ff.).

- Unter „**Perpetual Floater**" versteht man FRNs, die keine festgelegte Höchstlaufzeit aufweisen und dafür mit Put-Optionen für den Anleger ausgestattet sind. Er kann dann vor Endfälligkeit vom Schuldner die Rückzahlung verlangen.

  Beispiel: Die erste Anleihe des US-Kreditinstituts Citicorp bot Anlegern nach *2 ½* Jahren alle sechs Monate Put-Optionen und gleichzeitig wurde die Verzinsung von Drei-Monats-LIBOR auf Drei-Monats-LIBID (ohne Margen) reduziert. Damit wurde vom Emittenten die Ausübung der Put-Optionen auf diesem Zeitraum hingesteuert. Der Schuldner Citicorp hatte dann ab 1986 Call-Optionen, die bis 1990 über pari erfolgen konnten und ab dann zu pari möglich waren.

- **Drop Lock-Bonds** sind mit einer sog. „**Trigger Rate**" ausgestattet: Wenn der relevante Refernzzinssatz unter den in den Anleihebedingungen festgelegten Satz sinkt, wird die FRN automatisch in eine Festzinsanleihe zu diesem Satz gewandelt. Damit wird ein Mindestzinssatz garantiert, weshalb auch die Bezeichnung „**Floor Note**" gängig ist. Bei steigendem Zinsniveau passt sie sich nach oben an. Varianten sind Fixed Rate Convertibles, bei denen nicht in den

Anleihebedingungen von vornherein die Zinsfestschreibung festgelegt ist, sondern der Anleger bestimmt den Zeitpunkt der Zinsfestschreibung.

Das Gegenstück der Zinsbegrenzung nach unten ist der **Cap Floater**, der eine Höchstzinssatzbegrenzung aufweist. Kombinierte Anleihen, die von vornherein einen Mindestzins- (= „Mini" oder „Floor") oder Höchstzinssatz (= „Maxi" oder „Cap") in ihren Vertragsbestandteilen aufweisen, werden **„Mini-Maxi-Floater"** oder **Collar** genannt. (Werden die Zinsen wöchentlich neu festgelegt, spricht man von **„Mismatch-FRN"**.)

- Beim **Reverse-Floater steigt** die **Verzinsung mit sinkendem Zinsniveau** (z.B. repräsentiert durch einen EURIBOR). Für Anleger (Emittenten) ist (sind) in Niedrigzinsphasen die Rendite (Kapitalkosten) daher überdurchschnittlich hoch. Die Emissionen sind meistens - je nach Schuldner - in den ersten ein bis vier Jahren mit einem über den Marktzinsen liegenden Festzinssatz ausgestattet; daran schließt sich für die restliche Laufzeit eine variable Verzinsung z.B. nach der Formel „Festzinssatz minus Sechs-Monats-LIBOR (oder EURIBOR)" an. Je einschneidender sich also der Zinsrückgang darstellt, desto höher wird der Zinsertrag für den Anleger.

  Beispiel: Der Reverse-Floater der Deutsche Bank BV, Amsterdam, wies mit seiner Emission Anfang 1993 eine Laufzeit von zehn Jahren auf. Im ersten Jahr war der Nominalzinssatz mit *8,5%* und im zweiten Jahr mit *8%* festgesetzt. Danach galten *13%* abzgl. Sechs-Monats-LIBOR für DM-Geldanlagen. Liegt der DM-LIBOR ab dem dritten Jahr im Durchschnitt bei *4%* erhält der Anleger im Durchschnitt *9%* Nominalverzinsung. Sofern gleichzeitig die Zinssätze für andere DM-Obligationen mit vergleichbaren Laufzeiten unter *9%* liegen, müsste der Kurs des Reverse-Floater über dem Rückzahlungskurs liegen.

  Was die Kurschancen des Reverse-Floater anbetrifft, dürften sie in einer **Niedrigzinsphase** höher als bei üblichen FRN sein. Anders hingegen in **Zeiten steigender Zinsen**: Die Verzinsung des Reverse-Floaters sinkt und damit steigt das Risiko des Kursverlusts. Anleger in diesem Anleihetyp dürften - im Gegensatz zum traditionellen Floater - mehr tradingorientierten Kreisen zuzuordnen sein.

Bei **fallendem Zinsniveau** wird ein Floater vom Emittenten mit **sinkenden Zinsen** bedient, wodurch die Kapitalkosten einer solchen Fremdkapitalbeschaffung fallenden Zinssätzen am Kapitalmarkt angepasst werden können (**umgekehrt** liegt hierin ein **Risiko**, wenn sich entgegen der Erwartungen des Emittenten Zinssteigerungen während der Laufzeit einstellen). Wird ein **Zinszyklus am Tiefpunkt** vermutet, wird der Emittent vorzugsweise einen **Straight Bond** auflegen, um sich den historisch niedrigen Zins auf längere Zeit zu sichern. Zu diesen Vorteilen für den Emittenten kommt hinzu, dass niedrigere Kapitalkosten als bei internationalen Konsortialkrediten anfallen.

Als Vorteile für den **Anleger** in FRN sind das geringe Zinsänderungsrisiko bzw. Kursrisiko aufgrund der variablen Zinsfestschreibung, die meist höhere Rendite gegenüber vergleichbaren kurzlaufenden Bankeinlagen und die Möglichkeit der vorfälligen Liquidierbarkeit auf in der Regel funktionsfähigen Sekundärmärkten zu nennen.

### 6.5.5 Zerobonds (Nullkupon-Anleihen)

**Zerobonds**, auch Nullkupon-Anleihen genannt, sind langfristige Schuldverschreibungen, die **ohne Zinsschein** begeben werden und anstelle einer laufenden Zinszahlung einen Kapitalzuwachs in Form einer **Thesaurierung** der **Zinszahlungen** aufweisen. Zerobonds werden mit einem **hohen Abschlag** abgezinst emittiert und zum **Laufzeitende mit** dem rechnerischen Zins und Zinseszins zurückgezahlt. Die Verzinsung dieser Obligation liegt in der Differenz zwischen Rückzahlungsbetrag und Ausgabekurs. Durch den Aufzinsungseffekt sichert sich der Anleger die Verzinsung der Emissionsrendite für die gesamte Laufzeit und hat als weiteren Vorteil kein Wiederanlagerisiko aus Zinszahlungen. Die Laufzeit der Papiere liegt zwischen drei und 35 Jahren (vgl. *Eller* 1995, S. 155ff.).

Historisch gesehen verdanken Zerobonds ihre Entstehung der hohen Inflation und der damit verbundenen Hochzinspolitik in den **USA** Anfang der 80er Jahre. So wurden zuerst **1981** in den USA sog. „**Original Issue Deep Discount Bonds**" und danach Nullkupon-Anleihen aufgelegt. Anschließend erfolgte ihre **Einführung am Euro-Währungsmarkt**. In **Deutschland** gab die Deutsche Bundesbank ihre anfangs geäußerten Bedenken im Mai **1985** auf und schaffte durch die „Erklärung über die Begebung von Auslandsanleihen" die Möglichkeit der Emission von Zerobonds (sog. Rest-Liberalisierung des DM-Anleihemarkts).

Bei einem **echten Zerobond** handelt es sich um eine sog. **Abzinsungsanleihe**, auch Zerobond „Issued With Discount" genannt. Der Ausgabekurs liegt wesentlich unter dem Nennbetrag. Er entspricht dem abgezinsten Barwert in Abhängigkeit von Laufzeit und Emissionsrendite. Die Rückzahlung erfolgt am Laufzeitende zu pari.

Beispiel: Die erste Nullkupon-Anleihe dieser Art wurde auf dem US-Kapitalmarkt im Frühjahr 1981 für das US-Unternehmen J.C. Penney aufgelegt. Im Juni 1981 wurde am Euro-Währungsmarkt erstmals eine Nullkupon-Anleihe emittiert, die folgende Merkmale aufwies (vgl. *Burkart* 1985):

| | |
|---|---|
| Emittent: | PepsiCo Capital Corp. N.V |
| Emissionserlös: | 75 Mio. US-$ (Nennwert) |
| Laufzeit: | dreiJahre |
| Zinszahlungen: | keine |
| Emissionskurs: | 67 1/4% |
| Tilgung: | 100% |
| Rendite bis Fälligkeit: | 14,14% . |

Von einem **unechten Zerobond** (= **Kapitalzuwachsanleihe, Aufzinsungsanleihe**) spricht man hingegen, wenn der Ausgabekurs dem Nennwert der Anleihe entspricht. Bei der Rückzahlung erhält der Gläubiger zum Tilgungsbetrag die kumulierten Zinsen und Zinseszinsen ausgezahlt. Diese amerikanische Konstruktion ist in Deutschland eng verwandt mit dem seit 1985 ausgegebenen Bundesschatzbrief vom Typ B, den unverzinslichen Schatzanweisungen und einigen Sparbriefformen von Kreditinstituten.

Beispiel:

| | |
|---|---|
| Emittent: | Republik Österreich-Anleihe von 1985/1995 |
| Emissionskurs: | 100 % |
| Emissionserlös: | 100 Mio. DM. |
| Rückzahlungskurs: | 200 % |
| Emissionsrendite: | 7,18% |

Zwischen dem echten und dem unechten Zerobond gibt es **Mischformen**. Insbesondere aufgrund der vielfältigen Kreationen von Finanzprodukten zur Vermeidung der deutschen Zinsabschlagsteuer hatten in Deutschland kurzzeitig die in den **USA** bereits seit 1972 gängigen „**Stripped Bonds**" (= „**abgestreifte Anleihen**") Konjunktur. Der echte Stripped Bond zeichnet sich dadurch aus, dass auf ein Portfolio von Festzinssatz-Anleihen von einem Kreditinstitut die Zinszahlungen einbehalten werden und die Anleger bei Fälligkeit eine einmalige Auszahlung von Zins, Zinseszins und Tilgungsbetrag erhalten. Hierdurch kommt es faktisch zur Schaffung eines

Zerobonds. Die Ansprüche sind durch emittierte Urkunden der das Stripping betreibenden Bank verbrieft. Die Bank trägt das Wiederanlagerisiko, dem Anleger kommt ein hoher Grad an Sicherheit zugute, da die zugrunde liegenden Festzinssatz-Portfolios aus öffentlichen Anleihen bestehen. Die ersten im Rahmen von Stripped Bonds vermarkteten Produkte waren in den USA

- **„Certificates of Accruel on Treasury Securities“** (= CATS), die vom Investmenthaus Salomon Brothers entwickelt wurde und sich am Kapitalmarkt am erfolgreichsten durchsetzen konnten; sowie andere Entwicklungen wie z.B.
- **„Treasury Investment Growth Receipts“** (= TIGRs) der Investmentbank Merrill Lynch, die allerdings weniger erfolgreich vom Kapitalmarkt aufgenommen wurden als CATS.

In **Deutschland** hat 1986 erstmals die Commerzbank AG Stripped Bonds auf der Basis langfristiger Schuldscheindarlehen öffentlicher Hände (anstelle der öffentlichen Anleihen wie in den USA) angeboten (vgl. *Glogowski/Münch* 1990, S. 278-282). Vorbehalte der Deutschen Bundesbank und der Finanzbehörden haben das Anleihestripping aber in Deutschland an einer Weiterentwicklung gehemmt. Seit Mitte 1997 ist dagegen das Strippen von Bundesanleihen durch eine Verordnung der Deutschen Bundesbank gestattet.

Emittenten von Zerobonds sind vor allem Kreditinstitute und Industrieunternehmen. Abb. III-65 fasst die Chancen, aber auch die Risiken einer Nullkupon-Anleihe für den Emittenten zusammen:

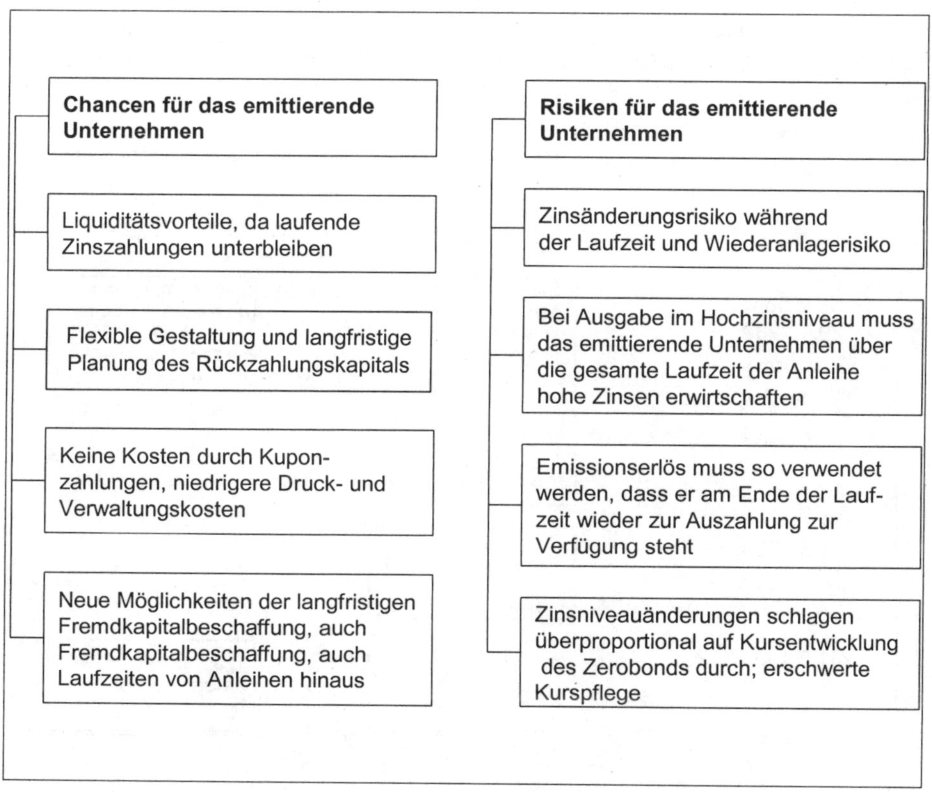


Abb. III-65: Chancen und Risiken eines Zerobond für den Emittenten

Für den Anleger sind Zerobonds vor allem wegen ihres **Steuerstundungs- und Steuereinsparungseffekts** eine interessante Alternative zu Straight Bonds. Dieser Vorteil ergibt sich, weil nach geltendem Steuerrecht eine **Ertragsbesteuerung** von im **Privatvermögen** befindlichen Zerobonds erst im Zeitpunkt des Verkaufs bzw. der Rückzahlung der Anleihe erfolgt. Dadurch wird der steuerliche Gewinn erst in der Zukunft realisiert, was einen zinslosen Steuerkredit darstellt. Liegt der **persönliche Steuersatz** eines Anlegers darüber hinaus zum Zeitpunkt der Rückzahlung (etwa wegen Pensionierung des Anleihegläubigers) unter dem Satz vor dem Rückzahlungstermin, so ergibt sich eine geringere Steuerschuld. Allerdings weist ein Zerobond für Anleger auch ein höheres Risiko auf: Das Bonitätsrisiko beschränkt sich nicht nur auf den Anleihebetrag, sondern schließt auch die aufgelaufenen Zinsen ein (vgl. *Eller* 1995, S. 159-160).

### 6.5.6 Anleihen mit Währungsbesonderheiten

Bei **Doppelwährungsanleihen** (= Dual Currency Bonds) sehen die Anleihebedingungen **Zahlungsströme** in **zwei** unterschiedlichen **Währungen** vor. Beim Grundtyp dieser Anleihe werden vom Kapitalgeber der Anlagebetrag und vom Emittenten die Zinsen in einer Währung (z.B. €), die Rückzahlung dagegen in einer **anderen Währung** (z.B. US-$) vom Emittenten geleistet. Dabei wird der Rückzahlungskurs beispielsweise in US-$ in der Regel über dem Ausgabekurs festgelegt. Der höhere Rückzahlungsbetrag sichert die US-$/€-Kursrelation und damit eine mögliche US-$-Abwertung per Termin in gewissem Umfang ab. Man bezeichnet diese Anleiheform auch als **„hybride Anleihe"**. Kennzeichnend ist die Art der Aufteilung von **Wechselkursrisiken** zwischen Gläubiger und Schuldner einer Anleihe. Nachfolgende Abb. III-66 verdeutlicht die Zusammenhänge.

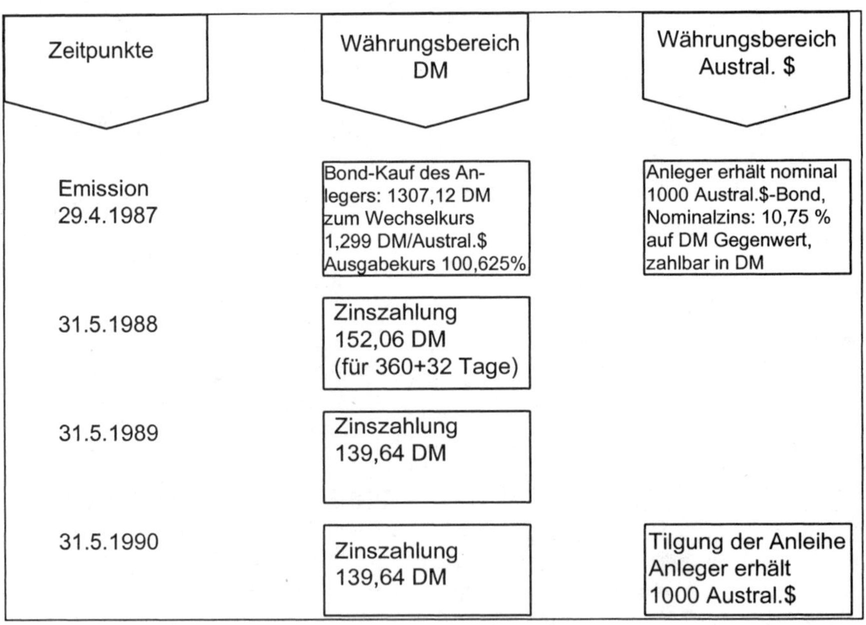


Abb. III-66: Grundbeziehungen einer Doppelwährungsanleihe

Die **Konstruktion** der Doppelwährungsanleihe - wie sie in Abb. III-66 - dargestellt ist, basiert auf einer Emission DM/Austral-$-Anleihe des schwedischen Unternehmens Volvo AB. Beim Kauf dieser Doppelwährungsanleihe leistete der Kapitalgeber für eine nominal auf *1000* Austral-$ lautende Anleihe Zahlung in DM aufgrund folgender Wertverhältnisse (vgl. *Walz/Menichetti*, 1987, S. 553ff.): Der **Emissionskurs** betrug *100,625%*, die **Emissionsparität** war mit *1299* DM/Austral-$ fixiert. Mit einer Laufzeit von drei Jahren war eine Nominalverzinsung von *10,75%* p.a. verbunden. Die Kuponzahlungen erfolgten während der Laufzeit in DM. Am Laufzeitende erfolgte die Pari-Rückzahlung in Austral-$.

Wirtschaftlich gesehen ist eine Doppelwährungsanleihe mit einer **Risikostreuung in zwei Anleihewährungen** vergleichbar. Das Ausmaß der Streuung ergibt sich aus der Aufteilung des Kaufkurses der Doppelwährungsanleihe in die (z.B.) DM- und Austral-$-Bestandteile. Die Aufteilung lässt sich vornehmen, indem die Barwerte der Zinszahlungen (in DM) und der Tilgung (in US-$) bestimmt werden. Die Doppelwährungsanleihe tritt in verschiedenen Varianten auf:

- Beim **Reverse Dual Currency Bond** wird die Tilgung in der gleichen Währung wie die der Obligationsbegebung (z.B. DM) gezahlt. Die Zinsen werden in der zweiten Währung (z.B. US-$) geleistet. Als Produkt haben diese Konstruktionen vor allem in der Schweiz als sog. „**FIPS**" (= Foreign Interest Payment Securities) Bedeutung erlangt, begeben als **ewige Anleihen** (z.B. 1986 für die US-Fa. PepsiCo.).
- Im Vorfeld der geplanten Einführung der Euro-Währung im Rahmen der Europäischen Wirtschafts- und Währungsunion wurden **Duoanleihen** begeben. Bei diesen hat der Inhaber das Recht, während einer bestimmten Frist zu entscheiden, ob die Anleihe in der Währung, in der sie ursprünglich von ihm erworben wurde (DM), zurückgezahlt werden soll oder in einer anderen Währung, vor allem in US-$. Die Emission richtet sich an Anleger, die der Euro-Einführung skeptisch gegenüberstehen und dem hohen Kursrisiko von Fremdwährungsanleihen teilweise entgehen möchten.

Der **Risikostreuungsaspekt** der (originären) Doppelwährungsanleihe wirkt auf Anleger und Emittent asymmetrisch: Bei **Aufwertung** der ausländischen (Rückzahlungs-)Währung erzielt der Anleger zusätzlich zur Anleiherendite **Kursgewinne** aus dem Währungsbereich der Anleihe. **Währungsverluste** erleidet der Anleger dagegen, wenn bei Fälligkeit der Anleihe die Rückzahlungswährung gegenüber der **Währung** seines Sitzlands **abgewertet** wurde. Die Rendite einer Doppelwährungsanleihe ist aufgrund des Währungsrisikos nicht ausschließlich vom Zinssatz bzw. Kurs der Anleihe abhängig. In Abb. III-67 wird der Einfluss der Wechselkursänderung auf die Anleiherendite dargestellt.

Mit der Geraden DCAB in lassen sich folgende Aussagen ablesen:

- **Punkt A** bezeichnet den Fall, in dem der Rückzahlungskurs gegenüber dem **Emissionskurs unverändert** ist. Der Anleger erzielt eine Rendite von *10,20%*, die wegen des Agios zum Emissionszeitpunkt geringfügig niedriger ist als die Nominalverzinsung von *10,75%*.
- Bei **Aufwertung** der Schuldnerwährung bis auf beispielsweise *1,60* DM/Austral-$ erzielt der Anleger eine erhöhte Effektivverzinsung von *18,05%* (**Punkt B**).
- **Wertet** dagegen die **Schuldnerwährung ab**, reduziert sich die Rendite. **Punkt C** zeigt den kritischen Wechselkurs (*1,056* DM/Austral-$). Zu diesem Kurs er-

zielt der Anleger eine Rendite, die laufzeitgerecht und bei gleicher Schuldnerbonität mit einer Inlandsanlage erzielen könnte. Bei dieser Vergleichsrendite von *4,5%* besteht ein **Break-Even-Kurs** von *1,056* DM/Austral-$. Eine Rendite von null liegt im Fall von Punkt D vor, die sich ergibt, wenn der Wechselkurs auf *0,876* DM/Austral-$ fällt. Bei weiterem Kursverfall wäre die Rendite negativ.

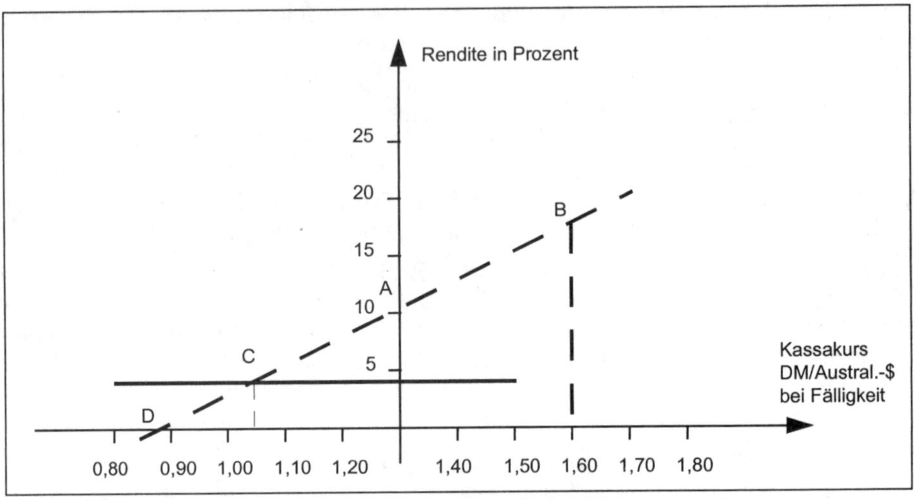


Abb. III-67: Wechselkurselastizität von Doppelwährungsanleihen
(Quelle: *Walz/Menichetti* 1987, S. 555)

Doppelwährungsanleihen verdanken ihre Entstehung der Tatsache, dass es zwischen verschiedenen Währungen **Unterschiede in** den nationalen **Zinsniveaus** geben kann. Für Emittenten von Anleihen lässt sich dieser Umstand nutzen: Schuldner mit Sitz in Ländern wo ein vergleichsweise hohes Zinsniveau herrscht, sind bestrebt, Kapital aus Ländern zu beschaffen, in denen vergleichsweise geringere Zinsen zu zahlen sind. Der besondere **Vorteil** einer Doppelwährungsanleihe liegt dann darin, dass

- der Kapitalnehmer einen Kredit in der Währung eines Landes beschafft, in dem ein niedriges Zinsniveau herrscht und auch in dieser Währung dann die Zinsen zahlt,
- die Tilgung jedoch in der eigenen Landeswährung, d.h. des Landes, in dem der Sitz des Emittenten ist.

Die Tatsache, dass die Tilgung in der Währung des Kapitalgebers erfolgt, hat einen entscheidenden Effekt für den Kapitalgeber: Er trägt damit das Risiko einer Aufwertung der niedrigverzinslichen Währung seines Sitzlands, was sich für ihn als Wertverlust darstellen kann. Zur Kompensation dieses Risikos verzeichnen Doppelwährungsanleihen gegenüber herkömmlichen Währungen weitere **Besonderheiten**:

- Meist ist die Rendite wegen eines Risikoaufschlags gegenüber herkömmlichen Anleihen mit gleicher Laufzeit um ca. *2%* bis *5%* höher.
- Ebenfalls zur Risikobegrenzung werden häufig Kündigungsrechte des Gläubigers als auch Rücktrittsrechte des Schuldners vereinbart.

Die **Kursnotierung** einer Doppelwährungsanleihe (wie im obigen Beispiel in DM/Austral-$) erfolgt in Prozent des Nominalwerts **in ausländischer Währung**. Stückzinsen sind bereits im Kurs enthalten, d.h., die Notierung erfolgt als „Dirty Price". Die Kursbewegungen der Anleihe selbst werden - abgesehen von dem Einfluss der Zinsentwicklung - maßgeblich von Währungsschwankungen bestimmt. So würde sich ein fallender Kurs von DM/Austral-$ zunächst spürbar positiv auf den Austral-$-Kurs der Anleihe auswirken, da der DM-Teil aufgewertet würde. Mit abnehmender Restlaufzeit nimmt der **Austral-$-Bestandteil** des Papiers zu (da **DM-Zinsbestandteil** abnimmt). Zunehmend würde sich somit ein fallender Austral-$-Kurs weniger stark auf die Kursfindung auswirken. Kurz vor der Fälligkeit stellt das Papier eine fast reine Fremdwährungsanlage dar, bei Fälligkeit wird der Kurs (in Austral-$) *100* % (= Austral-$ *100*) erreichen. In jedem Fall erfordert eine Kursanalyse der Doppelwährungsanleihe eine laufende Bewertung der jeweiligen „Währungsbestandteile".

### 6.5.7 Asset Backed Securities (ABS)

Mit neueren Anleiheformen versucht man mittlerweile verstärkt auf den Euroland-Kapitalmärkten der Tatsache Rechnung zu tragen, dass insbesondere Forderungen als Bestandteile des haftenden Unternehmensvermögens hinsichtlich ihrer Werthaltigkeit meist unterschiedlich sind, aber auch schneller als z.B. Sachanlagen liquidiert werden können. Überträgt man diesen Gedanken auf den Wertpapierbereich, so gelangt man zum Konzept der **Asset Backed Securities** (= ABS). „Das Ziel von ABS ist es, Vermögensgegenstände durch Einbringung in einen Forderungspool (Pooling) und Strukturierung (Repackaging und Restructuring) in festverzinsliche Wertpapiere zu überführen, die im Sekundärmarkt gehandelt werden können" (*Peters* 1995, S. 750).

Das Grundkonzept von ABS beruht auf der Veräußerung bestimmter Vermögensobjekte eines Unternehmens (oder Kreditinstituts) an eine so genannte Zweckgesellschaft (**Special Purpose Vehicle**, SPV), um diese mit Sicherheiten zur Emission von Anleihen auszustatten, deren Emissionserlös wiederum dem Veräußerer letztendlich vom SPV zur Verfügung gestellt wird. Auf diese Weise wird die Bonität der ABS von der Bonität des Unternehmens getrennt. Besonders geeignete Vermögensobjekte sind Forderungen, da aus ihren Zahlungsströmen (durch Zins- und Tilgungsleistungen der Schuldner) die Zins- und Tilgungsansprüche der Inhaber von ABS befriedigt werden können. Aus diesem Grund sind besonders solche Forderungen zur ABS-Hinterlegung geeignet, die gegenüber zahlreichen Schuldnern bestehen, hohe Homogenität hinsichtlich kalkulierbarer Ausfallraten aufweisen und eine hohe Quote von Zahlungen, die termingenau eingehen, darstellen. In der bisherigen Praxis von ABS-Emissionen wurden überwiegend Kreditkarten-, Telefon- oder Leasingforderungen zugrunde gelegt. Setzen sich die Forderungen aus einer Anzahl von Hypothekendarlehen, die ein Kreditinstitut vergeben hat, zusammen, werden diese zu einem Hypothekenpool zusammengefasst und direkt Anteile der SPV an Investoren verkauft, so handelt es sich um **Mortgage Backed Securities** (= MBS). Eine weitere Kategorie von Verbriefungen bezieht sich auf Kreditderivate wie sie von Kreditinstuten zur Streuung ihrer Kreditrisiken eingesetzt werden (sog. **Collateralized Debt Obligations**, CDO). Das Kreditinstitut behält in diesem Fall die Kreditforderungen in seiner Bilanz, übertragen wird lediglich das Ausfallrisiko an das SPV durch Einschaltung von Kreditderivaten. Spezialformen des CDO sind Collateralized Loan Obligation (CLO) – Absicherung der Anleihe durch ein Kreditportfolio – sowie Collateralized Bond Obligation (CBO). Hierbei steht als Sicherheit hinter einer ABS-Anleihenemission ein diversifiziertes Portfolio von Anleihen.

Die Herauslösung von Forderungen aus einem Unternehmen bzw. Kreditinstitut, auch **Originator** genannt, in das rechtlich eigenständige SPV dient der Finanzmittelbeschaffung über die Emission von Anleihen, die dann als ABS bezeichnet werden. Die vom SPV emittierten Anleihen sind zur Sicherheit mit den zuvor vom Originator übertragenen Vermögensobjekten unterlegt. Der Emittent eines ABS ist daher eine i.d.R. vom originären Schuldnerunternehmen (= Forderungsbegründer) eigens für diesen Zweck gegründete (rechtlich selbstständige) Finanzierungsgesellschaft. Der Geschäftszweck des SPV besteht ausschließlich im Ankauf der für die Besicherung vorgesehenen Vermögensgegenstände der Schuldnerunternehmung (Originator) und in deren Refinanzierung durch die Emission von Wertpapieren, also verbrieften Ansprüchen gegen diese Gesellschaft. Das SPV als Emittent der ABS verkörpert damit die im Pool eingebrachten Vermögensgegenstände, bestehend vor allem aus in sich ähnlichen Forderungen (vgl. *Ohl* 1994, S. 32-33).

Die Ausgestaltung von ABS lässt sich trotz der mittlerweile vielfältigen Ausprägungsformen auf eine zentrale Struktur reduzieren. In Abb. III-68 sind die Beteiligten und ihre Beziehungen dargestellt.

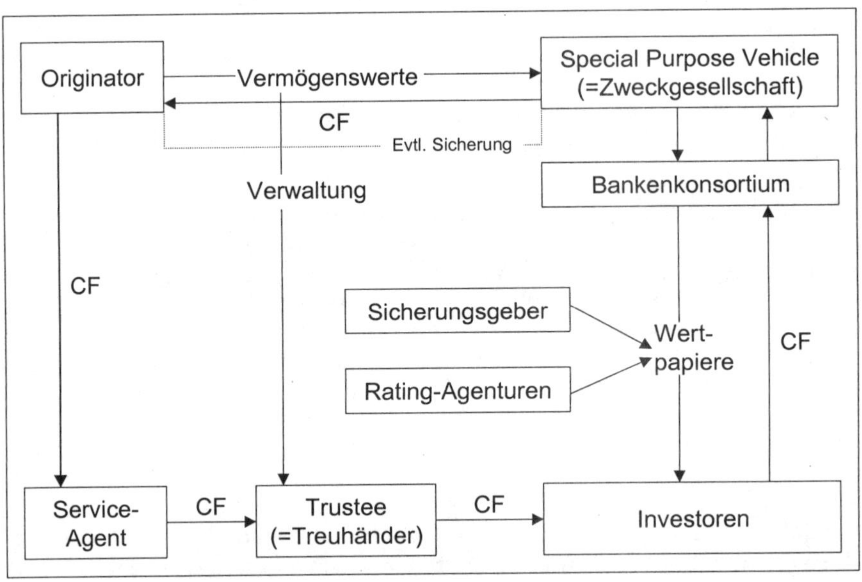


Abb. III-68: Grundstruktur und Beteiligte einer ABS-Konstruktion
(CF = Zahlungsströme, Quelle: *Arbeitskreis Finanzierung* 1992, S. 503)

Ausgangspunkt des Strukturaufbaus ist mithin der Originator, der aus der Aktivseite seiner Bilanz direkt (oder über eine Tochtergesellschaft) ganz bestimmte homogene Vermögensobjekte an das SPV veräußert. Dieser Vorgang setzt voraus, dass das SPV bereits existiert, d.h. entweder vom Originator selbst oder durch eine dritte Partei gegründet sowie mit Ressourcen ausgestattet wurde. Das SPV ist in jedem Fall vom Originator bilanziell getrennt. Aufgrund der übertragenen Vermögensobjekte verfügt das SPV über Sicherheiten, die es den anschließend zu emittierenden Anleihen hinterlegt. Oft werden ergänzende Sicherungszusagen (z.B. Protective Covenants) vom Originator gegeben. Es ist aufgrund der besseren Platzierbarkeit und einer genauen Quantifizierung des Risikozuschlags gängig, die gesamte ABS-Konstruktion im Einzelfall von einer Rating-Agentur mit einem Qualitätstestat versehen zu lassen (vgl. *Berndsen* 1991, S. 191). Der ABS-Markt hat hinsichtlich Rating und Zinsausstattung bestimmte Kennungen entwickelt: So bezeichnet „Senior" eine ABS-Tranche mit einem höchsten Rating und damit verbundenen niedrigsten Rendite (aufgrund des geringen Risikozuschlags), „Subordinate" stellt eine ABS-Tranche mit mittlerer Bonität und höherer Rendite dar, „Junior" sowie „Equity" bezeichnen Tranchen mit dem höchsten Risiko und der höchsten relativen Rendite.

*Im Handelsblatt vom 02.11.1999, S. 21, war hierzu eine Pressenotiz zu lesen, die auszugsweise wiedergegeben ist:*

*„Risiko-Rendite-Profile besser ausfeilen*

*Eine gute Hand haben die Vermögensverwalter der US-Versicherung Northwestern bei der Auswahl ihrer Investitionen in hochverzinsliche Investitionen. (...) Mit (...) High Yield-Expertise will das Northwestern-Team (...) künftig mehr verdienen. Das Vehikel ist ein Collateralized Bond Obligation (CBO), den die Northwestern mit Credit Suisse First Boston als Lead Manager in den kommenden Wochen auflegen wird. Die Struktur: Als Emittent fungiert eine Sonderzweckgesellschaft, die in ein diversifiziertes Portfolio von High-Yield-Bonds investiert. (...) Dieses Portfolio wird in drei Tranchen mit unterschiedlichen Risiken – und entsprechend unterschiedlichen Renditen – aufgeteilt. (...) Durch Diversifikation wird die Ausfallrate gedrückt. So ist es möglich, große Tranchen mit gutem bis sehr gutem Rating zu bilden und den Käufern entsprechend weniger Rendite zu zahlen. Käufer der Senior-Tranche mit dem besten Rating AAA bekommen nur einen entsprechend niedrigen variablen Zins (65 Basispunkte über Libor). (...) An die Inhaber der Equity-Tranche werden während der Laufzeit nur Zinsen gezahlt, die nach Bedienung von Senior und Subordinate übrig sind, gegebenenfalls gehen Equity-Käufer also leer aus. Gleiches gilt für die Tilgung bei Fälligkeit. (...)*

Hinsichtlich des Veräußerungswegs der Vermögensobjekte des Originators an das SPV ist ergänzend anzumerken, dass i.d.R. ein treuhänderischer Intermediär (**Trustee**) zwischengeschaltet wird. Bereits an dieser Stelle des ABS-Prozesses ist oft auch schon ein weiterer Beteiligter, der **Service Agent**, eingeschaltet. Seine eigentliche Funktion liegt in der nach Emission der ABS erforderlichen operativen Tätigkeiten aus der Emission, wie die Überwachung der Zahlungseingänge auf die als Sicherheiten hinterlegten Forderungen. Unter Umständen übernimmt der Originator auch selbst die Funktionen des Service Agent. Das SPV ist jedenfalls für die Ausführung operativer Tätigkeiten aus der ABS-Emission aufgrund nicht gewollter Ausstattung mit Ressourcen hierzu regelmäßig nicht in der Lage.

Lesehinweis: Eine Praxisdarstellung findet sich bei *Schnippe/Kürn* (1999).

Die Beziehung zwischen Inhabern von ABS und dem dahinter stehenden der Besicherung dienenden Forderungspool kann wie folgt organisiert werden (vgl. *Peters* 1995, S. 752):

- Mit der sog. **Pass-Through-Struktur** erwerben die Anleger mittels des ABS einen direkten Anteil am als Sicherheit dienenden Forderungspool. Die auf die an das SPV verkauften Forderungen eingehenden Zahlungsströme wie Zinsen und Tilgungen gehen dann direkt den Anlegern zu. Zahlungsausfälle und

-verzögerungen werden daher auch von den Anlegern direkt getragen. Da eine klare Trennung zwischen Forderungspool und ursprünglichem Kreditgeber bei dieser Konstruktion zwingend erforderlich ist, müssen die Forderungen an das SPV tatsächlich veräußert werden (sog. True Sale). Das SPV darf daraufhin ausschließlich ABS emittieren, die aus der gleichen Fälligkeits- und Risikoklasse stammen. Auf diese Weise sind die Forderungen aus der Bilanz des Originators herausgelöst. Er erhält im Gegenzug nach erfolgreicher Platzierung der ABS vom SPV den Emissionserlös.

- In der sog. **Pay Through-Struktur** erfolgt im Gegensatz zur Pass-Through-Struktur keine Durchreichung der Zahlungsströme aus dem Forderungspool, sondern ein Management der Zahlungsströme durch das SPV. Die zur Sicherheit dienenden Forderungen bleiben allerdings beim Originator in dessen Bilanz erhalten, die jedoch in ihrer Substanz und ihren Cash Flows (z.B. Zinserträgen) genau den jeweiligen ABS zugerechnet werden müssen. Die Forderungen können mit unterschiedlichen Laufzeiten und Zinsausstattungen in einen Pool eingebracht werden, die zudem durch Emission von mehreren Teilbeträgen einer ABS-Emission individuell in der Ausstattung auf die Bedürfnisse verschiedener Anlegerkreise zugeschnitten werden können.

Eine ABS basierte **Finanzierung** hat besonders für solche Originatoren **Vorteile**, die über einen hohen Anteil an Forderungen in ihrer Bilanz verfügen. Dies trifft vor allem für Kreditinstitute und vergleichbare Institutionen wie Factoring- oder Kreditkartengesellschaften zu. Gegenüber einer konventionellen Finanzierung hat der Einsatz von ABS den Vorteil, dass es beim Originator zu einem Zufluss an Liquidität bei verbesserter Bilanzstruktur kommt. Der Liquiditätszufluss kann dann zum Abbau von Verbindlichkeiten und/oder zur Ausweitung des Geschäftsvolumens (Bilanzsumme) eingesetzt werden.

Interessant ist der ABS-Einsatz u.a. zur **Stabilisierung des Verschuldungsgrads**: Wird die Konstanz eines Verschuldungsgrads beabsichtigt, so muss eine zusätzlich gewünschte Verschuldung mit einer Erhöhung des Eigenkapitals einher gehen. Da die Kosten des Eigenkapitals höher sind als die des Kreditkapitals, entstehen einem Unternehmen mit einer Ausweitung seines Geschäftsvolumens finanzierungsbedingt auch zusätzliche Kapitalkosten. Diese lassen sich vermeiden, indem die ABS-Konstruktion eine Substitution von ansonsten erforderlichem Kreditkapital ermöglicht. Kalkulatorisch gegen zu rechnen sind den vermiedenen Eigenkapitalkosten allerdings die Transaktionsakosten, die zur Vertragsgestaltung, der Zwischenschaltung der Rating-Agentur und mit der Strukturierung des abzutretenen Forderungspoools entstehen. Zudem weist der Kupon einer ABS-Anleihe wegen des i.d.R. höheren Risikos einen höheren Kapitalkostensatz als vergleichbare Unternehmensanleihen auf (vgl. *Hüfner* 1997, S. 434).

Lesehinweise: Zur Konzeption von ABS und eine neo-institutionenökonomische Analyse zu ABS liefert *Paul* (1994). Erläuterungen der MBS-Konstruktion finden sich u. a. bei *Munsberg* (1996).

## 6.6 Projektfinanzierung

Die traditionelle Kreditfinanzierung stellt eine vermögensorientierte Ausrichtung dar, indem aufgrund einer Kreditwürdigkeitsprüfung des Gesamtunternehmens deren Ertrags-, Finanz- und Vermögenssituation zur Grundlage der Kreditentscheidung gemacht wird. Ferner ist die traditionelle Kreditfinanzierung auf die Absicherung der Finanzmittelvergabe durch im Unternehmen gebundene Vermögensobjekte oder extern verfügbarer Sicherheiten wie Bürgschaften angewiesen. Diese traditionelle Form der Kreditfinanzierung findet dort ihre Grenzen in der Anwendbarkeit, wo eine hohe Komplexität des zu finanzierenden Investitionsobjekts und hohe Finanzierungsvolumen vorhanden sind. Derartige Merkmale treffen vor allem für Investitionsprojekte, d.h. mehrere in sich abhängige Investitionsobjekte, zu.

Beispiel: Ihren Anfang nahmen projektorientierte Investitionen im Rahmen von Erdölexplorationen in den USA zu Beginn des 20. Jahrhunderts und waren vor allem zur Vermeidung des für diese Art von Investitionsvorhaben kennzeichnenden hohen Kapitalbedarfs nicht mehr mit traditionellen Kreditfinanzierungen darstellbar. Heutzutage reicht der Einsatz von Projektfinanzierungen weit in den Bereich sog. Infrastrukturinvestitionen wie im Verkehrswesen (beispielsweise Eurotunnel zwischen Frankreich und Großbritannien), im Kraftwerksbau sowie in Telekommunikationsnetzen. Die dabei durchschnittlich zu finanzierenden Investitionsvolumina bewegen sich in Größenordnungen zwischen 25 Mio. € und mehreren Milliardenbeträgen. So betrug das Investitionsvolumen des Eurotunnels ca. neun Mrd. €.

Generell ist ein Projekt ein Investitionsvorhaben, das durch eine sich wirtschaftlich selbst tragende rechtliche Einheit charakterisiert ist. Die Komplexität resultiert aus der Vielzahl der Projektbeteiligten und deren festen Aufgabenteilungen. Eine im Voraus speziell formulierte Ziel- und Zweckvorgabe, mangelnde zyklische Komponenten in den Zahlungsströmen, genau zurechenbare finanzielle, personelle und sachlich-materielle Ressourcen sowie ein spezifischer Zeitrahmen sind oft weitere konstitutive Merkmale von Investitionsprojekten (vgl. *Tytko* 1999, S. 7 f.). Häufig ist ein Projekt in ein rechtlich und wirtschaftlich selbstständiges Unternehmen organisiert (vgl. *Hinsch/Horn* 1985, S. 201 f.).

Aus diesen spezifischen Merkmalen eines Projekts folgen für die Kreditvergabe die Besonderheiten der Projektfinanzierung: Die Grundlage des Screening und Monitoring sowie der Kreditentscheidung liegt im Investitionsprojekt selbst (und nicht etwa wie bei der traditionellen Kreditvergabe im gesamten Unternehmen), wobei die zentrale Rolle von den aus dem Projekt über die geplante Nutzungsdauer zu erwartenden Cash Flows übernommen wird. Die Projektfinanzierung wird daher auch oft alternativ als Cash Flow-Finanzierung bezeichnet (vgl. *Heintzeler* 1983, S. 600). Diese Finanzierungsform ist demnach darauf gerichtet, aus dem Betriebs- und Umsatzprozess des Projekts einen Liquiditätsüberschuss zu erzielen (sog. Operating Cash Flow im Gegensatz zum Financial Cash Flow, resultierend aus ausschließlich finanzwirtschaftlichen Zahlungsbewegungen). Mit ihm wird die periodische Zins- und Tilgungsleistung erbracht. Die Risiko- und Bonitätsbeurteilung ist bei einer Projektfinanzierung zukunftsorientiert, da auf die erzielbaren Cash Flows gerichtet (vgl. *Backhaus/Uekermann* 1990, S. 106).

Abschließend kann zur Verdeutlichung der Definition einer Projektfinanzierung auf die Financial Accounting Standards No. 47 aus dem Jahre 1981 verwiesen werden. Sie bestimmt als Projektfinanzierung die Finanzierung einer sich selbst tragenden Wirtschaftseinheit, in der die Kreditgeber ihre Sicherheiten primär aus den Cash Flow und der Projektaktiva erhalten (vgl. *Tytko* 1999, S. 8).

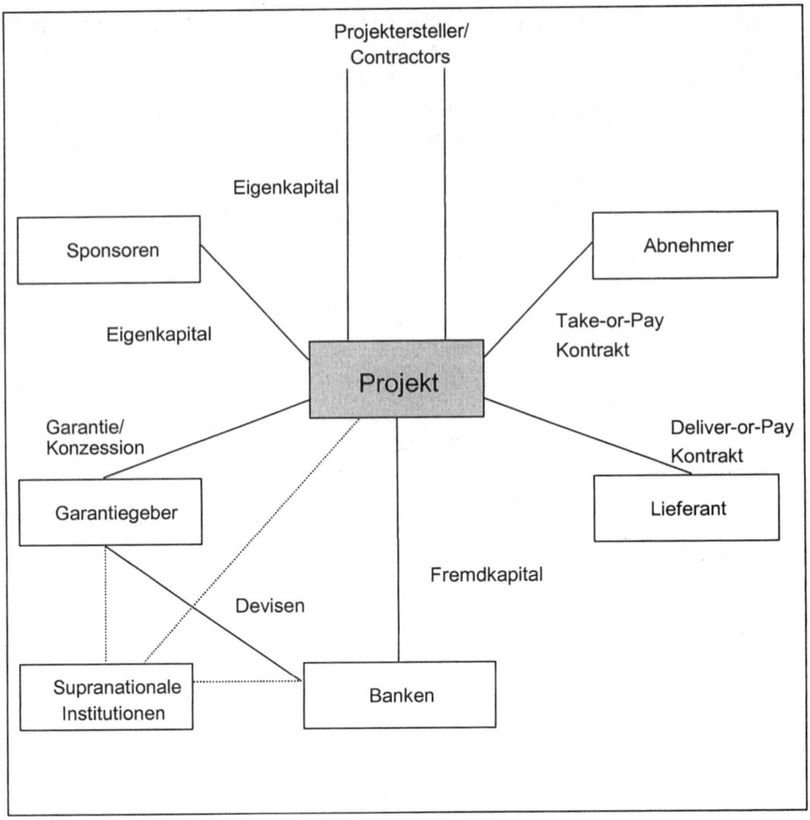


Abb. III-69: Grundbeziehungen in der Projektfinanzierung

## 6.6.1 Projektbeteiligte

Für die Projektfinanzierung sind das netzwerkartige Zusammenwirken der Projektbeteiligten und ganz spezifische Projektphasen kennzeichnend, in denen meist auch besondere Finanzierungs- und Risikoübernahmeschritte unterschieden werden können. Insbesondere ist die hohe Bedeutung des Risikomanagements in Form einer Verteilung auf mehrere Risikoträger (sog. Risk Sharing) für eine Projektfinanzierung kennzeichnend. Als zentrale, in Projektfinanzierungen typischerweise immer wiederkehrenden Gruppen sind zu unterscheiden: Projektsponsoren (auch Projekterrichter, -träger, Initiatoren oder Promotoren genannt), Projektgesellschaft, Kreditgeber, Contractors, Betreiber- und Managementgesellschaft, Abnehmer, Lieferanten, Versicherer und staatliche Stellen. Wegen ihrer hohen Bedeutung für die Projektfinanzierung sind diese im einzelnen nachfolgend in ihren wesentlichen Merkmalen und Aufgaben vorzustellen:

- Die eigentlichen Initiatoren eines Investitionsprojekts und einer hierzu erforderlichen Projektfinanzierung sind die **Sponsoren**. Von ihnen geht auch die Gründung einer Projektgesellschaft aus, die i.d.R. als zweckorientierte strategische Allianz oder Joint Venture organisiert ist. Ihre Aufgabe ist die Errichtung und der Betrieb des Projekts. Sponsoren stellen der Projektgesellschaft Eigenkapital zur Verfügung und üben Eigentümerfunktionen aus (insbesondere erkennbar durch ihre Haftungspflicht gegenüber den Gläubigern, ihr Recht auf residuale Erfolgspartizipation und ihrem Anspruch auf den Reinvermögenswert bei Liquidation der Projektgesellschaft). Sponsoren entwickeln bzw. initiieren i.d.R. das Finanzierungskonzept (z.B. bei einer Finanzierungsgesellschaft) und akquirieren die Kapitalgeber (vgl. *Uekermann* 1993, S. 19).

- In der **Projektgesellschaft** manifestieren sich die mit dem Projekt verbundenen Rechte und Pflichten aller Träger.
- **Kreditgeber**: Bislang stellte die Gruppe der Geschäftsbanken den höchsten Anteil an Kreditkapital bereit. Dabei wird i.d.R. eine Risikoaufteilung bevorzugt, bei der das zu finanzierende Gesamtvolumen auf mehrere Mitglieder eines Bankenkonsortiums aufgeteilt wird. Bei einer solchen syndizierten Form der Kreditvergabe erhält meist ein bestimmtes Kreditinstitut von der Projektgesellschaft die Federführung (Rolle der Lead Bank). Sie berät die Projektträger: Als Financial Advisor stellt sie spezifisch für das Projekt zugeschnittene Finanzierungsprogramme zusammen; als Technical Advisor widmet sie sich primär Rechts- und Steuerfragen sowie technischen Problemstellungen (vgl. *Backhaus/Uekermann* 1990, S. 108). Diejenigen Kreditinstitute, welche daraufhin das Kreditkapital zusammenstellen oder sich u.U. auch am Projekt als Eigenkapitalgeber beteiligen, werden Arrangeure genannt. Neben Geschäftsbanken zählen hierzu auch inter- und supranationale öffentliche Kreditinstitute (wie die Europäische Investitionsbank), Exportfinanzierungsinstitute, Anlagen- und Rohstoff-Lieferanten sowie Leasingesellschaften. Platzierungsbanken (Placing Agents) übernehmen die Einführung von verbrieften Kreditfazilitäten auf den Kapitalmärkten (vgl. *Frank/Moser* 1987, S. 46).
- Unter der Gruppe der **Contractor** werden alle Projektbeteiligte zusammengefasst, die direkt mit der Erstellung der Projektanlagen und deren Inbetriebnahme betraut sind. In manchen Fällen übernehmen sie auch die Unternehmensführung in der Projektgesellschaft. Zu dieser Gruppe zählen Consulting- und Ingenieurunternehmen, die sich aus Unternehmen des Anlagenbaus und aus Bau- und Zulieferunternehmen zusammensetzen können. Sie treten entweder als Generalunternehmen oder als Anbietergemeinschaft auf. Die dazu mit der Projektgesellschaft i.d.R. langfristig abgeschlossenen Verträge enthalten häufig ergänzende industrielle Dienstleistungen (wie z.B. Personalqualifizierungsmaßnahmen) (vgl. *Tytko* 1999, S. 24).
- Die **Abnehmer** stellen für die Generierung der nach Fertigstellung erforderlichen positiven Cash Flows die wichtigste Gruppe dar. Zur Vermeidung von Einnahmefluktuationen werden Abnahmeverträge häufig langfristig abzuschließen versucht. Dies ist häufig konkludent mit den Absichten der Abnehmer, die oft an einer langfristig gesicherten Versorgung mit den Absatzleistungen des Projekts interessiert sind (z.B. Liefersicherheit eines Stromkonzerns in Hinblick auf Erdgaslieferungen aus dem Projekt „Erdgas-Exploration"). Finanzierungspolitisch gesehen können Abnehmer durch Anzahlungen auf spätere Lieferungen kurzfristig Fremdkapital dem Projekt bereitstellen (vgl. *Keßler* 1991, S. 26).
- Ebenfalls meist langfristige Vertragsbeziehungen bestehen zu den **Lieferanten** des Projekts. Zentral ist hierbei die Sicherstellung fristgerechter Lieferung erforderlicher Roh-, Hilfs- und Betriebsstoffe. Um eine termingerechte Fertigstellung eines Projekts zu sichern, werden Lieferanten oft in die Projektgesellschaft aufgenommen. Finanzierungsfunktionen können Lieferanten durch Gewährung von Zahlungszielen ausüben (vgl. *Uekermann* 1993, S. 21).

- Für den Betrieb des fertiggestellten Projekts kann ein spezielles **Betreiberkonsortium** gegründet werden. Es hat die Aufgabe, den Betrieb der Anlage zu führen und zu gewährleisten. Die Betreiber sind meist mit der Projektgesellschaft oder dem Contractor identisch (vgl. *Kuttner* 1988, S. 7).
- **Öffentliche Stellen** fungieren primär als Genehmigungsinstanzen. Weitere Funktionen können in der Bereitstellung von administrativen und infrastrukturellen Rahmenbedingungen liegen. Oft werden zudem über die Steuergesetzgebung projektrelevante staatliche Anreize gegeben. Die Aufgabenbeteiligung öffentlicher Stellen kann sehr projektspezifisch und umfassend im Einzelfall geregelt sein. So sind sie auch als Kapitalgeber, Garanten, Bürgen sowie als Betreiber tätig (vgl. *Reuter/Wecker* 1999, S. 37).
- **Versicherungsgesellschaften** sind nicht operativ am Projekt beteiligt, sondern sichern die Projektgesellschaft gegen definierte sachliche, wirtschaftliche oder politische Risiken ab (vgl. *Keßler* 1991, S. 26).

## 6.6.2 Konstitutive Merkmale der Projektfinanzierung

Die Projektfinanzierung lässt sich durch drei zentrale Merkmale qualifizieren: Cash Flow Related Lending, Off Balance Sheet-Financing und Risk Sharing. Sie werden nachfolgend im Einzelnen vorgestellt.

### Cash Flow Related Lending

Der in der Projektfinanzierung zugrunde gelegte Cash Flow-Begriff orientiert sich am monetären, d.h. zahlungsstromorientierten Verständnis. Dem Umsatzprozess aus dem Betrieb des Projekts kommt zentrale Bedeutung für die Cash Flow-Generierung zu. Zu unterscheiden ist zwischen dem durch den Leistungsprozess entstehenden Operating Cash Flow und dem durch finanzwirtschaftliche Transaktionen generierten Financial Cash Flow (vgl. *Frank* 1986, S. 86):

- Aus der Differenz zwischen den umsatzbedingten Projekteinnahmen pro Periode und den Ausgaben in Abhängigkeit vom periodischen betrieblichen Produktionsprozess wird der **Operating Cash Flow** ermittelt. Die Ausgaben enthalten nicht die für die Kredite zu leistenden Annuitäten, da der ermittelte Operating Cash Flow in der Gegenüberstellung aussagen soll, inwiefern die aus dem Finanzierungs- und Tilgungsplan entnommenen periodischen Annuitäten von ihm gedeckt werden können. Weitere potenzielle aus dem Operating Cash Flow zu finanzierende Ausgaben sind Investitionen und Ausschüttungen (nach Deckung der Annuitäten). Die Schuldendeckungsfähigkeit eines Projekts wird mit der Kennzahl **Cash Flow Debt Coverage Ratio** (CDCR) gemessen (vgl. *Backhaus/Uekermann* 1990, S. 106):

$$\text{CDCR} = \frac{\text{periodischer Operating Cash Flow vor Steuer}}{\text{Zinsen + Tilgung pro Periode}} \geq 1$$

- Der Anspruch an die projektspezifisch ermittelte CDCR-Ziffer ist, dass sie größer oder gleich eins sein sollte, um ein bestimmtes Maß an Deckung bzw. Überdeckung der Annuitäten zu gewährleisten. In der Praxis bewegt sich der Anspruch der Kreditgeber an die projektspezifische Größe des CDCR zwischen *1,5* und zwei (vgl. *Frank/Moser* 1987, S. 36). Eine weitere relevante Kennziffer ist das **Net Present Value Coverage Ratio** (NPVCR), das anzeigt, um wie viel die zukünftige Ertragskraft des Projekts (gemessen im Kapitalwert) in einem Zeitpunkt die ausstehenden Kreditbeträge überdeckt (NPVCR > *1*) oder unterdeckt (vgl. *Grosse* 1990, S. 48).

Zur Beurteilung der Schuldentilgungsfähigkeit ist aufgrund der zukunftsorientierten, unsicheren Cash Flows deren Risikostruktur ergänzend festzustellen. Hierzu wird mit Sensitivitäts- und Simulationsanalysen gearbeitet (vgl. grundsätzlich *Schäfer* 1999a, S. 261 ff.).

Neben dem Operating Cash Flow wird der Financial Cash Flow unterschieden, der allerdings für die Schuldentilgungsfähigkeit keine Bedeutung hat. Er bezieht sich auf die Bereitstellung des Kapitals, mit dem die Gründung bzw. Errichtung der Projektgesellschaft ermöglicht wird und auf die Einkommensströme auf dieses Kapital (Zinsen und Ausschüttungen) (vgl. *Frank* 1986, S. 88).

**Off Balance Sheet Financing**

Projektfinanzierungen ist zu eigen, dass aufgrund der Einbringung des gesamten Projekts in eine eigens hierzu gegründete Projektgesellschaft die Kapitalquellen nicht in den Bilanzen der Sponsoren auftreten. Eigen- und Kreditkapital wird vielmehr ausschließlich der Projektgesellschaft zur Verfügung gestellt, wodurch es sich aus Sicht der Sponsoren um eine in Hinblick auf ihre eigene Gesellschaft außerbilanzielle Finanzierung handelt. Aufgrund des Off Balance Sheet Financing bleibt der Verschuldungsgrad der Sponsoren von der Kreditfinanzierung des Projekts unberührt. Ferner bleibt die Haftung des Sponsors für die Kreditaufnahme auf die Projektgesellschaft mehr oder weniger beschränkt (je nach Rechtsform der Projektgesellschaft und der Ausgestaltung der Eigenkapitalanteile) (vgl. *Frank* 1986, S. 46 ff.).

Allerdings bleibt die bilanzielle Situation der Sponsoren trotz Off Balance Sheet Financing nicht vollständig von der Projektfinanzierung unberührt. So wird sich aufgrund der Einbringung des Eigenkapitalanteils in die Projektgesellschaft beim Sponsor auf der Aktivseite ein Zugang in der Position „Beteiligungen" ergeben, was bei unveränderter Eigenkapitalausstattung des Sponsors zu einer Verschlechterung im Anlagendeckungsgrad führen wird. Diese Kennzahl findet bei der Kreditwürdigkeitsprüfung von Kreditinstituten Berücksichtigung und kann u.U. die Bonität des Sponsors negativ beeinflussen. Ferner wird im Jahresabschluss des Projekterstellers eine Angabe von eventuell übernommenen Bürgschaften oder sonstigen Haftungszusagen aufgrund den Vorschriften von § 251 HGB anzugeben sein. Auch möglicherweise eingegangene Liefer- und Abnahmeverträge ohne eindeutige Preis-, sondern Mengenangaben sind im Anhang der Lieferanten bzw. Abnehmer gem. § 285 Nr. 3 HGB anzugeben (vgl. hierzu *Reuter* 2000, S. 659-666).

**Risk Sharing**

Aufgrund des i.d.R. hohen Fremdkapitalbedarfs und der ausschließlichen Bezugnahme auf den Operating Cash Flow als Quelle der Zins- und Tilgungsleistungen ähnelt die Bereitstellung von Kreditkapital in einer Projektfinanzierung den Merkmalen einer Eigenfinanzierung. Dieser Eindruck wird besonders verstärkt durch **projektspezifische Risiken**.

Für die Projektfinanzierung ist gegenüber der traditionellen Finanzierung daher ergänzend kennzeichnend, dass zusätzlich zur Bereitstellung von Finanzmitteln die projektspezifische **Allokation** der inhärenten **Risiken** erfolgt. Dies bezieht sich die geeignete Verteilung der Aufgaben und Leistungen im Rahmen eines projektbezogenen Risikomanagements unter den Projektbeteiligten. Bevor auf die hier relevanten Instrumente eingegangen werden kann, ist zwischen drei Arten von Risiken in Hinblick auf deren Art des Managements zu differenzieren:

- **Equity Risks** bezeichnen Ungewissheiten, die dem unternehmerischen Bereich des Projekts zuzuordnen sind. Sie sind von Denjenigen zu tragen, die sie kontrollieren können. Hierzu zählen im Regelfall Sponsoren, Betreiber, Abnehmer und Projektersteller.
- Unter die Gruppe der **Insurable Risks** fallen all diejenigen Unabwägbarkeiten eines Projekts, die durch marktgängige Versicherungskontrakte abgedeckt werden können. Zu den diesbezüglichen Risiken zählen üblicherweise Naturereignisse, Feuer, Maschinenbruch etc..
- In der dritten Gruppe, den **Bankable Risiks**, werden alle Risiken zusammengefasst, die Kreditinstitute gegen Abgeltung durch eine Risikoprämie zu tragen bereit sind.

Nachfolgende Abb. III-70 gibt einen Überblick über die Vielfalt der mit einem Projekt möglichen Risiken, die vor allem aus technischen und wirtschaftlichen Ungewissheiten bestehen können, und den üblichen Absicherungsformen.

| ART | INHALT | ABSICHERUNG |
|---|---|---|
| | **Allgemeine Risiken** | |
| Rechtliche Risiken | Widersprüche in Teilverträgen untereinander, Unsicherheiten hinsichtlich geltendem Gerichtsstand, mangelnde Durchsetzbarkeit aufgrund länderunterschiedlicher Rechtssysteme. | Schiedsvereinbarung |
| Politisches Risiko | Instabilität der öffentliche Einrichtungen des Gastlands, wie Unruhen, Eingriffe in die Eigentumsrechte. | Direktvereinbarung mit den Regierungsstellen des Gastlands, nationale Exportkreditversicherung (HERMES in Deutschland), finanzielle Beteiligung des Gastlands oder einer Entwicklungsinstitution an der Projektgesellschaft. |
| Force Majeure-Risiko | Von den Projektbeteiligten unbeeinflussbares Risiko aus höherer Gewalt (z.B. Krieg, Naturkatastrophen). | Staaliche Versicherungen |

Abb. III-70: Spezielle Risikokategorien der Projektfinanzierung I (Quellen: *Backhaus/Uekermann* 1990, S. 110, *Tytko* 1999, S. 142-168 und *Keßler* 1991, S. 26 )

| ART | INHALT | ABSICHERUNG |
|---|---|---|
| | **Technische Risiken** | |
| Reserve- bzw. Abbaurisiko | Qualität und Quantität z.B. von Rohstoffvorkommen und des günstigen Abbauverfahrens nicht ausreichend bekannt. | Nicht absicherbar, wird i.d.R. von Kreditgebern getragen (auf Basis neutraler z.B. geologischer Gutachten), bei Rohstoffvorkommen Probebohrungen üblich („Bankers' Well). |
| Konstruktionsrisiko | Aufgrund unvorhergesehener technischer Beschränkungen ist es unmöglich, das Projekt vertragsgerecht zu erstellen. | Verwendung erprobter und angewandter Technologien, Erfahrungsnachweise der Projektersteller. |
| Fertigstellungsrisiko | Projekte werden gar nicht oder nicht rechtzeitig fertiggestellt. | Fertigstellungsgarantie der Projektträger (Completion Guarantee), Nachfinanzierungsverpflichtungen. |
| Kostenüberschreitungsrisiko | Kostenüberschreitungen infolge technischer Änderungen, Inflation oder Fehlkalkulationen. | Nachschussverpflichtung der Projektträger, Festpreisabschlüsse, Stand by-Kredite/ Bankgarantien. |
| Verfahrenstechnisches Risiko | geplantes Leistungsniveau der Projektanlagen nicht erreichbar. | Beschränkung auf erprobte Verfahren, Änderung im Construction Contract. |
| | **Wirtschaftliche Risiken** | |
| | | |
| Betriebsrisiko | Produktionsausfälle infolge technischer Pannen, Streiks oder Fehlentscheidungen der Betriebsführung. | Betriebsunterbrechungsversicherung Betriebsführungsverträge mit Betreibergesellschaften, Wartungs- und Instandhaltungsverträge. |
| Preis- und Absatzrisiko | Veränderung der Absatzmengen und –preise. | Abnahmeverträge in Form von Take-Put Agreements, Take-or-Pay Contracts. |
| Zulieferrisiko | Langfristige, termingerechte Belieferung mit Roh- und Hilfsstoffen nicht gesichert. | Langfristige Zulieferverträge in Form von Deliver-or-Pay Agreements. |
| Wechselkursrisiko | Auswirkungen der Wechselkursänderungen auf Bedienung des Fremdkapitals bei deckungsgleichen Währungen der Projekterlöse und der Fremdmittel. | Kurssicherungsklauseln, Währungsoptionen, Übernahme des Wechselkursrisikos durch Regierung des Gastlands, Devisentermingeschäfte. |
| Zinsrisiko | Zinssatzänderungen bei variabel verzinslichen Krediten oder Anleihen. | Vereinbarung einer Zinsobergrenze (Zins-Cap). |

Abb. III-71: Spezielle Risikokategorien der Projektfinanzierung II (Quellen: *Backhaus/Uekermann* 1990, S. 110, *Tytko* 1999, S. 142-168 und *Keßler* 1991, S. 26 )

Aufgrund dieser Einteilung ist erkennbar, dass es im Rahmen des Risikomanagements in einer Projektfinanzierung komparative Vorteile einzelner Beteiligter in der Übernahme ganz spezifischer Risiken gibt. Eine solche Aufteilung basiert zunächst auf der sachlichen Identifikation und Analyse der mit dem Projekt verbundenen Risiken. Darauf aufbauend wird im Anschluss eine Verteilung der Risiken nach den **Grundsätzen** der höchstmöglichen **Beherrschbarkeit** und der sachlichen **Zuständigkeit** auf die Projektbeteiligten angestrebt, was als Risk Sharing bezeichnet wird. Rechtlich verpflichtend wird die Übernahme spezifischer Teilrisiken von Projektbeteiligten in Kontrakten geregelt, die Garantie-, Verpflichtungs- oder Zusicherungscharakter haben können (vgl. *Höpfner* 1995, S. 15 f.).

Für die Kreditgeber stellt die Fokussierung ihrer Kreditentscheidung und die anschließende Erwartung auf perdiodengerechte Zins- und Tilgungsleistungen hohe Anforderungen an die für die Kreditlaufzeit prognostizierten Cash Flows. Insbesondere die Abnahmeseite des Projektsbetriebs leistet hierzu die entscheidenden Beiträge. Damit verlagert sich die Frage der Sicherheit zukünftiger Cash (In)Flows auf die **Qualität** der **Abnahmeverträge**, die zwischen der Projektgesellschaft und den Abnehmern geschlossen werden. Die Abnahmeverträge sind als eine Art Sicherheit für die Kreditgeber anzusehen, dass die Cash Flows auch dann generiert werden, wenn bestimmte Störungen die Produktion oder im Absatz der mit dem Projekt erstellten Leistungen auftreten. Unter den Absicherungsformen sind daher besonders im Bereich der Abnahmeverträge drei Formen für die Projektfinanzierung kennzeichnend:

- Mit **Take-and-Pay-Vertragsbestandteilen** verpflichtet sich der Abnehmer, periodische Zahlungen für den Bezug einer vereinbarten Leistung aus dem Projekt zu erbringen. Maßgebend ist, dass der Abnehmer erst bei Erhalt der Leistungen Zahlung zu leisten hat (vgl. *Backhaus/Uekermann* 1990, S. 110).
- In einer **Take-or-Pay-Regelung** verpflichtet sich der Abnehmer, Mindestzahlungen für eine zuvor vereinbarte Leistungsmenge der Betreibergesellschaft zu leisten, auch wenn das Projekt zum vereinbarten Zeitpunkt die Leistungen noch nicht erbringen kann (vgl. *Uekermann* 1993, S. 89 ff.).
- Wird ein Vertrag im Sinne eines **Take-Put-Agreements** abgeschlossen, so verpflichtet sich ein Garantiegeber für eine ganz bestimmte Leistung zu zahlen, unabhägig der Inanspruchnahme dieser Leistung.

# 7 Bewertung von Anleihe- und Kreditkontrakten

Die Grundlage der Bewertung von Kreditverträgen und Obligationen stellen einige zentrale Zusammenhänge der Finanzmathematik dar. Im Zentrum stehen Barwertmethoden.

## 7.1 Barwertkonzept

Anleihen werden auf der Grundlage der Finanzmathematik bewertet, indem sie ausschließlich als Zahlungsstrom betrachtet werden. Grundsätzlich ergibt sich die Betrachtung einer geometrischen Reihe von Cash Flows (= *CF*): $CF_0, CF_1, CF_2, \ldots, CF_t, \ldots, CF_T$. Den Zeitpunkt, auf den die Ein- und Auszahlungen mit dem Kalkulationszinsfuß *i* auf- oder abgezinst werden, bezeichnet man als **Bezugszeitpunkt**. Liegt der Bezugszeitpunkt am Ende einer Zahlungsreihe (= *T*), ermittelt man den **Endwert** (= **Future Value**) der Zahlungen (= $FV_T$).

$$FV_T = \sum_{t=1}^{T} CF_t(1+i)^{T-t} = \sum_{t=1}^{T} CF_t q^{T-t} \qquad \text{(III-2)}$$

Gewöhnlich wird dabei aus Vereinfachungsgründen mit dem **Aufzinsungsfaktor** gearbeitet: $(1+i)^{T-t} = q^{T-t}$. Wird als Bezugszeitpunkt ein beliebiger Zeitpunkt gewählt (z.B. Zeitpunkt $t^{+}$), so handelt es sich bei der kalkulierten Größe der Zahlungsreihe um den **Barwert** (= $BV_{t+}$):

$$BV_{t^+} = \sum_{t=1}^{T} CF_t (1+i)^{t^+-t} = (1+i)^{t^+} BV_0 \tag{III-3}$$

Legt man der Wertermittlung den Zeitpunkt unmittelbar vor der ersten Zahlung $CF_0$ zugrunde, erhält man den **Gegenwartswert** (= **Present Value**, *PV*), der für die weiteren Betrachtungen von Bedeutung ist:

$$PV = \sum_{t=1}^{T} CF_t (1+i)^{-t} = \sum_{t=1}^{T} CF_t q^{-t} \tag{III-4}$$

Zentrale Rolle in der Present Value-Ermittlung spielt der Diskontierungsfaktor $(1+i)^{-t} = q^{-t}$.

### 7.1.1 Barwert (Present Value)

Die Bestimmung des Barwerts basiert auf der Anwendung des Barwertmodells für eine Zahlungsreihe und dem Diskontieren der Zeitwerte zukünftiger Zahlungen auf den Gegenwartszeitpunkt. Zahlungsreihen von Anleihen sind i.d.R. solche vom Typ **Point Output Continuous Input**:

| | $t_0$ | $t_1$ | $t_2$ | $t_T$ |
|---|---|---|---|---|
| Anleihe | *-100* | *12* | *12* | *112* |
| | Ausgabe für Anleiheerwerb | Kuponzahlung | Kuponzahlung | Kupon- und Tilgungszahlung |

Tab. III-11: Typische Struktur der Zahlungsreihe einer Anleihe

Die zentrale Frage der Anleihebewertung, die mittels Anwendung der Barwertmethode beantwortet werden soll, lautet: Welchen Wert weisen die zukünftigen Rückflüsse einer Anleihe zum Gegenwartszeitpunkt auf? Daran anschließend kann die Frage beantwortet werden, ob der aktuelle Kurs einer Anleihe mit dem Barwert übereinstimmt. Damit wäre die Bewertung fair und es wäre kein Anlass zu Portfolioumschichtungen oder sonstigen Dispositionen (wie im Fall der Unter- bzw. Überbewertung).

Zentrale Rolle für den Diskontierungsvorgang spielt neben der Zeitperiode ($t = 1,...,T$) der Kalkulationszinsfuß $i$. Ökonomisch erklärt wird er als geforderte Rendite der Anleger vor dem Hintergrund der Finanzierung eines Anleihekaufs:

- Verfügt ein Anleger über eigene Mittel zur Anlage (= **Eigenfinanzierung**), richtet sich die Erklärung des Kalkulationszinsfußes auf die vergleichbare Rendite einer Alternativanlage, die durch den beabsichtigten Anleihekauf ausgeschlossen werden muss. Dies stellt ein Denken in **Opportunitätskosten** dar. Der Kalkulationszinsfuß rekrutiert sich dann aus der Umlaufrendite alternativer festverzinslicher Wertpapiere gleicher Eigenschaften, insbesondere hinsichtlich Risikoklasse und Restlaufzeit.

- Setzt ein Anleger für den Anleihekauf dagegen einen Kredit ein, so repräsentiert der Kalkulationszinssatz den Kapitalkostensatz der Finanzmittelbeschaffung, d.h. den Effektivzinssatz der Fremdfinanzierung.

Kann man von einem vollkommenen Kapitalmarkt ausgehen, so fallen beide Repräsentanten des Kalkulationszinsfußes in einer Wertgröße zusammen. Bei unvollkommenem Kapitalmarkt ist der Satz gespalten, im einfachsten Fall nach einem Sollsatz (Kreditfinanzierung) und einem Habensatz (Eigenfinanzierung). Da die Höhe der Sätze anlegerindividuell verschieden ist (z.B. ist die Höhe des Sollzinssatzes vom individuellen Ausfallrisiko abhängig), behilft man sich i.d.R. dadurch, dass als Kalkulationszinsfuß eine Marktrendite eingesetzt wird (Yield to Market, YTM).

Lesehinweis: Die Kapitalmarktgrundlagen zur Bestimmung des Kalkulationszinsfußes erörtert *Schäfer* (1999a, S. 74 ff.).

Die **Anleihebewertung** nach dem Barwert-Konzept erfolgt mittels Gleichung (III-5):

$$PV = \sum_{t=1}^{T} C_t (1+i)^{-t} + M_T (1+i)^{-T} \qquad \text{(III-5)}$$

Es gelten folgende Notationen:

$C_t$ = Nominalzinszahlung (Kupon) pro Laufzeit *t* (Planungsperiode),
$M_T$ = Rückzahlungswert (= Maturity Value, Redemption) im Zeitpunkt *T*,
$T$ = Fälligkeitstermin der Anleihe (= Maturity),
$i$ = Kalkulationszinsfuß ( = Yield to Market, YTM).

Beispiel:
Auf der Grundlage nachfolgender Zahlungsstromangaben sind die Barwerts von zwei Anleihen zu ermitteln (vgl. *Steiner/Bruns* 2000, S. 138-139): Es gilt ein Kalkulationszinsfuß von $i = 0,1$.

| | $t_0$ | $t_1$ | $t_2$ |
|---|---|---|---|
| Anleihe 1 | *-100* | *12* | *112* |
| Anleihe 2 | *-100* | *60* | *60* |

Die Gegenwartswerte für die beiden Anleihen errechnen sich wie folgt:

$PV_1 = 12/1,1 + 112/1,1^2$
$PV_1 = 103,47$
$PV_2 = 60/1,1 + 60/1,1^2$
$PV_2 = 104,14.$

Der **Barwert** einer Anleihe ist unter Bezugnahme auf die Werte des vorangegangenen Beispiels wie folgt **ökonomisch** zu interpretieren:

- Beide Werte von *PV* stellen Ertragswerte im Gegenwartszeitpunkt dar.
- Da $PV_2 > PV_1$ empfiehlt es sich, Anleihe zwei bei einer Auswahlfragestellung dem Kauf der Anleihe eins vorzuziehen.
- Bei einer isolierten Anlageentscheidung wäre eine zu beurteilende Anleihe dann zu erwerben, wenn ihr Barwert höher als ihr aktueller Kurs ist, d.h., die Anleihe wäre unter diesem Umstand am Markt unterbewertet.

Im einfachsten Fall werden für die finanzmathematische Anleihenbewertung ausschließlich Anleihen vom **Typ** des **Straight Bond** mit **fester Nominalverzinsung** zugrundegelegt, da sie folgende Merkmale aufweisen, die für eine Bewertungsvereinfachung sorgen: unkündbare, in ihrer Bonität hochwertige (Rating AAA oder A11) und einen über die Laufzeit festen Kupon zahlende Anleihen (Fixed Income Bonds). Dadurch wird es möglich, die Eigenschaften eines **sicheren zukünftigen Zahlungsstroms** der Barwert-Berechnung zugrunde zu legen. Finanzmathematisch hat dies zur Folge, dass in Gleichung (III-5) der Rentenbarwertfaktor $\frac{(1+i)^T - 1}{i(1+i)^T}$ eingesetzt werden kann. Demzufolge ändert sich die Formel zur Barwertermittlung wie folgt:

$$PV = C_t \cdot \frac{(1+i)^T - 1}{i(1+i)^T} + M_T (1+i)^{-T} \tag{III-6}$$

und wird meist zu folgendem Ausdruck vereinfacht:

$$PV = \frac{C_t}{i} + (1+i)^{-T}\left(M_T - \frac{C_t}{i}\right) \tag{III-7}$$

<u>Beispiel</u>: Eine endfällige Anleihe mit Nennwert *100%* hat eine Restlaufzeit von *4* Jahren. Die jährlichen Kuponzahlungen betragen *8%* vom Nennwert; die Tilgung erfolgt mit *101*, YTM beträgt *8,5%* (vgl. *Steiner/Uhlir* 2001, S. 10). Es ist der heutige Marktwert der Anleihe zu errechnen:

$$PV = \frac{8}{0,085} + \left(1,085\right)^{-4} \cdot \left(101 - \frac{8}{0,085}\right) = 99,0838.$$

Neben der Barwert-Berechnung wird für manche Zwecke auch eine **Endwertermittlung** von Zahlungsströmen erforderlich, was nach folgender Gleichung geschieht:

$$FV = PV(1+i)^T = \frac{C_t}{i}\left[(1+i)^T - 1\right] + M_T \tag{III-8}$$

<u>Beispiel</u>: Unter Verwendung obiger Daten soll ermittelt werden, über welches Endvermögen ein Investor verfügt, der die Anleihe bis zur Tilgung hält und sämtliche Kuponzahlungen reinvestiert (vgl. *Steiner/Uhlir* 2001, S. 10).

$$FV = \frac{8}{0,085}\left[(1,085)^4 - 1\right] + 101 = 137,3161.$$

Zur Ermittlung der **Bewertung zu beliebigem Zeitpunkt** ergibt sich folgende Identität:

$$BV_{t^+} = PV(1+i)^{t^+} = \frac{C_t}{i}(1+i)^{t^+} + (1+i)^{t^+ - T} \cdot \left(M_T - \frac{C_t}{i}\right) \tag{III-9}$$

Wird der **Kupon** nicht pro Jahr einmal, sondern **halbjährlich** gezahlt, also in Quoten (= *m*), hat dies die Barwert-Berechnung zu berücksichtigen:

$$PV = \frac{\frac{C_t}{m}}{i_m} + (1+i_m)^{-T \cdot m} \cdot \left( M_T - \frac{\frac{C_t}{m}}{i_m} \right) \quad \text{(III-10)}$$

mit $i_m = (1+i)^{\frac{1}{m}} - 1$, was den periodenkonformen Kalkulationszinsfuß darstellt. Bei $m = 1$ geht Gleichung (III-10) über in Gleichung (III-7).

Beispiel: Unter weiterer Fortsetzung des Beispiels soll der Barwert bei $m = 2$ ermittelt werden.

$$i_m = (1{,}085)^{\frac{1}{2}} - 1 = 0{,}04163 \text{, d.h.}$$

$$PV = \frac{\frac{8}{2}}{0{,}04163} + (1{,}04163)^{-4 \cdot 2} \cdot \left(101 - \frac{4}{0{,}04163}\right) = 99{,}6293 \text{ .}$$

Die Anleihebewertung nach dem Barwert-Konzept kann ebenfalls durchgeführt werden, wenn **unterjährige Zeitperioden** vorliegen:

$$PV = \sum_{t=1}^{T} C_t (1+i)^{-\frac{t}{365}} + M_T (1+i)^{-\frac{T}{365}} \quad \text{(III-11)}$$

Bei Bewertung einer Anleihe unmittelbar nach dem Kupontermin oder zu einem beliebigen Zeitpunkt, aber „ex aufgelaufener Stückzinsen" gilt: Je höher der Kupon (bzw. je höher der Tilgungsbetrag), umso höher ist auch der Marktwert der Anleihe. Normiert man die Kuponzahlungen über den Tilgungsbetrag und bezeichnet dies mit $C^*$ $(C^* = C_t/M)$, so gelten folgende Fallunterscheidungen aufgrund der Variation des Kalkulationszinsfußes (YTM):

| Beziehungen | | | | Anleihewert | | |
|---|---|---|---|---|---|---|
| $C^*$ | = | Kalkulationszinsfuß (YTM) | ↔ | $PV$ | = | *100%* |
| $C^*$ | > | Kalkulationszinsfuß (YTM) | ↔ | $PV$ | > | *100%* (= Premium Bond) |
| $C^*$ | < | Kalkulationszinsfuß (YTM) | ↔ | $PV$ | < | *100%* (= Discount Bond) |

Tab. III-12: Bewertungskonstellationen in Abhängigkeit von Nominalzinssatz (unterstellt: Tilgung zu *100%*), Kalkulationszinsfuß und Anleihekurs

Ferner lässt sich der Barwert mit dem tatsächlichen Marktwert der Anleihe vergleichen, d.h. mit welchem Kurs sie an der Börse notiert:

| Beziehungen | | | Anlageentscheidungen |
|---|---|---|---|
| $PV$ | < | Marktwert der Anleihe ($P_0$) | kein Anleihekauf, Verkauf der Anleihe |
| $PV$ | = | Marktwert der Anleihe ($P_0$) | indifferent |
| $PV$ | > | Marktwert der Anleihe ($P_0$) | kein Anleiheverkauf, Kauf der Anleihe |

Tab. III-13: Handlungskonstellationen

Während die **Kuponhöhe** wegen der unterstellten Eigenschaften des Straight Bond **fixiert** ist und dies auch für die Tilgungszahlung gilt, können nicht von ihnen, wohl aber von der Laufzeit des Bond nach dessen Erwerb Änderungen auf seinen Marktwert ausgehen:

| Beziehungen | | | | Anleihewert |
|---|---|---|---|---|
| $C^*$ | = | Kalkulationszinsfuß (YTM) | → | • Marktwert entspricht dem Tilgungsbetrag,<br>• keine zeitlaufbedingten Marktwertänderungen. |
| $C^*$ | > | Kalkulationszinsfuß (YTM) | → | • Marktwert liegt über dem Tilgungsbetrag,<br>• Verringerung sukzessive über Laufzeit bis am Laufzeitende erreicht,<br>• Grundregel: Langläufer haben höheren Marktwert als Kurzläufer<br>• Über-pari-Notierung, daher<br>• konkaver Kurvenverlauf des Marktwerts in Abhängigkeit von der Restlaufzeit. |
| $C^*$ | < | Kalkulationszinsfuß (YTM) | → | • Marktwert liegt unter dem Tilgungsbetrag,<br>• Vergrößerung sukzessive über Laufzeit bis am Laufzeitende erreicht,<br>• Grundregel: Langläufer haben geringeren Marktwert als Kurzläufer<br>• Unter-pari-Notierung, daher<br>• konvexer Kurvenverlauf des Marktwerts in Abhängigkeit von der Restlaufzeit. |

Tab. III-14: Bewertungskonstellationen in Abhängigkeit von der Restlaufzeit

Grafisch lassen sich die Zusammenhänge wie folgt veranschaulichen, wobei fünf Anleihen (A1 bis A5) beispielhaft mit nachfolgenden Daten zugrunde gelegt werden (vgl. *Steiner/Uhlir* 2001, S. 16):

| Anleihe | Kupon | Restlaufzeit |
|---|---|---|
| A 1 | *10* | *8* |
| A 2 | *10* | *2* |
| A 3 | *8* | *5* |
| A 4 | *6* | *2* |
| A 5 | *6* | *8* |

Tab. III-15: Beispieldaten für Kupon und Restlaufzeit

Gemäß Gleichung (III-11) erhält man auf der Basis obiger Angaben folgende Barwerte:

| Anleihe | Barwert zu | | | | |
|---|---|---|---|---|---|
| | $t = 0$ | $t = 0{,}5$ | $t = 1$ | $t = 1{,}5$ | $t = 2$ |
| A 1 | *111,49* | *110,96* | *110,41* | *109,84* | *109,25* |
| A 2 | *103,57* | *102,73* | *101,85* | *100,94* | *100* |
| A 3 | *100* | *100* | *100* | *100* | *100* |
| A 4 | *96,43* | *97,27* | *98,15* | *99,06* | *100* |
| A 5 | *88,51* | *89,04* | *89,59* | *90,16* | *90,75* |

Tab. III-16: PV in Abhängigkeit von unterschiedlichen Planungshorizonten (= *t*)

Die Aussagen aus Tab. III-15 lassen sich anschaulich grafisch darstellen:

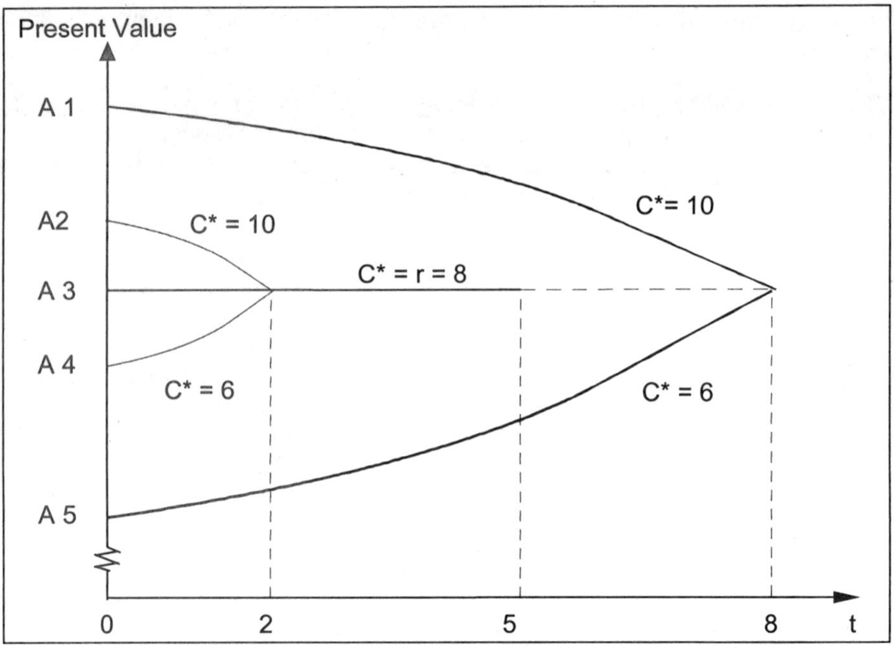


Abb. III-72: Marktwerte in Abhängigkeit der Restlaufzeit
(Quelle: *Steiner/Uhlir* 2001, S. 16)

Lesehinweise: *Fabozzi* (2000, Kap. 2), *Steiner/Uhlir*, (2001, S. 7-17).

## 7.1.2 Duration

Mit der Ermittlung des Barwerts erhält man auch finanzmathematische Grundlagen, um die Empfindlichkeit einzelner Vermögens- und Schuldenposition oder deren jeweilige Gesamtheit auf Änderungen der Marktzinssätze zu ermitteln. Damit wird die Grundlage für die weitere Betrachtung der Anleihebewertung beschrieben, die das Zinsänderungsrisiko zum Gegenstand hat. Hierunter wird verstanden:

- Das **Zinsänderungsrisiko i.e.S.** beschreibt als **Endwertrisiko** die Möglichkeit, dass bei bestehendem Marktzinsniveau der zum Erwerbszeitpunkt der Anleihe erwartete Endwert einer Anleihe im Tilgungszeitpunkt nicht erreicht wird.
- Mit dem **Zinsänderungsrisiko i.w.S.** kommt das **Markt- oder Kurswertänderungsrisiko** zum Tragen, wenn der Planungshorizont des Anlegers nicht der Anleihelaufzeit entspricht. Hieraus resultieren Vermögensverluste.

Betrachtet man eine Marktzinsänderung in Form einer Parallelverschiebung einer flachen Zinsstrukturkurve, so werden zwei gegenläufige **Vermögenseffekte** in Hinblick auf die o.g. Risikoarten wirksam:

- Der **Endwert** (FV) ändert sich **in gleicher Richtung** wie die Änderung der YTM, da die dem Anleger zufließenden Zinserträge nach Zinsänderung zu niedrigeren bzw. höheren Marktzinsen bis Anleihefälligkeit angelegt werden können.
- Der **Barwert** (PV) verhält sich gegenüber Zinsänderungen **entgegengesetzt**. Bei einem Anstieg (Rückgang) der YTM erhöht (vermindert) sich der Abdiskontierungseffekt.

Die Wirkungen einer Änderung der YTM sind also in Hinblick auf den PV und den FV gegenläufig. Letztendlich versucht die Duration diese Gegenläufigkeit zu erfassen. Die Duration wurde von *Macaulay* (1938) entwickelt und gilt gemeinhin als das Maß für das **Zinsänderungsrisiko** bei Anleihen. Sie wird auch auf die Analyse der Zinsempfindlichkeit von Kreditpositionen übertragen. Nachfolgende Abbildung gibt eine gängige Vorstellung wieder, die die Duration als **Balance-Konstruktion** von Zahlungsströmen versteht.

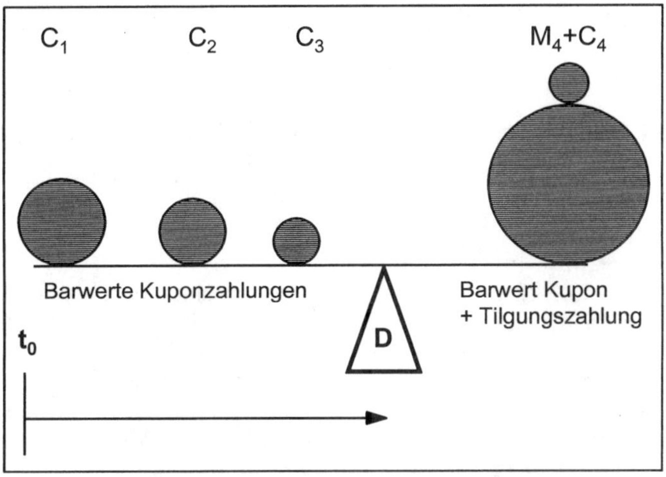


Abb. III-73: Balancevorstellung der Duration

Für die Herleitung der Duration bildet die Barwert-Gleichung den Ausgangspunkt, indem der **Vermögenswert** zum **Gegenwartszeitpunkt** $t_0$ (= *V(0)*) ermittelt wird.

$$V(0) = \sum_{t=1}^{T} CF_t (1+i)^{-t} \equiv \sum_{t=1}^{T} CF_t \cdot q^{-t} \qquad \text{(III-12)}$$

Gesucht wird anschließend der Vermögenswert im **Durations-Zeitpunkt** (= *D*):

$$V(D) = V(0) \cdot q^D = \left[ \sum_{t=1}^{T} CF_t \cdot q^{-t} \right] \cdot q^D \qquad \text{(III-13)}$$

Der Zeitpunkt ist gefunden, wenn folgende Bedingung gilt (Wert für die Duration, *D*, als Nullstelle):

$$\frac{dV(D)}{dq} = V(0) \cdot D \cdot q^{D-1} - q^D \frac{\sum_{t=1}^{T} t \cdot CF_t \cdot q^{-t}}{q} \overset{!}{=} 0 \qquad \text{(III-14)}$$

woraus durch Auflösung der Gleichung nach der gesuchten Größe *D* die Duration ermittelbar ist:

$$D = \frac{\sum_{t=1}^{T} t \cdot CF_t \cdot q^{-t}}{\sum_{t=1}^{T} CF_t \cdot q^{-t}} \qquad \text{(III-15)}$$

mit

$$\frac{d^2V(D)}{dq^2} > 0 \qquad \text{(III-16)}$$

Sofern **unterjährige Kuponzahlungen** vorliegen, ist *D* um die Anzahl der Zinszahlungen pro Jahr (= *m*) zu korrigieren:

$$D = \frac{D}{m} \qquad \text{(III-17)}$$

**Synonyme Bezeichnungen** für die Duration sind durchschnittliche Selbstliquidationsperiode, Zahlungsschwerpunkt, mittlere Kapitalbindungsdauer, durchschnittliche Fristigkeit und ökonomische Laufzeit eines Zahlungsstroms. Sie alle bezeichnen letztendlich den optimalen Haltezeitpunkt einer Anleihe mit Blick auf das Endwertrisiko. Die Duration eines Zerobonds ist stets gleich seiner Restlaufzeit. Die **Durationsanalyse** wird vor allem von Portfolio-Managern eingesetzt. Sie kann aber auch auf die Analyse der **Bilanzsensitivität** gegenüber Zinsänderungen übertragen werden. Die Durationsanalyse ermöglicht die Risikobestimmung der gesamten Bilanz oder einzelner Aktiva und Passiva und gibt insofern die durchschnittliche Kapitalbindungsdauer einer Anleihe bzw. eines Kredits an. Außerdem ist sie ein qualitatives Maß für die Zinssensitivität und gibt den Zeitpunkt an, zudem das Zinsänderungsrisiko (= Preisrisiko) einer Finanzanlage das Wiederanlagerisiko der empfangenen Zinszahlungen gerade wieder aufhebt. Eine **hohe Duration** eines Kredits bedeutet, dass der Kreditnehmer gegen steigende Zinsen gesichert ist. Allerdings verteuert sich seine Finanzierung bei fallenden Zinsen. Eine **niedrige Duration** eines Kredits bewirkt das Gegenteil. Der Kreditnehmer nimmt bei fallenden Zinsen an den günstiger werdenden Finanzierungskonditionen teil, mit steigenden Zinsen wird seine Finanzierung dagegen teurer. Die Duration muss verlängert werden, wenn z.B. **zinsvariable Kredite** auf der Passivseite gegen steigende Zinsen abgesichert werden. Umgekehrt sollte der zinsfix finanzierte Kreditnehmer die Duration verringern, wenn er fallende Zinsen antizipieren will. Mithilfe von Finanzinnovationen im Zinsmanagement ist es möglich, die Duration zu verändern, da die zugrunde liegende Bilanzposition nicht verändert werden muss.

Beispiel: Es gelten folgende Daten einer Anleihe: Kupon *8%*, Laufzeit fünf Jahre, Ausgabekurs *100%*. Es gelte ein Kalkulationszinsfuß von $i = 0{,}08$.

| #1 | #2 | #3 | #4 | #5 |
|---|---|---|---|---|
| $t$ | $CF_t$ | $CF_t \cdot (1+i)^{-t}$ | $t$ | $t \cdot CF_t \cdot (1+i)^{-t}$ |
| $t_1$ | 8 | 7,41 | 1 | 7,41 |
| $t_2$ | 8 | 6,86 | 2 | 13,72 |
| $t_3$ | 8 | 6,35 | 3 | 19,05 |
| $t_4$ | 8 | 5,88 | 4 | 23,52 |
| $t_5$ | 108 | 73,50 | 5 | 367,51 |
| | | 100 (= PV) | | 431,21 |

*D = #5 / #3* ⇔ *431,21/100 = 4,31* Jahre.

Die Duration reagiert wie folgt auf die Änderung nachfolgend genannter Einflussgrößen des Barwerts:

| | | |
|---|---|---|
| Laufzeit ↑ | → | Duration ↑ |
| Kupon ↓ | → | Duration ↑ |
| YTM ↓ | → | Duration ↑ |

Abb. III-74: Einflüsse und Richtungen ausgelöster Durationsänderungen

Eine weitere Bedeutung der Duration liegt in ihrer Eigenschaft als Kursänderungsmaß. Gegeben sei eine **Parallelverschiebung der Renditekurve** unmittelbar nach $t_0$, d.h. eine flache Renditekurve. Folgende Wirkungen können auf den barwertigen Kurs einer Anleihe festgestellt werden; Ausgangspunkt bilde wiederum die Barwertformel:

$$P_0 = \sum_{t=1}^{T} CF_t(1+i)^{-t} \qquad \text{(III-18)}$$

Die Veränderung des Anleihekurses aufgrund der Zinssatzänderung ist daraufhin:

$$\frac{dP_0}{di} = -\sum_{t=1}^{T} t \cdot CF_t(1+i)^{-t-1} \qquad \text{(III-19)}$$

bzw.

$$= -\sum_{t=1}^{T} t \cdot CF_t(1+i)^{-t} \cdot \frac{1}{1+i} \qquad \text{(III-20)}$$

Die Erweiterung mit $i/P_0$ führt zur Größe $\eta$, die als Maß der Elastizität des Anleihekurses auf die Änderung des Zinssatzes gilt:

$$\eta_i^{P_0} \equiv \frac{dP_0}{di} \cdot \frac{i}{P_0} = -\underbrace{\frac{\sum t \cdot CF_t(1+i)^{-t}}{\sum CF_t(1+i)^{-t}}}_{\equiv D \text{ (Duration)}} \cdot \frac{i}{1+i} \qquad \text{(III-21)}$$

Bei diskreter Variation von $i$ ($\Delta i$) folgt:

$$\frac{\Delta P_0}{\Delta i} \cong -D \frac{P_0}{1+i} \qquad \text{(III-22)}$$

und nach Isolierung von $\Delta P_0$ resultiert

$$\Delta P_0 \cong -\frac{P_0}{1+i} \cdot D \cdot \Delta i \qquad \text{(III-23)}$$

Aus Gleichung (III-23) folgt der **inverse Effekt der Zinssatzveränderung** auf die Kursänderung: Bei einer Zinserhöhung ist die resultierende Kurssenkung direkt proportional zur Duration *D*.

**Zusammenfassend** lässt sich zur Duration Folgendes aussagen:

- Duration ist ein Maß für (bzw. ist proportional zu) die (der) Zinselastizität des Anleihekurses.
- Der Zusammenhang gilt für kleine Veränderungen der Zinskurve (genauer: Parallelverschiebung einer flachen Zinskurve).
- Die Duration von Barliquidität ist null, da kein Marktrisiko besteht.
- Die Duration einer sieben Jahre laufenden FRN mit halbjährlicher Zinsanpassungsklausel beträgt sechs Monate. Das Marktrisiko besteht jeweils bis zur nächsten Zinsanpassung.
- Es kann gezeigt werden, dass die maximale Duration jeder Kuponanleihe *13* Jahre beträgt. Darüber hinausgehende Cash Flows liefern einen Beitrag von nahezu null aufgrund ihrer hohen Abdiskontierung bzw. niedrigen Barwerte.

Die Duration liefert eine Wertangabe in der Dimension „Zeit". In der Praxis der Anleihebewertung überwiegt jedoch eine modifizierte Version der Duration, die **adjustierte** oder **modifizierte Duration** (= $D_A$):

$$D_A = \frac{D}{1+i} \qquad \text{(III-24)}$$

bzw. bei mehrmaliger unterjähriger Kuponzahlung:

$$D_A = \frac{D}{1+i/m} \qquad \text{(III-25)}$$

Die modifizierte Duration ist wie folgt zu interpretieren:

- Sie zeigt die prozentuale Änderung des Anleihe-Barwerts (d.h. Kurswert der Anleihe inkl. Stückzinsen, sog. „Flat Price") oder der nicht antizipierten Rendite einer festverzinslichen Anleihe aufgrund einer Veränderung der YTM um $\pm 1$ Prozentpunkt bzw. $\pm 100$ Basispunkte (bps).
- Je höher $D_A$, desto größer die Kursrisiken bei sinkender oder steigender YTM. Möglicherweise wäre bei hoher Unsicherheit über zukünftige Renditen der Erwerb von Anleihen mit niedriger $D_A$ die geeignete Strategie für einen risikoaversen Anleger.

Ein hauptsächlicher **Problembereich** der Durationsanalyse liegt im **Schätzfehler** der Barwertänderung. Solange die Änderungen der YTM klein sind, ist dieser Fehler vernachlässigbar gering. Als **Faustregel** gilt, dass die Veränderung nicht größer als *100* bps betragen darf. Daher ist die Ermittlung der Preisänderung einer Anleihe mit Hilfe des Duration-Konzepts in der Praxis auf der Basispunkt-Variante vorherrschend:

$$\Delta PV = -\frac{D_A}{100} \cdot 1bp \cdot PV \qquad \text{(III-26)}$$

bzw. auf den Anleihekurs bezogen:

$$\Delta P = -\frac{D_A}{100} \cdot 1bp \cdot P_0 \qquad \text{(III-27)}$$

Beispiel: Für eine Anleihe mit einer $D_A$ von *3,24%* und einen PV von *100* € soll die Kursentwicklung eines Anstiegs der YTM um *1* bp. ermittelt werden.
*ΔPV = (-3,24/100) · 0,01 · 100*
*ΔPV = -0,0324* € bzw. *-3,24* Cent. Der Anleihekurs sinkt um *3,24* Cent, wenn die YTM um *1bp.* ansteigt.

Sobald größere Änderungen der YTM auftreten und man ganze Portefeuilles hinsichtlich des Zinsänderungsverhaltens abschätzen will, werden die Schätzfehler nicht mehr akzeptierbar. Der Fehler entspricht in Abb. III-75 dem Unterschied zwischen der Present Value-Kurve und der YTM-Kurve.

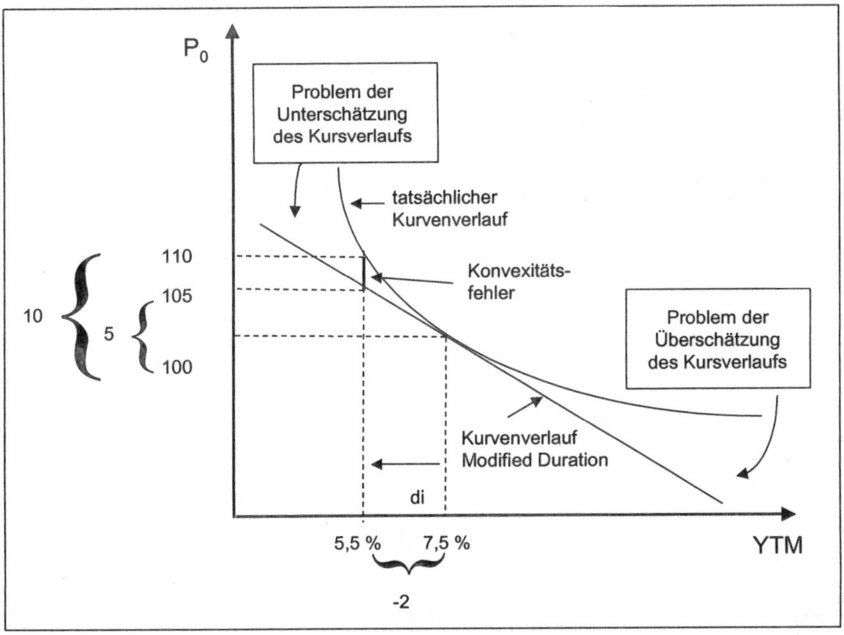


Abb. III-75: Tangentiallösung im Zusammenhang von Marktzinssatz und Anleihekurs (Quelle: *Steiner/Bruns* 2000, S. 162)

Der Fehler der Duration wächst, wenn sich die Zinsänderung vergrößert. Er könnte vollständig eliminiert werden, wenn die **Nicht-Linearität der Preis-/Zinsfunktion** mathematisch zu erfassen wäre. Das ist fast vollständig durch die Einbeziehung der Konvexität (= zweite Ableitung des Barwerts dividiert durch den Barwert) möglich. Die modifizierte Duration, gewonnen aus der ersten Ableitung der Barwertfunktion, bietet nur eine lineare Approximation des Preiseffekts einer Zinsänderung und ist nur für kleine Veränderungen des Kalkulationszinsfußes *i* exakt. Der **Schätzfehler** entsteht, da das Preisverhalten der Anleihe aus mathematischer Sicht über eine *Taylor*-Reihe bestimmt wurde, die nach dem ersten Term abgebrochen ist. Daher ist auch die Krümmung der Barwertfunktion nicht berücksichtigt. Eine Korrektur bietet die Integration der Konvexität in die Berechnung der modifizierten Duration. Mathematisch gesehen wird mit der Konvexität eine Funktion gesucht, die mit Hilfe der ***Taylor*-Reihen-Expansion** um einen gegebenen Punkt der Kurve herum approximiert wird. Die Taylor-Formel für die ersten drei Terme einer Taylor-Reihen-Expansion für eine Funktion *f(i+h)* in der Region von *i*, wenn *h* gegen null geht, lautet:

$$f(i+h) = f(i) + \frac{f'(i)\cdot h}{1} + \frac{f''(i)\cdot h^2}{2} + \dots,$$

wobei *f'* und *f''* die Ableitungen der Funktion darstellen. Wird mit *P(i)* der Preis der Anleihe mit einem Nominalzinssatz *i* beschrieben, so lässt sich der Kurs einer Anleihe beim neuen Marktzinssatz $(i+\Delta i)$ mittels der Reihen-Expansion von *P* an der Stelle *i* wie folgt darstellen:

$$P(i+\Delta i) = P(i) + P'(i)\cdot \Delta i + \frac{1}{2}\cdot P''(i)\cdot(\Delta i)^2.$$

Nun ist der **Anleihekurs** (nach III-18) barwertig definiert als

$$P(i) = \sum_{t=1}^{T} \frac{CF_t}{(1+i)^t} \qquad \text{(III-28)}$$

Die **erste Ableitung** von (III-28) nach *(1+i)* ist:

$$P'(i) = -\sum_{t=1}^{T} t\cdot CF_t \cdot (1+i)^{-t} \cdot \frac{1}{1+i} \qquad \text{(III-29)}$$

Die **zweite Ableitung** lautet:

$$P''(i) = \sum_{t=1}^{T} t\cdot(t+1)\cdot CF_t \cdot (1+i)^{-t} \cdot \frac{1}{(1+i)^2} \qquad \text{(III-30)}$$

Woraus folgt:

$$\frac{P(i+\Delta i)-P(i)}{P(i)} = \frac{-\sum_{t=1}^{T}\frac{CF_t\cdot t}{(1+i)^t}\cdot\frac{\Delta i}{1+i} + \frac{1}{2}\sum_{t=1}^{T}\frac{t\cdot(t+1)\cdot CF_t}{(1+i)^t}\cdot\frac{\Delta i^2}{(1+i)^2}}{P(i)} = \qquad \text{(III-31)}$$

bzw.

$$\frac{P(i+\Delta i)-P(i)}{P(i)} = \frac{-\sum\frac{CF_t\cdot t}{(1+i)^t}}{\sum\frac{CF_t}{(1+i)^t}}\cdot\frac{\Delta i}{1+i} + \frac{\sum t\cdot(t+1)\cdot CF_t\cdot(1+i)^{-t}}{2\cdot\sum CF_t\cdot(1+i)^{-t}}\cdot\left(\frac{\Delta i}{1+i}\right)^2 \qquad \text{(III-32)}$$

was vereinfacht werden kann zu

$$-D\cdot\frac{\Delta i}{1+i} + K\cdot\left(\frac{\Delta i}{1+i}\right)^2 \qquad \text{(III-33)}$$

↑ Duration ↑ Konvexität

Beispiel: Folgende Zahlungsströme einer Anleihe liegen vor: in $t_1$ Zufluss in Höhe von *300* € und in $t_2$ Zufluss in Höhe von *1000* €. Der Barwert betrage bei einer YTM von *5%* den Wert *1192,74* € und bei einer YTM von *15%* ergäbe sich ein entsprechend niedrigerer Wert von *1017,00* €. Als prozentuale PV-Änderung ($\Delta P_1$) durch die Zinssatzänderung errechnet man:

$$\Delta P_1 \equiv \frac{P_0(15\%)-P_0(5\%)}{P_0(5\%)} \Leftrightarrow \frac{1017{,}00-1192{,}74}{1192{,}74} = 0{,}1473\,.$$

Eine Schätzung des Preiseffekts mittels der Duration ergibt:

$$D = \frac{1\cdot\frac{300}{1{,}05}+2\cdot\frac{1000}{1{,}05^2}}{1192{,}74} = 1{,}76$$ und als Modified Duration (= *MD*), d.h. als Zinsänderungsmaß:

$$MD = -D\bullet\frac{\Delta i}{1+i} = -1{,}76\bullet\frac{0{,}1}{1{,}05} = -0{,}16762\;(= \Delta P_2).$$

Der betragliche Unterschied zwischen $\Delta P_1$ und $\Delta P_2$ macht im Beispielfall *0,02* bzw. *14%* Abweichung des Werts von $\Delta P_2$ gegenüber $\Delta P_1$ aus. Dieser Unterschied bezeichnet den Schätzfehler, der mittels Konvexität reduziert werden kann. Unter Fortführung der Zwischenergebnisse errechnet sich der Wert für die Konvexität wie folgt:

$$K = \frac{1\cdot 2\cdot\frac{300}{1{,}05}+2\cdot 3\cdot\frac{1000}{1{,}05^2}}{1192{,}74}\cdot\left(\frac{1}{2}\right) = 2{,}52,$$ d.h. ein verbesserter Wert für die Preisänderung (= $\Delta P_3$):

$$-D\cdot\frac{\Delta i}{1+i}+K\cdot\left(\frac{\Delta i}{1+i}\right)^2 \Leftrightarrow -0{,}1676+2{,}52\cdot 0{,}009 \Leftrightarrow -0{,}1449.$$

Vergleicht man $\Delta P_3$ mit $\Delta P_1$, so ergibt sich ein wesentlich reduzierter Abweichungsbetrag von -*0,0026*, bzw. auf $\Delta P_1$ bezogen, nur noch eine Abweichung von *1,6%*. (Es ergibt sich also sogar ein noch besseres Ergebnis).

Lesehinweis: *Elton/Gruber* (1995, Kap. 21), worauf sich auch die vorangegangenen Ausführungen inhaltlich stützen und *Fabozzi* (2000, S. 61-83). Zum Einsatz der Duration im Rahmen einer Absicherungsstrategie vor Zinsänderungsrisiken vgl. *Holzer* (1990, S. 68 ff.).

## 7.2 Effektivzinsberechnung

Besteht bei einer Anleihe eine wertmäßige Identität zwischen ihrem Preis und der Höhe der Tilgungszahlung bei Endfälligkeit, so lässt sich auf einfachem Weg die **laufende Verzinsung** (= **Current Yield**) ermitteln:

$$r = \frac{C_t}{P_0} \qquad \text{(III-34)}$$

mit

$P_0$ = gegenwärtiger Kurs der Anleihe, ersetzt den bisherigen Barwert (*PV*),
r = gesuchter Effektivzinssatz.

Entsprechen sich der Kurs einer Anleihe und ihr Tilgungsbetrag nicht, so ist die **Effektivverzinsung** (= **Yield to Maturity/Yield to Call**) zu ermitteln:

$$P_0(1+r)^T - \sum_{t=1}^{T} C_t(1+r)^{T-t} - M_T = 0 \qquad \text{(III-35)}$$

Nach Umformung der endlichen geometrischen Reihe $\sum_{t=1}^{T} C_t(1+r)^{T-t}$ in die Summenformel $C_t \frac{(1+r)^T - 1}{r}$ und Erweiterung mit $\frac{r}{P_0\left[(1+r)^T - 1\right]}$ wird die Gleichung wie folgt darstellbar:

$$r = \frac{C_t}{P_0} + \frac{r}{(1+r)^T - 1}\left(\frac{M_T}{P_0} - 1\right) \qquad \text{(III-36)}$$

Auch bei Berechnung der Effektivverzinsung ist die Tatsache zu berücksichtigen, dass bei Anleihebewertung an einem Stichtag, der nicht mit dem Kuponzahlungstermin identisch ist, **Stückzinsen** (= *SZ*) anfallen. Nimmt man eine lineare Berechnung vor, so gilt:

$$SZ = C_t \cdot \frac{d}{365 \text{ bzw. } 360} \qquad \text{(III-37)}$$

mit d = Anzahl der Tage.

Exakter ist für die Stückzinsermittlung die finanzmathematische Berechnung:

$$SZ = \frac{C_t}{r}\left[(1+i)^{\tau} - 1\right], \text{mit } \tau = \frac{d}{365 \text{ bzw. } 360} \qquad \text{(III-38)}$$

In der Praxis von Anlagenberatung und z.T. auch im Finanzmanagement wird statt der finanzmathematischen Formel der Effektivzinsberechnung mit der sog. **Praktikerformel** gearbeitet:

$$r \approx i_{eff} = \frac{C + \frac{(M_T - P_0)}{mRLZ}}{P_0} \qquad \text{(III-39)}$$

mit

mRLZ = mittlere/durchschnittliche Restlaufzeit [(tilgungsfreie Perioden + Tilgungsperioden) / 2],

$M_T$ - $P_0$= Agio/Disagio.

Betrachtet man den Effektivzinssatz von **Zerobonds**, so erfolgt im Grunde die finanzmathematisch einzig richtige Umsetzung der der Effektivzinsmethode inhärenten Wiederanlageprämisse: Es wird unterstellt, dass die während der Laufzeit bis zur Endfälligkeit der Anleihe freigesetzten Cash Flows jeweils wieder zum Effektivzinssatz reinvestiert werden. Diese Annahme ist ausschließlich im Fall eines Zerobond erfüllt: Nachfolgender Zahlungsstrom verdeutlicht dies als **Yield to Maturity eines Zerobond**:

$$r = \left(\frac{M_T}{P_0}\right)^{\frac{1}{T}} - 1 \tag{III-40}$$

mit T = Zeitpunkt der Fälligkeit des Zerobond.

Beispiel: Ein Unternehmen überlegt, ein Investitionsobjekt durch die Ausgabe festverzinslicher Wertpapiere zu finanzieren. Die Papiere sollen zu einem Preis von *50 €* ausgegeben werden und nach *10* Jahren mit *100 €* rückzahlbar sein. Zwischenzeitlich entstehen für das Unternehmen durch diese Fremdfinanzierung keine Auszahlungsverpflichtungen. Hierzu sind die Kapitalkosten der Finanzierung zu errechnen.

$P_0 = 50,\ M_T = 100,\ T = 10;$

$r = \left(\frac{100}{50}\right)^{\frac{1}{10}} - 1 \Leftrightarrow r = \sqrt[10]{\frac{100}{50}} - 1 \Leftrightarrow r = 0{,}07177$. Die Finanzierungskosten betragen *7,177%*.

Lesehinweise: *Fabozzi* (2000, Kap. 3), *Steiner/Bruns* (2000, S. 141-146), *Steiner/Uhlir* (2001, S. 22ff.).

Bei der Berechnung der Effektivverzinsung im unterjährigen Bereich liegen die Unterschiede in den gebräuchlichen Renditeberechnungsmethoden in der Behandlung des **Jahresbruchteils**, d.h. des Zeitraums der aufgelaufenen Stückzinsen. Zwei Verfahrensweisen sind im wesentlichen zu unterscheiden (vgl. Abschnitt 7.3):

- Bei der sog. **linearen Methode** wird der Jahresbruchteil wie folgt integriert: *(1+r· Jahresbruchteil)*.
- Dagegen erfolgt bei der **Potenzmethode** die Berücksichtigung gem. $(1+r)^{Jahresbruchteil}$.

Der Jahresbruchteil wird nachfolgend mit *m* bezeichnet und es gilt:

- *m*: Zeitraum bis zum nächsten Kupontermin (= Jahresbruchteil),
- *(1-m)*: Zeitraum seit dem letzten Kupontermin (= Jahresbruchteil).

Die gängigen Renditeberechnungsmethoden unter Berücksichtigung unterjähriger Zahlungen lassen sich in den beiden Verfahrensweisen nach ***Braeß/Fangmeyer*** und **ISMA** (= International Securities Market Association) darstellen (wobei sich die Restlaufzeit aus *n + m* Jahren zusammensetzt). Ausgangspunkt zur Berechnung der Effektivverzinsung bildet die Barwert-Formel, die nach *r* aufgelöst den gesuchten Effektivzinssatz ergibt.

Als Methode unter Verwendung des Jahresbruchteils in linearer Weise ist nachfolgende Formel in der Finanzmathematik gängig, die nach ihren Autoren ***Braeß/Fangmeyer*-Methode** benannt wurde:

$$PV = \frac{1}{(1+r \cdot m)}\left(\frac{(1+r)^T - 1}{r(1+r)^T} \cdot C + \frac{M_T}{(1+r)^T}\right) + \frac{C}{(1+r \cdot m)} - (1-m)C \tag{III-41}$$

Gegenüber der Berechnungsweise nach *Braeß/Fangmeyer* operiert die **ISMA-Methode** mit dem Jahresbruchteil in potenzierter Form. Diese Methode gilt als **internationaler Standard**:

$$PV = \frac{1}{(1+r)^m}\left(\frac{(1+r)^T-1}{r(1+r)^T}C + \frac{M_T}{(1+r)^T}\right) + \frac{C}{(1+r)^m} - (1-m)C \qquad \text{(III-42)}$$

Bei beiden Methoden ergibt sich für ***m = 0*** (d.h. keine unterjährige Zahlung) die herkömmliche Formel zur Berechnung der Effektivverzinsung und somit im Ergebnis **keinerlei Unterschiede**. Folgende zusammengefasste Gegenüberstellung der Methoden nach der Art des Kupons kann getroffen werden:

| Jahreskupon | | | |
|---|---|---|---|
| bei ganzjährigen Restlaufzeiten: | *Braeß/Fangmeyer* | = | ISMA |
| bei gebrochenem Jahresanteil: | *Braeß/Fangmeyer* | < | ISMA |
| **Halbjahreskupon** | | | |
| bei halb- oder ganzjährigen Restlaufzeiten: | *Braeß/Fangmeyer* | = | ISMA |
| bei Bruchteilen von Halbjahren: | *Braeß/Fangmeyer* | < | ISMA |

Abb. III-76: Gegenüberstellung der Effektivverzinsung nach der Methode *Braeß/Fangmeyer* und ISMA bei unterschiedlichen Kupon- und Laufzeitkonstellationen

Die Verhältnisse lassen sich instruktiv in einem beispielhaften Vergleich aufzeigen:

| Kupon | Stückzins | Restlaufzeit | Kurs | *Braeß/ Fangmeyer* | ISMA |
|---|---|---|---|---|---|
| 5 | 3,75 | 3 Monate | 99,50 | 6,779 | 6,954 |
| 6 | 2,00 | 8 Monate | 98,50 | 8,228 | 8,342 |
| 10 | 2,50 | 9 Monate | 101,25 | 8,032 | 8,084 |
| 7 | - | 1 Jahr | 98,00 | 9,184 | 9,184 |
| 6 | 3,00 | 1,5 Jahre | 97,70 | 7,591 | 7,640 |
| 10*) | - | 1,5 Jahre | 103,00 | 7,942 | 7,995 |
| 10*) | - | 2,5 Jahre | 105,00 | 7,881 | 7,912 |
| 6*) | - | 8,5 Jahre | 89,00 | 7,937 | 7,946 |

*) Halbjahreskupon

Tab. III-17: Vergleich der Ergebnisse der unterschiedlichen Renditeformeln

Lesehinweis: *Weick* (1993).

Bisher wurden mit der Ermittlungsweise des Barwerts sowie der Effektivverzinsung klassische Bewertungsverfahren vorgestellt, die entweder unterstellen, dass es **keine Zinsstrukturkurve** gibt oder eine **flache Zinsstrukturkurve** implizit zugrunde legen, bei der in allen Laufzeiten ein einheitlicher Zinssatz (*i*) besteht. Besonders wird diese implizite Annahme für die Wiederanlageprämisse der Effektivverzinsungsmethode von Bedeutung: Hierbei wird unterstellt, dass die während der Laufzeit einer Anleihe dem Anleger zufließenden Cash Flows bis zum Ende der Laufzeit zum Effektivzinssatz der Anleihe wiederangelegt werden (Wiederanlageprämisse). An Kapitalmärkten sind nun i.d.R. keine flachen, sondern gekrümmte Zinsstrukturkurven vorzufinden. Es lassen sich drei typische Verlaufsformen von Zinsstrukturkurven systematisieren:

- **Normale Zinsstrukturkurve** (positive Steigung), langfristige Renditen liegen über den kurzfristigen. Für den Kurs einer Anleihe hat dies die Folge, dass er sich mit Annäherung an die Endfälligkeit der Anleihe dem Tilgungsbetrag nähert.
- Eine **flache** Zinsstrukturkurve zeigt, dass unabhängig von der Laufzeit die Renditen weitest gehend gleich sind.
- Bei **inverser** Zinsstrukturkurve liegt ein negativer Verlauf vor. Ein Anleger muss dann ggf. mit seiner Anleihe bei Annäherung an die Endfälligkeit mit einem Kursverfall rechnen.

Renditestrukturkurven können auch einen Wendepunkt aufweisen, der häufig auf einen Wechsel im Trend der Marktzinsentwicklung hinweist - den Übergang von einer Hochzinsphase in eine Phase sinkender Zinssätze.

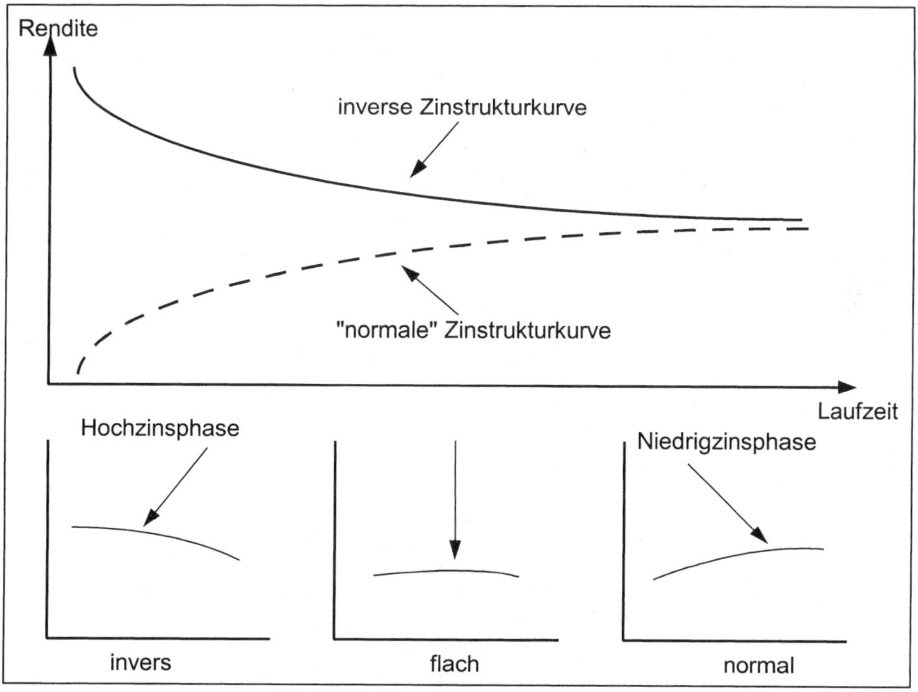


Abb. III-77: Zinsstruktur und Zinsniveau

Lesehinweis: Erläuterungen der unterschiedlichen Verläufe von Zinsstrukturkurven liefert *Schäfer* (1999a, S. 183 ff.).

Der Umstand gekrümmter Zinsstrukturkurven wird im bisher vorgestellten Konzept der Effektivverzinsung und der Effektivzins- und Barwert-Berechnung noch nicht berücksichtigt. Folgende zwei Problembereiche treten bei Berechnung der Effektivverzinsung auf:

- **Problem unterschiedlicher Zinssätze zwischen den Laufzeiten**: Die Effektivverzinsung wird ausschließlich aus dem Zahlungsstrom einer Anleihe und seiner Charakteristik gebildet. Es handelt sich um einen Durchschnittswert der für die einzelnen Fristigkeiten geltenden Zinssätze auf der Zinsstrukturkurve. Liegen gekrümmte Zinsstrukturkurven in der Realität zum Zeitpunkt der Effektivzinsberechnung vor, können Anleihen mit unterschiedlichen (Rest-)Laufzeiten nicht miteinander verglichen werden. In den jeweiligen Laufzeitbereichen weichen die Zinssätze voneinander ab.

- **Problem unterschiedlicher Zinssätze innerhalb eines Laufzeitenbereichs**: Entsprechend seiner mathematischen Grundlage tendiert der Effektivzins immer in seiner Höhe in die Fristigkeit, bei der die höchste Zahlung stattfindet. Bei endfälligen Kuponanleihen tendiert der Effektivzinssatz zum Zinssatz des Laufzeitendes. Je gleichmäßiger Zahlungen in einem Zahlungsstrom über die Laufzeit verteilt sind (= je höher die Kupons sind), desto ausgeprägter ist diese Verzerrung.

Die Konsequenzen dieser Überlegungen mit Blick auf die Verwertbarkeit der Effektivzinsmethode zur Anleihenbewertung sind:

- Die **Effektivverzinsung** stellt einen **Durchschnitt der fristigkeitsbezogenen Zinssätze** (= Spot Rates) dar. Im Besonderen wird dabei der jeweilige Zahlungsstromcharakter berücksichtigt. Zuverlässige Bewertungsaussagen kann die Methode nur dann liefern, wenn die Zahlungsstromcharakteristik der zu vergleichenden Anleihen identisch ist (d.h. hinsichtlich Laufzeit, Kuponhöhe und Tilgung). In diesem Fall benötigt man aber keine Effektivzinsberechnung, da der Börsenpreis der Anleihen selbst das Selektionskriterium für Anleger darstellt.
- Da die Effektivverzinsung eine **Durchschnittsbetrachtung** ist, kann sie nicht in jedem Fall anzeigen, ob Preisunterschiede zwischen Anleihen „richtig" oder „falsch" sind. Damit liefert sie auch keine verlässliche Grundlage zur Anleihenselektion für Anleger, d.h. zum Auffinden unterbewerteter oder überbewerteter Anleihen, die zu Portfolioumschichtungen führen können.

Zur Vermeidung solcher Ergebnisverzerrungen empfiehlt es sich, bei Vorliegen gekrümmter Zinsstrukturkurven mit sog. **Forward Rates**, also Einjahres-Zinssätzen oder mit **Spot Rates** aus der **Nullkuponstrukturkurve** zu arbeiten (vgl. *Schäfer* 1999a, S. 190 ff.).

Lesehinweise: *Steiner/Uhlir* (2001, S. 33-36) und *Elton/Gruber* (1995, Kap. 20).

## 7.3 Grundzüge der Ermittlung von Kapitalkosten bei Krediten

Die Kapitalkosten eines Kredits bestehen im Regelfall aus mehreren Bestandteilen. Neben dem **Nominalzinssatz** sind dies das Disagio sowie u.U. weitere Kostenkomponenten. Vereinheitlicht zu einer Kostengröße werden sie mit dem Effektivzinssatz ausgedrückt. Es ist zwischen statischem und dynamischem Effektivzinssatz zu unterscheiden.

Beim **statischen Effektivzinssatz** werden die einzelnen Kostenkomponenten des Kredits durchschnittlich pro Jahr ermittelt und dem im Durchschnitt ausstehenden Kreditbetrag gegenübergestellt. Grundlage bildet die Ermittlung einer **durchschnittlichen Kreditlaufzeit** $n_{\varnothing}$ (vgl. *Schierenbeck* 2001, S. 126-127):

$$n_{\varnothing} = \sum_{t=1}^{n} \frac{KD_t - F_N}{i_N \cdot F_N} \qquad \text{(III-43)}$$

mit

n = Gesamtlaufzeit des Kredits,

$KD_t$ = Kapitaldienst der Periode *t*,
$F_N$ = Nennwert bzw. Rückzahlungsbetrag des Kredits,
$i_N$ = Nominalzinssatz.

Im Fall der **Ratentilgung** gilt:

$$n_{\varnothing} = \frac{n - n_F + 1}{2} + n_F \tag{III-44}$$

mit
$n_F$ = Tilgungsfreijahre.

Nach Ermittlung der Größe $n_{\varnothing}$ gilt für die Errechnung des **statischen Effektivzinssatzes** $r_S$:

$$r_S = \frac{i_N + \dfrac{k_{dis} + k_e + k_l \cdot n}{n_{\varnothing}}}{1 - k_{dis} - k_e} \tag{III-45}$$

mit
$i_N$ = Nominalzinssatz (bezogen auf $F_N$),
$k_{dis}$ = Disagio (bezogen auf $F_N$),
$k_e$ = einmalige Kreditgebühr (bezogen auf $F_N$),
$k_l$ = laufende Kreditgebühren (bezogen auf $F_N$).

Besteht ein zeitlicher Unterschied zwischen der Kreditlaufzeit und einer sog. **Disagioverbrauchszeit**, so ersetzt letztgenannte Periode die **Gesamtlaufzeit** des Kredits. Bei Krediten mit festen Nominalzinssätzen handelt es sich dabei um die Periode, für die der Nominalzinssatz fixiert wurde. Die durchschnittliche Kreditlaufzeit wird dann durch die durchschnittliche Festzinskreditlaufzeit ersetzt:

$$n_{\varnothing} = \sum_{t=1}^{n} \frac{KD_t - M_t}{i_N \cdot F_N} \tag{III-46}$$

mit
$M_t$ = Tilgung in der Periode *t*,
n = Festzinsperiode.

Beispiel (in Anlehnung an *Schierenbeck* 2001, S. 127-128): Ein Kredit mit einer Laufzeit von zwei Jahren und einem Kreditbetrag von *2.000* € wird zu *90%* ausgezahlt. Vereinbart wurde im Kreditvertrag eine jährliche Zins- und Tilgungsleistung. Die Tilgung soll in zwei gleichen Raten am Ende des ersten und am Ende des zweiten Jahres erfolgen. Als Nominalzinssatz wurden *5%* vereinbart.

Den statischen Effektivzinssatz errechnet man aus Formel (III-45) in Verbindung mit (III-44):

$$r_S = \frac{0{,}05 + \dfrac{0{,}1}{1{,}5}}{1 - 0{,}1} = \frac{0{,}11\overline{6}}{0{,}9} = 12{,}963\%.$$

Während die statische Effektivzinsmethode nach dem Durchschnittsprinzip arbeitet und den zeitlichen Anfall von Rückzahlungen aus einem Kredit nicht berücksichtigt, erfasst die **dynamische Effektivzinsmethode** die gesamte Zahlungsreihe eines

Kredits. Sie ist die Anwendung der **internen Zinsfußmethode**. Nachfolgende Gleichung zeigt ihre Bestandteile und Zusammensetzung:

$$KD_t = \sum_{t=1}^{T} M_t (1+r)^{-t} = 0 \qquad \text{(III-47)}$$

Die interne Zinsfußmethode gibt an, mit welchem Zinsfuß die Rückzahlungen in *t* abgezinst werden müssen, damit die Summe der Rückzahlungsbarwerte den Kreditauszahlungsbetrag ergeben. Nachfolgende Abb. III-78 verdeutlicht anhand der Beispieldaten das Verständnis des internen Zinsfußes als interne Verzinsung des jeweils noch eingesetzten Restkapitals (vgl. *Schierenbeck/Rolfes* 1986).

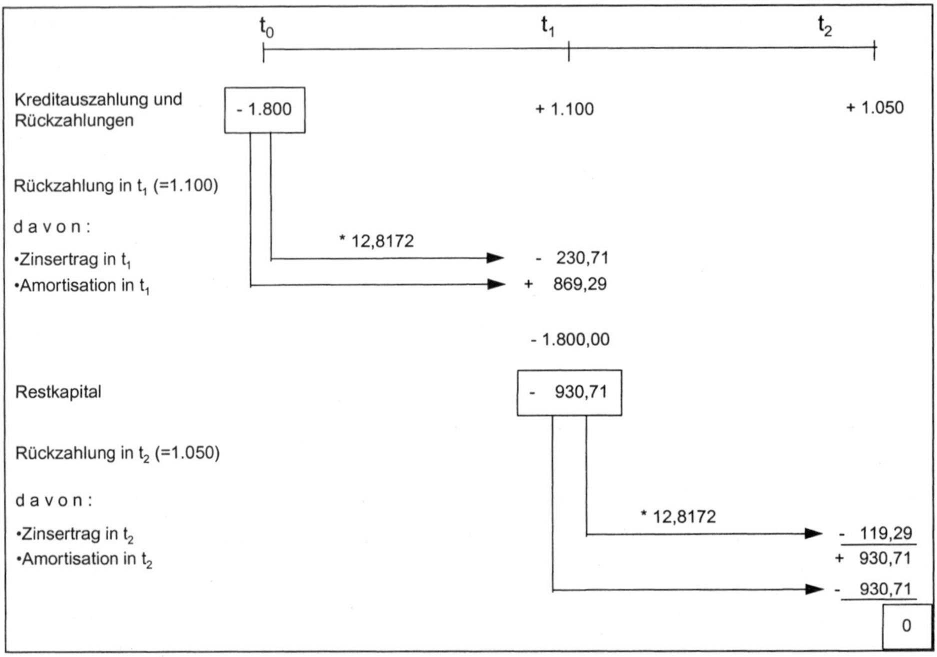


Abb. III-78: Interner Zinsfuß eines Kredits

Liegen bei den Kreditrückzahlungen (im Gegensatz zur Zahlungsreihe des vorgenannten Beispiels) **unterjährige Zahlungen** oder sog. **gebrochene Laufzeiten** (z.B. *1¼* Jahre oder *1½* Jahre) vor, so ist dies bei der Effektivzinsberechnung nach der internen Zinsfußmethode zu berücksichtigen.

Die **internationale Effektivzinsmethode** wird durch frei wählbare Zinskapitalisierungszeitpunkte bestimmt. Die Zinseszinsrechnung wird mit exponentieller unterjähriger Verzinsung bei täglicher Zinskapitalisierung durchgeführt.

Beispiel: Auszahlung eines Kreditbetrags am 01.10.1995 in Höhe von *2.000* €, abzüglich eines Disagios von *10%*. Vereinbart wurden endfällige Tilgung, Zinszahlungen zum Ende und zur Mitte des Kalenderjahres und eine Laufzeit von *1 ¼* Jahren. Der Nominalzins beträgt *5%*. Als Zahlungsreihe ergibt sich:

| 1.10.1995 | 31.12.1995 | 1.7.1996 | 31.12.1996 |
|---|---|---|---|
| *-1.800* | *+25* | *+50* | *+2.050* |

Nachfolgende Abb. III-79 zeigt die Zins- und Amortisationsrechnung der ISMA-Methode.

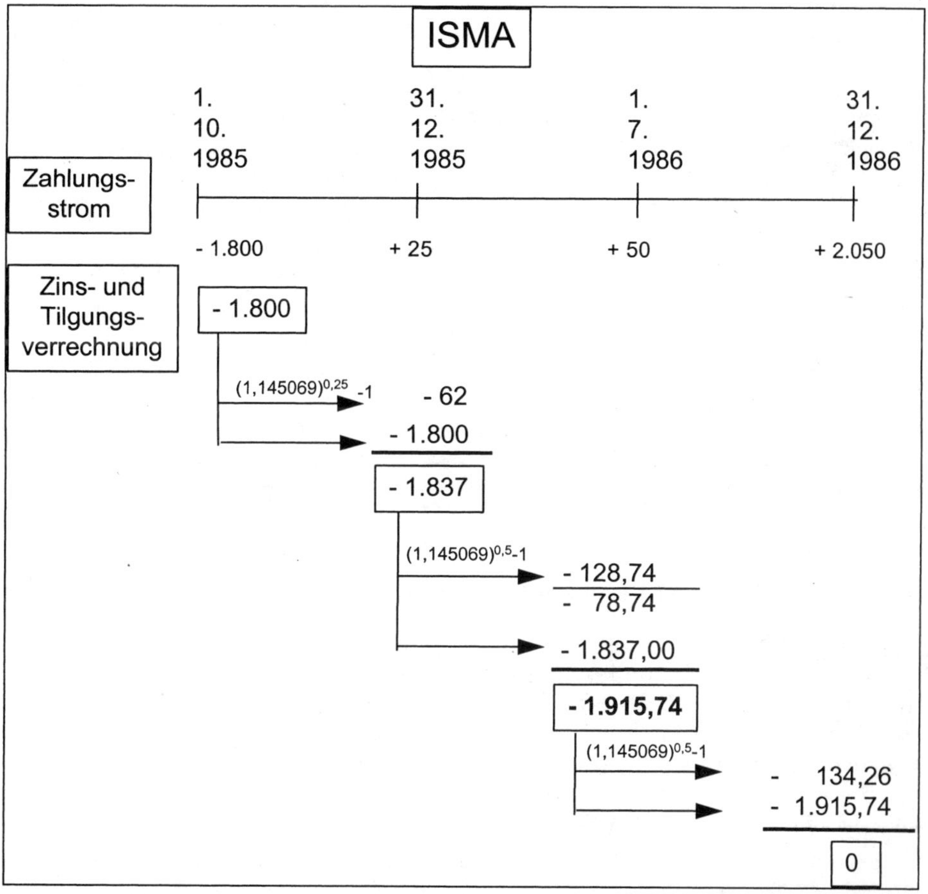


Abb. III-79: Effektivzinsberechnung nach ISMA (Quelle: *Schierenbeck* 1992, S. 153)

Mehrere Methoden sind zu unterscheiden (Abb. III-80), wovon das internationale Effektivzinsverfahren nach ISMA dominiert.

Lesehinweis: Zur Darstellung und Kritik der Methoden der Effektivzinsberechnung vgl. *Schierenbeck* (2001, S. 139-142).

| **Unterscheidungs-kriterium** | **Interner Zinsfuß nach** | | |
|---|---|---|---|
| | Treasury konformer Effektivzinssatz | Effektivzins nach US | Effektivzins nach ISMA bzw. PAngV |
| (1) **Unterjährige Zinsverrechnung** | linear | | exponentiell |
| (2) **Zinskapitalisierung** | unterjährig | | |
| | Abhängig von den Laufzeiten der Finanzierungstranchen | abhängig von den Zahlungs- bzw. Zinskapitalisierungsterminen | unabhängig von den Zahlungsterminen tägliche Zinskapitalisierung |
| (3) **gebrochene Laufzeiten** | nicht relevant | | |

Abb. III-80: Übersicht zu den Varianten der Effektivzinsberechnung im unterjährigen Bereich (Quelle: *Schierenbeck* 2001, S. 131)

## 7.4 Bewertung von Geldmarktpapieren

Als Geldmarktpapiere werden im Allgemeinen alle Fazilitäten bezeichnet, die eine Laufzeit von bis zu einem Jahr (einschließlich) haben. Die Ausstattung von Geldmarktpapieren wie CPs, Certificate of Deposits, Banker's Acceptances oder Repurchase Agreeements hinsichtlich der Zinszahlung basiert auf abgezinsten Emissionen; die Rückzahlung zum Fälligkeitstermin erfolgt somit zum Nominalwert von *100%*. Für die Bewertung von Geldmarktpapieren ist ferner zu berücksichtigen, dass als Zeitregelung Actual/*365* gilt.

Unter diesen Bedingungen lässt sich zur Berechnung des Ausgabewerts $P_0$ folgende Formel anwenden:

$$P_0 = M \cdot \left( (1 - i) \cdot \frac{T}{365} \right) \qquad \text{(III-48)}$$

mit

$P_0$ = Ausgabewert,
M = Nennwert,
T = Laufzeit.

Beispiel: Ein Investor A kauft zur Anlage seiner liquiden Mittel am 25.04.2000 ein CP eines Industrieunternehmens über einen Nennwert von *1,0* Mio. € am 25.04.2000. Der Diskontierungssatz beträgt *4,5%* und das Laufzeitende ist der 25.07.2000.

$$P_0 = 1.000.000 \cdot \left( 1 - \frac{4,5}{100} \cdot \frac{91}{365} \right) = 988,78\ €.$$

Als relative Bewertungsgröße lässt sich für ein Geldmarktpapier dessen Rendite (= *r*) errechnen. Folgende Formel wird hierzu verwendet:

$$r = \left( \frac{i \cdot 365}{365 - (T \cdot i)} \right) \qquad \text{(III-49)}$$

Beispiel: Investor A möchte das CP mit Geldmarktpapieren vergleichen, die auf Renditebasis gehandelt werden. Dazu muss er den Diskontierungssatz in eine Rendite umrechnen.

$$r = \left( \frac{100 \cdot 4{,}5 \cdot 365}{(100 \cdot 365) - (91 \cdot 4{,}5)} \right) \approx 4{,}55\%$$

Geldmarktpapiere notieren im Handel wie Geldmarktfazilitäten im Allgemeinen mit gespannten Ankaufs- (Bid-) und Verkaufs(Ask-)kursen (= Quotes). Die Differenz zwischen beiden Kursen wird als Spanne oder Spread bezeichnet. Für die Kurse stellenden Marktteilnehmer, i.d.R. Market Maker, stellt der Spread eine Einkommensquelle dar, mit der ihre Tätigkeit als ständiger Bereitsteller von Marktliquidität honoriert wird. Für die übrigen Marktteilenhmer stellt der Spread eine Transaktionskomponente dar. Die Wertermittlung für Geldmarktpapiere ist daher um die Tatsache gespannter Sätze zu modifizieren.

Beispiel: Für ein *60* Tage laufendes CP gelten folgende Konditionen: Bid: *4,475* €, Ask: *4,525* €. Ein CP mit nominal *1.000.000* € und Laufzeit 60 Tage soll gekauft/verkauft werden. Ferner ist der Spread zu bestimmen. Es gilt in einem ersten Schritt die Barwerte des Geldmarktpapiers auf der Basis der jeweiligen Ask-/Bid-Quotes ($P_B$ bzw. $P_A$) zu errechnen:
Der Spread ermittelt sich daraufhin wie folgt: *992.643,84 – 992.561,64 = 82,20* €

$$P_B = 1.000.000 \cdot \left(1 - 0{,}04475 \cdot \frac{60}{365}\right) = 992.643{,}84€ \qquad P_A = 1.000.000 \cdot \left(1 - 0{,}04525 \cdot \frac{60}{365}\right) = 992.561{,}64€$$

Lesehinweise: *Walmsley* (1992, S. 156-161) und *Eller* (1990, S. 41f.).

## 7.5 Anmerkungen zum Zinsrisikomanagement

„In the last few years both borrowers and lenders have sought protection from the risk arising from volatile, generally high and unpredictable interest rates. (...) Meanwhile, large corporate borrowers have been placing market issues which have to compete with other forms of financial investments so as to attract investors and at the same time meet the borrower's needs with respect to liquidity, risk and maturity. All these efforts have let to a widespread use of (1) variable rate lending by financial institutions, (2) floating rate or other unconventional issues by large borrowers in financial markets and/or (3) maturity shortening of bank loan contracts as well as of bond issues" (*Akhtar* 1983, S. 11 und 13). Dieses Zitat kennzeichnet eine signifikante Veränderung, die die Unternehmensfinanzierung bis heute und auch in absehbarer Zeit durchleben wird: Die zunehmenden Risiken aus Zinssatzänderungen und ihre Wirkungen auf Vermögens- und Schuldenpositionen in den Unternehmensbilanzen und der GuV.

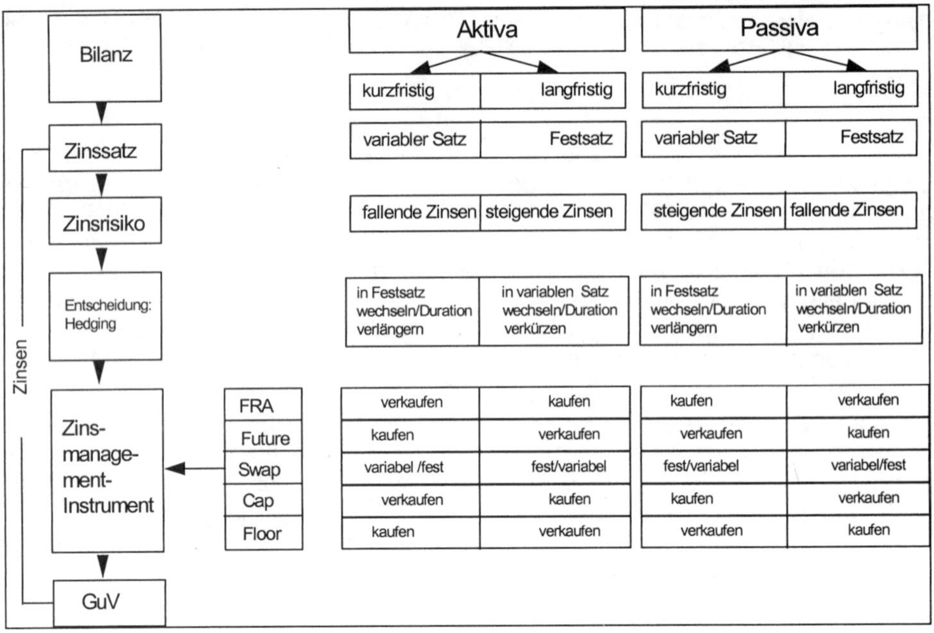


Abb. III-81: Überblick zu den Derivat-Instrumenten im Einsatz zum Management des Zinsänderungsrisikos

Zinsänderungsrisiken treten auf, weil zukünftige Zinssätze in der Gegenwart nicht mit Zuverlässigkeit vorausgesagt werden können. Das **moderne Zinsmanagement** steht daher vor allem vor der Frage, wie die niedrigen kurzfristigen Zinssätze für langfristige Finanzzwecke gewonnen werden können und das damit verbundene Zinsänderungsrisiko minimiert, wenn nicht gar eliminiert wird. Mit der **Entwicklung derivativer Finanzinstrumente** auf den Finanz-Terminmärkten ist in den 80er Jahren eine bis heute anhaltende Dynamik in Finanzinnovationen in Gang gesetzt worden, die im Grunde in folgende Instrumentengruppen grob eingeteilt werden kann (vgl. auch Abb. III-81):

- Mit **Forward Rate Agreements** (= FRA) werden Zinstermingeschäfte bezeichnet, die hinsichtlich ihrer Kontraktbestandteile (z.B. Anfangs- und Fälligkeitszeitpunkt, Zinssatz oder Volumen) zwischen den Vertragsparteien individuell vereinbart werden.
- Ebenfalls Zinstermingeschäfte stellen **Zinsfutures** dar. Sie unterscheiden sich im wesentlichen von den FRA durch ihre Standardisierung und dem Handel an börslich organisierten Terminmärkten.
- Bei **Swaps** werden Vereinbarungen über den gegenseitigen Austausch von Zahlungsströmen zwischen den Vertragsparteien getroffen. Grundlage bildet ein zugrunde liegender Nominalbetrag.
- **Cap** und **Floor** stellen Vereinbarungen dar, die Optionscharakter haben. Gegen Zahlung einer Prämie an den Verkäufer eines solchen Vertrags sichert sich der Käufer beim Cap gegen steigende Zinssätze und beim Floor gegen sinkende Zinsen.

# Kapitel IV Innenfinanzierung

## 1 Grundlagen der Innenfinanzierung

Innenfinanzierung ist die Deckung von Kapitalbedarf aus finanzwirtschaftlich relevanten Vorgängen „aus dem Unternehmen heraus“, d.h. durch die Betriebs- und Umsatzprozesse. Anstelle des Begriffs Innenfinanzierung wird mitunter auch von **Finanzierung** aus **Umsatzerlösen**, **Finanzierung** aus dem **Cash Flow** oder **(Umsatz-) Überschussfinanzierung** gesprochen. Innenfinanzierung wird zudem häufig mit dem Begriff **Selbstfinanzierung** gleichgesetzt. Insgesamt finden sich in der Literatur und der Praxis unterschiedliche Vorstellungen darüber, was Innenfinanzierung darstellt (vgl. *Büschgen* 1991, S. 249-250). Nachstehende Definitionen umschreiben den Begriff nach seinen Komponenten.

Innenfinanzierung stellt zum einen **Selbstfinanzierung im engeren Sinne** dar, womit die Finanzierung aus realisierten Gewinnen gemeint ist, die ihrerseits Teile der Eigenfinanzierung darstellen. Man nennt interne Finanzierungsvorgänge daher auch **interne Eigenfinanzierung**. Diese wird in drei Ausprägungen unterschieden. Unter der **offenen** Selbstfinanzierung versteht man die in den Rücklagen der Bilanz ausgewiesene Ansammlung von nicht ausgeschütteten Gewinnen (= **Gewinnthesaurierung**). Dagegen bezeichnet die **stille** Selbstfinanzierung aus der Bilanz nicht direkt ersichtliche Rücklagen. Als weitere Kategorie klassifiziert man die **versteckte** Selbstfinanzierung. So führen z.B. selbsterstellte Patente zu Ausgaben, die in späteren Perioden Einnahmen generieren werden. Die Ausgaben der Patentherstellung führen aber nicht zu aktivierungsfähigen Wirtschaftsgütern und werden bei der Gewinnermittlung als Aufwand verbucht. Damit sind Gewinne in nicht bilanzfähige Wirtschaftsgüter eingeflossen. Erst bei Verkauf des gesamten Unternehmens oder Realisierung zukünftiger Einnahmen (z.B. aus dem Absatz der mit dem Patent hergestellten Güter) werden diese Gewinne freigesetzt und führen zu einem Finanzmittelzufluss (vgl. *Schneider* 1992, S. 58-60).

Im **weiteren Sinne** umfasst **Selbstfinanzierung** zusätzlich zu den vorgenannten Komponenten die Finanzierung aus verdienten Abschreibungen (= Abschreibungserlöse) und die interne Fremdfinanzierung, wozu überwiegend langfristige Rückstellungen (insbesondere Pensionsrückstellungen) gezählt werden. Komplettiert wird der Bereich der Innenfinanzierung um Finanzierungsvorgänge aufgrund von Kapitalfreisetzungen, beispielsweise aus Rationalisierungsmaßnahmen oder Beschleunigung des Kapitalumschlags.

Es gibt grundsätzlich zwei Wege der Mittelbeschaffung im Rahmen der Innenfinanzierung. Zum einen die zusätzliche Kapitalbildung durch **Gewinnthesaurierung**, was von der Ertragskraft des Unternehmens abhängt und zur Bilanzverlängerung führt. Daneben speisen die **Freisetzung** von in Vermögenswerten gebundenem **Kapital** (z.B. in Form von Abschreibungen) und die Realisierung von **stillen Reserven** die Innenfinanzierung. Allerdings ist ihr Beitrag eher gering und unregelmäßig. Typische Anlässe sind der Verkauf von nicht betriebsnotwendigen Vermögensteilen, um Bilanzverluste auszugleichen, die ansonsten durch das operative Geschäft eines Unternehmens nicht behebbar wären. Regelmäßig und überwiegend werden Innenfinanzierungsmittel dagegen aus Umsatzerlösen erzielt. Die wesentlichen Komponenten, die dabei eine Rolle spielen, sind die zurückbehaltenen (nicht ausgeschütteten) Gewinne, die Abschreibungen und die Rückstellungen mit ihren jeweiligen finanziellen Gegenwerten. Dabei ist die Bildung von Innenfinanzierungsmitteln an bestimmte **Voraussetzungen** geknüpft. Abb. IV-1 veranschaulicht dies in einer vereinfachten Kalkulation (wobei die Wertangaben gedanklich auf Stückdimensionen bezogen werden müssen).

| | |
|---|---|
| Materialkosten | |
| + Lohnkosten | |
| + **Abschreibungen** | → als Gegenwerte zur Finanzierung verwendbar |
| + **Rückstellungsaufwand** | → als Gegenwerte zur Finanzierung verwendbar |
| + Sonstige Kosten | |
| + **Gewinnzuschlag** | → als Gegenwerte zur Finanzierung verwendbar |
| = **Angebotspreis** | |

Abb. IV-1: Beispielhafte Kalkulation eines Angebotspreises zur Erfassung finanzieller Gegenwerte für die Innenfinanzierung

So müssen Gewinnmargen, Abschreibungen und Rückstellungen im Angebotspreis kalkulatorisch enthalten sein. Der Angebotspreis muss realisiert, d.h., die Produkte müssen zu diesem Preis verkauft werden. Daraufhin ergeben sich Einnahmen in Form von Umsatzerlösen. Die Einnahmen führen zu Einzahlungen, und es entstehen finanzielle Gegenwerte. Finanzierungseffekte liegen bei der Innenfinanzierung vor, wenn dem Unternehmen die kalkulierten finanziellen Gegenwerte in Liquidität durch Umsatzerlöse zufließen.

Lesehinweis: Eine detaillierte buchhalterische Darstellung liefert *Adelberger* (1993, S. 202-205).

Die gezeigte Kausalkette ist ein wichtiger Bestimmungsfaktor für die Höhe der Innenfinanzierung, daneben existiert eine Reihe weiterer Determinanten. Die rechtliche Ausgestaltung eines Unternehmens hinsichtlich seiner Unternehmensverfassung und die spezifischen gesetzlichen Rechnungslegungsvorschriften zur Bilanzierung, insbesondere der Gewinnthesaurierung, beeinflussen das Innenfinanzierungspotenzial (bei Kapitalgesellschaften erheblich). Ergänzt werden diese Bestimmungen durch Satzungen und Gesellschaftsverträge die sich die Leitungsgremien eines Unternehmens freiwillig geben.

Aus finanzierungstheoretischer Sicht wird gängigerweise die Selbstfinanzierung i.e.S. als Entscheidungsproblem mit der Frage diskutiert, ob erwirtschaftete Gewinne an die Unternehmenseigner auszuschütten sind oder innerhalb des Unternehmens verbleiben und dort investiv eingesetzt werden sollen. Zur Beantwortung unterscheidet man, ob personenbezogene oder firmenbezogene Unternehmen betrachtet werden.

Im Fall **personenenbezogener Unternehmen** ist von der Identität zwischen Unternehmensleitung und Eigner auszugehen (z.B. bei Komplementären) bzw. Eigner können ihre Ziele bei der Unternehmensleitung in ihrem Sinne durchsetzen (z.B. Kommanditist gegenüber voll haftenden Gesellschaftern in der Unternehmensleitung). Ein Prinzipal-Agent-Problem dürfte dadurch im Regelfall nur gering ausgeprägt sein, weshalb man davon ausgeht, dass die Unternehmenszielsetzung „Entnahmemaximierung" lauten wird. Die Selbstfinanzierung ist dann kein Entscheidungsproblem.

Bei **firmenbezogenen Unternehmen**, die durch die Trennung von Eignern und Unternehmensleitung gekennzeichnet sind, ist das Prinzipal-Agent-Problem dann nicht von Bedeutung, wenn die Unternehmensleitung im Interesse der Anteilseigner handelt bzw. ein vollkommener Kapitalmarkt vorliegt. Im letztgenannten Fall können die Interessen der beiden Gruppen zwar abweichen, die Eigner haben aber die Möglichkeit, ihre Anteile am Kapitalmarkt zu veräußern, wenn sie mit der Dividendenpolitik der Unternehmensleitung nicht einverstanden sind. Man begegnet in dieser Anschauung des Selbstfinanzierungsproblems wieder der Irrelevanzvorstellung wie sie in der Beteiligungsfinanzierung aufgeführt wurde. „Genau das besagt die **Irrelevanzthese der Dividendenpolitik**: Es ist aus Sicht der Aktionäre irrelevant, wie viel eine AG als Dividenden ausschüttet, vorausgesetzt, daß sich die Unternehmensleitung nicht durch die Einbehaltung von Mitteln dazu verleiten läßt, unvorteilhafte Investitionen durchzuführen, und sich nicht durch die Ausschüttung davon abhalten läßt, vorteilhafte Investitionen vorzunehmen" (*Schmidt/Terberger* 1997, S. 230). Im anderen Fall, in dem angenommen werden kann, dass die Unternehmensleitung im Interesse der Anteilseigner handelt, wird die Frage weitergehend diskutiert, ob die Unternehmensleitung ihre Handlungen danach ausrichtet, die Dividendeneinkommen der Anteilseigner oder stattdessen deren Vermögen durch Unternehmenswachstum zu maximieren. *Schneider* hat die Problematik wie folgt auf den Punkt gebracht: „Wenn Selbstfinanzierung heute bewirkt, dass in Zukunft mehr Geld den Aktionären zufließt, dann wird sie die Kurse nach oben treiben. Fraglich ist nur, ob Selbstfinanzierung heute den Kurs genauso steigen lässt wie höhere Ausschüttungen heute - das behauptet im Grunde die Gewinnthese - oder ob künftige Dividendenerhöhungen und Bezugsrechtserlöse als Folge heutiger Selbstfinanzierung geringer eingeschätzt werden als gegenwärtige Ausschüttungen - das ist der Kern der Dividendenthese" (*Schneider* 1993, S. 499).

Kann nicht von einer Zielidentität zwischen Unternehmensleitung und Anteilseignern ausgegangenen werden und liegt kein vollkommener Kapitalmarkt vor, dann können die Anteilseigner nicht mehr zwingend davon ausgehen, dass die im Unternehmen einbehaltenen Gewinne in ihrem Interesse verwendet werden. In diesem Fall sind sie gezwungen, sich Erwartungen über die zukünftige Ertragslage des Unternehmens zu machen. Die Ausschüttung von Gewinnen und ihre Anlage in Investitionen außerhalb des Unternehmens, die der Anteilseigner selbst bestimmt, wären u.U. dem Einbehalt der Gewinne vorzuziehen. Selbstfinanzierung wird unter diesen Umständen zu einem Entscheidungsproblem für die Anteilseigner und zwangsläufig auch zu einem der Unternehmensleitung. Die Unternehmensleitung, die um dieses Entscheidungsproblem weiß, kann möglicherweise mit der Dividendenpolitik einen Signalmechanismus benutzen, mit dem sich Anteilseigner Erwartungen über die für sie nicht direkt beobachtbare zukünftige Ertragslage des Unternehmens machen können. Dividendenkürzungen würden als Signal für eine zukünftige Verschlechterung der Ertragslage von den Kapitalmarktteilnehmern interpretiert, Erhöhungen der Ausschüttungen hätten den entgegengesetzten Aussagewert.

Für die meisten kleinen und für viele mittelständische Unternehmen sowie öffentliche Unternehmen ist die Innenfinanzierung meist die dem Finanzierungsvolumen nach bedeutendste und vereinzelt auch die einzige Finanzierungsquelle. Der Grund liegt in der fehlenden Emissionsfähigkeit von Unternehmen, denen daher kein organisierter Kapitalmarkt zur Beschaffung von Eigenkapital zur Verfügung steht. Das Eigenkapital wird deshalb überwiegend durch die interne Eigenfinanzierung aufgebaut und durch die interne Fremdfinanzierung ergänzt. Einen Überblick über die Vor- und Nachteile der Selbstfinanzierung i.e.S. liefert Abbildung (vgl. *Wöhe/Döring* 2000, S. 756-757 und *Süchting* 1995, S.258).

<table>
<tr><th>Vorteile</th><th>Nachteile</th></tr>
<tr><td>Höhere Flexibilität in der Verwendung der Finanzmittel z.B. für vermehrte Investitionen im Forschungs- und Entwicklungsbereich.</td><td rowspan="2">Investitionsentscheidungen sind weitgehend frei von Einflussnahme der Kapitalgeber, dies erhöht opportunistischen Spielraum des Managements und das Risiko von Fehlinvestitionen.</td></tr>
<tr><td>Bonität des Unternehmens wird erhöht.</td></tr>
<tr><td>Externe Vorschriften für den Einsatz der finanziellen Mittel müssen je nach Rechtsform kaum beachtet werden.</td><td rowspan="3">Aufbau und Wahrung stiller Reserven können von den Eigentümern von Kapitalgesellschaften als bewusste Erhaltung der Entscheidungsfreiheit des Managements zu Lasten der Eigentümer gesehen werden (z.B. Vorenthalten von Dividenden, die bei Auflösung nicht betriebsbedingter stiller Reserven möglich wären).</td></tr>
<tr><td>Finanzierung setzt keine Stellung von Sicherheiten voraus.</td></tr>
<tr><td>Beständiger Aufbau der Eigenkapitalbasis (bei entsprechender Ertragslage).</td></tr>
<tr><td>Aufrechterhaltung bestehender Machtverhältnisse im Unternehmen, da Unabhängigkeit von Eigen- und Fremdkapitalgeber besteht.</td><td rowspan="6">Im Vergleich zu anderen Finanzierungsformen (z.B. Schütt-aus/Hol-zurück-Verfahren) unterliegt die Selbstfinanzierung der höchsten Steuerbelastung, solange die ESt-Belastung von Gewinnen unterhalb des Körperschaftsteuersatzes von 50 % liegt.</td></tr>
<tr><td>Zinskostenvorteil aufgrund von Ertragsteuerzahlungen in späteren Perioden.</td></tr>
<tr><td>Stärkere Unabhängigkeit der Unternehmensführung von Kapitalgebern und Kapitalmarkt.</td></tr>
<tr><td>Geringere Krisenanfälligkeit aufgrund einer höheren Eigenkapitalbasis.</td></tr>
<tr><td>Vermeidung von Emissionskosten und Gesellschaftsteuer.</td></tr>
<tr><td>Keine periodischen Zins-/Tilgungsleistungen.</td></tr>
</table>

Abb. IV-2: Vor- und Nachteile der Selbstfinanzierung i.e.S. im Überblick

Lesehinweis: Näheres zur Diskussion um die Vor- und Nachteile der Innenfinanzierung finden sich bei *Büschgen* (1991, S. 359-367) und *Schneider* (1992). Zur Signalfunktion der Dividendenpolitik vgl. *Hartmann-Wendels* (1986).

## 2 Selbstfinanzierung i.e.S.

Selbstfinanzierung stellt Mittelbeschaffung aus dem finanzwirtschaftlichen Überschuss dar (Einzahlungen übersteigen Auszahlungen in einer Betrachtungsperiode). Unter dem **Zeitaspekt** ergeben sich wesentliche Merkmale der Selbstfinanzierung:

- Innerhalb einer Abrechnungsperiode fließen einem Unternehmen Finanzmittel sukzessive zu und werden innerhalb dieser Periode zu einem überwiegenden Teil wieder verausgabt.
- Am Ende der Periode wird ein finanzwirtschaftlicher Überschuss ermittelt. Dieser gibt buchhalterisch an, in welcher Höhe Finanzmittel einem Unternehmen im zurückliegenden Zeitraum zur Verfügung standen. Der eigentliche **Finanzierungseffekt** erfolgt daher zeitlich **vor** der **bilanziellen Gewinnermittlung**.

## 2.1 Offene Selbstfinanzierung

Die offene Selbstfinanzierung als Stromvorgang speist den Bestand Eigenkapital. Offen im Jahresabschluss ausgewiesene erwirtschaftete **Gewinne** werden vollständig oder teilweise **nicht** an die Gesellschafter **ausgeschüttet**. Sie verbleiben im Unternehmen, was in der Bilanz auf der Passivseite dokumentiert wird. Es lassen sich zwei grundsätzliche Ausweisvorschriften in Abhängigkeit von Rechtsformen feststellen (vgl. *Coenenberg* 2000, S. 292-297 und S. 320-321):

- Bei **Kapitalgesellschaften** erfolgt eine Zuführung des nicht ausgeschütteten Gewinns in bestimmte **vom Gesetzgeber vorgeschriebene Positionen** der Passivseite: Sie ergänzen den konstanten Teil des Eigenkapitals bei Kapitalgesellschaften. Wie alle Kapitalpositionen der Passivseite verfügen auch die Rücklagen über keinen Gegenposten auf der Aktivseite der Bilanz. Grundsätzlich können sich die im Verlauf eines Geschäftsjahres zugeflossenen Gewinne in verschiedenen Vermögenswerten der Aktivseite befinden - je nach der vorangegangenen Verwendung der Gewinnkomponenten in den durch Umsatzerlöse erzielten Einnahmen.
- **Personengesellschaften** bilden keine in der Bilanz separat ausgewiesenen Rücklagen. Es erfolgt eine **direkte Zuführung** des erwirtschafteten und nicht ausgeschütteten Gewinns zu den **Eigenkapitalkonten** der Gesellschafter. Aus diesem Grund hat das Eigenkapital der Personengesellschaften im Gegensatz zu dem von Kapitalgesellschaften variablen Charakter. Durch Entnahmeverzicht und nach Abzug der (persönlichen) Einkommensteuern der Gesellschafter werden bilanziell die Selbstfinanzierungsquellen der Personengesellschaften abgebildet. Bei Personengesellschaften bestehen keine gesetzlichen Vorschriften zur Gewinnthesaurierung. Grundsätzlich ist der gesamte Gewinn thesaurierbar. Letztlich hängt dessen Höhe von der Entnahmepolitik der Gesellschafter ab. Diese wird zum Teil durch den Gesetzgeber geregelt:
  - § 122 HGB berechtigt **voll haftende Gesellschafter** grundsätzlich zu Entnahmen in Höhe von *4*% ihres Kapitalanteils, bezogen auf das vergangene Geschäftsjahr, darüber hinaus im Rahmen des Gewinnanteils eines Gesellschafters. Nebenbedingung ist, dass dadurch der Gesellschaft kein „offenbarer Schaden" zugefügt wird.
  - Bei der KG bestehen hinsichtlich der **Komplementäre** die gleichen Regelungen. Ein **Kommanditist** ist gemäß § 169 HGB berechtigt, die Auszahlung seines Gewinnanteils als Gewinnausschüttung zu verlangen (mind. *4*% seines Kapitalanteils).
  - Der **stille Gesellschafter** erhält seinen Gewinnanteil ausgezahlt (§ 232 Abs. 1 HGB).

Kapitalgesellschaften weisen im Gegensatz zu Personengesellschaften wesentlich weitergehende gesetzliche Vorschriften zur Rücklagenbildung auf. Sie werden daher nachfolgend näher erläutert.

### 2.1.1 Kapitalrücklage

„Die Kapitalrücklage umfaßt die einer Kapitalgesellschaft von ihren Eignern neben dem Nominalkapital von außen zugeführten Eigenkapitalanteile. Hierin unterscheiden sich die Kapital- von den Gewinnrücklagen, die durch im Unternehmen einbehaltene Teile des Jahresüberschusses gebildet werden" (*Coenenberg* 2000, S. 288). Die Einordnung der Kapitalrücklagen in die Selbstfinanzierung kommt zustande, weil die **Ausschüttung** erhöhter Gewinne aufgrund außerordentlicher oder sonstiger betrieblicher Erträge **vermieden** und **Ertragsteuern** wegen der verminderten Besteuerungsgrundlage reduziert werden. Nach § 272 Abs. 2 HGB müssen folgende Beträge in die Kapitalrücklage eingestellt werden:

- Beträge, die bei der **Ausgabe von Anteilen** (Aktien, GmbH-Anteilen), inkl. **Bezugsanteilen,** als Agio über den Nennbetrag hinaus erzielt werden.
- Aufgeld, das bei der Ausgabe von Schuldverschreibungen für **Wandlungsrechte** in Anteile und **Optionsrechte** zum Erwerb von Anteilen erzielt wird. Diese Regelung betrifft ausschließlich die AG (§ 221 AktG).
- Beträge von **Zuzahlungen**, die Gesellschafter **gegen** Gewährung eines **Vorzugs** für ihre Anteile leisten. Bei der AG handelt es sich um Zuzahlungen im Rahmen der Ausgabe von Vorzugsaktien gemäß § 11 AktG.
- Andere **Zuzahlungen**, die Gesellschafter **in** das **Eigenkapital** leisten. Hierzu zählen auch Zuzahlungen, die Gesellschafter der GmbH aufgrund von Satzungsbestimmungen über den Betrag der Stammeinlage hinaus zu zahlen haben (sog. **Nachschüsse**).

Die Auflösung der Kapitalrücklage unterliegt bis auf die Nachschüsse der GmbH-Gesellschafter strengen gesetzlichen Vorschriften, die im Zusammenhang mit den gesetzlichen Rücklagen behandelt werden.

### 2.1.2 Sonderposten mit Rücklageanteil

Ähnlich der Kapitalrücklagen erfolgt die Bildung des Sonderpostens mit Rücklageanteil zunächst steuerneutral aus dem unversteuerten Gewinn. Er verdankt seine Passivierung dem Prinzip der umgekehrten Maßgeblichkeit der Steuerbilanz für die Handelsbilanz (§ 273 HGB und § 5 Abs.1 Satz 2 EStG). Der Sonderposten mit Rücklageanteil stellt teils Eigen- und teils Fremdkapital dar. Eigenkapital ist er in dem Sinne, als er die Eigenschaft von Rücklagen aus einem Gewinn hat, der noch zu versteuern ist. Zu nennen sind hier die steuerfreien Rücklagen (§ 247 Abs. 3 HGB). Dabei werden Teile des Gewinns zunächst vorübergehend der Ertragbesteuerung entzogen. Ihre späteren Auflösungen werden dann im Regelfall Steuerzahlungen nach sich ziehen. Diese in die Zukunft verlagerte Steuerzahlung (zinslose Steuerverschiebung) beinhaltet den Fremdkapitalanteil im Sonderposten mit Rücklageanteil. Aufgrund seines teilweise Rücklagen- und teilweise Steuerrückstellungscharakters (= Mischposten) muss er in der Bilanz von Kapitalgesellschaften gemäß § 273 HGB hinter dem Eigenkapital und vor den Rückstellungen ausgewiesen werden (vgl. *Baetge* 2001, S. 519-523). Finanzwirtschaftlich ist der Sonderposten mit Rücklageanteil insbesondere in folgenden Fällen relevant:

- **Rücklage für Ersatzbeschaffung** (gem. Abschnitt 35 Einkommensteuerrichtlinie): Ein Wirtschaftsgut ist Träger stiller Reserven und scheidet aufgrund höherer Gewalt (z.B. durch Brand) gegen Entschädigung aus dem Betriebsvermögen aus. In diesem Fall kann der Sonderposten mit Rücklageanteil steuerfrei für vorübergehend aufgelöste stille Reserven gebildet werden. Er muss später auf das neu anzuschaffende Ersatzgut übertragen oder als außerordentlicher Ertrag (steuerwirksam) aufgelöst werden.

- **Veräußerungsgewinne** bei bestimmten Gütern des Anlagevermögens (§ 6b EStG) dürfen auf bestimmte im laufenden oder im Vorjahr angeschaffte oder hergestellte Wirtschaftsgüter übertragen werden. Damit tritt zunächst eine Steuerneutralisierung ein. Ist die Übertragung des Gewinns nicht möglich oder zunächst nicht beabsichtigt, so kann dieser bis zu seiner Auflösung in den Sonderposten mit Rücklageanteil eingestellt werden.
- Bildung von **steuerfreien Rücklagen** bei Zuschüssen aus öffentlichen Mitteln.
- Steuerrechtliche **Sonderabschreibungen** (§ 281 HGB). Die Abschreibungen auf den steuerrechtlich zulässigen niedrigeren Wert (§ 254 HGB) können entweder direkt vorgenommen werden oder der über den handelsrechtlichen Abschreibungen (§ 253 HGB) hinausgehende Teil darf in den Sonderposten mit Rücklageanteil eingestellt werden. Diese indirekten Abschreibungen sind in den folgenden Geschäftsjahren aufzulösen (vgl. *Baetge* 2001, S. 519-523).

Die Finanzierungseffekte beim Sonderposten mit Rücklageanteil resultieren aus der vermiedenen Ausschüttung von Gewinnen. Sie ergeben sich aufgrund außerordentlicher Erträge und der Verschiebung der Besteuerung der im Wirtschaftsgut enthaltenen stillen Reserven auf einen späteren Zeitpunkt.

Lesehinweis: Zusätzliche Informationen zum Bereich des Sonderpostens mit Rücklageanteil liefern u.a. *Bossert/Manz* (1996, S. 100-104).

## 2.1.3 Gewinnrücklagen

Gewinnrücklagen stellen Beträge dar, die im Unternehmen durch Einbehalten von Teilen des Unternehmensergebnisses entstanden sind (§ 272 Abs. 3 HGB). § 266 Abs. 3 HGB schreibt Kapitalgesellschaften vor, unter der Position Gewinnrücklagen folgende Rücklagen gesondert auszuweisen: gesetzliche Rücklage, Rücklage für eigene Anteile, satzungsmäßige Rücklage und andere Gewinnrücklage. Ausschließlich bei der AG bzw. KGaA ist die gesetzliche Rücklage gesetzlich vorgeschrieben (§ 150, Abs. 1 AktG). Grundsätzlich ist in diese Rücklage *5*% des um einen Verlustvortrag aus dem Vorjahr geminderten Jahresüberschusses einzustellen. Diese Vorschrift gilt, bis die gesetzliche Rücklage und die Kapitalrücklage (nach § 272 Abs. 2 Nr. 1-3 HGB) in der Summe *10*% oder den in der Satzung bestimmten höheren Teil des Grundkapitals erreicht haben. Der der gesetzlichen Rücklage zuzuweisende Betrag schmälert den ausschüttbaren Jahresüberschuss. Neben der Bildung ist die Auflösung der gesetzlichen Rücklage gesetzlich geregelt (§ 150 Abs. 3 AktG), wobei unterschieden werden muss, ob die Summe aus gesetzlichen Rücklagen und Kapitalrücklagen *10*% oder den durch die Satzung bestimmten höheren Satz bereits erreicht hat:

- **Fall I:** Summe aus gesetzlicher Rücklage und Kapitalrücklage (gemäß § 272 Abs. 2 Nr. 1-3 HGB) **übersteigt** *10*% des Grundkapitals (§ 150 Abs. 3 AktG) **nicht** oder den in der Satzung bestimmten höheren Teil des Grundkapitals. Eine Verwendung ist dann nur für folgende zwei Situationen zulässig:

| Zum **Ausgleich** eines | **soweit** er **nicht** durch einen |
|---|---|
| Jahresfehlbetrags | Gewinnvortrag und nicht durch Auflösung anderer Gewinnrücklagen ausgeglichen werden kann. |
| Verlustvortrags | Jahresüberschuss und nicht durch Auflösung anderer Gewinnrücklagen ausgeglichen werden kann. |

- **Fall II:** Summe aus gesetzlicher Rücklage und Kapitalrücklage (gemäß § 272 Abs. 2 Nr. 1-3 HGB) **übersteigt** *10%* des Grundkapitals (§ 150 Abs. 4 AktG) oder den in der Satzung bestimmten höheren Teil des Grundkapitals. Eine Verwendung ist ausschließlich für folgende drei Situationen zulässig:

| Zum **Ausgleich** eines | **soweit** er **nicht** durch einen |
|---|---|
| Jahresfehlbetrags | Gewinnvortrag ausgeglichen werden kann und nicht andere Gewinnrücklagen zur Ausschüttung verwendet werden. |
| Verlustvortrags | Jahresüberschuss ausgeglichen werden kann und nicht andere Gewinnrücklagen zur Ausschüttung verwendet werden. |
| Zudem ist der übersteigende Betrag auch zur Kapitalerhöhung aus Gesellschaftsmitteln (durch Ausgabe von Berichtigungs-, Zusatz- bzw. Gratisaktien) verwendbar (vgl. Kapitel II, Abschnitt 6.1). | |

Die Bildung der **Rücklage für eigene Anteile** (§ 272 Abs. 4 HGB) betrifft zwar Kapitalgesellschaften insgesamt; sie hat aber bei der AG und KGaA die größte Bedeutung. In ihrer Funktion als Ausschüttungssperre dient sie dem Gläubigerschutz: Die Rücklage soll sicherstellen, dass der Erwerb eigener Anteile (= Ausweis auf der Aktivseite) nicht zur Rückzahlung von Grund- oder Stammkapital oder Rücklagen mit satzungsmäßiger Bindung verwendet wird. Die Rücklage für eigene Anteile ist von einer Kapitalgesellschaft auch dann zu bilden, wenn sie Anteile an einem von ihr beherrschten Unternehmen besitzt oder über mehrheitliche Anteile an einem beteiligten Unternehmens verfügt (zu den vom Gesetzgeber zugelassenen Anlässen für den Erwerb eigener Anteile vgl. Kapitel II, Abschnitt 4.2). Merkmale der Rücklage für eigene Anteile sind:

- **Bildung** bei Aufstellung der Bilanz aus dem Jahresüberschuss oder aus vorhandenen frei verfügbaren Gewinnrücklagen.
- Ihre **betragliche Höhe** bestimmt sich nach dem bilanzierten Wert der eigenen Anteile auf der Aktivseite der Bilanz.
- **Aufgelöst** werden darf diese Rücklage nur, wenn die eigenen Anteile ausgegeben, veräußert oder eingezogen werden (abgesehen von Rücklagenkorrekturen aufgrund von Bewertungsänderungen der eigenen Anteile durch die Vorschrift des Niederstwertprinzips).

Bei allen Formen von Kapitalgesellschaften ist die **satzungsmäßige** (statutarische) **Rücklage** gesetzlich zulässig. Es handelt sich um eine Rücklage, die aufgrund von Bestimmungen der Satzung, des Statuts oder des Gesellschaftsvertrags gebildet wird. Sie kann **zweckgebunden** sein (z.B. Rücklage für die Erhaltung oder Erneuerung von Teilen des Anlagevermögens) oder **zweckfrei** gebildet werden. Ihre Verwendungen unterliegen keinerlei gesetzlichen Bestimmung.

In der Sammelposition **andere Gewinnrücklage** sind all jene Teile der Gewinnrücklagen einzustellen, die aufgrund der gesetzlichen Vorschriften nicht gesondert in den zuvor vorgestellten Rücklagekategorien erfasst werden. Auch hier kann in eine zweckgebundene und eine zweckfreie Rücklage unterschieden werden. Gesellschafter der GmbH unterliegen bezüglich der Höhe der Zuführung und der Auflösung der anderen Gewinnrücklage keinerlei gesetzlicher Regelungen. Bei der AG bzw. KGaA schreibt § 58 AktG die Einstellung von Teilen des Jahresüberschusses in die anderen Gewinnrücklagen vor.

## 2.2 Stille Selbstfinanzierung

Bei der stillen Gewinnthesaurierung handelt es sich um eine stille Selbstfinanzierung, da sie nicht aus dem Jahresabschluss ersichtlich ist. Begründet wird sie durch stille Reserven, die aus der Differenz zwischen dem Tagesbeschaffungswert und dem Buchwert entstehen. Für den Fall, dass Güter aufgrund von Aktivierungswahlrechten und -verboten nicht aktiviert werden, sind diese mit einem Buchwert von null anzusetzen. Stille Reserven, auch **stille Rücklagen** genannt, sind Teil des (effektiven) Eigenkapitals. Von den offenen Rücklagen unterscheiden sie sich in folgenden Punkten:

- Bei ihrer Auflösung unterliegen stille Reserven in voller Höhe der Besteuerung. Sie bewirken bei ihrer Bildung daher **keine Steuerersparnis**, sondern nur eine zeitliche Verschiebung der Besteuerung (**Steuerstundung**).
- Stille Reserven sind sowohl auf der Aktiv- als auch auf der Passivseite vorhanden. Auf der **Aktivseite** können sie im Wesentlichen durch zu niedrige Bewertung bzw. durch Nicht-Aktivierung von Vermögensgegenständen, auf der **Passivseite** durch überhöhte Wertansätze entstehen.

Der Finanzierungseffekt der stillen Selbstfinanzierung ist begrenzt durch die handels- und steuerrechtlichen Bewertungsvorschriften für abnutzbare und nicht abnutzbare Wirtschaftsgüter. Die finanzwirtschaftliche **Wirkung** stiller Reserven ist **indirekt**: Durch Verringerung des ausschüttbaren Gewinns und der Steuerschuld verbleiben Finanzmittel im Unternehmen. Dieses verkörpert die stille Selbstfinanzierung. Bei ihrer späteren Auflösung (z.B. Veräußerung einer Immobilie zum Verkehrswert über dem Buchwert) erhöhen ihre (außerordentlichen) Erträge den Gewinn. Dadurch werden **Gewinnausschüttungen und Steuerzahlungen** zeitlich **in** die **Zukunft** verlagert. **Quellen** der stillen Selbstfinanzierung können sein:

- **Unterbewertung der Aktiva**. Der Gesetzgeber hat teilweise zwangsweise den Unternehmen die Bildung stiller Reserven auferlegt (**Zwangsreserven**), z.B. durch das Aktivierungsverbot originärer immaterieller Vermögensgegenstände (§ 248 Abs. 2 HGB) sowie durch das gesetzlich festgelegte Realisationsprinzip (z.B. Anschaffungswertprinzip gemäß § 253 Abs. 1 HGB). Daneben bestehen **Ermessensreserven** aufgrund gesetzlich eingeräumter Wahlrechte für Bewertungsverfahren und Wertansätze in der Bilanz. **Willkürreserven**, die aus dem Verstoß zwingend vorgeschriebener Bilanzierungsvorschriften entstehen (z.B. völliges Unterlassen der Aktivierung aktivierungspflichtiger Vermögensgegenstände) sind gesetzlich untersagt. Im Einzelnen kommen für die stille Selbstfinanzierung auf der Aktivseite nur solche Vorgänge in Betracht, die realisierte Gewinne im Unternehmen binden:
  - Unterbewertung von Vermögensgegenständen durch überhöhte **Abschreibungen** (insbesondere Sonderabschreibungen), kürzeren Ansatz der Abschreibungsdauer gegenüber der tatsächlichen Nutzungsdauer und Wahl einer Abschreibungsmethode, die gegenüber dem tatsächlichen Werteverzehr zu einer höheren Abschreibung führt.
  - Nach § 6 Abs. 2 EStG können die Anschaffungs-/Herstellungskosten von beweglichen abnutzbaren Wirtschaftsgütern des Anlagevermögens bis zu einem **Wert von *400* €** in voller Höhe als Aufwand verrechnet werden. Dadurch entfällt ihr Bilanzansatz.

- Bei **nicht abnutzbaren** Gegenständen des **Anlagevermögens** (z.B. Wertpapieren) kann bei Wertsteigerungen der diesbezügliche Buchwert von Personengesellschaften und Einzelunternehmen über den letzten Buchwert hinaus überschritten werden, maximal bis zu den ursprünglichen Anschaffungskosten. Stille Reserven entstehen, wenn der letzte (niedrigere) Buchwert beibehalten wird.
- Gezielter niedriger Ansatz von Herstellungskosten der **Halb-** und **Fertigfabrikate** sowie selbsterstellter Anlagen. Dies wird erreicht, indem anteilige Gemeinkosten nicht aktiviert und als Aufwand verrechnet werden.

- **Überbewertung von Passivposten** durch überhöhten Wertansatz (z.B. Überbewertung von Rückstellungen für Garantieverpflichtungen).

Der **Finanzierungseffekt** der stillen Selbstfinanzierung resultiert somit aus der Verhinderung der Auszahlung erwirtschafteter Gewinne und der Verzögerung von Steuerzahlungen. Wie beim Sonderposten mit Rücklageanteil auch, so entsteht die stille Selbstfinanzierung aufgrund bilanzpolitischer Spielräume (vgl. *Spremann* 1996, S. 332-338).

## 2.3 Selbstfinanzierung unter steuerlichen Aspekten

Bei der **offenen Selbstfinanzierung** sind zwei Einflussrichtungen der Besteuerung zu unterscheiden. Zum einen ist die **Besteuerung des Unternehmens** zu betrachten, maßgebliche Steuerarten sind hierbei:

- Die **Einkommensteuer** (ESt) betrifft bei Einzelunternehmen und Personenhandelsgesellschaften deren Gesellschafter und bei Kapitalgesellschaften die Anteilseigner. Die Steuerbelastung steigt mit dem Einkommen. Schüttet eine Kapitalgesellschaft ihre erzielten Gewinne aus, so ist der ihr zur Verfügung stehende Betrag um die abzuführende Körperschaftsteuer zu bereinigen. Aus Sicht des Anteilseigners ist der ausgeschüttete Gewinn wieder anlagefähig, was eine Zins- bzw. Ausschüttungszahlung generiert. Aus Unternehmenssicht stellt dies Kapitalbeschaffungskosten im Sinne von Opportunitätskosten dar, die den Selbstfinanzierungsspielraum um folgende Kapitalkostenkomponente verringern:

$$\frac{(G_{er} - t_{ESt} - K_W)}{G_{er}} = (1 - t_{ESt}) \cdot (1 - k_W) \qquad \text{(IV-1)}$$

mit $G_{er}$ = erzielte Gewinne,
$K_W$ = Kosten der Kapitalbeschaffung bei Wiederanlage,
$t_{ESt}$ = Einkommensteuersatz,
$k_W$ = Kostensatz der Kapitalbeschaffung bei Wiederanlage.

Bei Wiederanlage gilt für den Kostensatz:

$$k_W = \frac{K_W}{G_{er}} - ESt \qquad \text{(IV-2)}$$

- Bei Kapitalgesellschaften kommt ferner die **Körperschaftsteuer** (KSt) zur Anwendung. Sie ist nicht von der Höhe des Einkommens, sondern von der Verwendung des Gewinns abhängig: Sowohl ausgeschüttete als auch einbehaltene Gewinne werden seit der Unternehmenssteuerreform 2001 einheitlich mit ***25%*** vom Ausschüttungsbetrag bzw. vom Thesaurierungsbetrag belastet. Vor dieser Neuregelung bestand in Deutschland für die Erhebung der Körperschaftsteuer ein Split: **Ausgeschüttete Gewinne** wurden mit ***30%*** vom Ausschüttungsbetrag und **einbehaltene Gewinne** mit ***45%*** vom Thesaurierungsbetrag belastet. Dieses Konzept liegt nachfolgenden Ausführungen zugrunde. Aus Unternehmenssicht wird die Selbstfinanzierungsmöglichkeit bei Veranlagung zur Körperschaftsteuer um folgenden Satz geschmälert:

$$\frac{(G_{er} - KSt)}{G_{er}} = 1 - t_{KSt} \qquad \text{(IV-3)}$$

mit $t_{KSt}$ = Körperschaftsteuersatz.

Seit dem Anrechnungsverfahren des KStG von 1977 wird die vom Unternehmen für ausgeschüttete Gewinne zu entrichtende KSt beim Anteilseigner auf seine ESt angerechnet. Eine Doppelbesteuerung der Gewinne entfällt somit.

Niedrigere Kapitalkosten ergeben sich bei der stillen Selbstfinanzierung. Bei verdeckten steuerlich zulässigen einbehaltenen Gewinnen entfällt die KSt. Die Gleichung des Kostensatzes der offenen Selbstfinanzierung lässt sich umwandeln in die Kosten der stillen Selbstfinanzierung (= $k_{Sst}$):

$$k_{Sst} = r_f (1 - t_{ESt}) \cdot (1 - k_W) \qquad \text{(IV-4)}$$

Beispiel: Folgende Daten seien vorgegeben:

$r_f$ = *6%*,
$t_{ESt}$ = *30%* (für ausgeschüttete Gewinne),
$k_W$ = *8%*.
Hieraus folgt: $k_{Sst} = 0{,}06 \cdot (1 - 0{,}30) \cdot (1 - 0{,}08)] = 0{,}0386$ *d. h. 3,9 %.*

- Ergänzend ist die **Gewerbeertragsteuer** (= GewSt) bei der offenen Selbstfinanzierung zu berücksichtigen. Auf der Basis einer um Verminderungen und Zurechnungen angepassten Gewinngröße, auf die ein einheitlicher Messbetrag und ein gemeindeindividueller Hebesatz angewendet werden. Hiervon soll des Weiteren zur Vereinfachung abgesehen werden.

Die **steuerlichen Besonderheiten** im Rahmen der offenen Selbstfinanzierung sind vor allem **bei Kapitalgesellschaften** von Bedeutung. In einer Kapitalgesellschaft ist der Einbehalt des erwirtschafteten Gewinns gegenüber der Möglichkeit der Ausschüttung abzuwägen. Damit wird die zweite Einflussrichtung der Besteuerung angesprochen. Grundlage der Entscheidung ist die Renditemöglichkeit dieser Mittel innerhalb des Unternehmens im Vergleich mit der geforderten Rendite der Anteilseigner bei Anlage der ihnen zugeflossenen Mittel am Kapitalmarkt. Im Gleichgewicht muss daher gelten:

| anlagefähiger Betrag im Unternehmen abzüglich der Kosten der Selbstfinanzierung | = | Rendite der Aktionäre bei Wiederanlage außerhalb des Unternehmens |
|---|---|---|
| $(1 - t_{KSt}) \cdot k_{So}$ | | $r_f \cdot (1 - t_{ESt}) \cdot (1 - k_W)$ |

mit $r_f$ = geforderte Rendite der Eigenkapitalgeber und $k_{So}$ = Kostensatz der offenen Selbstfinanzierung.

Obiger Zusammenhang lässt sich nach $k_{So}$ auflösen:

$$k_{So} = \frac{r_f \, [(1 - t_{ESt}) \cdot (1 - k_W)]}{(1 - t_{KSt})} \qquad \text{(IV-5)}$$

Beispiel: Folgende Daten seien vorgegeben:

$r_f$ = *6%*,
$t_{KSt}$ = *45%* (für einbehaltene Gewinne),
$t_{ESt}$ = *30%* (für ausgeschüttete Gewinne),
$k_W$ = *8%*.

Man errechnet aus diesen Angaben: $k_{So} = \frac{0{,}06 \, [(1 - 0{,}30) \cdot (1 - 0{,}08)]}{(1 - 0{,}45)} = 0{,}07 \text{ d. h. } 7\,\%$.

Grundsätzlich lässt sich darstellen, dass mit der Höhe des persönlichen Einkommensteuersatzes der Anteilseigner die Kosten der offenen Selbstfinanzierung für Kapitalgesellschaften sinken. Für das Unternehmen bedeutet dies, dass die Höhe des Einkommensteuersatzes seiner Anteilseigner für die Entscheidung über offene Selbstfinanzierung, also Gewinneinbehalt und der Alternative Eigenfinanzierung von Bedeutung ist. Dies wird ergänzt um das ehemalige Strukturmerkmal des deutschen Steuerwesens (bis zur Unternehmenssteuerreform 2001), dass ausgeschüttete gegenüber einbehaltenen Gewinnen niedriger besteuert werden. Diese Bedingungen werden für die Entscheidung zwischen offener Selbstfinanzierung und Beteiligungsfinanzierung im Rahmen der sog. „**Schütt-aus/Hol-zurück-Politik**" im Sinne einer Reduktion der Kapitalkosten der Innenfinanzierung zu optimieren versucht.

Im Grundsatz handelt es sich bei diesem auch als **Dividendenkapitalerhöhung** bezeichneten Verfahren um eine Kapitalerhöhung mittels Koppelung von Innen- und Beteiligungsfinanzierungsvorgängen. So wird zuerst der von der AG erzielte Gewinn an die Aktionäre ausgeschüttet, wodurch der verminderte Körperschaftsteuersatz zum Ansatz kommt. Anschließend wird der den Aktionären nach deren individuellen Besteuerung verbleibende Netto-Gewinn in Form einer Kapitalerhöhung wieder in die AG zurückgeführt. Zur Verdeutlichung des grundsätzlich möglichen Finanzierungseffekts einer Schütt-aus/Hol-zurück-Politik wird – unabhängig der aktuell rechtsgültigen Erhebungsbestimmungen zur Körperschaftsteuer in Deutschland – ein Beispiel vorgestellt.

Die Gegenüberstellung der herkömmlichen Gewinnthesaurierung mit dem Schütt-aus/Hol-zurück-Verfahren in Abb. IV-3 verdeutlicht den Finanzierungseffekt aufgrund der unterschiedlichen steuerlichen Behandlung einbehaltener gegenüber ausgeschütteter Gewinne (vgl. auch *Süchting* 1995, S. 98). Hierbei ergibt sich ein Nettobetrag der Selbstfinanzierung bei Gewinnthesaurierung von *55* €. Demgegenüber beträgt der Nettobetrag der Selbstfinanzierung aufgrund der Schütt-aus/Hol-zurück-Politik *57* €. Voraussetzung für den **Kostenreduktionseffekt** ist, dass die geleistete Körperschaftsteuer bei der Festsetzung der Einkommensteuer der Aktionäre angerechnet wird. Ansonsten würde eine Doppelbesteuerung den Aktionären den Anreiz für die Teilnahme an dieser Finanzierungsmethode nehmen. Dabei ist die Schütt-aus/Hol-zurück-Politik um so vorteilhafter, je geringer der Einkommensteuersatz der Aktionäre ist.

| Vorgänge | Finanzierungspolitik | |
|---|---|---|
| | **Gewinnthesaurierung** (Angaben in T€) | **Schütt-aus/Hol-zurück** (Angaben in T€) |
| *1. Betrachtung der AG* | | |
| Gewinn vor Steuern | *120* | *120* |
| - Gewerbeertragsteuer (Steuermesszahl *5%*, Hebesatz *400%*, §§ 7 ff. GewStG) | *20* (= *16,67%*) | *20* (= *16,67%*) |
| Bruttogewinn/-dividende | *100* | *100* |
| - Körperschaftsteuer *45%* bzw. *30%* | *45* | *30* |
| Rücklagen/Nettodividende | *55* | *70* |
| - Kapitalertragsteuer (*25%* von *70*) | -,- | *17,50* |
| Bardividende (= Nettodividende) | -,- | *52,50* |
| *2. Betrachtung des (repräsentativen) Aktionärs* | | |
| Bardividende | -,- | *52,50* |
| + Kapitalertragsteuer | -,- | *17,50* |
| + Körperschaftsteuer | -,- | *30* |
| Zu versteuernde Einkünfte aus Kapitalvermögen (= Bruttodividende) | -,- | *100* |
| - Einkommensteuer (angenommener Satz: *40%*) | -,- | *40* |
| + Steuergutschrift aus Anrechnung der Kapital- und der Körperschaftsteuer (*17,50 €* + *30 €* = *47,50 €*) | -,- | *47,50* |
| Erstattungsbetrag seitens des Finanzamts | -,- | *7,50* |
| + Bardividende | -,- | *52,50* |
| Hol-zurück-Betrag | -,- | *60* |
| *3. Betrachtung der AG* | | |
| Kapitalerhöhung aufgrund des Hol-zurück-Betrags | -,- | *60* |
| - Emissionskosten (*5%* von *60 €*) | -,- | *3* |
| = Nettobetrag der Selbstfinanzierung | *55* | *57* |

Abb. IV-3: Beispielrechnung des (klassischen) Schütt-aus/Hol-zurück-Verfahrens

Lesehinweis: Zur Vertiefung des „Schütt-aus/Hol-zurück-Verfahrens" vgl. *Zielke* (1994, S. 2177). Die Einsatzmöglichkeit im Fall der seit 2001 geltenden Vereinheitlichung der Sätze für ausgeschüttete und thesaurierte Gewinne analysieren *Kopfer/Marx/Rist/Schönberger* (2001).

# 3 Finanzierung aus Abschreibungsgegenwerten

Generell werden Abschreibungen aus zwei Gründen gebildet. Zum einen soll mit der **kalkulatorischen Abschreibung** im Rahmen der Kostenrechnung der „tatsächliche" Verzehr von Wirtschaftsgütern des Unternehmens abgebildet werden. Sie stellen Anderskosten dar und dürfen in ihrer Höhe entsprechend des Verzehrs angesetzt werden. Die Anschaffungs- und Herstellungskosten stellen, im Gegensatz zum finanziellen Aspekt, keine zwingenden Basisgrößen dar. Mit Hilfe der kalkulatorischen Abschreibung wird eine substanzielle (gütermäßige) Kapitalerhaltung ermöglicht.

In einer zweiten Vorstellung stellen Abschreibungen unter dem **bilanziellen** Aspekt der Aufstellung des Jahresabschlusses das Verfahren dar, „(...) mit dem die Wertminderungen der über mehrere Perioden genutzten Wirtschaftsgüter als Aufwand auf die Rechnungsperioden der voraussichtlichen Nutzungsdauer verteilt werden" (*Süchting* 1995, S. 258). Sie stellen den buchhalterischen Nachvollzug von tatsächlich oder angenommenen Wertminderungen dar. Die bilanziellen Abschreibungen haben den gesetzlichen Vorschriften des Werteverzehrs zu genügen (HGB bzw. EStG) und dürfen lediglich auf Anschaffungs- oder Herstellungskosten basieren. Es wird eine nominelle Kapitalerhaltung betrieben.

Der Werteverzehr der genutzten Wirtschaftsgüter entsteht durch die Herstellung von Gütern und der Bereitstellung von Dienstleistungen. Erst wenn durch deren Verkauf die **Abschreibungsgegenwerte** in **liquider Form** aus verdienten Umsatzerlösen in die Unternehmenskasse zurückgeflossen sind, ergeben sich **Finanzierungseffekte**. Dieser Vorgang ist aus bilanzieller Sicht als Vermögensumschichtung zu charakterisieren (Aktivtausch), die der **Ausschüttungssperre** unterliegt (zur Vermögensumschichtung ohne Ausschüttungssperre siehe Abschnitt 5 in diesem Kapitel). Voraussetzung ist, dass die Abschreibungen bilanziell verbucht sind, so dass die aus dem finanziellen Gegenwert zugeflossenen Mittel der Disposition des Fiskus und der Anteilseigner entzogen sind. Die Abschreibungen schmälern den auszuweisenden Gewinn und bedingen in der Rechnungsperiode keine Auszahlungen. Sie stellen zahlungswirksame Aufwendungen dar. Abschreibung als Finanzierungsform bedeutet, dass in Vermögenswerten **gebundenes Kapital freigesetzt**,d.h. in Liquidität umgewandelt wird. Damit sinkt wertmäßig das Anlagevermögen und der Bestand an Zahlungsmitteln steigt (= **Desinvestition**).

Erfolgt kein Umsatz, sondern wird auf Lager produziert, so sind die Abschreibungsgegenwerte noch nicht über den Absatzmarkt verdient. Werden die Abschreibungen in die Herstellkosten mit eingerechnet, handelt es sich auch hier nur um einen reinen Aktivtausch, da der Bilanzwert der Halb- und Fertigerzeugnisse steigt und gleichzeitig der Bilanzwert der genutzten Wirtschaftsgüter sinkt. Anders verhält es sich, wenn die Abschreibungen nicht in die Herstellkosten eingerechnet, sondern über die Deckungsbeiträge verrechnet werden. Der Bilanzwert der Halb- und Fertigerzeugnisse erhöht sich dann nicht, es kommt zu einer erfolgswirksamen Bilanzverkürzung. Der Periodenerfolg ist um die nicht aktivierten Abschreibungen niedriger und in der Umsatzperiode dafür dementsprechend höher (vgl. *Wöhe/ Bilstein* 1998, S. 308).

Die **Höhe** der für Finanzierungszwecke verwendbaren finanziellen Abschreibungsgegenwerte ist von folgenden Faktoren abhängig:

- Die **Wahl** des **Abschreibungsverfahrens** ergibt die Höhe des auf die einzelnen Perioden zu verteilenden Abschreibungsaufwands.
- Von der Art der **Wirtschaftsgüter** hängt es ab, inwieweit die Abschreibungsverfahren anwendbar sind und/oder ob außerplanmäßige Abschreibungen vorgenommen werden müssen. Beim Umlaufvermögen gibt es keine planmäßigen, sondern außerplanmäßige Abschreibungen.
- Daneben ist die **Wahl** der **Unternehmensrechtsform** bei den bilanziellen Vorschriften über **Zuschreibungen** wichtig, da Zuschreibungen frühere außer-

planmäßige Abschreibungen rückgängig machen. Bei Kapitalgesellschaften besteht für Zuschreibungen grundsätzlich ein Gebot und nur unter bestimmten steuerlichen Gesichtspunkten ein Wahlrecht. Nicht-Kapitalgesellschaften verfügen über ein Wahlrecht.

- Bei allen Abschreibungsmethoden ist zu beachten, dass es neben den handelsrechtlichen auch **steuerlich begründete Abschreibungen** gibt. Der Gesetzgeber eröffnet den Unternehmen über das Steuerrecht die Möglichkeit Abschreibungen vorzunehmen. Dadurch soll aus wirtschaftspolitischer Absicht die Investitionstätigkeit durch erleichterte Bildung von Innenfinanzierungsmitteln angeregt werden. Sonderabschreibungen mit Steuerbegünstigungscharakter sind z.B. §§ 3, 4 FördergebietsG und § 7g EStG.

Die **erhöhten Abschreibungsmöglichkeiten** verkürzen das zu versteuernde Einkommen. Daraus folgt eine **Herabsetzung** der **Steuerlast**. Die freigesetzten Finanzmittel stehen dem Unternehmen für Finanzierungszwecke zur Verfügung. Eine zeitliche Vorverlegung der Abschreibungen verändert die gesamte Abschreibungssumme nicht, und es ergibt sich bei konstantem Steuersatz keine Änderung der Steuerbelastung. Es kommt zu einer **Verbesserung** der **Liquiditätssituation** in den Jahren der vorgezogenen Abschreibungen durch Zinsvorteile, z.B. aufgrund vermiedener Fremdkapitalzinsen und/oder reduzierten Ausschüttungen auf das Eigenkapital. Zu beachten ist, dass nur in Gewinnjahren eine Steuerbelastung entstehen kann; es sei denn, derartige Verluste können mit Gewinnen anderer Jahre oder mit positiven periodischen Einkünften verrechnet bzw. ausgeglichen werden. Vorgezogene Abschreibungen können dann erfolgswirtschaftlich nachteilig sein, wenn in der Zukunft ein höherer Steuersatz gültig wird (vgl. *Garhammer* 1990, S. 624). Wie letztendlich abgeschrieben wird, hängt in hohem Maße von der **Abschreibungsursache** ab.

Lesehinweis: Zum gesamten Bereich der Abschreibungen vgl. *Bitz/Schneeloch/Wittstock* (1995, S. 183-195).

Abschreibungen haben grundsätzlich einen Finanzierungseffekt, da die freigesetzten Finanzmittel nicht zwingend für spätere Ersatzbeschaffungen eingesetzt werden müssen, sondern zwischenzeitlich oder auch generell für andere Verwendungszwecke von der Unternehmensleitung verwendet werden können. Zwei grundsätzliche Finanzierungseffekte sind bei Abschreibungen zu unterscheiden: der Kapitalfreisetzungseffekt und der Kapazitätserweiterungseffekt.

## 3.1 Kapitalfreisetzungseffekt

Abschreibungen sind aus finanzwirtschaftlicher Sicht relevant, wenn sie aufgrund der kalkulatorischen Erfassung über die Umsatzerlöse als Zahlungsströme in das Unternehmen zurück gelangen. Sie stehen dann der Unternehmensleitung für Finanzierungszwecke zur Verfügung. Diese sukzessive Transformation von in Vermögensobjekten gebundenem Kapital in Liquidität mittels verdienter Abschreibungen bezeichnet den Kapitalfreisetzungseffekt. Er versetzt die Unternehmensleitung in die Lage, an Stelle einer unternehmensexternen Kapitalaufnahme (bei Eigen- oder Fremdkapitalgebern) Finanzmittel zu generieren und für Investitionszwecke einzusetzen, ohne durch eine unmittelbare Mitsprache der Kapitalgeber in der Handlungsmöglichkeit beeinträchtigt zu sein. In nachfolgendem Beispiel wird der Kapitalfreisetzungseffekt stilisiert durchgeführt.

<u>Beispiel:</u> In vier aufeinanderfolgenden Jahren wird je eine Maschine zum Preis von *4.000* € angeschafft. Die jährliche Höhe der Abschreibungsbeträge belaufe sich auf der Basis einer linearen Abschreibung und einer unterstellten Nutzungsdauer von vier Jahren pro Maschine auf *1.000* €/Jahr. Die Abschreibungsbeträge werden über die Umsatzerlöse in vollem Umfang verdient und stehen dem Unternehmen vollständig in Form von Zahlungsmitteln zur Verfügung. Nach Ablauf der vierjährigen Nutzungsdauer wird die abgeschriebene Maschine umgehend durch eine gleichwertige Maschine ersetzt. Der Einfachheit halber wird unterstellt, dass keine Preissteigerungen bestehen, weshalb die Anschaffungskosten gleichbleibend *4.000* € betragen. Die Produktionskapazität wird durch Reinvestitionen lediglich aufrechterhalten - nicht aber erweitert. Folgende Verläufe ergeben sich im Zeitablauf:

| | **Phase des Kapazitätsaufbaus** | | | | | **Reinvestitionsphase (Durchführung von Ersatzinvestitionen)** | | |
|---|---|---|---|---|---|---|---|---|
| | Abschreibungsbeträge in € (Anschaffungskosten: *4.000* €, Nutzungsdauer *4* Jahre) | | | | | | | |
| Jahre (Ende) | 1 | 2 | 3 | 4 | 5 | 6 | 7 | 8 |
| Maschine 1 | *1.000* | *1.000* | *1.000* | *1.000* | *1.000* | *1.000* | *1.000* | usw. |
| Maschine 2 | | *1.000* | *1.000* | *1.000* | *1.000* | *1.000* | *1.000* | usw. |
| Maschine 3 | | | *1.000* | *1.000* | *1.000* | *1.000* | *1.000* | usw. |
| Maschine 4 | | | | *1.000* | *1.000* | *1.000* | *1.000* | usw. |
| jährlicher Abschreibungserlös | *1.000* | *2.000* | *3.000* | *4.000* | *4.000* | *4.000* | *4.000* | usw. |
| Reinvestitionen | - | - | - | *4.000* | *4.000* | *4.000* | *4.000* | usw. |
| Kapitalfreisetzung*) | *1.000* | *3.000* | *6.000* | *6.000* | *6.000* | *6.000* | *6.000* | usw. |

*) Kapitalfreisetzung = kumulierte Abschreibungen pro Jahr, von Jahr zu Jahr addiert [z.B. *1.000* € (Jahr 1) + *2.000* € (Jahr 2) = *3.000* € Kapitalfreisetzung im zweiten Jahr].

Tabelle IV-1: Kapitalfreisetzungseffekt von Abschreibungen

Das Ergebnis dieser Betrachtung ist, dass dem Unternehmen am Ende der Kapazitätsaufbauphase dauerhaft freigesetztes Kapital in Höhe von *6.000* € als Liquidität zur Verfügung steht (= *37,5%* des insgesamt gebundenen Kapitals von *16.000* €). Diese Liquidität kann für beliebige Zwecke, z.B. für die Tilgung aufgenommener Kredite in Zusammenhang mit dem Kauf der Maschinen verwendet werden.

Den beschriebenen Kapitalfreisetzungseffekt bezeichnet man in der Literatur als ***Ruchti*-Effekt**. Besonders deutlich wird dieser Effekt z.B. bei kreditfinanzierten Investitionen, wenn zwischen Geldzufluss von Seiten des Absatzmarkts und Geldabfluss an den Kapitalmarkt eine zeitliche Lücke entsteht. Dies ist der Fall, wenn die Tilgungsraten später fällig sind, als die Kundenzahlungen eingehen. Zwischenzeitlich kann das Unternehmen die zugeflossenen Abschreibungsgegenwerte disponieren (vgl. *Garhammer* 1990, S. 623).

Verallgemeinert und formalisiert lässt sich der **Kapitalfreisetzungseffekt** wie folgt darstellen. Die gesamte Kapitalbindung einer Anlage (= $Ka_g$) während ihrer Nutzungsdauer (= $n$) sei bei linearer Abschreibungsmethode und einem dazugehörigen Abschreibungsbetrag $A$:

$$Ka_g = n_0 A + (n-1) \cdot A + (n-2) \cdot A + \ldots + A \Leftrightarrow \frac{n}{2(nA + A)} \qquad \text{(IV-6)}$$

Die **durchschnittliche Kapitalbindung** pro Periode (= $Ka_d$) ist:

$$Ka_d = \frac{n}{2n(nA + A)} = A \cdot \frac{(n+1)}{2} \qquad \text{(IV-7)}$$

Die **durchschnittliche Freisetzung** des Kapitals (= $Kf_d$) beträgt:

$$Kf_d = a_0 - \frac{A \cdot (n+1)}{2} \qquad \text{(IV-8)}$$

wobei $a_0$ = Anschaffungsausgabe.

Beispiel: Beträgt $a_0 = 4000$ €, $A = 1.000$ € und die Nutzungsdauer $n = 4$ Jahre, so gilt für die durchschnittliche Kapitalbindung je Periode: $\frac{1000 \cdot (4+1)}{2} = 2500$ €. Die durchschnittliche Kapitalfreisetzung beträgt dann: $4000 - \frac{1000 \cdot (4+1)}{2} = 1500$ €.

## 3.2 Kapazitätserweiterungseffekt

Die aufgrund des Kapitalfreisetzungseffekts gewonnenen Finanzmittel können neben der Verwendung für Reinvestitionen und damit dem Erhalt der Produktionskapazitäten zur Erweiterung der Kapazitäten pro Periode verwendet werden. Dies setzt voraus, dass die verdienten Abschreibungsgegenwerte ausschließlich für die Finanzierung von zusätzlichen Maschinen eingesetzt werden. Hieraus ergibt sich ein Kapazitätserweiterungseffekt, der auch als ***Lohmann-Ruchti-*** bzw. ***Marx-Engels*-Effekt** in die Literatur eingegangen ist. Die Kapazitätserweiterung kommt zustande, weil der Rückfluss freigewordener Mittel sofort und **vor dem Ersatzzeitpunkt** der abgeschriebenen Wirtschaftsgüter reinvestiert wird. Die Abschreibungsgegenwerte brauchen also nicht in einem Finanzfonds angesammelt zu werden, sondern es reicht aus, das zur Reinvestition benötigte Kapital erst im Wiederbeschaffungszeitpunkt zur Verfügung zu haben. Die notwendigen Ersatzinvestitionen werden nicht aus „ihren" eigenen thesaurierten Abschreibungsgegenwerten, sondern aus anonymen Abschreibungsgegenwerten vorgenommen. Gerade auch unter dem Rentabilitätsaspekt wäre es unzweckmäßig, die Erlöse aus den Abschreibungen als liquide Mittel zu halten oder in einem Fonds anzusammeln, bis das Wirtschaftsgut ersetzt werden muss (vgl. *Wöhe/Bilstein* 1998, S. 309).

Eine grundlegende **Voraussetzung** für die Gültigkeit des Erweiterungseffekts ist, dass die Abschreibungsgegenwerte wieder in **Wirtschaftsgüter gleichen Typs** und gleicher Anschaffungskosten investiert werden. Abb. IV-4 zeigt die Wirkungsunterschiede zwischen Kapitalfreisetzungs- und Kapazitätserweiterungseffekt.

| Wirkung des Kapitalfreisetzungseffekts | Wirkung des Kapazitätserweiterungseffekts |
|---|---|
| Abschreibungen werden aus Umsatzerlösen generiert | |
| Verwendungsmöglichkeiten:<br>• Reinvestitionen<br>• Erweiterungsinvestition<br>• sonstiges | |
| Reinvestitionen **erhalten** die Produktionskapazitäten | Erweiterungsinvestitionen **erhöhen** die Leistungskapazitäten |

Abb. IV-4: Zusammenhang zwischen Kapitalfreisetzungs- und Kapazitätserweiterungseffekt

Beim Kapazitätserweiterungseffekt kann die Leistungskapazität ohne neue Kapitalzuführung quasi automatisch erweitert werden. Läuft der Unternehmensprozess planmäßig ab, so ist die Leistungserweiterungskapazität dauerhaft (vgl. *Büschgen* 1991, S. 270).

Beispiel: Auf der Basis des Kapitalfreisetzungseffekts aus dem vorangegangenen Beispiel lässt sich der Kapazitätserweiterungseffekt erläutern.

| | Phase des Kapazitätsaufbaus | | | | | Reinvestitionsphase (Durchführung von Ersatzinvestitionen) | | | |
|---|---|---|---|---|---|---|---|---|---|
| | Abschreibungsbeträge in € (Anschaffungskosten: *4.000* €, Nutzungsdauer *4* Jahre) | | | | | | | | |
| Jahre (Ende) | 1 | 2 | 3 | 4 | 5 | 6 | 7 | 8 | 9 |
| Maschine 1 | *1.000* | *1.000* | *1.000* | *1.000* | *1.000* | *1.000* | *1.000* | *1.000* | *1.000* |
| Maschine 2 | | *1.000* | *1.000* | *1.000* | *1.000* | *1.000* | *1.000* | *1.000* | *1.000* |
| Maschine 3 | | | *1.000* | *1.000* | *1.000* | *1.000* | *1.000* | *1.000* | *1.000* |
| Maschine 4 | | | | *1.000* | *1.000* | *1.000* | *1.000* | *1.000* | *1.000* |
| Erweiterungsinvestitionen: Maschine 5 | - | - | - | *1.000* | *1.000* | *1.000* | *1.000* | *1.000* | *1.000* |
| Maschine 6 | - | - | - | - | - | *1.000* | *1.000* | *1.000* | *1.000* |
| jährlicher Abschreibungserlös | *1.000* | *2.000* | *3.000* | *5.000* | *5.000* | *6.000* | *6.000* | *6.000* | *6.000* |
| kumulative Abschreibungserlöse ./. reinvestierte Beträge | *1.000* | *3.000* | *6.000* | *7.000* | *8.000* | *6.000* | *8.000* | *6.000* | - |
| Reinvestitionen | - | - | - | *4.000* | *4.000* | *4.000* | *8.000* | *4.000* | *8.000* |
| Kapazitätserweiterung | - | - | *4.000* | - | *4.000* | - | - | - | - |
| Kapitalfreisetzung | *1.000* | *3.000* | *6.000* | *3.000* | *4.000* | *2.000* | - | *2.000* | - |

Tabelle IV-2: Kapazitätserweiterungseffekt von Abschreibungen

Tabelle IV-2 zeigt, dass die freigesetzten Finanzmittel in Höhe der Abschreibungen bereits während der Phase des Kapazitätsaufbaus zunächst für Erweiterungsinvestitionen verwendet werden können. Ab der fünften Periode fallen wie im Beispiel zuvor Ersatzinvestitionen an. Da sie betraglich nicht beliebig teilbar sind, verbleibt im Zweijahresrhythmus ein Restbestand an liquiden Mittel von *2.000* €.

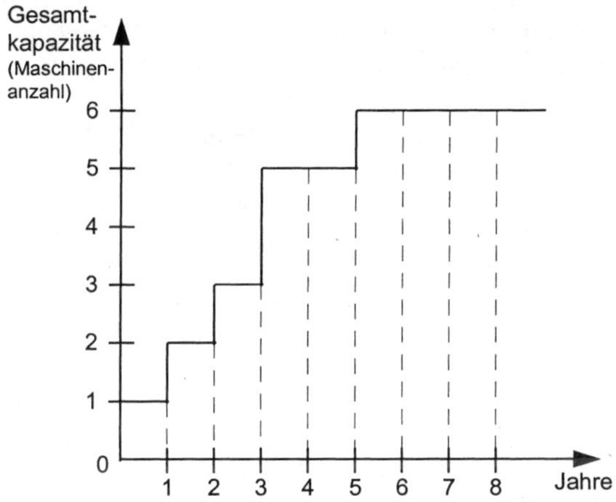


Abb. IV-5: Grafischer Verlauf des Kapazitätserweiterungseffekts

Bei dem im Beispiel beschriebenen Kapazitätserweiterungseffekt handelt es sich um eine **Erweiterung** der **Periodenkapazität** und nicht der Gesamtkapazität des Wirtschaftsgüterbestands. Dabei ist die Periodenkapazität die Summe der Leistungsabgaben aller Maschinen innerhalb einer Periode. Die Periodenkapazität erhöht sich um das Nutzungspotenzial der neuen Maschinen, solange keine alten Maschinen ersetzt werden müssen. Die Erhöhung erfolgt also dadurch, dass eine **größere Zahl** von **Wirtschaftsgütern** als zuvor **periodische Leistungen** abgibt. Die Gesamtkapazität aller Maschinen kann nicht erhöht werden (Summe der Gesamtkapazitäten aller Maschinen, wobei die Gesamtkapazität je Maschine dem Produkt aus Periodenkapazität und dem Saldo aus Nutzungsdauer und Wertminderung entspricht). Da die Abschreibungsbeträge beim Kapazitätserweiterungseffekt dazu verwendet werden, weitere gleichartige Maschinen zu beschaffen, wird die Minderung der Gesamtkapazität der alten Maschinen gerade durch die Gesamtkapazität der neuen Maschinen kompensiert. Durch die Wertminderung wird die Periodenkapazität nicht beeinträchtigt (vgl. *Büschgen* 1991, S. 274 und *Wöhe/Bilstein* 1998, S. 311)

Der Kapazitätserweiterungseffekt lässt sich auch durch den **kontinuierlichen** und **diskontinuierlichen Einsatz** der Abschreibungsgegenwerte beschreiben. Dabei wird die Höchstgrenze des Effekts durch den theoretischen und unrealistischen Fall der kontinuierlichen Verrechnung der Abschreibungen erreicht. Voraussetzungen hierfür sind, dass die Wirtschaftsgüter beliebig teilbar sind (da sofortige Reinvestition unterstellt wird), die Abschreibungen nicht erst am Ende der Periode, sondern kontinuierlich verrechnet werden und die Abschreibungen linear erfolgen. Daraus ergibt sich ein kontinuierlicher **Kapazitätserweiterungsmultiplikator** (KEM), den Quotienten aus Gesamtnutzungsdauer und hälftiger Gesamtnutzungsdauer, da das anfangs investierte Kapital durchschnittlich zur Hälfte gebunden ist und mit der freigesetzten Hälfte die Periodenkapazität erweitert werden kann (vgl. *Süchting* 1995, S. 259):

$$KEM = \frac{n}{n/2} = 2 \qquad \text{(IV-9)}$$

Übertragen auf die Werte aus dem Beispiel: $KEM = \frac{4}{4/2} = 2$.

In der Realität sind **Wirtschaftsgüter nicht beliebig teilbar**, so dass die Investitionen nur in größeren diskontinuierlichen Zeitabständen durchgeführt werden, um die Anschaffungskosten eines Wirtschaftsguts der gleichen Art zu ermöglichen. Es sind gerade so viel Finanzmittel zu thesaurieren, damit die Anschaffungskosten eines Wirtschaftsguts der gleichen Art ermöglicht wird. Durch die diskontinuierliche Anschaffung erhöht sich die durchschnittliche Kapitalbindungsdauer gegenüber der mittleren Nutzungsdauer um eine halbe Periode. Es ergibt sich daraus ein **diskontinuierlicher Kapazitätserweiterungsmultiplikator** (vgl. *Süchting* 1995, S. 259):

$$\mathrm{KEM} = \frac{n}{\frac{n+1}{2}} = 2\frac{n}{n+1} \qquad \text{(IV-10)}$$

Übertragen auf die Werte aus dem Beispiel ergibt sich: $KEM = 2\frac{4}{4+1} = 1{,}6$.

Rechnerisch bestätigt der Kapazitätserweiterungseffekt das *1*,6-fache des Grundbestands von vier Maschinen, d.h. *6,4* Maschinen. Tatsächlich kommt es aber nur zu einer Zunahme auf sechs Maschinen, was lediglich dem *1*,5-fachen des Grundbestands entspricht. Die Ursache dieser Abweichung liegt darin, dass die im Beispielfall ausgewiesenen Reinvestitionsmittel in Höhe von *4.000* € in bestimmten Jahren (z.B. in den Jahren sieben und neuen) liquide in der Unternehmenskasse verbleiben. Aufgrund der betraglichen Unteilbarkeit der Anschaffungskosten pro Maschine ist keine zusätzliche Erweiterungsinvestition möglich.

Man kann den Kapazitätserweiterungseffekt aus obigem Beispiel weiter verdeutlichen, indem man ihn wie im folgenden als grafischen Verlauf darstellt. Hierzu ein Beispiel mit einer gegebenen Nutzungsdauer von fünf Jahren (vgl. *Wöhe/Bilstein* 1998, S. 314-315):

| Anlagenzahl der Grundausstattung | *1* | *2* | *5* | *10* | *20* | *50* | *100* | *200* |
|---|---|---|---|---|---|---|---|---|
| Re-Investitions-perioden in Jahren | *5* | *2,5* | *1* | *0,5* | *0,25* | *0,10* | *0,05* | *0,025* |
| Nutzungsdauer in Re-Investitionsperiode (*n*) | *1* | *2* | *5* | *10* | *20* | *50* | *100* | *200* |
| Kapazitätserweiterungs-multiplikator (= *KEM*) | *1* | *1,3333* | *1,6667* | *1,8182* | *1,9048* | *1,9608* | *1,9802* | *1,9900* |

Tabelle IV-3: Ermittlung des Kapazitätserweiterungsfaktors

Beispielhafte Berechnung für eine Grundausstattung von einer Maschine:

- (Nutzungsdauer / Anzahl der Maschinen) *5:1 = 5* Re-Investionsperioden in Jahren.
- (Nutzungsdauer / Re-Investitionsperioden in Jahren) *5:5 = 1* Nutzungsdauer in Re-Investionsperioden (*n*).

Hieraus errechnet sich der KEM wie folgt:

$$KEM = 2\left(\frac{1}{1+1}\right) = 1.$$

Eine beispielhafte Berechnung für eine Grundausstattung von *50* Maschinen ergibt folgende Ergebnisse:

- Re-Investitonsperioden in Jahren = *5:50 = 0,1.*
- Nutzungsdauer in Re-Investitionsperioden (n) = *5:0,1 = 50.*

$$KEM = 2\left(\frac{50}{50+1}\right) = 1{,}9608.$$

Ist die Nutzungsdauer ausreichend groß, nähert sich der *KEM* dem Grenzwert zwei, bei kleinerer Dauer (z.B. eine Periode) bleibt der Kapazitätserweiterungseffekt aus. Eine Veranschaulichung dieses Sachverhalts liefert Abb. IV-6.

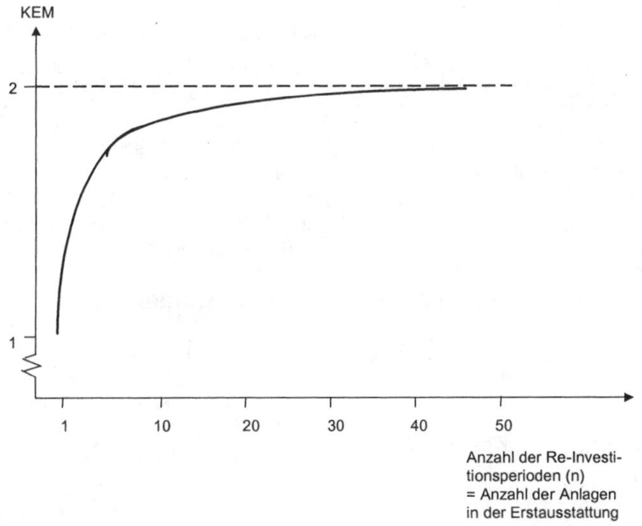


Abb. IV-6: Grafische Darstellung des KEM aus den Beispielwerten

Neben dem Einsatzzeitpunkt der Abschreibungsgegenwerte hat das **Verfahren der Abschreibung** einen signifikanten Einfluss auf die Höhe finanzieller Gegenwerte. Bislang wurde von der linearen Abschreibungsvariante ausgegangen. Andere Abschreibungsverfahren können eine Vergrößerung des Kapazitätserweiterungseffekts hervorrufen (z.B. die geometrisch-degressive Abschreibung).

Bei einem **degressiven Wertminderungsverlauf** nehmen die Abschreibungsquoten von Jahr zu Jahr ab; die Abschreibungen gehen dem Wertminderungsverlauf in den ersten Jahren der Nutzung voran. Das Geldkapital, das in den Wirtschaftsgütern investiert ist, fließt schneller zurück, wodurch die mittlere Kapitalbindungsdauer verkürzt wird (vgl. *Büschgen* 1991, S. 276). Der Kapitalerweiterungsmultiplikator wird in diesem Fall um den Koeffizienten $\alpha$ (durchschnittliche Kapitalbindung / durchschnittliches Nutzungspotenzial) im Nenner erweitert (vgl. *Süchting* 1995, S. 260):

$$KEM = 2\left(\frac{n}{\alpha n + 1}\right) \qquad \text{(IV-11)}$$

Bei vorzeitiger Abschreibung gilt $\alpha < 1$, so dass sich die durchschnittliche Kapitalbindung verringert. Da der Nenner kleiner wird, folgt gleichzeitig eine Vergrößerung des Kapazitätserweiterungseffekts. Der Effekt verstärkt sich nur, wenn sich der Nutzungsverlauf nicht gleichzeitig mit dem Abschreibungsverlauf beschleunigt. **Erhöhte Abschreibungen** enthalten Gewinnbestandteile, weshalb eine stille Selbstfinanzierung vorliegt. Es kommt zu einer verminderten Finanzierung aus Abschreibungsgegenwerten und verstärkten Finanzierung aus Gewinnen. In der Praxis ist es üblich, die verbrauchsbedingten Abschreibungsgegenwerte zusammen mit den Gewinnbestandteilen zu reinvestieren. Wird dies durchgeführt, kann neben einer Erhöhung der Periodenkapazität zusätzlich die Gesamtkapazität des Unternehmens erweitert werden. Dies ist auch dann der Fall, wenn die kalkulatorischen Abschreibungen nach Ende der planmäßigen Nutzungsdauer für ein bereits komplett abgeschriebenes Anlagegut beibehalten werden.

| **Modellannahmen** ⇒ Kapazitätserweiterungseffekt wirkt **in vollem Umfang** | **Gründe für Lockerung der Annahmen** ⇒ Kapazitätserweiterungseffekt **sinkt tendenziell** |
|---|---|
| Anschaffung aller Maschinen zu einem Zeitpunkt, ... | Anschaffungen werden meist über mehrere Termine verteilt. |
| Volle Leistungsfähigkeit der Maschinen bis zum Ende ihrer Nutzungsdauer,... | allmähliche Verringerung der Leistungsfähigkeit gegen Ende der Nutzungsdauer häufig der Fall (z.B. bei Automobilen). |
| Kein Preisverfall auf den Absatzmärkten aufgrund der Kapazitätserweiterung und dem dadurch ermöglichten Mehrangebot an Produkten,... | je nach Konkurrenzsituation und Nachfrageelastizität kann dies nicht ausgeschlossen werden. |
| Teilbarkeit der Gesamtheit aller Wirtschaftsgüter wird angenommen ... | dies ist meist nicht gegeben, da eine Kapazitätserweiterung eine gleichzeitige, oft unterschiedlich hohe Investition in allen Fertigungsstufen erfordert. |
| Wirtschaftliche und technische Nutzungsdauer sind gleich,... | wird nur in seltenen Fällen erreicht. |
| Voller Kapitaleinsatz für die Erhöhung der Anlagekapazität,... | eine Erhöhung der Anlagenkapazität führt in der Regel zu einer Ausweitung des Umlaufvermögens, was ebenfalls Kapital bindet. |
| Konstante Wiederbeschaffungskosten und kein technischer Fortschritt,... | steigende Wiederbeschaffungskosten für Anlagen gleicher Technik ggfls. auch durch technischen Fortschritt. |
| Verdiente Abschreibungen bleiben im Unternehmen,... | sie werden oft zur Kredittilgung oder zur Eigenkapitalentnahme verwendet. |

Abb. IV-7: Gegenüberstellung von Modellannahmen und mögliche Einschränkungen in der Praxis

In der Praxis existiert der Kapazitätserweiterungseffekt in der vorgestellten Form nicht in „Reinkultur". Der Grund liegt in den sehr restriktiven Annahmen für die Wirkungsweise des Modells (vgl. *Schneider* 1992, S. 164-172). Die Bedeutung des Kapazitätserweiterungseffekts ist vor allem in **Großunternehmen** wirksam. Die starke Marktstellung, die Vielzahl der Produktionsanlagen und die Verwendung der degressiven Abschreibung sind ausschlaggebend dafür, dass die Modellannahmen **näherungsweise** in der Praxis solcher Unternehmen **erfüllt** sind.

# 4 Finanzierung aus der Dotierung von Rückstellungen

„Rückstellungen sind Passivposten, die solche Wertminderungen der Berichtsperiode als Aufwand zurechnen, die durch zukünftige Handlungen (Zahlungen, Dienstleistungen, Eigentumsübertragungen an Sachen und Rechten) bedingt werden und deshalb bezüglich ihres Eintretens oder ihrer Höhe nicht völlig, aber dennoch ausreichend sicher sind" (*Coenenberg* 2000, S. 343). Begründet werden Rückstellungen auf zweierlei Weise (vgl. *Moxter* 1986, S. 25ff):

- Als **Verpflichtung gegenüber Dritten** haben Rückstellungen finanzwirtschaftlich gesehen den Charakter von **Fremdkapital** und werden in zwei Gruppen eingeteilt: Rückstellungen für ungewisse Verbindlichkeiten (= **Verbindlichkeitsrückstellungen**) und Rückstellungen für drohende Verluste aus schwebenden Geschäften (= **Drohverlustrückstellungen**).
- Rückstellungen können auch aufgrund von **Innenverpflichtungen** des Unternehmens entstehen, die dann **Eigenkapitalcharakter** aufweisen. In diese Kategorie gehören sog. Aufwandsrückstellungen.

Indem eine **Bilanzposition** gebildet wird, die dem **Grunde**, dem **Betrag** oder der **Fälligkeit** nach **unsicher** ist, sollen die Vermögensverhältnisse des Unternehmens am Bilanzstichtag entsprechend den tatsächlichen Verhältnissen dargestellt werden. Die **Höhe** der Rückstellungsposition ist nach **vernünftiger kaufmännischer Beurteilung** zu bestimmen (§ 253 Abs. 1 HGB). Für die Höhe ist neben limitierenden Bestimmungen des AktG und des HGB (für AGn) die steuerliche Zulässigkeit für die Rückstellungsbildung und ihre Höhe ausschlaggebend. Der Grund liegt darin, dass Rückstellungen aus den unversteuerten Jahresüberschüssen des Unternehmens dotiert werden. Buchhalterisch erfolgt die Bildung von Rückstellungen durch eine Gegenbuchung auf einem sachlich zugehörigen Aufwandskonto oder der GuV-Position „sonstiger betrieblicher Aufwand".

„Analog den Abschreibungen besteht der Finanzierungseffekt von Rückstellungen darin, dass die in die Kalkulation der Absatzpreise eingegangenen, verdienten Rückstellungsraten bis zur Inanspruchnahme der Rückstellung im Unternehmen disponibel sind" (*Süchting* 1995, S. 264). Aus einer Dotierung von Rückstellungen ergibt sich ein Finanzierungseffekt, wenn zwischen dem Zeitpunkt ihrer Bildung (= **Aufwandsvorgang**) und dem Eintritt (oder Wegfall) des Grundes (= **Auszahlungsvorgang**) ein weiter zeitlicher Abstand liegt. Während einer solchen Zeitspanne stehen die finanziellen Gegenwerte von Rückstellungen Unternehmen für anderweitige Finanzierungszwecke zur Verfügung. Aus finanzwirtschaftlicher Sicht sind daher bei Rückstellungen deren Fristigkeiten von Bedeutung. Langfristige Rückstellungen sorgen für die längste Verweildauer der finanziellen Gegenwerte im Unternehmen und sind aus finanzwirtschaftlicher Sicht im Rahmen der Innenfinanzierung von größter Bedeutung. Kurz- bis mittelfristige Rückstellungen können einen langfristigen Bodensatz an Finanzmitteln innerhalb des Unternehmens generieren, wenn ihre Neubildung regelmäßig immer wieder von neuem erfolgt. Dies ist allerdings für die finanzwirtschaftliche Praxis kaum vorhersehbar.

## 4.1 Die Finanzierungsbedeutung von Pensionsrückstellungen

Die Bildung von Pensionsrückstellungen ist Teil des deutschen Systems der **betrieblichen Altersversorgung** (= BAVers), das sich durch eine große Vielfalt auszeichnet und in dieser Hinsicht gegenüber den meisten übrigen Industrieländern eine Ausnahmeerscheinung darstellt. Die BAVers verkörpert die sog. zweite Säule des deutschen Alterssicherungssystems und nimmt gemessen am gesamten Alterseinkommen neben der gesetzlichen Rentenversicherung (erste Säule) und der privaten Altersvorsorge (dritte Säule) *6,5%* der Versorgungszahlungen ein (Stand 2000). Dies entspricht einem Gesamtvolumen der BAVers im Jahr 2000 in Höhe von *307* Mrd. € (vgl. *Bongartz* 2001). Die BAVers folgt dem Kapitaldeckungsverfahren, das im wesentlichen daraus besteht, dass jede Generation an Versicherungsnehmern einen eigenen Kapitalstock aufbaut, von dem sie im Alter „zehrt". Gesetzliche Grundlagen der BAVers sind durch das BetrAVG aus dem Jahre 1974 geregelt und betreffen im wesentlichen die Finanzierung, Unverfallbarkeitsfristen, die Insolvenzsicherung, die Formen der Leistungszusagen sowie Anpassungsvorschriften. Ihrer rechtlichen Natur nach handelt es sich bei der BAVers um freiwillige Leistungen des Arbeit gebenden Unternehmens; Höhe und Leistungen sind daher individuell oder durch Tarif- bzw. Betriebsvereinbarungen geregelt. Zwischen Branchen und Betriebsgrößen sind daher unterschiedliche Regelungen anzutreffen (vgl. *Fels* 1997, S. 19ff.).

In allen Fällen verpflichtet sich ein Unternehmen, Arbeitnehmern eine Alters-, Invaliden- oder Hinterbliebenenversorgung zu gewähren bzw. Zahlungen für diesen Zweck zu leisten. Die **Höhe** der Pensionsrückstellungen in den jeweiligen Unternehmen wird bestimmt durch Art der Versorgung (Alters-, Invaliden-, Hinterbliebenenrente), Einkommens- und Altersstruktur, Pensionsberechtigte, Fluktuationsquote und steuerliche Kriterien. Die BAVers ist in **fünf Grundformen** zu unterscheiden, die sich nach Durchführungswegen richten (vgl. *Börsch-Supan* 2001):

- Mit *22%* an den gesamten Deckungsmitteln der BAVers des Jahres 2000 stellt der Durchführungsweg „**Pensionskasse**" die zweitwichtigste Form der BAVers dar. Beiträge können entweder durch den Arbeitnehmer oder den Arbeitgeber geleistet werden. Finanzwirtschaftlich von zentraler Bedeutung ist, dass die so aufgebrachten Finanzmittel nicht im Unternehmen verbleiben, sondern extern in Fonds, Pensionskassen genannt, eingebracht werden. Es handelt sich hierbei um Versicherungsvereine auf Gegenseitigkeit, die deshalb den Bestimmungen des Bundesaufsichtsamts für das Versicherungswesen unterstehen.

- Ebenfalls keine finanzwirtschaftlichen Wirkungen im Unternehmen erzielt der dritte Durchführungsweg der BAVers, die **Direktversicherung** (Anteil an der BAVers im Jahr 2000: *13%*). Hierbei wird seitens des Arbeitgebers bei einem externen Versicherungsunternehmen für den Arbeitnehmer als Versicherungsnehmer ein Einzel- oder Gruppen-Lebensversicherungsvertrag abgeschlossen. Es verbleiben daher bei diesem Durchführungsweg keinerlei thesaurierbaren Finanzmittel um Unternehmen.

- Die dritte Möglichkeit der BAVers wird mit der **Unterstützungskasse** beschrieben. Sie weist mit *8%* im Jahr 2000 den niedrigsten Anteil an der BAVers auf. Finanzwirtschaftlich kennzeichnend ist wiederum, dass die Versicherungsbeiträge unternehmensextern in einer rechtlich selbständigen Versorgungseinrichtung, deren Träger ein oder mehrere Unternehmen sind, thesauriert werden.

- Am weitesten in der BAVers verbreitet ist die Form der **Direktzusage**. Mit ca. 57% an den gesamten Deckungsmitteln der BAVers im Jahr 2000 nimmt sie den größten Anteil ein. Sie stellt die Grundlage zur Bildung von Pensionsrückstellungen beim Arbeit gebenden Unternehmen dar: Der Arbeitgeber verpflichtet sich vertraglich gegenüber den zahlenden Arbeitnehmern, einen Teil des Lohns nicht in der Gegenwart, sondern erst zu einem späteren Zeitpunkt, d.h. nach Eintritt des Versicherungsfalls in Form einer Betriebsrente zu leisten. Um diese eingegangene Verpflichtung materiell erfüllen zu können, wird im Unternehmen eine Pensionsrückstellung gebildet und jährlich mit den fälligen Rentenbeiträgen der versicherten Arbeitnehmer gespeist.

Mit der Möglichkeit zur Einspeisung von Altersvorsorgebeiträge in einen **Pensionsfonds** wurde mit der Reform der Altersvorsorge im Jahre 2001 in Deutschland im Rahmen des Gesetzes zur Reform der GRV und zur Förderung eines kapitalgedeckten Altersvorsorgevermögens (AvmG) ein fünfter Durchführungsweg geschaffen. Es handelt sich hierbei um ein rechtlich-selbständiges Nicht-Versicherungsunternehmen, das in Deutschland seiner Struktur nach Pensionskassen ähnelt, jedoch hinsichtlich zulässiger Anlagemöglichkeiten und daraus abzuleitender Renditechancen abweicht. Bei einem Pensionsfonds werden Beitragszusagen von Arbeit gebenden Unternehmen während der sog. Anwartschaftsphase in festgelegten Beträgen regelmäßig eingezahlt. Hinsichtlich der Auszahlungs-Vereinbarung nach Ablauf der Rentenbeitragsdauer ist zwischen dem leistungsbezogenen System (**Defined Benefit-System**) und dem beitragsbezogenen System(sog. **Defined Contribution-System**) zu unterscheiden:

- Beim leistungsbezogenen System besteht zwischen dem Abreitgeber und –nehmer eine Vereinbarung mit fester betraglicher Leistungszusage im Versorgungsfall, d.h. die Einzahlungen können variabel sein, die Auszahlungen dagegen sind fix. Kommt es zu betraglichen Abweichungen zwischen den Auszahlungsverpflichtungen und den Einzahlungen sowie über die Anwartschaft geleistete Performance, liegt das Erfüllungsrisiko beim Arbeitgeber.

- Im beitragsbezogenen System besteht die Verpflichtung zu fixer Einzahlung, die Auszahlung ist hingegen variabel. Sie wird von der Wertentwicklung des Pensionsfonds bestimmt. Das sog. Shortfall Risk, das Risiko einer Auszahlungslücke, trägt der Arbeitnehmer.

- Die beiden vorgenannten Systeme lassen sich kombinieren, indem unternehmensexterne Pensionsfonds als rechtlich selbstständige Versicherungsunternehmen das Risiko der Leistungszusage übernehmen. Die Arbeitgeber haben ergänzend fixe Versicherungsbeiträge zu leisten. Der Anspruch auf Altersvorsorge besteht dann nicht mehr zwischen Arbeitgeber und –nehmer, sondern zwischen Arbeitnehmer und Pensionsfonds. In Deutschland bestehen bereits derartige Konstruktionen in Form von **Altersvorsorge-Sondervermögen** nach dem KAGG. Es handelt sich um einen weiteren Durchführungsweg der privaten Altersvorsorge, d.h. der Pensionsfonds ist nicht betrieblicher Natur und der Arbeitnehmer hat keinen Rechtsanspruch gegenüber dem Arbeitgeber. Eine weitere Ausprägung des gemischten Systems ist der seit 2001 mögliche betriebliche Pensionsfonds. Grundsätzlich steht auch Arbeitnehmern eine eigene Einzahlungsregelung zu. Kennzeichnend für diesen Durchführungsweg ist die hohe Flexibilität, indem für Arbeitnehmer individuelle Versorgungskonzepte realisiert werden können (vgl. grundsätzlich *Börsch-Supan* 2000). Aufgrund der aktuellen Neuregelung im Jahr 2001 spielt dieser Durchführungsweg derzeit noch keine statistische Rolle.

Im Folgenden ist aus finanzwirtschaftlicher Sicht die Behandlung der Direktzusage relevant, da sie zur Bildung von Pensionsrückstellungen und ihren nachgelagerten möglichen Finanzierungseffekten führt. Begründet werden Pensionsansprüche durch die Tätigkeit der Arbeitnehmer im Betrieb, gebildet werden sie als Teil des Arbeitsentgelts im Rahmen des Lohn- und Gehaltsaufwands. Die Zahlungen werden während der Beschäftigungszeit des Arbeitnehmers für den Versorgungsfall thesauriert. Dadurch stellen sie für das Unternehmen Aufwand der Perioden dar, in denen der Arbeitnehmer aktiv im Unternehmen tätig ist. Die Auszahlungen erfolgen nach dem geplanten Ausscheiden bzw. Eintritt des Versicherungsfalls. Mit der Bildung der **Pensionszusagen** geht das Unternehmen eine **vertragliche Verpflichtung** ein. Der Arbeitnehmer hat daraus einen Anspruch auf Auszahlung.

Ihrem Umfang nach sind als langfristige Rückstellungen die **Pensionsrückstellungen** von Bedeutung für die Innenfinanzierung bei deutschen Unternehmen. Die Unternehmen verpflichten sich vertraglich, für einen Arbeitnehmer während der Dauer seiner Betriebszugehörigkeit eine Alters-, Invaliden- oder Hinterbliebenenversorgung zu bilden. Für die daraus resultierenden Pensionsanwartschaften des Arbeitnehmers können bereits vom Jahre der Zusage an, d.h. meist viele Jahre vor Eintritt des Versorgungsfalls, Rückstellungen in die Bilanz eingestellt werden. Sie stellen für den Betrieb Aufwand in den Perioden dar, in denen der Arbeitnehmer aktiv im Betrieb tätig ist. Eine Auszahlung steht dem in der Periode der Zuführung nicht gegenüber. Auf diese Weise stehen dem Unternehmen die Mittel bis zum Eintritt der vertraglich festgelegten Pensionszahlungen zur Verfügung (vgl. *Drukarczyk* 1999, S. 412-413).

Die Voraussetzungen für die steuerliche Anerkennung beeinflussen deutlich die Höhe der Pensionsrückstellungen. Die jährlichen Pensionsrückstellungen müssen nach versicherungsmathematischen Grundsätzen (z.B. unter Berücksichtigung von Zins- und Zinseszins sowie Sterbe- und Invaliditätswahrscheinlichkeiten) bewertet werden. Bei der Berechnung muss das Teilwertverfahren angewandt und ein gesetzlicher Mindestkalkulationszinsfuß von *6%* angesetzt werden. Des Weiteren muss die Pensionszusage rechtsverbindlich sein und darf keine steuerschädlichen Vorbehalte enthalten.

Gespeist werden Pensionsrückstellungen durch den **Umsatzprozess**. Sie stellen als Bestand in der Bilanz wegen der zugrunde liegenden Rechtsverhältnisse (langfristiges) **Fremdkapital** dar. Als sog. **Sozialkapital** weisen sie eine im voraus unbestimmte Fälligkeit auf, je nach Altersstruktur des Unternehmens bzw. seiner Beschäftigten. Werden Rückstellungsauflösungen für ausgeschiedene Mitarbeiter mit den Rückstellungsneubildungen für neueingestellte Mitarbeiter ausgeglichen, tritt ein Gleichgewichtszustand von Zahlungsab- und Zahlungszuflüssen ein. Es entsteht eine Art revolvierender Kapitalstock, der unbeschadet des rechtlichen Charakters dieser Rückstellungen als Fremdkapital, quasi Eigenkapital repräsentiert (vgl. Abb. IV-8).

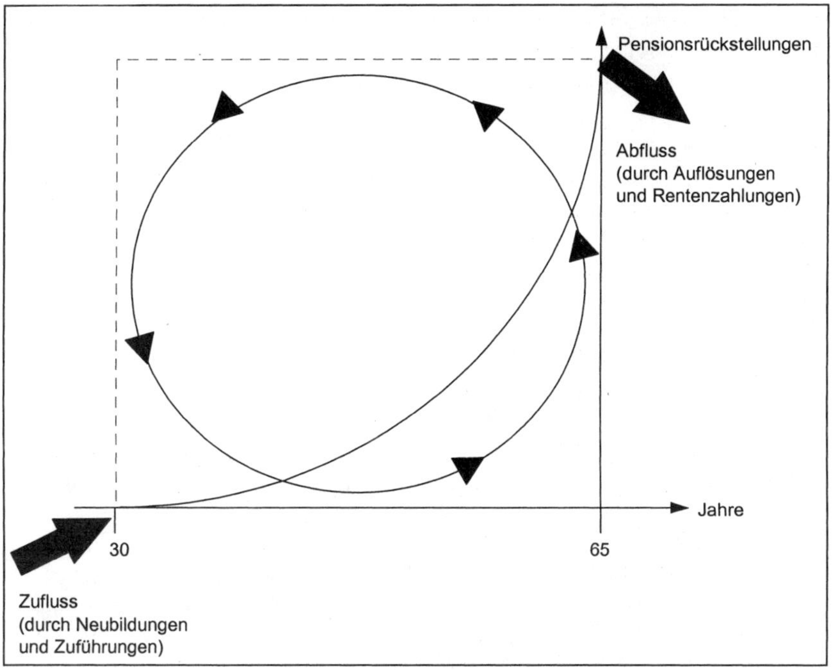


Abb. IV-8: Pensionsrückstellungen als revolvierender Kapitalstock
(in Anlehnung an *Seibel* 1975, S. 538)

Der Finanzierungseffekt der Pensionsrückstellungen aus einer Prozesssicht veranschaulicht Abb. IV-9. Die Mittelbindung ist am größten, wenn der zeitliche Abstand zwischen der Bildung von Pensionsrückstellungen und den Pensionszahlungen am höchsten ist (= **Phase II**). Dieser Zustand kann dann dauerhaft sein, wenn wie in Abb. IV-8 dargestellt, der Kapitalstock optimal revolviert. Zusätzliche Finanzierungsmöglichkeiten ergeben sich dann zwar nicht mehr, da der Kapitalstock nicht mehr wächst, aber die Mittelbindung in Vermögensteilen des Unternehmens kann von hohem Betragsvolumen sein und die durchschnittlichen Kapitalkosten drücken. **Phase I** bezeichnet in Abb. IV-9 in erster Linie den Fall von neugegründeten Unternehmen mit junger Belegschaft, die über einen relativ langen Zeitraum Pensionsrückstellungen bilden können, ohne Pensionen auch auszahlen zu müssen. Der Handlungsspielraum für die Finanzierung ist bei Pensionsrückstellungen dann sehr hoch, da die zusätzlichen Finanzierungsmöglichkeiten wachsen. In **Phase III** wird der sukzessive Abbau des Kapitalstocks nachvollzogen, d.h., die Auszahlungen übersteigen betragsmäßig die Mittelzuführungen. Dieser Zustand tritt ein, wenn die Belegschaft verringert wird und/oder die pensionierten Mitarbeiter eine höhere als statistisch erwartete Lebensdauer haben (vgl. *Wöhe/Döring* 2000, S. 759-760).

Lesehinweis: Eine grundsätzliche finanzwirtschaftliche und steuerliche Betrachtung liefert *Heubeck* (1987).

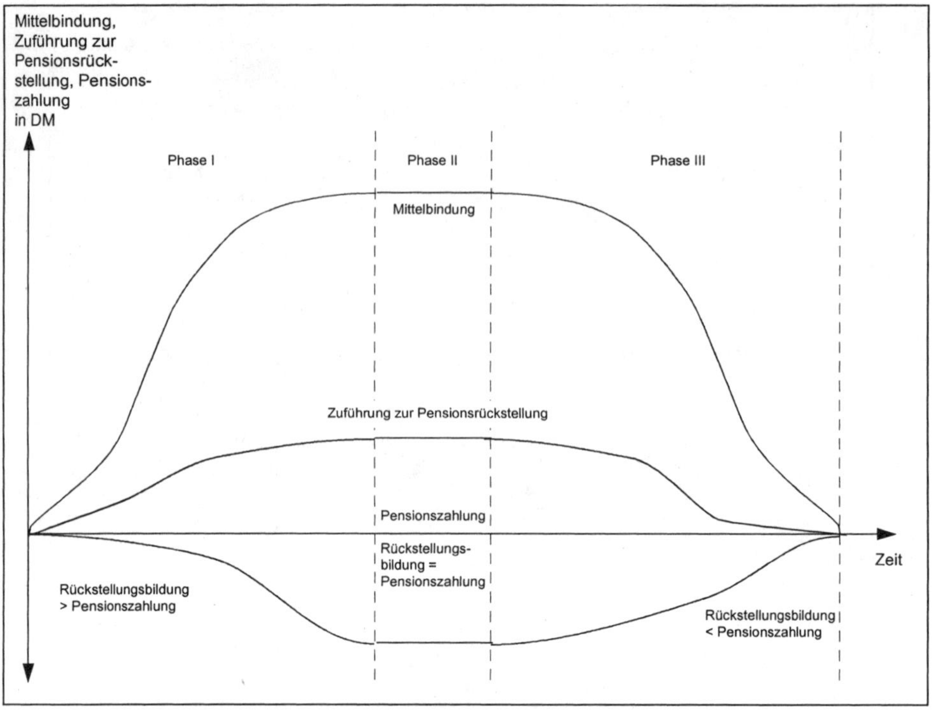


Abb. IV-9: Prozessphasen des Kapitalstocks „Pensionsrückstellungen"
(Quelle: *Wöhe/Bilstein* 1998, S. 334)

Es sind vier grundlegende Finanzierungseffekte von Pensionsrückstellungen zu unterscheiden. Die finanziellen Auswirkungen dieser Effekte sollen Anhand folgender Beispiele verdeutlicht werden (vgl. zu den folgenden Ausführungen auch *Wöhe/Bilstein* 1998, S. 328-334). Bei den folgenden Beispielen wird von einem Ertragsteuersatz von *55%* bei Nicht-Ausschüttung und von *45%* bei Ausschüttung ausgegangen, da vor Körperschaftsteuerabzug die Gewerbesteuer vom zu versteuernden Gewinn abzuziehen ist. Die Pensionsrückstellungen betragen *50.000 €*.

Beispiel 1: Der **Gewinn** vor Steuern liegt **über** den anzusetzenden **Pensionsrückstellungen** (= PR). Der versteuerte **Gewinn** wird **thesauriert**.

| # | Wirkungen ohne PR | Positionen | Wirkungen mit PR |
|---|---|---|---|
| 1 | *100.000* | Gewinn vor Steuern | *100.000* |
| 2 | | Pensionsrückstellungen | *50.000* |
| 3 | *100.000* | steuerpflichtiger Gewinn | *50.000* |
| 4 | *55.000* | *55%* Ertragsteuern | *27.500* |
| 5 | *45.000* | Einstellung in die Rücklagen | *22.500* |
| 6 | *45.000* | gesamtes Finanzierungsvolumen | *72.500* (#2+#5) |

Tabelle IV-4: Wertetabelle zu Beispiel 1 (Angaben in €)

Der Finanzierungseffekt (zusätzliches Finanzierungsvolumen) mit PR liegt um *27.500* € höher als ohne PR. Verantwortlich hierfür ist die Steuerersparnis (*55%* von *50.000* €), die mit den PR erzielt wurde (#2). Die Steuerersparnis steht solange zur Verfügung, wie keine Pensionen zu zahlen sind. Stehen den Pensionsrückstellungen Pensionszahlungen in gleicher Höhe gegenüber, so hat dies keinen Einfluss auf die Höhe des gesamten Finanzierungsvolumens.

Beispiel:

| Fall A | | Fall B | |
|---|---|---|---|
| Gewinn vor Steuern | *100.000* | Gewinn vor Steuern | *100.000* |
| Pensionszahlung | *50.000* | Pensionsrückstellung | *50.000* |
| steuerpflichtiger Gewinn | *50.000* | steuerpflichtiger Gewinn | *50.000* |
| *55%* Ertragsteuern | *27.500* | *55%* Ertragsteuern | *27.500* |
| gesamtes Finanzierungsvolumen | *22.500* | gesamtes Finanzierungsvolumen | *22.500* |

Tabelle IV-5: Wertetabelle zur Erweiterung von Beispiel 1 (Angaben in €)

Wird eine Pensionszahlung (Auszahlung) mit vorhandenen Pensionsrückstellungen verrechnet, so ist sie erfolgsunwirksam. Erfolgt eine gleichzeitige Zuführung in die Pensionsrückstellungen, ist diese erfolgswirksam. Das gesamte Finanzierungsvolumen mindert sich bei Fall B um den um die ersparten Steuern gekürzten Betrag. Im Fall A, in dem keine Pensionsrückstellungen vorhanden sind, mindert die Pensionszahlung den Gewinn und damit die Steuerbelastung. Im Ergebnis sind A und B gleich. Der Vorteil bei B liegt darin, dass die in früheren Jahren durch die Bildung von Pensionsrückstellungen ersparten Ertragsteuern als Selbstfinanzierungspotenzial im Unternehmen vorhanden sind, solange sie nicht durch Pensionszahlungen aufgelöst werden. Die angesammelten Mittel bauen sich erst ab, wenn die Pensionszahlungen in der Periode größer sind als die Zuführung zu den Rückstellungen (diese Aussage gilt auch für alle noch folgenden Beispiele).

Beispiel 2: Der **Gewinn** vor Steuern liegt **über** den anzusetzenden **Pensionsrückstellungen**. Der versteuerte **Gewinn** wird **ausgeschüttet**.

| # | Wirkungen ohne PR | Positionen | Wirkung mit PR |
|---|---|---|---|
| 1 | *100.000* | Gewinn vor Steuern | *100.000* |
| 2 | | Pensionsrückstellungen | *50.000* |
| 3 | *100.000* | Steuerpflichtiger Gewinn | *50.000* |
| 4 | *45.000* | *45%* Ertragsteuern | *22.500* |
| 5 | *55.000* | Ausschüttungsbetrag | *27.500* |
| 6 | -,- | gesamtes Finanzierungsvolumen | *50.000* (#2) |

Tabelle IV-6: Wertetabelle zu Beispiel 2 (Angaben in €)

Sind noch keine Pensionen zu zahlen, stehen *50.000* € (#2) dem Unternehmen in voller Höhe zur Verfügung (zusätzliches Finanzierungsvolumen), da sowohl die Ausschüttung (#5) als auch die Steuerzahlung (#4) vermieden wird.

Beispiel 3: Der **Gewinn** vor Steuern liegt **unter** den anzusetzenden **Pensionsrückstellungen**. Der versteuerte **Gewinn** wird **thesauriert**.

| # | Wirkungen ohne PR | Positionen | Wirkungen mit PR |
|---|---|---|---|
| 1 | *40.000* | Gewinn vor Steuern | *40.000* |
| 2 | | Pensionsrückstellungen | *50.000* |
| 3 | *40.000* | steuerpflichtiger Gewinn | *-10.000* |
| 4 | *22.000* | *55%* Ertragsteuern | -,- |
| 5 | *18.000* | Einstellung in die Rücklagen | -,- |
| 6 | *18.000* (#5) | gesamtes Finanzierungsvolumen | *40.000* (#1) |

Tabelle IV-7: Wertetabelle zu Beispiel 3 (Angaben in €)

Dem Unternehmen stehen *22.000* € als zusätzliches Finanzierungsvolumen zur Verfügung, das sich aus der Steuerersparnis (#4) ergibt. Der Verlust aus den Pensionsrückstellungen darf auf die zwei vorangegangenen Jahre zurückgetragen oder auf die folgenden Jahre vorgetragen werden. Ist dann mindestens ein Gewinn von *10.000* € vorhanden, erfolgt im Rahmen der Thesaurierung durch den Verlustvortrag bzw. -nachtrag eine Steuerersparnis von *55%*. Wird der Gewinn dagegen ausgeschüttet, ist er in voller Höhe im Unternehmen gebunden.

Beispiel 4: Der **Gewinn** vor Steuern liegt **unter** den anzusetzenden **Pensionsrückstellungen**. Der versteuerte **Gewinn** wird **ausgeschüttet**.

| # | Wirkungen ohne PR | Positionen | Wirkungen mit PR |
|---|---|---|---|
| 1 | *40.000* | Gewinn vor Steuern | *40.000* |
| 2 | | Pensionsrückstellungen | *50.000* |
| 3 | *40.000* | steuerpflichtiger Gewinn | *-10.000* |
| 4 | *18.000* | *45%* Ertragsteuern | -,- |
| 5 | *22.000* | Ausschüttungsbetrag | -,- |
| 6 | -,- | gesamtes Finanzierungsvolumen | *40.000* |

Tabelle IV-8: Wertetabelle zu Beispiel 4 (Angaben in €)

Dem Unternehmen stehen noch *40.000* € zusätzliches Finanzierungsvolumen zur Verfügung, da die Ausschüttung (#5) und die Steuerzahlung vermieden wurden. Liegt ein genereller Verlust vor, so wird dieser durch die PR noch vergrößert. Es kann ein Finanzierungsvolumen entstehen, wenn ein Verlustvortrag /-nachtrag möglich ist.

Lesehinweis: Weitergehende steuerliche Betrachtungen finden sich u.a. in *Drukarczyk* (1993b).

Der **Finanzierungseffekt** von Pensionsrückstellungen resultiert damit zusammengefasst aus drei Quellen (vgl. *Büschgen* 1991, S. 287-288):

- Zwischen Bildung und Auflösung von Pensionsanwartschaften vergeht eine längere Periode. In dieser Zeit stehen die Mittel dem Unternehmen zu Finanzierungszwecken zur Verfügung (= **Liquiditätssicherung**).
- Die Zuführung zu Pensionsrückstellungen unterliegt nicht den Ertragsteuern. Hieraus ergibt sich ein weiterer Finanzierungseffekt in Form vermiedener Ertragsteuern (= **Einsparung gewinnabhängiger Steuern**). Bei Auszahlung der dem Unternehmen zugeführten Pensionsrückstellungen ergibt sich eine Verminderung des Kapitals in Höhe dieser Pensionszahlungen, abzgl. vermiedener Ertragsteuern.
- Die Verbuchung von Rückstellungen als Aufwand und ihre Eigenschaft als steuerlich abzugsfähige Betriebsausgabe vermindert einen Gewinn bzw. vergrößert einen Verlust (= **Vermeidung** von **Gewinnausschüttungen**).

## 4.2 Pensionsrückstellungen und Kapitalmarkt

Pensionsrückstellungen stellen in den Bilanzen der deutschen Unternehmen eine signifikante Größe dar. So betrug ihr Anteil an der gesamten Kapitalausstattung deutscher Unternehmen im Jahr 1998 nach Erhebungen der Deutschen Bundesbank 22% und übertraf damit den Anteil der übrigen längerfristigen Verbindlichkeiten von *14,8%* (vgl. auch die Ausführungen in Kapitel I, Abschnitt 2.2). Damit kann eine Vielzahl deutscher Unternehmen auf externe Finanzmittel zu teilweise erheblich niedrigeren Kapitalkostensätzen zurückgreifen, die ansonsten unternehmensextern am Kapitalmarkt als Eigen- oder Fremdkapital zu höheren Sätzen akquiriert werden müssten. Zudem ist die Unternehmensleitung weitestgehend frei in ihren Verwendungsentscheidungen und unterliegt kaum einem Monitoring wie es bei der Kredit- oder Beteiligungsfinanzierung der Fall wäre. In diesem Sinne verfügt ein Teil deutscher Unternehmen über **Handlungsspielräume**, die in den meisten übrigen Industrieländern den dort ansässigen Unternehmen nicht gewährt werden (vgl. *Guthardt* 1989, S. 6-7). Die Unternehmensleitungen der dortigen Unternehmen können zwar für die Beschäftigten ebenfalls Beiträge zur Altersvorsorge leisten, die Finanzmittel werden jedoch ihrem Einfluss entzogen, da sie i.d.R. unabhängigen Kapitalsammelstellen, **Pensionsfonds**, zur treuhänderischen Verwaltung übertragen werden müssen. Mittlerweile dürften diese Kapitalsammelstellen zu den einflussreichsten Teilnehmern an den international wichtigsten Wertpapierbörsen weltweit zählen, und es wird mit einer Zunahme ihrer Bedeutung gerechnet. Unternehmensziel dieser Pensionsfonds ist die Maximierung des Shareholder Value ihrer Anteilseigner, d.h. Versicherten, und damit orientiert sich wiederum ihre Bereitschaft, Finanzmittel Kapitalnehmern zu überlassen, an der Erfüllung entsprechender Ertragsaussichten von Investitionen. Während die Innenfinanzierung mittels Pensionsrückstellungen deren investive Verwendung in die Disposition der Unternehmensleitung stellt, wird die Finanzmittelverfügbarkeit bei einer kapitalmarktorientierten Altersvorsorge durch die Renditeforderungen der die Mittel verwaltenden Pensionsfonds bestimmt. Dies gilt sowohl für die kredit-, insbesondere anleiheorientierte Fremdfinanzierung, wie für die Beteiligungsfinanzierung. Portfolio-Manager der Pensionsfonds üben darüber hinaus Funktionen des Delegated Monitors aus und sind geeignet, mögliche **Agency Costs** im Rahmen der Innenfinanzierung zu senken bzw. zu vermeiden (vgl. *Copeland/Weston* 1988, S. 4-15). So nehmen in den USA Pensionsfonds im Rahmen der Corporate Governance eine wachsende Bedeutung ein (vgl. *Steiger* 1998).

Daneben wird der aus den Unternehmen ausgelagerten Form des Altersvorsorgeaufbaus eine zentrale Funktion bei der (Weiter-)Entwicklung nationaler (und internationaler) Wertpapiermärkte und -börsen beigemessen. So begründete man den in der Vergangenheit deutlich besseren Organisationsgrad und die höhere Effizienz bedeutungsvoller ausländischer Finanzplätze wie London, New York und Amsterdam u.a. mit der ständigen und intensiven Marktbeteiligung von Pensionsfonds. Es wird daher argumentiert, dass für die Weiterentwicklung der deutschen Wertpapierbörsen und des deutschen Kapitalmarkts insgesamt der Auslagerung von Pensionsrückstellungen in unabhängige Pensionsfonds eine zentrale Bedeutung zukomme. Durch ein solchermaßen erhöhtes Anlagevolumen am deutschen Kapitalmarkt könnten die Wertpapierbösen ihre **Kapitalallokationsfunktion effizienter** ausführen, da Markttiefe und -breite zunähmen.

<u>Lesehinweis:</u> In fast schon traditioneller Weise arbeitet *Hauck* (1989) diese Argumente heraus.

Weitere Argumente für eine Auslagerung von Pensionsrückstellungen setzen am **Liquiditätsrisiko** der betrieblichen Altersversorgung an, das durch die gesetzliche Pflicht zur zugesagten Leistungserbringung an die Berechtigten entstehen kann. Die externe Regelung trage besser als die gesetzliche Auflage zur Risikominimierung bei, da es bei Beginn von Leistungszahlungen nicht zu einem Abfluss von finanziellen Mitteln komme, die ansonsten bei Pensionsrückstellungen im Rahmen der Innenfinanzierung in Unternehmen gebunden waren. Desweiteren ergäben sich besonders für kleinere und mittlere Unternehmen **Kostenentlastungspotenziale**. Zum einen ließen sich beispielsweise durch die Einrichtung von Gruppenpensionskassen im Unternehmen Verwaltungskosten reduzieren, zum anderen könnten je nach Art der Auslagerung auch die Arbeitnehmer mit in die Altersversorgung einbezogen werden und so weitere Einsparungen der Unternehmen auslösen. Häufig wird am derzeitigen System der Pensionsrückstellungen auch kritisiert, dass es einseitig Großunternehmen begünstige und dadurch zu **Wettbewerbsverzerrungen** gegenüber kleinen und mittleren Unternehmen beitrage. Ein weiterer Aspekt aus Sicht der Leistungsempfänger ist, dass Arbeitnehmer durch den Anspruch gegenüber einer externen Pensionskasse bei einem Arbeitsplatzwechsel ihre Ansprüche zum neuen Arbeitgeber müheloser übertragen könnten (vgl. *Nürk/Schrader* 1995).

Zweifelsohne dürfte eine Auslagerung von Pensionsrückstellungen die Entscheidungsfreiheit der Unternehmensleitung im Finanzmitteleinsatz verringern und sie deutlich den Forderungen des Kapitalmarkts unterwerfen. Die Verteidigung des bisherigen Systems wird von den **Kritikern** der Kapitalmarktlösung nicht über diesen Aspekt geführt, sondern über folgende Bereiche (vgl. *Semler* 1989):

- Zum einen wird auf die Gefahr einer **Gefährdung** der **Ansprüche** der versicherten Arbeitnehmer hingewiesen. So wird grundsätzlich bestritten, dass eine Auslagerung zu einer Verbesserung der gegenwärtigen betrieblichen Altersversorgung von Arbeitnehmern führe, da Hauptmotiv der externen Regelung die Förderung des Kapitalmarkts sei. Eine **Instrumentalisierung** der betrieblichen Altersversorgung zu Kapitalmarktzwecken wird von einer Reihe von Kritikern grundsätzlich abgelehnt.
- Aus **Unternehmenssicht** wird darauf verwiesen, dass eine Vielzahl von bisher Pensionsrückstellungen bildenden Unternehmen keinerlei **Kapitalmarktzugang** hätten, insofern sie dem Problem der teilweisen Kapitalrationierung ausgesetzt wären. Zudem würden bei einem Systemwechsel bisherige Möglichkeiten der **Steuerersparnis** und -stundung im Rahmen der Innenfinanzierung für Unternehmen entfallen. Dadurch könnte grundsätzlich die Bereitschaft sinken, in Zukunft Versorgungszusagen zu treffen.
- Eine Auslagerung von Pensionsrückstellungen würde in erster Linie Unternehmen mittlerer Betriebsgröße in der Beschneidung ihrer Innenfinanzierungskraft treffen. Die Innenfinanzierung stellt aber für diese Unternehmen die wichtigste Kapitalquelle dar. Eine Auslagerung von Pensionsrückstellungen wird daher häufig auch rundweg als **mittelstandsfeindlich** charakterisiert.

Mit der Verabschiedung des AvmG wurden im Rahmen der „**Rentenreform 2001**" in Deutschland die Grundlagen zu einer Umstrukturierung der betrieblichen und privaten Säule der Altersvorsorge in Richtung eines **Kapitaldeckungsverfahren** geschaffen. Neben anderen Zielsetzungen ist die Stärkung der BAVers grundsätzlich erklärte Absicht der Reform. Kennzeichnend hinsichtlich einer Hinwendung zum Kapitaldeckungskonzept in der BAVers ist, dass vom Gesetzgeber über § 10a (2), 2 EStG-E nur die unternehmensexternen, kapitalgedeckten Durchführungswege wie Direktversicherungen, Pensionskassen und die neu eingeführten Pensionsfonds steuerlich gefördert werden. Zur Umsetzung bedarf es der Zustimmung der Tarifparteien, da der Anspruch auf Entgeltumwandlung von tarifgebundenen Arbeitnehmern nur über sog. Öffnungsklauseln erfolgen kann. Mit der Einführung der Möglichkeit zur Schaffung von betrieblichen Pensionsfonds (und den zeitlich früher zugelassenen Altersvorsorge-Sondervermögen nach dem KAGG) ist erstmalig in Deutschland die Voraussetzung für eine kapitalmarktorientierte Ausgestaltung der Altersvorsorge geschaffen worden. In Anbetracht der grundsätzlichen und wahrscheinlich dauerhaften Problemstrukturen der GRV dürfte es sich um den Beginn eines Wandels vom Umlageverfahren zum Kapitaldeckungsverfahren handeln – einer der zentralen Forderungen aus der vorangestellten Kritik am gegenwärtigen System der BAVers. Damit wird in Zukunft für deutsche Unternehmen die Abhängigkeit ihrer Finanzierung von den Einflüssen des Kapitalmarkts (vor allem hinsichtlich Corporate Governance und Wettbewerb um Kapital) wachsen.

Lesehinweis: Zur Gegenüberstellung der für das Verständnis von Finanzierungswirkungen der Pensionsrückstellungen peripher notwendigen Unterschiede zwischen Umlage- und Kapitaldeckungsverfahren in der GRV vgl. *Börsch-Supan* (2000).

# 5 Vermögensumschichtungen und Kapitalfreisetzungen

Zu den **Möglichkeiten** der Innenfinanzierung in dieser Kategorie werden vor allem Rationalisierungsmaßnahmen, Sale-and-Lease-Back und sonstiges, insb. Auflösung stiller Reserven gezählt. In diesem Sinne findet man auch häufig Factoring und Forfaitierung in diese Kategorie eingeordnet. Von immer wiederkehrender aktueller Bedeutung sind vor allem Maßnahmen der **Rationalisierung** in Unternehmen. Rationalisierungsmaßnahmen mit finanzwirtschaftlichen Folgen sind in Unternehmen vielfältig möglich, z.B. durch Beschleunigung der Umsatzprozesse oder durch eine bessere Überwachung und Verkürzung von Zahlungszielen (vgl. *Büschgen* 1991, S. 282). Hierdurch wird aus finanzwirtschaftlicher Sicht bisher **gebundenes Kapital freigesetzt** und kann an anderer Stelle im Unternehmen einer produktiveren Verwendung zugeführt werden. Beim **direkten Finanzierungseffekt** verringert die Rationalisierung den Kapitaleinsatz bei gleichem Produktions- und Umsatzvolumen (z.B. Rückzahlung von langfristigem Fremdkapital). Im Gegensatz dazu verändert die Rationalisierung beim **indirekten Finanzierungseffekt** den bisherigen Kapitaleinsatz nicht, sondern erweitert das Produktions- und Umsatzvolumen (z.B. aufgrund von Investitionen in zusätzliche produktive Anlagen).

*In der Financial Times Deutschland vom 14.11.2001 war hierzu folgende Meldung zu lesen, die auszugsweise wiedergegeben ist:*

*„Infineon rüstet sich für Fortgang der Krise*

*Die Siemens-Tochter Infineon plant den Verkauf weiterer Randgeschäfte, falls die Krise im Chipmarkt sich über den Sommer 2001 hinaus erstreckt. Die 568 Mio. €, die Infineon derzeit in der Kasse habe, reichten nach Stand der Dinge für die kommenden zwei bis drei Quartale, sagte Finanzvorstand Peter Fischl gestern bei Vorlage der Jahreszahlen in München. Der Verkauf weiterer Randgeschäfte könne zwischen 500 und 800 Mio. € bringen, sagte Vorstandschef Ulrich Schumacher. Damit könnte der Chiphersteller, an dem Siemens 51 Prozent hält, weitere Verluste finanzieren. Intern steht das Geschäft mit Industrieelektronik als wichtigster Verkaufskandidat bereits fest (...).“*

Eine weitere Form der Vermögensumschichtung ist die Veräußerung von Vermögensgegenständen als liquiditätspolitische Maßnahme. Solche **Substitutionsfinanzierungen** erfolgen meist vor dem Hintergrund einer ansonsten drohenden Zahlungsunfähigkeit. Bilanziell gesehen handelt es sich um einen **Aktivtausch**: Die entsprechende Vermögensposition, meist Bestandteil des Anlagevermögens, wird vermindert und der Bestand an liquiden Mitteln erhöht. Führt eine Veräußerung zudem noch zur **Auflösung stiller Reserven** und damit zur Realisierung von Buchgewinnen (Buchwert unterhalb des Verkehrswerts), kommt es überdies zu einer Bilanzverlängerung. Veräußert werden in erster Linie **Vermögensgegenstände**, die **nicht betriebsnotwendig** sind (z.B. nicht betrieblich genutzte Grundstücke). Auch bei betrieblich genutzten Vermögensteilen sind Veräußerungen aus finanzwirtschaftlichen Gründen u.U. wirtschaftlich sinnvoll und auch möglich: So wird im Rahmen des **Sale-and-Lease-Back-Verfahrens** betriebsnotwendiges Vermögen an eine Leasinggesellschaft verkauft und von dieser anschließend durch den Verkäufer wieder geleast, d.h. im Rahmen eines meist langfristigen Mietvertrags die Nutzung für betriebliche Zwecke sichergestellt. **Sonstige Maßnahmen** der Innenfinanzierung sind zeitliche Vorverlegung von Einzahlungen, Senkung von Auszahlungsbeträgen und zeitliche Verschiebung von Auszahlungen.

Im Überblick betrachtet lassen sich hinsichtlich der Innenfinanzierungspotenziale durch Vermögensumschichtungen folgende auf die Anlage- und Umlaufvermögen bezogene Prozesse unterscheiden.

**Kapitalfreisetzungen im Anlagevermögen** ergeben sich vor allem durch solche Vermögensgegenstände, die einen im Verhältnis zu ihrer Ertragskraft hohen (und erlössicheren) Liquidations- respektive Substanzwert aufweisen. Hierzu zählen solche Objekte,

- die ohne wesentliche Rückwirkungen auf das (bereits genutzte) Kreditpotenzial veräußert werden können,
- die bei ihrer Veräußerung möglichst keinen oder nur geringen Buchverlust entstehen lassen,
- deren Veräußerung die Leistungsfähigkeit und Marktposition der Unternehmung nicht wesentlich beeinträchtigt (entweder weil sie zum neutralen Betriebsvermögen gehören oder weil sie wie im „Sale-and-Lease-Back"-Verfahren der Unternehmung nutzungsmäßig erhalten bleiben,
- deren Veräußerung zugleich produktionspolitischen Zwecken dient (etwa zum Zweck der Straffung eines Produktionsprogramms).

**Kapitalfreisetzungen im Umlaufvermögen** lassen sich realisieren durch

- Abbau der Vorräte (Drosselung der Produktion, Sonderverkäufe u.ä.),
- Abbau der Forderungen (Verschärfung der Debitorenkontrolle, Einsatz des Factoring, Gewährung erhöhter Zahlungsanzreize u.ä.),
- Verringerung der freien Liquiditätsreserven (Umwidmung von Kassemitteln, Erhöhung der Kassenumschlagsgeschwindigkeit u.ä.).

Abschließend ist anzumerken, dass Kapitalfreisetzungen und Vermögensumschichtungen als Quellen einer Innenfinanzierung in der Praxis meist in kritischen Unternehmensphasen wie z.B. einer Sanierung zum Einsatz kommen. Sie sind daher oftmals integraler Bestandteil eines unternehmensweiten Programms und werden selten isoliert eingesetzt.

## Literaturverzeichnis


Acker, G., 1995, Die Wertpapierleihe – Grundlagen, Abwicklung und Risiken eines neuen Bankprodukts, 2. Aufl., Wiesbaden.

Adams, M., 1994, Die Usurpation von Aktionärsbefugnissen mittels Ringverflechtung in der "Deutschland AG", Vorschläge für Reformen im Wettbewerbs-, Steuer- und Unternehmensrecht, in: Die Aktiengesellschaft, 39. Jg., Heft 4, S. 148-158.

Adelberger, O.L., 1993, Formen der Innenfinanzierung, in: Gebhardt, G./Gerke, W./ Steiner, M., (Hrsg.), Handbuch des Finanzmanagements. Instrumente und Märkte der Unternehmensfinanzierung, München, S. 197-228.

Adrian, R./Heidorn, T., 2000, Der Bankbetrieb: Lehrbuch und Aufgaben, begr. von Hagenmüller, K. F./Diepen, G., 15., überarb. Aufl., Wiesbaden.

Aharony, J./Swary, I., 1980, Quarterly Dividends and Earnings Announcements and Stockholders' Returns: An Empirical Analysis, in: Journal of Finance, Vol. 35, No. 1, S. 1-12.

Akerlof, G.A., 1970, The Market for Lemons: Qualitative Uncertainty and the Market Mechanism, in: Quarterly Journal of Economics, Vol. 84, S. 488-500.

Albach, H./Hundsdiek, R./Kokalj, L., 1986 Finanzierung und Risikokapital, Stuttgart.

Alchian, A., 1984, Specificity, Specialization and Coalitions, in: Zeitschrift für die gesamte Staatswissenschaft, 140. Jg., Heft 1, S. 34-49.

Alchian, A./Woodward, S., 1988, The Firm is Dead; Long Live the Firm, in: Journal of Economic Literature, Vol. 26, No. 1, S. 65-79.

Alig, K., 1999, Das Repo-Geschäft - Eine Innovation am Schweizer Finanzmarkt, in: Finanzmarkt und Portfolio Management, 13. Jg., Nr. 1, S. 27-38.

Allen, F./Gale, G., 2000, Comparing Financial Systems, Cambridge, Mass.

Alworth, J.S./Borio, C.E.V., 1993, Commercial Paper Markets: A Survey, BIS Economic Papers No. 37, Basel.

Aoki, M., 1999, An Information Theoretic Approach to Comparative Corporate Governance, Working Paper No. 99-04, Department of Economics, Stanford University.

Arbeitskreis „Finanzierung" der Schmalenbach-Gesellschaft, 1992, Asset Backed-Securities - ein neues Finanzierungsinstrument für deutsche Unternehmen, in: Zeitschrift für betriebswirtschaftliche Forschung, 44. Jg., Heft 6, S. 495-530.

Arnold, W./Boos, K.-H., 1993, Die neuen Bestimmungen des Kreditwesengesetzes, in: Die Bank, Heft 5, S. 273-278.

Arrow, K.J., 1986, Agency and the Market, in: Arrow, K.J./Intrilligator, M.D. (eds.), Handbook of Mathematical Economics, Vol. III, Amsterdam, Kap. 23.

Arrow, K., 1976, Social Choice and Individual Values, 2nd ed., New Haven, London.

Arzac, R.E., 1997, PERCS, DECS and other Mandatory Convertibles, in: Journal of Applied Corporate Finance, Vol. 10, No. 1, S. 54-63.

Asquith, P./Mullins, D.W., 1983, The Impact of Initiating Dividend Payments on Shareholder's Wealth, in: Journal of Business, Vol. 56, Issue I, S. 77-96.

Backhaus, K./Uekermann, H., 1990, Projektfinanzierung, in: Wirtschaftswissenschaftliches Studium, Heft 3, S. 106-112.

Baetge, J., 2001, Bilanzen, 5. überarb. Aufl., Düsseldorf.

Ballwieser, W., 1985, Ergebnisse der Informationsökonomik zur Informationsfunktion der Rechnungslegung, in: Stöppler, S. (Hrsg.), Information und Produktion - Beiträge zur Unternehmenstheorie und Unternehmensplanung. Festschrift zum 60. Geburtstag von Waldemar Wittmann, Stuttgart, S. 21-40.

Ballwieser, W./Schmid, H., 1990, Charakteristika und Problembereiche von Management Buy-Outs (I) und (II), in: Das Wirtschaftsstudium, Nr. 5 u. 6, S. 358-364.

Baltensperger, E., 1983, Zur Entwicklung der Bankwissenschaft in den USA, in: Die Bank, Heft 9, S. 408-415.

Bankers Trust New York Corp., 1996, Depositary Receipt Handbook, New York.

Baskin, J., 1989, An Empirical Investigation of the Pecking Order Hypothesis, in: Financial Management, Vol. 18, S. 26-35.

Baumol, W.J., 1965, The Stock Market and Economic Efficiency, New York.

Baums, Th., 1993, Feindliche Übernahmen und Managementkontrolle. Anmerkungen aus deutscher Sicht, Arbeitspapier 1/93, Universität Osnabrück.

Beaver, W./Morse, D., 1978, What Determines Price-Earnings Ratios?, in: Financial Analysts Journal, Vol. 34, No. 4, S. 65-76.

Becker, F.G., 1994, Finanzmarketing von Unternehmungen, in: Die Betriebswirtschaft, 64. Jg., Heft 2, S. 295-314.

Behr, G./Wirth, O., 1999, Einsatz von Mezzanine Kapital bei der Wachstumsfinanzierung, in: Der Schweizer Treuhänder, Heft 3, S. 161-170.

Beilner, Th./Mathes, H.D., 1990, Wandelanleihen und Optionspreistheorie, in: Die Bank, Heft 3, S. 146-152.

Bell, M.G., 1999, Venture Capitalist oder Angel - Welcher Kapitalgeber stiftet größeren Nutzen?, in: Die Bank, Heft 6, S. 372-377.

Berle, A.A./Means, G.C., 1932, The Modern Corporation and Private Property, New York.

Benston, G.J./Smith, W.S., 1976, A Transaction Approach to the Theory of Financial Intermediation, in: Journal of Finance, Vol. 31, No. 2, S. 215-231.

Bergen, M./Dutta, S./Walker, O.C., 1992, Agency Relationships in Marketing: A Review of the Implications an Applications of Agency and Related Theories, in: Journal of Marketing, Vol. 56, S. 1-24.

Berkovitch, E./Greenbaum. S., 1991, The Loan Commitment as an Optimal Financing Contract, in: Journal of Financial and Quantitative Analysis, Vol. 26, S. 83-95.

Berndsen, J., 1991, Asset backed securities - Ein interessantes Refinanzierungsinstrument für deutsche Finanzierungsgesellschaften, in: Finanzierung-Leasing-Factoring, Heft 5, S. 190-193.

Bernhardt, W./Witt, P., 1997, Stock Options und Shareholder Value, in: Zeitschrift für Betriebswirtschaft, 67. Jg., Heft 1, S. 85-101.

Bester, H., 1985, Screening vs. Rationing in Credit Markets with Imperfect Information, in: American Economic Review, Vol. 75, S. 850-855.

Betsch, O./Groh, A./Lohmann, L., 2000, Corporate Finance, 2. Aufl., München.

Bhattacharya, S., 1979, Imperfect Information, Dividend Policy, and the "Bird in the Hand" Fallacy, in: Bell Journal of Economics, Vol. 10, Issue 1, S. 259-270.

BHF-Bank, 1999, Unternehmensanleihen im Aufwind, in: BHF-Bank (Hrsg.), Wirtschaftsdienst Nr. 1937 v. 12.06.1999, Frankfurt a. M.

BHF-Bank, 1995, Repos: Eine instrumentelle Lücke wird geschlossen, in: BHF-Bank (Hrsg.), Wirtschaftsdienst Nr. 1783 v. 22.04.1995, Frankfurt a. M.

BIS, 1999, Securities Lending Transactions: Market Development and Implications, Technical Committee of the International Organization of Securities Commissions (IOSCO), Committee on Payment and Settlement Systems (CPSS), Basle, July 1999.

Bitz, M., 2002, Finanzdienstleistungen, 6., unwes. veränd. Aufl., München, Wien.

Bitz, M./Schneeloch, P./Wittstock, W., 1995, Der Jahresabschluß, München.

BIZ, 1995, Grenzüberschreitende Abwicklung von Wertpapiergeschäften. Bericht des Ausschusses für zahlungsverkehrs- und Abrechnungssysteme der Zentralbanken der Länder der Zehnergruppe, Basel, März 1995.

BIZ, 1964, 34. Jahresbericht, Basel.

Black, F., 1975, Bank Funds Management in an Efficient Market, in: Journal of Financial Economics, Vol. 2, S. 323-339.

Böckenhoff, J./Ross, M.I., 1993, "American Depositary Receipts" (ADR) - Strukturen und rechtliche Aspekte - Teil I, in: Wertpapier-Mitteilungen. Zeitschrift für Wirtschafts- und Bankrecht, 47. Jg., S. 1781-1787.

Börsch-Supan, A., 2001, The German Retirement Insurance System, in: Börsch-Supan, A./Miegel, M. (eds.), Pension Reform in Six Countries - What Can We Learn from Each Other?, Berlin, Heidelberg, S. 13-38.

Börsch-Supan, A., 2000, Rentabilitätsvergleiche im Umlage- und Kapitaldeckungsverfahren: Konzepte, empirische Ergebnisse, sozialpolitische Konsequenzen, in: Beiträge zur angewandten Wirtschaftsforschung der Universität Mannheim, Nr. 585-00, Mannheim.

Bongartz, U., 2001, Betriebsrenten erfordern individuelle Lösungen, in: Versicherungswirtschaft, Heft 9, S. 636-642.

Boos, K.H./Schulte-Mattler, H., 2001a, Basel II: Credit Risk Mitigation Techniques im IRB-Ansatz, in: Die Bank, Heft 7, S. 470-477.

Boos, K.H./Schulte-Mattler, H., 2001b, Basel II: Credit Risk Mitigation Techniques in der Standardmethode, in: Die Bank, Heft 6, S. 416-424.

Boos, K.H./Schulte-Mattler, H., 2001c, Basel II: Externes und internes Rating, in: Die Bank, Heft 5, S. 346-354.

Bossert, R./Manz, U. L., 1996, Externe Unternehmensrechnung. Grundlagen der Einzelrechnungslegung, Konzernrechnungslegung und internationalen Rechnungslegung, Heidelberg.

Boxberg, F. v., 1991, Das Management Buyout-Konzept, 2. Aufl., Hamburg.

Brakensiek, Th., 1991, Die Kalkulation und Steuerung von Ausfallrisiken im Kreditgeschäft der Banken, Frankfurt a.M.

Brealey, R. A./Myers, St. C., 2000, Principles of Corporate Finance, 6th ed., New York u.a.

Breid, V., 1995, Aussagefähigkeit agencytheoretischer Ansätze im Hinblick auf die Verhaltenssteuerung von Entscheidungsträgern, in: Zeitschrift für betriebswirtschaftliche Forschung, 47. Jg., S. 821-854.

Breuer, R.E., 1987, Ein innovatives Finanzierungskonzept am Euromarkt: Multiple Instrument Finance Programme, in: Die Bank, Heft 2, S. 64-65.

Brockhaus, 1998, Die Enzyklopädie, Bd. 14, 20., überarb. u. akt. Aufl., Leipzig, Mannheim.

Brogl, F., 2000, Unter verschärftem Transparenzgebot, in: BANK-MAGAZIN, Heft 8, S. 30-32.

Browne, L.E./Rosengren, E.S., 1987, Are Hostile Takeovers Different?, in: Browne, L. E./Rosengren, E.S. (eds.), The Merger Boom. Proceedings of a Conference held in October 1987, sponsored by Federal Reserve Bank of Boston, Conference Series No. 31, S. 199-229.

Buchanan, J.M./Tullock, G., 1962, The Calculus of Consent, Ann Arbor, Mich.

Buchner, R., 1993, Buchführung und Jahresabschluß, 4. Aufl., München.

Bühler, W./Ayasse, L., 1993, Kombizinsanleihen aus Sicht des Privatinvestors, in: Wirtschaftswissenschaftliches Studium, Heft 2, S. 89-94.

Bühner, R./Tuschke, A., 1997, Zur Kritik am Shareholder Value - eine ökonomische Analyse, in: Betriebswirtschaftliche Forschung und Praxis, 49. Jg., Heft 5, S. 499-516.

Büschgen, H.E., 1991, Grundlagen betrieblicher Finanzwirtschaft. Unternehmensfinanzierung, 3., neu bearb. Aufl., Frankfurt a.M.

Büschgen, H.E., 1987, Corporate Treasury Management, Köln.

Büschgen, H.E., 1985, Venture Capital - Der deutsche Ansatz, in: Die Bank, Heft 5, S. 220-227.

Bull, C., 1983, Implict Contracts in the Absence of Enforcement and Risk Aversion, in: American Economic Review, Vol. 73, S. 658-671.

Bundesministerium der Finanzen (BMF) 1971, Leasingerlaß.

Bundesverband deutscher Banken, 1998, EURIBOR ersetzt FIBOR, in: Deutsche Bundesbank (Hrsg.): Auszüge aus Presseartikeln, Nr. 5, 26.01.1998, S. 5.

Bundesverband Deutscher Leasing-Gesellschaften e.V., 2000, Jahresbericht, Berlin (www.bdl-leasing-verband.de).

Burger, A./Schellberg, B., 1995, Kreditsicherheiten, Kreditbeiträge und Überbesicherung im neuen Insolvenzrecht, in: Zeitschrift für Betriebswirtschaft, 65. Jg., Heft 4, S. 411-423.

Burkart, C., 1985, Finanzinnovationen an den Euromärkten, Mitteilungen aus dem Institut für das Spar-, Giro- und Kreditwesen an der Universität Bonn, Nr. 17, Bonn.

Campbell, T.S., 1979, Optimal Investment Financing Decisions and the Value of the Confidentiality, in: Journal of Financial and Quantitative Economics, Vol. 14, S. 913-924.

Campbell, T.S./Kracaw, W., 1980, Information Production, Market Signalling, and the Theory of Financial Intermediation, in: Journal of Finance, Vol. 37, S. 1097-1099.

Cantor, R./Packer, F., 1994, The Credit Rating Industry, in: Federal Reserve Bank of New York, Quarterly Review, Vol. 19, No. 2, S. 1-26.

Chan, Y.-S./Greenbaum, S./Thakor, A., 1986, Information Reusability, Competition and Bank Asset Quality, in: Journal of Banking and Finance, Vol. 10, S. 243-253.

Charest, G., 1978, Dividend Information, Stock Returns and Market Efficiency – II, in: Journal of Financial Economics, Vol. 6, Issue 2/3, S. 297-330.

Chmielewicz, K., 1995, Gesetzentwurf für private oder kleine Aktiengesellschaften, in: Die Betriebswirtschaft, 55. Jg., Heft 1, S. 21-30.

Christen, J., 2000, Leasing im Steuerrecht, in: Eckstein, W./Feinen, K. (Hrsg.), Leasing-Handbuch für die betriebliche Praxis, 7., völlig neu bearb. Aufl., Frankfurt a.M., S. 99-119.

Citibank, 1995, An Information Guide to Depositary Receipts, New York.

Claussen, C.P., 1996a, Aktienrechtsreform 1997, in: Die Aktiengesellschaft, Heft 11, S. 481-493.

Claussen, C.P., 1996b, Das Gesetz über die kleine Aktiengesellschaft - und die ersten praktischen Erfahrungen, in: Wertpapier-Mitteilungen. Zeitschrift für Wirtschafts- und Bankrecht, 50. Jg., S. 609-619.

Coase, R.H., 1937, The Nature of the Firm, in: Economica, Vol. 4, S. 386-405.

Coenenberg, A.G., 2000, Jahresabschluss und Jahresabschlussanalyse: betriebswirtschaftliche, handels- und steuerrechtliche Grundlagen, 17., völlig neu bearb. u. erw. Aufl., Landsberg am Lech.

Cohen, J.B./Zinbarg, E.D./Zeikel, A., 1987, Investment Analysis and Portfolio Management, 5th ed., Homewood, Ill.

Copeland, T./Koller, T./Murrin, J., 2000, Valuation – Measuring and Managing the Value of Companies, 3rd ed., New York, u.a.

Copeland, T.E/Weston, J.F., 1988, Financial Theory and Corporate Policy, 3rd ed., Reading, Mass.

Cornell, B./Shapiro, A.C. 1987, Corporate Stakeholders and Corporate Finance, in: Financial Management, Vol. 16, Spring, S. 5-14.

Coughlan, T./Schmidt, R., 1985, Executive Compensation, Management Turnover, and Firm Performance: An Empirical Investigation, in: Journal of Accounting and Economics, Vol. 7, S. 43-66.

Crabbe, L.E., 1993, Anatomy of the Medium-Term Note Market, in: Federal Reserve Bulletin, Vol. 79, No. 8, Aug. 1993, S. 751-768.

Crawford, V., 1987, International Lending, Long-Term Credit Relationships and Dynamic Contract Theory, in: Princeton Studies in International Finance, No. 59., Princeton, N. J.

Creditreform, 2001a, Unternehmensentwicklung 2001: Starker Anstieg bei Unternehmensinsolvenzen, http://www.creditreform.de/angebot/analysen/0022/001.php (Abfragedatum: 10.12.2001).

Creditreform, 2001b, Unternehmensentwicklung 2000: Insolvenzen nehmen wieder zu, http://www.creditreform.de/angebot/analysen/0015/01.php (Abfragedatum: 10.12.2001).

Creditreform, 2001c, Unternehmensentwicklung 1999: Gipfel der Insolvenzen überschritten, http://www.creditreform.de/angebot/analysen/0005/01.php (Abfragedatum: 29.11.2001).

Creditreform, 2001d, Insolvenzen in Europa 2000: Insolvenzen in Europa von 1995 bis 2000, http://www.creditreform.de/angebot/analysen/0016/03.php (Abfragedatum: 30.11.2001).

Cukierman, A., 1978, The Horizontal Integration of the Banking Firm, Credit Rationing and Monetary Policy, in: Review of Economic Studies, Vol. 45, S. 165-178.

Cyert, R.M./March, J.G., 1963, A Behavioral Theory of the Firm, Englewood Cliffs, N. J.

DAI, 2001, DAI-Factbook. Statistiken, Analysen und Grafiken zu Aktionären, Aktiengesellschaften und Börsen, Frankfurt a.M.

DAI, 1999, Der Erwerb eigener Aktien in Deutschland. Ergebnisse einer Untersuchung des Deutschen Aktieninstituts zum Rückkauf eigener Aktien durch die Gesellschaft, Frankfurt a.M. (unveröffentlichtes Arbeitspapier).

DAI, 1996, DAI-Factbook. Statistiken, Analysen und Grafiken zu Aktionären, Aktiengesellschaften und Börsen, Frankfurt a.M.

Daimler-Benz AG, 1997, Der Stock Option Plan im Daimler Benz Konzern, Stuttgart.

Darby, M.R./Karni, E., 1973, Free Competition and the Optimal Amount of Fraud, in: Journal of Law and Economics, Vol. 16, S. 67-88.

Davies, E.P., 1993, Theories of Intermediation, Financial Innovation and Regulation, in: National Westminster Bank Quarterly Review, May, S. 41-53.

Däumler, K.D.,1997, Betriebliche Finanzwirtschaft, 7., neubearb. und erw. Aufl., Herne, Berlin.

DeAngelo, H./DeAngelo, L./Skinner, D.J., 1992, Dividends and Losses, in: Journal of Finance, Vol. 47, No. 5, S. 1837-1863.

Debus, C., 1989, Haftungsregelungen im Konzernrecht. Eine ökonomische Analyse, Diss., Univ., Frankfurt a.M.

Deckop, J.R., 1988, Determinants of Chief Executives and the Horizon Problem, in: Industrial and Labour Relations Review, Vol. 41, S. 215-226.

Demsetz, H., 1983, The Structure of Ownership and the Theory of the Firm, in: Journal of Law and Economics, Vol. 16, S. 375-390.

Deutsche Bundesbank, 2001, Ertragslage und Finanzierungsverhältnisse westdeutscher Unternehmen im Jahr 1999, in: Monatsberichte der Deutschen Bundesbank, März 2001, Frankfurt a.M., S. 19-43.

Deutsche Bundesbank, 2000, Ertragslage und Finanzierungsverhältnisse westdeutscher Unternehmen im Jahr 1998, in: Monatsberichte der Deutschen Bundesbank, März 2000, Frankfurt a.M., S. 31-53.

Deutsche Bundesbank, 1999, Hedge-Fonds und ihre Rolle auf den Finanzmärkten, in: Monatsberichte der Deutschen Bundesbank, März 1999, Frankfurt a. M., S. 31 - 44.

Deutsche Bundesbank, 1998a, Ertragslage und Finanzierungsverhältnisse westdeutscher Unternehmen im Jahr 1997, in: Monatsberichte der Deutschen Bundesbank, Oktober 1998, Frankfurt a.M., S. 27-49.

Deutsche Bundesbank, 1998b, Allgemeine Regelungen für die geldpolitischen Instrumente und Verfahren des Europäischen Systems der Zentralbanken, in: Informationsbrief zur Europäischen Wirtschafts- und Währungsunion, Oktober 1998, Nr. 15, S. 5-22.

Deutsche Bundesbank, 1998c, Informationsbrief zur Europäischen Währungs- und Wirtschaftsunion, Juli 1998, Nr. 14.

Deutsche Bundesbank, 1996, Ertragslage und Finanzierungsverhältnisse westdeutscher Unternehmen im Jahre 1995, in: Monatsberichte der Deutschen Bundesbank, November 1996, Frankfurt a.M., S. 33-57.

Deutsche Bundesbank, 1994a, Eigenmittelausstattung der Unternehmen ausgewählter EG-Länder im Vergleich, in: Monatsberichte der Deutschen Bundesbank, Oktober 1994, Frankfurt a.M., S. 73-88.

Deutsche Bundesbank, 1994b, Ertragslage und Finanzierungsverhältnisse westdeutscher Unternehmen im Jahre 1993, in: Monatsberichte der Deutschen Bundesbank, November 1994, Frankfurt a.M., S. 19-39.

Deutsche Bundesbank, 1992a, Längerfristige Entwicklung der Finanzierungsstrukturen westdeutscher Unternehmen, in: Monatsberichte der Deutschen Bundesbank, November 1992, Frankfurt a.M., S. 25-39.

Deutsche Bundesbank, 1992b, Erklärung der Deutschen Bundesbank zu DM-Emissionen, in: Monatsberichte der Deutschen Bundesbank, Juli 1992, Frankfurt a.M., S. 39-41.

Deutscher Factoring-Verband e.V., 2001, Jahresbericht 2000, Mainz (www.bundesverband-factoring.de).

Dewing, A. S., 1953, The Financial Policy of Corporations, 5th ed., New York.

DG BANK Deutsche Genossenschaftsbank, 1995, Medium Term Notes, Frankfurt a.M.

Diamond, D.W., 1991, Debt Maturity Structure and Liquidity Risk, in: Quarterly Journal of Economics, Vol. 106, S. 709-737.

Diamond, D.W., 1989a, Asset Services and Financial Intermediation, in: Bhattacharya, S./Constantinides, G.M. (eds.), Financial Markets and Incomplete Information: Frontiers of Modern Financial Theory, Totowa, N.J, S. 272-283.

Diamond, D.W., 1989b, Reputation Acquisition in Debt Markets, in: Journal of Political Economy, Vol. 97, S. 828-862.

Diamond, D.W., 1984, Financial Intermediation and Delegated Monitoring, in: Review of Economic Studies, Vol. 51, S. 393-414.

Dietl, H.M., 1998, Capital Markets and Corporate Governance in Japan, Germany and the United States, London.

Dietrich, R./Krcmar, H., 1999, Portfolio-orientierte Kreditentscheidung im Firmenkundengeschäft, in: Zeitschrift für das gesamte Kreditwesen, 52. Jg., Heft 21, S. 1187-1193.

Drukarczyk, J., 1999, Finanzierung. Eine Einführung, 8., neubearb. und erw. Aufl., Stuttgart.

Drukarczyk, J., 1993a, Theorie und Politik der Finanzierung, 2. Aufl., München.

Drukarczyk, J., 1993b, Finanzierung über Pensionsrückstellungen, in: Gebhardt, G./Gerke, W./Steiner, M. (Hrsg.), Handbuch des Finanzmanagements. Instrumente und Märkte der Unternehmensfinanzierung, München, S. 229-260.

Drukarczyk, J., 1990, Management Buyouts, in: Wirtschaftswissenschaftliches Studium, Heft 11, S. 545-549.

Drukarczyk, J./Duttle, J./Rieger, R., 1985, Mobiliarsicherheiten - Arten, Verbreitung, Wirksamkeit, Köln.

Dwyer, R.F./Schurr, P.H./Oh, S., 1987, Developing Buyer-Seller Relationships, in: Journal of Marketing, Vol. 51, S. 11-27.

Eichwald, B./Pehle, H., 2000, Die Kreditarten, in: Hagen, J.v./Stein, J.H.v. (Hrsg.), Geld-, Bank- und Börsenwesen : Handbuch / Obst/Hintner, 40., völlig überarb. Aufl., Stuttgart, S. 742-814.

Eilenberger, G., 1993, Lexikon der Finanzinnovationen, 2. Aufl., München, Wien.

Eisele, W., 1998, Technik des betrieblichen Rechnungswesens. Buchführung, Kostenrechnung, Sonderbilanz, 6. vollst. überarb. und erw. Aufl., München.

Eisen, R., 1979, Theorie des Versicherungsgleichgewichts. Unsicherheit und Versicherung in der Theorie des generellen ökonomischen Gleichgewichts, Berlin.

Eisen, R./Müller, W., 1985, Information Inefficiency and the Market Function of Insurance, Revised Version of a Paper Presented at the 11th Seminar of the European Group of Risk and Insurance Economists, Geneva, September 19 - 21, 1984, Frankfurt a.M.

Eisenberg, E., 1989, The Structure of Corporation Law, in: Columbia Law Review, Vol. 89, S. 1461-1525.

Elkington, J., 1998, Cannibals with Forks, The Triple Bottom Line of 21st Century Business, Gabriola Island & Stony Creek.

Eller, R., 1995, Festverzinsliche Wertpapiere. Varianten, Kennzahlen, Strategien, Wiesbaden.

Eller, R., 1990, Renditeberechnung von Bonds und Geldmarktpapieren, in: Sparkasse, Nr. 1, S. 40-43.

Eller, R./Spindler, Chr., 1994, Zins- und Währungsrisiken optimal managen. Analyse, Risiko, Strategie, Wiesbaden.

Elsas, R., 1999, Risikoorientiertes Kreditmanagement deutscher Banken, in: Die Bank, Heft 3, S. 190-199.

Elton, E.J./Gruber, M.J., 1995, Modern Portfolio Theory and Investment Analysis, 5th ed., New York u.a.

Elton, E.J./Gruber, M.J., 1970, Marginal Stockholder Tax Rates and the Clientel Effect, in: Review of Economics & Statistics, Vol. 52, Issue 1, S. 68-74.

Emmons, W.R./Schmid, F.A., 1998, Universal Banking, Control Rights, and Corporate Finance in Germany, in: Review Federal Reserve Bank of St. Louis, Vol. 80, No. 4, S. 19-42.

Eurex Frankfurt AG, 1998, Der Europäische Derivatemarkt, Frankfurt a.M., Juli 1998.

Europäisches Währungsinstitut, 1997, Die einheitliche Geldpolitik in Stufe 3 - Allgemeine Regelungen für die geldpolitischen Instrumente und Verfahren des ESZB, September 1997, Frankfurt a.M.

European Central Bank, 1998, THE SINGLE MONETARY POLICY IN STAGE THREE – General documentation on ESCB monetary policy instruments and procedures, Frankfurt a.M., September 1998.

Everling, O., 1991, Credit Rating durch internationale Agenturen: Eine Untersuchung zu den Komponenten und instrumentalen Funktionen des Rating, Wiesbaden.

Fabozzi, F. J., 2000, Bond Markets, Analysis and Strategies, 4. ed., internat. ed., Upper Saddle River N.J.

Fama, E.F., 1990, Contract Costs and Financing Decision, in: Journal of Banking and Finance, Vol. 63, S. 71-91.

Fama, E.F., 1985, What`s Different about Banks?, in: Journal of Monetary Economics, Vol. 15, S. 29-39.

Fama, E.F./Babiak, H., 1968, Dividend Policy: An Empirical Analysis, in: Journal of the American Statistical Association, Vol. 63, No. 324, S1132-1161

Fama, E.F./Fisher, L./Jensen, M.C./Roll, R., 1969, The Adjustment of Stock Prices to New Information, in: International Economic Review, Vol. 10, No. 1, S. 1-21.

Fama. E.F./MacBeth J.D., 1974, Tests of the Multiperiod Two-Parameter Model, in: Journal of Financial Economics, Vol. 1, Issue 1, S. 43-67.

Fanselow, K.-H./Stedler, H.R., 1998, UBGG-Deregulierung – Aufbruch im Markt, in: Die Bank, Heft 5, S. 290-293.

Fanselow, K.-H./Stedler, H.R., 1992, Management-Buy-Out und Mezzanine Money, in: Die Bank, Nr. 7, S. 395-399.

Fanselow, K.-H./Stedler, H.R., 1988, Venture Capital in Deutschland, in: Die Bank, Heft 10, S. 554-560.

Fels, G., 1997, Drei Säulen für die Zukunft, in: Gesamtverband der Versicherungswirtschaft e.V., Altern mit Zukunft, Berlin.

Fey, G., 1995, Corporate Governance - Unternehmensüberwachung bei deutschen Aktiengesellschaften, in: Deutsches Steuerrecht, 33. Jg., Heft 34, S. 1320-1327.

Findeisen, K.-D., 1997, Die Bilanzierung von Leasingverträgen nach den Vorschriften des International Accounting Standards Committee, in: Recht der internationalen Wirtschaft, Heft 10, S. 839-847.

Fischer, K., 1990, Hausbankbeziehungen als Instrument der Bindung zwischen Banken und Unternehmen. Eine theoretische und empirische Analyse, Diss., Univ., Bonn.

Fischer, L., 1987, Problemfelder und Perspektiven der Finanzierung durch Venture Capital in der Bundesrepublik Deutschland, in: Die Betriebswirtschaft, 47. Jg., Heft 1, S. 8-32.

Fisher, I., 1930, The Theory of Interest, New York.

Forst, M., 1992, Management Buy-out und Buy-in als Form der Übernahme mittelständischer Unternehmen, Stuttgart.

Frank, H., 1986, Project financing: Verfahren zur finanziellen Absicherung des Unternehmenswachstums, Wien (zugl. Diss., Univ., Wien).

Frank, H./Moser, R., 1987, Internationale Projektfinanzierung, in: Journal für Betriebswirtschaft, Heft 1, S. 31-49.

Franke, G./Hax, H., 1999, Finanzwirtschaft des Unternehmens und Kapitalmarkt, 4. neu bearb. und erw. Aufl., Berlin u.a.

Franks, J./Mayer, C., 1997, Ownership, Control and the Performance of German Corporations, Working Paper, London School of Economics, London.

Franks, J./Mayer, C., 1996, Hostile Takeovers and the correction of management failure, in: Journal of Financial Economics, Vol. 40, S. 163-181.

Freeman, R.E., 1996, Understanding Stakeholder Capitalism, in: Financial Times, 19.07.1996.

Freeman, R.E., 1984, Strategic Management. A Stakeholder Approach, Boston, London, Melbourne u.a.

Garhammer, Chr., 1990, Finanzierungswirkung der Abschreibung, in: Das Wirtschaftsstudium, Heft 11, S. 622-626.

Gerke, W., 1993, Informationsasymmetrien am Markt für Beteiligungen an mittelständischen Unternehmen, in: Gebhardt, G./Gerke, W./Steiner, M., (Hrsg.), Handbuch des Finanzmanagements. Instrumente und Märkte der Unternehmensfinanzierung, München, S. 619-640.

Gisler, D., 1999, Revolutionising the Repo Market, in: Credit Suisse First Boston (ed.), Euro 1999 Guide to Swiss Financial Markets.

Glazer, J., 1989, 'Live and Let Live: Collusion Among Oligopolists with Long-Term Debt, Working Paper, Boston University, Boston, Conn.

Glogowski, E./Münch, M., 1990, Neue Finanzdienstleistungen. Bankenmärkte im Wandel, 2. völl. überarb. u. wesentl. erw. Aufl., Wiesbaden.

Gödel, R., 1998, Die Finanzierung allein reicht nicht mehr aus, in: Leasing. Sonderbeilage zum Handelsblatt vom 23.04.1998, S. B34.

Goldberg. V.P., 1980, Relational Exchange, Economics and Complex Contracts, in: American Behavioral Scientist, Vol. 23, No. 3, S. 33 -352.

Golland, F., 2000, Equity Mezzanine Capital, in: FINANZBETRIEB. Zeitschrift für Unternehmensfinanzierung und Finanzmanagement, 2. Jg., Heft 1, S. 34-49.

Gottwald, P., 2000, (Hrsg.), Insolvenzrechtshandbuch, 2., völlig neu bearb. Aufl., München.

Graham, J.R., 2000, How Big Are the Tax Benefits of Debt?, in: Journal of Finance, Vol. 55, No. 5, S. 1901-1940.

Graham, J.R., 1996, Debt and the Marginal Tax Rate, in: Journal of Financial Economics, Vol. 41, No. 1, S. 41-73.

Grosse, P.B., 1990, Projektfinanzierung aus Bankensicht, in: Backhaus, K./Sandrock, O./Schill, J./Uekermann, H. (Hrsg.), Projektfinanzierung, Stuttgart, S. 41-62.

Greenbaum, S./Hong, H./Thakor, A., 1981, Bank Loan Commitments and Interest Rate Volatility, in: Journal of Banking and Finance, Vol. 5, S. 497-510.

Gurley, J./Shaw, E., 1960, Money in a Theory of Finance, Washington D. C.

Gutenberg, E., 1980, Grundlagen der Betriebswirtschaftslehre, 3. Band: Die Finanzen, 8. Aufl., Berlin u.a.

Guthardt, H., 1989, Vortrag „Pensionskassen und Börse“ vom 07.06.1989 anläßlich der Tagung „Pensionskassen und Börse“ der Arbeitsgemeinschaft der Deutschen Wertpapierbörsen, Frankfurt a.M.

Hackethal, A./Schmidt, R.H., 1999, Financing Patterns: Measurement Concepts and Empirical Results, Working Paper Series: Finance & Accounting, No. 33, Johann Wolfgang Goethe-Universität, Frankfurt a.M.

Hackethal, A./Tyrell M., 1998, Complementarity and Financial Systems - A Theoretical Approach, Working Paper Series: Finance & Accounting, No. 11, Johann Wolfgang Goethe-Universität, Frankfurt a.M.

Hachmeister, D., 1997, Shareholder Value, in: Die Betriebswirtschaft, 57. Jg., Heft 6, S. 823-839.

Hagenmüller, K.F./Diepen, G., 1993, Der Bankbetrieb, 13., vollst. überarb. u. erw. Aufl., Wiesbaden.

Hahn , D., 1997, Stand und Entwicklungstendenzen der strategischen Planung, in: Hahn, D./Taylor, B., 7., völlig neu bearb. und erw. Aufl., Heidelberg, S. 1-27.

Hartmann-Wendels, T., 1992, Agency-Theorie und Publizitätspflicht nichtbörsennotierter Kapitalgesellschaften, in: Betriebswirtschaftliche Forschung und Praxis, 44. Jg., Nr. 5, S. 412-425.

Hartmann-Wendels, T., 1990, Zur Integration von Moral Hazard und Signalling in finanzierungstheoretischen Ansätzen, in: Kredit und Kapital, 23. Jg., S. 228-250.

Hartman-Wendels, T., 1986, Dividendenpolitik bei asymmetrischer Informationsverteilung, Wiesbaden.

Hartmann-Wendels, Th./Hinten, P.v., 1989, Marktwert von Vorzugsaktien. Zur Begründung der Kursdifferenzen von Stammaktie und stimmrechtslosen Vorzugsaktien, in: Zeitschrift für betriebswirtschaftliche Forschung, 41. Jg., Heft 4, S. 263-293.

Harris, M./Ravis, A., 1991, The Theory of Capital Structure, in: Journal of Finance, Vol. 46, No. 1, S. 297-355.

Harris, M./Ravis, A., 1988, Corporate Governance: Voting Rights and Majority Rules, in: Journal of Financial Economics, Vol. 20, No. 1/2 , S. 203-35.

Hasewinkel, V., 1993, Geldmarkt und Geldmarktpapiere, Diss., Univ., Frankfurt a.M.

Hastedt, U.-P./Mellwig, W., 1998, Leasing. Rechtliche und ökonomische Grundlagen, Heidelberg.

Haubrich, J.G., 1989, Financial Intermediation, Delegated Monitoring and Long-Term Relationship, in: Journal of Banking and Finance, Vol. 13, S. 9-20.

Hauck, M., 1989, Kapitalmarkt und Altersvorsorge, in: Hahn, H.J. (Hrsg.), Geldverfassung und Ordnungspolitik, Schriften zur monetären Ökonomie, Band 28, Berlin, S. 43-64.

Hauschildt, J., 1972, Kreditwürdigkeit, in: Hamburger Jahrbuch für Wirtschafts- und Gesellschaftspolitik, 17. Jg., S. 167-183.

Hax, H., 1991, Theorie der Unternehmung – Information, Anreiz und Vertragsgestaltung, in: Ordelheide, D./Rudolph, B./Büsselmann, E. (Hrsg.), Betriebswirtschaftslehre und ökonomische Theorie, Stuttgart, S. 51-72.

Healy, P.M./Palepu, K.G., 1988, Earnings Information Conveyed by Dividend Initiations and Omissions, in: Jounal of Financial Economics, Vol. 21, No. 2, S. 149-175.

Heidemann, K., 1994, Das Verhältnis zwischen Management und Aktionären beim Management Buy-Out in den USA und Deutschland, Frankfurt a.M.

Hein, M., 1981, Einführung in die Bankbetriebslehre, München.

Heintzeler, F., 1983, Internationale Projektfinanzierung, in: Zeitschrift für das gesamte Kreditwesen, 36 Jg., Heft 13, S. 600-604.

Hellwig, M., 1989, Asymetric Information, Financial Markets, and Financial Institutions. Where Are We Currently Going?, in: European Economic Review, Vol. 33, S. 277-285.

Herzog, H., 1991, Options- und Wandelanleihen schweizerischer Gesellschaften: Emissionsmotive und Preiseffekte, Diss., Univ., St. Gallen.

Heubeck, K., 1987, Unternehmensfinanzierung durch betriebliche Altersversorgung - eine kritische Betrachtung, in: Zeitschrift für betriebswirtschaftliche Forschung, 39. Jg., Heft 10, S. 908-922.

Higgins, R.C., 1972, The Corporate Dividend-Saving Decision, in: Journal of Financial and Quantitative Analysis, Vol. 7, S. 1527-1541.

Hill, W., Der Shareholder Value und die Stakeholder, in: Die Unternehmung, 50. Jg., Heft 6, S. 411-420.

Hinsch, L. Chr./Horn, N., 1985, Das Vertragsrecht der internationalen Konsortialkredite und Projektfinanzierung, 2. Bd. Berlin.

Hirshleifer, J./Riley, J., 1979, The Analytics of Uncertainty and Information: An Expository Survey, in: Journal of Economic Literature, Vol. 17, S. 1375-1421.

Hitschler, W., 1990, Leveraged (Management-) Buyouts. Bestimmungsfaktoren, Finanzierung und rechtliche Gestaltungsmöglichkeiten in der Bundesrepublik Deutschland, in: Der Betriebs-Berater, 45. Jg., Nr. 27, S. 1877-1883.

Höpfner, K.U., 1995, Projektfinanzierung - Erfolgsorientiertes Management einer bankbetrieblichen Leistungsart, Göttingen (zugl. Diss., Univ., Göttingen, 1995).

Hoffmann, P./Ramke, R., 1990 Management Buy-Out in der Bundesrepublik Deutschland, 2. Aufl., Berlin.

Holzer, Chr. S., 1990, Anlagestrategien in festverzinslichen Wertpapieren, Wiesbaden.

Holschuh, K., 1996, Der neue deutsche Geldmarkt. Rund um LIBOR und FIBOR, Frankfurt a.M. (Commerzbank AG).

Honert, J., 1995, Der deutsche Management Buy-Out : Bedingungen, Methodik und rechtliche Besonderheiten im Vergleich zu einem herkömmlichen Unternehmenskauf unter besonderer Berücksichtigung des GmbH-Rechts, Diss., Univ., Bremen.

Hopf, M., 1983, Information für Märkte und Märkte für Information, Diss., Univ., Frankfurt a.M.

Horne, J.C.v., 1992, Financial Management and Policy, 9th ed., Englewood Cliffs N.Y.

Hüfner, P., 1997, Neue Regeln für Asset-Backed Securities, in: Die Bank, Heft 7, S. 433-436.

Hummel, J./Schmidt, J. (Hrsg.), 1997, Shareholder Value und Ökologie, Diskussionsbeitrag Nr. 44 des Instituts für Wirtschaft und Ökologie der Universität St. Gallen, St. Gallen.

Huwyler, M./Fuchser, D., 1999, Reasons to Choose Repos, in: Credit Suisse First Boston (ed.), Euro 1999 Guide to Swiss Financial Markets.

Ibbotson Associates, 2000, Convertibles as an Asset Class – Update 2000 (Global), Goldman Sachs, http://www.riskreturn.ch/wandelanleihen/pdf/studien/IbbotsonStudie2001_E.pdf.

ifo - Institut für Wirtschaftsforschung, 2001, Leasing in Deutschland : Breitgeschäft wächst weiter - Großmobilien durch Steuerrechtsänderung gebremst, Sonderdruck aus ifo Schnelldienst Nr. 35-36/2000 (Langfassung) (www.bdl-leasing-verband.de).

Igawa, K./Kanatas, G., 1990, Asymmetric Information, Collateral, and Moral Hazard, in: Journal of Financial and Quantitative Analysis, Vol. 25, S. 469-489.

Irsch, N./Zimmermann-Trapp, A., 1986, Die Eigenkapitalausstattung und Investitionstätigkeit der Unternehmen in der Bundesrepublik Deutschland, in: Wirtschaftswissenschaftliches Studium, Heft 4, S. 315-317.

iwd, 2001, Informationsdienst 07. September 2001, Jg. 27, Nr. 36.

Jacob, A.F., 1992, Amerikanische und europäische Paradigmen: Konsequenzen für Finanzierungstheorie und Finanzierungspraxis, in: Steger, U. (Hrsg.), Der Niedergang des US-Management-Paradigmas. Die europäische Antwort, Düsseldorf, S. 99-105.

Jacob, H.-R./Warg, M., 1998, Neue Kontrakt-Designs im Kreditgeschäft, in: Die Bank, Heft 2, S. 78-82.

Jaffee, D.M./Stiglitz, J., 1990, Credit Rationing, in: Friedman, B./Hahn, F. (eds.), Handbook of Monetary Economics, Vol. II, New York, S. 471-493.

Jaffee, D.M./Russell, T., 1976, Imperfect Information, Uncertainty and Credit Rationing, in: Quartely Journal of Economics, Vol. 90, Issue 4, S. 651-666.

James, C., 1992, Relationship-specific Assets and the Pricing of Underwriter Services, in: Journal of Financial Economics, Vol. 47, S. 1865-1885.

James, C./Wier, P., 1990, Borrowing Relationships, Intermediation, and the Cost of Issuing Public Securities, in: Journal of Financial Economics, Vol. 28, S. 149-171.

Jensen, M.C., 1989, Eclipse of the Public Corporation, in: Harvard Business Review, September-October, S. 61-74.

Jensen, M.C., 1986, Agency Costs of Free Cash Flows, Corporate Finance, and Takeovers, in: American Economic Review, Vol. 76, S. 323-329.

Jensen, M.C./Murphy, K.J., 1990, Performance Pay and Top-Management Incentives, in: Journal of Political Economy, Vol. 98, S. 225-264.

Jensen, M.C./Meckling, W.H., 1976, Theory of the Firm: Managerial Behaviour, Agency Cost and Ownership Structure, in: Journal of Financial Economics, Vol. 14, S. 305-360.

Jensen, M.C./Ruback, R., 1983, The Market for Corporate Control: The Scientific Evidence, Vol. 11, S. 5-50.

John, K./Kalay, A., 1985, Informational Content of Optimal Debt Contracts, in: Altmann, E.I./Subrahmanyam, M.G. (eds.), Recent Advances in Corporate Finance, S. 133-161.

Jokisch, J., 1996, Finanzinnovationen zum Management von Zinsrisiken, in: Börsig, C./Gassert, H./Prechtl, M. (Hrsg.), 1996, Neue Finanzierungsinstrumente für Unternehmen - Strategie, Anwendung und Erfolgssicherung, Stuttgart, S. 92-110.

Jonas, M., 1995, Unternehmensbewertung: Zur Anwendung der Discounted-Cash-flow-Methode in Deutschland, in: Betriebswirtschaftliche Forschung und Praxis, 47. Jg., Heft 1, S. 83-98.

Kaas, K. P., 1992, Kontraktgütermarketing als Kooperation zwischen Prinzipalen und Agenten, in: Zeitschrift für betriebswirtschaftliche Forschung, 44. Jg., Heft 10, S. 884-901.

Kaminski, R., 1988 Venture Capital : Risikokapital für innovative mittelständische Unternehmen, Spardorf.

Kanatas, G., 1987, Commercial Paper, Bank Reserve Requirements, and the Informational Role of Loan Commitments, in: Journal of Banking and Finance, 1987, Vol. 11, S. 425-448.

Kander, G./Thomae, A., 1995, Genußscheine. Hoher Renditespread zu öffentlichen Anleihen, Düsseldorf (WestCapital Investment Research).

Kaplan, St.N., 1994, Top Executives, Turnover, and Firm Performance in Germany, in: Journal of Law, Economics & Organization, Vol. 10, No. 1, S. 142-159.

Kaplan, St.N., 1992, Top Executive Rewards and Firm Performance: A Comparison of Japan and the U.S., NBER Working Paper.

Kappler, E./Rehkugler, H., 1991, Kapitalwirtschaft, in: Heinen, E. (Hrsg.), Industriebetriebslehre - Entscheidungen im Industriebetrieb, 9. Aufl., Wiesbaden.

Karsch, W., 1989, Going Public-Anleihen: Neue Wege an die Börse, in: Die Bank, Heft 3, S. 171-174.

Kaserer, C./Kempf, V., 1995, Das Underpricing Phänomen am deutschen Kapitalmarkt und seine Ursachen, in: Zeitschrift für Bankrecht und Bankwirtschaft, 7. Jg., Heft, 1, S. 45-67.

Kessel, B., 1991, Management Buy-Out-Grundlagen und Probleme, Frankfurt a.M.

Keßler, H., 1991, Internationale Projektfinanzierung (1) – Frischer Wind im Exportkreditgeschäft, in: Kreditpraxis, 17. Jg., Heft 1, S. 23-26.

Kirstein, G., 1995, Absatzkredit und Leasing fördern den Umsatz, in: Handelsblatt vom 10.10.1995, S. B1.

Kisor, M.Jr./Whitbeck, V.S., 1963, A New Tool in Investment Decision-Making, in: Financial Analysts Journal, Vol. 19, No. 3, S. 55-62.

Klein, B., 1985, Self-Enforcing Contracts, in: Journal of Institutional and Theoretical Economics, Vol. 141, S. 594-600.

Klein, B./Crawford, R.G./Alchian, A.A., 1978, Vertical Integration, Appropriable Rents, and the Competitive Contracting Process, in: Journal of Law and Economics, Vol. 22, S. 297-326.

Kopcke, R.W. 1988, Inflation, Taxes, and Interest Rates, in: New England Economic Review, July-August, S. 3-14.

Kopfer, H./Marx, F.J./Rist, P.M./Schönberger, J., 2001, Möglichkeiten und Grenzen aktueller Schütt-aus-hol-zurück-Strategien unter Einsatz mathematischer Optimierungsverfahren, in: Betriebs-Berater, 56. Jg., Heft 20, S. 1013-1019.

Kopp, H.J., 1996, Erwerb eigener Aktien: Ökonomische Analyse vor dem Hintergrund von Unternehmensverfassung und Informationseffizienz des Kapitalmarktes, Wiesbaden.

Krahnen, J.P., 1993, Finanzwirtschaftslehre zwischen Markt und Institutionen. Ein Essay, in: Die Betriebswirtschaft, 53. Jg., Heft 4, S. 793-805.

Krahnen, J.P., 1991, Sunk costs und Unternehmensfinanzierung, Wiesbaden.

Krahnen, J.P., 1986, Eine Eigenkapitallücke in Deutschland? - Anmerkungen zu einer anhaltenden Debatte, unveröffentlichtes Manuskript.

Krahnen, J.P., 1985, Kapitalmarkt und Kreditbank. Untersuchungen zu einer mikroökonomischen Theorie der Bankunternehmung, Berlin.

Kreim, E., 1988, Zukunftsorientierte Kreditentscheidung, Wiesbaden.

Kreps, D.M., 1990, A Course in Microeconomic Theory, New York u.a.

Kreps, D.M./Wilson, R., 1982, Reputation and Imperfect Information, in: Journal of Economic Theory, Vol. 27, S. 253-279.

Küting, K./Hayn, S., 1993, Börseneinführungsmodalitäten in den USA, in: Die Wirtschaftsprüfung, Heft 13/1993, S. 401-411.

Krüger-Knief, H., 1999, Das neue Insolvenzrecht - ein praxisorientierter Leitfaden, Stuttgart.

Krümmel, H.-J., 1983, Bankenaufsichtsziel und Eigenkapitalbegriff, Frankfurt a.M.

Kumar, P.C./Tsetsekos, G.P., 1993, Asymetric Information, Investment Banking and Certification Hypothesis, in: Journal of Banking and Finance, Vol. 17, S. 117-129.

Kurz, M., 1974, Equilibrium in a Finite Sequence of Markets with Transaction Costs, in: Econometrica, Vol. 42, S. 1-20.

Kuttner, K., 1988, Projektfinanzierung: Eine Alternative zur klassischen Exportfinanzierung, in: Kreditpraxis, 14. Jg., Heft 6, S. 7-9

Laub, U., 1985, Venture Capital Markt, München.

Lazear, E. P., 1986, Salaries and Price Rates, in: Journal of Business, Vol. 59, S. 405-431.

Lee, W.L./Thakor, A.V./Vora, G., 1983, Screening, Market Signalling, and Capital Structure Theory, in: Journal of Finance, Vol. 38, S. 1507-1518.

Leland, H.E./Pyle, D.H., 1977, Informational Asymetries, Financial Structure, And Financial Intermediation, in: Journal of Finance, Vol. 32, S. 371-387.

Lewis, M.K., 1991, Theory and Practice of the Banking Firm, in: Green, C.J./Llewellyn, D.T. (eds.), Survey in Monetary Economics, Vol II., S. 116-165.

Lingemann, St./Wasmann, D., 1998, Mehr Kontrolle und Transparenz im Aktienrecht: Das KonTragG tritt in Kraft, in: Betriebs-Berater, 53. Jg., Heft 17, S. 853-862.

Lintner, J., 1956, Distribution of Incomes of Corporations among Dividends, Retained Earnings, and Taxes, in: American Economic Review, Vol. 46, S. 97-113.

Löffler, E., 1991, Der Konzern als Finanzintermediär, Wiesbaden (zugl. Diss., Univ., Frankfurt a.M., 1989).

Loistl, O., 1995, Zur Bestimmung der Kursrelevanz, in: Claussen, C.P./Loistl, O. (Hrsg.), Das neue Kapitalmarktrecht in Frage und Antwort, DVFA, Beiträge zur Wertpapieranalyse, Nr. 31, Dreieich, S. 49-66.

Loistl, O., 1990, Zur neueren Entwicklung der Finanzierungstheorie, in: Die Betriebswirtschaft, 50. Jg., S. 47-84.

Lücke, W., 1984, Liquidität, Liquidierbarkeit und Teilbarkeit (Teil I und II), in: Der Betrieb, Heft 46 u. Heft 47, S. 2361-2365 u. S. 2420-2423.

Luippold, Th., 1991, Management buy out: Evaluation ihrer Einsatzmöglichkeiten in Deutschland, Bern, Stuttgart (zugl. Diss., Univ., St. Gallen, 1991).

Lummer, S.L./McConnell, J.J., 1989, Further Evidence on the Bank Lending Process And the Capital-Market Response to Bank Loan Agreements, in: Journal of Financial Economics, Vol. 25, S. 99-122.

Macaulay, F.H., 1938, Some Theoretical Problems Suggested by the Movements of Interest Rates, Bond Yields, and Stock Prices in the United States Since 1856, New York.

MacKie-Mason, J.K., 1990, Do Taxes Affect Corporate Financing Decisions?, in: Journal of Finance, Vol. 45, No. 5, S. 1471-1493.

Majulf, N./Meyers, S., 1984, Corporate Financing and Investment Decisions When Firms Have Information that Investors Do Not Have, in: Journal of Financial Economics, Vol. 13, S. 187-221.

Marsh, T.A./Merton, R.C., 1987, Dividend Behavior for the Aggregate Stock Market, in: Journal of Business, Vol. 60, S. 1-40.

Martens, K.P., 1996, Erwerb und Veräußerung eigener Aktien im Börsenhandel, in: Die Aktiengesellschaft, 41. Jg., Heft 3, S. 69-77.

Mayer C., 1996, Corporate Governance, Competition and Performance, OECD Economics Department Working Papers, No. 164, Paris.

Meffert, H., 2000, Marketing: Grundlagen marktorientierter Unternehmensführung. Konzepte-Instrumente-Praxisbeispiele, 9., überarb. u. erw. Aufl., Wiesbaden.

Meier, St.R., 1992, Financing Transactions as Short-term Investments, in: International Securities Lending, London, S. 80-103.

Meier-Preschany, M./Schäfer, H., 1990, Der Geregelte Markt - Kapitalmarktoffensive für den Mittelstand?, in: Siegwart, H./Mahari, J.I./Caytas, I.G./Rumpf, B.-M. (Hrsg.), Meilensteine im Management, Bd. 1 Mergers & Acquisitions, Stuttgart, S. 145-154.

Mellwig, W., 2000, Leasing im nationalen und internationalen Handelsrecht, in: Eckstein, W./Feinen, K. (Hrsg.), Leasing-Handbuch für die betriebliche Praxis, 7., völlig neu bearb. Aufl., Frankfurt a.M., S. 67-97.

Menichetti, M.J., 1996, Aktien-Optionsprogramme für das Top-Management, in: Die Aktiengesellschaft, 41. Jg., Heft 34, S. 1688-1692.

Merrill Lynch, 1998, Treasury Management International. A Treasurer's Guide to Repo I, London, http:\\www.treasury-management.com/TOPICS/MERRILL/mlr1-12.htm (Abfragedatum: 1998).

Meyer, B.H., 1997, Die Kreditversicherung, 4., überarbeitete und erw. Aufl., Frankfurt a.M.

Meyer-Koester, Chr., 1997, Das Risikokapital stellt meist der Staat, in: Handelsblatt v. 28.08.1997, S. 6.

Milde, G., 1990a, Dividendenhöhe als Signal, in: Wirtschaftswissenschaftliches Studium, Heft 7, S. 334-339.

Milde, G., 1990b, Leveraged Buyout, in: Wirtschaftswissenschaftliches Studium, Heft 1, S. 7-12.

Milde, G., 1987, Informationskosten, Selbstselektion und Kreditverträge, in: Wirtschaftswissenschaftliches Studium, Heft 7, S. 321-325.

Milgrom, P./Roberts, J., 1982, Price and Advertising Signals of Product Quality, in: Journal of Political Economy, Vol. 94, S. 796-821.

Miller, M.H., 1977, Debt and Taxes, in: Journal of Finance, Vol. 32, S. 261-276.

Modigliani, F./Miller, M.H., 1963, Corporate Income Taxes and the Cost of Capital: A Correction, in: American Economic Review, Vol. 53, S. 433-443.

Modigliani, F./Miller, M.H., 1961, Dividend Policy, Growth and the Valuation of Shares, in: Journal of Business, Vol. 34, S. 411-433.

Modigliani, F./Miller, M.H., 1958, The Cost of Capital, Corporation Finance, and the Theory of Investment, in: American Economic Review, Vol. 48, S. 261-297.

Monks, R.A.G./Minow, N., 1995, Corporate Governance, Cambridge, Mass.

Morck, R./Shleifer, A./Vishny, R.W., 1989, Alternative Mechanisms for Corporate Control, in: American Economic Review, Vol. 79, S. 842-852.

Moxter, A., 1986, Bilanzlehre, Band II: Einführung in das neue Bilanzrecht, 3. Aufl., Wiesbaden.

Müller, W., 1981, Das Produkt Versicherung, in: Jung, M./Lucius, R.-R./Seifert, W. G. (Hrsg.), Geld und Versicherung, Festgabe für Wilhelm Seuß, Karlsruhe, S. 155-171.

Munsberg, F., 1996, Hypothekenpfandbriefe und Mortgage-Backed-Securities, in: Verband Deutscher Hypothekenbanken (Hrsg.), Der deutsche Pfandbrief. Fakten und Daten. Emissionen, Emittenten und Entwicklungen am deutschen Pfandbriefmarkt, Bonn, S. 54-65.

Murphy, K.J., 1986, Incentives, Learning, and Compensation: A Theoretical and Empirical Investigation of Managerial Labor Contracts, in: Rand Journal of Economics, Vol. 17, S. 59-75.

Murphy, K.J., 1985, Corporate Performance Managerial Remuneration, in: Journal of Accounting and Economics, Vol. 7, S. 11-42.

Myers, St.C., 2000, Capital Structure, in: Journal of Economic Perspectives, Vol. 15, No. 2, S. 81-102.

Myers, St.C., 1984, The Capital Structure Puzzle, in: Journal of Finance, Vol. 39, No. 3, S. 575-592.

Nadig, L., 1992, Spin-offs mittels Management Buy-Out; Die Veräußerung von Unternehmensteilen durch Verkauf an das bisherige Management, Bern.

Natusch, I., 1995, „Tracking Stocks" als Instrument der Beteiligungsfinanzierung diversifizierter Unternehmen, Köln (zugl. Diss., Univ., Münster (Westfalen), 1995).

Nelson, Ph., 1970, Information and Consumer Behaviour, in: Journal of Political Economy, Vol. 78, S. 311-329.

Neus, W., 1993, Emissionskredit und Reputationseffekte, in: Zeitschrift für betriebswirtschaftliche Forschung, 63. Jg., Heft 4, S. 897-915.

Nevermann, H./Falk, D., 1986, Venture Capital : eine betriebswirtschaftlicher und steuerlicher Vergleich zwischen den USA und der Bundesrepublik Deutschland, Baden-Baden.

Nippel, P., 1992, Reputation auf Kreditmärkten. Ein spieltheoretischer Erklärungsansatz, in: Zeitschrift für betriebswirtschaftliche Forschung, 44. Jg., Heft 4, S. 990-1011.

Nirk, R., 1999, Das Kreditwesengesetz : Einführung und Kommentar, 11., völlig neu bearb. Aufl., Frankfurt a.M.

North, D.C., 1988, Theorie des institutionellen Wandels: eine neue Sicht der Wirtschaftsgeschichte, Tübingen.

Nowak, Th./Hartmann, B., 1995, Bewertung von Genußscheinen, in: Die Bank, Heft 7, S. 412-417.

Nürk, B./Schrader, A., 1995, Von der Pensionsrückstellung zum Pensionsfonds: Eine Chance für den deutschen Finanzmarkt, Frankfurt a.M. (Deutsche Bank Research GmbH).

Oesterhelweg, O./Schiereck, D., 1993, Messkonzepte für die Liquidität von Finanzmärkten, in: Die Bank, Heft 7, S. 390-397.

Olislaegers, M./Haelterman, A., 1997, Easdaq Market Opens For Business, in: International Financial Review, S. 14-17.

Ohl, H.-P., 1994, Asset backed securities: ein innovatives Instrument zur Finanzierung deutscher Unternehmen, Wiesbaden, (zugl. Diss., Techn. Hochsch., Darmstadt, 1993).

o.V., 1991, Repo - Why everybody's doing it, in: Euromoney, Supplement, November 1991, London.

Pape, D., 1999, Unternehmens-Rating für den Mittelstand, in: FINANZBETRIEB. Zeitschrift für Unternehmensfinanzierung und Finanzmanagement, 1. Jg., Heft 9, S. 245-248.

Pape, U., 1999, Wertorientierte Unternehmensführung und Controlling, 2. überarb. Aufl., Sternenfels.

Paul, St., 1994, Bankenintermediation und Verbriefung: neue Chancen und Risiken für Kreditinstitute durch Asset Backed Securities, Wiesbaden.

Paulick, H./Blaurock, U., 1998, Handbuch der Stillen Gesellschaft, 2. völlig neub. u. erw. Aufl., Köln.

Peltzer, Ol., 1998, Die Neuregelung des Erwerbs eigener Aktien im Lichte der historischen Erfahrungen, in: Wertpapier-Mitteilungen. Zeitschrift für Wirtschafts- und Bankrecht, Heft 7, S. 322-331.

Perlitz, M./Küpper, H., 1985, Die Eigenkapitalausstattung von Unternehmen. Besteht eine Eigenkapitallücke?, in: Wirtschaftswissenschaftliches Studium, Heft 10, S. 505-512.

Perridon, L./Steiner, M., 1995, Finanzwirtschaft der Unternehmung, 10. überarb. u. erw. Aufl., München.

Peters, M., 1995, Asset-Backed-Securities, in: Zeitschrift für das gesamte Kreditwesen, 48. Jg., Heft 15, S. 750-753.

Petersen, M.A/Rajan, R.G., Trade Credit: Theories and Evidence, in: Review of Financial Studies, Vol. 10, No. 3, S. 661-691.

Philips, A.G., 1997, Convertible Bond Markets, London.

Picot, A., 1991, Ein neuer Ansatz zur Gestaltung der Leistungstiefe, in: Zeitschrift für betriebswirtschaftliche Forschung, 43. Jg., Heft 4, S. 336-357.

Pinegare, J./Wilbricht, L., 1989, What Managers think of Capital Structure Theory: A Survey, in: Financial Management, Vol. 18, S. 82-91.

Posner, D., 1994, Der Erwerb eigener Aktien in der US-amerikanischen Unternehmenspraxis, in: Die Aktiengesellschaft, S. 312-320.

Priewasser, E., 2001, Bankbetriebslehre, 7. erw. und vollst. überarb. Aufl., München, Wien.

Prowse, St.D., 1996, Corporate Finance in International Perspective: Legal and Regulatory Influences on Financial System Development, in: Economic Review. Federal Reserve Bank of Dallas, Third Quarter 1996, S. 2-15.

Rajan, R.G., 1992, Insiders and Outsiders: The Choice Between Informed and Arm's Length Debt, in: Journal of Finance, Vol. 47, S. 1367-1400.

Ramakrishnan, R.T.S./Thakor, A.V., 1984, Information Reliability and a Theory of Financial Intermediation, in: Review of Economic Studies, Vol. 51, S. 415-432.

Rams, A./Remmen, J., 1999, Perspektiven der Venture-Finanzierung in Deutschland, in: Die Bank, Heft 10, S. 687-691.

Rapp, H.-W., 1996, Der Markt für Aktien-Neuemissionen: Preisbildung, Preisentwicklung und Marktverhalten bei eingeschränkter Informationseffizienz, Mannheim (zugl. Diss., Univ., Mannheim, 1995).

Rappaport, A., 1999, Shareholder Value: Ein Handbuch für Manager und Investoren, 2. vollst. überarb. und akt. Aufl., Stuttgart.

Rasch, S., 1996, Der Aktienmarkt für kleine und mittelgroße Unternehmen. Besonderheiten, Probleme und Möglichkeiten bei der Ausgestaltung des Börsenhandels, Schriftenreihe des ZEW, Bd. 10, Baden Baden.

Ravenscraft, D.J., 1987, The 1980s Merger View: An Industrial Organization Perspective, in: Browne, L.E./Rosengren, E.S. (eds.), The Merger Boom. Proceedings of a Conference held in October 1987, sponsored by Federal Reserve Bank of Boston, Conference Series No. 31, S. 17-37.

Reich, R.B., 1993, Die neue Weltwirtschaft. Das Ende der nationalen Ökonomie, Frankfurt a.M., Berlin.

Reuter, A., 2000, Bilanzneutrale Gestaltung von Projektfinanzierungen nach GoB, Leasingregeln und US-GAAP, in: Betriebs-Berater, 55. Jg., Heft 13, S. 659-666.

Reuter, A./Wecker, C., 1999, Projektfinanzierung - Anwendungsmöglichkeiten, Risikomanagement, Vertragsgestaltung, bilanzielle Behandlung, Stuttgart.

Richter, R./Bindseil, U., 1995, Neue Institutionenökonomik, in: Wissenschaftliches Studium, Heft 3, S. 132 - 140.

Ritchie, J.C., 1997, Convertible Securities, in: Fabozzi, F.J. (ed.), The Handbook of Fixed Income Securities, 5th ed., Chicago u.a., S. 287-305.

Rivoli, P., 1995, Ethical Aspects of Investor Behavior, in: Journal of Business Ethics, Vol. 14, S. 265-277.

Rosen, S., 1985, Implicit Contracts: A Survey, in: Journal of Economic Literature, Vol. 23, S. 1144-1175.

Rosen, R.v./Helm, L., 1996, Der Erwerb eigener Aktien durch die Gesellschaft. Plädoyer für ein neues Instrument der Unternehmensfinanzierung in Deutschland und einen wichtigen Impuls für den deutschen Kapitalmarkt, in: Die Aktiengesellschaft, 41. Jg., Nr. 10, S. 434-442.

Rosen, R.v./Prechtel, A., 1996, Zugang deutscher Unternehmen zum US-Kapitalmarkt I und II, in: Die Bank, Heft 7, S. 388-392 u. Heft 8, S. 478-482.

Ross, S.A., 1978, Some Notes on Financial Incentive-Signalling Models, Activity Choice and Risk Preferences, in: Journal of Finance, Vol. 23, S. 777-794.

Ross, S.A., 1977, The Determinants of Financial Structure: The Incentive Signalling Approach, in: Bell Journal of Economics, Vol. 8, S. 23-40.

Rudolph, B., 1991, Das effektive Eigenkapital von Banken. Zur Beurteilung von Neubewertungsreserven, Frankfurt a.M.

Rudolph, B. 1987, Sollten Banken am Versicherungsmarkt tätig sein?, in: Die Bank, Heft 12, S. 655-661.

Rudolph, B., 1984, Kreditsicherheiten als Instrumente zur Umverteilung und Begrenzung von Kreditrisiken, in: Zeitschrift für betriebswirtschaftliche Forschung, 36. Jg., Heft 1, S. 16-43.

Rühle, I., 1994, Zur mikroökonomischen Begründung von Finanzintermediären: Warum gibt es Banken?, Diss., Univ., Frankfurt a.M.

Schäfer, H., 2000, Finanzmanagement mit Instrumenten der Collateral Trading Markets, in: Zeitschrift Bank Archiv, Zeitschrift für das gesamte Bank- und Börsenwesen, 48. Jg., S. 461-471.

Schäfer, 1999a, Unternehmensinvestitionen. Grundzüge in Theorie und Management, Heidelberg u.a.

Schäfer, H., 1999b, Flexibilisierung des Finanzmanagements durch Medium Term Notes, in: FINANZBETRIEB. Zeitschrift für Unternehmensfinanzierung und Finanzmanagement, 1. Jg., Januar 1999, S. 8-14.

Schäfer, H., 1998a, Certificate of Deposit - Neuerung auf der Passivseite von Banken in: AKADEMIE. Zeitschrift für Führungskräfte in Verwaltung und Wirtschaft , 43. Jg., Nr. 1, S. 11-16.

Schäfer, H., 1998b, Commercial Paper - Neuerung auf der Passivseite von Unternehmen in: AKADEMIE. Zeitschrift für Führungskräfte in Verwaltung und Wirtschaft , 43. Jg., Nr. 2, S. 46-51.

Schäfer, H., 1997a, Kreditinstitute, Märkte und Öffentlichkeit - Reputation und Kommunikation versus Image und Werbung im Bankmanagement, in: Hesse, J./Kaupp, P. (Hrsg.), Kundenkommunikation und Kundenbindung. Neuere Ansätze zum Dialog im Marketing, Baden-Baden, S. 151-212.

Schäfer, H., 1997b, Grundzüge des deutschen Geldmarkts, in: AKADEMIE, Zeitschrift für Führungskräfte in Verwaltung und Wirtschaft, 42. Jg., Heft 4, Dezember 1997, S. 107-112.

Schäfer, H., 1995, Information und Kooperation im Absatz von Bankdienstleistungen, in: Zeitschrift für betriebswirtschaftliche Forschung, 47. Jg., Heft 6, S. 531-544.

Schäfer, H., 1994, Strategische Allianzen - Erklärung, Motivation und Erfolgskriterien, in: Das Wirtschaftsstudium, Heft 8/9, S. 687-692.

Schäfer, H., 1993a, Management-Buyout und selbstverwaltete Betriebe - Anmerkungen zu Finanzierung und Partizipation im Systemwandel Ostdeutschlands, in: Eilsberger, R., u.a. (Hrsg.), Die Herausforderung im Osten. Probleme der öffentlichen Verwaltung nach der Wende, Köln, S. 84-95.

Schäfer, H., 1993b, Banken als Unternehmensberater, in: Die Bank, Heft 6, S. 323-331.

Schäfer, H., 1983, Internationale Kapitalströme, Eurogeldmarkt und nationaler Geldmarkt, Frankfurt a.M. u.a.

Schefczyk, M., 2000, Erfolgsstrategien deutscher Venture Capital-Gesellschaften, 2., überarb. u. erw. Aufl., Stuttgart.

Schepers, Chr., 1995, Factoring im Produktsortiment der Bank, in: Finanzierung, Leasing, Factoring, Heft 6, S. 227 - 232.

Schiereck, D., 1995, Internationale Börsenplatzentscheidungen institutioneller Investoren, Wiesbaden (zugl. Diss., Univ., Mannheim, 1995).

Schierenbeck, H., 2001, Ertragsorientiertes Bankmanagement, Bd. 1, Grundlagen, Marktzinsmethode und Rentabilitäts-Controlling, 7., vollständig überarb. und erw. Aufl., Wiesbaden.

Schierenbeck, H., 2000, Grundzüge der Betriebswirtschaftslehre, 15., überarb. und erw. Aufl., München, Wien.

Schierenbeck, H., 1992, Ertragsorientiertes Bankmanagement. Controlling in Kreditinstituten, 3. vollst. neubearb. und erw. Aufl., Wiesbaden.

Schierenbeck, H./Rolfes, B., 1986, Effektivzinsrechnung in der Bankpraxis, in: Zeitschrift für betriebswirtschaftliche Forschung, 38. Jg., Heft 4, S. 766 - 778.

Schmid, H., 1994, Leveraged Management Buy-Out, Frankfurt a.M.

Schmidt, R.H., 1999, Differences between Financial Systems in European Countries: Consequences for EMU, Working Paper Series: Finance & Accounting No. 35, Johann Wolfgang Goethe-Universität, Frankfurt a.M.

Schmidt, R.H., 1992, Unternehmensfinanzierung und Kapitalmarkt, in: Ott, C./Schäfer, H.-B. (Hrsg.), Ökonomische Analyse des Unternehmensrechts, Heidelberg, S. 170-191.

Schmidt, R.H., 1988, Venture Capital in Deutschland ein Problem der Qualität?, in: Die Bank, Heft 4, S. 184-187.

Schmidt, R.H., 1986, Grundzüge der Investitions- und Finanzierungstheorie, 2. durchges. Aufl., Wiesbaden.

Schmidt, R.H., 1981, Ein neo-institutionalistischer Ansatz in der Finanzierungstheorie, in: Rühli, E./Thommen, J.-P. (Hrsg.), Unternehmensführung aus finanz- und bankwirtschaftlicher Sicht, Stuttgart, S. 135-154.

Schmidt, R.H./Terberger, E., 1997, Grundzüge der Investitions- und Finanzierungstheorie, 4., akt. Aufl., Wiesbaden.

Schneider, D., 1993, Selbstfinanzierung als Entscheidungsproblem, in: Wirtschaftswissenschaftliches Studium, Heft 10, S. 497-502.

Schneider, D., 1992, Investition, Finanzierung und Besteuerung, 7. Aufl., Wiesbaden.

Schneider, D., 1985, Die Unhaltbarkeit des Transaktionskostenansatzes für die "Markt oder Unternehmung"-Diskussion, in: Zeitschrift für Betriebswirtschaft, 55. Jg., S. 1237-1254.

Schneider, D., 1981, Geschichte Betriebswirtschaftlicher Theorie, München.

Schnippe, S./Kürn, Chr., 1999, Mortgage-Backed Transaktion - Eine Finanzinnovation in der Praxis, in: Zeitschrift für das gesamte Kreditwesen, Heft 14, S. 734-737.

Schotter, A., 1981, The Economic Theory of Social Institutions, Cambridge, Mass.

Scholand, M., 2001, Mitarbeiterbeteiligung auf neuen Wegen? Moderne Formen der Kapitalbeteiligung von Arbeitnehmern durch Aktien, München, Mering.

Schwartz, R.A./Whitcomb, D.K., 1979, The Trade Credit Decision, in: Bicksler, J.L. (ed.), Handbook of Financial Economics, Amsterdam, S. 257-273.

Schwenkedel, St., 1991, Management Buy-Out : ein neues Geschäftsfeld für Banken, Wiesbaden.

Schwenkedel, St., 1989, Finanzierung von Management Buyouts durch Going Public-Optionsanleihen, in: Die Bank, Heft 11, S. 604-608.

Seibel, J., 1975, Finanzierung und Liquiditätssicherung als unternehmerische Aufgabe, in: Haberland, G. (Hrsg.), Handbuch des Controlling und Finanzwesen, München.

Seibert, U., 1997, Gesellschaftsrecht und Euro. Die Umstellung von Nennkapital und Anteilen; Stückaktie, in: Wertpapier Mitteilungen - Zeitschrift für Wirtschafts- und Bankrecht, 51. Jg., S. 1610-1614.

Seifert, P., 1992, Leasing von beweglichen Wirtschaftsgütern aus rechtlicher Sicht, in: Hagenmüller, K. F./Eckstein, W. (Hrsg.), Leasing-Handbuch für die betriebliche Praxis, 6. völlig neu bearb. Aufl., Frankfurt a.M., S. 51-75.

Semler, J., 1989, Betriebliche Altersversorgung und Pensionsrückstellung, in: Börsenzeitung vom 10.06.1989.

Seward, J.K., 1990, Corporate Financial Policy and the Theory of Financial Intermediation, in: Journal of Finance, Vol. 45, S. 351-377.

Shleifer, A./Vishny, R.W., 1997, A Survey of Corporate Governance, in: Journal of Finance, Vol. 52, No. 2, S. 737 – 783.

Speckbacher, G., 1997, Shareholder Value und Stakeholder Ansatz, in: Die Betriebswirtschaft, 57. Jg., Heft 5, S. 630-639

Sperber, H./Mühlenbruch, M., 1995, Die Praxis der Bonitätsanalyse, in: Die Bank, Heft 4, S. 199-203.

Spremann, K., 1996, Wirtschaft, Investition und Finanzierung, 5. verb. Aufl. München, Wien.

Spremann, K., 1990, Asymmetrische Information, in: Zeitschrift für Betriebswirtschaft, 60 Jg., Heft 5/6, S. 561-586.

Stanhouse, B.E., 1993, Credit Evaluation, Information Production and Financial Intermediation, in: Journal of Financial Services Research, Vol. 7, No. 3, S. 217-234.

Stehle, R., 1994, Eigenkapitalquoten und Fremdkapitalstruktur börsennotierter deutscher Aktiengesellschaften, in: Zeitschrift für Betriebswirtschaft, 64 Jg., Heft 7, S. 811-835.

Steiner, M., 1992, Rating, in: Wirtschaftswissenschaftliches Studium, Heft 10, S. 509-515.

Steiner, M./Bruns, Chr., 2000, Wertpapiermanagement, 7., überarb. und erw. Aufl., Stuttgart.

Steiner, M./Heinke, V.G., 1996, Rating aus Sicht der modernen Finanzierungstheorie, in: Büschgen, H.E./Everling, O. (Hrsg.), Handbuch Rating, Wiesbaden, S. 305-325

Steiner, P./Uhlir, H., 2001, Wertpapieranalyse, 4., überarb. und erw. Aufl., Heidelberg.

Stewart, G.B., 1990, The Quest for Value, New York.

Stiglitz, J./Weiss, A., 1981, Credit Rationing in Markets with Imperfect Information, in: American Economic Review, Vol. 71, 1981, S. 393-410.

Stigum, M., 1990, The Money Market, 3rd. ed., Homewood, Ill.

Storck, E., 1995, Euro-Markt: Finanz-Drehscheibe der Welt, Stuttgart.

Storck, E., 1984, Neue Instrumente im Euromarkt, in: Die Bank, Heft 11, S. 500-507.

Süchting, J., 1995, Finanzmanagement. Theorie und Politik der Unternehmensfinanzierung, 6., vollst. überarb. und erw. Aufl., durchges. Nachdruck, Wiesbaden.

Swoboda, P., 1994, Betriebliche Finanzierung, 3. Aufl., Heidelberg.

Swoboda, P./Kamschal, M., 1979, Die Bewertung deutscher Wandelanleihen und die Optimierung des Umwandlungstermins bei steigenden Zuzahlungen (unter Anwendung der Black-Scholes-Methode), in: Zeitschrift für betriebswirtschaftliche Forschung, 31. Jg., Heft 2, S. 295-321.

Tacke, H.R., 1993, Leasing, 2. Aufl. Stuttgart

Terberger, E., 1994, Neoinstitutionalistische Ansätze : Entstehung und Wandel, Anspruch und Wirklichkeit, Wiesbaden (zugl. Frankfurt a.M., Univ., Habil.-Schr., 1993).

Terberger, E., 1987, Der Kreditvertrag als Instrument zur Lösung von Anreizproblemen, Heidelberg.

The Bank of New York, 1996, Depositary Receipts and Privatizations, New York.

Tobin, J., 1969, A General Equilibrium Approach to Monetary Theory, in: Journal of Money, Credit and Banking, Vol. 1, No. 1, S. 15-29.

Tobin, J., 1963, Commercial Banks as Creators of 'Money', in: Carson, D. (ed.), Banking and Monetary Studies for the Controller of the Currency, U.S. Treasury, Homewood, Ill., S. 408-419.

Tobin, J./Brainard, W., 1963, Financial Intermediaries and the Effectiveness of Monetary Controls, in: American Economic Review, Vol. 53, S. 383-400.

Thormälen, T./Michalk, J., 1983, Leiden die deutschen Unternehmen an mangelnder Eigenkapitalausstattung?, in: Wirtschaftsdienst, 1983/II, S. 87-95.

Treis, U., 1997, Sonderthema Wandelanleihen. Teil 1: Wandlung am Kapitalmarkt, in: WestLB Bondletter 9/97, S. 34-37, Düsseldorf (West LB Research GmbH).

Tytko, D., 1999, Grundlagen der Projektfinanzierung, Stuttgart.

Uekermann, H., 1993, Risikopolitik bei Projektfinanzierungen - Maßnahmen und ihre Ausgestaltung, Wiesbaden (zugl. Diss., Univ., Münster (Westfalen), 1992).

Ullsperger, D., 1988, Kurzfristige Finanzierung außerhalb des Bereichs der Banken, in: Christians, F.W., (Hrsg.), Finanzierungshandbuch, Wiesbaden, S. 243-256.

Ulph, A.M./Ulph, D.T., 1975, Transaction Costs in General Equilibrium Theory - A Survey, in: Economica, Vol. 42, S. 355-372.

Unterharnscheidt, D., 1987, Bonitätsanalyse mittelständischer Unternehmen : eine empirische Studie über die Aggregation gewichteter Kreditwürdigkeitsaspekte im Rahmen eines hierarchisch geordneten Bewertungsmodells, Frankfurt a.M., u.a. (zugl. Diss., Univ., Frankfurt a.M., 1987).

Varian, H., 1995, Grundzüge der Mikroökonomik, 3. Aufl., München.

Volkart, R., 1997, Wertkommunikation, Aktienkursbildung und Managementverhalten, in: Die Unternehmung, Nr. 2, S. 119-132.

Vormbaum, H., 1995, Finanzierung der Betriebe, 9., aktualisierte Aufl., Wiesbaden.

Wagner, K.-R., 1993, Management Buy Out, Neuwied, Kriftel, Berlin.

Wagner-Wieduwilt, K., 1992, Erfahrungen mit dem Verbraucherkreditgesetz, in: Die Bank, Heft 6, S. 338-343.

Walmsley, J., 1992, The Foreign Exchange and Money Markets Guide, New York u.a.

Walz, H./Menichetti, M. J., 1987, Kriterien zur Bewertung von Doppelwährungsanleihen, in: Die Bank, Heft 10, S. 552-557.

Wastl, U., 1997, Aktienrechtsnovelle 1997 und mehr: ein Aufbruch zu neuen kapitalmarktpolitischen Ufern?, in: Zeitschrift für das gesamte Kreditwesen, 50. Jg., Heft 24, S. 1217-1223.

Weick, M., 1993, Renditeberechnungsmethoden am deutschen Kapitalmarkt, in: Eller, R. u.a. (Hrsg.), Modernes Bondmanagement, Wiesbaden, S. 3-40.

Weitnauer, W. (Hrsg.), 2000, Handbuch Venture-Capital : von der Innovation zum Börsengang, München.

Wenger, E./Terberger, E., 1988, Die Beziehung zwischen Agent und Prinzipal als Baustein einer ökonomischen Theorie der Organisation, in: Wirtschaftswissenschaftliches Studium, Heft 10, S. 506-514.

WestLB, 1993, Repo, Security Lending, Düsseldorf (WestLB, Division Investment Banking).

Wilkens, M./Scholz, H./Völker, J., 1999, Analyse und Bewertung von Aktienanleihen und Diskontzertifikaten, in: Die Bank, Heft 5, S. 322-327.

Williamson, O.E., 1990, Die ökonomischen Institutionen des Kapitalismus. Unternehmen, Märkte und Kooperationen, Tübingen.

Williamson, O.E., 1988, Corporate Finance and Corporate Governance, in: Journal of Finance, Vol. 63, No. 3, S. 567-591.

Williamson, O.E., 1983, Markets and Hierachies. Analysis and Antitrust Implications, New York, London.

Witte, E., 1963, Liquiditätspolitik der Unternehmung, Tübingen.

Wöhe, G./Döring, U., 2000, Einführung in die allgemeine Betriebswirtschaftslehre, 20., neubearb. Aufl., München.

Wöhe, G./Bilstein, J., 1998, Grundzüge der Unternehmensfinanzierung, 8., überarb. u. erw. Aufl., München.

Woll, A., (Hrsg.), 1993, Wirtschaftslexikon, 7., überarb. Aufl., München, Wien.

Wunderlin, R., 1995, ADR - Vehikel zum internationalen Anleger, Plazierung nach Rule 144a erfreut sich wachsender Beliebtheit - Erster Schritt zur Registrierung, in: Börsenzeitung v. 09.09.1995, S. 23.

Wymeersch, E., 1995, Unternehmensführung in Westeuropa, in: Die Aktiengesellschaft, 40. Jg., S. 299-316.

Zacharias, E./Hebig, M./Rinnewitz, J., 2000, Die atypisch stille Gesellschaft, 2., überarb. Aufl., Bielefeld.

Zachert, M., 1994, Zugangshindernisse und Zugangsmöglichkeiten zum US-amerikanischen Eigenkapitalmarkt aus Sicht eines deutschen Unternehmens, in: Die Aktiengesellschaft, Heft 5, S. 207-222.

Zachert, M., 1993, Erschließung des US-amerikanischen Eigenkapitalmarkts durch das American Depositary Receipt, in: Der Betrieb, 46. Jg., Heft 40, S. 1985-1988.

Zayer, St., 1993, The Deutschmark Repo Market, in: Global Investor - Handbook 1993, London, S. 47-51.

Zellweger, B., 1987, Kreditwürdigkeitsprüfung in Theorie und Praxis, Bern, Stuttgart.

Zielke, R., 1994, Vorteile der Schütt-aus-Hol-zurück-Politik im Jahre 1994, in: Betriebs-Berater, Heft 31, S. 2177-2184.

Zweifel, P., 1988, Identifizierung kommt vor Optimierung: Ein Kritik neuerer Entwicklungen in der mikroökonomischen Theorie, in: Zeitschrift für Wirtschafts- und Sozialwissenschaften, 103. Jg., Heft 1, S. 1-26.

## Stichwortverzeichnis

## J



## K



## L

## P



## Q



## R

## W



## Y



## Z